中华人民共和国地方志丛书

潍坊市

寒亭区志

1989—2013

潍坊市寒亭区地方史志编纂委员会 编

方志出版社
Publishing House of Local Records

图书在版编目（CIP）数据

寒亭区志：1989—2013 / 潍坊市寒亭区地方史志编纂委员会编. -- 北京：方志出版社，2018.12
ISBN 978-7-5144-3450-7

Ⅰ.①寒… Ⅱ.①潍… Ⅲ.①区（城市）—地方志—潍坊—1989—2013 Ⅳ. ①K295.24

中国版本图书馆CIP数据核字（2018）第272286号

寒亭区志（1989—2013）

编　　者：潍坊市寒亭区地方史志编纂委员会
责任编辑：顾　洁

出 版 人：冀祥德
出 版 者：方志出版社
地址　北京市朝阳区潘家园东里9号（国家方志馆4层）
邮编　100021
网址　http://www.fzph.org
发　　行：方志出版社发行中心
电话（010）67110500
经　　销：各地新华书店
印　　刷：山东黄氏印务有限公司

开　　本：889×1194　1/16
印　　张：63.25
字　　数：1658千字
版　　次：2018年12月第1版　2018年12月第1次印刷
印　　数：0001～3000册
ISBN 978-7-5144-3450-7　定价：680.00元

潍坊市寒亭区地方史志编纂委员会

（2017年8月）

《寒亭区志（1989—2013）》编审人员

序一

盛世修志，是中华民族的优良传统，也是经济社会发展的现实需要，更是时代赋予的神圣使命。《寒亭区志（1989—2013）》几经寒暑、数易其稿，终于书成付梓，这是全区人民政治生活中的一件大事，可喜可贺。

1989—2013年，是寒亭发展史上不平凡的25年，是寒亭全面融入我国改革开放和社会主义现代化建设大潮，经济社会发展实现全面进步的重要时期。这一时期，历届区委、区政府团结带领全区人民，坚持以邓小平理论、"三个代表"重要思想和科学发展观为指导，拼搏实干，奋发有为，城乡面貌焕然一新，各项事业全面进步。

《寒亭区志（1989—2013）》以翔实的史料，记录了这段波澜壮阔的发展历程，是走进寒亭、了解寒亭、研究寒亭最权威、最全面的地情资料典籍，更是裨益当代、垂鉴后世的宝贵历史经验。透过本志，可以将寒亭25年间的历史变迁和发展成果清晰地展现在人们面前，便于广大读者客观全面地把握寒亭改革开放的发展脉络，对于激励寒亭人心系故乡、情系家乡，凝聚全区上下共同推动高质量发展的信心和决心，必将起到有力的促进作用。

"邑之有志，犹国之有史"。愿全区人民以此志为鉴，在习近平新时代中国特色社会主义思想和党的十九大精神指引下，不忘初心，砥砺奋进，积极投身现代化北部新城建设的伟大实践，共同开创寒亭更加美好的明天！

中共潍坊市寒亭区委书记
潍坊经济开发区党工委书记

2018年12月

序二

《寒亭区志（1989—2013）》终于付梓面世，这是寒亭区秉承修志传统、推进文化建设的又一丰硕成果，是寒亭经济社会发展和改革开放征程中又一段珍贵辑录，可喜可贺。

“治天下者以史为鉴，治郡国者以志为鉴”。此次编修的《寒亭区志（1989—2013）》在继承首部区志的同时，大胆开拓创新，采用述、记、志、传、图、表、录等多种形式，全面、客观、系统地记述了1989—2013年寒亭的历史变迁，特别是改革开放以来取得的丰硕成果和发生的巨大变化，彰显鲜明的时代特征和浓郁的地方特色，既是一部了解寒亭、研究寒亭的“熔百科为一炉，集万卷为一册”的“百科全书”，又是一部为各级领导认识区情、探求规律、正确决策的“辅治之书”，必将对全区经济、政治、社会和文化等各方面产生积极而深远的影响。

志书编纂工作是一项浩繁的系统工程。《寒亭区志（1989—2013）》的出版是各部门、各单位通力合作，全体编纂人员辛勤耕耘、精心著述，各级领导和专家学者鼎力支持、关心帮助的结果，凝聚着每一位参与者的智慧和汗水。在此，我谨向为《寒亭区志（1989—2013）》的编纂出版做出贡献的人员致以衷心的感谢！

盛世修志，惠及千秋。《寒亭区志（1989—2013）》的出版发行必将进一步激发人们热爱家乡、建设家乡的自豪感和使命感，同时也希望各级各部门创新用志理念、拓宽用志渠道，充分利用好这部新区志，以古鉴今，继往开来，谱写出寒亭历史的新篇章！

中共潍坊市寒亭区委副书记
潍坊市寒亭区人民政府区长　赵学坤

2018年12月

城区概貌

潍坊经济开发区

A1 城市建设 City Construction

1.城区一角

2.张面河景区

3.峡山灌渠

潍坊北站
Weifangbei Railway Station

2

盛大开业

A2 城市建设
City Construction

1.高铁潍坊北站

2.开元立交桥

3.济青高铁

4.青银高速潍坊收费站

2

A3 城市建设 City Construction

1.潍坊经济开发区一角

2.浞河景区

3.潍河风光

2

3

4

A4 城市建设
City Construction

1.北海路

2.广播电视大厦

3.中国兽药饲料交易大厦

4.通亭街

城区夜色

2

3

B1 经济建设
Economic Development

1.中国（寒亭）潍县萝卜文化节
2.朱里大姜
3.潍县萝卜
4.中国潍坊固堤西瓜文化节
5.潍县萝卜雕刻艺术

②

B2 经济建设
Economic Development

1.立体种植养殖

2.大棚育苗

3.奶牛自动挤奶线

4.规模化养殖场

B3 经济建设
Economic Development

1.潍柴动力（潍坊）铸锻有限公司
2.潍坊第二棉纺织厂
3.天润曲轴股份有限公司潍坊分公司
4.潍坊亚星集团有限公司

2

3

4

2

B4 经济建设

Economic Development

1.寒亭高新技术产业园

2.恒天海龙股份有限公司

3.中德（潍坊）智能制造实训基地

4.潍坊恒联集团

潍坊可森木业有限公司

B5 经济建设
Economic Development

1.潍坊总部基地
2.北部盐田
3.潍坊艾可特电子有限公司
4.山东圆友建设机械有限公司

2

1

②

①

B6 经济建设
Economic Development

1.中国食品谷总部基地
2.中凯冷链物流园
3.红星美凯龙全球家居生活广场

①

②

C1 社会事业

Socia Undertaking

1.寒亭区第一中学
2.高里中心学校
3.寒亭区实验小学
4.寒亭区机关幼儿园
5.寒亭区外国语学校

3

4

5

潍坊市寒亭区人民医院
1

寒亭区一级甲等医院
基本公共卫生 我服务你健康
2

3

C2 社会事业
Socia Undertaking

1.潍坊市寒亭区人民医院
2.高里中心卫生院
3.康复中心
4.志愿者义诊活动
5.预防接种

4

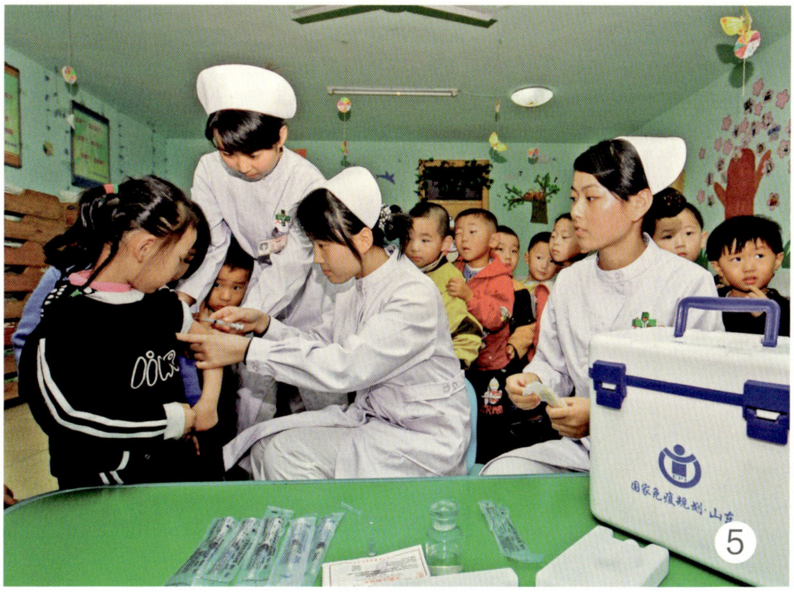
5

大型电视连续剧
年画
开机仪式
主演 张桐 沈傲君 曹力 伊莉莎 姜超 宋欣洁 国歌

1.大型电视连续剧《年画》开机仪式
2.元宵节文艺演出
3.文化下乡到社区
4.蝶园文化广场
5.寒亭区图书馆

C3 社会事业
Socia Undertaking

禹王湿地公园

1

2

3
柳毅传书

C4 社会事业
Socia Undertaking

1.杨家埠民间艺术大观园
2.于家大院
3.柳毅山风景区
4.白浪河寒亭段

C5 社会事业
Socia Undertaking

1.健身骑行
2.室内乒乓球馆
3.寒亭区第四届全民运动会
4.自行车骑行赛
5.市残运会寒亭区代表队

3

4

1

与奥运冠军邢慧娜同行

D1 社会民生
Social People's Livelihood

1.寒亭区政务服务中心
2.幸福一家人
3.志愿者服务
4.歌唱新生活

3

4

舞动人生

D2 社会民生
Social People's Livelihood

1.立体环卫　　　4.共享汽车
2.公共自行车　　5.垃圾转运站
3.潍坊康达环保水务有限公司污水处理厂

1

4

5

潍坊经济开发区前阙庄新村

2

3

4

E1 美丽家园
Beautiful Home

1.农家院芭蕾
2.泰祥花苑小区
3.北美枫情小区
4.寒亭街道叶家庄子新村

闹春

2

3

F1 年画风筝
New Year Prints & Kites

1.杨家埠风筝年画艺术节

2.中国民间工艺美术大师杨洛书

3.年画绘稿

4.年画刻版

5.年画印制

F2 年画风筝
New Year Prints & Kites

1

2

3

4

杨家埠民间艺术大观园风筝展销厅

前排左起：吕福堂　朱佩峰　王　芬　赵学坤　李　刚　刘爱军　马跃启　魏永阳　李天程　王笃银　郭能勇　王光辉

二排左起：刘　玮　槐晓燕　焦　凌　李培进　姚国平　韩希明　吕俊峰　葛诗忠　李长山　王海燕　王现友　王军亭

三排左起：张明升　曲福刚　程森枝　徐传国　李云平　张孝友　于希群　韩洪星　韩申军　李　鹏　刘其鹏　程国栋　刘国强　李金生　孙朋波

凡　例

一、本志编纂以马克思列宁主义、毛泽东思想、邓小平理论、“三个代表”重要思想、科学发展观、习近平新时代中国特色社会主义思想为指导，坚持辩证唯物主义和历史唯物主义的立场、观点和方法，实事求是地记述寒亭区1989—2013年的自然、经济、政治、文化、社会等方面的历史与现状。

二、本志系1992年版《寒亭区志》的续志，上限为1989年，下限至2013年。为记述事物的完整性，部分内容适当上溯或下延。

三、本志按类立编，编下设章、节、目，部分目下设子目。

四、本志采用述、记、志、传、图、表、录诸体裁，以志为主。卷首设图、照片专辑、概述、大事记，中为各专业志，末设人物、附录、索引、编修始末。图、表随文插入，按编统一编号。

五、本志人物传遵循“生不立传”原则，收录以本籍人物为主，兼记对寒亭区经济和社会发展有重大影响的客籍人物。

六、本志采用现代语体文，记述体，述而不论。

七、本志采用第三人称记述，所记地域、机构、团体、组织、会议、文件等以当时称谓为准，使用全称或规范简称。

八、本志在局部重复区名时，简称为区、寒亭、全区、区内、境内。

九、本志所用地名使用寒亭区地名办公室规范地名。使用历史地名时，在时称地名后括注志书下限时该地的名称。

十、本志采用公元纪年，使用历史朝代纪年的括注公元纪年。未标明世纪的年代，均指20世纪某某年代。

十一、本志史料主要由各承编单位核实提供。无承编单位的，取材于文献、档案、报刊、书籍、口述史资料和社会专项调查等。所用统计数据以区统计局公布的为准，其他专业数据以主管部门提供者为准，官方无统计数据的主要参考社会专项调查相关数据。表格中的数据，无统计用“\”表述，有统计未查出用“—”，数值为零用“0”表示。

目　录

第四编 交通 邮电 电力

第五编 经济综述

第六编 工 业

第七编 盐 业

第八编 商贸服务业

第九编　农　业

第十编　潍县萝卜

第十一编 开放型经济

第十二编 财税 金融

第十三编 经济管理

第十四编　中国共产党地方组织

第十五编　地方国家权力机关

第十六编　地方国家行政机关

第十七编　政协地方组织

第十八编　民主党派　人民团体

第十九编　公安 司法 军事

第二十三编　科学技术

第二十四编　文化 旅游

第二十五编 年画 风筝

第二十六编 卫 生

第二十七编 社会生活

第二十八编 街道 乡镇

人 物

附 录

索 引

概　述

GAI　SHU

鸢都北望，是年画风筝故里。年画风筝这对姊妹艺术延续六百余年，蜚声海内外，双双跻身第一批国家级非物质文化遗产，成为寒亭名片，也使寒亭以此成为中国民间文化艺术之乡、中国年画之乡。

画乡崛起，成为一座和谐秀美新城。“全国科普示范区”“中国金融生态区”“国家知识产权强县工程示范区”“省级文明区”……一顶顶桂冠进一步彰显区域实力。

“打造全市总部经济聚集区、全国高铁物流创新发展试验区和市区北部隆起带”的新发展定位，更加吸引世人的目光聚焦寒亭。

一

寒亭位于山东省中部偏东，地理坐标为北纬36° 42′～37° 15′，东经118° 57′～119° 25′。区境东与昌邑市毗邻，南与奎文区、潍城区、坊子区接壤，西与寿光市相连，北濒渤海莱州湾。中华人民共和国成立初，为昌潍专区潍县驻地，1983年10月，撤销潍县建置设立寒亭区，成为潍坊市当时3个市辖区之一。2013年，寒亭区（含潍坊滨海经济技术开发区、潍坊经济开发区）辖8个街道和2个发展区、455个行政村，陆地总面积1301平方千米，寒亭区实际管辖面积623平方千米；海岸线长69千米，海域面积510平方千米。2013年年末，辖区总人口347329人，其中城区常住人口56145人，另有流动人口4755人。有蒙古族、维吾尔族、满族、回族、彝族、白族、朝鲜族等27个少数民族551人，占总人口的0.17%。

寒亭地处昌潍平原，属洪积冲积平原地貌，地势广阔平坦；地形南高北低，东南部为缓岗埠岭，中部为平原，北部为海滩洼地；境内最高点位于朱里街道柳毅山，海拔48米，最低点在大家洼街道老弥河口附近，海拔1.2米，海拔高差46.8米。境内有大小河流15条，主要水系潍河、白浪河、虞河、弥河纵贯南北。温带半湿润大陆性季风气候影响全境，年平均气温12.7℃，四季分明；年平均日照2457.7小时，作物生长期年平均242天，无霜期年平均191天；年平均降水量591.9毫米，降水集中在每年6月—8月，水资源储量和可利用量低于全国平均水平。1989—2013年，极端天气引发区境内灾害主要是大风和冰雹，其次是潮灾；大风和冰雹对全区传统农业和高效种植产业危害巨大，海潮对盐业和近海养殖业不利。

寒亭资源丰富。2013年，全区土地总面积84.83万亩，农用地面积67.64万亩，占土地总面积的79.7%，其中耕地面积50.44万亩，占全区土地总面积的59.5%；建设用地面积15.87万亩，占土地总面积的18.7%；未利用地面积1.32万亩，占土地总面积的1.6%。全区受地质成因影响，土壤肥厚，有利于多种植物生长。境内植物资源300多种、动物资源200多种，近水海域内可利用海洋生物资源近150种。矿产资源共发现10种，探明储量的6种，占潍坊市已探明储量矿产的12%，占全省已探明储量的7.69%。区境南部、东南部膨润土资源丰富，全区已探明膨润土矿床6处，储量5305万吨；北部沿海滩涂天然卤水资源丰富，地下卤水开采储量12.06亿立方米。

寒亭交通便捷。地处山东半岛城市群轴心，位于济南和青岛两个区域中心城市的中间地带，与国家级开发区——潍坊高新技术开发区相邻。青银、潍莱、荣乌高速公路和206、309国道穿境而过；距潍坊机场20千米、青岛机场100千米、济南机场170千米；北部的潍坊港为国家一类开放口岸，是对外开放的海上门户；潍坊高铁北站正在建设，已开工建设的济青高铁、潍莱铁路、东潍临铁路和规划中的轻轨、地铁在此交汇，大交通带动大发展的格局正在加快形成。

二

寒亭历史悠久。典籍记载和野外考古发掘

证明，早在7000多年以前的后李文化时期，寒亭这片古老的土地就开始了人类繁衍，是潍坊市乃至整个潍淄流域最早文明开拓的地区之一。夏代中叶，伯明氏寒浞联合有穷氏首领后羿，一举取代夏王朝统治，建立古寒国，先后执政60年，是有据可查的夏代第七位帝王。商周以后，这里是太公与管仲大兴渔盐之利的齐国之腹地。汉代，这里是孔融任太守的北海国藩地。至东汉末王莽新朝时降国为亭，始称寒亭。隋唐开元，这里再度振兴，有寒水县、潍水县等行政建制。潍县之名称始自明洪武十年（1377），至1983年10月潍县撤销寒亭区成立，前后达606年。

寒亭文化广博。前埠下后李文化遗址，肇始于7000年前，延续2000多年，涵盖大汶口、龙山两个文化层，是潍坊地区发现的迄今为止最早的人类活动遗址；狮子行龙山文化遗址、鲁家口大汶口文化遗址出土的黑陶制品等文物，昭示着先人的文明程度已经达到当时的较高水平，其工艺至今令人叹为观止。柳毅传书发祥寒亭，与梁祝、天仙配、白蛇传并称为中国民间四大神话传奇故事。驰名中外的杨家埠木版年画是全国三大木版年画之一，作为“姊妹艺术”的杨家埠风筝以浓郁的民间乡土气息而享誉海内外，并为寒亭带来“风筝之乡”“年画故里”之美誉。还有红木嵌银漆器、布玩具、草柳编、彩灯、仿古铜器、木雕等多种民间艺术瑰宝，无不构思精巧，制作精细。杨家埠民间艺术大观园、柳毅山、禹王台、于家大院、张雪岩纪念馆、潍县战役指挥部等驰名中外的人文景观、名胜古迹、文化名馆也如珍珠般散落于此，闪烁历久弥新的炫目光华。以杨家埠年画为背景创作的电视连续剧《大掌门》获全省“文艺精品工程”奖。潍坊博物馆群、锦绣潍坊、杨家埠文化创意梦想小镇等一批重点文化产业项目加快建设，民俗文化旅游资源优势进一步放大。

寒亭人文荟萃。寒浞代夏占据着远古历史的一页。“建安七子”中的孔融、徐幹，在此留下了不朽足迹。清代画坛享有盛誉的“扬州八怪”之首郑板桥，不但在此留下清正爱民的政声，还创作了大批诗书画传世精品。近代以至新中国成立之前，更是涌现出了一大批为追求人类自由、正义与和平而不惜抛头颅、洒热血的仁人志士和忠诚儿女：20年代就加入中国共产党的牟铭勋、牟鸿礼，中国工农红军师长张英，中国共产党左翼文化运动领导人张眺，爱国民主人士、九三学社创始人之一张雪岩，他们赤诚报国的感人事迹，已成为寒亭血脉基因里的“红色”传承。新中国成立后，当代寒亭名人辈出：杨家埠风筝代表人物、潍坊风筝界一代宗师杨同科享有“中国风筝王”的美誉；年画艺人杨洛书被联合国教科文组织授予“民间工艺美术大师”称号；长跑运动员邢慧娜雅典奥运会上万米夺金，为国争光。

三

伴随共和国前进的脚步，寒亭在这块历史文化底蕴丰厚的土地上走进新时代。1989—2013年，寒亭以改革为发展源动力，建立和完善社会主义市场经济体制，经济建设成就斐然。今日寒亭，已经成为一座活力富裕新城。

改革激发发展新活力。中共十一届三中全会，开创了以改革开放为标志的新的历史时期。寒亭区坚持以改革破解发展难题、以创新提高发展实力。90年代开始，寒亭农村改革的重点是调整产业结构，完善家庭联产承包责任制，实施一系列“补农”“惠农”政策；其间，寒亭区依法减轻农民负担经验在全国推广。工业方面，先后推行以承包责任制、聘任制、租赁经营为主要形式的经营体制改革，推行以股份制改造、拍卖出售、企业兼并等多种形式的产权制度改革，开展企业用人、用工、分配制度改革。2000年开始，寒亭农村改革的重点是开展二轮农村土地延包，放开农产品价格，推进乡镇企业产权制度改革，加快农村税费制度改革；2006年，取消沿袭2000多年的农业税，给农民吃了“定心丸”；同时启动农村综合改革，开展乡镇机构综合试点。在城市，95%以上国有、集体企业和生产经营性事业单位完成改制，成为股份制企业或民营企业；国有土地使用权招标拍卖出让制度逐步完善；人才中介、职业介绍、技术服务机构广泛建立。2010年开始，在农村，深化农村产权制度改革，发展适度规模经营，把农村土地承包经营权依法流转作为都市农业发展重要手段。在城市，转变政府职能，实行“一窗受理、一网办理、联审联办、多证合一”，进一步提高政务服务效能；深化金融领域改革，鼓励更多企业到境内外资本市场上市挂牌，完成规模企业规范化公司制改制；创新投融资机制，引导民间资本参与城市基础设施和公共事业建设；增强创新驱动力，引导和支持各类创新要素向企业集聚，加强创新平台体系建设。2013年，实现地区生产总值170.27亿元，是1989年的32.6倍；其中，三次产业增加值分别由1989年的2.71亿元、1.89亿元、0.62亿元增加到2013年的11.17亿元、93.46亿元、65.64亿元，分别增长3.1倍、48.4倍、104.9倍。

传统农业向现代农业迈进。80年代，寒亭区实行家庭联产承包责任制，农业迅速发展。90年代，农业产业化不断发展，农业社会化服务体系建立健全。2000年开始，寒亭区委、区政府进一步优化农业产业结构，在稳定粮食生产的同时，从政策扶持、土地利用、市场建设、配套服务等方面支持大力发展设施农业、都市农业；依托区位优势，发展城郊型特色农业；积极推进农业产业化、标准化、国际化建设，把发展农业龙头企业作为实施“三化”的关键，把基地化种植、规模化养殖作为推进农业“三化”的基础，把标准化生产作为振兴农业“三化”的重点，农村经济结构不断优化，非农经济比重日益提高。坚持质量兴农、品牌强农，做大做强特色品牌，提高农业质量效益和竞争力。潍县萝卜、寒亭西瓜、“一空桥”山药3个农产品成功注册“国家地理标志证明商标”，潍县萝卜被评为“中国果菜十大驰名品牌”。2013年，优质农产品面积达到1.2万亩，全区农民专业合作社、家庭农场、市级以上农业龙头企业分别发展到1189家、312家和37家；寒亭区被农业部评为国家现代农业产业化示范基地。

新型工业初具规模。1989年，全区共有工业企业3349家，其中乡镇及乡镇以上工业企业141家，实现工业总产值6.01亿元，产品门类较齐全的工业体系格局初步形成。1994年，区委作出并实施“全党抓经济，重点抓工业，工业抓投入”的重大部署。1995年，实施“工业立区”战略，新上一批增产提效技改项目，年产1万个标准集装箱、年产50万个石油液化气钢瓶、35千伏交联电缆等项目投产达产。2003年，全区完成工业总产值60.51亿元，实现销售收入55.53亿元、利税5.08亿元。2004年，组织实施工业“43020”工程（4大骨干行业，30家重点企业和20种拳头产品），成效显著。到年底，30家重点企业完成销售收入24亿元，实现利税2亿元，分别占120家限额以上企业的61.7%和62.5%。2008年6月，区政府印发《关于加快实施“退二进三”“退城进园”工作的意见》，首批重点完成6家企业“退城进园”工作。2011年，深入实施“工业强区”战略和工业振兴“1030”（10大骨干企业，30强中小企业）计划，机械制造、纺织服装、精细化工、生物医药、造纸包装、食品加工六大产业链初具规模，工业经济迈上新台阶，全区规模以上工业企业实现主营业务收入337亿元。2013年，区政府制订实施《寒亭区工业2013—2015年提升计划》《寒亭区工业振兴“1030计划”企业动态管理办法》，对10大骨干企业和30强中小企业精准帮扶，全区规模以上工业企业完成工业总产值431.69亿元，实现主营业务收入434.08亿元，实现利润15.99亿元，实现利税27.98亿元。

现代服务业日趋繁荣。1989—2013年，寒亭区把发展服务业作为调整经济结构，转变发展方式的重要举措，第三产业增加值连续22年均超过第一产业增加值，由1989年的0.62亿元增加到2013年的65.64亿元，增长104.9倍。首先是商业贸易迈进新格局。1989年，全区大力推进流通体制改革，转变商业企业经营机制，打破国有、集体流通企业一统天下的局面，逐步形成多元化、开放式、竞争型商品流通体制，当年社会商品零售总额1.68亿元。私营、个体和其他各种经济的迅速发展，给商品流通领域注入新的活力，城乡市场繁荣活跃，保持快速稳定增长的势头，2000年全区社会消费品零售总额9.04亿元。在城区，随着城市化进程推进，大幅度增加商业基础设施投入，大型百货商场、超市、便民连锁店、专卖店等业态迅速发展。在农村，市区大型连锁超市陆续向农村延伸，农村消费市场繁荣活跃。至2013年年底，全区商业服务业营业网点1.1万个、大型商场6个、专业市场14个、农贸市场4个、集市47个；全区限额以上社会零售总额64.36亿元。其次是以金融服务、信息咨询、劳务中介、家政服务、物流快递等为代表的新兴服务业迅速崛起。寒亭区金融业涉及银行、保险、证券等传统金融机构，2010年左右开始发展小额贷款公司、融资担保公司等地方金融组织。至2013年年底，全区有银行机构10家、营业网点57处、从业人员667人、POS机1697台、ATM机92台，银行机构各项存款余额145.22亿元、各项贷款余额121.19亿元；全区有保险业机构10家，全年保费收入1.71亿元，理赔支出4048万元。

对外开放不断扩大。寒亭区对外开放始于80年代后期。进入90年代以后，坚持走以开放带开发、以开发促开放的路子，对外开放步伐逐渐加快。至1994年，全区完成外贸出口交货值1.82亿元。1999年，实施全民招商策略。2001年，潍坊经济开发区及各镇街经济园区相继建成并转入功能开发阶段，各种招商引资政策相继出台，招商引资走上快速发展轨道。2007年，“全民招商”向“专业招商”转变，“招商引资”向“招商选资”转变，提高招商引资成功率和项目含金量。2008年后，先后组织参加潍坊国际风筝会、鲁台经贸洽谈会、潍县萝卜文化节、（青岛）潍坊周、潍坊（杭州）投资促进恳谈会、“长三角”推介会，“珠三角”推介会等大型招商活动，加快项目、资金引进力度。2013年，实际利用外资3766万美元，比上年增长6.63%；新引进项目59个，总投资106.7亿元；全年进出口总额7.12亿美元，其中出口贸易额4.08亿美元，进口贸易额3.04亿美元。

四

1989—2013年，寒亭作为潍坊中心城区之一，立足自身功能定位，加强城市规划、建设、管理，着力提升城市功能品质。今日寒亭，已经成为一座生态宜居新城。

城乡建设日新月异。寒亭建区初期，城区规划面积仅为3.51平方千米。通过三轮城市总体规划并依法付诸实施，城市面貌日新月异，功能日臻完善。到2013年，城区建成区面积已达45.6平方千米，比建区时扩大13倍；城区道路由原来的“三街五路”（东西为街，南北为路），通车里程仅为16.77千米，柏油路面通车里程仅8.37千米，建成“二十一街十七路”，通车里程103千米，铺装路面221万平方米，形成宽阔平整、设施齐备、四通八达的城区道路交通网；人均绿化26.4平方米，是1989年的13.2倍；天然气管道从无到有，城区共铺设管道42千米，天然气用户1.48万户；通过城市综合治理，不文明现象日渐减少，城市文明化水平不断提高。伴随城市化进程，房地产开发2002年开始升温，之后稳步推进，至2013年，共建成规模化住宅小区18个，规划完成城中村改造33个，城区住宅小区总建设面积达到169万平方米；建成55个商业开发项目，累计建筑面积72.66万平方米；共有名优工程52处。以基础设施建设、公共服务提升、村容村貌整治为重点，加快美丽乡村建设。2003年，全区实施“村村通”工程后，乡村主要道路大部分实现路面硬化、晴雨通车；央子镇被建设部等六部委确定为小城镇建设重点镇。2008年，实行“城乡环卫一体化”管理，多年的“三大堆”（柴堆、草堆、粪堆）被清理，农村环境脏、乱、差问题得以解决。到2013年，全区8处街道驻地教育、卫生、网络通信、社会化养老等设施健全，带动街道驻地建设；自来水入户率100%，电视网络覆盖90%以上；村庄亮化实现全覆盖。

交通运输业突飞猛进。1989年，境内就有央赣路、烟潍公路、潍石公路3条交通干道与区境连接。1993年，济青高速公路（G20）建成通车，设潍坊出口，寒亭公路交通进入高速时代。1997年、2008年，潍莱高速、荣乌高速公路相继建成通车并从境内通过，全区境内高速公路通车里程28.33千米，形成由南向北3条平行高速公路布局。2003—2007年，全区实施"村村通"工程，共新修和改造村道364.4千米，357个行政村实现村村通公路，给农村居民生产和出行带来方便，为农村经济注入活力。至2013年，境内（不含潍坊滨海经济技术开发区）有3条国道，通车里程26.82千米；3条省道，通车里程47.54千米；10条县道，通车里程121.9千米；35条乡道，通车里程137.3千米。全区9条城乡客运线；8条公交线路，运营车辆82台，日均客运量2万人次。全区公路货运量1047万吨、货物周转量29亿吨千米；潍坊港3个万吨码头建成后，海上年货运量2035万吨、标准集装箱6.17万个。

电力事业先行发展。1989年，寒亭区实现村村通电；全区有110千伏输电线路1条，并建成全区首座110千伏变电站。1994年，全区实现户户通电。1998—2000年、2002年，分别对农村电网进行2次建设改造；2003—2004年，对城区电网实施建设改造。2007年，全区实现城乡用电同价，寒亭区成为全市首个"新农村电气化县"。2010年，对农村电网升级改造。至2013年，全区共建成110千伏输电线路14条、35千伏输电线路25条；建成220千伏变电站1座、110千伏变电站7座，35千伏变电站9座，总变电容量46.68万千伏安。通过多次电网建设和升级改造后，城乡用电量迅速增长。2013年，全区农林牧渔业用电量10681万千瓦时，是1990年的20倍；工业用电量76614.33万千瓦时，是1990年的42倍。实行"一户一表"改造工程后，人均用电量1761.58千瓦时，是1988年人均用电量的10.35倍。全区建成5个电气化镇、231个电气化村。

邮电通信快速发展。1998年，邮电分营以后，寒亭邮政加快局所升级改造，优化业务结构。至2013年年底，邮政营业网点覆盖全区；全年实现业务收入1302万元，收入增幅潍坊市排名第二位。1989—2013年，也是寒亭通信事业起步和快速发展的时期。1998年以前，以无线电报、长途电话、农村电话等传统业务为主，由邮电局负责运营。1998年，寒亭区电信局成立，以无线寻呼、移动电话为代表的新业务开始发展。1999年，电信局移动业务析出，新成立中国移动寒亭分公司。2001年，中国联通寒亭分公司成立。2002年，铁通公司进入寒亭发展固话、宽带业务。2005年，中国电信潍坊分公司到寒亭设立分支机构。全区固话、移动、宽带市场开始多家经营，电信资费大幅度下降，各项业务齐头并进，步入发展快车道。至2013年年底，境内主要有中国联通、中国移动、中国电信3大运营商在寒亭设立的分支机构，电信业务总量12663万元；年末固定电话机91797部，其中城区电话机62920部、农村电话机28877部；年末移动电话达到250301户、国际互联网用户22921户。

绿色发展开创新局面。1989—2013年，寒亭区牢固树立绿色发展理念，统筹推进生态保护、生态建设、生态发展，着力打造绿色低碳秀美家园。1996年，工业大气污染落实"一控双达标"（污染物总量控制、工业污染源达到国家或地方规定的污染物排放标准、空气和地面水按功能区达到国家规定的环境质量标准）任务目标。2000年开始，环境保护工作进一步加强，城乡环境质量明显好转。2003年后，全面贯彻落实《中华人民共和国环境保护法》，并将环境保护基本国策纳入全区国民经济和社会发展规划，发展循环经济和节能环保产业，实施大气污染防治行动，重拳治理重点企业废气、异味污染，全区重点大气污染企业废气处理率96%以上；投资3亿多元实施浞河、桂河、峡山灌渠城区段综合治理，建设虞河下游人工生态湿地、白浪河湿地、禹王生态湿地；开工建设城区和虞河污水处理厂一级A升级改造；全力推进城乡环卫一体化全覆盖，加强农业污染源治理。至2013年，全区工业废水和工业烟尘均达到合格排放，河流水质得到提高，城市空气质量明显好转；全区拥有省级森林村居4个，城市建成区绿化覆盖率达到43.85%。

五

国民经济的快速发展，促进科教文卫等社会事业全面进步。今日寒亭，已经成为一座现代文明新城。

教育事业长足进步。尊师重教是域内传统风尚。改革开放以后，寒亭区实施教育优先发展战略，在有限的财力中竭力增加基础教育投入，办学条件明显改善。至2013年，累计投资10.89亿元，新增校舍面积47.36万平方米，配置教学仪器价值5178.23万元；全区中小学顺利通过潍坊市标准化学校达标验收，有7所小学和5所初中被评为市级规范化学校，1所小学被评为省级规范化学校。25年来，全区教育教学水平稳步提升。寒亭一中先后获“全国百所特色学校”“中国特色教育理念与实践项目学校”“全国中学生生物学奥林匹克竞赛金牌学校”等称号；寒亭外国语学校是山东省重点课题实验基地；寒亭区外国语小学获“山东省省级教学成果奖”。1995年，省政府“两基”工作评估验收团确认寒亭区实现九年制义务教育；同年，国家教委颁发寒亭区“普及九年义务教育和扫除青年壮年文盲区”金牌。

科技事业长足发展。90年代，区委、区政府开始实施“科教兴寒”战略。至2013年年底，科技队伍不断壮大，各类专业科技人员逐年增加，全区拥有初级以上职称专业技术人员12908人，其中中级职称4602人、高级职称966人，引进硕士及以上高层次人才110人；组织实施市级以上科技计划项目236项，其中国家级31项、省级89项、市级116项；注重高新技术企业培育和科技创新平台建设，80%以上企业建立研发中心，市级以上企业技术中心和市级工程技术研究中心发展到50家，先后有中国科学院、清华大学等50多家高校、科研院所与企业结成战略联盟伙伴；申请专利698件，专利授权342件，寒亭区被国家知识产权局列为国家知识产权强县工程试点区；以现代农业关键技术和成果转化为重点，推进农业高端化、有机化、精细化建设。

文体事业欣欣向荣。1989—2013年，是文化体制大变革时期，也是寒亭文化事业大发展大繁荣阶段。文学创作队伍不断壮大，涌现大批省内外知名文学创作人才，在省以上报刊发表文学作品1800余件。民间艺术发扬光大，2002年，寒亭区被文化部授予“民间艺术之乡”称号；2005年，杨家埠被文化部列为中国民族民间文化保护工程专业试点单位（全省仅此一家，全国29家）。美术、书法、篆刻、摄影、音乐舞蹈等多种艺术形式，丰富城乡文化生活；根雕、篆刻、刺绣、剪纸等民间工艺推陈出新。群众性文化活动丰富多彩，每逢新春、节日庆典，区内开展多种形式文艺演出；1999—2013年，每年都举行消夏文艺晚会；卡拉OK、广场舞、健身操、太极拳、扇子舞、太极剑等多种表演形式，活跃在村头、街巷、公园。非遗保护工作将非遗挖掘保护与传承利用相结合，与文化旅游产业相结合，至2013年，全区1处国家AAAA级旅游景区、2处国家AA级旅游景区，吸引全国各地游客；杨家埠民间艺术大观园被命名为国家级文化产业示范基地和山东省非物质文化遗产生产性保护示范基地。1989--2013年，体育事业蓬勃发展，学校体育、职工体育、农民体育活动广泛开展；竞技体育果满枝头，获一枚奥运金牌，涌现出邢慧娜、高蓓蓓等世界知名运动员。

卫生事业成就斐然。25年间，寒亭区加强医疗卫生基础建设，逐步构建完善区、乡、村三级卫生服务网络，大力开展预防保健和爱国卫生运动。1992年，寒亭区被省卫生厅认定为“山东省食品卫生达标县区”；1995年，被省爱卫会命名为省级卫生城市。深化公立医院改革，推进分级诊疗制度，促进城乡医疗服务均衡发展，至2013年，全区（不含潍坊经济开发区）共有各级各类医疗机构326处、医疗从业人员2022人、卫生系统固定资产总值2.48亿元。综合性社区卫生服务网络和乡村卫生一体化管理体系逐步健全，城区“十分钟”就医圈形成。农村合作医疗制度不断完善，2013 年，全区参加新农合农村居民 21 万余人，参合率稳定在 100%。新生儿疾病筛查率 99% 以上，儿童健康管理率 93.2%。1989—2013 年，通过计划免疫、传染病防控，全区传染病疫情总体平稳，发病率处于全市较低水平，无重大传染病暴发流行。

六

经济的快速发展，各项事业的全面进步，催生新的精神追求。寒亭人民共享改革发展成果，生活水平、幸福指数显著提高。今日寒亭，已经成为一座幸福和谐新城。

民生保障持续改善。1989—2013 年，寒亭区实施积极就业政策，通过就业培训、创业培训、创业比赛等方式以及设立创业基地，增加失业职工、大中专毕业生、返乡农民工、失地农民创业就业。2013 年，全区城镇新增就业 6820 人，城镇登记失业率控制在 2.63% 以内。机关事业单位养老保险、企业职工社会养老保险、农村社会养老保险、城镇职工医疗保险、生育保险、工伤保险、失业保险等各项社会保障陆续开展；1992 年，寒亭区被评为“全国农村社会养老保险先进县”；2013 年，全区社会保障体系日趋完善，19 万多名城乡居民参加养老保险。不断完善社会救助，城镇居民最低生活保障制度实现动态管理下“应保尽保”，至 2013 年年底，全区城市低保对象 2431 人次，累计支出 2625 万余元；农村低保对象 6303 人次，累计支出 5962 万余元。自 2006 年开始推行农村五保供养制度，不断新建扩建镇街敬老院，改善集中供养条件，至 2013 年全区有公办养老机构 6 家，民办养老机构 5 家，集中供养率由 2005 年的 25% 提高到 2013 年的 80% 以上。25 年来，始终保持军转安置满意率 100%，优抚金发放及时，足额率 100%，退役军人安置率 100%，优抚对象结对包户率 100%。

幸福指数节节攀升。25 年间，致力于提高公共服务供给，增进民生福祉，持续加大民生投入力度，民生支出年均增长 12.2%。每年区政府都围绕群众关心的热点难点问题，办好几件民生实事，让百姓共享改革发展成果。2013 年，寒亭区有近七成的公共财政预算支出用于民生事业，群众幸福指数、社会和谐水平持续提升，在全市群众满意度测评调查中，寒亭区排名第二位。25 年间，家庭可支配收入大幅增加，衣食住行条件显著改善，居民生活消费水平呈现出快速增长趋势。2013 年，全区人均收入 2.68 万元，人均消费支出 9793 元，分别是 1989 年的 62.7 倍和 37 倍；全区城乡居民储蓄存款余额 103.55 亿元，社会消费品零售总额为 64.36 亿元，分别是 1989 年的 58 倍和 38 倍。物质生活的丰富，使人们渴望追求积极健康的生活方式，开始注重提升生活品位：旅游观光渐成时尚，闲暇时间好友结伴出行或节假日举家出游者逐年增多；习字作画、操琴下棋者日见其众，集邮及民间收藏爱好者陡然增加。人们愈加关注健康，各种健身活动在中老年人群中迅速普及，美容美体逐渐成为众多女性的生活必修课。

文明创建硕果累累。25 年间，寒亭区精神文明建设以提高市民素质为目的，组织开展文明村镇、文明行业、文明城市等文明创建、和谐创建和思想道德建设等活动。2013 年，全区先后涌现出省级文明单位（村镇、社区）28 个，市级文明单位（村镇、社区）35 个，区级文明单位（村镇、社区）59 个；开展首届寒亭区道德模范评选，4 人被评为“寒亭区首届道德模范”，10 人获“寒亭区文明市民”称号，上榜入选“中国好人榜”1 人、“山东好人榜”1 人、“潍坊好人榜”9 人。“文明之夏”广场文艺、“三下乡”（科技下乡、文化下乡、卫生下乡）、“道德讲堂”建设、讲文明树新风公益广告宣传、捐资助学等系列活动，倡树文明新风。

社会治安大局稳定。25 年间，致力平安寒亭、法治寒亭建设，深入开展普法和依法治区工作，推进司法规范化建设。1986 年，寒亭区实施第一个五年普法规划；1991 年，启动第一个依法治区五年规划。1994 年，加强社会治安综合治理，推进大联防体系建设，搞好群防群治。至2006年，寒亭区建立起打、防、控一体化的社会治安体系，被省委、省政府授予“平安山东建设先进区”称号。2012年，创新完善“大调解”体系，探索实施区、街道、社区、村居四级联动，诉调、检调、公调三式联调，行政、行业调解多方联处的“大调解”体系，推动“大调解”体系规范化建设。至2013年，在创新社会治理中，建立健全社会矛盾预警、诉求表达、利益协调、权益保护机制，完善信访与诉讼渠道的衔接，导入法定途径处理信访诉求，实现群众利益诉求最大化。

七

1989—2013年的25年，是寒亭人民解放思想、更新观念、开拓创新、干事创业的25年，是寒亭城乡面貌日新月异、各项事业蒸蒸日上、人民生活水平显著提高的25年。这一时期，寒亭人民实现自贫穷迈向富裕、由落后逐步崛起、从封闭走向开放的历史性转折，实现生活水平由温饱到小康的历史性跨越。这是寒亭发展史上的一个新的里程碑。随着改革的不断深入，发展中存在的一些问题也逐渐显露出来。纵观寒亭，基础差，底子薄，总量小，这是寒亭区的最大区情。城市经济基础不牢，产业带动能力不强，化工、化纤、造纸等传统产业受经济形势影响，面临结构调整、转型升级；现代物流、总部经济、高端食品等产业刚刚起步，尚未形成规模效应。城镇化总体水平相对偏低，常住人口城镇化率与自身相比，有较大幅度提升，但与全省、全市相比还存在差距。资源综合利用水平较低，环境保护、节能减排、土地集约利用的压力日趋增大，转变经济发展方式的任务繁重。农业产业化规模、水平有待提升，促进农民增收的长效机制有待完善。社会保障能力不足，一些关系群众切身利益的问题需进一步解决，维护稳定的任务依然繁重。科学发展，和谐发展，跨越发展，更好更快发展，扩大对外开放，增强综合实力，全面提高全区人民物质文化生活水平，是寒亭发展中不可回避的历史性选择。

25年的成就令人振奋，奋斗的历程难以忘怀，发展的经验弥足珍贵。25年的经验给人以深刻的启示：要走符合寒亭实际的强区富民之路，实现经济社会更好更快发展，夺取全面建设小康社会新胜利，必须始终坚持以科学发展观统领全局，牢牢把握科学发展主题，扎实推进经济、政治、文化、社会、生态文明建设；必须始终坚持解放思想、改革创新，以经济建设为中心不动摇，把招商引资和大项目建设作为经济工作的重中之重；必须始终坚持以人为本、和谐发展，繁荣社会各项事业；必须始终坚持跨越发展，奋力赶超，求真务实，埋头苦干，着眼长远打基础，立足当前抓落实；必须始终坚持“稳定压倒一切”，标本兼治，实现发展和稳定的高度统一；必须始终坚持团结协作、形成合力，加倍珍惜和维护同心同德干事业、谋发展的大好局面。

今天，中国特色社会主义进入了新时代。寒亭正处在全面贯彻落实中共十九大精神，决胜全面建成小康社会，实施“十三五”规划承上启下的关键时期。站在历史的新起点上，35万寒亭儿女将以习近平新时代中国特色社会主义思想为指导，不忘初心，牢记使命，全面推进产业强市、文化名市、活力城市、品质城市建设，加快打造城市新门户、产业新高地、生态新空间，推动城乡面貌发生新变化，人民生活得到新提升，让群众获得感、幸福感、安全感更加充实、更有保障、更可持续。

百舸争流千帆竞，乘风破浪又远航。让我们以更加饱满的热情、更加执着的追求、更加务实的作风，共同开创潍坊北部新城建设的新局面，奋力谱写全面建成小康社会的新篇章！

大事记

DA SHI JI

1989 年

2 月 13 日—16 日 全区农村工作会议在区影剧院召开。会议贯彻中共十三届三中全会和全国、全省农村工作会议精神，总结 1988 年农村工作，交流经验，表彰先进，促进农村两个文明建设。

3 月 13 日—15 日 区委副书记、区长孙承志在北京召开的全国信访工作座谈会上作题为《进一步加强信访工作，促进改革和经济健康发展》典型发言，介绍寒亭区信访工作经验做法。

5 月 8 日 潍坊港码头正式投入使用，总投资 1150 万元。建成 8.2 千米进港公路、6 万平方米货物储运场及港口配套设施，百米深水码头，建设千吨级泊位 2 个，年吞吐能力 20 万吨。

5 月 15 日 《大众日报》头版头条刊登题为《推进民主政治的重要途径》的调查报告，介绍寒亭区信访工作经验，并加编者按肯定。

5 月 30 日—31 日 民主柬埔寨主席诺罗敦•西哈努克亲王及夫人莫尼克公主等贵宾到杨家埠参观风筝、年画陈列馆。

8 月 10 日 由世界银行和省、市联合投资 1.3 亿元的寒亭区 3 万亩虾池项目动工。

9 月 28 日 寒亭区税务局寒亭税务所协理员徐秀亭获"全国先进工作者"称号，赴北京出席全国劳动模范表彰大会。

10 月 23 日 区委决定，即日起在全区开展党员干部城区违法违纪建私房、超标准住房、利用公款为个人装饰住房和借支、挪用公款清理工作。

11 月 16 日 区委决定，即日起集中两个月，在全区开展党组织整顿和建设活动。

1990 年

2 月 25 日—28 日 中共潍坊市寒亭区第八次代表大会在寒亭宾馆召开。

2 月 27 日 杨家埠风筝厂女工刘素峰代表潍坊市到联邦德国参加"西柏林国际旅游博览会"并表演杨家埠风筝传统扎制技艺。

3 月 20 日—23 日 政协寒亭区第四届委员会第一次会议在寒亭宾馆召开。

3 月 21 日—25 日 寒亭区第十二届人民代表大会第一次会议在寒亭宾馆召开。

3 月 22 日—25 日 区委副书记张春华在全省信访工作会议上作题为《全党动手形成合力，努力做好新时期信访工作》典型发言。

4 月 5 日 省、市、区领导及寒亭区党政军民各界代表，祭扫烈士陵墓，为刘英（张英）烈士纪念碑举行揭幕仪式。

11 月 10 日 区委印发《关于鼓励乡镇企业发展的有关政策规定》。

11 月 16 日—25 日 潍坊市在深圳举办经贸洽谈会，寒亭区与台湾客商签订合资开发盐田、与潮州市联合生产液化气钢瓶等 9 个项目。

1991 年

1 月 9 日 《人民日报》刊登《寒亭区信访工作新路子》文章，并加编者按，推广寒亭区信访工作经验。

3 月 11 日 区十二届人大常委会第六次会议作出《关于实施〈寒亭区九年义务教育实施方案〉的决议》。

5 月 14 日 区委、区政府授予牟兆生"兴寒助教先进个人"称号，表彰其将资产价值 50 万元的寒亭振兴建筑公司无偿捐献给区劳动技校义举。

7 月 16 日 市政府办公室下发《关于成立潍坊市农业高新技术开发园区筹备领导小组的通知》，经市政府研究决定，在市良种场组建潍坊农业高新技术开发园区。

7 月 18 日 区十二届人大常委会第八次会议通过《关于批准寒亭区"科技兴寒"实施方案的决议》《关于潍坊市寒亭区与哈尔滨市南岗区结为友好区的决定》。

1992 年

1 月 6 日　区十二届人大常委会第十一次会议作出《关于加强农村财务管理的决定》。

2 月　经省政府批准，撤销寒亭区东庄乡、里疃乡、郭家官庄乡，分别设立河滩镇、张氏镇、郭家官庄镇，撤乡设镇后原行政区域不变。

3 月 14 日　区政府印发《寒亭区农村社会养老保险暂行办法》。

4 月 10 日　区委、区政府印发《关于减轻企业负担若干问题的暂行规定》。

4 月 20 日　中共中央政治局常委、书记处书记李瑞环在中共山东省委书记姜春云等陪同下到杨家埠视察。

7 月 4 日　区政府印发《潍坊市寒亭区劳动制度综合配套改革试行方案》。

10 月 19 日　区政府印发《寒亭区关于加快开发"三区、两路、一园、一村"和大力发展第三产业若干政策的试行意见》。

10 月 27 日　寒亭区占地 1170 亩的"齐鲁第一商业村"开工建设。

12 月 9 日　寒亭区被评为全国农村社会养老保险先进县（区）。

1993 年

1 月 25 日　区委、区政府授予邢延忠"兴寒助教先进个人"称号，表彰其将资产 80 多万元的五金附件厂无偿捐献给河西学校作为校办企业的先进事迹。

2 月 15 日—18 日　政协寒亭区第五届委员会第一次会议在寒亭宾馆召开。

2 月 16 日—20 日　寒亭区第十三届人民代表大会第一次会议在寒亭宾馆召开。

3 月 5 日　区委、区政府印发《寒亭区农民负担管理暂行规定》《关于禁止向企业乱收费、乱罚款和各种摊派的规定》。

3 月 8 日　区委、区政府决定集中 3 个月，在全区范围内开展自上而下的"四清理、三整顿"活动，基本解决农民负担过重问题。

3 月 17 日　李英文任中共潍坊市寒亭区委书记。

7 月 3 日　区委、区政府印发《关于依法减轻农民负担的实施意见》，决定在全区农村普遍实行签订合同办法，把农民负担管理纳入法制轨道。

同日　区委、区政府印发《关于开展农村合作基金会工作的实施意见》。

9 月 18 日—23 日　中共中央书记处书记、最高人民法院院长任建新就寒亭区依法减轻农民负担的做法作出批示："家宝、俊生同志：如何运用法律手段解决农民负担过重问题，山东省潍坊市寒亭区进行有益的探索，我觉得这个经验很重要，值得重视，请阅酌。"21 日，国务委员陈俊生批示："潍坊市寒亭区的经验，我看了，确实不错，可以提倡、推广，建议新闻单位加以宣传介绍。"23 日，中央政治局候补委员、书记处书记温家宝批示："同意建新、俊生同志意见。从根本上解决农民负担过重的问题，切实保护农民利益，必须加强对农民负担费用和劳务的规范化、法制化管理。"

9 月 30 日　《社会主义时期中共寒亭党史工作总体规划》出台。

11 月 12 日　区委、区政府印发《关于寒亭区党政机关机构改革方案》。改革后，区委工作部门设置 5 个，政府工作部门设置 24 个。

12 月 14 日　区委、区政府印发《关于寒亭区事业单位改革实施方案》。

同年　寒亭区全国"三八"红旗手李英芳作为全国 6 名植棉女能手之一出席全国棉花工作会议。

1994 年

1 月 11 日　市委副书记、市长王大海率领参加全市经济工作会议的市直部门负责人，县市区长、分管工业的领导及经委主任共 100 余人，到寒亭区齿轮箱厂、集装箱厂、二棉等企业参观考察。

1月18日 11时18分，寒亭区举行“渤海电视”开播仪式。

1月27日 寒亭电力大厦举行落成典礼。

2月22日 省委、省政府授予寒亭区“全省信访工作先进单位”称号。

同日 《法制日报》头版头条刊登《把钱用在正道上》文章，介绍寒亭区依法减轻农民负担经验。

3月10日 寒亭区首家股份制农村合作基金会在双杨店镇成立。

3月25日 中央电视台记者到寒亭区双杨店镇采访依法减轻农民负担情况。

4月19日 全国政协副主席钱伟长考察杨家埠年画与风筝制作。

4月21日 日本德岛县那贺川町访问团一行21人，到寒亭区进行友好访问。

5月18日 市委书记齐乃贵到寒亭考察固堤镇西瓜、泊子乡皮革加工、百万吨盐田开发建设及河滩镇、朱里镇“一乡一业”农业产业化发展情况。

同日 山东省人民政府批复同意将潍坊市农业高新技术开发园区列为省级农业高新技术开发示范区。

6月23日 山东省人民政府批复同意潍坊市农业高新技术开发示范区挂名“潍坊市北京大学生物技术开发区”。

7月25日 张氏镇张金杨孟村、孙家杨孟村更换256门电话数字程控交换机，安装电话160多部，成为全区首批“电话村”。

8月3日 世界银行官员肯林到寒亭区检查世界银行贷款对虾养殖项目。

8月13日 固堤镇入选潍坊市首批重点镇。

8月29日 以埃及农业部棉花研究室主任任泽德为团长的棉花专家代表团对寒亭区棉花生产状况进行实地考察，并就棉花良种繁育体系建设、病虫害防治等进行学术交流。

9月2日 全区住房制度改革全面推开。

9月8日 区国税局、地税局同时举行挂牌仪式。

10月5日 央子镇与胜利油田化工实业公司潍坊鲁源化工总公司合资700万元开始筹建800吨溴素项目。

10月9日 寒亭籍运动员高蓓蓓在广岛亚运会女子双人500米皮划艇比赛中，与队友赵晓莉勇夺冠军，为中国代表团夺得第68枚金牌。

10月31日 国家计委批准，增加潍坊生物技术开发园区为国家级农业高科技示范区。

10月30日至11月1日 胡岗代表寒亭区委、区政府在全国农民负担监督管理工作会议上作《依法管理农民负担，保护农民利益，促进农村经济发展》发言。寒亭区被农业部等五部委定为全国农民负担监督管理改革试点10个示范县（市、区）之一。区农委副主任、经管站长臧发禄被评为“全国农民负担监督管理先进工作者。”

11月10日 16时32分，市属卫生职工中专学校教学楼发生爆炸，当场死亡5人，伤26人。

12月20日 寒亭区工商联合会第一届会员代表大会在寒亭宾馆召开，到会代表73名。

12月21日 寒亭区农村保险互助会成立。

1995年

1月22日零时 寒亭区电话号码6位升至7位，在原6位电话号码首位前加“7”。

1月25日 美国、韩国经贸考察团一行6人，对寒亭皮革、木器及工艺品等项目进行为期2天参观考察。

2月25日 寒亭一中创建省级规范化学校工作通过山东省教委规范化学校验收组检查验收。

3月6日 胡岗任中共潍坊市寒亭区委书记。

3月14日—16日 区十三届人大三次会议在寒亭宾馆召开。

3月25日—28日 中共潍坊市寒亭区第九次代表大会在寒亭宾馆召开。

3月28日 中央电视台第二套节目播出寒亭

区人民法院依法减轻农民负担专题片。

3月30日　省委副书记、副省长陈建国到寒亭区检查酵素菌生产和普及推广工作。

4月18日　中外合资朱里北港渼金港食品有限公司开业。

4月20日　全国人大常委会原副委员长廖汉生到杨家埠参观考察。

5月30日　投资1300万元的寒亭区市内电话独立局和移动通信基站正式开通。

6月5日　《人民日报》以《寒亭区农村经济新景》为题，介绍寒亭区对农村经济实行企业化管理经验。

6月20日　寒亭区通用化工厂宣告破产，为《中华人民共和国企业破产法》颁布实施后寒亭区首家破产企业。

11月19日—22日　省政府“两基”工作评估验收团到寒亭区对基本普及九年制义务教育、基本扫除青壮年文盲工作进行检查并通过评估验收。

11月28日　中国国民党革命委员会寒亭支部成立。

12月18日　寒亭区农村信用联社暨营业部成立。

1996年

1月24日　寒亭区被评为全省信访工作先进单位。

2月13日　区文化局与济南市五龙潭公园在济南联合举办“首届潍坊风筝和木版年画展”。

3月20日　区人武部收归军队建制。

3月22日　省委常委、政法委书记张惠来到寒亭区考察指导依法管理农民负担工作。

4月6日　区经济开发投资总公司与韩国三陈株式会社合资兴建具有国际星级标准的涉外饭店潍坊华洋大酒店举行开业典礼。

4月17日　《潍坊杨家埠年画全集》首发式在华洋大酒店举行。

4月19日　德国国际拓展公司经理帕嘎尼和德国霍贝卡门窗公司经理佛燕阁率领德国经贸代表团到寒亭考察。

4月20日　全国人大常委会副委员长王光英到寒亭区视察并参观杨家埠木版年画、风筝，为潍坊年画博物馆题写馆名。

5月8日　中国华能集团公司副董事长王传剑一行10人，到寒亭区电缆厂参观考察并就有关经济合作项目进行商洽。

5月15日　寒亭区被授予山东省社会文化先进县称号。

5月18日　美国联合技术公司“美联工业园”奠基仪式暨潍坊联合纺织有限公司开业典礼在潍坊市经济技术开发区举行。

5月26日　由富华游乐园到寒亭区河滩镇的市内21路公交线路正式开通。

6月2日　团中央“服务万村行动”检查团到寒亭区高里镇瓜果服务公司以及后沟村、西营村、河南村、张庄村青年示范基地检查指导工作。

6月6日　山东省1995年度百项重点技改项目——潍坊天华不锈钢管项目正式建成投产。

6月12日—13日　北京大学校长吴树青带队到寒亭区参加工作座谈会，商讨生物技术开发园区工作事宜。

6月28日　区委在影剧院召开庆祝中国共产党建党75周年暨先进事迹报告会，表彰1995年度十佳先进基层党组织和十佳优秀共产党员，并邀请部分优秀共产党员作先进事迹报告。

7月1日　列入全市重要基础设施建设项目的北环路寒亭段破土动工。西起双杨店镇王固庄村，东至央赣线，全长14.1千米，路面宽26米。

同日　区供销社多年研究提纯复壮棉花新品种“鲁9426”，被省农作物品种审定委员会正式命名为“鲁棉14号”。

7月2日　潍坊第二棉纺织厂喷气织机项目竣工投产。

8月14日　潍坊经济技术开发区移交寒亭区管理交接仪式在潍坊高新技术产业开发区管委会举行。

8月23日 寒亭区委、区政府召开推行国家公务员制度动员大会。

9月5日 寒亭区被山东省委、省政府评为省小康县。

9月20日 全国政协原副主席吕正操参观杨家埠风筝和木版年画，并题词“直上云霄缚苍龙”。

10月19日—20日 由省建委、省规划设计院、省建工学校、省城镇设计院、市建委、市规划国土局18名专家及领导组成的评审委员会，评审通过省级重点小城镇固堤镇总体规划。

10月22日 区保险公司正式分设为寒亭区中保财产保险有限公司和寒亭区中保人寿保险有限公司。

10月25日 日本日向市友好代表团140余人到寒亭参观杨家埠民俗旅游区。

11月29日 全区农村集中教育整顿动员大会在寒亭宾馆召开，传达《全区农村集中教育整顿实施意见》，安排部署教育整顿工作。

12月1日 日本山口县文物交流团到寒亭区参观杨家埠年画展室和年画作坊，并决定1998年在日本山口县举办杨家埠木版年画展。

1997年

1月1日 寒亭区1996年财政收入突破亿元大关。

同日 全国第一次农业普查开始，寒亭区农业现场登记工作全面展开。

1月9日 潍坊瑞祥纺织集团有限公司成立，省、市、区领导及国内外客户2000余人参加大会。

1月18日 中国农业发展银行寒亭区支行成立。

3月8日 潍莱高速公路寒亭段开工动员大会在朱里镇召开。

3月15日 山东电影制片厂与寒亭区委、区政府联合录制电视剧《杨家埠的故事》在杨家埠村开机。

3月24日 省委书记赵志浩到寒亭区张氏镇宋家庄子村、大辛庄村就依法减轻农民负担问题进行调研。

4月6日 副省长陈抗甫到寒亭区考察潍莱高速公路工程寒亭段进展情况。

4月12日 区委、区政府与中南海南苑出版社联合出版的《潍坊风筝全集》首发式在华洋大酒店举行。

4月15日 省高级人民法院院长宇培杲到寒亭区考察依法减轻农民负担和依法参与社会综合治理情况。

4月17日 寒亭区海外联谊会成立。

4月18日 国务院台办副主任李炳才到潍坊经济技术开发区、华东纺织有限公司、华明拉链厂考察。

4月20日 全国人大常委会副委员长布赫到杨家埠参观考察民间年画和传统风筝扎制。

同日 全国政协副主席何鲁丽到杨家埠参观考察。

5月2日 副省长邵桂芳到寒亭区考察依法管理农民负担及中央13号文件贯彻落实情况。

5月19日—21日 全区考录公务员和机关工作者面试工作在寒亭宾馆举行。全区431名报考者经过省市统一组织的公共科目笔试、面试，为全区16个区直部门选拔出工作人员32名。

5月21日—23日 高里镇团委作为全国唯一乡镇代表参加团中央在日照市召开的全国共青团领办科技推广项目现场研讨会，并作《领办项目兴产业，营销带动促发展》工作汇报。

7月23日 寒亭区被国家科委命名为“全国科技工作先进县”。

8月1日 省委副书记陈建国率省委办公厅、省委政研室、省农业厅、省民政厅、省农委等部门领导到寒亭区张氏镇考察调研。

8月21日 香港广播电视有限公司、香港邵氏影业公司董事长邵逸夫一行59人，到寒亭区参观杨家埠风筝、年画及古民居景点。

8月27日 潍坊国际集装箱中转站开工典礼在潍坊经济技术开发区举行。此中转站是国家确定的青岛至郑州国际集装箱联运线上的重要枢纽，占地200亩，总投资4500万元。

同日 寒亭区崔家央子村西1千米处央赣公路白浪河特大桥正式破土动工。桥全长530.46米、宽24.5米。

9月9日 寒亭区实验小学、潍坊师范附属小学综合办公楼及教师公寓正式落成。

11月14日 中央电视台《经济半小时》节目，专题报道寒亭区依法减轻农民负担工作。

同日 寒亭区第一家股份制商业银行——潍坊市城市合作银行寒亭支行成立。

11月15日 省委副书记、副省长宋法棠到寒亭区调研台商独资企业华东纺织有限公司和潍坊瑞祥集团公司。

11月21日 国务委员兼国家计生委主任彭珮云到寒亭区视察计划生育工作。

12月18日 中国银行寒亭支行成立。

1998年

1月6日 王永兴任中共潍坊市寒亭区委书记。

1月16日—20日 政协寒亭区第六届委员会第一次会议在寒亭宾馆召开。

1月17日—21日 寒亭区第十四届人民代表大会第一次会议在寒亭宾馆召开。

2月14日—17日 中共潍坊市寒亭区第十次代表大会在寒亭宾馆召开。

2月18日 省委副书记李文全，在市委书记曹学成、市委副书记王立福等陪同下调研寒亭区工作。李文全对寒亭区通过转变干部作风、实施“民心工程”的做法给予充分肯定。

3月7日 山东省卫生防疫站等级评定团对寒亭区卫生防疫站评审验收，认定寒亭区卫生防疫站达到卫生部制定的县一级卫生防疫标准。

3月11日 由寒亭区主办的“杨家埠年画暨书画展”在中央美术馆开展，展览展出年画精品100多幅、书画作品50余幅。

3月28日 “维护军人军属合法权益巡回法庭暨维护军人军属合法权益法律咨询服务站”举行揭牌仪式。

5月17日 省委常委、省纪委书记谭福德到寒亭区调研“民心工程”实施情况。

5月31日 参加全市农业生产现场会的市领导曹学成、王玉芬、迟昭厚、房忠昌、王光明、张建国、张文玉及市直部门负责人，到寒亭参观泊子乡万亩荒地开发、小麦生产，固堤镇大棚西瓜种植区，寒亭镇玉米套种、植树造林、农业科技等现场。

6月11日 副省长邵桂芳到寒亭视察泊子乡万亩荒地开发项目，听取高秆菠菜开发情况介绍。

6月13日 山东省寒亭粮食储备库挂牌仪式在寒亭粮食公司举行。

7月6日—7日 中纪委农民负担工作调查组到寒亭区与区纪委、法院、经管局等部门进行座谈，到张氏镇、泊子乡实地考察依法管理农民负担做法。

7月21日 中纪委办公厅调研组到朱里镇考察“民心工程”实施情况。

9月5日 寒亭区重点工程建设项目引峡济寒供水工程举行奠基仪式。

9月10日 寒亭区邮电局举行邮政、电信分设大会，正式设立寒亭区邮政局和寒亭区电信局。

10月2日 副省长陈延明到寒亭区检查指导秋种工作。

10月27日 潍禾示范农场项目开工，项目由市政府与以色列政府合作建设，规划占地70公顷，总投资425万美元，是国内首个商业性示范农场。

11月1日 市委副书记、市长王玉芬检查引峡济寒工程及南孙、肖家营、泊子三乡治荒现场和固堤、河滩等乡镇畜禽养殖业。

11月4日 全国政协原副主席、中共中央党史研究室主任胡绳到杨家埠参观考察。

12月30日 全区“148”指挥中心成立揭牌暨寒亭区“148”法律服务专线开通仪式在区司

法局举行。

1999年

1月9日　国家计生委主任张维庆到寒亭区固堤镇计生办和大张家埠村考察指导计划生育工作。

1月　寒亭区开始统一实行企业职工基本养老保险制度。

2月6日　寒亭区举行引峡济寒供水工程通水仪式。工程总投资5500万元，输水管道总长185千米，日供净化水2万吨。

2月28日至3月2日　中央电视台《人口天地》栏目，以《冬天里的春意》为题，相继对寒亭区计划生育工作专题报道。

3月30日　寒亭区印发《关于切实做好延长土地承包期工作的意见》。意见规定“实行均人均田，延包期三十年”村集体除留取不超过5%的机动地之外，其余全面承包到各农户。

5月13日　新华社以《当村民代表先学法》为题，介绍寒亭区对村民代表进行系统法律培训，全面提高村民代表素质的做法。

5月26日—28日　省政协八届六次常委会议在潍坊召开。寒亭区作为“民心工程”发源地，被会议确定为典型发言单位和参观现场。26日，区委书记王永兴和朱里镇党委书记于金钟就寒亭区实施民心工程情况先后发言。

6月26日　司法部部长高昌礼等一行14人到寒亭区考察调研依法减轻农民负担情况。

9月2日　被授予“全国优秀青年卫士”称号的区公安分局民警刘汉波，参加全国公安保卫战线英雄模范代表大会。

9月　“潍县”牌高脚青萝卜、“杨家埠”牌小型风筝被评为1999年中国国际农业博览会金奖产品。

10月2日　市委书记曹学成到寒亭区调查了解市场建设和企业改制情况。对寒亭区市场建设投资多元化和企业改制不求所有、唯求其活做法给予肯定。

10月16日　寒亭区重点项目办公室与中国运载火箭研究院第十五所签订《建立长期基地式经济技术合作协定》。

10月31日至11月2日　寒亭区面向社会公开考选科级经济后备人才，288人参加考选，最后选定48人进行考察培养。

11月13日　司法部《司法行政工作简报》第二十期以《“寒亭经验”是司法行政部门参与管理农民负担的有力举措》为题全面介绍寒亭做法，国务院副总理温家宝在简报上签署批阅意见，司法部部长高昌礼作出批示：“家宝同志对这个经验是十分重视的，可否考虑召开一次依法减负座谈会，找一些典型在会上介绍一下经验。如有建议，可向中央报。”

11月24日　杨家埠年画社与德国东方奥利富国际有限公司合资的潍坊杨家埠民间文化艺术品有限公司成立。

12月28日　寒亭区最大区属国有企业潍坊瑞祥集团完成改制，组建为潍坊瑞祥纺织有限责任公司。

2000年

3月31日　副省长陈延明到寒亭区供水中心检查指导工作。

4月7日　以葡萄牙大使佩德罗·卡塔里诺为团长，德国、法国、英国、意大利等14个欧盟成员国组成的欧盟使节团到杨家埠参观年画和风筝制作。

4月8日　中国潍坊杨家埠民间艺术研究院成立。

5月　寒亭区被文化部命名为“中国民间艺术之乡”。

6月15日　区委在寒亭宾馆召开全区领导干部“三讲”教育总结大会。

6月24日　市委副书记、市长王伯祥到潍坊北港检查指导工作，对寒亭区央赣线北段、大港路建设所做工作给予充分肯定。

7月2日　以南非共产党中央政治局委员萨

姆森·曼塔谢为团长的南非共产党高级干部代表团一行11人到杨家埠参观访问。

7月12日 寒亭区对潍坊金河食品有限公司等5家个体私营企业实行挂牌重点保护。

7月16日 日本高知县中国问题研究会会长高桥正六到杨家埠参观考察。

8月13日 世界旅游组织旅游规划专家彼得森·维拉隆·萨马瑞雅克到杨家埠参观考察。

8月 杨家埠民俗大观园从民间征集到流失多年的由杨家埠民间艺人创作的清代木版刻印《天下十八省》地图。

9月22日 寒亭区农网建设与改造重点项目——央子盐场110千伏输变电工程正式投入运行。

10月17日 寒亭区与河北省辛集市缔结为友好城市。

10月18日 河北辛集皮衣皮具潍坊寒亭专业市场开业。

10月20日 南京华艺音像有限公司与台湾卓越传播公司摄制组到杨家埠对风筝扎制和试飞过程进行实景拍摄。电视专题片《大陆名城之旅·潍坊》在台湾中华电视台《大陆名城之旅》专栏播出。

11月1日—10日 第五次全国人口普查入户登记正式开始，寒亭区1919名普查员和普查指导员逐户进行普查登记。全区划分普查小区1322个，普查区418个；90%的户填写普查短表，共29项指标，10%的户填写普查长表，共83项指标。

12月9日 寒亭区在北京人民大会堂举办招商会，邀请中外贵宾及客商107人，达成合作意向项目16个，签订合作协议项目4个。

12月17日 潍坊市第三建筑工程公司通过中建协专家组ISO 9002质量体系认证审核，成为寒亭区首家通过ISO 9002质量体系认证企业。

12月 中国农工民主党寒亭支部成立。

2001年

1月2日 寒亭区“三个代表”重要思想学习教育活动动员大会在寒亭宾馆召开。

3月21日 俄罗斯奥伦堡州立法会议主席格里戈里耶夫·瓦列里·尼古拉耶维奇率代表团一行6人到杨家埠参观考察。

4月27日 寒亭区经济贸易合作恳谈会在青岛举办，国外政府机构及港澳地区青岛办事处官员、国外部分企业代表、青岛部分企业代表共100余人参加恳谈会。

5月6日 市委副书记、市长王伯祥到寒亭区检查指导招商引资和工业发展情况。

5月11日 台湾中华书法访问团一行60人到杨家埠参加潍坊国际碑林台湾台北艺园首期工程竣工开业典礼。

5月24日 副省长林廷生到杨家埠考察文化旅游工作。

6月16日 旺旺集团在寒亭区设立潍坊瑞麦食品有限公司，签约仪式在寒亭宾馆举行。

7月13日—14日 区委副书记、区长李世光带领部分区级领导干部，有关部门、各乡镇主要负责人，到莱州、龙口、莱阳、高密四市学习考察。

7月18日 区委在寒亭宾馆召开十届七次全委（扩大）会议，深入学习江泽民在庆祝中国共产党成立80周年大会上的重要讲话，贯彻落实省、市全委会议精神，研究部署寒亭区基层党组织建设任务措施。

8月2日 寒亭区盐及盐化工产业协会成立大会在寒亭宾馆举行。

11月3日 省委副书记陈建国到寒亭区就搞好村级“三个代表”重要思想学习教育、县乡机构改革和基层党组织建设进行调研。

11月15日 中国文联副主席冯骥才到杨家埠参观考察。

12月1日 省旅游局局长李德明带领全省各地市旅游局局长到杨家埠参观考察寒亭区借风筝

年画搭台、经济唱戏做法。

2002年

1月8日 中国民主促进会寒亭支部成立。

1月11日 区委、区政府印发《寒亭区区级党政机关机构改革实施意见》。改革后，区委工作部门设置7个，部门管理机构设置2个；政府工作部门设置20个。

1月13日 寒亭区区乡机构改革动员大会在寒亭宾馆召开。

1月18日 潍坊亚星工业园一期工程奠基仪式在潍坊寒亭经济技术开发区举行。

2月4日 联合国教科文组织、中国民间艺术家协会授予杨家埠年画老艺人杨洛书“民间工艺美术大师”荣誉称号，杨洛书成为全国第十七位获此殊荣的艺术家。

2月21日 区委、区政府在寒亭宾馆召开全区招商引资总结表彰大会，表彰奖励2001年招商引资引荐人、招商引资工作和部门年度工作考核先进单位和先进个人，安排部署2002年招商引资工作。

3月28日 寒亭特色邮资信封发行。

3月 寒亭街道毛家埠村发现一座东汉时期石刻墓群。

4月1日 杨家埠民俗大观园举行“齐鲁民间文化游”潍坊杨家埠分会场开幕式。

5月29日 《农民日报》一版刊发《寒亭大力推行涉农收费公示制》消息。

6月24日 区政府公布寒亭区10处第一批区级文物保护单位：徐幹墓、狄青墓、禹王台、狮子行遗址、滕家官庄遗址、长墓田遗址、西李家埠遗址、南仲寨石坊、于氏宅院古建筑群、南港渎遗址。

7月22日 《人民日报》以《一栏一站一热线》为题，在十一版头条刊发调查报告并配发编者按，介绍寒亭区推行涉农收费公示制，切实维护农民利益，密切干群关系的经验和做法。

8月8日—9日 中共潍坊市寒亭区委理论学习中心组读书会在区政府招待所举行。读书会自7月中旬开始，区级领导班子和各乡镇、区直各部门学习江泽民总书记“5•31”讲话等一系列重要论述。其间，利用3天时间组成党政考察团到胶南、城阳、文登、福山等地参观学习，并进行大会交流发言。

8月 潍坊经济技术开发区引进潍坊亚星集团、市投资公司、市城建公用事业集团、山东省电力工程咨询院共同投资兴建的潍坊第二热电有限公司项目开工。

10月6日 区委、区政府召开重点项目建设观摩调度会议，区委书记王永兴带领区委、区人大、区政府、区政协、区人武部领导，部分区经济主管部门负责人先后到寒亭花卉苗木基地、206国道寒亭段拓宽改造项目、农业高科技走廊开发项目等13个重点项目现场观摩，听取情况汇报。

10月15日 市政协主席迟昭厚、副主席赵俭、王金卓带领各县（市、区）政协主席到寒亭考察民营企业和外资企业发展情况。

12月11日 市委书记曹学成，市委常委、秘书长鞠法昌到寒亭检查指导招商引资和旅游开发工作，先后到豪兴木制品、环宇高压开关、新立拉链、亚星工业园、杨家埠旅游开发区、双杨店镇朗冬食品进行检查指导。

12月30日 李世光任中共潍坊市寒亭区委书记。

2003年

1月8日 固丰路白浪河大桥正式通车。

1月13日—15日 中共潍坊市寒亭区第十一次代表大会在寒亭宾馆召开。

1月16日—20日 区政协寒亭区第七届委员会第一次全委会议在寒亭宾馆召开。

1月18日—22日 区第十五届人民代表大会第一次会议在寒亭宾馆召开。

1月22日 新华社以《古老年画放异彩》为题，编发新闻图片通稿，介绍寒亭区保护发掘杨家埠木版年画情况。

1月 省重点建设项目、总投资14.2亿元的大莱龙铁路寒亭段全线贯通。

3月1日 幸福路综合改造动员会议在区政府礼堂召开。工程南起通亭街、北至北环路，全长2650米。

3月6日 副省长陈延明到潍坊金河食品有限公司检查指导工作。

3月10日 全区机关人员轮岗工作会议在寒亭宾馆召开，要求区、乡两级机关20%人员走出机关，领办、创办民营经济组织或专职招商。

3月25日 市政府下发《潍坊市人民政府关于潍坊经济技术开发区名称使用等有关问题的通知》，决定“原潍坊经济技术开发区的名称和牌子由潍坊市农业高新技术开发区使用”，“潍坊经济技术开发区”正式挂牌。

4月1日 潍坊市委、市政府研究决定，潍坊经济技术开发区更名为潍坊市寒亭区经济技术开发区。

6月27日 市委副书记、市长张新起到杨家埠旅游开发区就加快民俗旅游开发进行专题调研。

7月31日至8月9日 区委书记李世光带领部分乡镇（街道）和区直有关部门、企业的30多名主要负责人赴温州、张家港、上海等地开展招商活动，签署合同、协议和意向项目18个。

9月26日 昱合宰杀冷藏、温亭花苑、恒联集团生活用纸等5个投资过5000万元，以及潍坊强力船舶用品有限公司等10个投资过1000万元的重点项目在寒亭宾馆集中举行开工（开业）仪式。

9月29日 寒亭区博物馆举行开馆仪式。

11月20日 中共中央原政治局委员、军委副主席、国防部部长迟浩田到杨家埠参观考察。

11月 潍坊海龙股份有限公司工业园在央子镇正式开工建设。海龙工业园占地2000亩，投资686亿元，用于无纺布、热电厂、586万吨离子膜烧碱项目建设。

12月25日—26日 中国民间文化遗产抢救工程全国木版年画中期推进会在寒亭宾馆召开。全国政协常委、中国文联副主席、中国民间文艺家协会主席、中国民间文化遗产抢救工程工作委员会主任冯骥才，俄罗斯国家院士李福清，著名年画研究专家薄松年及中国民间艺术家协会、有关出版社的代表出席会议。

12月30日 区计划生育妇幼保健中心大楼举行落成典礼并正式投入使用。总投资800万元，主体建筑面积4200平方米。

2004年

1月4日 山东海龙股份有限公司举行年产4万吨黏胶短纤维工程奠基仪式。

1月12日 潍坊瑞麦食品扩建项目——旺旺工业园项目签字仪式在寒亭宾馆举行。项目主要生产销售果饼类系列产品，总投资300万美元，占地100亩。

1月16日 寒亭区新华书店综合营业楼正式投入使用。营业楼投资240万元，建筑面积2000平方米。

1月 杨家埠被评为山东省首批历史文化名村，建于明代的“吉兴号”年画作坊和“恒顺号”年画作坊，被列为省级文物保护单位。

2月9日 香港《文汇报》以《年年有画》为题刊发整版新闻，详细介绍杨家埠木版年画发展历史和现状，并对寒亭区挖掘开发木版年画民间艺术，加快杨家埠旅游资源开发有关情况进行深入报道。

3月29日 省科协授予寒亭区“全省科普示范城区”称号。

3月31日至4月2日 区委书记李世光，区委副书记、区长张小梅率团赴沪招商引资。共推介招商项目35个，会见客商100余人；达成投资意向20个，投资额11亿元;签订合同项目8个，合同利用外资额4.7亿元。

4月8日 区委书记李世光，区委副书记、区长张小梅率团在青岛海天大酒店举行寒亭区经济贸易青岛恳谈会。共签约项目14个，计划总投资 2.71 亿元。

4 月 17 日 “旺旺杯”风筝年画艺术展在旅游文化商品城开展，陕西省户县农民画、潍坊风筝、杨家埠木版年画、高密扑灰年画等民间艺术珍品参展。

同日 寒亭区与陕西省户县缔结友好县区签字仪式在寒亭宾馆举行。

4 月 18 日 首届杨家埠风筝年画艺术节在杨家埠大观园开幕。天津杨柳青、苏州桃花坞、四川绵竹、河北武强等 10 多个年画产地代表和民间艺术工作者，中央和省市新闻媒体记者以及各界代表、群众近万人参加。

4 月 20 日 国际奥委会委员、中国奥委会名誉主席何振梁到杨家埠参观考察。

同日 首届杨家埠风筝年画艺术节重点项目集中签约仪式在寒亭宾馆举行，签约潍坊新港船舶燃料、森兴家纺、佳元机械制造、鲁元建材等 11 个重点项目，总投资 5.57 亿元。

同日 136 位世界风筝小姐到杨家埠民俗大观园参观巡游。

5 月 23 日 乌干达全国抵抗运动组织经济考察团一行 3 人在乌干达经济局局长爱兹拉·苏姆玛带领下，到潍坊昱合食品有限公司和节水灌溉项目区参观考察。

6 月 16 日 新海路改扩建工程全部完工，省道 320 线全线通车，寒亭收费站正式投入使用。

6 月 杨家埠风筝厂注册“杨家埠”牌风筝，被省工商局认定为“山东省著名商标”。

6 月 30 日至 7 月 3 日 寒亭区代表潍坊市参加全国第一届国际服务业大会和展览会，展示年画、风筝、景泰蓝等潍坊民间工艺产品，参会人员受到温家宝等党和国家领导人接见。

7 月 23 日 潍坊市重点建设项目 220 千伏寒亭输变电工程奠基仪式在寒亭街道南营村举行。

8 月 27 日 寒亭籍运动员邢慧娜参加第 28 届夏季奥运会女子 10000 米决赛，以 30 分 24 秒 36 成绩获冠军，实现中国奥运史上女子 10000 米金牌零的突破。

8 月 30 日 寒亭区举行重点项目集中开工奠基仪式。亚星二期、十笏园食品、沃尔特化工、圣德制药、森兴家纺、辰隆建材、元林木业、亨大景观灯、北大生态园、德维塑胶、锦泰装饰 11 个项目，总投资 26.88 亿元。

9 月 1 日 第十届鲁台会寒亭区项目签字仪式在寒亭宾馆举行。台湾永记股份有限公司与央子镇政府签订计划总投资 700 万美元新型涂料项目，台湾英特耐国际事业股份有限公司与区招商局签订分别计划投资 3500 万美元和 500 万美元的城市垃圾焚化项目、生物肥料项目。

9 月 寒亭区被省文化厅评选命名为山东省民间风筝年画艺术之乡。

11 月 26 日 潍坊金河食品有限公司生产的“亚王”牌冷冻分割肉鸭被山东省名牌战略推进委员会、山东省质量技术监督局定为名牌产品，成为寒亭区的第一个“山东名牌”产品。

12 月 5 日 18 时，潍坊港口变电站正式投入运行，结束自 1998 年建港以来一直用柴油机发电历史。变电站投资 650 万元，架设 35 千伏线路 3.7 千米，埋设 35 千伏电缆 9.3 千米。

12 月 24 日 潍坊百大绿洲生态园餐饮广场开业。项目占地 2.5 万平方米，建筑面积 1 万平方米，总投资 3000 万元。

2005 年

1 月 1 日 开展第一次全国经济普查。寒亭区 900 多名普查工作人员开始对机关、社团、企事业单位以及其他法人组织进行入户登记。

1 月 16 日 区委召开保持共产党员先进性教育活动动员大会，对全区开展保持共产党员先进性教育活动进行安排部署。

1 月 2003—2004 年度中国民间文化遗产抢救工程十大要闻揭晓，《中国木版年画·杨家埠卷》示范本被评为十大要闻之一。

1 月 全区 1300 多名村干部固定补贴由区财政统一拨付。

2 月 2 日 《杨家埠木版年画》特种邮票首发式在杨家埠民俗大观园举行。一套 4 枚，即《门神》《天女散花》《喜报三元》《连年有余》。外加小全张一枚。首发式同时发行《杨洛书个性化邮票》一套。

2月 国家人口计生委和省委、省政府授予寒亭区“省级计划生育优质服务先进县”称号。

3月21日 中国民间文艺家协会在北京人民大会堂展示以《中国木版年画集成·杨家埠卷》为代表的中国文化遗产抢救工程重大成果。

4月14日 《中国木版年画集成·杨家埠卷》发行仪式在寒亭宾馆举行。

4月20日 联合国教科文组织国际信息化学院摩尔多瓦分院在杨家埠民俗大观园举行仪式，授予杨家埠年画艺人杨洛书名誉博士称号。

4月26日 潍县萝卜协会在河滩镇挂牌成立。

5月 由杨家埠木版年画社等单位联合编纂的精装《清代原版杨家埠年画集》正式出版发行。

6月15日 潍坊亚星乐天化工有限公司年产4万吨氯化聚乙烯项目投产仪式在寒亭经济技术开发区举行。项目由潍坊亚星化学股份有限公司和韩国湖南石油化学株式会社共同投资兴建，总投资2914万美元，主要生产氯化聚乙烯及相关化学产品。

8月12日 寒亭区第三人民医院正式投入运营。

8月13日 山东海王化工有限公司12万吨离子膜烧碱项目暨寒亭区供电公司海能热电联产项目奠基仪式在寒亭海洋化工开发区举行。

8月 滨海项目区路网工程启动，滨海新城起步区19.67平方千米，以新海路和央赣线为轴线，拟建设四横八纵12条道路，路网长度48千米，占地5193.6亩，合计投资4.57亿元。

9月14日 寒亭区新影剧院奠基开工。工程总建筑面积7000余平方米，一层和地下层为商场，二层为可容纳千余观众的丙级影剧院。项目总投资1200万元。

9月16日 华元商贸城举行开业庆典。总投资3600万元，占地3.7万平方米，建筑面积2.3万平方米。

9月26日 总投资24亿元的滨海石油化工项目和总投资1.6亿元的潍坊佳德生物制药项目在潍坊滨海项目区举行开工奠基仪式。

10月1日 寒亭区开始换发第二代居民身份证。

11月8日 寒亭区消防站建成并投入使用。以山东海龙股份有限公司消防队车辆装备和人员为基础，设置“119”火警接出警系统，配备3辆消防车、28名消防队员。

11月29日 寒亭城区治安防控体系街面巡逻正式启动。按每个巡控区一辆警车标准，对城区主要街道、广场、公共聚集场所等治安复杂区域实行24小时流动巡逻、定点执勤。

11月 《潍坊市寒亭区地名资料汇编》出版。

12月8日 荣乌高速公路潍坊连接线（央赣线）正式通车。

12月10日 中共潍坊市寒亭区十一届十一次全委（扩大）会议在寒亭宾馆召开。会议深入学习贯彻中共十六届五中全会、省八届十一次全委会议和市九届八次全委会议精神，听取区委常委工作报告，审议《寒亭区国民经济和社会发展第十一个五年总体规划纲要（草案）》，研究部署“十一五”时期经济社会发展的任务措施。

2006年

1月13日 马来西亚森达美集团总裁祖比、能源部总经理苏克礼、中国地区总裁吕德胜一行3人，就轮胎、热电等项目的确认和定点，到潍坊滨海项目区进行考察。

2月12日 由国家发展改革委、文化部、财政部等九部委共同主办的中国非物质文化遗产保护成果展在中国国家博物馆展出，寒亭区杨家埠木版年画入选并参展。

2月20日 寒亭区召开“抢滩渤海湾，打造金海岸——走进滨海项目区”项目建设推介会，来自国内外的百余家大化工集团公司、中外投资服务机构，以及知名企业、财团负责人参加，有

60多个项目达成协议或意向。

4月1日 马来西亚国家投资公司主席萨吉率领的马来西亚国家政府特大型企业高层访华团一行16人，到寒亭区参观访问并参加潍坊森达美港液体化工专用泊位启动工程剪彩仪式。

同日 全区新型农村合作医疗制度试点工作正式实施。到年底，全区参加新型农村合作医疗农民达到240782人，占全区农民人口总数的92.99%。

4月14日 首届杨家埠年画风筝旅游纪念品设计大奖赛在寒亭宾馆举行。活动共收到设计作品100余件，一等奖空缺，木版雕刻寿星、杨家埠年画邮票、龙头蜈蚣看盘、年画扑克、苏绣年画、福禄寿喜看盘，分获二、三等奖。

4月 经国家发展改革委审核，确认潍坊经济开发区为省级开发区，更名为“山东潍坊经济开发区”。

5月13日 中央电视台中文国际频道《走遍中国》栏目组进驻杨家埠，摄制《杨家埠木版年画》专题片。

6月11日 在广州举行的全国残疾人田径锦标赛上，代表潍坊市参赛的寒亭区央子镇丰台村杨国敬在女子组F37级选手标枪比赛中，以25.37米的成绩打破该项目世界纪录（24米），并获体育道德风尚奖。

6月 杨家埠木版年画被国务院批准公布为第一批国家级非物质文化遗产名录。

7月12日 总投资2300万美元的德国朗盛亚星化学（潍坊）有限公司水合肼生产基地落成投产仪式在潍坊寒亭经济技术开发区举行。

8月16日 区公安分局民警孙邡完成为期8个月的赴海地维和任务，被联合国授予“和平勋章”，被公安部授予“和平勋章”并记一等功。

8月31日 中国国民党副主席江丙坤及夫人一行到滨海项目区参观考察。

9月1日 中国国民党中常委蒋孝严一行到杨家埠大观园参观考察。

9月8日 国富路竣工通车。南起309国道，北接富郭庄村，全长7千米，总投资300万元。

9月 寒亭区“村务公开民主管理信息网站”开通。

10月14日 欧洲小镇项目开盘仪式在潍坊国际金融大厦举行。欧洲小镇是美国百老汇集团在胶东半岛投资开发的首期项目，规划面积38万平方米，是寒亭区首家集住宅、办公于一体的大型居住小区。

10月15日 泊子乡荒碱地开发项目通过国土资源部专家验收组的检查验收。项目是寒亭区第一个国家级土地开发重点项目，总投资1022万元，于2005年10月开工建设，2006年4月竣工。项目新增耕地272.34公顷，新增耕地率64.16%。整平土地297.06公顷，动用土方59万立方米，开挖排水沟渠88782米，结合沟、渠、路，共建各种建筑物163座。

11月10日 以寒亭籍奥运冠军邢慧娜命名的希望小学在河滩镇狮子行村举行竣工落成仪式。“中国运动员邢慧娜希望小学”由中国运动员教育基金出资20万元援建，占地20亩，教室36间，办公室6间，可容纳学生560名。

12月16日 杨家埠民间艺术大观园通过国家AAA级旅游景区验收及AAAA级旅游景区初审。

2007年

1月5日 印度尼西亚金峰集团总裁林文光一行7人到潍坊滨海项目区参观考察。

1月18日—20日 中共潍坊市寒亭区第十二次代表大会在寒亭宾馆召开。

1月 寒亭区“潍县萝卜”通过国家质检局审查，获国家地理标志产品保护。

2月9日 山东省富硒农产品基地在寒亭区揭牌。

2月 区委、区政府提出年内为民办十件实事：一是全部免除城乡义务教育阶段学生杂费，逐步实行免费义务教育；二是实施“学龄前儿童饮用奶计划”计划，为全区3～6岁儿童免费供应适量牛奶；三是扩大新农合覆盖面，提高补偿比例，每人每年最高补偿限额由1万元提高到2万元；四是健全城镇职工基本医疗保险制度，由区财政补助相应医疗保险费用，将原区属国有集体企业和已改制的事业单位中，尚未办理退休和已办理退休、退职未加入职工基本医疗保险的人员，全部纳入职工基本医疗保障范围；五是建立城镇居民合作医疗制度；六是提高城乡低保保障标准；七是健全大病统筹、救助制度；八是实施“关爱老年人”行动；九是加大财政支持力度，确保村村通自来水，让全区城乡群众全部喝上安全、洁净的“放心水”；十是全面完成区乡道路大修改造。

3月5日 城区益新街、友谊路、寒朱路（民主街东段）3条道路改造工程同时开工建设。

4月6日 省委副书记、省长韩寓群到潍坊滨海项目区进行工作调研。

4月19日 海外知名华商考察团一行到寒亭区参观考察，海外华商寒亭创业园同时在滨海项目区正式挂牌成立。

4月26日 山东丽波日化年产25万吨洗涤剂搬迁扩建项目在潍坊滨海项目区举行奠基仪式。项目总投资9.1亿元。

同日 潍坊润华中孚汽车销售服务公司、上汽荣威销售服务中心寒亭润华汽车园开业。

5月10日 寒亭区邮政局城西营业分局获全国“巾帼文明岗”称号；农发行潍坊市寒亭区支行会计出纳部、区国税局城区分局获全省“巾帼文明岗”称号。

6月13日 寒亭区“运用现代网络手段深化村务公开民主管理”做法被授予“制度创新提名奖”，区委副书记、区长陈平在全国村务公开和民主管理理论研讨会领奖。

6月15日 山东省民间文化杰出传承人命名仪式在寒亭宾馆举行，杨家埠木版年画传承人杨洛书等19人被命名为首批山东省民间文化杰出传承人。

7月1日 民主街浞河大桥正式通车。桥宽27.6米，长42米。

7月9日 寒亭区事业单位全面实行人员聘用制度。

7月18日 潍坊华光精工设备有限公司印刷高精设备制造项目在寒亭经济开发区举行奠基仪式。项目占地6.8万平方米，总投资1.5亿元，主要产品为重型四色胶印机和印后自动化处理系统。

7月24日 区重点项目渤海市场一期工程举行开业仪式。市场集建筑装饰材料、铝型材、钢材经营于一体，占地50亩，总投资7500万元。

8月13日 寒亭区首批21个区直部门正式入驻第二办公地点滨海项目区并开始正常工作。

8月30日 山东省人民政府同意调整潍坊市寒亭区部分行政区划。撤销央子镇，以其原行政区域设立央子街道，办事处机关驻原央子镇政府驻地；撤销固堤镇、泊子乡，以其原行政区域设立固堤街道，办事处机关驻原固堤镇政府驻地；撤销双杨店镇、南孙乡，将其原行政区域并入高里镇，镇政府驻地不变；撤销河滩镇，将其原行政区域并入朱里镇，镇政府驻地不变。

8月 区政府公布第一批13项区级非物质文化遗产名录：杨家埠木版年画、潍坊风筝、猪鬃加工工艺、潍北抄纸工艺、张氏布玩具工艺、南孙草柳编工艺、三角埠熟牛皮工艺、根雕工艺、刺绣工艺、二月二龙抬头、盐神节、潍县庙会、富郭庄芥末鸡厨艺。

9月15日 央赣线跨荣乌高速立交桥建成通车。

9月16日 山东海龙股份有限公司年产4.5万吨粘胶短纤维工程举行奠基仪式。

11月21日 寒亭区被中国科学技术协会命名为全国科普示范县（市、区）。

12月10日—13日 政协寒亭区第八届委员会第一次会议在寒亭宾馆举行。

12月11日—14日 寒亭区第十六届人民代表大会第一次会议在寒亭宾馆召开。

12月22日 寒亭区人文自然遗产保护与开发促进会成立。

2008年

1月26日　停播十余年的寒亭人民广播电台重新恢复广播。

1月30日　寒亭区举行价格政策提醒会暨明码实价示范店授牌仪式。山东家家悦超市有限公司寒亭店、潍坊丰华医药有限公司中心药店等6个单位为寒亭区首批明码实价示范店。

1月　央子街道总投资235万元，百万吨盐场至西利渔村路桥工程建成通车。新建利民河桥主桥面长60米，宽6米，属漫水桥。

3月6日　陈平任中共潍坊市寒亭区委书记。

3月20日　寒亭区十六届人大二次会议在寒亭宾馆举行。陈平当选为区人大常委会主任，王培福当选为区政府区长，石铭奎、徐海涛当选为副区长。

3月30日　市委、市政府决定将潍坊经济开发区整体划归寒亭区管理，其名称、规格、单位性质不变，市委、市政府赋予的职权不变，内部机构和所属单位及市直有关部门设立的派出机构维持现状不变，经济、社会等各项指标、数据并入寒亭区上报，干部管理权限保持不变。将寒亭区固堤街道跨荣乌高速公路的报庄子村、前岭子村、北辛庄村、双庙子村和走马岭村5个村整体划归央子街道管理。调整后的央子街道由寒亭区整体划归潍坊滨海经济开发区管理，更名为潍坊滨海经济开发区央子街道，央子街道所属的机关事业单位整建制划归潍坊滨海经济开发区管理，寒亭区有关部门设在央子街道的派出机构，整建制移交滨海经济开发区相应部门。将寒亭海洋化工开发区整建制划归潍坊滨海经济开发区管理，原定副县级规格和编制员额不变，更名为山东潍坊滨海经济开发区先进制造业产业园管理委员会。

4月　海龙路进行高标准绿化提升改造。南起青银高速公路立交桥，北至潍高线，全长5300米，投资600余万元。

5月10日　区引峡济寒供水中心与自来水公司整合而成的寒亭区供水公司成立。

5月19日　寒亭区慈善总会成立。

5月23日　中国邮政储蓄银行潍坊市寒亭区支行成立。

7月5日　由寒亭区援建队援建的四川省北川县寒亭希望小学在北川县桂溪乡挂牌。

7月23日　区重点物流项目百汇大市场一期项目建成开业。

7月26日　潍县萝卜交易中心在朱里镇河滩社区奠基动工建设。总投资5000万元，面积8万平方米。

9月10日　固堤中学揭牌成立。学校占地60亩，建筑面积1.2万平方米，总投资1300万元。

9月25日　寒亭区外国语学校开工奠基仪式在富祥街举行。规划占地132亩，总建筑面积4.5万平方米，投资1.1亿元。

9月27日　第十四届鲁台会潍坊市大项目签约仪式在富华国际会议中心举行。由台湾旺旺集团独资兴建总投资5000万美元的必旺食品项目、由山东圆友建设机械有限公司与美国ITG国际技术集团合资兴建总投资3000万美元的3A齿轮箱项目、由香港汇美有限公司独资兴建总投资3000万美元的有毒有害气体检测仪项目与寒亭区签约。

10月1日　区内城镇居民合作医疗制度与潍坊市城镇居民医疗保险制度并轨。

10月29日　《潍坊日报·今日寒亭》创刊发行仪式在寒亭宾馆举行。《潍坊日报·今日寒亭》为周报。

11月15日　寒亭区“柳毅传说”被市专家评审委员会评为潍坊市第二批非物质文化遗产。

11月20日—24日　首届中国（寒亭）潍县萝卜文化节在潍县萝卜交易中心举行。

12月4日　寒亭区与红星美凯龙集团合作签约仪式在富华国际大酒店举行。

12月30日　寒亭区内首家镇街担保公司——潍坊鑫诚担保有限公司在朱里镇成立。

2009 年

2 月 23 日 寒亭区鲁东新华物流商务中心开工奠基。

3 月 9 日 全区深入学习实践科学发展观活动动员大会在寒亭宾馆召开，贯彻中央和省、市委关于学习实践活动的部署要求，部署全区学习实践活动。

3 月 12 日 全区土地利用总体规划修编暨土地监管工作会议在寒亭宾馆召开。

3 月 25 日 中共中央政治局委员、中央书记处书记、中宣部部长刘云山到杨家埠参观考察。

4 月 1 日 浞河治理改造工程开工，治理总长度 3.2 千米，总投资 1.5 亿元。

4 月 19 日 “张雪岩纪念馆”在于家大院举行开馆仪式。全国政协常委、九三学社中央副主席邵鸿代表九三学社中央致辞，并与副省长、九三学社山东省委主委王随莲共同为“张雪岩纪念馆”揭牌。

5 月 10 日 寒亭高新技术产业园孵化器项目动工。

5 月 16 日 区医院门诊病房楼落成典礼暨区医院集团成立揭牌仪式在区医院举行。

6 月 11 日 杨家埠年画老艺人杨洛书获“全国非物质文化遗产保护先进工作者”称号。

6 月 29 日 由中国家居业第一品牌红星美凯龙集团投资 6 亿元开发建设的红星美凯龙全球家居生活广场暨潍坊凯利生活广场奠基仪式在开元街道“金三角”开发片区举行。

7 月 1 日 S323 潍高线寒亭段东延伸线改造项目竣工通车。全长 20.7 千米，总投资 1.5 亿元。

7 月 7 日 寒亭区北海工业园项目奠基暨山东省（潍坊）台湾工业园项目揭牌。

7 月 27 日 寒亭区地方粮油储备库正式投入使用。新建设的储备库建筑面积近 1 万平方米，粮库仓容 1.8 万吨、食用油库容量 150 吨。

7 月 寒亭区被评为全省首批创建创业型城市。

8 月 7 日 青辰国际项目奠基。项目占地 9200 平方米，总投资 1.2 亿元，建筑总面积 4.2 万平方米。

8 月 17 日 寒亭区被山东省科技厅、省知识产权局等部门公布为全省第二批知识产权试点单位。

9 月 1 日 第十五届鲁台经贸洽谈会重点项目签约仪式在富华大酒店多功能厅举行，寒亭区的富亭商务楼建设及土地开发和大姜深加工及黑蒜米生产 2 个项目签约，总投资额 5.3 亿元。

9 月 21 日 邢慧娜入选“山东省 100 位为新中国成立、建设作出突出贡献的英雄模范人物”。

9 月 26 日 由潍坊交运集团投资开发建设的潍坊客运北站奠基。

同日 寒亭街道徐家楼、唐家朱茂、朱家谭里庄等村迁村并点安置区——翰林苑小区奠基。

9 月 29 日 由高里籍在京人士、DMG 娱乐传媒总裁肖文阁先生捐资 200 万元修建 DMG 希望小学奠基仪式在高里镇肖家营村举行。小学占地 25 亩，建筑面积 1200 平方米，可容纳周边 4 个村 300 多名小学生入学就读。

10 月 10 日 寒亭一中新校奠基规划占地 322 亩。

11 月 22 日 潍坊百德药业有限公司项目开工奠基仪式在固堤街道北海医药食品物流园举行。项目占地 50 亩，计划总投资 1 亿元。

11 月 24 日 位于北海医药食品物流园内的保罗蒂姆汉生物工程有限公司项目举行开工奠基仪式。项目为澳大利亚独资的高新技术企业，占地 50 亩，总投资 1 亿元，产品包括生物肥料、污水污物处理生物菌等。

11 月 28 日 开元街道西寺夹庄旧村改造工程举行奠基仪式。项目占地 560 亩，建筑面积 41.6 万平方米，共建造楼房 68 栋，总户数 2632 户，其中安置房户数为 1302 户。

12 月 11 日 区委、区政府印发《寒亭区城乡户籍管理一元化配套改革试点总体方案》。

12 月 19 日 大型电视连续剧《画年》启动

暨签约仪式在潍坊金茂大酒店举行。是全国第一部以非物质文化遗产——杨家埠木版年画为题材的大型电视连续剧，被列入潍坊市重点文化产品，并被中央电视台影视部列为跟踪大戏。

12 月 30 日 昱合国际公司在美国纽约纳斯达克市场举行敲钟仪式，成功由 OTCBB 升入美国纳斯达克主板市场（股票代码为 YU11），成为全国畜牧行业唯一一家在美国纳斯达克主板市场上市的企业。

12 月 寒亭区获“全省农村社区建设示范区”“村务公开民主管理示范区”称号。

2010 年

1 月 寒亭区被省教育厅评定为“山东省艺术教育示范区”，区实验小学被评为“山东省艺术教育示范学校”。

1 月 寒亭区获 2009 年“全国计划生育优质服务县（市、区）”称号。

2 月 3 日 区委、区政府印发《潍坊市寒亭区人民政府机构改革实施意见》。改革后，设置工作部门 20 个，区政府直属事业单位设置 22 个。

2 月 22 日 《人民日报》六版头条刊发《齐鲁好人邢友领》一文，报道寒亭区固堤街道邢家常疃村农民邢友领孝老爱亲、自强自立的先进事迹。

3 月 1 日 潍柴铸锻二期工程在寒亭先进制造工业园正式动工建设。项目总投资 8.5 亿元，占地 150 亩，主要生产欧 IV、欧 V 发动机铸件以及万匹马力发动机铸件。

4 月 16 日 全区“六大投入”重点项目举行集中开工仪式。

4 月 寒亭区被民政部评为“全国农村社区建设实验全覆盖示范单位”。

5 月 10 日 山东省人民政府同意调整潍坊市寒亭区部分行政区划。撤销高里镇，以其原行政区域设立高里街道，办事处机关驻原高里镇政府驻地；撤销朱里镇，以其原行政区域设立朱里街道，办事处机关驻原朱里镇政府驻地。

5 月 13 日 寒亭区寒亭街道叶家庄子村土地增减挂钩试点项目举行奠基仪式。

5 月 14 日 寒亭区在区体育场举行轮椅捐赠仪式，此次捐赠的 100 辆轮椅由区残联和台北曹仲植基金会联合提供。

5 月 27 日 寒亭区农村产权资本化交易市场揭牌仪式在寒亭区公共行政审批中心隆重举行。

6 月 23 日 寒亭区老干部活动中心暨老年大学项目举行奠基仪式。总占地 11700 平方米，建筑面积 6000 平方米。

7 月 15 日 由希腊、西班牙、葡萄牙、意大利、法国、德国六国共产党分别派员组成的西欧共产党和媒体负责人联合考察团到杨家埠参观考察。

同日 寒亭区纺织行业协会、机械行业协会成立。

7 月 27 日 日本庄内町与寒亭区签订缔结友好城市关系协议书。

7 月 30 日 潍坊市消防综合训练基地暨特勤大队开工奠基仪式举行。项目位于央赣线以西，泰祥街以南，占地 80 亩，投资 5000 万元。

8 月 28 日 寒亭区企联小额贷款股份有限公司开业，是寒亭区首家专业小额贷款公司。

9 月 18 日 中宣部新闻局、《人民日报》、新华社、中央电视台等有关部门组成调研采访组，到寒亭区对户籍管理一元化配套改革、发展特色文化产业等进行调研采访。

同日 潍坊市人民政府新闻办公室在鸢飞大酒店举行“景芝神酿、潍县萝卜”地理标志保护新闻发布会，寒亭区俊清蔬菜专业合作社获潍县萝卜地理标志保护产品专用标志使用权。

9 月 具有国家专利技术的中型风力发电机组在朱里街道一家民营企业——潍坊恒力源风电设备有限公司研发成功，并开始运转发电。

10 月 12 日 世界 500 强之一的马来西亚国家石油公司与山东圣马力润滑油有限公司签署战略合作协议，马石油润滑油项目正式落户潍坊经济技术开发区。

10 月 杨家埠民间艺术大观园荣获“山东旅

游最具风情民俗旅游景区”。

11月　杨家埠民俗艺术有限公司入围全国第四批国家文化产业示范基地。

12月10日　《人民日报》发表《开创立体审批新模式》文章，介绍寒亭区立体审批流程及优势。

2011年

1月10日　中共寒亭区委十二届十五次全体会议在寒亭宾馆召开，通过《中共寒亭区委关于制定寒亭区国民经济和社会发展第十二个五年规划的建议》和《中共寒亭区委2011年工作要点》。

1月19日　鄄城（潍坊）工业园交接仪式在菏泽市鄄城县举行。潍坊市政府与鄄城县签署工业园整体移交协议；经济区管委会与鄄城县签署缔结友好区县协议及加强经济技术合作协议。

1月　寒亭社会福利中心被民政部授予“全国模范敬老院”称号。

2月9日　新加坡《联合早报》发表《民间艺术奇葩》，介绍寒亭区木版年画、风筝等民间工艺的制作、传承。

2月28日　寒亭蒙银村镇银行开业。

3月3日　大型电视连续剧《年画》在杨家埠民俗大观园正式开机。

3月29日　寒亭街道南纸房片区和叶家庄子社区“迁村并点”项目签约仪式举行。

3月30日　蔡家栏子起义纪念碑落成典礼在固堤街道蔡家栏子村举行。

3月　《杨洛书的年画人生》《飞黄腾达》《潍县萝卜话古今》专题片，在全国县级农业节目评比中分别获一、二、三等奖。

4月6日　寒亭区被中国民间文艺家协会命名为“中国年画之乡”。

4月17日　中国民主建国会寒亭支部成立。

5月4日　潍坊市城乡劳动力就业服务中心启动仪式在寒亭区举行。

5月9日—12日　区委书记、区人大常委会主任陈平带队赴香港参加“山东周”活动。

5月15日　在第二届中国节庆创新论坛暨2011中国品牌节会颁奖盛典上，中国（寒亭）潍县萝卜文化节被评为“中国最具影响力品牌（物产、经贸）节会”，风筝年画艺术节被评为“中国最负盛名文化艺术节”。

5月23日　寒亭区《柳毅传说》被国务院公布为第三批国家级非物质文化遗产名录项目（民间文学）。

5月　寒亭区实施“高层次创新创业人才扶持工程”，设立总额700万元基金，扶持在寒高端创新创业人才。

6月25日　寒亭区“2011年潍坊滨城投资开发有限公司企业债券”成功发行，发行总额为6亿元。

7月1日　寒亭区停用医保卡，正式启用社会保障卡。

7月2日　寒亭区联合润通水务有限公司揭牌仪式举行。

7月8日　潍坊环宇五金机电大市场在开元街道开工。

7月28日　天润曲轴潍坊分公司曲轴制造基地项目在寒亭先进制造工业园开工奠基。

11月1日　潍坊市首家外资融资租赁企业——云顶（山东）融资租赁有限公司在寒亭成立开业。

11月13日　台湾海峡两岸交流基金会副董事长高孔廉一行30余人在海协会经济部主任黎勇陪同到杨家埠参观考察。

12月19日　高里籍的DMG娱乐传媒集团董事长肖文阁捐资300万元在台底小学原址兴建第二所DMG希望小学。

12月26日—28日　中共潍坊市寒亭区第十三次代表大会在寒亭宾馆召开。

12月28日　杨家埠民间艺术大观园被评为“山东省文化产业示范园区”。

同年　寒亭区获“省级创建文明城市工作先进区”“省级未成年人思想道德建设先进区”称号。

2012年

1月7日　副省长夏耕到杨家埠旅游开发区走访慰问复员老军人和参战退伍军人。

1月8日—12日　政协寒亭区第九届委员会第一次会议在寒亭宾馆举行。

1月10日—13日　寒亭区第十七届人民代表大会第一次会议在寒亭宾馆召开。

2月1日　中央电视台《焦点访谈》栏目对寒亭区民俗文化作详细报道。

4月15日　中央电视台《新闻调查》以“留住手艺”为题，对寒亭区民间艺术进行采访报道。

6月12日—13日　世界500强之一的德国麦德龙房地产亚太地区常务董事Gunduz Bayer到经济区进行实地考察，为麦德龙（潍坊）商场项目选址。

6月21日　寒亭区义务兵家属优待金发放仪式在寒亭宾馆举行。寒亭区从2012年起，优待金由原来的每人每年3600元提高到9300元，对到西藏、新疆艰苦地区服现役的义务兵家属，优待金按18600元标准发放，全区共有272户义务兵家庭享受此项优待金。

6月27日　寒亭区房地产综合开发有限公司完成改制，举行挂牌仪式。

7月4日　“中国•寒亭”门户网站改版上线。

9月6日　寒亭区潍县萝卜研发中心的“潍县萝卜种子提纯及优质高效标准化配套技术推广”，山东亚康药业股份有限公司的“双黄连浸膏粉在种鸡生产中的应用与推广”，潍坊奥丰作物病害防治有限公司的“低成本蔬菜种苗专用配方育苗基质研究及应用推广”3个项目列入国家星火计划。

10月9日　《人民日报》发表《让干部队伍干事创业活力竞相迸发》，介绍寒亭区通过教育培训、科学考评、严格问责等方式打造一支思想新、能力强、作风正的干部队伍。

10月11日　寒亭区杨家埠村被山东省国民休闲发展纲要领导小组评为“2012好客山东休闲汇最佳休闲乡镇（村）”。

11月17日　潍坊文化创意产业园启动仪式在金茂国际大酒店举行。

12月10日　高里街道被省旅游局评为山东省旅游强乡镇；寒亭区开轩花卉休闲园被省旅游局评为山东省农业旅游示范点。

12月13日　寒亭110千伏和能公司变电站送电成功。

同年　寒亭区被省文化厅授予“山东省农村文化特色品牌”。

2013年

1月6日　中央电视台电影频道《爱电影•送学行动》栏目组到寒亭区拍摄风筝年画专题节目，并在杨家埠民间艺术大观园举行公益活动，现场向寒亭区捐赠数字电影放映设备。

1月21日　国家林业局正式下发通知，同意潍坊白浪河湿地公园开展国家湿地公园试点工作。

1月22日　《光明日报》发表《让“非遗”产品漂洋过海》，介绍寒亭区杨家埠走“传统+产业+创意”的发展路子，让风筝走出国门，把非遗产品发展壮大。

1月　潍坊市寒亭区经济开发区被中国招商引资研究会、山东省经济学会评为“2012年度山东省投资环境最佳园区”。

3月4日　景观路白浪河桥竣工。桥长195米，宽16.5米，主桥15孔，桥面高程10.4米。

5月9日　寒亭区西杨家埠村获山东省非物质文化遗产保护特色村称号，杨红卫获山东省非物质文化遗产保护十大模范传承人称号。

5月23日　《大众日报》发表《寒亭差异化考核激活干事创业》，介绍寒亭区同类考核、实干实考、考以致用的差异化考核办法，带来工作压力和工作干劲的典型做法。

6月22日　潍坊恒联集团与中国科学院化学研究所签订全面合作框架协议，并举行“潍坊恒联玻璃纸有限公司—中国科学院化学研究所天然高分子材料联合实验室”和“潍坊恒联玻璃纸有限公司—中国科学院化学研究所纤维素新材料联合研究中心”揭牌仪式。

6月24日 潍坊经济开发区成为全省首批列入省级园区循环化改造示范试点的开发区。

7月1日 开元互通立交主线桥正式通车。

7月24日 寒亭区残疾人康复中心揭牌成立。

8月6日 寒亭电网最高负荷17.6万千瓦，创历史新高。

8月30日 潍百集团佳乐家寒亭店开业。位于益新街与幸福路交叉口，营业面积1.3万平方米，主营“菜篮子”食品和居民生活日用品。

8月 由寒亭区人民政府和潍坊接轨英语教育集团共同投资建设的寒亭区第一所民办小学——潍坊博海学校成立。

9月11日 总投资1500万元的禹王湿地景观路白浪河大桥正式建成通车。

9月23日 山东海龙股份有限公司变更为恒天海龙股份有限公司。公司证券简称自2013年9月24日起发生变更，变更后的证券简称为“恒天海龙”，公司证券代码不变，仍为000677。山东海龙此前一度濒临退市边缘，后几经重整，由中国恒天集团于2012年11月对其进行重组。

9月25日 区委、区政府出台《关于实施“三八六”环保行动加快生态美丽寒亭建设的意见》。

10月8日 《潍坊日报》公示《潍坊对外交通枢纽规划初步方案》，高铁潍坊北站初步选址于寒亭城区北部，站场在潍县路以东、北外环以北约4千米。

10月29日 城区公共自行车系统投入运行。

11月8日 中国潍坊畜禽产品交易城启动仪式在中凯冷链物流园举行。

11月14日 孟晓雷任中共潍坊市寒亭区委书记。

12月8日 潍坊公交寒亭枢纽站启动，41路环城公交车开通，单程里程18.8千米，设立29个站点，实行一票制。

12月11日 寒亭区召开2014年度新型农村合作医疗筹资工作会议。2014年新农合筹资时间为2013年12月10日—25日，农民以家庭为单位整户参合，人均缴纳资金90元，其中五保户、低保户、优抚对象、重度残疾人免缴个人筹资部分，对全区70周岁以上参合农民每人减免20元。

12月12日 寒亭高新技术产业园孵化器获批市级科技企业孵化器。

12月17日 民族文化抗战大剧《大掌门》央视首播发布会在京举行。《大掌门》在杨家埠民间艺术大观园内取景，于12月23日起在中央电视台电视电影频道黄金时段播出。

12月23日 市政府与总部基地（中国）控股集团签署全面战略合作协议，总部基地（中国）控股集团投资100亿元。项目占地2500亩，计划建设800栋总部办公楼，建筑面积200万平方米，建成后可吸纳1000家企业总部和分支机构入驻。

12月24日 北辰高新产业投资发展有限公司被科技部评为2013年度国家级科技企业孵化器。

同年 寒亭首次采取公开摇号的方式分配经济适用房。

第一编　建置 地理

DI YI BIAN　JIAN ZHI　DI LI

寒亭区历史悠久，夏代寒浞在境内建立寒国。西汉末年，王莽建立新朝，改古国为亭，寒亭因此得名。

寒亭区位于潍坊市北部，是潍坊市中心城区之一，分别与昌邑市、寿光市，潍城区、坊子区、奎文区接壤，北濒渤海莱州湾。区境经数次变动和隶属更迭，中华人民共和国成立初，为昌潍专区潍县驻地。1983 年 10 月，撤销潍县建置设立寒亭区，成为潍坊市 3 个市辖区之一。2013 年，寒亭区陆地总面积 1301 平方千米，海洋面积 510 平方千米，寒亭区实际管辖陆地面积 623 平方千米；辖 8 个街道、2 个发展区，455 个行政村。

寒亭区境属洪积冲积平原地貌，海拔高差 46.8 米，地势广阔平坦。暖温带半湿润大陆性气候影响全境，年平均气温 12.7℃，四季分明，气候舒适。全区水资源储量和可利用量低于全国平均水平。受地质成因影响，境内土壤肥厚，有利于发展种植业和植被生长，境内植被主要为农作物和落叶阔叶林人工植被群，林木资源和国民经济支柱性矿产资源相对匮乏，南部、东南部膨润土资源和北部沿海滩涂、卤水资源十分丰富，近水海域内可利用海洋生物资源丰饶。

1989—2013 年，极端天气引发区境内主要灾害是大风、冰雹和潮灾；大风和冰雹对全区传统农业和高效种植产业危害巨大，海潮对盐业和近海养殖业不利。

第一章　建置　区划

第一节　地理境域

寒亭区是潍坊市辖中心城区之一，位于山东省中部偏东，北纬 36° 42′ ~ 37° 15′ ，东经 118° 53′ ~ 119° 25′ 。区境东与昌邑市毗邻，南与奎文区、潍城区、坊子区接壤，西与寿光市相连，北濒渤海莱州湾。全区南北最长 60.75 千米，东西最宽 49.13 千米。陆地总面积 1301 平方千米，海洋面积 510 平方千米，其中寒亭区陆地面积 623 平方千米（潍坊经济开发区 106 平方千米），潍坊滨海经济技术开发区陆地面积 678 平方千米，海洋面积 510 平方千米。

第二节　建置沿革

夏，寒亭区境为伯明氏封地。寒浞在境内立寒国。

商周时期属莱国。

西周（春秋）（公元前 841—前 477）时期，属齐国。

战国（公元前 476—前 221）时期仍属齐国。

秦（公元前 221—前 206）统一中国后，废除分封制，建立郡县制，属胶东郡范围。

西汉（公元前 206—8）沿秦制，境内属青州刺史部北海郡平寿县。王莽新朝（9—23）时期，属胶东郡北海国。

东汉（25—220）前期，属胶东郡北海国；永和五年（140），改属青州刺史部北海国。

三国（220—280）时期，境域为曹魏政权青州北海国属地。

晋及十六国（281—420）时期，地方行政建置仍采用州、郡、县制。西晋太康二年（281）西晋统一后，境域属青州北海国。西晋灭亡后，社会陷入大动荡，政区归属变化无常。后赵、前燕（327—366）政权时，属青州北海郡；前秦（382—395）政权时，属青州齐郡；后燕（395—420）政权时又属青州北海郡。

南北朝（420—589）时期，属青州北海郡。

隋朝（589—618）时期，境内置下密县（治所朱里街道后吉家东南），属北海郡境。

唐（618—907）初沿隋制。贞观元年（627）在州上设道，属河南道青州北海县境。天宝元年（742）改青州为北海郡，属北海郡北海县。乾元元年（758），北海郡复为青州，属青州北海县境。

五代十国（907—960）时期，境域属青州北海国。

北宋（960—1279）建置基本沿袭唐朝，行政区划为路、府、县三级制，设路又设道。建隆三年（962），北海县建为北海郡。乾德二年（964），废北海郡置潍州，仍设北海县，属河南道京东东路潍州北海县境。金天会四年（1126），金灭北宋，把京东东路改称山东东路，历史上首次把“山东”作为政区名称，属山东东路潍州北海县境。

元（1279—1368）政权实行省（行省）、路（州、府）、县三级地方行政制度，属益都路潍州北海县境。

明朝（1368—1644）沿用元制。洪武十年（1377），潍州改为潍县，属莱州府平度州潍县境。

清朝（1644—1911）沿袭明制，属莱州府平度州潍县境。雍正十二年（1734），平度州降为散州，潍县从平度州划出，属莱州府潍县境至清末民国初期。

1913年，山东撤府改设道，属胶东道潍县境，1925年又属莱胶道潍县境。

1928年，废除道制，属山东省潍县境。

1937年7月，国民党山东省政府将全省划为3个行署区、17个行政督察区，属山东省第八行政督察区潍县境。

1938—1945年：1938年1月—3月，山东大部被侵华日军占领，建立日伪“山东省公署”，实行道领县制，属莱潍道潍县境。日军侵占潍县后，国民党潍县县政府在农村游弋。1942年，中国共产党领导在潍县第四、五区建立抗日民主区政府，属中共胶东区西海专区。10月，潍县北部四、五区和寿光县九、十区合并为寿潍县（1943年9月始建寿潍县抗日民主政府），隶属中共清河区清东地区。同年冬，改属中共渤海区三地区。1944年5月，寿潍县建制撤销，由潍县北部地区与昌邑县北部地区合并成立昌潍县，隶属中共渤海区五地区。1945年6月，昌潍县撤销，恢复潍县建制。10月，将潍县分为潍北、潍南两县，属胶东区西海专区。1945年9月，国民党潍县县政府进驻潍城，至1948年4月仍属潍县境。

1948年4月，潍县解放，随后将城区、坊子、城南二十里堡等地划出，成立潍坊特别市。1948年8月，将望留办事处4个区、潍南县4个区、潍北县2个区划出，合并建立潍县（新），县政府驻望留街，区境大部分属昌潍专区潍北县境。

1950年3月，撤销潍南县，其辖区并入潍北县，县人民政府仍驻孙家杨孟村。6月，潍北县人民政府移驻寒亭街（寒亭街道寒亭二村于家大院），潍北县属胶东区西海专区。（1951年6月，潍北县人民政府迁至固堤街；1952年12月，迁回寒亭街原址）

1953年8月，撤销潍北县，并入潍县（新），复称潍县，县人民政府由望留街迁至寒亭村，隶属昌潍专区。

1958年11月，撤销潍县，其辖区并入昌潍专区县级潍坊市。

1961年12月，恢复潍县建制，县人民政府仍驻寒亭村，属昌潍专区。（1962年1月，县委、县政府正式对外办公）

1983年10月，撤销潍县建制，以原潍县11处公社为基础建立寒亭区，区政府驻寒亭镇，为地级潍坊市3个市辖区之一。（1984年1月1日，潍坊市寒亭区人民政府正式对外办公）

第三节　行政区划

区际变更

1983 年 10 月，潍县撤县设寒亭区，原潍县所辖望留、符山、杏埠、圩河 4 个公社划归潍城区；清池、沟西、眉村、穆村、车留庄、涌泉、埠头 7 个公社划归坊子区。1993 年 3 月，郭家官庄镇李家朱茂、杜家朱茂、玄家朱茂、辛庄 4 个村划归潍坊高新技术产业开发区。1994 年 6 月，郭家官庄镇王家谭里庄、韩家谭里庄、小南谭里庄、东金马庄、西金马庄 5 个村划归潍坊高新技术产业开发区。2007 年 9 月，寿光市大家洼街道划入寒亭区。2008 年 3 月，潍坊经济开发区划入寒亭区。

区内变动

1984 年 1 月，寒亭区辖寒亭镇，朱里、东庄、郭家官庄、里疃、固堤、双杨店、高里、南孙、泊子、央子 10 个公社，405 个村；5 月，改公社设乡（镇），增设肖家营乡。辖寒亭、央子、固堤、高里、双杨店、朱里 6 个镇，泊子、南孙、肖家营、东庄、郭家官庄、里疃 6 个乡，407 个村民委员会。

1992 年 1 月，设立城区街道；撤销东庄乡，设立河滩镇；撤销里疃乡，设立张氏镇；撤销郭家官庄乡，设立郭家官庄镇。辖城区街道，寒亭、固堤、高里、朱里、河滩、双杨店、央子、张氏、郭家官庄 9 个镇，泊子、南孙、肖家营 3 个乡。

2001 年 2 月，撤销肖家营乡，所辖禹王台、姜马营、党家营、沈家营、二甲朱、八甲朱、崔家营、肖家营、邵吕店 9 个村划入南孙乡；韩家庙子、横里路、牟家河坞 3 个村划入央子镇；报庄子村划归泊子乡；郭家官庄镇和张氏镇合并组成开元街道。3 月，寒亭镇和城区街道合并组成寒亭街道；设立杨家埠旅游开发区，由寒亭街道代管。辖寒亭、开元 2 个街道，高里、双杨店、固堤、央子、河滩、朱里 6 个镇，南孙、泊子 2 个乡。

2003 年 1 月，开元街道的双庙、店子、东小营、西小营、杏家子、东贾庄一、东贾庄二、范家庄子、宋家庄子、北杨及双杨店镇前阙庄、前小河、永宁官庄、辛正、前官庄、后官庄、大庙、罗家、马家埠、纪家庄子、后集、湖淋埠、西南阳、东南阳、龙爪树共 25 个村划归潍坊农业高新技术开发区。

2007 年 8 月，央子镇撤镇设街道；固堤镇、泊子乡合并组成固堤街道；双杨店镇、南孙乡并入高里镇；河滩镇并入朱里镇。辖寒亭、开元、固堤、央子 4 个街道，高里、朱里 2 个镇。2007 年 9 月，大家洼街道划入寒亭区后，辖寒亭、开元、固堤、央子、大家洼 5 个街道，高里、朱里 2 个镇。

2008 年 3 月，固堤街道报庄子、前岭子、北辛庄子、双庙子、走马岭 5 个村划入央子街道后，央子街道整体划归潍坊滨海经济开发区；潍坊经济开发区及其所辖北城街道划入寒亭区。辖寒亭、开元、固堤、北城、央子、大家洼 6 个街道，高里、朱里 2 个镇。

2009 年 6 月，开元街道陈家官庄、徐家楼、唐家朱茂、朱家谭里庄 4 个村划入寒亭街道。

2010 年 5 月，高里镇、朱里镇撤镇设街道。

2012 年 5 月，高里街道潘家、庞家、马家、邵家埠、耿家、万家、青冢子、埠头子、孙家、丁家、刘家、徐家、王固庄、前吕家、后吕家、碑子、双杨店、杜家庄子、扈家、时家埠、后阙庄、中小河、后小河、三埠子、前岭、后岭、洪福寺、华疃一村、华疃二村、华疃三村、华疃四村 31 个村，北城街道永宁官庄、前小河、前阙庄、湖淋埠、丁家屋子 5 个村，共 36 个村成立潍坊经济开发区双杨发展区；开元街道张氏一村、张氏二村、张氏三村、张氏四村、张氏五村 5 个村，北城街道北杨、宋家庄子、范家庄子、杏冢子、东小营、西小营、东贾一村、东贾二村、店子、双庙、三娘庙、邢石、友谊 13 个村，共 18 个村成立潍坊经济开发区张氏发展区。

至 2013 年年底，寒亭区行政区划（含潍坊滨海经济技术开发区、潍坊经济开发区）辖寒亭、开元、固堤、高里、朱里、北城、央子、大家洼8个街道，双杨、张氏2个发展区，455个行政村。

2013年寒亭区行政区划所辖街道（发展区）、行政村一览表

表1-1

街道	行政村
寒亭街道（48个行政村）	寒亭一村、寒亭二村、北纸房、徐庄、北埠子、西院、东院、陈埠、袁家埠、南庄、李家东庄、纪家东庄、大埠、五里埠、邢家东庄、叶家庄子、毛家埠、卜家庄子、吴家埠、牛埠、箕子埠、吴官庄、北平旺、后仉庄、中仉庄、前仉庄、河西、王家道、南平旺、赵家埠、仓上、南纸房、段家沟、河东皂户、隅里、东冢子后、西冢子后、齐家道、徐家楼、唐家朱茂、朱家谭里庄、陈家官庄，齐家埠、南埠子、西杨家埠、东杨家埠、东三角埠、西三角埠
开元街道（29个行政村）	大辛庄、小辛庄、胡家朱茂、王家朱茂、二十里堡、孙家杨孟、张金杨孟、冯马杨孟、郭家官庄、董家杨孟、东寺夹庄、枣林、西寺夹庄、鲁家口、雷家、北张氏、东里疃、西里疃、黄埠、南柴埠营、北柴埠营、东分营埠、西分营埠、安固一村、安固二村、安固三村、安固四村、西常疃、南寨里
固堤街道（73个行政村）	大泊子、曲范、东官亭、南泊子、北庄子、大湾口、神堂子、王家官庄、南赵家官庄、李家官庄、崔家官庄、北赵家官庄、周家官庄、高庄、南仲寨、北仲寨、东常寨、南于家码头、卢家码头、北于家码头、南王家码头、北安、北王家码头、海庙、河东官庄、南辛庄、蔡家栏子、北王家埠、南王家埠、北张家埠、大张家埠、李家埠、固堤一村、固堤二村、固堤三村、坫后、贺家、郑仲、后别化、流河一村、流河二村、流河三村、流河四村、西横沟、前别化、东横沟、东辛庄子、牟家温庄一村、牟家温庄二村、牟家温庄三村、魏家温庄、东南牟、东北魏、牟家庄子、西北魏、潘家庵、邢家常疃、李家沿村、李家营、齐家沿村、大常疃、解家沿村、北寨里一村、北寨里二村、北寨里三村、北寨里四村、北油坊、圈里、西安、后大桥头、东河南、东小官庄、前大桥头
高里街道（83个行政村）	肖家营、邵吕店、八甲朱、崔家营、禹王台、姜马营、党家营、沈家营、二甲朱、台底、小西王庄、西王庄、张家、三官庙、西傅家、三甲王、二甲王、季家、康家、桥西一村、桥西二村、桥西三村、冯家花园、南韩家花园、北韩家花园、高家庄子、巩家庄子、二戈官庄、朱王、高里一村、高里二村、高里三村、前沟、后沟、东营、西营、魏家庄子、西苇园、前河套、后河套、一空桥、许家、西李家埠、水坡、戈翟、杨家营子、小庄子、牟家院、北埠刘、三甲刘、碱滩、獐羔埠、西南孙、东南孙、西北孙、东北孙、南王家庄子、北于家庄子、傅王、南里、北里、赵家庄子、南徐、河南、芽庄子、黑埠子、张庄、吴家、石家庄子、纪家朱马、辛家朱马、韩家朱马、高家朱马、牛家朱马、西官亭、大官庄、荆科、柳科、高家柳疃、大柳疃、前王家庄子、后王家庄子、西常寨
朱里街道（88个行政村）	前朱里、前巡栈、后巡栈、前埠下、后埠下、亓家庄、会泉庄、袁家庄、朱里一村、朱里二村、红新村、方家屯、北港渶、南港渶、河西于家、交界、丰台埠、西芝庄、东芝庄、南曹埠、西镇、河滩、大东庄、小东庄、辛庄、圈子、南傅家、北傅家、东马家、尹家双庙、河东于家、富郭庄一村、富郭庄二村、富郭庄三村、东于家庄子、西于家庄子、陶里、南坡、东东坡、西东坡、西坡子、财源、埠南头、卜家、北张庄、戴家、赵家庄、东杨家庄、前周家庄一村、前周家庄二村、后周家庄一村、后周家庄二村、东高家庄、西高家庄、大东庄子、东南堤、西于渠一村、西于渠二村、西于渠三村、东于渠、北杨家、东康家、北庄家、宏伟、黄埠、大俫庄、东俫庄、大张庄、大杨家、大杨家西、前吉家、后吉家、宋家双庙、早立、军屯、慈家、后楼、张家庄子、于家绛埠、韩家绛埠、陈家绛埠、王家绛埠、杨家绛埠、官桥、北曹埠、滕家官庄、王伯、狮子行
北城街道（29个行政村）	店东、店西、郭家楼、前杭埠、后杭埠、莱章、大台、北里庄、西贾庄、李家庄子、东王家庄、田东、田西、小贾庄、小里庄、罗家、马家埠、大庙、纪家庄子、后集、东南阳、西南阳、龙爪树、茅埠、前官庄、后官庄、东庄家、辛正、塔寺庄

续表 1-1

街道	行政村
双杨发展区（36 个行政村）	前阙庄、前小河、丁家屋子、永宁官庄、湖淋埠、徐家、王固庄、刘家、丁家、孙家、前吕家、后吕家、埠头子、万家、马家、邵家埠、耿家、青冢子、碑子、中小河、后小河、潘家、庞家、后阙庄、双杨店、洪福寺、扈家、时家埠、杜家庄子、华疃一村、华疃二村、华疃三村、华疃四村、前岭、后岭、三埠子
张氏发展区（18 个行政村）	友谊、双庙、邢石、店子、东贾庄一村、东贾庄二村、三娘庙、杏冢子、东小营、西小营、北杨、范家庄子、宋家庄子、张氏一村、张氏二村、张氏三村、张氏四村、张氏五村
央子街道（18 个行政村）	蔡家央子一村、蔡家央子二村、林家央子、固堤场、横里路、河北岭子、牟家河坞、韩家庙子、报庄子、前岭子、崔家央子、新立村、丰台农业村、丰台渔业村、西利渔、北辛庄子、双庙子、走马岭
大家洼街道（33 个行政村）	大家洼、东大家洼、李家呈子、河套、八里庄子、筏子口、榆树园子、刘家呈子、太平村、郝家呈子、王家呈子、驾屋、七里村、石桥村、园子、南陈、郭李央、魏家官庄、烟墩、双河、张家呈子、余粮店、周疃一村、周疃二村、周疃三村、周疃四村、西周疃、孟家庄子、贤村、柳树、新兴村、中兴村、东兴村

第二章　地质　地貌

寒亭区位于沂沭断裂带北段、中朝准地台山东隆起区次级构造单元鲁东古隆起区和鲁西隆起区的衔接部位，即沂沭断裂带的次级构造单元潍坊凹陷之内。西侧是沂沭断裂带的鄌郚—葛沟断裂，东部为昌邑—大店断裂，北部临渤海中部北西向蓬莱—威海断裂，南靠汞丹山凸起，潍北凹陷是沂沭断陷区内的一个小凹陷，其东西以沂沭断裂带的两条大断层为界，被鲁东隆起与鲁西隆起所夹；北边与昌北凸起以古城—潍河口断层为界，南边（泊子乡以南）与潍县凸起呈超复接触，是一个以下第三系始新统沉积为主的呈北断南超的不对称的箕状凹陷。

第一节　地　质

地层

寒亭区地层大致分为 3 个层段：东南埠岭区为基岩地层，朱里西部的土门山一带为白垩系王氏组黏土岩及粉砂岩地层，东庄南部及寒亭东南部为新第三系下玄武岩组的玄武岩地层；海拔 6 米以上的中部平原及潍河河谷平原为第四系的冲积地层；海拔 6 米以下的滨海平原为第四系全新统的海积地层。

寒亭区绝大部分地域被第四系覆盖。新生界第四系（距今 100 万年），以全新统和上更新统冲积层和海积层为主。冲积层沿各河系分布，岩性为河床相及河漫滩相的中粗沙、细沙夹卵砾石等；海积层主要分布在北部沿海一带，岩性为含砾石的中细沙、粉沙及亚黏土层，夹黑色淤泥层，其中含贝壳碎片。南部则分布有冲积、冲积坡积及残坡积层，主要岩性为亚砂土、亚黏土、砂砾石亚黏土。第四系厚度一般在 15 ~ 200 米。潍北凹陷第四系平原组，为浅棕黄色砂、砾及黏土层，厚 150 ~ 230 米。

上第三系（距今 1200 万年），有牛山组、馆陶组地层。牛山组主要岩性以中厚层的杏仁状及气孔状橄榄玄武岩为主，厚度大于 50 米，其中含膨润土矿层。潍北凹陷盆地经过长期侵蚀后，古地形接近准平原化，出现馆陶组河湖相沉积，主要岩性为红色泥岩与绿色砂岩，含砾砂岩互层。在盆地边部岩性粗，为厚薄层含砾岩与泥岩互层；在盆地内部则变为厚层状、层状砂岩与泥岩互层，厚度 900 米以上。

下第三系（距今 4000 万年），有孔店组地层。潍北凹陷全盆地内均有孔店组分布，主要是中基性喷出岩，中间夹有多层薄层砂泥岩。孔店组厚度 2000 米左右。根据岩性、电性及化石组合分为孔二段、孔一段两个层段。孔二段为湖相沉积，以暗色泥岩为主，夹有砂岩及炭质泥岩、油页岩，本段地层是盆地内的主要生油层。孔一段地层自下而上，由粗变细，为滨湖、湖湾沉积，孔一段中、下砂发育，是盆地的油气重要储集层。

地质构造

寒亭区地质构造特点，受沂沭断裂带及其派生构造控制。从盖层分布特征分析，在中生代以前与鲁西隆起区是一体，构造运动同步。从中生代燕山构造运动起便与鲁西隆起区分化、脱节，向断块运动发展。潍坊凹陷则是燕山构造运动和喜马拉雅构造运动时期断块运动发展的产物。从整体形态上，为一断陷盆地，其结晶基底为太古界泰山群变质岩系，沉积盖层主要为中、新生代陆相沉积建造。沂沭断裂带控制了区内构造的成生、发展、岩浆活动及其矿产的赋存。断裂构造除北北东向断裂外，尚有东西向、北东向和北西向断裂，将断陷盆地分成许多小块，形成更次一级的断陷盆地。随着构造变动普遍接受中生代以来的地层沉积。

岩浆岩

境内岩浆活动与鲁西隆起区类似，和鲁东古隆起区相比显得微弱。其岩浆活动以中生代燕山构造运动期中酸性火山岩喷发为主，新生代岩浆活动以喜马拉雅构造运动期玄武岩喷溢为主。火山岩的喷发型式以裂隙式喷发为主。除各种脉岩外，没有大规模的侵体。

第二节　地　貌

地貌类型

寒亭区属鲁西北泛滥平原和鲁中南中低丘陵洪积扇地貌。地势南高北低，最高点在朱里街道柳毅山，海拔 48 米。东南部高平地，中部平原，北部洼地。主要可分两大部分：海拔 5 米以上中南部地区，自然比降 1/500，多系洪积冲积而成流水地貌。其中，海拔 15 米以上泰沂山洪积扇尾倾斜平原，包括倾斜高平地、倾斜平地、潍河河谷平原、潍河天然堤、沿河阶地、缓岗等微地貌；海拔 15 米以下至 5 米以上，系由潍河、虞河、白浪河、弥河等河流冲积而成冲积平原；在洪积扇尾与冲积平原交界处形成东西不连贯的交接洼地；冲积平原北部南孙等有大面积冲积湖形成的河间浅平洼地；河流改道及泛滥形成冲积平原上河滩高地；多数平坦地带为缓平坡地。海拔 5 米以下滨海平原，为第四系全新统海退地带，地势低洼缓平，自然比降 1/5900。其中海拔 3 米以上为滨海缓平低地或浅平洼地；3 米以下为滨海滩地；海拔 1.2 米为海岸线，为粉砂淤泥质海岸。

地貌分区

洪积冲积平原微地貌　区境大部为洪、冲积平原，其上部属泰沂山洪积扇缘，为海拔 15 ~ 50 米之间山前倾斜平原；其下部为海拔 5 ~ 15 米之间由潍河、虞河、白浪河、弥河冲积而成冲积平原。自然比降 1/450 ~ 1/711。南部东西两翼，分布着众多黄土埠；在丘陵与平原交界处，骨干河道之间，皆有相对洼地，如开元街道朱茂洼等；在洪积扇尾与冲积平原交接处，有东西向不连贯交接洼地；在冲积平原河流之间，则有背河槽洼分布；洪积平原北部，分布有大面积浅平洼地和河流改道及泛滥形成冲积平原上的河滩高地；多数平坦地带为缓平坡地。此微地貌类型，分 11 个微地貌单元。

倾斜高平地　低丘以下、海拔 40 米以上的地带，是洪积冲积扇缘微度隆起部分，其顶部高

起微向洼地倾斜，自然比降大于1/250。朱里街道西北部，多发育着淋溶褐土，在靠近河流处多有潮褐土。

倾斜平地　地处倾斜高平地以下，冲积平原以上，海拔15～40米之间，主要在寒亭街道以南。自然比降1/360～1/400，地下水较丰富，无盐渍化。土壤多发育为深厚潮褐土，相对较高部位则有褐土地，较低洼处土壤剖面常有厚砂姜腰出现。

河谷平原　分布在朱里街道东部，沿潍河一带，海拔14～25米，自然比降1/1500，土壤多发育为河潮土。

沿河阶地　洪积扇缘上部河流多为地表河，由于洪水不断改变着河谷面貌而形成沿河阶地。土壤多发育为潮褐土地。

缓岗　为第四系风积、洪积而成黄土或风沙埠丘，遍布于15米等高线以上山前倾斜平原上，寒亭街道、朱里街道等均有分布。其相对高差3～20米不等，每块由几十亩到几百亩，土壤多系黄土或土埠风沙土、褐土。

交接洼地　在洪积冲积扇尾与冲积平原交界处，形成交接洼地。海拔14米左右，比降骤减，地面相对低洼，呈东西向不连贯带状分布。高里街道耿家洼、官庄洼，向东被白浪河、虞河切割，与寒亭街道南营洼遥相对应。土壤多形成砂姜黑土。

河滩高地　在冲积平原上，由于河流季节性洪水泛滥，沿河床地面抬高，形成河滩高地。主要分布在大圩河故道两侧，纵穿高里南北，东西3.75千米，南北16千米，发育为褐土化潮土；白浪河两岸从张氏发展区贾庄向北经固堤街道直到高里街道荆科村，沿河岸形成不连续河滩高地，多发育为河潮土，虞河两岸沿寒亭街道西北部北埠子村、北纸房村西、大辛庄村东，形成虞河两岸河滩高地，多发育为褐土化潮土。

背河槽状洼地　大圩河故道与白浪河之间南北带状洼地，为背河槽状洼地。分布在区境西部阙庄洼、碱滩、三甲刘、东北孙、西北孙一带，东西3千米，南北13.5千米，共6.99万亩，多发育为砂姜黑土及湿潮土。

浅平洼地　冲积平原的低洼部分多为浅平洼地。分布在寒亭街道北部陈埠、东院村一带，固堤街道以北的北洼、温庄洼、燕子洼、高庄洼、周家洼及大泊子村至大湾口村以北洼地，高里街道北部台底洼和邵吕店、肖家营村一带洼地等，共13.1万亩，多发育为盐化潮土和湿潮土。

残丘　冲积平原上部，有风积并经长期剥蚀的残丘，分布于寒亭、开元、高里等街道，相对高差2～4米，每块数十至百亩不等，共9748亩，多发育为褐土化潮土。

缓平坡地　除交接洼地、河滩高地、背河槽状洼地、浅平洼地和残丘外，其他遍布冲积平原19.7万亩，多发育为河潮土，局部洼地及灌区干渠附近，因地下水位上升，产生土壤次生盐渍化，发育为盐化潮土。

海岸微地貌　区境海拔5米以下的滨海地区系海岸地貌，为海退地带。地势低洼缓平，自然比降1/6166～1/8000，共238.46平方千米，细分为两个微地貌单元：近海浅平洼地，从高里街道姜马营村起，经肖家营、邵吕店村到固堤街道大湾口、曲范村至引潍灌区总干渠以东，与潍北农场相接，南部与冲积平原浅平洼地相连，北边线至3米等高线，土壤多发育为滨海潮盐土，共28.51万亩。此地在3米等高线上修筑防潮堤，已免受海潮侵袭，洼碱地已垦为农田和盐田；滨海滩地，海拔1～3米之间为滨海滩地，系高潮水位淹没地带。土壤表层含盐3%左右，成土母质为海相沉积物与河流冲积物属无植被覆盖的滨海滩地盐土。

第三章　气候　物候

第一节　气　候

气候特征

寒亭区地处中纬度，属暖温带半湿润大陆性季风气候，气候温和，四季分明，雨量集中，寒暑变化明显。夏季盛行偏南风，炎热多雨；冬季多偏北风，寒冷干燥；春季天气多变，干旱少雨；秋季天气凉爽，冷暖适中。

春季（3月—5月）　入春后，随着太阳辐射日益增强，地面和空气温度不断升高，蒙古高压减弱，西太平洋副热带高压和大陆热低压增强，西南暖湿气流日趋活跃，蒙古气旋频繁出现，发展强烈，南方气旋发生次数增多，移动路径北移，因而降水比冬季多；天气多变，南北风交替出现，是大风最多的季节。经常有冷空气南下影响，出现降温和晚霜冻，有时产生雷阵雨、冰雹等天气。由于回暖快、风力大、蒸发强，经常出现春旱。寒亭区春季平均气温12.7℃，平均日照时数712.3小时，降水量88.1毫米。

夏季（6月—8月）　受大陆热低压及西太平洋副热带高压的影响，主要雨带日渐北移影响全区。6月底、7月初进入雨季，多偏南风，经常受热带海洋气团影响，天气炎热、湿润多雨、对流旺盛，易产生大风、雷雨、冰雹等天气。受南方气旋影响时产生大到暴雨，偶有台风侵袭带来大风暴雨。寒亭区夏季平均气温25.2℃，日照时数616小时，降水量365.8毫米。

秋季（9月—11月）　蒙古高压重新建立并日益增强，经常受极地大陆气团控制，气温下降，降水骤减，多秋高气爽天气。寒亭区秋季平均气温13.9℃，日照时数578.9小时，降水量109.6毫米。

冬季（12月至次年2月）　干冷的极地大陆气团形成强大而稳定的蒙古高气压控制整个亚洲大陆。气候寒冷干燥，盛行偏北风，经常受冷空气侵袭，出现偏北大风并伴有降温，偶有南方暖湿气流北上与冷空气汇合，产生雨雪天气。寒亭区冬季平均气温-0.9℃，日照时数502.2小时，降水量28毫米。

日照

寒亭区日照时数具有明显季节变化，春、夏光照时数多，秋、冬光照时数少。1989—2013年，年日照时数在2140.5～2816.4小时之间。

气温

寒亭区气温变化季节性明显，夏季气温最高，春、秋次之，冬季温度最低。年平均气温12.7℃。1990年1月25日，出现最低温度-17.2℃；2009年6月25日，出现最高温度41.4℃。

降水

1989—2013年，寒亭区年平均降水量为591.9毫米。季节变化明显，夏季降水最多，占全年降水总量62%；冬季降水最少，仅占全年降水总量5%。1990年，出现最大降水量931.2毫米；2006年，出现最少降水量312毫米。

风

寒亭区冬季多偏北风，夏季多偏南风，年平均风速在每秒1.9～3.7米之间，区境北部大于南部，春夏季大于秋冬季。2005年，出现极大风速每秒26.6米。全区年平均大风日为8天，影响区境大风主要有偏北大风、西南大风、台风和强对流造成的局地雷雨大风等。偏北、西南大风主要出现在冬春季节，具有范围广、时间长等特点；雷雨大风以夏季为主，范围小、时间短、强度大，破坏严重；台风以夏秋季节为主。

冻土

1989—2013年，寒亭区境内冻土出现在每年11月—12月至次年1月—3月。1996年3月冻土深度14厘米，为初春月份最大冻土深度，2003年1月出现平均37厘米冻土深度，为25年最大值。

雷暴

1989—2013年，寒亭区年平均雷暴日为22天，属雷电多发区。雷暴一般出现在春末至秋初之间，最早出现在2月下旬，最晚出现在11月上旬。6月—8月为雷电多发时间，占总雷暴天数74%。年际变化较大，其中1990年和1995年雷暴天数多达33天，2000年雷暴天数只有8天。

霜

1989—2013年，寒亭区年平均无霜期为191天。初霜日一般出现在每年10月，最早出现在1990年10月8日，终霜日最晚为1991年5月3日。1990年出现全年最短无霜期167天，2000年出现最长无霜期218天。

1989—2013年寒亭区气候要素统计表

表1-2

年份	日照（小时）	平均气温（℃）	降水（毫米）	平均风速（米/秒）	大风（天）	最大冻土（厘米）	雷暴（天）	无霜（天）
1989	2566.2	12.52	415.5	3.28	5	23	19	189
1990	2381.8	12.56	931.2	3.50	28	34	33	167
1991	2349.5	12.06	497.8	3.42	8	28	28	169
1992	2496.8	11.86	515.7	3.60	6	24	21	190
1993	2423.9	11.73	704.8	3.53	10	30	27	189
1994	2334.7	13.04	631.9	3.68	10	16	27	195
1995	2515.1	12.01	695.6	3.58	8	21	33	181
1996	2256.8	11.77	612.2	3.46	12	30	22	177
1997	2628.3	12.65	531.9	3.61	9	22	17	176
1998	2288.7	13.09	586.0	3.53	6	19	22	189
1999	2426.0	12.93	526.5	3.45	6	24	13	206
2000	2303.1	12.78	420.7	3.34	6	33	8	218
2001	2270.9	12.73	703.8	3.23	5	20	25	193
2002	2497.8	13.07	330.1	3.17	5	23	19	180
2003	2235.2	12.33	747.6	3.42	10	37	23	192
2004	2456.5	13.13	733.0	2.98	13	23	23	172
2005	2816.4	12.51	620.0	2.98	14	19	25	176
2006	2535.5	13.47	312.0	2.73	11	20	26	207
2007	2179.3	13.63	676.1	2.44	9	17	20	194
2008	2140.5	12.95	680.6	2.45	6	16	22	208
2009	2405.5	13.40	487.8	2.34	2	18	17	188
2010	2349.9	12.97	576.1	2.24	6	23	16	195
2011	2360.1	12.97	874.5	1.87	3	27	22	197
2012	2465.7	12.93	492.9	1.90	2	13	20	217
2013	2528.9	13.17	492.6	1.88	2	27	19	204

注：冻土期为每年11月—12月至次年1月—3月。

第二节　物　候

农作物物候期

由于气候影响，农作物物候期有所差异。1989—2013年，以区内冬小麦和夏玉米为例，冬小麦一般返青期为每年3月2日，最早为2月18日，最晚为3月14日；平均6月9日为成熟期，最早为6月4日，最晚为6月18日。夏玉米根据播种时间和品种不同存在差异，一般播种时间为每年6月2日，最早为5月下旬初，最晚为6月18日；成熟期一般为9月中旬前后，最早为9月9日，最晚为9月22日。

木本植物物候期

寒亭区树木物候期受气候及降雨因素影响，树木抽芽、落叶物候期不同。1989—2013年，以区内露天葡萄、垂柳为例，出芽最早为垂柳，平均在每年3月2日左右，落叶期平均为每年10月底左右，也较其他树种早；露天葡萄出芽时间平均为每年4月4日左右，落叶时间为11月2日左右。

常见动物物候期

1989—2013年，以区内豆雁、家燕和青蛙为例，豆雁每年1月30日左右开始出现，11月初绝见；家燕始见为4月9日前后，10月中旬绝见；青蛙始鸣在每年4月底，10月中旬终鸣。

第四章　水　文

第一节　水文地质

寒亭区地处泰沂山洪积扇尾，地势南高北低，南部为泰沂山洪积平原，中部为河流冲积平原，北部为滨海低平原。地层分布基岩线上为第四系松散层，大致分为三个层段：东南埠岭区为基岩地层，朱里西部的土门山一带为白垩系王氏组黏土岩及粉砂岩地层，东庄南部及寒亭东南部为新第三系下玄武岩地层；海拔6米以上的中部平原及潍河河谷平原为第四系的冲积地层；海拔6米以下的滨海平原为第四系全新统的海积地层。

第二节　地下水

类型

境内因水文地质条件差异，地下水主要为松散岩层孔隙水。分布在山前平原和河谷平原，山前平原为潍河、虞河、白浪河、弥河及古河道堆积形成的洪冲积扇群，含水量互相叠置，岩性变化较复杂，水力性质多为潜水及微承压水，透水性强，单井出水量为3000～5000立方米/日；在洪、冲积扇前缘及河间地带，单井出水量为1000～3000立方米/日。含水层厚度一般为6.50～30米，平均为13.50米。在河谷平原，含水层多为粗沙、砾石，透水性强，单井出水量大于3000立方米/日。平原地区主要是松散岩类的孔隙水，其水质较好，水量较多，埋藏较浅，易于开采。

浅层淡水

浅层淡水包括有咸水地段的浅层淡水和无咸水分布的淡水区，此类地下水在区内分布广泛，岩性结构分布部位及埋藏条件不同，白浪河冲积、洪积平原冲洪积层孔隙潜水、微承压水，其分布南起潍城东南，北至固堤街道蔡家栏子村，为白浪河、虞河冲积、洪积扇。第四系厚度自南向北逐渐增厚。北部在一定深度内有淡水层，上部有咸水层。南部为全淡区，含水层岩性为粉砂、中粗沙夹砾石，厚度 6 ~ 30 米。含水层顶板埋深 7 ~ 40 米。自南向北地下水由潜水变为微压水或承压力；水量大小与砂层厚薄有关，冲积扇轴部井出水量 3000 立方米 / 日，远离河流及山前地带水量变小，单井出水量 1000 立方米 / 日；地下水年变幅一般为 1.32 ~ 3.20 米，近山前变幅大，向北逐渐变小。南部矿度小于每升 1 克，水化学类型为重碳酸氯化物型水；北部矿化度每升 1 ~ 2 克，水化学类型为氯化物重碳酸型水。

滨海平原浅层咸水分布在蔡家栏子、潍北农场一线以北，为海积、冲积交互旧地层。上部为海积层，由粉砂、中细砂、砂质黏土、黏土、淤泥组成，有很多海相贝壳碎片，一般厚 3 ~ 10 米，最大厚度 31 米；下为冲积层，由砂质黏土、中细砂、黏质砂上、粗砂及黏土互层。林家央子村北形成东西向展布的卤水区，矿化度大于每升 50 克，卤度大于 10 波美度（°Bé）。

深层淡水

深层淡水分布在高里、固堤街道以北，为海积、冲积的海陆交互相堆积平原上。自南向北深层淡水顶界面埋藏逐渐变深，北部埋深大于 200 米。含水层岩性为中砂、细沙，富水性从高里、固堤街道以北至横里路村北 1 千米一带，单井出水量 500 ~ 1000 立方米 / 日。

第三节　河流水系

潍河水系

潍河古称潍水，俗名淮水。由朱里街道东南堤村东南入境，至朱里街道北港湙村东北出境，是寒亭区与昌邑市界河。1989 年，区境内长 9 千米，流域面积 72 平方千米。2013 年，潍河寒亭段 9.28 千米，主河槽底宽 300 ~ 500 米，排洪流量每秒 4500 立方米。

白浪河水系

白浪河原名白狼河。由张氏发展区东贾庄入境，流经张氏发展区、开元、寒亭、固堤、高里 4 个街道，至潍坊滨海经济技术开发区央子街道入渤海莱州湾。区境内 42.5 千米，流域面积 397 平方千米，主河槽底宽 50 ~ 100 米，堤距 200 ~ 1700 米。白浪河一级支流主要有桂河、干河、大圩河。

虞河水系

虞河古称“溉水”“东丹河”。由张氏发展区双庙村入境，流经张氏发展区、开元街道、固堤街道，至潍坊滨海经济技术开发区央子街道西利渔村东北汇入渤海莱州湾。1989 年，区境内长 56.25 千米，流域面积 209 平方千米，流量每秒 207 立方米，属常年性河流。2013 年，虞河区寒亭段 65.3 千米，流域面积 301 平方千米，主河道排洪能力每秒 98 ~ 207 立方米。虞河一级支流主要有利民河、泥河、瀑沙河、阜康河、夹沟河（丰产河）。

弥河水系

弥河由寿光市道口街道东道口村东北入潍坊滨海经济技术开发区大家洼街道与央子街道交界处，向北直流在大家洼街道双河村东北入渤海莱州湾（新弥河口）。2013 年，主河道排洪能力 1000 立方米 / 秒。

第四节　海　域

地貌特征

寒亭区海岸为东南、西北走向，呈面北弧形曲线状，东起虞河，西至弥河老河口，海岸线长 69 千米，海域面积 510 平方千米。由于海陆相叠次冲积，海岸属淤泥质平原。南部以全新世海浸线（咸淡水分界线）为界的滨海平原、滩涂或浅海部分，自然降比 1/2000 ~ 1/8000，陆地海拔高程 1.2 ~ 6 米，最高 8 ~ 9 米。从自然经济和自然条件分析，可归纳为浅海捕捞带，海拔 -36 ~ -15 米；潮间贝类大米草养殖带，海拔 -15 ~ 1.2 米；潮间对虾、鱼类养殖带，海拔 1.2 ~ 3 米；重盐渍盐化工带，海拔 3 ~ 3.5 米；轻盐渍农林牧副带，海拔 3.50 米以上。

潮汐

渤海莱州湾海水运动，受大海流和潮流影响，其运动方向与岸线呈垂直和平行运动：大洋流传入莱州湾时，海水流向与岸线呈垂直运动，潮波传播时与岸线呈平行方向。莱州湾的潮汐为正规半日潮，近海涨潮流向东南南西，落潮流向北北东，最大流速每小时 0.5 海里，潮差近海 1.8 米左右，海冲处潮差 2 ~ 2.5 米。莱州湾环流，夏季由东向西转向和北东北，继而向东，为顺时针方向流转；冬季则由西北向东南后，向东北和东向流去，为逆时方向流转；沿岸流的流向，一年四季都是由北向南，再转东南，然后向东。

水质

北部沿海水质，东部好于西部，海水颜色及透明度以老河口处最差，由西向东逐渐变好。其原因是西部污染较重和新黄河三角洲延伸影响西部海水交换，东部污染较少，虾场尾水排放也较分散，海水交换顺畅。白浪河入海口一带海面氢离子浓度指数（pH 值）为 7.97，盐度 28.33‰，溶解氧每升 8 毫克，浮游动物表层水样每米（水深）9.9 个，浮游植物每米水样 193 万个，水色混浊，透明度为 1.2 米，浅海水产资源较丰富，鱼、虾、蟹、贝类较多。由于滩阔水浅，水温变化与气温相似，全年 15℃以上天数为 150 天左右，出现在 5 月中旬至 9 月中旬，最高 28℃，冰期每年 12 月至翌年 2 月，一般年份 50 天左右，个别年份不结冰。

第五章　土壤　植被

第一节　土　壤

境内耕地共分褐土、潮土、盐土、砂姜黑土 4 个土类，10 个亚类、17 个土属、62 个土种。

褐土分布在洪积冲积扇缘下部，海拔高度在 15 米以上，成土母质多为黄土，洪积、冲积物，极少为玄武岩安山岩类母质。主要集中在寒亭街道、开元街道、朱里街道及双杨发展区南部，共 18.4 万亩，占耕地总数 19.7%。

潮土是主要土壤类型，直接形成于河流沉积物上，土体层次明显，质地分选清楚，呈中性至碱性，多分布在冲积平原（海拔 5 ~ 15 米）和潍河河谷平原，主要分布在朱里、寒亭、开元、固堤、高里 5 个街道，面积 65.64 万亩，占土壤地 50.7%；耕地 33.88 万亩，占耕地总数 63.3%。

盐土是海相沉积而成，海拔 5 米以下，土壤中含有大量可溶性盐，一般是钠离子，钙离子、氯离子、硫酸根离子、碳酸根等离子组成，以氯化物为主，硫酸盐次之。包括央子街道全部，固堤街道、高里街道北部，面积 43.08 万亩，占土地 33.3%；耕地 7.68 万亩，占耕地 14.3%。

砂姜黑土分布在洪积扇缘以下与冲积平原交接处的低洼地区。耕性良好，养分含量中等，表层为后期覆盖的黄褐或灰褐色土壤质土，下部为灰黑色较粘的黑土层，底部有灰白色的砂姜层，通体石灰反应强烈。主要分布在寒亭街道及高里街道，共 2.39 万亩，占土地 1.8%；耕地 1.43 万亩，占耕地 2.7%。

寒亭区处于暖温带半湿润季风气候区，干湿交替明显，夏季湿热，冬季干冷，其生物、气候条件有利于有机质分解。境内土壤 pH 值一般为中性或弱碱性，全区耕层土壤平均 pH7.69。土壤质地主要有紧砂土、砂壤土、轻壤土、中壤土、重壤土 5 种。区内耕层土壤溶重平均为每立方厘米 1.33 克，在适宜范围内，但变化幅度较大，为每立方厘米 1.09 ~ 1.49 克。亚耕层容重平均为每立方厘米 1.45 克，变化幅度每立方厘米 1.27 ~ 1.7 克。

2003年寒亭区耕地土壤类型一览表

表1-3

土类	亚类	土属	土种 全称	土种 俗名
褐土	褐土性土	基性岩类 非石灰性 砂页岩类	砂壤质表中层酥石硼基性盐类褐土性土 砂砾石壤质表中层酥石硼非石灰性砂叶岩褐土性土	石渣土 石渣土
	淋溶褐土	洪积冲击物	砂壤表厚壤心洪积冲积淋溶褐土 轻壤表均壤质洪积冲积淋溶褐土 轻壤表厚壤腰洪积冲积淋溶褐土	黄砂土 黄土 黄砂土
	褐土	黄土母质 土埠土	砂壤表均砂质黄土母质褐土 砂壤表均砂质土埠褐土	黄砂土 黄土
	潮褐土	洪积冲击物	轻壤表均壤质洪积冲积潮褐土 砂壤表厚壤心洪积冲积潮褐土	二合土 砂黄土
潮土	脱潮土	脱潮土	砂壤表厚壤腰脱潮土 砂壤表均砂质脱潮土 轻壤表均壤质脱潮土 轻壤表厚砂腰脱潮土 中壤表均壤质脱潮土	砂土 砂土 二黄土 二黄土 二合土
	潮土	滨海潮土	砂壤表均砂质滨海潮土 轻壤表均壤质滨海潮土 轻壤表厚砂心滨海潮土 中壤表厚黏腰滨海潮土 轻壤表厚黏腰滨海潮土 中壤表厚砂心滨海潮土 中壤表厚砂腰滨海潮土 中壤表厚黏心滨海潮土 重壤表均黏质滨海潮土 砂壤表均砂质滨海潮土	砂土 二合土 二合土 二合土 二合土 二合土 二合土 黑黏土 二合土 黑黏土
		非石灰 性河潮土	砂壤表厚壤腰非石灰性河潮土 砂壤表均砂质非石灰性河潮土 轻壤表均壤质非石灰性河潮土	砂土 砂土 二合土
		石灰性河潮土	中壤表厚黏腰石灰性河潮土 砂壤表厚黏腰石灰性河潮土 轻壤表厚黏腰石灰性河潮土 中壤表厚砂腰石灰性河潮土 砂壤表厚壤腰石灰性河潮土 砂壤表均砂质石灰性河潮土 轻壤表均壤质石灰性河潮土 轻壤表厚砂心石灰性河潮土 轻壤表厚壤心石灰性河潮土 中壤表均壤质石灰性河潮土	黑土 砂土 二合土 二合土 砂土 砂土 二合土 二合土 二合土 二合土
	盐化潮土	盐化潮土	中盐化轻壤表均壤质盐化潮土 轻盐化中壤表均壤质盐化潮土	二合土 二合土
		滨海盐化潮土	轻盐化重壤表均黏质滨海盐化潮土 中盐化重壤表均黏质滨海盐化潮土 轻盐化轻壤表厚砂心滨海盐化潮土 中盐化轻壤表厚砂腰滨海盐化潮土 轻盐化轻壤表均壤质滨海盐化潮土 中盐化中壤表厚黏心滨海盐化潮土 轻盐化中壤表厚黏腰滨海盐化潮土 中盐化轻壤表厚砂心滨海盐化潮土	黑黏土 黑黏土 二合土 二合土 二合土 二合土 二合土 二合土

续表 1-3

土类	亚类	土属	土种	
			全称	俗名
潮土	湿潮土	洪积黑潮土	中壤表厚黏心冲积黑湿潮土	二合土
			轻壤表均壤质冲积黑湿潮土	二合土
			中壤表厚黏腰冲积黑湿潮土	二合土
			重壤表均黏质冲积黑湿潮土	黑黏土
			重壤表厚黏心冲积黑湿潮土	黑黏土
			重壤表厚壤心冲积黑湿潮土	黑黏土
		湖积黑潮土	重壤表均黏质湖积黑湿潮土	黑黏土
盐土	滨海潮盐土	滨海潮盐土	中盐化轻壤表厚砂心滨海潮盐土	黄土
			轻盐化中壤表厚砂心滨海潮盐土	二合土
			轻盐化中壤表厚砂腰滨海潮盐土	二合土
			重盐化砂壤表均砂质滨海潮盐土	轻砂土
			中盐化轻壤表厚砂腰滨海盐土	白碱土
		滨海滩地盐土	重盐化紧砂表均砂质滨海滩地盐土	海滩土
砂姜黑土	砂姜黑土	黄土覆盖	轻壤表厚砂姜腰黄土薄层砂姜黑土	二性土
			中壤表厚砂姜腰黄土薄层砂姜黑土	二性土

第二节 植 被

植被分布

1989 年，境内有 6 个植被类型。自然植被残存极少，主要以人工栽培植被为主。植被覆盖由南向北递减。北部沿海地区海拔 2.80 米以下，主要是以灰碱蓬、盐地碱蓬（俗称“黄须菜”）为主的一年生草本群落；海拔 2.80 ~ 3.1 米为多年生灌草群落，灌木为柽柳，草本植物主要有茵陈蒿、獐毛、盐地碱蓬等；海拔 3.10 米以上至咸淡水分界线分布着盐生及非盐生乔木、灌木、草本植物群落，乔木树种主要有刺槐、绒毛白蜡、枣、白榆、旱柳等，灌木主要有柽柳、紫穗槐等，草本植物主要有罗布麻、白茅、芦苇、马唐等。东南部丘陵区以落叶阔叶树木为主，上层乔木主要是杨树、刺槐等，灌木主要是黄荆、酸枣等；下层草本植物主要是营草、苔草、狗尾草等。2013 年，区境内未发现野生植被和野生林木种质资源。

植被种类

1987 年，全区有人工林地 4.26 万亩。1989 年，境内人工植被主要是以欧美杨、毛白杨组成中部平原地带农田林网和沿河丰产林以及小麦、玉米等农作物植被，其他人工植被多为自发种植的杨、柳、刺槐、榆、椿、桐、合欢、桑、杜仲、苦楝等林木，枣、桃、梨、苹果、葡萄为主的农业果木经济植被；杏、柿、石榴、李、樱桃、海棠、山楂、无花果等果树多为家庭零散种植植被；金银花、丁香、冬青、黄杨、法桐、玫瑰、蔷薇、花椒、紫薇、木槿以及毛竹、侧柏、雪松、刺松多为家庭观赏性植被。1991 年全区人工林地 5.28 万亩，2000 年为 5.33 万亩。2013 年，林地 12.68 万亩，其中有林地 11.16 万亩。

灌木植被

1989 年，境内灌木植被有棉槐、桑条、蜡条、绵柳、酸枣等，分布在北部的沟路渠两侧及东南埠岭，面积 43 平方千米。2000 年，全区乔灌木覆盖 6.47 万亩。2013 年，全区乔灌丛植被 84 平方千米。

草甸植被

1989 年，草甸植被主要集中在高里、固堤、泊子南部，寒亭、东庄北部和双杨店、里疃，面积 47.9 万亩。主要种目有狗尾草、马唐、牛筋草、蒲公英、地锦、藜、马齿苋、扁蓄、罗布麻、苦菜、葎草、竖立鹅观草等。2013 年，草甸植被主要分布在境内大圩河、小圩河、桂河、利民河、东南埠岭的未开垦区域，荒沟、坟场等地也有零星分布，面积大约350亩。

沼泽植被

1989年，沼泽植被主要分布在高里、固堤镇北部，南孙和泊子乡北部，以及境内所有河流、灌渠，面积16.10万亩。主要种目有芦苇、香蒲、浮萍、野菱、藻类、苔藓、菹草、荷花、荇菜、黑三棱、红蓼。2013年，全区沼泽植被主要分布在虞河河道、白浪河河道、桂河下游河道、崔家河下游河道及潍北农场内水域，以及禹王湿地、潍北农场部分区域，总面积为3500亩。

盐生植被

1986年以后，在植被分布区域内规模化建设盐场和进行盐碱地改造，盐生植被面积迅速萎缩。1989年，盐生植被主要分布在泊子北部、央子以及潍北农场部分区域，面积32.9万亩，主要种目有柽柳、黄须、碱蓬、碱蔓青、羊羔菜等。到2013年，盐生植被主要分布在固堤北部区域，仅存1600亩。

砂生植被

1989年，境内砂生植被主要分布在潍河、白浪河、大圩河、泥河等沿河乡镇，面积3.7万亩。主要种目有筛草、节节草、结缕草等。2013年，砂生植被主要分布在南部埠岭区，随着埠岭开发利用，砂生植被仅有少量存在。

树种变化

90年代，增加键杨、中林46杨、中林23杨、窄冠毛白杨。原来的加杨、北京杨、泰青杨被速生黑杨和毛白杨代替。随着绿化美化和人们观赏需要，园林绿化树种逐年增多，主要增加区域为外环路、央赣线、潍九路，济青高速、烟汕线、荣兰线两侧新建绿化带以及城区道路、公园绿化；杨瓦路两侧群众自发种植1.27万亩丰产林，开元街道、朱里街道7290亩苹果园、核桃园。2000年以后，增加107杨、三倍体毛白杨等。2013年树种较1983年增加90多种。

1989年，绵柳大量分布在泊子、南孙区域内，是柳编加工产业的主要原材料，90年代后，因柳编加工萧条，绵柳已无经济价值，逐渐被其他树种代替；胡枝子分布在寒亭、河滩两乡镇土埠上数量较多，土埠被个人承包后进行改造，原有地貌植被改变，胡枝子逐年减少，至2013年基本绝迹；铅笔柏少量分布在机关办公区域内，随办公区域的拆迁改造已少见。区境内省级以上珍稀濒危树种较少，只有3种小果白刺，但生长环境早已被破坏，只有极少量单株生长在北部北庄子、神堂子村坟地、堰边，生长状况较差。

第六章　自然资源

第一节　土地资源

1989年，寒亭区土地资源136.36万亩，农用地81.87万亩，占土地总面积60%；建设用地22.26万亩，占土地总面积16.3%；未利用地32.22万亩，占土地总面积23.7%；其中耕地60.34万亩，占全区土地总面积44.2%。

到2013年，全区土地总面积84.83万亩，农用地67.64万亩，占总面积79.7%；建设用地15.87万亩，占总面积18.7%;未利用地1.32万亩，占土地总面积1.6%。其中耕地50.44万亩，占全区土地总面积59.5%。

第二节　水资源

总量与类型

寒亭区水资源分布不平衡，年内降水多集中

于6月—9月，占全年降水量60%以上。2000—2013年，全区水资源可利用0.98亿立方米，其中地表水资源可利用0.54亿立方米，地下水资源0.44亿立方米，人均占有水资源316立方米，亩均占有207立方米，不足全国人均占有量的1/7，低于山东省人均占有量水平，属严重缺水区。根据2013年《寒亭区水资源管理统计年报》，全区供水0.67亿立方米，其中地下水源供水0.44亿立方米，地表水源供水0.23亿立方米；农业用水0.31亿立方米，工业用水0.28亿立方米，生活用水0.05亿立方米，公共及生态用水0.03亿立方米。2013年，寒亭区万元GDP取水39.55立方米，万元工业增加值取水32.71立方米。全区已查明东寺水源地和朱里水源地为较大地下水水源地。地下水类型主要为白浪河冲积平原松散岩类孔隙水、潍河河谷平原松散岩类孔隙水、山前倾斜平原松散岩类孔隙水和残丘、丘陵基岩孔洞裂隙水。全区主要供水水源地有东寺水源地和朱里水源地。全区地下淡水多年平均总补给量为每年12217.46万立方米，可开采资源量为每年102114.93万立方米，区域平均开采资源模数每年每平方千米23.78万立方米；全区地下水实际开采13505.3万立方米，区域开采模数为每年每平方千米30.92万立方米，平均开采潜力指数0.76，已处于轻度超采状态。

2000—2013年寒亭区水资源量变化统计表

表1-4　　单位：亿立方米

年份	地表水资源量	地下水资源量	水资源总量	年份	地表水资源量	地下水资源量	水资源总量
2000	0.593	0.529	1.122	2007	0.51	0.407	0.917
2001	0.59	0.479	1.069	2008	0.51	0.41	0.92
2002	0.56	0.429	0.989	2009	0.5	0.41	0.91
2003	0.58	0.46	1.04	2010	0.51	0.42	0.93
2004	0.59	0.47	1.06	2011	0.53	0.43	0.96
2005	0.56	0.457	1.017	2012	0.528	0.42	0.948
2006	0.53	0.437	0.967	2013	0.52	0.43	0.95

地下水超采漏斗

据2000年《潍坊市寒亭区矿产资源总体规划（2001—2010）》分析，随着地下水开采量逐年增加，地下水集中开采区长期处于开采量大于补给量的超采状态，致使开采区地下水水位持续下降，形成地下水超采漏斗。区内地下水超采漏斗主要分布在供水水源地或工农业发展区，属于孔隙水超采漏斗，是危害性较大的浅层地下水超采漏斗。据潍坊市地质环境监测站资料显示，区内发育有潍寒、高里、固堤3处较大的地下水超采漏斗，3处地下水超采漏斗逐年扩大，互相连通，形成约225平方千米的区域性地下水超采漏斗。

潍寒漏斗位于潍坊市城区以东潍寒水源地内，形成于1983年，呈一近南北向展布的椭圆形，漏斗以0米等水位线为外圈闭线，面积24平方千米，漏斗中心水位最大埋深26.03米，因集中开采其位置未变，水位和面积变化也不大。1992年，潍坊市自来水公司停止从此水源地取水，仅寒亭自水公司及部分企业自备井在此取水。至2000年年底，此漏斗面积为47.8平方千米，中心水位最大埋深为53.86米，5年内漏斗中心水位年平均下降0.17米。

高里漏斗位于高里镇一带，属于留吕漏斗（潍坊市大型地下水超采漏斗）的一部分，形成于1983年，呈不规则半椭圆形。到2000年年底，以0米等水位线为外圈闭线，漏斗74.3平方千米，中心水位最大埋深11米。

固堤漏斗位于固堤镇，亦属于留吕漏斗的一部分，形成于1983年。至2000年年底，以0米等水位线为外圈闭线，漏斗31.2平方千米，漏斗中心水位最大埋深3.25米。

另外，河滩镇北部发育有地下水淡水超采漏斗区，面积较小，属于潍坊市大型地下水超采漏斗——昌邑漏斗的一部分。

矿泉水

区内矿泉水仅有3处，位于前巡栈、胡家朱茂和唐家朱茂。前巡栈出露地层为新第三纪五图群李家崖组，其岩性为灰绿色具膏纹网脉的黏土岩，产状为走向西北，倾向东西，倾角30°～40°，内有顺层裂隙，沿裂隙形成矿泉水自流。唐家朱茂和胡家朱茂矿泉水生成于第四系50米以下的五图群中，均受北东向断裂、裂隙控制。3处矿泉水的化学分析结果表明，其偏硅酸、锶等均达到国家规定的矿泉水标准，但尚未开发利用。

第三节　矿产资源

矿种及储量

寒亭区矿产资源相对贫乏，探明储量的矿种较少，15种支柱性矿产中仅发现煤、石油2种。据《潍坊市寒亭区矿产资源总体规划（2001—2010）》，至2000年年底，共发现矿产10种，占潍坊市已发现矿产的12.3%，占全省已发现矿产的6.66%；探明储量的矿种有石油、膨润土、沸石、天然卤水、溴、地下水6种，占潍坊市已探明储量矿产的12%，占全省已探明储量的7.69%；区内累计发现矿床（点）产地34处，其中能源矿产2处，非金属矿产27处，水气矿产5处，其保有资源储量居全市前十位的矿产5种。全区探明的矿产资源总量较小，保有储量19535万吨（不含水气矿产、砖瓦用黏土、建筑用沙），约占潍坊市的12%，占全省0.3%，列潍坊市第六位。人均占有550吨，相当于全市人均量229%，全省人均量63%，属于人均矿产资源偏少地区。2011—2013年，寒亭区未编制矿产资源规划。

石油

至2000年年底，境内已查明1个中型油气田，属昌潍坳陷潍北油气田西部边缘，位于泊子乡、央子镇白浪河以东、双庙子村以北、西利渔以南地区，面积约35平方千米，探明石油地质储量1332万吨万吨。

膨润土

区境内膨润土矿集中分布于朱里镇与坊子区交界的东西狭长地带内，主要有朱里、于家庄子、军屯、大杨家等产地，探明资源储量5305万吨。根据产出的不同层位及成矿特点，按成因可分为陆相火山喷发沉积型膨润土矿和河湖相沉积型膨润土矿两种，前者有朱里、大杨家、军屯等地，后者有于家庄子、东南堤等。至2000年年底，膨润土保有储量3054万吨，基础储量4055万吨，资源量1250万吨。蒙脱石含量50%～80%。

沸石

境内沸石岩矿仅有1处，为中型伴生矿床，分布于朱里镇涌泉庄矿区，主要地段在涌泉庄至戴家庄一带，寒亭区所辖地区为涌泉庄向北斜的北翼，即整个矿床的北翼部分。至2000年年底，探明沸石矿保有储量759.8万吨。

天然卤水

境内地下卤水属莱州湾地下卤水资源的一部分，卤水成因类型属潮滩成卤型。东、西以行政区界为边界，南部以肖家营—蔡家栏子—潍北农场总场线（5波美度浓度等值线）为界，约285.3平方千米。对潍北农场总场北部（虞河—利民河）区段、白浪河—虞河区段2个中型矿床进行勘探，对白浪河—丹河区段中型矿床进行普查。探明天然卤水储量12.06亿立方米，探明氯化钠（NaCl）资源储量13872万吨。至2000年年底，氯化钠保有储量4097.8万吨，基础储量12002.6万吨。

溴

境内溴矿分布于潍北农场总场北部，虞河与利民河间地段。其范围为潍北总场以北、西利渔村以南、虞河与利民河之间地段，面积27.87平方千米。至2000年年底，全区保有储量10370吨，基础储量17283吨，资源量201100吨。

第四节　生物资源

动物资源

主要有刺猬、蝙蝠、家鼠、仓鼠、草兔、黄鼬、赤狐、狗獾、鼹鼠、铁狸、蜥蜴、壁虎、蛇、鳖、水蛇、海蛇、大蟾蜍、狭口蛙、青蛙等。鸟类主要有留鸟、候鸟、旅鸟、迷鸟、海鸟等，常见的有麻雀、乌鸦、喜鹊、灰喜鹊、杜鹃、海鸥、鸽、野鸭、水鸡、鸭啦、苇雀、探春、燕、雁、猫头鹰、斑鸠、黄莺、鹌鹑、青脚莲等。昆虫主要有蚂蚁、蜜蜂、螳螂、蟋蟀、红蜘蛛等。全区各种动物资源中，动物性药材有瓦楞子、海马、海龙、海蛸、土元、虻虫、蛇蜕、蝉蜕等9科、13种。

植物资源

1989年，境内有木本植物46科、13属、104种（包括变种、变形）。2013年，境内林木植物树种主要有黑树、毛白杨、泡桐、柳树、槐树、榆树、构树、毛白蜡、楸树、臭椿等；毛白杨品种有三倍体毛白杨、窄冠毛白杨、易县毛白杨、当地毛白杨；柳树品种有172柳、竹柳；桐树品种有楸叶泡桐、毛泡桐、兰考桐。经济植物树种（品种）11个科、17个属、20个树种、栽培品种100多个，主要有苹果、葡萄、梨、桃、枣、柿子、香椿、李子、杏、甜樱桃、核桃、银杏、桑树、花椒、山楂、石榴、君迁子、无花果、文冠果、核瓜等。特用景观林木植物树种36个科、65个属、119个种（含变种、变形）16个人工栽培品种主要有雪松、蜀桧、龙柏、栾树、法桐、青桐、樱花、玉兰、紫叶李、海棠等。农作物主要有小麦、玉米、大豆、地瓜、谷子、高粱、花生、棉花及黄瓜、西红柿、大姜、白菜、大葱、萝卜等。

海洋生物资源

寒亭区海洋动物有文蛤、菲律宾蛤、青蛤、毛蛤、长竹蛏、海螺、四角蛤、梭子蟹、虾虎鱼、毛虾、对虾、鲈鱼、寨鱼、梭鱼、鲅鱼、光鱼、青鳞、鲻鱼等149种。寒亭区北部海域浮游动物种类大约有38种，以温带近岸低盐种为主，其中水母类12种、枝角类2种、桡足类19种、糠虾类1种，磷虾类1种，毛虾类2种，毛颚类1种。此外，尚有多种贝类、鱼类的浮游幼虫等。海域浮游植物种类大约有114种（包括变种和变形），以沿岸广温、广盐性暖温带种为主，有硅藻门30属、93种，甲藻门类11属、20种，金藻门类1属、1种。其中硅藻中角刺藻属种类30种、圆筛藻属有15种、菱形藻属8种、冠盖藻属2种；甲藻中角藻属和多甲藻属的种类最多，出现频率较高；金藻只有零星分布。

第七章　自然灾害

第一节　旱　灾

1992年3月—5月，全区降水总量17毫米，农作物因旱受灾54万亩，重灾20万亩。

1997年6月—7月，全区平均降雨60.7毫米，比上年同期少77%，为1916年有水文资料记录以来同期最少记录，寒亭因旱农作物受灾33.39万亩，成灾7.86万亩，经济损失1000万元。

2000年2月—4月，全区降水为零，54万亩耕种作物受旱，成灾7.86万亩，经济损失580万元。

2006年秋，全区遭遇特大干旱，平均降雨量

20.7毫米，比历年同期163.3毫米少142.6毫米，为有水文资料以来历史同期最小年份。农作物受灾面积33.4万亩，因旱人畜饮水困难的有10个村庄，7033人口，213头牲畜。2007年，旱情继续蔓延。

第二节 风 雹 潮灾

1991年7月18日，寒亭区郭家官庄乡李家朱茂、王家朱谭里庄村遭龙卷风袭击，风力10级伴有冰雹，刮坏房屋820间，刮坏动力线路3250米，摔伤2人，6700亩农作物倒伏，经济损失23万元。

1992年8月31日22时至9月1日23时，受16号台风影响，寒亭区北部沿海遭受特大风暴潮袭击，8级暴风持续24小时，最大风力10级，潮位4.10米。风暴潮使全区遭受经济损失17224.20万元。

1993年6月9日14—15时，区境北部遭受大风、冰雹袭击，风力10级，雹径如核桃，3万亩农作物受损，折断树木1700余棵，刮坏民房16间。

1995年6月23日凌晨，北部肖家营、泊子、央子3乡镇29个村遭受冰雹袭击，农作物受灾2.97万亩，其中重灾1.42万亩、绝产4250亩，经济损失1090万元。7月25日18时，北部部分乡镇遭受大雨暴风袭击，风力达到8级。泊子乡农田受灾3.5万亩，大部分秋作物形成内涝，经济损失305万元。8月13日17时，高里、南孙、泊子3个乡镇遭到龙卷风，中心风速每秒33米以上。南孙乡受灾农田1.5万亩，其中棉花5080亩、玉米7470亩、大豆780亩，其他经济作物800亩，受灾果园480亩，刮毁瓜菜大棚39个，刮毁房屋3145间，倒塌25间，刮倒树木2410株、电杆27根，损坏高压线路3000米，经济损失1100万元。

1996年6月13日16时20分至17时40分，全区遭受暴风雨、冰雹袭击，最大风力达11级，最大冰雹直径4～5厘米。其中河滩镇、高里镇、朱里镇、双杨店镇灾情严重。15日13时10—40分，全区再次遭受风雹灾害，最大风力9级，最大冰雹直径6～7厘米。固堤镇受灾最为严重。两次风雹袭击，全区刮倒小麦20万亩，其中1万亩绝产、7.3万亩减产三至六成；毁坏瓜菜大棚1.5万个1.5万亩，有4300亩绝产；刮坏养殖大棚200个；果园受灾2.6万亩，其中6000亩绝收；棉花受灾8000亩，有600亩减产五成以上；玉米受灾3万亩，其中6000亩严重减产；刮倒、折断树木3.1万株；刮坏房屋2.3万间，院墙1.5万米；刮倒刮断电杆500根，刮断低压线路8千米，烧毁变压器2台，50多个村用电中断；灾害造成1人死亡，2人重伤，多人轻伤，直接经济员失1.95亿元。

1998年4月23日夜间，南孙、张氏等11个乡镇遭受10级以上强风暴袭击，毁坏养殖、蔬菜大棚56个，房屋10间，农作物受灾7.86万亩，经济损失571万元，南孙乡大柳疃村一名妇女被雷击身亡。8月22日12—16时，部分乡镇短时普降大雨，全区平均降雨75.9毫米；18时，又遭受风灾，短时最大风力达8级以上。全区各类农作物受灾6万亩，其中倒伏棉花2.5万亩、玉米3.5万亩，受灾果树1.85万亩，刮倒刮断树木1.2万棵。

2000年4月9日15—16时，全区12个乡镇均不同程度遭受大风和沙暴袭击，刮坏瓜菜大棚3298个（9300亩），刮坏养殖大棚319个，死亡鸡鸭2.05万只，刮倒民房78间，损坏民房6026间，刮倒院墙308米，刮断树木4300棵、电线杆32根，损坏高压线路3060米；北部沿海大潮冲毁防潮大坝27米，撞坏和沉没渔船43艘，损坏盐田500公顷。直接经济损失3188万元。

2001年6月19日14时，河滩镇、朱里镇、寒亭街道、开元街道不同程度遭受冰雹袭击，持续时间30多分钟，这次雹灾是自1996年6月13日以来最严重的一次，最大冰雹直径达4厘米以上，其中河滩、朱里2个镇损失最为严重。全区农作物受灾总4.5万亩，重灾2.1万亩，600亩露天西瓜基本绝产，露天蔬菜、棉花、玉米和果园等不同程度毁坏，直接经济损失1615万元。

2003年10月12日，区境北部遭受到风暴潮袭击，风暴中心最大风力10级，最大潮水静水位3.5米，动水位4米，12千米围海盐田大坝和800公顷盐田被冲毁，5200米沿海老堤坝被严重损毁，两处防潮闸进水，淹没盐田1000公顷，损失原盐20万吨，冲毁虾池2000亩，毁坏各种船只8条，直接经济损失8600多万元。

2004年7月27日16时，开元街道张金杨孟、冯马杨孟、西常疃和安固等10个自然村遭受龙卷风和暴雨、冰雹袭击，1所小学严重受损，39间民房倒塌，42个养鸭大棚被毁，4800亩玉米、560亩果树不同程度受损，直接经济损失572万元。

2005年6月14日12时，全区从北到南遭遇到沙尘、雷雨和冰雹天气，高里、南孙等6乡镇不同程度遭受风雹灾害。最大冰雹直径2厘米以上，短时最大风力11级，风速每秒20.7米，短时降雨量50毫米。全区农作物受灾总15.9万亩，其中受灾小麦11.79万亩、棉花9955亩、玉米11024亩，其他农作物17052亩；受损房屋7839间，受损大棚1404个，直接经济损失7100多万元。

2008年7月8日11时，高里、固堤两街道遭受特大风暴、暴雨、冰雹侵袭，最高风力11级，平均降水量50多毫米，强暴雨和冰雹使辖区5万多群众受灾。固堤街道共毁坏房屋366间，倒塌墙壁686米，棉田3.58万亩、玉米9005亩、果树618亩、树木11万株被毁，倒塌养殖棚114个、蔬菜大棚512亩、电线杆18根，毁坏变压器两个，造成损失906万元。高里街道高家柳疃、荆科等10多个村的60余处种植、养殖大棚不同程度受损，2000余亩春玉米倒伏，部分民房、电力设施损毁，共造成财产损失140万元。

2009年4月14日—15日，全区出现大风降温天气，固堤街道遭受11级大风袭击，46个村庄249户遭不同程度损失，其中受灾房屋28间，损失25万元；养殖棚95个，面积6万多平方米，损失168万元；瓜菜大棚626个，面积758亩，损失90万元；刮断电线100余米，折断树木600余株。累计损失350万元。

2012年6月2日，高里、固堤、开元3个街道局部遭受冰雹影响，6.2万余亩农作物和经济作物受灾，经济损失6300万元。7月11日9时30分至20时，寒亭街道北埠子、陈埠、东院、北纸房4个村遭受大风和冰雹灾害，共550户、2100人受灾，粮食和经济作物受灾3525亩，损毁大棚13个，经济损失约690万元。7月24日—25日，固堤街道遭受大风、暴雨袭击，最大风力8级，最大降雨量115毫米，局部地区出现龙卷风。部分树木被刮倒，棉花、玉米等作物倒伏，瓜菜大棚薄膜受损，经济损失100多万元。

第二编　人　口

DI ER BIAN　REN KOU

1989—2013年，全区人口总量保持平稳。1989年，总人口344950人，农业人口占总人口88.7%；1990年，全区人口出生率17‰，死亡率7.1‰，人口性别比106.4；接受大学专科以上教育2166人，占适龄人口0.81%；少数民族人口213人，占总人口0.2%。2007年，农业人口下降至42.7%，非农业人口超过农业人口，标志着全区进入城镇化时代。2010年，多人户逐年减少，家庭趋小变化。接受大学专科以上教育18348人，占适龄人口6.16%，比1990年增长7.6倍；接受高中、初中、小学教育人口占93.84%;全区居民整体文化水平较前明显提高。至2013年，总人口347329人，人口出生率9.7‰，死亡率5.8‰；出生率和死亡率均有下降，老年人口数量逐年增加。人口性别比由106.4降为100.4，性别比例差距减小，人口性别构成基本平衡。

第一章　人口规模

第一节　人口总量与分布

总量

1989年，据公安户籍统计，全区总人口344950人，89578户。其中非农业人口39027人，农业人口305923人；男性178005人，女性166945人。2002年，总人口355774人、107301户。其中农业人口291465人，非农业人口64309人；男性182432人，女性173342人。2008年，央子街道3905户、12100人划归潍坊滨海经济开发区管辖，潍坊经济开发区划入寒亭区。2013年年底，据公安户籍统计，辖区常住人口347329人，其中城区常住人口56145人，乡村人口291184人，另有流动人口4755人。

1989—2013年寒亭区人口总量统计表

表2-1　　单位：户、人

年份	户数	总人口	男	女
1989	89578	344950	178005	166945
1990	96053	348502	179316	169186
1991	97303	350587	180401	170186
1992	99806	351824	181099	170725
1993	99509	352334	181531	170803
1994	99589	349473	180222	169251
1995	99223	345814	178306	167508
1996	102506	346133	177971	168162
1997	102780	347363	178350	169013
1998	102695	351168	180889	170279

续表 2-1

年份	户数	总人口	男	女
1999	104502	352481	181213	171268
2000	105585	353864	181520	172344
2001	106604	355071	182167	172904
2002	107301	355774	182432	173342
2003	108482	354737	181481	173256
2004	109525	353363	179896	173467
2005	111297	353068	179147	173921
2006	108602	352969	178512	174457
2007	109199	341690	172793	168897
2008	109444	339900	171645	168255
2009	111121	342034	172476	169558
2010	115112	344028	173093	170935
2011	117302	345355	173163	172192
2012	119154	345608	173294	172314
2013	120478	347329	173996	173333

注：表内为公安户籍人口统计数据。

分布

1989 年，城区 5757 户、22637 人，寒亭镇 10834 户、40328 人，固堤镇 8333 户、31538 人，央子镇 2106 户、8105 人，高里镇 7896 户、31486 人，双杨店镇 8813 户、33242 人，朱里镇 7435 户、30789 人，里疃乡 5870 户、23760 人，泊子乡 8234 户、27203 人，肖家营乡 3844 户、14845 人，南孙乡 5886 户、23489 人，郭家官庄乡 4800 户、19295 人，东庄乡 8436 户、31507 人，潍北农场 1334 户、6726 人。2008 年，央子街道划归潍坊滨海经济开发区，潍坊经济开发区划入寒亭区。至 2013 年年底，据寒亭区人口和计划生育局统计数据，全区总人口 374608 人，寒亭街道 83881 人（含杨家埠旅游开发区），开元街道 30834 人，固堤街道 55139 人，高里街道 64808 人，朱里街道 64153 人，北城街道 19280 人，双杨发展区 27237 人，张氏发展区 25705 人，潍北农场 3589 人。

第二节　人口变动

自然变动

1990 年，第四次全国人口普查统计，全区人口出生率 17‰，人口自然增长率 10‰。2002 年，人口出生率 9.1‰，死亡率 7.2‰，人口自然增长率 1.9‰。2008 年，潍坊经济开发区划归寒亭后，全区人口出生率在 9‰～10‰之间，死亡率 5.8‰。2009—2013 年，全区年平均出生约 3200 人；年平均死亡率在 5.8‰～6‰之间，人口出生率稳中有升，人口总量逐年增加。2013 年，全区人口出生率 9.7‰，死亡率 5.8‰，自然增长率 3.9‰。

1990—2013 年寒亭区人口自然变动统计表

表 2-2

年份	年末总人口数	出生		死亡		净增	
		人数	出生率（‰）	人数	死亡率（‰）	人数	自然增长率（‰）
1990	348502	5935	17	2465	7.1	3470	10
1991	350587	3827	10.9	2346	6.7	1481	4.2
1992	351949	3772	10.7	2548	7.2	1224	3.5
1993	352334	3228	9.2	2496	7.1	732	2.1
1994	349473	3424	9.8	2391	6.8	1033	3
1995	345814	4179	12.1	2551	7.4	1628	4.7
1996	346133	4434	12.8	2684	7.8	1750	5.1
1997	347363	4632	13.3	2608	7.5	2024	5.8
1998	351168	3971	11.3	2287	6.5	1684	4.8
1999	352481	3510	10	2520	7.1	990	2.8
2000	353864	3559	10.1	2516	7.1	1043	2.9
2001	355071	3520	9.9	2391	6.7	1129	3.2
2002	355774	3241	9.1	2558	7.2	683	1.9
2003	337413	2797	8.3	2262	6.7	535	1.6
2004	340045	3396	10	2165	6.4	1231	3.6
2005	337921	3649	10.8	2307	6.8	1342	4
2006	341117	3364	9.9	2265	6.7	1099	3.2
2007	342028	3557	10.4	2298	6.7	1259	3.7
2008	327216	2927	9	2064	6.3	863	2.7
2009	329196	2680	8.2	1925	5.9	755	2.3
2010	369987	3398	9.2	2139	5.8	1259	3.4
2011	366231	3567	9.7	2108	5.7	1459	3.95
2012	375865	4364	11.6	2490	5.6	1874	5
2013	374608	3643	9.7	2192	5.8	1451	3.9

注：表内为计生人口统计数据。

机械变动

1990 年，寒亭区迁入人口 3137 人，迁出 2784 人，机械增长率为 1‰。1991—2001 年，全区迁入 44324 人，迁出 53804 人，机械增长率 -2.4‰。2002 年，迁入 3178 人，迁出 2935 人，机械增长率 0.7‰。2003—2013 年，全区迁入 44040 人，迁出 28004 人，机械增长率 1‰。2013 年，迁入人口 2467 人，迁出 1230 人，机械增长率3.6‰。1990—2013年年底，据公安户籍人口统计，全区共迁入96847人、迁出88757人，迁入比迁出多8090人，机械增长率0.96‰（不含2005年迁入、迁出人数）。人口变动多为自由迁入迁出，主要是大中专毕业生分配、工作调动、婚嫁、离退休回原籍、军人复退、经商、投资等原因。

1990—2013年寒亭区人口迁入（出）统计表

表2-3　　单位：人

年份	迁入	迁出	年份	迁入	迁出
1990	3137	2784	2002	3178	2935
1991	3070	2337	2003	3197	5019
1992	4342	4204	2004	1948	4905
1993	4927	5162	2005	—	—
1994	4630	8506	2006	2219	3790
1995	5388	10627	2007	2335	2784
1996	4212	6068	2008	2589	5717
1997	4552	5291	2009	2451	1483
1998	2862	2582	2010	3347	1687
1999	3323	3041	2011	2487	1337
2000	3475	2953	2012	2168	1282
2001	3543	3033	2013	2467	1230

注：表内为公安户籍管理统计数据。

第二章　人口构成

第一节　性别构成

1989年，全区总人口344950人，其中男性178005人，女性166945人，性别比为106.6。1990年，第四次全国人口普查，寒亭区共有95609户，351235人（包括外来人口，不包括外出人口），其中男性180047人，女性171188人，性别比105.1。2000年，根据第五次全国人口普查资料统计，全区总人口355945人（包括外来人口，不包括外出人口），其中男性180398人，女性175547人，性别比例102.8。2010年，根据第六次全国人口普查资料统计，全区总人口327475人（包括外来人口，不包括外出人口），其中男性166706人，女性160769人，性别比例103.7。2013年，根据公安户籍人口统计，全区总人口347329人，其中男性173996人，女性173333人，全区总人口性别比100.4。

1989 年寒亭区区域人口性别构成统计表

表 2-4 单位：人

区域	男	女	性别比	区域	男	女	性别比
城区	12830	9798	131	里疃乡	11947	11822	101.1
寒亭镇	20094	20234	99.3	泊子乡	13983	13220	105.8
固堤镇	15772	15766	100	肖家营乡	7555	7290	103.6
央子镇	4219	3886	108.6	南孙乡	12277	11212	109.5
高里镇	16141	15345	105.2	郭家官庄乡	9734	9561	101.8
双杨店镇	16852	16390	102.8	东庄乡	16072	15435	104.1
朱里镇	15663	15126	103.6	潍北农场	4866	1860	261.6

2013 年寒亭区区域人口性别构成统计表

表 2-5 单位：人

区域	男	女	性别比	区域	男	女	性别比
寒亭街道	38742	38359	101	杨家埠旅游开发区	3433	3329	103.1
开元街道	15038	15796	95.2	北城街道	9508	9772	97.3
固堤街道	27213	27926	97.4	双杨发展区	13885	13352	104
高里街道	32635	32173	101.4	张氏发展区	12101	13604	89
朱里街道	32225	31928	100.9	潍北农场	1886	1703	110.7

注：表内为计生人口统计数据（不含潍坊滨海经济技术开发区）。

第二节 年龄构成

1990 年，全区 0 ~ 5 岁 35038 人，占总人口 9.98%；6 ~ 14 岁 46643 人，占 13.28%；15 ~ 64 岁 242633 人，占 69.08%；65 岁及以上 26921 人，占 7.66%。

2000 年，全区 0 ~ 5 岁 24010 人，占总人口 6.75%；6 ~ 14 岁 43498 人，占 12.22%；15 ~ 64 岁 252473 人，占 70.93%；65 岁及以上 35964 人，占 10.10%。同 1990 年相比，0 ~ 5 岁人口的比重下降 3.23 个百分点，6 ~ 14 岁人口的比重下降 1.06 个百分点，15 ~ 64 岁人口的比重上升 1.85 个百分点，65 岁及以上的人口比重上升 2.44 个百分点，每百名劳动年龄的人口负担非劳动年龄的人口，平均负担系数 43.3%，比 1990 年下降 4.2 个百分点。

2010 年，全区 15 岁以下 45841 人，占总人口 14.0%，60 岁（含）以上 55420 人，占总人口 16.9%。15 岁至 49 岁 174628 人，占总人口 53.3%。2013 年，根据公安户籍人口统计，全区 14 岁以下 49017 人，占总人口 14.1%，15 ~ 64 岁 251247 人，占 72.3%，65 岁以上 47065 人，占总人口 13.55%。

第三节 文化构成

1990 年，全区人口中接受大学专科（含）以上教育 2166 人，占总人口 0.81%；接受高中（含中专）教育 26896 人，占 10.09%；接受初中教育

106578 人，占 39.97%；接受小学教育 131027 人，占 49.13%。

2000 年，全区人口中接受大学专科（含）以上教育 9286 人，占总人口 3.03%；接受高中（含中专）教育 39010 人，占 12.71%；接受初中教育 143598 人，占 46.79%；接受小学教育 115011 人，占 37.47%。与 1990 年相比，每 10 万人中具有大学教育程度由 627 人上升至 2609 人，具有高中教育程度由 7698 人上升至 10960 人，具有初中教育程度由 30321 人上升至 40343 人，具有小学教育程度由 37345 人下降至 32311 人。文盲（15 岁及 15 岁以上不识字或识字很少的人）21195 人，与 1990 年相比，粗文盲率由 13.18% 下降至 5.95%，下降 7.23 个百分点。

2010 年，全区人口中接受大学专科（含）以上教育 18348 人，占总人口 6.16%;接受高中（含中专）教育 42440 人，占 14.24%;接受初中教育 152172 人，占 51.06；接受小学教育 85065 人，占 28.54%。

第四节　民族构成

1990 年，全区汉族人口 345388 人，占总人口的 99.8%；各少数民族人口 213 人，比第三次人口普查时增长 276%。

2000 年，全区有汉族、蒙古族、回族等 27 个民族。汉族 355142 人，占总人口 99.8%。少数民族 803 人：蒙古族 157 人，回族 98 人，藏族 25 人，维吾尔族 14 人，苗族 25 人，彝族 121 人，壮族 41 人，布依族 11 人，朝鲜族 52 人，满族 70 人，侗族 4 人，瑶族 4 人，白族 43 人，土家族 11 人，哈尼族 62 人，傣族 4 人，黎族 2 人，傈僳族 26 人，佤族 1 人，高山族 1 人，拉祜族 3 人，土族 1 人，达斡尔族 3 人，阿昌族 1 人，普米族 6 人，怒族 2 人，其他未识别民族 15 人。

2010 年，全区有汉族、蒙古族、回族等 28 个民族。汉族 326924 人，占总人口 99.83%；少数民族 27 个，551 人。蒙古族 27 人，回族 75 人，藏族 6 人，维吾尔族 3 人，苗族 24 人，彝族 106 人，壮族 28 人，布依族 3 人，朝鲜族 34 人，满族 101 人，瑶族 1 人，土家族 19 人，哈尼族 50 人，傣族 4 人，黎族 1 人，傈僳族 22 人，佤族 3 人，拉祜族 16 人，纳西族 12 人，景颇族 1 人，土族 3 人，达斡尔族 2 人，仫佬族 2 人，布朗族 2 人，仡佬族 1 人，普米族 4 人，俄罗斯族 1 人。

区内居住的少数民族，均由外地迁居，多为随夫定居婚迁女性。其他因工作从外地调入，或是军队转业安置，部分是投亲留居。

第五节　城乡构成

非农业人口

1989 年，全区非农业人口 39027 人，占全区总人口 11.3%。其中城区 22628 人，寒亭镇 1290 人，固堤镇 1376 人，央子镇 597 人，高里镇 1167 人，双杨店镇 2041 人，朱里镇 954 人，里疃乡 1350 人，泊子乡 1031 人，肖家营乡 290 人，南孙乡 787 人，郭家官庄乡 1211 人，东庄乡 1149 人，潍北农场 3156 人。2005 年，非农业人口出现增长高峰，由 2004 年 78750 人增加到 142442 人，增加 63692 人，年增幅 18%。2009 年，全区非农业人口 191574 人，占全区总人口 56%，比 1989 年增长 44.7%，非农业人口总量呈逐年增加态势。2010 年，户籍制度改革，取消非农业、农业户籍。

1989—2009 年寒亭区非农业人口统计表

表 2-6

年份	非农业人口	占总人口比例（%）	年份	非农业人口	占总人口比例（%）
1989	39027	11.3	1991	41757	11.9
1990	39979	11.5	1992	42954	12.2

续表 2-6

年份	非农业人口	占总人口比例（%）	年份	非农业人口	占总人口比例（%）
1993	45643	13	2002	64309	18.1
1994	49081	14	2003	75713	21.3
1995	56038	16.2	2004	78750	22.3
1996	56038	16.2	2005	142442	40.3
1997	57958	16.7	2006	138838	39.3
1998	58767	16.7	2007	195911	57.3
1999	59979	17	2008	187240	55.1
2000	61740	17.4	2009	191574	56
2001	62834	17.7	—	—	—

农业人口

1989年，全区农业人口305923人，占全区总人口88.7%。寒亭镇39038人，固堤镇30162人，央子镇7508人，高里镇30319人，双杨店镇31201人，朱里镇29835人，里疃乡22419人，泊子乡26172人，肖家营乡14555人，南孙乡22702人，郭家官庄乡18084人，东庄乡30358人，潍北农场3570人。到2009年，全区农业人口降为150460人，占总人口44%，比1989年下降44.7个百分点，除2006年农业人口比2005年增加3505人外，全区农业人口总体呈逐年减少状态。

1989—2009年寒亭区农业人口统计表

表 2-7

年份	农业人口	占总人口比例（%）	年份	农业人口	占总人口比例（%）
1989	305923	88.7	2000	292124	82.6
1990	308523	88.5	2001	292237	82.3
1991	308830	88.1	2002	291465	81.9
1992	308995	87.8	2003	279024	78.7
1993	306691	87	2004	274613	77.7
1994	300392	86	2005	210626	59.7
1995	291723	84.4	2006	214131	60.7
1996	290095	83.8	2007	145779	42.7
1997	290095	83.8	2008	152660	44.9
1998	292401	83.3	2009	150460	44
1999	292502	83	—	—	—

注：此表含潍北农场常住人口。

第六节 家庭构成

1990年，全区总户数94873户（不含外来人口）。其中一代户13395户，二代户61682户，三代户15091户，四代户433户，五代户1户，其他类型户4271户。二代户占总户数65.0%，四代户仅占0.46%。2000年，全区总户数106580户，其中一代户25295户，二代户62792户，三代户17865户，四代户628户，二代户占总户数的58.9%，四代户仅占0.59%。2010年，全区总户数104101户，其中1人户10624户，2人户27945户，3人户32844户，4人户18855户，5人户9764户，6人户3285户，7人户592户，8人户138户，9人户41户，10人及10人以上户13户，3口之家占总户数31.55%。

第七节 姓氏构成

分布

1989年，全区姓氏有286个，人口在万人以上的有：张、王、李、刘、赵、于、徐、陈、杨、孙、马、韩、郭、宋等，其余各姓人口多少不一，多者数千，少者数百，最少者独户。于姓集中在朱里街道、寒亭街道、双杨发展区等地；王姓集中在开元街道、寒亭街道、双杨发展区、高里街道南孙社区等地；李姓集中在开元街道、高里街道、双杨发展区等地；刘姓集中在朱里街道、高里街道等地；张姓集中在高里街道、开元街道、双杨发展区等地。稀有姓氏人口多在境内各机关、企事业单位。2013年，全区有278姓，比1989年减少8个。

单姓（按笔画顺序排列）

二画　丁、卜、刁、乜

三画　于、万、门、马

四画　王、亓、井、尤、牛、毛、仉、仇、公、卞、文、方、尹、孔

五画　正、古、左、石、东、卢、帅、叶、甲、申、田、由、史、冉、生、代、白、丛、句、包、冯、玄、司、皮、边

六画　戎、吉、考、巩、权、成、毕、曲、吕、朱、乔、仲、任、伦、伊、会、合、庄、庆、刘、齐、衣、关、江、汲、池、汤、宇、安、许、阮、孙、牟、纪

七画　贡、芮、花、严、劳、苏、杜、李、杨、豆、来、连、步、时、吴、别、邱、何、佐、余、谷、冷、辛、汪、沈、宋、良、初、迟、张、陆、陈、邵

八画　武、苗、苟、苑、范、茅、尚、国、明、易、罗、岱、金、郐、周、郇、庞、郑、单、法、泥、宗、官、宓、郎、房、祈、孟

九画　封、项、赵、郝、莒、荣、胡、南、相、柏、柳、咸、战、哈、钟、段、修、侯、昝、施、闻、姜、洪、宫、祝、费、胥、姚、贺

十画　秦、敖、袁、都、聂、桂、桓、夏、顾、柴、党、钱、倪、徒、徐、殷、翁、凌、栾、高、郭、唐、涂、展、陶、桑

十一画　黄、萧、梅、曹、戚、龚、盛、常、彩、麻、康、鹿、商、阎、盖、梁、寇、密、扈、逯、尉、隋、绪

十二画　彭、葛、董、蒋、韩、景、嵇、程、傅、焦、储、舒、鲁、蛮、曾、湛、温、甯、谢

十三画　鄢、靳、蓝、蒯、蒲、楚、甄、雷、路、鲍、解、靖、慈、窦

十四画　綦、蔡、蔺、臧、裴、管、阚、谭、翟

十五画　樊、滕、颜、潘

十六画　燕、薛、霍、冀、穆

十七画　戴、鞠、魏

二十画　酆

复姓

司马、欧阳、诸葛

第三章 人口管理

第一节 管理机构

1984年3月，潍县计划生育局更名为寒亭区计划生育委员会（以下简称区计生委）。1995年9月，成立寒亭区计划生育协会。1999年6月，成立寒亭区计划生育妇幼保健服务中心，隶属于区计生委。2002年1月，区计生委更名为寒亭区计划生育局（以下简称区计生局），设办公室、业务科。2004年8月，成立寒亭区计划生育指导服务站，为区计生局下属单位。2005年1月，区计生局更名为寒亭区人口和计划生育局（以下简称区人口和计划生育局）。2007年12月，成立计划生育执法监察大队。2013年，区人口和计划生育局设办公室、业务科2个职能科室、4个事业单位，配备局长、副局长各1人，行政编制10人。

第二节 计生管理

1989年，落实《山东省计划生育条例若干问题的决定》，寒亭区印发《关于计划生育若干问题的试行意见》，从严控制人口增长。1995年9月，寒亭区计划生育协会成立，实施母子安康福利保险。1996年7月，区委、区政府印发《关于依法推行计划生育村级自治的决定》，计划生育实行村级自治，依法进行宣教管理、计划管理、节育管理、政策管理、合同管理、监控管理、服务管理。1998年，建立计划生育“三结合”（计生工作与发展农村经济相结合，与帮助群众勤劳致富奔小康相结合，与建设文明幸福家庭相结合）基金会，帮助3263户群众脱贫、28名特困儿童上学。1999年，全区办理独生子女双全保险。2001年，始办理独生子女养老保险。2003年9月，根据《中华人民共和国人口与计划生育法》《山东省人口与计划生育条例》，区政府印发《寒亭区人民政府关于建立人口与计划生育公益金捐助制度的意见》。2005年，寒亭区开始对农村部分计划生育家庭奖励扶助制度落实进行试点。2006年，寒亭区落实计划生育家庭奖励扶助政策。区委、区政府印发《关于严格落实人口和计划生育追踪奖惩一票否决制度的意见》，实行人口和计划生育追踪奖惩一票否决制度。2007年1月，区政府印发《潍坊市寒亭区人民政府关于实施农村主动放弃二孩生育指标独女户奖励制度的意见》，实施农村主动放弃二孩生育指标独女户奖励制度；3月，区政府印发《关于寒亭区计划生育社会抚养费征收使用管理办法的通知》，开始办理计划生育节育保险，由区财政拨款，为城镇失业、无业、自谋职业家庭发放独生子女父母奖励费。

2008年3月，区委、区政府印发《关于全面加强人口和计划生育工作统筹解决人口问题的实施意见》《关于严格落实党政工作部门履行人口计生工作职责追踪奖惩一票否决制度的意见》，党政部门工作履行人口计生工作职责中落实追踪奖惩、一票否决制度。5月，区政府对寒亭区城镇和农村独生子女死亡或伤、病残后未再生育或收养子女的夫妻施行特别扶助制度，对独生子女死亡后未再生育或收养子女的夫妻，政府按每人每月不低于100元标准给予扶助金，直至亡故；对独生子女伤、病残后未再生育或收养子女的夫妻，政府按每人每月不低于80元标准给予扶助金，直至亡故或子女康复。农村独生子女死亡后，因失去生育能力而合法收养一个子女的夫妻，女方年满49周岁后，每人每月享受50元特别扶助金，直至与国家农村部分计划生育家庭奖励扶助制度接轨。6月，区政府印发《关于实行免费婚前医学检查的实施意见》，凡属寒亭区户籍（双方或一方），且在区民政局婚姻登记处结婚登记的男女双方，均免费进行婚前医学检查；区财政按每对婚前医学检查对象100元标准，拨付婚前医学检查常规项目的全部费用。

2011年3月，区委、区政府印发《关于依法处理社会公众人物和高收入者等特殊人员违法生育行为的意见》；8月，区委、区政府印发《关于进一步加强城镇和流动人口计划生育工作的意见》。

2007—2013年，全区累计扶助703户，奖励5021户，农村计划生育家庭奖励扶助人数累计21990人。开展生育关怀行动，春节累计走访慰问计生困难家庭430户，发放救助资金50万余元；救助困难大学生80名，发放救助资金25万余元；独生子女父母奖励费共发放8.94万人次，发放奖金536万余元；开展幸福家庭创建项目440个。

2013年年底，全区已婚育龄妇女77212人，新生儿3643人，合法生育率97.8%；人口出生率、自然增长率分别为9.71‰、3.87‰；出生缺陷率控制在5‰以下，出生婴儿性别比108.8，计划生育统计合格率100%。

1989—2013年寒亭区计划生育主要指标统计表

表2-8

年份	出生率（‰）	计生率（%）	晚婚率（%）	晚育率（%）	出生婴儿性别比
1989	15.22	95	76.5	80.5	118.7
1990	12.04	95.9	83.6	81.3	106.4
1991	8.76	98.5	90.8	82.6	107.2
1992	10.11	98.5	85.7	85.3	113.4
1993	8.38	99.4	92.5	95.6	113
1994	9.74	99.6	99.3	99.6	117.5
1995	10.14	99.9	99.7	99.9	105.3
1996	12.6	99.7	99.5	99.8	107.8
1997	13.17	99.5	99.5	99.8	108.8
1998	11.38	99.6	99.6	99.7	111
1999	10.24	99.7	98.8	99.8	102.9
2000	10.46	99.5	96.3	99.9	105.3
2001	9.81	99.8	94.7	99	107.8
2002	9.38	99.6	94	98.9	104.8
2003	8.26	99.3	91.9	98.9	107.5
2004	10.03	99.1	72.5	96.2	104.8

续表 2-8

年份	出生率（‰）	计生率（%）	晚婚率（%）	晚育率（%）	出生婴儿性别比
2005	10.76	99.3	76.1	88.9	103.7
2006	9.91	98.5	67.9	86.8	102.8
2007	10.41	99	67.6	84.1	102.4
2008	8.92	94.7	65.3	81.1	111.8
2009	8.17	96.4	63.9	76.6	110.7
2010	9.23	97.4	68.3	77.7	106.1
2011	9.66	97.7	72.9	80.1	107.4
2012	11.6	97.9	77.1	81	111.7
2013	9.71	97.8	84.6	87.3	108.8
年平均	10.82	98.9	93.6	94.4	109.3

1989—2013 年寒亭区计划生育质量统计表

表 2-9

年份	人口计划执行情况										女性初婚			自然增长率（‰）
	出生人数	一孩（人）			二孩（人）			多孩（人）	计生率（%）	出生率（‰）	人数	晚婚率（%）	晚育率（%）	
		人数	计划内	计划外	人数	计划内	计划外							
1989	5207	3687	3657	30	1515	1290	225	5	95	15.22	2708	76.5	80.5	8.49
1990	4232	3284	3276	8	931	784	147	17	95.9	12.04	2183	83.6	81.3	5.03
1991	3090	2319	2310	9	758	733	25	13	98.5	8.76	2342	90.8	82.6	2.11
1992	3573	2251	2241	10	1307	1279	28	15	98.5	10.11	2896	85.7	85.3	2.69
1993	2954	2498	2492	6	454	443	11	2	99.4	8.38	3007	92.5	95.6	1.35
1994	3393	2598	2596	2	789	784	5	6	99.8	9.74	3281	99.3	99.6	3
1995	4261	3229	3229	0	1031	1028	3	1	99.9	10.14	3085	99.7	99.9	3.48
1996	4371	3097	3094	3	1272	1263	9	2	99.7	12.6	3075	99.5	99.8	4.86
1997	4573	3254	3247	7	1312	1304	8	7	99.5	13.17	2775	99.5	99.8	5.89
1998	3971	2864	2856	8	1105	1101	4	2	99.6	11.36	2463	99.6	99.8	4.82
1999	3606	2527	2522	5	1077	1073	4	2	99.7	10.24	2387	98.8	99.8	3.14

续表 2-9

年份	人口计划执行情况										女性初婚			自然增长率（‰）
	出生人数	一孩（人）			二孩（人）			多孩（人）	计生率（%）	出生率（‰）	人数	晚婚率（%）	晚育率（%）	
		人数	计划内	计划外	人数	计划内	计划外							
2000	3699	2488	2486	2	1206	1196	10	5	99.5	10.46	2353	96.3	99.9	3.95
2001	3478	2222	2222	0	1255	1250	5	1	99.8	9.81	1976	94.7	99	3.19
2002	3334	2131	2130	1	1199	1190	9	4	99.6	9.38	2155	94	98.9	2.89
2003	2797	1865	1864	1	925	914	11	7	99.3	8.26	2327	91.9	98.9	1.58
2004	3396	2355	2355	0	1040	1009	31	1	99.1	10.03	2681	72.5	96.2	3.63
2005	3649	2500	2498	2	1141	1126	15	8	99.3	10.76	2112	76.1	88.9	3.96
2006	3364	2323	2322	1	1031	990	41	10	98.5	9.91	2396	67.9	86.8	3.24
2007	3557	2538	2537	1	1015	984	31	4	99	10.41	2075	67.6	84.1	3.68
2008	2916	1955	1948	7	929	813	116	32	94.7	8.92	1756	65.3	81.1	2.61
2009	2680	1908	1901	7	754	683	71	18	96.4	8.17	2318	63.9	76.6	2.3
2010	3398	2531	2529	2	842	779	63	25	97.4	9.23	2528	68.3	77.7	3.42
2011	3567	2705	2704	1	846	782	64	16	97.7	9.66	3219	72.9	80.1	3.95
2012	4364	3348	3346	2	993	925	68	23	97.9	11.6	2741	77.1	81	5
2013	3643	2689	2687	2	944	876	68	10	97.8	9.71	2247	84.6	87.3	3.87

第三节 优生优育

1989年，寒亭区计生技术服务开展优生优育咨询、出生缺陷干预、生殖保健、不孕不育症诊治、常见妇科病防治、孕期服务、术后产后随访。1991年，对年内有婚育现象已婚育龄妇女动员口服叶酸，预防和减少新生儿神经管畸形发生。1991年10月，实施《寒亭区妇幼保健保偿细则》，以区妇幼保健站为主体，吸收计划生育部门共同实施对孕产妇儿童系统管理保偿业务的技术指导工作。保偿形式分为全程保偿和分娩保偿，全区12个乡镇全部实行全程及分娩保偿。1993年，全面推行妇幼保健、优生指导和监护制度。1994年，开展“优生、优育、优教”服务。1995年6月，全区实施《中华人民共和国母婴保健法》，开展婚前卫生指导、卫生咨询、医学检查，以降低出生缺陷的发生；9月，开展优生优育技术指导，并在10个乡镇实行全程分娩保偿；同年开展不孕症治疗工作。1997年，开展风疹病毒检测、巨细胞病毒检测、支原体检测、衣原体检测4项优生检测，进行B超优生筛查、病残儿家庭监护、病残儿筛查。1999年，寒亭区计划生育服务站与寒亭区妇幼保健站合并，组建寒亭区计划生育妇幼保健服务中心，由区民政局配合进行婚前医学检查，当年共查体2142人，查出疾病 193 人，可以结婚 2121 人，暂缓结婚 21 人；对所有安排生育的育龄妇女进行病毒检测，监测率 90% 以上。

2000 年，对有婚育行为的育龄妇女全面推行 PCR 检测和增补福施福孕妇全营养素。2001 年，实施出生缺陷干预工程和生殖保健优质服务工程。2002—2003 年，对婚前优生监测指导，向农村实行计划生育的育龄夫妻免费提供避孕节育技术服务；根据《计划生育技术服务管理条例》要求，对准备生育妇女进行病毒监测，对病毒感染者和有缺陷婴儿采取相应干预措施；对 5.5 ~ 8 个月孕期孕妇进行一次彩超监测胎儿。2005 年，区计划生育妇幼保健服务中心实行宣传品发放、避孕药具、节育手术、查环查孕、查治妇科病五项免费，心电图、B 超（彩超）、乳腺检查、放射检查、常规检查、专家门诊诊查检查费减半的“五免费、六减半服务”。2008 年 6 月，对一方或双方寒亭户籍，且在区民政局婚姻登记处结婚登记的男女双方，免费进行婚前医学检查；对在全区统计上报出生情况的常住人口免费进行唐氏综合征筛查。2010 年，开展农村孕产妇住院分娩补助项目及待孕妇女免费增补叶酸预防神经管缺陷卫生项目。2009—2013 年，实行免费婚前医学检查、免费孕前优生健康检查、免费增补叶酸、免费唐氏综合征筛查的“四免”套餐服务，提供孕期保健和优生监护，免费发放叶酸，开展不孕不育和各类妇科疾病的治疗和理疗，出生缺陷筛查，术后随访服务率 99%。共为 1 万名符合法定结婚年龄准备登记结婚的男女青年提供免费婚前医学检查和唐氏筛查，为 5000 名已婚育龄妇女进行免费孕前优生健康检查，发放 2 万多份免费叶酸，对符合条件农村夫妇免费进行孕前优生健康检查。

第四节　计生服务

常住人口

1990 年，区委、区政府将人口和计划生育宣传教育工作列入人口目标管理考核内容；坚持计划生育宣传教育为主、避孕为主、经常性工作为主方针，把宣传教育放在首位，注意舆论环境建设。1994 年 3 月，成立人口与计划生育基础知识教育领导小组。1995 年，全区乡（镇）、村均设立人口学校、婚育文化一条街，做为计划生育宣传教育主场地，宣传法律法规、条例和晚婚晚育、优生优育、妇幼保健知识，在全区城乡开展“宣传教育进村，婚育新风进家”活动，落实“乡镇办好一个学习班，村里建起一条计生街，户里送上一张明白纸”工作，对育龄人群开展经常性的人口与计划生育基础知识教育，各级人口学校开展率 100%，育龄人群参学率 90% 以上。1996 年，区广播电台、电视台等媒体相继开设《人口和计划生育》专栏。1998 年，国家计生委《工作研究》第一期刊载国家卫生和计划生育委员会主任彭珮云在寒亭区考察时撰写的《山东潍坊市寒亭区计划生育工作实行依法管理村级自治的做法》中提出的“依法管理、村民自治、优质服务”12 字要求被收入《中国计划生育工作经验大典》。6 月，《中国人口报》头版头条刊发《大道通衢向未来》，介绍寒亭区推行“依法管理、村民自治、优质服务”工作探讨，并配发编者按。1999 年 4 月，中央电视台《新闻 30 分》栏目播出寒亭区计划生育村民自治经验做法；山东卫视播出专题片《大道通衢向未来》。2000 年后，开展以广播喇叭一条线、电视一条线、热线电话一条线、网络一条线，一条新型生育文化大街、一个综合生育文化院、一支计生文艺宣传队、一辆计生宣传服务直通车为内容的计划生育宣活动。2007 年，区级和镇（街道）设立人口计生文化广场，村级设立人口文化大院和宣传教育一条街，成立文艺宣传队，群众对计生知识知晓率达 98% 以上。2013 年，寒亭区建立宣传服务直通车制度，区、街道配装宣传服务直通车，每月巡回各村（居）开展宣传、义诊活动，共发放宣传品 150 万份，为群众义诊服务 5 万余人次。

流动人口

1995 年 9 月，寒亭区成立流动人口计划生育领导小组并设立办公室，并印发《关于实施流动人口计划生育规范管理意见》。1997年，寒亭区印发《流动人口计划生育管理工作计划及考核标准办法》，按照“流出地、流动入地共同管理，以流入地管理为主”的原则和“谁受益谁管理”的原则，制定定期联系、联合办公制度，各部门参与齐抓共管。2001年3月，制订《流动人口计划生育管理办法》。2009年，区委、区政府印发《寒亭区流动人口计划生育工作“一盘棋”“三年三步走”实施方案》，建立“统筹管理、服务均等、信息共享、区域协作、双向考核”工作机制，将流动人口纳入本地常住人口统计和计生管理服务范围；按照“组织网络化、管理立体化、服务亲情化、维权均等化、待遇市民化”的思路，把城镇和流动人口管理工作纳入社会事务管理、社区管理大格局。同年区委、区政府印发《关于进一步加强城镇和流动人口计划生育工作的意见》，实现流动人口与户籍人口同管理、同服务；区政府印发《寒亭区城区和流动人口计划生育工作社会管理员选聘管理办法》，每200户聘用1名计划生育社会管理员；完善“社区村（居）主要领导——专（兼）职干部——居民小组长——计划生育社会管理员”四级村居计划生育管理服务网络。当年，全区流入已婚育龄妇女2100人，流出育龄妇女850人，信息通报率和反馈率保持在98%以上。2013年，坚持流动人口月清理制度，进行流动人口清理清查，共清出未办证流入育龄妇女52人，其中省外35人、省内17人。

第三编　城乡建设 环境保护

DI SAN BIAN　CHENG XIANG JIAN SHE　HUAN JING BAO HU

寒亭区建区初期，城区狭小，面貌陈旧，城区“三街五路”（东西为街，南北为路），通车里程仅16.77千米，柏油路面通车里程仅8.37千米，街道狭窄，路况较差。通过三轮城市总体规划并依法付诸实施，城市面貌日新月异，功能日臻完善。到2013年，城区建成区面积45.6平方千米，比建区时扩大了13倍；建成“二十一街十七路”，通车里程103千米，铺装路面221万平方米，形成宽阔平整、设施齐备、四通八达的城区公路交通网；排水管道231千米；电力管网25千米；城区内街、巷，公共娱乐休闲场所实现亮化、绿化全覆盖，人均绿化面积26.4平方米，是1989年的13.2倍；天然气管道从无到有，城区共铺设管道42千米，天然气用户1.48万户。通过城市综合治理，城市文明化水平不断提高。

2001年以前，城区住宅多为单位宿舍楼，2002年温亭花园小区建成后，商业住宅小区、城中村改造步伐加快。2003—2013年，共建成规模化住宅小区294万平方米；城区住宅小区总建筑面积达到307.92万平方米；共建成35个商业开发项目，累计建筑72.66万平方米；从1994年创建名优工程开始，到2013年，全区有名优工程52处。

2000年开始，环境保护工作进一步加强，城乡环境质量明显好转。2003年以后，全面贯彻落实《中华人民共和国环境保护法》，并将环境保护纳入全区国民经济和社会发展规划。至2013年，全区工业废水和工业烟尘均达到合格排放，河流水质得到提高，城市空气质量明显好转。

第一章　城乡规划

1990年，第三次《潍坊市城市总体规划（1990—1995）》实施，寒亭区规划面积49.51平方千米。根据市委、市政府“四区一体发展现代化大潍坊”要求，区委、区政府提出“加强东西、扩展南北”的战略发展框架，规划确定寒亭城区是现代化大潍坊的重要组成部分，总规划面积由原来的49.51平方千米调整为66.4平方千米。2006年4月，实施《潍坊市城市总体规划（1996—2010）》第四次城市建设编制规划，确定寒亭区为潍坊市中心城区，界定城区建成区范围东到浞河，西到潍县中路，南到通亭街，北到运河东街、运河西街，规划面积48平方千米。2011年，城区规划实施《潍坊市城市总体规划（2011—2020）》第五次编制成果，中心城区规划面积调整为45.6平方千米。

第一节　管理机构

1988年8月，设立潍坊市寒亭区土地管理局，内部不设科室。1993年10月，与寒亭区矿产资源管理局合并成立潍坊市寒亭区规划国土矿产分局。1996年12月，撤销潍坊市寒亭区规划国土矿产分局，设立潍坊市规划国土局寒亭分局，归市规划国土局领导；各乡镇设规划国土所，为分局派出机构；成立潍坊市规划国土局寒亭分局勘察测绘队、潍坊市规划局寒亭分局土地评估交易所2个副科级单位。2005年3月，潍坊市寒亭区规划与国土资源局的规划、国土资源职能分离，设潍坊市规划局寒亭分局（以下简称区规划分局），内设办公室、规划用地科、建设工程科、村镇规划科、监督检查科和开发区规划办公室，同时成立潍坊市规划局寒亭分局勘察测绘队（以下简称勘察测绘队），为市属管理机构。2006年1月，区规划分局为潍坊市正科级事业单位；勘察测绘队为副科级事业单位。2013年，区规划分局设办公室、规划用地科、建设工程科、村镇规划科、监督检查科、开发区规划办公室，配备局长1人、副局长2人，编制11人。

第二节　城区规划

总体规划

1986年，寒亭城区规划面积3.51平方千米，规划人口2.6万人。1989年，城区规划范围以西环路、东环城路、北环城路、烟潍路为界，外加南环路南的仓库区，规划面积10.52平方千米。其中规划用地7.8平方千米。

1990年8月，潍坊市启动第三次《潍坊市城市总体规划（1990—1995）》（以下简称《规划》），1994年3月，提请潍坊市十二届人大常委会第十次会议审议通过；1995年9月，省政府批准并颁布实施。根据总体规划，调整后城区规划范围东至东外环路，西至虞河，北至北外环，南至青银高速公路，规划面积49.51平方千米。根据市委、市政府“四区一体发展现代化大潍坊”的要求，区委、区政府提出“加强东西、扩展南北”的战略发展框架，确定寒亭城区是现代化大潍坊的重要组成部分，是一个以化学、纺织、机械等传统工业为主，服务于全区的政治、金融、文化中心。城区向北扩出两个路格，规划范围东至东环路，南至青银高速公路与潍坊高新技术产业开发区衔接，西至石田路和虞河同潍坊经济开发区相邻，北至兴安街。依据潍坊市建设现代化特大城市和四区连体目标要求，城区发展方向以西南为主，将青银高速公路以北，除保留200米高压、高速、绿化走廊外，其余用地均由原城市发展备用地，调整为近期发展建设用地，范围是通亭街、潍县北路、青银高速公路区域内的约3平方千米的三角地带；寒祥街以南、潍县北路以东、青银高速公路以北、东外环以西约5平方千米。总规划面积由原规划的49.51平方千米调整为66.4平方千米。

2005年3月，潍坊市启动第四次《潍坊市城市总体规划（1996—2010）》。2006年4月，完成规划；11月，通过省政府行政审查批复。规划界定寒亭区为潍坊市中心城区。寒亭区建成区范围东到浞河，西到潍县中路，南到通亭街，北到运河东街、运河西街；以潍坊市区为中心，串联其他县（市、区）及寒亭区形成700千米“千里民俗旅游线”；远期在固堤镇以东建设潍坊机场。全市分三片建设，寒亭为其一，城区东部和西北部为工业用地；城区及寒亭、固堤、双杨店、央子、郭家官庄、张氏、河滩7个乡镇划为市区及近郊规划范围；在寒亭区建设一处商业次中心；给水方面，区配水中心与中心城区联网；建立快速干道交通系统，寒亭区环路由北环路、虞河街、泰祥街、东环路组成，规划面积48平方千米。

2011年，城区规划施行《潍坊市城市总体规划（2011—2020）》第五次编制成果。城市规划区中寒亭中心城区面积为45.6平方千米。

图3-1　城区一角（2009年）

详细规划及审批

1989—1995年，完成城区“两街、两路、四大城市”修建性详细规划。2007年，启动控制性详细规划编制工作，规划分杨家埠片区、镜湖片区、浞河片区、白云片区。2008年，根据区政府《关于加快实施“退二进三”“退城进园”工作的意见的通知》要求，城区内所有工业企业，凡不符合城市总体规划的，实施“退城进园”。2010年，完成4个片区的控制性详细规划成果；完成齿轮箱厂片区、新丰红木家具市场等30宗地块的意向规划；完成温馨家园小区、益新嘉园新华城、晨辉帝都城、嘉汇•翡翠郡、东昌化工环保设备厂区、富庭大第、金山财富广场、蝶园欣苑、云景国际、晨辉•帝都城、和鑫城、翰林苑一期、宏安嘉苑、瑞城花园等40个项目的规划审核审批；完成红星美凯龙家居•凯利生活广场一期规划方案和建设用地手续办理、恒信•首府规划方案审核审批、中凯兴业贸易广场规划方案编制。2011年，武装部片区、广电卫生片区、幸福路以东片区、食品巷片区、检察院片区意向规划编制工作完成。2012年，完成王家朱茂村安置区、浩然•上海城、德鲁科厂区、沃克奇厂区规划调整；组织编制枫煌电器、科博达、祥亭街与海龙路交叉口金融商务中心、广电卫生片区、赵家埠沿街、副食品公司等地块意向规划设计方案；完成对鑫万通用地性质更改；完成酿造厂、赵家埠村、通亭街与霞飞路交叉口、大宇电器周边、食品巷西侧、武装部、广电局、卫生局、富庭大第南地块意向规划方案编制。2013年5月，寒亭4个片区统一整合为“潍坊市控制性详细规划浞河片区”；7月，举行潍坊市控制性详细规划浞河片区编制成果专题会议，对潍坊市控制性详细规划浞河片区编制成果进行讨论。同年，完成科技局片区、武装部片区、文化巷片区、水利局片区、广电卫生片区5个片区的意向规划；完成寒亭宾馆地块意向规划；完成泰祥、古亭农贸市场意向规划。完成地块规划设计提报60宗。

1997—2013年，全区办理用地许可证659个，用地累计1651.05万平方米。

1997—2013年寒亭区发放用地许可证数量及用地面积统计表

表3-1

年份	用地许可证（个）	用地面积（万平方米）	年份	用地许可证（个）	用地面积（万平方米）
1997	5	3.01	2006	57	300.05
1998	38	54.08	2007	21	47.44
1999	33	26.36	2008	49	214.57
2000	49	47.38	2009	51	123.7
2001	40	54.8	2010	50	88.87
2002	46	69.95	2011	29	132.22
2003	57	52.17	2012	22	69.31
2004	61	178.45	2013	13	18.75
2005	38	169.94	—	—	—

第三节　镇村规划

乡镇规划

1996年，完成张氏镇、泊子乡、双杨店镇、南孙乡总体规划，规划面积6平方千米。1998年，编制完成朱里镇驻地总体规划，规划控制面积2.4平方千米，规划区建设用地规模1.42平方千米。1999年，完成双杨店、高里、央子、固堤、河滩、朱里、张氏7个镇总体规划，其中修编5个、新编2个。2008年，编制完成固堤、朱里、高里3个镇（街）的城乡统筹规划和区域控制性详细规划；完成《寒亭区村镇体系规划》编制。2010年，实施5个街道、1个开发区产业发展规划编制。2012年12月，完成《寒亭区城乡统筹发展规划》编制任务。2013年，编制完成《寒亭区固堤街道总体规划（2012—2030）》和《寒亭区固堤街道社区规划》《寒亭区固堤街道生产规划》《寒亭区固堤街道基础设施规划》《寒亭区固堤街道生态景观规划》4个专项规划。全年依法办理建设用地规划许可证7件，面积192542平方米；办理建设工程规划许可证26件，面积1.1万平方米。

村庄规划

1996年，完成北平旺、前仉庄各23万平方米，中仉庄10.6万平方米、店子19万平方米、宋家15万平方米、会泉庄15.3万平方米、后沟30万平方米、后吕家15万平方米、陶里9.8万平方米、雷家10万平方米、双庙16万平方米、高家柳疃10.6万平方米、南徐14万平方米、赵家埠7.3万平方米、后周家庄12万平方米，共15个村庄规划230.6万平方米。2008年，完成32个中心村规划编制工作。2010年，完成部分迁村并点规划编制；进行规划编制村庄共计39个，动工建设村庄5个。完成开元街道北张氏村，寒亭街道叶家庄子、南纸坊，朱里街道大东庄子和高里街道王固庄规划编制。

第二章　城市建设与管理

第一节　管理机构

1989年，寒亭区城乡建设委员会下设办公室、财务科、政工科、城建科、设计室、农房办公室、城管中队。1990年12月，农房办公室更名为村镇建设办公室。1993年6月，成立园林绿化工程公司；7月，设计室更名为寒亭区建筑设计研究院（以下简称设计院），均为寒亭区城乡建设委员会下属单位。1994年5月，设立村镇建设科。1997年1月，村镇建设科并入城建科，规划职能划归区国土规划局；2月，寒亭区城乡建设委员会改称寒亭区建设委员会（以下简称区建委），设办公室、财务科、政工科、城建科、设计院、村镇建设办公室、城管中队、园林所（含绿化公司）；区房产管理所撤销，成立寒亭区房产管理局。2001年3月，城管中队划归寒亭区城管局。2002年1月，区建委改称寒亭区建设局（以下简称区建设局），设办公室、财务科、政工科、建设科；辖房地产开发公司、市政公司、园林所、建筑工程管理站、工程质量监督站、建筑行业劳保费用管理站、设计院、建筑工程装饰装修办公室、潍坊三建建筑工程有限公司、自来水公司、华联建筑公司、一建公司、工程监理公司、液化气公司。2010年2月，撤销区建设局、区房产管理局，组建寒亭区住房和城乡建设局（以下简称区住建局），将区建设局、区房产管理局的职能，整合划归区住建局。2013年，区住建局设办公室、政策法规科、房产管理科、建设科、市政公用事业管理科。

第二节　市政建设

道路建设

1989年，城区主要道路有3街5路：民主街、工业街（益新街）、商业街，潍县路（海龙路）、幸福路、工农路（丰华路）、烟潍路（通亭街城区段）、友谊路，全长16.77千米，柏油路面8.37千米，其余为砂石路面。1989—1995年，修建、改造街（巷）24条（次），里程14.4千米，硬化18.97万平方米，

图 3-2　丰华路（1992 年）

投资 764.09 万元。1996—1998 年，修建、改造城区街道 9 条（次），里程 9.67 千米，硬化 20.24 万平方米，投资 1188.12 万元。2001—2005 年，修建、改造城区道路 12 条（次），里程 14.68 米，硬化 37.84 万平方米，投资 7422 万元。2006—2010 年，城区道路修建改造速度加快，共修建、改造城区道路及非机动车道 29 条（次），里程 46.21 千米，硬化 91.04 万平方米（不含潍坊经济开发区西外环段北外环至银高速段 2000 米硬化路面）。2011—2013 年，共修建、改造城区道路 19 条（次），里程 18.06 千米，面积 27.71 万平方米。

至 2013 年年底，全区累计新建及改造城区道路 101.45 千米，216.75 万平方米，其中人行道 61.03 万平方米。

2013 年寒亭城区道路（巷）一览表

表 3-2

道路名称	起止点	主路长度（米）	面积（万平方米）	宽度（米）		人行道面积（万平方米）	建设年份
				主路面	人行道		
寒祥街	友谊路至青银高速	3117	8.72	28	5	1.56	2010
富亭街	丰华路至海龙路	2553	7.15	28	6	1.53	2004
	泥河桥至丰华路	1200	3.36	28	6	0.72	2007
	海龙路至通亭街	1350	3.78	28	6	0.81	2009
	东外环至泥河桥	1350	3.78	28	6	0.81	2010
泰祥街	渤海路至丰华路	815	1.14	14	0	0	1999
	幸福路至友谊路	650	1.82	28	6	0.39	2007
	央赣线至养殖场	1260	1.89	15	5	0.63	2008
	白浪河至西环路	5673	13.53	24	5	2.84	2008
	丰华路至幸福路	605	1.33	22	6	0.36	2011
	卉香路至海龙路	540	1.19	22	6	0.32	2012
小学街	丰华路至幸福路	610	0.85	14	6	0.37	2007
通亭街	东外环至泥河桥	1870	4.49	24	6	1.12	1994
	东外环至青银立交桥	6500	27.3	42	6	3.9	1994
兴隆街	海龙路至商城路	375	0.49	13	12	0.45	2012

续表 3-2

道路名称	起止点	主路长度（米）	面积（万平方米）	宽度（米）		人行道面积（万平方米）	建设年份
				主路面	人行道		
金河街	白云路至海龙路	500	0.7	12	0	0	2005
帝都街	友谊路至海龙路	1150	1.15	10	12	1.38	2011
古亭街	海龙路至白云路	500	0.7	14	6	0.3	1999
	白云路至央赣线	530	0.74	14	6	0.32	2004
	万方路至长松路	430	0.69	16	3	0.13	2008
	霞飞路至央赣线	818	1.64	20	6	0.49	2012
益新街	浞河至央赣线	5840	8.18	14	6	3.5	2007
民主街	浞河桥至幸福路	1750	3.78	21.6	6	1.05	1980
	寒浞路至浞河桥	950	2.05	21.6	6	0.57	2007
	东外环至寒浞路	1150	2.48	21.6	6	0.69	2008
	海龙路至央赣线	2300	5.52	24	6	1.38	2008
	幸福路至海龙路	1730	3.74	21.6	14	2.42	2013
商业街	渤海路至丰华路	825	1.65	20	8	0.66	2010
	渤海路至浞河	345	0.48	14	14	0.48	2013
文化街	丰华路至幸福路	600	0.6	10	4	0.24	2011
运河东街	渤海路至幸福路	1500	2.1	14	10	1.5	1994
运河西街	幸福路至海龙路	1664	2.33	14	10	1.66	2009
清源街	霞飞路至海龙公司西	620	1.49	24	6	0.37	2005
新溥街	央赣线至南营村	1600	4.48	28	6	0.96	2004
盛泰街	央赣线至老央赣线	2170	6.08	28	6	1.3	2004
寒浞路	民主街至通亭街	534	0.85	16	4	0.21	2013
渤海路	年画研究所至通亭街	800	1.12	14	6	0.48	1995
	通亭街至运河街	1730	2.42	14	6	1.04	2006
	东外环至年画研究所	1400	1.96	14	6	0.84	2007
	运河街至北外环路	1200	1.68	14	6	0.72	2007
丰华路	通亭街至运河街	1400	2.38	17	12	1.68	1989
	东外环至通亭街	2900	6.96	24	6	1.74	2008
	运河街至北外环路	1200	2.88	24	6	0.72	2008
幸福路	运河街至北外环路	1200	3.36	28	6	0.72	2003
	富亭街至通亭街	1200	3.36	28	6	0.72	2004
	通亭街至运河街	1477	4.14	28	10	1.48	2010

续表 3-2

道路名称	起止点	主路长度（米）	面积（万平方米）	宽度（米）		人行道面积（万平方米）	建设年份
				主路面	人行道		
友谊路	通亭街至运河街	1350	1.89	14	10	1.35	1991
	富亭街至泰祥街	736	1.03	14	6	0.44	2004
	泰祥街至通亭街	458	0.64	14	10	0.46	2007
	寒亭一中校区至富亭街	1300	2.34	18	6	0.78	2011
卉香路	通亭街至帝都街	350	0.49	14	6	0.21	2007
	民主街至运河西街	248	0.35	14	0	0	2008
	民主街至运河街	380	0.53	14	10	0.38	2011
海天路	通亭街至益新街	820	1.07	13	12	0.98	2008
海龙路	济青立交桥至北外环路	5100	12.24	24	6	3.06	1998
卫生巷	益新街至民主街	350	0.28	8	0	0	1993
永安巷	益新街至民主街	350	0.25	7	0	0	2009
食品巷	通亭街至益新街	530	0.69	13	0	0	1995
供销巷	民主街至运河街	210	0.13	6	0	0	1995
建设街	镜湖小区至招待所	450	0.27	6	6	0.27	1990
商城路	通亭街至兴隆街	203	0.16	8	6	0.12	2012
白云路	通亭街至民主街	1514	2.42	16	6	0.91	1997
	云祥街至民主街	1409	2.25	16	6	0.85	2012
央赣线	通亭街至古亭街	957	1.34	14	6	0.57	2004
	北外环路至盛泰街	1966	5.9	30	6	1.18	2004
	云祥街至通亭街	960	1.34	14	6	0.58	2010
霞飞路	通亭街至民主街	1950	5.46	28	6	1.17	1996
	民主街至潍高线	2000	2.8	14	0	0	2013
顺通街	张氏路至虞河路	1600	1.44	9	3	0.48	2008
文化路	玉清街至田家支路	1480	2.22	15	4	0.59	2009
中阳路	万方路至长松路	424.3	0.51	12	0	0	2010
永康街	友爱路至毛埠村	450	0.72	16	0	0	2010
浩宇路	乐川街至永兴街	700	1.12	16	4	0.28	2012
长松路	北外环至前阙庄	1120	1.79	16	0	0	2012
虞河路	顺通街至泰祥街	750	1.8	24	5	0.38	2012
永兴街	友谊路至文化路	850	0.77	9	5	0.43	2013

城区桥梁

1989—2001年，城区无大型桥梁。2002年，修建霞飞路灌渠桥。2005年，重建幸福路灌渠桥、丰华路灌渠桥。2007年，对民主街浞河桥实施灌注桩、平板桥面、花岗岩护栏改造。2008年，建设丰华路灌渠桥、卉香路灌渠桥、丰华路张面河桥。2009年，建设张面河及张面河景观桥和富亭街浞河桥，为装配式后预应力混凝土简支空心板、桩柱式桥墩，重力式U型桥台结构。

公共运动场所

2007年，对区体育场进行综合改造，建设及绿化4万平方米，铺设塑胶跑道，安装健身器材，配备篮球场和足球场地，配套建设休闲运动小广场。2010年，对蝶园进行综合改造，建设文化广场2.8万平方米，修建大型祥云雕塑及喷水景观设施，建设多个独立小模块场地。至2013年，城区内主要市民综合活动场所有蝶园文化广场和区体育场。

城市公共自行车

2013年10月，寒亭区城市公共自行车租赁系统由中城永安公司安装并投入运行。主要设置在城区500米以内小区、商业、办公区域。至2013年年底，全区共设置120个站点、4296个桩位。

城市排水管网

1988年，城区有排水管道8.66千米。1989年，投资24万元在丰华路增加排水管道810米。1992年，增加3.5千米。1996年，区财政投资317.14万元，埋设城区道路排水管道8千米。到2006年，城区排水管网实现全覆盖，基本形成雨、污分排。2007年后，城区面积不断扩大，排水管网建设速度逐年增加。2009年，潍坊高新技术开发区在寒亭区内修建一条雨水方涵，自南向北沿友谊路至富亭街向东至浞河桥，雨水方涵在浞河河床下一直向北至寒二村西北角处。2013年，开始实施“双雨一污”硬性标准，排水管道大幅度增建，管网材料也由钢制管道逐步代替水泥管道；全年共铺设管道2.5千米。至2013年年底，城区排水管道总长230.43千米，其中排雨管网109.3千米、排污管网121.13千米。

2013年寒亭区城区道路排水管网一览表

表3-3　　单位：米

道路名称	起止点	道路长度	雨、污管道长度		建成年份
			雨水	污水	
寒祥街	友谊路至青银高速	3117	6600	3300	2010
富亭街	海龙路至丰华路	2553	2550	2550	2004
	丰华路至浞河	1200	1200	1200	2007
	海龙路至通亭街	1350	9100	6400	2009
	浞河桥至东外环	1350	1350	1350	2010
	东环路至金大路	0	2600	1300	2013
泰祥街	浞河至丰华路	815	0	815	1999
	幸福路至友谊路	650	650	650	2006
	央赣线至养殖场	1260	1260	1260	2008
	白浪河至西环路	5673	5673	5673	2010
	丰华路至幸福路	605	605	605	2011
	卉香路至海龙路	540	1100	540	2012

续表 3-3

道路名称	起止点	道路长度	雨、污管道长度		建成年份
			雨水	污水	
小学街	丰华路至幸福路	610	837	604	2007
通亭街	泥河桥至济青高速立交桥	8370	10500	1800	2007
兴隆街	商城路至海龙路	375	375	375	2012
金河街	海龙路至白云路	500	0	520	2005
帝都街	友谊路至海龙路	1150	1150	1150	2011
古亭街	海龙路至白云路	500	0	500	1999
	白云路至央赣线	530	0	530	2004
	万松路至长松路	430	430	430	2008
	霞飞路至央赣线	818	900	900	2012
益新街	泥河至央赣线	5840	0	5840	2007
民主街	泥河桥至幸福路	1750	0	1750	1980
	寒泥路至泥河桥	950	950	950	2007
	东外环至寒泥路	1150	1150	1150	2008
	幸福路至海龙路	1730	1730	1730	2013
	海龙路至央赣线	2300	2300	2300	2013
商业街	丰华路至渤海路	825	825	825	2010
文化街	丰华路至幸福路	600	0	600	2011
运河东街	渤海路至幸福路	1500	1500	1500	2015
运河西街	幸福路至海龙路	1664	1664	1664	2009
清源街	海龙公司西至亚星路	620	0	620	2005
潍高线	东外环路环岛至央赣线	11000	0	6500	2009
新溥街	西营村至央赣线	1600	0	1600	2004
盛泰街	央赣路至央赣线	2170	0	2170	2004
吉祥东街	东环路至金大路	0	7200	4380	2013
寒泥路	民主街至通亭街	534	534	534	2013
渤海路	年画研究所至通亭街	800	0	800	1995
	东外环至年画研究所	1400	1400	1400	2007
	运河街至北外环路	1200	0	1200	2007
	通亭街至运河街	1730	1730	1730	2013
丰华路	通亭街至运河街	1400	1400	1400	2006
	东外环至通亭街	2900	2900	2900	2008
	运河街至北外环路	1200	0	1200	2008

续表 3-3

道路名称	起止点	道路长度	雨、污管道长度		建成年份
			雨水	污水	
幸福路	富亭街至通亭街	1200	1200	1200	2004
	通亭街至运河街	1477	1477	1477	2010
	运河街至潍高线	1200	1200	1200	2010
友谊路	寒亭一中南至运河街	3844	2750	4780	2011
卉香路	通亭街至帝都街	350	0	350	2007
	民主街至园区街	648	648	648	2011
海天路	通亭街至益新街	820	820	820	2006
海龙路	通亭街至潍高线	3050	3400	1600	2006
	青银高速立交桥至通亭街	2077	2077	2077	2011
卫生巷	益新街至民主街	350	0	350	1993
永安巷	益新街至民主街	350	0	350	2009
食品巷	通亭街至益新街	530	0	530	1995
供销巷	民主街以北 200 米	210	210	210	1995
建设街	招待所至镜湖小区	450	0	450	1990
商城路	通亭街至兴隆街	203	203	203	2012
白云路	云祥街至通亭街	1409	1421	1280	1997
	通亭街至民主街	1514	0	1505	2012
央赣线	通亭街至古亭街	957	0	957	2004
	北外环路至盛泰街	1966	0	1996	2004
	云祥街至通亭街	960	960	960	2011
霞飞路	通亭街至民主街	1950	0	1950	1996
	民主街至潍高线	2000	2000	2000	2013
亚星路	民主街至潍高线	2000	2000	2000	2013
蓝天路	北外环路至盛泰街	1966	0	1966	2004
东外环	富亭街至高新区	—	7400	3700	2013
文化路	玉清街至田家支路	1480	1480	1480	2009
顺通街	张氏路至虞河路	1600	1600	1600	2008
中阳街	万方路至长松路	424.3	424.3	424.3	2010
永康街	友爱路至毛埠村	450	450	450	2010
西环路	潍高线至青银高速	2000	2000	2000	2010
浩宇路	乐川街至永兴街	700	700	700	2012
长松路	潍高线至前阙庄	1120	1120	1120	2012
虞河路	顺通街至泰祥街	750	750	750	2012
永兴街	友谊路至文化路	850	850	850	2013

城区亮化

道路亮化 1988年以前，城区道路亮化发展相对缓慢。1989年开始，民主街、益新街、商业街、海龙路、幸福路、丰华路、通亭街城区段和友谊路陆续安装路灯，并在小巷内安装路灯145盏。1992年，路灯逐步由水银灯代替普通玻璃灯泡。2006年，投资160万元，对路灯设施进行维护，共更换维修路灯1186盏，维修变压器、配电盘15台，维修电缆井38个。2009年，潍坊市成为全国“十城万盏”试点城市，全区投资920万元对通亭街、富亭街、东外环路的624盏路灯更换为LED灯。到2013年，城区道路路灯累计3027盏，灯泡类型主要为LED、金卤灯和高压钠灯，并实现城区路、巷照明全覆盖。

公共设施亮化 1989年以前，城区公共设施基本无照明设施，只有区总工会大院篮球场架线式钨丝照明灯10盏，只逢篮球比赛亮灯。1990年，区委办公大院内安装11盏路灯，城区公共区域亮化范围逐渐扩大。2001年，区政府投资2万元在蝶园安装内路灯20盏，城区公共设施亮化逐步实施。2006年，在区体育场、浞河景区等处安装路灯，公共设施亮化面积不断扩大。到2013年，城区内公共设施实现亮化全覆盖。

2013年寒亭区城区主要道路路灯配置一览表

表3-4

道路名称	起止点	灯杆及光源	路灯杆数	建设年份
吉祥东街	东外环路至渤海路	12米金卤灯	39	2013
寒祥街	友谊路至青银高速收费站	16米LED灯	145	2010
富亭街	浞河至通亭街	16米LED灯	213	2009
	206国道至浞河桥	16米LED灯	58	2010
泰祥街	央赣线至养殖场	10米LED灯	32	2008
	白浪河至西环路	10米LED灯	251	2010
	丰华路至幸福路	14米LED灯	28	2011
	卉香路至海龙路	12米LED灯	38	2012
	幸福路至友谊路	14米LED灯	32	2013
小学街	丰华路至幸福路	12米金卤灯	13	2007
通亭街	东外环路至济青立交桥东	16米LED灯	279	2009
	东外环至昌邑界	16米LED灯	228	2009
兴隆街	海龙路至商城路	10米LED灯	8	2012
帝都街	友谊路至海龙路	12米高LED灯	33	2011
古亭街	海龙路至央赣线	12米高压钠灯	20	1999
	万方路至长松路	10米LED灯	23	2008
	霞飞路至央赣线	10米LED灯	36	2012
益新街	浞河至海龙路	12米金卤灯	72	2007
	海龙路至央赣线	12米高压钠灯	99	2008

续表 3-4

道路名称	起止点	灯杆及光源	路灯杆数	建设年份
民主街	寒泥路至泥河桥	12 米高压钠灯	44	2007
	东外环路至寒泥路	12 米金卤灯	50	2008
	海龙路至央赣线	12 米高压钠灯	89	2008
	泥河桥至海龙路	LED 灯、14 米金卤灯	298	2008、2011
商业街	泥河至丰华路	4 米庭院灯	32	2010
	渤海路至泥河	12 米金卤灯	20	2013
文化街	丰华路至幸福路	12 米金卤灯	14	2013
运河东街	渤海路至幸福路	12 米高金卤灯	48	2009
运河西街	幸福路至海龙路	12 米高压钠灯	48	2009
清源街	霞飞路至海龙公司西	12 米金卤灯	31	2005
新溥街	央赣线至老央赣线	12 米金卤灯	71	2013
盛泰街	央赣线至老央赣线	12 米金卤灯	79	2013
东外环路	通亭街至丰华路	12 米 LED 灯	228	2009
寒泥路	民主街至通亭街	12 米金卤灯	24	2013
渤海路	东外环路至富亭街	12 米金卤灯	34	2007
	运河街至北外环路	10 米金卤灯	27	2007
	通亭街至运河街	10 米高压钠灯	36	2009
	富亭街至通亭街	12 米金卤灯	54	2011
丰华路	东外环路至通亭街	14 米 LED 灯	134	2008
	运河街至北外环路	14 米 LED 灯	50	2008
	通亭街至运河街	12 米金卤灯	28	2012
幸福路	运河街至北外环路	12 米高压钠灯	44	2003
	富亭街至通亭街	12 米金卤灯	35	2004
	通亭街至运河街	14 米 LED 灯	66	2010
友谊路	通亭街至富亭街	10 米高压钠灯	41	2004
	富亭街至寒亭一中校区	14 米 LED 灯	59	2011
	运河街至通亭街	12 米高金卤灯	31	2012
卉香路	民主街至运河街	12 米高 LED 灯	38	2011
	运河西街至园区路	12 米高 LED 灯		
海天路	通亭街至益新街	12 米金卤灯	36	2008
海龙路	运河街至潍高线	12 米高压钠灯	141	—
	通亭街至运河街	12 米高压钠灯		
	海龙路青银立交桥至通亭街	14 米 LED 灯	100	2011

续表 3-4

道路名称	起止点	灯杆及光源	路灯杆数	建设年份
央赣线	通亭街央赣线路口至潍高线	16 米蝴蝶灯	168	2011
	通亭街央赣线路口至滨海区界	16 米 LED 灯	800	
卫生巷	益新街至民主街	12 米金卤灯	8	2013
永安巷	益新街至民主街	12 米金卤灯	8	2013
食品巷	通亭街至益新街	10 米金卤灯	11	2006
供销巷	民主街至运河街	12 米金卤灯	5	2013
商城路	通亭街至兴隆街	10 米金卤灯	4	2012
白云路	通亭街至民主街	12 米高压钠灯	59	1997
	通亭街至云祥街	12 米高金卤灯	44	2012
央赣线	通亭街至古亭街	12 米高压钠灯	46	2004
	潍高线至盛泰街	12 米金卤灯	68	2013
亚星路	通亭街至民主街	12 米高压钠灯	71	1997
	民主街至潍高线	12 米高金卤灯	100	2013
顺通街	张氏路至虞河路	10 米 LED 灯	20	2008
文化路	玉清街至田家支路	10 米 LED 灯	36	2009
中阳街	万方路至长松路	10 米 LED 灯	18	2010
浩宇街	乐川街至永兴街	8 米 LED 灯	22	2012
长松路	北外环至前阙庄	10 米 LED 灯	20	2012
虞河路	顺通街至泰祥街	10 米 LED 灯	157	2012
永兴街	友谊路至文化路	8 米 LED 灯	38	2013

公共事业

液化石油气　1991 年 3 月，寒亭区成立液化气供应公司，之后又在张氏、河滩等乡镇相继建成液化气站。2000 年开始，乡镇液化石油气发展迅速，到 2008 年年底，全区共有石油液化气站 10 家取得“燃气经营许可证”，分布在城区及乡镇（街道）。2009—2012 年，随着天然气设施建设和广泛利用，液化石油气供应逐年下降，到 2013 年，全区剩余液化气站 7 家。

管道燃气　2005 年 6 月，潍坊港华燃气有限公司在区内注册成立潍坊港华燃气有限公司寒亭分公司。2006 年，铺设燃气中压管线 11.23 千米。2007 年，铺设中压管线 4.6 千米、低压管线 12.39 千米。2008 年，铺设中压管线 4.87 千米，低压管线 9.06 千米，有工业用户 5 家，居民用户 2130 户，天然气逐步替代液化石油气。到 2013 年，全区居民天然气用户 1.48 万户。

供暖　1989—2005 年，城区部分机关、企（事）业单位用自备锅炉为办公场所和居住区供暖，其他居民使用蜂窝煤、原煤等土暖气供暖。2006 年，潍坊栋海热力有限公司投资 800 万元，在城区铺设直径 500 毫米蒸汽管道，总长度 23.2 千米，管网供热约 60 平方千米。2007 年，潍坊中环东海热力科技有限公司投资 1.23 亿元，在城区铺设直径 450 毫米蒸汽管道，并铺设单线直径 130 毫米高温热水管道，自此区内城区开始发展集中供暖，并逐步向全城区覆盖。

2006—2008 年，全区铺设供热蒸汽管网 23.2 千米，有 41 家单位采取集中供热；城区拆除 10 吨以下自备取暖锅炉，并入市政统一供暖管线。2009

年，集中供热单位78个，合同上网供热130万平方米。2010年，按照"试点先行、以点带面"原则，以泰祥花苑为试点安装热计量表，改造26.8万平方米；至年底，全区集中供热小区（单位）92个，供热170万平方米。2011年，集中供热小区（单位）108个，供热面积升至196万平方米。2012年，在央赣线、祥亭街、白云路等新建区域铺设供热管网9000米，对古亭街，潍坊卫校、区技工学校、党校（新建）、寒亭宾馆、区检察院、南旺花苑等小区铺设蒸汽管网2.5千米。2012年6月—7月，人社局小区、社保中心小区、检察院小区、商业总公司小区、市政工程公司小区、财政局小区、房管局小区、商务局小区、区委区政府机关小区9个老旧小区，实施庭院管网改造，供热11.5万平方米，受益居民1100余户；同年，"金三角"片区3333平方米大型热交换站建成投运。2012年，全区集中供热小区（单位）121个，供热222万平方米。至2013年，为解决寒亭东部末端管网瓶颈，栋海热力公司投资2000万元，自亚星热电厂沿霞飞路、民主街、海龙路、运河街至渤海路铺设蒸汽管网4.9千米。全区集中供热小区（单位）137个，供热237.2万平方米。

第三节　城市绿化

管理机构

1985年6月，成立寒亭区园林绿化管理所，事业单位，隶属区建委。2007年3月，升格为副科级单位。2008年9月，更名为寒亭区园林管理局，升为正科级单位，隶属区建设局。2010年2月，整体划归潍坊市城市管理行政执法局寒亭区分局，更名为寒亭区园林绿化管理处，机构规格不变。2013年，设办公室、绿化科、工程科、监察科、督查科，定编18人。

道路绿化

80年代，城区道路绿化采取"道路一修通，绿化紧跟上"原则，绿化树种以国槐、法国梧桐、冬青为主，绿化树种、形式单一。1990年，实行统一规划、统一领导、部门负责、分头实施办法和领导责任制，对城区幸福路、渤海路、工农路（丰华路）、上海路（海龙路）等道路进行重点绿化与"三街五路"补植。幸福路建花坛3000平方米，栽植雪松、桧柏60株，小叶黄杨12800株，樱花、月季、爬山虎及各类草本花3万株；潍县路建1500平方米花坛，栽植柳树100株、冬青球660株、草坪750平方米、各类花草1万株；工农路行道树间种植冬青球600株；上海路栽植蜀桧2600株，补植法国梧桐、国槐、合欢等1923株。同时，城区义务植树3.4万株。1991—1993年，对幸福路、上海路、运河西街（幸福路至友谊路）、工业西街（幸福路至友谊路）、文化街（文化巷）部分路段栽植补植行道树，栽植雪松、蜀桧、河南桧、国槐、法国梧桐、垂柳等4210株，栽植樱花、月季及草木28350株。1994—1995年，城区主要道路扩宽改造后，投资85.62万元对工农路、渤海路、工业街西段（友谊路至上海路）、工业街东段（潍县路至泥河）、商业村内街道、运河街等道路进行绿化改造和行道树补植，栽植法国梧桐、垂柳、国槐、合欢、桧柏、苦楝、五角枫、冬青球6423株，草坪850平方米、冬青篱200米。新建通亭街3米宽花坛9013米，花坛内栽植冬青绿篱18030米，月季900株、剑麻900株。1996—1999年，对白云路、霞飞路、益新街3条道路的4559米花坛，栽植合欢、法国梧桐、冬青球、红叶小檗4348株，植草坪2.8万平方米，形成经济技术开发区绿化框架。对运河街、通亭街等道路行道树补植栽植苦楝、法国梧桐、国槐、垂柳、合欢、冬青等乔灌木12247株。2000—2012年，城区街道绿化形成乔木、灌木，多品种、多行列相结合的形式；树种以速生法国梧桐、白蜡、国槐等树木为主，辅以观赏效果较好的银杏、樱花、栾树等；并由单一落叶乔木发展为落叶和松柏类常绿树结合，多种类乔木、灌木和多年生低矮草本植物，还有一些适应性较强的低矮、匍匐型的灌木和藤本植物组成的小生态系统，形成四季常绿三季有花景观效果。到2013年，城区28条主要道路的行道树主要有国槐、法国梧桐、银杏、白蜡、栾树、苦楝等落叶乔木；种植有行道树的城市道路 103.37 千米，道路绿化普及率 97.1%。

2013 年寒亭区城区主要道路绿化情况一览表

表 3-5

道路名称	里程（米）	路面面积（万平方米）	绿化覆盖面积（万平方米）	树冠覆盖面积（万平方米）	树冠覆盖率（%）	主要树种
益新街	5840	23.36	8.68	7.01	30	法国梧桐、大叶女贞
通亭街	8370	33.48	12.45	10.03	30	法国梧桐、雪松
泰祥街	3310	13.24	4.03	3.97	30	栾树、蜀桧
民主街	7950	31.8	10.56	9.74	30	法国梧桐、银杏
清源街	620	1.61	0.48	0.48	30	国槐
小学街	610	1.46	0.51	0.44	30	法国梧桐、雪松
富亭街	7716	30.86	10.35	9.26	30	栾树、大龙柏
运河东街	1500	4.5	1.36	1.36	30	苦楝
运河西街	1700	5.1	1.56	1.53	30	苦楝
文化街	1700	1.36	0.45	0.45	30	国槐
商业街	1600	3.2	0.96	0.96	30	法国梧桐
帝都街	1150	2.88	0.95	0.86	30	白蜡
兴隆街	350	0.91	0.28	0.28	30	五角枫
古亭街	1850	7.4	2.56	2.35	30	法国梧桐
祥亭街	3120	12.48	3.87	3.75	30	法国梧桐、白皮松
寒浞路	534	1.6	0.53	0.48	30	法国梧桐、雪松
渤海路	6100	15.25	4.78	4.65	30	法国梧桐
丰华路	5480	16.44	5.12	4.96	30	法国梧桐
幸福路	3820	15.28	4.78	4.63	30	国槐
友谊路	3845	10.77	3.56	3.36	30	国槐
卉香路	1230	3.69	1.16	1.12	30	法国梧桐
海天路	820	2.05	0.61	0.61	30	栾树
海龙路	5100	20.4	6.75	6.16	30	法国梧桐
白云路	2924	8.19	2.67	2.56	30	法国梧桐、雪松
百汇路	1660	4.65	1.45	1.42	30	法国梧桐、大叶女贞
霞飞路	2050	8.2	2.49	2.46	30	法国梧桐
商城路	185	0.26	0.08	0.08	30	法国梧桐
央赣线	4400	44.88	13.86	13.46	30	银杏、白蜡

公共绿地

综合公园　1989 年，城区公共绿地绿化覆盖率仅为 18%，人均占有公共绿地 2 平方米。1989—1991 年，区政府投资在民主东街北侧建设蝶园，占地 1.34 万平方米，绿化植树 5040 株，种植草坪 3000 平方米、花灌木 1000 株、各种花草 3

万株，换土2500立方米；园内植物配以雪松、桧柏、樱花、紫叶李、丁香、连翘、榆叶梅等区内生长优良的花木。2002—2003年，投资180万元对蝶园重新改造，其中种植绿化乔灌木4.52万株，建草坪5600平方米。2010年2月，蝶园改建为文化广场，占地3.07万平方米，绿化3900平方米，搭配种植各类乔灌木和时令花卉共35个品种。

专类公园　1989年，建设杨家埠民间艺术大观园绿地13.3万平方米，寒亭区烈士陵园绿地1.28万平方米。

带状公园　1991—1993年，继浞河一期、二期治理后，浞河两岸栽植垂柳、雪松、冬青球等苗木4500株，河堤种植草坪1.82万平方米；在民主东街南侧、浞河西岸、区人民医院东侧建成1400平方米浞河公园。1994年，在公园修建花墙，栽植、补植各类乔灌木351株、绿篱300米；1997年，栽植补植垂柳420株，冬青球240株、桧柏120株。2008—2012年，区政府对浞河寒亭城区段（峡山灌渠至高新区）、张面河（通亭街南侧浞河桥至幸福路）进行综合治理，建成浞河景观带，总面积60.9万平方米（含浞河公园）；通亭街以南段面积34.1万平方米，通亭街以北段面积10.9万平方米。水面栽植菖蒲、香蒲、芦苇、千屈菜、水生鸢尾、睡莲等水生植物，两岸景观绿化栽植法桐、雪松、蜀桧、黄杨、红瑞木、金叶榆、冬青等乔灌木。其中，2009年4月建成张面河景观带，全长2000米，绿化9万平方米，两岸栽植法桐、白蜡等常见树种及造型紫薇、白皮松、木瓜、造型石榴、杜仲等高档树种苗木80余种。

街旁绿地　1993—1995年，在民主街南北两侧建成桃园、芳园、怡园3处街旁绿地，面积1.12万平方米，栽植法国梧桐、白蜡等乔灌木1647株，绿篱1680米。1999年，投资122万元，在民主街南侧、蝶园对面建3号园绿地，占地1.08万平方米，栽植草坪6450平方米，花灌木2.6万株，酢浆草1890株。2000年，3号园进行改造，清除部分冬青篱、月季、剑麻等，新栽洒金柏、金叶女贞、小叶黄杨及红叶小檗等新品种，补植行道树。同年，在民主街北侧、幸福路西侧建1号园绿地，2300平方米，种植乔灌木6750株，草坪2181平方米；在潍县北路与通亭街交叉口四角建街旁绿地2.74万平方米，种植乔灌木3.1万株。2001—2004年，在通亭街与济青高速立交桥东北角，建成开元绿地5.3万平方米，由蝴蝶图案的花坛组成，栽植雪松、苦楝等乔木420株，珍珠梅等花灌木820株，各种球类300株，红叶小檗、金叶女贞、黄杨等模纹、地被3万平方米。2005—2013年，城区绿化发展速度加快，陆续新建杨家埠绿地、体育场绿地、通亭街绿化带等街旁绿地，并对原有街旁绿地改造、扩建提升。2013年，城区绿地596万平方米，城区绿地率35.8%，城区人均绿地31.6平方米；全区绿化覆盖（遮阴面积）680万平方米，绿化覆盖率43.85%；综合公园2处、2.73万平方米，专类公园2处、14.58万平方米，带状公园2处、60.9万平方米；公园绿地由1989年人均2平方米，提高到2013年人均26.4平方米，增长12.2倍。

2013年寒亭区城区公园、街旁绿地一览表

表3-6

类别	绿地名称	位置	面积（万平方米）	树种
综合公园	蝶园文化广场	丰华路以东，民主街以北	3.07	雪松、银杏
	杨家埠年画公园（2013年拆除）	渤海路以东，富亭街以北	7.3	—
专类公园	杨家埠民俗大观园	渤海路以东，富亭街以北	13.3	法国梧桐、雪松
	寒亭烈士陵园	益新街以北，民主街以南	1.28	—

续表 3-6

类别	绿地名称	位置	面积（万平方米）	树种
带状公园	泥河公园	运河街与高新区界泥河两岸	19	法国梧桐、雪松
街旁绿地	体育广场	友谊路以西，益新街以北	4.3	法国梧桐、蜀桧
	3 号园	民主街以南	1.3	法国梧桐、白蜡
	怡园	海龙路以东，民主街以北	0.6	法国梧桐、白蜡
	1 号园	幸福路以西，民主街以北	0.2	法国梧桐、白蜡
	桃园	幸福路以东，民主街以南	0.1	法国梧桐、白蜡
	芳园	友谊路以西，民主街以北	0.5	法国梧桐、白蜡
	14 号口	青银高速公路	3.1	—
	14 号口桥下绿化	青银高速公路	0.57	—
	开元绿地	央赣线以东，青银高速公路以南	5.3	—
	通亭街与东外环交叉口绿地	通亭街与东外环交叉口	1.4	—
	益新街与友谊路路口绿地	益新街与友谊路路口	0.45	—
	通亭街与海龙路口四角绿地	通亭街与海龙路口四角	3.9	—

2013 年寒亭区城区建成公共绿地一览表

表 3-7

绿地名称	绿地位置	面积（万平方米）	树种
通亭街绿地	泥河桥以东两侧	7.7	法国梧桐、大叶女贞
	幸福路至青银高速 14 号口两侧	13	
	青银高速 14 号口至泥河两侧	25.35	
	通亭街北锦江苑东侧	0.04	
泥河绿地	通亭街以南	34.1	法国梧桐、雪松
	通亭街以北至拦水坝	10.9	
张面河绿地	幸福路东至泥河	15.9	法国梧桐、白蜡
文化广场绿地	民主街鑫盛达超市以东北侧	3. 07	雪松、银杏
年画公园绿地	富亭街与渤海路交叉口东北角	7.3	—
杨家埠大观园绿地	富亭街与渤海路交叉口西北角	13.3	法国梧桐、雪松
运河西街绿地	幸福路至海龙路两侧	0.53	法国梧桐、青桐
泰祥街绿地	央赣线至霞飞路南侧	0.22	栾树、大龙柏
	央赣线至霞飞路北侧	0.2	
	友谊路至幸福路南侧	0.12	
	丰华路至幸福路两侧	1.13	
	友谊路至家家悦北侧	0.03	

续表 3-7

绿地名称	绿地位置	面积（万平方米）	树种
寒祥街绿地	通亭街至友谊路两侧	10.3	法国梧桐
卉香路绿地	通亭街至帝都街两侧	0.23	
	民主街至运河街两侧	0.18	
	卉香路运河街以北	0.04	
央赣线绿地	通亭街以南两侧	0.89	法国梧桐、蜀桧
	通亭街至古亭街两侧	0.57	
帝都街绿地	友谊路至海龙路两侧	0.48	白蜡、女贞
帝都街游园	友谊路与帝都街交叉口西北角	—	白蜡、女贞
白云路绿地	通亭街至民主街两侧	0.9	白蜡、栾树
古亭街绿地	海龙路至央赣线两侧	1.42	银杏、白皮松
霞飞路绿地	通亭街至潍高线两侧	4.36	法国梧桐、雪松
	泰祥街以南东侧	0.05	
益新街绿地	海龙路至央赣线两侧	4.56	法国梧桐、雪松
新溥街绿地	央赣线至海龙路两侧	2.82	法国梧桐
清源街绿地	霞飞路以东两侧	0.9	银杏、白皮松
蓝天路绿地	潍高线至盛泰街两侧	3.57	法国梧桐、国槐
盛泰街绿地	央赣线至海龙路两侧	3.56	雪松
富亭街绿地	海龙路至通亭街两侧	4.2	栾树　银杏、白皮松
	海龙路至泥河两侧	9.38	
	泥河至东外环两侧	5.6	栾树
帝都街绿地	友谊路至海龙路两侧	0.48	白蜡、女贞
金融中心绿地	金融中心周边	0.32	法国梧桐、雪松
海龙路绿地	海龙路（青银高速至潍高线）	15.6	国槐、白蜡
	通亭街至青银高速两侧 7 米	2.9	
	通亭街至益新街东侧	0.1	
	张面河桥两侧	0.12	
幸福路绿地	通亭街至富亭街	1.8	法国梧桐、青桐
	运河桥至潍高线两侧	1.69	
	通亭街至运河桥两侧	0.36	
友谊路绿地	友谊路与益新街交叉口	0.45	银杏、白蜡
	通亭街至富亭街	1.24	栾树、国槐
	富亭街至寒亭一中以南两侧	2.85	银杏、白蜡
运河街绿地	渤海路至丰华路北侧	1.71	—

续表 3-7

绿地名称	绿地位置	面积（万平方米）	树种
小学街绿地	幸福路至丰华路	1	大叶女贞、白蜡
渤海路绿地	运河街至潍高线	0.38	法国梧桐、蜀桧
东外环转盘绿地	通亭街与东外环交叉口	1.32	栾树、青桐
文化巷花坛	幸福路至丰华路北侧	0.05	国槐
寒亭宾馆花坛	宾馆大门两侧	0.04	法国梧桐
杨家埠绿地	杨家埠两侧	2.5	毛白杨
区委区政府花坛	区委区政府大门两侧	0.12	法国梧桐
央赣线绿地	新溥街至开元立交桥两侧	46.59	银杏、白蜡
民主街绿地	生产路至东外环	3.3	法国梧桐、白蜡
	芳园（化纤厂宿舍南门）两侧	0.45	
	桃园（寒亭街道办事处）东侧	0.11	
	怡园（民主街与海龙路交叉口东北角）	0.56	
	3 号园（区人民武装部）两侧	1.28	
	1 号园（区教育局）两侧	0.23	
民主西街绿化带	央赣线至海龙路两侧	6.28	
丰华路、民主街、体育场绿地	灌渠桥至潍高线两侧	4.8	法国梧桐、蜀桧
	通亭街至东外环两侧	11.2	
	泥河桥至海龙路两侧	0.68	
	体育场（友谊路与益新街交叉口）	4.3	

单位及小区绿化

单位绿化　80 年代末至 90 年代，全区各单位开展全民义务植树绿化美化城市，争创绿化先进单位和园林式单位，除“以资代植”完成义务植树任务外，同时负责对本单位庭院绿化。各单位庭院内空地，自行规划种植，由园林部门给予技术指导和帮助。1989—1999 年，全区有 18 家单位被授予市级花园式单位称号，25 家单位被授予区级绿化先进单位称号。2000 年以后，每年平均有 2 家单位入选潍坊市花园式单位。2010 年，全区 74 家单位种植乔木 1.8 万株、灌木 24 万株，地被 3.5 万平方米。2011 年，单位绿化达标率 90.5%。至 2013 年年底，单位绿化达标率 95.6%。

小区绿化　1989—2000 年，城区建筑陈旧，住宅密度大，绿地率低。2000—2009 年，城区居住小区绿化执行《山东省城市绿化管理办法》，按照《城市居住区规划设计规范》要求，新区建设绿地率不低于 30%，旧区改建绿地率不低于 25%，形成现代居民区绿化配置体系。绿化配置实行乔木、灌木、草坪有机组合，观叶植物和观花植物合理搭配，耐阴与喜阳植物科学栽植，常绿植物比例加大。居住小区内绿化植物以樱花、百日红、杏树、核桃树、桃树、梨树、红叶李、榆叶梅、黄杨、五角枫、苦楝、栾树等乔木、灌木以及马尼拉、高羊茅为主的草坪居多。2010 年，针对居住小区绿化存在进展不平衡、总量不够大、质量不够高、后期养护管理不到位等问题，区财政安排专项资金，采取“以奖代补”形式，对按时、保质完成绿化任务的居住小区，按绿化投资额给予一定比例资金奖励。至2013年年底，城区新建、改建小区91个，绿地率达标87个，达标率95.6%，商住结合项目绿化率不达标。

2013年寒亭区城区居住区绿化达标一览表

表3-8

序号	居住区名称	位置	类别	净用地面积（万平方米）	绿地率	是否达标
1	宏富·颐景园	白云路以西、古亭街以北	新建	2.12	35%	是
2	中太·金地华府	通亭街以北、幸福路以西	改建	1.21	26%	是
3	中房·幸福家园	泰祥街以北、幸福路以东	新建	6.52	30%	是
4	裕景苑	益新街以南、食品巷以东	新建	4.32	38%	是
5	雍翠园	商业街以南、渤海路以东	新建	0.57	32%	是
6	引黄家园	益新街以北、海龙路以东	新建	0.33	30%	是
7	学府嘉苑	运河街以南、丰华路以东	新建	1.39	32%	是
8	鑫堡御园	富亭街以北、白云路以东	新建	4.66	39%	是
9	鑫堡佳园	泰祥街以南、央赣线以西	新建	2.78	30%	是
10	欣泰世纪城	益新街以南、央赣线以东	新建	2.55	30%	是
11	祥和园	益新街以南、海天路以东	新建	0.65	30%	是
12	祥和欣苑	益新街以北、丰华路以东	新建	0.82	30%	是
13	祥和名城	运河街以北、友谊路以东	新建	1.43	37%	是
14	祥和花园	通亭街以北、卉香路以东	新建	4.38	40%	是
15	香江水岸	渤海路以东、商业街两侧	新建	5.43	30%	是
16	莹俊·理想华庭	民主街以南、永安巷以西	新建	0.63	30%	是
17	福祥旺角小区	泰祥街以南、幸福路以东	新建	1.27	30%	是
18	朗润·盛世家园	通亭街以南、友谊路以东	新建	5.05	30%	是
19	万鑫花园	通亭街以南、卉香路以东	新建	2	42%	是
20	万豪居	通亭街以北、海天路以东	改建	0.42	35%	是
21	宏安嘉园	金河街以北、白云路以东	新建	1.04	30%	是
22	圣海家园	泰祥街以北、幸福路以西	新建	0.8	35%	是
23	浩然·上海城	民主街以南、渤海路以西	改建	8.76	35%	是
24	润合花园	海龙路以东、祥亭街两侧	新建	2.99	36%	是
25	瑞城花园	通亭街以北、食品巷以西	新建	0.62	30%	是
26	荣府	海龙路以东、富亭街以南	新建	0.79	22%	否
27	华丽·纳福馨城	小学街以北、幸福路以东	新建	6.14	35%	是
28	平旺花园B区	泰祥街以北、丰华路以西	新建	2.09	30%	是

续表 3-8

序号	居住区名称	位置	类别	净用地面积（万平方米）	绿地率	是否达标
29	欧洲小镇	通亭街以北、央赣线以东	新建	16.7	30%	是
30	平旺花园 D 区	通亭街以南、友谊路以西	新建	2.08	30%	是
31	昌翔茗城	泰祥街以南、丰华路以西	新建	2.32	33%	是
32	颐和园仿古住宅区	泰祥街以南、渤海路以东	新建	0.51	39%	是
33	龙润花园	海龙路以西、益新街以南	新建	5.16	35%	是
34	龙居家园	泰祥街与泥河东岸	新建	1.56	32%	是
35	龙海富祥花园	通亭街以南、幸福路以西	新建	7.37	30%	是
36	和鑫城	通亭街以北、食品巷以东	新建	0.51	30%	是
37	祥泰花苑	泰祥街以南、霞飞路以东	新建	2.75	30%	是
38	兰亭·怡景苑	民主街以北、泥河以西	新建	0.4	38%	是
39	金源龙庭	益新街以北、丰华路以东	新建	3.28	38%	是
40	怡欣苑	民主街以北、丰华路以东	新建	0.41	30%	是
41	恒信·悦府	富亭街以南、海龙路以西	新建	3.5	38%	是
42	温馨家园	卉香路以东、运河西街以北	新建	4.03	30%	是
43	友谊花苑一期	友谊路以西、海龙以北	新建	0.27	25%	是
44	友谊花苑二期	友谊路以西、运河街以南	新建	0.6	36%	是
45	翰林苑一期	富亭街以南、海龙路以东	新建	6.67	35%	是
46	兰亭·御景苑	泰祥街以南、幸福路以东	新建	1.19	38%	是
47	海王花园	通亭街以北、卉香路以西	新建	8.07	29%	是
48	海盛花园	泰祥街以南、丰华路以西	改建	3.04	30%	是
49	果品花苑	民主街以北、幸福路以西	改建	0.3	30%	是
50	贵人·蝶苑	商业街以北、渤海路以东	新建	2.12	36%	是
51	方舟怡家	运河街以南、幸福路以东	新建	0.44	20%	否
52	风筝缘小区	泰祥街以南、泥河以西	新建	5.38	38%	是
53	丰华新苑	丰华路以西、通亭街以北	新建	0.43	30%	是
54	东都华府一期	古亭街以南、央赣线以东	新建	1.87	32%	是
55	翠庭佳苑	幸福路以西、建设巷以南	新建	0.36	30%	是
56	滨海城市经典	通亭街以北、幸福路以西	新建	3.57	35%	是
57	北美枫情	通亭街以北、霞飞路以东	新建	8.89	38%	是
58	邦盛·书香院	祥亭街以南、卉香路以东	新建	2.98	36%	是
59	元和新城	益新街以南、丰华路以东	新建	6.52	30%	是
60	和旭·裕华苑	丰华路以西、益新街以南	新建	2.91	32%	是

续表 3-8

序号	居住区名称	位置	类别	净用地面积（万平方米）	绿地率	是否达标
61	龙润家园	益新街以南、海龙路以西	新建	5.86	40%	是
62	泥河六号	渤海路以西、益新街以南	新建	21.92	35%	是
63	庆鹏国际	益新街以北、幸福路以东	新建	3.11	21.3%	否
64	中太·金地华府	通亭街以北、幸福路以东	改建	1.21	26%	是
65	盈海苑	通亭街以北、霞飞路以西	新建	2.57	38.8%	是
66	益新苑	益新街以南、海龙路以西	新建	3.32	35.6%	是
67	祥瑞苑	民主街以南、霞飞路以东	新建	1.81	31.2%	是
68	温莎·玫瑰公馆	通亭街以南、央赣线以东	新建	8.84	40%	是
69	潍水人家	通亭街以南、渤海路以东	新建	9.61	35.8%	是
70	朗润·盛世家园	通亭街以南、友谊路以东	新建	5.05	30%	是
71	舜和花园	益新街以北、友谊路以东	新建	9.42	30%	是
72	瑞都广场	通亭街以南、卉香路以西	新建	5.75	30%	是
73	晨辉·帝都城	海龙路以西、古亭街以北	新建	1.5	38%	是
74	德威国际花园	富亭街以南、白云路以东	新建	1.3	27%	否
75	丰华·星河苑	通亭街以北、风华路以东	新建	8.71	37%	是
76	方舟怡家	幸福路以东、运河东街以南	新建	0.44	30%	是
77	翡翠园二期	民主街以北、幸福路以东	新建	0.16	30%	是
78	富庭大第	幸福路以东、泰祥街以南	新建	0.8	41%	是
79	海泰花园	泰祥街以北、幸福路以西	新建	3.16	38%	是
80	和旭·裕华苑	丰华路以西、益新街以南	新建	0.46	37%	是
81	和旭·裕龙苑	民主街以北、丰华路以西	新建	0.55	33%	是
82	恒信·首府	央赣线以西、祥亭街以北	新建	8.77	36%	是
83	华茂国际商务广场	民主街以南、育才巷以西	新建	1.13	30%	是
84	慧馨园	祥亭街以南、卉香路以西	新建	5.23	36%	是
85	吉祥家园	海龙路以西、益新街以南	新建	0.36	30%	是
86	嘉汇花溪地	祥亭街以北、卉香路以西	新建	3.86	33%	是
87	金润新城	海龙路以西、祥亭街以南	新建	9.13	37%	是
88	金山财富广场	通亭街以北、央赣线以西	新建	3.17	35%	是
89	益新嘉园新华城	益新街以北、霞飞路以东	新建	1.9	31%	是
90	玫瑰庄园	泥河以西、泰祥街以北	新建	0.67	45%	是
91	清荷·悦庭	民主街以南、丰华路以西	新建	1.17	30%	是

养护管理

1989—2007年，区园林所负责城区道路绿化、公共绿地建设与养护。1999年7月，《山东省城市绿化管理办法》发布，寒亭城区绿化维护管理按照该办法第十六条规定执行：单位附属绿地、生产绿地和居住区绿地中庭院绿地由权属单位负责；单位门前责任区内的树木花草和绿化设施由辖区责任单位负责；居住区绿地实行物业管理的，由物业管理企业负责，没有物业管理的，由建设单位负责或委托绿化专业养护单位负责。2008—2013年，由园林绿化管理处以公开招标形式，选择有资质绿化企业进行养护管理，区园林处对企业进行监督检查。至2013年年底，有12家中标企业，按照寒亭区《绿化养护管理质量标准》《绿化养护作业规范》等绿化养护管理办法，对全区391万平方米公共绿地、3万余株行道树分标段精细化养护管理。

第四节 城市管理

机构

1989年，全区城市管理任务由区建委市政管理科负责。2001年3月，成立潍坊市寒亭区城市管理局（以下简称区城管局），加挂潍坊市寒亭区城市管理委员会办公室牌子，为正科级事业单位，隶属区政府。区建设局所属城市管理监察大队、环境卫生管理处划归区城管局，全区城市管理职能由区建设局移交区城管局。2003年3月，撤销潍坊市寒亭区城市管理监察大队，成立潍坊市城市管理行政执法局寒亭区分局、潍坊市城市管理执法监察总队寒亭区大队，与区城管局合署办公，仍属区政府，设办公室、法规科、财务科、督查科、政工科、数字化中心6个科室和3个城管执法中队。2010年，设环卫一体化科。2013年，区城管局设办公室、法规科、财务科、督查科、政工科、环卫一体化科、数字化中心7个科室和3个城管执法中队，设局长1人、副局长3人，核定编制62人。

户外经营综合治理

2001—2006年，对通亭街、运河西街、运河东街、民主街浞河桥以东、潍县北路、幸福路、渤海路、商业村等路段7.22万平方米违章建筑和障碍物进行拆除。对运河东街、渤海路钢材市场的270个店外经营户整体搬迁至寒亭木材市场和寒亭百汇大市场。6年间，共清理7210个流动摊点。为方便市民生活需要，在蝶园、友谊路规划设置2处市场群。2007—2008年，全区开展“黄线”治理活动，对店外占道经营进行专项治理，将城区内沿街门店全部纳入“黄线”管理。对主、次干道两侧8390平方米违章建筑进行拆除；清理电话亭68个；取缔流动摊点1060个；拆除非法建筑4400平方米；取缔运河街建材市场、商业街农贸市场、通亭街露天市场占道经营集市；清理占用公共绿地种植农作物8000平方米。2012—2013年，对城区内露天烧烤及店外经营餐饮坚持“堵疏结合、管罚并举”原则，进行集中治理，取缔城区道路两侧烧烤、大排档摊点群，在运河街设置1处可以容纳20个摊位的烧烤夜市，引导城区各烧烤经营摊点进入烧烤夜市。

户外广告综合治理

2001—2009年，区城管局对城区广告类牌匾、橱窗等进行治理，共拆除大型违章户外广告牌3786块，拆除违章橱窗5200个，灯箱、广告牌匾3660个，规范沿街门店字号1600块。对海龙路、丰华路、渤海路等城区道路两侧沿街老旧丑门店门号、广告牌，更换统一标准门店号和广告牌；对沿街破旧墙体粉刷涂新；对建筑工地实体围挡进行彩绘美化或张贴公益宣传标语；对沿街广告牌匾设置严格把关，确保牌匾样式、颜色与周围环境相协调。2009—2013年，全区户外广告设置均按一店一牌、同一规格、同一标准制作安装。

城区道路综合治理

2004—2006年，清理东外环路、G206线寒亭段、潍柴南路的沙场、煤场、土堆、建筑沙1.86万立方米；清理煤场9处、煤3300吨；清理土堆22处、土方2200立方米。取缔通亭街、幸福路、渤海路等6处“马路市场”，清理马路流动摊点1.5万处。2007—2013年，全区城区道路各类占地为场经营现象明显减少，马路摊点按规定地点、规定时间，进行规范经营。

城区市容环卫治理

2002—2004年，对城区主干道更换垃圾箱1460个，更新保洁车辆30辆，出动清扫车5915台次，行驶里程24.5万千米；清理生活垃圾60.6吨、建筑垃圾4.2万立方米；清理废弃电线杆128根；审批发放建筑垃圾准运证、建筑垃圾处理证260个；涂刷沿街楼体、墙体70万平方米，设置停车场48处、停车泊位1680个。2005—2008年，在城区设置900个塑料垃圾桶；清理垃圾、杂草2000立方米，清运处理生活垃圾3.2万余吨；审批发放建筑垃圾准运证、建筑垃圾处置证260个；清扫保洁城区道路230万平方米；对城区内34处1.4万平方米工地设置彩绘围挡；增加环卫资金90余万元，增补61名环卫保洁人员。2008年，区财政对环卫事业累计投入818.5万元，道路清扫保洁投入445万元，建成1座生活垃圾转运站，新设置150个果皮箱及部分垃圾桶。2009年，协调、动员沿通亭街11个责任单位安装霓虹灯、楼廊灯、夜景照明设施；将通亭街（浞河桥至东外环路）和富亭街（海龙路至通亭街）2个路段20万平方米纳入城区道路，统一管理保洁；实行春季至秋季每天早6时定时洒水，除尘降温。2009—2010年，每年清运处理生活垃圾4.6万吨，道路保洁面积增加到270万平方米；设置果皮箱800个、垃圾桶500个。新增工业园南路、卉香路近2.6万平方米保洁面积。2011—2012年，随着城乡环卫一体化的推行，生活垃圾清运处理由每年的4.6万吨增加到6.5万吨，清运建筑垃圾1200多吨，道路保洁面积增加到295.6万平方米，道路保洁机械化清扫率60%以上；设置更换垃圾桶1000个。2013年，增加央赣线（开元互通立交桥至荣乌高速段）96.8万平方米道路保洁，全区道路保洁392.4万平方米，道路保洁机械化清扫率75%；城区主要道路更新、更换垃圾桶800个，全年清运城区生活垃圾5.4万吨，建筑垃圾1500吨。

公共厕所建设

1989—1992年，城市公共卫生设施滞后。1993年，开始在城区范围内修建公共厕所，到1994年底，建成桃园、园林所公厕2座。1995年，陆续建成区民政局、区体育场、芳园、怡园公厕4座。2008年，建成渤海路公厕，24小时免费开放。2010年，新建文化广场和食品巷公厕。2011年，城区公厕共9座；为方便广大居民生活，城区各超市、宾馆、酒店内的厕所全部实行对外限时免费开放。2012—2013年，根据城区规划和群众生活需求，新建张面河、帝都街标准化公厕2座。到2013年，城区公厕共11座，实行全天免费开放。

城市管理执法

2001—2003年，查结乱倒垃圾案件128起、违章运输垃圾车辆144辆次。2004年，对流动摊点和店外经营进行清理，没收各类违章经营工具及物品900余件。同年，实施“阳光城管”工程，建立投诉受理快速反应和反馈机制。设立投诉中心，昼夜24小时值班，接到群众投诉后，执法人员15分钟内到达现场处理，投诉办结率100%。2005年，处理浞河、张面河河道及道路两侧的垃圾污染问题；利用“呼死你”追呼系统追呼违章者通信工具420部，查处噪声扰民行为500余起、破坏绿地树木120余起、车辆遗撒165起。2006—2008年，罚没各类违章经营工具及物品1340件；强制拖移乱停乱放机动车220辆；查处破坏绿地违法行为38起，带泥上路及运输粉尘物质遗撒车辆81辆，查处夜间施工噪声扰民行为63起；联合卫生、工商及环保等部门对夏季露天烧烤、大排档及夜市占道经营专项整治，清理取缔露天烧烤摊点45处、大排档占道经营33处。2009—2013年，共查处各类城市管理违法5600宗，及时查处率98%以上；查处带泥上路车辆38辆，乱拉乱倒建筑垃圾违法行为26起、夜间施工噪音扰民违法行为22起；查处违法建设案件13起（协助镇街查处8起），拆除违法建筑9000平方米。

第三章　镇村建设与管理

第一节　乡镇驻地建设

1989年，全区辖6个镇、6个乡，各乡镇驻地建有中小学、银行、邮电所、医院、供销社等公共服务设施，规模较小。2003年，央子镇被建设部等六部委确定为小城镇建设重点镇。2008年，潍坊经济开发区划归寒亭区管理。到2013年，全区有8个街道驻地，二、三产业项目，以及教育、卫生、网络通信、社会养老等设施迅速增加，带动街道驻地建设；自来水入户率100%，电视网络覆盖达90%以上。

第二节　村庄建设

1989年，全区405个行政村，面积48.4平方千米，人口24.16万人，农村实有住宅662.8万平方米，其中砖瓦住房约占70%，其余为混合材料房。1991年，全省开展村镇建设“十百千”（十个先进县、一百个新型乡镇、一千个明星村）活动，以住房、道路为主的基础设施建设力度加大。1995—2003年，全区投资12.70亿元用于村镇规划建设，有50%以上用于村庄建设，实施统一规划建设和自来水入户工程。央子镇崔家央子村，固堤镇李家埠村，郭家官庄镇西小营村，双杨店镇潘家村、阚庄村，河滩镇马家村，朱里镇东南堤村，泊子乡大湾口村被省政府命名为“明星村庄”。2003年，全区实施“村村通”工程后，乡村主要道路大部分实现路面硬化、晴雨通车；规划建设的瓦顶玻璃门窗砖瓦房成为农村建房的标准配置，房屋单间宽度由原来的平均5米增加至6～7米。2008年，全区实行“城乡环卫一体化”管理，“三大堆”（柴堆、草堆、粪堆）被清理，农村环境脏、乱、差问题逐步解决。2013年，全区有231个村庄建成电气化村庄，村庄主要道路亮化实现全覆盖。

迁村并点

2009年，全区启动农村住房建设和危房改造示范点10处，整村迁建2752户，完成建设1190户，完成投资9700万元。2010年，整村迁建启动2679户、建设面积61.36万平方米，完成1059户、15.9万平方米，投资4.6亿元；全区建设集中居住区14个，其中寒亭街道启动农村集中居住区7个，涉及7个自然村，共拆迁1040户。2013年，村容村貌整治启动95个村，完成整村建设改造农户1392户，累计投入资金2000余万元。

危房改造

2009年，区、乡镇两级都成立农村住房建设与危房改造领导小组，区财政设立专项资金，采取“以奖代补”方式对新建住房农户进行直接补助，或对项目开发单位和自建房农户给予贴息贷款；区、乡镇两级安排的支农专项资金，转向农村住房建设、危房改造。同年底，全区农村住房建设和危房改造示范点10处，危旧房改造完成336户、3.57万平方米，完成投资1917万元。2010年，将农村住房建设和危房改造项目纳入工程建设程序，从计划、招投标、质量安全监督、施工许可、竣工验收等环节上规范程序，实施“政府监督、社会监理、街道项目责任人、村民代表”齐抓共管，危房改造完成66户、4856平方米，完成投资255万元。2013年，改造危房295户。

第三节　镇村管理

分级管理

2001—2005年，乡镇（街道）负责各自镇村管理工作。2006年，在8个乡镇（街道）成立城管执法中队，各配备3～5人，人员编制和管理归属各镇（街道），镇村管理由各镇（街道）执法中队负责。同年，区城管理局为各镇（街道）拨发600个塑料垃圾桶、200个果皮箱，放至村内主要道路；由镇（街道）牵头，对村内“三大堆”集中清理，农村生活垃圾随处乱堆乱倒现象逐渐减少，垃圾集中处理观念在农村逐步形成。到2013年，全区实现保洁作业村334个，农村生活垃圾无害化处理覆盖率93.6%。

城乡环卫一体化

2011年，区委、区政府提出“村容整洁、乡风文明、生态良好”目标，全区启动农村生活垃圾无害化处理，以《寒亭区全面推行农村生活垃圾无害化处理的实施意见》为指导，以政府主导、街道组织、村民参与的工作思路，逐步建立“村收集、街运输、区监管、市处理”的生活垃圾集中处理体系。同年，区政府投资2500万元，对全区乡道两旁和村居周边环境卫生进行综合整治；投资650万元，在寒亭、开元、固堤、高里、朱里5个街道各建设1座生活垃圾转运站；投资420万元，为各街道、杨家埠旅游开发区配备垃圾桶9831个，购置专用垃圾收集车辆15台；全区村级保洁员822人。2011年，全区323个村实现农村生活垃圾无害化处理。2012年，区政府印发《2012年寒亭区城乡环卫一体化考核办法》，全区城乡环卫一体化工作加快，城乡环境质量整体提升。各街道、开发区共配发、替换垃圾桶8783个，保洁员实现新老交替，并增加784人，垃圾收集、清运车辆21台。2013年，区政府对原考核办法进行完善，制订印发《2013年寒亭区城乡环卫一体化考核管理办法》。为各街道、杨家埠旅游开发区共配置垃圾桶8783个，各类垃圾收集运输车辆增加到38辆，321个村生活垃圾实现无害化处理。

第四章　房地产

第一节　管理机构

寒亭区房产管理局

1997年2月，区房产管理所由区建委划出成立寒亭区房产管理局，为正科级事业单位，内设办公室，下辖房产管理所。其职能为依据相关法律法规，管理区内房屋权属登记，房屋交易、拆迁，房地产中介、开发及物业管理等。2010年2月，撤销区房产管理局，其职能划归区住房和城乡建设局。

寒亭区房地产综合开发公司

1992年7月，区建设局设立区房地产综合开发公司，为正科级单位，负责全区的房地产开发工作。2011年4月，区机构编制委员会注销区房地产综合开发公司事业单位性质，取消原定正科级规格，收回编制，改制为企业。

第二节　住房制度改革

1994年，寒亭区贯彻执行《潍坊市出售公有住房暂行办法》《潍坊市推行住房公积金制度暂行办法》《潍坊市提高公有住房租金暂行办法》，推行住房制度改革；11月，区政府办公室印发《寒亭区住房公积金制度实施办法》。1998年6月，184个单位的13331户干部职工参加房改；7月，对在职职工发放基本工资10%的住房补贴，实行专户管理，2000年7月，住房补贴随工资直接发放给职工。2007年，根据市政府关于住房保障工作安排，廉租住房租赁补贴开始实施，首批低保住房困难家庭75户足额领取补助资金，低保家庭实现应保尽保。2009年开始，全区已建立起与市场经济相适应的住房制度，实现住房商品化、社会化。至2013年年底，寒亭区公积金归集结余4.17亿元，缴存职工3.4万人，覆盖面81%；累计提供廉租住房资金230万元。

第三节 房地产开发

住宅小区建设

1989—1990年，城区仅有海龙公司建成的11号、12号、16号宿舍楼和审计局宿舍楼，总建筑0.78万平方米，数量少且分散。1991—2002年，建成住宅小区7.09万平方米，其中温亭花园小区6万平方米。2002年后，全区商业住宅小区建设进入规范发展快车道。2003—2013年，共建成规模化住宅小区294万平方米。其中泰祥花苑小区建设26万平方米，为全区最大商业化住宅小区。到2013年，全区住宅小区总建筑307.92万平方米。

1990—2013年寒亭区宿舍楼、住宅小区建设一览表

表3-9

建成年份	小区名称	建筑面积（平方米）	位置
1990	海龙公司11号、12号、16号楼	5893	运河街以南、友谊路以东
	区审计局宿舍楼（已拆除）	1932	民主街以北、渤海路以西
1991	区第一棉油厂宿舍楼（已拆除）	2076	通亭街以北、友谊路以西
	区乡企业局宿舍楼	1172	民主街以北、友谊路以东
1992	潍坊电缆厂宿舍楼	2740	通亭街以南、幸福路以东
	区物价局职工宿舍楼	1530	民主街以北、丰华路以东
1993	区经委宿舍楼	2352	民主街以南、幸福路以东
	区交通局商业村宿舍楼	3382	益新街以南、海天路以东
1994	区财政局宿舍楼	2340	民主街以北、幸福路以东
	区六中宿舍楼	2722	运河街以南、丰华路以西
1995	区人事局宿舍楼	1444	益新街以北、海龙路以东
	区工会宿舍楼（已拆除）	1415	民主街以南、渤海路以西
1996	区棉麻公司宿舍楼	1943	民主街以南、友谊路以西
	区地税局宿舍楼	3388	民主街以北、友谊路以东
1997	区石油公司宿舍楼	3440	通亭街以南、友谊路以西
	区燃料公司职工宿舍楼	3948	益新街以北、丰华路以西
1998	区委机关后勤处宿舍楼	3000	益新街以北、渤海路以西
	区检察院1号宿舍楼	2333	益新街以北、海龙路以东
1999	区财产保险公司宿舍楼	2276	民主街以南、友谊路以东
	区国土分局宿舍楼	2700	益新街以南、友谊路以西
2000	区人民医院宿舍楼	4357	民主街以南、渤海路以东
	区劳动保险处宿舍楼	3283	运河街以南、幸福路以东

续表 3-9

建成年份	小区名称	建筑面积（平方米）	位置
2001	区第二实验小学宿舍楼	3960	运河街以北、友谊路以西
	开元小区 1 号楼	4574	古亭街以南、白云路以西
2002	区法院干警宿舍楼	6390	通亭街以北、友谊路以西
	潍坊汽修厂宿舍楼	4516	益新街以南、幸福路以东
	温亭花园小区	60000	通亭街以北、海天路以西
2004	开元小区	120000	古亭街以南、白云路以西
2005	祥和家园	50000	益新街以南、丰华路以东
2006	泰祥花苑	260000	泰祥街以南、幸福路以西
	龙海福祥花园	60000	泰祥街以南、幸福路以西
2007	祥和家园	50000	通亭街以北、卉香路以西
	南部怡家	37342	泰祥街以南、丰华路以西
2008	舜和花园	144000	益新街以南、友谊路以西
	学府嘉苑	139000	商业步行街以北、丰华路以东
	滨海城市经典	75000	通亭街以北、幸福路以西
2009	裕景苑	90000	益新街以南、幸福路以东
	祥和花园、祥和欣苑、祥和苑	84000	通亭街以北、卉香路以东 益新街以北、丰华路以东
2010	龙润花园	109000	帝都街以北、海龙路以西
	元和新城	120000	通亭街以北、丰华路以东
	中房·幸福家园	106660	富亭街以南、友谊路以东
	纳福馨城	100000	小学街以北、幸福路以东
	金源龙庭	39000	益新街以北、丰华路以东
	汇景名城	160000	通亭街以北、丰华路以东
	龙润世家	45000	益新街以南、白云路以西
2011	海王花园	120000	通亭街以北、海龙路以东
	海泰花园	97000	泰祥街以北、幸福路以西
	丰华星河苑	137000	益新街以南、丰华路以东
	丰华欣苑	5000	益新街以北、丰华路以东
	丰华嘉苑	4000	益新街以北、丰华路以东
	滨海花园	117000	通亭街以北、央赣线以西
	浩然·上海城	160000	民主街以南、渤海路以西
	天润锦江苑	37000	通亭街以北、友谊路以西
2012	海盛花苑	30390	小学街以北、丰华路以西
	和旭·裕华园	75000	益新街以南、丰华路以西
	中房幸福广场	14460	通亭街以南、丰华路以西
	晨辉帝都城	30200	古亭街以北、海龙路以西
	富庭大第	124000	富亭街以北、幸福路以西
	慧馨园	94000	祥亭街以南、卉香路以西
2013	恒信首府	106000	祥亭街以北、央赣线以西

城中村改造

政策制定 2006年，市政府印发《关于加快中心市区“城中村”改造的补充意见》，规定“城中村”改造涉及的居民安置住宅、小学和幼儿园等公共配套设施，免收由区及以下收取的行政性规费和各类基金、保证金，其中包括基础设施配套费、临时用地和临时建设规划保证金、人防工程建设费（除上缴部分）、房屋所有权登记费、住房房产抵押手续费等。生活保障用地按上述有关费用50%收取。寒亭区由区规划部门按建筑使用性质出具面积明细，到区公共行政审批服务中心相关部门办理减免费用审批手续。“城中村”改造项目按规划自行配套完善，完成规划范围内拆迁腾地及配套设施建设，凡由政府投资的基础配套设施，免收各种管理费用，属市场化运作的由村里自行解决。“城中村”改造方案本着先安置、后保障原则3年之内完成改造。项目批准后2年之内全部完成改造的村庄，免收城市建设基础配套费，第三年完成改造的城市建设配套费按50%收取，超过3年完不成改造的城市基础配套费全部收取；2年之内全部完成改造的村庄，政府从储备的村庄建设用地收益中30%返还村里，10%返还街道予以奖励。土地保证金转为建设保证金，3年内完不成改造的不再返还。“城中村”改造的居民原则上享受城市居民的医疗、养老、失业等社会保障福利待遇，村级保障体系作为补充方式继续保留。

规划编制 2006—2007年，寒亭街道赵家埠、北平旺、河西、南平旺、前仉庄及开元街道雷家6个村改造方案获省政府批准。区政府批复赵家埠、北平旺、河西、南平旺、雷家、前仉庄5个城中村综合改造方案，安置保障协议建设项目为中房·幸福家园、中房·幸福广场、圣海家园、舜和花园、香江水岸小区、平旺花园、朗润·盛世家园、祥泰花园、学府嘉苑、丰华嘉苑沿街楼、方舟怡家商住楼。2008年，寒亭街道齐家道、王家道、寒亭一村、寒亭二村，开元街道郭家官庄、二十里堡、王家朱茂、胡家朱茂9个村列入改造计划。区政府批复徐家楼、朱家谭里庄、唐家朱茂、郭家官庄、二十里堡、胡家朱茂、王家朱茂、西寺夹庄8个城中村综合改造方案。以上城中村安置保障的协议建设项目为邦盛·书香苑、慧馨园、嘉汇·花溪地、翰林苑、恒信·首府、温莎玫瑰公馆、德威·国际花园、金御花园、鑫堡御园、欣泰世纪城。2010年，对完成徐家楼、朱家谭里庄、唐家朱茂3个村意向规划编制，规划安置小区“翰林苑”一期竣工21个楼座，“翰林苑”小区成为全区第一个村改居试点社区。编制完成开元街道、杨家埠旅游开发区11个村、“金三角”片区意向规划编制和综合改造议案；完成西寺夹庄规划改造方案，开工建设30亩起步区；完成郭家官庄、二十里堡、王家朱茂和胡家朱茂4个“城中村”规划编制;完成东杨家埠、南埠子、东三角埠、西三角埠意向规划编制；完成徐家楼、朱家谭里庄、唐家朱茂3个村的规划编制；完成对东寺夹庄规划调整；完成张氏一村、张氏二村、张氏三村、张氏四村、张氏五村地理测绘工作。2011年，完成王家道、齐家道、东寺夹庄、南埠子4个城中村综合改造方案，协议安置龙文·东郡、东都华府。2013年，完成东三角埠、西三角埠2个城中村综合改造方案的批复，协议安置中房·幸福名都。

商业地产开发

1991年，建成区供销社地下餐厅，为区内首家商业地产开发项目。至2013年，全区建成35个商业开发项目，累计建设72.66万平方米。

1991—2013年部分年份寒亭区主要商业用房开发建设统计表

表3-10

建成年份	名称	建筑面积（平方米）	位置
1991	区供销社地下餐厅	300	民主街以北，丰华路以西
	寒亭商业街市场	1836	丰华路以东，民主街以北

续表 3-10

建成年份	名称	建筑面积（平方米）	位置
1992	潍坊齿轮箱厂烟潍路商业楼	1024	通亭街以北，渤海路以西
	潍坊第二棉纺厂烟潍路转角综合楼	729	通亭街以北，丰华路以东
1993	区供销社综合门市部	656	民主街以北，丰华路以西
	区电影公司商业楼	329	民主街以北，丰华路以西
1994	区农机公司商业楼	770	益新街以北，渤海路以东
	潍坊师范学校沿街商业房	1200	民主街以南、幸福路以西
1995	区药材公司沿街商业楼	224	民主街以南、丰华路以东
1996	区物资总公司沿街营业房（东西向）	1163	民主街以南、丰华路以西
	寒亭街道河西村沿街房	320	民主街以北、丰华路以东
1997	区电影公司营业用房	651	民主街以北、丰华路以东
	区副食品公司营业楼区	780	民主街以南、幸福路以西
1998	区体委商品楼	1697	民主街以北、友谊路以西
	区农信商业楼	2000	益新街以北、海龙路以东
1999	区物资供销公司沿街房（南北向）	919	民主街以南、丰华路以西
	区房地产开发公司农贸市场	6200	运河街以南、幸福路以东
2000	九九商场	1209	民主街以北、渤海路以西
	区百货公司营业楼	1103	民主街以北、渤海路以西
2001	寒亭街道吴官庄村沿街房	1266	民主街以北、海龙路以东
2002	区房管局沿街商业楼	586	运河街以南、丰华路以西
2003	运隆商城	4700	幸福路以东、民主街以南
2005	华元商贸城	25662	海龙路以东、运河西街以北
2009	寒亭区公信创业大厦	21088	通亭街以北、幸福路以东
	寒亭商业街	34988	民主街以北、丰华路以东
2010	寒亭区金融中心	23850	通亭街以南、丰华路以西
	鸿通商厦	12000	民主街以北、丰华路以西
	新阳光幼儿园	14355	通亭街以南、幸福路以东
2011	潍坊汽车北站	39350	通亭街以北、海龙路以东
	百汇大市场	50000	通亭街以北、亚星路以东
	红星美凯龙凯利生活广场	100000	通亭街以南、海龙路以西
2012	中凯兴业贸易广场	343000	盛泰街以南、央赣线以东
	华普商务中心	17600	民主街以北、丰华路以东
	北美枫情商务大厦	11000	通亭街以北、央赣线以西
2013	鸿发凯迪汽车公司销售 4S 店	4000	通亭街以北、霞飞路以东

第四节　房地产交易

1989—1993 年，房地产交易主要由买卖双方自行交易。1994 年，推行住房制度改革，房地产开发建设逐渐形成规模，交易由单纯的房产买卖、转让，向析产、赠予、继承、交换、商品房预售、典当、抵押等方面发展。2009 年，完成商品房网签 847 套。2010 年，完成商品房网签 3834 套。2011 年，完成商品房网签 3872 套。2012 年，完成商品房网签 3042 套。2013 年，完成商品房网签 4346 套。

产籍管理

1987 年 10 月至 1989 年，寒亭区房产管理所对城区各类房屋及城区附近村庄住宅进行登记，确权发证公房扩展到区直单位房产、上属驻寒亭单位房产及其他乡镇的部分房产；私房确权发证扩展到城区附近村庄的部分房产。1990 年 6 月，对权属登记的进度和质量进行全面检查和复核。落实立卷、归档等工作，建立图、档、卡、册等完整、准确的产籍档案基础资料，产权产籍管理制度开始逐步建立健全。1992 年 10 月，城镇公房颁发房屋产权收费标准由每平方米 0.02 元调整为 0.05 元。1997 年 5 月，城镇发证范围扩展到寒亭、郭家官庄、张氏、双杨店、高里、央子、河滩、朱里、固堤等乡镇驻地，以及寒亭、郭家官庄镇的 64 个村。发证区域范围内的各类房产，不论其产别、产权及隶属关系，均统一确权发证；6 月，全区进行登记发证秩序整顿。1998 年，主要解决部门和单位底子不清、产权不明、体制不顺问题，共完成确权面积 12.8 万平方米，城镇房屋产权、产籍管理走上法制化、规范化轨道；7 月，全区范围内启用和换发建设部统一注册编号“房屋所有权证”“房屋共有权证”“房屋他项权证”3 种房屋权属证书。此前发放的仍然有效，新证启用和换发证工作采取分级分类、逐户审验的办法逐步换发。1998 年，与乡镇土地所联合，完成全区各乡镇政府驻地的房屋确权证发放。1999 年，向城区内农村扩展，完成郭家官庄、泊子、双杨店、央子等乡镇部分村庄产权登记，确权面积 32.9 万平方米；按照“审批、装订、分类、入档”工作程序，历时 9 个月，把全区 1988—1998 年的 1.4 万份房产档案分公产、私产、房改产、其他产四大类，系统整理归档。

2001 年，根据市房管局要求，按统一管理、分级负责、利益共享原则，委托寒亭办理房屋所有权登记收费；换发全国统一的防伪新证，共换发防伪房产证 7000 余份。2002 年 6 月，解决高里、张氏、寒亭、河滩 4 镇的 47 户农民、11198.6 平方米房屋的确权遗留问题。2003 年底，为 162 个单位换发统一防伪房产证 10810 本，换证率 91%；房改房发证 18617 本，发证率 80%，发放其他房屋权属证 1867 户，发放率 100%。2010 年，建立产籍档案室，对各类房产档案资料进行收集、登记、整理、立卷、移交等工作。2012 年，根据市住建局要求，将各类房产档案电子归档，另有副本移交潍坊市住建局档案室。2013 年，全区存有各类房产档案材料 29571 卷。

房产抵押

2006 年以前，区内房产抵押不多。随着房地产开发兴起，房产抵押逐渐增多。2007 年，根据潍坊市房产交易中心要求，区住建局采取微机录入、书面材料两套登记，严把“受理、审核、登薄、发证”关，与银行和相关企业联合，及时办理期房转现房手续，保证房产抵押的连续性和严肃性。2007—2013 年，共完成房产抵押登记业务 29092 件，登记建筑面积 446.09 万平方米。其中现房抵押 11771 户，面积 280.85 万平方米；在建工程抵押 169 件，面积 76.43 万平方米；预购商品房抵押 10952 户，面积 88.81 万平方米。

第五节　保障性住房

政策保障

2006年，寒亭区开始有保障性住房。2008年，区委、区政府把建立廉租住房和经济适用住房列入为群众办好的 10 件实事之一。2009 年，保障性住房范围扩大，受保障人群扩大至低保及中等偏下收入住房困难家庭，保障方式扩大以及经济适用住房购房补贴，采取廉租住房、经济适用住房和公共租赁住房实物分配、棚户区改造等多种方式。2013年，全区把外来务工人员住房困难家庭纳入保障范围。

租赁补贴与建设

2009年，发放廉租住房租赁补贴75户，棚户区改造59户。2010年，发放廉租住房租赁补贴199户、经济适用住房购房补贴18户，棚户区改造56户。2011年，发放廉租住房租赁补贴232户，采购经济适用住房160套、廉租住房25套、公共租赁住房15套，开工建设公共租赁住房300套。2012年，发放廉租住房租赁补贴195户，采购经济适用住房25套、廉租住房15套，建设公共租赁住房144套。2013年，发放廉租住房租赁补贴133户，棚户区改造499户，公共租赁住房开工建设154户。

购房分配

2011年，从公共租赁住房和廉租住房租赁补贴、经济适用房和廉租住房建设四个方面同步推进，多渠道解决城镇低收入居民住房问题，落实中央、省住房保障专项资金1076.35万元。同年，采购160套实物配售经济适用房、25套实物配租廉租住房，分配给保障性住房家庭，其中与潍坊华普置业有限公司签订160套经济适用住房建设合同，与潍坊恒联集团签订25套廉租住房建设合同。2012年，15套廉租住房、15套公共租赁住房、30套经济适用住房，采取公开招投标的方式确定开发建设单位，其中与潍坊恒联集团签订15套廉租住房采购合同、15套公共租赁住房的采购合同，30套经济适用房由潍坊海泰置业有限公司中标建设。落实180户在保廉租住房租赁补贴审核工作，新增18户廉租住房租赁补贴。2013年，对采购的190套经济适用住房进行首次集中分配，邀请区人大代表、政协委员，以及纪委、检察院、审计局、物价局、财政局等单位派人监督，公证处全过程公证，通过电脑公开摇号，顺利完成171套经济适用房分配，剩余19套未分配。

第六节　物业管理

物业企业

1990年，潍坊化纤厂在民主街以北、友谊路以西建成3幢职工宿舍楼，由企业后勤处管理所属宿舍区，区内开始出现物业管理。1991—2003年，各单位相继建起宿舍楼，实行内部物业管理。2004年，温亭花苑小区开发商聘请绿城物业对小区进行物业管理，成为区内第一个实行物业管理的小区。2004—2008年，物业管理从住宅小区向工业区、学校、政府机关等办公场所延伸，物业服务范围逐步扩大，内容涵盖安全保卫、房屋共用设施，以及设备（设施）维护和管理、绿化管理、区域卫生保洁、小区生活秩序、消防、生活缴费（水、电、气、暖代收代交）等多种服务项目。到2009年，全区纳入物业管理小区17家，物业服务面积约200万平方米，注册物业管理公司6家。2011年，区政府实行“物业管理招投标、划分物业管理区域、规范化管理”，区内各物业管理单位实行市场化运作、规范化服务。同年，祥和花园、裕景苑2个小区被评为“潍坊市物业管理优秀项目”。2012年，滨海城市经典小区、区金融中心办公大楼物业管理服务被评为年度“山东省物业管理优秀项目”；彩虹风景家园、幸福家园2个小区被评为年度“潍坊市物业管理优秀项目”。2013年，全区共有物业小区（居住小区）32家（个），在册物业管理公司16家，其中三级资质13家、暂定级资质3家。

从业人员

1990年，物业管理初期，从业人员主要是以本单位职工或退休人员为主，服务范围也只限于本单位工作和居住区域。2003年，安徽合肥市“绿城物业”进驻区内开展物业管理业务，成为全区首家物业管理专业公司。2004—2007年，物业管理行业逐步发展，2008年，区房管局组织全区物业从业人员参加物业企业经理岗位培训班和继续教育培训班，培训持证人员100余人；全区物业服务企业有4家。2009年，组织全区物业从业人员参加市物业办举办的物业企业经理岗位培训班和继续教育培训班，区内登记注册物业服务企业 6 家，从业 268 人，持有“物业管理企业经理岗位证书”“物业管理职业资格证书”30 人，以及会计师、预算师、经济师等专业技术人员 30 人。2013 年，物业服务企业 16 家，从业人员增至 608 人，其中会计师、预算师、经济师等专业技术人员 160 人。

第五章 建筑业

1989—2002 年，区内建筑企业以区建委下属的区建筑公司为主，其余为乡镇以下小型建筑队伍，施工面积、企业效益等皆未形成规模，工程质量仅为满足投资方规划要求，大多数使用一般性建筑材料。2003 年，建筑市场逐渐放开，建筑企业之间开始以增加产值、提高利润为主要目的的规模型发展，带动新型材料使用、文明工地创建、发展特殊技术人才、更新机械设备。当年完成产值 4 亿元，比上年同期增加 33%，实现利税 1400 万元，同比增长 11%，全年培训特殊工种 116 人次，建筑新型墙体材料应用比例达到 40%，新建民用建筑全部达到节能 50% 标准。2004 年，建筑行业实行特种作业人员持证上岗制度，当年持证率 100%；潍北农场总场住宅楼工程获全省建筑“泰山杯”奖。

2008 年，实行建筑工程应招标率、质量合格率、安全报监三项指标考核，考核率 100%。当年全区完成建筑业产值 11.7 亿元，实现税收 5850 万元。2011 年，全区完成建筑业产值 18.7 亿元，同比增长 22%。2012 年，全区太阳能建筑一体化光热利用面积 12.8 万平方米；上报可再生能源项目 9 项，组织企业上报省级绿色标示项目 1 项，通过市级节能监测工程 66 个，太阳能一体化光热利用、可再生能源等新技术逐步得到广泛运用。2013 年，全区建筑业完成产值 19.03 亿元，增加值 2.47 亿元，创历史最高；组织企业发布市级 QC 成果 1 项，创潍坊市综合管理样板工程 4 个。全区有建筑总承包一级企业 1 家、建筑总承包二级企业 5 家、专业分包企业 8 家，劳务分包企业 8 家；从业人员 6169 人，其中工程技术人员 630 人。

第一节 建筑市场管理

招投标管理

1994 年以前，区内建筑业通过市场联系工程施工。1994 年，全区开始建筑工程施工招投标工作。1998 年，区政府公布《寒亭区建筑工程招标投标管理办法》规定：工程造价 30 万元以上或建筑面积 500 平方米以上的建筑工程施工，必须进行招标，采取公开招标、邀请招标、议标 3 种方式。

执法监察

1996 年，成立寒亭区建设工程项目执法监察领导小组，领导小组办公室设在区建委建管站，负责对全区建筑业整顿和规范建筑市场秩序。每年组织有关单位和部门到建设单位和施工现场，对工程建设进行全方位检查，对违章行为视情节轻重给予限期整改、停工罚款处理，杜绝未取得施工许可证或者开工报告未经批准擅自施工、超越本单位资质等级承揽工程、未取得资质证书承揽工程、以欺骗手段取得资质证书等现象，报监率 100%。

建筑节能管理

1989—1998 年，建筑工程施工主要使用实心黏土砖，全区建筑节能管理处于摸索起步阶段。

1999—2004年，建筑材料逐步使用符合国家标准的新型建筑节能材料。2005—2007年，建筑企业推广新的节能技术，对勘察、设计、施工、监理等单位的技术和管理人员进行节能技术和法律法规培训，城市规划区内所有新建建筑工程全面禁止使用实心黏土砖；新建公共建筑和居住建筑严格执行并达到节能50%～65%标准。2008年，全区建筑新型墙材使用率达100%。2010—2012年，市住建局印发《关于加快推进太阳能光热建筑应用工作的通知》《潍坊市太阳能光热建筑一体化应用管理暂行办法》，全区新建建筑工程实施太阳能建筑一体化光热利用系统开始与建筑同步设计、同步施工、同步专项验收，太阳能建筑一体化光热利用验收证明作为建筑工程竣工验收备案的必备资料存入工程档案。当年完成太阳能建筑一体化光热利用建筑面积12.8万平方米，可再生能源项目9项，企业上报省级绿色标示项目1项，通过市级节能监测工程66个。2013年，全区完成太阳能光热一体化光热利用建筑面积31万多平方米，可再生能源项目10项，通过市级初审低碳社区两家，通过市级节能检测工程65个。

第二节　建筑企业

潍坊市三建集团

1984年12月，原潍县建筑工程公司改称寒亭区建筑工程公司，隶属寒亭区城乡基本建设委员会。1991年8月，寒亭区建筑工程公司更名为潍坊市第三建筑工程公司，隶属关系不变。2000年，公司通过ISO 9002国际质量管理体系认证。2001年，公司改制为股份制企业，更名为潍坊市第三建筑工程有限公司。2002年10月，更名为潍坊市三建建筑工程有限公司。2004年12月，更名为潍坊市三建集团有限公司。2006年8月，通过ISO 9001国际质量、环境、职业健康安全体系认证。2007年6月，组建潍坊市三建集团（以下简称三建集团）。2010年4月，三建集团所属滨海建材公司自主研发的建筑垃圾破碎综合处理设备获国家级专利。2010年9月，三建集团被认定为山东省企业技术中心。2012年12月，实现总产值20亿元。

2013年，三建集团下设潍坊市三建集团有限公司、潍坊市滨海置业有限公司、潍坊三建滨海建筑材料有限公司、潍坊浩源建筑材料检测有限公司、潍坊市浩源劳务有限公司、潍坊广亿房地产营销策划有限公司、潍坊市三建物业管理有限公司、潍坊帝都旅行社有限公司8个法人实体单位，实现总产值22亿元，纳税2879万元，房地产开发40万平方米；承建福地世家、北美枫情、蔡家栏子旧村改造、中国兽药饲料交易大厦等55个项目，总建筑面积90万平方米。获全国优秀施工企业称号；创山东省建筑业新技术应用示范工程、山东省建设工程优质结构、山东省省级工法；获潍坊市建筑业十强企业称号。

潍坊市立昌建筑工程有限公司

1976年成立。2013年，公司有国家房屋建筑工程总承包贰级资质，增项资质为地基与基础工程、建筑装修与装饰工程、金属门窗工程。拥有各类大中型施工设备近千台套，固定资产1860万元，注册资本为2018万元，下设20个项目部，二级建造师22人，职工技能培训持证上岗率100%。

潍坊渤海建筑工程有限责任公司

1993年成立。2013年，公司有房屋建筑总承包贰级资质，注册资金2070万元，在职职工418人，有各类专业技术人员159人，其中中级以上专业技术职称35人，具有承接钢结构、建筑装修装饰、防腐保温、金属门窗、建筑防水等专业承包工程资格和施工能力。

潍坊天泰建筑工程有限公司

2003年12月成立。2010年，由叁级资质升级为贰级资质；公司注册资金2008万元，固定资产3090万元，有职工520人；公司管理机构设办公室、生产计划科、质量安全科、机械设备科、财务科。

潍坊顺达建筑工程有限公司

公司前身为1975年3月成立的潍坊寒亭公社建筑队。2004年，经寒亭区中小企业局、寒亭街道批准改制为潍坊顺达建筑工程有限公司，固定资产715万元。2013年，公司员工500余人，设质检、安全、设备、预算、经营、财务科和10个项目部。

潍坊华大设备安装工程有限公司

1995年9月，潍坊鹏飞设备安装工程有限公司成立，2013年更名为潍坊华大设备安装工程有限公司，注册资本400万元，员工120人，主要业务为暖通、制冷工程安装和五金建材的批发零售。

1989—2013年寒亭区建筑业经济指标统计表

表3-11

年份	建筑业产值（亿元）	施工面积（万平方米）	利税（万元）	劳动生产值（元/人）	从业人数	企业个数
1989	0.22	—	105	—	—	—
1990	0.26	—	130	—	—	—
1991	0.3	—	148	—	—	—
1992	0.78	—	378	—	—	—
1993	1	34	495	24000	4166	17
1994	1.22	38	617	25200	4841	17
1995	1.3	28	942	26421	4920	16
1996	2	39	630	28000	7142	21
1997	2.2	45	690	30606	7188	19
1998	2.3	43	731	36514	6298	17
1999	1.8	35	900	30000	6000	17
2000	1.9	29	900	30371	6255	13
2001	2.2	32	1000	39000	5641	12
2002	3	45	1100	61412	4885	8
2003	3.37	44.8	1376.4	232509	4535	6
2004	3.59	55.05	1436	246830	4420	6
2005	3.9	51.16	1455.2	255114	5384	8
2006	4.39	55.49	2321	326874	5268	8
2007	6.1	108.7	2705.98	549000	5154	8
2008	6.74	127.8	3375.43	814803	4818	8
2009	8.99	146.07	4027.32	1152772	5156	8
2010	12.63	225.23	4978.61	1423501	5660	8
2011	12.94	244.04	5418.13	1410356	5554	8
2012	13.75	212.78	5967.01	1463448	5695	8
2013	19.03	227.06	6480.18	1345149	6169	8

第三节　名优工程

1994年，全区开始创建筑名优工程，潍坊师范学校综合楼获“山东省优良工程”，为区内首家山东省名优工程。1995年，区公安分局宿舍楼建设项目获建设部“优质样板工程”，为全区最高荣誉工程。1996年、1998年，各有7处工程项目获“山东省优良工程”称号。1994—2013年，全区创建名优工程52处。

1994—2013年寒亭区建筑名优工程一览表

表3-12

年份	工程名称	施工单位	所获荣誉
1994	潍坊师范学校综合楼	寒亭区固堤建筑公司	省优良工程
	区公路局宿舍楼	寒亭区固堤建筑公司	省优良工程
1995	区公安分局宿舍楼	潍坊市第三建筑工程公司	建设部优质样板工程
1996	区委宿舍楼	潍坊华源实业总公司建筑公司	省优良工程
	区环保局办公楼	寒亭区双杨建筑公司	省优良工程
	区第一棉油厂宿舍楼	寒亭区固堤建筑公司	省优良工程
	区盐场宿舍楼	寒亭区固堤建筑公司	省优良工程
	区广播电视中心	寒亭区固堤建筑公司	省优良工程
	寒亭镇政府	寒亭镇建筑公司	省优良工程
	潍坊师范学校宿舍楼	潍坊市第三建筑工程公司	省优良工程
1997	区邮电局邮政楼	潍坊市第三建筑工程公司	省优良工程
	潍坊第一职业中专宿舍楼	寒亭区双杨建筑公司	省优良工程
	区棉麻公司宿舍楼	寒亭区固堤建筑公司	省优良工程
	潍坊开发区胜利汽修厂办公楼	寒亭通亭建筑建材集团公司	省优良工程
	潍坊市三产办公楼	潍坊华源实业总公司建筑公司	省优良工程
1998	潍坊第一职业中专宿舍楼	寒亭区双杨建筑公司	泰山杯
	区实验小教学综合楼	寒亭区固堤建筑公司	省优良工程
	区财政局宿舍楼	寒亭区第一建筑工程公司	省优良工程
	潍坊恒信集团寒亭分厂宿舍楼	寒亭镇建筑公司	省优良工程
	区地税局宿舍楼	潍坊市第三建筑工程公司	省优良工程
	潍坊市第四棉纺织厂科研楼	潍坊华源实业公司建筑公司	省优良工程
	区燃料公司宿舍楼	寒亭区鸿达建筑安装公司	省优良工程
	潍坊华东纺织有限公司抽丝车间	寒亭通亭建筑建材集团公司	省优良工程
1999	区实验小学教学综合楼	寒亭区固堤建筑公司	泰山杯
	区邮电局宿舍楼	潍坊市第三建筑工程公司	省优良工程
	区粮食总公司宿舍楼	寒亭区华明集团公司	省优良工程
	区工商局宿舍楼A幢	寒亭区鸿达建筑安装公司	省优良工程
	区工商局宿舍楼B幢	寒亭区鸿达建筑安装公司	省优良工程
	区建委宿舍楼	寒亭区华源建筑公司	省优良工程
	区供电公司1号宿舍楼	寒亭区华源建筑公司	省优良工程
	区供电公司2号宿舍楼	寒亭区双杨建筑公司	省优良工程
	区实验小学宿舍楼	寒亭区固堤镇筑公司	省优良工程

续表 3-12

年份	工程名称	施工单位	所获荣誉
2000	区公安分局 110 指挥中心	潍坊市第三建筑工程公司	鸢都杯
	国土规划分局 2 号宿舍楼	潍坊市第三建筑工程公司	省优良工程
	区地税局宿舍楼	寒亭区华源建筑公司	省优良工程
2001	潍北监狱指挥中心	潍坊市第三建筑工程有限公司	省无质量通病示范工地
	寒亭一中宿舍楼	潍坊市第三建筑工程有限公司	省优良工程
	区交通局住宅楼	寒亭区鸿达建筑安装公司	省优良工程
2002	区第二实验小学住宅楼	潍坊市三建建筑工程有限公司	鸢都杯
	潍坊三建 7 号住宅楼	潍坊市三建建筑工程有限公司	省优良工程
2003	山东交通职业学校餐厅	潍坊市三建建筑工程有限公司	省优良工程
2004	潍北监狱干警住宅楼	潍坊市三建建筑工程有限公司	泰山杯
2005	潍坊师范综合教学楼	潍坊市三建集团有限公司	泰山杯
	区人民医院病房楼	潍坊市三建集团有限公司	省建筑业新技术应用示范工程
2007	区人民医院门诊病房综合楼	潍坊市三建集团有限公司	省建筑应用示范工程
2008	区人民医院门诊病房综合楼	潍坊市三建集团有限公司	鸢都杯
2009	区人民医院门诊病房综合楼	潍坊市三建集团有限公司	泰山杯
2011	兰亭·怡景水畔商住楼	潍坊市三建集团有限公司	鸢都杯
2012	区金融中心	潍坊市三建集团有限公司	泰山杯
	凯利生活广场 5 号主题馆	潍坊市三建集团有限公司	省建设工程优质结构杯奖
2013	中国兽药饲料交易大厦	潍坊市三建集团有限公司	省建设工程优质结构杯奖
	滨海花园 3 号楼	潍坊市三建集团有限公司	鸢都杯

附：援建北川

2008 年 5 月 21 日，市、区两级政府下达赴川抗震救灾命令，寒亭区迅速组建赴川援建安置房指挥部，从三建集团抽调技术骨干组成援建安置房突击队。5 月 22 日，援建先遣小组到达地震灾区，第一批援川建设人员携带各类物资于 26 日晚到达援建地点，27 日展开施工。6 月 7 日，第二批援建队伍奔赴灾区。两批共抽调 55 名政治素质高、经验丰富、技术熟练的工作人员，赴对口援建的北川县桂溪乡永利村、甘溪村进行安置房建设。寒亭区援建地点规划面积 21.27 亩，包括 199 间集中安置房和甘溪希望小学，是潍坊市援建桂溪乡最大的安置区，其中甘溪希望小学建设大教室 8 间，办公室 6 间，宿舍 41 间，厨房、厕所各 1 套，容纳学生及教职员工 364 人；桂溪乡政府驻地建设板房 12 间、分散安置房 26 间。6 月 20 日，援建队共搬运板材集装箱 55 个、1.8 万平方米，搭建板房 150 间，完成板房基础 284 间，铺装地面 5680 平方米，购进、搬运水泥 180 吨、红砖 32 万块、中沙 650 立方米，硬化道路 1800 平方米。7 月 5 日，援建队经过 40 多天连续奋战，在桂溪乡永利村重建的“北川手拉手希望小学”挂牌。当地干部群众为纪念寒亭人民对灾区人民的无私援助，经学校申请，报上级主管部门批准，将学校命名为“北川县寒亭希望小学”。

第六章 环境保护

第一节 管理机构

1989年，寒亭区环境保护局（以下简称区环保局）为区政府直属部门；9月，成立寒亭区征收排污费监理站，为区环保局下属单位。12个乡镇均配备1名专职或兼职环境保护助理员，编制归各乡镇，区环保局负责业务指导。1993年11月，区环保局更名为潍坊市环境保护局寒亭分局（以下简称区环保分局），上划潍坊市环境保护局管理，内设办公室、管理科，辖征收排污费监理站、环境监测站2个副科级事业单位。2003年12月，环境监理站更名为潍坊市环境监察支队寒亭大队，仍隶属于区环保分局。2013年，区环保分局设办公室、管理科，辖环境监察大队、环境监测站；配备局长1人、副局长2人；事业编制23人。

第二节 环境监测

大气监测

废气污染源监测 1989—2004年，全区废气污染主要来源于工业、生活燃料，以煤为主。1992年，对4吨（含4吨）以上的锅炉每半年监测1次，其中专供采暖的锅炉每年监测1次，监测项目为烟尘浓度、烟气黑度，并计算除尘效率。1999年，市控重点废气污染源为潍坊造纸总厂寒亭分厂。2000—2005年，全区有废气排放的区属以上企业11家，其中山东海龙股份有限公司和潍坊恒联浆纸有限公司为主要废气排放企业，主要污染物为废气中的二氧化硫、烟尘。2006—2010年，区属以上废气排放企业15个，其中国控3个、省控1个，分属12个行业。废气污染源单位为山东海龙股份有限公司、潍坊第二热电有限责任公司、潍柴铸造有限公司（二厂），3家企业累计污染负荷比为90.19%。2011年，全区开始对国控、省控重点废气污染源每季度监测1次。2012—2013年，环境监测站开始承担辖区内重点污染源烟气自动监控设备的比对监测工作，每季度进行一次手工和自动同步采样，比对项目为气态污染物（二氧化硫、氮氧化物）和颗粒物实测干基浓度、烟气流速和烟气参数，监测数据及监测报告按时上报市监测中心站。

2005年寒亭区重点废气排放企业排放量统计表

表3-13　　单位：吨/年

企业名称	排放量		企业名称	排放量	
	二氧化硫	烟尘		二氧化硫	烟尘
山东海龙股份有限公司	2464.40	477.47	潍坊金椿食品有限公司	9.97	15.00
潍坊恒联浆纸有限公司	1982.49	472.26	潍坊鸢飞印染有限公司	8.10	13.00
潍坊恒德纸业有限公司	64.50	63.15	潍坊华明织造有限公司	6.80	1.20
潍坊本信利印染有限公司	19.93	29.60	潍坊天瑞化工有限公司	5.64	1.17

续表 3-13

企业名称	排放量		企业名称	排放量	
	二氧化硫	烟尘		二氧化硫	烟尘
潍坊荣泰纺织有限公司	18.20	5.20	山东昱合食品有限公司	0.81	1.12
潍坊金河食品有限公司	9.97	15.00	\	\	\

城区环境空气监测　1989—1998 年，城区未开展环境空气监测。1999 年 9 月，根据城市发展规划，城区实施环境空气优化布点，采用网格为基础统计分析方法，在城区内布 7 个点，测点位置原则设在网格中心，实测 1 年，数据上报市中心监测站化验。1999—2000 年，全区设 7 个监测点，对大气中硫酸盐化速率、二氧化硫、氮氧化物、总悬浮颗粒物、灰尘自然降尘量 5 种主要污染物进行监测，总悬浮颗粒物（TSP）年平均值为每立方米 0.253 毫克，春季较高。2001—2009 年，城区环境空气监测系统寒亭子站，主要对二氧化硫、二氧化氮、可吸入颗粒物、一氧化碳、臭氧进行 24 小时不间断监测，降尘、硫酸盐化速率每月监测 30±2 天。2010 年，城区空气质量二氧化硫年均浓度为每立方米 0.070 毫克，超标 0.17 倍；日均值范围在每立方米 0.010 ~ 0.201 毫克，最大值超标 0.34 倍，全年超过每立方米 0.15 毫克的天数占 2.73%，以冬季污染较重；二氧化氮年均浓度为每立方米 0.035 毫克；日均值范围在每立方米 0.006 ~ 0.117 毫克，均低于国际二级标准；可吸入颗粒物年均浓度为每立方米 0.120 毫克，超标 0.2 倍，日均值范围在每立方米 0.041 ~ 0.403 毫克，最大值超标 1.69 倍，全年超过每立方米 0.15 毫克的天数占 17.2%，以冬春季污染较重。城区环境空气中各污染物浓度变化的共同特点是季节性明显，一、四季度高于二、三季度。

2004—2009 年，环境空气质量综合污染指数年际间略有变化，总体较 1999—2004 年小幅上升。2009 年，环保数据开始统计每年良好天数。至 2012 年，城区良好天数逐年增加，达到 237 天，比 2009 年增加 88 天。2013 年，城区良好天数比上年减少 68 天。

2009—2013 年寒亭区城区环境空气质量良好天数统计表

表 3-14　　　　单位：天

年份	2009	2010	2011	2012	2013
天数	149	159	227	237	169

2001—2010 年寒亭区城区空气监测指数统计表

表 3-15　　　　单位：毫克 / 立方米

年份	二氧化硫		氮氧化物		可吸入颗粒物		综合污染指数
	年均值	污染指数	年均值	污染指数	年均值	污染指数	
2001	0.033	0.55	0.027	0.34	0.111	1.11	2.00
2002	0.052	0.87	0.030	0.38	0.118	1.18	2.43
2003	0.039	0.65	0.026	0.32	0.093	0.93	1.90
2004	0.054	0.90	0.036	0.45	0.083	0.83	2.18
2005	0.066	1.10	0.038	0.48	0.084	0.84	2.42
2006	0.039	0.49	0.053	0.88	0.096	0.96	2.33

续表 3-15

年份	二氧化硫		氮氧化物		可吸入颗粒物		综合污染指数
	年均值	污染指数	年均值	污染指数	年均值	污染指数	
2007	0.038	0.47	0.036	0.60	0.096	0.96	2.03
2008	0.042	0.52	0.078	1.30	0.108	1.08	0.90
2009	0.027	0.34	0.083	1.38	0.124	1.24	2.96
2010	0.035	0.44	0.070	1.17	0.120	1.20	2.81

水质监测

工业废水监测　1989—2003 年，全区产生废水污染源的单位不断增多，寒亭监测站累计监测废水污染 1120 家（次），其中重点污染源为寒亭区东庄造纸厂、潍坊造纸总厂寒亭分厂。重点污染源每季度监测 1 次，一般废水污染源每半年监测 1 次，主要监测废水排放量、化学耗氧量、氨氮等指标。1999—2003 年，全区工业废水排放总量 10300.29 万吨，达标排放 8755.48 万吨，达标率 85%。2005 年，全区污染最严重的企业是山东海龙股份有限公司，等标负荷比为 68.9%；其次是潍坊恒联浆纸有限公司，等标负荷比为 27%。2008 年开始，对寒亭区污水处理厂进行每日监测，每 10 天对潍坊本信利印染有限公司、潍坊鸢飞印染有限公司等重点企业排污情况进行监测。随着区内各企业废水治理及污水处理厂建成投产，污染物浓度大大降低。2010 年，全区工业废水排放量呈逐年上升趋势，主要污染源排放量呈逐年下降趋势。主要工业废水排污企业是山东海龙股份有限公司（等标负荷比为 62.96%）、潍坊恒联浆纸有限公司（等标负荷比为 30.63%）。2010 年后，全区工业废水监测数据直接上传至市局进行分析检测。

2010 年寒亭区主要污染源企业废水排放统计表

表 3-16　　单位：吨

企业名称	行业类别	主要污染物		等标污染负荷	负荷比（%）	累计负荷比（%）
		化学需氧量	氨氮			
山东海龙	人造纤维	2684.37	139.16	546.755	62.963	62.963
恒联浆纸	纸浆制造	1219.81	72.00	265.981	30.630	93.119
亚星化学	无机盐制造	131.10	13.10	39.310	4.527	98.119
万福达木业	其他人造板材	14.00	1.19	3.780	0.435	98.555
昱合食品	畜禽屠宰	10.00	0.50	2.000	0.230	98.785
新时代食品	肉禽类罐头	8.00	0.52	1.840	0.212	98.997
恒德纸业	纸浆制造	7.40	0.44	1.614	0.186	99.183
潍柴铸造（二厂）	内燃机及配件	7.66	0.38	1.532	0.176	99.359
瑞麦食品	饼干及其他烘烤食品	6.00	0.39	1.380	0.159	99.518
鸢飞印染	毛染整精加工	5.00	0.32	1.150	0.132	99.65
天瑞化工	其他合成材料	4.00	0.32	1.040	0.120	99.770
朗冬食品	蔬菜、水果罐头制造	3.93	0.20	0.787	0.091	99.861
本信利印染	化纤、印染精加工	3.74	0.19	0.748	0.086	99.947
潍北机械厂	金属表面处理	0.88	0.05	0.254	0.029	99.976
金椿食品	蔬菜水果罐头制造	0.81	0.04	0.163	0.019	99.995

续表 3-16

企业名称	行业类别	主要污染物		等标污染负荷	负荷比（%）	累计负荷比（%）
		化学需氧量	氨氮			
瑞光化工	涂料制造	0.19	0.01	0.043	0.005	100.000

注：潍北机械厂 2010 年废水排放六价铬含量为 3.9 千克。

饮用水源地监测　1989—1990 年，每年对东寺夹庄饮用水源地和自来水公司 4 眼水源井进行监测 2 次，监测 13～15 个项目，取得 115 个数据，均水质较好，符合国家生活饮用水标准。1991—2001 年，每年 4 月、6 月、9 月、11 月对东寺夹庄水源地 5 眼水井各采样 1 次，进行 22 个项目监测。2002 年，采样时间改为每月 1 次，全项监测 2 次，监测项目共计 23 项。到 2013 年，东寺夹庄水源地一直保持水质清洁，各项指标均符合国家生活饮用水卫生标准。

2006—2010 年寒亭区东寺夹庄水源地监测数据统计表

表 3-17　　单位：毫克 / 升

年份	2006	2007	2008	2009	2009	2010	标准
pH	7.67	7.52	7.44	7.05	7.05	7.32	6.5～8.5
总硬度	362.20	347	337	276.30	276.30	325.10	≤ 450
氟化物	0.54	0.50	0.49	0.53	0.53	0.54	≤ 1.0
氯化物	141.50	135.00	133.10	118.60	118.60	114.80	≤ 250
氨氮	未检出	未检出	未检出	未检出	未检出	未检出	≤ 0.20
硝酸盐氮	3.43	4.40	5.20	7.64	7.64	7.64	≤ 20
亚硝酸盐氮	未检出	未检出	未检出	未检出	未检出	未检出	≤ 0.02
挥发性酚	未检出	未检出	未检出	未检出	未检出	未检出	≤ 0.002
氰化物	未检出	未检出	未检出	未检出	未检出	未检出	≤ 0.05
阴离子表面活性剂	未检出	未检出	未检出	未检出	未检出	未检出	≤ 0.3
高锰酸盐指数	1.23	1.75	1.94	1.72	1.72	1.68	≤ 3.0
总汞	未检出	未检出	未检出	未检出	未检出	未检出	≤ 0.001
六价铬	未检出	未检出	未检出	未检出	未检出	未检出	≤ 0.05
砷	未检出	未检出	未检出	未检出	未检出	未检出	≤ 0.05
镉	未检出	未检出	未检出	未检出	未检出	未检出	≤ 0.01
硫酸盐	52.14	67.10	75.30	38.70	38.70	34.30	≤ 250
铅	未检出	未检出	未检出	未检出	未检出	未检出	≤ 0.05
总大肠菌群（个 /L）	＜ 3	＜ 3	＜ 3	＜ 3	＜ 3	＜ 3	≤ 3.0

河流监测　1989 年，区内设 4 个监测断面，虞河为纸坊桥、潍北桥，白浪河为柳疃桥、央子桥；其中虞河纸坊桥和白浪河柳疃桥为省控点，监测分枯、丰、平 3 个水期，分别在 5 月、8 月、10 月监测，每月 2 次，共监测 26 个项目。2010 年，对白浪河、虞河的 4 个监测断面，按《地面水环境质量标准（GB3838—2002）》进行评价，白浪河的 2 个监测断面（柳疃桥、央子桥）分别达到各自的环境功能区划类别；虞河的两个监测断面（纸房桥、潍北桥）都超出各自的环境功能区划类别。2010—2013 年，虞河、白浪河 4 个断面的监测由潍坊市监测中心站承担。

1989—2010 年虞河寒亭区各断面主要污染物指标监测结果统计表

表 3-18　　　　单位：毫克／升

年份	断面名称	指标	溶解氧	化学需氧量	高锰酸盐指数	五日生化需氧量	氨氮	挥发性酚	氰化物	砷	六价铬	铅	镉	石油类	类别	水质现状
1989	纸房桥	年均值	0	1250	260.8	260	8.00	0.985	0.134	0.023	0.002	0.012	0.003	16.54	\	\
	潍北桥	年均值	0	845	113.8	106	7.41	0.406	0.048	0.027	0.002	0.001	0.002	6.00	\	\
1990	纸房桥	年均值	0	949	105.96	265	6.41	0.861	0.009	0.05	0.011	0.002	\	6.63	\	\
	潍北桥	年均值	0	909	53.21	36	6.69	0.694	0.002	0.007	0.002	0.001	0.002	1.705	\	\
1991	纸房桥	年均值	0	915	91.58	246	2.40	0.815	0.002	0.006	0.002	0.016	0.001	4.018	\	\
	潍北桥	年均值	0	357	39.84	96	2.32	0.682	0.002	0.008	0.002	0.017	0.001	2.395	\	\
1992	纸房桥	年均值	0	1180	119.00	264	7.541	0.718	\	\	\	0.1379	\	3.833	\	\
	潍北桥	年均值	0	854	70.27	141	7.22	0.61	\	\	\	0.160	\	1.697	\	\
1993	纸房桥	年均值	0	986	132	115	9.583	0.465	0.001	0.002	0.002	0.081	\	5.687	\	\
	潍北桥	年均值	0	1090	121	140	10.521	0.465	0.001	0.002	0.002	0.065	\	5.033	\	\
1994	纸房桥	年均值	0	630	197	264	11.13	0.478	\	0.008	\	0.025	\	10.61	\	\
	潍北桥	年均值	0	658	118	195	10.78	0.364	\	0.029	\	0.018	\	8.73	\	\
1995	纸房桥	年均值	0	1320	232	440	16.2	0.397	\	\	\	\	\	7.40	\	\
	潍北桥	年均值	0	1700	277	565	13.1	0.362	\	\	\	\	\	5.20	\	\
1996	纸房桥	年均值	0	1170	231	196	17.62	0.362	\	0.028	0.002	0.016	\	8.62	\	\
	潍北桥	年均值	0	1200	153	47.2	11.38	0.301	\	0.031	0.002	0.025	\	6.35	\	\
1997	纸房桥	年均值	0	1150	586	388	22.67	2.710	0.014	0.014	0.002	\	\	4.20	\	\
	潍北桥	年均值	0	961	475	329	20.23	2.404	0.014	0.018	0.002	\	\	14.41	\	\
1998	纸房桥	年均值	0	1210	453	312	17.80	2.756	0.014	0.019	0.002	0.11	\	4.42	\	\
	潍北桥	年均值	0	942	438	307	15.52	3.127	\	0.010	0.002	\	\	4.28	\	\
1999	纸房桥	年均值	0	1070	490	330	18.63	6.215	0.022	0.012	0.002	\	\	5.305	\	\
	潍北桥	年均值	0	946	468	318	16.50	3.29	0.034	0.018	0.002	\	\	2.690	\	\

续表 3-18

年份	断面名称	指标	溶解氧	化学需氧量	高锰酸盐指数	五日生化需氧量	氨氮	挥发性酚	氰化物	砷	六价铬	铅	镉	石油类	类别	水质现状
2000	纸房桥	年均值	0	798	113	205	23.3	9.56	0.011	0.018	0.002	0.087	\	4.20	\	\
	滩北桥	年均值	0	248	128	313	17.97	7.313		0.027	0.002	0.0091	\	2.00	\	\
2001	纸房桥	年均值	0.09	566.00	112.35	148.00	15.37	4.3833	0.014	0.039	0.002	0.0016	0.007	4.200	V	>V
		Pi	2.91	13.9	7.49	14.80	10.25	43.83	0.07	0.39	0	0.016	0.07	4.2	\	\
	滩北桥	年均值	0.03	171.00	52.45	45.14	11.51	5.8483	0.012	0.030	0.002	0.0066	0.0033	7.198	V	>V
		Pi	2.97	4.28	3.50	4.51	7.67	58.48	0.06	0.30	0	0.066	0.33	7.20	\	\
2002	纸房桥	年均值	未检出	483.50	154.47	163.17	19.93	1.9642	0.129	0.022	0.002	0.0244	0.0001	6.543	V	>V
		Pi	3.0	12.89	10.30	16.32	13.29	19.64	0.645	0.22	0	0.244	0.01	6.54	\	\
	滩北桥	年均值	0.19	182.50	92.05	57.17	17.85	3.5903	0.033	0.016	0.002	0.0046	0.0001	3.537	V	>V
		Pi	2.81	4.56	6.14	5.72	11.90	35.90	0.165	0.16	0	0.046	0.01	3.54	\	\
2003	纸房桥	年均值	0.57	324	149	10.29	10.29	7.64	0.006	0.017	0.002	未检出	0.0001	6.51	V	>V
		Pi	2.43	8.1	9.93	1.03	6.86	76.40	0.03	0.17	0	0	0.01	6.51	\	\
	滩北桥	年均值	0.06	161	98.78	44.50	12.33	6.6	0.004	0.018	0.002	未检出	0.0001	3.537	V	>V
		Pi	2.94	4.02	6.58	4.45	8.22	61.60	0.02	0.18	0	0	0.01	3.54	\	\
2004	纸房桥	年均值	未检出	372.50	146.02	98.50	15.21	6.6	0.005	0.011	0.002	0.00035	未检出	6.51	V	>V
		Pi	3.00	9.31	9.73	9.85	10.14	66.0	0.02	0.11	0	0.0035	0	6.51	\	\
	滩北桥	年均值	未检出	164.50	88.80	42.33	20.73	8.02	0.0033	0.015	0.002	0.00263	未检出	8.49	V	>V
		Pi	3.0	4.11	5.92	4.23	13.82	80.2	0.016	0.15	0	0.0263	0	8.49	\	\
2005	纸房桥	年均值	未检出	392	165	108	17.0	3.849	0.007	0.015	0.002	未检出	未检出	6.52	V	>V
		Pi	3.0	9.80	11	10.8	11.33	38.49	0.04	0.15	0	0	0	6.52	\	\
	滩北桥	年均值	未检出	160	83.9	41.5	15.2	1.76	0.004	0.013	0.002	未检出	未检出	4.79	V	>V
		Pi	3.0	4.00	5.59	4.15	10.13	17.60	0.02	0.13	\	0	\	4.79	\	\

续表 3-18

年份	断面名称	指标	溶解氧	化学需氧量	高锰酸盐指数	五日生化需氧量	氨氮	挥发性酚	氰化物	砷	六价铬	铅	镉	石油类	类别	水质现状
2006	纸房桥	年均值	\	370	152.00	110.80	20.60	0.323	0.006	0.010	\	\	\	2.88	V	>V
		Pi	6.0	18.5	25.33	22.16	20.60	64.6	0.03	0.20	\	\	\	57.6	\	\
	潍北桥	年均值	\	157	83.27	44.0	22.8	0.493	\	0.009	0.002	\	\	1.62	V	>V
		Pi	6.0	7.85	13.88	8.8	22.8	98.6	0	0.18	\	\	\	32.4	\	\
2007	纸房桥	年均值	1.32	254	131.20	28.4	20.98	0.10	0.01	0.02	\	\	\	1.98	V	>V
		Pi	4.68	12.7	21.87	15.68	20.98	20	0.05	0.04	\	\	\	39.6	\	\
	潍北桥	年均值	1.37	162	95.96	44.80	19.66	0.30	\	0.17	\	\	\	1.32	V	>V
		Pi	4.63	8.1	15.99	8.96	19.66	60	0	3.4	\	\	\	26.4	\	\
2008	纸房桥	年均值	0.44	241	86.3	67.9	17.2	0.033	0.005	0.012	\	\	0.0005	2.2	V	>V
		Pi	5.56	12.05	14.38	13.58	17.2	6.6	0.02	0.24	\	\	0.10	44.0	\	\
	潍北桥	年均值	0.52	157	65.8	42.5	17.4	0.036	\	0.012	\	\	0.0005	1.3	V	>V
		Pi	5.48	7.85	10.97	8.5	17.4	7.2	0	0.24	\	\	0.10	26.0	\	\
2009	纸房桥	年均值	1.72	199	66.3	63.7	19.1	0.017	0.004	0.010	\	\	0.0007	0.6	V	>V
		Pi	4.28	9.95	11.05	12.74	19.1	3.4	0	0.20	\	\	0.14	12.0	\	\
	潍北桥	年均值	0.91	233	78.2	66.5	17.7	0.013	\	0.008	\	\	0.0004	0.5	V	>V
		Pi	5.09	11.65	13.03	13.3	17.7	2.6	0	0.16	\	\	0.08	10.0	\	\
2010	纸房桥	年均值	2.45	186	68.45	57.13	16.86	\	\	\	\	\	\	0.87	V	\
		Pi	3.55	9.3	11.41	11.43	16.86	\	\	\	\	\	\	17.4	\	\
	潍北桥	年均值	1.30	201.5	75.08	60.87	13.56	\	\	\	\	\	\	0.80	V	\
		Pi	4.70	10.07	12.51	12.17	13.56	\	\	\	\	\	\	16.0	\	\

1989—2010 年白浪河寒亭区各断面主要污染指标监测结果统计表

表 3-19　　单位：毫克／升

年份	断面名称	指标	溶解氧	化学需氧量	高锰酸盐指数	五日生化需氧量	氨氮	挥发性酚	氰化物	砷	六价铬	铅	镉	石油类	类别	水质现状
1989	柳疃桥	年均值	0.97	188	\	36.5	6.75	0.016	0.002	0.004	0.002	0.001	0.002	7.00	\	\
	央子桥	年均值	3.86	164	26.05	8.28	1.50	0.001	0.017	0.004	0.002	0.463	0.074	1.05	\	\
1990	柳疃桥	年均值	0.59	276	26.56	34.2	1.67	0.031	0.002	0.006	0.002	0.001	0.002	2.792	\	\
	央子桥	年均值	5.22	162	7.43	4.95	0.020	0.001	0.002	0.010	0.002	0.001	0.002	0.337	\	\
1991	柳疃桥	年均值	0	125	22.81	35.8	0.003	0.001	0.002	0.009	0.002	0.001	0.001	1.996	\	\
	央子桥	年均值	5.90	70.4	7.42	9.01	0.001	0.001	0.002	0.007	0.002	0.001	0.001	0.385	\	\
1992	柳疃桥	年均值	0	374	27.11	101	10.464	0.028	0.002	0.004	0.002	0.001	0.001	0.697	\	\
	央子桥	年均值	4.58	77.98	9.85	14.23	0.17	0.001	0.002	0.004	0.002	0.001	0.001	1.039	\	\
1993	柳疃桥	年均值	0	572.5	43.95	57.04	3.384	0.029	0.002	0.004	0.002	0.032	0.001	2.948	\	\
	央子桥	年均值	5.55	219	13.86	18.73	0.513	0.001	0.001	0.004	0.002	0.001	0.001	0.165	\	\
1994	柳疃桥	年均值	0	665.05	48.10	71.65	8.066	0.001	0.002	0.004	0.002	0.24	0.001	10.38	\	\
	央子桥	年均值	4.96	54.15	12.26	21.56	0.931	0.001	0.002	0.006	0.002	0.001	0.001	3.593	\	\
1995	柳疃桥	年均值	4.35	235	38.13	66.2	5.95	0.003	0.005	0.008	0.003	0.006	0.003	1.565	\	\
	央子桥	年均值	5.57	70.4	14.21	23.2	0.01	0.001	0.002	0.004	0.002	0.002	0.001	1.143	\	\
1996	柳疃桥	年均值	2.07	239.38	117.63	85.33	12.08	0.011	0.005	0.009	0.002	0.001	0.02	\	\	\
	央子桥	年均值	6.03	\	13.60	\	\	0.001	0.002	0.004	0.002	0.002	未检出	2.700	\	\
1997	柳疃桥	年均值	1.26	232	113.18	\	\	0.0218	0.005	0.012	0.002	0.002	未检出	5.422	\	\
	央子桥	年均值	6.32	66.3	13.38	\	\	0.001	0.002	0.004	0.002	0.002	未检出	1.867	\	\
1998	柳疃桥	年均值	1.97	215.4	114.26	\	\	0.012	0.009	0.012	0.002	0.003	未检出	9.604	\	\
	央子桥	年均值	6.86	69.38	12.16	\	\	0.001	0.002	0.004	0.002	0.002	未检出	1.750	\	\
1999	柳疃桥	年均值	1.91	166.6	79.96	\	\	0.006	0.011	0.021	0.002	0.0048	未检出	1.36	\	\
	央子桥	年均值	5.02	99.93	24.77	\	\	0.001	0.002	0.004	0.002	0.009	未检出	0.930	\	\

续表 3-19

年份	断面名称	指标	溶解氧	化学需氧量	高锰酸盐指数	五日生化需氧量	氨氮	挥发性酚	氰化物	砷	六价铬	铅	镉	石油类	类别	水质现状
2000	柳疃桥	年均值	1.88	33.50	32.65	20.01	6.030	0.300	0.01	0.010	0.002	0.001	未检出	1.95	\	\
	央子桥	年均值	4.94	79.80	20.70	33.5	0.938	0.001	0.002	0.004	0.002	0.001	未检出	0.03	\	\
2001	柳疃桥	年均值	2.68	36.17	12.57	9.33	1.13	0.0163	0.028	0.019	0.002	0.004	0.0001	0.263	V	V
		Pi	0.66	0.9	0.84	0.93	0.75	0.16	0.14	0.19	0	0.04	0.01	0.263	\	\
	央子桥	年均值	5.35	35.87	8.67	4.13	0.01	0.001	0.002	0.004	0.002	0.0004	未检出	0.025	III	V
		Pi	0	0.90	0.58	0.41	0.0	0.0	0	0	0	0.004	0	0.025	\	\
2002	柳疃桥	年均值	5.80	35.17	11.83	8.30	1.34	0.0022	0.002	0.014	0.002	0.0011	未检出	0.562	V	V
		Pi	0	0.88	0.79	0.83	0.89	0.02	0	0.14	0	0.011	0	0.562	\	\
	央子桥	年均值	7.39	33.33	7.60	3.70	0.54	0.0010	0.006	0.011	0.002	0.0004	未检出	0.048	III	V
		Pi	0	0.83	0.51	0.37	0.36	0	0.03	0.11	0	0.004	0	0.048	\	\
2003	柳疃桥	年均值	4.19	34	13.1	7.8	1.57	0.004	0.002	0.009	0.002	未检出	0.0001	0.51	V	V
		Pi	0	0.85	0.87	0.78	1.05	0.04	0	0.09	0	0	0.01	0.51	\	\
	央子桥	年均值	8.28	30	6.24	3.31	0.4055	0.001	0.002	0.007	0.002	未检出	未检出	\	III	IV
		Pi	0	0.75	0.42	0.33	0.27	0	0	0.07	0	0	0	\	\	\
2004	柳疃桥	年均值	4.658	32.3	13.94	7.244	1.502	0.002	0.0023	0.013	0.002	0.0006	0.0001	0.25	V	V
		Pi	0	0.81	0.93	0.72	1.00	0.02	0	0.13	0	0.006	0.01	0.25	\	\
	央子桥	年均值	8.03	18.00	5.88	3.41	0.68	0.0015	0.002	0.0058	0.002	0.00035	未检出	0.06	III	III
		Pi	0	0.45	0.39	0.34	0.45	0	0	0.06	0	0.0035	0	0.06	\	\
2005	柳疃桥	年均值	6.91	35	13.64	7.95	1.412	0.009	0.003	0.011	0.002	0.001	未检出	0.304	V	V
		Pi	0	0.88	0.91	0.80	0.94	0.09	0.01	0.11	0	0.01	0	0.304	\	\
	央子桥	年均值	7.97	18	5.93	3.42	0.755	0.008	0.002	0.016	0.002	0.001	未检出	0.028	III	III
		Pi	0	0.45	0.39	0.34	0.50	0.08	0	0.16	0	0.01	0	0.028	\	\

续表 3-19

年份	断面名称	指标	溶解氧	化学需氧量	高锰酸盐指数	五日生化需氧量	氨氮	挥发性酚	氰化物	砷	六价铬	铅	镉	石油类	类别	水质现状
2006	柳疃桥	年均值	5.20	36	14.1	7.56	1.058	0.002	0.002	0.010	0.002	0.001	\	0.2	V	V
		Pi	0.96	1.80	2.35	1.51	1.06	0.4	0	0.2	0	0.02	\	4.0	\	\
	央子桥	年均值	6.8	19	5.98	3.35	2.23	0.001	0.002	0.009	0.002	0.007	\	0.018	III	IV
		Pi	0.64	0.95	1.00	0.67	2.23	0	0	0.18	0	0.14	\	0.36	\	\
2007	柳疃桥	年均值	5.09	35	14.65	7.50	1.28	0.005	0.002	0.009	\	0.001	\	0.325	V	V
		Pi	0.98	1.75	2.44	1.50	1.28	1.0	0	0.18	\	0.02	\	6.5	\	\
	央子桥	年均值	6.19	18	5.97	3.28	0.708	0.002	\	\	\	\	\	0.03	III	III
		Pi	0.76	0.90	1.00	0.66	0.71	0.4	0	0	\	\	\	0.6	\	\
2008	柳疃桥	年均值	6.22	34	13.5	7.49	0.994	0.003	\	0.011	\	\	0.0003	0.4	V	V
		Pi	0.76	1.70	2.25	1.50	0.99	0.6	\	0.22	\	\	0.06	8.0	\	\
	央子桥	年均值	6.98	18	5.96	3.27	0.519	\	\	\	\	\	\	0.03	III	III
		Pi	0.6	0.90	0.99	0.65	0.52	0	0	0	\	\	0	0.6	\	\
2009	柳疃桥	年均值	7.29	34	12.9	7.25	0.965	0.002	\	0.007	\	\	0.0002	0.4	V	V
		Pi	0.54	1.70	2.15	1.45	0.96	0.4	\	\	\	\	0.04	8.0	\	\
	央子桥	年均值	7.60	18	5.96	3.57	0.503	0.002	\	\	\	\	\	0.03	III	III
		Pi	0.48	0.90	0.99	0.71	0.50	0.4	0	0	\	\	\	0.6	\	\
2010	柳疃桥	年均值	6.40	35	13.53	8.19	0.78	\	\	\	\	\	\	0.39	V	V
		Pi	0.72	1.75	2.25	1.64	0.78	\	\	\	\	\	\	7.8	\	\
	央子桥	年均值	7.17	17	5.96	3.44	0.60	\	\	\	\	\	\	0.04	III	III
		Pi	0.57	0.85	0.99	0.69	0.60	0	0	0	\	0	\	0.8	\	\

近岸海域水质监测　1989—2010年，境内近岸海域按II类海水标准评价，主要污染项目是无机氮、石油类、化学需氧量和活性磷酸盐，仍属有机型污染；各项目年均值均达到各自的功能区划要求，水质尚可。2010年以后，近水海域划归潍坊滨海经济技术开发区。

1989—2005年寒亭区近岸海域部分年份主要污染物监测结果统计表

表3-20　单位：毫克/升

年份	pH	溶解氧	无机氮	石油类	化学需氧量	活性磷酸盐
1989—1990	8.7	8.17	0.249	2.285	\	0.006
1994	8.25	7.32	0.259	0.08	\	0.008
1999	7.88	7.04	0.306	0.025	5.80	0.007
2000	8.02	7.81	0.080	0.025	2.20	0.010
2001	8.03	7.06	0.072	0.04	2.14	0.0061
2002	7.99	8.03	0.109	0.013	1.40	0.010
2003	8.19	7.80	0.116	0.014	1.26	0.0153
2004	8.04	8.21	0.165	0.026	1.89	0.015
2005	8.15	8.01	0.128	0.009	1.98	0.017

城区降水监测　1989—2010年，区环保局降水监测点共采集降水样品679个，根据国际统一采用“pH值小于5.6即为酸雨”降水评价标准，城区未出现酸雨。2011年后，区环保局监测站负责降水样品的采集，样品送至潍坊市监测中心站统一化验监测。

1989—2010年寒亭区城区降水监测分析统计表

表3-21

年份	降水（次）	样品数（个）	降水量（毫米）	pH值范围
1989	21	19	416	6.52～7.09
1990	30	27	931	6.18～7.21
1991	20	18	498	6.10～7.70
1992	26	23	516	6.35～7.89
1993	28	24	705	6.12～7.48
1994	30	26	632	6.30～7.01
1995	28	24	696	7.00～7.32
1996	26	21	612	6.08～7.42
1997	28	25	532	6.00～7.10
1998	31	25	586	6.10～7.31
1999	22	18	527	6.04～7.12
2000	20	18	421	6.18～7.45
2001	49	36	704	5.99～7.08

续表 3-21

年份	降水次数	样品总数（个）	降水量（毫米）	pH 值范围
2002	38	28	330	5.91～7.23
2003	45	34	746	6.01～7.08
2004	51	41	733	5.80～7.31
2005	40	32	620	6.65～7.21
2006	36	26	312	6.70～7.24
2007	42	34	676.10	6.02～7.54
2008	44	32	680.60	6.86～7.14
2009	46	30	487.80	5.90～7.15
2010	39	28	576.10	6.00～7.02

城市声环境监测

区域环境噪声监测　1991—1995 年，城区设 10 个测点，划分为 500 米 ×500 米的网格，展开区域环境噪声监测。1996—2000 年，城区划分成 378 个网格，每个网格为 200 米 ×200 米，设 100 个测点，每个测点均在网格的中心处。共划分为 3 类区域，I 类居民文教区、一类混合区；II 类商业区、一类、二类混合区；III 类工业区。城区区域昼间平均等效声级为 54.5 分贝（Db）。2001 年，区域环境噪声昼间为 51.9 分贝，夜间为 38.9 分贝，昼间大于 60 分贝面积比为 1.0%；与 2000 年相比，昼间等效声级有所升高。2002 年，城区噪声监测纳入省控评价体系，在城区 8 平方千米网格布点设置 32 个测点，每年 5 月昼、夜各监测 1 次，昼间、夜间等效声级呈总体下降趋势，均符合二类区标准，区域环境噪声声源以生活噪声和交通噪声为主。

功能区噪声监测　1991—1997 年，全区设寒亭一中、永安巷、区环保局 3 个功能区噪声监测点。1998 年，又增设潍坊二棉、区武装部、寒亭造纸分厂、区商城管委会 4 个监测点；对交通干线道路两侧功能区的噪声进行测定，分别代表居民文教区、混杂区、工业集中区、交通干线道路两侧区 4 个类型功能区。2000 年，居民文教区夜间超标，其余各功能区昼间、夜间均不超标。2001 年，居民文教区夜间超标，混杂区夜间平均等效声级超标，工业集中区和交通干线道路两侧昼间、夜间平均等效声级均不超标。2006—2013 年，每年 2 月、5 月、8 月、11 月监测，所有功能区昼、夜间噪声均呈上升趋势。

道路交通噪声监测　1991 年，在民主街中心广场、区电影院、区果品公司、区自来水公司设 4 个测点，对主要交通干线路进行监测。2000 年，测点增加到 15 个，监测距离增加到 10.37 千米。2002—2013 年，随着城区车辆逐年增加，在城区 3 条道路 13.77 千米距离内设测点 17 个。由于在城区内实行车辆分流和城区禁鸣，车辆增加但噪声有所下降。

1991—2000 年寒亭区城区区域环境噪声监测统计表

表 3-22

年份	测点数（个）	网格面积（平方米）	昼间平均等效声级（分贝）	声源构成比（%）			
				交通	工业	施工	生活
1991	10	500×500	58.10	35.00	1.10	0.90	63.00
1992	132	112.50×112.50	56.10	33.00	1.00	1.00	65.00

续表 3-22

年份	测点数（个）	网格面积（平方米）	昼间平均等效声级（分贝）	声源构成比（%）			
				交通	工业	施工	生活
1993	10	500×500	60.10	39.60	1.20	1.10	58.10
1994	10	500×500	59.10	31.80	2.00	1.30	64.90
1995	100	200×200	54.50	36.00	1.00	1.00	62.00
1996	100	200×200	49.70	37.00	2.00	2.00	59.00
1997	100	200×200	49.10	37.00	2.00	3.00	58.00
1998	100	200×200	50.40	38.20	2.60	2.70	56.50
1999	100	200×200	48.40	38.30	2.30	3.20	56.20
2000	100	200×200	50.10	38.50	2.30	3.00	56.20

2001—2013 年寒亭区城区区域环境噪声监测统计表

表 3-23

年份	测点数（个）	网格面积（平方米）	平均等效声级（分贝）	
			昼间	夜间
2001	100	200×200	51.90	38.90
2002	32	500×500	49.40	40.20
2003	32	500×500	51.70	42.90
2004	32	500×500	50.10	42.60
2005	32	500×500	50.70	37.70
2006	32	500×500	49.20	40.20
2007	32	500×500	50.30	38.20
2008	32	500×500	50.60	39.80
2009	32	500×500	49.70	40.70
2010	32	500×500	50.60	44.30
2011	32	500×500	44.90	43.50
2012	32	500×500	50.70	40.50
2013	32	500×500	50.80	40.80

第三节　环境污染与治理

大气污染与治理

工业废气污染与治理　1989 年，全区工业污染企业主要以原盐及盐化工、化纤、造纸、印染、机械、木材加工、建材、皮革、化工、猪鬃等行业为主。大气污染源主要来自各热电、化纤、造纸、铸造行业使用的锅炉和窑炉等燃烧产生的废气，污染物为二氧化硫、烟（粉）尘。2003 年，全区共有废气工业污染源 28 个，各类锅炉 262 台、工业窑炉 19 台，全区工业废气

污染物二氧化硫、工业烟尘、工业粉尘排放3654.25吨，其中二氧化硫1835.14吨，占污染物排放总量的46.12%，工业烟尘和工业粉尘排放分别为1687.11吨和132吨。污染负荷最大的污染物是二氧化硫，重点排污单位是山东海龙股份有限公司和潍坊恒联浆纸有限公司。2004—2006年，全区大气污染源和污染物排放量增加。到2010年，全区废气污染企业326家，锅炉96台、窑炉44座，燃烧煤炭80.66万吨，排放二氧化硫6720吨、氮氧化物3551吨、烟（粉）尘量4243吨，重点排污单位为山东海龙股份有限公司、潍坊第二热电有限责任公司、潍柴铸造有限公司（二厂）。到2013年，全区重点企业共有各类工业锅炉27台，燃烧煤炭69.65万吨，排放二氧化硫7315吨、氮氧化物2416吨、烟（粉）尘量448吨，污染物排放量占全区总排放量85%以上；二氧化硫仍是主要污染物，但烟粉尘排放量大幅下降。山东海龙股份有限公司、潍坊恒联浆纸有限公司、潍坊第二热电有限责任公司是全区重点排污单位。

图3-3　2011年7月，山东海龙股份有限公司从奥地利引进的全国第一套燃烧法废气处理装置。

1989—1995年，区内尚无废气治理设施，工业废气以直排方式排入大气。1996—2000年，工业大气污染落实“一控双达标”（污染物总量控制、工业污染源达到国家或地方规定的污染物排放标准、空气和地面水按功能区达到国家规定的环境质量标准）任务目标，企业安装治理设施并达到排放标准，全区完成废气治理设施项目22个。2000—2011年，可能污染环境的建设项目必须执行环境影响评价制度和环境保护设施与主体工程同时设计、同时施工、同时投产使用的“三同时”制度；污染项目必须办理环境影响评价并进行验收；全区对企业废气治理设施进行升级改造，提高处理效率，降低污染物排放浓度。2012年，全区废气排放企业增设废气治理设备，增加清洁能源使用份额，降低煤炭使用量。完成潍坊恒联浆纸有限公司3台每小时耗煤量75吨锅炉脱硫、脱硝除尘设施改造。2013年，对2家重点企业实施煤改气，建设炉外脱硫系统1套、3台三电场静电除尘器、1台布袋除尘器。全区重点大气污染企业共有废气治理设施83套，废气处理率96%以上。

1994—2013年寒亭区部分年份锅炉及耗煤量统计表

表3-24

年份	锅炉（台）	工业窑炉（台）	年耗煤量（万吨）	年份	锅炉（台）	工业窑炉（台）	年耗煤量（万吨）
1994	100	8	15.23	2002	256	16	34.39
1995	118	10	16.78	2003	262	19	39.26
2000	201	16	23.68	2007—2010	96	44	80.66

续表 3-24

年份	锅炉（台）	工业窑炉（台）	年耗煤量（万吨）	年份	锅炉（台）	工业窑炉（台）	年耗煤量（万吨）
2011	26	0	77.08	2013	27	1	69.65
2012	27	0	74.45	—	—	—	—

1994—2013 年寒亭区部分年份工业废气排放统计表

表 3-25

年份	废气排放量（万标立方米）	主要污染物排放量（吨 / 年）		
		二氧化硫	氮氧化物	烟粉尘
1994	1668944	5361	\	2274
1995	1784429	5926	\	2503
2000	1742745	3412	\	1458
2002	2039967	2137.71	\	1765
2003	2208264	1835.14	\	1819
2007—2010	911482	6720	4243	3551
2011	981900	8738	2855	2694
2012	812200	7077	2311	2421
2013	817700	7314	2416	448

农业废气污染与治理　1989—1995 年，农作物秸秆是农村生活主要燃料。随着农村生活条件、农业机械化程度和秸秆综合利用技术提高，农田秸秆不再是农村生活主要的燃料。1996 年，全区实行秸秆还田技术，但仍有部分村民在每年夏收和秋收时期因焚烧秸秆而产生大气污染物。1997—2013 年，全区禁止焚烧秸秆，并制定秸秆禁烧实施方案，将秸秆禁烧目标责任进行分解落实，与农业部门联合成立巡查组，每日不间断巡查。到 2013 年，燃烧秸秆造成大气污染问题得到根治。

生活废气污染与治理　1989—2003 年，生活大气污染物主要是居民日常生活散煤燃烧产生的污染物。2004—2010 年，全区生活源主要污染物排放二氧化硫 607.14 吨、氮氧化物 129.19 吨、烟尘 638.06 吨。到 2013 年，生活源主要污染物排放二氧化硫 1287.53 吨、氮氧化物 145.58 吨、烟尘 7.23 吨。针对生活废气排放，全区对生活燃煤和餐饮油烟进行治理，拆除集中供热范围内的燃煤锅炉。2011 年，对全区 14 家中型以上饭店安装油烟净化设备，对沿街露天烧烤集中治理。2012 年，拆除建成区生活燃煤锅炉 19 台。到 2013 年，全区拆除燃煤设施 43 台，生活锅炉 19 台，每年减少燃煤 1.92 万吨。

其他大气污染治理　1995—1999 年，全区禁止含铅汽油销售和使用，减少机动车尾气污染物排放。2000—2004 年，根据国家要求逐步推行车辆尾气环保监测，并逐步提高监测标准。2005—2013 年，全区开始淘汰黄标车，对尾气排放标准不达标车辆实行限行和加油站油气回收措施；对建成区和周围有敏感点的非建成区加油站和油罐车安装油气回收设施。

水环境污染与治理

工业废水污染与治理　1989 年，全区主要排污企业是潍坊化纤厂、潍坊造纸厂寒亭分厂、潍北农场造纸厂。1989—1996年，全区废水排放量呈增加趋势，个别年份有所降低。1997年，潍北农场造纸厂对废水进行治理，实现废水不外排。1998—2005年，全区主要废水来自造纸、电镀、化工、染整行业，排放量占总废水排放量的98%；废水中所含污染物主要是化学耗氧量和氨氮；全区重点废水排污企业是山东海龙股份有限公司、潍坊恒联浆纸有限公司（潍坊造纸总厂寒亭分厂）、寒亭区东庄造纸厂。2005—2009年，工业外排废水中污染物排放量逐渐降低。到2013年，山东海龙股份有限公司、潍坊恒联浆纸有限公司、潍坊亚星化学股份有限公司是区内3家重点废水排污单位，污水实现达标排放，污染物排放量逐年降低。

1989—1995年，全区工业污水未得到有效治理。1996—2000年，全区开展“一控双达标”工作，对境内工业废水污染源安装污水处理设施，完成废水治理项目31个。2001—2005年，实施碧水工程，突出工业和重点流域区域的污染防治，有计划、有步骤，逐个流域区域、逐个行业、逐个点源进行治理，使主要污染物排放得到有效控制，全区水环境质量明显改善。其间，对北部片区11个溴素生产废水重点污染源实行重点监控；对纺织印染、屠宰、食品加工等重点排污行业实施治理。2006—2010年，对虞河、浞河等重点流域区域的水污染进行治理；对造纸、化工、医疗卫生等重点行业实行严格监管，杜绝沿岸新上水污染项目。潍坊康达环保水务有限公司（潍坊市虞河污水处理厂）投入运营，企业废水均经过城镇污水处理厂处理后外排。山东海龙股份有限公司安装微滤机装置，减少进水中悬浮物，降低出水化学需氧量（COD）；潍坊恒联浆纸有限公司污水治理升级改造后，每年节水120万吨。2013年，开展消灭污水直排行动，关停8家直排企业。

生活废水污染与治理　1989—2005年，区境内没有污水处理厂，生活污水直接排入河流，造成水体富营养化等危害。生活污水污染为居民日常生活中排出的废水，主要来源于居住建筑和公共建筑的住宅、机关、学校、医院、商店、公共场所及工业企业卫生间等。生活污水所含的污染物主要是有机物和大量病原微生物。农村的生活污水因没有基础处理设施，污水直排汇集成臭水沟和臭水坑。

2005年7月，寒亭区污水处理厂建成投运，位于北外环路，占地2公顷。寒亭街道、开元街道的部分城镇居民生活污水进入污水处理厂处理。2008年，实施BOT模式，成立山东高速环保科技有限公司，实行市场化运作管理模式，日处理污水2万吨，执行《城镇污水处理厂污染物排放标准》（GB18918—2002）中的一级B标准。2012年6月，工程升级改造后出水标准执行一级A标准。2010年9月，潍坊市虞河污水处理厂建成投运，日处理污水10万吨，出水标准执行一级B标准，主要处理山东海龙股份有限公司、山东恒联投资有限公司寒亭造纸工业园、潍坊亚星化学股份有限公司工业废水和部分城镇生活污水。2013年9月，潍坊上实环境污水处理工程开工建设，主要处理潍坊中心城区的污水；10月，虞河污水处理厂提标工程开工建设，采用深床反硝化滤池、臭氧催化氧化等先进工艺，改造后出水标准执行一级A标准。至2013年，城区生活污水全部经过处理后达标排放，固堤、高里、朱里3个街道仍没有城镇污水处理厂，生活污水无法得到有效处理。

河水污染与治理　虞河和白浪河是境内主要河流。1989年，由于上游白浪河水库存蓄水量减少，水库下游沿途大量工业废水、生活污水排入白浪河河道，水质受到严重污染。白浪河寒亭段内无废水排入，经湿地自然净化，污染物浓度逐渐降低，至柳疃桥和央子桥断面，水质明显好转，达到功能区划V类水。1989—2000年，两河流域内企业数量及规模不断增加，部分企业污水直排入河。虞河接纳大量工业废水，虞河为季节性河流，加之连续干旱少雨，无新鲜水源补充，使水质受到严重污染。2001年，虞河水质化学需氧量（COD）已超过每升500毫克。

到 2005 年，虞河实际已变成沿河各企业的排污沟。2002—2013 年，经过治理虞河水质呈好转趋势，但水质仍然无法达到 V 类水质，一直为劣 V 类水体。

1989—2000 年，全区污水直排，虞河、浞河河水污染并未得到有效治理。2000—2005 年，各企业污水处理设施逐渐完善，排入虞河、浞河的工业废水污染物有所下降，河流水质有所改善。寒亭污水处理厂运行后，河流水质明显改善。虞河污水厂建成使全区企业和部分城镇居民废水有效处理，虞河水质明显提升。2010 年，虞河水主要污染物浓度比 2006 年减少了 50% 以上。2011 年，虞河流域寒亭段水质已达到化学需氧量≤ 60 毫克每升、氨氮≤ 6 毫克每升，恢复鱼类生长。2012 年，实施白浪河中段和虞河上游河道综合治理工程。至 2013 年，全区已基本消灭污水直排，废水均经过污水处理厂处理后排放，虞河河流水质接近 V 类水标准。

近岸海域污染与治理　1989—2010 年，近岸海域水质中的主要污染项目是无机氮、石油类、化学需氧量和活性磷酸盐，仍属有机型污染；各项目年均值均达到各自的功能区划要求，水质质量尚可。2010 年，近海水域划归潍坊滨海经济技术开发区管理。

声环境污染与治理

1989 年，区内噪声污染主要是交通噪声和工业噪声。1991—1994 年，城区昼间噪音分贝数呈逐年降低趋势。1995—2000 年，城区昼间噪音分贝数除个别年份外基本稳定在 50 分贝左右。2001—2013 年，城区夜间噪音分贝数基本稳定在 40 分贝左右。

1991 年起，针对噪音污染，在城市道路、高速公路等交通干线两侧设置隔声屏、生态隔离带措施降低交通干线噪音；严格建筑项目环境影响评价措施，对环境噪声实施“三同时”验收制度；在工业区种植绿色植物隔离噪声；控制工业噪声扰民声源产生；规范行车交通秩序，在城区主要路段增装禁鸣标志措施；控制夜间施工、娱乐场所和公共场所夜间营业噪声源，依法查处建筑施工噪声超标行为。1995—2013 年，全区各项噪声功能区均控制在达标范围内。

固体废弃物污染与治理

1989—2002 年，全区工业固体废物主要是燃煤产生的炉渣，固体废物全部综合利用或处理。2003 年，全区工业固体废物产生 19.39 万吨，其中炉渣 14.64 万吨，其他废物 4.71 万吨，综合利用 18.26 万吨，处理 1.13 万吨。2004 年，全区危险废物按《危险废物经营许可证管理办法》执行。2005—2006 年，污水处理厂污泥成为新的固体废物，处置方式是发电厂焚烧、制砖厂制砖和垃圾处理厂填埋。2007—2010 年，按照《国家危险废物名录》，全区开始规范危险废物管理，相关危险废物处置需有相关处置危险物资质的单位进行处置或综合利用。全区产生冶炼废渣 840 吨、粉煤灰 81523.93 吨、炉渣 163238.71 吨，全部被综合利用；产生污泥 32528.24 吨，综合利用 24311.87 吨，占 74.74%，处置 8200 吨，占 25.21%，排放 16.37 吨，占 0.05%；工业危险废物产生 396.63 吨，综合利用 284.63 吨、处置 112 吨；医疗废物产生 6.61 吨，无害化处理 6.61 吨。2013 年，全区工业固体废物产生 28.24 万吨，综合利用 25.4 万吨、处置 2.83 万吨；危险废物产生 2.43 万吨，综合利用 2.42 万吨、处置 0.01 万吨。

1989—2004 年，全区普通固体废物主要以粉煤灰、炉渣为主，一般由企业自行综合利用，主要用于铺路、建筑材料等。2005 年，污水处理厂污泥由潍坊华潍热电厂高温焚烧处置，由于电厂接收能力有限，部分污泥得不到有效处置。2011 年，潍坊恒联浆纸有限公司建成碱回收白泥综合利用项目，每年减少固废排放 2 万吨，解决制浆白泥外运二次污染。2013 年，昌邑垃圾填埋场建成，污水厂污泥由昌邑垃圾填埋厂处理。对危险废物治理，危废产生企业建设危废暂存库，设置危废管理台账，每年与有危废处置资质的单位签订协议进行处置。区内产生的危险废物运送至青岛新天地固体废物综合处置中心或潍坊佛士特环保有限公司处理。

第四节 环保监察

环保执法

1997—2000年，全区主要围绕重点污染源进行限期治理，开展“一控双达标”专项工作。查处拒绝排污申报，拒交排污费，未按规定配套污染防治设施，环保设施不正常使用，超标排放污染物，违反新建、改建和扩建的基本建设项目，技术改造项目、自然开发项目，以及可能对环境造成污染和破坏的其他工程建设项目，必须与主体工程同时设计、同时施工、同时投产使用等违反环保法律法规行为。

2001—2005年，对全区9套废水处理设施，12套脱硫除尘设施进行检查；对北部22条溴素生产线废水排放及综合利用情况进行4次集中检查，拆除39台小锅炉；对4个水污染企业下达《环境违法行为限期改正通知书》；取缔关停小化工4家；拆除8台小锅炉。2006—2010年，重点整治企业20个，对北部沿海15家溴素生产企业实施冬季停产；寒亭城区污水处理厂、潍坊本信利印染有限公司、潍坊鸢飞印染有限公司完成在线监测设备安装；对城中村13户土法炼油加工点依法取缔；对寒亭区电镀厂依法取缔；对5家国控、省控企业进行24小时监控、监测；关停潍坊市寒亭区盛泰冷藏厂、寒亭区开元汇丰冷藏厂、潍坊市寒亭区鸿顺冷藏厂、潍坊奥鑫食品有限公司、寒亭区开元街道小辛庄造纸厂、寒亭街道北纸坊村小造纸厂、小塑料加工厂等企业。2011—2012年，取缔寒亭区路英高水泥助磨剂加工厂、寒亭街道北纸坊村塑料颗粒生产项目等18家违法建设项目；制订《寒亭区空气质量改善实施方案》《寒亭区2011年重点河流稳定达到恢复鱼类生长目标工作方案》；关停潍北机械厂电镀车间；清除潍河养鱼网箱1243个，综合整治河道3千米；拆除取暖锅炉6台，生产经营性锅炉21台。2013年，重点针对恒天海龙股份有限公司、山东恒联投资有限公司寒亭造纸工业园、潍坊亚星化学股份有限公司产生的工艺废气异味污染及锅炉燃煤废气污染检查，拆除5台每小时10吨以下燃煤锅炉，有4台实施“煤改气”。

排污费征收

1989年9月，成立寒亭区征收排污费监理站，负责全区污染物申报登记和排污收费核定。1990—1997年，完善排污费征收、使用与管理制度和排污收费工作程序。1998年，区内排污费征收按照国家排污费管理制度，属预算内资金，实现收支两条线。2000—2007年，国家调整排污收费标准，对超标排污实行加倍征收。2008—2009年，区内部分企业划归滨海经济开发区，区内缴费单位数及排污收费总额有所下降。2010年，驻区市属企业下放至属地管理，区内排污收费总额大幅升高。2011—2013年，辖区内污水排放企业废水经各自污水处理设备处理后均进入污水处理厂处理；寒亭区征收排污费监理站按相关规定，对外排废水达标企业停征排污费。

1989—2013年寒亭区排污费征收统计表

表3-26

年份	排污费总额（万元）	缴费单位（个）	年份	排污费总额（万元）	缴费单位（个）
1989	35	41	1994	90	60
1990	42	37	1995	97	60
1991	42.90	38	1996	106	52
1992	69.69	49	1997	141.50	114
1993	68	42	1998	135.40	108

续表 3-26

年份	排污费总额（万元）	缴费单位（个）	年份	排污费总额（万元）	缴费单位（个）
1999	148.74	117	2007	176.69	156
2000	125.06	110	2008	133.95	127
2001	150	112	2009	85.79	86
2002	150.40	112	2010	929.25	104
2003	101	101	2011	728.79	145
2004	114.10	104	2012	652.85	153
2005	110	101	2013	579.55	122
2006	116.29	105	—	—	—

注：此表统计时间为每年 11 月。

环保信访

1989—2000 年，区内环保服务受理群众来信 216 件，办理人大建议、政协提案 40 件，办结率 100%。2001 年，办理各类环境群众来信 55 件，办理人大建议、政协提案 4 件。随着环境问题群众来访数量增加，2002 年，成立环境信访室，全年接到来信来访 77 件，调解环境污染纠纷 3 件。2003 年，设立“为民服务联动”热线，全年办理人大建议 1 件、政协提案 6 件，交办信件和群众来信来访 61 件，处结率 95%。2004 年，办理人大建议 1 件、政协提案 2 件，交办信件和群众来信来访 58 件。2005 年，设立“12369”环保热线，实行“首问负责”，全年办理人大建议 1 件、政协提案 2 件，处理群众来信来访 66 件。2006—2009 年，处理群众来信来访 168 件，办理政协提案 103 件。2010 年，办理人大建议、政协提案各 1 件；处理市长公开电话交办事项 83 件，分局举报电话处理 65 件，办理市环保局信访办交办案件 23 件、省长信箱 1 件、市政协转投诉信 1 件、行风在线 2 件，共计 175 件，结案率 100%。2011 年，处理市长公开电话交办事项 99 件，分局公开电话 46 件，办理市局信访办交案件 36 件、区信访局转投诉 12 件、省厅信访平台转交案件 1 件、来信来人案件 36 件，共计 230 件，结案率 100%。

2012 年，处理市长公开电话交办事项 70 件，分局公开电话 43 件，办理市环保局信访办交办案件 16 件、区信访局转投诉 13 件、省环保厅信访平台转交案件 2 件、行风在线案件 2 件、网上民声案件 2 件、群众来信来人案件 31 件，共计 179 件，结案率 100%。2013 年，处理市长公开电话交办事项 112 件、“12369”信访平台案件 100 件、省环保厅信访平台案件 15 件、区环保分局公开电话 41 件、办理市环保局信访办交办案件 36 件、行风在线投诉案件 3 件、网上民声投诉案件 9 件、其他来源案件 2 件，共计 318 件，结案率 100%。

第四编　交通 邮电 电力

DI SI BIAN　JIAO TONG　YOU DIAN　DIAN LI

寒亭作为潍坊中心城区之一，立足自身功能定位，加强交通、邮电、电力等基础设施建设，提升城市功能品质。

交通事业突飞猛进。1989年，境内有央赣路、烟潍公路、潍石公路3条交通干道与区境连接。1993年，G20济青高速公路建成通车，设潍坊出口，寒亭公路交通进入高速时代。1997年、2008年，潍莱高速、荣乌高速公路相继建成通车并从境内通过，形成由南向北3条平行高速公路布局。2003—2007年，实施“村村通”工程，全区357个行政村实现村村通公路。到2013年，境内（不含潍坊滨海经济技术开发区）有3条国道、3条省道、10条县道、35条乡道，通车总里程333.56千米；9条城乡客运线，8条公交线路；公路货运量1047万吨，海上年货运量2035万吨，标准箱集装箱能力6.17万个。

邮电通信快速发展。1989年后，寒亭区信函邮件、快递包裹、报刊发行、汇兑等传统业务平稳增长。1998年，邮电分营以后，拓展商业信函、专送广告、特快专递、国际快件、集邮等业务。2005年后，发展分销物流、电子商务等新业务。2013年，邮政实现业务收入1302万元，收入增幅潍坊市排名第二位。1989—2013年，也是寒亭通信事业起步和快速发展时期。1998年以前，以无线电报、长途电话、农村电话等传统业务为主。1998年后，以移动电话为代表的新业务开始发展。2005年，全区固话、移动、宽带市场开始多家经营，电信资费大幅度下降，各项业务步入发展快车道。至2013年年底，全区电信业务总量12663万元；年末固定电话机91797部，移动电话数250301户，国际互联网用户数22921户。

电力建设先行发展。1989年，寒亭区实现村村通电。全区有110千伏输电线路1条，建成首座110千伏变电站。1994年，实现户户通电。1998—2004年，对农村电网进行2轮改造，对城区电网实施改造。2007年，城乡用电同价，寒亭区成为全市首个“新农村电气化县”。到2013年，全区建成110千伏输电线路14条、35千伏输电线路25条；220千伏变电站1座、110千伏变电站7座、35千伏变电站9座；农林牧渔业和工业用电量不断增长；人均用电量比1988年增长9.35倍。全区建成5个电气化镇、231个电气化村。

第一章　公　路

寒亭区地理位置优越，交通便利。1989年，境内有央赣线、烟潍公路、潍石公路3条交通干道。1993年，济青高速公路（G20）建成通车，设潍坊出口。1997年、2008年，潍莱高速、荣乌高速公路相继建成通车并从境内通过，全区境内高速公路通车里程28.33千米，形成由南向北3条平行高速公路布局。2003—2007年，全区实施“村村通”工程，共新修和改造村道364.4千米，357个行政村实现村村通公路。到2013年，境内有3条国道，通车里程26.76千米；3条省道，通车里程47.54千米；11条县道，通车里程150.7千米；35条乡道，通车里程137.2千米。全区9条城乡客运线；8条公交线路，运营车辆82台，日均客运量2万人次。全区公路货运量1047万吨，货物周转量292810万吨/千米。

第一节 管理机构

寒亭区交通运输局

1984年，原潍县交通局改称寒亭区交通局（以下简称区交通局）。1989年，区交通局下设办公室、人秘股、企业管理股、运输管理所，辖公路站、运输公司、汽修厂、公铁水空联运公司、公路工程队、出租公司、交通检查站和寒亭、固堤、朱里、双杨店、央子、郭家官庄、南孙7处交通管理所；同年8月，成立寒亭区汽车维修行业管理所，为区交通局下属事业单位。1993年，成立高里交通管理所；11月，撤销区交通检查站，成立寒亭区交通局交通稽查大队，为区交通局下属副科级事业单位。1997年7月，成立寒亭区道路基本建设工程质量监督站，为区交通局下属事业单位。2002年，区委、区政府对区交通局部分职能进行调整，县、乡道路管养由区公路局划归区交通局，调整后区交通局下设办公室、综合科2个科室。同年，撤销郭家官庄交通管理所，成立开元交通管理所。2007年12月，成立潍坊市寒亭区区乡公路管理处，为正科级事业单位，隶属区交通局。2008年，央子交通管理所划归滨海经济开发区。2009年，高里、双杨店和南孙3个交通管理所合并为高里交通管理所。2010年7月，设立寒亭区交通运输局（以下简称区交通运输局），将原交通局职责划入区交通运输局，为区政府工作部门，下设办公室、组织人事科、综合科。2011年10月，寒亭区交通运输稽查大队更名为寒亭区交通运输监察大队。2013年，区交通运输局内设办公室、组织人事科、综合科；下属区乡公路管理处、区交通运输监察大队、区交通运输管理所、区道路基本建设工程质量监督站、区汽车维修管理所，以及寒亭、开元、固堤、朱里、高里5个交通管理所共10个事业单位；配备局长、副局长各1人，编制81人，其中行政编制10人，事业编制71人。

寒亭区公路局

1984年，原潍县公路站改称寒亭区公路站，隶属于区政府。1989年3月，寒亭公路站改为潍坊市寒亭区公路局（以下简称区公路局），为正科级单位，仍隶属于区政府，设办公室、政工科、财征科、工程科、管养科、机料科。1990年，机料科分为机务科、材料科；财征科分为征收科、计财科；将路政从管养科中分离，设路政科。1991年，设全面质量管理办公室。1993年，设审计科、信访办公室。1996年，局机关下设办公室、党委办公室（内设信访办）、政工科、宣教科、征收科、工程科、计财科、管养科、路政科、机务科、材料科、总务科、审计科、乡镇道路管理科、安全保卫科、全面质量管理办公室等16个科室。1998年12月，区公路局划归潍坊市公路管理局管辖。2000年3月，取消总务科、综合科成立政工科，成立工程处，为副科级单位。2009年1月，取消公路养路费，撤销征收科。2013年，区公路局下设工程处、办公室、政工科、财务科、审计科、基建办、计划科、工程科、全面质量管理办公室、管养科、路政科、机料科、拌和料厂、实验室14个（处）科室，配备局长、党委书记各1人，副局长（副书记）6人，在编职工64人。

第二节 国道 省道

国道

G18荣乌（山东省荣成市—内蒙古自治区乌海市）高速公路寒亭段 2005年10月动工建设，2008年9月建成通车，寒亭段16.03千米（K383+16—K399+19），路基全宽28米，双向4车道，设计时速120千米，在S222央赣线设一座互通立交和潍坊北收费站。2008年，行政区划调整，划归潍坊滨海经济开发区。

G20青银（山东省青岛市—宁夏回族自治区银川市）高速公路寒亭段 1990年9月动工建设，1993年12月建成通车，称济青高速公路（济南市—青岛市），是山东省第一条高速公路。寒亭区境内5.7千米，路基全宽26米，双向4车道，设计时速110千米，在G206线郭家官庄镇设二十里堡互通立交和潍坊收费站。2010 年 7 月，济青高速公路更名为青银高速公路。

G206 烟汕（山东省烟台市—广东省汕头市）线寒亭段 即烟潍公路。1989 年，境内 16 千米。1993 年段内改建，将央赣线路口—济青高速立交桥 2.1 千米，改建为路面宽 24 米的沥青混凝土路面，一级路标准。1994 年段内改建，将寒朱路口—泥河桥段 2.7 千米，改建为路面宽 24 米的沥青混凝土路面，一级路标准；泥河桥至央赣线路口段 3.6 千米，改建为路面宽 38 米的沥青混凝土路面，一级路标准。2000 年，段内改建，将央赣线路口—济青高速立交桥底 2 千米，改建为路面宽 42 米的沥青混凝土路面，一级路标准。2002 年段内改建，将昌邑界—寒朱路口段 7.1 千米分车道右侧加宽至 30 米，一级路标准。2008 年，烟汕线寒亭段改线、改建，从寒亭东转盘（通亭街与东环路交叉口）向南绕行东环路，绕出寒亭中心城区，路面宽 30 米，一级路标准。至 2013 年，烟汕线寒亭段起点桩号为 K251+069，终点桩号为 K265+024，全长 13.96 千米，路基宽 42 米，路面宽 30 米，沥青混凝土路面，均为一级路。

G309 荣兰（山东省荣成市—甘肃省兰州市）线寒亭段 荣兰线寒亭段始建于 1955 年，始称潍石公路（潍坊市—荣成市石岛镇）。1982 年，编为 G309 荣兰线。1989 年，境内 7.2 千米。1999 年，降为省道 804 线。2008 年，再次升为国道，仍称荣兰线，寒亭段起点桩号为 K290+874，终点桩号为 K298+035，全长 7.16 千米，其中昌邑界—灌渠桥（朱里大坡）段 4.86 千米，路面宽 24 米，一级路标准。灌渠桥（朱里大坡）—坊子界段 2.3 千米，路面宽 18 米，二级路。2008—2013 年，公路维持原状。

省道

S16 荣潍（荣成市—潍坊市）高速公路寒亭段 1997 年 3 月动工建设，1999 年 6 月建成通车，称潍莱高速公路（潍坊市—莱阳市），境内长 6.6 千米，路基宽 28 米，路面宽 24.5 米，双向四车道，设计时速 120 千米。在 X005 灶上路上游北设一座互通立交和朱里收费站。2010 年 7 月，潍莱高速公路更名为荣潍高速公路。

S222 央赣（潍坊滨海经济技术开发区央子街道—江苏省赣榆市）线寒亭段 央赣线寒亭段始建于 1962 年，砂石路面。1973 年改建为沥青表简易路面。1987 年，段内改建，将坊子界—央子镇段改建为 12 米宽沥青混凝土路面，境内 45.2 千米。1989 年，修建北港路（卸货台—潍坊港），长 8.1 千米，路面宽 10 米，二级路标准，为港口专用路。1991 年，北港路通车里程纳入央赣线，央赣线寒亭段全长增加到 53.3 千米。1999 年，段内改建，将烟汕线路口—济青高速立交桥段 2.2 千米，改建为路面宽 24 米的沥青混凝土路面，一级路标准。2000 年，段内改建，将潍坊港—新海线路口段 16.5 千米，改建为路面宽 12 米的水泥混凝土路面，二级路；2001 年，段内改建，将北外环路—烟汕线路口段 3.2 千米改建为路面宽 24 米的沥青混凝土路面，一级路标准。2004 年，

图 4-1 G309 荣兰线寒亭段（2012 年）

图 4-2　S222 央赣线济青高速立交桥北段（2008 年）

央赣线在原线路以西改线、改建，自潍坊滨海经济开发区白浪河大桥开始向南取直至奎文界，路面宽 26 米，沥青混凝土路面，一级路标准，于 2005 年 12 月建成通车，改线完成后央赣线寒亭段 58.04 千米（城区段称海港路、北海路），全部为一级路标准。2006 年段内改建，将森达美港—新海线路口段 16.95 千米，改建为路面宽 23 米的沥青混凝土路面，一级路标准。2008 年，根据区划调整，将部分路段（K0—K33+387）划归潍坊滨海经济开发区管理，寒亭区管养路段起点桩号为 K33+387，终点桩号为 K53+639，全长 20.25 千米。2010—2011 年，市建设局对央赣线（北外环路—荣乌高速）实施综合改造，在对原路铣刨、罩面的基础上每侧增加 4 米绿化隔离带、7 米辅车道和 1.85 米宽人行道，路面全宽 42 米，全部为一级路，并对两侧绿化带进行提升改造，列市政道路维护管理。

S804 线（荣成市—冠县）寒亭段　1999 年，G309 荣兰线寒亭段降为省道 804 线。2001 年，段内改造昌邑界—灌渠桥（朱里大坡）段 4.8 千米，路面宽 24 米，一级路标准；灌渠桥（朱里大坡）—坊子界段 2.3 千米，路面宽 18 米，二级路标准。2008 年，再次升为国道，仍称 G309 荣兰线。

S320 新海（山东省平度市新河镇—河北省海兴县）线寒亭段　1994 年建成，原名辛沙路（河北省辛集市—山东省莱州市沙河镇），二级路标准，沥青混凝土路面，路面宽 10 米，境内 16.14 千米，起点桩号为 K35+247，终点桩号为 K51+389。1998 年，山东省公路网调整，更名新海线。2003 年段内改建，路面宽增至 15 米，二级公路。2008 年 8 月，全段划归潍坊滨海经济开发区。

S323 潍高（潍坊市—淄博市高青县）线寒亭段　潍高线寒亭段为 1996 年建成的寒亭环城路，路面宽 16 米，沥青混凝土路面。2009 年，寒亭北外环路实施改造，去除中间绿化带，路面宽 24 米，长 20.69 千米，全部为一级路标准；7 月，北外环路改造工程完成通车升为省道，更名为潍高线。2013 年，对潍高线实施东西段延伸改线、改建工程，东段（烟汕线路口—东外环路口）4.21 千米，西段（西外环路口—潍城界）3.9 千米，路面宽 23.5 米，沥青混凝土路面，一级路标准，于 2014 年 12 月建成通车。

第三节　县乡村道

县道

X003 杨瓦（坊子区杨庄—昌邑市瓦城）路寒亭段　始建于 1975 年，杨瓦路段原名靶杨路，境内 10 千米，路面宽 8 米，砂土路面，为四级公路。1998 年，改建沥青路面 4.3 千米，升为三级公路。2003 年，对寒朱路—昌邑界段进行大修改造。2006 年，对高新区界至寒朱路段进行大修改造。至 2013 年年底，境内 9.9 千米，路面宽 7～12 米不等，路面结构为沥青混凝土，二、三级公路。

X004 寒朱（寒亭—朱里）路　1990 年建

成，全长14.2千米，路面宽7～18米不等，路面结构为沥青混凝土，二、三级公路。2007年3月—6月，区政府投资1000万元，对寒朱路按平原微丘三级公路标准改建，路面结构层为4厘米AC-13沥青混凝土+乳化沥青+16厘米二灰碎石+16厘米12%石灰土。

图4-3　X005潍莱高速立交桥（2008年）

X005灶上（昌邑市灶户—上游）路寒亭段　1991年建成，境内7千米，路面宽7.5米，路面结构为沥青混凝土，三级公路。2007年，按平原微丘二级公路标准改建，路面结构层为4厘米AC-13F沥青混凝土+5厘米AC-16C沥青混凝土+下封层+2层17厘米二灰碎石+18厘米石灰土。

X006潍坊外环路　1996年建成，全长27.1千米，路面宽16米，沥青混凝土路面。2009年实施改造，升为省道，更名为S323潍高线。

X030（央子—寿光市营里）寒亭段　2000年，建成沥青路面，一级公路，境内2.6千米，路面宽10米，路基宽12米，路面结构为沥青混凝土，三级公路。2008年，划归潍坊滨海经济开发区管理。

X031固高（固堤—高里）路　1993年建成，全长21.1千米，路面宽8～22米，沥青混凝土结构，二、三级公路。2008年，对潍九路至寿光界和央赣路—昌邑界两段进行大修改建。2013年4月—11月，区政府投资7600万元，对潍九路—央赣路拓宽改建，按平原微丘二级公路标准建设，路面由7米拓宽为16米，结构层为18厘米10%石灰土+18厘米12%石灰土+2层18厘米二灰碎

图4-4　X031固高路高里街道东段（2013年）

图4-5　2013年9月，X031固高路拓宽改建。

石 +10 厘米沥青 +9 厘米混凝土，高里街道区段加 5 厘米沥青混凝土，4 座桥梁全部拆除重建。

X038 武岭（崔家官庄—田家庙子）路　1996 年建成，全长 10.9 千米，路面宽 7 米，路面结构为沥青混凝土，三级公路。2006 年，按平原微丘三级公路标准进行改建，路面结构层为 4 厘米 AC-13 沥青混凝土 + 乳化沥青 +16 厘米二灰碎石 +16 厘米 12% 石灰土。

X055 横徐（横里路—潍城区徐家）路　1979 年建成，原名冯横路（冯家—横里路），砂石路面。1988 年，改建成为沥青混凝土路面。2002 年，对党家营村以南段 18.7 千米进行拓宽改建后划为省道，路面宽 15 ~ 16 米，二级公路标准建设。2007 年，增加潍九路—寿光界段 0.9 千米和横里路—韩家庙子段 3.6 千米，全长增加至 14.8 千米，改为横徐路。2008 年，对潍九路以东段 9.9 千米按三级公路标准进行大修改建，路面结构层为 4 厘米 AC-13I 沥青混凝土 + 乳化沥青 +16 厘米二灰碎石 +30 厘米 8% 石灰石渣。

X056 寒双（寒亭—双杨店）路　1979 年建成，全长 13.5 千米，路面宽 7.5 米，沥青路面，为三级公路。2010 年 2 月—6 月，区政府投资 1000 万元，对全路段按平原微丘四级公路标准改建。改建后的路面结构层为 3 厘米（AC-10）沥青混凝土 +4 厘米（A-13）沥青混凝土 + 下封层 +20 厘米二灰碎石 +15 厘米 12% 石灰土 +20 厘米 8% 石灰土。

X057 仲南（南仲寨—南孙）路　1995 年建成，全长 5.3 千米，路宽 7 米，路面结构为沥青混凝土，三级公路。2006 年，按平原微丘三级公路标准改建。路面结构层为 4 厘米 AC-13 沥青混凝土 + 乳化沥青 +16 厘米二灰碎石 +16 厘米 12% 石灰土。

X061 老央赣线寒亭段（滨海经济技术开发区界—青银高速立交桥）　2004 年，央赣线改线、改建。原线路自潍坊滨海经济开发区白浪河大桥至济青高速段更名为老央赣线（也称潍县路，城区段称海龙路）。2008 年，老央赣线寒亭段编号为 X061，区内 23.1 千米。2013 年，对潍高线路口以北段 18.9 千米进行拓宽改建，一级公路，改建后的路面宽 24 米，路基宽 26 米，至 2013 年年底，工程仍在施工中。

X104（固堤场—双庙子）　1980 年建成。2003 年，进行大修改建，全长 5.2 千米，路面宽 10 ~ 15 米，路面结构为沥青混凝土，三级公路。2008 年，划归潍坊滨海经济开发区管理。

X106 央营（央赣线—西分营埠村）路　2000 年建成，全长 2.1 千米，路面宽 24 米，路面结构为砂石，四级公路。2004 年，进行大修改造，路面结构为沥青混凝土，二级公路。

乡道

1989 年，全区主要乡道有寒清路、寒双路、冯横路、靶场路（杨瓦路）、泊南路 5 条，区间通车总里程 74.9 千米，前 3 条为三级路，靶场路为四级路，泊南路未设级。2000 年，全区有乡道 33 条、通车里程 130.5 千米。2003 年，增加泊子—潍北农场和林家央子—盐厂路。2008—2013 年，国家和山东省增加对乡道建设资金补助，全区乡级道路建设改造步伐加快，先后对朱马—西营、牟家院—横徐路、寒亭—南纸坊、朱里村—荣兰线、红新庄—荣兰线、李家埠—寒亭、南港渼—荣兰线、横徐路—冯家花园、东辛庄—前别化 9 条共 27 千米乡道部分路段进行改建。到 2013 年，全区有乡道 35 条，通车里程 137.3 千米，铺装路面 129.1 千米。

2000—2013 年寒亭区乡道统计表

表 4-1

序号	公路名称	长度（千米）	路面宽（米）	技术等级	水泥路面（千米）	沥青路面（千米）	砂土路面（千米）
1	泊子至潍北农场	5.6	9	二	—	5.6	—
2	红新庄至荣兰线	4.9	4～7	四	4	0.5	0.4

续表 4-1

序号	公路名称	长度（千米）	路面宽（米）	技术等级	水泥路面（千米）	沥青路面（千米）	砂土路面（千米）
3	西坡至康家	2.1	4	四	—	2.1	—
4	前巡栈至富郭庄	3.3	5	四	1.1	2.2	—
5	李家埠至寒亭	9.4	6～12	三、四	2.9	5.2	1.3
6	大泊子至崔家官庄	5.2	5	四	0.2	5	—
7	王家码头至小官庄	3.5	6	四	—	3.5	—
8	大官庄至西常寨	4.8	6	四	2	2.3	0.5
9	朱王至台底	5.2	4～6	四	3.7	—	1.5
10	朱马至西营	4.6	7	四	—	4.6	—
11	横徐路至三甲王	4	6	四	—	4	—
12	横徐路至西王庄	1.6	5	四	—	—	1.6
13	海庙至河东官庄	1.6	5	四	—	1.6	—
14	东于渠至朱里二村	2.6	6	四	1.6	1	—
15	南港渎至荣兰线	6.3	6	四	—	6.3	—
16	东于渠至荣兰线	2.6	6	四	0.9	1.7	—
17	朱里一村至荣兰线	4.8	5	四	1.2	3.6	—
18	西东坡至荣兰线	4.7	5	四	—	4.7	—
19	泊子至南孙	15.1	6～12	二、三、四	—	15.1	—
20	西官亭至南孙	5.2	5～7	四	0.7	4.5	—
21	横徐路至台底	1.3	5	四	1.3	—	—
22	央赣线至大泊子	1.5	6	四	—	1.5	—
23	牟家院至横徐路	5.7	5	四	2.4	3.3	—
24	横徐路至冯家花园	3	4	四	3	—	—
25	湖淋埠至中小河	1.3	5	四	—	—	1.3
26	寒双路至后小河	1.4	6	四	—	—	1.4
27	央赣线至董家杨孟	7.2	6～8	四	0.7	1	5.5
28	寒亭至清池	3.7	10	三	—	3.7	—
29	寒亭至南纸坊	4.6	5～12	三、四	2	2	0.6
30	杨家埠至寒清路	2.5	8～14	三	0.8	1.7	—
31	朱王至台底	0.3	4	四	0.3	—	—
32	朱里二村至灶上路	0.4	4	四	0.4	—	—
33	横徐路至西王庄	2.2	5	四	1	0.4	0.8
34	潍北农场至辛海线	4.6	5	四	4.6	—	—
35	海庙至泊南路	0.5	5	四	0.5	—	—

村道

1989—2002 年，全区村道多为土路，有部分砂石路。2003 年，全区开始实施“村村通公路”工程。至 2007 年，共投放 1.41 亿元，修建村道 365.4 千米，357 个行政村实现村村通公路。2008—2013 年，共投资 2.56 亿元，新修和升级改造村公路 224.2 千米。

2003—2013 年寒亭区村道统计表

表 4-2

年份	投资额（万元）	新修或改造里程（千米）	数量（条）	总里程（千米）
2003	874	20.8	—	—
2004	230	8.4	—	—
2005	2582	72.1	—	—
2006	5633	142.2	267	665.8
2007	4787	121.9	278	678
2008	3331	56.9	268	606.7
2009	2124	47.4	275	609
2010	1413	22.3	278	615
2011	1333	11.7	321	637
2012	2014	28.6	340	651.3
2013	15400	57.3	372	664.8

第四节　公路桥涵

国、省道桥

G206 烟汕线寒亭段　1989 年，段内有 3 座中桥、6 座小桥。1993 年，段内改线，建设灌渠桥（左、右）、瀑沙河桥（左、右）、埠口桥（左、右）3 座中桥，王伯桥（左、右）、交界桥（左、右）2 座小桥。2001 年，改造加宽瀑沙河桥（右）、埠口桥（右）、王伯桥（右）、交界桥（右）、灌渠桥（右）5 座小桥。2008 年，段内再次改线，改造浞河中桥、仓上小桥。到 2013 年，G206 线寒亭段有中桥 4 座、小桥 8 座。

G206 烟汕线寒亭段桥梁一览表

表 4-3

桥梁名称	中心桩号	跨径组合（孔 × 米）	桥长（米）	桥宽（米）	修建年份
交界小桥（左）	K252+376	1×5	8.5	18	1993
交界小桥（右）	K252+366	1×5	8.5	18	2002
王伯小桥（左）	K253+300	2×8	26.5	17	1993
王伯小桥（右）	K253+300	2×8	27.5	17	2002
瀑沙河中桥（左）	K255+239	2×16	36.5	17	1993

续表 4-3

桥梁名称	中心桩号	跨径组合（孔 × 米）	桥长（米）	桥宽（米）	修建年份
瀑沙河小桥（右）	K255+242	3×10	43.3	17	2002
埠口小桥（左）	K256+133	1×7	13.5	17	1993
埠口小桥（右）	K256+123	1×8	8.7	18	2002
灌渠中桥（左）	K257+853	3×16	61.5	17	1993
灌渠中桥（右）	K257+914	6×10	63.77	17	2002
仓上小桥	K260+729	2×4	13.1	34	2008
泥河中桥	K262+356	5×13	69	32	2008

G309 荣兰线寒亭段　1989 年，段内有潍河大桥，灌渠桥和夹沟河桥 2 座小桥。2001 年段内改建，对以上 3 座桥梁加宽，新建潍河大桥右桥。2007 年，潍河大桥左桥旧桥拆除重建。到 2013 年，G309 线寒亭段有 2 座大桥、2 座小桥。

G309 荣兰线寒亭段桥梁一览表

表 4-4

桥梁名称	中心桩号	跨径组合（孔 × 米）	桥长（米）	桥宽（米）	修建年份
夹沟河小桥	K294+344	3×4	20	26	2001
灌渠小桥	K295+627	3×6.30	35	25	2001
潍河大桥（右）	K291+244	20×30	606	13	2001
潍河大桥（左）	K291+244	20×30	606	13	2007

S222 央赣线寒亭段　1989 年，S222 线建有 1 座中桥和 5 座小桥。1991 年，北港路专用道划为省道央赣线，有中桥 1 座、小桥 8 座。2001 年实施改线，增加白浪河大桥。2004 年，央赣线寒亭段改线建设，有李家官庄灌渠桥、峡山灌渠桥、小泊子灌渠桥、引黄济青桥 4 座小桥和虞河中桥。到 2013 年，S222 央赣线寒亭段有 1 座中桥、4 座小桥。

S222 央赣线寒亭段桥梁一览表

表 4-5

桥梁名称	中心桩号	跨径组合（孔 × 米）	桥长（米）	桥宽（米）	建成年份
引黄济青小桥	K36+238	2×13	30	27.5	2005
小泊子灌渠小桥	K37+252	1×5	5.81	29	2005
李家官庄灌渠小桥	K39+183	1×5	5.42	29	2005
峡山灌渠小桥	K42+362	2×10	24	27.5	2005
虞河中桥	K51+396	6×13	82	27.5	2005

S320 新海线寒亭段　1994 年建成，有虞河桥、利民河桥、白浪河桥 3 座大桥，崔家河桥、老丹河桥 2 座中桥，黑水河桥 1 座小桥。2013 年，S320 线新海路寒亭段有大桥 3 座、中桥 2 座、小桥 1 座。

S323 潍高线寒亭段　2009 年 3 月，有白浪河大桥，泥河、虞河中桥，毛家埠桥、袁家桥、灌渠桥、大庙桥、长鸣桥、永宁桥、叉子河桥小桥。2013 年，S323 线潍高路寒亭段有 1 座大桥、2 座中桥、7 座小桥。

S323 潍高线寒亭段桥梁一览表

表 4-6

桥梁名称	中心桩号	跨径组合（孔 × 米）	桥长（米）	桥宽（米）	建成年份
毛家埠小桥	K0+364	2×8	25	25.5	2009
泥河中桥	K1+942	5×8	52.34	27	2009
袁家小桥	K6+028	1×5	5.42	28.4	2009
灌渠小桥	K9+357	2×10	36.7	26	2009
虞河中桥	K10+271	6×8	61	26	2009
白浪河大桥	K12+383	13×20	268.56	30	2009
大庙小桥	K14+717	1×5	5.42	27.1	2009
长鸣小桥	K15+886	2×5	10.32	30	2009
永宁小桥	K16+805	1×5	5.64	27	2009
叉子河小桥	K18+84	2×7.1	26.14	26	2009

县、乡道桥

1989 年，全区县道上建有中桥 7 座、小桥 17 座。1990 年，新建寒朱路小桥 3 座。1993 年，修建固高路中桥 2 座、小桥 3 座。1994 年，固高路改建，增加到中桥 3 座、小桥 5 座。1995 年，新建武岭路小桥 3 座。1996 年，新建环城路中桥 1 座、小桥 1 座。1997 年，环城路改建后长度增至 27.1 千米，新建、改建中桥 2 座和小桥 9 座。2000 年，环城路新建中桥 1 座、小桥 1 座。2001 年，修建横徐路小桥 1 座。到 2002 年 4 月，11 条县道有中桥 12 座、小桥 35 座。2003 年，修建杨瓦路小桥 1 座。2007 年，修建寒朱路小桥 1 座。2010 年，修建寒双路中桥 1 座。到 2013 年，县道共有大桥 2 座、中桥 3 座、小桥 18 座。

1989—2000 年，全区乡道桥梁 24 座，其中中桥 8 座、小桥 16 座。2001—2013 年，修建桥梁 5 座，其中中桥 1 座、小桥 4 座。至 2013 年，全区有乡道桥梁 17 座，其中中桥 5 座、小桥 12 座。

2013 年寒亭区县道桥梁一览表

表 4-7

县道名称	桥梁名称及类型	中心桩号	桥跨组合	长（米）	宽（米）	建成年份
杨瓦路	灌渠小桥	K23.63	2×8	32	11	2003
寒朱路	西东坡小桥	K6.33	1×10	14	10	1972
	富康河小桥	K8.62	1×13	23	10	1976
	灌渠小桥	K1.05	4×4	20	9	1980
	瀑沙河小桥	K10.12	3×10	40	28	1984
	泥河小桥	K15.77	3×10	40	28	2007
灶上路	灌渠小桥	K29.06	1×17	32	8	1978
	潍莱高速立交中桥	K33.67	4×22	690	11	1998
固高路	丰收河中桥	K26.83	3×10	45	17	2013 年改建
	灌渠二小桥	K23.94	1×10	23	17	2013 年改建

续表 4-7

县道名称	桥梁名称及类型	中心桩号	桥跨组合	长（米）	宽（米）	建成年份
固高路	灌渠一小桥	K19.54	1×10	30	17	2013 年改建
	虞河小桥	K13.06	3×8	31	6.5	1993
	白浪河大桥	K24.13	8×13	110	20	2013 年改建
武岭路	灌渠小桥	K0.62	1×6	12	8	1978
横徐路	崔家河小桥	K7	2×6	18	6	1986
	崔家小桥	K11.4	3×8	32	8	1999
	引黄济青小桥	K9.08	2×13	30	9	2001
寒双路	圩河中桥	K13.54	1×20	28.2	8	2011 年改建
	小圩河小桥	K11.52	2×9.5	34	8	1970
仲南路	干河小桥	K0.22	3×4	17	8	—
老央赣线寒亭段	引黄济青小桥	—	3×10	42	26	2013 年改建
	横沟一小桥	—	2×8	24	26	2013 年改建
	横沟二小桥	—	2×8	24	26	2013 年改建
	虞河大桥	—	8×13	124	26	2013 年改建

2013 年寒亭区乡道桥梁一览表

表 4-8

乡道名称	桥梁名称及类型	中心桩号	桥跨组合	长（米）	宽（米）	建成年份
泊子至潍北农场	引黄济青小桥	K2.26	2×13	27	9	2002
	灌渠小桥	K0.08	1×10	14	9	2003
	利民河小桥	K2.36	3×8	30	9	2003
前巡栈至富郭庄	无名小桥	K2.22	1×5	8	6	—
大官庄至西常寨	大柳疃小桥	K2.96	2×4	11.2	7	1983
朱马至西营	小河子小桥	K1.44	3×8	26	6	1970
横徐路至三甲王	于河小桥	K1.27	2×12	24	6	1987
东于渠至朱里二村	夹沟河小桥	K1.48	2×5.25	24.6	8	1972
南港涘至荣兰线	夹沟河小桥	K4.42	2×7	23.65	8	1972
东于渠至荣兰线	潍莱高速立交中桥	K1.15	4×16	64	9	1998
朱里一村至荣兰线	灌渠小桥	K2.43	4×5	22	8	2001
泊子至南孙	小河子中桥	K11.75	4×11	51	8	1976
	灌渠小桥	K9.21	2×8	16	7.6	1976
	白浪河中桥	K8.89	3×13	45	8	1993
	干河中桥	K3.56	3×13	40	8	2000
西官亭至南孙	小河子小桥	K0.2	3×3	15	6	1982
牟家院至横徐路	小河子中桥	K2.39	4×10.7	49.5	6	1977

涵

2000 年，境内农村公路共有涵洞 216 道，其中县乡道 159 道、乡道 55 道、专用路 2 道。至 2013 年，境内农村公路共有涵洞 296 道，其中县乡道 93 道、村道 196 道、专用路 7 道。

第五节 公路运输

客运

城乡客运 1988年，区内个体客运经营先后开通寒亭至朱里、潍坊至潍北农场（过路）线路。2011年，潍坊至报庄子、横里路、央子、大湾口、神堂子、丰台、大泊子、西利渔以及蔡家栏子至商品城9条线路班车退出运输市场。到2013年，全区城乡客运线路剩余9条。

2013年寒亭区城乡客运公交线路一览表

表4-9

序号	线路	座位（个）	主要途经区内站点
1	牟家院至潍坊（总站管理）	19	小庄子、安固、张氏、寒亭
2	南孙至潍坊（总站管理）	22	朱王、高里、双杨店
3	西官亭至寒亭	24	大官庄、大柳疃、于家码头、南仲寨、固堤、大辛庄
4	韩家庙子至寒亭	19	横里路、肖家营、高里、双杨店、张氏
5	安固至潍坊（总站管理）	19	北寨里、大常疃、张氏、寒亭
6	西于渠至寒亭	19	东南堤、上游、朱里、河滩
7	寒亭至上游	19	河滩、东庄、朱里
8	北港渼至寒亭	19	上游、朱里、河滩
9	寒亭至横里路	19	张氏、双杨店、高里、肖家营

市内公共交通 1989年，区内仅2条市内公交线路，是1977年开通的5路和1988年开通的6路。1999年1月，开通21路和28路。2002年2月，开通58路。2007年5月，开通4路。2013年4月和12月分别开通40路、41路。到2013年，全区有8条公交线路、82台运营车辆，日均客运量2万人次。

2013年寒亭区市内公交线路一览表

表4-10

线路	开通年月	起止站点	途经站点（个）	配置车辆（台）	年客运量（人次）
4路	2007.05	市人民医院东门至杨家埠民俗大观园	41	16	2138263
5路	1977	潍坊火车站至寒亭公交枢纽站	32	20	2908853
6路	1988.03	潍坊火车站至朱里街道	43	10	369882
21路	1999.01	潍坊火车站至河滩村	40	6	417644
28路	1999.01	潍坊火车站至北张氏村	32	9	552273
40路	2013.04	市公交文华枢纽站至中国食品谷总部基地	16	5	73611
41路	2013.12	公交寒亭枢纽站（循环）	34	10	144132
58路	2000.02	公交寒亭枢纽站至坊子汽车南站	50	6	293835

1995—2013 年寒亭区市内公交客运量统计表

表 4-11

年份	客运量（万人）	旅客周转量（万人 / 千米）	年份	客运量（万人）	旅客周转量（万人 / 千米）
1995	38	2222	2005	116	8022
1996	—	—	2006	122	7099
1997	96.91	5405	2007	388	21320
1998	109	6307	2008	259	14214
1999	110.8	6344	2009	366	15993
2000	113	6407	2010	397	16792
2001	115	6501	2011	402	17451
2002	116	6576	2012	413	18185
2003	116	6556	2013	495.6	21822
2004	117	6608	—	—	—

出租车　1989—2006 年，全区有 34 辆客运出租车在线运营，其中桑塔纳轿车 5 辆、夏利轿车 5 辆、天津大发面包车 24 辆。2007 年，出租车辆经营期满，按市交通局统一要求，2008 年年底，34 辆客运出租车全部更换为北京现代伊兰特车型。2011 年，9 条城乡客运线路班车退出运输市场，车辆经营权实现出租车置换。2013 年，全区有出租车 55 辆，均为混合动力车型，客运量 118 万人，旅客周转量 1188 万人 / 千米。

客运站　1985 年，在幸福路南首建成寒亭汽车站。2007 年，寒亭汽车站迁至海龙路和通亭街交叉口东北角。2009 年，相继建成高里、河滩、朱里、南孙、固堤 5 个乡镇客运站，建成后一直未投入运营。2009 年 9 月—2013 年 10 月，潍坊汽车运输集团公司在通亭街与海龙路东北角投资建设潍坊汽车北站，为国家一级客运站。至 2013 年年底，潍坊汽车北站未投入运营。

货运

1989 年，全区公路货运量 80 万吨，周转量 5554 万吨 / 千米。1989—2005 年，区内在运河街和烟潍路（烟汕线）寒亭段南自发形成小型、分散的货运场站。运河街主要以沙石和建材交易为主，烟潍路南主要以畜禽和木材交易为主。1997 年，商业村蔬菜批发市场开始建设，占地约 6000 平方米，逐渐成为区内商贸、蔬菜批发主要集散地。2005 年，百汇大市场货运站和新华书店物流场站开始建设，其中百汇大市场约 4 万平方米。2010 年，中凯贸易广场货运站和潍县萝卜批发市场规划建设。其中中凯贸易广场货运站约 10 万平方米。2013 年，中凯贸易广场已经初步建设成为货运仓储、冷冻、冷链运输专业场站，成为中国食品谷重要的基础性配套场站；潍县萝卜批发市场占地约 1.2 万平方米，是果蔬批发经营专业市场。百汇大市场已初步建成建材、装修材料、灯具、电器等专业货运场站，物流运输配送范围覆盖省内主要建材、装修材料产地以及福建、广东、重庆、江苏等省份。新华书店物流场站库（场）4 万多平方米，建成为山东半岛书籍转运批发市场。

至 2013 年年底，全区主要货运场站包括商业村蔬菜批发市场、百汇大市场货运场站、新华书店物流场站、中凯贸易广场货运场站、潍县萝卜交易市场货运场站，年运量 1000 万吨以上。

1989—2013 年寒亭区货运量及货运周转量统计表

表 4-12

年份	货运量（万吨）	货运周转量（万吨 / 千米）	年份	货运量（万吨）	货运周转量（万吨 / 千米）
1989	78	5521	2002	190	9631
1990	68.60	4547	2003	196	10245
1991	78.50	5239	2004	198	10378
1992	98.30	5626	2005	194	10355
1993	—	—	2006	218	11591
1994	—	—	2007	646	36340
1995	159	8112	2008	990	48385
1996	128	6240	2009	797	219364
1997	160.88	9856	2010	870	231290
1998	167	8491	2011	936	274369
1999	166.96	8026	2012	987	273470
2000	179	8504	2013	1047	292810
2001	188	9022	—	—	—

运输企业

1989 年，区内有潍坊汽车运输公司二队（1990 年改为潍坊第四汽车运输公司）和寒亭区公铁水联合运输公司 2 家汽车运输企业。随着经济发展，物流企业逐年增加，2010 年区内物流企业有 13 家，2012 年增至 18 家。到 2013 年，全区共有公路运输企业 42 家，营运性车辆 2800 余台，其中普通公路货运企业 27 家，营运性货运车辆 510 台；客运企业 2 家，出租车辆 55 台，客运车辆 28 台；危化品运输企业 2 家，危化品运输车辆 160 台。汽车维修企业 10 家，机动车驾驶员培训企业 1 家，有教练车 35 台。

第六节　交通运输管理

路政管理

2007 年 12 月，成立寒亭区区乡公路管理处，负责全区县道及主要乡道路政巡查。2007—2013 年，清除路障 3689 立方米，清理非公路标志 582 块，查处路政案件 138 起，挽回经济损失 60 余万元。

运政管理

1989—2004 年，全区道路运输管理业务由区交通局按照省、市业务主管部门法律法规及证件审验、审批（备案）程序依法办理。2004 年 3 月，交通运输管理业务纳入区行政审批中心，在行政审批中心成立服务窗口负责道路运输经营许可申报备案工作。2006 年，运输管理所负责对全区客（货）运输企业、场（站）、物流企业的审报、备案、管理，全区营运车辆运输证件办理及管理，从业人员资格证更换、签章等。2013 年，办理从市运管处下放的一、二类汽车维修经营许可；年审营运车辆 9855 辆，办理新增营运车辆 915 辆，过户 298 辆，补证 123 件，注销 672 笔，行政审批中心大厅交通窗口办理各项业务 7172 件。

运价管理

货运运价　1989 年 12 月，区内汽车长途货运价格对一、二、三等货物运价进行上调，吨 / 千米运价分别为 0.26 元、0.27 元、0.28 元。短途运输继续执行省政府“关于各运输单位和个体联运户可实行浮动运价，并自行组织货源”规定，1990—2005 年，运价吨 / 千米在 0.26 ~ 0.3 元之间。2005 年，运费上调至吨千米 0.5 元，2013 年，营改增后随着企业数量增多，市场竞争激烈，运费降至吨 / 千米 0.35 元。

客运运价　1992 年 5 月，区内客运根据省物价局、省交通厅汽车客运运价比差要求，实行普通中型客车每人每千米 0.045 元，中级大型客车每人每千米 0.053 元，高级大型客车每人每千米 0.07 ~ 0.075 元标准。对儿童票、行包运输、装卸费作相应调整。2003 年 5 月，区内民营客运汽车按每客每千米 0.075 元计价，并定期检查，杜绝私自涨价。市内空调公交车在空调开放期间票价为 2 元。计程出租客车执行起步 5 元，每千米 0.8 元，可下浮 5% 价格标准。其他包车则实行随行就市，合适成交方式。2004 年 6 月开始，全区出租车租费执行 3 千米起步 5 元，行驶每千米加 1.6 元，从 7 千米开始加 50% 空驶费，夜间 22 时至次日凌晨 5 时计价器自动加 20% 租费。

规费征收

1989 年，专业运输企业按运营收入 15% 征收；社会车辆按每月每吨计征，汽车 115 元，挂车 58 元，营运机动三轮 45 元，拖拉机 45 元，特种车、教练车、大型平板拖车（40 吨以上减半）58 元，镇村企业及个体联运户拖拉机 14.7 千瓦以上者，全年按 8 个月计征。农用汽车公路养路费为每月每吨 220 元，货运基金为每月每吨 45 元，公路运输管理费每月每吨 8.5 元。客运车辆客运基金为每月每座 80 元，货运车辆货运基金主车 45 元，挂车 24 元。应按月征缴交通费车辆，须按月上缴，可以预缴，漏交费的一律按月补交；党政机关、团体、军队、医院等车辆免费；超编车辆行驶公路加倍征收。2004 年，国家税费改革，停止车辆购置附加费征收。2004—2008 年，全区征收的规费主要有公路养路费、客货运基金、公路运输管理费，汽车和农用车规费实行统收，汽车、农用车不再分别统计，征收各项公路规费 2355.9 万元。2009 年 1 月，取消公路养路费、客货运基金、公路运输管理费征收。

1989—2003 年寒亭区汽车、农用车交通规费征收统计表

表 4-13

年份	征收金额（万元）		年份	征收金额（万元）	
	汽车	农用车		汽车	农用车
1989	310	164.1	1997	1400	704.3
1990	320	205.4	1998	1410	728.70
1991	490	298.3	1999	1415	786.2
1992	610	349.8	2000	1495	700.9
1993	810	457.5	2001	1500	784.2
1994	925	561.8	2002	1610	879
1995	1090	643.6	2003	1780	967
1996	1301	6549	—	—	—

公路管养

国道　1989 年，G206 烟汕线寒亭段管养里程 16.1 千米、G309 荣兰线 7.1 千米。到 2013 年年底，境内管养 2 条国道，总里程 21.12 千米，全部为优良等级，优良路率 100%。

省道　1989 年，区公路局管养 S222 央赣线 1 条省道，管养里程 45.2 千米。2008 年 8 月，将央赣线部分路段（k0—K33+39）划归潍坊滨海经济开发区管理，其余部分列市政道路维护管理。到 2013 年年底，区境内 2 条省道，总里程为 40.94

千米，全部为优良等级，优良路率100%。

县道　1989年，区内县路管养线路有靶场—杨庄、寒亭—坊子、寒亭—双杨、冯家—横里路、泊子—南孙、仲寨—南孙、灶户（昌邑市）—上游7条，管养里程96.7千米。2002年4月，全区11条县道路管养职能由区公路局划归区交通局。2003—2013年，全区累计投资1.48亿元，对11条县道进行路面罩面3.5万平方米，挖补6.76万平方米，道路封面11.17万平方米，路面灌缝108.48千米。到2013年年底，全区县道养护里程116千米，管养率达到100%，优良路率达到95%。

乡道　1989年，区内有高里—寿光界、寒双路—里疃、央赣线—泊子3条乡道，管养里程10千米；管养卸货台—潍坊港专用路8.1千米。2002年4月，乡道路管养职能由区公路局划归区交通局。至2013年年底，全区乡道管养里程137.2千米，管养率100%，优良路率90%。

村道　2007年，全区实现“村村通公路”后，乡镇政府、街道办事处和道路所在村委会负责村道管养。

交通稽查

1996—2003年，区交通运输监察大队主要职责为查处无证营运和漏缴规费违法行为。2004年开始，根据交通运输部《在全国开展治理超载超限实施方案》和省、市治理超载超限工作部署，区交通运输局在辛沙路寒亭段设立超限超载绕行检查点，查处超限超载车辆，行使治理超载超限违法行为职能。到2013年，查处超载超限车辆15932台（次），卸货总量16.96万吨。

第二章　铁　路

第一节　规　划

1997年，省计划委员会（以下简称省计委）、省地方铁路局（以下简称省铁路局）在龙口市组织德州—龙口—烟台（简称德龙烟）铁路大家洼—莱州—龙口（简称大莱龙）段项目论证会，形成规划《会议纪要》。同年10月，省计委正式批准立项。1998年8月，省工程咨询院对《新建地方铁路德龙烟线大家洼至莱州段可行性研究报告》《新建地方铁路德龙烟线莱州至龙口段可行性研究报告》进行评估。大莱龙铁路列入国家“十五”规划2000亿元投资拉动经济项目，并列入铁道部五年（1998—2002）建设计划；12月，省铁路局以《关于呈批新建德龙烟地方铁路大家洼至莱州段扩大初步设计文件的请示》报省计委批复。1999年1月，省计委组织有关方面进行审查；3月，对《关于大莱龙地方铁路初步设计的批复》作出批复。大莱龙铁路是德龙烟铁路的重要组成部分，西与益羊铁路大家洼站接轨，向东经潍坊市海化开发区、寿光市、寒亭区、昌邑市、平度市、莱州市、招远市、龙口市，线路全长175千米，总投资14.07亿元，为一级地方铁路。

第二节　建　设

线路建设

1999年5月，大莱龙铁路潍坊段开工建设，全长68千米，投资5.6亿元。寒亭段西起弥河，东至虞河，自西向东途经林家央子村、蔡家央子一村、蔡家央子二村、丰台渔业村、丰台农业村、新立村、西利渔村，线路长度17.7千米，投资1.46亿元，征地1235亩，拆除（迁）16.7

千米地面建筑物、盐田，完成路基土石方80余万立方米，建成特大桥3座、中小桥涵166座。2003年1月，寒亭段建成通车。2004年10月，开始运营。

桥梁建设

德龙烟铁路在区境内弥河和白浪河入海口处建有2座特大铁路桥。弥河铁路桥于1998年5月动工，8月底建成，总投资1700万元；桥梁全长1132.7米，宽17.8米，高12.3米，钢筋混凝土、预应力结构，属特大型铁路桥。白浪河铁路桥于1998年11月动工，1999年4月建成，总投资1500万元；桥梁全长1088.2米，宽17.8米，高11.9米，钢筋混凝土、预应力结构，属特大型铁路桥。

站场设施

寒亭站是中间站，位于德龙烟铁路K319+100处。2002年4月建成发线1股，预留到发线1股，站台1座，站线长度1300米，房屋建筑780平方米，主要承担沿线盐碱及其农副产品运输。2003年10月，大莱龙铁路大家洼站至寒亭站简易开通运营。

第三章 港 口

第一节 港口建设

渔港

1977年，在潍县央子公社（今潍坊滨海经济技术开发区央子街道）北侧，白浪河入海口西岸建成渔港，亦称央子港（俗称“卸货台”）。渔港占地150亩，码头长250米、高2米，可同时停靠渔船20只，44～59千瓦渔船可趁潮进港。90年代初，央子港因白浪河水量不足，河口成为潮汐通道，海岸、海洋来沙量大，港池回淤严重，于90年代中期停止运营。

港口码头

1984年，省政府决定在寒亭区北部筹建新港，码头按500吨、800吨驳船及368千瓦拖轮船型设计，建设千吨级泊位2个，港口年设计吞吐能力20万吨。1985年4月，潍坊北港工程开工建设，至1986年10月，建成疏港公路8.2千米，港台护砌、围堰890米，回填土方25万立方米，并同步修建宿舍、供电室、油罐房、值班室等生产生活服务设施。1988年6月，港区公路、围墙、码头工程竣工投入使用。1989年12月，300吨储油罐工程完工。

90年代初，交通部天津水运工程科学研究所根据寒亭区北部沿海自然条件分析，认为具备建设大中型港口条件，遂由航道清淤转为改扩建港口，并展开工程可行性研究论证等前期工作。1990年8月，市交通委员会向市政府呈报《关于加快发展我市港航事业的报告》，初步规划潍坊港航建设方案；11月，交通部、省交通委实地考察寒亭北部沿海，交通部一航院参与并主持潍坊港建设初步可行性研究。1993年5月，成立潍坊港建设指挥部。1996年1月，市委、市政府决定以原潍坊北港为依托进行改造扩建，由小到大，分步实施；3月初，潍坊港建设指挥部更名为潍坊港港务管理局，做为潍坊港建设业主单位，实行筹资、建设、管理、还款机制，保证国有资产保值增值；5月，中港区东作业区3号、4号两个3000吨级通用泊位（兼一个滚装泊位）由潍坊市投资建设（1999年5月竣工），码头岸线总长260米，前沿设计水深-8.1米，码头顶高程5米，配套建设生产、生活辅助设施，项目总投资2.2亿元，设计年通过能力97万吨；6月，市政府在潍坊港二期扩建工程施工现场举行潍坊港引堤工程奠基仪式，潍坊港二期扩建工程开工。1998 年 10 月，潍坊港扩建工程提前一年半实现通航运营，潍坊港工作重心由建设转向经营。1999 年，潍坊港完成港口货物吞吐量 72 万吨。

2000 年，潍坊港 3000 ~ 5000 吨级泊位相继建设投产，港口规模扩大，以铝矾土、煤炭、盐、液体化工为主要货种，装卸设备和工具配套设施不断完善。2003 年 5 月，2 个 3000 吨级散杂货泊位开工建设（2004 年 6 月竣工投产），设计通过能力 97 万吨；8 月，潍坊港万吨级码头工程方案论证会召开。2005 年 8 月，潍坊港有限责任公司和马来西亚捷硕集团合资经营，成立潍坊捷硕港有限公司；11 月，捷硕集团将股权移交至森达美集团，成立潍坊森达美港有限公司，原有人员未变。2007 年 3 月，潍坊港万吨级码头工程通过立项审查，万吨级码头工程及配套航道、防波挡沙堤工程可行性研究报告评审通过；7 月，中港区西作业区 3 个 1 万吨级通用泊位由潍坊森达美港有限公司投资建设（2010 年 12 月投入试运营），码头岸线长 510 米，前沿设计水深 -9.8 米，码头顶高程 5 米，护岸 1177 米，疏港路堤 4629 米，堆场道路 13.6 万平方米，设计年吞吐能力 400 万吨。2008 年，中港区东作业区 3 个 3000 吨级通用（杂货）泊位（5—7 号）投放使用，码头岸线总长 375 米，前沿设计水深 -7 米，码头顶高程 5 米，配套建设生产、生活辅助设施，项目总投资 6900 万元，设计年通过能力 95 万吨；4 月，潍坊港西疏港路开工建设；5 月，中港区东作业区两个 5000 吨级通用泊位（1—2 号）开工建设（2010 年竣工），码头岸线总长 354 米，前沿设计水深 -9.8 米，码头顶高程 5 米，配套建设生产、生活辅助设施，设计年通过能力 168 万吨。2010 年 4 月，中港区东作业区两个 3000 吨级通用泊位（G1、G2）工程取得项目初步设计批复（2010 年 6 月竣工），码头岸线总长 300 米，前沿设计水深 -7 米，码头顶高程 5 米，项目总投资 7500 万元，设计年通过能力 110 万吨；9 月，靠泊等级提升至 5000 吨级。

到 2013 年年底，潍坊港中港区共拥有万吨级泊位 3 个、5000 吨级泊位 4 个、3000 吨级泊位 5 个，码头岸线 1595 米，港口设计吞吐能力 859 万吨。潍坊港已经基本形成以散杂货、液化品运输为主，集装箱运输和甩挂滚装运输发展格局，初步具备装卸存储、中转换装、运输组织、临港工业、通信信息、综合服务及现代物流等多种功能。潍坊森达美港距烟台港 270 千米，距天津港 287 千米，距营口港 435 千米，距离潍坊市区 50 千米，是国家一类对外开放口岸、对台海运直航港口，是山东省内重要港口。

第二节　航　运

航线

潍坊港直接经济腹地主要是潍坊市所辖行政区域，并可辐射至淄博、东营等地区，在黄河三角洲同类港口中距交通大动脉和中心城区最近，较烟台、威海、龙口、莱州等港口腹地更为广阔。至 2013 年，潍坊港已开通至天津、京唐、营口、盘锦、大连、烟台、连云港、上海、宁波、厦门、广州港 11 条内贸航线，以及俄罗斯、日本、韩国、朝鲜等外贸航线。

生产装备

2013 年，潍坊港中港区有 16 吨门机 6 台、25 吨门机 18 台、40.5 吨岸桥 2 台、25 吨轮胎吊 4 台、45 吨正面吊 6 台，每小时 1000 吨皮带输送机 7 台。

货运

潍坊港主要运输货类为盐、燃料油、煤炭、非金属矿石、矿石、化工原料及制品等，能够承接原盐、纯碱、煤炭、铁矿粉（石）、磷矿石、粮食、钢材、木材、陶土等散装、件（袋）装货物，集装箱装卸、堆存及烧碱等液体化工品等 50 多个货种业务，涵盖化工、能源、粮食、造纸、建筑、机械加工等多个行业领域。2012 年年底，开展集装箱业务。2013 年，全年完成 2035 万吨货物和 6.17 万标准箱集装箱吞吐量。

第四章　邮　政

1989年，寒亭区邮政业务由潍坊市邮电局寒亭分局管理运营。1992年，潍坊市邮电局寒亭分局更名为寒亭区邮电局，辖11处邮政支局；投递线路总长1130千米；信函邮件、快递包裹、报刊发行、汇兑等传统业务平稳增长。1998年邮电分营以后，寒亭邮政加快局所升级改造，改善群众用邮环境，邮政社会综合满意率98.66%；优化业务结构，先后拓展商业信函、专送广告、特快专递、国际快件、集邮等业务。2005年以后，随着传统业务萎缩，开始发展分销物流、电子商务等新业务，并成为新的经济增长点。至2013年年底，邮政营业网点覆盖全区；全年实现业务收入1302万元，收入增幅在潍坊市排名第二位。

1989—2013年寒亭区邮政业务统计表

表4-14

年份	邮政业务总量（万元）	年份	邮政业务总量（万元）
1989	153	1999	414
1990	255	2000	490
1991	282	2001	848
1992	502	2002	960
1993	905	2003	1258
1994	1243	2004	1392
1995	1553	2005	1542
1996	1927	2006	1574
1997	2892	2007	2087
1998	350	2008	1483

续表4-14

年份	邮政业务总量（万元）	年份	邮政业务总量（万元）
2009	2285	2012	1206
2010	1212	2013	1302
2011	1106	—	—

注：1998年邮电分离前，邮政业务总量含电信业务。

第一节　邮政网络

机构网点

1984年1月，撤销原潍县邮电局，成立潍坊市邮电局寒亭分局，为企业性质正科级单位，下辖朱里、东庄、郭家官庄、里疃、双杨、高里、南孙、央子、泊子、潍北农场、固堤11处支局；局机关内设办公室、计财股、邮政股、电信股。1992年，潍坊市邮电局寒亭分局更名为寒亭区邮电局，所辖支局不变。1993年3月，增设城西支局。1995年，增设肖家营支局。1998年9月，邮政、电信分营，山东省邮电管理局批复撤销寒亭区邮电局，设立寒亭区邮政局和寒亭区电信局。区邮政局机关内设综合办公室和经营服务部，后又增设计财部、储蓄业务部、物业公司等。原区邮电局所辖潍北农场、央子、南孙、河滩、朱里5处支局局房划归区邮政局，其余7处支局局房划归区电信局；高里、双杨、里疃、固堤、郭家官庄等乡镇分营后重新选址另建邮政支局，泊子、肖家营支局仍租赁区电信局房屋。全局保留国营职工86人、乡话人员4人、聘用人员65人。

邮政分离以后，寒亭邮政加快局所建设。2010年3月，央子邮电支局划归潍坊市邮政局滨海分局。2011年，郭家官庄支局搬迁至百汇大市场南邻。2012年，河滩支局装修改造。2013年，高里、固堤支局装修改造，改善群众用邮环境。至2013年年底，全区有城西、郭家官庄、双杨、高里、南孙、张氏、固堤、泊子、潍北农场、央子、朱里、河滩12个服务网点，担负着全区普遍服务和特殊服务任务。各邮政局所标识、局名牌、信筒信箱和邮政车辆、报刊亭等服务设施统一标准，对外服务人员统一着装、统一服务用语，邮政包装用品外观设计、规格、价格统一规范，打造"中国邮政"品牌。城区规范化服务窗口达标率100%，农村80%以上，邮政社会综合满意率98.66%。2013年，全年实现业务收入1302万元，收入增幅全市排名第二位，有效收入、差额利润率完成市局计划的116%，居全市第一位。

邮路

1989年，有区内邮运汽车1辆，邮路总长154千米（单程，下同），农村投递线路896千米（单程，下同）。1991年初，拥有区内邮运汽车2辆、摩托车1辆、投递自行车30辆。1995年，邮路总长184千米，农村投递线路896千米，投递线路总长1130千米。1998年7月，市政府发布《潍坊市城镇住宅楼房通邮管理规定》，对城镇住宅楼房信报箱的规划建设，管理、服务和维护等方面进行规定，改善城镇住宅楼房通邮条件，方便住户通信联络。2000年8月，为适应9月1日邮件、报刊提速需要，根据省邮政局《邮件报刊传递频次、时限规定》要求，调整邮件分拣封发关系和改革内部作业组织。2002年，潍坊建成三级邮区中心局，邮件、报刊实行集中统一分拣，直接封发到乡镇，提高传递速度。当年9月，寒亭邮政依托潍坊邮政局、省邮政局开通以潍坊为中心的胶东半岛快速邮路，对寄往济南、青岛、烟台、潍坊等7个地市之间特快邮件全部实现夜间交换和次晨递，实现全面提速。同年12月，中国邮政航空有限公司开通沈阳—潍坊—上海—深圳航空邮路，每日一班。该航空邮路的开通，结束潍坊没有航空邮站的历史，潍坊及周边9市到上海、深圳、广州、拉萨等地特快邮件全部提速，也使寒亭出口邮件全面提速。

2004年8月，中国邮政EMS"全夜航"开通，潍坊是"全夜航"的一个重要骨干节点，与27个省（区、市）136个大中城市间的EMS邮件实现次日递，实现寒亭邮政的再次提升。至2013年，寒亭区特快专递与全国2100多个城市联网，业务通达国外200多个国家和地区；安装信报箱5000多个，城区楼房通邮率100%；拥有各类邮运汽车3辆、摩托车22辆、电动车12辆，投递邮路总长1290千米。

第二节　邮政业务

信函邮件

1989年，寒亭区出口信函邮件（简称函件）157.4万件。1990年，出口函件171.4万件。90年代，随着改革开放和信息业务快速发展，传统函件业务出现下滑。邮政部门紧跟市场变化，在不放松传统业务的同时，重视开发新、轻型业务。1991年，开始收寄办理商业信函；2月开始，在支局、所开办快件业务，当年办理邮件快件4.2万件；年底，开办中国邮政贺年（有奖）明信片业务。

1991年7月31日，对邮政快件资费调整，起重100克以内每20克或其零数，邮资0.80元；续重101克到500克每100克或其零数加收1.00元。1992年7月1日起，规定函件快件起重100克以内，每20克或其零数收费1元，续重101克至500克或其零数收费1.20元。1994年1月1日，对寄往国外的国际电子信函资费，按用户寄发的实际面数（不含传输页）计收资费，每面字符不限。同年，配置条形码登单设备，减少内部处理时限；邮政支局所和服务窗口全部实现电脑化，前台办理业务实现微机处理，城区支局多数配备多媒体触摸式业务查询机，电子化支局达到15处。

1995年4月起，开办邮政礼仪（邮资）信函业务；7月起，开办高考录取通知书寄递业务，收寄“录取通知书”一律按给据邮件办理，防止延误、捎转、错投、漏投等问题发生。1997年，区邮政局商函广告分局成立，推出数据库商函概念，将传统函件业务与现代数据库营销理念结合，通过对邮政海量数据分析、挖掘，筛选出针对性强的名址数据，通过信函形式将信息传递给目标客户，实现一对一沟通。1998年，邮电分营后，大力发展商函、中邮专送广告等业务，使函件业务逐步抑制下滑趋势，开始稳步增长。同年7月，国家邮政局取消邮政快件业务。

1999年3月1日，按照国家邮政局统一要求执行新资费政策，本埠平常函件6角、外埠8角。2000年12月5日，寒亭停止使用邮资已付戳，正式使用邮资机。同年，邮政广告业务通过买断路段、购买大型广告位或利用邮政自有楼房、信报箱、报刊亭等媒体进行户外广告招商，大力发展中邮专送广告，全年实现邮政广告收入23万元。2007年6月，区委宣传部、区教育局、区邮政局共同举办“感恩父母”书信活动，弘扬孝敬父母尊敬长辈的传统美德。

2009年，区邮政局商函广告分局更名为中国邮政集团公司潍坊市寒亭区分公司函件广告局。2010年，函件业务推进直邮服务中小企业项目，成功举办“2010直邮助力中小企业发展论坛”，完成直邮服务中小企业121家、示范企业18家、合计发函8.15万余件，为示范企业增加收益20余万元。同年，在杨家埠民间艺术大观园开发成功门禁系统，为地方旅游市场发展作出贡献。2013年，函件专业开展数据库营销服务中小企业，重点做好潍坊旅游护照（年票）、“历”字型产品等联动项目。

快递包裹

1989年，区邮电分局出口包件6.6万件。1990年，出口包件5.6万件。1993年4月，开办邮政特快专递业务，配备专用车辆及现代化通信工具，保证国内邮件1～3天、国际邮件5天到达用户手中。随后紧跟市场需求，相继开办法院传票、纳税申报、驾驶证、身份证、录取通知书等同城业务、限时递业务和邮政海运代理业务，投递时限有很大提高，省内实现次晨递。1995年，调整国际特快专递邮件资费和国际包裹资费；同年，开始收寄脆弱包裹，截至当年底，与朝鲜、匈牙利、罗马尼亚及俄罗斯等国家的39个城市开展互换脆弱包裹业务。1996年，规定各类国际包裹均可附寄回执。

2000年6月，中国速递国际快件业务在全国范围内开办，通达200多个国家和地区，寒亭邮政同步开展此项业务，使寒亭市民与海外亲人的联系更加方便快捷。2001年8月，开办国内快递包裹业务，业务资费介于普通包裹和特快专递之间，传递速度快于普通包裹。2006年7月，中国邮政进行大规模网络调整，新增上海至沈阳、天津、潍坊3条国内新航线，其中寒亭成为“次日递”城市之一。2006年8月，中国邮政EMS推出EMS“优+”服务，寒亭市民拥有体验再度升级。2007年1月，开办国内电子商务速递业务；8月，开办经济快递业务，寒亭市民寄递邮件又添新选择。

2009年2月，邮政承诺“限时未达，原银奉还”，投递时限服务质量再次升级。同年，寒亭邮政按照省邮政公司统一部署，全面完成速递物流专业化经营改革阶段性目标和重组改制前期工作。2010年6月，寒亭邮政速递物流公司开始运营。2012年2月，《山东交通运输与邮政战略合作协议》签署，寒亭区交通与邮政部门充分利用便利的交通运输条件和邮政网络地域覆盖优势，强强联合，实现“交邮资源互补”。2012年5月，中国邮政启动面向贫困儿童爱心“母亲邮包”项目。2013年4月，成立寒亭包裹快递营业部。

报刊发行

1989年以后，邮政部门及时做好报刊年度大批收订工作，同时，搞好破订、补订、续订及零售工作，组建和完善全区报刊批销中心，加快零售业务发展，满足读者订报读报需求。当年订销报刊期发数3.9万份，累计数513.7万份。1991年，订销报刊期发数3.5万份，累计数425.2万份。1993 年，订销报纸累计数 419.5 万份，订销杂志累计数 2.1 万份。1994 年，订销报纸累计数 260.5 万份，订销杂志累计数 2.1 万份。1995 年后，受邮发报刊体制改革和其他因素影响，区内邮发报刊种类、数量虽有所增长，但发展不平稳，波动趋势较明显。2000 年后，随着邮件大提速，省内印刷报纸寒亭区当日下午见报，乡镇支局包裹直投到户；投递频次农村达到每周六班，城区达到每周七班，每日 2 ~ 3 个频次。到 2007 年，寒亭区邮政报刊流转额 251 万元。随着智能手机、无线网络的普及，人们阅读习惯发生变化，受此影响报刊发行数量和流转额增长速度趋缓，2010 年报刊流转额 312.81 万元。

2011 年 4 月，区邮政局发行投递局更名为发行分局，内设报刊收订、报刊分发 2 个处理班组，从业人员 12 人，其中一线投递人员 8 人，投递段道 8 条，承担全区报刊专业管理，负责城区内邮件和报刊投递服务、报刊订阅、住宅楼房通邮、沿街信筒开取及维护、名址信息采集及系统维护、区内普通邮件分拣封发、全区报刊邮件分拣封发等工作。2012 年，通过组织图书展销、校园图书节等多种营销活动，拓展图书销售市场；利用便民服务站、代理点等多种渠道资源，增加销售数量，实现收入和效益双提升。2013 年 1 月，根据《转发关于印发〈山东邮政专业经营机制创新总体实施方案〉及配套办法的通知》，报刊零售公司不再挂靠发行分局，独立负责报刊零售业务经营、管理工作；城区投递部封发分拣职能并入市场经营部；撤销城区投递部和发行分局，成立发行投递局，原发行分局和城区投递部经营、管理职能并入发行投递局。全年按照“并段、减人、增代投点”的思路，建设专业营销和投递员两支队伍。至年底，报刊流转额 328.03 万元，报刊专业（含零售）实现收入 257.76 万元，完成年计划的 157.17%。

汇兑

1989 年，汇兑业务主要是普通汇款和电报汇款 2 种，由寒亭汇往上海、北京等地的普通汇款 3 ~ 4 天即可到达，电报汇款两天就可收到。1990 年以后，随着经济发展，区内汇兑业务稳步发展。1991 年，出口汇票 2.5 万张。1994 年，出口汇票 3.2 万张。1998 年邮电分营后，邮政汇兑业务继续平稳发展。2001 年，出口汇票 2.4 万张。2002 年，随着各银行通存通兑业务开展，邮政汇兑业务量下降，当年出口汇票 2.1 万张。2002 年 7 月，开办全国联网汇兑业务。2005 年，开办网汇通、商务汇款。2007 年，开通网汇 e 业务，用户可以直接在网上汇款。此后，随着网上银行和手机银行的普及，邮政汇兑业务逐年萎缩，到 2013 年，汇兑已不再是邮政局主要业务。

邮政储蓄

1986 年 9 月，邮政储蓄开业，并专设邮政储蓄业务部，当年邮政储蓄余额 383.6 万元。1990 年，邮政储蓄余额 464 万元。1994 年以后，邮政储蓄业务发展较快，年末邮政储蓄余额 3873 万元。1997 年，邮政储蓄余额 8291 万元。1998 年邮电分营后，寒亭邮政储蓄业务实现快速增长，2001 年邮政储蓄余额 2.3 亿元，2002 年储蓄余额 2.9 亿元。

2008 年，邮政储蓄银行成立，独立运营，寒亭邮政继续保留储蓄业务。2009 年，落实“以项目带动业务发展”战略，以代收农电费项目为突破口，全面启动代收代发类项目营销市场开发，当年储蓄余额达到 2.7 亿元。2010 年，确定“走访宣传 + 大项目”发展模式，以邮政绿卡业务发展为突破口，根据农时季节特点，启动特色种植农业收款项目，年底邮政储蓄余额 2.9 亿元。2011 年，解决金融网点迁址、行政区划变更、二类行换证及营业执照办理等遗留问题；邮政储蓄余额 3.4 亿元，比上年增长 17.24%。2012 年，提出转型发展思路，以城西支局销售化转型作为试点，从理念、服务到经营、管理，逐步实现网点专业化经营，全年邮政储蓄余额 4.3 亿元，比上年增长 26.47%。2013 年，邮政储蓄余额 4.9 亿元，比上年增长 13.95%。

集邮

1986 年 4 月，区邮电分局开办集邮业务。随着经济发展，寒亭集邮爱好者队伍不断壮大，

1993年5月，寒亭区集邮协会成立，并召开第一次代表会议。同年，寒亭区集邮信息网建立，负责本地区、本单位集邮信息收集、整理、分析、反馈等工作。1999年8月，区集邮协会召开第二次代表会议，寒亭区邮政局特发纪念封1枚，刻制纪念戳2方。2002年，发行寒亭特色邮资信封，通过特色邮资信封邮票图案和使用信封单位形象图案，宣传推广寒亭。2005年2月，印制发行《杨家埠木版年画》特种纪念邮票，一套4枚，小全张1枚，全国发行950万套。2006年，集邮组织发展迅速，全区注册集邮会员163人，集邮爱好者300多人。2008年9月，为寒亭籍奥运冠军邢慧娜制作发行8枚版个性化邮票5000版。2011年4月，为第二十二届潍坊国际风筝会制作发行16枚版个性化邮票2000版。

分销业务

2002年，邮政局开办物流业务。2003—2005年，物流业务呈现较快发展势头，区、乡、村三级配送网络逐步完善。2006年，区邮政局配合区委、区政府举办全省“万村千乡”工程现场会；建成邮政三农服务站105个，其中12个通过国家“万村千乡”市场工程验收；全年累计为农民配送复合肥5000吨、叶面肥10多万袋、酒水4万多瓶、洗衣粉5万袋，配送额1200万元。2007年3月，区邮政局、区委农工办、区工商局、区质量技术监督局、区农业局等8部门成立寒亭邮政服务“三农”协会，是全省第一个协会形式的服务“三农”机构，定位为专业性、非营利性、地方性社会团体。同年，大力推进“三农”服务站建设，规范化“三农”服务站达到160处；开展“质贷惠三农、科普助发展”系列活动，为农民提供综合服务。

2008年，强化渠道建设，新建“三农”服务站30个、“农友之家”20处。2009年3月，中国邮政分销业务信息系统正式上线使用，实现分销项目动态管理，为业务规范发展提供技术支撑。同年5月，在全国推广山东邮政发展农村物流经验现场会上，寒亭区邮政局多个“三农”服务站、物流配送中心作为示范网点迎接现场观摩。2010年，依托邮政三农服务站，结合季节特点和市场需求，为农民配送质优价廉农资产品；聘请农业专家2人，组织农技专家送科技下乡活动50余次；投资40万元，对全区12处网点、10个物流分销直营店和4处配送中心进行改造，提高邮政服务“三农”能力。

2011年，在全区建成遍布城乡、覆盖全区的“区—乡—村”三级物流配送网络，服务范围覆盖全区95%以上行政村，为100余名农民提供就业岗位；全区统一进货、统一配送，杜绝假冒伪劣农资进入邮政流通渠道；推广高科技、高附加值农资产品，帮助农民增产增收；举办各类“送科技下乡”、农技知识讲座、田间指导100余次，加强农业科技知识传播；开展“送旅游下乡”活动，加快农产品及当地土特产品进城，促进农民增收。同年5月，分销物流业务进行专业化经营试点，实现由粗放管理向精细化管理、由传统营销向连锁经营、由专业营销向市场化和商业化运作的三大转变。2012年，开展“鸿雁”种植合作社、万亩示范田创建工作，拓展分销渠道。年底，建成3000亩示范田，乡镇直营店达到12处，“三农”服务站有87处。2013年，继续坚持服务“三农”，因地制宜，突出重点，加大渠道建设力度，拓展农资增量；发展渠道经理，推广会议经营模式，建设有效“三农”服务站，把分销业务打造成农村支局的支柱性业务，全年分销专业实现收入84万元。

电商业务

2005年以后，随着部分传统业务萎缩，区邮政局开始发展电商业务，并使之成为新的经济增长点。2006年，新开办邮政短信服务；同年，鲜花礼仪速递业务正式投入运行，在寒亭第一家提供全国全程全网礼仪专送服务；在“三农”服务站开办代办电信服务，全年放号5000部，代收话费8万笔，业务收入10万元。2007年，优化现有业务结构，探索新的业务合作模式和业务项目，全年放号7000部，在农村累计代放号1200个，销售充值卡0.11万枚；代收话费12万笔，业务收入14万元。2008年，适应电子商务业务发展新需求，将电信业务局更名，统一设立电子商务局，邮政电子商务业务实行“集中管理、集中受理、分专业处理、闭环控制、收入清分”运营模式。同年，随着电子商务平台上线运行，逐步开办票务业务；5月，开办代理彩票业务；6月，开办代理长途汽车客票业务；10月，开办航空票务业务和代收农电费业务；年底，开办自邮一族、网上商城两项新业务。全年实现业务收入25万元，其中代理短信、票务等业务增长，收入占比25%。

2009年，电子商务业务逐步实现转型发展，全年实现收入28万元，比上年增长32.86%；其中短信业务增长迅速，增幅102.5%。在发展传统短信业务同时，创新发展农电短信，开发农电项目批处理软件，于同年6月底批扣成功。与移动公司联合为各大中专院校新生提供通知书寄递和手机卡发放服务，为新生寄递手机卡3000余张。2010年，调整业务结构，将代理短信、票务业务作为重点业务大力发展，全年实现收入32万元；代理短信业务增幅同比达到150%；航空票务业务实现城市网点覆盖率100%，农村网点覆盖率60%；丰富业务种类，开办世博会门票、齐鲁旅游年票业务。2011年，重视代理渠道建设，以“新农村建设”为切入点，建设村邮站和报刊村，服务农村居民；助力政府民生工程，将代收代办业务纳入市民政局、市商务局主办的“12343”民生万事通综合服务平台；开通移动、电信、联通、电费等公共事业缴费业务和飞机票、汽车票等票务业务，拓宽邮政服务的深度和广度；加快便民服务站建设，全区建成邮政便民服务站280家，全年实现专业收入33万元。

2012年，提升便民站综合服务功能，拓展与公用事业单位业务合作，全面开展通信费、电费、水费、燃气费、供暖费等公共事业收费，火车票、汽车票、航空机票、旅游年票、门票等票务销售，叠加报刊代收代投、特快专递代收等邮政服务。至当年年底，寒亭邮政通过居民社区、便利店、报刊亭、“三农”站等渠道共建设便民站310个，全年实现专业收入34万元。2013年3月，成立渠道建设管理办公室。同年6月，各支局选择一处电子商务精品网点，大力营销电商业务；发挥龙头作用，在符合条件店面同时叠加电商业务，实现便民站、三农站、村邮站等资源有机融合。至当年年底，便民站、“三农”服务站380处，全年实现专业收入38万元。

第五章　通　信

1989—2013年，是寒亭通信事业起步和快速发展的时期。1998年以前，以无线电报、长途电话、农村电话等传统业务为主，由邮电局负责运营。1998年，邮电分营，寒亭区电信局成立，以无线寻呼、移动电话为代表的新业务开始发展。1999年，区电信局移动业务析出，成立中国移动寒亭分公司。2001年，中国联通寒亭分公司成立。2002年，铁通公司进入寒亭发展固话、宽带业务。2005年，中国电信潍坊分公司到寒亭设立分支机构。至此，全区固话、移动、宽带市场开始多家经营，电信资费大幅度下降，各项业务齐头并进，步入发展快车道。至2013年，境内主要有中国联通、中国移动、中国电信3大运营商在寒亭设立的分支机构，电信业务总量12663万元；年末固定电话机91797部，其中城区电话机62920部，农村电话机28877部；年末移动电话数250301户，国际互联网用户数22921户。

1998—2013 年寒亭区电信业务统计表

表 4-15

年份	电信业务总量（万元）	年份	电信业务总量（万元）
1998	3846	2006	7914
1999	4540.4	2007	10024
2000	4763	2008	10983
2001	5923	2009	10910
2002	6170	2010	11702
2003	8284	2011	11887
2004	9810	2012	12615
2005	10250	2013	12663

第一节　通信运营商

1998 年 9 月以前，全区邮政电信业务均由区邮电局负责运营。1998 年 10 月起，邮政电信分营，寒亭区电信局成立。1999 年 7 月，区电信局移动业务析出，成立中国移动寒亭分公司，区电信局更名为山东省电信公司潍坊市分公司寒亭区电信局。2001 年 8 月，中国联合通信有限公司寒亭分公司成立，隶属潍坊联通管理。2002 年 12 月，区电信局改组为中国网通山东省通信公司潍坊市寒亭分公司。2002 年，中国铁通公司进入寒亭，租借区广电局线路发展固话业务；2005 年，铁通公司开始向社会放号，发展固话、宽带业务，推行“灵活月租”。同年，中国电信潍坊分公司到寒亭设立分支机构，经营固话、宽带业务。自此，全区固话、宽带市场多家经营，电信资费开始大幅度下降。2008 年 5 月，中国铁通并入中国移动，成为其全资子公司，其分支机构不在区内独立开展业务。同年 10 月，中国联通与中国网通合并，寒亭联合网络通信公司成立，是集固话、宽带、移动通信为一体的综合性电信运营商。至 2013 年年底，境内主要有中国联通、中国移动、中国电信 3 大运营商设立的分支机构。

寒亭联通

2001 年 2 月，中国联合通信有限公司寒亭分公司开始筹备，8 月正式成立，隶属潍坊联通管理。2008 年，在中国联通寒亭分公司、中国网通寒亭分公司基础上组建中国联合网络通信集团有限公司潍坊市寒亭区分公司（简称寒亭联通公司），是中国联合网络通信有限公司潍坊市分公司的直属分支机构，下设综合部 1 个职能部室，自有渠道中心、社会渠道中心、集团客户中心 3 个中心，设开元、朱里、河滩、张氏、固堤、泊子（含潍北）、双杨、高里、南孙 9 个乡镇营业部，城区、乡镇及村庄均有联通业务代办处。主要经营固定通信业务、移动通信业务、国内和国际通信设施服务业务、卫星国际专线业务、数据通信业务、网络接入业务和各类电信增值业务，与通信业务相关的系统集成业务等。

公司成立后，按照“内求标准化、外求个性化”工作要求，形成完善的客户服务体系。2002 年以后，积极拓展乡镇、农村市场份额；结合 CDMA 网络建成运营，推出手机、寻呼捆绑销售；推出“绿茵狂飙”——中国联通世界杯短信竞猜活动，提高增值业务收入。2003 年，细分市场目标，开始筹建村级网代办点，建立自建厅、代理商、直销点、村级代办点等全方位、立体化营销体系，入网用户大幅度增加。同年，寒亭联通企业管理现代化创新经验在全国推广。2004 年，在网用户 4 万户，收入 3500 万元，上缴税收 100 多万元。2005—2013 年，继推出银行代收话费、免费寄送话单等服务，先后开展“标准营业厅”“客户服务直通车”建设，推出“免填单”“异地业务受理”等服务。至 2013 年年末，在网固话业务 69121 户，移动业务 13.1 万户，宽带业务 47015 户，收入 7500 万元，上缴税收 150 多万元。

在拥有功能完善、覆盖全区、通达全国的移动网络、宽带网络和本地电话网络基础上，寒亭联通提供全方位信息化产品解决方案，承担着党、政、军等重要部门的通信保障服务，先后承建区电子政务网、公安网、工商税务财政等行政专网，各金融保险专网、教育城域网等企业和行业专网；建设“警务通”“执法通”“数字化城管”等100多项成熟的无线宽带应用和信息服务产品。自2001年连续13年被评为省级文明单位；2009年，公司营业中心获山东省“工人先锋号”称号；2012年，寒亭联通公司被授予山东省“消费者满意单位”；2013年，寒亭联通公司销售中心被全国总工会授予“全国模范职工小家”称号。

寒亭移动

1999年7月，移动业务从区电信局析出，成立中国移动通信集团山东有限公司寒亭分公司（简称寒亭移动公司），负责中国移动通信集团在寒亭区的网络运营及营销服务。至2013年，寒亭移动公司有在职正式员工、社会聘用人员82人；下设综合部、市场部、网络部、集团客户部等6个部室，11个乡镇支公司和2个城区营业厅，城区、乡镇及村庄均有移动业务代办处。公司全面运营境内134（0至8号段）、135、136、137、138、139、147、150、151、152、157、158、159、182、183、184、187、188移动通信网，有“全球通”“动感地带”“神州行”三大业务品牌。

寒亭移动公司成立后，不断加大服务创新力度，1999年移动用户5000户。2000年以后，实施信息化带动战略，借助TD-SCDMA、无线宽带WLAN、有线宽带FTTH、移动专线、IMS、移动OA等多种移动通信技术优势和多样化业务应用，引导并帮助各行业加快转变生产和管理方式。2008年年底，移动用户发展到15万户。2009年，公司在“金牌服务满意100”活动基础上，推出“资费套餐量身优选”“异地交费随时随地”“电子渠道以指代步”“积分兑换足不出户”“3G业务无障碍办理”“垃圾信息自主屏蔽”6项便捷服务。2011年1月，公司又率先推出业务扣费主动提醒和增值业务统一查询退订两项“透明消费”服务，让客户明明白白消费。2012年，实施“一客一卡”、专家服务、熟客计划、客户关键点管理、“创10分满意”等系列活动，客户满意度持续提升。2013年12月，工信部4G牌照发放，中国移动获TD-LTE网络经营许可，同时获批经营固网业务，成为全业务运营公司。至年底，寒亭移动用户增至19.1万户，运营收入1.33亿元；先后获“山东移动双十快、双十强县公司”“富民兴潍劳动奖状”“潍坊市级文明单位”等称号。

寒亭电信

2005年3月，中国电信潍坊寒亭分公司成立，是中国电信集团在寒亭地区的直属分公司，在职员工43人，下设综合支撑部、市场部、营业厅、网络部、政企客户部、网络发展部6个部门，2个城区支局、3个乡镇支局、1个自有营业厅，城区、乡镇设有多个代理门店。公司主要经营基础电信业务及增值电信业务，与通信及信息业务相关的系统集成、技术开发、技术服务、信息咨询、通信设备销售、国内广告业务等。

公司成立当年，新装固话2920部、宽带130户，完成主干线路施工50千米，新建中心机房一个。2008年，完成与联通CDMA合并，接受CDMA移动网用户8000户，新装固话422部、宽带550户，完成主干线路施工140千米。2010年，移动用户累计发展10500户，新装固话320部、宽带1050户，完成主干线路施工200千米。2011—2013年，新增FTTH宽带端口8000个，实现光纤到户，网速达到50M。至2013年年底，累计发展移动用户2.2万、固话3100部、家庭宽带8600户。4G/3G移动网络基本实现境内全覆盖，并在政府应急联动、民生服务、卫生系统、教育行业等信息化建设方面提供专业化服务。

第二节　固定通信

电报

1989年，国内电报称为国内公众电报，电报业务分为天气、水情、公益、政务、新闻、普通、汇款、公电8种。特别业务有特急、加急、分送、专送、邮送5种。全年办理电报业务5.6万件。1990年，电报实现全国自动转接，报路达12条，年办理电报业务5.2万件。在1988年开办城市礼仪电报基础上，1991年12月，在全区开办请柬电报业务；同年办理电报业务5.9万件。

1993 年以后，传统电报业务逐年下降。1995 年 5 月，开办鲜花礼仪电报业务。1998 年，全区有电传打字机 2 部、载报终端设备容量 4 路、传真机 4 部、自动发报机 2 部。2000 年以后，电报业务逐渐被固定电话、移动通信等多种通信手段取代，撤销报务室，相关业务在营业室办理。2006 年以后，电报业务基本停办。

长途电话

1986 年，区内开通长途电话业务。1987 年，开通长途自动电话业务。1989 年 12 月，寒亭电信进入全国长途自动电话网，有长途电路 16 路。1990 年，全区开办长途有权用户 23 户，用户可直接拨叫全国乃至世界各大城市电话。1993 年，根据邮电部、省邮电管理局规定，长途直拨全面放开，全区直拨用户 5000 多户。1994 年，长途电路达到 105 路，全部采用微波电路传输。1995 年 5 月，统一使用 0536 长途区号。1996 年，境内长话电路 62 路。2002 年起，长途、市话、农话合一，交换程控化、传输数字化，区内开办长途电视电话信息服务业务，语音信箱 200、300 业务，中国国际电话卡业务，语音信箱 600 业务，对方付费 800 业务，“108” 直拨国外话务员受话人付费电话业务等。

市话

1987 年 12 月，开通 1000 门电话自动交换机，至此，区内全部使用自动电话，取代使用几十年的“摇把子”。1989 年，市内电话用户 505 户，1990 年 573 户。1991 年 5 月，区数字程控电话开通，电话号码由原来 5 位升至 6 位，全区电话实现程控数字化。年末市话用户发展到 960 户，个人住宅电话也开始安装。同年，开通 117 报时台、123 音乐台。1992 年 12 月，全面实现县级电话自动化。1993 年，开通 120 红十字会急救电话，122 交通肇事特服电话。1994 年 1 月，开通 128、125 寻呼漫游登记和查询台，200、800 国际国内长途密码记账、被叫付费；8 月，开通 121 天气预报台；12 月，开通 168 电话信息台。同年，邮电数据通信网建成并向社会提供服务。

1995 年 1 月，跨区的县市之间的人工直达电路全部关闭；3 月，建成市内电话独立局；12 月，电话号码由 6 位升为 7 位，境内全部建成扩大的 C3 本地电话网，全部乡镇通了电话，年末市内电话用户 6502 户。同年，个人住宅电话开始大面积安装，年末住宅电话用户达到 3811 户。1997 年 4 月 1 日，市邮电局重新划定基本营业区，执行营业区内统一月租费收费标准，不再收取界外月租费。同年，开办 163 联网、180 客户投诉电话业务。2000 年，全区市话用户 2.9 万部；2005 年，市话用户 5.1 万户;2010 年，市话用户 8 万户。至 2013 年，全区市话用户 8.9 万户，市话普及率 90%。

农话

1986 年 8 月，将农村电话业务分为区内和区间电话业务两大类，营业区按乡镇行政区域划定。1989 年年末，农话用户数 291 户。1992 年 8 月，经区政府批复从各乡镇筹资 50 万元购置农话汇接机装置。同年，区邮电局加快光缆到村头、电话入农户工程建设。1997 年，全区完成近 5000 部电话放号任务。2000 年前后，全区所有自然村全部通电话，年末农话用户 2.24 万户。2002 年起，长途、市话、农话合一。

会议电话

1980 年，区邮电局备有 TH302- Ⅲ 型和 JH302-N 型交直两用双向晶体管会议电话终端机 2 部，JH102 型 - Ⅳ 会议电话汇接机 1 台，采用语音收听互交方式，一直沿用至 2000 年。2001 年，利用潍坊联通数字中继电路开通可视电话会议终端，可视会议室设在寒亭联通公司，供全区党政机关、企事业单位召开视频会议使用。2013 年，联通视频会议电话延伸到区委会议室。

公用电话

1987 年，区内开始办理公用电话业务，公用电话服务费 0.10 元 / 次。1993 年，境内公用电话有 17 部。1994 年，公用电话 28 部。1995 年，增长到 158 部。1996 年，开办磁卡电话业务。1998 年，开办 IC 卡（集成电路卡）电话业务，在城区主要街道、宾馆、学校安装 IC 卡电话 59 部。2002 年以后，由于移动电话的发展，磁卡、IC 卡用户越来越少。2004 年，磁卡、IC 卡电话业务退出市场。

2005年后，随着话吧业务开展，公用电话渐多。2006年8月，开办IP公话业务。2007年，全区公用电话1600部（含话吧）。2010年以后，随着移动通信业务的普及，公话业务逐步退出市场。

1989—2013年寒亭区固定电话业务统计表

表4-16 单位：部

年份	年末电话机数	其中	
		城区	农村
1989	796	505	291
1990	865	573	292
1991	1318	960	358
1992	2769	1868	901
1993	3768	2494	1274
1994	5182	3314	1868
1995	10072	6502	3570
1996	14305	8446	5859
1997	18075	9948	8127
1998	21219	10444	10775
1999	27317	12623	14694
2000	37923	15566	22357
2001	61499	21465	40034
2002	78672	26711	51961
2003	87273	28365	58908
2004	90780	29800	60980
2005	89000	25000	64000
2006	86652	63108	23544
2007	97980	73057	24923
2008	98004	73022	24982
2009	98339	73017	25322
2010	99037	73064	25973
2011	98010	71495	26515
2012	96291	69020	27271
2013	91797	62920	28877

注：2002年长途、市话、农话合一以前，城区电话指市内电话（市话），农村电话指农话。

第三节 移动通信

无线寻呼

1993年5月，区邮电局开办无线寻呼业务，当年发展500多用户。1995年，无线寻呼实现全区127自动寻呼联网，开通128汉字寻呼系统。此后又开通区邮电局第二寻呼台9898台，与全省联网，具备漫游功能，是对126、127、128寻呼业务的补充。1996年，无线寻呼用户发展到3145户。1998年，198（人工）、199（自动）高速寻呼开通，全国联网，采用全球卫星同步定位系统，持机用户在全国联网城市，可接收来自任何地方的信息，年末无线寻呼用户发展到7227户。1999年7月，移动通信经营部从区电信局析出，移动电话、无线寻呼等业务归属移动通信公司。2001年，无线寻呼业务退出市场。

无线市话

亦称小灵通，具有方便、灵活、经济的特点。2002年2月，小灵通业务区内试运行，年末用户数2435户。2003年年底，小灵通6期工程结束后，区内建成小灵通基站415个，网络覆盖区内所有乡镇、中心村和主要干道，用户5238户，市内通话0.22元/3分钟。2005年，小灵通用户达到峰值。2006—2010年，小灵通业务平稳发展，2010年年末用户数8922户。2012年以后，不再建设新的基站，小灵通业务开始萎缩。2014年，小灵通基站退出服务，用户可携号转网。

移动电话

网络建设 1994年，寒亭邮电局建设模拟基站，采用微波光纤传输方式。1995年，投资1300万元的无线通信基站正式开通。邮电分营后，1999年7月至2008年，寒亭移动公司累计投资1.3亿元，对GSM网络进行三次大规模扩容；至2008年年底，移动基站由1999年11座发展为156座，直放站有6处。2009—2013年，寒亭移动公司累计投资1.5亿元，对GSM网络进行每年一次共计五次大规模扩容。2012 年，实施“村村通光缆”“WLAN 无线宽带”建设。2013 年，进行“TD—SCDMA”一至六期工程及第四代移动通信（4G）“TD-LTE”一期工程建设。至年底，建基站 197 座、直放站 65 处，网络覆盖 100%，并开通与 170 多个国家和地区 220 多个运营公司的国际漫游业务，漫游范围遍及全球五大洲。

2001—2003 年，寒亭联通公司投资近 2 亿元，全面完善 CDMA133 和 GSM130、131 网络覆盖，基站数量上不封顶，只要是存在信号盲点或信号较弱的地区全部进行覆盖。建成后达到室外主要场所 CDMA 覆盖率 99.9%，主要公共场所室内 GSM、CDMA 信号全覆盖，海岸线覆盖 99%。2003 年年底，全区已建 GSM 基站 21 个，网络覆盖率 99%；CDMA 基站 26 个，网络覆盖率 99.8%；实现寒亭区全境无缝覆盖。2008 年，联通公司合并组建后，继续致力于通信网络的运维建设。至 2013 年年末，共建基站 208 处，新增 FTTH 宽带端口 8861 个；3G 移动网络实现境内 100% 全覆盖，服务范围从传统语音通信、电路出租等基础通信拓展至互联网、信息化、服务外包、广告传媒、系统集成等新型领域。

2005—2013 年，寒亭电信公司累计投资 1.2 亿元用于网络基础设施建设，建设基站 56 个，全面实现 CDMA 和 GSM 网络覆盖。

通信业务　1994 年，寒亭区邮电局开始办理模拟移动通信业务。模拟移动电话俗称“大哥大”，属第一代移动通信工具，购机费高达 2 万余元，用户逐步发展。1995 年，数字移动电话（GSM）开通运营，网络覆盖范围扩大，通话质量、保密性能大幅度提升，在语音业务基础上还提供丰富多彩的增值业务，用户数迅速发展。1997 年年底，境内移动电话用户数 2088 户。1998 年 10 月，邮政电信分营，寒亭电信公司开始经营 GSM 手机移动通信业务，移动通信业步入竞争时代，服务质量不断提高。至当年年底数字移动电话用户达到 4402 户。1999 年，达到 7049 户，移动电话普及率 2.5%。

2000 年 10 月，移动通信短信业务开通。2001 年，全面开拓城市、农村两个市场，相继推出资费套餐、WAP（无线应用协议）、移动 IP（互联网协议）、移动梦网、一卡双号、手机杂志、GPS（卫星定位仪）、VPMN（虚拟网）、小区计费等新业务，满足用户不同需求。同时，移动通信业务由单一语音业务向数据、多媒体增值业务发展，当年新增客户 1.5 万户，至年末达到 2.7 万户，移动电话普及率达到每百人 9.7 部。同年，通过补贴方式促成模拟移动电话免费换号转入 GSM（数字）网，至年底模拟网封网，模拟移动通信业务退出网络运营，移动通信全面进入 GSM 数字时代。

2002 年，联通新时空 CDMA133 全国统一放号运营。由于 CDMA 能平滑过渡到 3G 并具有无辐射、通话质量高、保密性强、接通率高、不易掉线等优点，被称为“绿色”手机，用户发展很快。同年 5 月，GPRS（通用分组无线业务）与移动梦网业务开通，移动无线上网速率可达 171.2kbps（理论值）。GPRS 是第 2.5 代移动通信技术，具有高速传输、实时在线、自如切换、按流量计费的优点，成为移动通信发展的重要里程碑。基于 GPRS 技术的无线上网、移动办公、彩信等业务快速发展，移动通信跨入多媒体时代，移动业务进入快速发展期。至 2005 年年底，境内移动用户 11.8 万户。2006 年以后，随着手机上网、移动办公等无线数据服务功能提升和智能手机普及，数据流量业务收入成为各运营商新的业务增长点。2009 年，第三代移动通信（3G）业务在寒亭区正式投入商用放号，移动手机用户迅速增加，至年末达到 20.8 万户。2012 年 12 月，工业和信息化部正式发放 4G 牌照（第四代移动通信技术业务经营许可权），中国移动、中国联通、中国电信均获 TD-LTE（4G 制式之一）牌照，并加快部署 4G 业务的正式商用。至 2013 年年底，全区移动电话用户已达 25.03 万户。

1996—2013 年寒亭区移动通信业务统计表

表 4-17　　　　单位：户

年份	用户数	年份	用户数
1996	803	2005	118000
1997	2088	2006	132900
1998	4402	2007	175600
1999	7049	2008	199600
2000	12000	2009	208067
2001	27000	2010	210925
2002	46128	2011	228835
2003	93600	2012	247096
2004	135000	2013	250301

第四节　互联网

业务发展

1994 年，寒亭区邮电局开通分组数据交换设备，提供境内政府、银行、企事业单位专线通信，实现通信联网功能，开通数据通信业务。1995 年，开通 DDN 数据交换设备，提供企事业单位第二种更高速率数据专线通信业务。1997 年，开通因特网（互联网），通过电话拨 169 窄带 56K 接入速率，上国际、国内互联网，实现上网下载、网上浏览等网络应用，开始互联网通信。1998 年 10 月邮政电信分营后，寒亭电信独立运营互联网业务。2000 年，区电信局建成 ISDN 一线通技术宽带网，覆盖全区 10 处乡镇（街道）；通过 ISDN 一线通拨 169 号上网，提高上网速度。2001 年，境内互联网用户 3099 户。2002 年以后，随着对网络不断升级改造，互联网业务步入快速发展。2007 年，互联网用户 8705 户。2008 年，联通寒亭分公司建成电信级 IDC 中心机房两处，满足客户 100M/1000M 上网、联通电视、视频监控等高速率、大带宽的业务需求；当年互联网用户达到 10954 户。2012 年，寒亭移动通信公司开始建设 WLAN 无线宽带网络，至 2013 年年底，发展 WLAN 无线宽带用户 7000 余户。同年，境内有联通、电信、移动 3 家互联网运营公司，拥有功能完善、覆盖全区、通达全国的移动网络、宽带网络，互联网出口带宽达到 1000G；实现光纤到户，速率可达 1000M。至 2013 年年底，全区国际互联网用户 22921 户。

2001—2013 年寒亭区国际互联网用户数统计表

表 4-18

年份	用户数（户）
2001	3099
2002	5285
2003	5148
2004	3130
2005	3000
2006	4529
2007	8705
2008	10954
2009	13539
2010	16909
2011	18636
2012	22207
2013	22921

推广应用

1994 年，区邮政局支局所和服务窗口全部实现电脑化，前台办理业务实现微机处理，城区支局多数配备多媒体触摸式业务查询机。1998 年，区财政局、区人事局、区经委、区科委、区职教中心等有关部门联合举办微机培训班 10 期，培训微机人员 300 余人，加快互联网在寒亭推广应用。同年，区财政局内部建立局域网，并与省、市财政系统及各乡镇财政实现计算机网络连接；1999 年运行财政办公自动化系统；2000 年建成中心机房，安装内网办公 NOTES 系统。

2000年，随着ISDN一线通技术宽带网开通，政府上网规模扩大到政府各部门，实现网上办公。同年3月，区工商分局红盾信息网开通，与国家信息中心、山东红盾信息网连接，实现业务管理电脑化、档案存储光盘化、信息查询网络化，提高服务效率和质量。2001年，建成ADSL宽带网，俗称信息高速公路，实现高速上网，并将发展信息业务作为“生命线工程”来抓，推动企业和家庭上网，启动“政府上网”工程建设。2002年，完成宽带网扩容和提供网络支撑的城区光缆骨干网工程，完成“政府上网”改用宽带网上网工程，建成政府网办公平台；开始对新建居民小区采取光缆接入方式，实现光纤到小区，五类线布放到户。至年末，ADSL宽带网、一线通上网注册用户发展到5285户。同年，公安部门开始对全区11家旅馆安装微机，建立管理信息系统，并与市公安局联网，使旅馆业走上信息化管理轨道；户籍管理与市局、省厅、公安部四级联网，实现网上办公和网上查询。2003年6月，为加强对国际互联网的安全管理，公安部门建设公共信息网络IP地址查询查证数据库，为查处网上违法犯罪打下基础。至当年年底，全区有电子政务系统6个，专用网和信息数据库11个，建立自己网页或网址的企业85家。

2004以后，先后多次进行宽带扩容建设，注册用户快速上升，区内不但党政机关、大型企业全部实现联网，乡镇行政村和中小企业也可实现网上办公和对外开展业务。2005年，举办全区电子政务应用培训班，培训应用“协同办公平台”，全区各联网单位熟练掌握“文星2000”公文发排软件及电子公文收发操作方法，推动全区电子政务发展。2006年，设计、开发、建设全省首家“村务公开民主管理信息网站”，将涉及村级事务的有关内容实行网上公布，创新村务公开新模式。同年，随着金财工程在全国逐步开展，区财政局国库集中支付系统上线运行，2M专线连接全区80多个预算单位、代理银行和清算银行。

2008年以后，根据电子政务平台系统建设要求，寒亭及时与市级平台对接，逐步建成以政府为核心，辐射全区部门、街道、开发区的政务办公系统，有效整合政府文档和数据资源，保证政府与部门间资源共享、上情下达及信息互通；主门户网站经多次改版升级，不断拓展网站功能，宣传寒亭形象、推动政务公开、加强行政监督、密切政府与群众联系，至2013年年底，累计更新发布各类信息100余万条、1000余万字，访问量200万余人次；全区所有单位完成联网工作，基本实现网上信息查阅和资源共享。

信息化与工业化融合

2000年以后，寒亭区成立信息化工作领导小组，统一协调部署全区信息化工作。各企业实行企业首席信息主管（CIO）制度建设，推行CIO岗位责任制。信息化组织机构健全，每年组织区内重点企业参加潍坊市组织的企业首席信息官培训，年度各类信息化技术培训参训重点企业50余家，培训100余人次。实施中小企业信息化推进工程与两化融合能力提升计划，组织各类企业进入全市中小微企业数据库，引导企业用好市平台引入的各种优质服务资源。圆友重工、华铃动力等中小微装备制造企业已在产品设计技术、信息支持和软件免费试用等方面享受到优质、便捷服务，不仅节省软件购买成本，更提高企业设计效率。通过政策引导、龙头企业带头，鼓励企业加大信息化投入，实现企业生产经营环节的单项或集成应用。每年引导重点企业进行“两化融合管理体系贯标试点企业”申报，各主导产业均确立两化融合示范标杆，或在单项关键业务环节信息化应用有创新，或在信息化综合集成应用效果突出。骨干企业先行先试，带动“专精特新”中小企业推进信息化建设和智能化改造。至2013年，全区80%以上大中型企业拥有信息化工作场所、设备和专、兼职信息化工作人员。通过对企业生产设备与制造工艺的信息化改造，大中型企业已将信息技术逐渐应用到企业各管理部门和各项业务流程，重点行业典型企业资源管理系统（ERP）普及率80%以上。

第六章 电 力

1989年，全区有110千伏输电线路1条，并建成首座110千伏变电站；10月，实现村村通电。1994年，实现户户通电。1998—2000年、2001—2002年，分别对农村电网进行两期建设改造；2003—2004年，对城区电网实施建设改造。2007年，全区实现城乡用电同价，寒亭区成为全市首个“新农村电气化县”。2010年，对农村电网实施新一轮升级改造，通过2轮电网建设改造和升级改造后，城乡用电量迅速增长。到2013年，全区共建成110千伏输电线路14条，105.9千米；35千伏输电线路25条，254千米；建成220千伏电站1座、110千伏变电站7座，总变电容量46.68万千伏安；35千伏变电站9座，变电容量10.67万千伏安。全区农林牧渔业用电量10681万千瓦时，是1990年的20倍；全区工业用电量76614.33万千瓦时，是1990年的42倍。实行“一户一表”改造工程后，人均用电1761.58千瓦时，是1988年人均用电量的10.35倍。全区建成5个电气化镇、231个电气化村。

第一节 管理机构

1989年，寒亭区供电公司（以下简称区供电公司）设办公室、用电管理科、财务供应科、生产技术科、供销经理部、农电科、调度所、变电工区8个部门和职工教育培训中心。1999年4月，区供电公司由潍坊供电公司代管，设办公室、稽查科、生产技术部、工会、纪委、企划部、政工人事部、乡村电管部、财务部9个部门。2010年6月，区供电公司国有产权整体无偿划转山东电力集团公司成为全资子公司，设办公室、监察审计部、工会、思想政治工作部（团委）、人事部、发展策划部、财务部、安全监察部、生产技术部、营销部、乡村电管部、稽查所、电力公安办、检修工区14个部门。2012年9月，区供电公司成为国网山东省电力公司全资子公司，设办公室、发展建设部、人力资源部、财务资产部、电力调度控制中心、安全运检部6个本部部门，以及客户服务中心、寒亭供电所、开元供电所、朱里供电所、高里供电所、固堤供电所、寒亭经济区供电所、寒亭旅游区供电所、安全运检部9个下属单位。2013年，区供电公司设办公室、发展建设部、财务资产部、安全监察质量部（保卫部）、人力资源部、党群工作部（工会、纪检办公室、团委）、电力调度控制分中心7个职能部室，运维检修部、营销部2个业务单位；辖寒亭、开元、固堤、朱里、高里、临港园（泊子）、经济区（双杨）7个供电所；公司配备领导班子成员6人，有职工326人。

第二节 供电设施

输电线路

220千伏以上（过境）输电线路 1989年，全区220千伏以上（过境）输电线路2条，39.34千米。到2013年，区内有220千伏以上（过境）输电线路18条，总长222.26千米。

2013 年寒亭区 220 千伏以上（过境）输电线路一览表

表 4-19

线路名称	电压等级（千伏）	总长（千米）	线路起止	杆塔基数	导线型号	投运年月
银东直流	660	29.62	银川站至胶东换流站	58	JL/G3A-1000/45-72/7	2010.11
临潍线	500	28.83	临淄站至潍坊站	104	LGJX-400/35	1987.05
益潍 I、II 线	500	30.19	益都站至潍坊站	93	LGJX-400/35	2005.05
潍泽线	500	15.51	潍坊站至大泽山站	45	LGJX-400/35	2010.06
潍崂线	500	15.86	潍坊站至崂山站	48	LGJX-400/35	2001.03
光寿 I、II 线	500	11	光州站至寿光站	22	LGJX-400/35	2008.11
潍寒Ⅰ线	220	11.54	潍坊站至寒亭站	59	JL/GIA-400/35	2005.03
潍寒Ⅱ线	220	11.54	潍坊站至寒亭站	59	JL/GIA-400/35	2005.03
寒贾Ⅰ线	220	4.95	寒亭站至贾庄站	19	LGJ-400/50	2005.03
寒贾Ⅱ线	220	4.95	寒亭站至贾庄站	19	LGJ-400/50	2005.03
潍昌 II 线	220	9.75	潍坊站至昌邑站	37	LGJ-400/35	2002.12
潍昌Ⅰ线	220	8.25	潍坊站至昌邑站	31	LGJ-400/35	1994.12
潍林线	220	10.51	潍坊站至西林站	37	JL/G1A-400/35	1989.10
潍宋 I、II 线	220	16.69	潍坊站至宋庄站	56	LGJ-185/25	2014.09
贾王线	220	4.82	贾庄站至王家站	19	LGJ-400/50	2008.12
杏贾线	220	4.42	杏埠站至贾庄站	18	LGJ-400/35	2008.12
杏王线	220	1.33	杏埠站至王家站	5	LGJ-400/50	2008.07
央兴线	220	2.50	央港站至大兴站	9	JL/LB20A-400/35	2012.06

110 千伏输电线路　1989 年，全区有贾固线 110 千伏输电线路 1 条，13.69 千米。1995—2012 年，建成 110 千伏输电线路 13 条，92.21 千米。到 2013 年，境内有 110 千伏输电线路 14 条，总长 105.9 千米。

2013 年寒亭区 110 千伏输电线路一览表

表 4-20

线路名称	总长（千米）	线路起止	杆塔基数	导线型号	投运年月
贾固线	13.69	贾庄站至固堤站	80	LGJ-150	1989.02
贾吴线	7.01	贾庄站至吴官庄站	51	LGJ-150	1995.12
固盐线	19.90	固堤站至盐场站	103	LGJ-150	2000.09
五杨线	2.85	五洲站至杨家埠站	18	LGJ-240/40	2002.12
杨固线	9.30	杨家埠站至固堤站	104	LGJ-240/40	2004.07

续表 4-20

线路名称	总长（千米）	线路起止	杆塔基数	导线型号	投运年月
寒固线	9.3	杨家埠站至固堤站	55	LGJ-240/40	2005.04
寒杨线	12.61	寒亭站至杨家埠站	75	LGJ-240/40	2005.04
寒玉都线	4.59	寒亭站至玉王站	28	LGJ-240/40	2005.06
盐蔡双回线	7.83	盐场站至蔡央站	57	LGJ-240	2006.02
寒吴线	7.10	寒亭站至吴官庄站	49	LGJ-300　LGJ-240　LGJ-150	2008.10
寒仉线	5	寒亭站至仉庄站	33	JL/G1A-240/30	2011.12
寒杨线仉庄支线	2.74	寒杨线 #16 杆 T 接至仉庄站	17	JL/G1A-240/30	2011.12
贾吴线和能支线	0.93	贾吴线 #24 杆 T 接至和能站	9	LGJ-300/40	2012.12
寒吴线和能支线	3.05	寒吴线 #39 杆 T 接至和能站	28	LGJ-150/25	2012.12

注：五杨线在寒亭境内新建 18 基杆塔；寒固线原为杨固线后改造为寒固、寒杨线。

35 千伏输电线路　1989 年，全区 35 千伏输电线路 2 条，长 44.6 千米。1991—2013 年，新建和改造 23 条，累计 209.4 千米。到 2013 年，境内有 35 千伏输电线路 25 条，总长 254 千米。

2013 年寒亭区 35 千伏输电线路一览表

表 4-21

线路名称	总长（千米）	线路起止	杆塔基数	导线型号	投运年月
固央线	19.60	固堤站至央子站	270	LGJ-70	1989.02
固城线	25	固堤站到城区站	294	LGJ-70	1995.12
城朱线	17	城区站站至朱里站	135	LGJ-95	2000.09
固高线	12.79	固堤站至高里站	105	LGJ-70	2002.12
河滩支线	2.52	城朱线 # 杆 T 至河滩站	20	LGJ-70	2004.07
贾城线	9.40	贾庄站至城区站	72	LGJ-185	2005.04
固滩线	11.90	固堤站至滩北站	91	LGJ-70	2005.04
河东线	7. 50	央子站至河东扬水站	70	LGJ-70	2005.06
泊子支线	3	固堤站至泊子站	24	LGJ-70	2006.02
双杨支线	11.10	固城线 T 接至双杨站	85	LGJ-95	2008.10
杨朱线	16.94	杨家埠站至朱里站	132	LGJ-120/20	2011.12
固南线	9.21	固堤站至南孙站	85	LGJ-95	2011.12
杨河线	7.57	杨家埠站至河滩站	60	LGJ-120/20	2012.12
南双线	12.20	南孙站至双杨站	86	LGJ-120	2012.12
固泊线	9.21	固堤站至泊子站	71	LGJ-95	1989.02

续表 4-21

线路名称	总长（千米）	线路起止	杆塔基数	导线型号	投运年月
蔡港线	23	蔡央站至央港站	105	LGJ-95	1995.12
吴双线	15.80	吴官庄站至双杨站	116	LGJ-95	2000.09
新龙线	2.81	新港站至龙震站	25	LGJ-95　LGJ-150	2002.12
新坝线	2.65	新港站至坝东站	23	LGJ-95　LGJ-150	2004.07
新龙线	2.81	新港站至龙震站	25	LGJ-95　LGJ-150	2005.04
新坝线	2.65	新港站至坝东站	23	LGJ-95　LGJ-150	2005.04
杨国线	16.42	杨家埠站至国防站	78	LGJ-150	2005.06
国朱线	7.48	国防站至朱里站	35	LGJ-150	2006.02
吴凯线	3.21	吴官庄站至凯利站	9	LGJ-120YJLV22-26/35-3×300	2008.10
杨天线	2.23	杨家埠站至天润曲轴站	—	YJV22-26/35-3×240	2011.12

注：贯城线为原35千伏贯吴线与35千伏吴城线连接而成；固潍线、河东线、杨天线、新坝线为用户专线；蔡港线为原35千伏央港线开断，形成蔡港线；杨国线由平度供电公司购买；新龙线为用户专线，先为2006年1月建成的海北线，后改造为新龙到新坝线；吴凯线总长中含电缆线路2.5千米、架空线路0.7千米。

变电站

220千伏变电站　2006年2月，寒亭变电站建成投入运行，是全区第一座220千伏变电站，位于老央赣线与S222央赣线之间，盛泰街以北，东分营埠村西南。220千伏馈线4条，110千伏出线5条，10千伏出线6条。二期工程安装#2主变1台，主变容量180兆伏安。110千伏出线6条，10千伏出线11条。

110千伏变电站　1989年2月，固堤变电站建成投运，为全区首座110千伏变电站。1995—2012年，全区先后建成110千伏变电站6座。到2013年年底，全区110千伏变电站7座，主变12台，变电总容量46.68万千伏安。

2013年寒亭区110千伏变电站基本配置统计表

表 4-22

站名	电压等级（千伏）	主变容量（千伏安）		总容量（千伏安）	投运年月
		1号	2号		
固堤变电站	110	31500	40000	71500	1989.02
吴官庄变电站	110	31500	31500	63000	1995.12
盐场变电站	110	31500	50000	81500	2000.09
杨家埠变电站	110	50000	63000	113000	2002.12
蔡央变电站	110	31500	6300	37800	2002.12
仉庄变电站	110	50000	—	50000	2011.12
和能变电站	110	50000	—	50000	2012.12

注：盐场变电站、蔡央变电站分别于2000年9月和2002年12月移交潍坊供电公司。

35千伏变电站　1989—2007年，全区建成投运35千伏变电站9座。到2013年，全区35千伏变电站仍为9座，配备主变17台，变电总容量10.67万千伏安。

2013年寒亭区35千伏变电站基本配置统计表

表4-23

站名	电压等级（千伏）	主变容量（千伏安）		总容量（千伏安）	投运年月
		1号	2号		
央港变电站	35	6300	6300	12600	1989.04
朱里变电站	35	10000	10000	20000	1991.09
河滩变电站	35	10000	16000	26000	1993.04
泊子变电站	35	6300	6300	12600	1997.05
双杨变电站	35	10000	6300	16300	2000.08
南孙变电站	35	6300	6300	12600	2003.01
龙震变电站	35	10000	6300	16300	2005.08
坝东变电站	35	6300	—	6300	2006.05
国防变电站	35	4000	6300	10300	2007.01

注：央港变电站1989年4月移交潍坊供电公司；龙震和坝东变电站为用户站。

电力管网　1989—1998年，全区输电线路均为砼杆和铁塔空架设输电线。1999年，随道路拓宽及城市美化、安全要求，开始将城区中空架的输电线路，移入地下管网。城区地下电力管网主要由区供电公司建设、使用。到2012年，全区共建成地下电力管网23条，全长24.96千米。

1999—2012年寒亭区部分年份地下电力管网一览表

表4-24

序号	线路名称	建成年份	电缆型号	管道长度（千米）
1	10千伏工业一线	1999	YJV22—3×95	1.39
2	10千伏幸福线	1999	YJV22—3×95	1.57
3	10千伏东城线	1999	YJV22—3×95	0.20
4	10千伏工业二线	1999	YJV22—3×95　YJV22—3×70	0.24
5	10千伏工业三线	2003	YJV22—3×300	0.74
6	10千伏幸福线	2004	YJV22—3×300　YJV22—3×240　YJV22—3×120	2.28
7	10千伏杨家埠线	2008	YJV22—3×300	0.91
8	10千伏东城线	2008	YJV22—3×300	0.91

续表 4-24

序号	线路名称	建成年份	电缆型号	管道长度（千米）
9	10 千伏工业三线	2008	YJV22—3×300	1.16
10	10 千伏小区线	2008	YJV22—3×300	0.76
11	10 千伏运河线	2008	YJV22—3×300	0.91
12	10 千伏丰华线	2008	YJV22—3×300	1.44
13	10 千伏寒亭线	2008	YJV22—3×300	0.91
14	10 千伏小区线	2009	YJV22—3×240	1.75
15	10 千伏丰华线	2010	YJV22—3×300	1.57
16	10 千伏东城线	2010	YJV22—3×300	1.50
17	10 千伏运河线	2010	YJV22—3×300	1.49
18	10 千伏小区线	2011	YJV22—3×300	0.89
19	10 千伏帝都线	2011	YJV22—3×300	1.34
20	10 千伏东城线	2012	YJV22—3×300	0.75
21	10 千伏杨家埠线	2012	YJV22—3×300	0.75
22	10 千伏运河线	2012	YJV22—3×300	0.75
23	10 千伏寒亭线	2012	YJV22—3×300	0.75

供电区域调整

2008 年 12 月，央子街道 G18 荣乌高速以北区域 110 千伏盐场变电站、蔡央变电站、35 千伏央港变电站、央子变电站，110 千伏固盐线、盐蔡线，35 千伏央港线、固央线，9 条 10 千伏线路，电网割交潍坊供电公司。

电网建设

第一期农网建设与改造　1998—2000 年，根据《寒亭区农村电网建设改造规划》，省计委共批准寒亭区 3 年电网改造资金 6195.32 万元，其中 1998 年 1209 万元、1999 年 3667 万元、2000 年 1319.32 万元。工程于 1999 年 3 月开工，2001 年 4 月完工。新建 110 千伏变电站 1 座，输电线路 20 千米；35 千伏变电站 1 座，输电线路 25.6 千米；建设改造 10 千伏线路 55 条，共 334.85 千米；0.4 千伏线路 618.9 千米。改造用电村 401 个。改造后农村电网安全性、可靠性和电压质量显著提高，供电可靠率 99.57%，电压合格率 95.43%。2001 年 4 月，电网建设与改造工程通过验收。

第二期农网建设与改造　2002 年，寒亭区第二期农村电网建设改造工程启动。2002 年 3 月至 2003 年 5 月，省电力集团公司共批复全区二期农村电网建设改造资金 4150 万元，寒亭区自筹 500 余万。新建杨家埠 110 千伏变电站 1 座、35 千伏盐场变电站升压改造、110 千伏吴官庄变电站改造；新建 110 千伏杨固线、35 千伏南双线。新建 35 千伏及以上线路 6 条，42.6 千米；新建和改造 10 千伏线路 46 条，80 千米。2003 年 6 月，第二期农网改造工程项目通过验收。经过二期电网改造，全区电网实现双电源供电，形成 35 千伏内环网、110 千伏外环网供电模式。

农网改造升级工程　2010年，投资1615万元，新建改造10千伏线路14.45千米，0.4千伏线路10.55千米，新增改造配变14台，容量1.56兆伏安。2011年，投资1820万元，新建、改造10千伏线路10.93千米，0.4千伏线路24.18千米，新增、改造配变14台，容量2.72兆伏安。2012年，投资4023万元，新建、改造10千伏线路44千米，0.4千伏线路75千米，新增、改造配变34台，容量6兆伏安，改造户表11193个。2010—2012年，新建、改造10千伏线路198.28千米，0.4千伏线路227.51千米，新增改造配变369台，容量71.68兆伏安。

城区电网建设与改造　一期城网建设与改造工程于2003年开工，2004年年底竣工，投资2260.47万元，完成35千伏蔡央变电站升压改造等5项35千伏以上工程，吴官庄站10千伏出线电缆改造等6项10千伏及以下项目，新增110千伏主变2台，配电变压器1台，新架35千伏线路23千米、10千伏线路1.91千米。二期城网建设与改造工程于2005年开工，2006年3月20日全部竣工，投资2343.43万元，完成110千伏盐蔡双回线等5个35千伏及以上工程，10千伏及以下工程项目3个，新架110千伏线路13.03千米，新增110千伏主变1台，新架10千伏线路7.4千米，城区供电可靠率99.82%。110千伏盐蔡双回线工程、110千伏寒杨、寒玉双回线路工程、110千伏寒盐、寒固双回线工程、35千伏蔡港线工程获潍坊县城电网建设改造"精品工程"。

农村电气化　1996年，全区实施新农村电气化工程。央子镇崔家央子村为全区试点村，为该村免费新增160千伏安变压器2台，电价优惠。通过电气化工程试点，村民日常生活实现电气化，崔家央子成为全市第一个"电气化村"。2006年，央子镇作为实施"新农村电气化镇"试点镇，投资400多万元，对崔家央子、河北岭子等8个村更换、增容配电变压器12台，改造10千伏线路2.8千米，0.4千伏线路5.8千米，下户线85.6千米，更换集表箱860只，更换电子表1500个，供电可靠率99.856%，比上年提高0.07个百分点；居民客户端电压合格率累计完成97.99%，比计划指标提高0.19%；社会用电2.3亿千瓦时，比上年同期增长57.5%；新增配电变压器容量7.23万千伏安，比上年增长38.30%。年人均用电量2.1万千瓦时，比上年增长45.6%。当年建成全市首个"电气化乡镇"。2007年，寒亭区成为全市首个"新农村电气化县"。至2013年年底，全区共有5个电气化镇、231个电气化村。

第三节　用　电

农业用电

1990年，按照国家新的行业分类划分说明，乡村居民生活照明用电和乡镇工业用电不计入农业用电量，全区农业用电537.56万千瓦时。1995年，全区实现户户通电，供电能力和质量得到提高，用电625.29万千瓦时。2002年，农业用电699.39万千瓦时。2008年，用电1117.43万千瓦时。2013年，农林牧渔业用电10681万千瓦时。

工业用电

1990年，乡镇工业用电1827.31万千瓦时。1995年，乡镇工业用电2833.96万千瓦时。1996—2000年，工业用电量保持自然增长。随着经济的快速发展，到2000年，全区工业用电18977.77万千瓦时，占当年总电量68%，是1990年2.09倍；高压工业户数增长到307户；全社会工业用电27908.49万千瓦时。2002年，区政府提出工业立区，招商引资力度加大，工业用电增幅强劲。到2005年，工业用电量增加到47555.11万千瓦时，是2000年150.58%。2009年，全区工业用电66162万千瓦时，央子街道划归潍坊滨海经济开发区后，全年工业电63603.22万千瓦时，全区总用电量比上年降低16.08%。2013年，将原工业用电中315千伏安及以上的划分为大工业用电，执行两部制电价。按照新的用电分类，全区工业用电76614.33万千瓦时，其中大工业用电量 13379.36 万千瓦时。

生活用电

1990 年，城乡居民生活照明用电 935.92 万千瓦时，占全区用电量 6.99%，其中乡村居民生活照明用电 370.50 万千瓦时、城市居民生活照明用电 565.42 万千瓦时。1995 年，城乡居民生活照明用电 1321.59 万千瓦时，占全区用电量的 7%，其中乡村居民生活照明用电 497.2 万千瓦时、城市居民生活照明用电 824.39 万千瓦时。2000 年，农网改造和城网改造工程的实施，居民生活照明用电量增加，城乡居民生活照明用电 4153.59 万千瓦时，占全区用电量 14.88%，其中乡村居民生活照明用电 1946 万千瓦时、城市居民生活照明用电 2207.59 万千瓦时。2005 年，城乡居民生活照明用电 7843.29 万千瓦时，占全区用电量的 16.79%，其中乡村居民生活照明用电 2675.38 万千瓦时、城市居民生活照明用电 5167.91 万千瓦时。2013 年，城乡居民生活照明用电 16977.39 万千瓦时，占全区用电量的 16.34%，其中乡村居民生活照明用电 11077.27 万千瓦时、城市居民生活照明用电 5900.12 万千瓦时。

用电量

1988 年，人均用电 170.23 千瓦时。1995 年，人均年用电量达到 634.21 千瓦时。1998 年，开始实行农网改造和农村“一户一表”工程，2012 年改造工程全部完成，用电水平迅速提高。至 2013 年年底，人均用电 1761.58 千瓦时，为 1988 年人均用电量 10.35 倍。

1989—2013 年寒亭区用电量统计表

表 4-25 单位：万千瓦时

年份	全社会用电量	同比增长（%）	其中			
			居民生活照明用电量	农业生产用电量	工业用电量	商业用电量（非居民照明）
1989	14570.8	21.42	1019.96	2914.16	9908.14	728.54
1990	13370.3	-8.24	935.92	2674.06	9091.80	668.52
1991	15738.9	17.72	1101.72	3147.78	10702.45	786.95
1992	15459.7	-1.77	1082.18	3091.94	10512.60	772.99
1993	14910	-3.56	1043.7	2982	10138.80	745.50
1994	16700	12.01	1169	3340	11356	835
1995	18879.8	13.05	1321.59	3775.96	12838.26	943.99
1996	19688.95	4.29	2278.23	3037.79	13388.49	984.45
1997	21100	7.17	2477	3220	14348	1055
1998	23344	10.64	2734.08	3668.80	15873.92	1067.20
1999	23856.5	2.20	2769.96	3771.30	16222.42	1092.83
2000	27908.49	16.98	4153.59	3581.70	18977.77	1195.43
2001	32298.5	15.73	5760.90	3459.70	21962.98	1114.93

续表 4-25

年份	全社会用电量	同比增长（%）	其中			
			居民生活照明用电量	农业生产用电量	工业用电量	商业用电量（非居民照明）
2002	37951	20.44	6356.57	3590.20	26806.68	1197.55
2003	45892	12.34	7212.44	3178.40	34206.56	1294.60
2004	52200	19.45	8154	3440	39496	1110
2005	62581.04	19.89	10380.67	3516.21	47555.11	1129.05
2006	81065.66	29.52	12152.23	3542.50	64195.37	1174.84
2007	93545	15.41	12921.36	6669.75	72285.99	1667.89
2008	97886	4.64	13788.60	6660.20	75792.71	1644.49
2009	86400	-11.73	13640	7705.28	63603.22	1451.50
2010	88400	2.31	14840	7045.68	65029.24	1485.08
2011	97126.93	9.84	14277.25	7631.49	73700.94	1517.26
2012	100000	2.99	15879.49	8082.45	74323.88	1714.23
2013	103900.75	3.90	16977.39	10309.02	13379.37	63234.97

注：2013 年用电量统计口径发生变化，工业用电量和商业用电量统计口径为大工业用电量和一般商业用电量。

电价

1988 年，全区农业动力电每千瓦时 0.169 元，工业动力电每千瓦时 0.261 元，非居民照明电每千瓦时 0.244 元，居民照明电每千瓦时 0.195 元。1994 年 8 月，新增龙口电厂一期工程、调整黄岛电厂二期工程还本付息加价，龙口电厂一期工程每千瓦时均摊 3 厘，黄岛二期工程由 1.32 厘调整为 3.06 厘；征收潍坊电厂第二台机组用电权任务完成，重新制订综合电价及集资标准。同年 10 月，落实国家计委《关于改造农村电网改革农电管理体制实现城乡同网同价的请示》，取消各种加收基金、附加费用，执行电价为工业动力电每千瓦时 0.223 元；农业动力电每千瓦时 0.159 元；非居民照明用电每千瓦时 0.293 元；居民照明用电每千瓦时 0.21 元。

1994 年寒亭区综合电价及集资标准统计表

表 4-26　　单位：元 / 千瓦时

分类	单价	还本付息加价	计划外加价	综合电价	集资
非普工业	0.223	0.0496	0.0453	0.3179	0.1035
农业	0.159	0.0496	0.071	0.2796	0.0735
居民照明	0.21	—	0.041	0.251	0.049
非居民照明	0.293	0.0496	0.0183	0.3609	0.079

1998年，按照国务院“两改一同价”精神，开始清理整顿“三乱”（乱集资、乱摊派、乱加价）收费项目。1999年，电费附加只保留三峡基金、市政附加、电建基金3种，电费附加总和为每千瓦时0.037元。1999年4月，全区工业动力电每千瓦时0.5844元，最高限价为0.8344元；农业动力电每千瓦时0.4814元，最高限价为0.7314元；非居民照明电每千瓦时0.6624元，最高限价为0.9124元；居民照明电每千瓦时0.4120元，最高限价为0.6620元。2002年4月1日起，全区城乡居民生活用电实行同网同价。2005年5月，区政府对全区销售电价作相应调整。

2005年寒亭区电价表

表4-27　　单位：元/千瓦时

用户等级	居民照明			非居民照明	非普通工业	农电
	统管村	乡镇转供	城市转供			
10千伏	—	0.486	0.486	0.6945	0.6165	0.4663
35千伏	—	—	—	0.6935	0.6095	—
统管到户	0.54	—	—	0.92	0.85	0.72

2007年，根据国家“改造农村低压电网、改革农村供电体制、实行城乡用电同价”精神和省政府实行城乡用电同价、促进农村经济发展要求，全区除居民生活用电、中小化肥生产用电外，各分类电价在原直供区电价基础上，自12月15日起执行抄见电量，每千瓦时提高0.014元。全区实行城乡用电分类同价后，配电设施产权属用户的直供户电价每千瓦时平均提高0.0237元，农村统管户电价平均每千瓦时降低0.204元，全区农村电费减少1600万元。

2007年寒亭区城乡用电分类同价电价表

表4-28　　单位：元/千瓦时

电压等级	居民生活	非居民照明	非普工业	农业生产	农业排灌
＜1千伏	0.5469	0.7336	0.6815	0.516	0.496
1～10千伏（平）	0.4929	0.7256	0.6775	0.51	0.49
1～10千伏（峰）	—	1.1193	1.0417	—	—
1～10千伏（谷）	—	0.3319	0.3133	—	—
35～110千伏	—	0.7246	0.6705	0.501	0.481

2008年6月，全区执行新的分时电价政策，将时段划分调整为高峰时段8：30—11：30、18：00—23：00；低谷时段23：00—7：00；其余时段为平段。高峰、低谷时段电价按基础电价上下浮动由50%调整为60%，平段仍执行基础电价。试行尖峰电价政策，将每日高峰时段中10：30—11：30和19：00—21：00两个时段划分为尖峰时段，电价按基础电价上浮70%。7月，根据《国家发展改革委关于提高华北电网电价的通知》和省物价局《关于调整我省电价的通知》，2008年7月1日全区执行新电价。

2008年寒亭区分时电价表

表 4-29 单位：元 / 千瓦时

电压等级	居民生活	一般工商业	农业生产	农业排灌
＜1千伏	0.5469	0.7753	0.5539	0.5339
1～10千伏（平）	0.4929	0.7603	0.5389	0.5189
1～10千伏（尖峰）	—	1.2434	—	—
1～10千伏（峰）	—	1.1744	—	—
1～10千伏（谷）	—	0.3462	—	—
35～110千伏	—	0.7453	0.5239	0.5039

2009年11月20日开始，根据省物价局规定，全区执行新电价。

2009年寒亭区电价调整后分类电价表

表 4-30

用电分类	电压等级	电度电价（元/千瓦时）	目录电度电价（元/千瓦时）	基本电价	
				最大需量（元/千瓦·月）	变压器容量（元/千伏安·月）
居民生活用电	＜1千伏	0.5469	0.5006	—	—
	1千伏及以上	0.4929	0.4466	—	—
一般工商业用电	＜1千伏	0.7753	0.7115	—	—
	1～10千伏	0.7603	0.6965	—	—
	35～110千伏	0.7453	0.6815	—	—
大工业用电	1～10千伏	0.6411	0.5773	38	28
	35～110千伏以下	0.6261	0.5623	38	28
	110～220千伏以下	0.6111	0.5473	38	28
	220千伏及以上	0.5961	0.5323	38	28
农业生产用电	＜1千伏	0.5539	0.5129	—	—
	1～10千伏	0.5389	0.4979	—	—
	35～110千伏	0.5239	0.4829	—	—

2012年，国家发改委印发《关于居民生活用电试行阶梯电价的指导意见的通知》和山东省物价局《关于居民生活用电试行阶梯电价的通知》，自7月1日起，全区试行新的居民阶梯电价政策。

2012 年居民阶梯电价电量分档和电价标准表

表 4-31　　单位：千瓦时、元 / 千瓦时

电量分档	每月用电量	电度电价	调增
第一档	210	0.5469	—
第二档	210 ～ 400	0.5969	0.05
第三档	400	0.8469	0.30

2013 年，根据山东电力集团公司关于做好趸售区大工业电价执行工作的通知，全区开始执行大工业电价政策。凡以电为原动力，或以电冶炼、烘熔、熔焊、电解、电化的一切工业生产，受电变压器总容量在 315 千伏安及以上者，以及符合上述容量规定的用电均执行大工业用电。

计划及节约用电

1989—1995 年，全区电力供应紧张，各用电单位安装定时钟、定量器限制用电量。1996 年，电力能够满足社会用电需求，用电单位拆除所有定时钟、定量器。2006—2009 年，区经济贸易局和区供电公司共同制订《寒亭电网事故拉路序位表》《寒亭电网超负荷限电序位表》《2007 年寒亭电网直供企业避峰、错峰方案》，平衡电力供需，优先保障重点用户电力供应，压缩生产能力落后企业电力需求，确保电网安全稳定运行。2011—2013 年，区经济和信息化局同区供电公司制订《2011 年寒亭电网直供企业避峰、错峰方案》《2011 年寒亭电网大客户限电序位表》《2011 年寒亭电网线路轮休方案》《2012（2013）年寒亭区有序用电方案》。

1990 年，改造部分 35 千伏、10 千伏线路，更换大线径导线后，当年全区高压线路损耗降到 5.7%。2004 年，推广节能灯应用，到 2009 年基本普及，全区年节电 83 万千瓦时。2006 年，高压专变大客户开始淘汰 S7 和 SL 等高耗能型号变压器，逐步更换 S9、S11 等型号变压器，在变电站安装电容补偿和无功补偿装置，整体力率提升到 0.8 以上。2013 年，贯彻绿色发展战略，推广节能服务，年节约电量 460 万千瓦时，节约电费 310 万元。

用电服务

1989 年，区供电公司设立用电管理科，负责安全用电、抄表收费、修校表、计量管理工作。2000 年，用电管理科更名为客户服务中心。2001 年开始，实施“彩虹工程”，开展电力市场整顿和优质服务年活动。2007 年，区“卓越彩虹”品牌获山东省服务名牌。2008 年 1 月，区供电公司获“全国电力行业用户满意单位”。2012 年，营销部与乡镇电管部并入客户服务中心。同年，推行城乡服务一体化，加快上电速度，优化高压新装、增容流程，契约兑现率 100%；推广状态检修、零点检修和带电作业，开通网上银行缴费、“95598”网上营业厅交费等渠道，实现城区“十分钟缴费圈”和农村缴费村村设点。到 2013 年，全区建立银行代收点 62 个，商店、超市代收点 51 个。

第四节　安全供电

监管机构

1988—1994 年，全区安全用电管理职能归区供电公司生技科管理。1994 年，成立安全质量科，用电安全监管划归安全质量科。2003 年，成立安全质量部，用电安全监管又划归安全质量部。2007 年 10 月，安全质量部更名为安全监察部。2010 年 4 月，安全监察部更名为安监保卫部。2013 年 5 月，安监保卫部更名为安全监察质量部。

监管措施

1989 年，区供电公司成立安全委员会，负

责用电安全监督管理。1990年制定“两票三制实施细则”。1991—1994年，修订完善“安全生产奖惩细则”，与供电所（站）签订“安全经济合同”，将各项指标量化，每月考核一次。1998年，开展“反三违”和“三不伤害”活动，落实安全生产责、权、利。2005年，组织夏季、冬季和汛期专项安全检查，消除安全隐患和缺陷100多处，砍伐、移栽各种树障6000多棵。2006年，落实区政府《关于清除电力线路保护区内重大隐患的通知》，集中清理树木3万余棵。2007年，建立危险点档案473份，对11条安全规章制度进行修改完善。2008年，推行《设备巡视检查联责制》《危险点（薄弱点）主管负责制》，建立危险点档案300份，创新研制电力线路杆塔“人造鸟巢”；对全区电力设施保护区内隐患进行集中清理，清理树木5675棵。2009年，三级护线管理完成20处重大隐患治理工作，清理树木3.2万棵。2010年，全年排查各类设备隐患265项，制定预防措施46项；修订《安全生产各级管理人员到位标准及考核办法》制度，联合区公安分局印发《关于严禁危害和破坏电力设施行为的通告》，制订《线路保护区内工程施工管理办法》，外力破坏电力设施事故同比减少30%；清理树木3.55万棵、房屋108间。2011年，落实《线路保护区内工程施工管理办法》，全年排查整改各类隐患67次，修理各类设备障碍异常145条次，修编24项应急预案；开展过境线路违章树木“集中清理”行动，清除隐患18处，清理障碍树木21360棵。2012年，共排查治理各类隐患127处，设备障碍、异常同比降低20%；修订应急预案24项、现场处置29项，整改线路保护区内隐患24处，修剪、移栽树木5000余棵。2013年，落实检查、整改包保责任制，整改问题510项；修订24项应急预案，组织应急演练16次，成功应对迎峰度夏18.1万千瓦最高负荷；落实区政府《关于加强电力线路保护区内安全隐患治理的通知》，完成25处过境线路和263处区内线路隐患清理，修剪树木1.8万余棵；开展“美丽彩虹”进学校、进社区、进住户活动，对70所学校、369个社区、9.96万户家庭进行用电安全宣传。

第五编　经济综述

DI WU BIAN　JING JI ZONG SHU

1989—2013 年，随着改革开放不断深化，计划经济体制逐步向社会主义市场经济转轨，寒亭区紧紧抓住历史机遇，树立可持续发展理念，坚持在发展中促进结构调整，以结构调整促进经济发展，实现经济增长与结构调整良性互动。三次产业结构不断优化，城乡结构逐步趋向协调，需求结构趋近合理，所有制结构发生重大变革。经济社会事业快速发展，经济规模不断扩大，产业比重和投资结构日趋合理。

第一章　经济运行

第一节　地区生产总值

1988 年以前，寒亭区受传统产业结构影响，第一产业所占比重较大，二、三产业发展相对滞后。1989 年，寒亭区地区生产总值 5.22 亿元，人均地区生产总值 1614 元，实现财政收入 3787 万元。1992 年，完成地区生产总值 9.54 亿元，第三产业增加值首次超过第一产业增加值。1994 年，受国家分税制改革和县（区）级财政体制改革的影响，仅完成财政收入 4687 万元，比 1993 年下降近 20%；完成地区生产总值 14.71 亿元。1996 年，全区实现地区生产总值 19.23 亿元，是 1989 年的 3.68 倍，其中三次产业增加值分别为 4.61 亿元、8.46 亿元、6.16 亿元；人均地区生产总值 5557 元，是 1989 年的 3.44 倍。1997 年，受亚洲金融危机和国内需求不足等不利因素，国家压缩投资、紧缩银根影响，全区经济增长放缓，实现地区生产总值 20.87 亿元，比 1996 年增长 8.5%，增速首次回落到 10% 以下。1998 年，全区实现财政收入 10019 万元，第一次跨入全国财政收入过亿元县（区）行列；全区完成地区生产总值 22.86 亿元，其中三次产业增加值分别为 5.60 亿元、9.35 亿元、7.91 亿元，人均地区生产总值 6544 元。2002 年，全区二、三产业比重持续上升、第一产业比重不断下降，全区地区生产总值 28.29 亿元，其中三次产业增加值分别为 5.56 亿元、12.39 亿元、10.34 亿元，人均地区生产总值 8319 元。2003 年开始，全区把发展服务业作为调整经济结构转变发展方式的重要举措，加强招商引资工作，加大工业和基础设施建设投入，固定资产投资连年大幅增长，财政收入快速增加，经济规模不断扩大。2006 年，全区地区生产总值首次突破 50 亿元，达到 59.79 亿元；2011 年，突破 100 亿元，达到 139.06 亿元。到 2013 年，寒亭区经济快速发展，地区生产总值连续 25 年稳步快速增长。实现地区生产总值 170.27 亿元，是 1989 年的 32.6 倍；其中三次产业增加值分别由 1989 年的 2.71 亿元、1.89 亿元、0.62 亿元增加到 2013 年的 11.17 亿元、93.46 亿元、65.64 亿元，分别增长 3.1 倍、48.4 倍、104.9 倍。

1989—2013 年寒亭区经济发展主要指标统计表

表 5-1

年份	地区生产总值（万元）	第一产业增加值（万元）	第二产业增加值（万元）	第三产业增加值（万元）	全社会固定资产投资（万元）	社会消费品零售总额（万元）	财政总收入（万元）	城乡居民储蓄存款（万元）	在岗职工平均工资（元）	农民人均纯收入（元）
1989	52223	27107	18934	6182	9161	16768	3787	17824	1627	743
1990	56256	24056	19274	9806	9478	17114	3808	23560	1892	823
1991	76441	25369	38842	12230	9658	20365	4008	30639	2037	945
1992	95427	22228	44196	29003	23320	25345	4714	37472	2363	1150
1993	111625	26595	52812	32218	21416	36462	5502	45911	3029	1368
1994	147066	35612	67047	44407	29242	48500	4687	63162	4142	1176
1995	160600	40408	68152	52040	36544	57108	5835	81784	4405	2350
1996	192342	46159	84617	61566	57416	70233	7472	110335	5124	3004
1997	208687	50960	85535	72192	61781	73190	9229	123799	5213	3221
1998	228569	55999	93485	79085	45402	78611	10019	145872	5036	3402
1999	228604	56006	93490	79108	46758	84500	10102	154110	5965	3501
2000	230868	53965	95251	81652	45822	86401	16071	157685	7289	3598
2001	254430	55073	106238	93119	46400	94168	18428	173100	8978	3696
2002	282882	55570	123949	103363	79639	99735	22300	194261	9174	3792
2003	329982	59426	154334	116222	171119	113000	25900	230200	10005	4020
2004	392085	67924	197557	126604	352305	138753	32792	272238	11106	4570
2005	494079	72678	271752	149649	418207	160399	48650	314966	12661	5309
2006	597860	76530	347554	173776	442080	186225	78438	350494	15079	5932
2007	766625	78678	437892	250055	360470	219750	102084	414843	18161	6762
2008	777213	74644	417276	285293	479015	268408	66822	519000	23207	7509
2009	829455	81885	450497	297073	582148	319373	77188	656242	27642	8145
2010	947376	85539	512668	349169	614134	355353	98102	723380	33044	9301
2011	1390641	100399	809290	480952	753548	407014	151657	820651	31221	10415
2012	1541440	87341	890536	563563	1608796	461748	163607	916430	35406	11814
2013	1702727	111741	934566	656430	1846241	553592	176918	1035542	40084	13232

注：2011—2013 年含潍坊经济开发区。

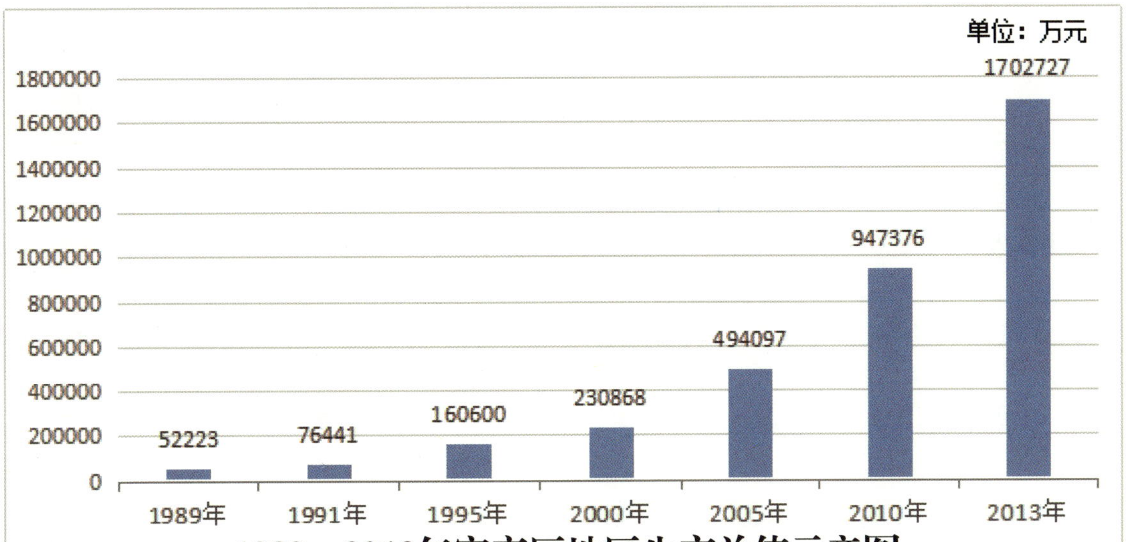

1989—2013年寒亭区地区生产总值示意图

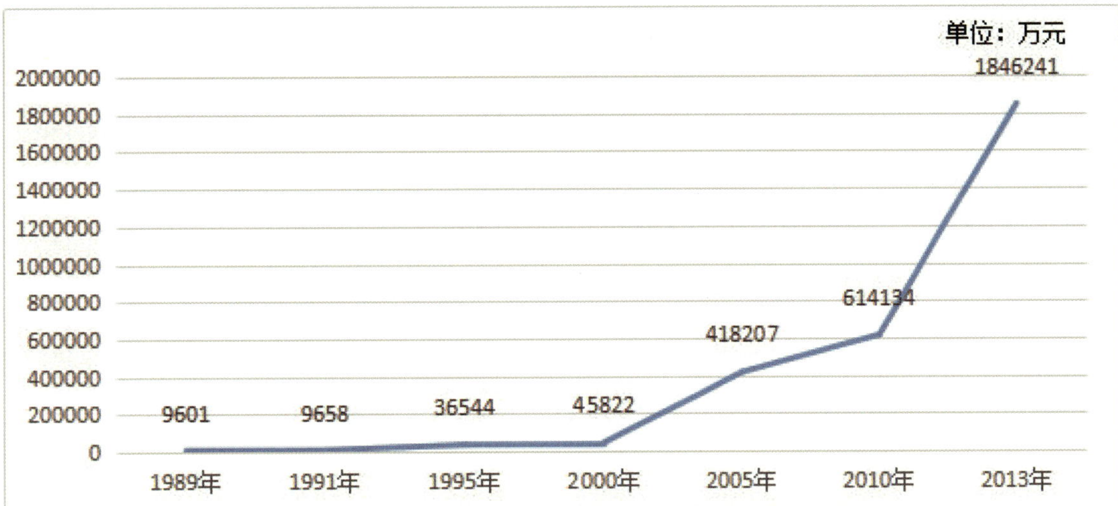

1989—2013年寒亭区全社会固定资产投资示意图

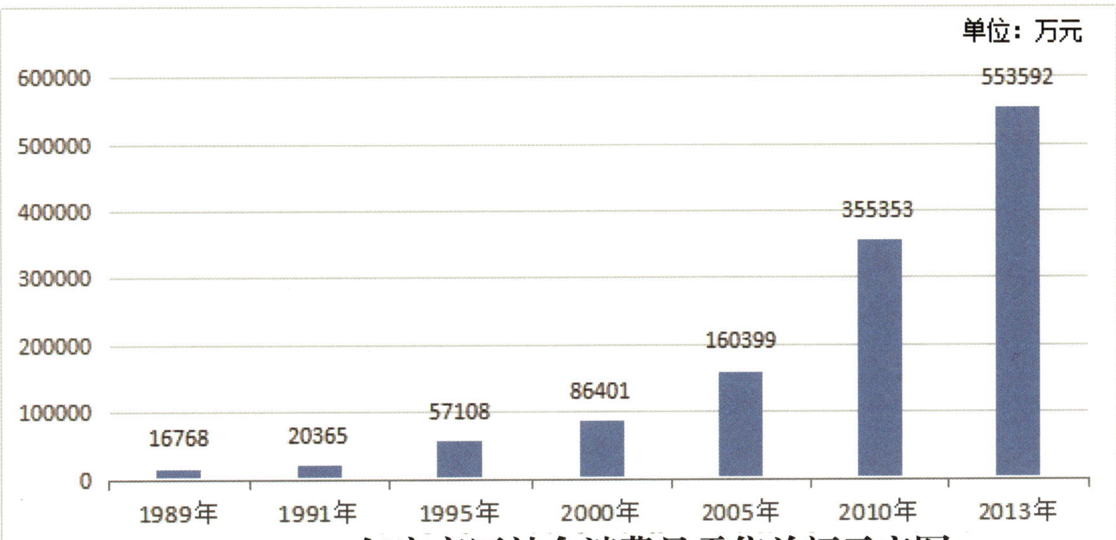

1989—2013年寒亭区社会消费品零售总额示意图

第二节　横向比较

2013年，寒亭区实现地区生产总值170.27亿元，比上年增长10.2%，增幅分别高于全国、全省2.5个和0.6个百分点；从总量看，在全省137个县（市、区）中处第116位。人均地区生产总值43215元，与全省平均水平56323元相差13108元。全社会固定资产投资184.62亿元，比上年增长18.8%，低于全省0.8个百分点。完成财政总收入17.69亿元，比上年增长11.5%。实现社会消费品零售总额643622万元，增长12.4%，低于全省1个百分点。在岗平均工资40084元，比上年增长13.2%；农民人均纯收入13232元，比上年增加1418元，增长12%，分别比全国、全省平均水平高4336元和2612元。

2000—2013年寒亭区农民人均纯收入与全国、全省、全市比较表

表5-2　　单位：元

年份	全国农民人均纯收入	全省农民人均纯收入	全市农民人均纯收入	寒亭区农民人均纯收入	寒亭与全国比较（+）	寒亭与全省比较（+）	寒亭与全市比较（+）
2000	2253	2659	3437	3598	1345	939	161
2001	2366	2805	3579	3696	1330	891	117
2002	2476	2954	3643	3792	1316	838	143
2003	2622	3151	3921	4020	1398	869	99
2004	2936	3507	4438	4570	1634	1063	132
2005	3255	3931	5017	5309	2054	1378	292
2006	3587	4368	5508	5932	2345	1564	424
2007	4140	4985	6278	6762	2622	1777	484
2008	4761	5641	7072	7509	2748	1868	437
2009	5153	6119	7695	8145	2992	2026	450
2010	5919	6990	8872	9301	3382	2311	429
2011	6977	8342	10409	10415	3438	2073	6
2012	7917	9446	11797	11814	3897	2368	17
2013	8896	10620	13273	13232	4336	2612	-41

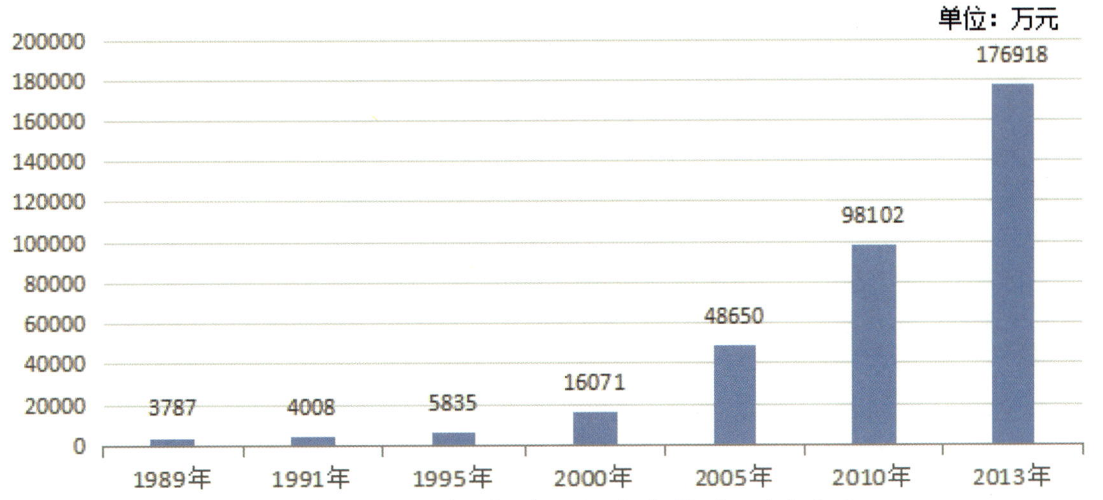

1989—2013年寒亭区财政收入示意图

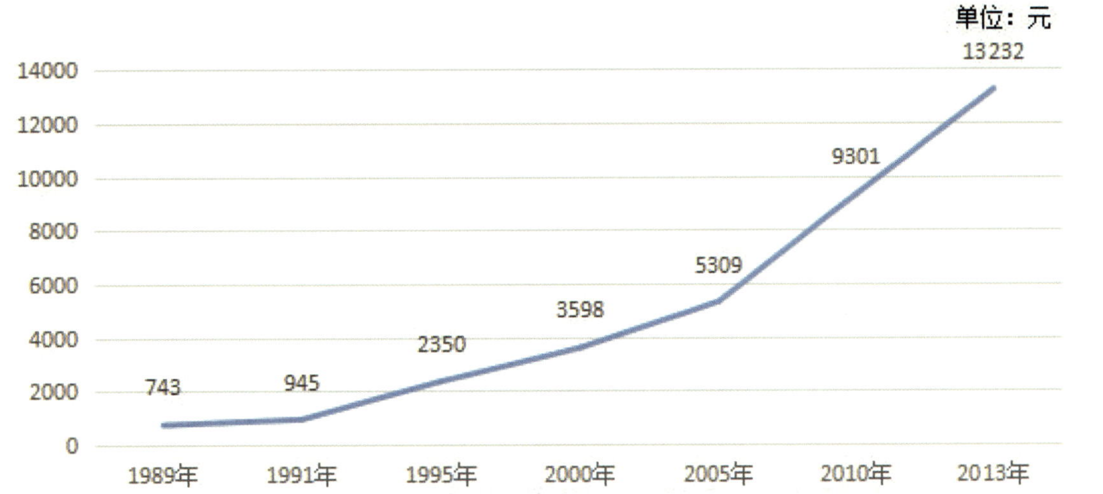

1989—2013年寒亭区农民人均收入示意图

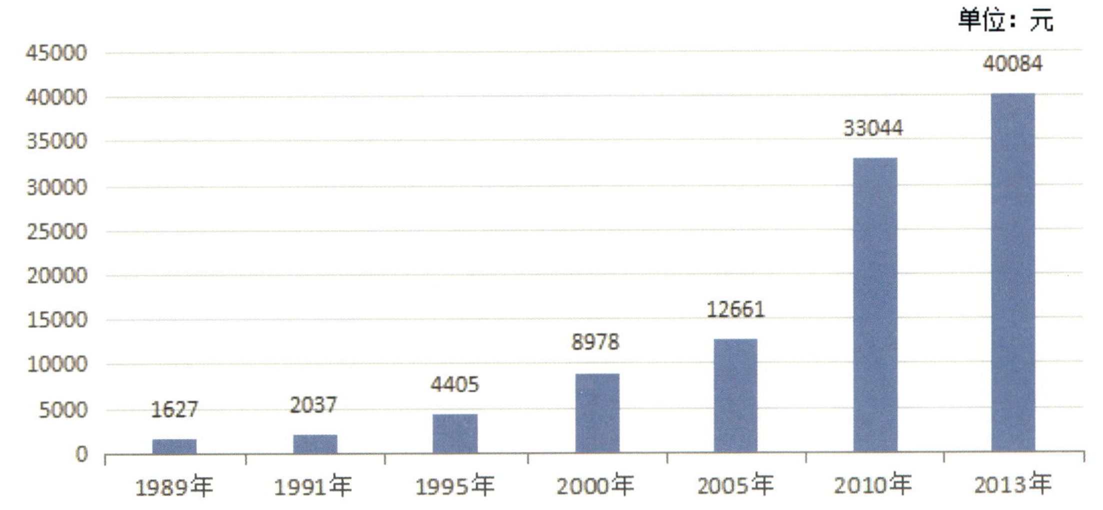

1989—2013年寒亭区在岗职工平均工资示意图

第二章　经济结构

第一节　产业结构

1989年，寒亭区三次产业比例为51.90：36.26：11.84，其中第一产业比重较高，第三产业比重偏低。1992年，区政府印发《关于进一步加快乡镇企业发展的决定》，加快推进农业产业化进程，深化工商企业产权制度改革，加强城乡基础设施建设，加快发展现代服务业，产业结构日趋优化。1989—2001年，第一产业比重呈下降趋势，基本保持在20%以上。2001年，全区三次产业比重为21.65：41.75：36.60，与1989年相比，其中第一产业比重下降30.25个百分点，第二、三产业分别提高5.49个、24.76个百分点。

2003年开始，按照“全党抓经济、重点抓工业、关键抓投入、突出抓招商”要求，以招商引资、民营经济和现有企业扩张，推进工业化进程，全区固定资产投资增长，工业经济运行质量提高，对国民经济拉动作用增强。2003年三次产业比重分别为18.0：46.8：35.22。2011年，第二产业比重达到历史最高水平的58.2%。同年起，区委、区政府把服务业提升列入“四个重点”工作，服务业发展速度明显加快，逐渐成为新的经济增长点。2009—2013年，第一产业占比降至10%以下。2013年，全区三次产业比重为6.6：54.9：38.5。

1989—2013年寒亭区地区生产总值（当年价格）统计表

表5-3

年份	地区生产总值（万元）	第一产业（万元）	第二产业（万元）	第三产业（万元）	人均地区生产总值（元）
1989	52223	27107	18934	6182	1614
1990	56256	24056	19274	9806	1622
1991	76441	25369	38842	12230	2187
1992	95427	22228	44196	29003	2996
1993	111625	26595	52812	32218	4449
1994	147066	35612	67047	44407	5191
1995	160600	40408	68152	52040	5362
1996	192342	46159	84617	61566	5557
1997	208687	50960	85535	72192	6002
1998	228569	55999	76626	79085	6544
1999	228604	56006	93490	79108	6498
2000	230868	53965	95251	81652	6826

续表 5-3

年份	地区生产总值（万元）	第一产业（万元）	第二产业（万元）	第三产业（万元）	人均地区生产总值（元）
2001	254430	55073	106238	93119	7497
2002	282882	55570	123949	103363	8319
2003	329982	59426	154334	116222	9739
2004	392085	67924	197557	126604	11621
2005	494079	72678	271752	149649	14660
2006	597860	76530	347554	173776	17752
2007	766625	78678	437892	250055	22738
2008	777213	74644	417276	285293	24061
2009	829455	81885	450497	297073	29957
2010	947376	85539	512668	349169	33342
2011	1390641	100399	809290	480952	37516
2012	1541440	87341	890536	563563	39361
2013	1702727	111741	934566	656430	43215

注：2011—2013 年含潍坊经济开发区。

1989—2013 年寒亭区地区生产总值构成占比统计表

表 5-4　　单位：%

年份	第一产业占比	第二产业占比	第三产业占比	年份	第一产业占比	第二产业占比	第三产业占比
1989	51.9	36.26	11.84	2002	19.7	43.8	36.5
1990	42.8	39.8	17.4	2003	18.0	46.8	35.2
1991	33.2	50.8	16.0	2004	17.3	50.4	32.3
1992	24.3	50.5	25.20	2005	14.7	55.0	30.3
1993	27.8	47.3	28.9	2006	12.8	58.1	29.1
1994	24.2	45.6	30.2	2007	103	57.1	32.6
1995	25.16	42.44	32.4	2008	10.1	55.3	34.6
1996	24.0	44.0	32.0	2009	9.9	54.3	35.8
1997	24.5	40.9	34.6	2010	9.0	54.1	36.9
1998	24.0	40.8	35.2	2011	7.2	58.2	34.6
1999	24.5	40.9	34.6	2012	5.7	57.7	36.6
2000	23.4	41.9	34.7	2013	6.6	54.9	38.5
2001	21.6	41.8	36.6	—	—	—	—

注：2011—2013 年含潍坊经济开发区。

1989—2013年寒亭区GDP产业构成

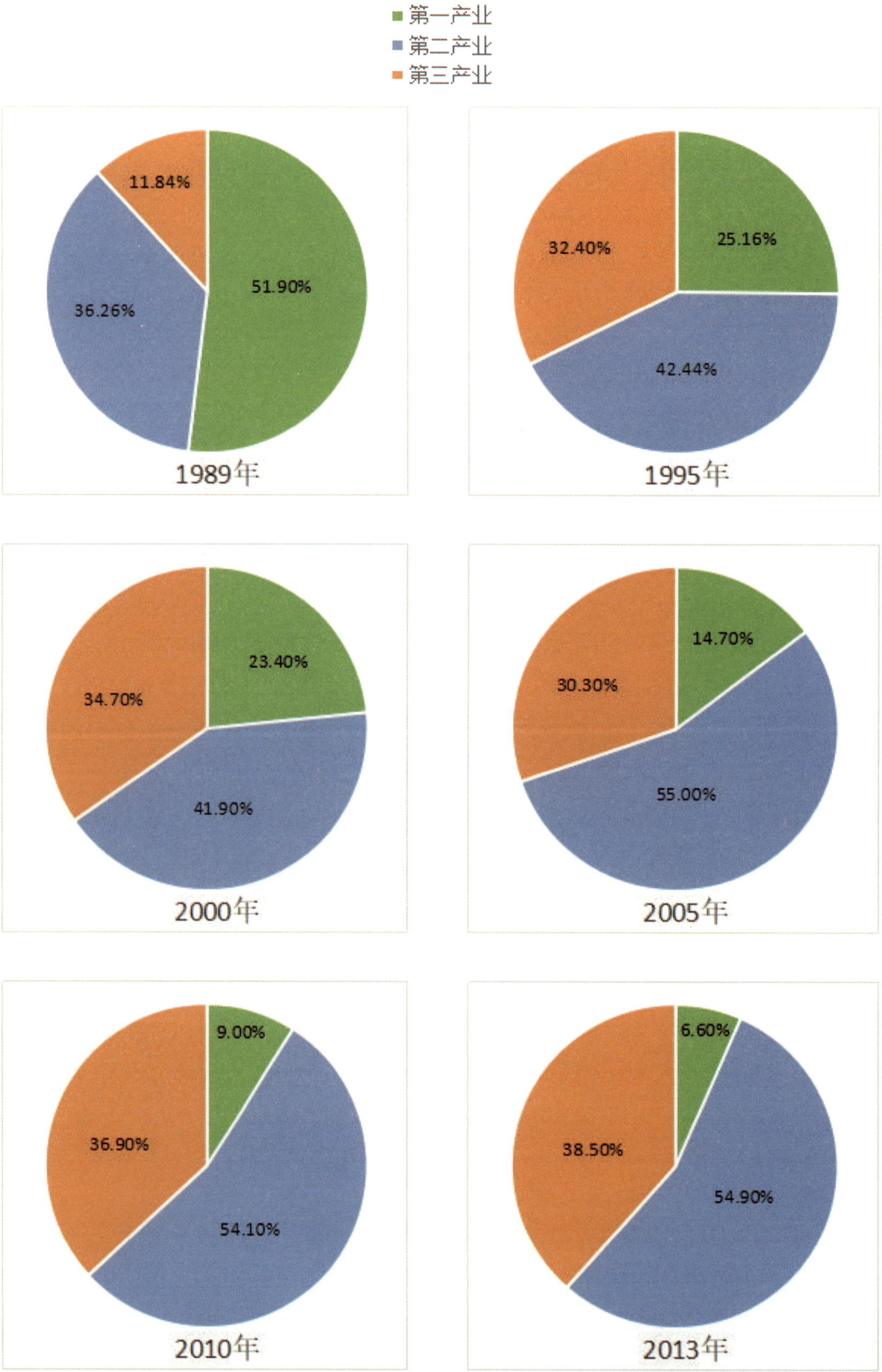

第二节　固定资产投资结构

1989年，寒亭区完成全社会固定资产投资9161万元。2002年，完成全社会固定资产投资7.61亿元。2003年以后，全区坚持可持续发展战略，经济体制改革、投融资体制改革逐步展开，招商引资力度加大，投资主体多元化、投资资金渠道多源化格局逐步形成。2004—2013年，随着城市化进程加快，固定资产投资出现跳跃式增长，成为拉动全区经济发展的主要动力和促进经济发展的长期动力。2007年，固定资产投资突破50亿元，完成固定资产投资61.80亿元，其中房地产投资4.75亿元。2011年，房地产完成投资12.37亿元（不含经济开发区）。2013年，完成固定资产投资184.62亿元，其中房地产投资28.98亿元。

图5-1　城市建设（2008年）

1989—2006年寒亭区固定资产投资统计表

表5-5　　单位：万元

年份	全社会固定资产投资	年份	全社会固定资产投资
1989	9161	1998	45402
1990	9478	1999	46758
1991	9658	2000	45822
1992	23320	2001	46400
1993	21416	2002	79639
1994	29242	2003	171119
1995	36544	2004	352305
1996	57416	2005	418207
1997	61781	2006	427677

2007—2013 年寒亭区固定资产投资结构统计表

表 5-6　　　　单位：万元

年份	全社会固定资产投资	第一产业投资	第二产业投资	第三产业投资	房地产投资
2007	618029	23578	166865	153027	47539
2008	479015	29670	132478	294867	87956
2009	614134	27280	188735	382719	99302
2010	753548	31280	221202	481566	192619
2011	1608796	36040	610074	962682	374111
2012	1778209	49350	699642	1029217	246894
2013	1846241	55467	705130	1085644	289785

注：2011—2013 年含潍坊经济开发区。

第六编　工　业

DI LIU BIAN　GONG　YE

寒亭工业基础较为雄厚。1989 年，全区有工业企业 3349 家，其中乡镇及乡镇以上工业企业 141 家，产品门类较齐全的工业体系格局初步形成，实现工业总产值 6.01 亿元。1994 年，区委作出“全党抓经济，重点抓工业，工业抓投入”部署，并实施“工业立区”战略。到 2005 年底，完成潍坊市寒亭海洋化工开发区暨潍坊滨海项目区 50 平方千米起步区规划设计，按功能定位分东西两区，东区主要引进装备制造和先进制造业项目，西区以盐化工、海洋化工、石油化工和新材料等项目为主。2008 年 6 月，区政府印发《关于加快实施“退二进三”“退城进园”工作的意见》，首批重点完成潍坊瑞祥纺织有限公司、潍坊第三木器厂、潍坊中维齿轮有限公司、潍坊压力容器厂、潍坊龙源盛服装厂、潍坊华龙机器有限公司等 6 家企业“退城进园”工作。2011 年，寒亭区实施“工业强区”战略和工业振兴“1030”计划，机械制造、纺织服装、精细化工、生物医药、造纸包装、食品加工 6 大产业链初具规模，工业经济迈上新台阶。2012 年，区政府印发《寒亭区工业 2013—2015 年提升计划》。2013 年，全区有规模以上企业 120 家，完成工业总产值 431.69 亿元，实现主营业务收入 434.08 亿元、利润 15.99 亿元、利税 27.98 亿元；10 家骨干企业中主营业务收入过亿元的 8 家，主营业务收入、工业总产值两项指标占全区规模以上企业比重分别达到 22.56%、22.83%。30 家中小企业主营业务收入过亿元 21 家，30 家中小企业主营业务收入、利税、工业总产值三项指标占全区规模以上企业比重分别达到 46.25%、53.35% 和 45.6%。

第一章　工业概况

第一节　工业发展规划

1989 年，寒亭区工业企业按照区委、区政府《关于在区属承包企业中推行全员风险抵押的暂行规定》，全面推行经营承包责任制。1992 年，区政府印发《关于加快开发“三区、两路、一园、一村”和大力发展第三产业若干政策的试行意见》。潍坊经济开发区和寒亭盐化工开发区按照意见要求进行规划，分类布局，狠抓基础设施建设、优惠政策落实和落户项目推进。1994 年，区委制定并实施“全党抓经济，重点抓工业，工业抓投入”部署，提出“工业立区”战略，对全区 15 个主导产业特别是棉纺、盐及盐化工、木器加工、纸及纸包装、建筑建材、皮革加工等工业产业作出战略性发展规划，对全区工业特别是乡镇工业精心布局，为全区工业发展起到良好的引领作用。

2000 年，全区设立乡镇工业园区，配备专职园区主任。到 2003 年，各乡镇工业园初具规模，其中央子工业园占地 26.67 公顷，引进潍坊汇韬化工有限公司、山东润丰化工有限公司、潍坊富桥化工有限公司等 10 多家化工企业；固堤工业园占地 26.67 公顷，引进潍坊龙达锌业有限公司、潍坊浩德动力机械有限公司、潍坊幸福药业有限公司、潍坊百晨机械有限公司、潍坊安国精铸厂等 17 家企业；寒亭街道在丰华路北首和南首分别设立寒亭纺织工业区、寒亭机械制造工业园，其中寒亭机械制造工业园 2010 年升格为寒亭区先进制造工业园，新园区规划占地 233.33 公顷，潍坊冠宇机械制造有限公司、潍柴动力（潍坊）铸锻有限公司、天润曲轴股份有限公司潍坊分公司等企业先后入驻。2003年3月，潍坊市寒亭海洋化工开发区成立。到2003年，全区完成工业总产值60.51亿元，实现销售收入55.53亿元，利税5.08亿元。当年新上项目88个，实际到位资金10.55亿元。2004年，区工业系统组织实施工业“43020”（4大骨干行业，30家重点企业和20个拳头产品）工程，成效显著。到年底，30家重点企业完成销售收入24亿元，实现利税2亿元，分别占120家限额以上企业的61.7%和62.5%。区内工业完成工业总产值43.43亿元，实现主营业务收入41亿元，实现利税3.6万元，实现利润1.79亿元。

2007年10月，区委、区政府在潍坊滨海项目区设立寒亭区中小企业高科技创业园，位于渤海大街以北、海惠路以东，起步区规划占地200公顷，主要承接中小企业退城进园。2008年，区政府印发《关于鼓励工业企业发展的意见（试行）》，明确发展定位，着力提高核心竞争力，培育打造10家具有自主研发能力、有驰名商标或著名商标、主营业务收入过10亿元、税收贡献过3000万元、在全省乃至全国同行业中有一定影响力的企业；形成一批年销售收入过2亿元、利税1000万元以上的企业群体。同年5月，确立区中小企业高科技创业园新址，位于崔家河两侧，占地1233.33公顷。2009年7月，成立寒亭区北海工业园管理办公室，取代原寒亭区中小企业高科技创业园。2011年1月，区委、区政府印发《潍坊市寒亭区国民经济和社会发展第十二个五年规划纲要》，拓展各类园区发展空间，促进企业向园区集中，支持各类工业园区引进产业龙头项目和6大产业配套项目，推出一批功能明晰、相互配合、成长性强的产业集群。抓好以海龙工业园和亚星工业园为依托的寒亭经济开发区；以高新技术为引领、占地66.67公顷的寒亭高科技产业园；占地133.33公顷的潍坊经济开发区高新技术产业园；以高技术机械设备、新型节能设备为主，占地200公顷的潍坊经济开发区先进制造与加工业发展区；以恒联和圆友节能环保产品生产为特色，占地146.67公顷的生态工业园；以潍柴铸锻工业园为主体，占地2333.33公顷的先进制造工业园；以先进医药化工产业为主导、占地1233.33公顷的北海工业园。全区规模以上工业企业实现主营业务收入337亿元，利税22.7亿元。

2013年，区政府实施《寒亭区工业2013—2015年提升计划》《寒亭区工业振兴“1030计划”企业动态管理办法》，对潍柴动力（潍坊）铸锻有限公司、山东海龙股份有限公司（恒天）、山东圆友重工科技有限公司等10家骨干企业和潍坊龙达锌业有限公司、潍坊同泰汽配有限公司等30强中小企业精准帮扶，企业得到较大提升。寒亭发展新医药、新信息、节能环保装备等新兴产业，以寒亭经济开发区为龙头，4个重点工业园区为依托，推进优势产业重点突破和重点领域技术跨越，加快形成支柱产业。新材料产业围绕优势产业发展和市场需求，着力突破关键技术，完善产业链条，重点开发生产高性能复合材料、高效阻燃安全保温隔热新型建材等无机非金属材料，涌现出山东创智、恒联特种纤维素、恒联玻璃纸等一批新材料企业；新医药产业着力推动从低级原料药中间体向高附加值制剂转化，开发出一批科技含量高、市场容量大、具有自主知识产权的新医药产品，打造国内降压药生产基地；新信息产业以高新技术产业园为重点，发展电声器件、仪器仪表、软件服务、电子商务等信息产业体系，形成新的经济增长点；节能环保装备产业以巨龙实业、三维机器、威士达环保科技等企业为依托，重点发展节能装备、环保设备、资源循环利用技术及装备产业。

第二节　经营体制与产权制度改革

承包责任制

1990年3月，全区工业开始第二轮承包责任制，层层签订目标责任书，企业主管部门和财政部门代表政府（发包方）与实行承包经营的企业（承包方）签订经济承包合同，明确国家与企业在承包经营过程中责、权、利关系。发包方负

图 6-1 1990年3月，区政府在区经委会议室举行第二轮企业承包合同签字仪式。

景纺织有限公司、潍坊大成针织品有限公司、潍坊恒龙织物有限公司和本厂职工经营，年租金 34.8 万元。1998 年 10 月，潍坊环保设备厂先后将生产车间及设备租赁给潍坊鑫达公司、潍坊汇奇机械有限公司、潍坊广众集装箱有限公司、潍坊天岭服装有限公司，年租赁收入 20.2 万元。2002 年 1 月，潍坊日用五金厂资产接管小组接受原购买方移交的资产与人员。随后又将生产车间

责监督检查承包方的生产经营活动，维护承包方的合法权益，帮助协调解决生产企业在生产经营中的困难。承包方根据承包的形式、期限，上缴利润或减少亏损的数额，技术改造任务与国家资产的维护和增值，产品质量及其他主要经济技术指标，留利使用、贷款归还、承包前的债权债务处理等内容，进行经营管理。双方规定权利和义务后，发包方根据承包合同对企业经营者进行奖罚。企业主管部门和国有资产管理部门代表政府与企业厂长、厂长与企业内部有关部门和车间、部门和车间与个人，层层签订目标责任书。在企业内部推行风险抵押金制度，一般是厂长 2000 元，副厂长 1500 元，中层干部 1000 元，职工 500 元。

聘任制

1992 年，在全区有条件的工业企业推行聘任制，企业主管部门本着“管好一个正职、一张合同和一个工资总额”原则，扩大企业经营自主权。当年，有 8 名企业厂级领导落聘，企业厂长自行决定新聘企业副职 36 人，区经委机关派出 8 人到企业挂职。

租赁经营

1999 年，潍坊第三染织厂资产负债率 876%，企业生产难以为继。当年 7 月先后将厂房和设备分别租赁给潍坊鸢飞印染纺织有限公司、潍坊佳

对外租赁经营。

一企一策

1998 年，对潍坊三木门窗有限公司进行评估，总资产 1446.3 万元，负债 1668 万元，资不抵债 221.7 万元。区政府把外商投资的 80 万元设置为优先股，将中方资产 60 万元转让给内部员工，对资不抵债部分以免收 15 年土地使用费解决。对潍坊压力容器有限公司进行评估，总资产 926 万元，总负债 1018 万元，区政府将资不抵债部分由减免土地使用费方式弥补，实行零值转让。1999 年 8 月，潍坊齿轮箱厂因大部分资产被寒亭区工商银行和寒亭区商业银行依法以资抵贷，固定资产仅剩职工宿舍楼，价值 124 万元。同年企业改制，区政府对其资产进行调整，使公司股本以外负债为零，以减免土地租金 15 年抵顶公司资不抵债 1358.71 万元和职工安置费 144.9 万元。10 月，对瑞祥纺织集团 5604.4 万元债务，区政府根据国家有关政策，在办理土地转让手续后，将该公司土地价值计入企业资产，并将土地出让金作为国家投入企业的资本留在企业，两项合计 5794 万元，在抵顶资不抵债部分后，将资产调整为 190 万元。12 月，再次改制后的瑞祥纺织有限责任公司正式运营。

股份制改造

1989 年，区属工业企业 18 家，其中国有企

业5家，集体企业13家。1993年4月，中央提出进行产权制度改革，区政府印发《对企业进行产权制度改革试点的意见》，在全区工业企业推行产权制度改革。同年10月，潍坊集装箱厂改组为潍坊利行集装箱股份有限公司，公司总股本1000万股，其中原厂资产500万股，占50%，企事业法人和社团法人350万股，占35%，公司员工150万股，占15%；企业性质由国有企业变为国有控股企业。年底，潍坊第三木器厂与（美国）中国第一投资贸易公司共同出资组建合资企业潍坊三木门窗有限公司，企业性质由集体企业变为中外合资企业。1994年7月，潍坊第三纺织机械厂改制为潍坊华龙机器制造股份有限公司，以定向募集方式，实行股份合作形式，股本总额53.4万元，每股为1000元，全部股本由本公司员工认购，企业性质由城镇集体所有制变为股份合作制。10月，潍坊压力容器厂改制为潍坊压力容器厂有限公司。1995年7月，潍坊第二棉纺织厂与潍坊第二针织厂、鲁艺纺织有限公司3家联合，组建潍坊瑞祥纺织集团有限责任公司，公司总股本2000万元，其中二棉出资1600万元、针织厂出资200万元、鲁艺出资200万元。1999年10月，潍坊瑞祥纺织集团有限责任公司实行企业产权整体转让，让内部员工增资入股，新公司有1052人入股资金685万元。1999年8月，潍坊齿轮箱厂改制为潍坊中维齿轮箱有限公司后，原厂职工参与股东认购423股，占总股份59.24%。

兼并　破产　出售

1990年，寒亭区彩印厂由潍坊集装箱厂兼并。1991年，潍坊第二针织厂由潍坊第二棉纺织厂兼并。1997年，潍坊利行集装箱股份有限公司因亏损严重，其股份制试点终止，由潍坊齿轮箱厂兼并。

1995年6月，寒亭区通用化工厂因亏损严重依法破产，破产后企业财产变卖，54户债权人的413.2万元债权额按5.85%清偿24.2万元。同年8月，潍坊麻纺厂因资不抵债684万元宣告破产，破产财产变现总收入41.9万元。1996年10月，潍坊服装五厂资产总值993.2万元，负债2772.2万元，资不抵债宣告破产，资产由潍坊瑞祥纺织集团有限责任公司整体收购。2000年10月，潍坊第三毛纺织厂账面资产2943.7万元，负债6069.6万元，资不抵债宣告破产，资产由潍坊拍卖行公开拍卖，最终由潍坊巨龙化纤集团公司以657.3万元成交。

1998年6月，寒亭区塑料厂因欠工商银行借款本息408万元和鲁银实业集团35万元，在市区两级法院裁定和调解下，将寒亭区塑料厂所有固定资产产权全部变卖抵顶给鲁银公司。同年12月，潍坊日用五金厂经区政府批准，实行剥离出售，按比例承担债务，分离出经营性资产，对资不抵债部分采取减免土地使用费方式弥补，零值出售，成立潍坊五星日用品有限公司。

第三节　管理机构

1989年，寒亭区经济委员会行使对全区直属工业企业人、财、物、产、供、销全面管理职能，设办公室、技改科、政工科、财务科、生产科、工会、节能办公室、企业管理办公室8个科室。1990年，增加纺织工业公司、机械工业公司和轻工业公司3个内部职能机构，有人员48人。1993年11月，进行机构改革，将原有科室压缩至5个，设办公室、政工科、生产计划科、企财科和技改科，定员26人。1997年4月，寒亭区经济委员会更名为寒亭区经济贸易委员会，同时设寒亭区工业生产总调度室，为正科级行政机构，与区经贸委合署办公。2002年1月，改称潍坊市寒亭区经济贸易局，设办公室、企管财务科、技改科、政工科和经济运行调度室5个科室，定编16人。2010年7月，设立寒亭区经济和信息化局（以下简称区经信局），将原寒亭区经济贸易局主要职责和原寒亭区信息产业局职责一并划入。2013年，区经信局设办公室、组织人事科、经济运行调度室、投资与规划科、企业管理科和信息产业科，定编17人。

1991年2月，成立寒亭区企业管理办公室，副科级单位；1993年11月，撤销，职能划归区经委。

第四节　企业技术中心

1991年，全区工业企业开展“质量、品种、效益年”活动，加快技术创新，激发新产品开发活力，全区工业所属企业开发新产品41种，其中5项填补国内空白，21项填补省内空白，7项填补市内空白，实现全区工业速度、效益同步增长。2000年以后，寒亭区推进企业技术中心创建和创新项目实施，推进市级以上企业技术创新平台建设。2004年，潍坊亚星集团有限公司技术中心成为国家认定企业技术中心。到2013年，全区工业企业创建各类市级以上企业技术（研究）中心40家，其中国家级企业技术中心2家、省级企业技术中心4家、省级工程技术研究中心3家、市级企业技术中心7家、市级工程技术研究中心22家、市级工业设计中心2家，市级重点实验室2家。强化项目支撑，全力推进技术创新项目实施。2008—2013年，全区工业企业共实施山东省技术创新项目128项，其中完成新材料项目22项、节能环保项目9项、高端装备制造项目7项。

2004—2013年寒亭区企业技术中心（重点实验室）一览表

表6-1

企业名称	认定中心	认定年份
潍坊亚星集团有限公司	国家级企业技术中心	2004
山东圆友建设机械有限公司	省级企业技术中心	2005
潍坊市寒亭区新型塑料厂	市级企业技术中心	2006
潍坊恒联美林生活用纸有限公司	市级工程技术研究中心	2006
潍坊市寒亭区新型塑料厂	市级工程技术研究中心	2007
潍坊华光精工设备有限公司	省级工程技术研究中心	2007
山东三科动物药业有限公司	市级工程技术研究中心	2008
山东潍坊制药厂有限公司	市级企业技术中心	2008
山东海龙股份有限公司	国家级企业技术中心	2008
潍坊三建集团	市级工程技术研究中心	2008
潍坊天宇机械有限公司	市级工程技术研究中心	2008
山东昱合集团	省级企业技术中心	2008
潍坊华铃柴油机动力有限公司	市级工程技术研究中心	2009
潍坊市金河食品有限公司	市级企业技术中心	2009
潍坊华铃柴油机动力有限公司	市级企业技术中心	2009
山东鹏飞集团有限公司	市级工程技术研究中心	2009
山东亚康药业股份有限公司	市级工程技术研究中心	2009
山东巨龙实业发展有限公司	市级工程技术研究中心	2009
潍坊华光精工设备有限公司	省级企业技术中心	2009
潍坊华东汽车配件有限公司	市级工程技术研究中心	2010
山东美洋康线缆有限公司	市级工程技术研究中心	2010

续表 6-1

企业名称	认定中心	认定年份
潍坊华源内燃机制造有限公司	市级工程技术研究中心	2010
山东巨龙实业发展有限公司	市级企业技术中心	2010
潍坊恒联玻璃纸有限公司	省级工程技术研究中心	2010
潍坊三建集团有限公司	省级企业技术中心	2010
潍坊龙达锌业有限公司	市级企业技术中心	2011
潍坊双通塑料制品有限公司	市级工程技术研究中心	2011
潍坊鑫昊木业有限公司	市级工程技术研究中心	2011
潍坊长松柴油机有限责任公司	市级工程技术研究中心	2011
潍坊金石通保温材料有限公司	市级工程技术研究中心	2011
潍坊华光数码设备有限公司	市级工程技术研究中心	2012
山东百德生物科技有限公司	市级工程技术研究中心	2012
山东创智新材料科技有限公司	市级工程技术研究中心	2012
山东亚康药业股份有限公司	市级企业技术中心	2012
潍坊华光精工设备有限公司	市级工业设计中心	2012
潍坊恒联美林生活用纸有限公司	市级工业设计中心	2012
山东圆友重工科技有限公司	省级工程技术研究中心	2012
山东六九矿业装备科技有限公司	市级工程技术研究中心	2013
潍坊美赫曼生物医药科技有限公司	市级工程技术研究中心	2013
潍坊鑫山环保重工科技有限公司	市级工程技术研究中心	2013
潍坊恒联玻璃纸有限公司	市级重点实验室	2013
潍坊华光数码设备有限公司	市级重点实验室	2013

2008—2013 年寒亭区获山东省技术创新项目一览表

表 6-2　　　　单位：万元

承担单位名称	项目名称	所属行业	项目创新方式	项目技术水平	完成年份	项目研发经费		
						总额	贷款	自筹
恒天海龙（潍坊）新材料有限责任公司	超细旦纤维的研制开发	纺织	自主研发	国内先进	2008	800	600	200
恒天海龙（潍坊）新材料有限责任公司	环保制浆	纺织	自主研发	国内先进	2008	500	400	100
恒天海龙（潍坊）新材料有限责任公司	粘胶纤维环保生产新技术开发	纺织	自主研发	国内先进	2008	800	600	200
潍坊华铃柴油机动力有限公司	带有汽油电喷装置的柴油机	机械	自主研发	国内空白	2008	126	0	126
恒天海龙（潍坊）新材料有限责任公司	低耗长丝工艺技术研究	纺织	自主研发	国内先进	2008	600	400	200

续表 6-2

承担单位名称	项目名称	所属行业	项目创新方式	项目技术水平	完成年份	项目研发经费		
						总额	贷款	自筹
恒天海龙（潍坊）新材料有限责任公司	海洋生物保健粘胶纤维开发	纺织	自主研发	国内先进	2008	1000	800	200
恒天海龙（潍坊）新材料有限责任公司	耐高温滤材用纤维成型技术研究	纺织	自主研发	国内先进	2008	1000	800	200
潍坊三建滨海建筑材料有限公司	混凝土砌块生产技术研发项目	建材	自主研发	国内先进	2008	580	0	580
潍坊幸福药业有限公司	去氧肾上腺素生产技术研发项目	医药	自主研发	国际先进	2008	800	0	800
恒天海龙（潍坊）新材料有限责任公司	安芙丽阻燃粘胶纤维研制开发	纺织	自主研发	国内先进	2008	340	200	140
潍坊华光精工设备有限公司	HG58—4 多色胶印机	机械	自主研发	国际先进	2009	800	600	200
山东恒联新材料股份有限公司	PVDC 涂布再生纤维素薄膜	轻工	自主研发	国际先进	2009	500	0	500
潍坊恒联特种纸有限公司	热转印纸	轻工	自主研发	国内先进	2009	900	0	900
山东圆友重工科技有限公司	沥青现场冷再生设备工艺研发	机械	自主研发	国内空白	2009	1080	400	680
潍坊华光精工设备有限公司	数字化印刷流程及 CTP 计算机直接制版设备	机械	自主研发	国际先进	2009	800	400	400
潍坊华光精工设备有限公司	HG79—4 多色胶印机	机械	自主研发	国际先进	2009	1200	800	400
恒天海龙（潍坊）新材料有限责任公司	扁平粘胶短纤维研制开发	纺织	自主研发	国际先进	2009	200	100	100
山东圆友重工科技有限公司	节能环保风送式凝土搅拌楼技术工艺研发	机械	自主研发	国际先进	2009	1260	500	760
山东恒联新材料股份有限公司	新型溶剂型涂布玻璃纸	轻工	自主研发	国际先进	2009	1360	0	1360
潍坊华光精工设备有限公司	HG452-Ⅱ UV 型多色 UV 印刷联机上光胶印机	机械	自主研发	国际先进	2009	1000	400	600
恒天海龙（潍坊）新材料有限责任公司	再生动物蛋白纤维	纺织	自主研发	国内先进	2009	500	300	200
山东恒联新材料股份有限公司	高白度胶带专用纤维素膜	轻工	自主研发	国际先进	2009	800	0	800
潍坊三建滨海建筑材料有限公司	新型混凝土砌块生产技术研发项目	建材	自主研发	国内先进	2009	550	0	550
恒天海龙（潍坊）新材料有限责任公司	桉树绒粘胶纤维	纺织	自主研发	国内先进	2009	340	200	140
恒天海龙（潍坊）新材料有限责任公司	香蕉麻浆粕	纺织	自主研发	国内先进	2009	225	120	105
潍坊华铃柴油机动力有限公司	HL493CNG 天然气发动机	机械	自主研发	国际先进	2009	500	0	500
山东恒联新材料股份有限公司	低温热封纤维素膜	轻工	自主研发	国际先进	2009	2000	0	2000
恒天海龙（潍坊）新材料有限责任公司	麻赛尔长丝	纺织	自主研发	国际先进	2009	150	80	70

续表 6-2

承担单位名称	项目名称	所属行业	项目创新方式	项目技术水平	完成年份	项目研发经费		
						总额	贷款	自筹
恒天海龙（潍坊）新材料有限责任公司	全无氯粘胶短纤维	纺织	自主研发	国际先进	2009	180	100	80
恒天海龙（潍坊）新材料有限责任公司	白竹炭粘胶纤维	纺织	自主研发	国内先进	2009	800	600	200
潍坊华光精工设备有限公司	P66-A 全自动多色胶印机	机械	自主研发	国际先进	2010	600	300	300
潍坊恒联特种纸有限公司	涂布艺术纸	轻工	自主研发	国内先进	2010	450	0	450
潍坊华光精工设备有限公司	HG452C 自动多色胶印机	机械	自主研发	国际先进	2010	800	300	500
山东恒联新材料股份有限公司	离型再生纤维素膜	轻工	自主研发	国内空白	2010	380	0	380
恒天海龙（潍坊）新材料有限责任公司	防紫外线粘胶纤维	纺织	自主研发	国内先进	2010	190	100	90
恒天海龙（潍坊）新材料有限责任公司	相变储能粘胶纤维	纺织	自主研发	国内先进	2010	160	80	80
恒天海龙（潍坊）新材料有限责任公司	罗布麻浆粕	纺织	自主研发	国内空白	2010	300	140	160
恒天海龙（潍坊）新材料有限责任公司	炉甘石粘胶纤维	纺织	自主研发	国内先进	2010	150	70	80
恒天海龙（潍坊）新材料有限责任公司	麦饭石粘胶纤维	纺织	自主研发	国内先进	2010	150	80	70
恒天海龙（潍坊）新材料有限责任公司	云母冰凉粘胶纤维	纺织	自主研发	国内先进	2010	120	50	70
恒天海龙（潍坊）新材料有限责任公司	锗粘胶纤维	纺织	自主研发	国内先进	2010	120	60	60
恒天海龙（潍坊）新材料有限责任公司	竹节人造长丝	纺织	自主研发	国内先进	2010	200	100	100
恒天海龙（潍坊）新材料有限责任公司	维 E 护肤粘胶纤维	纺织	自主研发	国内先进	2010	160	80	80
恒天海龙（潍坊）新材料有限责任公司	甘蔗渣浆粕	纺织	自主研发	国内先进	2010	200	100	100
潍坊恒联美林生活用纸有限公司	吸水衬纸	轻工	自主研发	国内先进	2010	300	0	300
潍坊恒联特种纸有限公司	超市购物袋纸	轻工	自主研发	国内先进	2011	380	0	380
山东恒联新材料股份有限公司	高档再生纤维素膜抗粘增滑新工艺	轻工	自主研发	国际先进	2011	500	0	500
山东恒联新材料股份有限公司	高热封型快餐食品包装纸	轻工	自主研发	国际先进	2011	293	0	293
潍坊恒联美林生活用纸有限公司	高湿强擦手纸	轻工	自主研发	国内先进	2011	200	0	200
潍坊华光精工设备有限公司	HG68 多色胶印机	机械	自主研发	国际先进	2011	500	200	300
山东海龙股份有限公司	0.5D 超细旦粘胶纤维	纺织	自主研发	国内先进	2011	155	100	55

续表 6-2

承担单位名称	项目名称	所属行业	项目创新方式	项目技术水平	完成年份	项目研发经费		
						总额	贷款	自筹
山东海龙股份有限公司	动物微粉蛋白复合粘胶短纤维	纺织	自主研发	国内先进	2011	176	100	76
山东海龙股份有限公司	高白全无氯粘胶短纤维	纺织	自主研发	国内先进	2011	159	100	59
山东海龙股份有限公司	秸秆／玉米秆浆粕	纺织	自主研发	国内先进	2011	190	100	90
潍坊恒联玻璃纸有限公司	半渗透高热封再生纤维素膜	轻工	自主研发	国际先进	2011	380	0	380
潍坊恒联玻璃纸有限公司	环保型高热封再生纤维素膜	轻工	自主研发	国际先进	2011	265	0	265
潍坊鑫昊木业有限公司	导热油木材烘干设备技术研发	机械	自主研发	国内先进	2011	260	100	160
山东海龙股份有限公司	甘草渣浆粕	纺织	自主研发	国内先进	2011	110	60	50
山东海龙股份有限公司	咖啡粘胶短纤维	纺织	自主研发	国内先进	2011	130	100	30
山东海龙股份有限公司	密胺阻燃高强粘胶短纤维	纺织	自主研发	国内先进	2011	159	100	59
山东海龙股份有限公司	丝瓜络制浆及粘胶纤维	纺织	自主研发	国内先进	2011	112	70	42
山东海龙股份有限公司	植物提取物粘胶短纤维	纺织	自主研发	国内先进	2011	153	90	63
潍坊恒联浆纸有限公司	改性浆工艺技术优化	轻工	联合创新	国内先进	2011	202	0	202
山东创智新材料科技有限公司	膨胀玻化微珠建筑保温防火板	建材	联合创新	国内领先	2011	1100	400	700
山东海龙股份有限公司	变色粘胶短纤维	纺织	自主研发	国内先进	2011	150	100	50
山东海龙股份有限公司	防电磁波粘胶纤维	纺织	自主研发	国内先进	2011	120	80	40
潍坊恒联铜版纸有限公司	C级涂布水转印底纸原纸	轻工	自主研发	国内先进	2012	260	0	260
维波斯新材料（潍坊）有限公司	水性聚氨酯型梳状嵌段分散剂	石油化工	自主研发	国内空白	2012	150	0	150
山东恒联新材料股份有限公司	医药专用再生纤维素膜	轻工	自主研发	国际先进	2012	514	0	514
潍坊恒联玻璃纸有限公司	香肠套管专用再生纤维素膜	轻工	自主研发	国际先进	2012	188	0	188
中孚药业股份有限公司	奥硝唑分散片	医药	自主研发	国内先进	2012	300	0	300
中孚药业股份有限公司	卡培他滨及片剂	医药	自主研发	国际先进	2013	400	0	400
中孚药业股份有限公司	盐酸贝凡洛尔及片剂	医药	自主研发	国内先进	2012	300	0	300
潍坊华光精工设备有限公司	HGSM1500 模切机	机械	自主研发	国际先进	2012	700	0	700

续表 6-2

承担单位名称	项目名称	所属行业	项目创新方式	项目技术水平	完成年份	项目研发经费		
						总额	贷款	自筹
潍坊恒联铜版纸有限公司	超感纸	轻工	自主研发	国内先进	2012	360	0	360
潍坊华光精工设备有限公司	HGS120 模切机	机械	自主研发	国际先进	2012	260	0	260
潍坊恒联玻璃纸有限公司	HL-IL 纤维素薄膜	轻工	联合创新	国际先进	2012	800	0	800
潍坊恒联美林生活用纸有限公司	B 级高湿强擦手纸	轻工	自主研发	国内先进	2012	240	0	240
山东海龙股份有限公司	抗菌除臭粘胶纤维	纺织	自主研发	国内先进	2012	190	100	90
潍坊恒联美林生活用纸有限公司	高光食品包装纸	轻工	自主研发	国内先进	2012	150	0	150
潍坊龙达锌业有限公司	含锌废料生产高纯度间接法氧化锌工艺研究	其他	自主研发	国内先进	2012	400	100	300
山东圆友重工科技有限公司	年产 30～50 万吨新型塔式干混砂浆成套装备	机械	自主研发	国内先进	2012	650	0	650
山东圆友重工科技有限公司	HLS360 节能环保风送式混凝土搅拌楼	机械	自主研发	国际先进	2012	350	0	350
潍坊恒联玻璃纸有限公司	高强度拆封专用再生纤维素膜	轻工	自主研发	国内领先	2012	360	0	360
潍坊恒联玻璃纸有限公司	直线打孔再生纤维素膜	轻工	自主研发	国内领先	2012	510	0	510
潍坊市三建集团有限公司	建筑垃圾为主料生产自保温砌块项目	建材	自主研发	国内先进	2012	580	0	580
潍坊鑫昊木业有限公司	纵向刨切机	机械	自主研发	国内先进	2012	180	0	180
山东海龙股份有限公司	红豆杉粘胶纤维	纺织	自主研发	国内先进	2012	145	100	45
潍坊华光数码设备有限公司	自动数字化 HG-T116 计算机直接制版机	轻工	自主研发	国际先进	2012	300	0	300
潍坊恒联美林生活用纸有限公司	彩色餐巾纸	轻工	自主研发	国内先进	2012	230	0	230
山东圆友重工科技有限公司	正反馈摩擦偶合原理传动设备研发	机械	自主研发	国际先进	2012	850	0	850
山东海龙股份有限公司	防辐射粘胶纤维	纺织	自主研发	国内先进	2012	159	100	59
潍坊恒联铜版纸有限公司	彩喷相纸原纸	轻工	自主研发	国内先进	2013	320	0	320
潍坊华光精工设备有限公司	HG92—4 全自动多色胶印机	机械	自主研发	国际先进	2013	1000	0	1000
潍坊华光精工设备有限公司	自动数字化 HG-UV83 计算机直接制版机	机械	自主研发	国际先进	2013	360	0	360
潍坊市三建集团有限公司	利用废弃旧塑料生产新型 HDPE 双壁波纹管项目	建材	自主研发	国内先进	2013	450	0	450
恒天海龙（潍坊）新材料有限责任公司	离子交换粘胶纤维	纺织	自主研发	国内先进	2013	283	180	103

续表 6-2

承担单位名称	项目名称	所属行业	项目创新方式	项目技术水平	完成年份	项目研发经费		
						总额	贷款	自筹
恒天海龙（潍坊）新材料有限责任公司	光触媒粘胶纤维	纺织	自主研发	国内先进	2013	330	200	130
恒天海龙（潍坊）新材料有限责任公司	玉米穗皮溶解浆	纺织	自主研发	国内先进	2013	182	100	82
恒天海龙（潍坊）新材料有限责任公司	石墨烯复合再生纤维素纤维	纺织	自主研发	国内先进	2013	159	100	59
潍坊鑫昊木业有限公司	无甲醛实木复合地板技术研发	轻工	自主研发	国内先进	2013	380	100	280
恒天海龙（潍坊）新材料有限责任公司	PVA 复合再生纤维素纤维	纺织	自主研发	国内先进	2013	143	100	43
恒天海龙（潍坊）新材料有限责任公司	红景天粘胶短纤维	纺织	自主研发	国内先进	2013	140	100	40
潍坊德源光伏有限公司	新型太阳能硅片切割液回收技术	轻工	自主研发	国内先进	2013	160	0	160
中孚药业股份有限公司	抗乙肝及艾滋病药物拉米夫定的研发	医药	自主研发	国际先进	2013	600	0	600
中孚药业股份有限公司	拉米夫定片剂	医药	自主研发	国际先进	2013	500	0	500
中孚药业股份有限公司	左乙拉西坦片剂	医药	自主研发	国内先进	2013	350	0	350
潍坊恒联美林生活用纸有限公司	高挺度擦手纸	轻工	自主研发	国内先进	2013	220	0	220
潍坊恒联铜版纸有限公司	高档丽感纸	轻工	自主研发	国内先进	2013	460	0	460

第五节 名优产品

90 年代初期，省政府在全省实施名牌战略。寒亭区按照省乡镇企业局《实施名牌战略，争创山东乡镇企业名牌产品方案（试行）》《关于实施名牌战略，争创山东乡镇企业名牌产品的通知》要求，通过企业开展 QC 小组活动、推行 GB/T 19000—ISO 9000 质量管理和质量保证系列国家标准，产品生产检测按标准执行。1994 年，潍坊市煤气用具厂生产的太平洋牌 YSP-15 液化石油气钢瓶首获 1994 年度山东乡镇企业名牌产品。2000 年后，寒亭区组织工业企业参加由省工商行政管理局主导的山东省著名商标认定工作。2004 年，寒亭区根据国家、省战略部署开始工业产品申报名牌产品认定工作，2005 年，全区有 2 项工业产品商标被认定为山东省著名商标；2006—2010 年，全区有 11 项工业产品商标被认定为山东省著名商标。2013 年年底，全区获中国名牌产品 1 个、山东名牌产品 9 个。

2004—2010 年寒亭区工业企业名优产品著名商标一览表

表 6-3

企业名称	品牌名称	级别	认定年份
潍坊市金河食品有限公司	“亚王”牌冷冻分割肉鸭	山东名牌产品	2004
山东昱合食品集团有限公司	“昱合”牌冰鲜冷冻鸡产品	山东名牌产品	2005

续表 6-3

企业名称	品牌名称	级别	认定年份
山东圆友建设机械有限公司	“圆友”牌混凝土搅拌站	山东名牌产品	2005
山东圆友建设机械有限公司	圆友	山东省著名商标	2005
潍坊市金河食品有限公司	亚王	山东省著名商标	2005
潍坊恒联美林生活用纸有限公司	“玉”牌	山东省著名商标	2006
潍坊华东氧化锌有限公司	潍兴	山东省著名商标	2006
山东十笏园食品有限公司	十笏园	山东省著名商标	2006
潍坊昱合畜禽有限公司	昱合	山东省著名商标	2006
潍坊华光精工设备有限公司	华光及图	山东省著名商标	2006
山东海王化工股份有限公司	“世纪海王”牌工业盐	山东名牌产品	2007
山东海龙股份有限公司	银旋牌粘胶短纤维	中国名牌产品	2007
山东海龙股份有限公司	银旋牌粘胶长丝	山东名牌产品	2007
潍坊市寒亭区供电公司	卓越彩虹	山东服务名牌	2007
山东寒亭第一盐场	白浪	山东省著名商标	2007
潍坊恒联美林生活用纸有限公司	KITE 及图	山东省著名商标	2007
潍坊华光精工设备有限公司	“华光”牌四色胶印机	山东名牌产品	2007
潍坊恒联玻璃纸有限公司	“宝石”牌玻璃纸	山东名牌产品	2007
潍坊平和园宠物食品有限公司	拍拖宝贝	山东省著名商标	2008
潍坊恒联玻璃纸有限公司	宝石及图	山东省著名商标	2008
潍坊恒联美林生活用纸有限公司	“玉”牌生活用纸	山东名牌产品	2008
潍坊恒联铜版纸有限公司	风筝	山东省著名商标	2010
潍坊奥鑫食品有限公司	奥鑫 AOXIN 及图	山东省著名商标	2010

第六节　企业家队伍

90 年代初期，寒亭区乡镇企业快速发展，王兆丰、宋孝恩、王俊国、王晓华等乡镇企业厂长（经理）崭露头角，全区乡镇企业家队伍逐渐形成。2003 年，全区区属工业企业、乡镇企业大部分完成改制为民营企业，出现杨春彬、谢俊德、王连溪、李建元、金延章等诸多优秀民营企业家。2000 年以后，寒亭区采取多种措施，加强企业家队伍建设。区党代会、区人代会和区政协会换届时，区委按照“同等优先”原则给全区企业家合理分配“两代表一委员”名额，让他们履行建言献策、参政议政职责；组织企业家到高等院校参加各种培训。2008 年以后，重点围绕企业战略、产品营销、企业文化、融资担保、企业创新等内容成功举办 20 多场高端讲座，培训 1000 多人次。2013 年，全区企业家队伍 200 多人，成为全区经济转型升级，构建现代产业体系的主力军；12 月，成立寒亭区企业家协会。

2013 年寒亭区部分优秀企业家一览表

表 6-4

姓名	性别	工作单位及职务	两代表一委员任职情况	主要荣誉称号
李瑞丰	男	山东恒联投资有限公司党委书记、董事长兼总裁	潍坊市人大代表、山东省人大代表	山东省“富民兴鲁”劳动奖章
谢俊德	男	山东圆友集团有限公司董事长	潍坊市政协常委、潍坊市人大代表	山东省“富民兴鲁”劳动奖章
王连溪	男	潍坊市三建集团党委书记、董事长	潍坊市党代会代表	潍坊市“富民兴潍”劳动奖章
杨春彬	男	山东海王化工股份有限公司董事长、党委书记	山东省党代会代表、山东省人大代表、潍坊市党代会代表	潍坊改革开放 30 年时代人物 全国乡镇优秀企业家
蔡沥喈	男	山东龙震集团董事长、总经理	潍坊市人大代表	
曹希波	男	潍坊亚星集团有限公司董事长、党委书记、总经理	山东省政协委员、潍坊市政协委员	潍坊市“富民兴潍”劳动奖章
申孝忠	男	恒天海龙股份有限公司总经理	潍坊市人大代表	
马立臣	男	恒天海龙股份有限公司党委书记	潍坊市党代会代表	
李维洪	男	山东亚康药业股份有限公司董事长		潍坊市优秀共产党员
李传孝	男	山东腾飞集团董事长总经理	山东省政协委员、潍坊市政协常委、潍坊市人大代表	
王晓华	男	潍坊鸿旺工贸有限公司总经理	潍坊市人大代表	
李晓强	男	潍坊世纪阳光置业有限公司执行董事兼经理	潍坊市政协常委	
李建元	男	潍坊元林木业有限公司总经理	寒亭区人大代表	潍坊市优秀共产党员 潍坊市劳动模范
张维喜	男	潍坊龙达锌业有限公司董事长总经理		寒亭区劳动模范
潘光辉	男	潍坊市三建集团总经理、潍坊市三建集团有限公司总经理	寒亭区政协委员	全国建筑业优秀企业家
刘全福	男	潍坊环宇房地产开发有限公司董事长	潍坊市人大代表、寒亭区政协常委	
王兆丰	男	潍坊恒德纸业有限公司董事长	潍坊市人大代表	
宋孝恩	男	潍坊恒德纸业有限公司总经理	潍坊市人大代表	
张效泽	男	潍坊奥鑫食品有限公司董事长、总经理	寒亭区政协委员	
张维良	男	潍坊冠宇机械制造有限公司董事长	寒亭区政协委员	
王瑞刚	男	潍坊瑞光化工有限公司董事长、总经理	寒亭区党代会代表	
王俊国	男	潍坊市寒亭区医药化工厂厂长	潍坊市人大代表	潍坊市优秀共产党员 寒亭区劳动模范

续表 6-4

姓名	性别	工作单位及职务	两代表一委员任职情况	主要荣誉称号
李恒伟	男	山东亚康药业股份有限公司副总经理	寒亭区政协常委	潍坊市劳动模范
王海明	男	潍坊市三建集团副董事长、潍坊市滨海置业有限公司总经理	寒亭区人大代表、寒亭区政协委员	潍坊市“富民兴潍”劳动奖章
高振涛	男	山东昱合集团董事长		潍坊市劳动模范、山东省农村优秀人才、全国建设农村小康十大杰出贡献复转军人
董兴梅	女	山东圆友集团有限公司总经理	潍坊市党代表、潍坊市政协委员、潍坊市人大代表	全国巾帼创业先进人物
张爱华	女	山东腾飞集团副董事长	山东省妇联执委、潍坊市政协委员	
杨春杰	女	潍坊海泰置业有限公司董事长、总经理	寒亭区政协委员	潍坊市“富民兴潍”劳动奖章
许有霞	女	潍坊市三建集团副总经理	潍坊市党代会代表	

第二章　工业门类

第一节　纺织服装

1989年，区属纺织企业有潍坊第二棉纺织厂、潍坊第三染织厂、潍坊第三毛纺织厂、潍坊服装五厂、潍坊麻纺织厂、潍坊针织厂6家，占全区工业总产值11.8%。主要生产棉纱、布、毛毯、驼绒、麻袋、服装、针织品等100多个系列、1000多个花色品种，形成纺纱、织布、印染、整理、加工一体化；区属纺织企业生产棉纱6153吨、驼绒33万米、毛毯6万条、麻袋157万条、针织布639万米，加工服装62万件。1991年，潍坊第二棉纺织厂生产涤棉23支纱获“山东省优质产品”称号、粘胶20支和精梳20支获“山东省纺织工业厅优质产品”称号。2003年，区属纺织企业生产棉纱7404吨，织布1116万米，染布4674万米，完成工业总产值24000万元，占全区工业总产值24.4%。2007年以后，全区以创品牌为重点，加快结构调整步伐，培育上下游密切关联的垂直型配套产业链，形成深加工、多功能、营销服务滚动增值的纺织服装新格局。2013年，纺织服装产业实现工业总产值、主营业务收入、利税和利润分别为29.85亿元、31.71亿元、2.26亿元和1.45亿元。

潍坊第二棉纺厂

1979年创建，位于寒亭区工业街50号（现益新街），区属国有大型（二）企业。1989年，完成工业总产值2778万元，实现销售收入5501万元，实现利税400万元，职工2500人。1991年，潍坊第二棉纺织厂兼并区针织厂。同年，第二棉纺织厂开展产品创优活动，涤棉23支纱创“山东省名优产品”、粘胶20支纱和精梳20支纱创“山东省纺织工业厅优质产品”。1992年，潍坊第二棉纺织厂投资1760万元，从瑞士引进青钢联、梳

图 6-2 潍坊瑞祥集团（1997 年）

成工业总产值 1000 万元，实现销售收入 1664 万元，实现利税 126 万元。1993 年，潍坊第三染织厂与韩国客商金东允合资兴办潍坊东海针织有限公司，生产针织汗布全部出口。1994 年，投资 50 万元，新上制造、浆、染、整配套设备，生产能力达 700 万米以上；新上织布机 82 台，新增灯芯绒、23 涤棉等 10 余种花色品种；与上海文达针织厂协作联合开发产品出口，上海文达资金投入 107.5 万元，月产针织汗布由 20 吨增至 100 吨，1997 年 7 月，中韩合资企业停业。1999 年 7 月以后，潍坊第三染织厂因债务过高难以为继，陆续将厂房、设备租赁给潍坊鸢飞印染纺织有限公司、潍坊佳景纺织有限公司、潍坊大成针织有限公司、潍坊恒通织物有限公司和个体织布厂。2007 年，有正式职工 493 人，离退休职工 118 人，资产 393 万元，负债 5033 万元。2013 年，企业资产待处置。

棉机、条干仪，从意大利引进自动络筒机，从日本引进粗纱机，对 1 万枚老纱锭进行技术改造，形成年产精梳棉纱 1000 吨的生产能力。1993 年，投资 1500 万美元，与新加坡万德茂私人有限公司合资兴办潍坊鲁德茂纺织有限公司，形成生产高档纱 4000 吨、汗布 3350 吨、成衣 1200 万件，销售收入 4233 万美元，年创汇 3633 万美元的生产能力。1997 年 1 月，潍坊第二棉纺织厂进行改制，与潍坊第二针织厂、鲁艺纺织有限公司联合组建潍坊瑞祥纺织集团有限责任公司。公司总股本 2000 万元人民币，其中第二棉纺织厂 1600 万元、第二针织厂 200 万元、鲁艺纺织有限公司 200 万元。1998 年 8 月，潍坊瑞祥纺织集团有限责任公司整体购买潍坊服装五厂破产资产。1999 年 12 月，寒亭区最大区属国有企业潍坊瑞祥集团有限公司完成改制，组建为潍坊瑞祥纺织有限责任公司。2000 年 10 月，潍坊瑞祥纺织有限公司进行产权改革，将集团产权整体转让，由潍坊瑞祥纺织有限公司实行“一买三接”（买断产权，接人员、接资产、接债务）。2008 年 10 月，潍坊瑞祥纺织有限公司依法宣告破产，主要资产 8.73 万平方米工业用地由政府收回，变更为商住用地。

潍坊第三染织厂

位于潍坊市寒亭区潍县北路 563 号，占地 5.5 万平方米，建筑面积 1.5 万平方米。1989 年，完

寒亭区新星织布厂

1995 年 2 月成立，位于寒亭区寒亭街道邢家东庄村 420 号，是从原潍坊麻纺厂分离出来的区属全民企业。1998 年 2 月，区新星织布厂因设备陈旧，产品无销路而被迫停产，加之负债累累，当月被银行起诉、法院查封。2007 年，有职工 128 人、退休职工 33 人，企业占地 8990 平方米、厂房建筑面积 960 平方米，其中织布车间 720 平方米，塑料车间及办公室等 240 平方米，负债 982 万元。2013 年，企业厂房等资产所有权已归银行所有，厂区部分仅有几亩国有划拨土地。

潍坊服装五厂

位于寒亭区工业街 5 号（今益新街），1990 年，有职工 559 人，主要从事服装加工、销售和出口。1996 年 10 月，依法宣告破产，由潍坊瑞

祥纺织集团有限公司整体购买服装五厂的财产，接收破产企业职工及破产债务，成立潍坊瑞祥集团有限公司服装分公司。而后将服装分公司产权整体转让，由内部员工出资入股，改制为经营者持大股的潍坊龙源盛服装有限公司。新公司占地2.31万平方米，接管职工320人、离退休职工84人，接收资产总额329.5万元、总负债179万元、净资产150.5万元。2005年，厂区列入城区拆迁改造，土地已开发。

潍坊本信利印染有限公司

位于寒亭区潍县北路北段，1996年8月，潍坊客商梅在树投资3000万元，将原寒亭区通用化工厂破产后的资产整体购买后，新上两条180印花生产线，形成年产各种印花布3500万米的生产能力。产品主要出口韩国、日本、非洲、中东等国家和地区。2003年，公司有200人，生产各种印染布3220万米，年工业总产值6390万元，年销售收入6390万元，上缴税金28.4万元，实现利税13.4万元，完成出口交货值1099.1万元。

潍坊新立拉链有限公司

2000年，由台湾华明织造有限公司独资成立，主要生产拉链制品，项目总投资180万美元，注册资本150万美元。产品销往欧、美、东南亚等国家和地区，年均出口创汇额300万美元。2013年，拉动劳动力就业500余人，成为亚洲较大的拉链生产基地。

恒天海龙股份有限公司

1984年成立，位于寒亭区海龙路555号。1996年12月26日，山东海龙股份有限公司在深圳证交所挂牌上市，是潍坊市第一家上市公司，注册资本8.64亿元，总资产53亿元。下辖山东海龙博莱特化纤有限责任公司、山东海龙纺织科技有限责任公司、新疆海龙化纤有限责任公司等14个控股子公司。2004年1月，山东海龙股份有限公司举行年产4万吨黏胶短纤维工程奠基仪式。2006年5月，公司财税管理由潍坊市下放寒亭区。2012年12月，由中国恒天集团收购山东海龙股份有限公司并更名为恒天海龙股份有限公司，辖公司本部和安丘博莱特公司，有职工5828名，其中工程技术人员500名。公司本部占地88.8公顷，地上建筑物面积约30万平方米，公司固定资产原值36.05亿元，净值18.65亿元，注册资本8.64亿元；公司主营粘胶长丝、粘胶短丝、棉浆粕和帘帆布，年生产能力为粘胶短丝27万吨、粘胶长丝8000吨、棉浆粕25万吨、涤纶帘子布1.5万吨、高模低缩涤纶工业长丝1.2万吨。

公司是中国粘胶行业的代表性企业，技术力量雄厚，2002年，被认定为省级企业技术中心；2006年度获国家科技进步一等奖，是科技部认定的国家火炬计划重点高新技术企业、山东省高新技术企业、中国纺织工业协会“纺织科技型企业”；2008年，被认定为国家级企业技术中心，具有完善的科研开发体系和完备的中试生产线。成功开发科技含量和附加值较高的安芙赛阻燃纤维、纽代尔高强纤维、麻赛尔纤维等系列新产品，多项填补国内空白，两项处于世界领先水平，动物蛋白纤维素纤维技术获2008年国家技术发明二等奖。承担完成多项“九五”国家重点科技攻关项目，获山东省科技进步一等奖。公司主导产品粘胶纤维系列和帘帆布系列通过ISO 9001质量管理体系、ISO 14001环境管理体系和OHSAS 18001职业健康安全管理体系认证，并通过纺织品环保标准认证，其中粘胶短纤维、高模低缩涤纶工业丝获“中国名牌产品”，产品销往东南亚、欧盟、中东、南美等二十几个国家和地区。2013年，实现销售收入17.9亿元，税收5000万元，完成投资2000万元，续建工艺废气回收项目。

第二节　机械制造

1989年，区属机械工业企业主要有潍坊齿轮箱厂、潍坊集装箱厂、潍坊环保设备厂、潍坊第三纺织机械厂，主要生产齿轮箱、集装箱、外伸轴、减速机、钢门钢窗、内燃机配件、环保除尘器、铡草机、温泉暖炉、纺织机械等产品。当年，完成工业总产值1470.70万元，实现利税

141.8万元。2007年以后，全区重点抓智能制造、绿色制造和服务型制造，着力提升机械装备集成化、信息化水平，壮大高端装备制造规模，增强机械装备制造业竞争力。以华铃动力、华源内燃机等企业为依托，通过加快产品、技术、工艺升级步伐，初步形成动力机械产业集群；以圆友重工、鑫铭桥机械等企业为依托，不断完善产品系列和装备领域，加快全国建筑机械和工程机械基地建设；以华光精工、华光数码等企业为依托，实施工业化和信息化融合，开发具有自主知识产权的系列产品，形成在全国具有比较优势的平版印刷设备生产基地；以潍柴铸锻、天润曲轴等企业为依托，通过研发攻关，切实提高铸、锻、焊、热、表面处理等工艺水平和系统集成水平，形成关键基础零部件制造基地。2013年，机械制造产业实现工业总产值、主营业务收入、利税和利润，分别为152.82亿元、156.13亿元、13.43亿元和8.34亿元。

潍柴动力（潍坊）铸锻有限公司

成立于2006年，位于潍坊市寒亭区丰华路3899号。按"国内一流、世界先进"标准建设，工业园区分三期建设，一期投资11亿元，于2007年6月投产；二期投资8.5亿元，于2011年6月投产；三期投资10亿元，于2012年12月投产。总投资36亿元，总建筑面积22.2万平方米，员工2100余人，其中管理技术人员260多人，年生产铸件能力超过30万吨。公司产品覆盖WP4/6、WP5/7、WP10、WD12、WP12/13等系列柴油机的气缸体、气缸盖、曲轴箱等铸件，重量10～400千克，铸件材质主要为从HT200到HT300的灰口铸铁及蠕墨铸铁件，铸件表面光洁、尺寸精确、材质稳定，采用按节拍流水作业，全员劳动生产率达到了100吨/人•年，主要产品合格率稳定在97%以上，达到同行业先进水平，满足从欧Ⅱ到欧Ⅵ排放标准柴油机对毛坯的需求。是中铸协首批"绿色铸造示范单位"、首批通过工业和信息化部铸造准入认定企业；中国铸造协会副会长单位、山东省铸造协会副理事长单位、潍坊市协会会长单位。2013年，上缴税金626万元。

潍坊齿轮箱厂

位于寒亭区通亭街296号，占地14.70公顷，生产车间及办公建筑面积3.68万平方米。1987年10月，潍坊齿轮箱厂由潍坊柴油机厂派员代管，仅生产船用齿轮箱，完成工业总产值671万元，实现销售收入909万元，实现利税67万元。1990年4月，潍坊柴油机厂管理人员撤出后，企业引进科技人才16名，拥有各类专业人才达106名，与10家科研单位、大专院校和106家企业建立联系，开发大吨位提升装置和回转机构、逆止器、多功能汽车式公路养护车、石油机械配套减速箱等5大系列、60种新产品，其中3种产品填补国内空白，产品辐射国内106家厂家，4000多台农用齿轮箱出口美国。1992年，继续加大科技投入，新产品增至6大系列、80个品种。1993年，潍坊齿轮箱厂推行总成本承包工程，将责任目标落至部门和个人，降低生产成本，狠抓限产压库，当年6月—7月，全厂节约费用60

图6-3　潍柴动力（潍坊）铸锻公司厂区（2013年）

万元，全年完成工业总产值4660万元，实现销售收入4400万元、利税364万元，同比分别增长79.3%、70.1%和38%。1993年后，陆续开发出出口美国的75、T90、340系列16个品种，实现当年开发、当年投产、当年见效；主要产品有HC250系列船用齿轮箱、LW180动力输出装置、矿山和建筑机械减速箱、WW3DH系列美国农机用减速箱。1999年，潍坊齿轮箱厂除价值124万元的两座职工单身宿舍楼外，其余资产被区工商银行、区商业银行通过法院依法执行，以资抵贷。1999年9月，注册成立潍坊中维齿轮箱有限公司，公司股本总额714股、注册资本214.2万元、职工1151人，并以承担相应债务方式购买工商银行所执行的该厂原资产4966万元。2003年，生产割晒机864台，完成工业总产值272.3万元。2007年，在职职工950人，退离休316人。2008年9月，山东圆友建设机械有限公司依照法院裁定购买中国长城资产管理公司以上债权，并以“退城进园”形式接受地上全部资产。2011年6月，区政府将潍坊齿轮箱厂14.71万平方米土地出让给潍坊元宏房地产开发有限公司，出让所得全部用于职工安置和355户职工住房置换。2013年，潍坊齿轮箱厂、潍坊中维齿轮箱有限公司同时注销。

潍坊第三纺织机械厂

位于寒亭区幸福路1号，占地1.33万平方米。1989年，完成工业总产值412万元，实现销售收入317万元，利税31万元，主要产品有GT503型提花机、GT505A型提花机、JK202A型丝绸提花机、WTK215型提花机、JU202型纹板穿孔机。1993年，GT503型提花机获“山东省优质产品”称号。1994年6月，改制为潍坊华龙机器制造股份有限公司，由公司员工认购534股，募集股本53.4万元。同年7月，公司按规范化股份制企业体制运行，企业性质由城镇集体所有制变为股份合作制企业。2003年，生产提花机750台、胶印机20台。2009年5月，潍坊第三纺织机械厂破产，原185名在册职工分别由潍坊万方新技术有限公司和潍坊三维机器制造有限公司接收安置。2010年2月注销。

潍坊环境保护设备厂

始建于1966年，位于寒亭区工业东街12号，区属集体企业。1989年，完成工业总产值267万元，实现销售收入335万元、利税30万元，主要产品有袋式除尘器。1991年，潍坊环保设备厂生产的LLH型袋式除尘机组6种规格产品创山东省优质产品。1993年，与冶金部贵阳铝镁设计院联合开发生产的除尘设备PBC型系列旁插袋除尘器，填补国内空白。1994年，与北京埃夫比尔燃烧设备有限公司合作开发生产“美筝牌”MBV系列温泉暖炉、3.5—20除尘器产品获“山东省优质产品”称号。1995年，被山东省科委授予“高新技术企业增长点”称号。1997年，潍坊环保设备厂由于生产难以为继停产。1998年10月，厂房和设备先后由潍坊鑫达公司、潍坊汇奇机械有限公司、潍坊天岭服装有限公司租赁经营。2007年，原有资产已被市中级人民法院执行或拍卖，仅剩土地资产，企业负债1543万元，其中欠职工工资集资190.4万元、欠交职工各项社会保险费500万元。2009年8月，依法宣告破产，拍卖土地2.91万平方米，所得全部用于回迁户和职工安置。

潍坊集装箱厂

位于寒亭区工业东街16号，区属国有企业。1990年，有职工730人，主要生产集装箱、钢窗、柴油机配件和印刷材料。1992年，潍坊集装箱厂被国家铁道部列为路外定点厂，所产10吨集装箱由铁道部全部包销。1—11月生产集装箱3853只。是年底，通过产品适应性调整，所生产的10吨铁路集装箱由1991年年产3000只增至5000只。完成工业总产值2210万元、实现利税268.4万元，同比分别增长100%、241%。1993年10月，潍坊集装箱厂改组为潍坊利行集装箱股份有限公司；1996年6月，被潍坊齿轮箱厂兼并，后与潍坊齿轮箱厂分别改制，成立潍坊广众集装箱有限公司。1998年10月，区工商行政管理部门吊销其企业法人营业执照，将生产设备及车间对外租赁。2007年1月，潍坊集装箱厂启动拆迁，企业成立由职工推选，30名代表组成职工议事会和6名职工组成的工作班子，形成土地拍卖、偿还地上债权、用政府土地纯收益安置职工方案。2009年12月，区政府将企业6.48万平方米土地出让。2012年10月，房地产开发公司采取置换方式安置原生活区146户，置换面积9348.76平方米。

山东圆友建设机械有限公司

始建于2000年12月，位于寒亭区益新街320号，民营企业，注册资本567万元，主要从事建筑机械生产，有6大系列、40个品种，年产能力800台（套）。2003年10月，新上Wla300—600系列路基料拌和站等3大产品，生产搅拌机526台、配料机600台，完成工业总产值5449万元，实现销售收入5273万元、利税587万元，实交税金356万元。2005年1月，迁新址于寒亭区幸福路567号，占地面积43.33公顷，建筑面积15万平方米，为中型企业；主要产品有HZS（HLS）系列混凝土搅拌站（楼）、LB系列沥青拌和站、WCQ系列稳定土拌和站、HBT系列混凝土输送泵、干粉砂浆搅拌站、建筑石膏生产线、施工升降机、玻化微珠防火保温新材料、矿山机械等。2009年，通过“质量管理体系”“职业健康安全管理体系”“环境管理体系”认证；全年完成技改投资3527万元，完成技改项目3个，开发新产品5个，完成工业总产值4.83亿元，工业增加值9900万元，完成利税6590万元。2010年，引进项目2个，合同利用外资167万美元，实际利用外资92万美元；全年完成技改投资4250万元，完成技改项目4个，开发新产品3个；“圆友”商标被认定为山东省著名商标，公司获“省级守合同重信誉企业”等称号。2011年，公司制定十年战略规划，大力实施品牌战略，完成技改投资4431万元，完成技改项目5个，开发新产品4个；“年产30万立方米膨胀玻化微珠防火保温轻质砂浆项目”被国家发改委批准为2011年第三批资源节约和环境保护项目、“玻化微珠防火保温系列新型建材及技术装备制造项目”被列入“黄河三角洲高效生态经济区重点项目”。2012年，完成技改投资4791万元，完成技改项目5个，开发新产品6个；获山东省“高新技术企业”、潍坊市“百强企业”等称号。2013年，固定资产原值2.6亿元，净值1.8亿元，职工900余人，其中工程技术人员50人。下辖山东圆友重工科技有限公司、山东创智新材料科技有限公司、山东六九矿业装备科技有限公司等11家分公司；公司全年完成工业总产值136697万元，工业增加值28430万元，完成利税18734万元，其中利润13534万元；全年完成技改投资5154万元，完成技改项目3个、开发新产品6个；申报“混凝土外加剂防结晶装置”等专利12项，其中发明专利1项、实用新型专利11项。获“中国专利—山东省明星企业”“全国预拌砂浆设备示范企业”“省级科技进步奖”“山东省知识产权示范企业”；干混砂浆生产设备被中国质量协会工程机械分会、全国建设机械设备用户委员会、中国工程机械工业协会用户工作委员会评为“全国用户满意产品”“全国混凝土机械用户满意十强企业”“工程机械网络营销优秀企业金奖”产品。

潍坊冠宇机械制造有限公司

2004年4月成立，位于寒亭区丰华路南首，占地2.08万平方米。注册资本388万元。2011年9月，注册资本增至1008万元。2004年，投资600万元新上数控机床16台和数控铣床4台，主要生产不锈钢球阀、不锈钢快速接头和气动角座阀，职工50人。2004—2006年，投资800万元新建厂房6000平方米。2006—2009年，投资1000万元新建厂房9000平方米。2010年，完成工业产值2500万元，上缴税金100万元。2013年，完成工业产值2800万元，上缴税金120万元，职工60人。

第三节　食品加工

1989年，寒亭区有500吨以上加工能力的面粉加工企业64家、油料加工企业11家、糕点和糖果制造2家、酿造业1家。2004年，151家食品工业主要集中在乡镇，从业人员4807人，总资产7.3亿元、营业收入10.4亿元、上缴税金1594万元，产品涉及肉食鸡鸭加工、速冻蔬菜和糕点3大类、40多个品种。2007年以后，全区以粮油、果蔬、畜禽、水产四大产业为重点，加快发展科研开发、生产加工、检验检测、仓储物流、产品交易、电子商务和旅游、休闲、餐饮、娱乐一体化发展的现代食品产业体系；加快食品生物技术、提取技术、非热杀菌技术的开发应用，发展高档果蔬加工，提升畜禽加工制造，延伸粮油精深加工，做大水产加工物流，推进一般加工产品向价值链高端发展；重点培育以瑞麦食品、十笏园食品等企业为依托的粮油加工，以金椿食品、品维萝卜等企业为依托的果蔬加工，以金河食品等企业为依托的畜禽加工，以中凯兴业、洋大食品等企业为依托的水产加工等食品产业集群。2013年，全区食品产业实现工业总产值、利税和利润分别为48.49亿元、4.13亿元和2.17亿元。

潍坊奥鑫食品有限公司

1994年成立，由寒亭一中冷藏厂和澳大利亚共同出资成立，为中澳合资企业，位于寒亭区张氏镇张金杨孟村东。1995年，企业停产；1999年，因无法偿还贷款，企业转让给中国农业银行寒亭区支行。2001年，企业通过股份制改革，变更为潍坊奥鑫食品有限公司。2004年11月，潍坊奥鑫食品有限公司在寒亭区双杨店镇工业园投资建设新厂，占地1.73万平方米，新建厂房及附属设施1万平方米，新上自动定量充填结扎机，大型灭菌、炸拌乳化、巴氏灭菌设备，骨肉分离机等，累计投资2000多万元。2013年，职工200多人，形成4大系列、100多个品种，年产量1万吨，产值过亿元。

山东昱合集团

始建于2003年10月，是一家集肉种鸡繁育、饲料生产、商品鸡饲养、肉鸡屠宰、食品加工、锅炉制造及出口贸易于一体的大型企业，下辖山东昱合食品集团有限公司、潍坊佳潍可食品有限公司、潍坊昱合畜禽有限公司、潍坊太宏饲料有限公司、潍坊禾兴养殖有限公司、青岛昱合幸福锅炉有限公司等。2004年，有员工2000余人，其中高中级管理人员及技术人员200多名；拥有从德国、韩国、美国、日本、荷兰等国引进的具有世界先进水平的饲养、孵化、食品加工等设备；存养爱拨益加、哈伯德父母代肉种鸡90万套，年产商品代鸡苗9000万只，生产的鸡苗具有抗病力强、生长速度快、饲料转化率高等特点；生产各种预混饲料、浓缩饲料、配合饲料20万吨，可向社会提供饲养肉鸡、蛋鸡、种鸡、猪、鸭、牛等10大系列100多个品种的饲料；年屠宰肉鸡4000万只，加工肉鸡系列产品8万吨，产品被中国绿色食品发展中心认定为绿色食品A级，许可使用绿色食品标志，销售面向全国各地，并供应肯德基、麦当劳等全球著名快餐公司。2004年9月，被国家农业部等八部委评为“农业产业化国家重点龙头企业”；12月，被山东省畜牧协会授予“山东省畜牧业综合实力五十强企业”称号。2005年3月，被山东省绿色食品发展中心授予“全省绿色食品示范生产基地”称号。2009年12月，在美国纳斯达克成功上市，并融资2100万美元。2012年，实现主营业务收入21.09亿元，利税3.52亿元。

潍坊市金河食品有限公司

始建于1997年4月，为中型民营企业，是省级农业产业化龙头企业。公司占地面积66.67公顷，建筑面积5万多平方米。公司先后于2001年通过ISO 9001/2000国际标准质量管理体系、HACCP、SSOP、GMP认证；2002年，获国家首批“无公害农产品”认证；2004年10月，“亚王”牌肉鸭产品获山东名牌产品称号。2004年，有鸭舍200多万平方米，形成种鸭养殖、雏鸭孵化、饲料加工、商品鸭饲养、冷藏加工及深加工、出口销售生产经营体系。有职工2000多人，总资产1.5亿元，其中固定资产8000万元；有种鸭场5处，存栏种鸭20多万只；孵化场3处，年出雏能力2000多万只；标准化养殖区200多处，商品鸭存养量200万只，拥有商检注册的出口产品养殖场6处，存养量60万只；拥有现代化冷藏加工厂2处，日加工毛鸭6万只；饲料加工厂2处，年生产能力30万吨。全年实现销售收入3.7亿元，利税1800万元，社会收入5000万元。2000—2001年，公司被山东省工商局、省个体劳动者协会、省私营企业协会授予“十佳私营企业”称号;2001年4月，被潍坊市委、市政府授予“潍坊市出口创汇先进龙头企业”称号；同年12月，被山东省人民政府授予“山东省先进民营企业”称号；2005年2月，被潍坊市委、市政府授予“潍坊市2004年度百强民营企业”称号。2006年，实现销售收入3.1亿元，实现利税1000万元，其中新产品销售收入占全公司销售收入25%；2007年，实现销售收入4亿元，实现利税1345万元，新产品销售收入10677万元。

潍坊金椿食品有限公司

始建于2000年，位于寒亭区河滩镇。潍坊金椿食品有限公司是与中国台北长椿国际贸易有限公司共同兴建的一座专门从事生产冷冻蔬菜、水果种植、加工、出口的合资企业。公司占地5.9万平方米，建筑面积2.9万平方米，拥有每小时冷冻1.5吨的单冻机2台、蔬菜清洗机3套、杀青设备3套，日产量75吨，年生产能力可达2万吨；2条脱水、熟食加工流水线，1条牛蒡生产流水线；占地3200平方米大型仓库1座，主要产品是冷冻蔬菜、水果及冷冻调味蔬菜产品，全部出口到日本、欧美等国家和地区，其中日本占70%，欧美占30%，年销售量在1.5万吨以上。公司原料供应15%来自河滩镇，30%来自周边乡镇，45%来自周边县市区。2003年通过ISO 9001/2000标准认证，2004年通过HACCP认证，2007年通过ISO 22000：2005标准认证。2004年，有职工600名，实现销售收入5174万元，实现利润413万元，上缴税金57.9万元。12月，被授予山东省农产品出口示范企业称号，成为全省第一批13家试点企业之一。2010年，销售收入达到1.2亿元，出口创汇达到788万美元，实现税收210万元。为公司提供优质蔬菜的种植基地有25处，种植面积9000多亩，与2930户农民签订收购合同，带动相关农户4000多户，使农民增加收入6300多万元。种植户每年可为企业提供优质蔬菜原料3万余吨，种植户每亩增收2000元以上。2013年，从业人员520人，主营业务收入9050万元，上缴税金60万元。先后被山东省农业厅授予“省级绿卡行动计划示范企业”“山东省省级重点龙头企业”称号。

潍坊朗冬食品有限公司

2000年12月成立，位于寒亭区双杨店镇，占地2.2万平方米，与香港合资企业，是山东省农科院作物研究所指定的技术开发合作企业、潍坊市出口创汇先进企业。公司产品以速冻系列为主，主要有白芦笋、绿芦笋、平菇、香菇、蒜米、圆葱、草莓等30多种。2004年，公司拥有2座独立生产加工车间，面积5000平方米，每座车间都配有先进加工生产设备，年产量可达万吨以上。企业有3座冷库，储存能力2000吨。公司培育的“亦禾”牌芦笋成为潍坊市首个通过农业部绿色食品发展中心质量认证的知名品牌，速冻白芦笋出口占全国总出口量20%。2007年11月，芦笋种植加工技术示范园获省级引智示范园称号。2008年，获“全省农产品加工示范企业”称号。2001—2011年，连续被潍坊市政府授予市级“先进农业龙头企业”。被潍坊市工商局评为“重合同守信用企业”，并获中国农业银行山东省分行授予的“AA级信用企业”称号。

潍坊瑞麦食品有限公司

2001年7月成立，为新加坡旺旺控股有限公司在寒亭区经营的独资企业。总投资300万美元，占地62371平方米，一期建成3条生产线。2004年建设二期，生产线扩增至6条。2009年，生产线扩增至8条，主要生产雪饼、仙贝、小小酥、大米饼、鳗钙等米果类产品。2012年，公司被寒亭区政府评为“纳税贡献奖”企业。2013年，投资增加至414万美元，新上糖果生产流水线一条；实现营业收入12259万元，实现利税3136万元，拉动区内就业劳力1000余人。

第四节 造纸包装

1990 年，寒亭区造纸包装行业主要有潍坊市寒亭造纸厂、潍坊市造纸总厂寒亭分厂、潍北农场造纸厂、寒亭区吴官庄纸箱厂和寒亭区商业纸箱厂等企业，规模小，产品单一。1999 年 9 月，潍坊市寒亭造纸厂通过股份制改革成立潍坊恒德纸业有限公司。1995 年 8 月，潍坊玻璃纸厂与潍坊造纸总厂寒亭分厂合并成立潍坊恒信纸业集团有限公司。2002 年，公司由国企改制为民营企业，成立山东恒联投资有限公司。2003 年，根据潍坊市“退城进园”部署，启动建设恒联（潍坊寒亭）工业园。工业园占地 44.67 公顷，经过 10 年的发展，先后落户恒联浆纸、恒联美林、恒联特种纸、恒联新材料等十几个项目。2009 年以后，全区以恒联集团、恒德纸业等骨干企业为依托，加快调整优化原料和产品结构，大力发展绿色环保和高附加值产品，提升铜版纸、玻璃纸、生活用纸等高档纸品附加值；大力发展降解性好的包装新材料、新型绿色环保包装产品，支持重点企业搞好废旧包装、废纸等废旧产品回收与综合利用；重点打造恒联造纸工业园，将其建设成为规模化、清洁化、生态化、高效益的造纸产业园区。2013 年，造纸包装产业实现工业总产值、主营业务收入、利税和利润分别为 48.49 亿元、49.46 亿元、2.84 亿元和 1.40 亿元。

恒联集团

位于潍坊高新区东风东街 3019 号。1989 年，从日本川之江公司引进高档生活用纸生产线，是国内较早生产高档生活用纸的企业。1992 年，自行设计制造一条玻璃纸生产线。1995 年 8 月，潍坊玻璃纸厂与潍坊造纸总厂合并成立潍坊恒信纸业集团有限公司。1997 年，公司成立企业技术中心，加强对造纸新技术的应用与研发。1998 年，建设两条制浆生产线，配套建设 4 万吨碱回收和 3 万吨中段水处理系统。1999 年，自行设计安装具有国际先进水平的四刮刀高档铜版纸生产线。2002 年，公司由国企改制为民营企业，成立山东恒联投资有限公司，确立差异化发展战略，重点加强特种涂布纸、非涂布特种纸、再生纤维素膜、生活用纸、清洁材料等研发与投入，产品结构不断优化。2003 年，启动建设恒联（潍坊）工业园；从瑞典引进两条生活用纸生产线，建设 5 万吨高档生活用纸项目。2004 年，建设年产 8 万吨文化纸项目。2005 年，收购山东光华纸业集团有限公司。2009 年，收购上源热电有限公司，建设恒联（费县）工业园。淘汰草浆生产线，建设年产 10 万吨棉浆生产线和 10 万吨木浆生产线。2007 年，企业技术中心被认定为省级企业技术中心，启动恒联奎文厂区搬迁升级改造项目，建设年产 15 万吨特种纸项目、年产 8000 吨再生纤维素膜项目，配套建设 75 吨循环流化床锅炉项目和热电项目，形成浆纸联产、热电联产的发展格局。2010 年，建设 2640 纸机项目。2011 年，与以色列企业合资，建设年产 5 万吨特种纤维素项目；与美国企业合资建设年产 1000 吨纤维素肠衣项目。同年，

图 6-4 恒联造纸工业园（2013 年）

与中国科学院化学所正式签订以离子液体为溶剂再生纤维素制备技术合同；合作开发绿色纤维技术，该项新技术的产业化带来纤维素功能材料的革新应用，打破现有粘胶、薄膜产业结构格局。同年，山东省玻璃纸研究中心落户公司，是获准成立的首个以玻璃纸研发为方向的省级工程技术研究中心。到2012年底，公司拥有授权发明专利18项。2003—2012年，公司蝉联“潍坊市工业企业50强”“潍坊市百强民营企业”“山东省造纸行业十强”等称号。其中2005年，获山东省轻工行业2004年度“安全生产管理先进单位”称号；2006年，获山东省“管理创新优秀企业”称号；2008年，跻身全国制浆造纸30强企业；2009年，获“中国企业教育先进单位百强”“山东省质量奖”“山东轻工业建国六十周年功勋企业”“山东省企业技术创新奖”等称号；2010年，获全国造纸企业劳动关系和谐企业称号；2011年，被评为山东省轻工系统先进企业；2012年，获“山东省林产业龙头企业”“中国包装行业百强”称号。2012年，成立冠骏科技公司，建设水刺复合清洁材料项目。2013年，完成技改投资2亿元，实现主营业务收入15.72亿元、税收7220万元。年产1000吨绿色纤维素肠衣项目完成投资4601万元；年产10万吨绿色纤维素膜项目完成投资2200万元，中试试验线完成；污水余热回收利用技术改造项目完成投资690万元，项目一期试车运营。

潍坊恒德纸业有限公司

1972年9月建厂，位于寒亭区河滩镇南曹埠村东、杨瓦路两侧。1984年7月，称潍坊市寒亭造纸厂。1990年，企业产量达1792吨，完成产值391万元，上缴税金34.14万元。1991年9月，潍坊市寒亭造纸厂与香港龙滨贸易公司合资经营，注册为潍坊龙鸢造纸有限公司（其间潍坊市寒亭造纸厂名称仍保留使用）。1992年，企业转产箱板纸，投资730万元，新上1600/16缸5网板纸机。1995年，企业新上瓦楞纸，投资90万元，新上1600双缸双网瓦楞纸机。1999年9月，企业股份改制后更名潍坊恒德纸业有限公司，投资80万元新上1760双缸双网纸机，产量达14680吨，完成产值2708万元，上缴税金179万元。2001年，投资450万元新上2880多缸长网纸机。2002年，投资450万元新上2400多缸长网纸机；4月，1600/16缸5网板纸机拆除，箱板纸停产。2007年，投资1200万元新上3400多缸长网纸机。2011年，投资680万元对3400多缸长网纸机扩能改造。2012年，企业进行多次扩产和技术改造，先后上11台日产140多吨的3700纸机，同时配套相应制浆、配电、水处理等设施。2012年，企业年产量6.98万吨，完成产值1.57亿元，上缴税金1077万元。

第五节　精细化工

1990年，寒亭区化学工业企业主要有寒亭区化工厂、寒亭区联合消毒剂厂、寒亭区廿里堡福利塑料厂等乡镇企业，主要生产元明粉、洗衣粉、二氯异氢尿酸钠、二氯异氢尿酸和塑料制品。1998年，全区年销售收入500万元以上化工企业有潍坊市华东氧化锌有限公司、寒亭区宏达染化厂、寒亭区泊子医药化工厂。2000年以后，随着潍坊亚星集团有限公司、潍坊天瑞化工有限公司、潍坊龙达锌制品有限公司、潍坊幸福药业有限公司、潍坊泰达化工有限公司、潍坊瑞光化工有限公司等企业落户寒亭，化工产业迅速崛起，成为全区主导产业之一。2003年4月，潍坊市寒亭海洋化工开发区成立，为寒亭化工产业发展搭建了新平台。2008年，山东新和成药业有限公司、山东国邦药业有限公司、潍坊滨海石化有限公司、潍坊丽波日化有限公司、潍坊汇韬化工有限公司等20多家企业集体入驻开发区，总投资100亿元以上。2009年以后，全区以“基地化、规模化、一体化、园区化”为引领，大力发展精细化工、化工新材料和生物化工等特色化工产品，强化产业关联，拓展产业链条。2013年，化工产业实现工业总产值、主营业务收入、利税和利润分别为4.31亿元、4.91亿元、3011万元和1530万元。

潍坊亚星集团有限公司

生产厂区位于寒亭经济开发区，占地面积80公顷。1994年，组建成立潍坊亚星化工集团总公司。1998年，改制成立潍坊亚星集团有限公司。2004年，潍坊市国资委将亚星集团49%的国有股权转让给潍坊亚星投资有限公司。2008年，亚星集团通过增资扩股方式引进两家韩国战略投资者，企业性质变更为中外合资企业。建有CPE生产装置3套，年产能力16万吨；建有离子膜烧碱装置2套，年产能力12万吨；建有1.2万吨/年水合肼装置、1.2万吨/年ADC发泡剂装置、12万吨/年过氧化氢装置、2万吨/年特种胶料装置、3万吨/年磷酸氢钙装置、2000吨/年高氯化聚乙烯（HCPE）装置各1套。建有热电锅炉装置，包括140吨/小时循环流化床锅炉3台、240吨/小时循环流化床锅炉1台、25兆瓦汽轮发电机组2台、15兆瓦汽轮发电机组1台。企业拥有自主创新优势，建立国家级企业技术中心，先后自行开发和生产数十个化学新产品，其中8种新型化学材料获国家级新产品或国家重点新产品奖，均填补国内空白；公司承担的“十一五”国家科技支撑计划重点项目课题“高性能橡胶型氯化聚乙烯绿色制造关键技术与应用研究”，达到国际领先水平；自主开发的“5万吨/年氯化聚乙烯生产技术及装备的开发项目”获国家科学技术进步二等奖、中国石油和化学工业一等奖。公司根据国家产业发展政策，调整产品结构和拉长产品链，形成布局合理、资源节约、环境友好的循环经济发展之路，产品链独具特色。生产烧碱用于制备水合肼，水合肼用来制备发泡剂；而生产烧碱产生的氯气又用于制备氯化聚乙烯和高氯化聚乙烯。工业园区公用工程配套齐全，建有十几套“三废”治理和资源综合利用装置，废水、废气经处理后全部达标排放。企业先后获全国五一劳动奖状、全国质量管理先进企业、中国化工行业技术创新示范企业、中华人民共和国海关信得过企业、国家AAAA级标准良好行为企业、山东省质量管理奖、山东省节能先进企业、山东省高新技术企业、山东省“重合同守信用”企业等称号。2013年，投资400万元，新上炉内脱硫工程，全年实现主营业务收入2.1亿元、税收4000万元，完成投资1000万元。至年末，拥有固定资产净值14亿元，职工2300人，其中工程技术人员600人；拥有上市公司潍坊亚星化学股份有限公司等多家子公司。主营氯化聚乙烯（CPE）、离子膜烧碱、水合肼、ADC发泡剂、过氧化氢、胶料等产品；获中国驰名商标、中国化工行业知名品牌，CPE和烧碱产品被评为山东名牌产品，CPE产品国内市场占有率为35%，国际市场占有率为25%。

图6-5　潍坊亚星集团水合肼生产装置（2006年）

山东海王化工股份有限公司

前身是潍县第二盐场，始建于1979年11月。1984年，企业改称潍坊市寒亭第二盐场。1995年6月，组建潍坊市寒亭盐业化工集团公司后，寒亭区第二盐场更名为潍坊市寒亭盐业化工集团公司第二盐场，属集团公司二级单位。当年秋寒亭第三盐场划归第二盐场。2003年1月，第二盐场改制为山东海王化工股份有限公司，成为以原盐、溴化工为主导，房地产、金融、矿业、墙体保温新材料、绿化于一体的综合性民营企业，位列全国化工企业500强和潍坊市工业企业50强公司。建立完善的技术创新体系和质量保证体系，有省级技术中心，实施“产、学、研”相结合研发方式，并通过ISO 9001质量体系、ISO 14001环境管理体系和OHSAS 18001职业健康安全体系认证；“世纪海王”牌工业盐和“风筝都”牌溴素分别被评为山东省名牌产品；企业被山东科技厅认定为山东省高新技术企业，先后获潍坊市发展民营经济突出贡献奖、山东省优秀民营科技企业、山东省百佳民营企业、省盐业系统先进企业、省重合同守信用企业、中国轻工行业制盐企业十强等称号。

集团所处地域有丰富的地下卤水资源，且埋藏浅、易开采，公司采矿面积23.6万平方千米。下设3个制盐分场、10个溴素厂、22条溴素生产线，形成原盐、溴素及溴素深加工产品20多种。原盐生产能力120万吨，溴素生产能力2万吨，十溴二苯醚5000吨，十溴二苯乙烷5000吨，MCA1000吨，芳醛1000吨，其中溴素、溴化物产量居全国第一。2013年，公司与齐鲁石化研究院合作，投资600万元建成年产3000吨十溴二苯醚阻燃母粒生产线；公司固定资产净值10.89亿元，在职职工1000余人，全年实现工业总产值13.23亿元，实现销售收入13.78亿元，利税1.63亿元，实缴税金1.12亿元。

潍坊龙达锌业有限公司

2003年9月注册成立，注册资本80万元，位于寒亭区固堤工业园，占地3公顷；有职工20余人，投资500多万元新上4套氧化锌生产线，当年10月投产。2004年，通过ISO 9001质量管理体系认证。2008年3月，增加资本金至1198万元。2009年5月，公司筹建新厂，新厂位于寒亭区固堤镇区以西，占地6.53公顷。2010年5月，新上10套氧化锌生产设备及配套预处理、熔化炉等设施，新增生产能力3万吨，有职工80余人。2012年，通过ISO 14001\2004环境管理体系认证和OHSAS18001\2007职业健康安全管理体系认证，配备原子吸收光谱仪、激光粒度仪、比表面积检测仪等先进的检验设备，获山东省环保厅发放的“危险废物经营许可证”。

山东潍坊制药厂有限公司

2000年，潍坊制药总厂改制后注册成立。2004年，公司按照政府“退城进园”政策在寒亭区潍高线2709号投资1.6亿元建设新厂。2013年，公司全部迁址新厂。公司9大车间全部通过新版GMP认证；建立的创新平台先后被评为省级技术中心和高新技术企业；拥有8项发明专利，其中4项转化生产；14个临床批件，其中3个为独家品种。公司有原料药、粉针剂（青霉素类）、小容量注射剂、片剂、硬胶囊剂5种剂型，拥有3个原料药生产车间和4个制剂生产车间，产品涉及心脑血管类、抗病毒类等多个领域。

潍坊幸福药业有限公司

2005年4月成立，注册资本100万元，位于寒亭区固堤镇工业园，占地18万平方米，厂房面积2000多平方米；有反应釜、离心机、真空泵、减速器、冷凝器、电渗析、精烘包、烘干球和精细化验仪器等，有职工40多人，总投资500多万元。2005年7月投产，主要生产去氧肾上腺素系列产品。2007年，投资200多万元，新上设备。2008年，实现销售收入1338万元，上缴税金115万元。2013年，企业资本金增至300万元，主要生产易替福林、多佐胺、重酒石酸去氧肾上腺素系列等产品，销往欧洲、南美洲、中东、东南亚地区，实现销售收入485万元，上缴税金11.8万元。

山东亚康药业股份有限公司

1996年成立，位于潍坊经济开发区，占地4.67万平方米。主营兽药原料、饲料原料。2013年，公司是东北制药总厂、华曙制药集团、鲁抗舍里乐药业有限公司、浙江新昌国邦兽药厂、华北制药集团山东地区特约直销处，并与山东新华制药厂、湖北广济药业、内蒙古赤峰制药集团等近百家药厂有稳固合作关系，销售网络遍及山东，并辐射华北、华东、东北地区，为国内最大兽药饲料原料批发基地。公司兽药厂拥有粉散剂、消毒剂、饲料添加剂、片（颗粒）剂、中药提取5个生产车间，中药提取车间是农业部公告中药提取物委托加工企业。2013年，公司生产经营产值5亿元。

潍坊星兴联合化工有限公司

2015年7月成立，位于寒亭区民主街529号，由潍坊亚星集团有限公司和山东和信化工集团有限公司（原寿光蔡伦申兴精细化工有限公司）共同出资组建，总投资额1.67亿元，注册资本6000万元，由潍坊亚星集团有限公司和山东和信化工集团有限公司各按50%出资比例完成。公司主要经营过氧化氢（俗称双氧水）的生产、销售以及过氧化氢深加工产品的科研和开发生产。公司过氧化氢生产系引进洛阳黎明化工研究院专利技术，采用蒽醌法固定床加氢生产过氧化氢，氢气来源于潍坊亚星集团有限公司年产12万吨离子膜烧碱生产装置。星兴公司年产10万吨（折合27.5%）过氧化氢项目自2007年4月建成投产，主要产品过氧化氢（俗名双氧水）系列一强氧化剂，规格有27.5%、35%和50%（产量4万吨/年），产品质量符合GB1616—2014。可用作氧化剂、漂白剂、消毒剂、脱氯剂等，广泛应用于纺织、漂染、造纸、化工行业（可用作生产过硼酸钠、过碳酸钠、过氧乙酸靛、亚氯酸钠、过氧化硫尿等的原料，酒石酸、维生素等的氧化剂）、三废（特别是废水）处理等有机、无机行业。2013年，生产双氧水（折合27.5%）106056吨，实现营业收入11482万元，实现利润1192万元，上缴税金880万元。

第三章　民营经济

第一节　乡镇企业管理

管理机构

1989年，寒亭区乡镇企业管理局设办公室、财务科、生产科、技术科、调度室、外经外协科、调研室、工会等9个科室，有行政工作人员26人。1993年机构改革，定编11人。2002年3月，更名为寒亭区中小企业办公室，仍挂寒亭区乡镇企业管理局牌子，由区经济贸易局管理。2003年3月，寒亭区中小企业办公室更名为寒亭区中小企业局（加挂寒亭区民营经济发展委员会的牌子）。2010年2月，寒亭区中小企业局更名为寒亭区中小企业办公室，并入区经济和信息化局。2013年，区中小企业办公室设办公室、财务科、生产科和信息科，有行政工作人员7人；下设寒亭区民营经济服务中心，有工作人员3人。

管理方式

1989年后，寒亭区乡镇企业管理部门仍然对所属企业采用传统方式管理，既管企业人财物、厂长经理任免，又管企业计划指标下达、物资调配、银行贷款等，每年向企业收取管理费。1997年，《中华人民共和国乡镇企业法》颁布实施，寒亭区乡镇企业局和有关部门按照各自职责对区域内乡镇企业提供规划、协调、监督、服务。1999年，区政府印发《关于推动乡镇企业二次创业的意见》，大力培植骨干企业，加快产业升级步伐，实现二次创业。2004年，寒亭区根据国务院《关于投资体制改革的决定》，改革政府对企业投资管理制度，按照“谁投资、谁决策、谁受益、谁承担风险”原则，落实企业投资自主权，其中改革项目审批制度，对于企业不使用政府投资建设的项目，一律不再实行审批制，根据不同情况实行核准制和备案制。2005年以后，寒亭区通过对照国家发改委先后颁布实施

《产业结构调整指导目录（2005年本）》《产业结构调整指导目录（2011年本）》《产业结构调整指导目录（2013年本）》，对区域内鼓励类、限制类和淘汰类项目分类指导，淘汰落后产能，加快产业转型升级。

第二节　企业改制

1993年，全区有乡村集体、个体私营企业12671家，其中乡镇集体企业115家、村集体企业903家，个体企业11653家。乡镇、村集体企业以集体经营为主，资产由乡镇、村集体所有，法人代表由乡镇政府、村委会委派，经营所得上缴乡镇政府和村委会，企业生产决策权归乡镇政府和村委会；同年3月，区政府成立乡镇企业改革领导小组。1996年5月，召开全区乡镇企业工作会议，明确提出乡镇企业要走股份合作制路子。1998年开始，先后有张氏铸造厂、寒亭三轮摩托车厂、郭家官庄电杆厂、高里镇鬃厂、河滩造纸厂、固堤钢窗厂、泊子乡建材公司、南孙乡农修厂、央子洗精盐厂、朱里镇轮胎厂等68家镇办集体企业，以及二十里堡铝厂、二十里堡橡胶厂等891家村办集体企业完成改制。1999年5月，区委、区政府印发《关于推动乡镇企业二次创业的意见》；8月，区政府专门召开会议，决定在潍坊龙鸢造纸有限公司进行全区乡镇企业股份制改革试点。2000年年底，全区30余家乡镇办工业企业完成改制。至2003年，寒亭镇水泥厂、央子镇崔家央子村等8家村办盐场、高里农修厂等66家乡镇、村集体企业没有完成改制；同年2月，区委印发《关于进一步深化企业改革的实施意见》，对未改制企业提出要求。至2004年，除开元街道的寒亭冷藏厂、潍坊中化木糖厂、张氏玩具厂、寒亭街道丰华冷藏厂等个别企业因法院查封外，其余乡村集体企业完成改制工作，并全部过渡到非公有制企业。

1989—2004年寒亭区乡镇企业主要指标完成情况统计表

表6-5

年份	家数（家）	人数（人）	产值（万元）	营业收入（万元）	利润（万元）	税金（万元）	出口产品交货值（万元）	规模企业（个）
1989	3285	31426	31999	28121	2282	1968	2532	\
1990	3188	28838	37584	32709	1892	818	3089	\
1991	7682	45580	70307	54025	6162	4080	3206	\
1992	10180	57929	145917	125146	9425	5405	5324	\
1993	12671	66021	412735	361929	36310	9634	11531	\
1994	17460	85316	732747	577498	72664	30418	24444	\
1995	14280	76863	1073065	903978	102587	29333	47553	\
1996	14135	74290	767059	480828	54334	15125	38692	\
1997	12908	72487	1013528	359409	42497	24845	45035	\
1998	2681	25145	341840	336966	37240	12523	35414	45
1999	3955	33280	249235	224968	25771	10348	7133	44
2000	4012	32841	326933	268272	23309	6024	30479	30
2001	4390	35598	390161	332133	25700	19106	39629	30
2002	5659	38089	459044	403711	26903	13524	39755	43
2003	6025	48737	644496	552256	35825	17428	39742	82
2004	6659	55485	961319	917455	64442	32787	52929	122

第三节　企业发展

1989 年，全区乡镇、村集体企业完成产值 2.77 亿元，其中乡镇企业完成产值 1.04 亿元，实现利税 577 万元。1993 年，区委组织寒亭区“一乡一业”经济发展战略研讨会。1994 年 3 月，区委印发《寒亭区实施“一乡一业”农业产业化战略发展规划》，全区形成粮食、棉纺、瓜菜、果品、养殖业、工艺品、电热毯、猪鬃加工、年画风筝、文化旅游、皮革加工、草柳编织和盐业等 15 个主导产业，辐射全区 360 多个村庄、5.1 万户、8.7 万人。年总产值 15.8 亿元，上缴税金 4100 万元，占全区财政收入的 73%。1995 年，贯彻落实“工业立区、建设经济强区”发展战略，通过争项目进笼子、抓开发引外资、搞联合上规模、重技改上档次，到 1998 年年底，全区乡镇企业初步形成以固堤镇复合不锈钢管项目为龙头、年产万吨以上复合不锈钢管及其深加工生产基地；以张氏镇木糖厂、泊子乡医药化工厂、郭家官庄乡轮胎厂为龙头的三大化工产品生产基地；以双杨店镇大华鬃业集团和高里镇高新畜产品公司为龙头的两大猪鬃系列化生产基地；以河滩镇富达木制品公司和桐木板厂为龙头的木制品生产加工基地；以朱里镇北港渼精品蔬菜加工厂和双杨店镇芦笋加工厂为龙头的两大农副产品生产加工基地；以潍坊通亭建筑建材集团公司和寒亭区水泥厂为龙头的建筑建材生产销售基地；以寒亭镇织布厂和河滩镇衬布厂为龙头的纺织印染生产加工基地；以央子镇盐化公司和肖家营乡盐场为龙头的盐及盐化工生产基地等 8 大行业基地。全区乡镇工业增加值 5.8 亿元，占全区工业增加值 60% 以上；上缴税金 6200 万元，占全区地方财政收入 60% 以上。1999 年，落实区委、区政府《关于推动乡镇企业二次创业的意见》，通过培植骨干企业、加快产业升级、扶持一批“四小”企业和深化乡镇企业改革等措施，潍坊市天华复合不锈钢管有限公司、寒亭区央子盐化总公司、潍坊恒德纸业有限公司、潍坊市煤气用具厂、寒亭区医药化工厂等大批乡镇企业脱颖而出成为骨干企业。

2000 年，伴随着全区乡镇企业民营化改革全面完成，区委区政府制定实施《关于进一步加快发展个体私营经济的规定》，全区以中小企业为主体的民营经济快速发展。2008 年，寒亭区制定印发《寒亭区重点产业集群发展的实施方案》；寒亭机械装备制造业有 56 家，从业人员 5000 人，被认定为市级产业集群。2009 年、2010 年，寒亭区北海工业园和寒亭区高新技术产业孵化基地被认定为市级小企业创业基地。2010 年，开元街道、寒亭街道、固堤街道、高里街道被潍坊中小企业局认定为市级特色产业镇。2013 年，培育认定“一企一技术”示范企业 3 家，有 1 家企业被省中小企业办公室认定为“一企一技术”研发中心；全区民营经济业户发展到 13507 户，从业人员 5.21 万人，民营经济实现产值 15.21 亿元。

1989 年寒亭区乡镇企业一览表

表 6-6

企业名称	建厂年份	占地（平方米）	职工总数（人）	固定资产（万元）	主要产品	年产值（万元）
寒亭镇农修厂	1966	6260	80	35	普通钢件、合金钢件	100
寒亭区棉纺厂	1976	3850	75	29	蚊帐布、帆布、白布	140
寒亭区寒亭镇磷肥厂	1975	9800	20	6.5	磷肥	15
寒亭区化工厂	1979	48828	95	51	明矾、洗衣粉	576

续表 6-6

企业名称	建厂年份	占地（平方米）	职工总数（人）	固定资产（万元）	主要产品	年产值（万元）
寒亭区水泥厂	1972	16356	75	66	325 水泥	171
寒亭区寒亭镇第二电镀厂	1987	18000	50	15	电镀件	40
寒亭区飞燕服装厂	1974	321	50	3.8	毛呢服装	35
寒亭区第二织布厂	1984	11300	85	27.6	纱布包布	100
寒亭区寒亭镇镀锌厂	1979	4200	36	20	镀锌件	80
潍坊市寒亭建材厂	1966	38000	117	54	红砖	92
潍坊第四织布厂	1988	10500	—	120	布匹	550
潍坊市杨家埠风筝厂	1986	6700	260	38	风筝年画	20
寒亭区寒亭镇印刷厂	1971	5000	85	60	印刷商标、表格	90
寒亭区丝织二厂	1985	18240	160	150	化纤棉布	260
寒亭区大理石厂	1987	5700	38	78	大理石装饰板	100
寒亭区寒亭镇兴华织布厂	1987	5166	106	60	原白布	120
寒亭区固堤镇面粉厂	1977	2000	7	13	粮食加工	—
寒亭区固堤电镀厂	1982	15000	100	20.8	镀锌件	30
寒亭区固堤钢窗厂	1958	8000	151	144.7	钢窗拔管	150
寒亭区央子镇冷藏厂	1987	5000	30	180	水产品	180
寒亭区央子镇饲料厂	1983	4000	68	35	饲料加工	50
寒亭区央子镇农修厂	1972	3000	20	12	农机具、船舶用具	20
寒亭区央子镇盐场	1972	1700000	174	32	原盐	372
寒亭区第二制鬃厂	1972	9300	330	55.6	鬃制品	—
寒亭织布厂	1978	16000	140	78.9	床单、白布	200
寒亭区高里镇地毯厂	1988	4000	40	10	地毯加工	30
寒亭区高里橡胶厂	1984	5500	42	57	胶管加工	30
寒亭区高里农修厂	1958	8400	84	50	钢窗	85
寒亭区高里纺织机械厂	1985	16000	40	21	纺织配件	150
寒亭区高里镇巩家五金厂	1977	1200	30	10	拖拉机配件	20
寒亭区双杨店镇猪鬃贸易中心	1985	2700	68	20	猪鬃经营	—
寒亭区双杨冷藏厂	1988	5000	65	80	畜禽加工	300
寒亭区氨基酸厂	1988	6600	80	80	胱氨酸双效灵	100
寒亭区双杨店镇第二制鬃厂	1984	5000	60	12	猪鬃加工	80

续表 6-6

企业名称	建厂年份	占地（平方米）	职工总数（人）	固定资产（万元）	主要产品	年产值（万元）
寒亭区第三制鬃厂	1972	5600	500	40	猪鬃加工	400
寒亭区铸造机械厂	1984	2100	30	13	机械铸件	30
寒亭区粉末冶金厂	1969	4500	50	38	粉末冶金（油轴承）	30
寒亭区橡胶厂	1986	850	40	20	橡胶板	30
寒亭区膨润土公司	1976	15875	36	35	钙基、钠基膨润土	60
潍坊市寒亭风机厂	1976	5782	48	43	风机加工	100
寒亭区玻璃钢厂	1985	1200	25	12	玻璃钢制品	60
潍坊市福利毛巾厂	1977	10470	310	120	毛巾、枕巾	300
寒亭区朱里镇铸造厂	1977	2210	—	15	铸件	150
寒亭纺织机械厂	1958	28000	250	58	纺织机械	400
寒亭区朱里镇北港侯染织厂	1986	14000	60	35	化纤织物	—
寒亭区朱里镇北港侯铸造厂	1972	15000	60	35	铸件	80
寒亭区朱里织布厂	1987	1800	50	15	毛巾	120
寒亭区朱里日用五金厂	1987	1600	116	15	保安器、电热毯	200
寒亭区朱里保温建材厂	1985	12000	25	20	保温材料	50
寒亭区亓家庄织布厂	1970	—	50	30	棉布	60
寒亭区朱里二村铸造厂	1983	—	95	50	水暖设备	80
寒亭区前朱里织布厂	1986	—	70	25	棉布	50
寒亭区前周染织厂	1986	—	145	78	毛巾、毛巾被	60
寒亭区前周电器厂	1972	1820	22	20	配电盘、床头开关	80
潍坊日光灯厂	1984	4995	62	12	日光灯管	28
寒亭区工艺鞋厂	1987	3000	110	19	麻底鞋	250
寒亭区联合消毒剂厂	1987	12000	110	—	二氯异氢尿酸钠	200
寒亭区里疃砖厂	1973	19000	50	16.5	红砖	30
寒亭区铸造厂	1987	8000	160	50	铸件	250
寒亭区里疃乡建材厂	1979	46660	40	3	红砖	15
寒亭区玩具厂	1986	12450	300	230	布绒玩具	500
寒亭区高里泊子厂	1956	5440	10	10.2	拖拉机板簧	20
潍坊钢窗总厂泊子分厂	1980	13320	27	23.77	钢窗	30
寒亭区泊子皮件公司	1984	240	6	4.8	皮革制品	15
寒亭区泊子建材公司	1984	29900	48	31	预制件	80

续表 6-6

企业名称	建厂年份	占地（平方米）	职工总数（人）	固定资产（万元）	主要产品	年产值（万元）
寒亭区泊子乡盐场	1973	200000	29	6.5	原盐	40
寒亭区泊子面粉加工厂	1986	2100	12	5.5	面粉	10
寒亭区泊子塑料编织包装厂	1984	659	21	17.96	塑料方条、塑料板	30
寒亭区泊子机制砖厂	1984	72600	81	23.8	机制砖	43.5
寒亭区泊子乡味素盐厂	1987	12000	46	52	味素盐、精制盐	220
寒亭区肖家营乡盐场	1986	1002000	120	50	原盐	192
寒亭区肖家营乡马鬃尾厂	1986	5000	46	4.5	马鬃尾	25
寒亭区肖家营乡草织品厂	1985	3000	10	3	草织品	20
寒亭区南孙乡草织品厂	1972	4000	30	14.2	草织品、柳织品	102
寒亭区南孙乡福利家具厂	1987	9600	18	9.25	家具	20
寒亭区南孙乡农修厂	1965	8392	55	22	弹花机、轧花机	30
寒亭区南孙乡面粉厂	1976	7081	17	22	面粉	8
寒亭区南孙乡砖厂	1974	45000	16	13.5	红砖	14
寒亭区南孙乡塑料厂	1984	7000	25	21.5	泡沫塑料	100
寒亭区廿里堡农修厂	1965	7200	125	56.3	阀门轴承座铸件	120
寒亭区电杆厂	1976	13000	65	40	水泥制品	100
寒亭区轻工机械厂	1985	3300	37	18.5	造纸机械配件	45
寒亭区冷藏加工厂	1984	5320	35	82	水产品、畜禽制品	300
寒亭区郭家官庄乡第一砖厂	1974	66000	114	27.8	红砖	55
寒亭区郭家官庄乡第二砖厂	1986	6000	68	18.6	红砖	30
寒亭区郭家福利橡塑厂	1987	1000	48	18.2	橡皮发筋	70
寒亭区廿里堡福利塑料厂	1987	3000	38	15	塑料条料、塑料颗粒	30
寒亭区郭家建材厂	1981	158900	48	41	红砖	65
潍坊市寒亭第一配件厂	1978	6600	50	44	塑料制品	30
寒亭区郭家官庄水泥制品厂	1987	3000	32	8	水泥预制构件	20
寒亭区廿里堡铝制品厂	1986	6000	35	45	铝制日用品	70
寒亭区廿里堡橡胶厂	1975	4500	115	45	三角带、平机带	150
寒亭区廿里堡采暖设备厂	1985	8400	70	23	暖气片、污水管	100
寒亭区郭家沙发厂	1987	850	15	3	沙发、沙发床	10
寒亭区西小营锻制厂	1984	5400	50	20	齿轮加工	30
潍坊市东方实业供销公司	1988	8667	25	20	液化气钢瓶	100
寒亭区银龙粉丝厂	1988	12000	150	70	粉丝	434
寒亭区无线电配件厂	1978	2000	35	7	线路板	120
寒亭区桐木厂	1986	9582	89	45	桐木加工	220
寒亭区化纤纺织品公司	1980	24000	220	97	衬布、床单、毛巾	350

续表 6-6

企业名称	建厂年份	占地（平方米）	职工总数（人）	固定资产（万元）	主要产品	年产值（万元）
寒亭造纸厂	1972	15400	102	105	仿牛皮纸	360
潍坊市煤气用具厂	1958	10000	120	110	液化气钢瓶	500
寒亭区东庄粉条厂	1979	5230	30	5	粉条	18
潍东酿造厂	1984	8400	36	50	酱油、醋、酱菜	23
寒亭区东庄乡戴家鞭炮厂	1985	2500	15	3.5	鞭炮烟花	20
寒亭区大杨家陶土粉厂	1964	25000	58	25	陶土粉	45

第四章　工业产业园

2010年以后，寒亭区立足本地实际，以产业联合为纽带，按照“科学规划、合理布局，统筹兼顾、突出特色”要求，打造先进制造工业园、高新技术产业园、寒亭区临港产业园、寒亭区（滨海）特色产业园、中国食品谷五大园区，至2013年，五大园区共引进落户项目149个，完成投资109亿元，以潍柴铸锻、天润曲轴为龙头的亿元级产业链初具规模。

2013年寒亭区工业产业园企业入驻统计表

表 6-7

园区名称	主导产业类别	企业数量	员工数量	代表企业
中国食品谷	食品加工、物流	55	460	中凯冷链物流园
先进制造工业园	先进制造业	9	5600	潍柴铸锻、天润曲轴
寒亭区临港产业园	高端产业	19	1200	创智工业园、万华科技、百德药业、国邦药业
寒亭区（滨海）特色产业园	先进制造业	36	1450	沃科奇实业、长兴柴油机
寒亭高新技术产业园	高新技术产业	30	706	思达特测控设备、奥博仪表

第一节　中国食品谷

中国食品谷核心区

中国食品谷项目是潍坊市委、市政府顺应“蓝黄经济区”两大国家战略需要，着力打造潍坊食品行业品牌，提升潍坊市食品产业核心竞争力，促进农业乃至整个潍坊经济发展转型升级而做出的重大决策部署。中国食品谷核心区选址在潍坊市区北部、央赣线两侧，是联系滨海经济技术开发区和潍坊市区的重要通道，区域位置十分优越。总占地面积14.23平方千米，规划北外环以北，兴安街以南，白浪河以东，潍县北路以西为核心区，主要功能定位是高端食品企业总部中心、食品产业创新研发中心、食品产业物流中心、食品产业交易中心和食品检验检测中心“五大中心”；空间布局为“一心、两翼、六区”，“一心”指总部经济区；“两翼”指核心区东西两侧的功能区域，其中“东翼”以现代农产品物流交易为主要功能的片区，“西翼”是总部经济的延伸功能片区；“六区”指总部基地区、物流交易区、总部配套区及3个居住区。发展目的是建设集企业总部、科研孵化、电子交易、商贸金融、仓储物流、展览展销、人才培训等功能于一体的现代农产品物流和现代农业示范基地。2012年，寒亭区完成330亩土地清表工作；9月，潍坊市规划局牵头编制完成中国食品谷核心区概念性规划并召开规划论证会，潍坊市财政局配套1亿元注册资金，由潍坊市投资控股集团注册成立潍坊市歌瑞食品谷有限公司，作为中国食品谷项目运营平台，并为中国食品谷项目争取扶持资金200万元。2013年，启动虞河食品谷核心区段景观及治理规划编制；注册成立潍坊歌瑞食品谷有限公司并进行改制。9月，在香港注册登记中国食品谷有限公司，在国内注册成立资本1亿元的食品谷发展有限公司；为食品谷区域内企业提供投融资运营和担保服务，成立注册资本3亿元山东银联潍坊担保有限公司；围绕食品谷品牌运营，由市供销社会同食品谷发展有限公司共同注册成立食品谷（潍坊）润生农产有限公司。10月，中国食品谷被农业部公布为第二批国家农业产业化示范基地。

招商引资

2012年，与香港招商局集团、新希望六和集团、日本丸红、香港贸易发展局、深圳潮汕商会、青岛青建集团、福建永富建设集团、香港英昌集团、天同宏基、中基饲料、亚太中慧、香港万友集团、江苏润恒集团、香港吴膳房国际食品有限公司、山东圣洲海洋生物科技股份有限公司等50多家企业集团和组织建立联系渠道，积极对接洽谈，为项目落成与发展打下良好基础。2013年8月，香港招商局集团董事长傅育宁一行率团到中国食品谷进行实地考察和重点洽谈，初步达成合作意向，随后，招商局集团组织专业团队与中国食品谷建设合作事宜进行全面对接；汉富资本总裁郭露带领相关团队进驻食品谷进行考察，与潍坊歌瑞食品谷有限公司达成合作协议。9月，参加商务部在成都举办的第九届全国食品博览会，在品牌展区显要位置进行展览展示，与300多家与会龙头企业进行洽谈交流；11月，与采购商、经销商签订意向协议4.59亿元。同年，组织开展中国潍坊畜禽产品交易城平台招商对接会，为中国潍坊畜禽产品交易城引进300多家企业入驻；先后赴广州、北京举办招商恳谈会，签约合作项目18个，协议投资40余亿元。至2013年年底，有6个项目在食品谷核心区或配套产业园落地建设。

项目进度

2012年，中国潍坊畜禽产品交易城A座冷库投入试运营。潍坊市畜牧局与山东农业大学合作创办中国食品谷现代畜牧业协同创新中心暨中国食品谷现代畜牧科学研究院、山东农业大学新农村发展研究院现代畜牧业综合试验站，与中国农业大学、中国农科院等签署“加强中国食品谷科技合作备忘录”，开展深入合作。2013年，中国食品谷总部一期项目7栋单体楼施工建设，部分裙楼封顶；中国食品谷——佳乐家中百大厨房项目开工建设；食品谷大宗食品电子交易中心项目成功落地。11月8日，中国潍坊畜禽产品交易城举办中国潍坊畜禽食品交易城启动仪式，3个冷库和冷链加工车间启动运营，14个平台项目、

4个交易中心投入运营，形成20万吨储藏能力。同年，食品谷总部基地二期项目、国际农产品物流园、中国食品谷华安酒水食品城项目进行项目规划调整。

重大活动

2012年，在鲁台会期间，举办“中国食品谷项目专题推介会”和“海峡两岸生态农业、文化旅游业暨中国食品谷推介会”专题推介活动；组织参加第七届海峡（福州）渔业博览会；在“中国（潍坊）创新创业峰会”期间举办“中国食品谷”发展论坛。2013年7月，全国城市农贸中心联合会授予潍坊市“中国食品谷”称号；9月，在中国台湾举办“海峡两岸现代农业暨食品谷合作恳谈会”；10月，举办“2013中国（潍坊）国际品牌食品博览会”；11月，参加商务部在成都举办的“第九届全国食品博览会”。

第二节　先进制造工业园

2000年，寒亭镇成立寒亭机械制造工业园，位于寒亭主城区东南部，辖区内有青银高速公路、潍莱高速公路和206国道。入园项目固定资产投资规模5000万元以上，投资强度不低于260万元/亩，建筑容积率达到0.8以上；车间、仓库按照规划标准建设，符合国家产业政策，达到国家规定的环保、安全、节能减排等相关标准。原则上一个年度内建成投产，固定资产投资较大的项目，年内必须达到约定固定资产投资额的50%以上，最低不少于3000万元，入园项目按规定办理土地相关手续，并享受区政府有关招商引资优惠政策。

入园工业项目除收取水资源费外，所有的区级行政事业性收费不再征收；中介服务机构收费按规定的最低标准收取。由项目区提供道路、供水、排水、供电、供气、通信、有线电视“七通”条件，“七通”设施接到企业建筑红线以外。在生产经营中，自项目投产之日起，实行二免三减半，即前二年对该项目缴纳的税收中区级财政收入部分，给予等额奖励；后三年给予50%奖励。未尽事宜及特别重大的投资项目，一事一议确定具体扶持政策。2010年，寒亭机械制造工业园升格为寒亭区先进制造工业园。2012年，区委、区政府将先进制造工业园总规划面积10平方千米，中国最大的汽车零部件企业集团——潍柴动力股份有限公司落户园区，注册资本8亿元，资产总额220亿元，职工3万余人，分为动力总成（发动机、变速箱、车桥）、商用车、汽车零部件三大业务板块。依托潍柴动力产业集群优势，天润曲轴、辛缸机械等9家产业链配套企业相继落户园区。

第三节　寒亭区临港产业园

2012年8月，寒亭区临港产业园成立，规划面积约56平方千米，位于寒亭区北部，处于潍坊中心市区和潍坊滨海新城的中间地带，东起利民河、西至白浪河、南到仲南路、北至泊北路，是寒亭区为加快融入“蓝黄两区”步伐，立足寒亭区经济社会发展实际，高起点、高标准培育、策划的新型产业园区。临港产业园采取“政府主导、公司化经营、市场化运作”建设管理模式，将产业园建设成为高端产业集聚区、现代物流示范区和功能配套商务生活区，打造寒亭经济发展隆起带和增长极。总体布局规划为“一轴、两片、三带、六产业区、四组团”，其中“一轴”指南北贯穿临港产业园的城市主要景观大道——央赣线；“两片”指以央赣线为轴线，划分东、西2个片区；“三带”指沿白浪河、利民河、引黄济青输水河3条河流，打造起3条滨水景观带；“六产业区”是指产业园按照功能布局划分的6个工业区，即总部物流区、新材料工业区、中日工业区、中韩工业区、蓝黄经济新兴产业区、食品谷配套工业区；“四组团”是指由自然村庄合并、扩建所形成、配套设施齐全的4个新型居住社区，分别为蔡家栏子社区、大湾口社区、泊子社区、官庄社区。2012年以后，临港产业园规划建设兴业路、曲范路、创业路3条道路，投入资金2000多万元。至2013年年底，临港产业园有创智工业园、万华科技、百德药业、国邦药业等入园项目 19 个，员工总数 1200 人，总投资约 24 亿元。

第四节 寒亭区（滨海）特色产业园

寒亭区（滨海）特色产业园暨寒亭区北海工业园位于寒亭区北部、潍坊滨海经济技术开发区先进制造产业园内，其前身是寒亭区中小企业高科技创业园。2007 年 6 月，经山东省台湾事务办公室批准，挂牌山东省（潍坊）台湾工业园。2008 年 5 月，潍坊滨海经济开发区根据潍坊市委、市政府《关于印发〈关于对寒亭区、潍坊滨海经济开发区、潍坊经济开发区管理区域进行调整的实施意见〉〈关于寒亭区、潍坊滨海经济开发区、潍坊经济开发区财政管理体制和资产负债划转实施意见〉的通知》文件精神，给寒亭区发《关于寒亭区中小企业高科技创业园有关问题的复函》确定，“拟建的寒亭区中小企业高科技创业园新址总面积约 1.85 万亩，具体为渤海大街以北、海丰路西 300 米处以西的原寒亭区域和昌海大街以北、渤海大街以南、海林路以西、丹河以东区域”。同年，成立潍坊市寒亭区北海工业园管理委员会，隶属区政府，为正科级事业单位，定编 10 人。2009 年 7 月，寒亭区北海工业园暨山东省（潍坊）台湾工业园揭牌奠基等 6 个项目集中开工。2010 年 8 月，通过土地置换的方式，由潍坊昌泰盐化有限公司修建总长 2105.62 米、总造价 1000 多万元园区道路。2013 年 6 月，寒亭区北海工业园暨寒亭区（滨海）特色产业园进行规划调整。其中 A 区规划面积 7000 亩，主要围绕机械装备和新型材料两大主导产业，发展先进制造业和高新技术产业；B 区规划面积 5000 亩，主要承接山东海龙、亚星、恒联三大工业企业的退城进园，实现产业升级。10 月，修建总长 2190 米、总造价 1919 万元的园区道路海泥路，对珠江南街、海林西路沿途 3.5 万平方米的绿化带进行改造提升，优化园区环境。

至 2013 年年底，园区引进项目 25 个，总投资约 50 亿元，占地约 2850 亩。其中投产项目 10 个，分别为投资 2.5 亿元的沃科奇生物肥料项目、投资 1.5 亿元的欧普诺生物菌肥生产项目等，年实现主营业务收入 2.5 亿元，利税 5000 万元；在建项目 5 个，其中有投资 2.2 亿元的广德机械加工项目、投资 4.7 亿元的美洋康电线电缆项目等。

第五节 寒亭高新技术产业园

寒亭高新技术产业园位于潍坊经济开发区，2008 年 7 月，由清华大学建筑学院规划设计；11 月，由寒亭经济开发区管委会筹资建设，是寒亭区高新技术产业孵化基地、低碳经济示范园。2010 年 2 月，成立寒亭区高新技术产业园管理办公室，属寒亭经济开发区管委会内设机构，为正科级事业单位，核定事业编制 9 人，负责高新技术产业园的建设、招商、管理工作。园区总占地 1000 亩，以引进光电子、新材料、生物医药、精密制造等高科技项目为主的组团式高科技产业园区；规划建筑面积 40.1 万平方米，容积率 1.34，绿化率 17.5%，建筑密度 41%，主要建设 46 幢 3—4 层厂房、1 幢 16 层孵化器，厂房建筑及配套设施计划投资 7 亿元，主要承接电子信息、新材料、精密制造、仪器仪表、生物技术和软件创意产业等高新技术项目；在园区建设中，围绕低碳、节能、环保和循环经济的发展理念，采用太阳能 LED 照明、利用建筑垃圾再生的混凝土和路面砖硬化地面和铺装道路等节能减排新技术、新材料，在厂房顶部安装太阳能发电系统。至 2013 年年底，占地 300 亩开工面积 27 万平方米一期工程，建成并投入使用；3 万平方米孵化大楼实施装修。引进高新技术项目 28 个，项目总投资 25.6 亿元；初步形成以电子信息、软件业、创意产业、新材料、精密制造、仪器仪表等高端项目为主导，以低碳、节能为主要特征的高新技术产业孵化基地和低碳经济示范园。

2013 年寒亭区高新技术产业园企业一览表

表 6-8

序号	投资单位	总投资（万元）	建筑面积（平方米）	产　品	销售收入（万元）	税收（万元）
1	上海威能新材料技术有限公司（潍坊分公司）	1500	2550	VIF 防火密封胶、VIF 防火橡胶套	—	0.23
2	潍坊华光数码设备有限公司	3000	—	印刷数字化流程及 CTP 制版设备	842	41
3	潍坊泰华电气有限公司	5000	5482	汽车音响、汽车电子系列	180	5
4	潍坊艾可特电子有限公司	2000	6420	传声器、受话器	1970	112
5	潍坊华铃柴油机动力有限公司	1500	2950	车用 ECU、线束	—	—
6	潍坊鑫奈克电子有限公司	1500	3070	汽车电子产品	623	28
7	潍坊奥博仪表科技发展有限公司	3000	11000	涡街流量计、超声波流量计、压力变送器、无人值守控制系统	1788	185
8	潍坊银河机械有限公司	3000	5121.3	麦克风、话筒	722	17.38
9	潍坊瑞力精工电子有限公司	3000	5121.3	麦克风、话筒	6905	198
10	潍坊久丰换热器有限公司	3000	5121.3	柴油机喷油器、供燃油配件	190	9
11	山东思达特测控设备有限公司	7000	10000	仪器、仪表、电声等产品	9650	1200
12	潍坊和谐科技有限公司	5000	5181.6	地震安全机	—	—
13	潍坊信德玛珂工贸有限公司	7000	10363.2	增压器	1148	22
14	上海知味轩国际贸易有限公司	8000	5677.2	天然果仁营养素	15373	1173
15	山东大为电气有限公司	8000	12251.8	电动车充电装置	105	1.9
16	山东海方智能科技股份有限公司	7000	2673.6	年产 15 万套冷热能表项目	146	8
17	潍坊河海水文科技有限公司	3200	5181.6	新型 EXC 电动液压水文巡测车	1955	74.91
18	潍坊煜华电子科技有限公司	5000	5350	驻极体传声器及配件	753	—
19	潍坊泰格尔电器有限公司	5300	5121.3	电热水器	460	29
20	潍坊振兴天马工业用呢有限公司	10000	5181.6	高端定型设备	—	—
21	山东双骏动力科技有限公司	10000	6220.32	集成电磁输油泵	1500	100
22	潍坊博士德生物科技有限公司	10000	11000	酵素及生物制剂	—	—
23	潍坊奥诺科技有限公司	7000	11873	工业自动化控制装置	763	38
24	淄博永华滤清器制造有限公司	12000	11000	轿车、空调、实验室、环保用滤清器	—	—
25	潍坊凯发汽车零部件有限公司	5000	5181	中高档轿车安全锁	450	44
26	山东省特种设备检验研究院潍坊分院	6000	11503	盐化工装备检验及开发研究	4700	500
27	潍坊河海水文科技有限公司	21000	25000	水文计量装备生产、开发、科研	—	—
28	潍坊森能新能源科技有限公司	3000	—	太阳能光伏发电	—	—
29	山东美赫曼生物科技有限公司	1500	—	医疗器械、生物制药	—	—
30	潍坊沪和食品机械有限公司	2000	6420	食品机械销售	—	—

第七编　盐　业

DI QI BIAN　YAN　YE

寒亭区北部海水和天然卤水资源十分丰富，沿海滩涂广阔，气候环境适宜盐业生产，是全国重要原盐产地。1989 年，全区盐田生产面积 4978 公顷，原盐产量 45 万吨。1991 年，盐业产销形势好转，实施盐田技改措施，推广塑膜铺底防渗和塑膜苫盖结晶池技术，原盐总产量在 48 万吨左右。1996 年 5 月，实施食盐专营，潍坊市寒亭盐化集团公司第一盐场和寒亭央子洗精盐厂是全区食盐定点生产企业。之后，山东寒亭第一盐场成为全区唯一一家食盐定点生产企业；全区食用盐销售量保持在每年 1000 吨左右。2000 年，区内原盐生产处于产大于销状态，盐价长期在低位徘徊，企业经营面临困境。到 2003 年，国内盐业市场行情好转，盐价开始上涨，盐业进入发展时期。到 2006 年，全区盐田生产面积 9729 公顷，总产量达到 590 万吨，创历史最高，溴素产量 3.01 万吨，盐业总产值 13.67 亿元。到 2008 年，盐区划归潍坊滨海经济开发区前，寒亭区有主要原盐生产企业 17 家，原盐生产面积 10800 公顷，产量 500 万吨左右。有加工盐生产企业 1 家，共 5 个加工盐品种；溴素生产企业 9 家，产量 2.9 万吨，以及其他溴化物产品。盐业工业总产值 18.58 亿元。

第一章　盐　区

第一节　盐区环境

地貌环境

寒亭区盐区按地质构造体系分，属鲁西堆积平原区冲积海积平原亚区莱州湾冲积海积平原段。土壤属滨海潮盐土，发育在海相沉积物之上，为第四系冲积层。土质系黏土、亚黏土和亚砂土，基盘是亚砂土，土层坚硬；表层是黏土、亚黏土和亚砂土，厚度 0.01 ~ 1.6 米，大抵从南到北逐渐变薄。盐区海岸线低缓，海水浅，无岩石裸露，属河流和海水两种堆积作用而成的滨海平原，地势南高北低，自然坡降为 1/10000。整个区域地面高程 2 ~ 4 米，在离海岸 10 ~ 20 千米范围内，潮沟及大小河流垂直于海岸，易遭受海潮袭击，防潮大坝、盐田是盐区主要人工地貌特征。

气候环境

1989—2008 年，盐区年平均蒸发量 1815.5 毫米。每年 4 月—6 月最高，占全年平均总量的 40%。年平均降水量 567.9 毫米，每年降水量多集中在 6 月—8 月，占全年平均总量的 62.3%，年平均降水 65 天。年平均相对湿度 69.2%。年平均日照时数 2700 小时左右，日照时数最长为 5、6 月。年平均气温 13.7℃，每年最高为 7、8 月。太阳辐射量年平均每平方厘米 12.5 千卡，5 月最多为每平方厘米 15.3 千卡，12 月最少为每平方厘米 5.6 千卡。年平均风速每秒 4 米，每年 3 月—4 月风速最大，冬季多北到西北风，其他季节多南到西南风。

渤海莱州湾潮汐水体较小，潮型属一日两潮的不规则半日潮。春、秋两季常有大海潮侵入陆地 10 ~ 15 千米，潮位高达 4 ~ 6 米，持续 20 ~ 50 小时。潮汐对盐业生产有一定负面影响。

1989—2008 年寒亭区盐区主要气候情况统计表

表 7-1

年份	年降水量（毫米）	年蒸发量（毫米）	年平均气温（℃）	年降水日数（天）	相对湿度（%）	平均风速（米／秒）
1989	429.9	1940.6	13.7	67	67	3.9
1990	943.6	1630	13.5	86	73	4.3
1991	495.4	1526.7	13.2	71	70	4.2
1992	473.2	1720.9	13.2	58	68	4.4
1993	571.9	1635.4	13.2	73	68	4.1
1994	553.6	2147.2	14.3	63	69	4.5
1995	708.2	1863.8	13.4	70	67	5
1996	575.8	1729.9	13	59	69	5
1997	390.4	2024.3	13.8	57	66	4.5
1998	720.8	1592.5	14.2	67	72	3.9
1999	445.7	1630.7	14.1	50	71	4
2000	372.8	1654	13.6	61	70	4
2001	796.5	1687.8	13.8	66	70	3.8
2002	329.3	1968.3	14	54	70	3.8
2003	557.7	1813.5	13.3	77	72	3.7
2004	705.7	1980.6	14.2	78	71	3.8
2005	613.1	1931	13.4	60	67	3.7
2006	601.2	2087.9	14.3	57	68	3.5
2007	490	1928.3	14.2	66	69	3.3
2008	583.8	1815.8	13.7	67	67	3.8

第二节　盐业资源

海水

盐区海域海水浓度一般为 2.8 波美度，每年 5 月—6 月最高值 3.7 波美度。海水化学成分为：每 100 毫升中含氯化钠 2.68 克，硫酸钙 0.15 克，硫酸镁 0.2 克，氯化镁 0.35 克，氯化钾 0.07 克。盐区生产企业因海水波美度低，一般不取海水制盐，而用地下卤水制盐。

地下卤水

盐区处在渤海莱州湾南岸地下卤水区中心地带，在垂直 80 米深度内，分布着 3 个卤水层，分别储藏在 8 ~ 10 米、15 ~ 22 米、35 ~ 50 米的粉细砂层中。整个卤水区与海岸线大致平行，呈条带状分布，卤水浓度 9 ~ 17 波美度，中部卤度高，南部和北部卤度低，每 100 毫升卤水中含氯化钠 10 ~ 15 克，最高达 19 克，是海水 5 ~ 6 倍。

90 年代初，盐区卤井深 30 ~ 40 米，单井上水量每小时 20 ~ 30 立方米，提取的卤水 10 ~ 16 波美度，含溴量每立方米 350 克。随着大面积开采，地下卤水水位逐年下降。2008 年，盐区卤井深 70 ~ 80 米，单井上水量每小时 10 ~ 15 立方米，卤水 7 ~ 14 波美度，含溴量降至每立方米 220 克。

滩涂

盐区滩涂的滩面属粉砂淤泥构成的软质滩

面，滩面缓平，东西最大20千米，南北最大17千米，约240平方千米。区段内滩涂由两部分组成，第一部分是一般高潮线以上的狭窄地带，称为海滩，是盐业较早开发的区域；第二部分是高潮与低潮海面波动区域，即每天被海水周期性淹没、露出地带，通常称为“潮间带”，地貌上称作“潮滩”。随着防潮大坝建设，沿海滩涂逐步开发利用，到1988年，由盐业开发利用的滩涂26.5平方千米，1993年最高127.6平方千米，2008年119.3平方千米。

第二章 生 产

第一节 盐业工人

来源及分工

1989年，盐业生产以区属和乡镇村办盐场为主，盐业工人多数来自周围村庄农民。1996年后，盐业产销体制发生变化，集体盐场实行租赁承包经营，民营盐场兴起。外地农民工所占比重越来越大，多来自山东省的临沂、菏泽、德州一带以及潍坊市的临朐、青州等地，另有少数来自河南省、云南省、贵州省等地。盐业企业工人，按工种、岗位，分制盐工人、盐化工工人、多种经营人员、管理人员等。

工资待遇

1985年工资改革后，制盐行业列入一类产业，执行六类地区工资标准。在分配制度上开始同经济效益、贡献大小挂钩。1994年，执行省劳动厅《关于适当解决企业职工工资问题的通知》，区属盐业企业执行岗位、技能工资标准。工资增长参照当地工资水平由企业根据效益决定。2005年12月，山东省盐业总公司对直属企业工资总量实行宏观调控机制，改革和完善企业内部分配制度和工资管理，寒亭盐业公司纳入工效挂钩工资总额管理范围。年度考核时，省盐业总公司按照企业考核指标完成情况对年度工资基金进行清算，实行既负盈又负亏工资增长机制。农民工工资一般由本人与场方协商确定，1996年为每月150元左右，2000年每月600元左右。2008年，全区盐业职工工资报酬发放总额9815万元，年人均工资9800元。

1989—2008年寒亭区盐业从业人员统计表

表7-2

年份	人数	年份	人数	年份	人数
1989	3686	1996	5398	2003	3818
1990	4049	1997	5051	2004	3703
1991	4302	1998	4582	2005	4163
1992	5162	1999	4390	2006	10251
1993	4924	2000	4419	2007	9880
1994	4842	2001	3808	2008	10003
1995	5477	2002	3826	—	—

第二节　原盐生产

重点生产企业

寒亭第一盐场　建于1958年，为县属集体企业。1995年6月，更名为潍坊市寒亭盐业化工集团公司第一盐场。2001年，上划为山东省盐业总公司的直属企业，更名为山东寒亭第一盐场。2005年，有盐田407公顷，生产原盐15万吨。2008年，有职工318人，盐田553公顷，生产原盐26万吨。

潍坊央子盐化集团公司　建于1970年，称央子公社盐场。位于央子公社驻地。1984年，更名为寒亭区央子镇盐场。1988年，改制为寒亭区央子盐化股份公司。1994年3月，更名为寒亭区央子盐业总公司。2002年5月，更名为潍坊央子盐化集团公司。到2008年，公司有盐田171公顷，生产原盐7万吨，从业人员328人。

潍坊市寒亭区红星盐场（54960部队盐场）　建于1970年。2008年，有盐田90公顷，生产原盐5万吨。

崔家央子村盐场　建于1972年，为崔家央子村办企业，位于央子镇崔家央子村东、村南。1996年，盐场对外承包经营，原盐产量连续多年在20万吨以上。之后，因央子镇基础设施建设需要，大部分盐田被拆除。到2008年有盐田146公顷，生产原盐6万吨。

蔡家央子村盐场　建于1972年，后经历年扩建，至2008年有盐田399公顷，生产原盐20万吨。

林家央子村盐场　建于1972年，后经历年扩建，至2008年有盐田182公顷，生产原盐10万吨。

固堤场村盐场　建于1972年，后经历年扩建，至2008年有盐田172公顷，生产原盐7.5万吨。

西利渔村盐场　建于1972年，位于西利渔村村南、村北。后经历年扩建，至2008年有盐田178公顷，生产原盐8万吨。

泊子乡盐场　建于1974年。1987年，有盐田15.3公顷，生产原盐2000吨。2008年，有盐田325公顷，生产原盐18万吨。

55085部队农场盐场　建于1974年10月。2008年，有盐田84.55公顷，生产原盐5万吨。

山东海王化工股份有限公司　建于1979年，称潍县第二盐场。1997年，原盐产量20万吨。2001年3月，改制为有限公司。2003年1月，更名为山东海王化工有限公司。2006年7月，变更为山东海王化工股份有限公司。2008年，公司从业人员536人，盐田2130公顷，生产原盐107万吨。

潍坊市寒亭盐场　始建于1992年，区属原盐生产重点企业，位于央子镇丰台村东，注册资金3980万元。1993年，西半场建成盐田600公顷，年生产能力20万吨。2003年，盐场职工118人，实现销售收入624万元，利税总额205万元。于2004年7月破产，其中330公顷盐田由央子镇政府接收，其余部分被山东海王化工有限公司买断。

山东省盐业学校实习盐场　建于1992年，至2008年有盐田85公顷，年生产原盐5万吨。

潍坊渤海水产综合开发有限公司　1996年，寒亭区水产养殖总公司破产，组建潍坊渤海水产综合开发有限公司，属中型国有企业。位于寒亭区央子镇白浪河东，占地36平方千米。公司下辖第一盐场、海水养殖场和泰和水产养殖场，主要从事原盐生产和海水养殖，有塑苫盐田2400公顷，年生产原盐120万吨。

潍坊鑫环盐化有限公司　成立于1998年，位于寒亭区央子镇南2千米、央赣路西侧，有盐田100公顷。2004年下半年，新建盐田800多公顷。2008年，生产原盐37万吨。

南孙乡盐场　成立于2001年，前身是1986年肖家营乡盐场的一部分，位于韩家庙子村北。2008年，有盐田157公顷，生产原盐6万吨。

山东龙震集团有限公司　成立于2004年11月，位于寒亭区北部，白浪河入海口处西侧。2006年11月，更名为山东龙震集团有限公

图 7-1　机械化收盐（2008 年）

司。2000 年 6 月至 2005 年 3 月，建成防潮大坝，坝内建设盐田 1600 公顷。2008 年，生产原盐 60 万吨。

盐区除以上主要原盐生产企业外，沿海村庄大都建有盐田，规模生产的村办盐场有 5 个。另外还有山东潍北农场第一盐场、寒亭区政协盐场、华侨盐场，年原盐生产能力不等。

1989—2008 年寒亭区原盐生产面积及产量统计表

表 7-3　　单位：公顷、万吨

年份	面积	产量	年份	面积	产量	年份	面积	产量
1989	4978	45	1996	8408	85	2003	8412	283
1990	5030	1836	1997	8408	106	2004	9156	365
1991	6450	48	1998	8408	5150	2005	10629	450
1992	6396	70	1999	8377	116	2006	9729	590
1993	8569	60	2000	8412	188	2007	9792	500
1994	8408	4804	2001	8412	165	2008	10814	500
1995	8408	42	2002	8412	328	—	—	—

2008 年寒亭区制盐许可证获证企业一览表

表 7-4

序号	制盐企业名称	许可证号	序号	制盐企业名称	许可证号
1	潍坊市寒亭盐业公司	A2000	4	潍坊海科化工有限公司	A2003
2	山东寒亭第一盐场	A2001	5	山东省盐业学校实习盐场	A2004
3	山东海王化工股份有限公司	A2002	6	潍坊市寒亭区红星盐场	A2005

续表 7-4

序号	制盐企业名称	许可证号	序号	制盐企业名称	许可证号
7	山东龙震集团有限公司	A2006	34	潍坊海晶盐化有限公司	A2033
8	潍坊泰隆化工有限公司	A2007	35	潍坊顺祥盐化有限公司	A2034
9	潍坊央子盐化集团公司	A2008	36	潍坊市寒亭洪胜盐场	A2035
10	潍坊海丰盐化有限公司	A2009	37	潍坊市中奥盐化有限公司	A2036
11	潍坊渤海水产综合开发有限公司	A2010	38	潍坊昌通盐化有限公司	A2037
12	潍坊市寒亭区永吉盐场	A2011	39	潍坊银池盐化有限公司	A2038
13	潍坊鑫环盐化有限公司	A2012	40	潍坊市林海盐化有限公司	A2039
14	山东潍北农场第一盐场	A2013	41	潍坊伟业盐化有限公司	A2040
15	五五零八五部队农场盐场	A2014	42	潍坊银田化工有限公司	A2041
16	潍坊恒博盐业有限公司	A2015	43	潍坊宏金盐化有限公司	A2042
17	山东省潍坊市寒亭德圣盐场	A2016	44	潍坊聚丰盐化有限公司	A2043
18	潍坊三鑫盐化有限公司	A2017	45	潍坊海宇盐化有限公司	A2044
19	山东光辉贸易有限公司	A2018	46	潍坊市寒亭区泊子海通盐场	A2045
20	潍坊镇北盐场有限公司	A2019	47	潍坊富海源盐化有限公司	A2046
21	潍坊市寒亭区南孙昌隆盐场	A2020	48	潍坊宝利化工有限公司	A2047
22	潍坊市皖潍盐化有限公司	A2021	49	潍坊佰昌化工有限公司	A2048
23	潍坊恒天化工有限公司	A2022	50	潍坊市鑫磊盐化有限公司	A2049
24	潍坊市寒亭区三羊盐场	A2023	51	潍坊天池盐化有限责任公司	A2050
25	潍坊市永祥化工有限公司	A2024	52	潍坊市寒亭区央子镇丰台渔业村丰渔盐场	A2051
26	潍坊金鹰盐业有限公司	A2025	53	潍坊广通盐化有限公司	A2052
27	潍坊市寒亭区镇东盐场	A2026	54	潍坊鑫盛盐化有限公司	A2053
28	潍坊市寒亭海源盐场	A2027	55	潍坊市寒亭区央子镇蔡二盐场	A2054
29	潍坊兴丰盐化有限公司	A2028	56	潍坊惠忠化工有限公司	A2055
30	潍坊市寒亭区银龙盐场	A2029	57	潍坊市寒亭区央子镇林家央子村盐场	A2056
31	潍坊昌泰盐化有限公司	A2030	58	潍坊市寒亭区央子镇蔡家央子一村盐场	A2057
32	潍坊市寒亭区吉发盐场	A2031	59	潍坊滨海金利德盐化有限公司	A2058
33	潍坊利鑫盐化有限公司	A2032	—	—	—

生产工艺及质量

90 年代，全区盐业推广塑膜苫盖技术，结晶生产由春秋两季变为常年结晶。潍晒精盐也称日晒低钠盐，主要用作腌制泡菜和酱菜加工。潍晒精盐，结晶池底一般用塑膜铺底，或者用地板革铺底；池埝用红砖护坡，用麻袋或无纺布封顶；沟道用塑膜铺底，红砖护坡；坨台一般用水泥混凝土硬化。根据腌制泡菜等用途，要求其产品感官指标粒小、均匀、松散、色白、干净，氯化钠含量低至 90% 左右，甚至 85%。混合卤结晶，用新卤与钠镁比值 1.8 左右的老卤勾兑，使混合后的卤水钠镁比值达到 3：1 左右。浅卤结晶，为加快结晶速率，结晶卤水深度一般 3 ~ 4 厘米。缩短结晶周期，一般以 30 ~ 40 毫米蒸发量为一个捞盐周期。

1989 年，山东省盐务局印发《关于加强原盐质量管理的暂行办法》，对优质优级、加强质检、完善检测等方面作具体规定；市盐业公司印发《关于抓好原盐质量工作的意见》。寒亭区盐业公司根据省、市两级主管部门要求，印发《关于加强原盐质量管理实行优质优价的暂行规定》。1992 年开始执行《GB5462—1992》标准。2003 年 7 月执行《GB/T5462—2003》标准。至 2008 年，全区所产原盐优一级品率保持 100%。

第三节　加工盐生产

山东寒亭第一盐场

1982 年开始，承担食盐（原盐）加碘任务。1984 年 5 月，投资 30 万元建成粉洗盐车间，年生产能力 5000 吨。1987 年，投资 130 万元对车间进行技术改造，转产粉精盐和加碘盐，年生产能力 6000 吨。1989 年，新上两条粉精盐生产线，年生产能力增加到 3.5 万吨。1994 年，达到 7 万吨。2002 年，建烘干粉精盐厂和粉洗盐厂，恢复生产粉洗盐，生产加工盐 6.7 万吨。2005 年，根据市场需求安排产量，味精盐年生产能力 2 万吨，当年生产畜牧盐 363 吨。同年 12 月，山东寒亭第一盐场被列为国家食盐定点生产企业，也是全区唯一加工盐生产企业。2008 年，加工盐（含日晒盐）产量 9.1 万吨。

寒亭央子洗精盐场

建于 1993 年，隶属央子镇人民政府。1997 年，被列为国家食盐定点生产企业，年生产能力 1 万吨。2003 年，撤销加工盐生产资格后停产。

1995—2008 年寒亭区加碘盐产量统计表

表 7-5　　单位：吨

年份	产量	年份	产量
1995	38000	2002	35088
1996	15952	2003	41576
1997	11768	2004	34218
1998	30840	2005	58446
1999	51600	2006	75770
2000	64470	2007	77165
2001	88653	2008	98670

第四节　盐化工

溴素

90 年代，寒亭区开始有溴素生产，产量、产值不高。2008 年，区内有山东海王化工股份有限公司、山东龙震集团有限公司、潍坊鑫环盐化有限公司等 9 家溴素生产企业，总产量 2.9 万吨，产值 3.6 亿元。

溴化物

2001 年，潍坊海天盐化有限公司（今山东海王化工股份有限公司）开始生产溴乙烷，产量 48 吨。2002 年试产三甲氧基甲苯，产量 2283 千克，辅酶 Q0 产量 50.15 千克。2003 年增加十溴二苯醚、十溴二苯乙烷、氢溴酸 3 个产品，溴化物总产量 545 吨。2008 年，溴化物主导产品有十溴二苯醚，产量 6779 吨；十溴二苯乙烷产量 1717 吨。是区内唯一溴化物生产企业，产品主要销往江苏、浙江、广东等地。

第三章　运　销

第一节　运销体制

1996年以前，国家对盐实行计划管理、分配调拨，寒亭区所产原盐由盐业公司按照国家计划进行运销。1995年11月，国家计委、国家经贸委联合印发《关于改进工业盐供销和价格管理办法的通知》，对盐业运销体制进行改革，纯碱和烧碱工业用盐由计划管理、分配调拨，改为在国家总量计划指导下的产销见面、合同订货制度，两碱工业盐购销开始走向市场。

1996年开始，区政府对全区盐业实行“分级负责，切块管理”，把央子镇和肖家营乡所属盐场分别划归乡镇管理，其余部分由潍坊市寒亭盐业化工集团公司管理，各自组织生产、销售，并按分配税收任务纳税。2001年，潍坊市寒亭盐业化工集团公司撤销后，区内两碱工业盐运销由各制盐企业按照国家规定自行销售；食盐定点场生产的食盐由国家统一调拨；寒亭区内的食盐和小工业盐由寒亭盐业公司统一组织供应。

第二节　销售品种

食盐

1998年以前，寒亭区食盐供应为粉洗盐，1998年供应粉精盐，2004年开始推广精制盐，所供食盐均为加碘食盐。渔业、畜牧养殖业等用盐根据《食盐专营办法》《山东省盐业管理条例》规定，按照食盐管理办法进行管理，均实行专营。

两碱工业盐（原盐）

指纯碱、烧碱工业用盐，年销量占原盐销量90%以上。2008年，全区原盐销量达到563.6万吨。

第三节　运销地区

寒亭区原盐的传统销售区是湖南、湖北、河南、河北、安徽、江西、浙江、吉林、辽宁、山西、广西壮族自治区等省、自治区。省内主要销往济南、济宁、兖州、青岛、潍坊等地。1993年，寒亭区盐业公司主要负责潍坊市区、坊子区、寒亭区、安丘县的其他用盐供应。1995年，两碱工业盐经营体制改革后，寒亭区生产的原盐已经销往全国大多数地区。其他用盐由省、市盐业公司按照经济合理、方便运输、保障供应、有利市场管理的原则，确定流向。负责寒亭区内、潍坊市供销社盐业公司及安丘市、郯城县、临沂市、苍山县果品盐业公司的其他用盐供应。1996年，负责寒亭区内、潍坊市供销社盐业公司，以及坊子区、安丘市、郯城县、临沂市、苍山县果品盐业公司和河南台前县盐业公司的其他用盐供应。销往其他地区的食盐，按照省盐务局下达的计划，由食盐定点生产企业组织供应。1997年，潍坊市寒亭盐业化工集团公司第一盐场生产的食盐主要销往寒亭区、潍坊市盐业公司，潍坊市、临沂市供销盐业公司，安丘市、诸城市、临沂市、郯城县、枣庄市果品盐业公司（供市中区、薛城区、峄城区、台儿庄区、山亭区）。寒亭区央子洗精盐厂生产的食盐主要销往蒙阴县、平邑县、坊子区盐业公司，滕州市果品盐业总公司。至2008年，山东寒亭第一盐场生产的“白浪牌”食用盐，销往北京、上海、山东、浙江、安徽、河南、广东、福建等13省市，并出口日本、韩国。寒亭区内的食盐和其他用盐由寒亭盐业公司负责销售。制盐企业生产的低钠盐主要销往韩国和日本。

1989—2008 年寒亭区食盐、工业盐销售统计表

表 7-6　　单位：万吨

年份	食盐	工业盐及其他
1989	9.21	14.25
1990	6.07	10.86
1991	5.97	16.41
1992	7.2	15.73
1993	2.13	23.33
1994	1.2	18.31
1995	2.8	21.1
1996	1.59	90.35
1997	1.17	99.33
1998	3.09	94.36
1999	5.15	111.59
2000	6.45	162.94
2001	8.92	178.79
2002	9.03	311.91
2003	11.49	352.37
2004	9.08	399.2
2005	8.17	412.58
2006	12.14	503.18
2007	14.02	551.4
2008	15.85	563.57

第四章　盐业管理

第一节　管理机构

1978 年，潍县成立盐务局。1984 年 1 月，潍县盐务局改称潍坊市寒亭区盐业公司（以下简称区盐业公司）。1989 年，区盐业公司下设办公室、工会、政工、生产、财务、供应、供销、基建设备、行政、车队 10 个科室。1991 年，设盐政科。1993 年，设质检科。1995 年 6 月，以区盐业公司直属盐场、乡镇盐场、村办盐场和其他盐场、盐化企业共同组建成立潍坊市寒亭盐业化工集团公司；8 月，第三盐场并入第二盐场；同年，撤销供应科、质检科。1996 年 12 月，增食盐专营科，盐业冷藏厂并入第一盐场。2001 年 1 月，撤销潍坊市寒亭盐业化工集团公司；2 月，区盐业公司改称潍坊市寒亭盐业公司，为山东省盐业总公司的直属法人实体，同时挂潍坊市寒亭区盐务局牌子（以下简称区盐务局）。2002 年 11 月，设立清欠办公室。2002 年，公司设办公室、党办、政工、生产、财务、供销、车队、保卫、盐政、食盐专营、清欠办和央子办事处 12 个科室，下设崔家央子、北港、丰台 3 个盐务所和第一盐场计量点，辖潍坊市寒亭盐场。2003 年 4 月，撤销清欠办公室，成立盐政稽查大队（与盐政科合署）。2004 年 7 月，潍坊市寒亭盐场破产。2005 年 3 月，成立寒亭区海洋化工开发区盐务分局，为区盐务局下属副科级单位。2007 年 1 月，盐政科和食盐专营科合并，成立盐政与食盐科。2008 年 10 月，寒亭

盐业公司与潍坊滨海盐业公司机构调整，组建成立潍坊市滨海盐业有限公司，驻潍坊滨海经济开发区。2013 年，区盐务局（盐业公司）设办公室、财务科、食盐专营科（含盐政）3 个科室，工作人员 36 人，设局长 1 人、副局长 2 人。

第二节 盐 制

盐价

1989 年 11 月，原盐出场价从每吨 45 元提高为 78 元，粉碎洗涤盐从每吨 65 元提高为 137 元，粉精盐从每吨 88 元提高为 187 元。1993 年 10 月，对盐的出场价格再次调整，原盐从每吨 78 元提高为 107 元，粉碎洗涤盐从每吨 137 元提高为 188 元，粉精盐从每吨 187 元提高为 233 元。1995 年 6 月，山东省物价、盐务部门设立并收取盐价补贴基金每吨 4 元，从盐场自销盐中收取。1996 年，工业盐价格完全由市场调节。同时，国家实行食盐专营，食盐统一由国家定价，其他工业盐纳入计划管理。省物价局确定畜牧酿造用盐批发价每吨 488 元，小工业用盐出场价每吨 184 元。

2000 年 1 月，食盐批发价由每吨 520 元调整为每吨 800 元。2002 年 6 月，山东省盐业总公司制定食盐货款统一结算办法，在公司内部实行三档结算价格，即定点场与省公司结算价格、省公司与市公司结算价格、市公司与县（区）公司结算价格。实行统一结算后，碘盐基金、价格调节基金仍在批发环节中收取；中央管理费仍由定点场、批发企业按规定上缴；统一结算价格外的运杂费、装卸费由批发企业直接向货物承运方结算。跨地区调拨执行协议价的结算价，日晒盐每吨 200 元，粉洗盐每吨 270 元，粉精盐每吨 380 元。

2004 年 6 月，省盐务局对供省内市场的日晒盐结算价格进行调整：进车间加工的日晒盐，省市结算价格为每吨 240 元，省与食盐定点生产企业结算价格为每吨 230 元；专供酿造、酱菜及畜牧等规模企业生产加工用的大包装日晒盐（未经车间加工，批发企业不得分装成小袋供应零售市场），省市结算价格为每吨 220 元，省与食盐定点生产企业结算价格为每吨 210 元。同年 10 月，50 千克大包装加碘日晒盐批发价格在无碘原盐批发价基础上，加收加碘费用每吨 32 元。2004 年，盐区原盐价格上升到每吨 330 元。2005 年 4 月，国家碘盐基金停止提取，食盐出场价格（不含税）每吨上调 25 元，食盐产区批发价格保持不变，原在产区批发价格内提取的每吨 25 元国家碘盐基金并入食盐产区批发价格。同年 5 月，各种食盐出场价每吨加 29.2 元（含税），食盐批发价格不变；500 克复合膜包装的粉精盐零售价格由每袋 1 元调整为 1.2 元，其他普通盐种及规格的零售价格不作调整。2006 年 9 月，对食盐定点场日晒盐价格进行适当调整。2010 年 1 月 1 日起，粉洗盐、粉精盐出场价格每吨提高 80 元，食盐批发价格和零售价格不变，提高部分由市公司和区公司各承担 50%。

2006 年寒亭区日晒盐内部结算价格明细表

表 7-7　　单位：元 / 吨

盐 种	省与定点场结算价		省市结算价		市与区结算价	
	加碘食盐	无碘食盐	加碘食盐	无碘食盐	加碘食盐	无碘食盐
日晒盐（进车间加工）	283.1	263.1	303.1	288.1	313.1	298.1
日晒盐（不进车间加工）	246	236	256	246	261	251

盐税

1989 年，食盐税为每吨 136 元，酸碱工业用盐每吨 15.4 元，肥皂、饲料工业用盐每吨 77 元，农业、渔业用盐与食盐同税；精制盐税每吨 98 元，粉碎洗涤盐税每吨 108 元。盐税列在出场价外分配价内，在销售环节中征收，与生产企业无直接关系。1990 年 3 月，食盐减税后实际征收为原盐每吨 110 元，精制盐每吨 75 元；省分配价中所含盐税额为原盐每吨 124 元，精制盐每吨 102 元，再制盐每吨 97 元。1991 年 2 月，精制盐税每吨 75 元，粉洗盐税每吨 110 元，粉精盐税每吨 95 元。1993 年 12 月，国家进行税制改革，取消盐税，改征资源税和增值税，北方海盐资源税每吨 25 元，增值税按盐价 17% 征收。1995 年 1 月，国家临时调减北方海盐资源税税额，按每吨 20 元计征。2007 年 9 月，盐增值税税率由 17% 统一调整为 13%。2009 年 1 月，盐增值税税率由 13% 恢复到 17%。

1989—2008 年寒亭区盐业税收统计表

表 7-8　　单位：万元

年份	税额	年份	税额	年份	税额
1989	1952	1996	2420	2003	8209
1990	1244	1997	2070	2004	10000
1991	1700	1998	2400	2005	9900
1992	1540	1999	4000	2006	10002
1993	1860	2000	4630	2007	10800
1994	1860	2001	6831	2008	10000
1995	1267	2002	7800	—	—

注：表中 2004—2008 年仅为原盐资源税和增值税之和。

第三节　食盐专营

计划管理

1996 年 5 月开始，全区执行国务院《食盐专营办法》，区内食盐定点生产企业和批发企业按照上级盐业主管部门下达的指令性计划组织生产和经营。

价格管理

实行食盐专营后，区内食盐定点生产企业执行国家计委统一制定的食盐出厂价格；批发企业执行山东省盐务局制定的批发价格；食盐零售店执行山东省物价局制定的零售价格。2005 年 4 月，停止征收国家碘盐基金后，国家对食盐出场价格每吨上调 25 元；10 月，为提高市面供应的“鲁晶”牌食盐包装质量，生产企业对原包装进行改版并开始供应市场，山东省物价局对复合膜小包装和纸塑小包装食盐零售价格分别进行调整。2009 年 12 月，国家发改委印发《关于提高食盐出厂（场）价格的通知》，食盐出场价和批发价每吨提高 80 元，零售价格不变，自 2010 年 1 月 1 日起执行。

销售网点

1996 年 5 月，全区实施食盐专营，区盐业公司负责批发经营业务及其行政管理工作。2006 年，食盐零售点本着“设置均衡、布局合理、统筹兼顾、便于管理、服务到位、方便群众”原则，按照“500 人以下村设 1 个，500 ~ 1000 人村设 2 个，1000 人以上村设 3 个，大村可设 4 ~ 5 个”原则规划布局，实行村级目标管理责任制，至 2013 年，全区共设立 618 处食盐零售点，城乡居民碘盐覆盖率 97.98%。

应急供应

2003 年 4 月 28 日至 5 月 2 日，受“非典”疫情影响，群众误认为吃碘盐能预防“非典”，全区城乡市场相继发生抢购风。为保证食盐安全，稳定食盐价格，区盐务局连续向市场投放食盐 120 吨。2011 年 3 月 16 日—22 日，受日本福岛地震核电站放射性物质泄漏事故影响，群众担心海水被污染，影响食盐安全，全国多地发生食盐抢购风，17 日蔓延到区内，紧急供应食盐 290 吨，是正常供应量的 20 倍。

第四节　盐政执法

执法队伍

1988 年，区盐业公司有临时盐政缉私人员 13 人。1991 年，设立盐政科。1996 年 10 月，区盐业公司 20 人取得盐政执法证件。2001 年，区盐务局（盐业公司）有 16 人获行政执法证件。2002 年，根据山东省盐务局对盐政执法队伍设岗定员规定，区盐务局设盐政执法人员 14 名。同年，落实山东省公安厅、省盐务局联合印发的《关于全省盐政执法部门统一加入 110 社会联动体系的通知》要求，区盐务局设立盐政 110 值班室，并配备执法车辆。2004 年，寒亭有盐政执法人员 24 人。2006—2008 年，区盐务局盐政执法人员保持在岗 45 人，2009—2013 年为 26 人。

稽查

日常稽查采取昼夜结合、路查与重点户（单位）稽查结合、经常性与突击性稽查结合、定点与流动稽查结合等形式；关卡查验，盐产品通过铁路运输和海上运输的以港站为关卡开展检查、缉私，通过公路运输的委托交通部门设置交通检查站进行；依靠群众举报稽查，发动群众对涉盐违法案件进行举报，根据线索对案件稽查，并根据各时期国家有关部门奖励举报规定，对举报人进行奖励。2001 年，寒亭区盐务局对区内水洗盐厂开展打假专项行动。2002 年，区盐务局参加市盐务局组织的全市盐政稽查统一行动。2006 年 4 月—6 月，区盐务局参加市盐务局组织的整治盐业市场集中统一行动。2008 年 8 月—10 月，区盐务局参加市盐务局组织的全市盐业源头治理专项行动。2010 年，参加市盐务局组织的食盐市场集中检查行动。2012 年，参加市盐务局组织的边界联合稽查专项行动和秋季盐政稽查专项行动。

缉私

1984 年，盐政缉私工作由区税务部门移交区盐业公司。盐政缉私以宣传教育为主，重在看盐护税。对偷私漏税者，一般坚持说服教育，给予适当处理。对偷私数额较大且屡犯者，依法惩处。对所贩私盐除没收、照章补税外，还按规定处以罚金。罚没收入扣除补缴税款后，50% 归公解库，其余按比例奖励举报和缉私有功的单位或个人。2000 年，区盐业公司不再受理补税业务，当事人直接到税务部门办理。2003 年，盐政稽查工作由盐政科（盐政稽查大队）和食盐专营科共同负责，配有专用车辆 6 部，举报电话 2 部。重点惩治私制销售假劣食盐违法行为；在产盐区域加强对原盐缉私，保护产销秩序，防止盐税流失。当年端掉制售假劣食盐窝点 31 处，查获 10 吨以上较大数额走私案件 19 起，63 名走私分子受到处罚。2009 年起，原盐产区盐政管理归潍坊滨海经济开发区，区内盐政管理以全区食盐市场为主。

第八编　商贸服务业

DI BA BIAN　SHANG MAO FU WU YE

1989—2013 年，全区大力推进流通体制改革，转变商业企业经营机制，打破国有、集体流通企业一统局面，逐步形成多种经济成分并举、多种所有制流通企业共同发展新格局。多元化、开放式、竞争型的商品流通体制逐渐形成，给商品流通领域注入新的活力，全区城乡市场繁荣活跃，保持快速稳定增长势头。城区随着城市化进程不断推进，商业基础设施投入大幅度增加，大型百货商店、超级市场、便民连锁店、专卖店等业态迅速成长；随着农民收入不断提高，购买力不断增强，市区大型连锁超市陆续向农村延伸，极大地改善农村消费市场。1989 年，寒亭区社会商品零售总额 2.23 亿元，其中国营及集体商业 1.66 亿元、个体经济 0.39 亿元、其他经济 0.18 亿元。2000 年，全区社会消费品零售额 9.04 亿元，其中国营及集体商业 1.71 亿元、个体经济 5.93 亿元、私营经济 0.90 亿元、其他经济 0.45 亿元。2010 年，城区大型商场 6 家；规模较大的物流企业 2 家，小型物流配送站 18 家；专业市场 19 个；各类商业网点已发展到 4900 余家。至 2013 年年底，全区商业服务业营业网点遍布城乡，有 5000 平方米以上的大型商场 6 家、专业市场 13 个、农贸市场集市 44 个；全区限额以上社会消费品零售总额 55.39 亿元，其中城镇 39.61 亿元、乡村 15.78 亿元。

第一章 商业贸易

第一节 管理机构

寒亭区商务局

1989 年，寒亭区商业局设秘书科、工会、政工科、业务科、工业科、财务科、审计科、安全卫生科 8 个科室。1990 年 6 月，区财贸办公室更名为寒亭区财政贸易委员会，为正科级事业单位。1993 年 11 月，撤销区财委成立寒亭区商业委员会（以下简称区商委），为正科级行政单位，设办公室、综合业务科，编制 12 人；撤销区商业局成立商业总公司，原行政职能划归区商委（包括第三产业管理工作）；同年 12 月，区商业网点办公室其规格、编制和管理形式重新予以界定，隶属区商委、编制 4 人。1994 年 5 月，成立寒亭区第三产业管理办公室。1997 年 2 月，区商委更名为寒亭区贸易局，同时挂寒亭区人民政府财贸办公室的牌子。1998 年 8 月，区商业网点办公室划归区第三产业管理办公室。2002 年 1 月，区贸易局（财贸办公室）更名为寒亭区商业贸易办公室，隶属区政府，为正科级事业单位，编制 12 人，内设办公室、综合业务科、政工科。2010 年 7 月，撤销区贸易局和区对外贸易经济合作局，设立寒亭区商务局，为区政府工作部门，编制 12 人。2013 年，设办公室、组织人事科、外经贸科、内贸科。

寒亭区物资总公司（局）

1988 年，区物资局下辖燃料公司、金属材料公司、机电设备公司、物资再生利用公司、物资局建筑材料公司、生产资料服务公司、木材公司、化工轻工公司 8 家企业。1992 年 5 月，撤销潍坊市寒亭区物资综合公司（对外称物资局），设立寒亭区物资总公司，与寒亭区物资局合署办公，其性质由政企合一改为企业，原行政职能划归区商委。

寒亭区烟草专卖局

1991 年，成立寒亭区烟草专卖局（营销部），前身为中国烟草总公司山东省公司潍坊市区公司寒亭卷烟批发部。1995年11月，成立东方烟草（集团）有限公司寒亭烟草公司、潍坊市寒亭区烟草专卖局，设办公室、财务科、业务科、专卖科4个职能科室，有朱里、固堤、郭家官庄、渤海路、工业街5个卷烟批发部。1998年8月，山东省烟草系统推行综合配套改革，分别设立潍坊市寒亭区烟草专卖局和山东烟草购销（集团）有限公司潍坊市分公司寒亭区购销公司。卷烟由山东烟草购销（集团）有限公司潍坊市分公司寒亭区购销公司负责，分别由固堤、双杨、朱里、渤海路、工业街5个卷烟批发部进行销售。2005年，取消法人资格，财务不再独立结算，实施报账制，更名为寒亭区烟草专卖局、山东潍坊烟草有限公司寒亭营销部。2013年，设综合办公室、专卖监督管理科、稽查大队、法制科、内管派驻组、卷烟营销科、财审科和3个专卖管理所，在职85人。

第二节 商贸体制改革

商业体制改革

1989年，商业系统贯彻落实“治理整顿、深化改革”的方针，全面推行厂长（经理）经营承包责任制和租赁制。各企业打破地区、部门、行业界限，不断扩大横向经济联系，采取多种经营方式，疏通商品流通渠道，多方采购大批名优特商品投放市场，发挥稳定物价、繁荣市场的主导作用。1992年，按照省国有商业企业推行经营、价格、分配、用工“四放开”改革方案，搞活商品流通体制：企业在用工制度上，推行全员劳动合同制；在收入分配上，实行百元销售工资含量，联购联销联利计酬等多种分配办法；在价格方面，除政府管理的专控商品执行指令性价格外，其余商品价格一律放开；在经营上，推行“统管分营”，职工个人自筹资金，承包租赁企业的经营场地、柜台和必要的设施，认购库存商品，自主购销、自负盈亏。1998年开始，国有商业企业先后进行产权制度和股份制改革。1999年，完成区食品公司分离重组改革试点，将原区食品公司保留企业名称，承担原有债务；内部职工自愿投资入股组建潍坊华通食品有限公司，将原区食品公司有效资产和生猪定点屠宰经营业务划转到新组建的股份公司。2000年10月，区华兴商贸公司分离重组成立潍坊盛华经贸有限公司。2000年11月，区百货公司实行整体产权制度改革，由内部职工出资入股全部购买企业净资产，整体改制为潍坊市鑫盛达百货有限公司，成为民营商业企业。2002年8月，区五金交电公司分离重组成立潍坊华鸿经贸有限公司。2003年，区饮食服务公司整体产权改制为潍坊华利达商贸有限公司。1995—2011年，对区纺织品公司、区建筑材料公司、区商业养殖公司进行重组撤并，后又对部分公司土地拆迁改造；注销区复兴纸箱厂、区华兴商贸公司和区酿造厂，同时对原有职工按政策规定全部进行补偿安置。至2013年，全区仅存的6家国有商业企业均停业，国有资产全部从商业企业中退出，商业企业和营业网点全部民营化。

物资体制改革

1988年，物资总公司下属公司普遍实行聘任或社会承包、经营责任制，第一轮承包经营于1990年底结束。1992年，物资行业由垄断经营走向市场化经营，推行“四放开”改革，激发物资流通体制活力。同年5月，区物资局撤销，成立寒亭区物资总公司，设办公室、财务科、业务科和政工科（1994年增设），继续承担所属企业“人、财、物”管理职能。当年，区物资总公司对下属企业实行“脱壳”经营，成立物资总公司综合经营处、物资贸易中心、物资经销处、特种钢材经销处、物资供销公司、物资经营中心、物资开发中心、兴华塑料厂8家企业；对木材公司、化工轻工公司两家企业依法实施破产。1996年，新增金属回收中心、物资经贸中心两家下属企业。1998年开始，对条件成熟的3家主导企业进行产权制度改革和股份制改造，完善企业内部管理规章和法人治理结构，逐步实现以市场为导向、自我约束、自我发展的运营机制。至2002年年底，物资总公司职能科室只设综合办。3家改制企业所辖企业包括潍坊市德利达经贸有限公司、潍坊市威振经贸有限公司、兴华塑料厂；物资贸易中心、金属回收中心、燃料公司、金属材料中心4家国有企业。2003年，区物资总公司所属企业全部关停；总公司工作重点是做好物资系统的离退休职工、军转干部、复退军人服务工作，处理好下岗职工困难和本系统的遗留问题。

第三节　商业企业

寒亭区商业总公司

1993年11月，由寒亭区商业局整建制转为经济实体，设办公室、政工科、业务科、财务科、工会、纪检科，继续行使原商业局对所属企业的管理权。2001年，区商业总公司精简机构和减少人员，设办公室、财务科、政工科3个科室。截至2013年年底，区商业总公司内设办公室、财务科、政工科3个科室，在职8人。

寒亭区百货公司

1956年7月成立，主要经营日用百货、副食烟酒糖茶、粮油食品、化妆洗涤、服装鞋帽、文具劳保、家具家电、车品、钟表等生活用品。1989年，有干部职工183人，有百货大楼、新世纪商厦和家具自选商场，营业面积4774平方米，销售额965.5万元，上缴税金27.5万元，利润17.8万元。1992年，国有商业企业全面推行“四放开”流通体制改革，公司4个门店分柜组承包48个，公司当年完成商品购销1182.1万元，柜组承包费收入120万元，实现利润15.5万元，上缴税金40.8万元。2000年11月，整体改制为潍坊市鑫盛达百货有限公司。

寒亭区五金交电公司

1983年，由区百货公司中的五金交化商店分离成立，设有2个商店及1处批发部，主营五金、化工、家电等商品零售批发业务，营业面积1400平方米，配套仓库600平方米，干部职工78人。1989年，实现销售额800.4万元，实现利润13.6万元，上缴税金11.1万元，连续3年保持高增长，职工工资上浮三级，被评为省级先进企业。2002年8月，由13名职工入股，从五金交电公司分离重组成立潍坊市华鸿经贸有限公司，区五金交电公司已属“空壳”公司。

寒亭区食品公司

1989年，设10个乡镇中心屠宰站和2个门市部，干部职工130人，2个生熟食生产车间，200吨冷库1座，主要承担全区猪、牛、羊、禽、蛋5大类农畜产品购销调存业务。1996年4月，全区实行生猪定点屠宰，区政府确定为定点屠宰生产单位，全年生猪购销13158头，销售额800万元，上缴税金36.2万元。1999年7月，公司70名职工出资入股，分离重组成立潍坊华通食品有限公司；原国有食品公司成为“空壳”公司，30名职工下岗自谋职业。2010年，公司办公楼、生产车间及冷库全部拆除。

寒亭区副食品公司

1970年10月成立，主营烟、酒、糖、茶、糕点等商品的购销业务。1989年前，公司设副食品大楼、2个门市部、1个茶庄、1个批发部4个网点，营业面积2000平方米，干部职工53人。

图8-1　副食品公司大楼（1990年）

1992年，实行“四放开”改革，采取“统管分营”办法，年营业额1336.2万元，利润4.2万元，上缴税金4.9万元。2008年，网点全部被拆除，43名职工全部下岗自谋职业。

寒亭区饮食服务公司

1956年成立，主营餐饮服务，有1000平方米旅馆，理发、照相、幼儿园、饭店各1处，职工37人。1989—1991年，年营业额30万元，利润1.6万元。2003年8月，整体产权改制为潍坊华利达商贸有限公司。2008年，经营房屋全部拆除。

寒亭区商业总公司华兴商贸公司

1994年8月成立。1996年，区商业建筑材料公司并入，主要从事五金、化工、建材、煤炭等商品的批发零售业务，职工37人。2000年10月，由内部职工出资入股，分离重组成立潍坊盛华经贸公司。2008年因规划拆迁，华兴商贸公司撤销，职工按政策安置。

寒亭区商业综合公司

1980年11月成立，设有百货、五金、副食、理发、饭店、批发部6个网点，干部职工25人。1994年，商品购销额增幅较大，实现利税20万元，其中利润6万元。1999年，在原址新建660平方米营业室，由潍坊中百集团租赁经营超市。2009年，全部拆除。

潍坊市冷饮食品厂

1989年为寒亭区副食品加工厂，占地8094平方米，其中生产和办公占地3445平方米，主要从事糕点、冷饮加工和销售，产品有糕点、冷饮两大类60多个品种，年销售收入76.3万元。1991年，更名为潍坊市冷饮食品厂，投资80万元购进冷饮设备一套扩大生产，实现销售收入90.8万元。1994年，车间、生产设备全部租赁经营。

寒亭区酿造厂

1984年成立，属国有小型企业，占地面积1.32万平方米。1989年，企业设办公室、业务科、财务科、食醋车间、酱油车间、冷饮车间等12个科室和车间，职工29人，完成工业总产值83.4万元，实现销售收入55.5万元，利润7万元。1995年9月，整体租赁，实现民营化。2010年，厂区拆除，职工按政策安置，企业注销。

寒亭区复兴纸箱厂

1994年9月，区复兴纸箱厂在商业纸箱厂基础上成立，占地面积8429.88平方米。主要生产、销售各种纸板箱，职工16人，总资产88.7万元，完成总产值17.1万元，实现销售收入16.8万元。1998年，总资产109.5万元，其中固定资产15.1万元、流动资产94.4万元，总负债130.3万元。当年3月，整体对外承包，实现民营化。2007年，厂区全部拆除，职工按政策安置，企业注销。

寒亭区商业盐场

1989年6月，区商业局投资168万元，成立寒亭区商业盐场，有盐田100多公顷、机井20眼、二级提水4处、输入电路1套、房屋50间。1990年3月，隶属区商业水产养殖公司，总资产173.2万元，干部职工62人。1992年8月31日—9月2日，寒亭区北部沿海遭受风暴潮袭击，16个虾池被夷为平地，设备设施被毁，造成直接损失458万元。1995年5月，盐场隶属寒亭区食品公司，与食品公司合并办公，统一管理，独立核算，原盐销售由区盐务局指定客户，按年度下达指标进行生产。1998年7月，盐场职工出资，分离重组成立潍坊海丰盐化有限公司。区商业盐场成为“空壳”公司，2008年5月，划归潍坊滨海经济开发区管理。

潍坊市寒亭区燃料公司

1984年3月，原潍县燃料公司更名为潍坊市寒亭区燃料公司，其中办公和职工宿舍区占地6866.7平方米，寒亭煤炭供应站占地2.02万平方米，有职工63人。1994年，供应煤炭15万吨。1996年，区政府通过土地调换方式，将寒亭煤炭供应站迁至通亭街和幸福路交叉口原寒亭区木材公司院内。2000年3月，寒亭区燃料公司改制。2004年4月，职工分流，其中4名职工选择留守，20名职工转岗新成立的潍坊德利达经贸有限公司，9名职工自谋职业。

第四节　医药及器械经营

1984年前，潍县仅有1962年10月成立的潍县药材公司独家经营，由潍县卫生局管理。1984年4月，更名为潍坊市寒亭区药材公司，由潍坊市医药公司行业管理。1993年，寒亭区药材公司成为潍坊医药集团全资子公司，名称变更为潍坊医药集团股份有限公司寒亭公司。2003年12月，公司通过管理层和部分职工持股由国有企业改制为民营企业，名称变更为潍坊丰华医药有限公司，主营医药批发业务。2009年11月，注册成立潍坊丰华医药连锁有限公司，专门负责零售业务连锁经营管理，连锁门店近150家，年销售额近2亿元。

至2013年年底，全区有潍坊制药厂、潍坊市仁康药业有限公司2家药品生产企业；有潍坊丰华医药有限公司、山东鑫伟力药品有限公司、山东仁泽医药有限公司、山东国青医药有限公司、山东国瑞药品配送有限公司、潍坊国茂医药有限公司、山东荣博医药有限公司、山东天元盈康药业有限公司药品批发企业8家，药品零售、连锁企业50家；有潍坊君泰安德精密机械有限公司、潍坊康明医疗器械有限公司、潍坊市康华生物技术有限公司、山东天元盈康医疗科技有限公司、潍坊汉唐生物工程有限公司医疗器械生产企业5家，医疗器械经营企业（含药店兼营）28家。

图8-2　2009年11月，潍坊丰华医药连锁有限公司成立。

第五节　烟草专卖

专卖管理

1990年，卷烟零售实行烟草专卖许可证制度。1995年，成立朱里、固堤、郭家官庄、渤海路、工业街5个卷烟批发部，形成卷烟网络销售体系。2000年，卷烟零售实行IC卡户籍化管理。2001年，推行卷烟零售“一价制”。2002年，推行“城乡一体、全面访送分离”新模式，配合这一经营模式进行内部机构改革，撤销卷烟批发部。2003年，发展卷烟加盟连锁店，推行电子结算，当年加盟连锁店2家。2006年，推行按客户订单组织货源试点，组织客户开展培训。2007年，成立专卖科、法制科、稽查大队3个科室，在寒亭区友谊路209号设立第一专卖管理所，在泊子设立第二专卖管理所。2009—2013年，分别查获涉烟违法案件401起、346起、32起、27起、36起，案值合计分别为137.08万元、312.21万元、24.89万元、31.09万元、129.05万元。

销售品牌

1990年，卷烟销售资源由国家统一调拨分配，寒亭境内以经销青州卷烟厂产品为主，牌号有“青州”“丰收”等。另外，还销售青岛产的“大前门”“金鹿”“红金”“双马”，济南产的“大鸡”“将军”“琥珀”，省外的“牡丹”“金桥”“茶花”“红塔山”“白红梅”及国外产品“555”“希尔顿”等品牌。1994年，经销的卷烟主要有青州产的“时代”“星光”，青岛产的“老刀”“金鹿”“双马”“哈德门”，省外的“牡丹”“石林”“红塔山”“茶花”等品牌。2010

年，经销的卷烟主要有“泰山（八喜）”“泰山（东方）”“泰山（望岳）”“哈德门”，省外的“中华”“苏烟”“黄鹤楼”“玉溪”等品牌。2013年，卷烟销量2.1万箱，销售额1.06亿元。

第六节　成品油经营

1984年，寒亭区石油公司隶属寒亭区财贸委员会，有职工48人，仅有1处加油站。1988年，成立山东省石油公司寒亭支公司，负责辖区内成品油供应。同年，寒亭支公司业务及人财物划归潍坊分公司管理。1997年，寒亭支公司在城区拥有4家加油站。1997—2000年，随着加油站投资主体放开，在寒亭区域内新建潍坊通亭街加油站、潍坊北方加油城和潍坊鲁北加油城等7家。2000年，寒亭支公司整体划转中国石油化工集团公司，随后中国石油化工集团公司在寒亭区域内陆续收购10家加油站，中国石油天然气集团公司在寒亭区域内陆续收购6家加油站。2013年，寒亭区域内有加油站43家。

第二章　粮　油

第一节　管理机构

1988年，寒亭区粮食局设人秘、财务、购销、仓储、工业、纪检、审计、保卫等股，辖12个乡镇粮管所，7个直属厂、站、公司；有干部职工666人，其中固定职工356人、合同制职工161人、临时工149人。1993年4月，潍坊市寒亭区粮食局改称潍坊市寒亭区粮食总公司，由行政改为事业，总公司机关设财务科、业务科、办公室，成立内部结算中心。1998年11月，撤销寒亭区粮食总公司，恢复成立寒亭区粮食局，由原归口区贸易局改归口区计划委员会，设办公室、业务科、财务科、政工科，为正科级行政单位，隶属区政府，定行政编制12人；成立潍坊市寒亭区粮食收储公司，为副科级事业单位，自收自支，定编20人，隶属区粮食局。1999年4月，寒亭区粮食局与区粮食收储公司分离。2002年，核定事业编制12人，设办公室、计划统计科、财务审计科3个职能科室。2007年，设立监督检查科；成立粮食执法监察大队，事业单位，股级，编制4人。2007年8月，潍坊市寒亭区粮食收储公司更名为寒亭区粮食收储中心，定编20人。2013年，区粮食局内设办公室、业务科和财务科，在职15人。

第二节　经营体制改革

1988年始，粮食收购实行合同定购同奖励化肥、柴油及发放预订金“三挂钩”政策。1990年，粮食系统落实新一轮承包经营，秋粮收购由合同定购改为国家定购。1993年，取消城镇居民凭票定量供应粮油制度。1994年，国务院对全国粮食企业1992年以前的政策性亏损全面清理，区粮食局停息挂账852万元；全区粮食流通体制实行政策性业务和经营性业务分开核算。1998年，全区国有粮食企业1992—1998年的政策性亏损和经营性亏损全面清理，停息挂账处理1306万元。11月，成立寒亭区粮食收储公司，专事粮食收储业务；12月，按照“四分开一完善”（政企分开、储备与经营分开、中央与地方责任分开、新老粮食财务挂账分开，完善粮食价格形成机制）原则，在10个基层粮食公司的基础上成立10个粮食收储站，代理收储业务，粮食收购严格执行保护价敞开收购政策。区粮食收储公司所需资金由农业发展银行按“库贷挂钩、封闭运行”原则供给和管理，由区粮食收储公司承贷还贷。2004年，国家取消粮食定购任务，全面放开粮食购销市场。2005年11月，全区国有粮食购销企业进行改革，原有政策性挂账资金2100万元从企业剥离，由区粮食局集中管理；336名职工与企业解除劳动合同；撤销10个粮管所（基层收储公司），保留充实区粮食收储公司，将地方储备粮管理职能划归区粮食收储公司；原10处粮管所资产暂时由区粮食局管理，后根据区政府统一规划，除寒亭粮管所外陆续实现资产重组由政府管理。2008年，区良丰食品有限公司及区粮油贸易公司两企业整体出让，完成资产重组。2009年5月，新建的区粮油储备库投入使用，承担全区地方储备粮和花生油存储任务。2010年，区饲料公司和区粮油供应中心两企业完成资产重组，整体拆迁出让。

第三节 粮油购销

粮油收购

1986年，寒亭实行粮油定购任务与化肥、柴油、定金“三挂钩”奖励，即收购50千克粮食，供应平价化肥5千克、平价柴油1千克，支付20%的粮食预购定金。1990年始，不再发放粮食预购定金，对粮食上交农户继续实行化肥、柴油奖励政策；秋粮收购改合同定购为国家定购，向农户发放国家粮食定购任务通知单，不再与农户签订定购合同。1993年，完善粮食收购“三挂钩”兑现办法，奖励化肥、柴油改为差价补贴，即每收购50千克小麦或玉米补贴4.2元；建立粮食收购价格保护制度和粮食风险基金制度，农业税征收实物。1998年，贯彻落实国务院“敞开收购、顺价销售、收购资金封闭运行”三项政策，粮食系统除收购合同定购粮外，按保护价敞开收购农民余粮，当年收购粮食12862吨。2004年，全区取消国家粮油定购任务，粮油收购进行市场化运作。2005年1月开始，粮食经营企业和个体工商户收购小麦、玉米等粮食品种，均需区粮食局审查认定其粮食收购资格，经区工商行政管理局核准登记，颁发粮食收购许可证后，方可从事粮食收购业务。同年，区粮食局为16家取得入市资格的粮食经营企业和个体工商户发放粮食收购许可证，当年收购粮食15630吨。至2013年年底，全区取得粮食收购许可证的企业和个体工商户共23家。

粮油供应

1990年，对全区城镇粮油供应和行业用粮进行整顿，压缩平价粮油。重新核定区内集体、个人购粮使用数量，为防止粮食及制成品外流，实行个人购粮限定数额，允许居民在自己的粮本存粮中，增购月定量的30%，一季一算。1991年3月，在全区使用寒亭区面食券，作为粮票副券，随粮票同时使用，不单独使用。1992年，实行购销同价，放开购销价格，实行保量不保价政策，同时食油价全面放开；粮食企业代政府收购的定购粮，转议价销售，差价款留给粮食部门，用于粮食经营费用。1993年，取消城镇居民凭证凭票定量供应粮油制度（军队粮油供应除外），全国通用粮票、山东省食用粮票、山东省油票停止流通。至此，历时38年的城镇居民粮油定量供应制度结束。

第四节 粮油储备

仓储设施

寒亭区粮食储备仓库及经营设施建于70年代。1999—2002年，企业自筹资金先后在固堤粮管所和南孙粮管所新建仓库31间，新增仓容4000吨。2002年，全区收储企业粮食库存6.86万吨，粮食库存量在全市位居第一位。到2003年年底，全系统共有粮食仓容量3.32万吨，库存粮食4.69万吨，其中地方储备1700吨；全区收储企业所储存的粮食均达到“四无粮仓”（无害虫、无变质、无鼠雀、无事故）标准。2008年4月，寒亭区地方粮油储备库开工

图 8-3　区粮油储备库（2009 年）

建设，占地 12895 平方米，建筑总面积 9020 平方米，工程总投资 1650 万元。其中新建办公楼及化验楼 2 栋、高大平房仓 2 栋、食用油库 1 栋（内置 3 个容量为 50 吨、1 个 180 吨的储油罐）、机械仓库 1 栋及相关配套设施，粮库仓容 1.8 万吨、食用油库容 330 吨。2009 年 4 月，粮油储备库交付使用，实现全区地方储备粮油的集中存放。

储备规模

1998 年，全区代存中央专项储备粮 3443 吨，中央储备食油 180 吨，地方储备粮 4000 吨。1999 年，寒亭粮管所确定为山东省寒亭粮食储备库。2000 年，中央专项储备粮全部上交，所存粮食全部划为周转粮；地方储备粮管理实行“一符三专四落实”（账实相符，专仓、专人、专账，落实品种、数量、质量、地点）管理办法。2004 年，全区地方储备粮规模由 1700 吨增加到 1 万吨，2006 年增加到 1.13 万吨，分散存储在 10 个粮管所中。2009 年，全区地方储备粮油集中到新建的区地方粮油储备库存储。2013 年，储存地方储备粮小麦 1.13 万吨，花生油 250 吨。

储备管理

2009 年，根据《粮油储藏技术规范》要求，结合仓储工作实际，制定落实粮食仓储管理百分考核、地方储备粮管理等一系列制度，普及“双低”（低温、低药量）储粮、“三低”（低氧、低药量、低温）储粮、电子测温储粮技术，“三低”储粮合格率 100%。按照区粮食应急预案要求，细化和完善粮食供应动用方案，搞好网点布局，增强应急保障措施，做到需要时有粮可用、有粮可调、有粮可供，年轮换 3000 吨以上。2005—2013 年，连续九年被市粮食局授予“全市粮食仓储暨地方储备粮管理工作先进单位”称号。

第五节　粮油加工

1992 年，全区粮食系统转换经营机制，粮食企业开展多种经营，重点开展面粉加工、饲料加工及议价粮油批发零售业务。农村粮食公司广泛开展“两代一换”（代农储存、代农加工、品种兑换）业务，因地制宜地发展“五小”（小面粉厂、小食品厂，小饲料厂、小榨油厂、小加工厂）项目；利用企业沿街和地处交通要道的优势，破墙建店，进行综合经营，开展代农加工和品种兑换业务。在经营范围、品种、规模上改变“米、面、油”老三样和小打小闹的状况，增加粮油新特优品种、小包装及粮油复制品。在经营方式上，改坐门等客为送货上门，利用有利条件发展大众化熟食品加工。1993 年后，粮油工业不断加大科技投入，潍坊市第二植物油厂新上现代工艺的浸出油设备 1 套，日处理能力 200 吨；潍坊市第三面粉厂新上面粉加工设备 1 套，原来只生产精加工面粉和普通粉两种产品提高到生产精粉、特一粉、特二粉、颗粒粉、水饺粉等多种产品。除满足本地区居民生活要求，还销往东北、烟台、青岛、济南等地。

1998 年，粮食企业推行“四放开”和“三项制度”改革，实行主附营业务分离、人员分离，粮食主营企业主要从事粮食收储管理工作，粮食附营企业开始向现代企业转变，进行企业改制，

2003年年底，除潍坊市第二植物油厂和潍坊市第二面粉厂停产外，其他区直企业和乡镇粮食公司顺利完成企业改制和租赁工作。

第六节　粮食行政执法

2004年5月，根据国务院颁布《粮食流通管理条例》，区粮食局加强对粮食流通企业的行政管理及行业指导，监督有关粮食流通法律法规、政策及有关规章制度的执行。2005年1月，实行粮食收购资格审批制度，当年审核办理粮食收购许可证16家。2007年，设立区粮食监督检查科，负责粮食执法监督检查工作。2008年年底，全区累计受理粮食收购资格申请26家，批准办理收购许可证23家，其中粮食经营企业8家，加工企业6家，个体工商户9家。2009—2013年，为7家粮食收购企业办理粮食收购许可证。

第三章　供销合作社

第一节　经营体制改革

管理体制

1989年，寒亭区供销合作社设办公室、政工科、职工教育科、业务信息科、基建储运科、工副业产品科、审计科、保卫科、工会、财会物价科、计划统计科、基层工作科12个科室，有干部职工62人；辖棉麻公司、农业生产资料公司、土产杂品公司、果品蔬菜公司、贸易综合公司、第一棉油厂、第二棉油厂、供销汽修厂、棉花保种厂、供销学校、驻青办事处、供销水产养殖公司12处区属企业及寒亭、固堤、里疃、泊子、央子、南孙、高里、双杨、朱里、东庄、郭家官庄、潍北农场12处基层供销社，全系统共有零售网点224个，干部职工1725人，离退休人员336人，销售额1.68亿元，上缴税金230万元，利润164万元。2012年6月，被人社部、中华全国供销合作总社授予“全国供销合作社先进集体”称号。

1992年6月，成立寒亭区供销集团总公司，与区供销合作社“一个机构、两块牌子”。推行租赁经营，即下属企业及基层供销社将现有的房屋和经营设施出租，由承租者筹集全部流动资金，实行承包者自主经营。至1993年，区供销社对基层社零售店全部实行租赁经营，职工由固定工变为合同工，实行全员劳动合同制。到2003年年底，全系统有机构网点175处、总资产16691万元、总负债13196万元，干部职工2195人、离退休人员741人（其中，离休72人，退休669人），年销售额16424万元，上缴税金90万元。2009年11月，区供销社机关改为事业单位。2013年7月，恢复成立寒亭区供销合作社联合社监事会。区供销社机关内设办公室、组织人事科、财会科、审计科、合作指导科、社有资产管理科、安全生产科6个职能科室，在职干部职工31人，有下属企业13个、经营服务网点112个，在职干部职工488人；有社有企业6个：寒亭区农业生产资料公司、潍坊信诚再生资源有限公司、潍坊金惠圆经贸有限公司、潍坊万惠农资有限公司、潍坊亿佳乐经贸有限公司、寒亭第二棉油厂；有基层供销社7个：寒亭供销社、朱里供销社、河滩供销社、固堤供销社、高里供销社、张氏供销社、央子供销社。

经营体制

经营承包责任制　1987年9月，区供销社对下属基层社、公司、厂实行企业法人承包责任制，与法人签订为期3～4年的承包经营责任制合同书，实行“一包一挂”奖惩制度，即包利润和奖金挂钩。1990—1993年，实行第二轮承包责任制。

租赁经营　1992年6月，区供销社印发《关于全面推行租赁经营的试行意见》后，基层供销社零售门店（网点）和区直各专业公司的门市部，全部实行租赁经营。到2002年底，全区供销社系统实行租赁经营的共有185个门店（网点）。

股份制改造　1999年11月，农业生产资料公司采取分离重组的方式，改制为潍坊兆丰农业生产资料有限公司，原寒亭区农业生产资料公司仍然保留，实行“一个机构、两块牌子”。至2002年年底，区再生资源开发中心、区棉麻公司等完成股份制改制。

破产　潍坊市寒亭第一棉油厂始建于1982年9月，是区供销社下属集体企业。2002年，有正式职工228人，其中离退休职工32人、伤残职工5人、享受遗属补助10人。由于经营不善，出现严重亏损，无力偿还到期债务。2002年7月，按照法定程序向寒亭区人民法院提出破产申请。区人民法院依据《中华人民共和国民事诉讼法》于同年9月依法作出裁定，宣告该厂破产还债，并在《人民法院报》上发布企业破产公告。

出售　2002年9月，郭家官庄供销社整体出售给潍坊世纪泰华。2003年1月，召开全体职工大会，讨论通过安置方案，与47名职工解除劳动合同，有2人提出分流申请要求，1人未按规定时间办理有关手续，1人留守。

第二节　购销经营

区供销社是农业生产资料和生活资料流通的主渠道，主要经营化肥、农药、农膜、五金、家电、日用百货、副食品、土产杂品等。

农副产品购销

1985年后，国家调整棉花收购政策，由原来的统购改为合同订购。1991年，收购皮棉13703吨，是历史上收购棉花数量最多的一年。寒亭的棉花曾经出口至波兰、联邦德国、意大利、捷克斯洛伐克等国家，年出口量达1374.5吨。到1995年后，农副产品购销业务不复存在。

农业生产资料经营

1989年1月，化肥、农药、农膜由供销社所属农业生产资料公司及基层供销社专营。农资实行专营后，主要农业生产资料销售量明显增加，其中化肥销售量由1988年的3.76万吨，1991年猛增至6.27万吨。1994年2月，化肥、农药等农业生产资料流通体制改革，流通环节由三级批发一级零售（省、地、县社批发，基层社零售）改为一级批发一级零售，即省农资公司批发，县级公司与基层社批零结合，基层社实行代销。确定省、地、县农资公司和基层社为化肥农药等主要农业生产资料流通主渠道，县及县以下“三站”（农业植保站、土肥站、农业技术推广站）及生产企业自销，为化肥流通的辅助渠道（一主二辅）。农药主要由农资公司和基层社经营。“三站”直接向农户提供技术服务所需的化肥、农药，由农资公司按对县调拨价供应。其他单位或个人仍不得经营化肥、农药，同时对化肥、农药价格作相应规定。1995年，开始实行许可证制度，化肥、农药、农地膜除供销社经营外，经农业行政管理部门审批的集体、个体经营户开始参与经营上述农业生产资料。1998年，化肥、农药、农膜等重要农资逐步放开经营，实行经营许可证制度，供销社以外的经济成分只要符合审批条件都可以经营。到21世纪初，结束供销社农资专营历史。

生活资料经营

1984年，经济体制改革后，个体经济迅猛发展，供销社市场份额逐步减少。2000年，生活资料供应额857万元，比1986年减少1722万元。2006年，在南孙乡建成三甲王社区服务中心，2008年，在河滩镇建成大佚庄村社区服务中心，同年在高里镇建成后阙庄村社区服务中心。社区服务中心都设立日用品超市。2011年，成立潍坊亿佳乐经贸有限公司，开展连锁经营，先后将双杨万嘉宝、南孙三甲王、河滩隆盛圆、大侏庄金惠圆、固堤和朱里两个日用品超市纳入为公司分店。从 2001 年开展“万村千乡市场工程”，到 2013 年，发展建设“万村千乡”经营网店 30 个。

废旧物资回收及加工利用

1995 年 12 月，以寒亭镇供销社原废品收购站、批发部的场地和人员为基础组建成立潍坊市寒亭区再生资源开发中心，经营业务以收购废旧钢铁等有色金属为主，进行简单分拣归类、粗加工，然后销售给冶炼企业。1999 年 9 月，对寒亭区再生资源开发中心进行股份制改造，更名为潍坊信诚再生资源有限公司。改制后注册资金 30.7 万元，股东 8 人。到 2000 年，只有设在城区的寒亭供销社废品收购站继续正常经营，其他收购站基本撤销。2001 年 12 月，信成再生资源有限公司在商业村的经营网点独立分设，成立潍坊市寒亭区再生资源开发中心。

现代流通服务

2009 年，区供销社注册成立潍坊万惠农资有限公司，在各镇和街道设立农资超市、直营店 15 个，加盟店 9 个。2009—2013 年，通过连锁经营供应化肥 8.01 万吨，为农民免费测土 7.5 万亩。开展测土化验、配方施肥用药等农业产业服务工作，引导农民科学种田，实现低投入、高产出。

2009—2013 年寒亭区供销社农资连锁经营统计表

表 8-1

年份	供应化肥（吨）	测土施肥（亩）	发展直营店（个）	发展加盟店（个）
2009	15100	15000	2	1
2010	15600	12700	3	2
2011	16000	13500	2	2
2012	16500	14100	3	1
2013	16900	15000	5	3

2009—2013 年寒亭区供销社系统农民专业合作社一览表

表 8-2

年份	专业合作社名称
2009	寒亭区金惠圆潍县萝卜农民专业合作社
	寒亭绿宝西瓜农民专业合作社
	寒亭区一品香小米农民专业合作社
	寒亭区顺丰棉花农民专业合作社
	寒亭区金利圆苹果农民专业合作社
2010	寒亭区四季红草莓农民专业合作社
	寒亭区柳毅山大姜农民专业合作社
2011	寒亭区小杂粮专业合作社

续表 8-2

年份	专业合作社名称
2012	寒亭区福厂果蔬农民专业合作社
	寒亭区宏伟獭兔农民专业合作社
	寒亭区嘉禾农产品专业合作社
	寒亭区润田农机专业合作社
2013	寒亭区美神圆农产品专业合作社
	寒亭区兴臣养殖专业合作社
	寒亭区汇聚果蔬专业合作社
	寒亭区向海畜牧养殖专业合作社

示范园区　2012 年开始，区供销社在固堤街道开展“大田托管服务”试点，涉及 9 个自然村、231 户、728.8 亩土地，从种植到收获由供销

图 8-4　机械化采棉（2013 年）

社统一管理，种植一季每亩地节省费用 472 元。2013 年，土地托管面积 2.5 万亩，亩均可节省成本 610 元。区供销社棉花全程机械化试验示范园区位于潍北沿海地区，试验种植面积 1000 亩，是除新疆外的首个机采棉试验示范基地，是区供销社创新服务模式之一。专门聘请农业部和省、市棉花专家全程技术指导，为机械化作业提供技术保障；反复筛选棉花良种，实现从播种、施肥、喷药、化控到采收各环节全程机械化操作管理，试验取得成功，亩产籽棉 225 千克，实施全程机械化操作管理，亩均比棉农自种降低生产成本 450 元以上。

2013 年寒亭区机采棉与手摘棉效益对比一览表

表 8-3

项目	手摘棉	机采棉
籽棉	200 千克（3600 株 / 亩）	225 千克（5480 株 / 亩）
籽棉收入	1780 元 / 亩（8.90 元 / 千克）	1890 元 / 亩（8.4 元 / 千克）
种子	50 元 / 亩	40 元 / 亩
化肥	150 元 / 亩	150 元 / 亩
农药	85 元 / 亩	100 元 / 亩
地膜	30 元 / 亩	30 元 / 亩
燃油	8 元 / 亩	10 元 / 亩
用工（不含采摘）	320 元 / 亩	250 元 / 亩
采摘费	440 元（200 千克 / 亩）	130 元 / 亩
每亩收益	697 元 / 亩	1180 元 / 亩
籽棉效益差	483 元 / 亩	

社区服务中心　2006 年，在南孙乡建成三甲王社区服务中心，集日用品超市、农资供应、餐饮服务于一体，占地 1800 平方米，投资 70 万元，建筑面积 550 平方米。2008 年，在河滩镇建成大侏庄村社区服务中心，占地面积 2940 平方米，建筑面积 1200 平方米，投资 81 万元，内设农资超市、日用品超市、民事调解、招工用工、法律咨询、社区卫生、体育健身、警务室等一站式服务功能，成为寒亭区社区中心建设的典型模式。同年，在高里镇建成后阙庄村社区服务中心，建

筑面积700平方米，设日用品、农资2个超市。2009年12月，融资3026万元，在固堤社区建设19826平方米的固堤商贸中心。2010年5月，融资350万元，在朱里社区建设3348平方米的朱里商贸城；融资822万元，在泊子社区建设7249平方米泊子商贸中心；融资1000万元，在高里社区建设9700平方米商贸城。

第三节　供销企业

1989年，区供销社有所属企业22个（社有企业10个、基层供销社12个）、经营网点214个、有干部职工1717人、离退休人员416人（离休101人，退休315人）；年销售额6820.3万元，上缴税金60万元，利润164万元。2013年年末，有下属企业12个，经营服务网点112个，在职干部职工488人。

寒亭区农业生产资料公司

1970年8月，成立潍县农业生产资料公司。1984年，更名为潍坊市寒亭区农业生产资料公司。2013年年末，有职工38人、离退休人员34人。

寒亭区土产杂品公司

1970年8月，成立潍县土产杂品公司。1984年，更名为潍坊市寒亭区土产杂品公司。占地面积1.69万平方米。2005年与2007年，公司分两期出让土地安置职工，与59名职工解除劳动合同。2009年，公司撤销。

寒亭棉麻公司

1976年3月，成立潍县棉麻公司，占地面积1860平方米。1984年，更名为寒亭棉麻公司。2007年3月，公司出让土地安置职工，与26名职工解除劳动合同。2009年4月，公司撤销。

寒亭区贸易综合公司

1983年8月，成立潍县供销合作社贸易综合公司。1984年，更名为寒亭区供销合作社贸易综合公司，经营五金交电、日用百货、烟酒糖茶、服装鞋帽等。2007年3月，在城区“拆旧改丑”中，公司办公营业楼与区供销社办公楼一并整体拆除。土地出让金用于安置职工，与35名职工解除劳动合同。2009年4月公司撤销。

寒亭区果品盐业公司

1976年10月，成立潍县果品盐业公司，占地面积6933平方米。1984年7月，并入贸易综合公司，1986年4月分设，成立寒亭区蔬菜果品公司。1990年5月，更名为寒亭区果品盐业公司。2008年9月，土地整体开发，补偿款用于安置职工；2011年5月，与13名职工解除劳动合同，公司撤销。

寒亭区供销水产养殖公司

1988年5月成立，在原供销水产养殖场的基础上组建，经营虾苗繁育、水产养殖等。1999年10月，资产由区供销社管理，有7.30万平方米盐田。2003年，对外承包经营。

潍坊金惠圆经贸有限公司

2005年4月成立，注册资本111万元，有股东37人，每人股金3万元。经营农副产品、日用百货、五金交电、服装鞋帽、建材等。

潍坊万惠农资有限公司

2009年7月成立，注册资金100万元，经营化肥、农药、农膜、种子、种苗、中小农具、土产杂品、农业机械等。经营方式：批发、配送、零售。

寒亭第一棉油厂

1982年9月成立，有固定资产4467万元，干部职工137人，经营棉花收购、加工、储存、销售。1994年，上缴税金100万元，实现利润618万元。2002年9月，依法破产。

寒亭第二棉油厂

1972年成立，有固定资产2457万元，干部职工197人，经营棉花收购、加工、储存、销售。1994年，上缴税金256万元，实现利润705万元。2011年改制，拍卖土地安置职工。

潍坊市寒亭区供销汽修厂

1986年7月成立，占地面积7533平方米。2009年4月，公司撤销。2003年12月，根据城区整体规划要求，土地被整体开发，补偿款用于安置职工，与22名职工解除劳动合同。

寒亭区棉花保种厂

1989年7月成立，占地面积4333平方米，经营棉花良种繁育，棉花收购、加工、调拨、零售。2005年3月，土地整体挂牌拍卖，所得款项用于安置职工、新建厂房、归还职工集资等，同年迁址泊子供销社院内新建厂房。2013年，处置新厂资产安置其余职工，潍坊市寒亭区棉花保种厂撤销。

寒亭区供销冷藏厂

1987年9月，从寒亭第一棉油厂分离成立寒亭区供销冷藏厂，占地1.12万平方米。2003年12月，破产。

基层供销社

1985年，寒亭区供销社有基层供销社12个。1995年8月，撤销潍北农场供销社，并入泊子供销社。2003年1月，区政府批准将郭家官庄供销社整体出售，所得价款314万元全部用于安置职工。2004年10月，张氏供销社用企业全部资产抵顶银行贷款本息209.6万元；同年11月，职工集资66.5万元从银行回购全部资产。2007年4月开始，区供销社进行改制，清收历年欠缴的承包费，对18个承包门店实行长期租赁，所收租赁费158.1万元全部用于安置职工。2009年4月，双杨店、高里、南孙三个基层社合并，组建新的寒亭区高里供销合作社；将固堤、泊子供销社合并组建新的固堤供销合作社。2013年，有寒亭、朱里、河滩、固堤、高里、张氏6个基层供销社。

第四章　服务业

第一节　规划与建设

1992年，寒亭区印发实施《关于加快开发“三区、两路、一园、一村”和大力发展第三产业若干政策的试行意见》，“三区”之一的西杨家埠村重点开发了封神宫、秦皇宫、历险宫、寒亭区旅游文化市场和台湾大酒店等设施，其中封神宫、秦皇宫和历险宫占地6万多平方米，总投资1000多万元，1996年接待游客60多万人次；寒亭区旅游文化市场占地6933平方米，建筑面积6000多平方米，入驻经营业户40多个；台湾大酒店占地5333平方米，建筑面积1600多平方米，年接待顾客2.3万人。“两路”即潍县路（工业街—南环路段）和烟潍路（青银高速立交口—浞河段），其中潍县路（工业街—南环路段）两侧重点开发建设“88”商城和商业村农产品批发市场；烟潍路（青银高速立交口—浞河段）两侧重点开发建设酒店、宾馆、商店、摩托车维修部、汽车修理厂、理发店、文印部及其他商铺，经营门店500多户，涉及20多个服务行业，从业人员近5000人。

1996—2000年，寒亭区先后建设寒亭区木材市场、摩托车市场、煤炭市场、河北辛集皮衣皮具潍坊寒亭专业市场。2005年10月，召开全区服务业大会，安排部署加快服务业发展。2008年3月，成立寒亭区服务业办公室，隶属区发展和改革局，主要负责编制全区服务业发展规划，完善鼓励引导服务业发展政策及考核办法，督促服务业重点项目建设等。2011年，通过招商引资，引进落户汽车4S店产业园、百大绿洲生态园、山东新华物流园、百汇大市场、商业步行街、红星美凯龙全球家居生活广场（潍坊寒亭商场）、佳乐家寒亭店、中凯冷链物流等近20家大型服务业项目。2012年，中国食品谷核心区落户寒亭并启动建设。

2013 年，区政府印发《关于大力加快服务业发展的意见》《关于加快产业转型构建现代产业体系工作的推进意见》，按照与中心市区“差异竞争、错位发展”思路，构建“两轴、四片区”的空间产业布局。“两轴”：依托通亭街和央赣线两条产业发展轴，合理布局，加快建设一批总部基地、专业物流园区和大型专业市场，建成总部经济集聚区、现代商贸物流产业区。“四片区”：在通亭街两侧，建设以中国兽药饲料交易大厦、环宇机电市场、青辰国际、中太·金地华府为主的商务区；在央赣线两侧，建成新华总部基地、中国食品谷总部基地、中凯冷链物流园等为支撑的总部经济和食品物流集散中心。在“金三角”片区，发展特色专业市场、金融业、高端房地产业；在丰华路以西、北外环以南、央赣线以东、青银高速以北工业片区建设现代服务业聚集区；在食品谷核心区重点发展国内外高端食品企业总部基地、检验检测创新平台、科技研发中心、电子交易中心、高端食品物流配送中心等，建设高端食品产业集聚区；以杨家埠民俗旅游为依托，推动文化和旅游产业深度融合，把民俗文化游、农业生态休闲游、历史文化名胜古迹游等有机结合，推动全区文化旅游产业转型升级，建设全国知名的民俗文化旅游目的地和潍坊对外的“城市名片”。通过加快实施“两轴、四片区”现代服务业发展，全区服务业总量规模扩大，产业层次明显提升。把总部经济作为现代服务业发展的重点，依托中国食品谷核心区、金三角商务片区建设，建设市区北部总部经济集聚区；加快推进万创总部基地、食品谷总部基地一期、平安大厦、国药控股潍坊总部、中国兽药饲料交易中心等一批综合性、行业性总部项目建设，引进一批药品研发、食品加工、检验检测、交易物流等相关企业集团总部入驻，建设辐射全省的企业总部集聚区。青辰国际、三建商务大厦、辰硕大厦、鸿通商厦、庆鹏国际等商务楼宇建设和运营良好，引进信息中介、技术咨询、法律仲裁、创意设计等新兴服务业态，不断培育壮大楼宇经济规模；各类商务楼宇入驻企业 69 家，实现税收 2529.7 万元，实现区级收入 2129.7 万元。中凯冷链物流园食品交易城项目一期全面启动运营，有中国兔业发展协会、潍坊益康宝食品有限公司、山东高速标准箱物流有限公司、青岛波尼亚食品有限公司、山东格林检测股份有限公司等，以及畜牧业、农业、海洋渔业、商务领域 470 余家龙头企业入驻，成为江北最大冷链物流园区。2013 年，全区服务业实现增加值 65.6 亿元，实现限额以上社会消费品零售总额 64.4 亿元，完成固定资产投资 184.6 亿元，实现税收 7.96 亿元。

第二节　信息咨询与广告

信息咨询

1989—2008 年，区内陆续入驻咨询中介服务单位 33 家，涉及房地产、教育、市场营销、企业管理、创业投资、法律、人力资源、劳动、社会保障、医疗卫生、体育、科技、航空策划等咨询服务行业。其中房产中介、教育培训（中介）机构居多。至 2008 年年底，城区有寒亭区恒信房产信息咨询服务公司等 8 家房产中介机构。2008 年后，随着城区房地产市场发展，房产中介机构明显增多，至 2013 年年底，城区内房产中介机构达 15 家，其中潍坊恒信房产在寒亭城区设立房产中介分支机构 3 家。2009 年，山东江东农业科技有限公司落户寒亭，立足现代农业信息服务，通过信息化提供技术支撑成为现代农业发展的重要标志。2011 年 11 月，潍坊天元盈康职业环境检测有限公司落户寒亭，业务范围涉及卫生检测与评价、环境监测、食品检测、公共场所卫生监测等领域，是独立的第三方检测服务机构。

文化创意

1989—2000 年，城区内广告业主要以广告设计、电脑喷绘、版面制作为主，广告企业主要有兰萍广告、天成广告、华伟广告、美能达广告、名宇广告等。2000 年以后，以房产营销为主的广告公司应运而生，先后落户潍坊百汇大墉房地产开发有限公司、潍坊中房房地产营销策划有限公司、潍坊鲁臣房地产营销策划有限公司等；区外大型广告公司进入寒亭户外广告领域。2008年以后，潍坊天成弘扬文化传媒有限公司、潍坊东润文化传媒有限公司、山东君尚传媒集团有限公司、山东庆鹏文化传媒有限公司等文化创意公司相继成立。2012年11月，寒亭区专门制定《潍坊文化创意产业园入驻优惠政策》，由区政府主导、潍坊文化创意产业园出资1000万元设立“文化创意产业专项扶持基金”，制定“3＋6”（入驻园区业户可向产业园申领3万元的创业扶持奖励资金，并且还可向指定银行申请1万元~6万元的创业扶持贷款）扶持计划，并出台“二免三减半”（5年内给予先缴后补助的优惠，前两年按纳税额给予100%补助，后2年给予50%补助）税费优惠政策和资金扶持、注册服务、行政收费等17项优惠扶持政策。潍坊文化创意产业园总建筑面积11万余平方米，主体建设包括新闻出版、广播影视、文化艺术、演艺经纪、会展策划、影视动漫、视听制作、电子网络、物流配送、音像制品、广告设计、包装装潢、民俗民间艺术等10多个新型创意办公空间。2013年，注册成立的寒亭区景宏广告文化传播中心以视频广告、多媒体制作、动漫制作和3D数码制作为主业，领跑寒亭文化创意产业发展。至2013年年底，城区内文化创意产业公司近30家，从业400多人。

第三节　摄影　婚庆

摄影

1984年，寒亭仅有两家国营照相馆。1984年以后，私营照相馆逐渐增多，如美术照相馆、丽丽照相馆、理光照相馆等相继在城区设立，主要是拍摄黑白照片，冲洗彩色相片需到潍坊市里或青岛。1996年，寒亭区美术照相馆引进全区首家扩冲洗相设备，购买高档相机，摄影技术明显提高，经营范围逐步扩大。此后，以婚纱照为主打的专业影楼开始出现，拍摄新婚套片成为新婚男女的必备。2000年起，区域内从事婚纱摄影的网点骤增，市场竞争激烈，传统国营、集体照相馆逐步退出婚纱摄影市场。各商家扩大服务领域，延伸至美容化妆、婚纱礼服及饰品等领域，扩展至照片的后期制作和封面装帧等新兴业态。到2008年年底，全区有照相网点35家、从业147人，其中城区21家，主要有美术照相馆、理光婚纱影楼、丽丽照相馆、爱之旅、薇薇新娘等；乡镇（街道）14家，主要有固堤青春照相馆、泊子中学照相馆、朱里芳芳照相馆、双杨福鼎照相馆、双杨新世纪照相馆、高里中华照相馆、南孙振华照相馆等。服务项目包括婚纱摄影、艺术写真、证件照片、数字影像、普通生活照及结婚录像等。2010年前后，随着数码相机普及和手机照相功能日益强大，摄影业呈现萎缩态势，摄影业由原来以照相为主演变成以照片的后期制作和封面装帧。

婚庆

90年代，婚庆公司开始出现。有新成立的专业婚庆公司，也有照相馆将服务领域扩展至婚庆服务，延长服务链条。2008年年底，全区有婚庆公司12家，其中专业婚庆公司主要有彩云间婚庆、金芙人婚庆、至尊婚庆、东枫精致婚礼、盛世豪门婚庆、老虎司仪婚庆等；兼职婚庆公司主要有米兰春天婚庆、理光婚纱影楼婚庆、丽丽照相馆婚庆、美术照相馆婚庆等。2008年以后，农村婚庆市场快速发展。至2013年，全区有婚庆公司50多家，从业230多人。

第四节　餐饮　住宿

餐饮

90年代初期，区内主要以传统餐饮企业为主，到1994年年底，全区各类饮食网点1063个，从业人员2206人。随着区政府和有关部门加大对餐饮业的监督管理力度，特别是通过加大对卫生不合格企业和违反持证上岗员工的处罚力度，行业发展环境得到明显改善。2000年以后，随着寒亭区英昊大酒店、桃园大酒店、凯悦大酒店、海丰大酒店、国兴大酒店、五月花海鲜小厨、东来顺酒店等十几家各具特色餐饮企业入驻，区域

图 8-5　寒亭宾馆（1995 年）

内初步形成正餐、快餐，大众餐饮、高档餐饮，特色餐饮、精品餐饮等竞争有序、良性发展格局。2008 年年底，全区各类饮食网点有 562 个，从业 1768 人。其中国有 2 家、集体 1 家、私营企业 4 家；其余均为个体工商户，城区有 324 户，乡镇（街道）有 231 户，经营方式以夫妻店为主，经营范围以快餐店居多，还有火烧铺、水饺店、包子铺、拉面馆等。2013 年，餐饮业营业收入 6539 万元。

住宿

1989 年前，全区除已有的寒亭宾馆、明珠大酒店、区饮食服务公司等几家规模较大的宾馆饭店外，其余多为区供销社系统所属和个体经营的小旅馆小旅社等。1995 年后，华洋大酒店开业成为区内规模最大、档次最高的酒店。2000 年前后，寒亭区电力宾馆、寒亭区银旋宾馆（海龙宾馆）等一批中等规模酒店开张营业。2008 年，新开业新富佳悦、顺峰等一批酒店，品质、数量及运营质量上均有提高。至 2008 年年底，区域内有宾馆、饭店、旅馆、招待所等 28 家，其中五星级宾馆 1 家、四星级宾馆 1 家、三星级宾馆 3 家、二星级宾馆 1 家、未挂星级宾馆 5 家，其他社会饭店、旅馆、招待所 16 家，房间 1024 间；全区住宿业营业收入 5600 万元，客房年平均入住率 70.58%。2013 年，全区住宿业营业收入 1.23 亿元，客房年平均入住率维持在 73%以上。

潍坊寒亭宾馆　1987 年 2 月，成立寒亭宾馆，与寒亭区招待所合署办公，其前身为寒亭区人民政府招待所。1990 年 6 月，寒亭宾馆定为正科级单位。1993 年 12 月，区招待所定编 50 人。宾馆位于寒亭区民主东街 23 号，占地 2.35 万平方米，建筑面积 1.2 万平方米，其中营业面积 1.1 万平方米。主要经营餐饮、客房、娱乐等，有客房 152 间 300 多个床位；有包间餐室 20 个、400 多个餐位，主宴会厅可同时容纳 180 余人，大包间 1 个可容纳 30 人，有大型多功能厅 2 个。2013 年，有正式职工 70 人、退休职工 6 人。同年 11 月，宾馆被拆迁。

百大·绿洲生态园　2004 年 12 月营业，位于山东寒亭经济技术开发区白云路 8 号，由潍坊百货大楼股份有限公司投资建设，注册资本 300 万元，占地 1.33 万平方米，总建筑面积 1 万平方米，其中营业面积 8000 平方米；有餐位 1200 个，其中 45 个包间提供 400 个餐位，零点 800 个餐位；主营粤菜、川菜、湘菜、鲁菜、胶东海鲜等各地名吃。2013 年，有员工 120 多人，年营业收入 984 万元，上缴税金 90 多万元。生态园先后被中国烹饪协会、中国餐饮绿色消费工程组委会评为“中国烹饪协会团体会员”“全国绿色餐饮企业”“省级食品卫生监督量化分级 A 级单位”“山东餐饮名店”“潍坊菜十大特色酒店”“四星级涉外旅游餐馆”等。

潍坊金麒麟商务大酒店　2006 年 11 月成立，位于寒亭区民主街 290 号。酒店营业面积 1 万多平方米，是集餐饮、客房、娱乐、沐浴、健身、商务、休闲为一体酒店，有 50 余间商务房，500 多个餐位。2013 年，有员工 40 多名，营业收入 300 多万元，上缴税金 20 多万元。

第五节　影院　歌舞厅　网吧

影院

寒亭区电影发行放映公司位于寒亭区民主东街31号，前身为潍县电影管理站。1989年，改制为寒亭区电影发行放映公司，主营业务为电影放映、营业性演出等。影剧院礼堂，位于寒亭区民主街中段。2005年，原寒亭区影剧院拆除后，在原址新建，其中下层为超市，上层为寒亭电影院，座位1300个，为宽银幕式综合影剧院。2011年9月，潍坊德才文化传媒有限公司投资500万元，在影剧院所在的二楼加盖第三层扩建一座数字影院，按照国家一类影院标准建设，经山东省广播电影电视局批准加入山东奥卡新世纪电影院线，并安装火烈鸟影院票务系统，2012年9月正式运行使用。数字影院总面积500平方米，分设3个影厅，座位289个，银幕宽度为8米；其中2个厅配备2K数字放映设备（含3D数字放映设备），1个厅配备1.3K数字放映设备，内均安装电影院专用软座椅，配备冷暖空调，影院总体按照高标准装修，各功能区完备，影城每年放映院线同步电影3950余场。

歌舞厅

90年代初期，寒亭城区出现由个体私营业者开办的小型音乐茶座、卡拉OK厅。城区潍坊寒亭宾馆、潍坊银旋宾馆（海龙宾馆）、寒亭区电力宾馆、寒亭区明珠大酒店等扩大经营范围，利用内部场地开设歌舞厅；寒亭区总工会利用工人文化宫，海龙工会利用宿舍区游艺楼，寒亭区文化馆利用文化馆所开办歌舞厅。2000年，城区拥有歌舞厅和音乐茶座20多家。进入21世纪，城区内先后出现东方之珠、百度、欢乐时光、东方好莱坞等大型专业娱乐公司经营的歌厅，经营设施、经营规模扩大。2010年前后，网络游戏对该行业造成较大冲击。至2013年，城区仅有欢乐时光和东方好莱坞仍在经营。

网吧

2000年，全区第一家网吧寒亭区先锋网吧在城区设立。至2002年，网吧营业点迅速增加，区域内增至39家，规模大小不一，管理松散薄弱。2003年6月，成立潍坊市万佳网络文化有限公司，连锁经营本市内互联网上网服务营业场所；全区34家网吧均加盟万佳网络文化有限公司，实行自主经营，统一管理。到2013年年底，全区连锁经营网吧营业网点长期稳定在34家，从业100余人。

第六节　美容　洗浴

美容

90年代中期，一批专业美容美体院开始出现，消费对象以收入较高的女性阶层为主。美发美容行业已从单纯的清洁型理发发展到理发美容，具有专业水准的美发店和小理发店迅猛发展。除提供理发外，新增按摩、保湿、面膜护理、去皱去斑、拔罐、刮痧、染发植发、减肥瘦身、清洁牙齿等服务项目。2008年年底，城区有美容院12家。2013年年底，城区有20多家美容美发店，从业200多人。

洗浴

90年代中期，洗浴业从单纯洗澡向提供洗澡、娱乐、健身、休闲"一条龙"服务转变。2008年，城区有洗浴中心8家，主要有潍坊金麒麟商务大酒店洗浴中心、潍坊师范洗浴中心和沐新阁洗浴中心等，提供桑拿、搓背等服务；另有几家小型洗浴房散落在吴官庄等几个城区村庄，仅能提供洗澡服务；每处乡镇街道驻地拥有一两家洗澡房，仅能提供洗澡服务。2010年以后，随着环境治理力度加大，为洗浴中心配套的锅炉房全部拆除，城区洗浴中心锐减。至2013年年底，寒亭城区有4家洗浴中心。

第七节　物流　快递

物流

1989年，区域内物流企业大多采用货运代理模式，主要为运输车辆提供配货，业者大多门店经营。1995年后，货运信息机开始普及，货运代理主要提供信息服务。2000年以后，济南佳怡物流、德邦物流等连锁物流公司进驻寒亭，主营大件物品配送，服务对象是城乡个体私营业户。2005年后，引进落户山东新华物流园、山东海龙物流有限责任公司、潍坊佳鹏物流有限公司和潍坊正捷物流有限公司等物流企业。

山东新华物流园　隶属于山东省新华书店集团有限公司，位于潍坊寒亭经济开发区，占地230亩，园区有5000平方米多功能办公楼1座，总面积3.32万平方米仓库4座，标准客房40间，写字间20间，2000平方米餐厅1座，可容纳50人多媒体会议室2处。自有重型运输货车5部、长期挂靠车20部、大型客车1部、叉车5台、打包机3台。每个仓库皆有货物装卸平台及车辆周转地。经营范围涵盖图书教材周转、家电三方物流、服装配饰、国际快递、石油、药材仓储周转等，年出入库周转额30亿元。2013年，有职工28人，实现销售收入1.7亿元，上缴税金153万元。

中凯冷链物流园　2010年，中凯禽肉水产冷链物流园项目开工建设，项目总投资40亿元，占地66.67万平方米，建筑面积126万平方米，是一个集肉禽水产、冻品、禽蛋、餐饮、副食品实体市场、商务中心、数字展贸平台、农副产品交易公共服务于一体的现代服务业物流园。2012年，建设中凯国际冷链物流园。2013年，中国食品谷被农业部认定为农业产业化示范基地和部省共建项目，年畜产品流通量600万吨。

快递

1989年，区域内仅有邮政快递一家提供包裹快递服务，不负责送货上门。1991年，邮政开办EMS快件业务，收费起价20元。2003年，圆通速递、申通快递、中通速递、韵达快递等快递企业在区域内设立分支机构，快递业迅猛发展。2008年，除上述快递公司外，区域内还有顺丰、百世汇通、全峰等10多家快递公司入驻，70%的业务来自淘宝网购。2009年9月，经营快递业务的企业实行许可证管理。至2013年，区域内入驻快递公司24家，业务量年均增长50%以上，业务收入年均增长40%以上。

第八节　家政服务

1989年后，寒亭区传统家政服务业主要是以家庭保洁、衣物洗涤、烹饪、家庭护理、婴幼儿看护等为主要服务内容。2006—2010年，寒亭区大力扶持、引导包括家政服务业在内的生活服务业发展。家政服务也呈现出多样化发展态势，传统的保洁、搬家、保姆等项目不断细分，月嫂、陪护、聊天、理财、保健等服务不断成为家政服务的主要内容。多数家政企业改变原来的单店经营模式，采用连锁经营等现代经营方式，服务网络逐步向外延伸，实现了跨区域连锁化发展。2013年，主要有福运、乐万家、丽之青、吉美等家政服务企业。

第五章　市场贸易

1989年，寒亭区第三产业增加值为6182万元，占国内生产总值11.84%，社会消费品零售总额16769万元，其中全民8083万元，占48.2%；集体3899万元，占23.3%；个体4787万元，占28.5%。1990年，区委、区政府研究出台一系列加快发展第三产业的政策和措施。1992年7月，成立第三产业综合管理领导小组，由区政府区长任组长，全面负责三产工作。1994年5月，第三产业管理工作由区商业委员会划出，正式成立区第三产业管理办公室，负责全区第三产业规划、管理等工作。1995年10月，区政府印发《潍坊市寒亭区第三产业发展总体规划》，对全区第三产业进行合理布局、科学规划、政策引导。至年底，全区第三产业增加值为52040万元，占地区生产总值32.4%；社会消费品零售总额57108万元，其中全民15914万元，占27.8%，集体8750万元，占15.3%，个体32444万元，占56.9%；饮食业户1063户，从业人员2206人；集贸市场80处。2001年，全区第三产业增加值为9.31亿元，占地区生产总值36.6%，社会消费品零售总额为9.42亿元，各类市场94处，成交额9.03亿元。2013年，全区第三产业增加值65.64亿元，占地区生产总值38.5%，社会消费品零售总额64.36亿元。

第一节　集市贸易

1989年以后，随着人民生活水平的提高，全区集市贸易日趋活跃。1994年，全区12处乡镇共有集市87处，其中专业批发市场4处、天天市5处。2002年，全区10处乡镇（街道）集市有94处，年成交额近10亿元，其中专业批发市场10处、天天市6处；一般村庄集市主要以时令蔬菜瓜果、日用百货、肉禽蛋、水产品、副食品、服装鞋帽为主。各乡镇驻地集市规模较大，商品品种较多，除经营上述商品外，还经营粮油、木材家具、大牲畜、鱼鸟花卉等。2008年后，随着乡村交通状况明显改善，全区集贸市场特别是农村大集数量递减，入市规模扩大，交易额增多。到2013年，全区集贸市场46家，年市场交易额20多亿元。

图8-6　寒亭固堤西瓜交易市场（1994年）

寒亭区集贸市场（农村大集）分布一览表

表8-4

序号	集贸市场（农村大集）名称（位置）	集市日期（农历）
1	东院	二、七
2	牛埠	二、七
3	南营	三、八
4	北纸坊	四、九
5	大埠	三、八
6	寒亭	一、六，三、八
7	商业村	二、七，四、九
8	华元商贸城	天天市场
9	东里疃	二、七
10	大辛庄	五、十
11	孙家杨孟	一、六
12	安固	五、十
13	大泊子	二、七
14	高庄	四、九
15	蔡家栏子	一、六
16	固堤	三、八，五、十
17	东横沟	五、十
18	大牟家	二、七
19	北寨里	四、九
20	南王	五、十
21	大常疃	一、六
22	流河	一、六
23	南孙	五、十
24	台底	一、六

续表 8-4

序号	集贸市场（农村大集）名称（位置）	集市日期（农历）
25	柳疃	四、九
26	肖家营	三、八
27	沈家营	五、十
28	高里	二、七
29	张庄	一、六
30	碱滩	四、九
31	上游	二、七
32	朱里	四、九
33	富郭庄	三、八
34	周家庄	五、十
35	东南孙	四、九
36	南港涘	一、六
37	东于渠	二、七
38	北港涘	三、八
39	河滩	三、八
40	大倈庄	四、九
41	西坡	二、七
42	河东于	一、六
43	黄埠	四、九
44	吉家	五、十
45	宋家	二、七
46	于家绛埠	一、六

第二节　专业市场

1995 年前，全区经营品种相同的经营业户大都分散经营，以单户门店为主。1996—2000 年，寒亭区以市场建设为龙头，建成大、中、小流通设施配套，综合与专业市场相结合，功能齐全、网络畅通的市场体系，先后建成一批专业市场。2002 年，全区规模较大的有摩托车市场、木材市场、煤炭市场等专业市场。2005 年 9 月，华元商贸城建成投入使用。至 2005 年年底，全区农副产品专业市场 5 处、工业品市场 2 处，年交易额 6.55 亿元。2008 年 7 月，由潍坊百汇大墉房地产开发有限公司开发建设的百汇大市场投入营业，当年市场内办理注册登记的各类市场经营主体 450 户，其中个体工商户 391 户、企业 59 户。2011 年 6 月，红星美凯龙家居商场开张营业，入驻经营业户 140 多家。此后，中凯国际水产冷链物流园、文化创意产业园、陆洋二手车交易市场等一批专业市场相继建成使用。

寒亭区摩托车市场

位于 206 国道寒亭城区段南侧，占用南平旺村土地 4.53 万平方米。1989 年，由区政府规划建设，总投资 3200 万元，建筑面积 3.6 万平方米、设施先进、功能完备的摩托车专业批发市场。分两期建设，一期工程投资 1200 万元，1998 年 9 月动工，1999 年初投入运营；二期工程投资 2000 万元，1999 年春动工，2002 年 10 月全面运营。2003 年，入市经营业户 42 家，与全国 50 多家摩托车生产厂家建立直销业务，经营金城、新大洲、轻骑、钱江、大阳、宗申、豪爵、本田等 60 多个系列、100 多个品种，年交易额近 1 亿元。2010 年以后，随着新能源汽车特别是电动汽车出现，市场内许多商铺不断扩大经营范围，电动汽车销售逐年增加；同时，许多商铺也增加维修、装饰等业务，拉长服务链条。2013 年，市场主要经营比德文、雷丁、瑞驰、江铃、江淮、汉唐、北汽、道爵、乐唯等 10 多个品牌，50 多个品种电动车，以及多个系列品种摩托车，年交易额近 2 亿元。

寒亭区木材市场

1996 年 10 月开业，占地面积 6.6 万平方米，位于寒亭区通亭街以南。由寒亭镇赵家埠村投资 260 万元，入市经营业户 22 家，是一家集各种原木、板材、方木、门窗等销售和带锯加工于一体的专业批发市场。1998 年，实现营业收入 3000 多万元。2005 年，寒亭区木材市场迁至寒亭区渤海路北首两侧，入驻木材经营户14家，主要经营原木、板材、门窗及其加工。2013年，营业收入4000多万元。

寒亭区煤炭市场

1998年春，位于通亭街杨家埠路口东1000米处路北，占地7.47公顷，总投资160万元。当年，占地3.73万平方米、投资60万元的一期工程建成投入使用，有经营户16家；1999年春天，二期工程动工，2000年竣工。2003年，市场有煤炭经营户30多家，年交易额8000万元。2004年，寒亭区煤炭市场迁至寒亭区渤海路北首东侧，占用寒亭街道寒亭二村土地13.33公顷，入驻煤炭经营户46家，主要经营工业用煤和生活用煤。2013年，市场销售煤炭56万吨，年营业额2.8亿元。

百汇大市场

位于寒亭区亚星路3320号，南距青银高速潍坊收费处0.5千米，北距新华物流园0.3千米，交通便利。已形成南有红星美凯龙家居广场，西邻环宇文化产业园，是寒亭区对接潍坊城区的“金三角商业产业园区”。百汇大市场是市、区两级政府重点建设的商业流通项目。项目规划总用地187102平方米。百汇大市场一期于2008年7月建成开业，一、二期建筑面积150086.4平方米（36幢独立商铺楼和一幢43000平方米的精品灯具家居馆），有商户1000余家。经营种类涉及建材、装饰、家具、灯饰、五金、机电等10余大类、2500余个品种。市场辐射寒亭、高新、奎文、滨海、昌乐、寿光等区县，成为潍坊东部最大、品类最多的一站式专业市场。

佳乐家寒亭店

位于寒亭区益新街和幸福路交叉路口，总营业面积2.28万平方米，隶属山东潍坊百货集团股份有限公司，2013年9月开业。地上四层建筑，一楼时尚商铺、服饰专柜、箱包皮具、蛋糕烘焙、黄金珠宝、儿童乐园等经营项目，满足顾客多元化需求；二、三楼卖场主营食品和居民日用品，包括生鲜食品、粮油调味、洗涤化妆、服饰鞋帽、日用百货、文体家电等；四楼经营餐饮、美容美体等项目。

红星美凯龙潍坊商场

红星美凯龙全球家居生活广场（潍坊寒亭商场）位于通亭街与富亭街交叉路口，总建筑面积6万平方米，2011年6月12日投入运营，是一座高端时尚家居生活体验广场，采用的是红星美凯龙第七代shopping mall模式，成为寒亭新地标。2013年，有职工86人，实现销售收入2061万元，上缴利税231.43万元。

华元商贸城

位于寒亭区运河西街与卉香路交叉口位置。2004年8月开工建设，2005年5月竣工，9月举行开业。总投资3600万元，占地3.7万平方米，形成由14座商业楼、建筑面积2.3万平方米的集农、副、海产品批发、零售于一体的商贸城。2013年，有经营业户210家。

中国兽药饲料交易大厦

2010年，中国兽药饲料交易大厦建成，兽药饲料信息中心、兽药饲料电子交易中心、兽药饲料研发交流中心开始运行。到2013年年底，一期工程建成并投入运营，200多家兽药、饲料企业入驻设立办事处和分公司，在第一时间掌握全国乃至全球兽药生产、经营、供求价格信息，发布市场行情涨落信息预测，成为全国兽药饲料交易中心和兽药饲料服务中心。

第九编　农　业

DI JIU BIAN　NONG　YE

80年代，寒亭区实行家庭联产承包责任制，农业迅速发展。1989年，全区耕地56.47万亩，粮食和经济作物种植49万亩；大牲畜年底存栏39106头；肉类、禽蛋产量7462吨，水产品产量5235吨；农机总动力18.38万千瓦，农林牧渔业总产值38649万元。90年代，农业产业化不断发展，农业社会化服务体系建立健全，寒亭区委、区政府进一步优化农业产业结构，在稳定粮食生产的同时，从政策扶持、土地利用、市场建设、配套服务等方面，支持发展设施农业、都市农业。1989—2013年，寒亭区依托区位优势，发展城郊型特色农业，积极推进农业产业化、标准化、国际化建设，把发展农业龙头企业作为实施“三化”的关键，把基地化种植、规模化养殖作为推进农业“三化”的基础，把标准化生产作为振兴农业“三化”的重点，从信息、信贷等多方面扶持、鼓励农民发展产销项目，农村经济结构不断优化，非农经济程度日益提高。2013年，寒亭区委、区政府着力推进万亩潍县萝卜、万亩大姜、万亩花卉苗木、万亩西瓜、万亩甜瓜“五个万亩”标准化基地建设，设施农业14694个，占地1.93万亩，用地2.54万亩；粮食种植67.41万亩，产量30.52万吨；棉花种植5.78万亩，产量4468吨；花生种植3024亩，产量946吨；蔬菜种植4.08万亩，产量12.29万吨；瓜果种植2.98万亩，产量8.07万吨；大牲畜年底存栏13890头；猪存栏117567头；肉类产量3.09万吨，禽蛋产量3.57万吨；农机总动力81.39万千瓦；农林牧渔业总产值297301万元。

2010年，寒亭区被全国城市农贸中心联合会评为亚太优势农产品基地；2013年10月，被农业部评为国家现代农业产业化示范基地。

1989—2013年寒亭区农林牧渔业、农业服务业产值一览表

表9-1　　　　单位：万元、%

年份	总产值	农业		林业		牧业		渔业		农业服务业	
		产值	比重	产值	比重	产值	比重	产值	比重	产值	比重
1989	38649	32354	83.71	602	1.56	3958	10.24	1735	4.49	\	\
1990	35761	26351	73.69	294	0.82	5839	16.33	3277	9.16	\	\
1991	37157	27262	73.37	269	0.72	6037	16.25	3589	9.66	\	\
1992	43085	32635	75.75	380	0.88	6327	14.68	3743	8.69	\	\
1993	46045	32623	70.85	382	0.83	10927	23.73	2113	4.59	\	\
1994	75959	53306	70.18	593	0.78	18672	24.58	3388	4.46	\	\
1995	117095	81646	69.67	489	0.42	30200	25.77	4860	4.14	\	\
1996	13546	99584	73.58	379	0.28	28974	21.4	6409	4.74	\	\
1997	13876	86425	73.13	469	0.4	23929	20.25	7353	6.22	\	\
1998	117000	87816	75.05	270	0.23	21832	18.66	7092	6.06	\	\
1999	121898	92289	75.71	342	0.28	23970	19.66	5297	4.35	\	\
2000	116122	82760	71.27	707	0.61	26645	22.95	6009	5.17	\	\
2001	122152	84763	69.39	709	0.58	30615	25.06	6065	4.97	\	\

续表 9-1

年份	总产值	农业		林业		牧业		渔业		农业服务业	
		产值	比重	产值	比重	产值	比重	产值	比重	产值	比重
2002	123528	82145	66.5	727	0.59	33681	27.26	6975	5.65	\	\
2003	132143	66107	50.9	680	0.52	48433	36.65	11027	8.34	5896	4.46
2004	153550	78627	51.21	688	0.45	55103	35.87	13236	8.62	5896	3.85
2005	167548	80211	47.88	688	0.41	65352	39	15401	9.19	5896	3.52
2006	184307	86022	46.67	968	0.53	72421	39.29	18402	9.91	6494	3.52
2007	192543	80936	42.04	1286	0.67	84128	43.69	18373	9.54	7820	4.06
2008	196012	112867	57.58	1456	0.74	70358	35.89	3231	1.65	8100	4.13
2009	81425	37382	45.91	647	0.79	31641	38.96	4085	5.02	7670	9.42
2010	231011	136864	59.25	2112	0.91	74311	32.17	9547	4.13	8177	3.54
2011	270005	164491	60.92	1049	0.39	87606	32.45	7969	2.95	8890	3.29
2012	282593	169168	59.86	1489	0.53	93157	32.97	9319	3.3	9460	3.35
2013	297301	177672	59.76	1672	0.56	97952	32.95	10055	3.38	9950	3.25

第一章　农村经济体制改革

第一节　土地承包经营体制改革

1984 年，根据中央、省、市大包干责任制要求，全区 12 个乡镇、400 个村实行大包干责任制，采取土地分等定级、分等作价、折合“标准亩”的办法进行整合，由村集体与农户签订 15 年土地承包合同，发放土地承包经营权证（即第一轮土地承包）。1999 年，全区开展农村二轮土地延包，对“口粮田”和“经济田”进行清理整顿。按照“土地延包期 30 年、均人均田和留取机动地比例不超 5%”的规定，由村集体直接与农户签订 30 年土地承包合同，并发放农村土地承包经营权证书。至年底，全区 400 个行政村全部完成土地延包，签订承包合同和经营权证书 8 万份（合同一式三份，农户、乡镇、经管部门各执一份）。2009—2012 年，全区把农村土地承包经营权依法流转作为都市农业发展重要手段。2013 年，全区流转土地 28.7 万亩，累计签订和完善土地流转合同 14238 份，其中流转规模 50 亩以上 136 块、500 亩 4 块、1000 亩以上 25 块，占农用地总面积的 58%。通过土地流转网络信息平台累计发布土地供求信息 4897 条，发布土地流转信息 4238 条，实现流转 2.25 万亩，占流转总面积 8%，其中 50 亩以上规模流转 23 块，2356 亩。同年，区政府印发《农村土地承包经营权确权登记办证工作实施方案》，分期分批对全区农村承包土地进行确权登记，签订承包合同并发放由全省统一印制的“农村土地承包经营权证书”，共完成 158 个村、3.5 万户、15 万亩土地确权，占全区应确权土地的 48.3%。

第二节　林业产权制度改革

1987 年，全区成片用材林和经济林承包户 3340 户，承包 3.9 万亩；全区农田林网 198 万株，其中 480 户承包 66 万株；树随地走 8652 户承包 99 万株，承包看护集体林木 280 宗、33 万株。2000 年，全区承包林地面积 4.5 万亩，农田林网 87 万株。2002 年，承包林地 6 万亩，农田林网 126 万株。2009 年，潍坊市开展集体林权制度改革试点，全区有林地用地 13.59 万亩。2011 年，按照“明晰所有权、搞活使用权、放开经营权、保护收益权”原则，采取街道、村投资，农户栽植管理、收益分成，村镇统一规划、个人投资、树随地走、谁栽谁有、绿化权拍卖、反租等承包形式，推行林权制度改革。2013 年，全区共有集体林地 1.31 万亩，按照图、表、册一致，人、地、证相符要求，为 5 个街道、116 个村，确权发证 1.31 万亩；203 宗地通过租赁、承包、拍卖等形式，发证 203 本，发证率 100%。投资建设农村产权资本化市场交易信息平台，凡是进行林权流转的单位、个人、农户都可在平台上发布信息，依法交易。

第三节　水利产权制度改革

1998 年 8 月，根据《寒亭区深化小型农田水利工程产权制度改革意见》，全区水利产权制度改革范围为 10 万立方米以下的各类蓄水工程、1000 亩以下小型灌区、100 千瓦以下小型扬水站和机井等小型水利工程。其中对小型水库坚持集体管护，以承包、租赁开发为主，不拍卖开发；对其他小型工程设施，宜卖则卖、宜包则包、宜租则租。对拍卖的工程，允许继承、转让；对承包、租赁的工程，经本村同意后，可转包、转租，合同期限一般不低于 15 年，在合同期内购买、承包、租赁新开发配套工程设施，其增值部分所有权归购买、承包、租赁者。对新建工程，可由集体兴建后再拍卖、承包、租赁到户，也可本着谁建设谁所有、谁投资谁受益的原则，采取户办、联户办和股份合作等形式投资建设。对投资在 5 万元以下工程，由乡镇水利站设计；投资在 5 万元以上工程，由区水利局设计，经水利部门检查验收合格后方可使用。区、乡镇、村三级对工程管理使用者实行监督管理和指导。对水利设施拍卖、承包、租赁收益，实行村有乡（镇）管、专款专用，继续用于农田水利工程建设，逐步形成农田水利建设自我积累、滚动发展新机制。2010 年 3 月，落实《关于加快小型农田水利工程产权制度改革的意见》，对全区小型农田水利工程产权制度改革目标、原则、范围和形式、运作程序和要求、资金管理，以及权利和义务等方面提出具体要求。到 2013 年，全区基本完成小型农田水利产权制度改革。

第四节　农业税改革

1988 年至 1993 年 4 月，寒亭区执行省财政厅制定的标准，财政支农周转金占用费率按照行业和使用期限不同实行差别比率费率。1993 年 5 月，潍坊市对市级财政调整支农周转金期内和逾期占用费收取标准，寒亭区针对行业特点制定符合寒亭农村实际的差别比率费率。1994 年 1 月，执行国务院《关于对农业特产收入征收农业税的规定》。1998 年 8 月，国家取消财政周转金，区财政支农周转金作为财政支农资金的一部分完成历史使命，退出信用资金竞争领域。2004 年，取消农业特产税，同时降低农业税税率 3%。2005 年，对农业税收政策进行调整，农业税税率再降低 2%。2006 年，全面取消农业税。

第五节　农业补贴

粮食直补

2004 年开始实行，对种粮农民直补以核定小麦种植折实面积为补贴依据。2006年开始实行农资综合直补。2010年，全区对粮食直补、农资综合补贴、过百亩大户三项奖励资金合并发放。其中兑付粮食直补资金470.4万元，农资综合补贴资金2323.47万元，过百亩大户奖励资金10.97万元，补贴受益56431户。2011年，粮食直补、农资综合补贴、过百亩大户3项资金合并发放，补贴标准分别为每亩14元、84.45元和10元。补贴受益54390户。

畜牧良种补贴

2004年开始实施，按照政策公开、自愿、农民受益原则，补贴对象为项目区内使用良种开展人工授精的奶牛养殖场（小区、户）。按照每头能繁奶牛年使用2剂冻精，每剂冻精补贴15元测算，每头能繁奶牛年补贴30元，通过“惠农资金一卡通”直接发放到养殖场（户）。

小麦良种补贴

2005年实施，补贴标准为每亩补贴10元，补贴方式是由省统一组织采购良种、中标企业供种到村、农民支付差价款购买良种。由农业局、财政局制定项目实施方案和供种计划，乡镇农业部门组织人员入村，落实种植面积，建立村级供种清册，并进行公示，配合供种企业按照供种合同，依据面积落实表和供种清册，按时、保质、保量供种到户和收取种子差价款，补贴资金由财政直接支付给供种企业。同年8月，全区召开优质专用小麦良种推广补贴项目工作会议。实行良种推广补贴，当年全区完成20万亩小麦种植，获200万元良种补贴资金。以后继续对种植优质专用小麦良种农户实行良种补贴。

玉米良种补贴

2008年开始实施，以每年7月20日前出苗实际种植面积为依据，每亩补贴10元，玉米良种补贴采取“省级公开推介良种、农民择优自愿购种、核实种植面积、补贴资金直接发放”方式进行，补贴资金通过财政涉农补贴“一本通”发放。

棉花良种补贴

2009年开始实施，以每年6月20日前出苗实际种植面积为依据，每亩补贴15元，按照“农民自报面积；村委会核实、公示、确定、统计上报；乡（镇）汇总审核、公示、确定、上报；县（市、区）汇总审核上报；市汇总审核上报”5个层次进行面积核定。村委会采取直接丈量的方法核实农民自报面积。村委会公示农民分户实际种植情况，公示期为7天；乡镇公示所辖各村实际种植情况，公示期为5天。公示期无异议后逐级上报。补贴资金通过财政涉农补贴资金“一本通”直接发放。

农业保险保费补贴

2012年，启动玉米、棉花、小麦政策性农业保险试点工作。小麦每亩保险费10元，保险金额320元/亩；玉米每亩保险费10元，保险金额300元/亩；棉花每亩保险费18元，保险金额450元/亩。保费由中央、省、市、区财政按照80%比例给予补贴，其余20%由农户承担。当年为农民投保安华农业保险公司保费补贴115万元。2013年度，为农民投保安华农业保险公司保费补贴221万元。

农机购置补贴

2004年，寒亭区实施农民购买农机实行财政补贴政策，农机购置补贴配套资金6万元。2005年，全区农机购置补贴资金增至20万元。2006年，全区农机购置补贴资金65万元，其中中央、省级资金45万元，市、区配套资金20万元。补贴玉米收获机以及与之配套的大型拖拉机、秸秆还田机，并对缺乏配套的机械拖拉机户进行补贴，农民购买农机积极性增加，全区农机补贴资金也相应增长。到2007年，全区农机购置补贴资金130万元，其中中央资金110万元，市、区配套资金20万元。2008年，中央农机专项补贴资金260万元、市区级补贴资金20万元，专项资金补贴金额居全市第三位，人均居全市第一位。2009年中央农机购置补贴资金998万元，2010年910万元，2011年855万元，2012年995万元，2013年970万元。至2013年年底，全区累计补贴农机购置资金5209万元，补贴农机具4453台套，受益2072户。

第二章 种植业

1987年以前，全区以传统粮食作物种植为主。1987年后，全区种植业由单一粮食生产向扩大经济作物种植面积转变，发展粮、棉、菜、瓜、果类种植，形成“一乡一品，一个区域一个特色产业，一个特色产业带动一方经济”格局。1994年，寒亭区率先实施农业产业化战略，经过农业产业结构调整。到2002年，全区粮食作物播种56.09万亩，比重下降为76.4%；经济作物播种16.85万亩，比重上升至22.9%；传统种植业总播种面积由1993年的84.64万亩下降到73.44万亩，瓜菜总播种面积从1993年的5.04万亩增加到12.96万亩，瓜菜生产成为全区农民增收的一条重要途径。同时，注重良种推广和高产高效栽培技术，发展设施农业。2013年，区委、区政府推进“五个万亩”设施农业标准化生产基地建设。至年底，全区小麦播种32.76万亩，玉米播种34.61万亩，棉花播种5.78万亩。有设施农业14694个，占地1.93万亩，种植1.90万亩；建设优质农产品基地7.76万亩，认证产品34个，其中无公害农产品9个、绿色食品25个；有双杨芦笋，朱里大姜、草莓、土豆、圆葱，河滩“潍县萝卜”，固堤西瓜，高里洋香瓜，南孙小枣，泊子棉花，双杨店苹果规模产业化种植基地11个；无公害、绿色农产品基地9.4万亩，绿色、无公害农产品40个；农民专业合作社发展到420家。

第一节 管理机构

1989年，寒亭区农业局设种子站、畜牧兽医工作站、良种场、多种经营办公室、农村能源办公室，全区12个乡镇设农业技术推广站。1991年4月，撤销畜牧兽医工作站。1993年11月，区农业局更名为寒亭区农业技术服务中心，为正科级事业单位，撤销农村能源办公室、多种经营办公室，并入区农业技术服务中心。1997年2月，恢复寒亭区农业局（以下简称区农业局），职级不变，由事业单位改为行政单位。2007年3月，设寒亭区农产品质量检测中心，为副科级事业单位。2008年6月，寒亭街道、开元街道、固堤街道、高里镇、朱里镇基层农技站、林业站、农机站和畜牧兽医站整合为农业综合服务中心。2013年9月，设农产品质量安全监管科。至年底，区农业局设办公室、组织人事科、生产科、质监科4个职能科室；下设农业技术推广站、植物保护站、农业执法大队、种子管理站、农产品质量检测中心（副科级）、山东省农业广播电视学校潍坊市寒亭区分校6个直属事业单位；事业编制58人，行政编制10人。

第二节 产业结构

1987年，区政府执行中央“关于决不放松粮食生产，积极开展多种经营”方针，落实工作机构、人员、措施。全区种植业由单一粮食生产向扩大经济作物种植面积转变，由传统经营方式向集约化方式转变，发展粮、棉、菜、瓜、果类种植，猪、牛、鸡、鸭饲养9个产业，形成“一乡一品，一个区域一个特色产业，一个特色产业带动一方经济”格局。1988年，全区种植业收入5210万元。

1993年，粮食作物播种面积占耕地的83.4%，经济作物占15.8%，其他作物占0.8%，种植业收入1.97亿元。1994年，寒亭区率先参与实施农业产业化战略。到1997年，全区农民人均收入3076元。2002年，种植业收入4.02亿元。经过农业产业结构调整，粮食作物播种56.09万亩，比重下降为76.4%；经济作物播种16.85万亩，比重上升至22.9%，其他作物播种4995亩占0.7%；传统种植业总播种面积由1993年的84.64万亩下降到2002年的73.44万亩，瓜菜总播种面积从1993年的5.04万亩增加到2002年的12.96万亩，瓜菜生产成为全区农民增收的一条重要途径。实施农业产业化经营，实行"一乡一业，一村一品"为主要特征的区域规模经营模式。全区形成西瓜、甜瓜、"潍县萝卜"、精品蔬菜、芦笋、优质果品6种特色种植业产业化生产基地，形成市场牵龙头、龙头带基地、基地连农户，集种植、加工、销售、贸易于一体的农业产业化格局。基地生产发展方向是绿色食品、有机食品，并趋向标准化、国际化。当年，固堤镇6000亩大棚西瓜、双杨店镇8000亩芦笋和6000亩套袋苹果、南孙乡8000亩小枣基地，被市政府确认为标准化种植基地。2003年，开元街道新红星苹果基地、红富士苹果基地被中国绿色食品发展中心认定为绿色食品基地。2005年，区委、区政府印发《关于进一步加快发展都市农业的意见》《关于加快农村改革发展，推动农业现代化建设迈上新台阶的意见》系列文件后，全区实施品牌农业战略，形成"郭"牌、"俊清"等特色农产品品牌。

至2013年年底，全区建设优质农产品基地7.76万亩，认证产品34个，其中无公害农产品9个、绿色食品25个。全区规模产业化种植基地有双杨芦笋，朱里大姜、草莓、土豆、圆葱，河滩"潍县萝卜"，固堤西瓜，高里洋香瓜，南孙小枣，泊子棉花，双杨店苹果生产基地。新认证优质农产品基地3万亩，新认证优质农产品11个，全区无公害、绿色农产品基地9.4万亩，绿色、无公害农产品40个。"潍县萝卜"、固堤西瓜成为产地农民创收品牌，全区初步形成万亩"潍县萝卜"、万亩固堤西瓜、万亩大姜、万亩花卉苗木园区、万亩高里甜瓜"五个万亩农业园区"。全区认证标准化基地12.5万亩，市级以上农业龙头企业38家，农副产品营销单位实现销售收入2.39亿元。农民专业合作社420家，社员3.36万户，占全区农户43.1%，带动全区及周边市（区）4.5万农户，合作社资金总额2.6亿元，固定资产3.3亿元；全区形成以粮油、蔬菜、果品、畜牧、水产五大农产品为主特色农业品牌。

第三节　产业化

产业形式与效益

1989—1999年，区内农业生产主要以乡镇和国有集体企业农副产品深加工为主。2000—2009年，产业迅速发展，形式多样，分布广泛，带动能力增强，企业发展与农户利益相结合，采取合同契约、订单农业、利润返还、股份合作等多种形式。2010年，全区有农业企业106家，企业固定资产19.4亿元，年销售收入60亿元，利税0.98亿元，出口创汇5325万美元；其中年销售收入过5000万元的有14家。至2013年年底，全区农业企业发展到114家，固定资产26亿元，年销售收入67.2亿元，利税1.1亿元，出口创汇1.27亿美元，分别比2010年增长34%、12%、12%和138.5%，其中年销售超过亿元有11家，过5000万元有18家。有市级农业企业34家、省级农业企业4家、国家级重点农业企业2家。

专业合作社

1989—2002年，全区农业生产主要以户为单位分散经营。随着农村生产力水平和市场经济发展，建立与之相适应的新型合作组织，实现规模化、专业化生产经营成为必然选择。2003—2005年，农民规模化经营方式主要以专业协会形式存在。2006年4月，潍坊市寒亭区益民农产品购销服务合作社成为全区第一家农业专业合作社。2007年7月，《中华人民共和国农民专业合作社法》颁布实施，到年底，全区已有农民专业合作社7家。2008年，全市开展农民专业合作社联合社试点，区内由益民合作社、河元潍县萝卜合作社、国平蔬菜专业合作社、乐军果蔬种植专业合作社、玉河园蔬菜购销专业合作社5家农民专业合作社，发起组建寒亭区众合“潍县萝卜”生产购销服务专业合作社联合社，入社成员2210户，辐射拉动“潍县萝卜”种植面积2.2万亩。全区由专业合作社直接或间接辐射带动的蔬菜、林果种植4.8万亩，全区农业专业合作社发展到57家。至2013年年底，农民专业合作社发展到420家。俊清蔬果专业合作社果蔬生产基地成为全区首个国家级蔬菜标准园。

第四节　粮食作物

小麦

面积产量　1988年，全区小麦种植33.75万亩，占全区耕地59.6%，单产仅为268千克，全年总产量9.04万吨。1990—1992年，种植面积、单产、总产开始增长。1993年，全区小麦播种扩大到34.24万亩，为全区小麦种植历史最高年份。1996—2004年，高产高效农作物兴起和产业结构调整使小麦播种面积逐年缩小。2005年，国家实施小麦良种补贴、粮食直补惠农政策，农民种粮积极性有所提高，小麦种植面积开始回升。2013年，全区小麦播种32.76万亩，总产14.74万吨，平均亩产450千克。

品种间播　1989—1995年，耕种户自留种小麦品种主要有2980、鲁麦7号、烟农24号等。2005年，国家实行小麦良种补贴后，开始对小麦种植户进行统一供种，品种有良星99、山农12号、济南17、邯6172、济麦22、山农15、山农20等。1996—2013年，小麦一直采用畦田种植，畦宽1.7～3.3米（行距6～16行）的耕播形式，采用精播、半精播高产技术，耕、旋、耙、打埂、播种、收割，基本实现机械化作业并实施秸秆还田。

施肥　1989—1996年，一般亩施基肥2000多千克、过磷酸钙100千克、尿素50千克，钾肥施草本灰或化学肥料，返青前亩追加尿素30千克。1997—2012年，基肥、追肥均采用有机肥加三元复合肥。2013年开始，小麦基肥主要是三元复合肥，追肥主要用尿素。

玉米

面积产量　1988年，全区玉米播种25.8万亩，占耕地面积45.6%，总产8.9万吨，亩产345千克。1998年，区内玉米高产示范田种植登海1号品种，大田最高亩产718千克。1999—2004年，由于产业结构调整等原因，播种面积有所下降，单产回落，总产下降，年均稳定在25.5万亩左右。2005年，实施玉米良种补贴项目，农民种植积极性有所提高，面积开始增加，平均亩产量提高至433千克以上。2013年，全区玉米播种34.61万亩，总产15.75万吨，亩产455千克。

品种间播　1989年，全区玉米品种主要有掖单2号、沈丹7号、掖单13、西玉3号、掖单12号、掖单22号、登海1号、鲁单50、鲁玉16号、郑单958、鲁种99118、金海5号、登海605、登海661、登海618、伟科702等。1997—1998年，区内4个乡镇、11.65万亩夏玉米推广掖单13、西玉3号、掖单12号、掖单22号、登海1号、鲁单50、鲁玉16号等高产优质品种并实施地膜覆盖增产技术，实现亩产532.7千克。播种密度每亩3000～5000株，套种密度较低，每亩3500株左右，直播密度较大，每亩4500株左右。播种时先施基肥，一般采用三元复合肥，出苗后在小喇叭口和大喇叭口期追施二次复合肥。

耕播形式　区内玉米分春玉米和夏玉米两种，春玉米一般是每年5月1日前后播种，品种采用生育期长、产量高的品种；夏玉米则待麦收后抢时播种。1989—1995年，全区玉米普遍推广套种技术。1996年，春玉米采用麦田套种技术。1997—1999年，由于一些早熟品种的出现，农民劳动力转移及高产高效作物发展，大部分玉米都不再采用套种技术，而是直接在麦收后抢时播种。2000—2013年，开始采取合理增加玉米种植密度、改种耐密型品种、改套种为直播、改粗放用肥为配方施肥、改人工种植为机械化作业（一增四改）高产栽培模式。

大豆

1988年，全区春大豆种植3210亩，亩产240千克；秋大豆种植5.56万亩，亩产156千克。1989—2008年，随着耕种技术和高效农业发展，全区大豆种植面积急转直下。到2009年，种植面积仅为120亩。2010—2012年，大豆种植面积又快速上升，年种植保持在3000亩左右，亩产133千克左右。2013年，全区大豆播种面积又下降为1230亩，总产228.78吨，亩产186千克。夏大豆一般于6月中旬麦收后播种，9月下旬至10月初收获。中熟或早熟品种主要有鲁豆2、6、11、12、13号、齐黄26号、潍豆10号等。

地瓜

1989年，区内地瓜种植品种有春地瓜和秋地瓜。春地瓜谷雨后5天到立夏种植，秋地瓜接麦茬抢种。育苗由火炕育苗改为温床育苗。起垄栽植，每亩3500～4000株。2013年，全区栽种3870亩，总产1.18万吨，亩产3053千克。

高粱

区内高粱分春、夏两种，春高粱有较长种植历史，夏高粱自70年代开始种植。春高粱清明节前后播种；夏高粱麦收后抢时播种，秋分前收获。1988年，全区高粱种植1.2万亩，1989年为1.28万亩。高粱主要作为畜禽饲料，秸秆用做一些纺织工艺品原材料。2003年，种植1740亩。2004—2012年，有零星种植。2013年，全区高粱播种27亩，总产8100千克。

谷子

1988年，全区春谷播种3055亩，单产273千克；夏谷8383亩，单产224千克。春谷播种期为谷雨后几天，夏谷于麦收后播种，寒露左右成熟。谷子由于产量低，效益差，播种面积逐年减少。到2003年，播种仅375亩。2004—2013年，全区仅有零星种植。

杂粮

杂粮有大麦、黍、绿豆、豇豆等。大麦、黍、绿豆等种植面积极少，豇豆只是沟头崖岭点播。

第五节　经济作物

棉花

面积产量　1988年，全区棉花种植9.7万亩，占总耕地17.1%，总产5529吨，亩产57千克。1989年减少至8.6万亩，1992年又增加至11.45万亩。1993年，种植面积开始下降，到2000年降至2.79万亩。2001—2005年，又出现回升，到2006年升至8.3万亩。2006—2012年，种植面积基本稳定在6万亩左右。2009年，全区棉花总产量为历史最高，亩产137.8千克，其他年份亩产保持在73千克以上。种植区域主要集中在高里街道和固堤街道北部。2013年，全区棉花播种5.78万亩，总产4468.18吨。

管理　1989—1998年，棉花主要采用直播和地膜覆盖，一般是每年4月15日—20日播种。1999—2000年，全区推广鲁棉抗虫棉，全部采用地膜覆盖，播期略有提前，种植密度每亩4000株左右。2012年，寒亭区实施“山东省盐碱地棉花丰产技术推广”项目，核心示范区种植5200亩，实现棉花平均单产138.7千克，带动项目区周边种植2.5万亩，亩产126.5千克。区内棉花病虫害主要是棉铃虫、蚜虫、枯萎病、黄萎病；防治措施采用敌杀死、功夫、久效磷、甲胺磷、甲基对硫磷、氧化乐果、多菌灵等化学农药防治。2013年，种植品种大部分是鲁棉研28号、32号；棉铃虫不再是主要害虫，棉花种植用工及用药已较前大幅降低，产量却逐年增加；农药也逐渐采用生物低毒农药，禁用高毒、有机磷农药。

烟草

1989年，全区烟草种植5625亩，总产973吨。1990—1996年，烟草种植面积逐年缩小。到1996年，种植仅有15亩，总产量3吨。1997年以后，不再种植。

花生

花生在区内持续种植。1989年，种植3.66万亩，总产6898吨。1990—2004年，种植面积逐年下降，采用地膜覆盖技术种植后，单产有所增长。到2007年，花生种植仅705亩，总产183吨。2008—2012年，种植面积每年有增有减，亩产保持在267千克左右。2013年，花生播种3024亩，总产946.18吨。主要品种有丰花1、2、3、5号，潍花6、7、8号，花育16、22、25号等。

油菜籽

1989年，全区油菜籽播种2205亩，总产174吨。1989—1993年，因产量效益不高，种植面积逐年减少，主要在瘠薄、缺水的沟路渠旁及荒地上种植。1995年，面积增长到8625亩，总产量1311吨。1996—2009年，种植面积骤减，到2009年仅有12亩，产量3.6吨。2010—2013年，油菜籽种植面积每年不同，整体数量不多。2013年，种植50亩，总产量10吨。

其他经济作物

1989—1994年，区内麻类、药材、芝麻有少量种植。麻类每年种植1000亩左右。1995年以后，其他经济作物种植面积极少，芝麻主要在沟头崖岭点播。

1989—2013寒亭区主要农作物统计表

表9-2

年份	农作物播种面积（千公顷）	其中：粮食（千公顷）	其中：夏粮（千公顷）	棉花（千公顷）	花生（千公顷）	粮食产量（万吨）	其中：夏粮（万吨）	棉花（吨）	花生（吨）
1989	56.07	45.21	20.59	5.75	2.44	20.63	9.28	4938	6898
1990	56.71	46.18	21.31	6.40	1.41	23.10	10.35	5898	4838
1991	56.79	45.46	22.67	7.67	1.59	27.07	13.88	9200	5851
1992	58.28	46.93	22.69	7.63	1.03	27.19	13.91	4298	3246
1993	56.43	47.04	22.83	4.35	0.88	27.75	14.11	3922	2902
1994	56.76	46.73	22.61	5.38	0.84	28.03	14.12	4025	2954
1995	57.93	46.10	22.22	5.83	0.81	28.32	13.96	4600	2786
1996	58.06	47.18	22.49	4.75	0.81	30.03	13.83	4266	3093
1997	55.78	45.60	22.43	3.79	0.73	28.32	14.52	3506	2234
1998	56.31	45.88	22.31	3.64	0.57	29.08	14.20	3673	2176
1999	55.80	46.14	22.04	2.65	0.41	26.57	14.32	2091	1272
2000	54.15	41.77	20.62	1.86	0.42	23.43	13.55	1665	2300
2001	51.54	38.44	18.46	2.56	0.29	23.07	11.91	2368	3047
2002	48.96	35.35	16.16	1.92	0.26	18.30	8.31	2998	1818
2003	44.16	31.28	14.47	4.49	0.40	18.12	8.32	4594	1916
2004	45.26	31.80	13.74	5.57	0.33	19.93	8.34	5388	2107
2005	52.34	41.01	20.02	5.12	0.18	24.41	10.60	5696	648
2006	52.49	41.73	20.83	5.55	0.07	25.28	12.66	6153	269
2007	52.23	41.58	20.67	5.39	0.05	25.48	12.24	5659	213
2008	49.58	41.87	20.62	4.25	0.08	27.13	12.84	4651	446

续表 9-2

年份	农作物播种面积（千公顷）	其中：粮食（千公顷）	其中：夏粮（千公顷）	棉花（千公顷）	花生（千公顷）	粮食产量（万吨）	其中：夏粮（万吨）	棉花（吨）	花生（吨）
2009	49.78	42.61	20.62	3.67	0.07	29.05	13.66	4378	310
2010	54.55	46.81	22.92	3.74	0.11	31.73	15.05	3879	446
2011	55.36	44.94	23.61	3.85	0.20	30.52	14.76	4468	946
2012	53.61	45.18	22.14	4.03	0.09	31.73	14.88	4790	437
2013	53.70	47.26	21.84	3.91	0.07	32.53	15.65	4312	280

第六节　瓜菜种植

瓜类

西瓜　1989年前，寒亭区西瓜种植品种主要是密宝，丰收1号、2号，新红宝，金钟冠龙，新澄1号等，亩产2500～5000千克，以露天和小拱棚栽培为主。1989年，固堤镇牟家温庄村开始试验大拱棚“三膜一苫”（利用大拱棚内套小拱棚、小拱棚上覆盖草苫、防寒膜）栽培方法，1991年试种成功，在全区范围内迅速推广。2003年后，露天西瓜种植面积逐年缩小，“三膜一苫”逐渐成为全区西瓜高效栽培方式。主要种植品种有丰收2号，丰收1号，金钟冠龙，齐红，新1号（无籽），京欣1号，鲁青1号B（无籽），鲁青4、7、8、9号，黑美人，小兰，早春红玉等，种植1.43万亩。2008年，以上品种占全区大棚西瓜种植面积40%，其中黑美人、小兰品种占30%，其他品种占30%。2013年，全区西瓜种植1.54万亩，产量4.75万吨，种植品种演变为2K、早春红玉等，主要是小型礼品西瓜。

甜瓜　1989年，区内种植甜瓜有厚皮和薄皮之分，厚皮甜瓜又称洋香瓜。1991年，高里镇河南村仿效寿光田马开始种植洋香瓜，主要是采用大拱棚栽培，种植品种主要是小型伊丽莎白瓜，产效低。1993年，区农技站推广种植台湾农友公司的状元、蜜世界品种，产量高，品质好，得到瓜农认可并迅速推广普及。1994—1997年，种植面积迅速增长，主要集中在高里、固堤2个镇。1997年后，种植面积逐年减小，种植品种主要有金明1、2、3号，以及黄河蜜、福斯特、台农、金香玉、处留香、金蜜、新世纪等，品种杂乱。2002—2003年，大拱棚种植洋香瓜面积开始缩小，薄皮甜瓜面积逐渐增大。2013年，区内甜瓜种植品种主要是冰糖子、羊角蜜等，均采用大拱棚早春栽培，种植区域集中在高里街道北部，种植1230亩，产量4690吨。

1994—2013年寒亭区西瓜、甜瓜种植面积及产量统计表

表 9-3

年份	西瓜		甜瓜		年份	西瓜		甜瓜	
	面积（公顷）	产量（吨）	面积（公顷）	产量（吨）		面积（公顷）	产量（吨）	面积（公顷）	产量（吨）
1994	504	9324	—	—	1998	1092	67839	—	—
1995	947	37276	—	—	1999	1028	71661	—	—
1996	764	35094	—	—	2000	1010	66746	239	11364
1997	770	54080	—	—	2001	828	52747	239	11990

续表 9-3

年份	西瓜		甜瓜		年份	西瓜		甜瓜	
	面积（公顷）	产量（吨）	面积（公顷）	产量（吨）		面积（公顷）	产量（吨）	面积（公顷）	产量（吨）
2002	938	60887	426	20829	2008	567	34655	72	4752
2003	956	61044	482	19366	2009	776	48794	37	1597
2004	787	45815	220	10900	2010	978	48044	54	2901
2005	787	45815	220	10900	2011	812	47760	32	1381
2006	806	44686	707	36260	2012	902	47286	64.5	4310
2007	815	46552	115	7259	2013	1028	47511	82	4690

蔬菜

番茄　1989年，区内番茄种植品种有一窝蜂、大红、大黄等，为露天种植。1989年以后，有大果型、小果型（樱桃番茄）、硬果型、红果型、黄果型等类别，有美国大红、毛粉802、红将军（144、189、2003）、盖伦、圣女、千禧等品种，均采用日光温室大棚栽培。2013年，大棚和温室栽培有樱桃番茄和大红硬果，集中在寒亭、高里、固堤3个街道。

黄瓜　1989年，区内黄瓜栽培逐渐由露天种植转向温室栽培，品种有长春密刺，津春2、4、5号，津研4、5、7号，津优新世纪等，并出现一些进口的无刺品种，温室栽培黄瓜每公顷产量一般在10吨以上。2013年，黄瓜主要种植区域集中在高里街道西部。

辣椒　1989年，区内辣椒栽培有圆椒、尖椒、干用椒3类，品种有迈椒1、2，中椒4、5、6、7，茄门，赤选1、2、3号等。栽培方式也很多，干用椒露天栽培，圆椒和尖椒有一部分大棚栽培。1998年，区内引进以色列彩椒。2013年，干椒基本没有种植，圆椒和尖椒均为大棚栽培。

芹菜　区内芹菜有空心和实心两种，品种有美国西芹、文图拉西芹、四季西芹、夏芹、天津庙芹、津南实芹、北京夏芹等，亩产5000千克以上。采用露天、小拱棚、日光温室栽培方式。

大姜　区内大姜种植主要集中在朱里街道东部，是朱里街道农业支柱产业，种植面积每年保持在1万亩左右，亩产4～5吨。1998年，亩产值达到10余万元。2009年，朱里大姜种植1.5万亩，总产量5.25万吨，亩产3.5吨。2010年，种植达到2万亩，总产8.3万吨。2011—2012年，种植面积分别为2.1万亩、1.99万亩，亩产分别为4.19吨、4.31吨，亩产有所提高。2013年，种植面积有所下降，由上年1.99万亩下降到1.1万亩，总产量为4.6万吨，亩产也较上年下降130千克。

芦笋　1989—1998年，区内种植芦笋面积逐渐扩大，种植区域主要在双杨店镇，是双杨店镇的农业支柱产业。1999年，种植8000余亩，亩产1.5吨～1.8吨，品种有玛丽华盛顿、500W、鲁芦笋1号等。2013年，芦笋种植面积600亩，亩产1.5吨，主要加工出口。

马铃薯　1989年，区内马铃薯种植主要集中在朱里街道。1990—2000年，种植面积逐渐扩大，并出现大棚栽培马铃薯。2001年，全区种植9000亩，平均亩产2.5吨。2002—2013年，种植面积及产量比较稳定，品种大部分采用脱毒马铃薯，种植5000亩，亩产3吨。

圆葱　1989—2013年，全区每年圆葱种植5000亩左右，亩产4000～6000千克；有红皮、黄皮之分，红皮主要是内地销售，黄皮圆葱主要用于加工、出口；种植区域集中在朱里街道东部村庄。2013年，全区种植3000亩，亩产7000千克。

双孢菇　1996年，区内引进浙江农学院双孢菇品种。1997年，区农业局繁殖菌种13.8万瓶，推广种植13.8万平方米，1999年栽培面积缩小。2000—2004年，全区每年双孢菇种植在2000～5000平方米之间。2005年以后，基本没有栽培。

1989—2013年寒亭区蔬菜种植面积及产量统计表

表9-4

年份	面积（公顷）	总产（吨）	年份	面积（公顷）	总产（吨）
1989	1435	41265	2002	7168	374345
1990	1269	39082	2003	5536	291674
1991	1547	43803	2004	4631	239525
1992	1682	157066	2005	4631	239525
1993	2505	109017	2006	3419	220460
1994	2421	116138	2007	3471	216458
1995	2955	109513	2008	2114	143634
1996	3356	153482	2009	1821	92166
1997	3754	203594	2010	2097	109223
1998	3651	209125	2011	2315	112330
1999	3989	193629	2012	2472	130516
2000	5293	246212	2013	2719	122912
2001	5521	263854	—	—	—

第七节　耕作制度

轮作方式

1989年以后，全区农作物二年三熟面积减小，一年二熟面积扩大，并且逐渐占到粮食种植面积90%以上。随着产业化结构调整和高产高效农作物推广种植，出现瓜菜作物一年三熟或多熟。一年一熟作物主要有棉花、大豆、谷子、高粱、地瓜、花生等，棉花种植主要集中在固堤、高里街道北部。花生主要集中在朱里街道和高里街道，其他作物在全区内有分散种植，且种植面积越来越小。一年二熟作物主要有玉米、大豆。朱里街道西部大棚西瓜收后接种秋玉米，土豆收后接种萝卜等都属于一年二熟。二年三熟作物主要有春玉米、棉花、黄烟、高粱、春谷子、秋玉米、秋大豆、秋谷子、秋地瓜。到2013年，全区以上作物种植面积已经很少。随着产业化经营逐渐深入，瓜菜等高产高效作物迅速发展，形成一年三熟或多熟耕作，种植作物主要有“潍县萝卜”一年三茬，小青菜、茼蒿、甘蓝等一年多茬。

间作套种

1989年，全区大面积推广立体种植高产栽培技术，主要包括小麦、菠菜、棉花、绿豆“四种四收”模式；枣树、小麦、菠菜、棉花、绿豆“四种五收”模式；西瓜、棉花、花生“三种三收”模式；西瓜、棉花、茄子、西红柿、西瓜、玉米、白菜，小麦、菠菜、玉米“三种三收”模式等六种种植方式。90年代，有小麦套玉米、玉米间大豆、小麦套棉花、枣树间粮食、西瓜套玉米等；瓜果蔬菜出现立体种植，大棚西瓜间作洋香瓜，西瓜套玉米接种萝卜，大白菜间作青萝卜等。至2013年，套种方式仅有小麦套玉米。

第八节　农业技术推广

实验示范

2000年，寒亭区开展10万亩玉米高产优良品种地膜覆盖配套增产技术推广示范，到2003年累计实施23.3万亩，玉米增产8993.8吨。农业综合开发小麦基地建设示范，实施面积2000亩，制定标准化生产技术规程和配方施肥综合生产技术，使项目区内小麦品质、产量都有大幅度提高。2005年以后，实施粮食直补，小麦、玉米良种补贴项目，每年完成小麦良种补贴25万亩，玉米良种补贴30万亩，全区粮食良种覆盖率100%。2009年，开始实施农业部小麦高产创建项目和潍坊市整建制推进粮食高产创建项目，建立十亩高产攻关田、百亩高产示范方、万亩高产方，其中十亩高产攻关田单产700千克以上、百亩高产示范方单产650千克以上、万亩示范方单产600千克以上。

良种推广

小麦　1989—1994年，种植品种有昌乐5号、晋麦22号、鲁麦13号、鲁麦7号、济南13号等，主栽品种是鲁麦7号、济南13号。1995—2000年，鲁麦7号仍然为全区小麦主要种植品种，其他品种有鲁麦21号、鲁麦23号、935031等，搭配种植优质小麦烟农19和济南17。2001—2005年，主要种植济南17、莱州137、泰山241、邯6172、3279等品种。2005年以后，全区实施良种补贴、统一供种，主要品种有邯6172、济麦22号、鲁原502、山农20。2013年，主要品种是山农20、济麦22号、邯6172。

玉米　1989—1994年，种植品种有烟单14、长丹4号、掖单2号、鲁原丹14、丹玉13、沈单7号、掖单13、22、4号等，种植较多的是长丹4号、丹玉13、沈单7号、掖单13号。1995—2000年，玉米种植品种以登海系列为主，主栽登海1号、登海9号、鲁玉16号，其他品种有登海11号，东单60、掖单20、沈单10号等。2001年以后，登海系列种植面积仍然很大，加上鲁单50、农大108、郑单958等占据玉米品种主流，其他搭配有鲁单981、金海5号等。2013年，玉米主导品种为郑单958、金海5号、登海605。

高产高效栽培

在粮食作物栽培方面，1989年以后，全区推广小麦精量半精量播种。2003年以后，推广氮肥后移、玉米机械精播、一增四改（合理增加玉米种植密度，改种耐密型高产品种、改套种为平播、改粗放用肥为配方施肥、改人工种植为机械化作业）、病虫害综合防治、紧凑型玉米高产栽培等技术。2010年，开始推广小麦宽幅播种、玉米适期晚收等，每年推广40多万亩。在经济作物栽培方面，先后推广棉花地膜覆盖栽培、花生地膜覆盖栽培、棚室蔬菜生产配套技术，大棚西瓜和甜瓜高产优质栽培技术、潍县萝卜栽培技术规程等多项高产优质高效栽培技术。2013年，全区农业主要推广玉米“一增四改”、测土配方施肥、晚收增产技术。瓜菜以西瓜、大姜、“潍县萝卜”为主。西瓜主导品种为京欣类、早春红玉类，主要推广西瓜根结线虫综合防治技术、测土配方施肥技术、保护地拱棚种植技术；大姜主导品种为黄姜系列，主要推广大姜根结线虫综合防治技术、测土配方施肥技术、沼渣沼液综合利用技术；“潍县萝卜”主导品种为小缨紫花、二大缨，主要推广“潍县萝卜”水肥一体化、测土配方施肥、标准化种植技术。

设施农业

1989年起，农业部门组织农业技术人员和科技示范带头户到寿光等地参观学习先进技术，全区设施农业从无到有。1991年开始，对塑料简易大棚提升改造，改火炉供暖为日光取暖、有滴膜为无滴膜、竹竿顶棚变为无立柱钢架结构、土坯墙为砖砌体保温墙、人工卷帘变为电动卷帘，冬暖式大棚由山东I型升级为山东III

型。2003 年，潍坊市实施“菜篮子工程”，寒亭区蔬菜种植实现“由市场带动为主向市场带动与龙头企业带动并举，国内市场为主向国内外市场并举，传统栽培方式为主向无公害、绿色、有机农产品种植方式发展”三个转变。2009 年，全区贯彻省农业厅《日光温室建造技术意见》，推广山东 IV 型、V 型日光温室技术，冬暖式大棚栽培技术得到推广；推动农产品基地争创“三品一标”（无公害农产品、绿色食品、有机农产品和农产品地理标志）认证。2012 年 2 月，“潍县萝卜”注册中国地理标志证明商标。2013 年，区委、区政府推进设施农业标准化生产基地建设。至年底，全区有设施农业 14694 个，占地 1.93 万亩，种植 1.90 万亩。

2013 年寒亭区设施农业生产统计表

表 9-5

项目 所在地	设施农业个数（个）	设施占地面积（亩）	种植面积（亩）	蔬菜		瓜果		林果		食用菌	
				种植面积（亩）	产量（吨）	种植面积（亩）	产量（吨）	种植面积（亩）	产量（吨）	种植面积（亩）	产量（吨）
寒亭街道	540	64	1195	982	3244.5	225	483	—	—	30	84
开元街道	1410	318	1986	691	1923	1449	3997	—	—	—	—
固堤街道	5623	2905	6926	1201	3136.5	5090	16556.6	248	600.5	—	—
高里街道	1382	28	3190	2125	6379	846	3943.2	—	—	—	—
朱里街道	5100	37	3620	3620	11180	—	—	—	—	—	—
北城街道	57	4	149	137	374	10	13.5	—	—	3	5
张氏发展区	19	19	26	25	51.5	1	2.65	—	—	—	—
双杨发展区	563	49	1863	1837	5766	—	—	20	40	6	15

第九节 植物保护

整地改土

1989—2003 年，全区土壤进行过 2 次土壤养分调查和 1 次耕地地力调查与质量评价，采集蔬菜地土样 397 个、粮田土样 464 个、果园土样 191 个、耕地环境调查土样 100 个，共布点 917 个，取土样 1152 个，利用 3S 技术建立寒亭区耕地资源分析管理系统，综合分析耕地地力和养分含量，根据土壤状况各地因地制宜，在北部沿海乡镇的涝碱地实行台田条田化，蓄水压碱、排涝洗碱等措施；在中部和南部采取蓄水保肥、机耕深翻措施，机耕面积占总耕地 98% ~ 100%。

配方施肥

有机肥　1989—2003 年，大田作物栽培有机肥用量逐年减少，少数有条件的施有机肥作为基肥；瓜菜栽培有机肥用量有所增加，瓜菜产量和质量均有提高。2003 年，进行耕地地力调查与质量评价，据 302 个农户调查结果，大田年平均每亩施用基肥不足 1000 千克，施用量过少。瓜菜地年平均每亩施用基肥 4155.9 千克，品种有鸡鸭粪、畜粪及其他有机肥，其中鸡粪用量最大，平均施用 3382.9 千克，占有机肥总量 81.4%，蔬菜地施基肥量过多。

绿肥　1989—1996 年，绿肥已极少使用。1997—2013 年，全区实施秸秆还田技术。到 2013 年，全区小麦、玉米秸秆还田率 90% 以上。

化学肥料　1989—1990 年，全区农业开始推广施用复合肥，主要品种有俄罗斯撒可富、美国磷酸二铵；单一化学肥料品种有尿素、碳酸氢铵、硝酸铵、过磷酸钙、钙镁磷肥、硫酸钾、氯化钾等，成分也由原先单纯的氮、磷、钾，增加钙、镁、硫等中微量元素。1992—1999年，单一化学肥料用量逐年减少，复合肥用量逐年增大。2000年，针对不同作物配制不同肥料，开始使用总养分含量25%低浓度和45%高浓度国产复合肥。2001—2013年，主要使用硫酸钾、过磷酸钙、磷酸二氢钾、硝酸钾、磷酸二铵、硫酸铵等复合肥。

菌肥　1989—1994年，菌肥使用主要是将微生物活性菌掺入复合肥中，应用最多的是固氮菌、芽孢杆菌等，有肥力高、益微等品牌，同时推广日本产酵素菌肥，增产效果较为明显，但因价格昂贵，1996年以后逐渐淘汰。2010年，全区推进精准施肥，改传统表施、撒施化肥方式，为水肥一体化、化肥机械深施、叶面喷施等先进施肥方式，提高化肥利用效率，减少化肥用量，降低面源污染。通过微喷和滴灌施肥的水肥一体化技术，节水节肥效果显著。2011年，全区推广缓控释肥料、生物肥料、功能性肥料、土壤调理剂等新产品，提高化肥利用率，减少传统化肥用量。2013年，全区水肥一体化技术推广使用3万亩，新型肥料试验区32个，推广使用2.8万亩，增加经济效益3000万元。

病虫草害及防治

虫害种类　区内常见农作物病虫害有160多种。小麦有锈病、白粉病、叶枯病、全蚀病、黑穗病、丛矮病、红蜘蛛、蚜虫、黏虫、麦叶蜂；玉米有大叶斑病、小叶斑病、苗枯病、玉米螟、黏虫、蚜虫、秋毛虫、棉铃虫、红蜘蛛、丝黑穗病、粗缩病、叶锈病、褐斑病；地瓜有茎线虫病、黑斑病、甘薯天蛾；高粱有黑穗病、玉米螟、条螟、蚜虫；谷子有黑穗病、白发病、钻心虫、卷叶螟、黏虫；大豆有造桥虫、豆荚螟、豆天蛾、甜菜夜蛾、食心虫、大豆棉铃虫、大豆红蜘蛛、孢囊线虫病、大豆疫病、大豆病毒病；棉花有枯萎病、黄萎病、红叶茎枯病、立枯病、棉铃虫、蚜虫、红蜘蛛、盲蝽象、白粉虱；黄烟有病毒病、烟青虫、蚜虫；花生有叶斑病、蚜虫、棉铃虫；瓜菜有炭疽病、白粉病、猝倒病、立枯病、霜霉病、角斑病、疫病、病毒病、蔓枯病、枯萎病、黑星病、根结线虫病、灰霉病、软腐病、叶斑病、早疫病、根腐病、黑腐病、叶霉病、姜癞皮病、姜瘟病、芦笋茎枯病、褐斑病、黑痘病、锈病、菌核病、青枯病、疮痂病、黑胫病、菜蚜、菜青虫、小菜蛾、茄果类棉铃虫、红蜘蛛、韭蛆、二斑叶螨、甜菜夜蛾、葱蓟马、烟粉虱、美洲斑潜蝇、茄二十八星瓢虫等。此外还有食性杂的地下害虫，如蛴螬、地老虎、金针虫、蝼蛄、土蝗、飞蝗等。

虫害防治　1989—1991年，全区农作物病虫害由区植保站预测预报，采取政府支持，农民防治的方法。1992年，区政府组织大规模采用诱蛾灯，防治夜蛾类害虫行动。北部10.55万亩洼地，是蝗虫繁殖区，农业部门常年对蝗区情况进行调查检测，采取人工捕打、喷洒药物、挖沟修渠、增加盐田面积、减少草荒地等措施灭蝗。调运检疫方面，凡调出调入区内种子、植物产品必须经过检疫，合格后签发盖有农业检疫章的检疫合格证。1995年，寿光市蝗灾大暴发，寒亭区为防止蝗虫起飞，出动1000人次采用机动喷雾机防治，防止蝗虫危害。2011年，发生二点委夜蛾危害夏玉米，至6月底，发生面积21万亩，严重发生6万亩，防治面积30万亩次。2013年6月19日—20日，区农业局植保站到寒亭街道、高里街道、固堤街道、朱里街道进行农田病虫害调查，发现二代黏虫局部地块爆发，发生面积25万亩，但未造成灾害。

1989—1996年，全区消灭农作物病虫害主要采用666、辛酸磷、1605、呋喃丹、久效磷等药剂防治地下害虫；采用1605、久效磷、功夫、速灭杀丁、来福灵、百树得、甲胺磷、乐果等药防治农作物害虫；采用多菌灵、粉锈宁、百菌清、甲基托布津、代森锰锌、朴海因、甲霜灵、福美砷等药剂防治农作物病害。1996—2013年，提倡无公害食品、绿色食品、有机食品，防治药剂改为低毒、低残留药剂，禁用高毒、高残留农药，主要采用的药剂有阿维菌素、高效氯氰菊酯、吡虫啉、啶虫脒、苦参碱、疫霉威、霜脲净、阿米希达、多菌灵、百菌清、托布津等，另外采用转基因作物抗虫、抗菌等方法。

虫害预测预报　1989—2013年，全区病虫害预测预报均由寒亭区植物保护站调查测报，长年观察，系统调查；系统性测报对象积累数年资料，并能作长期、中期病虫预报，准确率达82%以上。

草害防治　1989—2013年，全区草害品种较多，防治方法由原来的拔、锄等方法改为化学防治。化学防治采用的药剂主要有阿特拉津、乙草胺、除草醚、拉索、24-D丁酯、乙莠水、乙阿悬剂、玉草净、杜尔、精稳杀得、拿朴净等药剂。

第十节　农业执法

2008年9月，区农业执法大队成立，为区农业局下属单位。2009—2012年，通过举办培训班、开展放心农资下乡进村等各种宣传活动、日常检查、发放资料等形式宣传法律法规；对全区200余家农资生产、经营、使用单位进行监督管理，发现违法违规行为依法查处。至2013年，检查农资生产经营单位9000余家（次），查获不合格农药3吨、种子1.2吨、肥料50余吨，为农民挽回经济损失700余万元。

第三章　林果业

寒亭区境内自然林极少，大部为人工林，可分为用材林、防护林、经济林、景观林4种。1989年，全区用材林1.34万亩，主要有楸、桐、松、柏、榆、槐、柳、臭椿、白杨等树种；防护林3718亩，主要有黑杨、毛白杨、旱柳、垂柳、国槐、刺槐、榆树、毛白蜡、紫穗槐、柽柳等；经济林2.96万亩，主要是柽柳、杞柳、紫穗槐、桑树、苹果树、葡萄、梨树、桃树、李子树、枣树、柿子树、山楂树和核桃树；景观林主要有法桐、芙蓉树、九曲柳、垂柳、刺槐、国槐、石榴、冬青等品种。1991年开始，寒亭区承担“三北”防护林工程，实施综合绿化。到1995年，全区实施绿化达标规划，对南部埠岭、北部盐碱荒地和枣树种植区以及沟、路、渠、林网进行重点绿化，到2000年，全区林木8.65万亩。2009年白浪河生态林场成立后，规划林地面积2.4万亩。2011—2012年，市政府对白浪河寒亭段进行综合治理改造后，林场实有6291亩，均划定为市级以上公益林。到2013年，全区防护林3.96万亩；经济林主要以苹果树为主有2.6万亩；景观林1.73万亩；有苗圃60个，8650亩。全区人工林资源114730亩，木材产量3610立方米，活木蓄积量52.39万立方米，林木覆盖率20.4%。以苹果、桃、梨、葡萄、杏、枣、柿子、樱桃为主的果品总产73717吨。

第一节　管理机构

1989年，寒亭区林业局下设办公室、林业站、种苗站、森林保护站、林政股、林业公安股。1993年12月，撤销寒亭区林业局，成立寒亭区林业技术服务中心，正科级事业单位，归口区农委。1997年2月，撤销寒亭区林业技术服务中心，恢复潍坊市寒亭区林业局（以下简称区林业局），为正科级政府工作部门。2002年，区林业局改为正科级事业单位，隶属区政府，内设办公室、林业综合科2个职能科室。2008年6月，区林业局列为参照公务员法管理的事业单位。9月，为理顺农业系统机构，区林业局实行局、站分离，其他不变；同时成立寒亭区林业站和寒亭区森保站，为区林业局下属单位。2013年，区林业局下设林业站、森保站2个直属单位，设局长1名、副局长2名，编制29人。

第二节　林木资源

林木种类

寒亭区林木种质资源树种共有51个科、101个属、195种（含变种、变形、品种），其中乔木122种、灌木67种、藤本6种；常绿树种28种、落叶树种167种。

用材林

1989年，全区用材林面积1.34万亩，主要有楸、桐、松、柏、榆、槐、柳、臭椿、白杨等树种。到2013年，全区用材林22718亩。主要树种有黑杨、毛白杨、泡桐、柳树、刺槐、榆树、构树、毛白蜡、楸树、臭椿等，其中黑杨占用材林90%以上。黑杨主栽品种107杨、中林46杨；毛白杨品种有三倍体毛白杨、窄冠毛白杨、易县毛白杨、当地毛白杨；柳树品种有172柳、竹柳；桐树品种有楸叶泡桐、毛泡桐、兰考桐。成片用材林主要分布在杨瓦路两侧。

防护林

1989年，全区防护林3718亩，主要品种有黑杨、毛白杨、旱柳、垂柳、国槐、刺槐、榆树、毛白蜡、紫穗槐、柽柳等，主要分布在主干道路、河流、灌渠、主要生产路两侧等地。1995年，规划建设辛沙路寒亭段两侧防护林，总长度为1.63千米，穿过盐田区长度0.9千米，两侧宜建防护林带长度1.44千米。1997年，建设沿海防护林带4条，长33.3千米、210.8亩。1998年，沿海防护林工程在区内沿引黄济青输水渠两侧和利民河两堤，总长27千米，宽度500米，造林1.9万亩，完成10万亩枣粮间作造林。2000—2001年，建设北外环防护林带950亩，建设青银高速路寒亭段防护林带每侧宽50米、550亩。2002—2003年，建设东外环防护林带480亩，每侧加宽绿化100米、1110亩，总计绿化1660亩；建设潍九路段内防护林带630亩。2004年，建设潍莱高速路寒亭段内公路防护林带每侧宽100米、930亩。2009年，G309线段内绿化面积234亩、G206线段内绿化225亩。2006年，建设央赣线防护林带3450亩。到2013年，全区防护林3.96万亩，主要分布在青银高速、潍莱高速、G206、G309线北外环、东外环、央赣线、潍九路、央赣路、固高路、杨瓦路、湿地景观路、白浪河、虞河、潍河、浞河、利民河、桂河、瀑沙河、富康河、崔家河、峡山灌渠、引黄济青灌渠等主要道路与河流两侧。

经济林

1989年，区内经济林2.96万亩，品种主要是柽柳、杞柳、桑树、苹果树、葡萄、梨树、桃树、李子树、枣树、柿子树、山楂树和核桃树。柽柳、杞柳是柳编的主要原料，随着柳编工艺逐渐凋敝，到2000年，已不多见，少数野生在坟场等地。到2013年，区境内经济林品种共11个科、17个属、20个树种，栽培品种约100多个。其中苹果树栽培2.6万亩，占80%左右，其他依次为葡萄、梨、桃、枣、柿子、香椿、李子、杏、甜樱桃、核桃、银杏、桑树、花椒、山楂、石榴、君迁子、无花果、文冠果、木瓜等。苹果、葡萄、桃、梨面积较大，主要分布在开元、固堤、高里3个街道，其他果树栽种面积较小，分布零散；枣树栽种近1500亩，主要分布在高里北部；柿子、核桃、银杏、山楂面积较小。

景观林

1989年，境内景观林木品种主要有法桐、芙蓉树、九曲柳、垂柳、刺槐、国槐、石榴、冬青等品种，多种植在乡镇驻地和农户门前庭院。2005年开始，全区兴起绿化建设，引进景观树木品种逐年增加。到2013年，全区景观林1.73万亩，主要分布城区内及近郊、街道驻地和主干道路两侧、观赏景点等，如雪松、蜀桧、龙柏、栾树、法桐、青桐、樱花、玉兰、紫叶李、海棠等；主要分布在城区、街道驻地道路、公园。

苗圃

1989年，区内仅有蔡家栏子1家苗圃。1998年，蔡家栏子苗圃划为生态公益型国有苗圃，160亩。1999—2002年，全区利用耕地种植绿化苗木逐年增加。2003年，有苗圃46个，2994.5亩。其中个体45个，2834.5亩；国营1个，160亩。主要树种为绿化树种，其次为经济林树种。2011年，全区有苗圃50处，6660亩，苗木存圃量1100万株以上，用材林苗木1000亩左右，经济林苗木50亩左右，城镇绿化苗木7450亩左右，苗木树种近200种。到2013年，全区共有苗圃60个，面积8650亩，主要集中在城区G206线寒亭段、东外环、潍高路两侧。

古树名木

1989年，全区有古稀濒危树31株，分布在5个乡镇的26个村。2013年，有古树4种、48株，最长树龄770年，最短树龄100年。其中一级14株、二级17株、三级17株，国槐44株，核桃2株，毛白杨1株，枣树1株。

2013年寒亭区古树统计表

表9-6

序号	级别树种	位置	挂牌编号	树高（米）	胸径（厘米）	冠幅（米）	树龄（年）
1	一级国槐	高里街道西营村	HT Ⅰ -001	13.8	137	13.6	770
2	一级国槐	朱里街道大杨庄	HT Ⅰ -002	9.2	107	7.5	640
3	一级国槐	朱里街道北杨村	HT Ⅰ -003	7.6	89	7.4	620
4	一级国槐	寒亭街道西杨家埠村	HT Ⅰ -004	8	100	11.05	600
5	一级国槐	寒亭街道西杨家埠村	HT Ⅰ -005	8.9	89	9.85	550
6	一级国槐	寒亭街道西杨家埠村	HT Ⅰ -006	9.1	65	10.5	550
7	一级毛白杨	寒亭街道后仉庄	HT Ⅰ -007	16.5	197	17.25	520
8	一级国槐	固堤街道潘家庵村	HT Ⅰ -008	7.9	126	8.5	520
9	一级国槐	寒亭街道牛埠村	HT Ⅰ -009	13.8	82	15.1	500
10	一级国槐	寒亭街道邢家东庄	HT Ⅰ -010	13	83	14	500
11	一级国槐	寒亭街道北埠子村	HT Ⅰ -011	6.5	89	5.9	500
12	一级国槐	固堤街道大张家埠村	HT Ⅰ -012	8.1	90	11.75	500
13	一级国槐	朱里街道前巡栈村	HT Ⅰ -013	9.5	81	6.5	500
14	一级国槐	寒亭街道西杨家埠村	HT Ⅰ -014	10.5	40	6.25	500
15	二级国槐	固堤街道西横沟村	HT Ⅱ -015	7	53	7.4	450
16	二级国槐	寒亭街道东院村	HT Ⅱ -016	7.4	91	9.85	400
17	二级国槐	高里街道万家村	HT Ⅱ -017	8.8	106	13.75	380
18	二级国槐	固堤街道大魏家村	HT Ⅱ -018	11.8	99	11	360
19	二级国槐	开元街道东里疃村	HT Ⅱ -019	7.4	82	12	350
20	二级国槐	寒亭街道纪家东庄	HT Ⅱ -020	9.1	81	10.25	320
21	二级国槐	寒亭街道卜家庄子村	HT Ⅱ -021	6.5	\	5.25	300
22	二级国槐	朱里街道张家庄子村	HT Ⅱ -022	10	90	8.25	300

续表 9-6

序号	级别树种	位置	挂牌编号	树高（米）	胸径（厘米）	冠幅（米）	树龄（年）
23	二级国槐	寒亭街道纪家东庄	HT Ⅱ -023	10.8	69	11	300
24	二级国槐	寒亭街道西杨家埠村	HT Ⅱ -024	8	42	7.25	300
25	二级国槐	朱里街道东南堤村	HT Ⅱ -025	11.8	78	12.1	300
26	二级国槐	朱里街道前埠下村	HT Ⅱ -027	10.5	84	9	300
27	二级国槐	朱里街道前巡栈村	HT Ⅱ -028	9.3	59	9.25	300
28	二级国槐	朱里街道后吉家村	HT Ⅱ -029	13.7	107	9.75	300
29	二级国槐	朱里街道大杨庄	\	3	45	7.5	300
30	二级国槐	高里街道北里村	HT Ⅱ -030	7.5	50	8.8	260
31	二级国槐	朱里街道大杨庄	\	5	40	8	200
32	三级国槐	固堤街道大张家埠村	HT Ⅲ -031	10	63	11.75	240
33	三级国槐	寒亭街道后仉庄	HT Ⅲ -032	8.8	64	7.5	220
34	三级国槐	寒亭街道寒亭一村	HT Ⅲ -033	4.6	49	5.15	200
35	三级国槐	寒亭街道寒亭二村	HT Ⅲ -034	6.6	49	7	200
36	三级国槐	开元街道安固二村	HT Ⅲ -035	7.2	53	11.5	200
37	三级国槐	固堤街道大张家埠村	HT Ⅲ -037	9.8	74	11.5	200
38	三级国槐	固堤街道大湾口村	HT Ⅲ -038	10.3	60	10.5	200
39	三级国槐	开元街道黄埠村	HT Ⅲ -039	8.8	59	9.15	160
40	三级国槐	固堤街道西横沟村	HT Ⅲ -040	6.7	52	6.5	160
41	三级国槐	开元街道黄埠村	HT Ⅲ -041	8.8	56	9.85	150
42	三级国槐	朱里街道财源村	HT Ⅲ -042	6.9	43	6.8	150
43	三级国槐	朱里街道东于家庄子村	HT Ⅲ -043	8.2	70	10.1	150
44	三级国槐	固堤街道大湾口村	HT Ⅲ -044	7.5	46	7.5	150
45	三级核桃	朱里街道南曹埠村	HT Ⅲ -045	8.8	52	13	120
46	三级核桃	朱里街道南曹埠村	HT Ⅲ -046	9.2	49	10.75	120
47	三级枣树	固堤街道固堤二村	\	9.7	35	5	120
48	三级国槐	朱里街道小东庄	HT Ⅲ -047	9.1	49	6.5	100

注：序号 21 胸径数据因人为因素无法统计；序号 29、31、47 为新增古树未挂牌。

白浪河生态林场

2009 年 9 月，寒亭区白浪河生态林场成立，副县级事业单位，隶属区政府，归口区林业局管理。林场建成区南起双杨发展区前岭子村白浪河漫水桥，北至固堤街道泊子社区神堂子村边界，与潍坊滨海经济开发区相连，长约 18.2 千米，规划面积 2.4 万亩，辖区涉及双杨发展区和开元、固堤、高里 3 个街道的 30 个村。

生态林场建设主要依托白浪河沿岸两侧防护林带为框架，重点在东西两侧各 300 米范围内进行新建和完善，根据地形特点，配以特色风景林，形成政府主导、财政投入、集中管理，以生态旅游为特点的大型生态林场。至2009年年底，在白浪河两侧建设防护林、经济林等4000亩。到2010年，林地1.7万亩。2011—2012年，市政府投资1.6亿元对白浪河寒亭段进行综合治理改造，对3960亩林地进行森林抚育，对林场道路两侧和区域裸露林地实施补植增绿植树9800株，主要树种有速生杨、桃树、毛白杨、火炬树、毛白蜡、柳树、刺槐、黑松、柽柳、榆树及低矮乔灌木等20余种树木。林场实施绿化提升改造后，实有6291亩，均划定为市级以上公益林。

第三节　植树造林

1991年开始，寒亭区承担“三北”防护林工程，实施综合绿化。到1995年，全区实施绿化达标规划，对南部埠岭、北部盐碱荒地和枣树种植区，以及沟、路、渠、林网进行重点绿化。2000年，全区林木8.65万亩。2001年，人工造林坚持生态、经济、社会三大效益有机结合，突出生态效益原则，以增加森林资源、改善生态条件、优化人居环境、增加农民收入为目标，以重点道路、河流、林带建设为骨架，网、带、片、间、点相结合，开始防护林带建设。到2002年，建成外环防护林带300亩。2003—2004年，建设济青高速两侧防护林带1660亩，潍九路两侧防护林带630亩；全区成片造林4.04万亩，完善林网43.45万亩，四旁植树332.7万株。2005年，央赣线绿化3450亩。2010年，建设G206线寒亭段、G309线寒亭段防护林带260亩，虞河段绿化5430亩，禹王湿地景观路绿化1100亩。2011年，提升白浪河绿化1500亩。2012年，更新外环防护林带300亩。2013年，建设虞河防护林带220亩。全区人工林资源11.47万亩。

第四节　林木保护

虫害防治

1989年，全区林木病虫害防治技术指导工作由区林业局森林保护站负责，各乡镇林业站负责指导本辖区林木病虫害防治。全区共建有3处有害生物监测点，由固定专业人员进行预测预报。境内林木病虫害主要有枣疯病、泡桐丛枝病、绿刺蛾、天牛、柳毒蛾、蚜虫、杨扇舟蛾等。随着林木面积扩大，新树种增多，病虫害系数增加。寒亭区用材林主要以速生杨纯林为主，柳毒蛾在部分区域发生，对树木生长带来较大危害。2000年，区域内存在病虫害发生点，一般采取有效人工除蛹和施用化学农药方法防治。2006年，央子街道崔家央子村发现美国白蛾。2007年，美国白蛾在区内呈快速蔓延状态，对全区林木造成严重损害。2008年，全区对美国白蛾开展防控，出动8000余人次，动用药械1500台次，安置杀虫灯30余台，喷洒农药1500余千克，释放周氏啮小蜂0.3亿头，防治0.27万亩（次），其中生物防治0.16万亩（次），人工物理防治0.11万亩次。2010年，美国白蛾虫害呈严重趋势；9月，全区林地实施飞机施药防治作业，飞防19.64万亩。2011—2013年，连续3年进行全覆盖飞机防治作业，美国白蛾虫害在区境内得到控制。植物检疫主要是美国白蛾、日本松干蚧、松木线虫病。由于全区松树比较少，主要在风景带有少量栽植，日本松干蚧和松木线虫病发生较轻。2013年8月，全区林木病虫害发生2980亩，主要害虫有美国白蛾、杨扇舟蛾、柳毒蛾等，共防治作业3460亩（次），施用农药0.98吨，林木病虫危害得到有效控制。

古树名木保护

2009年，全区开展古树名木普查登记，主要记录树种、树龄、胸径、冠幅、生长势、生长环境，以及古树名木的传说、故事、历史典故，建立古树名木档案。对古树名木实施防病虫害保护，根据树种生长情况采取施肥、除草及复壮；对枯空严重和倾斜的树木进行填堵树洞、支撑加固、设置围栏、疏枝，通过培土、砌坝、护坝措施保证古树周围水土稳固，改善古树立地环境。至2013年，全区48株古树均设置围栏，有45株挂牌。

第五节 果品生产

1989年，区内有苹果、桃、梨、葡萄、杏、樱桃、李子等种植，干果树有枣、柿、栗、核桃、山楂等乡土树种，多限于宅旁院内，成片干果林较少。2002年，全区枣树141.3万株，年产鲜枣1380吨。柿树系乡土树种，多分布于境内东南部，农户庭院有零星栽植，品种有大盖柿（托柿）和大小萼子柿。2000年前后，柿子树种植近67公顷，品种以日本甜柿为主。1987年，全区有山楂园637亩，产量60吨。1990年以后，山楂树被大面积砍伐，2013年已不多见。核桃在区内部分果园有零星种植。2000—2013年，寒亭区引进早熟优良果树品种，发展果蔬保护地栽培，主要有大樱桃、油桃、杏、葡萄等十余个品种，主要分布在高里、固堤、开元3个街道。

1989—2013年寒亭区主要果品产量统计表

表9-7 单位：吨

年份	总产量	苹果	桃	梨	葡萄	杏	枣	柿子	樱桃	其他
1989	686.5	240	21	75.5	155	180	13.5	0.5	\	1
1990	850	300	22	80	225	200	20	1	\	2
1991	1041.6	350	35	90	280	240	35	1.6	8	2
1992	1199	395	50	90	300	300	50	2	8	4
1993	1670	410	110	100	600	335	95	5	10	5
1994	2511	520	200	300	900	400	159	8	17	7
1995	3385	700	430	280	1200	330	400	15	20	10
1996	7200	3050	960	450	1600	230	850	30	20	10
1997	11273	4930	1800	700	2200	245	1300	58	25	15
1998	16762	8000	2600	1200	3000	245	1600	72	30	15
1999	24323	15000	2000	1500	3600	280	1800	95	30	18
2000	34612	23000	2020	1600	5500	290	2000	150	36	16
2001	38835	27000	1800	1550	6000	275	1890	260	38	22
2002	49526	36500	1500	2000	7000	300	1830	330	40	26
2003	53522	40300	1450	2600	6600	300	1800	400	40	32
2004	55645	42000	1500	3000	6600	280	1705	480	45	35
2005	58687	45000	1600	3250	6500	270	1680	300	50	37
2006	64510	49500	3050	3750	6000	270	1600	230	70	40
2007	67483	52555	3383	3517	5883	271	1554	200	70	50
2008	64480	50000	3800	3200	5630	260	1300	160	90	40
2009	54570	40500	4000	3000	5400	250	1100	150	100	70

续表 9-7

年份	总产量	苹果	桃	梨	葡萄	杏	枣	柿子	樱桃	其他
2010	65940	56029	1654	4145	3722	20	100	120	100	50
2011	69348	58775	1579	4743	3845	23	144	25	150	64
2012	71691	59484	2055	5264	4536	27	120	45	150	40
2013	73717	61000	4000	3000	5000	400	113	34	140	30

第六节　林政管理

法规宣传

1989年开始，全区结合每年3月“绿化祖国、植树造林、改善环境”为主题的植树造林活动，开展林业法规宣传，在城区重点道路、乡镇政府驻地、大型集贸市场及主要街道开展宣传咨询活动。1990—2013年，全区累计投入林业法规宣传资金8万元，印制《中华人民共和国森林法》《中华人民共和国森林法实施条例》《山东省森林资源管理条例》《山东省森林防火管理规定》等法律法规明白纸3万份，悬挂过街横幅360条，制作宣传板牌138块，出动宣传车50台次，23万人（次）通过不同层次接受林业法律法规教育和咨询。2013年，通过潍坊市人民广播电台《行风在线》栏目，制作林业法规专题节目宣传林业法规、政策。

采伐

1989年，区政府转发省政府《关于制止乱砍滥伐林木的通知》《关于“三夏”期间加强林木保护的通知》，实行林木凭证采伐、限额采伐制度，严格控制采伐量。区政府根据全区林业生产情况，采取5年下达一次林木采伐限额的限伐措施。2000年，区林业局现场勘查，做出标记，记好台账，并实行伐中监督，伐后验收，采伐量严格控制在区政府规定的限额以内，乱砍滥伐现象得到有效控制。1989—2013年，全区共发放林木采伐许可证2500份，采伐量4.8万立方米。

木材运输

1988年开始，实行木材凭证运输（国家统一调拨的木材和农民自用木材除外）制度，木材运输证由省林业厅统一印制，区林政执法人员签证办理。1990年，经省政府批准，在G206线寒亭段官桥村处、G309线上游村处设立木材检查站，对过往木材运输车辆进行执法检查。1995年，撤销签证点，共签发木材运输证250份。

加工经营

1986年始，全区木材加工经营实行许可证制度。随着木材加工企业增多，许可证发放量逐步增加。2000年开始，每年开展发证、审验及换证工作，并取缔非法木材加工经营点，实行规范化管理。2013年，全区办理木材经营加工许可证10份，规模以上木材经营加工企业办证率100%。

育林基金征收

1986年，全区开始征收育林费。1997年，征收额3万元。2010—2012年，育林费改为育林基金，依据《山东省育林基金征收管理办法》，按照林木产品销售收入5%计征，年均征收育林基金5万元以上。2013年，区林业局征收育林费6万元。

案件查处

1989年前，区内林业案件查处较少，乱砍滥伐现象突出。1990年开始，全区加大对林业案件查处力度，依法整治破坏林业资源违法活动，查处乱砍滥伐案件4起。2005年，区政府印发《关于严禁乱砍滥伐的紧急通知》，开展专项打击涉林违法活动，出动车辆10辆（次）、执法人员20多人（次），查处涉林案件1起。2013年，随着常态化林木管理政策宣传和群众法律意识、环保意识增强，乱砍滥伐现象明显减少，全年仅查处涉林违法占地案件1起。

第四章　畜牧业

1989—2008 年，根据自然条件和资源优势，全区畜禽饲养分 3 个区域。央子镇、泊子乡、南孙乡饲养食草家畜多，马、驴、骡、牛、羊饲养量占全区 80% 左右；中部和南部乡镇产粮区以饲养畜禽为主，猪、蛋鸡、肉鸡、肉鸭饲养占全区 90% 以上；寒亭街道人口集中，奶牛饲养集中在城区周围，2008 年，全区奶牛存栏 1 万头，其中袁家埠村就存栏 8000 多头。2009—2013 年，以实现寒亭区百亿级畜牧产业链为目标，以建设优质畜牧产品加工园区、兽药饲料生产园区和兽药饲料物流园区为重点，全区推广标准化生产、重大动物疫病防控、畜产品质量安全、畜牧科技四项工作，现代畜牧业发展出现良好势头。至 2013 年年底，全区肉蛋奶总产量 16.07 万吨，比上年增长 9.8%；畜牧业总产值 56.46 亿元，比上年增长 8.5%；有畜牧业绿色食品 2 家、无公害畜产品认证和产地认证 16 家。

第一节　管理机构

1989 年，寒亭区畜牧兽医工作站隶属寒亭区农业局。1991 年 4 月，撤销寒亭区畜牧兽医工作站，成立寒亭区畜牧局，为正科级行政单位。1993 年 11 月，撤销寒亭区畜牧局，成立寒亭区畜牧开发服务中心，为正科级事业单位。2005 年 12 月，撤销寒亭区畜牧开发服务中心，复设寒亭区畜牧局（以下简称区畜牧局）。2009 年 1 月，下设办公室、政工科、财务科、畜牧兽医站、防疫监督所、畜牧监测中心 6 个科室，镇（街）畜牧兽医站 9 处。2009 年 11 月，区畜牧局更名为区畜牧兽医局。2013 年，区畜牧兽医局设办公室、政工科、财务科、畜牧兽医站、防疫监督所、畜牧监测中心 6 个科室，在编 51 人，街道兽医站在编 23 人。

第二节　畜禽饲养

饲草饲料

饲草　寒亭区饲草资源丰富，主要是农作物秸秆、秧蔓、种植牧草和天然牧草。作饲草的秸秆以谷类秸秆和玉米秸秆为主，谷类秸秆饲喂马、驴、骡等家畜，玉米秸秆饲喂牛、羊。1995 年，用玉米秸收割后青贮，解决冬季和早春饲料的缺乏，特别对产奶的牛羊可提高产奶量 10% 左右。高里镇大面积种植牧草有紫花苜蓿、无芒雀麦、籽粒苋等，引进深加工项目，生产草粉、草颗粒等系列产品，可饲喂多种畜禽。天然牧草主要生长在荒地、地边、沟坡，作饲草用的有黄须菜、芦苇、白茅、狗尾草、黄蒿、马绊草、水谷草等，北部是夏秋季节放牧牛羊的地方。

饲料　精饲料主要是玉米、高粱、豆饼、棉籽饼和麸皮。饲养的猪、鸡、鸭等畜禽中，玉米占日饲料 60% 以上。浓缩料为人工配制的合成料，饲养肉鸭、肉鸡、肥猪等，可用 5% 浓缩料配合。寒亭昱合饲料公司、天合饲料公司、安瑞饲料公司、金河饲料公司等都有生产。

养殖

大牲畜　1989 年，区内引进利木赞、西门塔尔、夏洛来等肉用牛冷冻颗粒改良当地黄牛。1989—2000 年，随着农业机械化普及，马、驴、骡及役用牛存栏量减少。到 2000 年，马、驴、骡仅有零星饲养，存栏量不足 2000 头。2001—2007 年，主要以改良肉牛和奶牛饲养为主，肉牛在传统黄牛饲养基础上使用国外肉牛冻精冷配，畜群结构由役用型转变为肉用型，占总数95%以上。2008—2012年，区内奶牛合作社发展迅速，由零星散养发展成合作社集中养殖。2013年，全区13890头，其中奶牛存栏12360头，22个奶牛养殖专业合作社日产鲜奶150吨；其他牛存栏1530头。引进冻精冷配点12处，改良牛占90%以上。

猪　1988年，自北京、济南等地引进大约克、昌白、长白、杜洛克等世界著名瘦肉型猪，出栏生猪瘦肉型杂交猪占90%以上，瘦肉率由传统品种的38%提高到56%，育肥时间由1年左右缩短到150天左右，出栏体重也增加20千克。2013年，全区生猪存栏11.76万头，出栏18.37万头，规模养殖占60%以上；有小型良种猪场3处，商品猪实现三元化杂交，瘦肉率高，生长快。

羊　1989年，泊子、朱里等乡镇从梁山县引进小尾寒羊饲养，小尾寒羊为肉羊良种，生长快、个头大、产毛多，经过繁殖，良种化90%；绵羊饲养以泊子乡、央子镇为主。2008年，全区羊存栏量达万只，出栏5万只。山羊以奶山羊为主，只有农民零散饲养，年存栏不足2000只。2013年，羊存栏1.5万只，基本为规模化养殖。

兔　1989年，全区饲养以肉用兔为主，靠农民家庭饲养，品种有日本大耳白、安哥拉、比利时白兔等，年饲养量50多万只。1990年前后，潍北农场一分场引进毛用獭兔种兔，繁殖后在泊子一带放养回收。2013年，肉兔养殖在5万只左右。

家禽　肉鸭。区内肉鸭品种为樱桃谷鸭，自1996年始，由金河食品有限公司带动农户进行饲养。肉鸭的饲养为简易塑料大棚为主，每个大棚饲养1500～2000只，38～40天出栏，每只体重在2.5千克左右，主要分布在开元、寒亭、固堤等乡镇。2013年，养殖规模不断扩大，标准化养殖达到总量70%，肉鸭出栏763万只。

蛋鸭。高里街道北部淡水水面较多，有散养蛋鸭习惯，散养蛋鸭每只每年产蛋150枚，品种是微山湖麻鸭。1988年，区食品公司引进康贝尔旱鸭，成年鸭年产蛋300枚以上，寒亭街道周围村庄饲养较多。2013年，散养蛋鸭只局限于高里街道南孙社区周边，由于水面减少，养殖量锐减，存栏在1万只左右。旱鸭养殖基本消失。

肉鸡。1989年，肉食鸡有AA和艾维茵品种。1989—1994年，饲养肉鸡主要在室内饲养，规模小、成本高。1995年开始，建塑料大棚饲养肉鸡，每个大棚饲养1000只左右。随着肉鸡生产的发展，塑料大棚被永久大棚代替，每棚可饲养2000只以上，品种以爱拔益加和艾维茵为主，饲养时间45～56天，出栏体重2.5千克左右。2013年，全区肉鸡出栏694万只。

蛋鸡。1989年，良种蛋鸡以罗曼、海赛克斯等褐壳蛋鸡为主，靠室内饲养，规模小、成本高。2013年，全区蛋鸡存栏23.86万只。

新技术推广

1989—2013年，寒亭区在畜牧业生产中推广配合饲料养猪鸭、农作物秸秆青贮氨化、畜禽程序防疫驱虫、牛羊冻精冷配，猪鸡人工授精和猪三元杂交实用技术；应用仔猪早期补料、补铁，牛羊快速育肥，奶畜高产配套技术；蛋鸡笼养、人工控制光照、控制温度、纵向通风，塑料大棚养肉鸡、肉鸭等一系列新技术和新成果，提高畜产品品质。

特种动物饲养

狐狸　80年代，区内开始狐狸饲养。1998年，饲养规模扩大，主要集中在开元街道双庙、西小营、杏冢子、店子、东寺、西寺、东贾庄、西贾庄等村。到1998年年底，全区狐狸存栏1.8万只，产皮2.8万张。2008年，狐狸存栏46.6万只，皮张主要出口欧美、日本等国家。2013年，养殖户400户，存栏17万只。

貂　全区养貂主要分布在开元街道靠近潍坊市郊二十里堡、西小营、杏冢子等村。全区常年存栏1.5万只，年产皮7万余张，皮张主要出口西欧等国家。2013年，全区水貂养殖场（户）46个，存栏7.12万只。

蜂　1997年1月，寒亭区养蜂协会成立。蜜蜂品种以意大利蜂为主，另外还有喀尔巴阡蜂等，蜂群数量420箱。春繁地点一般在江苏高淳与寒亭，放飞路线以江苏高淳、昌乐、寒亭、潍北农场为主。2008年，蜂产品单产蜂蜜25千克、蜂王浆0.3千克、蜂胶0.1千克、蜂蜡0.3千克，经营种类有10种，蜂产品年收入50.4万元。2013年，蜂蜜产量1000千克。

1989—2013年寒亭区畜牧业生产统计表

表9-8　　单位：吨

年份	肉类总产	蛋类总产	奶类总产	年份	肉类总产	蛋类总产	奶类总产
1989	4674	2788	515	2002	23142	16586	4560
1990	7048	2321	582	2003	23112	17460	9458
1991	14244	4318	997	2004	23256	17670	9860
1992	19761	4766	1034	2005	24650	14440	12910
1993	14482	12028	1009	2006	24592	11885	11060
1994	23266	12355	1303	2007	35333	11903	13718
1995	34018	13908	1794	2008	21132	4048	4201
1996	34422	17832	2086	2009	18790	3777	2861
1997	18140	14194	2156	2010	26920	3251	35428
1998	18901	10232	497	2011	36525	3081	24192
1999	19989	11545	730	2012	41718	3186	29296
2000	22025	11597	815	2013	30862	3566	36349
2001	24114	11600	1000	—	—	—	—

第三节　动物疫病防治

疫病控制

寒亭区常见动物疫病有口蹄疫、禽流感、猪瘟、新城疫、猪丹毒、鸡传染性支气管炎、传染性法氏囊病、禽霍乱等。1988年，全区首次发生鸡传染性法氏疫病。1992年，首次发生蛋鸡产蛋减少综合征，鸡马立克病零星发生，以上疫病全部靠疫苗免疫控制。1998年1月，《中华人民共和国动物防疫法》实施，按照“预防为主、防治结合、防重于治”原则，运用行政干预和技术措施相结合方式，对全区畜禽进行防疫管理。对猪瘟、猪丹毒、兔瘟、鸭肝病等疫病，实行定期防疫和突击补防相结合，对社会散养鸡所患新城疫病每年秋季突防一次，密度93%以上。猪水肿、禽霍乱、鸡传支、鸡马立克、鸡法氏囊等疾病由养殖户按免疫程序自己免疫；牲畜口蹄疫按疫情情况和上级部署进行免疫，密度100%。同年12月，全区个体养猪户从沂水购仔猪带进疫情发生猪口蹄疫，捕杀猪58头，后疫情扩大到6处乡镇7个疫点，先后组织捕杀牛14头、猪9头，紧急防疫牛1.45万头、猪4.5万头、羊3600只。2010年，通过畜禽普查、强制免疫、消毒灭源、堵住外疫传入、疫情监测、检疫监督等防控措施，共注射口蹄疫高效疫苗24.42万毫升，禽流感疫苗1208.44万毫升，猪蓝耳疫苗18.11万毫升，猪瘟疫苗9.04万头份，畜禽免疫密度100%，全区无疫情发生。2013年，实施强制免疫、疫情核查和应急处置，落实各项防控制度，应免尽免、不留空挡，应免密度100%。

动物检疫

1989—2013年，畜禽及其产品检疫检验程序实行“见物出证，应检尽检”原则，社会、行政、法律监督全覆盖，“瘦肉精”“兽药大检查”“病死畜禽无害化处理”专项整治制度化，“三品一标”认证法制化，畜产品质量安全执法巡查多部门联动、无缝隙覆盖常态化；畜产品生产过程可控、销售渠道可查、产品质量可追溯，无重大畜产品质量安全事件发生。2013年，全区完善重大动物疫病防控和动物卫生监督监管两大体系，实现档案规范化建设和痕迹化管理；按照“地方政府负总责，生产者承担第一责任，相关部门各负其责”原则，完善重大动物疫病防控工作责任体系，层层签订责任书，开展无害化处理、消毒灭源、检验检测、流行病学调查及疫情排查。

第五章　海洋与渔业

寒亭区海岸线长69千米，整个海岸、滩涂系冲积而成，潮间带地势平坦，宽度较大，一般潮间带宽6000米。区内的白浪河、虞河、弥河纵贯全境入海，生物丰富，是鱼虾蟹贝的产卵场和索饵场所。1989年，全区渔业捕捞船主要以个体小型渔船为主。1995年后，境内海域渔业资源衰退，渔民收入下滑，渔船捕捞逐渐凋敝，并退出主流渔业市场转向养殖。到2007年，全区捕捞船仅有101艘，捕捞产量1.1万吨。全区渔业养殖主要为海水、卤淡水养殖形式。淡水养殖发展较早，1989年，藕池混养大规格鱼种高产试验和池塘亩产吨鱼试验获得成功，藕池混养生产模式在全区开始大面积推广。1992年，利用海水养虾获得成功。2001年，养殖区引进大菱鲆、牙鲆和黑鲟获得成功。到2003年，全区海水养殖15万亩，绿色水产品养殖基地5处。2007年，全区淡水养殖面积8295亩。2008—2013年，全区主要是鱼虾类养殖，虾类为南美白对虾，鱼类为草鱼、鲢鱼、鲤鱼、鲫鱼。2013年，全区淡水鱼、虾养殖水面2.67万亩，产虾2631吨，产鱼1553吨。

第一节　渔业生产

管理机构

1984年3月，潍县水产局更名为寒亭区水产局。1993年，称寒亭区水产公司，为正科级事业单位。1997年，寒亭区水产公司同时挂牌潍坊市寒亭区海洋与水产局。2003年11月，中国海监寒亭区大队成立，下设渔政站、渔船渔港监督管理站和海洋站。2005年，潍坊市寒亭区海洋与水产局更名为寒亭区海洋与渔业局（以下简称区海洋与渔业局）。2008年，区海洋与渔业局设办公室、政工科、财务科、渔技站、渔政监督管理站、船检站、海洋管理站、海洋与渔业监察大队；辖潍坊市第二水产供销公司、寒亭区水产资源增殖站等国有企业。2008年区划调整，区海洋与渔业局工作机构及职能，整体划归滨海经济开发区海洋与渔业局。

渔业企业

潍坊渤海水产综合开发公司　1989年1月，寒亭区水产养殖总公司成立，利用世界银行贷款进行对虾养殖，在央子镇白浪河以东建防潮大坝18.67千米，圈地30平方千米，建成虾池100个，5000亩。1992年，因虾病蔓延，养殖效益不佳，虾池改为建设盐田，一期工程建设盐田600公顷，年产量12万吨。1993年，世界银行项目贷款结束。1996年6月，企业进行重组，成立潍坊渤海水产综合开发公司。辖2个法人独立单位和1个二级核算单位。盐田全部实行租赁经营，财务管理实行内审制度。推行日本车虾的二茬养殖、虾蟹混养、鱼虾混养模式，生产效益明显好

转。1997年，公司开发盐田转产盐业，当年生产原盐40万吨，完成税收280万元。1998—2001年，引进盐田开发户75家，总投资1.2亿元，开发高标准盐田1240公顷，改造老盐田600公顷，盐田发展到1840公顷，建设与盐田配套的溴素厂2家。2003年，全公司产原盐98万吨、溴素4000吨，利税3000万元，上缴税金1359万元。

潍坊市第二水产供销公司　1951年4月成立，名称为央子联村渔业供销社。1984年，更名为寒亭区水产供销公司。1991年，更名为潍坊市第二水产供销公司。2008年，划归区水利局。

寒亭区海洋渔业捕捞公司　1976年2月成立。2003年12月，经寒亭区体制改革办公室报潍坊市中级人民法院批准破产。

寒亭区水产第一盐场　1993年成立。2003年6月，改制为民营企业，组建为潍坊市金鹰盐业有限公司，关系转移到寒亭区水产资源增殖站。

寒亭区水产良种场　1991年成立。2003年6月改制，所有资产和全部职工并入寒亭区海洋渔业捕捞公司。

寒亭区祥隆渔业有限公司　1995年因其主管企业水产养殖总公司破产。1997年，划归寒亭区海洋与水产局管理。

寒亭区望海楼宾馆　1989年成立。2003年6月改制为股份制民营企业，组建为潍坊市天利和经贸有限公司。

第二节　海洋捕捞

渔船

1989年，全区有各种渔船223艘，机动渔船196艘，总动力2198.4千瓦，其中110.31瓦1艘、91.19千瓦2艘、29.42千瓦1艘、14.71千瓦39艘、2.94～8.82千瓦153艘，非机动渔船27艘。随着沿海渔业市场发展，渔民拥有个体小型渔船速度加快。到1993年，原有的27艘非机动渔船全部改成机动渔船；区捕捞公司有2艘91.19千瓦渔船。

1993年年底，寒亭区小型捕捞渔船数量达到历史最高峰，共有各种渔船273艘。1995年以后，由于捕捞强度过大，渤海湾内渔业资源严重衰退，渔民收入持续下滑，部分船舶技术状况差，生产效益低，不适于捕捞生产的渔船退出海洋捕捞。到1998年，全区渔船减少至193艘。1999年，报废30艘小型渔船，区捕捞公司重新建造两艘330.93千瓦拖网渔船，从事外海鳀鱼生产。2001年，通过招商引资，建造两艘330.93千瓦渔船，成立船顺捕捞公司。2003年，报废40艘渔船，建造8艘94.13千瓦渔船。2004年，全区有捕捞渔船101艘，其中45千瓦以上12艘，总功率2205千瓦；44千瓦以下渔船89艘，总功率761千瓦。海洋捕捞产量10618吨，产值2559.2万元。2005年，全区有捕捞渔船101艘，其中45千瓦以上12艘，总功率2205千瓦；44千瓦以下渔船89艘，总功率761千瓦。海洋捕捞产量9754吨，产值3449万元。2006年，全区有捕捞渔船112艘，其中45千瓦以上10艘，总功率2205千瓦；44千瓦以下渔船102艘，总功率761千瓦。海洋捕捞产量10628吨，产值5306万元。2007年，全区有捕捞渔船101艘，其中45千瓦以上12艘，总功率2205千瓦；44千瓦以下渔船89艘，总功率761千瓦。

渔具渔场

渔具　寒亭小型捕捞渔船使用的网具主要有单拖网（板子网）、流刺网、扒网、耙网、拱网、兜子网、樯张网、锚张网、柳网、须笼网、地笼、蟹笼等网具。网衣由聚乙烯网线经手工或机制纺织而成，通过剪裁后，经扎制、装配上浮、沉子、钢索等属具制成。小型渔船都配有各种不同网具，可根据不同季节、不同捕捞对象种类，随时调整和更换作业渔具。捕捞底层杂鱼、虾蛄、梭子蟹，一般用板子网、扒网、蹲网、柳网、须笼网、蟹笼等；捕捞中上层鱼类，一般用流网或浮拖网；捕捞毛蚶、杂色蛤、蛏子、海肠，一般用耙子网，外加高压水泵冲击；捕捞尖蛤，用钓笼；捕捞海参则用潜水方式；其他沿岸河流

浅水捕鱼用旋网或筏网进行。

渔场 寒亭大马力捕捞渔船的作业场所主要是黄海、黄海外海，以及中日、中韩渔业协作区域，主要捕捞鳀鱼和其他鱼类。船上都配有雷达、卫星导航、探鱼仪等仪器，通信设施也比较先进，作业现代化水平较高。小型捕捞渔船主要作业渔场在渤海湾南岸和白浪河及河口潮间带一带的浅海滩涂。

渔港

1978年5月，建设央子渔港（卸货台），位于央子镇政府驻地以北7.5千米处，距海口13.2千米。渔港北面建有石砌防潮堤1000米，建有顺岸码头300米，结构为方块重力式，建筑面积3387平方米，港池和锚地6万平方米。原来港湾水深3米，低潮时平均水深1米，只能停靠各种小型渔船，不适应较大渔船停航要求。1994年，建设新潍坊港，绝大部分渔船在此停靠，从事渔货物集散和渔需物资供应。另一处停泊点在新建潍坊港引潮堤7.5千米处，适于各种渔船停泊。

捕捞

1988年，海洋捕捞水产品6232吨，主要品种有鱼类729吨，占11.7%；虾蟹类1934吨，占31%；贝类3656吨，占57.3%。鱼类主要有带鱼、鲐鱼、鲅鱼、黄姑鱼、梭鱼、鲳鱼；虾蟹类主要有对虾、毛虾、鹰爪虾、梭子蟹等；贝类主要有毛蚶、杂色蛤、文蛤等。1989年以后，随着海水养殖产量逐年提高，海洋捕捞产量逐年降低，1999年为1648吨。主要捕捞品种也由经济鱼类，转为杂鱼虾蟹和贝类。2003年，寒亭外海捕捞能力加强，海洋捕捞5735吨，其中渤海捕捞229吨、黄海捕捞5506吨，鳀鱼5485吨、梭鱼41吨、鲐鱼21吨、梭子蟹11吨、虾蛄21吨。2007年，全区各类海产品捕捞11019吨。

1990—2007年寒亭区海洋捕捞产量统计表

表9-9 单位：吨

年份	鱼类	虾蟹类	贝类	其他
1990	820	1010	1618	\
1991	583	1173	1764	107（海蜇）
1992	423	340	2300	1531（海蜇）
1993	137	283	2100	\
1994	430	90	3065	\
1995	260	105	4260	\
1996	260	85	4459	\
1997	239	98	4358	\
1998	152	50	3345	\
1999	1510	138	\	\
2000	2530	50	300	\
2001	4206	27	113	\
2002	3980	39	81	\
2003	5703	32	\	\
2004	10579	39	\	\
2005	10084	9955	129	\
2006	—	—	\	\
2007	10827	165	\	27

第三节　水产养殖与加工

海水养殖

海水池塘养殖　1989年，因管理体制和渔民养殖技术比较落后，对虾养殖业开始逐年滑坡，养殖企业亏损，部分设施荒废。1992年，区渔业技术站直接进行养虾，获得较好经济效益，全区海水养殖业逐渐恢复，当年养殖800亩。1993年，大面积发生肝胆病毒性虾病，对虾养殖业遭受重创。1994年，开始试行面向社会租池养虾，区水产技术推广站推广养殖技术，提供科学管理措施，全区对虾养殖业出现扭亏为盈局面，共放养对虾1万亩，总产100多吨，产值300余万元。1995年，调整渔业养殖品种结构，新增品种混养5000亩，同时开发和推广日本对虾养殖育苗技术。1996年，央子镇渔民租赁虾池80亩，搞虾蟹混养试验，收获23～25尾/斤规格中国对虾600千克、2～3只/斤梭子蟹250千克，总收入5.1万元，纯利3.6万元。1998年，开始实施"护坡筑堤加深扩大"虾池改造工程，建成虾池1.3万亩。2001—2003年，全区海水养殖池塘发展至2万亩左右。2001年，利用池底污染严重的旧虾池，实施吊笼养殖梭子蟹试验，试验水面3亩，亩纯收入1万元。水产资源增殖站在院内建800立方米海水养鱼室，引进大菱鲆、牙鲆、黑鲟等名优名贵海水鱼2万余尾，规模化养殖获得成功。

浅海滩涂养殖　1997年7月，央子镇渔民在白浪河东侧、央子港以北1300米处，300亩浅海滩涂开展以杂色蛤为主养殖试验。1999年，陆续发展贝类养殖1.5万亩，全区浅海滩涂养殖业进入快速发展时期。2002年，引进海参、鲍鱼、大红螺等名贵海珍品，逐步形成新养殖优势。2003年，发展浅海滩涂养殖3万亩，养殖品种以杂色蛤、文蛤、青蛤、四角蛤为主，名特优海珍品养殖1500亩。2007年，海水养殖15万亩。

卤淡水养殖

1989年，开展"藕池混养大规格鱼种高产试验和池塘亩产吨鱼试验"获得成功，藕池混养生产模式在全区开始大面积推广。利用对虾育苗厂1000立方米水体进行河蟹育苗。1991年，育大眼幼体40千克；在杨家埠建成水产良种场，开发甲鱼、河蟹、红罗非鱼、革胡子鲶、黄鳝、泥鳅、日本金鲤、罗氏沼虾、"四大家鱼"高产养殖试验，建成塑料温室大棚200平方米；在肖家营乡进行河蟹精养和大面积护养，从对虾育苗厂购进河蟹苗30千克，投放在30亩精养池中，当年产商品蟹5吨。1993年，育大眼幼体145千克。1994年，建成适合淡水养殖水面7500亩。1995—1997年，开展"河蟹苗种成蟹一体化"养殖项目。其中1995年下半年，结合"黄河三角洲平原开发"，把荒地改建成鱼池，并与地、沟、池、路相配套进行综合建设。

2000年，在泊子乡曲范村建卤淡水养虾试验池12亩，试养中国对虾7亩，总开挖土方1.2万立方米，打50米深井1眼，配套增氧机2台，平均亩产中国对虾150千克。2001年，调整淡水渔业结构，推广毛蟹、黑鱼、甲鱼等名优品种养殖，发展淡水鱼精养和大规格苗种培育，通过精养提高淡水养殖效益。试养抗病性强的南美白对虾10亩，平均亩产280千克，纯收入1万元以上。2002年，全区卤淡水养殖发展到3000亩，其中泊子乡2300亩、央子镇100亩、南孙乡300亩、固堤镇300亩。淡水养殖区域1万亩，建成无公害水产品基地7处、水面5000亩，绿色水产品基地5处、水面2000亩。2003年，新增卤淡水养虾2200亩。全区卤淡水养虾5200亩。2007年，淡水养殖553公顷，淡水产品3717吨，其中鱼类760吨、虾蟹类2957吨。2008—2009年，南美白对虾、鲤鱼、鲢鱼、草鱼、鲫鱼等养殖1.88万亩，产量7965吨。2010—2013年，全区实施7个渔业项目，总投资8313.18万元。

1989—2003 年寒亭区卤淡水养殖产量产值统计表

表 9-10

年份	海水养殖			淡水养殖		
	海水池塘养殖、浅海滩涂养殖			淡水池塘养殖、卤淡水池塘养殖		
	面积（亩）	产量（吨）	产值（万元）	面积（亩）	产量（吨）	产值（万元）
1989	20500	767	2924	3600	365	150
1990	19500	712	1220	4000	422	169
1991	18400	638	1201	4200	550	275
1992	5300	217	468	4500	600	240
1993	4950	50	250	4500	650	405
1994	9000	35	280	4500	700	489
1995	9000	40	240	4500	900	720
1996	10000	196	827	6000	1000	870
1997	12990	1004	868	6000	1100	1440
1998	17985	1775	1478	6500	1200	1478
1999	30000	8986	3062	6500	1200	1224
2000	45000	8061	4717	6500	835	583
2001	50000	6990	4728	6000	1000	798
2002	65000	7918	4718	6000	1023	1367
2003	65000	14340	6162	9400	1579	2942

2008—2013 年寒亭区淡水养殖产量产值统计表

表 9-11

年份	虾（吨）	鱼（吨）	生产面积（亩）	总产量（吨）	产值（万元）
2008			9375	3960	31831
2009	2867	1138	9465	4005	32630
2010	3179	1118	9465	4297	38995
2011	3214	1122	9615	4336	43676
2012	3126	1228	9615	4354	49207
2013	7631	1553	26655	7631	81005

水产品加工

1988 年，全区有虾池 2 万亩，鱼池 6500 亩，滩涂贝类增养殖 3 万亩，全年水产品产量 1.2 万吨，渔业产值 9600 万元。全区自产水产品除销售外，还进行鱼类腌制、虾酱蟹酱制作、海米海蜇大虾赤贝肉加工等。为满足市场需求，全区从外地购进刀鱼、黄鲴、鲅鱼等水产品，海米、虾皮、虾酱等卤制品，经分装后改成小包装销售，成为水产品加工销售主要方式。全区水产系统建设水产冷库 1 座，设计冷藏能力 5000 吨；水产品加工量1800吨左右。1997年春，龙威公司在弥河口建鱼粉加工厂，年产鱼粉1000吨，是区内第一个鱼粉加工厂。1999年，海旺达经贸有限公司成立，加工制造“赶海弟”系列海产品，供应市内中百佳乐家等大超市。

第四节 渔 政

渔业资源保护

浅海滩涂管理　1996年11月，寒亭区印发《潍坊市寒亭区浅海滩涂渔业管理办法》，对浅海、滩涂从事养殖、增殖、捕捞、收购水生动植物等渔业活动的单位和个人进行管理。区渔业行政主管部门负责对辖区内浅海、滩涂的渔业监督管理工作。严禁用破坏贝类和鱼类的渔具、渔法进行生产；严禁向浅海滩涂排污、倾倒废弃物；对造成水域污染和损害渔业资源的，责令赔偿渔业资源损失。

禁渔期　1991年，寒亭区执行禁渔期规定，每年5月—9月为禁渔期。5月1日—9月9日，禁止使用锚张网、船张网、梅童鱼张网、扒拉网、攻兜网；5月1日—15日和7月20日—9月9日，禁止使用对虾流网、斑鰶鱼流网、青鳞鱼流网、黄鲫鱼流网、梅童鱼流网；5月11日—8月20日，禁止使用插网、梁网、须子网、撩网、白虾网、起落网、僧网、河张网；5月1日—15日和7月20日—9月9日，禁止使用定置刺网。

捕捞许可证　1983年，寒亭实施捕捞许可证制度。2002年12月，捕捞业实行船网工具控制指标管制，实行捕捞许可证制度和捕捞限额制度。从事渔业捕捞活动，必须经主管机关批准并领取渔业捕捞许可证，根据规定作业类型、场所、时限、渔具数量和捕捞限额作业。2007年，发放捕捞许可证101个。

渔港渔业船舶管理

1985年，寒亭区实施《潍坊市寒亭区央子渔港管理暂行办法》，渔港内严禁倾倒垃圾、废油及排放污水；渔港内航道、锚泊区，严禁捕鱼、设网。1996年，开始实施《渔业船舶检验制度》。2003年8月，实施《渔业船舶检验条例》，对99条渔业生产船舶进行营运检验，受检率100%。2000年，辖区内捕捞公司渔船开展互保工作。2003年4月，寒亭捕捞公司鲁寒捕3001、3002渔船，入船险1.8万元、雇主责任险2100元。2003年9月，对辖区内99条渔业船舶进行普查登记，对渔业船舶检验证书、渔业船舶登记证书、捕捞许可证“三证”进行换发，实行“三证合一”；10月底，证书全部换发完毕。

海域管理

海域使用确权　寒亭区辖海岸线-5米以上至海岸线面积26.1万亩，海域使用基本处于一种无序、无度、无偿的混乱状态。1996年，进行海洋功能区划，对各海洋产业发展进行综合协调。2000年8月开始，受理海域使用申请，海洋产业涉及交通、旅游、养殖、盐及盐化工等多方面。至2003年12月，海域确权3.72万亩。

海洋污染事故处理　90年代初至2003年12月，寒亭沿海建有溴素厂20余家，排放污水pH值及其他多项指标达不到国家渔业水质标准，严重污染海洋环境。2000年，区政府印发《关于合理开发利用卤水资源和保护海洋环境的实施意见》进行规范管理。2002年5月，潍坊海一盐化、东鑫化工二溴素厂污水污染养殖海域，海洋行政主管部门经过调查核实，责令2家修造储卤库，将废水调入盐田综合利用。同年9月，潍坊富田化工排污造成养殖贝类大量死亡，区海洋与水产局、区环保局联合调查后决定，富田化工停止排污，并赔偿渔民损失5万元。

违法用海处理　2003年3月，潍坊港从设计到竣工投入使用，未办理海域使用审批手续，区海洋行政主管部门对其进行多次催办，对主要责任人进行严肃批评，单位补办相关手续并申请核发海域使用证。2003年3月，胜利油田地球物理勘探公司在辖区内海域作业时，影响部分确权养殖户的贝类养殖，通过调查核实，区海洋行政主管部门裁定胜利油田物理勘探公司赔偿渔民经济损失3万元。

第六章 水 利

1989年以后，寒亭区委、区政府高度重视农田水利建设，不断加大投入力度，由原始的修筑台田向改造中低产田和建设高产稳产田发展。1989—2000年，全区共改造中低产田14.26万亩，开垦宜农荒地1.57万亩，改善灌溉1.04万亩。2003—2013年，共投资4282.75万元，建成5个农田水利项目。

1998年，寒亭区实施引峡济寒工程后，城乡供水得到巨大改善，特别是北部乡镇96个村以及潍坊港、潍北农场、北部盐场共10.8万人，结束了几千年来饮用高氟水和咸水、雨水历史，被称为“民心工程”。2005—2006年，相继实施引峡济寒向开元、双杨、高里、固堤、南孙、泊子6个乡镇（街道）延伸配套工程，使146个村11万人喝上清洁水。2007年，全区实施村村通自来水工程。至2013年年底，全区共投入资金1830.38万元，铺设管道472.82千米，动用土石32.08万立方米，修建过河倒虹7座，全区所有行政村实现村村通自来水。

1992—2013年，全区对潍河、白浪河、虞河寒亭段，以及瀑沙河、张面河、浞河，柳毅山小水库进行综合治理。浞河水利风景区被山东省水利风景区评审委员会认定为山东省水利风景区。

第一节 管理机构

1989年，寒亭区水利局（以下简称区水利局）下设人秘股、水利后勤服务队、工程队、打井队、农水站、水资源办公室、综合经营办公室、抗旱防汛办公室、业务科；寒亭区防汛抗旱指挥部办公室、寒亭区水资源管理委员会办公室和寒亭区水土保持委员会办公室常设区水利局。1993年12月，水利局只保留水资源办公室、农水站、工程队、打井队4个事业单位。1994年1月，业务科更名为水政综合科。1997年4月，工程队更名为寒亭区水利工程管理站。1997年10月，成立寒亭区引峡济寒供水工程管理中心，为副科级事业单位，隶属区水利局。1998年，打井队改制，成立水利建筑安装总公司，企业性质。2002年，区水利局下设办公室、计划财务科和水政综合科3个内设科室，水资源办公室、农水站、寒亭区水利工程管理站3个事业单位。2008年8月，寒亭区引峡济寒供水工程管理中心更名为潍坊市寒亭区瑞源城乡供水中心，国有企业性质，隶属区水利局。2008年9月，成立寒亭区水产站，为区水利局下属副科级事业单位。2010年10月，区水利局为区政府工作部门。2011年1月，潍坊市寒亭区瑞源城乡供水中心改制成股份制企业，更名为寒亭区上实环境供水有限公司，区水利局负责业务指导。同年8月，成立寒亭区城市节约用水办公室。2013年，区水利局设办公室、计划财务科、水政综合科3个内设科室，辖水资源办公室、寒亭区水产站、寒亭区水利工程管理站、农水站、寒亭区城市节约用水办公室5个事业单位；配备局长1人、副局长2人，行政编制16人，事业编制39人。

第二节 城乡供水工程

引黄济青（寒亭段）供水工程

1986年5月，引黄济青（寒亭段）白浪河倒虹工程开工，白浪河倒虹是引黄济青（寒亭段）规模较大输水河倒虹工程；另外建设其他输水河倒虹5座，穿输水河倒虹12座，公路、交通桥5座，生产桥12座，沿途分水闸口9个，征用土地3406.35亩。1988年，开始混凝土预制板施工。1989年春，全段衬砌工程开工；7月，白浪河倒虹工程完工；8月，衬砌工程完工；11月，工程通水。引黄济青（寒亭段）供水工程横跨潍河、白浪河、虞河等8条河流，境内全长21千米，完成土石量395.5万立方米，投工249万个，工程总投资2281万元。1990年，建成南孙乡、泊子乡引黄灌区，设计灌溉面积5万亩，灌区内有5条干支渠，总长14.2千米，每条支渠设计流量每秒2立方米，总计最大引水量每秒10立方米，年引水量400万立方米，取水形式为自流。建成大泊子、走马岭、高家柳疃3座扬水站，设3个放水口，桥、涵、闸等渠系建筑物120座，蓄水池50个，干渠15.6千米，支渠20千米。

引峡济寒供水工程

1998年8月开工建设。途经10个乡镇，铺设地下管道207千米，动用土石80多万立方米，工程设计日供水量4万吨，总投资5000万元，于1999年2月正式通水。工程通水后，利用峡山水库总干渠，将峡山水库水输送至朱里镇，经朱里方家屯泵站加压，通过两条DN800预应力混凝土管道输送至寒亭城区，实现跨流域向寒亭调水；一条为潍坊化纤厂供水，一条为区供水中心和广信浆纸供水。通过净水中心净化后，输送至城区和北部沿海村庄，结束了北部96个村庄及潍坊港、潍北农场、北部盐场等10.8万人饮用高氟水、咸水、湾水的历史。2005年6月，实施引峡济寒开元街道、双杨店镇、高里镇延伸配套供水工程，同年9月完工，工程总投资900万元，铺设主管道18千米，支管道89千米，村内配水管网754千米，配套入户设备1.4万套,81个村5.8万人受益。2006年7月，实施开元街道、固堤镇、南孙乡、泊子乡延伸配套供水工程，同年11月完工，总投资800万元，铺设主管道15.2千米，支管道81千米，村内配水管网682千米，配套入户设备1.3万套，65个村、5.2万人受益。

附：引峡济寒供水工程雕塑志铭

寒亭区北濒渤海。海水入侵，危害已久，淡水缺乏，史为大患。当地百姓以饮用雨水、湾水维持生计。一九九八年春，区委、区政府决意管道输水，引峡济寒。此工程当年八月二十日破土动工，历时六个月，投资五千万元，搬动土石方十余万个，途经区内十处乡镇，上下齐心，万民呼应，同襄义举，无私捐助，高风亮节，不无感佩。竣工之日，甜水涌至，北部五处乡镇，九十六个村庄，近十万百姓饮水状况，自此改观。

特此镌文　以志纪念

中共潍坊市寒亭区委

潍坊市寒亭区人民政府

一九九九年二月

村村通自来水工程

2007年5月，寒亭区实施村村通自来水工程，当年铺设管道45.2千米，动用土石8.84万立方米，建设过河倒虹7座，完成投资250.78万元。2008年，动用土石23.12万立方米，使用混凝土1213立方米，安装PE管285.68千米，38个自然村、25836人用上自来

图9-1　引峡上埠工程开工仪式（2004年）

水。2009年11月，对寒亭街道12个村庄实施村村通自来水工程，铺设管道141.94千米，安装入户设备2929套，增加日供水能力1300立方米，保障9668人饮水清洁，工程总投资470万元，于2010年10月完工。2011年11月，解决朱里街道9个自然村和2个学校饮水问题，工程总投资509.6万元，于2012年2月完工。2012年11月，解决朱里街道10个自然村、12305人饮水问题，工程总投资600万元，于2013年4月完工。至2013年年底，全区455个行政村均实现村村通自来水。

第三节　农田水利建设

机井

1989年，全区机电井8327眼，灌溉面积47.63万亩。1990—1999年，机电井数量增多，灌溉面积逐年增加。2001年，全区机电井灌溉面积减少，仅为14.93万亩。至2013年，全区有机电井9464眼，总灌溉46.35万亩。

1989—2013年寒亭区机电及总灌溉面积统计表

表9-12

年度	机电井（眼）	总灌溉面积（万亩）
1989	8327	47.63
1990	9048	48.16
1991	9291	48.42
1992	10599	46.83
1993	9749	48.95
1994	9900	50.63
1995	10152	40.46
1996	10958	40.50
1997	10467	40.70
1998	11749	41.10
1999	11856	41.58

续表9-12

年度	机电井（眼）	总灌溉面积（万亩）
2000	11869	41.63
2001	12458	14.93
2002	12613	23.55
2003	11931	21.30
2004	11936	21.30
2005	11997	29.25
2006	11936	31.85
2007	14622	26.85
2008	11936	27.00
2009	11936	26.85
2010	11936	26.85
2011	11936	26.85
2012	12577	46.35
2013	9464	46.35

台田

1989—1994年，对朱里、河滩、寒亭、张氏、固堤5个乡镇的67个行政村进行综合治理开发，改造中低产田6.16万亩，开垦宜农荒地1.22万亩，改善灌溉1.04万亩，增加和改善排涝3.2万亩。1995年，双杨、高里、南孙、央子4个乡镇修条田、台田2.8万亩，开发荒地0.35万亩。1996年，南孙乡开发续建0.7万亩，高里镇续建0.1万亩。1997年，寒亭镇开发续建1万亩，张氏镇建标准化台田1万亩。1999年，高里、央子2个镇建成台田1.5万亩。2000年，朱里镇建成台田1万亩。2001年以后，台田归土地整治项目，由区农业综合开发部门组织实施。

工程建设

2003年，建成峡山水库灌区寒亭东南埠岭片续建配套工程，改建扬水站1座，铺设钢筋混凝土管道4千米，总投资750万元。2006年4月，泥河大埠拦河闸开工建设，工程为五孔混凝土平面闸，总投资10万元，同年6月竣工。2007年5月，峡山灌区总干渠朱里段水污染治理工程开工，新架设防护网380米，补修防护网380米，铺设排污管道400米，重修朱里镇顺河公路390米，投资52.75万元，同年8月完工。2011年11月，潍浞中型灌区项目开工，建设扬程70米、880千瓦泵站，日提水量4万立方米，总投资1050万元，于2012年完工。2013年1月，寒亭区发展现代农业资金小麦产业项目，建设高效节水灌溉工程2.7万亩，埋设管道111.73千米，新建泵站2座，配套机泵7台套；建设泵站自动监测控制系统1套，土壤墒情自动监测系统2处，组建用水户协会1个。项目总投资2420万元，于2013年4月完工。

第四节　河流及水库治理

潍河（寒亭段）治理

1992年，按市调洪演算标准进行加高培厚堤防，设计迎水坡1∶3，背水坡1∶2，堤顶宽度5米，寒亭段裁弯取直四段、总长1400米，工程量35万立方米，投工10万多个。1993年5月，对潍河险工段砌石护岸400米，工程量2340立方米，投工2200个。1996年4月，投资30万元，对国防路桥北寺家庄村东350米险工段进行护砌，动用土石3100立方米，投工3600个。2005年11月，区政府印发《潍坊市寒亭区砂资源管理办法》。2006年6月，对潍河采砂经营权依法公开拍卖。2009年，潍河东于渠段河道因多年采砂，河槽较深，部分河段水深10米以上，主河槽边坡长且陡，采取沉放钢丝石笼对东于渠段进行护岸，石笼摆放坡长8米，装石厚度0.6米和1.2米，护岸长度410米，总投资85万元，2009年9月完工。

白浪河（寒亭段）治理

1987年10月，寒亭区对白浪河下游进行综合治理，对两岸堤防加高培厚，河槽开挖拓宽、裁弯取直，整平滩涂地，沿堤防两侧植树绿化。1995年8月，白浪河杏家子段堤防出现塌陷，坑深2.5米，采用灰沙堵塞夯实。1997年汛期前，对白浪河杏家子段堤防60多个洞穴（獾狸穴）采用灰沙堵塞夯实。2009年11月，白浪河仲南路以下7千米段治理工程被省水利厅认定为省重点地区中小河流近期治理建设项目。2011年3月—12月，对白浪河仲南路以下7千米进行清淤、堤坝整修，开挖土方73.54万立方米，填筑土方42.76万立方米，浆砌块石3108立方米，混凝土1260立方米，修建砂石道路9100平方米，投工8.77万个，总投资3027.32万元。

虞河（寒亭段）治理

1998年麦收前，在虞河固堤镇段建设潘家庵—北埠子生产桥1座，主桥宽度4.8米、长7.2米，引桥长6米，投资3万元。1999年6月—7月，对虞河进行应急治理，总投资18.8万元。2008年，市政府对虞河下游实施综合治理，对区属河流河道内附着物进行清理和拆迁除。

瀑沙河（寒亭段）治理

2011年4月—6月，对瀑沙河通亭街至峡山灌渠之间约600米河道进行治理，动用土方1.2万立方米，投资10万元。

张面河　浞河（寒亭段）治理

2008年6月，张面河治理工程开工，治理长度2千米，总投资4000万元，于2009年11月完工。

图9-2　张面河城区段（2011年）

2009年6月，浞河治理工程开工，治理长度3.6千米（峡山灌渠至东环路大桥），投资1.25亿元，于2013年12月完工。2011年10月，浞河水利风景区经山东省水利风景区评审委员会认定

图 9-3　浞河城区段（2010 年）

为山东省水利风景区。

柳毅山小水库治理

2010 年 4 月—12 月，对柳毅山小水库进行治理，工程完成土石 2.5 万立方米，投资 160 万元，治理后水库蓄水量增加 3 万立方米。

第五节　防汛　抗旱

防汛

1995 年 8 月 17 日，寒亭区集中降水 205 毫米，南孙、高里、泊子、肖家营等乡镇 13 万亩农田积水，内涝成灾。区委、区政府组织区水利抢险队 15000 人，疏浚排水沟 20 多千米。

1997 年 8 月 20 日，十一号台风袭击寒亭区，风力 8 级，阵风 10 级，集中降雨超过 150 毫米，对防潮堤造成严重威胁。区政府组织抢险队员防汛抗潮。

2003 年 10 月 12 日，受风暴潮影响，白浪河西堤央子北龙王庙排水闸处出现险情，区防汛抗旱指挥部组织 3000 人抢险队伍，调度 2 万条编织袋、3000 条麻袋，人工搬运土方 3000 立方米，排除险情。

2007 年 3 月 4 日，寒亭区北部沿海遭遇近 40 年以来最大风暴潮，寒亭区启动《寒亭区防御台风暴潮应急预案》Ⅰ级响应，各防汛成员单位迅速组织抗风暴潮工作。

2008 年 6 月，对虞河固堤街道南王家埠、北王家埠段堤坝加高至 2.2 米并进行培厚，搬运土方 1.2 万立方米，投资 37.93 万元。

抗旱

1997 年 6 月—7 月，全区平均降雨仅有 11.1 毫米，农作物受旱 33.39 万亩，成灾 7.86 万亩，北部 56 个村庄 21 万人吃水困难。区委、区政府筹集资金打机电井 240 眼；朱里镇投工 3800 个，打小土井 125 眼，扩大粮田灌溉 420 亩；双杨店镇投资 40 万元，动用土石 3 万立方米，在于河改道河道内建成长 200 米、宽 50 米、深 2.5 米，可容 2.5 万立方米蓄水池 1 座，改善 4000 亩粮田灌溉条件。

1998 年，在河滩镇军屯村利用村东南陶土坑，建 3200 平方米露天蓄水池，通过丰水季节积攒和平日地下水渗积，使 400 亩农田灌溉条件得到改善。

2000 年春季，全区滴雨未降，54 万亩耕种作物受旱，成灾 7.86 万亩。灾区利用一切可用水源进行抗旱，将损失降到最低限度。

2008 年 10 月—2009 年 3 月，全区平均降水量 12.7 毫米，降水量较上年偏少 61.2%，比历年偏少 83%；2011 年 1 月—5 月，降雨量 62 毫米；2012 年 1 月—5 月，平均降雨量仅 59.4 毫米。全区共投入抗旱劳力 9.57 万人，投入抗旱资金 964.81 万元，新打机井 483 眼，维修机井 1699 眼，新增抽水机械 4005 台，投入抗旱用电 2380 万度。

第六节　水政管理

法规宣传

1992 年，区政府印发《寒亭区机井施工管理暂行办法》《寒亭区测绘管理工作暂行办法》《寒亭区水利工程管理保护暂行办法》；1995 年印发《潍坊市寒亭区水资源管理暂行办法》；1996 年印发《关于对我区乡镇用水单位办理取水许可登记和征收水资源费的实施意见》；1998 年印发《潍坊市寒亭区河道工程维护管理费征收使用管理办法》；1999 年印发《潍坊市寒亭区乡村供水管理办法》；2006 年印发《关于进一步加强潍河河道采砂管理工作的通知》；2009年印发《关于进一步加强河道管理工作的通知》。全区每年3月22日“世界水日”“中国水周”期间，利用广播、电视等新闻媒体对《中华人民共和国水利法》进行集中宣传。

水政执法

1989—1998年，潍河寒亭段采砂规模较小，处于无管理状态。随着房地产建筑业繁荣，用砂量增大。到1999年，潍河寒亭段砂资源乱采乱挖现象严重，区水利部门会同市水利局，对潍河寒亭段砂资源乱采乱挖多次进行现场执法，对乱采乱挖行为罚款并收缴违法所得。2006年7月，区委、区政府成立由区水利局、区公安分局、区交通局、区城管局、朱里镇政府组成寒亭区砂资源管理联合执法大队，对潍河寒亭段砂资源进行监管。2008年，区政府关闭潍河寒亭段内所有砂场。2009—2013年，对砂场实施封闭式管理，组织执法力量随时对采砂行为进行执法检查。

第七章　农业机械

1989年以前，区内农业生产主要以畜力为主，农机总动力18.38万千瓦。90年代后期，小麦联合收获机、机动运输车大量使用，农用机械快速发展。21世纪初，各类经济作物和设施农业机械大幅增长，农用机械结构优化升级。1996年起，随着区内收获机数量增加，开始组织跨区作业。2004年，全区实施农民购买农机实行财政补贴政策，农民用机观念发生变化，购买农机积极性增加。到2008年年底，全区农机总动力78.55万千瓦，机耕作业51.39万亩、机播61.84万亩、机收51.1万亩。到2013年，全区农机总动力81.39万千瓦，农机运输机械化程度98.6%，耕地机械化程度99%，播种机械化程度97%。机电灌溉44.6万亩，机收71.27万亩，设施农业逐步实现“耕作机械化、植保无毒化、灌溉节水化、卷帘自动化”。全区共补贴农机购置资金5209万元，补贴农机具4453台套，受益2072户。全区在工商部门注册登记农机专业合作社15个，从业192人，农业机具265台，组建跨区机收服务队7个。

第一节　管理机构

1988年3月，撤销寒亭区农业机械管理站，设立寒亭区农业机械管理局，为正科级行政单位，内设办公室、计财科，辖农机推广所、农用油料管理所、农机监理所、农机培训学校、农机维修站。1990年，农机监理所更名为潍坊市寒亭区农业机械监理站。1993年11月，撤销寒亭区农业机械管理局，成立寒亭区农业机械服务中心，为事业单位，归口农委。1997年3月，成立寒亭区农业航空站，为区农业机械服务中心下属单位。2003年12月，区农业机械服务中心内设办公室、财务科，辖农机推广维修站、农机监理站、农机培训学校、农用航空站。2005年2月，寒亭区农业机械服务中心更名为寒亭区农业机械管理局（以下简称区农机局），规格、性质、人员编制、职责范围不变。2005年，撤销潍坊市寒亭区农业航空站。2008年，区农机局改为正科级事业单位，农机监理站更名为农机安全监理站。2013年，区农机局辖寒亭区农机安全监理站、寒亭区农机推广站，配备局长1人、副局长

2人，编制28人。

第二节　农机设备

农机总动力

1989年，全区农机总动力18.38万千瓦，农业动力机械以小型拖拉机、柴油机、电动脱粒机为主，主要从事机耕、机播、灌溉、机脱作业。90年代后期，小麦联合收割机、机动运输车大量使用，农用机械快速发展。21世纪初，玉米联合收割机推广普及。2003年，全区农机总动力达到45.43万千瓦，农机总值1.99亿元，农用拖拉机3036台，完成机耕作业67.29万亩、机播78.48万亩、机收34.32万亩。2004—2008年，农用动力机械数量逐年增长，至2008年年底，农机总动力达到78.55万千瓦，农机总值2.58亿元，农用拖拉机4265台，完成机耕作业51.39万亩、机播61.84万亩、机收51.1万亩。2013年，全区农村使用的农业动力机械主要有拖拉机、联合收获机、农用运输车，以及柴油机、电动机、汽油机等，农机总动力81.39万千瓦，年均增长速度6.33%；农机总值2.71亿元，其中农用拖拉机1031台。

图9-4　玉米收获机（2008年）

1989—2013年寒亭区农机总动力统计表

表9-13　　　　单位：万千瓦

年份	总动力	年份	总动力	年份	总动力	年份	总动力	年份	总动力
1989	18.38	1994	23.6	1999	40.55	2004	60.37	2009	81.94
1990	17.97	1995	25.48	2000	43.76	2005	69.66	2010	85.85
1991	21.64	1996	28.22	2001	40.51	2006	70.67	2011	87.27
1992	20.9	1997	29.78	2002	45.07	2007	75.16	2012	87.48
1993	22.55	1998	32.45	2003	45.43	2008	78.55	2013	81.39

农田基本建设机具及农用运输机具

1989年，全区使用的农田基本建设机具及运输机具主要有推土机、挖掘机、装载机和农用拖拉机、农用运输车等，全区有357台链轨式拖拉机。2001年，链轨式拖拉机减少至253台，农田建设机械开始由链轨式拖拉机向工程机械（推土机、挖掘机、装载机）过渡，有工程机械21台。2003年，用于农田作业工程机械114台，全区农机运输作业9965万吨/千米，农业机械作业量占总作业量90%以上。2008年，农田基本建设工程机械增至322台，全区农机运输作业3.05亿吨/千米，农业机械作业量占总作业量

68% 以上，农机运输机械化程度 98%。到 2013 年，全区农田基本建设机械 436 台，农机运输作业量达 3.54 亿吨 / 千米，农机运输机械化程度 98.6%。

1989—2013 年寒亭区农用拖拉机及农用运输车统计表

表 9-14　　单位：台

年份	农用拖拉机		农用运输车	农用汽车	年份	农用拖拉机		农用运输车	农用汽车
	小型	大中型				小型	大中型		
1989	3710	675	245	151	2002	2800	712	8842	458
1990	3715	659	488	187	2003	3036	652	12971	591
1991	4129	638	708	205	2004	3090	701	25261	600
1992	3630	489	1270	205	2005	4285	1092	25216	607
1993	3996	519	1833	231	2006	4258	1282	25652	615
1994	3985	497	2635	224	2007	4266	1485	25891	1316
1995	2603	445	4626	290	2008	4265	1707	26953	2249
1996	2096	447	8316	221	2009	4252	1872	29049	1051
1997	2089	469	10992	271	2010	4125	1994	29723	1441
1998	2726	542	11918	284	2011	4098	2073	29625	1141
1999	3012	603	13930	291	2012	988	599	38116	1212
2000	3199	622	14905	291	2013	1031	642	30102	1219
2001	3072	590	12592	500	—	—	—	—	—

耕播机具

1989 年，全区农村使用的耕播机械主要有机引犁、机引耙、旋耕机、播种机 4 种。至 2008 年年底，拥有机引犁 993 台、机引耙 1005 台、旋耕机 1602 台、播种机 1669 台，耕地机械化程度 96%，播种机械化程度 89%。2011 年，开始使用深松机，全区有深松机 44 台。2012 年，开始装备耕整机，有耕整机 153 台。2013 年，拥有机引犁 358 台、机引耙 98 台、旋耕机 486 台、播种机 1568 台、深松机 160 台、耕整机 175 台，耕地机械化程度 99%，播种机械化程度 97%。

1989—2013 年寒亭区耕播机具统计表

表 9-15　　单位：台

年份	机引犁	机引耙	旋耕机	播种机	年份	机引犁	机引耙	旋耕机	播种机
1989	1994	355	67	1386	1995	1631	319	169	1430
1990	2124	367	97	1480	1996	1640	275	186	1397
1991	1682	347	111	1418	1997	1596	260	243	1455
1992	2180	327	93	2130	1998	1556	341	321	1411
1993	2159	309	91	1857	1999	1656	372	379	1433
1994	2139	283	84	1891	2000	1762	373	525	1513

续表 9-15

年份	机引犁	机引耙	旋耕机	播种机	年份	机引犁	机引耙	旋耕机	播种机
2001	1207	494	596	1457	2008	993	1005	1602	1669
2002	1594	1020	828	1764	2009	997	1008	1652	1739
2003	1560	1058	821	1414	2010	1005	1010	1682	1761
2004	1593	1063	1042	1505	2011	1017	1010	1682	1779
2005	2185	1216	803	1815	2012	987	980	1632	1768
2006	2058	1277	798	2022	2013	358	98	486	1568
2007	1315	1098	1586	2250	—	—	—	—	—

注：2011—2013 年，深松机分别为 44、57、160 台；2012—2013 年，耕整机分别为 153、175 台。

植保机具

1989—2002 年，使用的植保机具主要是手动背负式喷雾器、机动喷雾喷粉机和电动喷雾喷粉机。2003 年年底，有机动喷雾喷粉机 2103 台，铺膜机 16 台；植保作业 12.47 万亩，机械铺膜 2.36 万亩。2008 年，机动喷雾喷粉机 2362 台，铺膜机 138 台；植保作业 13.76 万亩，机械铺膜 8.49 万亩。至 2013 年年底，机动喷雾喷粉机 2362 台，铺膜机 60 台；植保作业 18.16 万亩，机械铺膜 2.52 万亩。

排灌机具

1989 年，区内农田灌溉作业中除很小一部分属自流灌溉外，主要是采用提取地下水进行灌溉；有潜水泵 11897 台、水泵 3040 台。1991 年，潜水泵指标取消统计，只统计农用水泵。2003 年，有排灌机械 4.27 万台，其中农用水泵 3.3 万台，喷灌机械 0.98 万套；机电灌溉 38.60 万亩，其中节水灌溉 19.17 万亩。2008 年，有排灌机械 4.6 万台，其中农用水泵 3.4 万台，喷灌机械 0.98 万套；机电灌溉 37.07 万亩，其中节水灌溉 26.91 万亩。2013 年，拥有排灌动力机械 3.4 万台，农用水泵 3.62 万台，节水灌溉机械 1500 套，机电灌溉 44.6 万亩，其中节水灌溉 1.03 万亩。

1989—2013 年寒亭区农用水泵拥有量统计表

表 9-16　　单位：台

年份	农用水泵	年份	农用水泵	年份	农用水泵	年份	农用水泵	年份	农用水泵
1989	3040	1994	21057	1999	27181	2004	35328	2009	34465
1990	2792	1995	25678	2000	29627	2005	36949	2010	36016
1991	23055	1996	24391	2001	25248	2006	37867	2011	36099
1992	22578	1997	24933	2002	33713	2007	34576	2012	36018
1993	19686	1998	26989	2003	32952	2008	34465	2013	36168

注：1989 年、1990 年有潜水泵分别为 11897 台、16147 台。

收获机具

1989—1994 年，全区小麦收获主要以割晒机作业为主。从 1995 年开始，逐步过渡到联合收获作业，玉米、大豆和花生的机械收获仍处于起步阶段。2002 年，小麦联合收获机增至 533 台，玉米联合收获机 2 台。2003 年，有各类联合收获机 506 台，其中小麦联合收获机 505 台、玉米联合收获机 1 台。2003 年，机收 34.2 万亩，其中联合机收获 31.32 万亩，收获机械化程度 67.8%。2008 年底，各类联合收获机增加到 830 台，其中小麦联合收获机 614 台、玉米联合收获机 216 台；机收面积 44.90 万亩，收获机械化程度 81%；玉米、大豆和花生机械收获逐步提高。2013 年，有各类联合收获机 480 台，其中小麦联合收获机 252 台、玉米联合收获机 228 台；机收 71.27 万亩，收获机械化程度 88.48%。

1989—2013 年寒亭区农业收获机械拥有量统计表

表 9-17　　单位：台

年份	割晒机	小麦联合收获机	玉米联合收获机	年份	割晒机	小麦联合收获机	玉米联合收获机
1989	870	25	\	2002	480	533	2
1990	928	29	\	2003	130	505	1
1991	799	31	\	2004	140	337	2
1992	1379	29	\	2005	125	463	20
1993	1477	31	\	2006	27	594	84
1994	1464	27	\	2007	22	616	126
1995	1106	28	\	2008	—	614	216
1996	1210	65	\	2009	—	645	474
1997	1005	209	\	2010	—	688	585
1998	1210	216	\	2011	—	741	622
1999	1125	346	\	2012	—	202	225
2000	1125	505	\	2013	—	252	228
2001	1001	524	2	—	—	—	—

1989—2013 年寒亭区农作物机耕、机播、机收作业面积统计表

表 9-18　　单位：公顷

年份	机耕面积	机播面积	机收面积	年份	机耕面积	机播面积	机收面积
1989	55760	32610	25300	1998	62000	35900	32500
1990	70270	35180	27470	1999	65000	38100	33000
1991	69500	36740	31470	2000	73000	37300	30000
1992	72200	34830	30840	2001	51630	32360	26630
1993	73840	36750	31130	2002	33070	33190	24120
1994	67040	35740	30370	2003	44860	32320	22880
1995	60150	35450	30380	2004	44860	33170	24530
1996	70840	33850	32690	2005	40670	35070	25170
1997	71110	36840	31040	2006	38980	37560	24200

续表 9-18

年份	机耕面积	机播面积	机收面积	年份	机耕面积	机播面积	机收面积
2007	40480	38410	27680	2011	30797	51300	45929
2008	34260	41230	34070	2012	30177	51552	44810
2009	30020	46750	37850	2013	26825	52180	47511
2010	30350	50341	44460	—	—	—	—

农产品加工机具　畜牧养殖机械

1989—1999 年，农产品加工以碾米机、磨面机、轧花机、榨油机、淀粉加工机械为主。2003 年，有农产品加工机械 500 台，机械加工农副产品 25.58 万吨。2008 年，主要有加工棉花、油料和蔬菜等农副产品加工机械 704 台，加工农副产品 58.65 万吨；饲草料加工机械 338 台；畜产品采集加工机械 35 台。2013 年，有农产品加工机械 755 台，机械加工农副产品 31.05 万吨；畜牧养殖机械主要以饲料粉碎机（饲草料加工）为主，有饲草料加工机械 453 台，畜产品采集加工机械 66 台。

渔业机械

渔业机械主要是增氧机以及各类渔用机动船和网具。2008 年，全区各类渔用机动船 543 艘。2013 年，各类渔业增氧机械 360 台。

设施农业设备

90 年代初，全区设施农业设备主要是各类土制保温大棚，专用机械很少，主要依靠人力作业，机械化水平较低。2003 年，有各类温室大棚 315.7 万平方米，电动卷帘机 32 台，二氧化碳施肥器 3 台。2008 年，设施农业设备有各类温室大棚 539.77 万平方米，电动卷帘机 540 台。2013 年，各类温室大棚 1621 万平方米，设施农业逐步实现“耕作机械化、植保无毒化、灌溉节水化、卷帘自动化”。

第三节　农机培训

培训机构

1987 年 7 月，成立寒亭区农机培训学校（简称区农机校），为区农机局下属单位。学校占地 3000 平方米，教室 6 间，可容纳 120 人上课，训练场地 1500 平方米，配有图书资料室、教具室、维修车间实习室、教练车库等；有教职工 5 人，教具 30 套、图书资料 1200 本；教练车有四轮农用车、三轮农用车、两轮摩托车、泰山 -18 拖拉机和泰山 -50 拖拉机各 1 辆，配套机具若干。1991 年 4 月，区农机校通过市教委验收，纳入国家教委规定的成人教育管理渠道。2004 年 9 月，通过省农机管理办公室验收，达到山东省农机规范化建设学校标准，成为市辖区农机校中唯一达标学校。2008 年，撤销区农机校。

农机技术培训

1998 年，开展“千百万农机手培训活动”“农机绿色证书培训工程”“农机职业教育培训年活动”，培训各类农机人员 2940 人。2003 年，经考试合格办理农机“绿色证书”105 人。2004—2008 年，共培训拖拉机驾驶员 1200 人，培训农用三轮、农用四轮车驾驶员 2160 人，联合收获机驾驶员 1000 余人，培训其他各类农机手 1.9 万人。2009 年，开始培训农机技术人员、管理人员、监理人员、农机职业技能鉴定人员，新训、复训拖拉机驾驶员 690 人、联合收获机驾驶员 386 人，培训其他技术人员 160 人，培训农机管理及监理人员 40 人次。2013 年，新训、复训驾驶员及培训各类农机操作手 2563 人，培训农机技术人员 200 名、管理人员 14 名、监理人员 6 名、农机职业技能鉴定人员 192 名。

岗位培训

1996—1997 年，区农机校与市农机校联合举办两期有实践经验的中专生考前辅导班，其中

1996年辅导42人，1997年辅导的43人中有28人被山东省农业机械化学校录取，录取比例3∶1。2002年，区农机校与市农机校、寒亭区技工学校联合为北汽福田农业装备公司培训技工128人，参加中级农机维修工考试合格48人。2003年，取消岗位培训业务。

农村劳动力转移培训

2007—2008年，区农机校完成农村劳动力转移培训1527人，实现转移就业1507人，被省阳光工程办公室授予“阳光工程”培训基地，被省农机办评为山东省农机规范化建设学校。2009年以后，农村劳动力转移培训业务移交区农业局。

“五小车辆”驾驶员培训

2005年11月，开展“五小”（两轮摩托车、三轮摩托车、三轮汽车、低速货车、拖拉机）驾驶员培训。至2006年6月，有2160名学员参加培训和考试，考试一次性合格率95%以上；同年7月，“五小车辆”驾驶员培训业务由交警部门直接负责。

第四节　农机监理

农机执法与安全生产

1993年，全区开展查纠拖拉机无牌行驶、驾驶员无证驾驶和宣传保险为重点的专项治理活动，共清理无牌车辆53台，办理驾驶证34本，补检拖拉机103台，补审驾驶证52本。1994年8月，开展拖拉机“黑车非驾”专项治理，清理无牌车辆123台，办理驾驶证184本，补检拖拉机193台，补审驾驶证172本。1995年，重点解决北部乡镇农用拖拉机无牌无证问题。1999年，全区开展以治理无牌、无证和未参加检审的拖拉机和驾驶员专项治理，查处拖拉机762台，办理驾驶证362本，检验拖拉机961台，审验驾驶员815人。2001年6月—9月，开展“农机百日安全竞赛活动”，共办理农机牌386副，驾驶证112本，纠正各种违章1262起。2002年1月—3月，开展农机集中整顿活动，办理拖拉机牌322副，新办驾驶证221本，补检拖拉机262台，补审驾驶员189名，查处非法拼装改装拖拉机167台，查处拖拉机超速超载、违章载人等各类违章1292台次。2004年，《中华人民共和国道路交通安全法》实施后，驾驶证进行周期换证不再进行年审。

2004—2008年，开展以整治“黑车非驾、无牌无证驾驶”为重点的专项治理活动，落实安全生产责任制，定人员、定区域、定责任，到田间地头和作业现场进行检查，扩大检查覆盖面；在事故多发地段实施监控和纠正违章，确保农机安全作业；查处无牌无证、未检未审、私自改型和超载等严重违章行为，办理拖拉机牌716副、新办驾驶证394本，补检拖拉机562台，查处非法拼装改装拖拉机207台，查处拖拉机超速超载、违章载人等各类违章892台次。2009—2013年，开展农机安全生产检查，对重点区域、重点环节进行排查，并对违章载人、超限超载、酒后驾驶和无牌无证驾驶等违章行为进行重点查处，办理拖拉机牌1281副、新办驾驶证890本，补检拖拉机262台，查处非法拼装改装拖拉机215台，查处拖拉机超速超载、违章载人等各类违章342台次；对重点区域进行重点监控，对拖拉机无牌无证、超速超载，以及安全设施不全等违法行为进行打击；对未检车辆摸底排查，逐机清检，共检查拖拉机、联合收获机1020余台，排查出安全隐患125人次，补办检审手续350台。至2013年年底，寒亭区未发生重特大农机事故。

“十、百、千”工程

2004年，区政府印发《关于在全区开展农机安全生产“十、百、千”活动的通知》，由区农业机械服务中心组织实施，区安全生产监督管理局监督指导，成立领导小组办公室，设在区农机监理站，全面负责“十、百、千”活动的组织落实。各镇（街道）把目标任务和工作措施进行层层分解落实，运用利益杠杆把农机户组织起来，提高农机户经营组织化程度。全区建立示范乡镇1个，示范村2个，示范户27个。

农机驾驶证管理

2004年12月，根据山东省《关于农用运输车和上道路行驶的拖拉机牌证及驾驶证管理移交工作有关问题的通知》，区农机监理站不再办理农用运输车、变型拖拉机及其驾驶人的定期检验，公安车管部门不再办理拖拉机及其驾驶人的定期检验补领牌、证等业务。区农机监理站与区车管所办理档案移交手续，3000多台变型拖拉机档案一次性交接完毕。2005—2008年，共办理拖拉机、联合收获机注册登记859台，核发驾驶证344本，换补发驾驶证91本。2009—2013年，共办理拖拉机、联合收获机注册登记1281台，受理驾驶证901本，核发驾驶证890本，换补发驾驶证259本。

图9-5　2013年7月，全市农机推广现场会。

第五节　农机服务

技术推广

农用航空技术推广　1996年，由市农机局、区政府、张氏镇共同筹资建成全省第一个农用航空站，购置2架蜜蜂—3型超轻型飞机。1997年8月，对临朐县嵩山林场飞机植保获得成功。1998年，实际试验作业4039亩，其中小麦1137亩、玉米1504亩、棉花1398亩。1998年5月，为东营市灭蝗2万亩。2000年10月，获省科技进步三等奖。2005年，潍坊市寒亭区农业航空站撤销。

小麦联合收获机推广　1994年，引进推广以佳木斯产的佳联收获机为主，四平产的东风-4、北京产的北京牌为辅。1995年，全市小麦机收现场会在寒亭区张氏镇召开。到2003年，寒亭区有联合收获机496台。2013年，全区有联合收获机480台。

小麦半精量播种技术推广　1996年，承接山东省推广小麦半精量播种机项目，1997年3月获省农机局农机科技三等奖。

大姜开沟机试验示范　1999—2000年，寒亭区与市农机局联合研制KSJ-3018型大姜开沟机，可一次完成开沟、起垄、施肥、碾压4道工序，生产效率每小时1.3亩，提高工效40倍，亩节省费用40元。

玉米秸秆还田技术推广　1997年，寒亭区实施山东省“3413”（用3年时间、新增4万台深耕深松机、1万台联合收获机、3万台玉米联合收获机和秸秆还田机）工程，对大中型机具更新，推广玉米秸秆还田机226台，作业153.45亩，重点推广与小麦联合收获机配套的玉米秸秆还田机。2008年，青银高速公路寒亭段两侧的7个行政村承担秸秆综合利用机械化还田项目，还田3750亩，粉碎秸秆2000吨。项目区完成玉米秸秆还田4000余亩，占计划任务107%。2009年，推广玉米联合收获机、免耕播种机及其他大型农业机械，落实山东省农机化创新示范工程项目1个，玉米、小麦秸秆机械化还田40万亩。2010年，推广自走式玉米收获机、秸秆还田机。2011年，全区建立2处农业机械化示范推广基地。2012—2013年，落实3处市级经济作物机械化推广示范基地。

农机专业合作社

2008年，全区有农机专业协会2个，农机服务队11个，吸引农机户82个，入会机械206台套。2009年8月，盛田农业机械专业合作社成立，成为寒亭区第一个农机合作社。到2013年，全区在工商部门注册登记农机专业合作社15个，从业192人，农业机具265台，固定资产1929万元。

农机服务“三夏、三秋”

2004年，全区组织维修服务队10个，检修调试机械810余台，成立跨区机收接待服务站3个，完成机收小麦26.4万亩。2005年，完成机收小麦26万亩、玉米5.9万亩，秋耕30万亩、秋播30万亩的“三夏三秋”（夏种、夏收、夏管，秋收、秋耕、秋播）生产。2008年，全区保护性耕作机械化技术完成1万亩，推广自走式玉米收获机6台、背负式玉米收获机86台、互换割台玉米收获机9台、小麦免耕施肥播种机10台、机械化青贮机51台、大姜开沟机100台等新机具、新技术。2013年，投入生产机械3200台（套），联合收获机650台，完成夏播28万亩。

农机跨区作业

1996年起，随着寒亭区收获机数量增加，开始组织跨区作业。作业形式以区、乡为单位，分为区农机部门统一组织的农机跨区作业队、农机大户自带机械或带动亲友参加跨区作业、农机户自发组织结伴而行、农机户单独外出作业4种类型。作业区域由全省发展到河南、江苏、安徽、河北、内蒙古等省、自治区。1998年，区农机推广维修站被市局评为跨区作业先进单位。2004年，组织小麦联合收获机560台，其中有505台为外地机械到寒亭区作业，机收小麦26.4万亩，占小麦种植面积的97%。2005—2006年，每年从外地调进小麦联合收获机150余台在区内作业。2009年，组织200台小麦联合收获机、200台玉米收获机进行区内和跨区作业。2010年，组织3支农机服务小分队，开通跨区作业服务专线电话，进村入户开展流动检修服务，共检修各类机具24600台（套）。2011年，以农机专业合作社为依托，发挥寒亭区3支明星跨区作业队示范作用，组织300台小麦联合收获机、400台玉米收获机参加跨区作业，为农机手增收1000多万元。2012年，全区设立4个跨区作业接机服务站，做好外来订单作业机械接待，并通知外出作业的收获机及时返乡收获小麦、玉米等作物，对作业机械进行科学调度、合理组织、统一管理、搞好服务，提高作业机械生产效率和经济效益。2013年，组建跨区机收服务队7个，签订跨区作业合同4个，培训跨区作业农机手170人，检修跨区作业收获机械69台；共投入各类农机具7571台套，其中拖拉机2100台、小麦联合收获机680台、玉米联合收获机730台套、秸秆还田机械400台套、耕地机械1500台套、播种机械2020台套，其他机械141台套进行跨区作业。

第八章　农业综合开发

1988年，国家启动黄淮海开发，后改为以改造中低产田、设施农业为主的土地治理项目。到1999年，寒亭区实施农业综合开发土地治理项目12个，改造中低产田22.07万亩，财政投入资金平均每亩120元，实现平均亩增100千克，年增农业产值4850万元。2000—2013年，全区农业综合开发实施土地治理项目18个；实施中型灌区节水配套改造项目1个、科技示范项目2个、建成1万亩高标准农田建设项目1个。至2013年年底，全区实施农业综合开发土地治理项目29个，建成项目区实现田成方、林成网，土地平整、农田水利设施配套完善，道路晴雨畅通，科技引进、示范、推广、培训、服务体系健全，高新技术示范园区和示范项目密集，农业综合生产能力大幅提高，每年增加粮食生产能力5.65万吨，平均每亩增产150千克，增加农业产值1.24亿元。共实施产业化经营项目25个，建成扶持初具规模的优势农产品生产基地和大型农业龙头企业。

第一节　管理机构

1988年，成立寒亭区黄淮海平原农业开发领导小组办公室，1990年，更名为寒亭区黄淮海平原农业开发办公室。1996年10月，成立寒亭区农业综合开发办公室（以下简称区农发办），为正科级事业单位。2013年，区农综办内部不设科室；配备主任1人、副主任2人；事业编制12人。

第二节　土地治理

农业区划

1990—1992年，承担国家《北方黄淮海平原区冬小麦遥感检测》项目，获山东省科技进步三等奖；编制《潍坊市寒亭区农业区域开发总体规划》《寒亭区沿海地区综合开发规划》。1993—1996年，编制《寒亭区基本农田保护区规划》《寒亭区盐碱地农业综合开发实验》，为全区盐碱地开发提供依据。1997—2002年，编写年度《潍坊市寒亭区农业资源年度报告书》，主要内容为全区土地资源和农、牧、渔生产及农民收入情况。2000年，参加“寒亭区科技走廊建设规划”编制工作。2006年，编制《潍坊市寒亭区农业综合开发“十一五”规划（2006—2010年）》。2010年，编制《潍坊市寒亭区农业综合开发“十二五”规划（2011—2015年）》。

开发项目

1988年，国家启动黄淮海开发，并补助地方开发项目，后改为以改造中低产田、设施农业为主的土地治理项目。至1999年，寒亭区实施农业综合开发土地治理项目12个，投入资金2686.5万元，其中财政投资1674万元，区以下自筹682.5万元，银行贷款330万元。改造中低产田22.07万亩，财政投入资金平均每亩120元。项目区建成以后，年增粮食生产能力2.21万吨，平均亩增100千克，比非项目区多增60～80千克，年增农业产值4850万元。2000—2013年，农业综合开发土地治理项目投入资金10347万元，其中财政投资8634万元，区以下自筹1713万元。实施土地治理项目18个，其中中低产田改造项目14个，改造中低产田13.5万亩，投资6962万元；实施中型灌区节水配套改造项目1个，投资1850万元；实施科技示范项目2个，投资141万元；实施高标准农田建设项目1个，投资1394万元，建成1万亩高标准农田，年增产2.8万吨，平均每亩增产185千克，比非项目区每亩增加120～160千克，年增加农业产值6000万元，平均每亩增收145元。

1989—2013年，全区共实施农业综合开发土地治理项目30个，投入资金12951.5万元，其中财政投资10251万元，区以下自筹2395.5万元，银行贷款330万元。建成项目区实现田成方、林成网，土地平整、农田水利设施配套完善，道路晴雨畅通，科技引进、示范、推广、培训、服务体系健全，高新技术示范园区和示范项目密集，农业综合生产能力大幅提高，每年增加粮食生产能力5.65万吨，平均每亩增产150千克，增加农业产值1.24亿元。

1989—2013 年寒亭区土地治理（农田水利）项目一览表

表 9-19

年份	项目地点	项目内容	投资额（万元）
1989	南孙乡、双杨店镇、高里镇、河滩镇	治理土地 2.63 万亩	230
1990	南孙乡、泊子乡、固堤镇	治理土地 4 万亩	165
1991	泊子乡、肖家营乡、固堤镇、朱里镇、河滩镇	治理土地 2 万亩	264.6
1992	泊子乡、固堤镇、朱里镇	治理土地 1.2 万亩	160.7
1993	泊子乡、河滩镇、朱里镇、固堤镇	治理土地 1.64 万亩	254.2
1994	南孙乡、双杨店镇、高里镇	治理土地 2.3 万亩	141
1995	南孙乡、双杨镇、高里镇	治理土地 1 万亩	186
1996	南孙乡、高里镇	治理土地 0.8 万亩	132
1997	肖家营乡、寒亭镇	治理土地 1.5 万亩	282
1998	肖家营乡、张氏镇	治理土地 2.5 万亩	432
1999	高里镇、央子镇	治理土地 1.5 万亩	357
2000	朱里镇	治理土地 1 万亩	240
2001	河滩镇、朱里镇、寒亭街道	治理土地 1.1 万亩	360
2002	河滩镇、寒亭街道	治理土地 1 万亩	284
2003	寒亭镇、双杨店镇	治理土地 1 万亩	280
2004	高里镇、双杨店镇	治理土地 1 万亩	307
2005	泊子乡、固堤镇、开元街道	治理土地 1.5 万亩	591
2006	开元街道、固堤街道	治理土地 1 万亩	402
2007	高里镇	治理土地 1 万亩	477
2008	开元街道	治理土地 1.2 万亩	765
2009	高里镇	治理土地 1.2 万亩	870
2010	朱里街道	治理土地 0.8 万亩	764
	潍泥中型灌区节水配套改造项目一期工程	新建泵站 1 座，配套装机 4 台，容量 830 千瓦；铺设输水管道 1.25 千米	1050
2011	寒亭街道	0.7 万亩中低产田改造	600
	潍泥中型灌区节水配套改造项目二期工程	铺设输水管道 3.75 千米	800
2012	固堤街道	10.9 万亩中低产田改造	909
	俊清蔬果专业合作社	蔬菜安全生产基地项目	113
	寒亭区	潍县萝卜标准化生产示范推广	64
2013	高里街道	1 万亩高标准农田建设示范工程	1394
	寒亭区	WLY-1 优选小樱潍县萝卜良种暨 PBI 物理活性覆膜技术推广	77

第三节　产业化项目

1988—2002年，全区实施多种经营项目10个，投入资金11185万元。2003年，多种经营项目改称为产业化经营项目。2003—2013年，实施产业化经营项目15个，总投资25242万元。按照“生产基地化、产品标准化、经营产业化”要求，培育肉鸭养殖加工、“潍县萝卜”、蔬菜加工等主导产业，建成扶持初具规模的优势农产品生产基地和大型农业龙头企业。

1991—2013年寒亭区农业综合开发产业化项目一览表

表9-20

年份	项目名称	项目内容	地点	投资额
1991	淡水养殖	建鱼池300亩，打深水井2眼及泵房配套	肖家营乡、泊子乡	24万元
1995	经济林、经济林作物种植	经济林350亩，经济作物种植600亩，芦笋加工	双杨店镇、高里镇，南孙乡	238万元
1996	冷库、蔬菜加工	建200吨冷库1座，蔬菜加工2000吨	双杨店镇、张氏镇	921万元
1997	蔬菜加工、养鸭	大华食品厂加工芦笋600吨，土建工程5000平方米；金港食品公司加工蔬菜2000吨，建鸭棚1.5万平方米	双杨店镇、张氏镇	820万元
1998	肉鸡养殖	扶持400个养鸡专业户的资金补助	寒亭镇、张氏镇	10万元
	养殖、盐碱地开发	养殖面积450亩，水电配套设备；盐碱地开发8000亩	央子镇	694万元
2000	盐田改造、饲料加工	土建工程3160平方米，购设备71台（套），打卤水井104眼，改造老盐田300公顷	央子镇、开元街道	3560万元
2001	盐田改造	600公顷老盐田改造	央子镇	4253万元
2002	肉牛养殖	土建工程2910平方米及配套设施	河滩镇	600万元
2003	芦笋加工	建设厂房及加工设备	潍坊朗冬食品有限公司	总投资571万元，其中财政资金101万元
2004	种禽饲养、雏鸡繁育	建设鸡舍，购置种鸡苗	潍坊安瑞畜禽饲料有限公司	总投资320万元，财政资金200万元
2005	蔬菜加工扩建	购置蔬菜加工流水线两条	潍坊金椿食品有限公司	360万元
2008	潍县萝卜1.8万平方米交易中心	潍县萝卜产品展销大厅2400平方米、1000吨恒温库，修路560米，硬化场地1.6万平方米，绿化1.7万平方米及潍县萝卜加工及科研开发设备等	河滩镇	1251万元
2009	肉鸭养殖加工	设施建设及设备购置安装	金河食品有限公司	贷款3000万元，自筹1500万元，财政贴息87万元
	蔬菜加工贷款贴息	蔬菜水果等原料的收购	金河食品有限公司	贷款2910万元，财政贴息87万元

续表 9-20

年份	项目名称	项目内容	地点	投资额
2010	2000 亩潍县萝卜生产示范基地	建成 50 亩采摘示范园、1000 吨恒温库，完成田间道路建设及美化绿化、市场营销网络及研发	潍县萝卜购销合作社	359 万元
	贷款贴息	收购玉米 2.25 万吨、毛鸭 4400 吨	潍坊市金河食品有限公司	银行贷款 6000 万元（其中贴息贷款额 5600 万元），中央财政贴息 62 万元，企业自筹 2000 万元。
2011	俊清蔬果专业合作社 1600 亩潍县萝卜标准化生产示范基地开发	新建 25 亩采摘园；种植苹果、山楂、核桃树 468 株；新修水泥路 577 米；埋设地下管道 2600 米；铺设地下电缆 1000 米；建钢构大棚 10 座；培训人员 2600 人；潍县萝卜提纯复壮项目	朱里街道	100 万元
2012	惠民生态湿地农产品合作社淡水养殖财政补助	建成淡水养殖面积 166 亩，其中包括毛蟹养殖池 2 个，鲫鱼及杂鱼养殖池 7 个及其附属河道鱼池，建筑物配套工程和毛蟹池防护工程；机电设备及安装工程	高里街道	133 万元
	金湖大雁养殖基地扩建	年新增种蛋销售 3500 只、雁苗销售 1 万只、成品雁销售 6000 只	潍北农场三分场	150 万元
	朗冬食品有限公司贷款贴息	新建 2000 吨冷库一座、4300 平方米车间一座、蔬菜加工流水线两套、3300 平方米职工宿舍综合楼、冷冻机组 4 套及变电配套设施	朗冬食品有限公司	39 万元
2013	350 吨有机春谷标准化示范基地	引进有机春谷新技术、新品种（冀谷 19 号、冀谷 21 号），春谷有机食品系列专用研发，新建仓储加工间 5 间，租赁恒温保鲜库 10 间，购置春谷系列加工设备，系列包装研发，编制和印刷《春谷种植技术规程》，建造孵化车间、配电室	高里街道	98 万元
	1 万套父母代蛋种鸡扩建	蛋鸡舍、质检（化验）中心建设和鸡笼等相关配套设施购置安装，扩建 1 万套父母代蛋种鸡养殖规模	双杨发展区农惠蛋鸡产销专业合作社	112 万元
	樱桃谷肉鸭养殖加工	支付玉米等原料收购款	金河食品	公司贷款 6000 万元，农业综合开发贴息 103 万元

第四节 防潮堤工程

1984 年以前，寒亭区北部沿海无防潮设施，直接影响海洋资源开发利用。1984 年 8 月，寒亭区向市委、市政府上报《关于修建滨海防潮堤的请示报告》；9 月，成立寒亭区防潮堤修建工程指挥部，指挥部设办公室、防工组、后勤组及宣传组、治保组，进行有关测量、计算、设计等前期筹备工作。防潮堤工程分白浪河、弥河、丹河三段，总长68.5千米，工程总土石方595万立方米。工程于1984年10月15日开工，20天完成土方145万立方米，折工日129万个，长度13.5千米，围圈滩涂4万亩，保护农田18万亩，修建3万亩水面养殖场。1992年以前，堤防由堤防保护范围内的各受益单位分段负责管护。1992年，区境北部遭受特大风暴潮，区政府责成北部开发办公室负责全区北部沿海堤防统一管护；同年9月2日，特大风暴潮冲毁央子二虾场坝、商粮供大坝、水产基地坝、世行项目坝多处，区政府立即组织多方抢修，并筹措资金300多万元，进行修复加固。1994年，区政府投入500万元设立“寒亭区沿海堤防工程管理维护专项基金”。2001年7月，区计委、区水利局联合向市计委上报“申请2002年度防潮堤加固工程资金的报告”，以2001年防潮堤加固末端为起点向前续建加固，护砌加高长度1800米，工程量121.51万立方米，总投资900万元。2004年2月，区政府印发《潍坊市寒亭区北部沿海防潮堤坝管理办法》，对沿海防潮堤修建、保护、维护、开发等事项做详细规定；8月，区政府在央子镇召开北部防潮堤坝防护安全工作会议，明确区农发办为防潮堤坝管护工作主管部门，区水利局、区海洋与水产局、区规划与国土资源分局、区财政局、区公安分局、央子镇政府、渤海水产公司、第一盐场、海天盐化集团等单位负责北部防潮堤坝的防潮抢险和日常管护工作。至2007年年底，北部沿海堤防总长98.2千米，其中临海砌石护坝堤防33.2千米、河流土坝堤防65千米。2008年3月，大坝产权及管护职责划归潍坊滨海经济开发区。

第十编　潍县萝卜

DI SHI BIAN　WEI XIAN LUO BO

潍县萝卜是中国萝卜中的优良品种，其肉质根出土部分多而俗称“高脚青”，因产于山东省原潍县，故称潍县萝卜，是山东省名产蔬菜之一。潍县萝卜肉质出土部分多、皮色深绿、肉色翠绿、生食脆甜多汁、并稍具香辣味，是以生食为主的水果萝卜珍品。潍县萝卜有300多年栽培历史。清乾隆二十五年（1760）纂修的《潍县志》中，就有潍县萝卜种植记载。郑板桥任潍县知县时，曾在《劝圃》一文中留下“潍县萝卜名天下”佳句。寒亭区委、区政府把潍县萝卜产业作为发展品牌农业、现代农业突破口，推进万亩潍县萝卜标准化基地建设。与高校、农科部门合作，制定标准化种植、恒温保鲜、产品包装、市场营销等一系列技术规程，实现产、供、销一体化运作，优质卖出优价，促进萝卜产业迅猛发展。“潍县萝卜”成为全区现代农业发展的一张靓丽名片。1999年11月，寒亭区在国家商标总局注册“潍县”萝卜商标，并在中国国际农业博览会上获名牌产品称号；2004年10月，通过中国绿色食品A级产品认证；2006年，被认定为首批山东省名牌农产品，国家质检总局对“潍县萝卜”实施地理标志产品保护；2008年，开始举办中国（寒亭）潍县萝卜文化节；2010年，获黄河三角洲高效生态经济区十大品牌优质农产品称号；2011年，中国品牌节会授予中国（寒亭）潍县萝卜文化节“中国最具影响力品牌（物产、经贸）节会”称号。至2013年年底，全区潍县萝卜种植面积6.2万亩，年生产优质萝卜4亿个，产值近10亿元，潍县萝卜成为寒亭区农业增效、农民增收的主导产业之一。

第一章　萝卜种植

寒亭区地处昌潍平原中北部，海拔1.2～48米之间，南高北低，地势平缓。温带半湿润大陆性季风气候影响全境，四季分明，其中8、9、10月份，月均气温分别为25.4℃、20.1℃、14.1℃，昼夜温差10～3.5℃，光照充足，降雨适中；境内土壤类型主要有潮褐土亚类（俗称“黄土”）、湿潮土亚类（俗称“黑土”），冲积形成的地表土层深厚，富含多种微量元素和有机质腐殖质；地下水资源丰富，水质优良。特殊的地理物候气象条件，成为潍县萝卜优良品质形成的重要因素。

第一节　品　种

潍县萝卜有大缨、小缨、二大缨3个品种。共同特点是羽状裂叶，叶色深绿，叶面光亮。肉质根长圆柱形，出土部分多，皮绿至深绿色，肉质淡绿至翠绿色。

大缨萝卜

叶丛较开张，生长势强。羽状裂叶，裂叶大而厚；最大叶平均长50.6厘米，宽18.4厘米。肉质根长圆柱形，长30厘米左右，横径6厘米。肉质根出土部分占4/5，皮绿色，表面光滑；入土部分皮白色。肉质绿色，质松脆，微甜，微辣，适于熟食菜用，也可生食。生长期90～100天，单株根重1000克左右，一般亩产5000千克以上，抗病性强，耐储藏，因熟食菜用比例下降，此品种只有少量栽培。

小缨萝卜

叶丛半直立，生长势偏弱。羽状裂叶，裂叶小而薄；收获时一般7～8片叶，最大叶平均长40厘米，宽12厘米。肉质根长圆柱形，长25厘米左右，横径5厘米。肉质根出土部分占3/4，外披一层白锈，皮呈灰绿色，较薄；入土部分皮白色，尾根细。肉质翠绿色，质地紧实，生食脆甜、多汁，辣味较浓。耐储藏，经冬季一段时期储藏，口味更佳。生长期 80 天左右，单株根重 400 ~ 500 克。一般亩产 3000 千克左右，产量虽低，但品质好，有一定栽培面积。

二大缨萝卜

二大缨萝卜系大缨与小缨两个品种杂交后选育的中间类型。叶丛半直立，生长势中等。羽状裂叶，叶形似大缨与小樱之间；最大叶平均长 45 厘米，宽 15 厘米。肉质根呈圆柱形，长 28 厘米左右，横径 6 厘米。肉质根出土部分占 4/5，皮深绿色，表面生一层不规则白锈；入土部分皮白色。尾根小，肉质翠绿色，较致密，生食脆甜、多汁，味稍辣，主要供生食。生长期 80 ~ 85 天，单株根重 550 ~ 650 克。一般亩产 3000 ~ 4000 千克，因其抗病性强、品质好，是潍县萝卜主栽品种。

图 10-1　潍县萝卜（2008 年）

第二节　栽　培

播种前准备

土壤与茬口　种植潍县萝卜宜选择轻黏壤土和壤土、土壤 pH 值反应中性、有机质比较丰富、保水、保肥、排灌方便的土地，最好是西瓜、黄瓜及其他瓜类蔬菜收获后种植；在粮菜轮作区，可用小麦或春玉米为前茬，不宜与十字花科蔬菜连作；在番茄、甜椒等茄果类蔬菜病毒病害严重发生的常年菜区，也不宜用做前茬。实行粮菜轮作，易优质、丰产。

施肥、整地、作畦　中等肥力地块，每亩施 4000 ~ 5000 千克腐熟圈肥作基肥，增加土壤有机质。施肥后深耕、耙细、作畦，畦长 20 米左右，宽 1.2 ~ 1.5 米。采用平畦栽培，潍县萝卜出土部分比例大，若起垄栽培间苗、定苗不及时，肉质根易长弯而影响商品品质。

确定播种期　二大缨品种适宜播种期为 8 月 15 日—20 日；小缨品种，适宜播种期为 8 月 20 日—25 日。8 月上中旬，高温干旱年份，可适当晚播；天气凉爽湿润年份，可适当早播；地力差和粮菜轮作地块，可适当早播；地力好和城市近郊的常年菜地，可适当晚播。

播种及苗期管理

精细播种　播种前须精选种子；播种畦若墒情适宜，在耙平畦面后，按行距 33 厘米开浅沟，均匀条播，每亩播种量 600 ~ 750 克种子。播后耙平畦面，轻轻碾压一遍，以利种子吸水。如果前茬作物腾茬早，最好提前 4 ~ 5 天浇水造墒，再开沟播种。若来不及浇水造墒，可在开沟、播种、覆土、碾压后浇水。浇水要均匀，防止水大冲出种子。

幼苗管理　播种后若天气干旱，应勤浇小水，保持畦面湿润，防止畦土落干、畦面板结或高温灼伤幼苗。平畦栽培，雨涝后易使土壤通气不良，造成幼苗根际缺氧。出苗前对萝卜田周围作物或杂草严密喷药，减少传播媒介。作畦时同时将排水沟整好，出苗前后若天气多雨成涝，则应及时排水防涝。苗出齐后进行第一次间苗，适宜苗距 3 ~ 4 厘米；3 ~ 4 片真叶时进行第二次间苗，苗距 10 ~ 12 厘米；5 ~ 6 片真叶定苗，二大缨品种株距 24 ~ 26 厘米，小缨品种株距 20 ~ 22 厘米。定苗后，可在行间每亩撒施氮磷钾复合肥 10 ~ 15 千克，浅锄后浇水，促苗生长。幼苗期气温、地温仍较高，天气干旱时，除注意勤浇小水，保持畦面湿润；配合中耕松土，除草保墒。

肉质根膨大期管理

在管理上，定苗追肥后，浇水 2 ~ 3 次。当第二个叶环叶子舒展出后，要浅中耕 1 ~ 2 次，适当控制浇水，防止叶部徒长，促使生长中心向肉质根转移；秋分前 2 ~ 3 天，要进行一次大追肥，可在行间撒施氮磷钾复合肥 20 ~ 30 千克，或硫酸铵 15～20 千克、草木灰 100 千克。施肥后立即中耕松土，然后浇水。此后，植株进入肉质根膨大盛期，注意均匀供水，避免土壤忽干忽湿造成裂根。若天气无雨，一般 5～7 天浇一次水。有蚜虫危害时，可将防病与治虫药剂混合喷洒。药液中也可加入 0.3%～0.5% 的尿素或 0.2%～0.3% 的磷酸二氢钾进行叶面追肥；一般是植株叶色浓绿时，可加喷磷酸二氢钾；植株叶色较淡时，可加喷尿素。注意保护叶片，防止受害早衰，是获优质、丰产的重要措施。

第三节　收获与储藏

收获　10 月中、下旬，经几次轻霜后，肉质根中淀粉转化为糖分，萝卜品质变佳。“立冬”节气前后为冬储萝卜适收期。潍县萝卜可以耐 0～-1℃低温；如果遇 -3℃低温，受冻的肉质根在天气转暖后复原，食之有异味，不宜做水果萝卜食用。一定要在低于 -3℃强寒流到来之前收获，或者扣塑料薄膜防护。

储藏　潍县萝卜最佳储藏温度为 1～2℃，相对湿度 90%～95%。储藏萝卜的沟窖，宽、深各 80～100 厘米，沟向南北，沟长不限。一般情况下，每米长沟窖可存放萝卜 100 千克左右。宜在午后天气冷凉时入窖，摆一层萝卜，撒一层 8～10 厘米湿润细土。天气变冷，再分次覆土。每次覆土均在强寒流到来时进行，共覆土 2～3 次，到小寒前后覆完，覆土总厚度 35～50 厘米。萝卜沟窖在覆土厚度 20 厘米左右时，沟窖上面可再覆盖一层玉米秸，厚度 20～25 厘米，踩实；或盖其他覆盖物，使沟窖覆土微冻或不冻，便于挖窖。玉米秸覆盖物不能过早覆盖，以免窖温升高，萝卜伤热，影响储藏质量。只要萝卜质量好，入窖前后不伤热，天冷时适时覆土不受冻，潍县萝卜可安全储藏到翌年 3 月—4 月份。在恒温库储藏，潍县萝卜最佳储藏温度为 0～1℃，相对湿度 95%，用塑料保鲜袋，每袋 40 个，放入货架，储藏期可持续 4 个月。

第四节　病虫害防治

每年 10 月份易发生虫害，有蚜虫、菜青虫、钻心虫、黄条跳甲等侵蛀，病害主要是霜霉病、黑腐病等。解决办法主要是选用抗（耐）病优良品种；实行轮作倒茬，提倡与高秆作物套种；加强中耕除草，降低病虫源数量。有机萝卜按照有机农业生产标准，不使用农药。

农业防治

创造适宜生长环境条件，加强育苗期管理，培育壮苗，提高抗逆性：控制温度和空气湿度，适宜追加肥水，充足光照；保护地栽培通过放风和辅助加温，调节不同生长时期适宜温度，避免低温和高温危害；严防积水；及时除草施药，避免传染性病害发生。

设施防护

防风口用防虫网封闭，夏季覆盖塑料薄膜、防虫网和遮阳网避雨遮阳；虫害可用频振式杀虫灯、黑光灯、高压汞灯、双波灯等诱杀，或用昆虫性信息素、黄板或蓝板诱杀；田间铺挂银灰膜亦可驱除蚜虫，同时用植物源生物农药杀虫剂。

第二章　萝卜产业

1999 年以后，寒亭区委、区政府把潍县萝卜作为发展高效农业提高农民增收的有效途径，打造寒亭区农业名片，提升产业规模，扩大品牌效应。2008—2013 年，围绕基地建设，规划万亩潍县萝卜都市农业示范园区，成功举办6届潍县萝卜文化节。2013年，区委、区政府将潍县萝卜产业列入全区“五个万字号”农业产业化发展工程，推动潍县萝卜产业快速发展。

第一节　发展历程

1980—2000年，潍县萝卜种植面积逐年递增，农户大多在责任田种植，一般2～3亩，面积小、管理粗放，整体品质较差，价格几分、几角一斤或几元一堆，亩产值几十元或几百元。1999年11月，寒亭区注册“潍县”牌萝卜商标。随着商标注册、包装研发、绿色认证等品牌推广，价格大幅度提升，规模化生产发展较快。2003年，河滩镇农业技术推广站组织潍县萝卜种植大户成立潍县萝卜协会，统一良种供应、统一施用有机肥料和安全无残留农药，严把销售环节，初步形成公司加农户加销售的产供销模式，全国各大超市都有成箱包装潍县萝卜销售。山东品维潍县萝卜产业有限公司对潍县萝卜进行包装销售，推出单个装、精品装、普通装等多个系列，满足不同消费群体需要；成功研发恒温保鲜技术，改变传统“土藏法”缺陷和不足，上市时间由原先的1～2个月延长到5～6个月。

2006年，寒亭区益民合作社成为首个潍县萝卜农民专业合作社，建起全区第一个500亩以上潍县萝卜绿色标准化种植基地，随后相继出现河元潍县萝卜专业合作社、众合潍县萝卜联合社、俊清专业合作社等，基地种植规模千亩以上，全区种植面积5万亩以上。2009年，寒亭区组织益民合作社与山东赛维科技有限公司合作，首次以潍县萝卜为原料进行萝卜汁和萝卜干深加工，开发出潍县萝卜脆片系列产品，进入国内各大商场超市，并远销日本、韩国。2013年，潍坊境内的潍县萝卜脆片生产企业发展到6家，每年消化处理潍县萝卜1.5万吨。在建设潍县萝卜交易市场的同时，在省内大中城市设立经销点、直销处。2010年，潍坊萝卜娃农产品专业合作社落户大埠，萝卜娃生产基地经中华全国供销总社果蔬及制品质量监督检测中心检测为零农残留生产基地。2011年，开轩花卉科技有限公司建立300余亩示范种植基地，开发出“开轩”牌萝卜新品种，被评为中华饮食文化特色精品，萝卜种植基地也被国际风筝联合会指定为潍县萝卜专供生产基地。至2013年，全区成立30多家潍县萝卜农业合作社组织。市场上潍县萝卜包装已经发展到近百个品种；精品装正宗潍县萝卜，市场售价每个达5～8元，亩产值1.2万元。

第二节　品牌打造

1999年11月，寒亭区注册“潍县”牌萝卜商标，潍县萝卜开始实施品牌销售。2004年10月，潍县萝卜被中国绿色食品发展中心认定为绿色食品A级产品。2006年，益民合作社建立第一个占地1000亩的潍县萝卜绿色食品标准化生产基地；9月，寒亭区潍县萝卜协会对潍县萝卜生产和销售实行闸口管理，有序发展，承担起生产过程系列化服务。2007年1月，山东省名牌战略推进委员会通过认证，潍县萝卜成为“山东名牌农产品”。2008年11月，第一届中国（寒亭）潍县萝卜文化节在寒亭区成功举办，以潍县萝卜为名片提高寒亭区国内外知名度。

2010年10月，潍县萝卜入选“黄河三角洲十大品牌优质农产品”。截至2013年12月，寒亭区有“开轩”“俊清”“萝卜娃”等20多个优质潍县萝卜产品知名品牌。

第三节　规模化种植

朱里街道

1999年，朱里街道制定以潍县萝卜规模化、产业化种植为主的高效农业发展规划，形成以官桥村为中心的7个村、以王伯村为中心的8个村、以西于家庄子和西东坡为中心的9个村、以黄埠为中心的7个村四大潍县萝卜种植发展区域。其中原河滩镇57个行政村，种植发展潍县萝卜40个村，涉及2000多户、面积2万多亩。黄埠村西瓜批发市场也转型批发潍县萝卜。种植户收获了西瓜种萝卜，种出来的萝卜口感好。黄埠、宏伟、大侎庄、大张庄、康家、东侎庄5000亩西瓜大棚，收获西瓜后，马上种植潍县萝卜，年收获三茬、四茬。官桥村紧邻206国道北侧，1999年建成潍县萝卜基地，此后规模不断扩大，沿国道两侧形成专业化市场。2013年，全村从事潍县萝卜种植310人，占全村人口57%，潍县萝卜种植面积500亩，产值720万元。每到初冬时节，206国道两侧，卖萝卜的摊点鳞次栉比，迤逦绵延，成为潍城到昌邑沿途的一道独特风景。

固堤街道

形成规模型经济合作组织28个，从业人员336人。产品销往潍坊佳乐家，青岛海信广场、北方国贸、佳世客、麦凯乐，威海家家悦等省内外各大连锁超市。曾先后两次参加青岛萝卜节展会，被誉为“口感、品相最真最好的潍县青萝卜”，潍坊新闻、青岛电视台《生活在线》栏目、《半岛都市报》等省内媒体相继报道。2013年，全街道潍县萝卜种植面积2.4万亩，涉及39个村庄，每亩纯收入1万余元，萝卜产业年均拉动农村经济增收近2.4亿元。

2012年寒亭区潍县萝卜重点生产区域分布一览表

表10-1

重点街道	重点村	种植面积（亩）
固堤街道	固堤三村、解家沿村、邢家常疃村、李家沿村、牟家温庄一村、牟家温庄二村、大魏家村、河南村、北安村、坫后村、东南牟村、东常寨村、牟家温庄三村、北寨里一村、圈里村、前大桥头村、北于家码头、西安村、南王家码头村、东小官庄、大常疃村、固堤一村、贺家村、牟家庄子村、卢家码头村	19077
朱里街道	宏伟村、大侎庄、黄埠村、王伯村、西芝庄、南曹埠村、河滩村	7790
高里街道	张庄、一空桥村、河南村、二戈官庄、三官庙村、南王家庄子村、大柳疃村	2370
开元街道	大辛庄、西常疃村	760
北城街道	前官庄、辛正村	88

2012年寒亭区潍县萝卜零星种植生产区域分布一览表

表10-2

街道	村庄	种植面积（亩）
高里街道	西李家埠村、黑埠子、吴家村、高里二村、高家柳疃村、高家庄子村、巩家庄子村、朱王村	730
开元街道	南柴埠营村、北柴埠营村、孙家杨孟村、张金杨孟村、冯马杨孟村、董家杨孟村、鲁家口村、安固一村、安固二村、安固三村、安固四村、南寨里村	129
朱里街道	官桥村、交界村、东芝村、大东庄、马家村、张家庄子村、东侎庄	1599
固堤街道	南于家码头村、北寨里四村、东北魏村、西北魏村、李家营村、郑仲村、北寨里三村、北寨里二村、油坊村、齐家沿村、潘家庵村	4887
寒亭街道	牛埠村、纪家东庄、李家东庄、邢家东庄、北纸坊村	258
北城街道	田西村、小里庄、西南阳村、前杭埠村、后杭埠村	54

潍坊市寒亭区开轩农场

2006年成立，总投资3000多万元，占地600余亩，是一家集研发、生产、推广为一体的花卉、果品生产、销售专业公司，生产开轩兰花、开轩萝卜、开轩西瓜三大主打产品。2010年，开轩农场农业基地被授予“潍坊市农业产业化重点龙头企业”称号。开轩农场萝卜种植基地培育出“开轩”萝卜新品种，创新性将种植蝴蝶兰技术用于种植萝卜，浇萝卜的水用经过净化的矿泉水，肥料用种植兰花的长效有机肥，所产萝卜口感细密、甜脆，皮质细腻，皮色嫩绿，并创建300多亩示范种植基地。

寒亭区俊清蔬果专业合作社

2009年6月成立，是一家集名、特、优农产品，生产、加工、销售、技术咨询服务、生态旅游开发于一体的经济合作组织。合作社发挥技术力量和地域优势，全面实行标准化生产，严格按照有机食品、绿色食品生产标准和技术操作规范进行生产管理，每个环节都有标准可依；对潍县萝卜种子提纯复壮，促进产品优化升级；广泛应用测土配方施肥等新技术，实现生态循环发展；通过加强培训、指导，培养造就一批懂技术、会经营的技术人员，保障潍县萝卜品质。与北京、福州、济南、青岛等24家外地公司签订常年收购合同；销售价格由原来的1元钱几斤、几个，到2013年提高至3～5元1个。2013年，合作社带动当地及周边农民3800余户，带动潍县萝卜种植1万亩，为农民增收3800余万元。

潍坊舜丰果蔬专业合作社

2013年，合作社有社员457户，生产基地3805亩，拥有拖拉机、播种机、收割机等农机具28台（套）。合作社设农机服务分社、生产资料供应服务部和技术服务部。合作社实行统一种植优质品种，社员分户种植管理入社土地，形成农资供应、技术服务、统一防治、统一采摘、销售一条龙生产管理模式。种植过程中组织土肥专家测土配方施肥，管理过程中聘请专家指导农民科学管理，种植出的潍县青萝卜从口感、外观、质量上都有显著提高。种植的瓜茬青萝卜，借助冰糖籽甜瓜棚特殊的土壤质地，品质优良、甜脆可口、远近闻名。

第三章　加工与营销

潍县萝卜含有葡萄糖、维生素C、淀粉酶、粗纤维和无机盐等10多种营养成分，富含糖化酶素，易于人体吸收，帮助分解食物中淀粉和脂肪。潍县萝卜还含有芥子油，能促进肠胃蠕动，增进食欲，帮助消化。据《医疗本草》记载，潍县萝卜有利五脏、消痰止咳、清热解毒、温中顺气等功效。民间也有“十月萝卜赛人参”“冬吃萝卜夏吃姜、不用医生开药方”等俗语。

图10-2　萝卜深加工展销（2012年）

第一节　产品加工

图 10-3　萝卜艺术雕刻作品（2009 年）

膳食餐饮类型

潍县萝卜可凉拌、清炒、煮汤，也可当水果生食，还可加工制成果脯、饮料、酱菜。

汁液型　潍县萝卜汁含有多种维生素及其他对人体有益的营养成分，可调合牛奶、果汁，配制成牛奶潍县萝卜饮料、潍县萝卜果汁饮料、潍县萝卜可乐、潍县萝卜冰淇淋等。

面粉型　选上好的潍县萝卜晒干，研磨成粉后拌入面粉中，加入糖、肉及其他佐料，可做成潍县萝卜面包、潍县萝卜饼干、潍县萝卜糕点等。

腌制型　将潍县萝卜洗净切片，晒至七成干，放入缸中，一层潍县萝卜片、一层盐，并搓一些五香粉，逐层压紧密封，腌制一个月后，成为价廉物美的五香甜辣潍县萝卜干，呈金黄色，食之甘脆。

烹饪型　常见的有辣炒潍县萝卜丝、潍县萝卜烧肉、凉拌潍县萝卜丝，特别是用潍县萝卜烧汤，无论是切块煮排骨，还是切丝煮鲫鱼或大虾，味道鲜美。

药膳型　食积腹胀、消化不良、胃纳欠佳，生捣汁饮用；恶心呕吐、咳嗽咳痰、泛吐酸水，切碎加蜂蜜煎服；口腔溃疡，捣汁漱口；咽喉炎、扁桃体炎、声音嘶哑、失音，捣汁与姜汁同服；鼻出血，生捣汁和酒少许热服；咯血，与羊肉、鲫鱼同煮熟食；煮食可预防感冒。

系列菜品

百大绿洲餐饮有限公司制作潍县萝卜宴，包括潍县萝卜面点、潍县萝卜凉菜、潍县萝卜特色菜 3 大系列、35 个品种，做工精细、色、香、味俱全，于 2009 年被评为“潍坊菜”十大品牌宴席。

潍县萝卜特色菜品　包括绿洲一品萝卜宴菜、萝卜烧海参、金钱萝卜红烧肉、煲生态萝卜鸡、锦绣潍县萝卜丝、萝卜烧牛脯、小笼蒸萝卜丝、萝卜鲍鱼、炸萝卜丸子、干贝水晶萝卜、三鲜萝卜扣、金牌萝卜丝、合味萝卜、麒麟萝卜蒸甜晒巴鱼、潍县三下锅、鱼翅马蹄莲、哑巴辣椒、板桥小炒、亚麻油小炒等 20 个菜品。

潍县萝卜凉菜品　包括孔雀迎宾萝卜雕、八宝萝卜辣椒、爽口萝卜皮、糖醋萝卜卷、潍县萝卜拌三生、老醋三宝、三色萝卜扎、虾油萝卜老咸菜、干贝萝卜球等 10 个菜品。

潍县萝卜面食品　包括象形萝卜、潍县萝卜丝酥、萝卜丝红面条、萝卜包子等 5 种面食品。

第二节　营　销

2003 年以后，寒亭区加大潍县萝卜营销力度，在潍坊市区设立 30 多家直销点，在济南、青岛、北京分别设立直销处和潍县萝卜超市。2009 年，俊清蔬果专业合作社与潍坊佳乐家、家家悦、全福元等超市进行产品直供合作。俊清蔬果专业合作社标准园作为承载品牌农业发展的核心园区，在创建国家级蔬菜标准园基础上，建立企业网上销售平台，建立二维码农产品质量安全追溯制度。潍县萝卜娃合作社与世界著名餐饮连锁巨头肯德基、麦当劳达成合作关系，开发千亩零农残种植基地。2008年，寒亭区投资3000余万元建成潍县萝卜交易中心，有产品生产、展示、加工、交易、配货、科研、质检、储藏、观光等多种功能为一体的交易平台，拉动潍县萝卜标准化种植面积3万亩，储存萝卜1万多吨，销往国内主要城市、中国香港和东南亚各国。2013年，参加寿光蔬菜博览会、中国绿色食品博览会、鲁台经贸洽谈会、中日韩博览会等国内外农产品贸易对接会，举办中国（寒亭）潍县萝卜文化节，向更多消费者宣传、展示、推介潍县萝卜。

2013年寒亭区潍县萝卜主要销售单位销售量统计表

表10-3

销售单位	年销售量（万个）	销售单位	年销售量（万个）
潍坊金惠园经贸有限公司	900	开轩庄园	6.8
寿光大源农化公司	100	潍坊维源绿色农业科技有限公司	12.5
潍坊志军果业有限公司	40	山东怡兴有机蔬菜有限公司	200
世泉果业	40	鑫达果蔬生产专业合作社	50
潍坊郭牌西瓜培育场	40	无公害冰糖籽甜瓜基地	40
固堤西瓜协会	11	高里街道李洪峰	30
瑞源瓜果蔬菜专业合作社	60	南孙瓜菜协会	35
俊清蔬果专业合作社	1600	高里街道洪超蔬菜专业合作社	40
绿领家园农产品专业合作社	120	潍坊正源优质农产品开发有限公司	500
乐军蔬菜合作社	30	国华萝卜种植专业合作社	320
益民合作社	200	潍坊萝卜娃农产品专业合作社	50

寒亭区益民合作社

2009年，寒亭区益民合作社与山东赛维绿色科技有限公司联合开发萝卜汁、萝卜干等产品，成功研发“潍县萝卜脆片”系列产品；率先研发潍县萝卜单个精品礼盒。至2013年，开发4大类、12个品种潍县萝卜系列化包装。

潍坊俊清农产品销售有限公司

2011年2月成立，注册资金1000万元，设寒亭区俊清蔬果专业合作社、寒亭区绿特农产品专业合作社、寒亭区朱里街道玉河源蔬菜购销专业合作社，是一家集优质农产品生产、加工、销售、储存、物流、技术咨询服务于一体的综合性服务公司。2010年，俊清蔬果专业合作社的潍县萝卜、小米、南瓜、紫薯、马铃薯5种农产品通过国家有机食品认证。其中潍县萝卜经国家质检总局批准，获准使用“地理标志保护产品专用标志”，获首届黄河三角洲高效生态农业投资贸易洽谈会金奖；合作社认证为市级农业标准化生产基地。2011年，“俊清”牌有机潍县萝卜等系列产品获山东十佳农产品品牌和中国著名品牌称号。2012年，公司被评为潍坊市级农业产业化重点龙头企业。2009—2012年，俊清合作社生产的“俊清”牌潍县萝卜连续四次获“中国（寒亭）潍县萝卜文化节十佳评优”第一名。

第四章　萝卜研究与标准化

第一节　研　究

品种

80年代初开始，潍坊市农科院进行潍县萝卜种提纯复壮和优质丰产栽培技术研究，保存原潍县萝卜大缨、二大缨和小缨三个品系及潍县高脚青等种质资源。90年代初，潍县萝卜用种纯度只有46%左右。90年代以后，由于栽培管理措施不当、种子杂乱，种性退化等因素，产品质量下降，失去原有潍县萝卜香、脆、甜、鲜的特点。2000年，市农科院通过对种子进行提纯复壮、组配选育及科学规范化种植研究开发，到2002年，选出抗病、优质、稳产等符合潍县萝卜标准性状的单株，快速繁殖出原种10千克、生产用种10吨。

病虫害

2003年11月，市植物保护站主持完成“潍县萝卜病虫害综合防治配套技术开发研究”项目，通过市科技局鉴定。以潍县萝卜病害攻关为突破口，对萝卜发生的病虫害种类、发生规律、影响因素、防治技术等方面进行系统调查研究，明确潍县萝卜病虫害种类；提出潍县萝卜褐心病、白心病的发病原因，确定烟粉虱防治时期和防治指标；提出潍县萝卜病虫害综合防治配套技术措施。

生产规范

2000年以后，潍坊市种子公司、潍坊市潍县萝卜工作委员会也分别对潍县萝卜提纯复壮、栽培技术等做多项研究和试验。2004年7月，由市农技站和寒亭区农技站联合完成的“潍县青萝卜标准体系研究与标准化开发”项目获潍坊市科学技术进步奖二等奖，项目主要研究制定潍县萝卜种植标准化体系流程，为标准化种植潍县萝卜提供理论依据，总结制订出冬暖棚、大拱棚、早春小拱棚和陆地栽培技术规程；发挥基地作用，建立良种繁育体系，制订出配套的制种技术规程。2007年，潍县萝卜研究所教授赵光强主持的“潍县萝卜品质性状的分析和品种改良”研究获“国家星火计划”立项，2010年按时结题，获潍坊市科技进步二等奖。2008年，寒亭区华夏园艺研究所“潍县萝卜优质高产高效标准化配套技术”项目列入科技部星火计划；11月，针对土壤重金属问题，立项山东省自然科学基金“土壤铅污染对潍县萝卜的毒害阀值及水杨酸缓解铅毒害效应研究”课题，从不同角度进行铅污染对潍县萝卜的影响研究，并探索水杨酸一类可以缓解毒害效应的解毒剂。2012年9月，寒亭区潍县萝卜研发中心“潍县萝卜种子提纯及优质高效标准化配套技术推广”项目列入国家星火计划。至2013年，冬暖棚、大拱棚、早春小拱棚和露地栽培技术广泛推广应用于生产，潍县萝卜用种纯度提高到85%以上；除供应本地用种外，还远销北京、天津、河北、河南等地。

《潍县萝卜栽培与营销》　寒亭区在总结、试验基础上，围绕加快潍县萝卜农民专业合作社发展，于2006年编辑出版《潍县萝卜栽培与营销》作为合作社社员培训教材，是寒亭区第一部系统介绍潍县萝卜生产栽培与销售管理技术的书籍。

萝卜系列专用肥　2010年，寒亭区益民合作社与中国农科院土肥研究所合作，根据潍县萝卜需肥规律进行多次配比试验，研制出含有氮、磷、钾、铁、镁、铜、硼、铝等多种元素的潍县萝卜基肥和冲施肥以及叶面肥，并能提高潍县萝

卜品质。潍县萝卜用专用肥后，每亩精品产出率由原来的40%提高到近60%。

机械化播种　潍县萝卜传统的播种方式，主要靠开穴点种和划沟撒种，需要大量人力和时间。益民合作社在专家指导下，经反复试验，总结出实施机械化播种方式，播种效率由原来每人每天不足2亩，提高到一人一机每天可播种50亩以上；每亩机播用种量0.4千克，比人力播种节约用种0.5千克，播种行距一致，深度均匀，出苗整齐，为规模化、标准化种植奠定基础。

保鲜储藏技术　2007年，益民合作社在潍坊租赁恒温库，进行潍县萝卜恒温保鲜储藏试验；在-0.5～0℃之间，潍县萝卜保鲜储藏期7个月以上；在0～1℃之间，保鲜储藏期4个月；在1～3℃之间，保鲜储藏期3个月。潍县萝卜恒温库保鲜储藏解决土埋法受自然天气影响大的问题，保证潍县萝卜品质，延长上市周期，增加经济效益。

1994—2012年寒亭区潍县萝卜研究论文选一览表

表10-4

年份	论文题目	发表期刊	作者
1994	新选小樱紫花潍县萝卜品系	《中国蔬菜》第2期	王洪贤　王俊杰
2000	潍县萝卜优质丰产栽培技术（秋茬）	《山东蔬菜》第7期	张绳贤　高兆升
2001	精品潍县萝卜春季小拱棚栽培技术	《山东蔬菜》第1期	冯良艳　李素芹
2007	潍县萝卜黑圈病病变鉴定	山东农业大学2007年硕士论文	李向东　郗丽君
2008	潍县萝卜产业发展现状与对策	《中国蔬菜》第1期	王林武　韩太利　谭金霞
2008	储藏过程中潍县萝卜糠心的组织形态学观察	《潍坊学院报》第6期	刘春香
2009	萝卜花粉培养及自交育性检测	《北方园艺》第4期	刘春香等
2009	低温胁迫对萝卜幼苗抗寒性相关生理指标的影响	《安徽农业科学》第2期	孙海燕　张经廷　王宜凯
2010	稀土元素镧对潍县萝卜陈种子活力的影响	《中国农学通报》第23期	李媛媛
2010	潍县萝卜缺素症状及补救方法	《中国果菜》第2期	袁永胜等
2010	地方特产潍县萝卜研究现状与前景展望	《河北农业科学》第5期	李媛媛　王冰冰
2011	萝卜辣味与黑介子酶	《潍坊学院报》第6期	刘春香　李洪涛　赵光强
2011	PEG浸种对潍县萝卜陈种子活力及幼苗抗逆性的影响	《种子》第1期	李媛媛
2011	铅对5种萝卜种子萌发和幼苗生长的影响	《种子》第11期	杜连彩
2011	不同来源潍县萝卜品质性状比较	《安徽农业科学》第36期	赵光强　刘慧莲　刘春香
2012	水杨酸对铅胁迫下潍县萝卜抗氧化酶活性的影响	《安徽农业科学》第2期	杜连彩
2012	水杨酸对铅胁迫下潍县萝卜品质的影响	《安徽农业科学》第3期	杜连彩
2012	水杨酸对铅胁迫下潍县萝卜直根生长和铅含量的影响	《安徽农业科学》第13期	杜连彩
2012	潍县青萝卜栽培种ACP、EST和POD同工酶比较分析	《种子》第5期	阚世红　李文艳

第二节　标准化

标准体系

2004年7月，潍坊市农技站和寒亭区农技站组织研究人员，在潍县萝卜品种提纯复壮和繁育生产，种植区土壤改良和施肥，栽培管理标准化、规范化操作以及产品包装改良等生产销售环节进行大量实验研究和改进，制定潍坊市地方农业标准规范DB3707/T010—2000《潍县萝卜》，DB3707/T011—2000《潍县萝卜种子》和DB3707/T012—2000《潍县萝卜秋季栽培技术规范》，并在种植区内组织实施。标准体系对潍县萝卜土壤选择与支棚规格、品种选择、播种时间、种植规格与密度、施肥量与施肥方法、播种后管理与收获等都作出详细规定，使潍县萝卜在种植、生产加工、销售等各个环节都有依据和标准。农户依据标准种植，使潍县萝卜在外观形状、颜色，内在品质及口感等方面有很大改善，提高了潍县萝卜经济效益，增强了市场竞争力。

2013年寒亭区潍县萝卜分级标准一览表

表10-5

等级	一等		二等		三等	
项目	小缨	二大缨	小缨	二大缨	小缨	二大缨
品质要求	同一品种，形状正常，肉质脆嫩致密，新鲜，色泽良好，清洁。无腐烂、裂痕、皱缩、黑心糠心、病虫害、机械伤及冻害。每批样品不合格率不能超过5%		同一品种，形状较正常，新鲜，色泽良好，清洁。无腐烂、裂痕、皱缩、糠心、病虫害、机械伤及冻害。每批样品不合格率不能超过10%		同一品种或相似品种，形状尚正常。无腐烂、裂痕、皱缩、黑心糠心、病虫害、机械伤及冻害。每批样品不合格率不能超过10%	
平均单株重（克）	400	500	400	500	400	500
最大与最小的重量差（克）	±60	±60	±60	±60	±60	±60
平均单株长(厘米)	25	27	25	27	25	27
最长与最短的长度偏差（厘米）	1	1	2	2	3	3

地理标志产品

1999年4月，寒亭区率先在国家商标总局注册“潍县”牌萝卜商标；2000年11月，取得国家商标总局核准。2004年，潍县萝卜通过国家绿色食品认证。由于潍县萝卜种植区域包括潍坊市弥河以东、潍河以西、胶济铁路以北、新沙路以南区域以及潍城区的原望留和军埠口镇行政区域，包括多个县、市、区，申报方案得到潍坊市政府同意，由寒亭区牵头注册并由寒亭区管理。通过取得省农业厅证明、选定监测机构等环节，2006年9月国家质量监督检验检疫总局批准对潍县萝卜实施地理标志产品保护。2010年11月，潍县萝卜通过国家工商总局审核注册“地理标志证明商标”。对于提升潍县萝卜的知名度和美誉度、推进潍县萝卜规模化种植、产业化加工、集约化经营，促进农业增效、农民增收具有重要意义。

附：关于批准对潍县萝卜实施地理标志产品保护的公告

国家质量监督检验检疫总局

2006年第126号

根据《地理标志产品保护规定》，我局组织了对潍县萝卜地理标志产品保护的审查。经审查合格，现批准自即日起对潍县萝卜实施地理标志产品保护。

一、保护范围

潍县萝卜地理标志产品保护范围以山东省潍坊市人民政府《关于申请给予潍县萝卜地理标志产品保护的函》（潍政函〔2005〕53号）提出的范围为准，为山东省潍坊市弥河以东，潍河以西，胶济铁路以北，新沙路以南的区域，以及潍城区的望留镇、军埠口镇现辖行政区域。

二、质量技术要求

（一）品种

小缨、二大缨

（二）立地条件

保护范围内地势平坦，土层深厚，轻粘壤土，有机质≥1%，pH值7.2～8.0，水源充足，水质优良。

（三）栽培管理

1. 选地整畦：实行轮作，每667平方米（亩）施腐熟优质圈肥5000千克作基肥，深耕耙平，然后整1.2米宽平畦，长度30米左右。

2. 播种：于8月15日至8月20日播种，按30厘米行距划沟撒种，播后搂平，轻压浇水。

3. 间苗定苗：分两次间苗一次定苗，每667平方米（亩）留苗8000～9000株。

4. 浇水与施肥：随生长阶段追施腐熟饼肥及生物有机肥2～3次，可随浇水冲施腐殖酸有机肥和高钾冲施肥或追施适量氮磷钾复合肥；及时中耕除草，浇水要少浇、勤浇，保持维持水量60%为宜。

5. 病虫害防治：选用高效、低毒、无残留农药，达到生产安全、优质的目的。

（四）收获与储藏

1. 采收：10月下旬至11月上旬出现轻微霜冻时采收。

2. 储藏：用沟窖储藏，一层萝卜覆盖一层湿土，保持窖温4～5℃，储藏至次年3月。

（五）质量特色

1. 感官特色：肉质根顺直，长圆柱形，绿皮绿肉，皮薄深绿色，外观呈灰绿色，生食脆甜多汁，辣味淡，储藏一段时间品质更佳。

2. 理化指标：小缨潍县萝卜单个肉质根重400克±60克，长度25厘米±3厘米，直径4～5厘米，水分≥92.0%，还原糖≥3.0，维生素C(毫克/100克）≥25；二大缨潍县萝卜单个重500克±60克，长27厘米±3厘米，直径5厘米左右，水分≥92.0%，还原糖≥3．0，维生素C(毫克/l00克）≥25。

三、专用使用标志

潍县萝卜地理标志产品保护范围内的生产者，可向山东省潍坊市质量技术监督局提出使用"地理标志产品专用标志"的申请，由国家质检总局公告批准。

自本公告发布之日起，各地质检部门开始对潍县萝卜实施地理标志产品保护措施。

特此公告。

二〇〇六年九月四日

第五章　潍县萝卜文化

土特产是饮食民俗中的亮色，与潍县萝卜有关的民间民俗活动、民间传说、民间俗语等，伴随着寒亭社会历史的发展而不断粘连新的文化意蕴，在境内衍生出丰富多样的"本土化"表现。

第一节　民俗文化

民间俗语

寒亭有关萝卜民间俗语主要分为两类：一类

主要夸赞本地萝卜，如“萝卜拌白糖，稀脆又甘甜”“藕断丝连，不如萝卜甘脆”“萝卜缨子馇豆腐，撑得像个小碌碡”“秋冬萝卜小人参”“十月萝卜赛人参，地瓜萝卜最养人”等，表现出对家乡物产真心喜爱和由衷赞许；“烟台苹果莱阳梨，不如潍县（的）萝卜皮”“冬吃萝卜夏吃姜，不劳医生开药方”更是脍炙人口。另一类是借萝卜言事寓理，反映人际关系与人生哲理方面内容，如“光吃萝卜别吃藕，少使心眼多动手”“庄户人家一根筋，咸吃萝卜淡操心”“萝卜白菜，各有所爱”“头辣腚臊，吃萝卜吃腰”“打了春的萝卜，立了秋的瓜”。

民间故事

在寒亭当地广为流传的《萝卜仙子》中，主人公“萝卜憨”是老潍县一名普通农民，民间传说中将“高脚青”萝卜的培育之功归于他。《“萝卜憨”娶媳妇儿》的传说，表现民间社会对于忠厚为人的嘉许与祝福。在《龙脉神泉与萝卜仙祖》的传说中，不顾个人安危而造福一方的翠儿和罗儿，被视为潍县萝卜之仙祖予以供奉；《吃萝卜喝茶的来历》的传说，则在一项普普通通的饮食习俗中，寄寓着一段缠绵悱恻的爱情悲剧。此外，在当地民间传说中，刘伯温、郑板桥与潍县萝卜有着不解之缘。特别是围绕刘伯温这一传奇历史人物，产生了与潍县萝卜有关的大量传说故事，如潍县萝卜命名、潍河鲤鱼变四孔、潍县萝卜成仙果等，曲折离奇。在这些传说中，历史名人被赋予亲切的地方味儿，潍县萝卜则更添几许传奇色彩。

民间风俗

潍北一带曾盛行与萝卜有关的“一年二祭”之俗，一为乞巧，一为秋报，其祭祀群体有明显差异。农历正月十五间举行的“扎萝卜姑姑”，参与主体以年轻女性为主，旨在逞巧玩乐、乞巧占卜。如“扫帚菜，结万子，驾着扫帚撒种子，萝卜姑姑保佑俺，明年嫁郎生儿子”。农历九月以中老年人为主在萝卜地里举行的祈禳庆丰仪式，无论是凌晨时分在自家萝卜地里的走圈仪式，还是在萝卜地四角四边以红绸、红绒线扎系萝卜的讲究，以及“萝卜姑姑萝卜仙，红丝线儿扎住俺；也不跑来也不颠，就在俺家过新年”等诵辞，都显示出当地人对于萝卜丰收的美好祈愿和对于赠予大地的感恩之情。农村元宵节晚上，儿童要在大人的带领下，提着萝卜灯照照平常不去的墙角院落，以辟邪除病。

附：相关文学作品选

对联·咏潍县萝卜

清·郑板桥

青菜萝卜糙米饭，瓦壶天水菊花茶。

己亥杂诗

清·龚自珍

菜菔生儿荠有孙，离批秋霰委黄昏。
青松心事成无赖，只阅前山野烧痕。

竹枝词·咏潍县萝卜

清·郭麐

一带烟村傍远汀，桔槔声里菜花馨。
晚菘早韭由郎种，莫种糠心高脚青。

竹枝词·咏潍县萝卜

清·裴星川

其一

上元佳节庆元宵，灯火满城好景饶。
萝卜刻灯借古物，陈家漆店最精雕。

其二

潍县萝卜久驰名，消食化痰善养生。
叫卖声声甜又脆，清新悦耳富诗情。

第二节 中国（寒亭）潍县萝卜文化节

中国（寒亭）潍县萝卜文化节产生

2007年7月，通过招商引资方式，与潍坊卓信实业集团有限公司签约，于2008年9月建成占地2400平方米潍县萝卜交易中心大厅。在具备硬件设施的基础上，经区委、区政府决定举办首届“中国·寒亭潍县萝卜文化节”，印发《首届“中国（寒亭）潍县萝卜文化节”筹备方案》。2008年11月20日—24日，在潍县萝卜交易中心举办首届“中国·寒亭潍县萝卜文化节”。2008—2013年，举办六届“中国·寒亭潍县萝卜文化节”。首届潍县萝卜节的办节方式是“政府主导，社会参与，市场化运作”；第二至六届“中国（寒亭）潍县萝卜文化节”的办节方式是“政府协调，市场运作，企业参与，部门协作”。2011年，“中国（寒亭）潍县萝卜文化节”被评为“中国最具影响力品牌节会”。

历届中国（寒亭）潍县萝卜文化节

“中国（寒亭）潍县萝卜文化节”围绕“一馆、一厅、两园、一广场”这五大板块（“一馆”即潍县萝卜科技文化馆，“一厅”即寒亭区农产品批发市场交易大厅，“两园”即益民合作社都市农业观光休闲采摘园、俊清合作社潍县萝卜种植示范园，“一广场”即潍县萝卜科技文化馆厅前广场），开展六项节庆活动（新闻发布会、开幕式、专场文艺演出、系列产品推介、潍县萝卜及系列深加工产品评优大奖赛、潍县萝卜采摘）。

第一届　2008年11月20日—24日，在寒亭潍县萝卜交易中心举办。萝卜节期间进行潍县萝卜系列产品展示、杨家埠风筝及年画现场制作、潍县萝卜文化楹联书画展、潍县萝卜茶艺品尝、全国各地萝卜和寒亭名特优产品对外招商展示等活动。节会期间，潍县萝卜销售1000多吨，签订销售意向近8000吨。寒亭区与山东农业大学、潍坊卓信实业集团有限公司、潍坊众和肥料有限公司等20多家单位签订科研、经销合作协议。

第二届　2009年10月24日—28日，在寒亭区潍县萝卜交易中心举办。采取“政府主导，部门协办，企业合作，社会参与”办节方式，突出科技文化、观光采食、商贸推介三大特点。其间，引进招商引资项目11个，有9个项目投资超过2000万元，其中江东农业机械生产加工项目投资超过5000万元。同时还与北京、天津等国内大中城市经销商达成萝卜购销协议。

第三届　2010年10月29日—31日，由世界批发市场联合会亚太地区工作组和全国城市农贸中心联合会主办、寒亭区人民政府和潍坊卓信实业集团有限公司承办，在寒亭农产品批发市场举行。以“萝卜的世界，世界的萝卜”为主题，突出“商贸活动带动、科技文化推动、观光旅游拉动”三大特点，主要有5大板块区7项主要活动。

第四届　2011年10月28日—30日，在寒亭潍县萝卜交易中心举行。此届突出“科技文化、旅游观光、商贸推介、惠民增收”四大特点，其间举办首届“有斐”杯潍坊萝卜形象大使选拔赛及专场文艺出、潍县萝卜系列产品推介、潍县萝卜及系列深加工产品评优大奖赛、游园采摘等一系列丰富多彩的活动。

第五届　2012年10月26日—28日，在寒亭区潍县萝卜科技文化馆举行，潍县萝卜被授予“中国果菜十大驰名品牌”。其间，举办专场文艺演出、系列产品推介、潍县萝卜鲜食产品和深加工产品评优大奖赛、潍县萝卜观赏及采摘等特色活动。

第六届　2013年10月25日—27日，在潍县萝卜科技文化馆举行。以“展示品牌特色、引领健康理念”为宗旨，突出“务实、提高”主题，围绕广场活动区域、潍县萝卜科技文化馆、河元潍县萝卜休闲园和俊清合作社潍县萝卜种植示范园四大板块，举办开幕式和潍县萝卜采摘等系列活动。

第十一编　开放型经济

DI SHI YI BIAN　KAI FANG XING JING JI

寒亭区对外开放始于80年代后期。进入90年代，坚持以开放带开发、以开发促开放的路子，对外开放步伐逐渐加快。至2013年，寒亭初步形成大开放、大开发的格局。

对外贸易发展势头强劲。1989年，对外贸易经营体制为计划经济体制。1992年，外贸经营体制改革，外贸经营权有限放开，外经外贸业务范围不断扩大。至1994年，全区完成外贸出口交货值1.82亿元人民币。2003年，全区共有28家内资企业获进出口经营权。2008年，引进外资项目集中落户寒亭经济开发区和寒亭海洋化工开发区，外经外贸业务稳步发展。2010年，现代制造业产品成为对外经贸的主要业务，实现出口创汇1.87亿美元。至2013年年底，境内80%规模以上企业获自营进出口经营权，实现出口创汇4.08亿美元；进口产品达40余种，进口贸易额3.04亿美元；有外商及港台投资企业34家，高新技术含量和高附加值项目成为发展重点。

招商引资力度逐年加大。1989年，寒亭区制定《关于发展外向型经济的若干政策》，招商引资开始起步。1999年，实施全民招商策略。2001年，潍坊经济开发区及各镇街经济园区相继建成并转入功能开发阶段，多项招商引资优惠政策相继出台，招商引资走上快速发展轨道。2007年，"全民招商"向"专业招商"转变，"招商引资"向"招商选资"转变，提高招商引资成功率和项目含金量。2008年后，先后组织参加潍坊国际风筝会、鲁台经贸洽谈会、潍县萝卜文化节、福州招商活动，（青岛）潍坊周、潍坊（杭州）投资促进恳谈会、"长三角"推介会，"珠三角"推介会等大型招商活动，大大加快项目、资金引进力度。2013年，全面推进大招商招大商，实际利用外资3766万美元，比上年增长6.63%；新引进项目59个，计划协议总投资106.7亿元。

开发区建设成为推动寒亭开放型经济发展的重要载体。从1994年开始，相继设立潍坊经济开发区、寒亭经济开发区、寒亭海洋化工开发区、杨家埠旅游开发区，制定优惠政策吸引企业入驻，带动全区外向型经济发展。

第一章　外经外贸

第一节　外贸体制

管理体制

1984年，全区对外贸易工作管理由寒亭区外贸公司（企业编制经营性公司）负责，只是负责对出口产品的组织和转售，管理权限很小。1988年，寒亭区成立区对外经济贸易办公室，与区对外贸易公司合署办公，行政在编人员7人。1990年，撤销区对外经济贸易办公室，成立区对外经济贸易委员会（简称区外经委），为正科级区政府办事机构。1992年7月，区外经委与区外贸公司"一个机构、两块牌子"合署办公，编制4人，组织、管理全区外经、外贸工作。

1993年12月，区外经委正式独立办公，履行全区对外经贸工作的指导和管理职能。1998年12月，成立中国国际商会潍坊市寒亭区商会（简称区商会），正科级事业单位，设会长1人（兼职），与区外经委"一个机构、两块牌子"合署办公，不增加人员编制。

2008年，撤销区外经委，成立区对外贸易经济合作局（简称区外经局），为正科级行政单位，内设办公室、外贸科，负责申办各类企业进出口经营资格登记业务，组织赴国（境）外举办展销会、洽谈会，协调管理进出口商品质量，协调组织境外技术合作和境外劳务输出等。

2010年2月，区外经局合并区贸易局部分职能，成立寒亭区商务局，正科级行政单位，核定行政编制12人，内设外商投资企业管理服务中心（核定事业编制3人，与区商务局合署办公）、办公室、组织人事科、外经贸科、内贸科等。对外经济贸易工作管理成为区商务局的重要职能。至2013年年底，机构、职能无变化。

经营体制

1989年，对外贸易经营体制为计划经济体制。1990年，山东省外贸局、潍坊市外贸局分别制订市、县《外贸企业实行承包经营责任制的实施意见》，当年1月1日起，县级外贸公司全面实施承包经营责任制。1991年开始，随着国家调整和改革汇率机制，国家取消外贸企业财政补贴，实行外贸自负盈亏机制。1992年1月1日起，实行市场经济体制，外贸经营权有限放开，自营进出口权由省审批。同时，外贸业务划归县级管理，实行经贸合一体制。1993年，中共十四届三中全会提出“统一政策，放开经营，平等竞争，自负盈亏，工贸结合，推行代理制”的外贸体制改革方向，改革汇率制度，实行外贸企业自负盈亏。1994年起，双重汇率并轨，外贸企业一律取消外汇留成，实行以市场供求为基础的单一人民币浮动汇率制度；同时，进出口配额和许可证范围缩小，90%以上出口商品放开，价格由市场决定。通过这些改革，初步建立起适应市场经济体制要求和国际贸易通行规则的新型外贸体制框架，为全区发展国际经贸合作提供制度和法律保证。2000年以后，生产企业自营进出口权进一步扩大。至2008年年底，已有91家企业获自营进出口经营权。至2013年，区内80%规模以上企业获自营进出口经营权。与此同时，全面放开外商到境内投资经营，外商投资逐渐遍及种植、养殖、食品加工、机械制造、工艺品加工、化工、医药、房地产、包装、装潢、宾馆、饮食等领域，基本实现外商投资无禁区。

第二节 对外贸易

出口贸易

出口企业和商品　1992年以前，出口以农副产品和土特产品为主，产品有粉丝、水煮鬃、长毛绒玩具、草柳编、抽纱、地挂毯、葫芦条、笤帚、槐米、长毛兔、对虾等，主要出口德国、美国、瑞士和其他西欧国家。1993年，国家进一步放开进出口经营权，地方政府和企业拥有自营进出口权，区内实施“一乡一业、一村一品”农业产业化战略，建立产品基地，出口产品种类增加。出口产品扩大到蔬菜、肉鸡、肉鸭、原盐、铸造产品等，出口目的地逐渐扩大到韩国、日本、东南亚等国家和地区。

1993年，潍坊第二棉纺织厂成为寒亭区首家获外经贸部批准的拥有进出口经营权的企业。自此，寒亭企业开始直接自营出口创汇。至2003年，全区共有28家内资企业获进出口经营权。此后5年，产品出口企业年均增加10家以上，仅2008年就新增22家。至2008年年底，区内有91家企业产品出口，其中，潍坊元林木业有限公司、潍坊亚星乐天有限公司、山东海龙股份有限公司、山东海龙进出口有限公司4家企业产品出口贸易额超过1000万美元。在原有农副土特产品基础上，出口重点转向工业产品，有化工、机械制造、纺织服装等3大类30余种。其中，纺织服装、机械加工、化学纤维、塑料制品、木制家具、生活用纸、食品加工、复合不锈钢管、拉链、盐化工产品等成为支柱性出口产品。此外，杨家埠年画、杨家埠风筝、潍县萝卜3类产品也成为区内畅销国际市场的品牌产品。出口产品主要面向美国、英国、意大利、俄罗斯、阿联酋、土耳其、智利、瑞典等国家。

2009年，受国际经济形势制约，仅新增产品出口企业1家。2010年以后，又有所上升，产品出口贸易额超过1000万美元企业20余家，新增产品出口企业17家。至2013年年底，寒亭区累计对外贸易经营者备案登记 129 家，其中出口产品专厂 22 家，建设 14 个农副产品生产加工基地，出口商品 18 大类 80 余种。

出口贸易额　1989—1992 年，区内出口由区外贸公司独家经营，出口方式仅为收购出口，为省市各外贸公司供货，全区完成外贸收购额年均不足 5000 万元人民币。1993 年，国家对外贸易经济合作部开始向基层外贸公司和生产企业批授对外贸易进出口经营权，区内出口贸易额上升，当年完成 1.06 亿元人民币。1995—2000 年，由于出口产品较少、产品质量不稳定、国际市场变化等多方面因素影响，出口贸易额出现大幅度波动：1995 年比 1993 年减少 40% 以上；1999 年比 1998 年减少 351 万美元；2000 年比 1998 年减少 409 万美元。2001 年以后，出口贸易额呈现平稳递增态势；2004 年，增长至 3068 万美元；2011 年，出现大幅度增长，高达 9.55 亿美元。2012—2013 年，又有所下降，2013 年完成出口贸易额 4.08 亿美元。

进口贸易

进口产品种类　1989—1992 年，区内进口产品由国家统一分配，品种有农药、化肥、纸浆、棉纱、服装等，其中，化肥、农药、柴油、农膜等农用物资为主要进口产品。1993 年后，区内可直接进口国外产品，种类扩大到钢材、木材、汽车、摩托车、机械设备、医药等。其中，纸浆、棉纱进口出现大幅度增长，摩托车、汽车、无绳电话等进口物资受到境内市场欢迎。1996—1997 年，潍坊第二棉纺织厂投入技改资金 3000 多万元，引进意大利产自动络筒机、日本产喷气织机、德国产泽尔浆纱机、美国产空压机等国际先进设备，成为区内首批规模进口机械设备的厂家。2000 年开始，进口产品增加种子，养殖动物中的繁殖母本貂、蓝狐等种类。2013 年，进口产品 40 余种。

进口贸易额　2004 年之前，进口贸易额无统计。2004 年，进口贸易额 745 万美元。2005—2013 年进口贸易额持续稳步上升。至 2013 年，进口贸易额 3.04 亿美元。

1989—2013 年寒亭区进出口贸易额统计表

表 11-1

年份	出口总额	进口总额（万美元）
1989	3680 万元	—
1990	4956 万元	—
1991	4799 万元	—
1992	4489 万元	—
1993	10600 万元	—
1994	18217 万元	—
1995	605 万美元	—
1996	717 万美元	—
1997	913 万美元	—
1998	1189 万美元	—
1999	838 万美元	—
2000	780 万美元	—
2001	1181 万美元	—
2002	1550 万美元	—
2003	2081 万美元	—
2004	3068.5 万美元	745
2005	5534.2 万美元	966
2006	12186 万美元	2774
2007	15653 万美元	6969
2008	15392 万美元	13617
2009	16034 万美元	11185
2010	18657 万美元	18599
2011	95515 万美元	19420
2012	35967 万美元	26396
2013	40765 万美元	30414

第三节　对外经济合作

1999 年以前，寒亭区对外经济合作很少。至 2004 年，区内有合作企业 2 家，分别是与香港合作的潍坊本信利印染公司、与韩国湖南石油化学株式会社合作的潍坊亚星化学有限公司。同年，以劳务输出和对外劳务承包为主的对外经济合作开始发展。2007年，潍坊经济开发区山东电力三建公司在印尼、沙特阿拉伯等国家承建对外承包工程。2012年8月，区委、区政府组织赴日本、韩国举行友好交流考察招商活动，与日本山形县庄内町和韩国仁川广域市东区建立经济战略伙伴关系，扩大与日本、韩国的交流合作。

劳务输出　劳务承包

2003年之前，境内基本无规模型劳务输出。2004年开始，向东南亚、中亚等国家和地区的国际劳务市场输出劳动力，承包劳务合同。2008年，潍坊经济开发区划归寒亭区管辖，对外经济技术合作有了较快发展。2010年，对外承包劳务合同额40.44亿美元，同比增长46.7%；完成对外劳务营业额15.8亿美元，同比增长56.3%，增幅位居全市第一；外派劳务2039人，同比增长33.1%，列全市第一。2013年，完成对外承包工程营业额290万美元，对外输出劳务255人次。

2004—2013年寒亭区对外劳务输出统计表

表11-2

年份	外派劳务（人次）	承包劳务合同额（万美元）	完成营业额（万美元）
2004	60	100	38
2005	61	130	120
2006	11	22	11
2007	35	60	35
2008	1171	158503	68193
2009	1532	275700	101000
2010	2039	404400	158000
2011	1624	—	201962
2012	642	—	197
2013	255	—	290

境外办企业

2010年，投资兴办境外企业2家，中方协议投资金额753万元。2012年，设立境外投资企业1家，中方投资额300万美元。2013年，设立境外投资企业1家，中方累计协议投资950万美元。至当年年底，区内投资兴办境外企业累计4家。

海外上市企业

2007年，潍坊昱合畜禽有限公司被英属维尔京群岛光立国际有限公司股权并购。2008年3月，在美国OTCBB市场买壳上市。2009年12月，转板纳斯达克主板市场，先后融资3000多万美元，成为区内首家海外上市企业，也是全国畜牧行业唯一一家在美国纳斯达克主板市场上市的企业。

第四节　外商及港台投资企业

1988年，由潍坊第二棉纺织厂、香港中艺公司、山东省抽纱公司3家合资成立潍坊鲁艺纺织公司，是区内第一家合资企业。其中，港商出资130万美元，生产纯棉纱制品。此后2年间，区内外商及港台投资企业规模较小，大都在几万美元至几十万美元之间，投资主体多为纺织服装、食品加工等。1992年开始，改革开放步伐加快，外商及港台投资企业有较快速度增加。潍坊义坊食品有限公司、潍坊东海针织有限公司、潍坊韩中大观首饰有限公司、潍坊富达木制品有限公司、潍坊华罗鞋业有限公司等22家外商及港台投资企业成立，其中，潍坊华联房地产有限公司是全区首家房地产业利用外资项目。1993年，潍坊被国务院批准列入沿海经济开发区，享受一系列优惠政策。当年，潍坊利乐纺织有限公司、潍坊华港电脑绣花制品有限公司、潍坊天娜服装有限公司、潍坊吉思工艺品有限公司、潍坊三木门窗有限公司等27家利用外资企业相继成立，潍坊杨家埠风筝有限公司成为全区首家传统文化产业中外合资企业。1994年，潍坊电桥电源设备有限公司、潍坊渤海华洋大酒店有限公司、潍坊鲁信纺织有限公司等21家利用外资企业成立。

1998年12月，中国国际商会潍坊市寒亭区商会成立后，开展对外联络，组织发展会员，提供信息，搞好服务，推动全区外向型经济和外商及港台投资企业发展；当年全区实际利用外资1292万美元。2000年，全区共落实招商引资项目322个，潍坊新立拉链有限公司、宏林木业

（潍坊）有限公司、潍坊顺昌制盐有限公司、潍坊熙成塑管有限公司、潍坊华帝金属管业有限公司、潍坊金椿食品有限公司等 14 家利用外资企业成立。

2004 年，全区注重调整利用外资结构，由单纯引进制造业外资项目向引进制造业、农业、房地产开发等多行业外资项目转变。在引进潍坊亚星乐天化工有限公司等制造业大项目同时，引进潍坊远东养殖有限公司、潍坊浩宇世纪房地产开发、潍坊耀昇房地产开发有限公司，拓展利用外资空间。2005 年，寒亭区加大招商引资力度，利用外资项目呈现跳跃式发展，全年合同利用外资 8848 万美元，实际利用外资 7498 万美元。2008 年以后，区委、区政府进一步加快对外开放，出台优惠政策，以招商引资为总抓手，推动区内外商及港台投资企业快速发展；当年全区合同利用外资 2849 万美元，实际利用外资 2581 万美元。

2011 年 7 月，云顶（山东）融资租赁有限公司成立，成为山东省第一家外资融资租赁公司。2013 年，针对国际市场新形势，及时调整思路，转变方式，在引进高新技术含量和高附加值项目同时，巩固和发展已有外商及港台投资企业；全年合同利用外资 9856 万美元，实际利用外资 3766 万美元。

至 2013 年年底，区内共有外商及港台投资企业 34 家。其中，独资企业 16 家：韩国投资 3 家、日本投资 3 家、美国投资 1 家、新加坡投资 1 家、澳大利亚投资 1 家、港台地区投资 6 家、其他 1 家；合资企业 17 家：与港台地区合资企业 8 家，与韩国合资 2 家，与美国合资 4 家，与新加坡合资 1 家，其他 2 家；合作企业 2 家：与香港合作的潍坊本信利印染公司，与韩国湖南石油化学株式会社合作的潍坊亚星湖石化工有限公司。

2013 年寒亭区外商及港台投资企业一览表

表 11-3

企业名称	类别	投资方	投资总额（万美元）	注册资本（万美元）	成立年份
潍坊天日塑钢管制造有限公司	独资	日本日管株式会社	128	90	1999
潍坊本信利印染有限公司	合作	潍坊本信利纺织公司　香港布丽贸易有限公司	56.5	56.5	1999
潍坊恒通织物有限公司	合资	潍坊春来家纺有限公司　韩国信荣综合织物株式会社	8	8	2000
潍坊金椿食品有限公司	合资	潍坊金得食品公司、利得贸易公司　英属维尔京群岛	160	115	2000
潍坊朗冬食品有限公司	合资	潍坊震大食品公司　香港黄碧琪	13	9.25	2000
潍坊阿蒂克食品有限公司	独资	日本阿蒂克株式会社	28.6	22	2000
潍坊瑞麦食品有限公司	独资	新加坡旺旺控股有限公司	414	300	2001
潍坊平和园宠物食品有限公司	合资	青岛保税区希凌国际贸易　美国艾兰达投资有限公司	75	75	2002
潍坊名山机械制造有限公司	合资	潍坊市名山铸造　美国森达实业	20	18	2002
鑫利塑料制品有限公司	合资	潍坊金利塑料制品　台湾陈铭财	24	19.9	2002
潍坊瑞华塑料制品有限公司	合资	潍坊家祥汽车贸易　台湾李治洪	8	8	2002
潍坊元林木业有限公司	独资	香港易盛国际有限公司	300	260	2003

续表 11-3

企业名称	类别	投资方	投资总额（万美元）	注册资本（万美元）	成立日期
潍坊石泉工艺品制造有限公司	独资	韩国全泳君	150	120	2003
恒联美林生活用纸有限公司	独资	香港威荣纸业	1250	500	2003
潍坊太宏饲料有限公司	合资	潍坊昱合畜禽有限公司　英属维尔京群岛光立国际有限公司	1200万元人民币	800万元人民币	2003
潍坊大成五金制品有限公司	独资	韩国权赫文	7	7	2004
潍坊三建滨海建筑材料有限公司	合资	牟丽萍　香港泰弘国际投资有限公司	175	125	2004
潍坊潍凯铸造有限公司	独资	澳大利亚张滇军	20	20	2004
潍坊亚星湖石化工有限公司	合作	潍坊亚星化学　韩国湖南石油化学株式会社	7854	5127	2004
潍坊威朋化工有限公司	合资	潍坊亚星集团有限公司　韩国大一素材株式会社	1800	720	2004
潍坊远东养殖有限公司	独资	香港远东农场有限公司	400	400	2005
潍坊桃斯卡家具有限公司	独资	韩国崔进林	30	30	2005
维波斯新材料（潍坊）有限公司	独资	美国郑中立、Roy Lobb、张鹏华	25	25	2006
泰尔立顿化肥（潍坊）有限公司	合资	美国泰尔立顿工业集团公司	25	25	2006
潍坊维一拉链有限公司	独资	台湾田江华、陈石水、庄玉慧	150	145.99	2006
潍坊曜昇房地产开发有限公司	合资	山东圆友投资控股有限公司 香港帝源发展有限公司	1000	1000	2007
潍坊昱合畜禽有限公司	独资	英属维尔京群岛光立国际有限公司	4.3亿元人民币	3.05亿元人民币	2007
保罗蒂姆汉（潍坊）生物科技有限公司	独资	三鑫（香港）农业生物科技有限公司	280	220	2009
潍坊望源食品有限公司	独资	日本三协商事株式会社	300	210	2009
潍坊恒联特种纤维素科技有限公司	合资	潍坊恒联浆纸有限公司　香港恒隆集团　尼维斯纤维素技术有限公司	1514.68	891.67	2011
潍坊金轮胶业有限公司	合资	潍坊升荣工贸有限公司　台湾徐承和	6000万元人民币	3000万元人民币	2011
潍坊京泰纸业有限公司	合资	潍坊恩潍经贸　浩田国际（香港）有限公司	460	230	2011
云顶（山东）融资租赁有限公司	独资	中益投资管理有限公司（香港）	3000	1000	2011
潍坊裕滨食品有限公司	合资	潍坊市维嘉投资有限公司　璞瑞资本食品基金控股（新加坡）私营有限公司	1256.79	1256.79	2012
潍森纤维新材料有限公司	合资	潍坊恒联玻璃纸有限公司　美国薄膜肠衣科技公司	—	1966	2012

第二章 招商引资

第一节 组织领导

1998年以前，寒亭区招商引资以境外资金为主，招商引资工作由区委、区政府领导，具体由区外经委负责招商、洽谈、落实、统计。1999年，寒亭区实施区直部门抓经济责任制，由区委办公室根据区委、区政府部署定期督查通报，严格考核奖惩。2000年7月，成立寒亭区招商工作委员会，成员由区五大班子领导和区直有关部门主要负责人组成，为全区招商引资工作的领导机构。区招商工作委员会成立后，研究制定招商引资工作重点、任务、目标及所涉及的政策措施；明确各部门、各乡镇、各单位在招商引资过程中的具体工作和责任；评价各部门、各单位招商引资工作，考核各部门、各单位负责人和领导班子招商引资业绩等。同时成立寒亭区招商局，为正科级行政单位，定编10人，具体负责全区招商引资工作的组织协调、监督检查及日常管理。2002年3月，区招商局改为正科级事业单位。至2013年，区招商局设办公室、综合业务科2个职能科室，核定事业编制10人。

2003—2013年，因工作需要和人员变动，先后于2003年、2004年、2005年、2007年、2008年、2011年、2013年对区招商工作委员会成员进行调整。

第二节 招商历程

80年代末，随着改革开放的不断深入，寒亭区对外经济合作日趋频繁，合资、合作和独资企业逐渐增多，对全区经济发展产生积极影响。1995—1999年，引进潍坊鸢翔橡胶制品有限公司、潍坊华东纺织有限公司、潍坊美联工业园开发有限公司、潍坊鸿兴包装有限公司、潍坊本信利印染有限公司等46家利用外资企业，实际利用外资6889万美元。1999年后，全区招商引资结构由单一的以境外资金为主逐渐向内资、外资并重过渡，招商引资呈现良好态势。

1999年，区委、区政府决定，在区直部门及事业单位中实行区直部门抓经济项目责任制。实施范围包括区直副科级以上机关、事业单位，具有行政管理职能的企业，市属双管单位；责任单位共分5类：其中经济主管部门及具有行政管理职能的企事业单位26个、金融部门11个、武装及司法部门5个、综合及专业管理部门28个、党群及行政管理部门28个；主要形式有引进、扶持或自办；考核奖惩按区委区政府制定的《关于鼓励引进资金项目的暂行规定》执行。至年底，全区责任单位共引进、扶持或自办经济项目81个，计划总投资1.5亿元，完成投资5600多万元，新增税收500多万元。

2000年，潍坊市招商引资大会召开之后，区委、区政府作出战略性决定，在全区上下实施“全民招商”，提出并践行“把招商引资作为要务之要务，中心之中心”的理念，“视投资者为上帝、引荐者为功臣”。同时，区委、区政府修订完善《关于区乡机关事业单位经济项目责任制考核奖惩工作的意见》，并制定《补充意见》。按照《补充意见》，拓宽招商引资任务范围，将原来未纳入引资范围的公司、站所等行政事业单位一律纳入考核范围，其任务追加到主管部门；由主管部门牵头，组成专门班子，按照“指标到部门、考核到部门、奖惩到个人”的原则，对各部门、乡镇、企事业单位招商引资完成情况，定期评估，每月一调度，半年一考核，年终总评，奖惩兑现，并向全社会公布。当年，全区落实招商引资项目322个，实际到位资金4.23亿元，其中201个项目建成投产，上缴税金678.14万元。

2004年，区委、区政府决定，将4个开发区、10个乡镇（街道）和有招商引资任务的区直部门、单位分为6个大组，实施大兵团招商引资，推动全区“全民招商”再上新台阶。同时，对2004年各大组招商引资任务下达分解，其中第一组含21个责任单位、区级干部6人，分配招商引资额72700万元；第二组含34个责任单位、区级干部10人，分配招商引资额65860万元；第三组含44个责任单位、区级干部6人，分配招商引资额50080万元；第四组责任单位为区人大机关、区级干部6人，分配招商引资额3700万元；第五组责任单位为区政协机关、区级干部3人，分配招商引资额2300万元；第六组含37个责任单位、区级干部2人，分配招商引资额48660万元。2005年，印发《关于实施2005年度招商引资和利用外资、出口创汇工作目标责任制的意见》，对6个大组任务目标及成员单位适当调整。当年，全区引进到位资金项目362个，完成引资额39.41亿元，完成年度计划109.47%；实际利用外资7498万美元，完成年度计划117.15%。

2007年，寒亭区全面建立各级招商小分队，实施“全民招商”向“专业招商”转变，“招商引资”向“招商选资”转变，招商引资成功率和引进项目含金量大幅提高。当年，通过开展滨海项目区专题招商和全年小分队招商，共引进新和成药业、国邦药业等10个医药及化工项目落户滨海项目区，总投资20多亿元。2008—2011年，寒亭区重新组建专业招商队伍，修订完善《寒亭区专业招商队伍考核办法》，调动各方面积极因素。各部门单位创新招商工作机制，成立专业招商小分队，利用网络招商、节会招商、产业招商、以商招商、委托招商、友情招商等方式，扩大招商成果。2008年，全区认定招商引资项目370个，实际到位资金62.67亿元；其中外资项目44个（包括增资项目18个），实际利用外资4243.76万美元。2009年，全区共认定招商引资项目483个，认定资金59.35亿元；其中外资项目29个，实际利用外资2406.92万美元。2010年，全区共认定招商引资项目551个，认定资金81.4亿元，比上年增长37.14%。

2011—2013年，区委、区政府加大基础设施建设，优化投资环境，大力实施园区招商，推动中国食品谷、寒亭区先进制造工业园等5个园区转型升级。同时，健康发展的五大园区日益成为外商投资的高地。2011年，认定招商引资项目488个，认定资金95.39亿元，比上年增长17.19%；其中过亿元项目24个，协议总投资120.65亿元。2012年，认定招商引资项目464个，认定资金54.22亿元，超过全年任务209.39%。2013年，全面推进大招商招大商，建立项目评审机制，全年认定招商引资项目362个，认定资金37.02亿元；认定外资项目8个，实际利用外资3766万美元，比上年增长6.63%；新引进项目59个，计划协议总投资106.7亿元。

1995—2013年寒亭区利用外资情况统计表

表11-4　　　　单位：万美元

年份	实际利用外资	合同利用外资
1995	1403	—
1996	1854	—
1997	2200	—
1998	1292	—
1999	140	—
2000	274	—
2001	437	985
2002	1018	1151
2003	2497	4579
2004	4300	5577
2005	7498	8848
2006	3512	7083

续表 11-4

年份	实际利用外资	合同利用外资
2007	4856	4943
2008	2581	2849
2009	697	916
2010	3107	3872
2011	1353	6294
2012	3702	9925
2013	3766	8956

第三节　招商活动

专业招商

2000 年 9 月开始，寒亭区每年都组织招商引资活动，通过招商会、恳谈会和寒亭籍在外人士联谊会等形式，洽谈项目，引进资金。当年 12 月，区委、区政府在北京人民大会堂举办大型专业招商会，面向海内外宣传推介寒亭。2001 年 4 月，在青岛举办“潍坊市寒亭区经济贸易合作恳谈会”，国内外企业和商会代表 136 人与会，签订合同、协议项目 5 个，协议投资 1.6 亿元。

2002 年 3 月 20 日至 4 月 5 日，寒亭区赴深圳开展招商活动，签署意向、协议项目 9 个，总投资额 8000 多万美元。2003 年 7 月 31 日至 8 月 9 日，寒亭区赴温州及其周边地区开展招商活动，签署合同、协议、意向项目 18 个，总投资 4.08 亿元。同年 9 月，落户寒亭区的恒联美林生活用纸、温亭花苑、圆友建机、昱合冷藏加工等 15 个投资过 1000 万元项目举行集中开工、开业仪式，总投资 6.05 亿元。2004 年，寒亭区赴上海、北京开展招商活动，赴温州参加潍坊百家企业温州行暨项目合作洽谈会，签署合同、协议或意向项目 60 个，总投资 21.43 亿元。

2005 年，寒亭区主要领导带队分别赴杭州及周边地区、苏州及周边地区开展招商活动，洽谈项目 33 个，总投资 14.73 亿元；参加北京招商活动周期间，分别与美国史丹福国际集团、美国喜多国际集团、中石油领东投资公司签约防伪数码设备制造项目、喜多工业园项目、石油化工项目，协议总投资 33.6 亿元。2006 年 2 月 27 日至 3 月 22 日，寒亭区赴长江三角洲地区参加“潍坊市 2006 年长江三角洲地区春季招商活动”，签约项目 10 个。

2007 年，寒亭区赴浙江开展滨海项目区专题招商活动，引进落户新和成药业、国邦药业等 5 个总投资 15 亿元医药化工项目。同年 4 月—11 月，组织开展北京招商恳谈会、长三角地区招商活动、京津地区招商活动、环渤海项目区招商活动、（青岛）潍坊周招商活动，共签订协议意向项目 20 个，协议总投资 50 亿元。2008 年，召开寒亭区城市建设项目招商推介会，赴厦门、深圳举办“潍坊市寒亭区（厦门）招商推介会”“潍坊市寒亭区（深圳）园区招商推介会”，举办“寒亭籍在外实业家回乡创业座谈会”，参加（青岛）潍坊周招商活动，对寒亭区重点招商项目宣传推介；其中签约的寒亭外国语学校新校项目和总投资 4.03 亿元的寒亭区高科技创业园项目当年开工建设。

2009 年，寒亭区赴福州开展招商活动，签订投资意向项目 1 个；参加（青岛）潍坊周招商活动，签约年产 15 万吨溴化锂项目；参加潍坊（杭州）投资促进恳谈会，“潍水人家”项目签订投资意向；参加“长三角”推介会，签约 17 个项目，总投资 17 亿元；参加“珠三角”推介会，签约 20 个项目，总投资 20.8 亿元。2010 年，招商专业队伍先后赴上海、深圳、东莞、青岛、济南、南京、福州、厦门、杭州、无锡、宁波、成都等经济发达城市开展招商活动 32 次，拜访投资客商 500 家以上；组织参加潍坊市“三区”（山东半岛蓝色经济区、胶东半岛高端产业聚集区和黄河三角洲高效生态经济区）建设广州投资恳谈会，寒亭区“三区”建设福州、无锡投资恳谈会和寒亭区（深圳）投资恳谈会等招商活动，签约协议项目 30 个。

2011 年，专业招商队伍多次参加省、市、区组织的招商活动，集中签约35个项目，合同利用区外资金188.8亿元。2012年，参加潍坊（深圳）实施“蓝黄”战略合作恳谈会，签约温莎玫瑰公馆二期、高端自动变速箱和电控内燃机关键零部件2个项目。同年9月，参加潍坊（上海）实施“蓝黄”战略合作恳谈会，签约柳毅山生态文化旅游景区开发项目。2013年，参加中国食品谷（广州）招商推介会，签约总投资10亿元亚洲斑鱼集散中心暨红东星斑鱼研究所项目；参加中国食品谷（北京）招商推介会，签约总投资10亿元食品谷—VHO总部基地项目；参加“2013海峡科技论坛”招商推介会，签约总投资5000万美元光伏新能源项目。

节会招商

1994—2004年，国务院台湾事务办公室和山东省人民政府共主办10届鲁台经贸洽谈会，区委、区政府按照鲁台会筹委会要求，从客商邀请、参展与会、专题论坛，到项目推介、洽谈签约等全面参与。2005年4月，第二届杨家埠风筝年画艺术节期间共洽谈项目54个，其中22个项目签订合同或协议，总投资9.03亿元。2006年4月20日—22日，第二十三届潍坊国际风筝会期间签约黄原酸盐、食品深加工、精细化工、齐鲁科技学院合作等项目。同年9月，参加第十二届鲁台经贸洽谈会潍坊市大项目签约仪式，签约上海信海实业有限公司总投资4亿元、年产10万吨ACM互穿网络共聚物项目，内蒙古三松食品有限公司投资2.2亿元、年产30万吨融雪剂、食品氯化钙项目。2007年4月，组织开展第二十四届潍坊国际风筝会和第四届杨家埠风筝年画艺术节期间的对外招商活动；同年9月，参加第十三届鲁台经贸洽谈会期间的招商活动，签订协议意向项目16个，协议总投资40亿元。

2008年，在第二十五届潍坊国际风筝会暨第五届杨家埠风筝年画艺术节期间，寒亭区与市外客商洽谈项目26个，其中杨家埠客栈、金融中心等项目签约。5月28日—6月10日，参加第十四届鲁台经贸洽谈会，邀请客商200人，洽谈项目72个，签约项目11个。2009年，第二十六届潍坊国际风筝会暨杨家埠山会期间，签订意向和合同项目40个；鲁台会期间参加全市重点项目签约仪式，富亭商务楼建设及土地开发、大姜深加工及黑蒜米生产2个项目签约，总投资5.3亿元；第二届寒亭区潍县萝卜文化节，10个农业产业化项目签订投资意向。2010年，先后组织、参加鲁台经贸洽谈会、第二十七届潍坊国际风筝会、第三届潍县萝卜文化节等招商活动。

2012年，第二十九届潍坊国际风筝会期间签约杨家埠民间艺术大观园改造及二期扩建、帝景国际城市综合体一期2个项目；第十八届鲁台经贸洽谈会签约中国食品谷潍坊糖酒副食品交易市场、中凯食品加工销售配送中心2个项目。2013年，第三十届国际风筝会期间签约总投资32亿元、年产10万吨恒联绿色纤维素膜项目；第十九届鲁台经贸洽谈会期间签约海洋装备合作研发生产和冷链物流技术与服务合作2个项目。

第四节　政策与服务

1989年9月，寒亭区印发《关于发展外向型经济的若干政策》等文件，鼓励企业招商引资，发展外向型经济。1992年，寒亭区加强对外宣传，修订完善招商政策，包括吸引内、外资优惠政策、项目中介人奖励政策及考核各镇街、开发区、区直部门招商引资业绩奖励政策等，加大招商力度。1995年1月，区政府印发《关于发展外向型经济的若干政策》，对落户寒亭外资企业实行3项税收减免优惠政策。

1999年，实施“全民招商”战略，提出“视投资者为上帝，视引荐者为功臣”的口号，坚持“吸引外资与吸引国内企业投资并举、直接投资和间接投资并举、直接招商与委托招商并举”，敞开大门、降低门槛，改善软硬环境，实行“一站式”便民服务。当年下半年，建立区、镇两级招商机构。2000年，区委、区政府明确“招商引资是全区经济工作重中之重”指导思想，号召“全党动员、全民动手、全线出击、全年招商”；6月，召开全民招商引资动员大会，全面实行招商引资工作目标责任制；8月，全区招商暨外商投资服务联合办公大厅揭牌，对境外、区外到寒亭投资项目，实行“一门受理、联合审批、一口收费、限时办结”一站式服务。2001年3月，区政府印发《关于进一步鼓励外商投资的暂行规定》，鼓励外商到寒亭区投资办厂，在土地供应、税费征收等方面享受优惠政策，并对引荐者给予奖励。2003年7月，区政府印发《寒亭区招商引资优惠政策若干规定》，在建设用地、税收、收费、引进人才、奖励制度、服务环境等方面出台一系列优惠政策。

2005年以后，招商优惠政策密集出台。2006年1月，区委、区政府印发《关于实施2006年度招商引资和利用外资出口创汇工作目标责任制的意见》。2013年，市委、市政府印发《潍坊市重点产业招商优惠政策》，对规定中关于现代制造业基地、现代物流基地、现代农业示范基地、文化创意旅游基地、新型城镇化体系和水资源水生态、交通枢纽、能源保障等领域的投资项目及相关引荐人等适用主体，寒亭区参照执行。

第三章　开发区

第一节　山东潍坊经济开发区

设立

山东潍坊经济开发区前身是潍坊市农业高新技术产业开发区，1994年5月经省政府批准成立，正县级规格。园区位于潍城区东北部，与寒亭区接壤，起步规划面积5.1平方千米，总规划面积7.1平方千米。

2000年9月，潍坊市农业高新技术产业开发区设党工委和管委会，分别为市委、市政府派出机构。党工委和管委会合署办公，核定行政编制34人，设党政办公室、劳动人事局、经济发展局、规划建设局、财政局、招商局6个内部机构，均为正科级规格。2003年2月，党工委、管委会核定行政编制45人，设党政办公室、党工委组织部（挂劳动人事局牌子）、经济发展局、规划建设局、财政局、招商局（挂外经外事局牌子）、文教卫生局7个内部机构，均为正科级规格。同年3月，正式挂牌潍坊经济技术开发区。2006年4月，经国家发改委审核，确认潍坊经济技术开发区为省级开发区，更名为山东潍坊经济开发区。

2008年3月，山东潍坊经济开发区整体划归寒亭区管理，名称、规格、单位性质不变。2012年5月，在原有北城街道的基础上，根据寒亭区人民政府、山东潍坊经济开发区管委会《关于设立双杨发展区、张氏发展区的通知》，增设双杨发展区、张氏发展区。到2013年年底，山东潍坊经济开发区辖北城街道、双杨发展区、张氏发展区，有83个村（居）、总人口15万人、面积106平方千米。

山东潍坊经济开发区历任领导一览表

表 11-5

职务	姓名	籍贯	任职时间
党工委书记	王伯祥	山东寿光	1994.04—2001.05
	周立章	山东寿光	2001.05—2006.12
	王培福	山东诸城	2006.12—2010.09
	孟晓雷	山东阳谷	2010.09—2012.01
	孙德奎	山东蓬莱	2012.01—2013.10
	孟晓雷	山东阳谷	2013.12—2016.10
	李兰祥	山东寿光	2016.12—
党工委副书记	周立章	山东寿光	1994.04—2001.03
	韩书俭	山东安丘	1995.02—2000.10
	尹兴明	山东临朐	2001.02—2001.03
	侯成武	山东寿光	2001.05—2006.06
			2007.09—2011.08
	李庆明	山东寿光	2008.02—2008.03
	孟晓雷	山东阳谷	2008.02—2010.09
	陈甲才	山东昌邑	2010.01—2010.01
	王德明	山东寿光	2010.03—2016.12
	秦明清	山东昌乐	2012.05—2013.07
	张作智	山东昌邑	2016.12—
管委会主任	王伯祥	山东寿光	1994.04—1996.08
	周立章	山东寿光	1996.08—2006.12
	王培福	山东诸城	2007.01—2008.03
	孟晓雷	山东阳谷	2008.03—2015.02
	王德明	山东寿光	2015.02—2016.12
	王守全	山东五莲	2017.06—
管委会副主任	周立章	山东寿光	1994.04—1996.08
	刘铭祥	山东安丘	1994.04—2001.05
	徐世远	山东济南	1994.04—2000.08
	王三树	潍坊寒亭	1994.04—2008.01
	夏永波	山东昌乐	1995.08—1998.12
	尹兴明	山东临朐	2001.03—2008.02

续表 11-5

职务	姓名	籍贯	任职时间
管委会副主任	许景伟	潍坊坊子	2001.12—2010.02
	钟安信	山东青州	2003.01—2006.12
	郭玉章	山东寿光	2004.11—2006.04
	李　峰	山东临沂	2005.12—2007.10
	陈甲才	山东昌邑	2007.01—2010.01
	侯成武	山东寿光	2007.10—2009.01
	稽建勇	潍坊奎文	2007.10—2008.12
	张作智	山东昌邑	2007.09—2016.12
	孙共林	潍坊潍城	2008.08—2010.02
	冯启波	山东五莲	2008.08—2016.12
	刘　波	山东寿光	2008.11—2012.04
	史云锦（女）	潍坊潍城	2008.12—2016.12
	李庆明	山东寿光	2010.02—2011.02
	王德明	山东寿光	2010.01—2015.02
	秦明清	山东昌乐	2010.09—2013.06
	曹金法	山东诸城	2010.02—2014.03
	冯　涛	潍坊坊子	2015.02—
	霍宪斌	山东夏津	2016.12—
	傅恩波	山东昌邑	2016.12—
	王永刚	山东昌乐	2016.12—
纪工委书记	侯成武	山东寿光	2006.06—2007.09
	曹希仁	潍坊坊子	2007.09—2013.06
	孙春山	山东昌邑	2016.12—
组织部部长	曹金法	山东诸城	2006.09—2014.03
	孙吉海	山东青州	2014.03—2015.11
	田永全	山东昌乐	2015.11—

规划布局

1994年，根据市政府《关于建立潍坊市农业高新技术开发园区的决定》，开发区建设规划建设“三个中心”“六个试验示范基地”“一个城”，即农业新技术培训中心、农情信息中心、生物工程开发中心，无毒苗木繁育试验场、无公害蔬菜繁育试验场、珍禽鸟类繁育试验场、高级花卉试验场、食用菌开发研制试验场、名优特稀新农副产品繁育试验场和农民商城。1994年年底，规划方案得到国家计委等部门批准。2003年，成为潍坊经济技术开发区之后，重新完成新区建设规划，确立“五大发展区域”布局：青银高速公路

图 11-1　潍坊经济开发区高新产业园（2011 年）

以南 4 平方千米，打造以餐饮、娱乐、休闲、健身为主的现代服务业区域；以北 4 平方千米中小项目产业区，着重进行挖潜改造，发展壮大以现有工业为主的经济区域；以白浪河为轴线，沿河两岸 10 平方千米重点发展高档居住区；以月河路与民主街交叉口为中心，建设 8 平方千米中心行政商务区；友爱路以西 25 平方千米，重点建设高科技、无污染、低能耗和劳动密集型新型工业区。

2008 年，划归寒亭区统一管理后，重新规划布局，自东向西规划为现代服务业发展区、休闲度假生态区、行政商务服务区、高新技术产业发展区、先进制造业发展区五大发展区域。2012 年，双杨发展区形成先进制造业聚集区，张氏发展区重点发展现代服务业和高新技术产业。在功能定位上，着力打造“高新型、外向型、总部型、生态型”开发区，加快向蓝色高端转型、向高新技术园区升级，形成“潍坊城市新中心”发展框架。

基础设施建设

园区起步时期，主要抓“七通一平”。1994—2002 年，全区基础设施建设累计投资 2.4 亿元。1995 年，21 层生物大厦率先竣工建成，此后，管委会办公大楼、职工宿舍楼区、友谊村居民楼、央赣线环岛等一大批现代化设施先后落成。1996 年，水、电、路、暖、气与潍坊中心市区联网，累计修建硬化道路 30 余千米，形成路网纵横相连方格形格局，区内实现“五通一平”。1998 年，基础设施建设增加绿化内容，绿地覆盖面积达到 21% 以上。2000 年，“五通一平”发展为“七通一平”，供水、排水、供气、供电、道路、通信、宽带各类网管覆盖 97% 以上面积。

2003—2011 年，基础设施建设由单一优化项目发展环境转向宜业宜居环境打造，加快与中心市区融合，提升城市载体功能，开启基础设施建设三大系统工程：（1）启动接通中心市区路网管网桥涵工程。至 2008 年，总计投资 10 亿余元，修建民主街、月河路等三纵三横 6 条主干道路，建造月河路跨青银高速公路立交桥、白浪河桥、虞河桥等大小桥涵 14 座；拓宽北环路区内段，延伸鸢飞路至民主街；坚持电力、通信、供热、供气、给排水高标准配套建设，增设各种管线 200 余千米。（2）启动宜居环境工程。区内主要公路干线两侧全部种植绿化带和铺设草坪；开发建设高速仁和盛庭、五洲花园、美丽华小区、东城新海枫景等 13 个、总面积 150 万平方米房地产项目，建设起帝景国际城市综合体、海泰锦城、博鳌新城、苏杭花园等为高新技术产业园配套开发的房地产项目。（3）启动白浪河、虞河整治工程。2008 年，启动虞河治理，2010 年，配合全市启动白浪河综合治理。“两河”治理工程涉及 20 余个村庄，搬动土石上亿立方米，拆迁房屋 1 万余间，征用各村土地 333.33 公顷。

2012 年，突出生态环境建设，启动白浪河湿地公园项目建设。该项目位于白浪河中下游，总面积 800 余公顷，其中湿地面积占 40% 以上，成为河流湿地保护与生态友好型利用的典范和河流湿地生态系统服务价值体现的样板，吸引世界500强企业马来西亚国家石油公司、文华国际学校等大项目落户。

2008—2013年山东潍坊经济区道路及附属设施建设统计表

表11-6

道路名称	起止点		主路			人行道		雨污管道（米）		路灯（盏）	建成年份
	起	止	长度（米）	宽度（米）	面积（平方米）	宽度（米）	面积（平方米）	雨	污		
古亭街	万方路	长松路	430	16	6880	3	1290	430	430	23	2008
顺通街	张氏路	虞河路	1600	9	14400	3	4800	1600	1600	20	2008
泰祥街	央赣线	养殖场	1260	15	18900	5	6300	1260	1260	32	2008
	白浪河	西外环	5673	24	136152	5	1250	5673	5673	251	2010
文化路	玉清街	田家支路	1480	15	22200	4	3760	1480	1480	36	2009
中阳街	万方路	长松路	424.3	12	5091.6	0	0	424.3	424.3	18	2010
永康街	友爱路	毛埠村	450	16	7200	0	0	450	450	0	2010
西外环	北外环	青银高速	2000	64	0	0	0	2000	2000	160	2010
浩宇路	乐川街	永兴街	700	9	6300	4	2800	700	700	22	2012
长松路	北外环	前阙庄	1120	16	17920	0	0	1120	1120	157	2012
虞河路	顺通街	泰祥街	750	24	18000	5	3750	0	0	38	2012
民主街	央赣线	西外环	0	0	0	0	0	0	0	413	2012
月河路	玄武街	北外环	0	0	0	0	0	0	0	410	2013
永兴街	友谊路	文化路	850	9	7650	5	4250	850	850	20	2013
长松路	青银高速	北外环	0	0	0	0	0	0	0	416	2013
友爱路	青银高速	北外环	0	0	0	0	0	0	0	416	2013
清源街	西外环以东		0	0	0	0	0	0	0	598	2013
泰祥街	西外环以东		0	0	0	0	0	0	0	454	2013
新元路	玄武街	民主街	0	0	0	0	0	0	0	37	2013
民通路	民主街	顺通街	0	0	0	0	0	0	0	12	2013
顺通街	虞河路以东		0	0	0	0	0	0	0	26	2013
古亭街	—		0	0	0	0	0	0	0	12	2013
泰祥街	北海路段		0	0	0	0	0	0	0	20	2013
吉庆街	—		0	0	0	0	0	0	0	16	2013
友谊路	玄武街	民主街	0	0	0	0	0	0	0	39	2013

招商引资

1994年，本着“短、平、快”“项目起步，滚动发展”和先建设、再配套的原则，推出首批28个起步项目。1995年，起步项目增加至40个，分为服务农业、带动农业发展、改善农业生态环境三大类，包括基因种子公司、生物农药厂、蔬菜深加工厂降解薄膜等，其中，“00-60消毒无菌医用敷料”为国家级推广技术，加拿大葡萄酒、意大利印花皮革等为外商合资、独资开发生产。1996—1998年，项目建设转向“大、高、外”（大规模、高科技含量、外商投资），先后有美国、以色列、北京制菌公司等国内外客商到区投资，有8个投资额5000万元以上大型项目落户并开工建设。其中，市政府与以色列合作建设中以合资潍禾示范农场项目，规划面积70公顷，总投资425万美元，一期工程1997年开工建设，投资215万美元。在加快“大、高、外”项目引进的同时，制定优惠政策，吸引个体经济、股份制企业进区发展。1998年，区内个体私营企业发展到45家，工商业户216户，占全区税源64%以上。1999年，调整招商战略，通过在政府网和计算机信息中心网设立网页，向国内外发布招商信息，当年引进投资额3000万元以上项目7个。2000年，实行“以商招商”，总投资990万美元的韩国独资盈德甲壳素项目2月建成投产后，带动100余名韩国客商到区洽谈投资，签约合同6项。2002年，在韩国大丘市举行“潍坊农业高新技术开发园区投资说明会”，90余家韩方大中型企业与会，当年引进外资3020万美元，实际到位资金1481.4万美元。2003年，变招商“引”资为招商“选”资，由重点向外转型为内外并重；兼顾生产性项目和研发性、服务性项目，搭配龙头项目和高成长性中小型科技创新项目。2006年，国际招商重点瞄准日、韩、东南亚等国家和港澳地区，引进具有高科技含量和国际市场经济效益的项目；国内招商重点瞄准北京、上海、深圳以及江浙闽粤等沿海发达地区，引进技术含量高、产业关联度高、外向度高、投资规模大和占用资源少的项目。2009年，出台“无地招商”办法，帮助和鼓励企业走出去寻找合作伙伴，引进先进生产工艺，加快企业转型发展。2010年，拓宽引进人才渠道，先后引进西安交大快速制造国家工程研究中心潍坊示范基地、北航学院数字化模具中心、卢秉恒院士工作站、浙江大学潍坊技术转移中心等一批以人才为主导的高科技创新载体，保证区内外资投入持续发展。2012年，立足拉动综合实力提升，严把进区关：国际市场，跟踪世界500强企业，引进麦德龙（潍坊）卖场等大项目；国内市场，盯紧全国行业前10强企业，先后引进大项目32个。先进制造业方面，重点建设国际市场广阔、经济效益丰厚项目，鼓励现有企业技改升级，光大机械、亿斯特管业等成长为行业领军企业。2013年12月，市政府与总部基地（中国）控股集团签署全面战略合作协议，作为双方合作的第一步，总部基地（中国）控股集团投资100亿元，在经济区内建设潍坊总部基地。

图11-2　潍坊经济开发区项目集中开（复）工暨润博机械二期开工仪式（2013年）

产业发展

1994—2002年，以农业科技开发为主导产业，园区立足以高科技服务农业，促进农业向高产优质高效转化；以科学技术带动农业上台阶、上水平；以生物技术改善生态环境，改变农业生产条件，促进农业经济快速协调发展。

2003—2013 年，调整优化产业结构，构建以工业为带动，新兴产业、第三产业繁荣发展，适合市场需求的新型产业结构。

坚持工业项目为重中之重。通过招商引资、建立工业产业园、企业扩张、激活民营企业等措施，着重发展规模以上工业，2011 年，园区完成规模以上工业企业主营业务收入 82 亿元，占据地方财政收入的主要份额。

加大高新技术产业扶持力度。先后设立专项奖励基金，鼓励企业创建“工程技术研发中心”；规划建设总投资 50 亿元、占地 139.97 公顷、建筑面积 243 万平方米的高新技术产业园，其中一期投资 3 亿元，建筑面积 17.5 万平方米，由研发孵化区、成果转化加速区和产业区 3 个功能平台组成，拥有山东省模具产业创新公共服务平台、快速制造国家工程研究中心潍坊示范基地、院士工作站、清华大学金属（陶瓷）注射成型产学研基地等多个国际先进的公共技术平台。

实施“三产兴区”战略，主动对接潍坊城市发展总体规划。2005 年开始，在高速公路以南 4 平方千米建成区实施“退二改三”工程，以优惠政策调动企业拆旧建新，腾地发展服务业。至 2007 年，形成以玄武街为链条，以新加坡酒店式娱乐中心、青岛雪梨缘水会、新艺城 KTV、速 8 商务酒店、新美丽华酒店等品牌服务业项目为节点，集餐饮、休闲、娱乐等于一体的现代服务业集聚地。

加快楼宇经济发展步伐。2008 年开始，规划建设高层商务楼区，发展“总部经济”，引进周边地区及国内外具有一定规模实力企业集团及协会、商会机构所属行政结算组织，进区设立公司总部和功能性业务中心。

2013 年 6 月，省经信委、省财政厅、省政府节约能源办公室联合印发《关于同意山东明水经济技术开发区等 19 个园区循环化改造实施方案的批复》，通过潍坊经济开发区园区循环化改造实施方案，经济区成为全省首批列入省级园区循环化改造示范试点开发区。

社会事业

2005 年，投资 4000 多万元建设锦程中学。2006 年，投资近 1000 万元扩大锦程中学规模，同时投资 1000 万元启动区人民医院、区敬老院建设。2007 年，村村通柏油路、自来水工程全面完成。2008 年，集中办好十件“惠民实事”：依托区人民医院，新建 1 处公共卫生服务中心、1 处公共卫生服务站、8 处标准化社区卫生室，基本实现卫生服务机构 100% 覆盖和居民用药零加成、基本检查零收费目标；实施城镇居民医疗保险，实现医疗卫生服务无缝隙覆盖；扩大新型农村合作医疗覆盖面和提高报销比例，新农合参合率 100%，财政补助标准由每人每年 40 元提高到 60 元；投资 4000 万元，规划建设玄武街小学；全部免除城市义务教育学生杂费；投资 1700 万元，搞好鸢飞路由市区向北至民主街延伸工程；开工建设 1 万平方米友谊社区活动广场和 5 万平方米社区服务中心；吸纳社会资本参与“老年安康服务中心”运营管理，“五保”老人集中供养率 100%；构筑劳动保险和救助体系，提高城乡低保标准，实现应保尽保；免费开展以实用技术、务工职业技能为主的就业培训，转移农村劳动力 1000 余人。2012 年，完成全区农村养老保险和“新农合”无缝隙覆盖，其中 20% 以上村居由村集体统一负担村民“参保”和加入“新农合”资金。

街道（发展区）概况

北城街道　2003 年 2 月成立，位于潍坊经济开发区中部，北外环以南，白浪河以西，西外环以东，面积 57.8 平方千米。辖 46 个行政村、1 个居委会；耕地 2797.2 公顷；常住人口 3.9 万人，其中，城市人口 1.1 万，乡村人口 2.8 万人。2003 年，街道引进项目 9 个，到位资金 1.6 亿元；完成友谊村旧村改造和乐川街、虞河路、文化路两侧房地产开发及沿街商业带开发；街道农民人均纯收入 4187 元。2007 年，街道实现地区生产总值18.3亿元，完成工业总产值43亿元，完成工业增加值13.8亿元，限额以上企业64家，规模以上工业主营业务收入42.2亿元，初步形成机械电子、纺织服装、印刷包装、食品加工、生物医药、精细化工六大优势产业。投资1200余万元实施“村村通”工程，修建道路5万余平方米，47个村庄全部通上柏油路；村村通自来水。对辖区47个村庄分三批实施旧村改造，第一批8个村庄动工建设。投资1000万元建设占地20亩、建筑5100平方米现代化敬老院1座，五保老人集中供养率100%。2009年底，全街道10个村启动旧村改造，总投资3000余万元，其中4个村实现开工建设，开工面积12.66万平方米；投资1000余万元，新建长松和清源两个农村社区服务中心，建筑面积4000余平方米，实现社区服务全覆盖；农民人均纯收入8100元。2011年，街道总规划建设面积240万平方米，建成面积41.56万平方米；拆迁面积36.5万平方米，新开工面积12.5万平方米，竣工面积9.3万平方米，6个村1350户居民实现回迁；虞河、泰祥、长松、清源、新杨5个农村社区服务中心建成并投入使用。2012年区划调整，辖区总面积30.2平方千米，辖29个行政村，划分为4个农村社区和1个城市社区，总户数9529户，总人口3万余人，耕地面积1133公顷。2013年，启动3个旧村改造项目，完成建设面积18.8万平方米，443户村民顺利回迁；完成向阳城市社区建设、李家庄子集贸市场建设等一系列惠民工程。

双杨发展区　2012年5月成立，位于潍坊经济开发区西北部，北外环以北，白浪河以西，西与潍城、寿光接壤，北与高里街道相邻，面积43.3平方千米。辖36个行政村，划分为4个农村社区，总户数8419户、人口3.16万人、耕地面积2948公顷。2013年，农民人均纯收入1.04万元。完成拆迁进地任务1100亩；启动前阙二期“东篱乡村”旧村改造工程；在建、建成道路6条、20千米，“三横四纵”主干路网基本成形；流转土地近万亩，形成桑葚、葡萄、苗木种植等特色农林产品规模种植基地；省级水利工程“小农水”建成，覆盖农田近3万亩；自来水改造一期工程实现供水，31个村并入市自来水网。

张氏发展区　2012年5月成立，位于潍坊经济开发区东部，央赣线以西，白浪河以东，玉清街以北，北外环路以南，面积32.5平方千米。辖18个行政村和南部4平方千米城区，划分为3个农村社区和2个城市社区，总户数2.6万户、总人口7.5万人、耕地面积636公顷。2013年，农民人均纯收入1.35万元，比上年增长10%。街道借力“一带一谷一区一基地”（央赣线经济隆起带、中国食品谷、北辰中央休闲区、潍坊总部基地）四大项目，坚持旧村改造、土地流转、农村集体资产股份制改造和村改居“四步走”战略，协调推进农村城市化。当年完成旧村改造1570户拆迁，实现1384户回迁，竣工面积45.85万平方米；推进潍坊总部基地、海事学校、申通快递、大连鹏坤等项目进地；完成友谊村集体资产股份制改造试点；农村集体资产新增收益600万元。

第二节　山东寒亭经济开发区

设立

山东寒亭经济开发区前身是潍坊经济技术开发区，1994年1月经山东省人民政府批准设立，属省级经济技术开发区，正县级规格。潍坊经济技术开发区位于寒亭区境内，南起通亭街、北至寒双路，东起潍县北路、西至霞飞路以西，总规划面积10平方千米，起步区1平方千米。

开发区成立后，先是在市委、市政府直接领导下独立运作，后与潍坊高新技术产业开发区合署办公。1996年8月，市政府决定将潍坊经济技术开发区及规划土地划归寒亭区政府，原开发区债权债务全部移交寒亭区，同时继续享受潍坊高新技术产业开发区优惠政策。1997年3月，寒亭区委、区政府正式组建班子进驻开发区。同年4月，管委会定编20人，内设办公室、规划国土建设局、引资招商局。2000年，潍坊经济技术开发区通过省政府第一次检查验收，并被列为全省8个省级重点开发区之一。

2003年3月，市政府决定将潍坊经济技术开发区的名称和牌子交由潍坊市农业高新技术产业开发区，新设立“潍坊市寒亭经济技术开发区”，为正县级规格，继续享受原潍坊经济技术开发区一切优惠政策，单位性质、机构设置不变。2006年3月，寒亭经济技术开发区通过国家发改委审核，重新被确定为省级经济开发区，统一名称为山东寒亭经济开发区，重新明确主导产业、规划面积、四至范围。开发区管理委员会作为区政府派出机构，代表寒亭区政府对开发区实行统一领导和管理。2011年11月，管委会内设办公室、规划国土局、建设局、财政局、招商局5个正科级机构，每个机构核定行政编制10人；所属综合服务中心和高新技术产业园管理办公室2个正科级事业单位，每个单位定编5人。

2016年6月，根据省政府《关于撤销山东寒亭经济开发区设立潍坊峡山生态经济开发区的批复》和市委办公室、市政府办公室《关于撤销山东寒亭经济开发区设立潍坊峡山生态经济开发区的通知》要求，撤销山东寒亭经济开发区管委会及所属高新技术产业园管理办公室、综合服务中心、安全生产监督管理所3个事业单位，收回编制；其管理区域并入潍坊经济开发区。

开发建设

1997年3月，区委、区政府正式组建开发区管理班子，开发区启动运作，进入实质性开发、建设和发展阶段。1998年5月，区委、区政府制定《关于进一步加快潍坊经济技术开发区发展的规定》，作出开发区管辖范围实行区镇（郭家官庄镇）合一管理体制、审批授权、严格规划等8项规定，为开发区初期建设打下基础。2000年，实行全民招商引资目标责任制，当年引进潍坊亚康经贸有限公司药渣饲料、潍坊环宇高压开关厂高压开关、潍坊佳景纺织有限公司服装加工、潍坊天和饲料有限公司浓缩饲料等项目16个，总投资2.9亿元；其中外资项目2个，合同利用外资330万美元，实际利用外资130万美元。开发区实现工业总产值2.3亿元，销售收入2.2亿元，利税960万元，出口创汇870万美元。2003年，大力建设现代化工业新区，当年新引进项目29个，完成投资3.5亿元。开发区实现工业总产值5.1亿元、销售收入4.5亿元、利税3600万元。2005年，突出招商引资、项目建设和环境优化三项工作重点，坚持走新型工业化道路，建设现代化工业新区，当年新引进项目27个。开发区实现工业总产值10.6亿元、销售收入10.3亿元、利税5800万元；完成进出口总额1254万美元，其中出口1107万美元。2008年，突出科技创新和经济转型两大重点，大力构建循环经济建设示范区。当年开发区实现工业总产值52.2亿元，实现销售收入52亿元;完成进出口总额1.35亿美元，其中出口5600万美元。

开发区成立以后，不断加大辖区内路网、管网、绿化等基础设施建设，切实提高项目承载能力。至2008年年底，辖区内修建白云路、央赣路、霞飞路、古亭街、泰祥街、益新街、清源街、盛泰街、新溥街、蓝天路等及附属设施，涉及道路34.48万平方米，人行道5.86万平方米，排水管16531米，绿化22.37万平方米，路灯632盏（以上市政设施绿化管理权于2009年整体移交区建设局）。

2013年，通过实施工业振兴“1030计划”和“386”环保行动，企业转型升级明显加快。欧莱公司水合肼改造、海龙公司尾气处理等项目通过环保验收，圣德制药公司新产品成功上市。开发区全年规模以上（年主营业务收入2000万元以上）工业企业实现主营业务收入26.41亿元，实现工业总产值26.28亿元。

开发区重点企业

潍坊鸿旺工贸有限公司 1989年成立，位于寒亭区白云路9号，是集设计、研发、生产、销售为一体的大型家居用品企业集团，拥有35项国家专利和自营进出口权。引进日本全套自动钢管生产线4条，涂装、喷涂、浸塑生产线3条，全电脑注塑机26台，冲床、自动焊接专业化设备70余台，拥有22名专业设计师和高级工程师。主要产品有晾晒衣杆系列、室外晾晒架系列、室内置衣架系列、鞋架系列、卫生间置物架系列、

厨房置物架系列等。2013年，公司下属3家工厂，占地8.9万平方米，员工760人。

山东美洋康线缆有限公司　1997年成立，位于寒亭区白云路，主导产品有电力电缆、矿用电缆、架空绝缘线、铝合金钢芯绞线、高柔防水耐寒电缆、屏蔽控制电缆等几大类、近百种型号、上千种规格。公司获全国工业产品生产许可证、矿用产品安全标志认证、国家CCC强制认证、ISO 9001质量管理体系认证、ISO 14001环境管理体系认证，是省“守合同重信用企业”。

潍坊奥博仪表科技发展有限公司　2002年成立，位于寒亭区高新技术产业园，注册资金1000万元，是一家集研发、生产、销售及服务于一体的专业从事流量计量与智能测控行业高新技术企业。公司拥有计算机软件与技术、自动化智能控制、暖通工程设计、流量计量核心研发团队。产品应用于蒸汽、液体、气体、污水、自来水的计量与测控，适用于供热、石油、化工、造纸、食品、涂料、印染等行业的能源监测与节能控制，特别在热力供暖行业受到客户认可。

潍坊元林木业有限公司　2003年成立，由香港易盛国际有限公司投资兴办的独资企业，注册资本10万美元。2004年8月，公司在寒亭区幸福路北首征地建设新厂，一期厂房1.2万平方米2005年8月投入使用，二期8000平方米2007年5月投入使用。2008年，公司经过二次增资，注册资本达260万美元；租赁厂房11000平方米扩大生产。2010年，公司租赁厂房7000平方米扩大生产，全年实现销售收入1.69亿元，上缴税金850万元。2013年，公司实现销售收入2.51亿元，上缴税金1078万元。

维波斯新材料（潍坊）有限公司　2006年成立，位于寒亭区高新技术产业园，由美国三名化学博士出资创立，是一家研发、生产、销售固、液分散体系新型助剂的高新技术企业，是国内颜料生产企业颜料改性剂、分散剂的品牌供应商。2013年，维波斯润湿分散剂产品已经拓展到涂料、油墨、塑料、色浆、陶瓷喷墨、润滑油、农药以及石墨烯等行业，产品销售至亚洲、欧洲的多个国家和地区，WinSperse已成为业内知名品牌。

潍坊瑞力精工电子有限公司　2004年成立，位于寒亭区高新技术产业园，从事电声类冲压零部件的生产加工。2013年，公司有员工150人，注册资本200万元，业务规模突破3500万元。

第三节　潍坊市寒亭海洋化工开发区

设立

2003年4月，潍坊市寒亭海洋化工开发区经潍坊市人民政府批准成立。同时成立潍坊市寒亭海洋化工开发区管理委员会，为区政府派出机构，副县级事业单位，内设办公室、经济发展局（挂招商局牌子）、规划建设局、财政局和社会事务局5个副科级机构。2005年2月，开发区管委会5个副科级内部机构升格为正科级。同月，根据潍坊市机构编制委员会《关于寿光昌邑寒亭三市区成立沿海经济开发机构的通知》，潍坊市寒亭海洋化工开发区管理委员会与央子镇“一个机构、两块牌子”。同年9月，成立潍坊市寒亭海洋化工开发区建筑工程质量监督站和潍坊市寒亭海洋化工开发区建筑工程质量管理站，隶属潍坊市寒亭海洋化工开发区规划建设局。2007年9月，经济发展局和招商局分设，均为正科级单位；同时在经济发展局加挂安全生产监督管理局的牌子。

开发区位于寒亭区央子镇境内。2005年年底完成潍坊市寒亭海洋化工开发区起步区暨潍坊滨海项目区起步区规划设计工作，起步区规划占地50平方千米，位于荣乌高速公路以北，西至海宁路，东至利民河，北至渤海大街，按功能定位，以白浪河为界分东西两区。

2008年3月，潍坊市寒亭海洋化工开发区整建制划归潍坊滨海经济开发区管理，寒亭海洋化工开发区管委会原定副县级规格和编制员额不变，更名为山东潍坊滨海经济开发区先进制造业产业园管理委员会。

开发区重点企业

山东新和成药业有限公司　成立于2007年8月，主要从事原料药、香精香料生产和销售。公司占地62.67公顷，总投资15.6亿元，注册资本5亿元，在册员工1600余人。2008年3月开工建设，2009年5月试产。

山东国邦药业股份有限公司　成立于2006年12月，是国邦医药化工集团有限公司全资子公司。公司占地20公顷，注册资金7800万元，总投资4.5亿元，主营世界级特种化学品。公司有职工550人，其中本科以上75人、硕士4人、博士2人，并与天津大学、中国药科大学建立校企合作关系。公司主导产品有硼氢化钠、硼氢化钾、氟苯尼考、氢化钠、环丙胺、乙基哌嗪、甲基哌嗪，其中金属化合物系列产品产能7000吨/年、高级胺系列产品产能5500吨/年、兽药系列4000吨/年。公司各系列主导产品在生产条件、规模、技术水平等方面都领先于国内同行业，远销东南亚和欧美等地。

潍坊滨海石油化工有限公司　成立于2005年，是香港上市公司天德化工控股有限公司全资子公司，占地66.67公顷，职工近300人，主要从事研发、生产及销售异丁烯、聚异丁烯、甲醇等精细化工产品。

第四节　杨家埠旅游开发区

设立

2001年3月，寒亭区成立杨家埠旅游开发区管委会，为正科级事业单位，隶属区政府，由寒亭街道办事处代管。2008年8月，成立杨家埠旅游开发区党工委，管委会调整为独立单位，不再由寒亭街道办事处代管。辖齐家埠、南埠子、西杨家埠、东杨家埠、东三角埠、西三角埠6个行政村。2011年4月，开发区管委会升格为副县级，内设综合科、建设发展科、社会事务科、文化旅游科4个科室，编制35人。2013年，开发区占地5.9平方千米，区境北临张面河，中有浞河景观带纵贯南北，南界和西界与寒亭街道接壤，东与朱里街道毗连；有居民2443户、6719人，耕地337.87公顷。

旅游规划

2008年以后，开发区管委会聘请山东大学旅游管理系教授，在深入调研基础上制定《杨家埠民俗村旅游开发规划》。之后，先后邀请中国民俗学会、北京大地规划院等机构民俗文化旅游专家、学者，对杨家埠民俗文化旅游业发展进行研讨和定位，着力打造特色民俗体验、文化旅游休闲、现代人居社区和民俗文化综合体四大发展板块。2013年4月，开发区管委会重新确定各板块发展方向和特色，把杨家埠打造成全国知名的民俗文化旅游目的地和潍坊“城市名片”。

景区开发

2009年，杨家埠旅游开发区秦皇宫片区拆迁倒地46.67公顷。2011年3月，位于秦皇宫旧址的龙居家园项目奠基；4月，中国农民画博物馆开工建设。同年，大观园景区投入360万元，对36个景点布景装饰；完成港华燃气管道铺设拆迁倒地；年底福祥旺角住宅小区竣工，风筝缘民俗文化社区完成一期建设。2012年3月，星级酒店项目玫瑰花园开工奠基；10月，完成老潍县古街项目拆迁并开工建设。同年，完成先进制造工业园建设涉及富亭街东延、35千伏线路铺设拆迁倒地，完成浞河六号项目拆迁倒地，颐和庄园主体完工，浞河会所完成一期12座徽派古建筑建设。2013年，浞河六号开工建设；完成东、西三角埠村城中村改造一期11.53公顷和年画公园拆迁倒地；年底，在建11个重点项目完工建筑面积37万平方米，7个项目部分工程或全部工程建成使用。同年，加快旧村改造，拓展发展空间；至当年年底，西杨家埠村基本完成改造，东三角埠村、西三角埠村、齐家埠村、南埠子村改造方案先后获批。

社会事业

2009年，落实“一对一”包村制度，加强村级事务规范化管理；西杨家埠村村委会联合区民政局，筹资60多万元，选择48家农户开辟“民俗旅游庭院”，经营农家乐；实施“新型女

图 11-3　杨家埠灯会（2013 年）

民主管理和农村经营管理等相关制度；垃圾一体化处理实现全覆盖，投入 80 万元，组建村级保洁队伍，购入垃圾桶 260 个，辖区内 6 个村垃圾桶全部实现定点摆放。2012 年，整修区、乡两级道路，铺设基础设施管道；利用村务公开栏、出动流动宣传车等方式宣传发动群众参与国家卫生城市复审及全国文明城市创建，全面落实垃圾一体化处理，抓好生态文明村居建设；发挥风筝、年画龙头企业带头作用，开展实用技术培训，带动群众创业致富。2013 年，西杨家埠村设立专门档案室 4 间，配备专门人员和设备设施，为传统村落建立档案信息，并通过省、市、区档案部门验收；做好全国文明城市及省级文明区创建，先后投入 100 余万元，增添垃圾桶和垃圾清扫车，建立全日制卫生保洁队伍，农村卫生环境持续改善；做好就业和农村劳动力转移工作，劳动就业率不断提高；做好困难救助、失地农民生活保障工作，新农合参合率 100%，新农保参保率 95% 以上。

农民培训计划”“巾帼科技致富工程”，以杨家埠民间艺术大观园、天成飞鸢风筝有限公司、洪伟风筝厂等龙头企业为基地，分期分批组织妇女进行实地参观学习及技能培训，帮助农村妇女增收致富。2010 年，加强村级组织建设和党员干部队伍建设，重点在村级班子建设、财务管理、计划生育、乱搭乱建等方面下功夫，保证农村各项工作顺利开展；投资 80 余万元在杨家埠民俗新村内安装 126 盏太阳能光感节能灯。2011 年，进行村级班子换届选举，健全村民小组长、村民代表、村务监督委员会等配套组织，规范村级

第十二编　财税 金融

DI SHI ER BIAN　CAI SHUI　JIN RONG

1989年以后，随着经济和社会事业发展，财政体制、税收体制改革不断深入；国税、地税通过税源培植和依法治税，财政收入不断增加，税收稳定增长。全区工业经济、商业经济和农村经济快速发展，经济总量大幅度增长，2007年全区财政总收入首次突破10亿元。2013年，政府可用财力159140万元，全区公共财政预算支出完成156660万元，同比增长14.5%，为城市建设、科教文卫、社会保障、公共服务和环境保护等社会事业提供了雄厚的财力支撑。1998年，中国人民银行寒亭支行撤销，区内金融监管和行业统计调查工作由中国人民银行潍坊市中心支行直接管理。为充分发挥金融作用，服务当地经济发展，2013年成立寒亭区金融工作办公室，负责协调、服务区内金融机构。区内有山东海龙、亚星化学、昱合国际3家上市公司。

2010年4月25日，在“2010年中国金融形势分析、预测与展望专家年会暨第六届中国金融（专家）年会”上，寒亭区获“中国金融生态区”称号。

第一章　财税体制改革

第一节　财政体制改革

1989—1993年，区内实行“定收定支，收支包干，结余归己，赤字自负”财政体制。1994年，全国实行“分税制”改革，实行中央与地方两套税收机构进行征收，继续执行老体制定额上交。区级财政收入包括增值税25%部分（包括烟草企业，不含中央四大部门所属企、事业单位缴纳的增值税）、营业税（不含中央四大部门所属企业、事业单位缴纳的营业税和省以下各银行缴纳的营业税）、土地使用税、印花税（不含中央、省级企业缴纳的部分）、个人所得税、固定资产投资方向调节税、农业特产税、城市维护建设税、房产税、车船使用税、屠宰税、农牧业税、农业特产税、耕地占用税、契税、遗产税、土地增值税、国有土地使用权有偿出让收入，区级及以下企业所得税、利润、亏损补贴（不含地方非银行金融企业所得税），资源税中的其他资源税（不含石油资源税），以及其他原属于区级收入部分。支出划分范围和内容没有变动，仍按原体制规定执行。市级对区级税收返还按1993年各区实际收入以及税制改革和各级收入划分情况，计算出净上划中央收入数额（消费税加75%增值税）作为以后市级对区级税收返还基数。调整后，潍坊市核给寒亭区税收返还基数是1314万元。1994年以后，税收返还额在1993年基数上逐年递增，递增率按各地增值税和消费税平均增长率1∶0.3为系数，即消费税和增值税每平均增长1%，市对区税收返还额增长0.3%；如果1994年以后上划中央收入达不到1993年基数，中央将扣减税收返还基数，市财政也将相应扣减区税收返还基数。

1995年，区政府印发《乡镇财政“大包干”管理体制实施办法》，核定乡镇收支范围与收支基数，乡镇财政体制上解或补助数额以收入基数（除资源税、农业税以外）每年递增7%后减支出基数（不变）确定，超收分成。1997年，区政府印发《关于完善乡镇财政“大包干”管理体制的实施办法》，将收入基数递增幅度由7%提高到15%，相应增加对区财政上解；同时印发《关于加强地方财源建设的意见》，把财政收入作为经济发展重要考核指标；印发《关于加强乡镇财政建设的意见》，抓好财政困难乡镇帮扶工作。全区12个乡镇地方财政收入全部超过200万元，共计4414万元。

2000年，区政府对乡镇实行“分税制”财政管理体制，以乡镇1998年实际完成地方财政收入增长10%作为收入基数，收入基数为5448万元，以后每年递增7%，其中高里镇、双杨店镇、朱里镇、南孙乡4乡镇以收支平衡年度收入数为收入基数，以后每年递增7%；以2000年乡镇范围内应由财政列支的各项支出核定乡镇支出基数为4896万元。以收入基数与支出基数差额，核定乡镇体制上解额，有8个乡镇体制上解，上解额为692万元。其中高里镇、朱里镇2000年达到平衡，2001年开始上解；对收不抵支的南孙乡和双杨店镇，区财政分别定额补助100万元和40万元，2001年达到平衡，2002年开始上解。乡镇当年地方财政收入增收幅度在全区平均增长幅度以内部分，区财政与乡镇财政“五五”分成，超过全区平均增长幅度以外部分，区财政与乡镇财政“二八”分成。

2006年，调整完善市区财政体制，市级企业下放区级管理，相应调整地方教育费附加分享比例，对中心城区入库地方教育费附加按照分享比例，实行总额分成。根据市政府印发的《关于调整完善市以下财政体制的意见》，自2007年1月1日起，以2005年为基期年，根据基期年各县（市区）一般预算收入决算数和市级下放收入数，按照2006年各县（市、区）人代会通过一般预算收入增幅和1月—9月一般预算收入增幅平均数计算增长，确定收入基数；县（市、区）一般预算收入超过核定基数部分，按市与县区1∶9分配。

2008年，寒亭区与滨海经济开发区、潍坊经济开发区进行区划调整，落实财政管理体制及有关基数，开展债务划转移交工作，包括基金会专项贷款和国债转贷资金、世界银行贷款寒亭区对虾养殖项目债务、央赣线建设投资、滨海项目区电网改造投资、划转区域储备土地支出、北部沿海防潮堤维修加固工程投资等。

2013年，市政府印发《关于调整完善市以下财政体制的意见》，调整完善市以下财政体制，取消税收收入增量按比例分享和公共财政收入增量1∶9分配政策，实行以2012年体制上解数为基数，自2013年起，以后每年按10%递增上解；新的市区财政体制实施期限暂定3年，其间各类招商引资及税收优惠政策由各区自行负担；将车船税上划为市级收入，市财政按照近几年各区车船税收入、机动车保有量等客观因素进行测算分配，年底通过体制结算返还各区。同年，区政府印发《关于调整寒亭区街道财政体制的意见》，明确街道公共财政预算收入、财政支出范围，核定街道收支基数，确定超收分成及园区激励政策。除确定的区直企业纳税及契税、耕地占用税及其他非税收入归区级财政收入外，其他收入为街道公共财政预算收入。街道公共财政预算收入超出年初任务部分，由区、街道按3∶7分配。街道财政支出范围包括工资性支出、公用经费支出、车辆燃修费支出、离退休人员活动费支出、财政负担遗属及退职补助支出和其他各项支出等。按上级规定要求及区政府确定事项以及教育、社会保障、医疗卫生等民生保障政策部分继续由区级财政负担。实行园区专项激励政策，新引进落户各园区企业缴纳公共财政预算收入增量，首先用于兑现招商引资优惠政策，剩余部分属街道引进的，由引进街道、园区与占地街道按4∶3∶3比例分配；属区直单位引进的，由园区与占地街道按7∶3比例分配，年底由区财政统一结算。

第二节　税务体制改革

1989—1993年，寒亭区税收由区财政局和区税务局负责征管。区财政局主要负责征收农业税、农业特产税、耕地占用税、契税；区税务局主要负责征收工商税税种。

1994年1月1日开始，执行新税制，由地方财政包干体制改为分税制管理体制。税种由

32种减少到18种，同时把征收机关分设为国税、地税两个部门。寒亭区国家税务局征收管理消费税、商业银行和保险公司缴纳的营业税、海关代征的进口商品消费税和增值税、中央企业所得税、出口退税、增值税、外商投资企业所得税；寒亭区地方税务局征收管理营业税、资源所得税、个人所得税、房产税、城镇土地使用税、车船使用税、印花税、城市维护建设税、教育附加费。改革现行分类税制，建立支付所得的单位与取得所得的个人双向申报纳税制度，建立综合与分类相结合的个人所得税制（综合所得的征收项目包括工资薪金所得、生产经营所得、劳务报酬所得、财产租赁所得等有较强连续性或经常性收入），2006年和2008年个人所得税起征点分别调整到1600元和2000元。2008年，合并内、外资企业企业所得税法，统一企业所得税法定税率；对现有税收优惠政策进行清理规范，适当提高企业所得税税前扣除标准，对农业、高科技、环保等类企业予以适当税收倾斜。至2009年，基本建立起以产业优惠为主、区域优惠为辅的所得税优惠新格局。2013年5月，财政部、国家税务总局印发《关于在全国开展交通运输业和部分现代服务业营业税改征增值税试点税收政策的通知》，寒亭区自2013年8月进行交通运输业和部分现代服务业"营改增"试点。

第二章　财政收支

第一节　财政收入

1989—2003年，全区预算内财政收入总额123161万元，其中：工商各税收入85943万元，占收入总额69.8%；农业各税收入16743万元，占收入总额13.6%；企事业收入10567万元，占收入总额8.5%；专项收入3308万元，占收入总额2.7%；其他收入6600万元，占收入总额5.4%。

2004年，全区财政总收入完成3.28亿元，占年度预算111.9%；地方财政收入完成19559万元，占预算111.3%，连续18年实现财政收支平衡。

2008年，寒亭区与潍坊滨海经济开发区、潍坊经济开发区进行管理区域调整，潍坊经济开发区（以下简称经济区）相关数字合并到寒亭区上报。全区财政总收入完成88863万元，地方财政收入完成46260万元，其中寒亭区财政收入完成66822万元、地方财政收入完成33762万元、税收收入完成29068万元。

2012年，全区地方财政收入103712万元，占预算100.7%，比2011年增长18.1%，其中政府可用财力137533万元。

2013年，按照省体制调新口径对比，全区地方财政收入实现121892万元，占预算101.3%，比2012年增长12.5%，其中政府可用财力159140万元。

1989—2003 年寒亭区地方财政收入统计表

表 12-1

单位：万元

项目	1989	1990	1991	1992	1993	1994	1995	1996	1997	1998	1999	2000	2001	2002	2003
合计	3789	3808	4008	4714	5502	4687	5835	7472	9229	10019	10102	11116	12916	13597	16367
工商税收类	3451	3412	3666	4150	4868	3580	4242	5026	6233	6725	6827	7238	7897	8058	10570
农牧业税及耕地占用税	285	342	318	456	404	592	649	987	1193	1107	1257	1429	1524	3088	3112
企业所得税类	48	30	40	41	23	347	642	1087	1453	1557	1373	1956	2201	901	319
国有企业上缴利润类	12	13	255	13	21	0	0	0	0	0	0	0	0	0	0
国有企业亏损补贴类	-128	-266	-586	-237	-224	-114	-42	-84	-84	0	0	0	0	0	0
专款收入类	99	182	208	236	199	184	215	316	204	164	160	156	301	372	312
其他收入类	22	95	107	55	211	98	129	140	230	466	485	337	993	1178	2054

2004—2006年寒亭区财政一般预算收入决算总表

表 12-2　　单位：万元

预算科目	调整预算数			决算数		
	2004	2005	2006	2004	2005	2006
一、增值税	3083	4945	8824	3166	4945	8824
二、营业税	2509	2983	4341	2528	2988	4341
三、企业所得税	490	717	1145	490	893	1145
四、企业所得税退税	0	0	0	0	0	0
五、个人所得税	450	520	682	450	520	682
六、资源税	5405	7723	8302	5474	7723	8302
七、固定资产投资方向调节税	0	0	0	0	0	0
八、城市维护建设税	1047	1459	2693	1067	1499	2693
九、房产税	256	302	670	256	315	670
十、印花税	74	106	351	90	175	351
十一、城镇土地使用税	250	295	497	250	297	497
十二、土地增值税	0	206	6	0	206	6
十三、车船使用和牌照税	22	26	21	22	27	21
十四、屠宰税	0	0	0	0	0	0
十五、筵席税	0	0	0	0	0	0
十六、农业税	1078	330	0	1077	330	0
十七、农业特产税	0	0	0	0	0	0
十八、牧业税	0	0	0	0	0	0
十九、耕地占用税	16	67	128	16	67	128
二十、契税	256	3799	4050	256	3799	4050
二十一、国有资产经营收益	0	0	6908	0	0	6908
二十二、国有企业计划亏损补贴	0	0	0	0	0	0
二十三、行政性收费收入	1853	700	550	1853	702	550
二十四、罚没收入	2102	1903	2092	2102	1903	2092
二十五、海域场地矿区使用费收入	0	0	0	0	0	0
二十六、专项收入	450	824	1445	455	824	1445
二十七、其他收入	7	2396	3694	0	2396	3694

2007—2013 年寒亭区一般预算（公共财政）收入预算决算总表

表 12-3　　单位：万元

预算科目	调整预算数							决算数						
	2007	2008	2009	2010	2011	2012	2013	2007	2008	2009	2010	2011	2012	2013
一、税收收入	33178	40989	46426	58481	77336	95970	109502	52407	40989	50721	68175	81720	94809	98423
增值税	10764	9829	11570	12955	13499	17219	14371	10807	9829	11376	13365	13103	11766	14374
营业税	5210	8994	10758	12710	20155	28411	32907	6108	8994	11192	17035	24964	28799	34944
企业所得税	1381	4060	2675	4078	6623	6078	8815	2594	4060	3873	5187	6326	6391	7518
个人所得税	790	743	639	1310	1561	1676	1018	766	743	903	1221	1610	1268	1167
资源税	9415	1	1	6	7	8	6	8468	1	6	7	7	7	6
城市维护建设税	3287	2481	2576	3779	5621	6944	6446	3242	2480	3306	4915	5841	5609	6409
房产税	804	1143	1370	2025	2639	2911	2926	1048	1143	1779	2174	2474	2397	3833
印花税	421	457	539	755	1288	1448	1244	375	457	1096	1200	1223	1270	1532
城镇土地使用税	900	4358	3924	5863	6645	7702	13662	1284	4358	5065	6152	6435	14941	9409
土地增值税	50	1039	3977	1991	3340	5641	7365	164	1039	1571	2398	4664	5460	5458
车船税	150	460	508	581	736	881	6625	178	460	532	628	742	5241	0
耕地占用税	140	220	1200	1200	2610	3094	1888	453	220	1937	3565	2617	1613	2677
契税	4740	7205	6689	11228	12612	13957	12229	16920	7205	8085	10328	11714	10047	11096
二、非税收入	17627	5271	5510	5877	6342	7035	10856	7923	5271	5237	5771	6062	8903	23469
专项收入	1682	1322	1366	1830	2739	3404	3813	1608	1322	1601	2486	2922	3119	3661
行政事业性收费收入	657	1292	900	1107	1100	1060	4000	3309	1292	540	218	600	2356	10758
罚没收入	0	2603	3186	2920	2455	2516	2220	2180	2603	3074	3041	2489	1857	2491
国有资本经营收入	9200	0	0	0	18	0	0	0	0	0	0	0	0	0
国有资源（资产）有偿使用收入	30	54	58	20	30	55	823	826	54	22	26	51	1571	6549
其他收入	6058	0	0	0	0	0	0	0	0	0	0	0	0	10

第二节　财政支出

1989—2003年，全区预算内支出总额157036万元，其中农业和科教文卫事业是保障重点。支农及农林水事业费支出17303万元，占支出总额11%；文教卫生科技支出66434万元，占支出总额42.3%。

2008年，全区（包括经济区）财政总支出完成71034万元，增长13.3%；地方财政支出完成63608万元，增长14.4%。其中寒亭区财政总支出完成61671万元，占预算116.6%，增长15.5%；地方财政支出完成55014万元，占预算119%，增长17.7%。

2013年，全区公共财政预算支出完成156660万元，同比增长14.5%，其中经济区完成31684万元，同比增长29.7%；地方财政支出完成128599万元，同比增长17%，其中经济区完成31684万元，同比增长48.8%。寒亭区本级公共财政预算支出完成124976万元，增长11.2%；全区地方财政支出完成96915万元，占预算111.4%，增长9.4%。

1989—2003 年寒亭区财政支出统计表

表 12-4　　单位：万元

项目	1989	1990	1991	1992	1993	1994	1995	1996	1997	1998	1999	2000	2001	2002	2003
合计	4303	4852	4928	5466	5554	6572	7985	9475	11353	12668	12669	13544	15742	19652	22273
基本建设支出类	0	0	0	0	0	0	0	0	120	120	205	20	0	100	66
企业挖潜改造资金类	250	252	200	120		17	24	61	30	140	35	20	150	1	1380
简易建成筑费类	0	0	0	0	0	0	0	30	40	0	0	0	0	0	0
地质勘探费类	0	0	0	0	0	0	1	0	0	0	0	0	0	0	0
科技三项费用类	2	3	3	3	6	2	0	51	86	197	188	205	216	289	299
支援农村生产支出类	413	544	460	517	577	513	587	656	755	1040	828	707	831	650	660
农林水利气部门事业费	180	183	227	291	313	385	403	533	687	641	714	610	619	885	894
工业交通等部门事业费类	28	35	50	45	52	46	3	3	5	12	0	0	20	0	0
城市维护费类	160	190	195	223	191	197	185	289	233	195	395	259	304	249	185
文教卫生事业费类	1430	1369	1505	1877	2185	3164	3235	4154	4796	5098	5631	6461	6612	9175	9259
城镇青年就业经费类	0	0	0	4	0	0	0	0	0	0	0	0	0	0	0
科学事业费类	15	18	53	24	26	29	36	33	40	49	25	20	20	47	48
其他部门事业费类	134	150	140	191	206	228	442	454	603	610	428	501	649	981	993
抚恤和社会福利救济费类	194	248	272	278	307	369	407	465	525	578	639	750	855	1237	1391
国防支出类	0	0	0	0	0	0	0	0	30	38	24	38	0	0	0
行政管理费类	413	454	498	602	754	937	1399	1294	1582	1722	1855	2195	2314	2661	2916
公检法支出类	133	100	120	127	165	259	319	489	551	667	664	728	882	950	1087
价格补贴支出类	200	255	234	291	351	151	55	75	53	66	72	40		20	30
支援不发达地区支出类	0	0	0	0	0	0	0	0	0	0	0	0	0	0	0
其他支出类	647	853	763	637	222	61	651	568	938	1314	758	761	1924	1981	2683
专款支出类	104	198	208	236	199	214	238	320	279	181	208	199	346	426	382

2004—2006年寒亭区财政一般预算支出决算总表

表 12-5

预算科目	调整预算数			决算数		
	2004	2005	2006	2004	2005	2006
基本建设支出	100	400	740	100	400	740
企业挖潜改造资金	2661	8120	7771	2661	8120	7771
科技三项费用	338	524	705	338	524	705
农业支出	1211	1933	2153	1211	1933	2153
林业支出	169	205	198	169	205	198
水利和气象支出	179	185	201	179	185	201
工业交通等部门的事业费	22	0	14	22	0	14
文体广播事业费	722	905	1167	722	905	1167
教育支出	6778	7702	8284	6778	7702	8284
科学支出	50	55	57	50	55	57
医疗卫生支出	1363	1536	2088	1363	1536	2088
其他部门的事业费	1421	1612	1992	1421	1612	1992
抚恤和社会福利救济	1044	1350	1695	1044	1350	1695
社会保障补助支出	236	452	760	236	452	760
行政管理费	3189	3697	4294	3189	3697	4294
武装警察部队支出	12	12	3	12	12	3
公检法司支出	1246	1290	816	1246	1290	816
城市维护费	139	1552	7015	139	1552	7015
政策性补贴支出	15	0	74	15	0	74
专项支出	465	874	1185	465	874	1185
其他支出	6815	7662	9680	6800	7662	8830

2007—2013 年寒亭区一般预算（公共财政）支出预算决算总表

表 12-6　　　　单位：万元

预算科目	调整预算数							决算数						
	2007	2008	2009	2010	2011	2012	2013	2007	2008	2009	2010	2011	2012	2013
一般公共服务	10884	14260	13764	16759	17326	19253	22223	10884	14260	13764	16759	17326	19253	22223
国防	144	136	132	159	133	161	254	144	136	132	159	133	161	254
公共安全	2442	3790	5370	5314	6149	6071	7173	2442	3790	4873	5314	6149	6071	7173
教育	15622	21594	23262	27283	33415	37485	43473	15622	21594	23262	27283	33415	37485	43473
科学技术	1267	1239	1371	1672	2061	3105	3957	1267	1239	1371	1672	2061	3105	3957
文化体育与传媒	539	864	674	882	1101	2315	1472	539	864	674	882	1101	2315	1472
社会保障和就业	4696	5916	7063	10936	13024	13806	16137	4696	5916	7063	10936	13024	13806	16137
医疗卫生	3770	5695	5339	7264	12381	14647	17097	3770	5695	5339	7264	12381	14647	17097
节能环保	494	675	2059	3591	5051	2040	3070	494	675	2059	3591	5051	2040	3070
城乡社区事务	5943	7455	8887	7629	7927	8092	7590	5943	7327	8887	7562	7927	8092	7590
农林水事务	4672	6031	8572	11512	11751	17785	19943	4672	6031	8572	11512	11751	17785	19943
交通运输	530	531	1844	2157	2035	2196	2775	530	531	1844	2157	2035	2196	2775
资源勘探电力信息等事务	0	0	4842	911	3397	3054	3987	0	0	4842	911	3397	3054	3987
商业服务业等事务	14365	1555	0	4488	4860	4323	3713	14365	1555	0	4488	4860	4323	3713
金融监管等事务支出	0	0	0	121	28	54	254	0	0	0	121	28	54	254
地震灾后恢复重建支出	0	92	270	0	0	0	0	0	92	270	0	0	0	0
援助其他地区支出	0	0	0	0	0	150	81	0	0	0	0	0	150	81
国土资源气象等事务	0	0	0	537	314	291	380	0	0	0	537	314	291	380
住房保障支出	0	0	0	556	907	1510	2556	0	0	0	556	907	1510	2556
粮油物资储备事务	0	0	2352	917	712	216	182	0	0	2352	917	712	216	182
国债还本付息支出	0	0	0	57	83	131	162	0	0	0	57	83	131	162
其他支出	2548	1397	1371	1554	1761	177	181	2498	1329	1315	1490	1751	177	181

第三章　财政管理

第一节　管理机构

1989年，寒亭区财政局设人秘、预算、行政、农财、企财、预算外6个股级单位。同年，设寒亭区税收财务物价大检查办公室，为副科级事业单位。1993年，成立寒亭区住房资金管理中心。1994年5月，成立寒亭区国有资产管理处，为副科级事业单位。1997年2月，区国有资产管理处更名为区国有资产管理局，隶属区政府，归口区财政局；7月，成立寒亭区预算外资金管理局，为正科级事业单位，隶属区政府，归口财政局。1998年11月，成立寒亭区财政监督局，为副科级事业单位。2001年1月，成立寒亭区政府采购中心，为副科级事业单位。2002年5月，成立寒亭区农税征收管理局，为副科级事业单位。2006年7月，成立寒亭区国库集中支付中心，为副科级事业单位；8月，成立寒亭区财政投资评审中心。2007年3月，区国有资产管理局升格为正科级单位。2011年4月，区农税征收管理局、区预算外资金管理局分别更名为寒亭区基层财政管理局、寒亭区非税收入管理局，编制、级别、经费形式、隶属关系、领导职数等不变。2013年，区财政局设办公室、预算科、国库科、农业科、行政政法科、社保科、企财科、会计科、综合科、教科文科、非税科、国资科、监督科、基建科、采购中心、评审中心、债务金融科17个职能科室，辖区非税收入管理局、区基层财政管理局、区财政监督局、区国有资产管理局、区财政投资评审中心、区政府采购中心、区国库集中支付中心7个事业单位，在编59人。

第二节　财政预决算管理

财政预算

1989年以后，区财政局每年初都要按规定编制上年财政收支决算和下年财政收支预算，并受区政府委托向区人民代表大会报告。1993年，实施《寒亭区关于对罚没收入实行预算管理的规定》，包括罚没收入范围、罚没项目执罚部门和单位以及各执法机关经费管理等内容。1996年，预算管理考评办法出台，考评内容包括年初预算编制、预算执行情况、年终决算编制、其他预算管理4部分。1999年4月，实行罚缴分离，所处罚款代收机构为农业银行及其营业所，各级代收机构统一使用盖有省财政厅专用章的代收罚款收据。2000年4月，对65个区直行政事业单位的2654人实行财政统一发放工资。2007年，实施政府收支分类改革，对一般预算收入实行市与区1∶9分配，市级下放收入相应增加分享比例。2013年，实行新的市区财政体制，以2012年体制上解数为基数，每年按10%比例递增上解。

财政决算

区财政局每年都在第一季度编报上一年度财政决算。编报财政决算时根据预算科目，分别检查和反映财政收支执行情况，综合反映预算执行结果，一般要求编报财政收支总表、明细表、附表和总决算说明。决算各项数字以经过核实的基层单位汇总会计数字为准，要求数字准确、内容完整、报送及时，不得估列代编，不得弄虚作假。区财政局根据各部门和乡镇决算草案汇总编制全区财政决算草案，报区政府审定后呈报上级财政部门。

第三节　预算外资金管理

1988—1997年，全区预算外资金一直实行财政代管。1997年，《寒亭区区级预算外资金管理办法》公布，自1998年预算外资金纳入第二预算管理；同年印发《寒亭区区级预算外政府调剂资金管理办法》，按照集中财力办大事原则，由政府统筹安排、调剂使用的资金，主要用于经济建设、社会保障、城市基础设施建设、重点事业发展等体现政府职能和满足公共需要的支出项目。预算外资金收支计划下达后，收入征收奖惩按照“超收分成、短收处罚、节余留用、超支不补”办法，年终实际收支超计划部分，区政府与单位按3∶7比例分配；无故未完成计划的，差额部分扣减预算外或预算内指标。2003年，全区完成各项行政事业性收费及罚没收入4922万元。2008年，非税收入197918万元，其中土地收入182046万元。2009年，各项非税收入148571万元，其中土地经营收益14214万元。2010年，各项非税收入105437万元，其中土地经营收益10284万元。2011年，各项非税收入131872万元，其中土地经营收益27057万元。2012年，各项非税收入61048万元，其中土地经营收益8986万元。2013年，各项非税收入59153万元，其中土地经营收益5440万元。

第四节　财政支出管理

社会保障资金管理

社会保障资金管理主要包括社会救济费、卫生经费、行政事业单位离退休经费、社会保障基金和劳动事业费管理等，政府统一组织实施的养老、失业、医疗、工伤等社会保险基金的收缴、存储、保值增值，以及与之有关的行政性、事业性、经营性收入资金的管理，还有年度预算、决算等工作。

行政事业财务管理

1989年，寒亭区行政事业单位财务管理按照国家、省、市相关制度和法律规定执行。1994年，在预算编制上改变基数加增长预算安排模式，实施“零基预算”；在支出管理方面，先后制定会议及接待费、单位车辆燃修费、电话费等管理办法。1997年，执行新的事业单位财务制度，由“全额预算管理、差额预算管理、自收自支”3种管理形式，改为实行“核定收支、定额或者定额补助、超支不补、结余留用”预算管理办法。此后至2013年，为规范预算管理，建立健全预算管理机制，提高财政资金使用效益，逐渐推行部门预算；同时，强化临时预算支出审核，把好资金审核关。

会计事务管理

1999年，会计管理职能由区会计师事务所划归区财政局会计管理科。2003年开始，除小企业和金融企业以外的企业统一按照企业会计制度规定，进行会计核算并编制财务报告。2004年，《村集体经济组织会计制度》规定村集体经济组织必须按本制度进行核算。2006年，财政部发布《会计电算化工作规范》，全区58家独立核算行政事业单位，其中有16家使用会计核算软件。2013年，寒亭区大中型企业全部实现会计电算化核算，行政事业单位、小微企业电算化普及率48%。

2003—2013年寒亭区会计从业资格统计表

表12-7　　　　单位：人

年份	总数	继续教育	当年办证
2003	1876	1505	49
2004	1963	1543	87
2005	2060	1627	97
2006	2148	1709	88
2007	2283	1798	135
2008	2461	1987	178
2009	2642	2849	181
2010	2882	2689	240
2011	3187	2614	305
2012	3446	2829	259
2013	3671	3010	225

政府采购管理

2001年1月，成立区政府采购中心。2006年，《潍坊市寒亭区政府采购管理暂行办法》出台，进一步规范政府采购行为。2013年，67个项目采用政府采购方式，节约资金8000多万元。

2004—2013年寒亭区政府采购统计表

表12-8

年份	采购金额（万元）	项目（个数）	节约资金（万元）	节约率（%）
2004	1233.18	10	137.02	10
2005	8317.96	32	924.21	10
2006	8119.8	49	1321.83	14
2007	16918.33	77	3106.57	15.51
2008	37113.27	55	5634.42	13.18
2009	23377.54	46	4745.68	16.87
2010	38357.76	43	6540.78	14.57
2011	24200.68	49	5306.59	17.98
2012	26058.18	81	5739.56	18.05
2013	27931.85	67	8256.74	22.82

国库集中支付

2006年7月，寒亭区按照“规范操作、明确职责、方便用款、分步实施”原则，建立国库集中支付制度，负责全区预算单位资金管理和拨款审核、资金支付、工资发放以及“三金”代扣代缴等；10月下旬，开设预算单位零余额账户。2007年年初，启动国库集中支付，全区先后有60个部门、94个预算单位实行改革，同时将预算内资金、预算外资金、专项资金、其他资金纳入国库集中支付改革范围，实现预算单位和资金性质全覆盖。2008年，全区有96个预算单位实行国库集中支付。2013年，各预算单位按要求加强单位财务管理，增强单位用款计划性与合理性。

财政投资评审管理

2006年8月，区财政投资评审中心成立，由初期单一工程评审逐步延伸到建筑、市政、水利、上级专项资金、项目前期占用集体土地征迁补偿评估等领域，审核内容由建设项目工程结算延伸到概算、预算等。截至2013年年底，累计评审项目950个，节省资金6.34亿元。

2006—2013年寒亭区财政投资评审统计表

表12-9

年份	项目（个）	送审值（万元）	评审值（万元）	节省资金（万元）	核减率（%）
2006	17	824	646	178	21
2007	153	16982	14258	2724	16
2008	135	34512	29978	4534	13
2009	99	40540	32936	7604	19
2010	141	54243	43181	11062	20
2011	112	71579	55095	16484	23
2012	134	71000	59000	12000	17
2013	159	58474	49679	8795	15

第五节 财政监督

1989年以后，财政监督力度逐渐加大，每年定期或不定期开展财税大检查和专项检查。1993年，查处各种违纪金额184万元，全部催缴国库。1995年，与国税、地税、审计、物价组成联合检查小组进行检查，全区查处各类违纪金额325万元，催缴入库321万元；收挂账欠税25万元。1997年，实行统一调账检查，查处各项违纪金额280万元，入库274万元；对全区国有土地使用权出让金、农村社会养老保险金、省级收入进行专项检查，并开展财经纪律检查，查处违纪金额225万元。1999—2001年，对全省自然灾害救济补助费、防汛抗旱等专项资金管理使用情况、省预算收入、科技三项费用管理使用情况进行专项检查。2002年，对全区260个单位进行财政检查，查处各种违纪金额487万元。2003年，对全区12个行政事业单位进行重点检查，查处应纳未纳入收支两条线管理收费项目5个、资金255万元，清理银行账户3个，未按规定使用财政部门统一印制发票单位2家。2006年3月—6月，对全区176家企业2005年纳税情况，2003年至2005年耕地占用税和契税征管情况，北部盐田分布、增减变化和涉盐税收情况，282个机关事业单位（包括与财政有直接缴拨关系的企业化管理单位）2005至2006年财务状况进行检查。2007年4月，检查2006年度中央支农财政资金使用情况。

2008年8月，对2006年、2007年中央安排的公共安全、教育和农林水事务方面支出进行检查。2009年，区纪委、区监察局、区财政局、区审计局联合印发《关于在全区党政机关和事业单位开展“小金库”专项治理工作的实施方案》，对全区机关事业单位开展“小金库”专项治理；5月，对2008年家电下乡补贴、科技和农林水事务中央财政专项资金支出情况进行检查。2011年6月至11月底，在全区党政机关、事业单位、社会团体、国有及国有控股企业进行“小金库”专项治理复查，并对环境保护、社会保障和就业、农林水事务、交通运输及教科文卫等中央财政专项支出资金使用情况进行检查。2012年，进行历时4个月财税专项检查，检查单位122家。开展中央转移支付补助专项资金和地方专项资金专项检查，其中财政部驻山东专员办到寒亭区检查4000万元企业创新扶持资金，涉及4家企业；市财政监督局到寒亭区检查教育、社保、企业服务平台资金使用情况。2013年7月，对全区房地产企业2008—2012年缴纳的城市建设配套费等费用进行摸底核查。

第六节　国有资产管理及运营

国有资产管理

1989年，对全区行政事业单位进行摸底清查，审核认定固定资产总额6108万元。1990年，对全区全民所有制工业企业、商业企业、粮食企业和行政事业单位资产进行摸底清查。国有资产总值11037万元，其中工业企业3552万元、国营商业企业472万元、国营粮食企业904万元、行政事业单位6108万元。1995年，根据《行政事业单位国有资产管理办法》，对142个行政事业单位资产（包括乡镇站级）进行产权登记，并颁发“中华人民共和国行政事业单位产权登记证书”。登记资产总额25955万元、负债5092万元；国有资产总额20863万元，其中固定资产20088万元。1999年，对有关单位占有国有资产情况进行年检登记、统计年报、产权界定以及产权变更、产权转让、资产处置等工作。2000年，开始承担每年财政收支决算年报。

2002年，对全区91家行政事业单位进行产权登记，颁发“山东省行政事业单位国有资产产权登记证”。登记资产总额43506万元、负债16335万元；国有资产26911万元，其中固定资产9194万元。2003年，印发《潍坊市寒亭区行政事业单位国有资产管理办法》。2004年，印发《关于行政机关和国有企事业单位公务小汽车购置使用管理办法》。2006年，对18个行政事业单位进行产权登记；完成3个行政事业单位改制；按程序处置房屋资产，评估价值416万元；拍卖处置公务用车12辆。2008年，对全区95个行政事业单位资产年报进行统计，资产总额114984万元，负债50570万元，净资产64414万元。2009年，审批单位处置资产75项，公开拍卖资产26次，拍卖成交14.68万元并上缴非税专户。2011年，对全区92个行政事业单位占有使用国有资产情况进行信息统计，资产总额 162812.24 万元，负债 84585.53 万元，净资产 78226.71 万元。2013 年，对 31 宗公务用车及地面附着物等资产进行公开拍卖，处置收入 613.76 万元，均上缴非税收入专户。

国有资产运营

2003 年 7 月，寒亭区国有资产运营中心成立，为正科级事业单位，定编 8 人，隶属区政府，归口财政局。2008 年 4 月，成立寒亭区城市建设房屋拆迁办公室，为副科级事业单位，隶属区政府，归口国有资产运营中心，定编 7 人；2013 年更名为寒亭区房屋征收与补偿办公室。

2006—2007 年，完成房屋征收 8.6 万平方米。2008 年，全区拆迁总量约 94 万平方米，其中城区拆迁约 55 万平方米。2009 年，完成房屋征收 8.8 万平方米。2010 年，完成房屋征收 16.3 万平方米。2011 年，完成房屋征收 8.2 万平方米。2012 年，完成房屋征收 2.1 万平方米。2013 年，全区完成房屋征收面积 2.27 万平方米，城区有可供出让存量建设用地 1930 余亩，通过社会化融资方式筹措资金 2300 万元。

2003—2013 年，全区完成城区房屋征收面积约 101.27 万平方米；完成新增建设用地 59 宗、约 3100 亩；完成存量土地招拍挂 119 宗、约 5700 亩，出让金约 19.5 亿元。

第七节　住房公积金管理

机构

1993 年 10 月，成立寒亭区住房资金管理中心，属区财政局职能科室，为自收自支事业单位。1994 年，改为全额拨款事业单位。2008 年 6 月，升格为副科级事业单位。2011 年 4 月，更名为寒亭区住房公积金管理中心，升格为正科级单位，编制 10 人，隶属区政府。至 2013 年，未发生变化。

缴存

1994 年 11 月，区政府办公室印发《寒亭区住房公积金制度实施办法》，明确实施住房公积金制度的目的、范围与对象及住房公积金缴存、使用等内容；职工个人和所在单位分别按工资额 5% 缴存。1998 年 7 月，对在职职工发放基本工资 10% 的住房补贴，由住房资金管理中心实行专户管理。2000 年 7 月，住房补贴不再统一管理，随工资直接发放。2007 年 10 月，全区调整住房公积金缴交比例，机关事业单位与职工上缴基数都由 5% 提高到 6%。至 2013 年年底，寒亭区缴存职工 3.4 万人，覆盖面 81%。

1995—2013 年寒亭区缴存住房公积金人数统计表

表 12-10　　　　单位：人

年度	缴存
1995	388
1996	461
1997	1307
1998	1421
1999	1638
2000	1734
2001	6831
2002	6843
2003	10532
2004	10728
2005	10920
2006	11011
2007	11287
2008	11312
2009	17823
2010	19885
2011	29296
2012	34093
2013	34106

归集

1995年，开始收取区内公有住房管理单位提租收入。当年住房公积金归集107万元。2013年，全区住房公积金归集2亿元。

1995—2013年寒亭区住房公积金年度归集情况统计表

表12-11　　单位：万元

年度	归集
1995	107
1996	180
1997	256
1998	420
1999	501
2000	764
2001	809
2002	1001
2003	1039
2004	1056
2005	1391
2006	1578
2007	2303
2008	4116
2009	5415
2010	7001
2011	6973

续表12-11

年度	归集
2012	9373
2013	20172

公积金贷款

2004年4月，区政府办公室印发《寒亭区公积金贷款管理暂行办法》，规定凡正常缴纳公积金职工可申请办理总额5万元、年限不超过5年的贷款，由1名或多名公积金缴存职工余额做担保。2007年12月，职工贷款额度调整到15万元，贷款时限延长到20年。2010年2月，公积金贷款额度提高至20万元，贷款时间延长至30年。2011年5月，公积金最高贷款额度提高到30万元。

2009—2013年，累计为1878户家庭发放公积金贷款2.39亿元。

图12-1　2009年6月，区住房公积金管理中心为山东交通职业学院集体办理住房公积金贷款。

第四章　税　务

第一节　管理机构

1989年，寒亭区税务局设办公室、税政、征管、监察、政工、计会6个股室，辖13处税务所，干部职工156人，设局长1人、副局长2人。1994年，国家进行税收体制改革，分别成立寒亭区国家税务局（以下简称区国税局）和寒亭区地方税务局（以下简称区地税局）。

区国税局

1994年，区国税局在体制上实行人、财、物垂直管理，设办公室、政工科、监察室、税政科、征管科、计会科、税务检察室、信息中心，辖税务稽查局、涉外征收分局2个直属单位和区直税务分局、城区税务分局、央子分局，以及寒亭、东庄、朱里、郭家官庄、里疃、双杨店、高里、南孙、肖家营、固堤、泊子11个乡镇税务所。1996年4月，撤销城区税务分局和乡镇税务所，设置寒亭、河滩、固堤、高里4处分局。1997年9月，撤销区人民检察院税务检察室，成立区刑事警察大队税务中队。2001年5月，撤销区涉外征收分局，成立计划征收局。2002年6月，成立区国税局票证管理所。2005年8月，先后撤销固堤分局、计划征收局和区国税局票证管理所。2008年2月，央子分局划归潍坊滨海经济开发区国税局。2013年，设办公室、政策法规科、税政科、收入核算科、纳税服务科、征收管理科、人事教育科、监察室、税源管理一科、税源管理二科、机关党委办公室11个科室，辖直属稽查局、信息中心（事业单位）和城区税务分局、高里税务分局、寒亭税务分局、开元税务分局、河滩税务分局5个征收单位；干部职工139人，其中局长1人、副局长3人、纪检组长1人。

区地税分局

1994年，区地税局设办公室、政工科、计会科、征管科、税政科，辖央子（副科级）、区直、稽查3个分局，以及驻寒亭、郭家官庄、固堤、泊子、河滩、朱里、张氏、双杨店、高里、南孙、肖家营11个乡镇税务所；正式职工35人、聘干3人、协税员24人。1997年2月，增设城区分局和涉外分局；7月，区直、稽查、城区、涉外4个分局升格为副科级事业单位。1998年6月，区局所属分局、所取消事业编制，改为行政编制；10月，人、财、物实行系统内垂直管理。1999—2000年，增设监察室、经济盐业园区开发分局。2001年3月，撤销郭家官庄、张氏、肖家营3个税务所，成立开元税务所。2003年9月，区地税局更名为潍坊市地方税务局寒亭分局，撤销涉外分局和驻乡镇（街道）基层税务所，设河滩、开元、高里、固堤4个分局。2006年7月，经济盐业园区开发分局合并到央子分局。2008年10月，央子分局划归潍坊市地方税务局滨海经济开发区分局；11月，撤销驻乡镇（街道）分局，设开元、固堤、朱里、高里4个中心税务所。2013年，设办公室、法规税政科、征管和科技发展科（挂税源管理科牌子）、收入核算和财务科、人事科、监察室，辖直属征收局、稽查局2个分局，以及开元、固堤、朱里、高里、经济开发区5个中心税务所；编制75人，其中分局机关20人、稽查局9人、直属征收局9人、所属中心税务所37人。

第二节　税种税率

1989—1993年，区税务局征收的主要税种有产品税、增值税、营业税、工商统一税、集体企业所得税、城乡个体工商业户所得税、个人收入调节税、城市维护建设税、车船使用税、房产税、城镇土地使用税、屠宰税、牲畜交易税、国营企业奖金税、国营企业工资调节税、集体企业奖金税、印花税、特别消费税、固定资产方向调节税、建筑税、国营企业所得税等。

国税

1994—2008年，国税征收税种主要有增值税、营业税、消费税、个人所得税、企业所得税、外企所得税、车辆购置税，其他各税（城市维护建设税、车船使用税、房产税、城镇土地使用税、屠宰税、印花税等）1998年开始由区地税局全额征收；2009—2013年，征收税种主要有增值税、消费税、个人所得税、企业所得税、车辆购置税。

产品税　涉及寒亭区的主要税源有“其他轻工产品、烟叶、水产品”3种，税率从3%到60%不等。1994年税制改革后，产品税改为增值税。

增值税　1989年1月，对已实行增值税的工业企业外购原材料和从事工业性加工、修理修配等业务企业，由征收营业税改为征收增值税。1994年1月税制改革后，增值税征收范围扩大至所有货物销售（除不动产）以及加工修理修配业

务，税率以17%为基本税率，基本生活资料和农业生产资料实行低税率13%，出口商品采用零税率。增值税由区国税局负责征收，税收收入中的75%为中央财政收入，25%为地方收入。

营业税　1994年以前，对经营商品零售业务、月销售收入额300元，经营其他业务、月营业收入额150元的，征收税率3%～15%。1994年1月，《中华人民共和国营业税暂行条例》施行，交通运输业、邮电通信业、建筑业、文化体育业适用税率为3%；金融保险业、服务业、转让无形资产、销售不动产适用税率为5%；娱乐业税率5%～20%。1997年2月，金融保险业调整为8%，其中3%归区国税局征收。

消费税　1994年1月，消费税实行从价定率或者从量定额办法计算应纳税额，实行从价定率办法计算的税率从3%～45%不等；实行从量定额办法计算的税率为黄酒240元/吨、啤酒220元/吨、汽油0.2元/升、柴油0.1元/升。

所得税　分集体企业所得税、国营企业所得税、企业所得税和个人所得税4种。

集体企业所得税，1985年开始实施，1993年年底废止，适用10%～55%八级超额累进税率。

国营企业所得税，1983年6月至1993年底，大中型企业适用55%比例税率；小型企业适用于10%～55%八级超额累进税率；饮食服务企业和营业性宾馆、饭店、招待所等适用15%比例税率。1994年开始，大中型企业税率不变，小型企业、饮食服务业和营业性宾馆、饭店、招待所等均按10%～55%八级超额累进税率征税。

企业所得税，1994年1月实行，纳税人应纳税额按应纳税所得额计算，税率为33%。2008年1月，《中华人民共和国企业所得税法》公布，内资企业和外资企业一致，法定税率25%；国家重点扶持高新技术企业税率为15%、小型微利企业税率为20%、非居民企业税率为20%。

个人所得税，1994年1月，《中华人民共和国个人所得税法实施条例》规定，工资、薪金所得适用5%～45%九级超额累进税率；个体工商户生产、经营所得和对企事业单位承包经营、租赁经营所得适用5%～35%五级超额累进税率；稿酬所得，适用20%比例税率，并按应纳税额减征30%；劳务报酬所得适用20%比例税率，对劳务报酬所得一次收入畸高的，可以实行加成征收；特许权使用费所得，利息、股息、红利所得，财产租赁所得，财产转让所得，偶然所得和其他所得，适用20%比例税率。

外商投资企业和外国企业所得税　1991年7月1日实施，企业所得税适用税率为30%；地方所得税按应纳税所得额计算，适用税率为3%。

车辆购置税　2001年1月开征，2005年前由交通部门代征，2005年由区国税局征收，实行从价定率计算应纳税额，税率为10%。

盐税　1984年10月实施，1994年1月废止。实行从量定额征收，是当时寒亭区主要税源。

建筑税　1983年10月1日执行，1991年废止（改征固定资产方向调节税）。建筑税以自筹基本建设的全部投资和更新改造措施项目中的建筑工程投资额为计税依据，按10%税率计征。

地税

1994年，地税征收的主要税种有营业税、企业所得税、个人所得税、资源税、城市维护建设税、房产税、印花税、土地使用税、土地增值税、教育费附加、文化事业建设费、屠宰税、固定资产投资方向调节税、车船使用税等14种。至2013年，税种减到11种，税率个别有调整。

营业税　寒亭区交通运输业、文化体育业、建筑业、邮电电讯业税率为3%；金融保险业、服务业、无形资产转让、销售不动产税率为5%；娱乐业税率为5%～20%。

企业所得税　2008年1月，寒亭区居民企业和境内有常设机构的非居民企业基本税率为25%；小微企业适用20%低税率；高新技术企业适用15%优惠税率。

个人所得税　1994年1月实施，工资薪金所得、个体工商业户生产经营所得、企事业单位承包承租，寒亭区适用5%～45%九级超额累进税率。2011年9月，税率由九级调整为3%～45%七级。个体工商户生产经营所得和承包承租经营所得适用5%～35%五级超额累进税率；其他如劳动报酬、稿酬、利息、股息、财产转让、财产租赁、偶然所得等，均按20%征收。

资源税 1994年1月，盐税合并到资源税，原盐按照23元每吨征收。2008年区划调整后，寒亭区资源税主要涉及膨润土，按照每吨10元标准征收。

城镇土地使用税 1988年，寒亭区适用税率为城区0.75元/平方米，建制镇、工矿区0.5元/平方米；1998年1月，寒亭调整为城区1.6元/平方米，建制镇、工矿区1.2元/平方米；2002年1月，城区调整为3元/平方米，建制镇、工矿区调整为2元/平方米；2007年7月，城区调整为6元/平方米，建制镇、工矿区调整为4元/平方米。

房产税 1994年，征收范围为县城、建制镇和工矿区内房屋。按房产余值缴纳的税率为1.2%，按房产租金收入缴纳的税率为12%。2008年3月，对个人出租住房，不区分用途，减按4%税率征收房产税；对企业单位、社会团体及其他组织按市场价格向个人出租用于居住的住房，减按4%的税率征收房产税。

印花税 寒亭印花税征收标准为营业账簿、权利、许可证照每件5元；借款合同按借款金额万分之零点五贴花；购销合同、建安工程承包合同、技术合同按万分之三贴花；财产租赁合同、仓储保管合同、财产保险合同按1‰贴花；加工承揽合同、建筑工程勘察设计合同、货物运输合同、产权转移书据按万分之五贴花。

车船使用税 1986年10月，寒亭区对机动车辆开征车船使用税。年税额为大型客车300元、小客车260元、载货汽车每吨60元、运营拖拉机每吨30元、农用三轮车72元、两轮摩托车56元。2006年12月29日，征收税目税额调整为大型客车600元/年•辆、小型客车420元/年•辆、载货汽车96元/年•吨、二轮摩托车60元/年/辆。2007年6月30日起，车辆税额调整为大客600元/年•辆、中型480元/年•辆、小型420元/年•辆、微型240元/年•辆、载货汽车96元/年•吨（自重吨位）、三轮车及低速汽车60元/年•吨（自重吨位）、摩托车60元/年•辆。

城市维护建设税 1985年1月，《中华人民共和国城市维护建设税暂行条例》实施，到2013年寒亭区执行税率为7%。

固定资产投资方向调节税 1991年4月16日实施。凡在寒亭区内投资固定资产的单位和个人，均征收固定资产投资方向调节税。实行30%、15%、10%、5%和零税率5个档次税率。1999年7月减半征收，2000年1月暂停征收。

屠宰税 1986年4月，寒亭区对经营生猪、牛、羊的单位和个人，在收购环节征收产品税。1994年1月，改征屠宰税，征收范围包括屠宰或收购生猪、羊、牛、马、驴、骡6种牲畜。税额为生猪每头10元，牛、马、驴、骡每头（匹）20元，羊每只2元。自2002年6月18日起，取消屠宰环节和收购环节征收屠宰税。

土地增值税 1994年1月，寒亭区开始征收土地增值税，增值额未超过扣除项目金额50%部分，税率为30%；增值额超过扣除项目金额50%、未超过100%部分，税率为40%；增值额超过扣除项目金额100%、未超过200%部分，税率为50%；增值额超过扣除项目金额200%部分，税率为60%。

教育费附加 寒亭区教育费附加以单位和个人实际缴纳的增值税、消费税、营业税税额为计征依据，按照3%附加征收率计算，与增值税、消费税、营业税同时缴纳。

地方教育费附加 2005年开始征收，寒亭区以单位和个人实际缴纳的增值税、消费税、营业税税额为计征依据，按照2%附加征收率计算，与增值税、消费税、营业税同时缴纳。

地方水利建设基金 2011年8月实施，寒亭区以单位和个人实际缴纳的增值税、消费税、营业税税额为计征依据，按照1%的附加征收率计算，与增值税、消费税、营业税同时缴纳。

文化事业建设费 1997纳税年度开始，寒亭区按照广告、娱乐行业营业额3%征收。2013年8月，改由区国税局征收。

耕地占用税 2007年12月31日以前，寒亭区耕地占用税按每平方米4.3元征收；2008年1

月，按每平方米23元征收。

契税 1997年，寒亭区对土地使用权转让、房屋买卖、赠与、交换，以及其他转移土地、房屋权属行为进行征收，至2013年执行税率为3%。

第三节 税收征管

1994年以前，寒亭区税务局负责全区税收征收。1994年，税收征管由国税、地税负责。

国税

1996年，区国税局取消专管员制度，建立“以纳税申报和优化服务为基础，以计算机网络为依托，集中征收、重点稽查”税收征管模式。2002年，推行计算机核定个体定额，计算机定额个体业户占个体业户总数92%；推行电子报税方式，电子报税纳税人占纳税人总数94.5%。2004年，推行税库银联网系统，实现税收会计集中核算；推行税源专业化管理，对工业一般纳税人、商业一般纳税人、涉外一般纳税人、盐及盐化工纳税人、小规模和个体定额纳税人，分别由不同专业化税源管理部门管理；进驻区行政审批综合办公大厅，实现“一站式”服务。2005年，实行“分类管理、监控到户、责任到人”管理模式，配备税收管理员72人。2006年，使用应用税收分析预警系统和纳税评估系统，综合征管和税收执法管理信息系统运行。2008年，取消31项审批事项，减少纳税人报表18张附列资料375项。2011年，建立自助办税终端，开发自助查询系统，推行“免填单”“两快一简”服务，推行增值税一般纳税人网上报税。2012年，对大企业和非增值税纳税人实行集中管理，对中小企业分行业集约管理，对个体集贸税收实行社会化管理；126项涉税事项下放、前移到服务大厅办税窗口集中审批，实行涉税事项“一窗通办”“同城通办”；在区车管所建立车辆购置税委托代征服务窗口。2013年，开展交通运输业和部分现代服务业“营改增”试点，138户“营改增”试点纳税人由区地税局征收营业税改为区国税局征收增值税。

税务登记 2006年9月，区国税局与区地税局联合办理税务登记。2009年4月，停止收取税务登记证工本费。

1989—1993年寒亭区纳税登记户数统计表

表12-12 单位：户

年份	1989	1990	1991	1992	1993
合计	3781	3779	3971	4067	3463
一、全民所有制	103	102	113	131	144
1. 重工业	3	5	5	3	19
2. 轻工业	6	4	5	9	16
3. 交通运输	1	1	85	1	3
4. 建筑安装	2	73	18	90	10
5. 商业	85	2	280	28	66
6. 服务行业	4	17	18	280	13
7. 其他	2	284	3	21	17
二、集体所有制	251	22	2	3	324
1. 工业企业	18	3	46	2	40
2. 交通运输企业	2	2	10	49	2
3. 建筑安装企业	2	44	12	1	11
4. 商业服务企业	41	9	129	11	56
5. 县以上供销合作社	9	12	12	128	5
6. 基层供销合作社	12	147	48	12	13
7. 城镇街道企业	135	15	3573	53	118
8. 乡镇集体企业	11	30	5	3632	10
9. 信用合作	21	3393	2	11	62
10. 其他	3426	\	\	13	2957
三、个体经营	1	\	\	247	35
四、私营企业	\	\	\	\	193
五、其他各税经济类型	\	\	\	\	1
其中：涉外企业	\	\	\	\	2

1994—2013 年寒亭区纳税户数统计表

表 12-13　　　　　　　　　　　　　　　　　　　　　　　　单位：户

年份	合计	国有经济	集体经济	私营经济	个体经济	联营经济	股份制经济	外商经济	港澳台经济	其他经济
1994	3581	220	364	77	2898	2	15	5	\	\
1995	3604	235	561	2743	4	20	41	\	\	\
1996	2442	127	248	133	1901	9	17	7	\	\
1997	2704	128	262	129	2141	9	17	18	\	\
1998	2709	139	252	121	2138	7	14	17	21	\
1999	2820	132	207	2227	177	3	35	39	\	\
2000	2670	82	130	2150	209	1	52	24	22	\
2001	3637	73	118	3067	256	3	71	23	26	\
2002	3563	63	89	3000	306	2	67	26	10	\
2003	3060	54	81	2436	375	3	78	22	11	\
2004	2130	25	41	1060	889	1	79	28	6	1
2005	2139	24	40	1076	887	78	29	5	\	\
2006	2145	26	39	1150	813	1	80	31	5	\
2007	2167	26	41	1153	825	1	81	32	6	2
2008	1305	21	20	402	759	75	20	8	\	\
2009	2639	41	40	828	1453	2	198	60	17	\
2010	1584	25	19	462	822	1	199	23	8	25
2011	1757	20	24	536	856	1	227	26	22	46
2012	2546	20	26	958	980	456	32	28	46	\
2013	3385	22	28	1711	995	497	39	42	51	\

税款征收　1989—1994 年，全区工商各税由 3910.1 万元增长到 5236.8 万元，增长 33.9%。1994 年，国、地两税分设后，国税税收收入由 1994 年 3151.1 万元增长到 2003 年 10687.1 万元，年均增长 23.9%，2003 年突破亿元大关。随着全区经济快速发展，税收收入由 2004 年 15631 万元增长到 2013 年 52765 万元，年均增长 23.8%。其中 2006 年完成各项税收收入 35037 万元，比上年增收 15938 万元，增长 74.34%，是增长幅度最大的一年。2008 年，央子税务分局划归潍坊滨海经济开发区国税局，导致税源减少，税收收入下降。2013 年，完成各项税收收入 52765 万元，比上年增收 4696 万元，增长 9.77%。

1994—2013年寒亭区国税税收征收统计表

表 12-14　　　　　　　　　　　　　　　　　　　　　　　　　　单位：万元

税别 年份	工商税收合计	增值税	营业税	个人所得税	外商所得税	企业所得税	消费税	车辆购置税	其他各税
1994	3151.1	2530.2	267.2	82.6	0	15.9	2.3	0	252.9
1995	4776.1	3741	239	352.7	68.4	3.1	4	0	367.9
1996	5082	4991.2	0	0	75.7	3.4	1.9	0	9.8
1997	6234.1	5965.2	47.8	0	196.7	6.3	0	0	18.1
1998	6863.4	6740.7	60.3	0	60.4	2	0	0	0
1999	6818.3	6700	60.9	2.6	32	22.8	0	0	0
2000	7745.9	6798	414	394.5	136	1.4	2	0	0
2001	8448	7612	180	613	0	39	4	0	0
2002	9836	9063	79	650	1	41	2	0	0
2003	10685.7	9948.3	6.5	621.3	2.9	106.7	0	0	0
2004	15631	14677	0	693	0	259	2	0	0
2005	21982	20663	0	762	2	551	4	0	0
2006	35037	33134	0	926	104	868	5	0	0
2007	48248	43427	0	1071	372	3376	2	0	0
2008	39504	34621	0	704	152	4026	1	0	0
2009	42858	36098	0	300	0	6444	1	15	0
2010	52106	42243	0	64	0	9795	1	3	0
2011	53042	41137	0	25	0	11112	9	759	0
2012	48068	36077	0	8	0	9365	3	2615	0
2013	52765	39136	0	3	0	10096	0	3530	0

地税

1994年，全区地税收入2779万元，以后呈逐年增长趋势。2003年5月，对饮食服务业新版定额发票实行“刮奖”“摇奖”，开展普通发票即开即奖和发票违法违章举报奖励活动；6月，对个体业户税款征收实行“双委托”（税务机关委托银行代收，纳税人委托银行代缴）征收管理。2005年1月，对原盐产地实行“以亩定产、以产定销、以销定税”“就滩监控、准运票控”“加强稽查”的“三二一”盐资源税控管办法。2006年，实行“一户式”管理系统综合数据管理，在税源管理、税款征收、税务检查和法律救济等征管过

图 12-2　2012 年 10 月，区地税分局工作人员在第五届潍县萝卜文化节现场宣传税收政策法规。

程中形成的数据，在“一户式”综合数据管理信息系统中都可以存贮和查询。2007 年 10 月，将纳税人数据信息重新采集、审核、整理、录入，全部由省局数据库集中管理。

2008 年，对辖区个体工商户和个人独资企业全面推行微机定税，合理确定定额依据、定额标准、调整系数和应税所得率标准；成立重大建设项目办公室，对重大建设项目税收实行专业化管理。2009 年，对重点企业进行动态监控管理；探索实行城区个体工商户专业化管理，实现个体定额由“一对多”向“多对一”转变；将房地产企业纳入“E 票通”发票管理服务平台，防止房地产项目管理信息重复录入；探索实践委托国税代征所得税税收管理办法；完成邮政业、电信业“营改增”。

2010 年，对年纳税 30 万元以上企业和房地产、建筑安装、金融保险等重点行业，集中到直属征收局实行集中管理；6 月，省局税收预警系统上线，处理预警信息 573 条，增加入库税款 296 万元；8 月开始，开展 3 个月专项清理检查，查增土地 46.4 万平方米、查补税款 719 万元；实现行政事业单位个人所得税全员全额扣缴申报。2011 年 3 月，原来由财政负责征收的耕地占用税、契税划归区地税分局征收；将重点税源企业纳税额度调整到 50 万元以上，建立税源变化月度分析制度，坚持税收管理员定期走访制度；将纳税评估信息变成控制税源、组织收入依据；依托省局税源预警管理系统，实施人机结合税源分析预警办法；对房地产企业投资总额、工程进度和税款缴纳等各方面进行重点监控，以房源控税源；对交通运输、餐饮娱乐、金融保险、医疗卫生等行业实行立户建档。

2012 年，利用税收预警系统和省局纳税评估系统，处理税收预警 209 条，补缴税款 1752 万元；纳税评估 30 户，评估税款 16 万元；集中开展土地使用税专项检查、发票管理、餐饮业户规范管理、外出经营规范管理等专项检查。2013 年，加强对金融保险、房地产、建筑安装等重点行业管理，对占税收总收入比重较大的重点税源户搞好比对、评估和预警，实施动态监控；加强与区发改局、区财政局、区工商局、区住建局、区国土局等部门沟通，形成联动机制。

1994—2013 年寒亭区地税征收情况统计表

表 12-15　　　　单位：万元

税种＼年份	1994	1995	1996	1997	1998	1999	2000	2001	2002	2003	2004	2005	2006	2007	2008	2009	2010	2011	2012	2013
合计	2779	3497	5397	6592	7085	7120	7390	8694	9331	10522	13458	18685	23946	30533	39768	26182	34972	50264	61837	56514
营业税	247	860	1137	1746	1781	1658	1498	1832	1946	2842	3448	4120	5427	7635	9861	10340	14421	17640	20163	21901
企业所得税	347	641	1087	1453	1558	1341	1820	2201	2210	887	1272	2237	2606	4360	9188	2269	2084	3371	2555	1353
个人所得税	—	64	637	702	738	691	459	929	1030	961	1124	1320	1803	1992	1986	2462	3635	4868	2708	1898
资源税	1614	1333	1792	1686	1680	2369	2805	2624	2817	4140	5473	7723	8302	8468	7054	6	7	7	6	6
城建税	152	209	264	315	353	274	429	548	676	736	1067	1500	2694	3242	2943	2652	4001	4356	3584	4318
房产税	95	116	160	214	259	229	226	200	219	242	250	315	670	1048	1014	1446	1756	2008	1865	3314
土地使用税	118	101	92	107	168	148	159	159	158	315	256	297	497	1285	4425	3476	3721	4022	12361	6613
车船税	9	8	10	82	70	44	90	29	16	20	22	26	21	178	259	331	327	441	3328	1979
土地增值税	—	—	—	—	—	—	—	—	2	—	—	206	6	165	756	1199	1455	2348	2995	3191
印花税	17	18	20	20	22	23	33	33	49	67	90	175	351	375	451	464	925	1032	806	1240
屠宰税	7	9	11	12	10	7	5	5	4	—	—	—	—	—	—	—	—	—	—	—
固定资产投资方向调节税	154	114	120	201	390	276	106	—	—	—	—	—	—	—	—	—	—	—	—	—
耕地占用税	—	—	—	—	—	—	—	—	—	—	—	—	—	—	—	—	—	1785	1245	1111
契税	—	—	—	—	—	—	—	—	—	—	—	—	—	—	—	—	—	4942	6987	5598
教育费附加	19	24	67	54	56	60	56	134	204	312	455	644	1215	1335	1261	1135	1713	1866	1533	1836
地方教育附加	—	—	—	—	—	—	—	—	—	—	—	116	353	444	423	384	572	1188	1021	1223
地方水利基金	—	—	—	—	—	—	—	—	—	—	—	—	—	—	—	—	—	201	497	606
文化事业费	—	—	—	—	—	—	—	—	—	—	—	—	—	3	5	10	7	6	5	5
罚款收入	—	—	—	—	—	—	—	—	—	—	1	6	1	3		1	1	1	3	—
残保金	—	—	—	—	—	—	—	—	—	—	—	—	—	—	142	7	347	182	175	159
工会经费	—	—	—	—	—	—	—	—	—	—	—	—	—	—	—	—	—	—	—	163

2013年寒亭区缴纳地税前100名企业一览表

表 12-16

序号	纳税单位名称	纳税额度（万元）
1	潍坊公信国有资产经营有限公司	3449
2	恒天海龙股份有限公司	2840
3	潍坊市国立高科技产业园有限公司	2720
4	潍坊丽都置业有限公司寒亭分公司	1545
5	潍坊农村商业银行股份有限公司寒亭支行	1318
6	潍坊滨城投资开发有限公司	1218
7	中国工商银行股份有限公司潍坊寒亭支行	949
8	山东中凯兴业贸易广场有限公司	937
9	潍坊恒联浆纸有限公司	852
10	潍坊市三建集团有限公司	813
11	潍坊泰达城乡建设投资有限公司	689
12	中国人民财产保险股份有限公司潍坊市寒亭支公司	640
13	潍坊市寒亭区农村信用合作联社	629
14	潍柴动力（潍坊）铸锻有限公司	626
15	国网山东潍坊市寒亭区供电公司	565
16	潍坊市滨海置业有限公司	555
17	中国移动通信集团山东有限公司寒亭分公司	512
18	中国农业银行股份有限公司潍坊寒亭支行	442
19	华安财产保险股份有限公司山东分公司潍坊中心支公司寒亭营销服务部	440
20	潍坊亚星化学股份有限公司	425
21	潍坊市寒亭区竞成小额贷款股份有限公司	419
22	中国建设银行股份有限公司潍坊寒亭支行	413
23	潍柴动力股份有限公司	398
24	天同宏基集团股份有限公司寒亭分公司	356
25	山东圆友重工科技有限公司	328
26	潍坊银行股份有限公司寒亭支行	325

续表 12-16

序号	纳税单位名称	纳税额度（万元）
27	潍坊市瑞昌建筑工程有限公司	323
28	潍坊元林木业有限公司	322
29	潍坊亚星化学股份有限公司寒亭分公司	316
30	福建省福圣建设发展有限公司潍坊分公司	313
31	潍坊成达房地产开发有限公司	307
32	青岛华丽广场房地产开发有限公司潍坊分公司	302
33	潍坊百汇大墉房地产开发有限公司	294
34	山东宏富置业有限公司寒亭颐景园项目部	289
35	潍坊华普置业有限公司寒亭分公司	284
36	山东潍坊烟草有限公司寒亭营销部	284
37	中国太平洋财产保险股份有限公司潍坊市寒亭支公司	281
38	潍坊盛龙源置业发展有限公司	271
39	潍坊邦盛置业股份有限公司寒亭分公司	269
40	潍坊和旭置业股份有限公司	268
41	山东上正置业有限公司	263
42	潍坊市金河食品有限公司	261
43	山东鸿通置业有限公司	256
44	潍坊磊鑫置业有限公司寒亭分公司	248
45	潍坊环宇房地产开发有限公司	237
46	山东昊盛置业有限公司	236
47	潍坊海泰置业有限公司	234
48	中国农业发展银行潍坊市寒亭区支行	231
49	潍坊恒联铜版纸有限公司	231
50	潍坊市立昌建筑工程有限公司	225
51	中国邮政储蓄银行股份有限公司潍坊市寒亭区支行	211
52	潍坊市寒亭区房地产综合开发有限公司	205
53	山东省潍北农场有限责任公司工贸分公司	204
54	中国联合网络通信有限公司潍坊市寒亭区分公司	201
55	潍坊恒联房地产有限公司寒亭分公司	196

续表 12-16

序号	纳税单位名称	纳税额度（万元）
56	潍坊瑞麦食品有限公司	194
57	潍坊华光精工设备有限公司	187
58	山东顺泽置业有限公司	181
59	潍坊渤海建筑工程有限责任公司	180
60	潍坊市寒亭区企联小额贷款股份有限公司	177
61	阳光财产保险股份有限公司潍坊中心支公司寒亭营销服务部	176
62	潍坊贵人置业有限公司	171
63	潍坊市通发房地产开发有限公司	169
64	潍坊鸿达建筑安装工程有限公司	166
65	潍坊和能电力设备有限公司	165
66	潍坊天泰建筑工程有限公司	152
67	潍坊裕华置业有限公司	151
68	潍坊双虎房地产开发有限公司	146
69	山东晨辉置业有限公司	142
70	潍坊亚星湖石化工有限公司	141
71	潍坊辰硕置业有限公司	140
72	潍坊市寒亭区蒙银村镇银行股份有限公司	139
73	潍坊顺达房地产开发有限公司	138
74	潍坊百胜餐饮服务有限公司	138
75	潍坊曜昇房地产开发有限公司	132
76	山东创智新材料科技有限公司	130
77	潍坊天安置业有限公司	124
78	潍坊天瑞化工有限公司	122
79	潍坊顺达建筑工程有限公司	119
80	潍坊润华汽车销售服务有限公司	117
81	潍坊天润房地产开发有限公司寒亭项目部	115
82	潍坊嘉汇房地产开发有限公司寒亭分公司	114
83	潍坊星兴联合化工有限公司	111

续表 12-16

序号	纳税单位名称	纳税额度（万元）
84	潍坊庆鹏置业有限公司	109
85	山东交通职业学院	106
86	潍坊东联置业有限公司	105
87	潍坊海盛置业股份有限公司	104
88	潍坊恒联玻璃纸有限公司	103
89	潍坊世纪阳光置业有限公司寒亭分公司	103
90	山东富迪新能源有限公司	103
91	潍坊恒联美林生活用纸有限公司	102
92	潍坊市祥和置业有限公司	100
93	潍坊市寒亭区上实环境供水有限公司	98
94	潍坊盛泽置业有限公司	93
95	潍坊兴农土地整治有限公司	90
96	山东省图书音像发行总公司（山东省新华书店）鲁东发行中心	89
97	潍坊新立拉链有限公司	84
98	潍坊龙达锌业有限公司	82
99	潍坊朗润置业有限公司	79
100	中国平安财产保险股份有限公司寒亭支公司	78

第四节　税收稽查

国税

1994 年，区国税局设税务稽查局。稽查形式包括日常稽查、专项稽查和专案稽查；为保证纳税人、扣缴义务人的应纳税款及时足额入库，针对不同情况，采取纳税保证、纳税担保、税收保全、税收强制执行、离境清税 5 项措施。通过各种稽查方式，纳税申报率由 1989 年前 78% 左右增长到 2013 年 98% 以上，其中 1994—2003 年期间查补税款 4724 万元。2004—2013 年，税收专项检查和区域专项整治是税务稽查的重要手段，查补税款 10588 万元。

图 12-3　90 年代，全国先进工作者徐秀亭（中）与同事查缉私盐。

2004—2013年寒亭区国税税务检查情况一览表

表12-17

年份	检查重点	检查户数（个）	查补税款（万元）
2004	汽车销售行业、货物运输业、医药经销企业、“四小票”企业	31	245
2005	废旧物资经营和用废企业、农副产品生产经营企业、股份制银行	29	188
2006	废旧物资回收经营及用废行业、农副产品、房地产、金融保险、煤炭运销、医药经营	26	230
	财税	41	222
2007	农副产品加工、大型汇总纳税企业、房地产及房地产关联企业、食品医药生产加工、石油石化	36	251
2008	农村信用社、化工企业、房地产经营企业、农副产品生产加工	28	340
2009	大型连锁超市、房地产经营	55	2929.8
2010	医药经销、房地产经营、成品油经营	61	2123.3
2011	出口退（免）税、医药经销、成品油经营	42	1298
2012	汽车经营、医药经销	34	1430
2013	出口退（免）税企业、成品油经营以及零低申报企业	14	1331

地税

1994年6月，设立寒亭区地税局稽查分局，编制9人，2003年9月更名为潍坊市地方税务局寒亭分局稽查局。对征管范围内的各种税务违法行为，依法选案、检查、处理、处罚、组织税款入库。1996年，推行以纳税申报和优化服务为基础，以计算机网络为依托，集中征收、重点稽查等征管模式。1999年2月，探索实行“一家查账多家认账”税务检查办法，对税收检查归口管理、计划控制、各税统查、信息共享，当年检查企业58户，入库税款、滞纳金、罚款计121万元。2006年，探索税收风险指标管理，由税收管理员将企业整体财务处理、资金流向、纳税申报等129项数据全部录入到“一户式”电子档案；建立税源对比分析平台，对同行业之间、同税种之间、同规模之间进行数据横向对比，本期与上期数据之间、历史同期数据之间进行数据纵向对比，设置无风险、基本无风险、轻度风险、中度风险、高度风险5级风险区间，对税负异常业户及时进行风险控制，对高度风险企业实施重点检查。当年检查企业64户，入库税款、滞纳金、罚款计25万元。2008年，对企业执行政策、涉税事项办理、税款缴纳等情况进行清理，对问题企业实施重点稽查，全年企业所得税入库税款8151万元，增收5148万元；加强土地使用税清缴、管理，全年土地使用税入库税款2842万元，增收1940万元；实行查前预告、查前辅导制度，检查企业36户，入库税款、滞纳金、罚款计8万元。2011年，建立收入质量内控管理机制，就临时户管理、征期外税款入库等方面进行自查整改，检查企业43户，入库税款47563.87元、滞纳金6855.22元、罚款23503.14元。2013年，检查企业6户，入库税款11455.85元、滞纳金1760.49元、罚款5634.37元。

第五章　金　融

寒亭区金融业包括银行、保险、证券等传统金融机构，2010年左右开始发展小额贷款公司、融资担保公司等地方金融组织。

1989年，中国人民银行寒亭支行承担行业管理与结算职能。随着金融改革深化，银行由事业单位管理向企业化管理转变，业务范围和规模扩大，开始办理代理收费、发行债券等中间业务。1991年，为加强寒亭区保险工作领导，成立寒亭区保险促进委员会。1992年8月，成立国家外汇管理局寒亭支局。1995年，成立寒亭区金融执法领导小组和寒亭区金融服务领导小组。1996年，成立寒亭区农村金融体制改革领导小组。1998—2001年，区内共剥离、核销、清收不良资产106895.72万元。

截至2013年年底，全区有银行业机构10家、营业网点57处、从业667人；POS机1697台、ATM机92台；全区银行机构各项存款余额145.22亿元、各项贷款余额121.19亿元；全区有保险业机构10家，全年保费收入17146.54万元、理赔支出4048.44万元。

1989—2013年，全区有山东海龙、亚星化学、昱合国际3家上市公司。

第一节　银　行

1989年，中国人民银行寒亭支行承担行业管理与结算职能；另有中国工商银行潍坊市分行寒亭区办事处、寒亭区建行、寒亭区农业银行。1991年，在寒亭设立城市信用社。1992年，区农村信用合作联合社在郭家官庄镇、里疃乡设立分社。1994年，区农村信用合作联合社与农行寒亭支行脱离行政隶属关系，成为地方性金融机构。1996年10月，中国农业发展银行寒亭支行成立。2011年2月28日，寒亭蒙银村镇银行正式开业。

中国工商银行股份有限公司寒亭支行

1986年5月，中国工商银行潍坊市分行寒亭区办事处从人民银行寒亭支行分设成立。1990年，开办外币业务。1995年1月，对外开办牡丹卡业务；5月，开始代理国际业务，是全区首个开通国际业务的银行。1998年7月，开办外币储蓄业务。2003年3月，开办银证通业务。2005年，更名为中国工商银行股份有限公司寒亭支行。截至2013年年底，存款余额126483万元，其中城乡居民储蓄存款余额80013万元；各项贷款余额207145万元，其中中长期贷款129610万元、企业贷款159484万元；存贷比例163.77%。

中国建设银行寒亭支行

1989年，寒亭区建行有职工42人，设办公室、保卫科、储蓄科、企财科、拨款科、会计科及5个储蓄所。1996年3月，更名为中国建设银行寒亭支行。2008年，设营业室、客户服务部、综合部和1个分理处，先后推出电子银行、网上银行、个人消费贷款、速汇通、双币贷记卡等金融产品。截至2013年年底，各项存款余额84785万元，其中城乡居民储蓄存款余额43285万元；各项贷款余额125188万元，其中中长期贷款72484万元、企业贷款71164万元；存贷比例147.65%。

中国农业银行潍坊市寒亭支行

1989年，寒亭区农行与寒亭区农村信用合作联社合署办公，“一个机构、两块牌子”。寒亭区农业银行有员工119人，设人事科、会计科、信用合作科、计划科、农业信贷科、企业信贷科、保卫科、办公室、监察室，辖中心储蓄所、寒亭办事处、固堤办事处、泊子营业所、央子办事处、潍北营业所、高里办事处、双杨办事处、张氏办事处、河滩办事处、朱里办事处、南孙营业所。各项存款 9531 万元，各项贷款余额 18490 万元。1994 年 4 月，农村信用社析出。1996 年 10 月，农行中的 20 人析出，组建中国农业发展银行寒亭区支行。1999 年，设办公室、计财部、信贷管理部、资产经营部、个人业务部、公司业务部。截至 2013 年年底，各项存款余额 146528 万元；各项贷款余额 108168 万元，其中中长期贷款 37039 万元、企业贷款 64308 万元；存贷比例 73.82%。

交通银行潍坊分行寒亭支行

1990 年 11 月，成立交通银行寒亭办事处，设信贷科、营业厅。1995 年，办事处规模扩大，设营业厅、办公室、信贷科及烟潍路储蓄所、化纤厂分理处，员工 39 人。2003 年初，由单纯人民币业务，发展到外币存储、信用卡、银证通、外汇宝等多品种业务。2004 年年初，开通 ATM 自动取款业务。截至 2013 年年底，存款余额 33761 万元，其中城乡居民储蓄存款余额 22603 万元；各项贷款余额 20479 万元，其中中长期贷款 917 万元、企业贷款 19200 万元；存贷比例 60.66%。

潍坊银行寒亭支行

1991 年，寒亭设立城市信用社。1993 年 10 月，潍坊市城市信用合作社联合社成立，对全市城市信用社实行统一管理。1997 年 7 月，在原潍坊市城市信用合作社联合社和潍城、奎文、坊子、寒亭、开发区的 11 家城市信用社基础上，组建潍坊城市合作银行，1998 年 8 月更名为潍坊市商业银行，2009 年 8 月更名为潍坊银行。截至 2013 年年底，潍坊银行在寒亭区设有两家营业网点，从业 25 人，ATM 机 5 台。存款余额 213325 万元，其中城乡居民储蓄存款余额 125561 万元；各项贷款余额 92753 万元，其中中长期贷款 18899 万元、企业贷款 89577 万元；存贷比例 43.47%。

潍坊农村商业银行寒亭支行

1994 年 4 月，寒亭区农村信用合作联社从寒亭区农行析出，设人事秘书科、计划信贷科、财务会计科、监察审计科。截至 1994 年年底，各项存款余额 29486 万元；各项贷款余额 22005 万元，其中不良贷款余额 9682 万元，占各项贷款 44%。2012 年 11 月，经银监会批准，潍城、奎文、坊子、寒亭 4 区农村信用合作联社合并设立潍坊农村商业银行股份有限公司，服务范围覆盖潍城、奎文、坊子、寒亭、高新、滨海、峡山 7 个区，注册资本 19 亿元人民币，辖 116 家支行（营业部），在岗 1750 人。截至 2013 年年底，潍坊农村商业银行寒亭支行存款余额 632945 万元，其中城乡居民储蓄存款余额 528112 万元；各项贷款余额 476028 万元，其中中长期贷款 93193 万元、企业贷款 290636 万元；存贷比例 75.21%。

中国农业发展银行潍坊市寒亭区支行

1996 年 10 月成立，是一所政策性银行，设会计出纳部、计划信贷部、办公室。2008 年，各项存款余额 2819 万元；各项贷款余额 20151 万元，贷款利息收回率 100%；新增粮棉库贷比 100%。截至 2013 年年底，存款余额 14308 万元；各项贷款余额 64580 万元，其中中长期贷款 39475 万元、企业贷款 64580 万元；存贷比例 451.36%。

中国银行潍坊寒亭支行

1997 年 12 月成立中国银行潍坊寒亭支行，设营业部和业务发展部，2000 年降格为中国银行城东支行寒亭分理处，2009 年 9 月恢复设置中国银行潍坊寒亭支行。截至 2013 年年底，存款余额 33462 万元，其中城乡居民储蓄存款余额 26780 万元；各项贷款余额 24731 万元，其中中长期贷款 3851 万元、企业贷款 17136 万元；存贷比例 73.9%。

邮政储蓄银行潍坊市寒亭区支行

2008 年 8 月，邮储银行潍坊市寒亭区支行正式开办信贷业务，业务范围基本涵盖商业银行主要业务种类。截至2013年年底，存款余额66095.24万元，其中城乡居民储蓄存款余额48930.72万元；贷款余额53449.28万元，其中中长期贷款35374.57万元、企业贷款2761万元；存贷比例80.87%。

寒亭蒙银村镇银行

2011年2月，寒亭蒙银村镇银行成立。2013年1月，朱里支行成为寒亭蒙银村镇银行设立的第一家支行。截至2013年年底，存款余额45659.02万元，其中城乡居民储蓄存款余额16336.15万元；各项贷款余额38628.48万元，其中中长期贷款373.64万元、企业贷款31329.53万元；存贷比例84.6%。

1989—2013年寒亭区金融机构存贷款统计表

表12-18　　单位：万元

年份	存款余额	贷款余额	居民储蓄存款	年份	存款余额	贷款余额	居民储蓄存款
1989	24425	38014	17824	2002	248212	255306	200063
1990	31645	45788	23560	2003	284638	284592	230200
1991	32921	57032	30639	2004	334742	245021	272238
1992	44113	67514	37472	2005	397640	273489	314966
1993	56957	76762	45911	2006	466925	308455	350494
1994	76752	94186	62797	2007	565478	406537	414843
1995	97801	116169	81784	2008	682340	475162	519315
1996	125190	133117	110335	2009	874716	566449	656242
1997	136184	166599	123799	2010	972581	847156	723380
1998	154482	197887	145872	2011	1234623	1002465	820651
1999	178068	185159	154110	2012	1269254	983675	916430
2000	188537	200476	162395	2013	1419464	1186509	1035542
2001	216107	207183	178270	—	—	—	—

第二节　保　险

1989年，区内只有中国人民保险公司在寒亭设立的办事处（以下简称寒亭办事处），全年保险费收入349.6万元，理赔支出95.3万元。1993年，寒亭办事处郭家官庄保险代办站、张氏保险代办站、央子保险代办站、肖家营保险代办站获批设立；7月，寒亭办事处更名为中国人民保险公司潍坊市寒亭支公司。1995年，寒亭支公司城区保险代办站获批设立，并筹建双杨店营业所。2008年，中国平安财产保险股份有限公司在寒亭设立分支机构。截至2013年年底，全区有保险业机构10家，营业网点16个，从业800人。

中国人民保险公司潍坊市寒亭区支公司

1984年1月，设立寒亭区办事处，主营人寿保险业务和各类财产保险业务。1993年7月，更名为中国人民保险公司潍坊市寒亭区支公司。1996年，中国人民保险公司实行产、寿险分业经营，更名为中保财产保险有限公司潍坊市寒亭支公司。1999年，恢复中国人民保险公司潍坊市寒亭区支公司名称。1999年，寒亭区支公司在全区设10个代办所。2013年，公司有员工20人，设办公室、农险部、电销部、客户中心、出单中心、营销一部、营销二部；实现保费收入3852万元，保险赔付1784万元。

中国太平洋财产保险寒亭支公司

1994年8月，设立太平洋保险公司寒亭代办所，主要经营车辆保险、企业财产保险、农业险、家庭财产保险、船舶保险、责任保险、保证保险、意外伤害保险、货运险等。1998年5月，寒亭代办所更名为中国太平洋保险股份有限公司寒亭支公司，设办公室、财务科、理赔科、营销部及6个业务部。2001年年底，太平洋保险公司产寿险分业经营，组建中国太平洋财产保险寒亭支公司。2002年6月，寒亭支公司设寒亭本部及固堤、潍北、双杨、河滩、南孙营销服务部。2013年，实现保费收入1500万元，保险赔付750万元。

中国人寿保险股份有限公司潍坊市寒亭区支公司

1996年，设立中保人寿保险有限公司潍坊市寒亭区营业部，有7名职工；设计财科、营业室、办公室和业务科；开设"少儿一生幸福""88红利""福源增额保险""养老保险""独生子女保险""婚嫁保险""学生平安保险"等险种。1999年，中保人寿保险有限公司更名为中国人寿保险公司，在寒亭区设立营业部。2001年，寒亭区营业部更名为中国人寿保险公司潍坊市寒亭区支公司，业务员发展到100余人；有"康宁医疗""千禧理财""鸿寿养老""鸿运少儿""鸿泰"等涉及意外伤害、养老、健康保险，3大系列、80余个险种。2003年6月，中国人寿保险公司潍坊市寒亭区支公司更名为中国人寿保险股份有限公司潍坊市寒亭区支公司。2013年，实现保费收入1697.76万元，保险赔付78.85万元。

中国太平洋人寿保险寒亭支公司

2001年，组建中国太平洋人寿保险寒亭支公司，有员工20余人；分个人渠道、法人渠道、后援中心3个部门。2002年，寒亭支公司城区部获全国百强部第36名。2006年，实现保费收入3050万元，被省公司评为个险标准化A类机构。2008年，公司个人渠道业务同比增长20%以上，个险新保占市场份额75%，达成率列潍坊第一。2013年，公司产品体系涉及意外险、健康险、养老年金险以及新型理财分红险和新型投资型万能险等，实现保费收入7289万元，保险赔付103万元。

天安财产保险寒亭营销服务部

2003年11月成立，主要经营企业财产损失保险、家庭财产损失保险、建筑工程保险、安装工程保险、货物运输保险、机动车辆保险、船舶保险、能源保险、一般责任保险、保证保险、信用保险（出口信用险除外）、短期健康保险、意外伤害保险及其他财产保险业务。2013年，实现保费收入376.26万元，保险赔付196.41万元。

中华联合保险寒亭营销服务部

2007年3月成立，主要经营企业财产保险、家庭财产保险、建筑工程保险、安装工程保险、货物运输保险、机动车辆保险、船舶保险、飞机保险、航天保险、核电站保险、能源保险、法定责任保险、一般责任保险、保证保险、信用保险、种植业保险、养殖业保险及其他财产保险业务；个人意外伤害保险、团体意外伤害保险、个人短期健康保险、团体短期健康保险等短期人身保险业务。2013年，实现保费收入295.24万元，保险赔付172.45万元。

阳光财产保险寒亭营销服务部

2007年12月成立，主要经营机动车辆保险、企业财产保险、农业险、家庭财产保险、船舶保险、责任保险、保证保险、意外伤害保险、货运险等。2010年8月，设综合管理部、财务部、电销部、理赔部、车商部以及银保部。2013年，实现保费收入1099.90万元，保险赔付 641.4 万元。

华安财产保险寒亭营销服务部

2008 年 1 月成立，主要经营企业财产损失保险、家庭财产损失保险、建筑工程保险、安装工程保险、货物运输保险、机动车辆保险、船舶保险、能源保险、一般责任保险、保证保险、信用保险（出口信用除外）、短期健康保险和人身意外伤害保险以及其他业务。2013 年，实现保费收入 581 万元，保险赔付 188 万元。

平安财产保险寒亭支公司

2008 年 4 月成立，主要经营企业财产损失保险、家庭财产损失保险、短期健康保险、意外伤害保险、建筑工程保险、安装工程保险、货物运输保险、机动车辆保险、船舶保险、能源保险、法定责任保险、一般责任保险、保证保险、信用保险、种植保险、养殖保险，代理国内外保险机构检验、理赔、追偿及其委托的其他有关事宜及经中国保监会批准的其他业务。2013 年，实现保费收入 418 万元，保险赔付 133.76 万元。

安华农业保险寒亭支公司

2013 年 10 月成立，主要经营农业保险、财产损失保险、责任保险、法定责任保险、信用保险和保证保险、短期健康保险和意外伤害保险，其他涉及农村、农民的财产保险业务，以及上述业务的再保险。2013 年，实现保费收入 37.38 万元，保险赔付 0.57 万元。

1996—2013 年寒亭区保险业经营统计表

表 12-19　　　　单位：万元

年份	保费收入	已决赔款	年份	保费收入	已决赔款
1996	1294	647	2005	9808	—
1997	1880	815	2006	8339	—
1998	3044	808	2007	10016	—
1999	3605	1314	2008	13124	—
2000	2728	887	2009	12251	2423
2001	3405	780	2010	15317.8	2322.59
2002	5459	—	2011	12707.48	2252.31
2003	6921	—	2012	19207.16	4564.91
2004	9004	—	2013	17146.54	4048.44

第三节　其他金融组织

融资担保

2007 年，成立潍坊融信担保有限公司，注册资金 600 万元，其中区财政入股 100 万元，参股企业 26 家。2008 年 12 月，区委办公室、区政府办公室印发《关于进一步加快镇街企业互助担保公司组建进程的通知》，促进镇街企业互助担保公司建设，解决中小企业融资担保难问题。各镇街与区农村信用社联合成立覆盖 5 处镇街、171 家企业的中小企业信用协会体系，其中寒亭街道会员企业 56 家、开元街道 33 家、固堤街道 29 家、朱里镇 30 家、高里镇 23 家。同月，潍坊鑫诚担保有限公司在朱里镇成立，成为寒亭区首家镇街担保公司。2009 年 5 月，潍坊三盈担保有限公司在开元街道成立，是一家中小企业担保投资公司；潍坊元盈国有资产经营有限公司成立，是寒亭区第一家融资公司。2010 年 8 月，寒亭区企联小额贷款股份有限公司成立，是寒亭首家专业小额贷款公司。2011年11月，组建云顶（山东）融资租赁公司，是全省第一家外资融资租赁公司。

寒亭区企联小额贷款股份有限公司　2010年6月4日成立，注册资金1亿元，设担保业务部、风险控制部、计划财务部、法律事务部、培训部、咨询部、综合管理部和风险评估委员会，员工7人。主发起企业为华裕实业有限公司。截至2013年年底，贷款余额14968.6万元，上缴税金419万元。

云顶（山东）融资租赁有限公司　2011年7月成立，注册资本1000万美元，主要从事各种生产设备、通信设备、医疗设备、科研设备、检验检测设备、工程机械、交通运输工具（包括飞机、汽车、轮船）等机械设备，以及附带技术的直接租赁、出售回租、杠杆租赁、委托租赁、联合租赁等融资性租赁业务（不含金融性租赁业务），以及租赁物品残值变卖与处理业务、租赁咨询服务。

寒亭区竞成小额贷款股份有限公司　2012年2月成立，注册资本1亿元，员工9人。主发起企业为山东盈海集团。2013年上缴税收117万元。截至2013年年底，贷款余额10797万元。

山东博祥融资担保有限公司　2012年3月注册成立，为专业融资性担保公司，公司注册资金1亿元。截至2013年年底，担保1444户，在保责任额26910万元。

证券业务

2012年6月，成立招商证券股份有限公司潍坊通亭街证券营业部。截至2013年年底，客户总数1659户，客户资产合计4.9亿元；证券交易金额28.82亿元，累计销售金融产品7048万元。

第四节　金融监管与服务

监管

1989年，中国人民银行寒亭支行负责区内人民币流通、金融机构审批、监督管理、金融市场监管、经理国库，维护支付、结算系统正常运行，并负责辖区内金融业统计、调查、分析和预测等。1998年9月，中国人民银行寒亭支行撤销，区内金融监管和行业统计调查工作由中国人民银行潍坊市中心支行直接管理。2003年3月，金融监管职责调整，区内银行业金融机构接受潍坊银监局监管。2005年，区政府印发《关于成立寒亭区金融工作领导协调小组和区政府金融工作协调办公室的通知》，成立寒亭区金融工作协调办公室，设在寒亭区重点项目办公室。2008年，区金融工作协调办公室调整到区政府办公室，更名为寒亭区金融工作办公室。2013年12月，根据省政府《关于建立健全地方金融监管体制的意见》，区金融工作办公室单独设置，调整为区政府直属事业单位，加挂区地方金融监督管理局牌子，正科级规格，编制8名，设主任（局长）1名、副主任（副局长）2名。

服务

1989年以后，寒亭区围绕企业发展，出台一系列政策，为企业提供全方位服务。1996年12月26日，山东海龙股份有限公司在深圳证券交易所上市。2001年3月26日，潍坊亚星化学股份有限公司在上海证券交易所上市。2007年，区委、区政府印发《关于促进全区金融产业做大做强的意见》，鼓励政府、银行、企业合作。2008年，为促进全区金融产业发展，区委、区政府印发《关于促进全区金融产业发展的意见（修订）》；区委、区政府印发《关于鼓励企业上市的意见（试行）》，对拟上市企业从土地、项目、契税、管理服务、表彰奖励等方面给予优惠扶持；为扶持中小企业发展，区政府印发《关于扶持中小企业发展的意见（暂行）》；为解决小微企业贷款难问题，区政府办公室印发《关于印发寒亭区“星火工程”工作方案的通知》。

2009年3月，为加强政银、银企之间信息交流，推动项目对接，区委、区政府召开银企集中签约会议，工商银行寒亭支行、建设银行寒亭支行等5家金融部门分别与11家企业签约，签约贷款2.6亿元；9月，寒亭区银企集中签约会议在寒亭宾馆举行，有关金融机构与企业共签约17个项目，签约贷款5.46亿元。2010年4月，全区金融圆桌会议在寒亭宾馆召开，建设银行寒亭支行、工商银行寒亭支行、区农信联社、潍坊银行寒亭支行、农业银行寒亭区支行5家金融机构，分别与潍坊康达环保水务、潍坊凯利置业、山东圆友集团等9家企业进行现场签约，签约贷款6.27亿元；4月25日，在“2010年中国金融形势分析、预测与展望专家年会暨第六届中国金融（专家）年会”上，寒亭区获“中国金融生态区”称号。同年，区委、区政府印发《寒亭区2010年金融圆桌会议推介企业（项目）资料汇编》，政银企定期对接制度建立。

2011年，区委、区政府印发《进一步促进金融产业发展的意见》；6月25日，寒亭区“2011潍坊滨投债”发行，发行总额6亿元，其中4.8亿元用于寒亭城市市政设施综合改造、1.2亿元用于补充公司运营资金；11月3日，“潍坊市2011年度第一期中小企业区域集优票据”在全国上市发行，这是全国首批试点发行的中小企业区域集优票据，票据发行主体共4家企业，其中寒亭区山东创智新材料科技有限公司和山东昱合食品集团有限公司入围，共募集资金8000万元。2013年，为帮助企业化解短期资金需求，区政府办公室印发《寒亭区过桥基金管理办法（试行）》；同年，区委、区政府印发《寒亭区金融产业发展考核办法》。

第十三编　经济管理

DI SHI SAN BIAN　JING JI GUAN LI

1989—2013 年，正是国家实施对内搞活、对外开放，由计划经济逐步向社会主义市场经济过渡的关键时期。随着改革不断推进和向纵深发展，全区经济管理体制实施全面改革，发生一系列重大变化。计划、统计、审计、物价、土地以及工商管理和质量技术监督进入一个全面发展时期。经济管理由“计划经济为主、市场调节为辅”到“市场调节为主、计划调节为辅”，再到市场经济体制初步确立，指令性计划被取消或转变为指导性计划；由偏重年度计划制定转为年度计划和中长期规划并重；对工业产品实行计划安排、主要物资实行计划分配转为工业产品由市场调节、资源由市场配置；管理重点也由微观管理转向宏观调控。统计工作从 1992 年开始实施国民经济核算体系；1993 年开始，实施新的国家统计报表制度，并逐步改革和完善统计指标体系，进行方法制度改革；2003 年，建立统计信息网，逐步实现统计数据社会共享。工商行政管理部门加大市场培育力度，扶持个体私营经济，强化商标、广告、合同管理，保护消费者权益，维护市场经济秩序，促进寒亭区经济发展。市场经济体制的确立对产品质量、标准、计量提出更高要求，技术监督部门强化质量认证监督和标准计量管理。价格改革不断深化，物价部门除对工业品价格、交通邮电价格和非商品收费进行管理外，大力整顿和规范市场价格及收费秩序，不断拓宽价格工作领域，为全区经济社会发展营造良好环境。审计工作逐步建立以国家审计为主体、内部审计和社会审计为重要组成部分的审计体系，形成财政、金融和行政事业审计、企业审计等审计格局，开辟领导干部经济责任审计等领域，在促进地方经济发展、维护财经制度、加强廉政建设等方面发挥重要作用。国土资源部门管理职能进一步拓宽和强化，土地保护、土地复垦开发、用地管理和矿产资源管理的力度不断加大。90 年代，寒亭区依法减轻农民负担经验在全国推广，寒亭区农村经济管理工作走在全国前列。随着二、三产业快速发展，安全生产任务越来越重，安监部门从宣传教育入手，严格目标管理，加强安全生产监管。至 2013 年，区计划、统计、审计、工商、物价、质量技术监督、安全生产监督和国土资源管理等经济管理部门，深化改革，履行职能，依法管理，为全区经济社会协调可持续发展发挥了重要作用。

第一章　计划管理

1989 年，寒亭区计划委员会（以下简称区计委）设办公室、物资基建科、计划科、信息中心 4 个科室，有干部职工 21 人。1990 年 6 月，设立寒亭区项目办公室，为副科级事业单位，隶属区计委。1992 年 8 月，注册成立寒亭区经济服务公司，2001 年 2 月注销。1993 年 11 月，区项目办公室撤销。1994 年 10 月，成立区重点项目办公室，隶属区计委。1996 年 10 月，区重点项目办公室隶属区政府，归口区计委。2002 年 1 月，区计委更名为寒亭区发展计划局。2005 年，区发展计划局改组为区发展和改革局（以下简称区发改局）。2008 年，区重点项目办公室隶属区发改局，为正科级事业单位；同年，成立寒亭区服务业办公室，为副科级事业单位，隶属区发改局。2009 年，成立寒亭区蓝色经济区和高端产业聚集区推进协调小组办公室，隶属区发改局，为正科级事业单位。2010 年，在寒亭区蓝色经济区和高端产业聚集区推进协调小组办公室基础上，成立寒亭区蓝色经济区和高端产业聚集区推进协调小组办公室及黄河三角洲高效生态经济区开发推进办公室（简称“三区”推进办），为正科级事业单位，隶属区发改局。2013年，区发改局设办公室、固定资产投资科、综合规划科、审批服务科4个科室，辖区重点项目办公室、区服务业办公室、“三区”推进办、信息中心4个事业单位，有干部职工24人。

第一节　计划编制与实施

1989年以后，寒亭区经济社会进入有计划的市场经济时代，指令性计划逐渐减少，主要为经济发展提供指导性计划。1989—2013年，寒亭区计划分为年度计划和中长期计划。先后主持编制“八五”至“十二五”5个国民经济五年计划及长远规划，以此为基础，编制每年度国民经济和社会发展计划。

年度计划

1991年，在年度计划中将地方化肥生产调拨与国家统配肥挂钩，纳入指令性计划，缓解地产碳氨均衡生产与季节性需求矛盾，以经济手段保证生产供应顺利进行。1995年，全区下达国民经济和社会发展综合计划、农村经济指导性计划、主要工业生产指标计划、第三产业增加值计划、固定资产投资计划、“农转非”和人口计划等7个计划。1996年，年度计划重点是制定经济社会发展综合计划，重点项目建设和少数必须由政府调控的土地利用、人口管理等计划。1999年，面临买方市场和市场机制作用逐步强化新形势，年度计划管理工作重点由过去供给管理为主转向需求管理为主，计划指标进一步转向指导性和预期性为主。“十五”期间，区发改局汇总编制国民经济和社会发展中长期规划和年度计划，定期对年度计划执行情况进行检查分析，提出综合分析报告；区发改局每年向区人代会报告上一年度8大类16项重点指标完成情况和当年主要预期调控目标，提请人大代表审议。2009年开始，每年只印发年度国民经济和社会发展计划报告和重点项目投资计划报告。2013年，印发国民经济和社会发展计划报告，提出地区生产总值、农业及新农村建设、工业、服务业、交通能源、自主创新、全社会固定资产投资、资源节约和环境保护、财政金融、外经外贸、社会事业、人民生活、安全生产、城镇化率、保障性住房和棚户区改造住房开工量、就业与社会保障等16项重点指标。

1989—2013年，寒亭区共编制25个年度计划，历次区人代会均审议全区上一年国民经济和社会发展计划执行情况和当年计划（草案）报告，并对此作出大会决议。年度计划下达一般在当年3月至5月。

中长期计划与实施

第八个五年计划（1991—1995）　1991年3月，寒亭区第十二届人民代表大会第二次会议审议通过《寒亭区国民经济和社会发展十年规划“八五”计划及1991年计划（草案）的报告》，计划目标是1995年国民生产总值达到9亿元，平均年增9.9%；国民收入达到7.5亿元，平均年增9.4%；工农业总产值达到17.4亿元，平均年增10%。经过“八五”期间发展，综合经济实力显著增强，国民经济进入快速发展时期。

1995年，全区国民生产总值16.06亿元，比1990年增长2.85倍。农业总产值4.04亿元，年均增长12.8%，粮、棉、油等主要农作物产量有较大提高。林牧副渔各业保持较快发展，果品、肉类、水产品总产量都比“八五”初期有大幅增长；农村经济结构突破以种植业为主传统模式；工业总产值6.81亿元，比1990年增长6.7倍。经济效益也逐步提高。1995年，全区乡镇及以上工业实现利税8100万元，利润3650万元，分别比1990年增长3倍和2倍；工业结构调整取得较大进展，主要产业基本形成，主要产品产量有大幅度增长，规模经济优势初步形成。第三产业发展迅速，成为经济发展重要支柱；全区第三产业增加值5.2亿元，比1990年增长7倍，在国民生产总值中比重提高到33%，成为全区经济发展重要支柱。对外开放全面展开，外向型经济有突破性进展；全区实际利用外资1500万美元，出口创汇350万美元，比“八五”初期有大幅度增长。基础设施日臻完善。到1995年底，全区公路通车里程282千米，形成四通八达公路交通网络；邮电通信实现无线寻呼基站与全省联网，市话总容量8000余门，农话总容量4500余门，电话普及率达到1.9部/百人；供电、供水等城乡基础设施也有较大改善。城乡居民收入增加，农民人均纯收入2350元，比1990年增长2.86倍；城镇居民人均收入4405元，比1990年增长2.33倍；人均居住面积12平方米，人民生活水平明显提高。

第九个五年计划（1996—2000）　1995年，编制《寒亭区国民经济和社会发展第九个五年计划及2010年远景目标纲要（草案）》，经寒亭区第十三届人民代表大会第四次会议审议通过。计划目标是2000年经济总量达到全市中等水平，国民生产总值20亿元，财政收入1.5亿元。

2000年，全区实现国内生产总值23.09亿元，年平均增长10.2%，人均6826元；地方财政收入16071万元，年均增长13.7%。经济结构不断改善，产业比例关系趋向合理。种植结构得到优化，农业产业化水平不断提高，农村经济结构开始向多元化现代农业结构转变；第二产业发展态势良好，初步形成一批技术含量高、带动能力强、有一定市场竞争力的产业、企业和产品；第三产业快速增长，在国内生产总值中比重稳步提高。三次产业比例由1995年的25.16：42.44：32.40调整为23.40：41.90：34.70。固定资产投资稳步增长。“九五”期间全社会固定资产投资累计完成26.1亿元，比“八五”增长22%。基础产业和基础设施建设步伐加快，重点项目建设取得较大进展，投资环境得到很大改善。“九五”期间累计批准利用外资项目38个，合同利用外资1.22亿美元，实际利用外资6278万美元，“三资”企业出口创汇4724万美元，分别比“八五”增长13.3%、75.9%、和442%。坚持实施“科教兴寒”和可持续发展战略，各项事业蓬勃发展。“九五”期间共实施各类科技计划项目126项，推广应用新技术、新成果120余项，科技进步对经济增长贡献率达51%。城乡居民收入稳步增加，人民生活水平明显提高。2000年，城镇居民人均可支配收入7289元，农民人均纯收入3598元，年均分别增长4.1%和11.2%。

第十个五年计划（2001—2005）　2000年，编制《寒亭区国民经济和社会发展第十个五年计划纲要（草案）》，经寒亭区第十四届人民代表大会第四次会议审议通过。具体目标是国内生产总值力争年均增长11%，固定资产投资力争年均增长12%，地方财政收入力争年均增长12%，城镇居民人均可支配收入和农民人均纯收入年均分别增长6%；工业结构调整步伐加快，建成在国内外知名度较高的盐及盐化工生产基地、纺织服装工业基地、机械加工工业基地和蔬菜生产加工基地，积极发展海洋化工、生物医药、新型材料等高新技术产业，通过科技拉动、园区推动、骨干企业带动实现工业发展由弱到强的跨越；全区限额以上企业工业增加值年均增长12%，实现利税年均增长12%以上。

2005年，实现国内生产总值49.41亿元，增长率11.2%，全社会固定资产投资41.82亿元，地方财政总收入4.86亿元；全部国有及规模以上工业总产值78.08亿元，合同利用外资8848万美元，实际利用外资7498万美元；进出口总额6751万美元；金融机构各项存款余额39.76亿元，城镇居民人均可支配收入12661元，农民人均纯收入5309元。

第十一个五年计划（2006—2010）　随着建设具有中国特色社会主义市场经济推进，计划在经济发展中的作用逐步减弱，从“十一五”（2006—2010）开始，由编制国民经济和社会发展五年计划改为编制《寒亭区国民经济和社会发展第十一个五年规划纲要（草案）》，并经寒亭区第十五届人民代表大会第四次审议通过。具体目标是到2010年，地区生产总值达到103.77亿元，年均增长16%；人均3690美元，年均增长15.3%；财政总收入12.63亿元，地方财政收入7.67亿元，年均分别增长21%。城镇居民人均可支配收入16600元，年均增长11.2%；农民人均纯收入7450元，年均增长7%；城镇居民人均居住面积27平方米，农村居民人均居住面积30平方米；城市人口比重达到55%；非农业劳动力比重上升到65%；新型农村合作医疗人口覆盖率达到90%；人口自然增长率控制在6‰以内。

2010年，实现地区生产总值94.74亿元，三次产业比例为9：54.1：36.9。全社会固定资产投资61.41亿元，实现财政总收入9.81亿元，地方财政一般预算收入7.39亿元。城镇化率45%，建成区绿化覆盖率41%。燃气普及率87%，集中供热普及率98%。建成污水处理厂2座，污水集中处理率96%，无害化垃圾处理率100%。城市空气质量良好率43.6%，水环境功能区达到规定标准，道路交通声环境质量处于较好水平。实现进出口总额19.45亿美元，其中出口17.33亿美元，实际利用外资5016万美元。城镇在岗职工年平均工资33044元，农村居民人均纯收入9301元。人均住房面积34.2平方米。

第十二个五年计划（2011—2015） 2011年1月，《寒亭区国民经济和社会发展第十二个五年规划纲要》经寒亭区第十六届人民代表大会第五次会议审议通过。具体目标是主要经济指标增幅达到或超过全市平均水平，五年实现由传统产业阶段向新兴产业阶段大跨越、实现由城乡结构以农村为主阶段向以城镇化为主阶段大跨越，实现固定资产投资翻番、实现地方财政收入翻番、实现城乡居民人均收入翻番。到2015年，地区生产总值年均增长14%以上，超过235亿元；全社会固定资产投资年均增长不低于18%。

2013年，实现地区生产总值170.3亿元，比上年增长10.2%，其中第一产业增加值11.2亿元，增长1.7%；第二产业增加值93.5亿元，增长11.1%；第三产业增加值65.6亿元，增长10.3%，三次产业比例为6.6：54.9：38.5。全社会固定资产投资184.6亿元，增长18.8%。实现财政总收入17.7亿元，增长11.5%；公共预算收入12.2亿元，增长12.5%。年末金融机构人民币各项存款余额141.9亿元，其中储蓄存款余额103.6亿元。全年实现限额以上消费品零售额28.3亿元，进出口总额7.12亿美元。全年农林牧渔业实现总产值29.7亿元，比上年增长5.1%。粮食总产30.5万吨、棉花总产0.44万吨、水果总产7万吨、蔬菜总产12.3万吨、肉类总产3.1万吨、禽蛋总产0.36万吨、奶类总产3.6万吨。新增成片造林1.58万亩，林木绿化覆盖率20.4%。全年实现工业增加值85亿元，比上年增长11.3%。规模以上（年主营业务收入2000万元以上）工业企业120家，实现增加值76.9亿元，增长12.3%；实现主营业务收入434亿元，增长11.5%；实现利税28亿元，增长25.6%；实现利润16亿元，增长33.1%。完成建筑业总产值18.15亿元，增长23%。年末城镇化率50.41%，比上年提高1.37个百分点。农村居民人均纯收入13232元，人均生活消费支出5943元。

专项规划

1989—2013年，全区先后下达棉花种植生产任务、棉纺企业配额、大中专毕业学生分配、救灾物资分配、“农转非”和山东省地方城镇居民户口、煤电油等重要物资专项分配、水利基本建设专项资金征收等有关专项计划，各项计划的实施期限不同。其中1996年，区政府编制第一轮寒亭区土地利用总体规划（1995—2010）；2005年，区政府印发《2005—2010年名牌培育规划》；2006年，编制第二轮寒亭区土地利用总体规划（2006—2020）。

第二节　项目审批

1991年，100万元以下的技改项目由寒亭区自行确定，50万元以下的技改项目由企业自定。1992年，区级基本建设投资项目审批权限发生调整：全民性质的投资项目审批权由50万元扩大到300万元，集体性质的投资项目审批权由100万元扩大到500万元。

2005年，对企业不使用政府投资的建设项目不再审批，企业不使用政府资金、投资建设列入《政府核准的投资项目目录》项目，一律实行核准制，仅需向区发改局提交项目申请报告，不再经过批准项目建议书、可行性研究报告和开工报告的程序。企业不使用政府资金、投资建设《政府核准的投资项目目录》以外的项目，无论规模大小，均实行备案制。对政府投资项目，仍按原来规定的权限进行审批，并严格执行建设程序。

2013 年，寒亭区审批权限：权限内政府投资项目审批；企业投资非跨县河流上的水库项目核准，企业投资非跨县河流、非跨县水资源配置调整的项目核准；企业投资 35 千伏以下电压等级的电网工程核准，企业投资非跨县调水项目核准，企业投资 5 万平方米以下普通房地产开发建设项目、权限内经济适用房项目核准，权限内企业投资城市污水处理、城市生活垃圾处理等其他城建项目核准，权限内企业投资的其他社会事业项目核准，《外商投资产业指导目录》中总投资 1000 万美元以下的鼓励类、允许类项目核准；《政府核准的投资项目目录》以外的企业投资项目备案。

2002—2013 年寒亭区固定资产投资项目审批统计表

表 13-1

年份	项目审批个数	年份	项目审批个数
2002	82	2008	78
2003	127	2009	110
2004	61	2010	91
2005	63	2011	121
2006	98	2012	111
2007	83	2013	61

第三节　重点项目管理

1995 年，根据区委第九次党代会确定的“工业立区、建设经济强区”要求，全区上下加大对重点项目扶持力度。1996 年，区政府印发《寒亭区重点项目管理办法》，要求每年下半年，各单位提报下一年度重点项目名单，经区重点项目办公室汇总整理，召集有关专家研讨、论证，形成重点项目初步名单，交区政府常务会议研究通过，形成年度重点建设项目方案，然后以区政府名义下发有关部门组织实施。1995—2003 年，先后有大莱龙铁路、220 千伏输变电工程、平原水库、亚星离子膜烧碱、恒联浆纸、康福特非织造物、新时代食品、昱合肉食加工等一大批重点项目相继竣工投产。2003 年，印发《全区项目库建设管理暂行办法》，开通寒亭区重点项目推介招商网，将全区的重点推介项目、资源优势、区位优势、优惠政策等予以发布和推介。至 2003 年年底，项目库内项目储备 200 余个。2004 年，印发《寒亭区项目库建设暂行办法》《进一步落实重点项目建设责任制的通知》。2006 年，区委、区政府建立区级领导班子成员包靠重点项目制度。至 2007 年年底，确定重点项目 360 余个。2008 年，组织开展投资 5000 万元以上新开工项目督查、纺织企业情况调查、新开工项目六项必要条件调查。2013 年，全区固定资产投资 184.62 亿元，对投资 10 亿元以上的潍柴铸造、天润曲轴、创智玻化微珠、中凯国际水产冷链物流园、修正药业物流园等 50 个占计划总投资 81.7% 的先进制造业和现代服务业项目，实行集中调度、重点推进。2009—2013 年，全区审批、核准、备案项目 1022 个。

第二章 统 计

1987 年 7 月，成立寒亭区统计局（以下简称区统计局），为政府工作部门。1989 年，区统计局设人秘科、专业科、综合科。1998 年 3 月，成立寒亭区社会经济调查队，隶属区统计局，2007 年 3 月升格为副科级单位。2013 年，设办公室、专业科、法规科和寒亭区社会经济调查队，行政编制 9 人，事业编制 5 人，实有行政 11 人、事业 11 人。

1988 年，在企业内开始设置统计负责人。1995 年，实行统计人员持证上岗制度，并进行统计上岗证的审验、换发和基层统计业务培训、指导、管理工作；每年组织统计人员继续教育、从业资格培训。同年，统计工作开始采用计算机网络建设，2002 年统计系统完成省、市、县三级联网。2003 年，实现省、市、县、乡四级联网。2003 年年底，全区 10 个乡镇（街道）配备统计人员。2007 年 9 月，各镇（街道）配备专职或兼职统计人员 2 ~ 3 人。至 2013 年，全区建立健全文字信息处理、数据信息处理、统计信息查询等系统。

第一节 统计报表

1989 年前，常用的统计调查方式主要有定期统计报表、普查、重点调查、抽样调查、典型调查等。1989 年以后，国家对统计制度进行多次改革。1990 年 6 月开始，实行企业统计负责人制。1994 年，建立以周期性普查为基础，以经常性抽样调查为主体的调查方法体系。1995 年，工业总产值由含销项税统计改为不含销项税统计。1998 年，工业统计制度由乡及乡以上独立核算工业企业改为限额以上工业和限额以下工业统计制度。1999 年开始，粮食产量由全面调查进行统计改为以全面调查与抽样调查相结合方式进行统计。2001 年，批发零售贸易和餐饮业统计由原来全面调查进行统计改为限额以上批发零售贸易、餐饮业和限额以下批发零售贸易、餐饮业统计。2002 年，由限额以上工业和限额以下工业统计改称为规模以上工业和规模以下工业；规模以上工业实行全面报表统计，规模以下工业实行抽样调查报表统计。2003 年，固定资产投资制度由全社会固定资产投资改为规模以上固定资产投资和规模以下固定资产投资。至 2013 年，统计调查制度 46 套，有 583 种报表，涉及 11310 个指标。

统计办公自动化

90 年代中期，区统计局建设计算机网络，2000—2002 年，利用政府网通道，采用虚拟网技术，完成省、市、县三级联网。2003 年，完成省、市、县、乡四级联网。统计办公自动化建设与计算机网络建设基本同步进行。至 2008 年，全区建立健全文字信息处理、数据信息处理、统计信息查询等系统。2009 年，国家统计局提出“企业一套表”建设方案，2012 年 2 月全区根据国家统计局要求，规模以上工业企业、限额以上批发零售住宿餐饮企业、资质以内的建筑业企业和房地产开发企业，按照企业一套表制度的要求，通过“联网直报”平台上报数据。

国民经济核算

1993 年，正式编制全区国内生产总值核算表，国民经济核算体系采用 SNA 基本核算框架、核算原则和方法。1994 年，根据市统计局制定的乡镇级国内生产总值核算制度，全区各乡镇开始进行国内生产总值核算。1999 年，由于统计口径、计算方法和资料来源发生变化，根据省、市国内生产总值（GDP）数字质量评估办法要求，调减1992—1999年全区GDP。2004年，停止乡镇级国内生产总值核算，并把县及以上国内生产总值称作地区生产总值。

专业统计

根据国家统计报表制度的规定，专业统计主要有农业、农村住户、农产品价格、工业、交通运输、能源、邮电、通信、贸易、外经、固定资产投资、房地产、建筑、劳动、人口、综合、财政、金融、保险、环保、科技、文化、教育、卫生、体育等。

农业统计　主要包括农作物播种面积、农作物产品产量情况统计，特色种植业生产经营情况统计，蔬菜分品种生产情况统计和水果生产情况统计等。

工业统计　1990年以后，随着国民经济迅猛发展和经济体制改革深入，工业统计中建立工业增加值统计。1998年开始，工业报表实行改革，不再按原来的“乡及乡以上”进行统计，对全部国有工业企业和年产品销售收入500万元以上的非国有独立核算工业企业实行全面统计，规模以下的采取抽样调查。2011年，规模以上工业企业规模标准调整为全部国有工业企业和年主营业务收入2000万元以上的企业。

贸易、餐饮业统计　1990年，形成主要包括商品流转、商业经济效益和商业机构人员三部分的一套统计指标体系。1992年，建立外经统计报表制度。1993年，进行较大幅度的改革，建立包括批发零售贸易业商品销售、库存总额、类值和实物量，社会消费品零售总额，批发贸易业、零售贸易业、餐饮业机构、网点、人员情况，以及财务状况等为主要内容的批发零售贸易、餐饮业统计报表制度。2000年后，统计范围由外国及港澳台投资企业改为投资额在500万美元以上的外国及港澳台投资企业。

农村居民生活统计　始于1978年，初称农民家计调查，1984年始称农村住户调查。1990年以后，农村住户调查指标体系逐步完善，调查指标逐年增加。2008年，全区共设有调查10个村，调查户100户，代表性指标有农民总收入、农民人均纯收入、生活消费支出、家庭基本情况、现金收支情况等。农村社会经济统计主要内容包括农村基本情况及农业生产条件统计、农村价值量统计、县（市）社会经济基本情况统计。2013年，实行城乡一体化住户调查。

固定资产投资统计　1989—1992年，固定资产投资统计随着国家对国民经济的治理整顿，清理了部分固定资产投资项目，压缩投资规模，调整投资结构。建筑业统计在1992年增加了增加值、总收入、固定资产和专用资金等统计指标；1993年建立房地产开发统计。1996年后，建筑业统计的范围由原来的城镇及城镇以上各类建筑业企业改为建筑业资质等级四级及四级以上的各类建筑业企业。2003年，根据国家统计报表制度，主要进行全社会固定资产投资统计。

第二节　统计调查

定期调查

按三次产业划分，第一产业主要统计农业有关指标，如农作物统计播种面积、亩产量、总产量等；畜牧业统计家禽、牲畜等的存出栏数，肉蛋奶产量等；渔业统计水产品养殖量和海产品捕捞量等；林业统计植树造林面积等。除实物量的统计外，还要对农、林、牧、渔和农林牧渔服务业进行产值和增加值计算。第二产业主要是统计工业和建筑业有关指标。主营业务收入2000万元以上工业企业和具有资质的建筑业企业都要通过联网直报方式，定期向统计部门报送统计数据，有总产值指标和经济效益指标，同时根据国民经济核算需要，加工计算出增加值。第三产业主要是统计限额以上批发和零售业、住宿和餐饮业、有开发资质的房地产企业，以及从业人员50人以上，或者营业收入1000万元以上的服务业企业等，达到以上标准的服务业单位通过联网直报的方式报送企业基本情况、财务指标、业务指标等，并依此基础数据计算出增加值。

大型国情国力调查

1994年，国家要求实行周期性普查制度，普查项目包括人口普查、农业普查、工业普查、第三产业普查、基本单位和经济普查等。其中人口普查、第三产业普查、工业普查、农业普查每10年进行一次，分别在逢0、3、5、7年份实施；基本单位普查每10年进行两次，在逢1、6年份实施。2003年7月，国家统计局对普查进行调整。原定于2003年进行的第三产业普查，与原计划在2005年开展的工业普查和2006年开展的基本单位普查合并，同时将建筑业纳入普查范围，在2004年开展第一次全国经济普查。以后全国经济普查每10年进行2次，分别在逢3、逢8年份实施，同时，农业普查实施年份由逢7调整为逢6。2003年7月，国家统计局对普查进行调整。人口普查、农业普查每10年进行一次，分别在逢0、6年份实施；经济普查每5年进行一次，在逢3、8年份实施。

抽样调查

1992年开始，每年6月进行人口定点调查，主要调查被抽中调查小区每年5月31日24时的常住人口及1月—5月人口的出生、死亡、迁入、迁出等变动情况。1995年10月1日零时，开展全国1%人口抽样调查。调查内容包括性别、民族、教育状况、出生死亡情况、迁移流动情况等。1996年，进行城镇劳动力情况抽样调查，按人填报的项目包括就业者身份、是否属离退休再就业等17个项目，按户填报的项目包括本户地址编码等5个项目。2005—2013年，每两年进行一次全国及省1%人口抽样调查，标准时点为调查年的11月1日零时。1998年起，对畜牧业进行抽样调查。包括全社会畜牧业生产情况和非农户、规模户、散养户生产情况及畜牧业生产单位情况等5种表式、300多个指标；代表性指标有主要畜禽存栏量、出栏量、肉类总产量、禽蛋产量和奶类产量等。1999年起，对农产量进行抽样调查。调查包括夏粮预实产调查和秋粮预实产调查等6种表式、200多个指标。代表性指标有小麦、玉米、地瓜、高粱、谷子等作物的面积、单产、总产量等。

1998年，首次进行全区村及村以下工业企业抽样调查。1999年，在全省范围内对规模以下工业企业进行省、市、县三级抽样调查工作。调查对象主要是辖区内年销售收入500万元以下的非国有工业企业和个体经营工业单位。调查内容主要有有企业名称、详细地址、企业代码、登记注册类型、人员及生产经营状况等。2000年开始，对限额以下批发零售贸易、餐饮业进行抽样调查。调查对象是从事批发零售贸易业、餐饮业活动的限额以下企业和个体户，调查内容包括批发零售贸易业、餐饮业的商品销售总额和批发额、零售额、营业收入等，采取随机抽样的方法。

其他专项调查

1998年起，实行企业景气抽样调查。调查范围包括工业、建筑业、交通运输仓储业、邮政通信及计算机业、批发和零售贸易业、餐饮业、房地产业、社会服务业8大行业，调查表包括调查问卷及企业基本情况等9种。

1993年、1998年、2003年、2007年、2012年分别进行投入产出调查。1999年开始，对重点批发零售贸易企业进行调查；2002年，对重点批发零售贸易企业的调查范围进行调整，调整标准当年销售额为1亿元以上的零售企业，5亿元以上的生产资料批发企业和5亿元以上的进出口企业。1996年，开始每两年根据《中国妇女发展纲要》《中国儿童发展纲要》进行妇女儿童统计监测，内容包括基本国情、社会基本生产、妇女参政议政、劳动权益、教育培训、卫生保健、婚姻家庭、法律保护、社会福利等14大类、276项指标。2013年，开展2012—2013年境外到中国大陆工作专家统计、农民工监测、党风廉政建设民意调查。

第三节　重大普查

人口普查

第四次全国人口普查　标准时点为1990年7月1日零时，设21个项目，人记录15项，户记录6项。普查结果是全区总人口351235人，其中男性人口180047人、女性人口171188人，全区有17个民族。

第五次全国人口普查　标准时点为2000年10月1日零时。普查的主要内容是人口的基本状况、迁移流动状况、文化身体素质、经济活动状况、婚姻生育状况、住房状况、交通生活质量7个大类、63个项目。此次普查首次采用长短表相结合调查方式，并采用先进的光电录入和网上传输、汇总等技术。此次普查主要结果为寒亭区常住人口355945人，其中男性180398人、女性175547人，性别比（女性为100）为102.76；总户数108700户，其中家庭总户数106580户，平均家庭户规模3.23人；全区共有27个民族，其中汉族355141人、少数民族804人。

第六次全国人口普查　标准时点是2010年11月1日零时。人口普查表分为《第六次全国人口普查表短表》《第六次全国人口普查表长表》，普查表长表抽取10%的户填报；普查表短表由其余的户填报。普查主要数据为寒亭区常住人口327475人，其中男性166706人、女性160769人，人口性别比103.69；总户数104662户，平均家庭户规模3.02人，全区有27个少数民族。

基本单位普查

第一次全国基本单位普查的标准时间为1996年12月31日，普查的调查年度为1996年，这次普查建成全区统计基本单位名录库。第二次基本单位普查的时间为2001年11月—2002年4月，普查内容为法人单位代码、法人单位名称、单位行政区划、行业类别、登记注册类型、从业人员、企业资产情况、企业主要经济指标等20多项指标。至2001年年底，全区拥有各类法人单位1459个、产业活动单位2163个、个体工商户5527户。

工业普查

1995年，全区进行第三次工业普查，至1995年年末，全区共普查工业企业和生产单位3889个、从业59178人；乡及乡以上工业企业单位132个、村及村以下工业企业和生产单位3757个。

第三产业普查

1993年，寒亭区进行第一次全国第三产业普查（普查年度为1991年和1992年）。全区普查第三产业单位数437个，从业3.1万人，第三产业增加值4.5亿元。

经济普查

第一次全国经济普查　2004年，开展第一次全国经济普查标准时点是2004年12月31日，时期标准为2004年1月1日至12月31日。普查对象为全区范围内从事第二产业和第三产业的全部法人单位、产业活动单位和个体经营户。普查范围涉及除农业以外所有第二、第三产业的全部经济活动，涉及19个大的行业归类、875个行业小类；2004年，全区有法人及产业单位2248个。

第二次全国经济普查　2008年，开展第二次全国经济普查，全区有二、三产业法人单位2001个，其中单产业法人1933个、多产业法人68个，产业活动单位2423个，其中多产业法人所属产业活动单位490个。按机构类型分，企业法人1091个、事业法人162个、机关法人54个、社团法人59个、民办非企业法人251个，“三上单位”231个，即规模以上工业183个，资质内建筑业19个，限额以上批发和零售贸易业22个、限额以上住宿和餐饮业7个。第二次经济普查与第一次比较，行政区域发生变化，不包括央子街道，人口减少1.5万人，面积减少300平方千米。

第三次全国经济普查　2013年进行第三次全国经济普查。普查标准时点为2013年12月31日，普查时期资料为2013年年度资料。普查范围是区域内从事第二、三产业活动的全部法人单位、产业活动单位和个体经营户。规模以上工业企业法人单位147个，其中重工业、轻工业分别为91个、56个，大、中、小、微型企业，分别有4个、19个、119个、5个。规模以下工业企业法人单位2466个，其中农村个体1768家、工业企业698家。

农业普查

第一次全国农业普查　1997年，寒亭区进行第一次农业普查，时期标准是1996年1月1日至12月31日。普查设有6种调查表，调查项目113项、调查指标874个，标准时点是1997年1月1日，普查对象为全区范围内各种类型农业生产经营单位、农村住户、非农乡镇企业、行政村和乡镇；普查内容涉及农业生产经营单位规模、结构，农村劳动力数量、质量、构成、利用和流转情况，镇（街道）及以下企业和镇（街道）基本情况等。

第二次全国农业普查　2007年，进行第二次全国农业普查，时点指标的标准时间是1996年12月31日，时期指标的标准时期是1996年1月1日至1996年12月31日。普查包括从事第一产业活动单位和农户的生产经营情况，乡镇、村委会及社区环境情况，农业土地利用情况，农业和农村固定资产投资情况，农村劳动力就业及流动情况，农民生活质量情况6个方面。

第四节　统计服务与执法

统计服务

1997年，区统计局开始编印《寒亭统计月报》，以后逐年对月报格式及内容不断完善和充实。1998年开始，建立统计快报制度，每月8日把上月有关主要指标完成情况报区委、区政府。1999年，为庆祝中华人民共和国成立五十周年，搜集整理全区新中国以后主要统计数据，并编印成《辉煌的五十年》。2002年下半年，主要经济指标统计实行上报提速，有关生产指标于月后5日前上报给区政府，有关效益指标于月后8日前上报给区政府。1989—2013年，每年把当年的统计资料编印成《潍坊市寒亭区统计年鉴》存档。

统计分析研究

统计分析按照“高、精、尖”“短、平、快”的指导思想，围绕区委、区政府一个时期的工作重点，开展专题调研，增强统计服务的针对性。树立统计精品意识，统计分析报告既注重时效，更注重质量。1999年开始，通过实施统计分析课题制，集中力量，联合攻关，加强对社会经济热点、难点问题的综合性研究，撰写出一批具有较高决策参考价值的统计分析，既有动态分析，也有难点、热点问题研究。积极开展统计调研，发挥统计的信息服务功能。

统计执法

1989年开始，贯彻落实全国统计普法方案，“一五”到“六五”统计普法期间，开展多种形式的普法宣传教育活动。1991年，在全区组织开展以工业、固定资产投资和劳动工资为主要内容的统计法规执行情况大检查，分自查、互查和重点抽查三个阶段进行。1993年，在全区范围内开展统计执法大检查，对统计执法检查员进行查处统计违法案件程序及复议应诉方面的培训。1997年，区统计局、区监察局、区法制局、区司法局四部门联合开展统计执法检查。2009年6月27日新《中华人民共和国统计法》颁布，2010年1月1日施行。2010—2013年，主要采取普法培训考试，设立宣传版面、宣传站，发放统计宣传材料等形式进行广泛的社会宣传。1996—2013年，全区执法检查抽查单位823个，立案94件，警告处理81件，罚款10件，罚款额7.3万元。

第三章　审　计

1989年，寒亭区审计局（以下简称区审计局），为正科级行政单位，设办公室、企业审计科、行政事业审计科。2003年3月，成立寒亭区经济责任审计办公室，为副科级事业单位，隶属区审计局。2013年年底，区审计局设办公室、行政事业审计科、投资审计科、综合审计科，辖区经济责任审计办公室，编制22人，实有人员19人，其中高级职称2人、中级职称8人。

第一节　国家审计

财政审计

1989—1995年，先后对5个部门和14个乡镇财政收支情况进行审计。1996年，组织开展本级财政预算执行审计工作，重点审计上年度组织区级预算收入情况和税收征管质量情况以及区教育经费、科技三项经费拨付及使用情况，检查有无虚列财政支出、企业漏缴税费、专项经费拨付不到位等问题。1996年以后，每年组织对区地税分局上年度税收征管情况进行专项审计。结合税收征管质量审计，先后选取83户区内重点纳税企业进行延伸审计，查补税款524万元，促进加强税源管理，有效地防止“跑冒滴漏”现象发生。同时，分析经济形势变化对企业发展状况的影响，为区委、区政府宏观决策提供参考依据。1997—2002年，审计一级预算单位63个，延伸审计二级预算单位42个，重点检查是否存在临时预算支出手续不规范、预算资金列支转暂存等问题，提出加强预算管理审计建议34条。2003—2008年，审计单位52个，延伸审计二级预算单位26个，检查是否存在预算资金列支转暂存、欠缴预算外资金等问题，提出各类审计建议33条。2009—2013年，审计单位32个，延伸二级预算单位13个，发现拨付单位专项资金不及时、预算支出不均衡等问题，提出各类审计建议24条。

乡镇（街道）决算审计，2002—2010年，区审计局组织乡镇财政决算审计22次，审计查出乡镇（街道）挤占五项统筹费、账目设置不规范、银行多头开户等问题。对存在的问题依法严肃处罚，责令单位限期按原渠道归还被挤占资金，并对会计账户进行清理。2010—2011年，对寒亭、朱里和高里3个街道办事处进行决算审计，进一步规范资金管理，提高资金使用效益。2011年以后，对街道财政审计一般与预算执行审计和经济责任审计一起安排，审计情况在预算审计报告中进行反映和表述，不再单独进行。

行政事业审计

1989—1993年，对19个行政事业单位实行定期审计，查处部门财务管理及各项管理资金在拨付、管理、使用中存在的问题121个，金额93万元，提出审计建议62条，规范行政事业单位的财政财务管理。1994—1999年，组织对53个行政事业单位进行审计，突出对农业、水利、教育、卫生、建设、交通等管理部门的审计，延伸审计19个二、三级预算单位，提出审计建议112条，规范行政事业单位的财政财务管理。2000—2006年，重点选择有资金分配管理权或预算外资金收支比较大以及关系广大群众切身利益的23个行政事业单位进行审计，促进单位规范收费依据和标准，严格执行“票款分离”和“收支两条线”制度，遏制有关部门单位“乱收费、乱罚款、乱摊派”行为。2006年，对区医院和区计生妇保中心2004年至2005年6月期间的单位收费情况进行审计，提出改进管理意见和建议。2006年以后，对行政事业单位审计大多结合预算执行审计和经济责任审计一起安排，不再单独进行，并将审计重点放在资金分配权和预算外资金收支比较大的部门，注重提高资金使用效益。

1993—2013年，区审计局参与全区财税大检查12次，对3282个机关和企、事业单位的财务状况进行检查，摸清全区财政家底，规范财经秩序，提高财税管理质量和水平。

固定资产投资审计

1988年，对区自来水公司办公楼实施决算审计。2003年，区审计局先后对区引黄济青指挥部办公楼、人民银行营业楼、检察院宿舍楼、寒亭一中教学实验楼等12个基建项目进行审计，核减工程投资额654万元。2004年，组织对2004年6月以前的全区农村公路改造工程项目进行审计，重点审计国债资金和地方配套资金管理和使用情况，项目财务核算和工程造价、质量管理情况，以及项目法人责任制、招标投标制、合同制和工程监理制的落实情况。

2005—2008年，对区图书馆楼等15个建设项目进行决算审计，节省财政资金3240万元。2008年以后，政府投资审计力度不断加大，先后对金融大厦、广电大厦、寒亭一中新校、固高路拓宽改造、民主街、亚星路、商业步行街改建，年画公园迁移等25个政府重点投资项目进行审计，共审减工程计算值9301万元。

经济责任审计

1989—1994年，对潍坊第二棉纺厂等9户区属重点企业进行承包经营责任审计45次，查处企业资产负债不实、虚增（减）利润、漏缴税费等各类问题。1997年开始，受区委组织部委托，区审计局先后对调整职务的371名副科级以上干部和国有及国有控股企业的主要负责人进行离任审计。对32个部门的现任主要负责人进行任中审计，前移监督关口，提高监督时效性。2008年，全区乡镇撤并，区审计局及时组织对涉及的7个乡镇主要负责人进行经济责任审计，评价经济责任，摸清家底，理清债务，保证乡镇的及时合并、财务正常交接。

企业审计

1986年，组织对潍坊第二棉纺厂、潍坊齿轮箱厂、区燃料公司、区机电化轻公司等12户重点企业进行财务收支审计，至2001年，先后对区属重点企业的资产负债和损益情况进行审计86次，查补偷漏税款等各类问题，增加区级财政收入，规范和提高企业财务管理水平。2004年，组织人员对区粮食收储公司和10个乡镇粮食收储站在1998年6月1日—2004年5月31日期间的财务挂账情况进行清理审计，摸清财政补贴资金拨付和管理使用情况；对区属潍坊荣泰纺织有限公司、潍坊三建建筑工程有限公司、潍坊鑫盛达百货有限公司、潍坊金河食品有限公司、潍坊恒德纸业有限公司等五家股份制企业2002年、2003年1月—5月期间税外负担进行专项审计调查；对区盐业公司2002年至2004年10月期间财政财务收支情况进行全面审计。2005年，组织对区新华书店2004年、2005年1至6月期间财务收支情况进行审计。2006年后，区审计局先后派出82名审计人员参加原区投资公司等工作组。

专项资金审计

1989年开始，组织对区燃料公司煤炭开发基金收支情况进行专项审计。1991—1993年，连续3次对寒亭区水产养殖公司有关世行贷款对虾养殖项目收支情况进行审计。1997—1998年，对区基金联合会和12个乡镇基金会资产负债及损益情况进行审计和核查清理。截至2001年，共组织实施城市维护建设资金、电力资金、农业专项资金、公安分局（交警）收费和罚款、养老保险金、失业保险金、土地出让金、公积金管理、财政周转金等专项审计或审计调查22项，重点检查相关资金征缴、管理、使用等情况，促进相关部门加强规范管理。

2002—2007年，先后对全区养老保险基金、医疗保险基金、失业保险基金、残疾人保障基金、计划生育专项资金、福利彩票资金、农业综合开发资金等26项专项资金的管理、使用情况进行专项审计或审计调查。2007—2010年，组织专门力量先后对全区五项社会保障基金、就业保障资金、抗震救灾专项资金、抗旱救灾专项资金、水资源费、低保资金、计生事业费和社会抚养费，以及县乡医疗服务体系建设及经费管理使用情况、新增中央投资项目和扩大内需重点建设项目省调控资金管理情况、电网改造和第二期农村电网建设以及改造资金，沼气乡村服务网点建设、沿海防护林工程建设、中小学校舍安全工程建设、农村住房建设与危房改造等项目进行审计和审计调查，摸清家底，强化管理，推动相关政策落实。

2011—2013年，组织开展对城镇保障性安居工程、体育彩票基金、福利彩票资金审计。配合审计署、省厅和市局对区污水处理厂、圆友建设集团、地方政府性债务、转方式调结构专项资金、农业综合开发资金、养老保险基金、现代农业生产发展专项资金、区法院和检察院离任审计、社保资金审计、地方政府性债务审计16个项目进行监督检查。截至2013年，完成审计项目1106个，查处各类问题资金181649万元，促进被审计单位增收节支4214万元，提出合理化建议2600余条。

第二节　内部审计

1987年开始，区内各有关部门和单位相继成立专门内部审计机构，配备人员，开展内审监督。到1989年，全区先后设立内审机构8个，配备专兼职内审人员12名，在重点部门单位和大中型企业建立起比较完善的内部审计队伍。1990—2003年，全区设立内部审计机构12个，专（兼）职内审人员20名。区审计局主要负责对区域内内审机构工作开展进行业务指导与监督，组织开展各类学习班、座谈会20余次，组织参加上级内部审计培训16人次。2011年9月，成立寒亭区内部审计协会。2012年以后，按照上级审计机关和潍坊市内部审计师协会工作安排，对山东圆友重工科技有限公司等16户重点民营企业进行调查，了解掌握企业现状与内审工作开展情况。2010—2013年，全区内审机构围绕建设富强、秀美、幸福新寒亭目标，突出经济责任审计、建设项目投资审计和企业绩效审计，完成审计项目162个，审计资金12.56亿元。至2013年，全区内部审计协会会员单位41个，会员45人。

第三节　社会审计

1988年1月，成立寒亭区审计师事务所，隶属区审计局，为副科级自收自支事业单位，主要开展企业审计、基建审计、评估、验资等工作。1989—1997年，完成验资项目985个，验证资金6.96亿元。1998年，审计师事务所与局机关脱钩，与区会计师事务所合并成立股份制潍坊新正大会计师事务所，成为民营中介机构。1998—2007年，完成验资项目2583个，验证资金15.63亿元，完成工程决算审计183项，审计建设资金10.67亿元。2008—2010年，开展签证、验资和资产评估，完成各类委托审计、验资项目等6120个，审计验资资金总额28亿元；开展资产评估88项，评估资产总额16亿元，保障各项招商引资项目的及时审批、验证和开工。2011—2013年，开展委托审计、验资项目等569个，审计资金22亿元。

第四章　物　价

1989年，寒亭区物价局设办公室、物价检查所、工价科、商价科。1993年11月，撤销寒亭区物价局，与潍坊市工商行政管理局寒亭分局合并。1996年12月，物价、工商分设，成立潍坊市物价局寒亭管理所，隶属潍坊市物价局。2002年3月，潍坊市物价局寒亭管理所更名为潍坊市物价局寒亭分局。2006年12月，划归寒亭区管理。2007年，潍坊市物价局寒亭分局更名为潍坊市寒亭区物价局（以下简称区物价局），为正科级事业单位，隶属区政府，潍坊市寒亭区价格认证中心升格为副科级事业单位，隶属区物价局。2013年，区物价局设办公室、价格收费科、物价检查所、价格认证中心，编制18人。

1990年后，随着商品价格逐步放开，区商业局、供销社及零售企业专职物价员撤销，只配备兼职物价员。

第一节　价格改革

1989年，提高小麦、玉米、油料等农产品定购价格，对煤、电、油、交通、农业生产资料价格进行改革，放开电冰箱、洗衣机、自行车、黑白电视机4种商品价格，执行黑色、有色金属全国统一最高限价。1990年，对生猪、苹果等主要农副产品价格指导；提高能源、工业原材料价格，商品价格和服务收费，执行特批规定。1991年，提高煤炭、成品油价格，放开118种商品价格和卷烟零售价格。1992年，对纺织品、物资、丝绸价格改革，放开花布、化工、机电等165种商品价格；9月，有计划地放开粮食销售价格。1993年5月，放开粮油购销价格。1994年5月，提高国家定购粮食及其他农产品价格，粮食平均收购价提高48.3%，棉花提高46.2%。成品油、化肥价格计划内外并轨。当年物价涨幅20%以上，成为改革开放以来涨幅最高的年份。1995年，按社会商品零售总额、农副产品收购总额和生产资料销售总额统计，市场调节价商品比重为88.8%、78.6%和77.9%，政府定价商品比重为8.8%、1.7%和15.6%，政府指导价商品比重为2.4%、4.4%和6.5%。

1996—1997年，粮食等主要农副产品价格持续下降，实行保护价敞开收购和顺价销售措施，平板玻璃、钢材等建筑材料价格大幅下降。1998年3月至2000年4月，零售物价连续处于负增长水平，5月开始，市场零售物价水平趋升。2000年，成品油价格上涨，全年9次调整成品油价格。2001年，连续4次调整成品油价格。2002年，潍坊市一律取消国家和省取消审批的项目，实行价格审核备案制。2004年，分2次降低372种化学药品和中成药价格，降低工业、农业和非居民照明用电价格，全年共3次调整成品油销售价格。2005年，蚕茧中准收购价格由每50千克700元提高到750元；5月，上调城乡居民生活用电价格和其他用电价格，每千瓦时分别提高0.02元和0.0272元；10月，农作物种子价格退出政府定价目录，实行市场调节。5次调整国内成品油价格。2006年，调整烤烟、蚕茧收购价格；降低160种药品价格，2次调整成品油销售价格，平均提高500元/吨。2007年，调整烤烟收购价格，每担提高20元；2次降低494种药品价格，5次制定公布共980种药品的最高零售价格；2次调整成品油销售价格。

2008年，物价大幅上涨，国家对成品粮、食用油、猪肉、鸡蛋、牛奶等实行临时价格干预措施；调整用电价格和峰谷分时电价；对成品油价格进行2次调整。2009年，提高烤烟收购价格；公布国家基本药物的零售指导价格，8次调整成品油销售价格。2010年，国家继续在小麦主产区实行小麦最低收购价政策，并提高小麦收购价格；6月10日前对高耗能企业停止优惠电价，全年4次调整成品油价格。2011年，全省中准级烤烟收购价格由每千克730元提高为790元；6月和12月2次调整除居民生活用电外电网销售电价；全年3次调整成品油价格。2012年，全省中准级烤烟收购价格由每50千克790元提高为910元；道路班车客运执行上限票价政策，汽车客运运价实行备案管理制度，居民生活用电试行阶梯电价；全年8次调整成品油价格。2013年，国家发改委、财政部降低12部门的部分行政事业性收费标准；取消56项行政事业性收费，免征25项行政事业性收费；市财政局、物价局免征市级62项行政事业性收费。

第二节　价格管理

1991年，制定有线电视维护费收费标准每月每户1元；自来水价格为居民生活用水0.30元/立方米，工业用水0.95元/立方米。1994年，调整自来水价格，居民生活用水1.00元/立方米，工业用水1.50元/立方米。1996年，居民生活用水1.33元/立方米，工业用水2.00元/立方米，建筑及其他用水2.65元/立方米。1997年，制定农村电话初装费收费标准为1500元，每部电话可收取150元装移机工料费，收取30元装移机手续费；制定引峡济寒城乡供水价格，成本价1.05元/立方米，销售价格1.40元/立方米。2000年4月，农村居民生活用电统一收取0.63元/千瓦时，农村生产用电统一收取0.72元/千瓦时，农村工副业用电统一收取 0.82 元 / 千瓦时，农村非居民用电统一收取 0.88 元 / 千瓦时。2002 年，全市涉农价格和收费公示现场会在寒亭区召开。同年，规范物业管理收费，收费标准按每月每平方米建筑面积计算，一级 0.45 ~ 0.50 元、二级 0.35 ~ 0.40 元、三级 0.25 ~ 0.30 元、四级 0.15 ~ 0.20 元。

2003 年，开始由自来水公司、引峡济寒供水中心代征水资源费 0.50 元 / 吨、排污费 0.30 元 / 吨。2005 年 1 月，制定城区出租车起步价为 2 千米以内（含 2 千米）2 元，2 千米以上每千米租费为 1 元；回空补助从 4 千米（含 4 千米）开始，每千米租费加收 50% 空驶费，同一乘客双程往返不加空驶费。2005 年 3 月，回空补助由原来从 4 千米开始调整为从 5 千米（含 5 千米）开始。同年区属自来水公司水资源费由 0.50 元 / 立方米调整为 0.80 元 / 立方米，属自备水源的继续执行 0.85 元 / 立方米；使用地表水经营供水企业：自备水源的按 0.40 元 / 立方米，公共管网供水的按 0.35 元 / 立方米。

2007 年，实行城乡用电分类同价，调整城市基础设施配套费标准 280 元 / 平方米（建筑面积）。2008 年，调整城区供暖价格，居民生活取暖价格按建筑面积由 21.6 元 / 平方米调整为 25.6 元 / 平方米，非居民为 31.2 元 / 平方米，各类学校（含幼儿园）教学和学生生活用热价格按居民生活用热价格执行。调整城市基础设施配套费标准，商业、办公、住宅 200 元 / 平方米，车间、厂房、仓储 100 元 / 平方米（建筑面积）。调整峰谷分时电价将现行高峰、低谷时段电价按基础电价上下浮动 50% 调整为上下浮动 60%，平段仍执行基础电价。尖峰时段电价按基础电价上浮 70%。

2009 年，调整有线数字电视基本收视维护费收费标准，居民用户第一终端 26 元 / 月 • 机，同户家庭开通第二及更多台数字电视，收费标准为 8 元 / 月 • 机；供热配套费居民用户按建筑面积 35 元 / 平方米，燃气配套费每户 2500 元；调整趸售结算电价，一般工商业用户 1 ~ 10 千伏 0.55 元、36 千伏及以上 0.545 元，居民用电 1 ~ 10 千伏 0.3031 元、36 千伏及以上 0.3031 元，农业用电 1 ~ 10 千伏 0.4152 元、36 千伏及以上 0.4042 元；调整汽油价格 90 号 5.59 元 / 升；固定电话本地网营业区间通话费上限标准由 0.30 元 / 分钟调整为 0.20 元 / 分钟，县及县以下固定电话拨打本地网内移动电话的资费标准不高于 0.20 元 / 分钟。

2010 年，制定杨家埠民间艺术大观园门票临时价格，为 50 元 / 人次，制定于家大院景点临时门票价格，成人每人每次 10 元，1.10 米以下儿童免费，1.10 ~ 1.40 米儿童执行半票价格。规范城区客运出租车租费，将起步价由 5 元 /3 千米调整为 6 元 /3 千米；取消客运出租汽车每乘次 1.00 元的燃油差价；调整供热价格，居民生活基本热价为 11 元 / 平方米，非居民生活基本热价为 13.5 元 / 平方米。

2011 年，山东电网销售电价平均每千瓦时提高 0.0229 元，扣除居民生活用电等不提价电量后，大工业、中小化肥生产、一般工商业、农业生产用电价格每千瓦时提高 3.07 分钱，对农村饮水安全工程供水用电执行居民生活用电价格。2012 年，制定新建住宅小区供电设施配套费收费标准，多层建筑 90 元 / 平方米，高层建筑 110 元 / 平方米。居民用电实行阶梯式电价，第一档：电量每户每月 210 度及以下，执行现行电价；第二档：电量每户每月 210 ~ 400 度之间，在现行电价基础上，每度加价 0.05 元；第三档：电量每户每月 400 度以上，在现行电价基础上，每度加价 0.3 元。年用电量 2520 度及以下执行现行电价每度 0.5469 元；2520 ~ 4800 度部分执行第二档电量加价标准，为每度 0.5969 元；超过 4800 度部分执行第三档电量加价标准，为每度 0.8469 元。

2013 年，物业收费标准按每月每平方米建筑面积计算，多层住宅一级 0.65 元、二级 0.50 元、三级 0.40 元、四级 0.30 元、五级 0.20 元；带电梯住宅一级 1.40 元、二级 1.15 元、三级 1.00 元。车库（位）租赁费基准价格室外大中型汽车 150 元 / 辆 • 月，小型、微型汽车及电动轿车 100 元 / 辆 • 月，三轮摩托车（电动车）50 元 / 辆 • 月；

室内（共用车库内的车库、车位含地下共用停车场）小型、微型汽车及电动轿车180元/辆•月，三轮摩托车（电动车）90元/辆•月；电动立体车位:小型、微型汽车及电动轿车180元/辆•月。调整公办幼儿园收费标准及保教费：省级实验示范类380元/生•月，市级示范类300元/生•月，县级示范类240元/生•月，普通类200元/生•月。调整寒亭区第一中学住宿费收费标准为每生每学期180元；制定潍坊博海学校收费标准，为每生每学期4000元。制定小麦产业项目泵站运行水费价格，价格标准为0.55元立方米；

第三节 收费管理

1990年，清理收费项目4324项，查处非法项目46项，清理收费额650万元，颁发收费许可证270份。1997年，换发新收费许可证287个，审验收费项目4800个，年审收费金额1.02亿元，清理超范围、超标准收费和废止仍继续收费项目31项，无收费许可证收费单位4家，废止违法收费项目58项，变更不合理收费项目72项。1999年，审验18个系统、500个单位，审验收费项目4800个，年审收费金额9.5亿元，其中省及省以上收费项目4430个；清理废止仍在继续收取的收费项目4项，未办理收费许可证单位2个，废止收费项目23项。2002年，市物价局、市房管局公布《潍坊市城市住宅小区物业管理服务收费试行办法》，规定物业管理服务收费根据提供服务性质、特点等情况，分别实行政府定价、政府指导价和市场调节价。普通住宅小区物业管理服务收费实行分等定价制度，收费等级、收费标准，根据物业公司为业主提供的服务项目、服务质量等因素，由物价部门会同房产管理部门按百分制评定，住宅小区物业服务收费标准每平方米0.15元~0.50元。

2003年，在全区开展行政事业性收费清理整顿和全面推行收费公示制度，实行“阳光收费”。2005年，全区各收费部门单位和109所学校，以及10个乡镇的371个自然村建立电子公示屏幕、公示栏、公示牌，公示率100%。审验27个系统，审验收费许可证414个，取消收费许可证89个，年审收费金额1.5亿元，变更收费项目17个，对乡村社区卫生服务点进行清理并办理收费许可证312个。

2006年，审验38个系统、收费单位695个，审验收费金额2.58亿元。2008年，印发《关于认真落实行政事业性收费减免政策的通知》，规定经营服务性收费，除法律、法规和省级以上人民政府另有规定，依法可实行收费许可证管理外，不再办理收费许可证；全年审验收费单位254个，年审收费金额1.223亿元。2009年，审验25个系统、收费单位550个，年审收费金额1.2亿元，取消收费项目74项，减免收费金额2662.54万元。2011年，审验34个系统，收费单位245个，年审收费金额1.2亿元。

2012年12月，寒亭区将住宅物业服务根据服务内容、要求不同分为五个服务等级，一级多层住宅0.65元，带电梯住宅1.40元；二级多层住宅0.50元，带电梯住宅1.15元；三级多层住宅0.40元，带电梯住宅1.00元；四级多层住宅0.30元；五级多层住宅0.20元。2013年8月，制定区廉租住房及公租房租金标准。

第四节 物价检查

1989年，检查57个单位，查出违反价格款6.6万元。1990年，对农业生产资料、医疗、教育等单位进行检查，查出案件30起，金额1.78万元。1997年，开展明码标价检查，检查经营单位和个体工商户2200多家次；对十大行业100多个单位进行检查，查出违反价格金额200多万元；及时处理群众来信来访46人次，退还用户违反价格款13940元；全区统一组织财税物价大检查，对全区20个行政事业单位进行检查，查出违反价格金额65万余元，收缴罚没款3万余元。

1999年，对3个系统27个单位进行检查，查出违反价格金额20多万元，收缴入库5万多元；查处10起信访案件，退还多收群众款项3000元。2000年，开展各项收费检查和商品价格监督检查，涉及电业、成品油、涉企涉农收费、物业管理、餐饮业服务业、粮食购销、药品和市场明码标价等价格监督检查。2001年，开展中小学收费、中介机构服务收费、涉农及涉企收费、物业管理收费、药品价格及医疗服务等监督检查。2002年，开展明码标价规范检查月活动，对城区各大超市及部分经营户进行检查规范。2003年，开展涉农涉企收费清理整顿、教育收费检查、涉外商企业和民营企业收费检查、国庆期间旅游市场价格检查和防治“非典型性肺炎”相关药品价格检查。2004年，开展农业生产资料、成品油价格，民政、计生、卫生防疫、检验检疫、医药价格、教育收费等专项检查；加强对防治“禽流感”药品和相关商品价格监管。2005年，接到价格举报12起，全都及时处结，查处违价案件2起；对建设、计生、国土、教育等系统的55个单位进行检查，查出违反价格单位35个，金额150多万元。

2006年，开展水价、电价、物业服务收费、涉农、涉企、教育、医疗价格检查，以及节假日市场价格监管，配合市物价局在寒亭区开展公安系统收费检查。2008年，开展涉企、涉农价格和收费检查，旅游景点、节日市场检查；开展化肥价格、农电价格、教育收费、成品油价格、药品和医疗服务价格专项检查；共检查79个单位，规范120个单位的收费。开展明码标价专项整治活动和价格服务进万家活动，公布寒亭区首批“明码实价示范店”。2009年，组织开展建设、民政、公安、畜牧等系统的价格收费专项检查。开展化肥、成品油、医药价格，甲流疫苗及甲型H1N1流感疫情防控药品价格检查；受理价格举报投诉和咨询35件，办结35件。

2010年，开展春季化肥、农机服务、行业协会、用电价格、药品价格，以及医疗服务、教育收费专项检查，对城建、房管、规划、交通、质量技术监督、工商、畜牧、卫生防疫、气象等部门的收费执行情况进行检查。2011年，采取印发“提醒函”和巡查等形式，开展元旦、春节、“五一”、“十一”等节日期间的市场价格监管活动，对35种居民重要日用商品进行市场销售价格监测，组织开展“价格诚信单位”评选活动；5月开始，实行商品房销售价格明码标价和备案制度。接到价格举报46起，全部及时处结。发放《寒亭区实施明码标价提醒函》1000余份。2012年，开展涉农价格和收费专项检查；接市长热线35起，来电来访40余起，全部及时处结。2013年，对35种居民重要日用商品进行市场销售价格监测；接市长热线23起，来访3起，全部及时处结。

第五节　价格服务

价格信息

1997年开始，组建价格信息网络并发展用户，通过全省信息网定期向网员单位发送价格政策及产品价格信息、市场行情预测和专题调查信息，至2002年发展网员单位100余家。利用内部资料《价格管理》不定期编发物价信息，编写内容随着不同时期价格改革和物价工作的要求而调整。1997—2001年，编发78期。

价格事务

1997年1月，成立潍坊市寒亭价格事务所。1999年，开展价格鉴证、涉案物品和非涉案物品的价值认定、价值评估，以及价格咨询等，价值认定250起，案值400多万元。2000年8月，成立潍坊市拍卖行寒亭办事处，为全市物价系统中第一家。2001年8月，成立车物定损办公室，对交通肇事车辆及损坏物品、财产、路面、树木等进行价格认证。2003年1月，潍坊市寒亭价格事务所更名为潍坊市寒亭价格认证中心，接受公、检、法、司法机关和行政执法机关等单位委托，对刑事、民事、经济、行政案件中，各种扣押、追缴、没收，以及纠纷财物价格评估、认证、鉴定。2005年，价值认定涉案、非涉案物品80件，认定金额1000万元。2006年，价格鉴证115件，认定金额2500万元；价格认证12件，认定金额

1300万元；车辆定损771件，定损金额652万元。2008年，涉案物品价格鉴定13件，鉴定金额117.39万元；刑事案件价格鉴定92件，鉴定金额64.7万元；价格认证9件，认定金额4034.7万元；车辆定损1032件，定损金额1183.7万元。2011年，办理涉案物品价格鉴证70件，鉴定金额200余万元；车辆损失价格鉴证996件，鉴定金额1370万元。2012年，办理涉案物品价格鉴证59件，鉴定金额403.8万元；认证评估4件，评估金额439万元。2013年，办理涉案物品价格鉴证48件，鉴定金额148万元；认证评估3件，评估金额413.15万元。

第五章　工商行政管理

第一节　管理机构

1989年，寒亭区工商行政管理局设办公室、政工股、经济合同管理股、市场管理股、市场管理信息服务股、个体经济管理股、经济监督检查股、企业登记管理股、个体劳动者协会办公室、消费者协会办公室，下设12个工商所。1991年，撤销政工股，设立纪政股、法制股；成立城区工商所。1993年11月，区工商局和区物价所合并，仍称寒亭区工商行政管理局，执行工商和物价综合管理职能。1993年12月，设立经济稽查处。1994年4月，经济监督检查科更名为经济监督检查大队，与经济稽查处合署；同年8月，寒亭区工商行政管理局上划潍坊市工商行政管理局，改称潍坊市工商行政管理局寒亭分局，内设办公室、政工科、会计统计科、物价科、经济稽查处、物价所、企业个体登记管理科、合同商标广告管理科、集贸市场管理所、个体私营业者协会办公室、消费者协会办公室，下设13个基层工商所。1996年7月，成立信息咨询服务中心；12月，设立潍县商城工商行政管理所。1997年3月，工商分局与物价所分设。1998年12月，省以下工商行政管理机关实行垂直管理。2002年1月，设立企业注册局、公平交易局，均为副科级机构。2008年3月，央子工商所划归滨海分局管理，双杨店所并入高里所。2013年，由省级垂直管理改为分层分级管理，以地方管理为主。区工商分局下设办公室、人事政工科、财务装备科、市场合同管理科、商标广告管理科、消费者权益保护科、法制科、纪检监察室8个科室，辖企业注册局、公平交易局2个直属局，以及城区、潍县、开元、固堤、朱里、高里、南孙、泊子、河滩9个工商所，个体私营企业协会办公室、消费者协会办公室2个协会办公室。

第二节　市场管理

集贸市场

90年代，寒亭区按照“科学规则、合理布局、政府牵头、多方兴建、统一监管”原则，结合实施“菜篮子工程”，加快市场培育和集贸市场建设。市场建设由部门行为变成政府行为，列入各级政府的重要议事日程，纳入城乡建设总体规则。到1994年年底，全区集贸市场发展到66处，年成交总额2.81亿元。进入21世纪，随着鑫盛达、中百超市、家家悦、万家福等大型连锁超市和网络购物兴起，集贸市场数量开始下降。至2013年年底，全区主要集贸市场有44处。

专业市场

90年代，寒亭大棚市场、固堤西瓜批发市场、朱里大姜批发市场投入使用。1993年，寒

图 13-1　90 年代末期寒亭区大棚市场

发展到449户，持证459人；潍坊恒祥农产品专业合作社被评为“山东省优秀诚信农村经纪人”。至2013年年底，全区经纪人发展到518户，持证825人。

市场监管

1989年，对粮、棉等农副产品市场进行管理，对化肥、农药、农膜等物资实行专营管理。1990年，在全区集贸市场实行规范化管理，普遍实行划行归市，明码标价。1993年，对旧机动车交易实行统一管理，对旧车交易进行审核收费。2001年，实行市场管办脱钩，对商品交易市场进行企业、市场双规制登记，确立市场经营主体资格，潍坊市东方摩托车交易市场被评为省级规范化建设文明市场。2002年，推行“市场预警制”，对租赁柜台经营活动和商品展销进行登记监管。2003年，成立市场监督管理委员会，实行责任追究，全面实行市场属地监管责任制。“非典”期间，检查药品经销单位51家，商场11处，查处超范围经营药品案2起。2004年，加强对奶粉、汽车修理、煤炭市场监督管理，全年检查相关经营业户478家，取缔无照汽车修理业户13家。2006年，对辖区电动车、成品油、化肥等商品进行抽样检测，检测出不合格电动车12种、不合格成品油4种、不合格化肥14种。2007年，对销售注水肉、病害肉、未经检疫或检疫不合格猪肉等问题进行专项整治，检查生猪屠宰加工企业12家、猪肉经营业户133家，查处违规经营猪肉业户7家。2008年6月，在全区商场、超市、集贸市场实行塑料购物袋有偿使用制度。

2009年，对城区专业市场及周边集贸市场进行集中整治规范，落实流通环节食品市场管理“四制”（一户多档、实名登记、证明登记、标牌公示），加强食品市场监管。2010年，推行监管网格图、日常巡查档案、重要商品档案、案件

亭区商业村被载入《中国大型集贸市场》一书。1996年10月，木材市场建成投入使用。1998年，煤炭市场建成投入使用。1999年，摩托车市场建成投入使用。2005年9月，华元商贸城建成投入使用。至年底，全区农副产品专业市场5处，工业品市场2处，年交易额65465万元。2008年7月，百汇大市场投入营业，当年市场内办理注册登记的各类市场经营主体达到450户，其中个体工商391户、企业59户。2011年6月，红星美凯龙家居商场营业，入驻经营业户140多个。此后，潍坊灯具城、中凯国际水产冷链物流园、文化创意产业园、陆洋二手车交易市场等一批专业市场相继建成使用。至2013年年底，全区各类专业市场发展到13处。

经纪人

1998年，对经纪人实行登记监管，经培训发放资格证书和营业执照。到2008年，全区各类市场经纪人发展到113户，从业520人，年经纪业务量8540万元，经纪行业涉及农副产品、生资、盐、棉、运输、金融、保险、旅游、文化等多个领域。2009年，新发展农资经纪人50多名。2010年，寒亭区凯航对虾养殖专业合作社被评为2009年度“山东省优秀诚信农村经纪人”。2011年，新发展农民专业合作社、农副产品经营企业经纪人56户，经纪执业78人，全区经纪人累计

查处档案为重点“一图三档”市场网格化监管模式，开展市场开办主体资格认定，当年办理市场注册登记14处。2011年，办理市场注册登记32处。2012年，搜索建档1800个，查处网络虚假宣传案4起。2013年，对全区农产品市场进行整治规范，查处不合格化肥105袋，取缔无照经营32户，下达责令改正通知41份。

第三节　注册登记管理

内资企业登记管理

1988—1990年，重新换发营业执照，换证率98%。全区企业总数968户，其中法人企业276户、营业性企业692户。1994年，全区清理假集体企业230户，其中法人登记企业98户、营业登记企业125户，变更为个体工商户6户，变更为私营企业2户，变更为股份合作制企业1户。2000—2002年，对458户未检企业依法吊销营业执照。2003—2008年，查处超范围经营、租借营业执照、擅自变更登记、提供虚假材料等违法违章业户156户，责令72户前置审批手续过期的企业限期补办手续，查处无照经营116户。2008年，实行网上年检，当年全区有287家企业通过网络申报年检材料。2009年，实行“一审一核制”，办理企业注销登记34户，吊销173户。2010年，在全区大型国有企业、重点企业建立工商联络员制度。2011年，新注册登记股份公司3家；开展企业非核心业务剥离工作，指导帮助23家企业完成非核心业务剥离任务。2013年，将注册资金150万元以下有限公司、个人独资企业、合伙企业，以及各类分支机构企业年检受理和核准权全部下放到工商所。

1989—2013年寒亭区内资企业统计表

表13-2

年份	户数	法人企业（户）	国有企业（户）	集体企业（户）	注册资金（万元）
1989	912	231	176	736	26608
1990	968	276	208	759	29986
1991	1159	303	254	903	32597
1992	1369	394	462	905	35616
1993	1542	517	515	1022	46970
1994	1670	636	597	1063	58605
1995	1753	829	621	1118	67887
1996	1773	870	640	1121	70655
1997	1795	892	637	1143	71971
1998	1796	890	638	1141	75139
1999	982	576	417	547	54529
2000	810	457	372	412	71802
2001	759	329	318	410	69636
2002	789	340	334	421	83046
2003	683	277	296	356	70536
2004	647	236	279	339	67386

续表 13-2

年份	户数	法人企业（户）	国有企业（户）	集体企业（户）	注册资金（万元）
2005	616	242	250	318	60881
2006	601	219	232	309	54097
2007	574	195	214	292	50024
2008	497	169	195	245	54370
2009	423	138	163	204	44022
2010	391	117	148	187	40372
2011	379	104	139	186	39262
2012	284	87	88	135	36369
2013	307	94	88	141	36669

个体私营经济管理

1995 年，寒亭区把发展个体私营经济列入重要议事日程。1997 年 3 月，区委、区政府印发《关于进一步加快个体私营经济发展的意见》，创造个体私营经济与国有、集体经济一视同仁、平等竞争、优势互补、共同发展的市场条件和社会环境。全区个体工商户发展到 10365 户，私营企业发展到 365 家，分别比上年增长 1.1% 和 26.2%；上缴税金 2719 万元，比上年增长 8.30%，占地方财政收入的 29.50%。

2002—2003 年，在全区 11 个基层工商所全面推行微机规范化收费管理。2003 年 4 月，全区工商系统实施“红盾帮扶工程”，与 450 个体工商户、65 家私营企业签订帮扶协议书，帮助企业新设立分支机构 32 处，办理营业执照 110 份，办理抵押登记 27 份，提供各类市场信息 327 条，协助个体私营企业贷款 540 多万元。2003—2006 年，分局先后被省、市工商局授予“红盾帮扶先进单位”“全省工商系统政务信息工作先进单位”“岗位资格达标先进单位”称号。2008 年 9 月，停止征收个体工商户管理费和市场管理费。2009 年，帮助 2 家企业办理著名商标续展手续，2 家企业创建为省级“守合同重信用”企业；为企业办理抵押登记 14 份；组织山东圆友等 20 余家企业参加银企对接洽谈会、招聘会或项目推介会，帮助企业引进项目（资金）8700 万元；全区新登记农民专业合作社 66 家，比上年增长 4 倍多，增幅居全市前列。2010 年，帮助企业办理分支机构 14 个，补充完善登记材料 27 份；培育发展股份公司 2 家；帮助企业争创省级著名商标 1 件、续展 2 件。2011 年，申报省级“守合同重信用”企业 1 家、市级 7 家；为企业办理动产抵押登记 10 笔，融资 1.8 亿元；指导 16 家企业申报注册商标，3 家企业办理省级著名商标续展手续。2012 年，开展“千百十转型升级工程”，帮助 44 户个体工商户成功转型升级为有限责任公司或私营企业；帮助 2 家企业办理著名商标续展手续；推荐 3 家企业新争创为省级消费者满意单位，108 户个体私营企业新创建为文明诚信单位。2013 年，实行一般事项“一审制”、重要事项“一审一核制”、疑难事项集体“合议制”，80% 以上登记事项由一线人员直接受理审批，材料齐全并符合法定形式的当场办结；全年受理各类申请登记事项 1675 件，全部在规定时限内办结，一次性办结率超过 95%。

日常监管

1989 年，对全区个体工商户和私营企业全部换发新营业执照。1992—1995 年，每年集中开展清理无照经营活动，共查处无照经营 460 余户，补办营业执照 300 余份。1998 年开始，对过去登记的所有档案，特别是经营烟花爆竹、食盐、石油液化气、食品、建筑、化工等行业的

420家个体工商户，70家私营企业进行审核和清理整顿；联合公安、劳动和社会保障、质量技术监督、城建等部门联合进行监督检查。2000年，通过检查，取缔非法生产洗精盐业户2家，非法生产溴素业户2家，非法罐对罐倒装液化气业户2家；对未参加1999年度年检的255家私营企业，依法吊销营业执照。2002年，成立企业注册局后，组织专门力量对网吧进行清理整顿，检查网吧39家，对28家有证无照、有照无证的网吧进行规范。11月，检查石油液化气经营企业12家，对6家存在问题的依法查封。2003年，对全区4家企业实行免检。2004年，在河滩、开元、固堤、城区、央子等5个工商所进行委托办理个体工商户登记试点。2005年，在基层工商所实施个体工商户分层分类监管。2006年，实施“小局大所”改革，将个体工商户、商标广告管理等12项职权以局长委托书形式下放至工商所办理。

个体私营企业者协会

1989年，个体私营企业者协会（简称个协）组织“模范个体工商户”巡回报告团，在全区进行守法经营、优质服务演讲。1990年，举办厨师、家电维修培训班3期，培训会员165人，有36人获二级和三级厨师证书。1992年，区委、区政府召开全区个体私营经济工作会议，表彰奖励个体私营经济先进单位10个、先进个体户284个。1996年，3家私营企业获“青年文明号”称号。1997年，成立寒亭区个体私营业者协会法律事务所，受理会员投诉37人次，为会员挽回经济损失23万多元。1998年，成立个体私营企业协会党总支委员会，2家私营企业建立党组织。2002年，寒亭个体私营业者协会被中国个体劳动者协会评为标兵单位。2007年11月，配合省、市个体私营协会、共青团潍坊市委在潍坊鑫环盐化有限公司举行“全国青年文明号”授牌仪式。2003—2008年，共为失学儿童捐款2.75万元，为残疾人捐款1.75万元，连续13年被省、市个协评为先进单位。2011年，中共寒亭区委先后批准成立区个体私营企业协会和市场行业两个党委，下设13个支部，管理党员230名。至2013年年底，全区共组建私营企业党委101个，党总支1个，党支部44个，其他139个；私营企业单独组建党组织139个，联合组建党组织7个，其他361个；全区私营企业有党员1384人。

1989—2013年寒亭区个体工商户统计表

表13-3

年份	户数	注册资金（万元）	从业（人）	总产值（万元）	营业额（万元）	商品零售额（万元）
1989	7187	2615	15790	12050	7665	8100
1990	7887	2722	16490	13000	7800	8325
1991	8687	2836	17290	13295	7921	8469
1992	9539	3359	18593	17641	15408	11305
1993	10535	3403	20718	19896	29068	24310
1994	11416	4339	22098	21895	31432	26254
1995	11818	4698	24816	25272	38126	31030
1996	9756	4890	20287	26326	41088	34026
1997	10365	5065	21787	27834	43358	35137
1998	10050	5004	21308	29418	48809	41904
1999	8775	5264	19083	31060	44660	29050

续表 13-3

年份	户数	注册资金（万元）	从业（人）	总产值（万元）	营业额（万元）	商品零售额（万元）
2000	3080	2157	6872	1840	22176	14784
2001	5167	7756	11852	25960	34685	22592
2002	5887	11569	14084	77952	64215	44425
2003	6772	23801	15117	87083	77869	54763
2004	7451	31567	16170	195007	136468	58849
2005	8306	35976	17674	206275	149325	65489
2006	9654	39795	20150	206280	149338	65498
2007	8464	26891	12581	206289	149341	65757
2008	8055	25612	13018	140150	67890	68620
2009	8292	42573	15340	160270	100310	70620
2010	9402	51734	18327	178520	196268	83832
2011	10409	51143	21097	180520	198268	85832
2012	10375	81482	22706	—	—	—
2013	11562	84632	25856	—	—	—

1989—2013 年寒亭区私营企业统计表

表 13-4

年份	户数	注册资金（万元）	从业（人）	总产值（万元）	营业额（万元）	商品零售额（万元）
1989	54	264	755	603	132	93
1990	98	476	1370	1183	262	180
1991	137	725	1916	1802	407	326
1992	154	765	2385	2135	483	387
1993	180	1408	2516	3800	580	465
1994	220	2683	3616	4012	721	683
1995	242	3133	4009	7099	2581	1915
1996	304	3615	4737	9452	4868	3798
1997	365	4023	5984	21786	9115	7527
1998	316	4898	5091	30006	9961	7041
1999	181	6297	2783	31580	10180	2870
2000	282	10706	4615	48456	14924	5402

续表 13-4

年份	户数	注册资金（万元）	从业（人）	总产值（万元）	营业额（万元）	商品零售额（万元）
2001	453	16807	7303	59425	14561	6192
2002	445	17810	7697	68660	15322	5280
2003	531	21181	8159	97116	21840	6120
2004	709	28881	10426	99906	29421	8973
2005	950	44729	13845	100526	29911	9063
2006	1116	52771	13209	101076	30731	9183
2007	1130	50600	16300	151614	266079	91830
2008	1105	47891	17740	57969	22425	6390
2009	1105	48059	17740	64969	29325	6790
2010	1234	53041	20790	75369	41865	8270
2011	1448	83414	14900	—	—	—
2012	1529	130867	15749	—	—	—
2013	1882	150388	18943	—	—	—

第四节　经济合同管理

合同鉴证

1989 年，全区企业推行合同制。1991 年，实行统一经济合同文本，开展合同鉴证检查。2001 年，发展订单农业，将农民与本地农副产品加工龙头企业联系起来，促进农村产业结构调整。2009 年，在金椿食品、金河养殖、昱合畜禽、朗冬食品等涉农企业中，推行农产品种植订购合同、家禽养殖收购合同、蔬菜种植收购合同三种合同示范文本，当年帮助指导签订种植类订单 420 余份，养殖类订单 560 余份。至 2013 年，帮助指导签订种植类订单 2250 余份、养殖类订单 2600 余份。

调解仲裁

1990 年，区经济合同仲裁委员会在全区 13 个工商所设立派出仲裁庭，印发《仲裁委员会派出仲裁庭办案规定》；区经济合同仲裁委员会被省工商局评为 1990 年度全省经济合同仲裁工作达标先进单位一等奖。1992 年，合同管理工作重心转移到清理企业“三角债”上，全年调解合同纠纷 1360 起，争议额 454 万元；7 月，全区在高里召开清理“三角债”现场会，及时总结推广清理工作的先进经验和做法。1994 年，区经济合同仲裁委员会依法撤销。

合同监管

2000 年开始，按照法定职责，对订立假合同、非法印制买卖合同文本以及合同欺诈等违法行为进行查处。至 2008 年，全区共查处各类合同违法案件 44 起，罚没款 17.8 万元。2009 年，对房地产、建筑企业、二手车买卖、农产品购销等合同进行专项检查，查处相关合同违法案件 1 起。2011 年，重点对金融行业合同格式条款进行专项整治，提取 5 家银行、1 家小额贷款公司的格式合同样本 20 份；指导 1 家银行、1 家小额贷款公司对违规合同条款进行修改；配合市工商局查处金融企业合同违法案件 1 起，罚没款 5000 元。2012 年，对汽车销售格式合同进行专项治理，检查汽车销售店 20 家，提取各类合同文本 106 份，下达责令整改书 12 份，立案查处 16 起。2013 年，重点对手机等电子产品企业利用合同格式条款侵害消费者权益、逃避售后服务责任行为进行整顿规范，查处相关合同案件2起。

企业信用建设

1995年，在企业和其他经济组织中开展“守合同重信用”活动。2003年，结合建设“信用寒亭”，制订印发《寒亭区企业信用管理暂行办法》；10月，市工商局在寒亭召开企业信用体系建设现场会，推广分局做法。引导中小企业及民营企业参加“守合同重信用”活动，评选出省级“守合同重信用”企业3家、市级55家。2004年，以工商所为单位建立企业信用动态档案，与税务、公安、质监、环保等相关部门建立协作机制，定期互通信息，交流资料，实现资源共享。2005年，印发《关于加强企业信用建设实施分类监管的意见》。将企业分守信企业（绿牌）、警示企业（蓝牌）、失信企业（黄牌）、严重失信企业（黑牌）四类，以此作为日常监管依据。2006年，结合验照开展个体工商户信用信息资料采集工作，充实完善个体工商户信用信息档案。全年对6780余户个体工商户的信用信息资料进行采集整理。到2008年年底，全区有省级“守合同重信用”企业11家、市级115家。2009年，加强企业信用分类监管工作。当年划定守信企业160家、警示企业374家、失信企业3家、严重失信企业8家。2010年，推行商品交易市场信用分类监管，并将华元商贸城、百汇建材市场、寒亭区木材市场三家市场的基础信息采集录入业务系统。潍坊恒联浆纸有限公司和潍坊丰华医药有限公司新申报认定省级“守合同重信用”企业，认定市级“守合同重信用”企业12家。2011年开始，将信用考核评价、债权人征信，征询税务、劳动、环保、消协等部门的意见纳入“守合同重信用”企业年审考核，当年新申报认定省级“守合同重信用”企业1家、市级7家。2012年，通过年审，撤销市级“守合同重信用”企业4家。至2013年年底，为1340家内资企业和7100家个体工商户建立信用监管档案。全区有国家级“守合同重信用”企业1家、省级8家、市级32家。

抵押登记

1996年，全区开展银行与企业间的贷款合同抵押物登记工作。2002年7月，根据职能调整，抵押登记由为企业办理不动产和建筑抵押转为办理企业设备等动产抵押物登记。到2009年，全区办理企业动产抵押登记635笔，帮助企业融资52.5亿元。2010年，在法律法规允许范围内，开展动产浮动抵押登记，个体工商户、农业生产经营户以及企业与个人之间的动产抵押登记等业务，拓宽动产抵押融资范围，当年办理汽车浮动抵押2笔、钢结构厂房抵押2笔、企业与个人之间的动产抵押登记3笔，帮助企业融资1.73亿元。2011年，向农村信用社等金融部门推荐市级以上“守合同重信用”企业，解决企业融资难问题，减少银行不良贷款。当年办理抵押登记8笔，帮助企业融资1.77亿元。2012年，办理动产抵押登记7笔，帮助企业融资2.48亿。2013年，办理动产抵押登记15笔，帮助企业融资4.7亿元。

第五节 商标广告管理

商标管理

商标注册 1989年，全区有效注册商标39件，1992年发展到84件。1993年7月，固堤镇洪泽西瓜培育场注册“郭”字牌西瓜商标，成为全区第一件农副产品商标。1994年全区有效注册商标增加到111件，2000年发展到192件。2001年，新《中华人民共和国商标法》颁布实施，允许自然人注册商标。同年5月，区工商局印发《重商标创名牌活动实施意见》，引导帮助企业运用商标，创立品牌，开拓市场。2003年4月，高里镇一空桥村村民张汴为自己种植的山药注册“一空桥”牌商标，成为全区第一件自然人商标。至2003年年底，全区注册商标240件，并先后创出“杨家埠”“天合”“亚王”“昱合”“圆友”“潍县萝卜”商标。2004年7月，“杨家埠”年画风筝商标被省工商局认定为省级著名商标，实现全区省级著名商标零的突破。2005年

图 13-2　1999 年 6 月，区工商分局工作人员与年画艺人共商商标注册事宜。

2010 年，与企业开展联合打假行动 11 次，查获假冒名酒 124 瓶。2011 年，开展注册商标专项整治活动 5 次，检查经营户 56 户，责令整改 4 户，查处商标侵权案件 6 起，查获商标标识 2300 余套。2013 年，对全区印刷业户进行专项检查，为涉及印制商标的 14 家业户建立专门档案。

9 月，“园友”“亚王”被省工商局认定为省级著名商标。2006 年，“十笏园”“玉”“昱合”“潍星”被省工商局认定为省级著名商标。2008 年，区政府印发《寒亭区推进品牌战略实施意见》；“拖拍宝贝”争创为省级著名商标，全区省级著名商标累计达到 8 件。2011 年 2 月，“潍县萝卜”被国家工商总局认定为国家地理标志证明商标。2012 年 12 月，“潍县萝卜”研发中心参加在上海举办的“全国首届地理标志产品博览会”，扩大“潍县萝卜”的知名度和影响力。2013 年，“华光”商标被认定为省级著名商标，全区有效注册商标 618 件。

商标印刷管理　1989 年，全区有印制商标单位 2 家。1990 年，对指定商标印制单位进行规范，清理无印制资质业户 5 家。1996 年，“商标指定印制单位”改名为“印制商标单位”。至 2003 年年底，全区有印制商标单位 10 家。1989—2008 年，全区查处非法印制商标案件 7 起，没收非法印制商标标识 11.2 万套，各类网版、模具 320 套（件）；查处商标侵权、假冒违法案件 46 起，查获各类假冒商标标识 125.83 万套。2009 年 5 月，根据日本铃木株式会社投诉，查处一起侵犯“铃木”商标专用权案，查封带有“鸢都铃木”标识半成品电动车 130 辆，商标标识、合格证各 1 箱。

广告管理

1994 年以前，寒亭区广告业务仅局限于广告栏内张贴或制作一些简单路牌、路灯广告。1994 年 1 月，寒亭广播电视中心成立广告部，当年利用电视宣传产品广告 610 条次。1995 年 2 月，《中华人民共和国广告法》颁布实施，一些行业广告管理法规、规章也相继出台。2004 年，对店堂广告、户外广告实行登记管理。至 2008 年年底，办理店堂广告 4600 余份，户外广告登记 2100 余份；查处各类广告案件 47 起，没收并销毁药品、保健品、食品等非法印刷品广告 2.8 万张；全区广告经营单位发展到 5 家。2009 年，户外广告登记权限下放到工商所；当年办理户外广告登记 118 件，查处违法户外广告案 4 件。2010 年，查处非法发布招生广告案 2 起，查获非法印刷品广告 300 余份，办理招生广告登记备案 11 件。2011 年，开展户外广告执法检查 2 次，查处违法户外广告 7 件，办理户外广告登记 45 件。2012 年，加强对低俗广告、电视购物广告、网络广告监测监管，办理户外广告登记 128 件，对符合条件的 5 家广告企业进行网络年检。2013 年，办理户外广告登记 95 件。

第六节　公平交易执法

1989—1992 年，采取分级负责、领导包案等措施，重点惩治倒买倒卖重要生产资料、紧俏耐用消费品、制售假冒伪劣商品等违法行为。1992年，查处投机违章案件91起，罚没金额5万元、为企业和个人挽回经济损失150余万元；查获假“将军”“石林”牌香烟110条、假银圆4500块、废旧进口彩电110台、劣质酒6000余瓶。1993年，以查处走私进口汽车、录（放）相机、香烟为重点，开展专项整治，查处案件95起，查获假蜂王浆6840盒、烟丝1000千克、假黄金1600克；3月，查处潍坊市寒亭区经济开发投资公司贸易部倒卖走私汽车案，查获“现代”“蓝鸟”“凌志”“雷诺”牌等名牌轿车8辆，总价值155万元。1994—2000年，对日用生活消费品市场和生产资料市场进行专项治理，对集中上市商品进行重点监控，开展“两节市场整治”“红盾打假护农”“打假护农保春耕”“危险化学品专项治理”等专项执法行动60余次。其中1994—1998年查办案件593起，罚款93万元；1999年查处寒亭区泊子乡刘某制售假化肥案，查获假冒“奥宝”牌化肥48吨。2001年，查办案件846起，罚没款240万元；10月，对朱里镇非法生产冒牌电热毯生产单位进行集中查处，共查获制假业户8家，查扣冒牌电热毯3.5万件。2002年，对部分垄断性行业强制交易行为进行整治，对6家法人或营业性单位的违法违章行为进行查处；2月，在双杨店镇潘家村捣毁一白酒造假窝点，查获假冒地方名酒300多箱，包装物1000余件。2003年，加大对“非典”用品市场的监督管理力度，共检查药品经销单位51家、商场11处，查处超范围经营药品案2起，查获“三无”（无生产日期、无质量合格证以及无生产厂家）口罩120个、消毒液23瓶。2004年，抽检成品油87批次，查处销售不合格成品油案件11起；抽检化肥47种，查处不合格化肥3种，查扣劣质化肥1.1吨；检查各类食品经营业户478家，查获列入“黑名单”奶粉3种，查扣奶粉27袋，查处伪造鲜奶生产日期案1起，查扣过期鲜奶3000余袋。2005年，查处超范围经营、租借营业执照、擅自变更登记、提供虚假材料等违法违章业户43户，对54户前置审批手续过期的企业限期补办手续。2006年，开展打击商业贿赂专项执法行动，当年查处商业贿赂案件5起。2007年，查处商业贿赂案件3起，不正当竞争案件2起，串通投标案1起，“两虚一逃”（虚报注册资本、虚假出资和抽逃资金行为）案件27起。2008年，开展产品质量和食品安全、反兴奋剂、侵犯奥运商标专用权等专项整治行动，查处奥运标志侵权案4起，查获涉嫌侵权物品300余件。2009年，开展烟花爆竹、食品添加剂、乳制品、病死鸭、“黑网吧”、酒类市场、小炼油作坊等专项整治行动10多次，端掉造假窝点2处；取缔“黑网吧”4家，查扣电脑39台，对7家流量异常的用户实行断网处理；查扣涉嫌假冒商标及商标侵权白酒410瓶；查扣不合格塑料袋30余万条。11月，工商、法院、公安、质监、畜牧等部门开展联合执法行动，对辖区非法炼油小作坊进行突击整治，其中6户在规定限期内自行拆除加工厂房和设备，依法强制取缔3户。

2010年，印发《寒亭区创建流通环节食品安全放心街道（社区）活动实施方案》，开展节日市场整治、涉污企业治理、预包装食品专项检查、卷烟市场清查、校园周边安全、农资打假、危险化学品清理、惩治传销等专项整治行动10多次。查获不合格预包装食品450千克、假种子310千克；查处无证经营卷烟案18起，查获非法卷烟300余条；取缔无照经营37户，下达责令改正通知22份。2011年，下达行政告知书、提醒书110余份，帮助31家企业改进规范经营行为。对工商所食品安全管理措施落实情况进行3次专项督查，组织开展“瘦肉精”、非法食品添加剂、塑化剂等专项检查10多次，查获不合格预包装食品320余件；开展“红盾打假护农”专项执法行动，抽检农资商品144个，查处不合格化肥案28件；捣毁涉嫌传销窝点3个，教育遣散参与非法传销50人次。2012年，组织大型专项整治行动8次，查办各类经济违法违章案件458件，其中查处商业贿赂案2件、“两虚一逃”案7件、格式合同案16件、网络虚假宣传案4件、商标侵权案2件。继续保持对传销活动的高压态势，端掉涉嫌传销窝点11个，教育遣散参与非法传销200余人。2013年，开展专项整治行动10多次，查处侵害消费者权益案5件、商标侵权案2件、商业贿赂案1件、违法药品广告案1件。

第七节　消费者权益保护

1988年4月，寒亭区消费者协会成立，挂靠区工商局。1990年12月，在全区成立14个消费者协会分会。1999年3月，成立寒亭区“工商315”投诉举报领导小组，领导小组在区工商局设办公室，工商、公安、质监、卫生等13个执法部门为联动单位。1999—2002年，“工商315”投诉举报指挥中心共受理消费者投诉举报938起，立案查处356起，调解处理560起，分流122起，为消费者挽回经济损失210万元。2002年7月，设立消费者权益保护科，与“12315”申诉举报指挥中心合署。当年，受理消费者申诉举报337起，立案查处186起，分流151起，为消费者提供咨询服务500多人次。2003年5月，调解处理一起西瓜种子纠纷案，为固堤镇大常疃、牟家温庄等13个村的57户瓜农挽回直接经济损失6万元。2004年，受理消费者申诉185起，为消费者挽回经济损失14.2万元；9月，处理一起抗虫棉不抗虫案，为泊子乡崔家官庄、海庙、北王家码头、南辛庄子4个村的25户棉农挽回经济损失1.3万元。2005年，受理消费者申诉52起，立案调解22起。2006年，受理群众投诉247起，为消费者挽回避免经济损失26万元。2007年，受理投诉220件，为消费者挽回避免经济损失15.4万元。2008年，受理各类投诉221起，为消费者挽回经济损失16万元。2009年，受理群众投诉举报155件，为消费者挽回经济损失10多万元。其中“顾客店门前摔伤，消协调解获赔偿”一案入选潍坊市2008年度消费者投诉十大典型案例。2010年，区消费者协会共受理消费者投诉235件，处理率98%，为消费者挽回直接经济损失10多万元。2011年，受理消费申诉举报167起，成功处结159起，为消费者挽回避免经济损失近15万元。2012年，由区消协处理的“管理不当致姜瘟病发”一案入选全市2011年十大农资投诉案件。2013年，成立区消费争议调解中心和消费维权志愿服务队，探索小额消费纠纷快速调解机制，受理消费申诉举报184起，处结177起，为消费者挽回避免经济损失近20万元。

至2013年年底，全区有消协分会11个、消费指导站14个、投诉站18个、服务站22个。先后评选出市级消费者满意单位42家，市级诚信经营单位21家，区级诚信经营（服务）单位128家，区级消费者满意单位1148家。向企业反馈信息3228条。举办各种类型的培训班38期，培训9800多人次。

图13-3　2011年3月15日，区工商分局联合相关部门开展消费民生集中宣传活动。

第六章　质量技术监督

1988年10月，成立潍坊市寒亭区标准计量质量监督局，为正科级事业单位，有干部职工26人。1989年5月，成立计量检定测试所和产品质量监督检验所，为区质量监督局下属事业单位。同年10月，寒亭区标准计量质量监督局更名为寒亭区技术监督局。1993年11月，区技术监督局撤销，职能划归经贸委，同时撤销计量检定测试所和产品质量监督检验所，成立潍坊市寒亭区技术监督中心，为正科级事业单位，定编30人。1998年7月，实行省以下垂直管理；12月，寒亭区技术监督中心更名为寒亭区技术监督局，同时设立产品质量监督检验所和计量检定测试所。2001年，更名为潍坊市质量技术监督局寒亭分局，人员、经费、资产上划。2013年11月，更名为潍坊市寒亭区质量技术监督局（以下简称区质监局），由垂直管理变为地方管理。有干部职工45人，设综合业务、特监、财务3个科，以及计量检定测试所、稽查队、办公室。产品质量监督检验所划归潍坊市食品药品检验检测中心。

第一节　产品质量监督

1989年，区产品质量监督检验所负责全区生产领域产品质量的监督检查，进行定期监督检验范围包括食品、农资、建材、化工等16类95种产品。1995年，稽查队成立，负责流通领域产品质量的监督检查，监督检查的对象以食品、化工、农药、柴汽油、建筑用钢材、汽车及摩托车配件、低压电器等涉及人体健康和社会安全的产品为主。

质量认证

1995年，区政府成立由区技术监督局、区经委等部门组成的质量认证工作领导小组。1996—1998年，区技术监督局先后举办《质量振兴纲要》、质量管理及质量认证培训班，全区机关、企事业单位400余人参加培训。至1998年，为11家产品质量稳定的企业办理市级“产品质量免检”证书（之后按上级规定未再办理）；2000年，区政府办公室印发《寒亭区质量工作联席会议制度》，建立质量管理工作责任制。2002年5月，国家质检总局印发《强制性产品认证管理规定》，开始实行强制性产品认证制度（简称CCC认证或3C认证）。2004年，对134家企业建立电子质量档案，并与食品生产企业签订质量安全承诺书。至2013年年底，全区获300余张认证证书，包括强制性产品认证、绿色食品认证、有机产品认证、ISO 9000产品质量认证、食品安全管理体系认证、GMP认证等多项认证。

名牌创建

1997年8月，省政府决定建立山东省质量奖制度，设产品质量奖、工程质量奖、服务质量奖、质量管理奖4个奖项。2004年11月，潍坊金河食品有限公司生产的“亚王”牌冷冻分割肉鸭被省名牌战略推进委员会、省质量技术监督局定为名牌产品，成为寒亭区第一个“山东名牌”产品，区政府对潍坊市金河食品有限公司予以通报表彰，并奖励现金5万元。2005年，区政府印发《寒亭区质量兴区实施意见》《寒亭区人民政府关于大力实施名牌战略的实施意见》，5家规模大、效益好、质量管理体系健全、产品有市场竞争力的企业列入《2004—2007年山东名牌培育规划》。同年，区政府印发《2005—2010年名牌培育规划》，山东昱合集团分割冷冻鸡和山东圆友建设机械有限公司混凝土搅拌站列入此规划。2010年，山东海龙股份公司董事长逄奉建获省长质量奖。截至2013年，寒亭区有1种产品获中国名牌称号，有5种产品获山东名牌称号，有1家企业获山东省服务名牌称号。

生产许可证

2002年，国家质检总局开始建立食品质量安全市场准入制度，实行许可证管理。2003年，开始对食品生产企业中的小麦粉、植物油、大米、酱油、食醋实施市场准入制度。2004年，开始对肉制品、乳制品、饮料等10类食品实施市场准入。2005年开始，对糖果等13类产品实施市场准入制度。2006年，在食品生产企业中实施“三个一”（对每家食品生产企业负责人培训一次、约谈一次、签订一份承诺书）工程，开展“三位一体”（食品监管、检验检测、行政执法）电子监管网工作，并对寒亭辖区内小企业小作坊进行调查摸底，对18家符合条件的小企业小作坊提请区政府认定。2009年，对37家食品生产企业建立电子质量档案，对18家食品生产企业的食品添加剂进行备案，建立食品质量安全事故快速反应预警机制。2011年，修订《寒亭质监分局重大食品质量安全事件应急处置预案》，并与100多家企业负责人签订质量主体责任承诺书。同年，潍坊华裕实业公司被评为“潍坊市食品安全示范企业”。至2013年年底，全区有29家工业产品企业和71家食品及食品相关产品企业取得生产许可证。

第二节　计量管理

1989年，寒亭区建立游标类、表类、微分类、压力表、天平、砝码、衡器等社会公用计量标准，监督管理重点是汽车衡、日衡、木杆秤、加油机、水表、电能表、医疗卫生用计量器具等，全年检定计量器具2750台（件）。1990—1993年，区技术监督局举办2期全国计量管理培训班，为企业、事业单位培训计量管理人员70余名。1998年起，寒亭区根据GB/T19022《测量管理体系》国家标准，与国际惯例接轨，开展企业计量水平确认工作，分为计量检测确认、计量保证确认、计量合格确认。2000年，对全区在用的594块水表、551块电能表进行统一检定，对新安装的水表、电能表在使用前实行首次强制检定。2003年，检定计量器具2250台（件）。2004年，检定加油机260台（次）。2008年，检定计量器具1465台（件）。2009年，检定计量器具1450台（件）。2010年，投资10万元新上恒温场监测，并对万分之一电子天平等5项计量标准进行填平补齐，检测能力进一步提高。2011年，检定加油机280台（次）。2012年，对全区新安装的水表、电能表各900块进行使用前首次强制检定。2013年，检定计量器具2834台（件）。至2013年年底，全区有5家企业通过计量保证确认工作，12家企业计量合格确认，2家生产水表、自动衡器计量器具的企业获制造计量器具许可证。

第三节　标准化管理

1989年4月，《中华人民共和国标准化法》颁布实施。1990年4月，区内部分企业采用国际先进标准。1993年10月，全区开始实施单位统一代码标识制度。1999年11月，成立寒亭区社会公正计量站，为社会提供有偿公正计量服务，年称重10万吨。2000年9月，全区顺利通过“山东省消灭无标生产示范县”考核验收。2001年，潍坊金河食品有限公司被国家质量技术监督局列入全国第三批农业标准化养殖示范区，农业标准化体系建设正式启动。至2003年年底，全区机关、事业、企业及其他组织和单位共办理组织机构代码1153家。全区进行标准登记企业800家，采标企业18家，通过ISO 9000系列标准认证企业22家。2004年，通过国家质量监督检验检疫总局农业标准化养殖示范区验收。2008年9月，区政府印发《关于全面推行和实施标准化战略的实施意见》，进一步加强对标准化工作领导。2010年，协助海龙、供电公司、恒联3家企业，分别创建标准化良好行为 AAAA、AAA、AA 级企业；指导海龙公司创建山东省节能标准化体系试点单位，指导电力公司创建山东省标准化示范单位；与山东圆友集团有限公司联合制定“膨胀玻化微珠保温系统”省地方标准并通过省局组织的专家验收。至 2013 年年底，全区进行标准登记的企业共 2800 家，采标企业 9 家，通过 ISO 9000 系列标准认证的企业 22 家；全区机关、事业、企业及其他组织和单位办理组织机构代码 2036 家，应用于税务、银行、公安、劳动，以及社会保障、统计等领域。

第四节　特种设备安全管理

1989 年，对全区 120 台锅炉进行定期检验，之后每年定期进行特种设备检验及特种设备作业人员培训。2000 年 11 月，区劳动局锅检科划归区质监局，承担全区特种设备（含锅炉、压力容器、压力管道、电梯、起重机械、客运索道、大型游乐设施、场内专用机动车辆）安全监察和行政执法工作。2001 年，开始特种设备普查工作，建立包括特种设备登记注册制度在内的动态管理机制。2003 年，国务院《特种设备安全监察条例》颁布实施后，区质监局对 200 余家特种设备生产、使用单位进行安全监察，发出“特种设备安全监察意见书”120 余份，提出整改建议 300 余条，对 30 余家逾期未改的企业实施行政处罚。2005—2008 年，先后开展“土锅炉”专项整顿、液化石油气瓶专项整治、电梯专项整治、涉氨制冷专项整治、压力管道专项整治、“安全生产月”活动、“百日整治”活动、“质量安全年”活动、“安全生产责任落实年”活动及日常安全监察工作，对存在事故隐患单位下达安全监察意见指令书，责令限期整改，对拒不整改的进行行政处罚。全区检定锅炉 289 台、电梯 612 部、起重机械 235 台、厂内车辆 226 台、送检钢瓶 1 万余只、报废气瓶 1235 只。2009 年，修订印发《寒亭质监分局特种设备安全事故应急救援预案》，之后每年都组织相关企业进行事故应急救援演练。特种设备定检率始终保持在 98% 以上，重要特种设备定检率为 100%，作业人员持证率 98% 以上，重要设备和重大隐患监管到位率 100%。至 2013 年年底，登记注册特种设备 17597 台（部），其中锅炉 209 台、压力容器 1159 台、电梯 998 部、起重机械 550 台、厂内机动车辆 174 台、车用气瓶 5507 只、液化石油气气瓶 9000 只、压力管道 26.10 千米；检查特种设备生产、使用单位 326 家，下达监察指令书 105 份，消除安全隐患 94 个，重点设备定检率 100%。

第五节　行政执法

1989 年后，组织开展查市场保两节、查农资保春耕、查建材保建设活动，“五个一批”（监督检查一批重点产品，清理一批商业柜台，整顿一批专业市场，端掉一批制假窝点，治理一批区域性、行业性的突出问题）、“百日打假”，以及农机配件、建材、农资、食品、电热毯等整治活动。1994 年 4 月，区政府成立全区打假工作领导小组，在区技术监督局设立办公室，协调处理打假活动日常工作。1998 年，全区开展土炼炉、小轧钢专项治理整顿，依法取缔 7 家炼炉及生产劣质螺纹钢小企业、小作坊，没收其全部劣质钢材。2002 年，立案查处违法案件 112 起，端掉造假售假窝点 90 个，查处假冒伪劣产品货值 1000 余万元，查处无证生产及严重质量问题的螺纹钢 200 吨，没收假冒配件 1800 件，查处假劣农药 1600 余瓶（袋）、化肥 420 吨。2005 年，开展农资专项整顿，查获假劣农药 400 余箱（瓶）、化肥 50 余吨。2009 年起，区内先后集中开展农机配件、建材、农资、食品、电热毯等整治活动，开展捣毁“地条钢”“黑心棉”窝点活动。2011 年 7 月，与市局稽查局和市、区两级公安局联合，对朱里电热毯生产企业进行突击检查整治，并与区公安分局联合行文，成立行政执法与刑事司法衔接工作协调小组。2012 年，开展“质检利剑”打假行动和“食安潍坊”专项整治行动。至 2013 年，查获劣质化肥 810 吨、无生产许可证及劣质钢材101吨、假冒农机配件9600件、劣质食品145吨，捣毁“黑心棉”加工窝点8个，利用“地条钢”生产劣质钢材的厂家3家，特种设备违法安装、改造、使用单位65家。

第七章　安全生产监管

1989年，寒亭区安全委员会办公室设在区劳动局，内设劳动保护科，主要负责全区安全大检查、锅炉压力容器等特种设备检查检测工作。2000年11月，安全生产监督职能从区劳动局移交到区经济委员会，锅炉安全监管职责划归到区质量技术监督局。2001年7月，成立寒亭区安全生产监督管理局（以下简称区安监局），为正科级行政单位，归口寒亭区经济贸易委员会。2003年4月，危险化学品安全生产监督管理职能移交区安监局。2004年7月，成立寒亭区安全生产监察大队，为副科级事业单位，隶属区安监局。2005年2月，寒亭区安监局调整为区政府工作部门，改为正科级行政单位，同时为寒亭区安全生产委员会的常设办事机构；11月，烟花爆竹安全管理职能由寒亭公安分局移交区安监局。2012年4月，成立寒亭区安全生产应急救援指挥中心，隶属区安监局，为副科级事业单位。2013年1月，区卫生局承担的职业健康安全监督职能移交区安监局。至年底，区安监局实有行政编制7人、事业编制人员3人、工勤2人。各街道、开发区设置安监所，配备专兼职安监人员。被省安全生产委员会评为2010年度山东省安监系统先进集体。

第一节　安全生产宣传与培训

宣传

寒亭区安监局成立之前，区劳动部门运用会议、办培训班、发放宣传品等形式，开展安全生产方针政策和《中华人民共和国劳动法》等法律法规的宣传。1991年6月，开展以“安全就是效益和提高职工安全意识”为主要内容的“安全生产周”活动。1992年5月，开展以“国有大中型企业创建良好安全生产环境和提高全社会的安全意识”为专题的“安全生产周”活动，组织企业干部职工学习安全生产法律法规。1995年，开展以“治理隐患、保障安全”为主题的“安全生产周”活动，坚持预防为主，加强隐患治理，积极贯彻《中华人民共和国劳动法》《中华人民共和国矿山安全法》等有关法律法规。1996年，开展《中华人民共和国矿山安全法》《中华人民共和国煤炭法》宣传月活动和第六次“安全生产周”活动，组织参加安全知识竞赛。1997年，开展以“加强管理、保障安全”为主题的全国第七次“安全生产周”活动，组织全区厂（矿）长、经理、安全管理人员进行安全宣誓，减少“三违”（违章指挥，违章操作，违反劳动纪律）行为。1998年，加强安全生产责任制管理，开展以“落实责任、保障安全”为主题的全国第八次“安全生产周”活动，推动企业落实安全生产责任制。

1999年，开展以“安全、生命、稳定、发展”为主题的全国第九次“安全生产周”活动。2000年，开展以“掌握安全知识，迎接新的世纪”为主题的全国第十次“安全生产周”活动，组织企业职工进行安全承诺。2001年，制定寒亭“十五”安全生产教育培训规划；区安监局组织开展“安全生产宣传月”活动，联合建设、交警、消防、交通、农机、卫生、气象、工会等部门上街开展安全生产宣传咨询活动。2005年，组织“潍莱杯”安全生产有奖知识竞赛活动，5000余人参与。2007年，在寒亭区电视台开办安全生产专题节目；

组织各镇街道、区直部门进企、上街、入校开展安全宣传咨询活动，张贴宣传插图3000余份，发放安全警示光盘2000余套、宣传录音带1000套、安全知识手册及明白纸5万余份。2009年，张贴宣传挂图3000余张，组织编写《公民安全知识手册》，发放安全知识手册及明白纸2万余份，组织2500余人参与安全生产知识答题；组织老年安全生产文艺演出队，在夏日广场、人员密集场所进行安全生产文艺演出。2010年，张贴宣传挂图1.7万份，发放安全知识手册及明白纸2.1万份。2011年，悬挂横幅19条，设置宣传版面134块，出动流动宣传车5辆，报道典型单位和个人15个，在国家、省、市网站及报纸刊发安全生产信息200余条，在寒亭电视台、《潍坊日报》、手机报等媒体开展专栏、专刊、专题节目30余个，发表各类新闻稿件98篇，举办事故案例展览30余次，播放警示教育片18次，累计5万余人次参加活动。在区体育场举办寒亭区安全之声消夏晚会，用歌舞、京剧、说唱等表演形式宣传安全生产。2012年，参加“行风在线”广播，通过广播向全区听众宣传安全生产知识。2013年，在区电视台开设《安全生产伴我行》专栏，播放各类安全生产行动、信息40多次；发送安全知识短信5万多条。

培训

1989—1994年，区劳动、质检、经贸等部门通过不断举行安全生产培训班、以会代训等形式，对干部职工进行安全生产知识技能培训。1994年，全区开展以“治理隐患、保障安全”为主题安全生产周活动，举办各类安全教育培训班、学习班30余次。1995年，加强对特种作业的培训，共培训锅炉房管理50人、锅炉压力容器焊工100人，发证90人。1998—1989年，全区举办各类安全教育培训班、学习班30期。2000年，组织“安全生产咨询日”活动，开展领导干部安全生产法律法规考试和“亚星杯”安全生产知识竞赛等活动。

2001年，逐步完善培训体系建设，分层次开展安全生产教育培训，按照定培训计划、定培训内容、定培训对象要求，每年研究制订全区安全生产主题培训计划，增强培训的针对性和实效性。2003年，经省安监局批准，在寒亭区技工学校成立特种作业人员培训中心，培训特种作业人员60名；组织危险化学品经营单位从业人员培训217人。2004年，对全区100多家危险化学品生产经营单位主要负责人、管理人员和从业人员及其他工商贸企业安全生产负责人、特种作业人员进行安全生产培训。2005年，对危化品企业特殊岗位从业人员安全生产培训；对全区23家常年销售烟花爆竹的单位主要负责人和销售人员进行安全教育培训，做到依法持证上岗。2007年，组织各类安全知识培训班及安全生产法律法规知识考试20余次，对全区安全生产执法人员、部门负责人、厂长经理和特殊工种进行轮训，其中厂长经理和安全管理人员240名、特殊工种1160名、安全生产执法人员50名、消防人员200名、职工3万多人次。2011年，以农民工培训为主体，推动企业全员培训。培训烟花爆竹经营企业安全管理210人，危化品企业主要领导、安全管理人员260人，特种作业人员154人。高危行业一线从业人员100%参加培训。2013年，组织举办各类主题培训班22期，对全区480余家企业安全管理人员和特种作业的1000余人进行安全教育培训；加大企业职工“三级”（厂级、车间和班组）教育培训力度，将其列入执法检查内容，确保生产经营单位职工“三级”培训落到实处。

第二节　日常监管与专项整治

1989年，安全生产管理主要是通过生产检查、开展“安全月”活动，订立安全生产规章制度，对企业劳动卫生、劳动保护等进行管理。1990—1994年，分别检验压力容器180台、206台、320台、400台、500余台。1995年开始，全区实行安全生产目标管理，由各企业主管部门向下属企业下达安全生产控制指标，层层订立“安全生产责任书”。1996年，加强交通和防火安全管理，与消防单位签订责任书，消除重大火险隐患；突出棉花加工、纺织、机械、交通等行业，特种设备和劳动保护等重点部位，开展冬季安全监督检查。1999年，劳动、建委、工商、消防等部门组成联合检查组，对全区10处液化气供应站进行检查整顿。2003年，建立健全区乡两级安全生产机构网络，形成安全生产“层层有人管，事事有人抓”局面；安监、公安、质监、经贸、建设、教育、工商等有关部门抽调人员48名，组成8个安全生产专项整治小组，重点对危险化学品、道路交通、民用爆炸物品、烟花爆竹、公共聚集场所、锅炉压力容器、建筑工地、中小学校、工商贸企业等方面进行专项检查，检查单位462个，发现事故隐患732起。2004年，组织各类专项检查督查20余次，发现各类事故隐患1310多处，对发现的各类隐患坚持边查边改，整改率100%。2005年，组织专门力量对全区130家限额以上企业进行保护性重点安全检查。

2007年，把安全生产纳入镇街工作综合考核和区直部门年终考评，实行“一票否决”；全面推行“一岗双责”责任制，一把手负总责，分管领导具体靠上抓；采取“专家查隐患、政府抓督查、部门抓监管、企业抓落实”方式，相继开展安全生产隐患排查治理、60天安全整治大检查以及冬季百日安全集中整治等专项活动，检查企业1202家，发现安全隐患和问题2574处，对严重威胁安全生产和证照不全的3家加油站依法取缔关闭。2008年，依法关停非法小化工、非法加油站3家，对5家拒不执行整改指令的企业依法处罚。2009年，严厉惩治烟花爆竹非法生产经营行为，收缴非法产品60余万头，治安拘留18人，依法注销1家不具备安全经营条件的烟花爆竹经营业户。2010年，设立有奖举报制度，共接到安全生产违法举报6件，办结率100%。2011年，全区开展安全生产行政执法60余次，排查企业930多家，排查出一般隐患1690余条，打击和取缔非法建设、非法生产、非法经营活动（项目）5个。2013年，制订印发《寒亭区街道、开发区、区政府部门单位安全生产监督管理职责分工》，形成各司其职、各负其责、齐抓共管的安全生产监管格局。组织开展安全生产专项整治20余次，检查各类生产经营单位1020多家，排查各类违法行为2130多项。

第三节　安全责任事故处理

1989年开始，寒亭区就把预防重特大事故作为安全生产管理工作重点。2001年，严格贯彻落实《山东省职工伤亡事故报告和处理办法》，对发生的各类生产安全伤亡事故严格按程序和“四不放过”（原因查不清不放过、责任人得不到处理不放过、没有落实防范措施不放过、职工群众受不到教育不放过），依法追究有关责任人责任。2007年，按照《生产安全事故报告和调查处理条例》规定，生产安全事故调查处理实行分级管理，一次死亡3人以下，或者10人以下重伤，或者1000万元以下直接经济损失的事故，由区政府成立调查组进行调查处理，区级调查组由区政府牵头，安监、监察、公安、工会等有关部门单位为成员，吸收事故发生单位行业主管部门或当地街道办事处等有关单位参加。2002年开始，区安全监督检查部门与企事业单位加强安全生产应急预案体系建设，加强街道（园、区）、村（居），以及企事业单位和重点部位、重大活动等方面的应急预案编制和发布，加强应急预案的培训和演练，在应急管理和处置实践中不断完善预案。2005年，区、镇（街道）、企事业单位每年至少开展一次综合应急演练，高危行业企业每年至少开展两次应急演练；生产经营单位定期组织安全生产管理人员、工程技术人员和其他相关人员排查本单位事故隐患，采取相应安全防范措施，防止事故发生。2011年，区政府对全区安全生产事故情况每季度通报一次，调整充实区政府安全委员会成员，落实各街道党政“一把手”主管安全生产责任制，并将安全生产目标责任制纳入党政领导班子和领导干部政绩考核，实行“一票否决”。2007—2012年，全区发生各类生产安全事故、火灾和道路交通事故645起，死亡149人。2013年，全区发生各类生产安全事故9起，死亡4人，对相关责任人依法进行处理。

第八章　土地管理

第一节　管理机构

1988年8月，设立潍坊市寒亭区土地管理局。1989年5月，区矿产资源管理职能从区乡镇企业局分离，组建寒亭区矿产资源管理局；9月，12个镇成立土地管理所。1990年12月，设立土地勘测规划站，为股级事业单位，隶属区土地管理局。1993年11月，撤销寒亭区土地管理局和寒亭区矿产局，成立潍坊市寒亭区规划国土矿产分局。设办公室、土地管理科、矿产资源管理科、规划站、寒亭矿管所、固堤矿管所、央子矿管所及辖区内12个乡镇的规划国土所。1994年10月，成立寒亭区地产估价事务所，为股级事业单位，自收自支，定编4人。1996年1月，区建委规划科析出，与寒亭区国土矿产局合并为寒亭区规划国土矿产局。

1997年1月，原潍坊市规划国土矿产局撤销，成立潍坊市规划国土局寒亭分局和潍坊市矿产资源局寒亭分局，其中潍坊市规划国土局寒亭分局为市规划国土局的派出机构，实行垂直领导，人、财、物统管。编制66人，其中机关20人、土地评估交易所5人、勘察测绘队5人、分局各所36人。2001年12月，原潍坊市规划国土资源局寒亭分局和潍坊市地质矿产局寒亭分局合并，机构名称改为潍坊市规划与国土资源局寒亭分局，核定事业编制25人。土地评估交易所更名潍坊市规划与国土局寒亭分局土地交易所，勘察测绘队更名潍坊市规划与国土局寒亭分局勘察测绘队。在乡镇（街道办事处）设置10个国土所。

2005年5月，设立潍坊市国土资源局寒亭分局，挂潍坊市国土资源执法监察支队寒亭大队牌子，为区政府主管全区土地矿产等自然资源的规划、管理、保护与合理利用以及勘察测绘行业管理的工作部门，核定事业编制15人，设置10个国土所。2007年7月分局成立规划科，2009年2月成立督查室。2010年9月，撤销矿管科，原矿管科职能和人员并入执法监察大队，设立监察室，撤销双杨、泊子、河滩3个国土资源所。

2013年7月，潍坊市国土资源局寒亭分局加挂潍坊市地理信息局寒亭分局牌子。2013年年底，编制人数46人，内设办公室、监察室、财务科、测管科、地籍科、耕保科、规划科、整治公司、土地利用科、整理中心等科室，辖潍坊市国土资源执法监察支队寒亭大队，以及寒亭、开元、朱里、高里、固堤、南孙6个国土资源所。

第二节　土地利用总体规划

1989—1991年，完成土地利用现状调查。1996年，开展全区土地利用总体规划编制工作，区政府编制第一轮寒亭区土地利用总体规划（1995—2010），各乡镇（街道）相应编制土地利用总体规划，包括规划文本、说明书、专题规划、总体规划图、基本农田保护区图。具体目标为划定耕地保有量59.19万亩，建设用地总规模66.82万亩，基本农田保护43.45万亩。

2006年，编制第二轮寒亭区土地利用总体规划（2006—2020），2010年4月经山东省人民政府批复实施。按经济发展需求，形成寒亭区土地利用总体规划文本、寒亭区土地利用总体规划说明书、寒亭区土地利用总体规划图、寒亭区土地利用总体规划基本农田保护区图。具体目标为划定耕地保有量59.65万亩，建设用地72.08万亩，基本农田保护37.99万亩。

第三节 地籍管理

1989年1月，对全区工矿企事业单位使用的国有土地和集体土地全部进行申报登记，摸清全区国有和集体土地家底，全面掌握土地使用者权属、坐落、面积等地籍资料，为建立地籍档案、实行城乡统一管理奠定基础。同年，开展寒亭区土地资源调查工作，调查总面积136.36万亩，编制寒亭区1∶50000土地利用现状图、乡镇1∶10000土地利用现状图和1∶10000行政村地籍图；统计汇总区、乡镇、行政村土地利用现状分类面积汇总表等，对寒亭区的土地资源数量、种类及利用情况作全面详细统计，为合理开发、利用土地资源奠定基础。1991年7月，在国有建设用地申报登记基础上，全区初始土地登记工作全面展开。至1995年12月，寒亭区初始土地登记工作全面完成。1997年1月，全面进行土地证书年检和换发新版土地证书，对土地登记档案重新整理归档。2004年9月，开展1∶10000比例尺土地利用基础图件与数据更新调查和数据库建设，调查全区土地总面积为134.76万亩，其中农用地82.48万亩，占总面积的61.20%；建设用地36.25万亩，占总面积的26.90%；未利用地16.03万亩，占总面积11.90%。到2006年7月完成，建立健全寒亭区土地利用现状数据库。

2005年10月，开展寒亭区城镇地籍调查及地籍管理信息系统建设，地籍测量75.3平方千米，调查宗地22259宗，到2007年年底完成控制测量、权属调查、地籍勘丈、地形测绘、地籍管理信息系统建设和资料汇总、整理归档7个方面的工作。

2007年7月，开展第二次土地调查工作并于2009年底顺利通过国家验收，以此为基础，结合每年国家下发的最新正射影像图和提取的变更调查疑问图斑，并经现场核实，形成最新的变更调查成果，确保数据准确性和现实性。

2009年2月至11月底，对城镇地籍调查数据进行补测更新，调查寒亭区城区及建制镇建成区75.3平方千米，对地籍调查成果按照第二次土地调查规程进行地类转换，对测区内22259宗地进行核实，其中变化宗地7217宗、新增宗地3351宗，同时测绘1∶500比例尺地形图1389幅，按照第二次土地调查的要求更新城区地籍信息系统。

2011年11月，寒亭区土地登记电子发证网上审批系统运行，实现土地登记发证从受理、审查、审核到空间分析、图形编辑、登记发证归档全流程网上管理。2012年2月，开展寒亭区集体土地确权登记发证工作，年底全部完成，其中：所有权登记发证调查宗地1247宗，调查面积56343公顷，发证1201宗，发证面积81.18万亩；使用权登记发证调查宗地101577宗，调查面积4.41万亩，发证74792宗，发证面积2.93万亩。到2013年年底，发放土地登记证书98021本，其中国有土地使用权证21172本、集体土地使用权证74792本、集体土地所有权证1247本、土地他项权利证810本。

第四节 用地管理

建设用地管理

1994年，国家通过《城市房地产管理法》，寒亭区开始全面实施土地有偿使用制度，只有出让一种形式。1998年，《土地管理法》重新修订，寒亭区实施土地有偿使用制度，使用方式有国有土地使用权出让和租赁、作价出资或者入股三种。2002年，推行国有土地使用制度改革，同年7月开展国有土地使用权招标拍卖挂牌工作，所有商业、旅游、娱乐和房地产用地全部以招标、拍卖和挂牌方式出让。2006年8月，国务院发布《关于加强土地调控有关问题的通知》，区工业用地供应开始以招拍挂方式出让。至2013年，全区土地供应形式有划拨、出让、租赁、作价出资（入股）、授权经营5种。其中出让的方式又有协议出让、招标出让、挂牌出让、拍卖出让4种。

2003—2013 年寒亭区土地供应统计表

表 13-5

年份	出让			协议出让			划拨	
	宗数	面积（亩）	成交价款（万元）	宗数	面积（亩）	成交价款（万元）	宗数	面积（亩）
2003	3	288.88	2385	3	49.21	872	0	0
2004	6	493.299	8311.8	7	37.83	3601.1	0	0
2005	10	257.3895	7975.8	16	198.77	2307.1	1	10.89
2006	3	49.719	1641.63	57	3531.45	23991.48	2	18.95
2007	12	1366.3815	19393.81	1	53.74	730.89	2	75
2008	53	1038.6855	49613.55	4	79.14	497.03	2	168.57
2009	115	5368.8117	247836.694	1	6.2535	9.75	9	639.93
2010	51	1532.868	80491.16	3	623.52	6695.17	6	496.10
2011	57	2686.389	108716.94	5	84.90	487.67	1	123.48
2012	25	1009.578	53246.17	0	0	0	1	419.4
2013	28	1039.7634	43472.38	2	42.47	628.09	22	1271.85

农村宅基地管理

1995 年 6 月，区政府印发《关于进一步加强全区村民建房用地管理工作的意见》，对全区村民建房用地加强管理。2005 年，区政府印发《关于进一步加强农村宅基地管理的意见》，农村村民建住宅必须符合乡（镇）土地利用总体规划和村庄建设规划，严格控制占用农用地，严禁占用基本农田；农村村民建住宅严格执行“一户一宅”的法律规定。城区及乡镇规划区内每户不超过 166 平方米，央子镇、泊子乡、南孙乡乡镇规划区以外每户不超过 264 平方米，其余乡镇的乡镇规划区以外每户不超过 200 平方米。至 2013 年，全区宅基地计 8.89 万宗，面积 3.6 万亩。

第五节　土地保护与开发

基本农田保护

1995 年，编制寒亭区农田保护区规划。1997 年，制定基本农田领导责任制度等五项基本农田保护制度，本着基本稳定、数量不减少、质量有提高要求，严格划定基本农田，对划定地块统一采取保护措施，严格按照《基本农田保护条例》设立统一规范保护标志。2007 年，制定耕地保护共同责任机制等 7 项耕地保护制度和基本农田保护责任等 6 项制度。全区划定基本农田保护 5 个、保护片 1856 个，设立基本农田保护牌 5 块，保护基本农田 38.99 万亩，占耕地面积的 77%。至 2013 年年底，全区基本农田面积 38.73 万亩。

耕地占补平衡

1999 年，按照“谁破坏、谁复垦，谁开发、谁受益”原则，在全区开展土地开发复垦整理，对区内荒草地、裸岩石砾地、田坎及其他未利用土地进行开发整理复垦。2000—2013 年，寒亭区共上报城市分批次建设用地项目 128 个，征收总面积 3.84 万亩，占用耕地 1.16 万亩，申报完成补充耕地项目 22 个，为全区建设项目用地提供补充耕地指标。根据“占多少，垦多少”原则，全部补充同等数量和质量耕地，其耕作层、排灌渠系和道路林网符合土地开发整理复垦项目要求，经市国土资源局验收合格，达到国家验收标准。2002 年 6 月，对全区耕地后备资源进行详细调查。2010 年 8 月，建立全区耕地占补平衡动态监测监管系统并运行使用，使补充耕地的建设用地项目在系统上补充耕地；同年，寒亭区耕地保有量50.56万亩。2011年，寒亭区耕地保有量50.49万亩。2012年，寒亭区耕地保有量50.54万亩。2013年，寒亭区耕地保有量50.59万亩；10月，农业部《关于认定第二批国家农业产业化示范基地的通知》将山东省潍坊市寒亭区中国食品谷农业产业化示范基地列入第二批国家农业产业化示范基地；11月，省级重点建设项目潍坊至日照高速公路滨海连接线（寒亭）建设项目上报。

土地开发整理

2001年以后，共完成土地整理复垦项目22个，其中国家级项目2个、省重点项目5个、市级项目7个、区级项目8个，总建设规模14.84万亩，新增耕地3.65万亩，总投资20126.15万元。

2001—2013年寒亭区土地整理项目一览表

表13-6

项目名称	级别	位置	建设规模（亩）	总投资（万元）	新增耕地（亩）	批复时间	验收时间
泊子乡北仲寨等村荒碱地开发项目	区级	北仲寨等村	1119.45	89.56	652.5	2001.02	2001.05
泊子乡、固堤镇、双杨店镇荒碱地开发复垦项目	区级	泊子乡、固堤镇、双杨店镇	2060.25	164.82	571.05	2001.06	2001.11
南孙乡八甲朱、泊子乡北庄子土地开发整理项目	区级	南孙乡八甲朱、泊子乡北庄子等村	1183.65	56.6	493.2	2001.09	2001.10
南孙乡土地整理项目	省级	南孙乡西官亭村	5000	1000	1300.5	2001.11	2005.12
央子镇、高里镇、河滩镇及南孙乡4个土地开发整理项目	区级	央子、高里、河滩镇	3127.65	581.21	2263.5	2002.01	2003.06
泊子乡北庄子荒碱地土地开发项目	省级	北庄子村	1015.8	244.98	612.5	2002.12	2006.06
泊子乡、固堤镇、河滩镇、双杨镇、高里镇5个土地开发整理项目	区级	泊子乡、固堤镇、河滩镇、双杨镇、高里镇	10499.25	936.68	7560	2003.10	2005.11
泊子乡荒碱地土地开发项目	国家级	走马岭村	6367.2	1022	4085.1	2003.12	2007.02
泊子乡、南孙乡、固堤镇3个土地开发整理项目	区级	泊子乡、南孙乡、固堤镇	4576.05	846.5	3283.95	2004.01	2005.03
央子镇、泊子乡、南孙乡、寒亭街道4个土地整理项目	区级	央子镇、泊子乡、南孙乡、寒亭街道	6060.3	606.03	5085.3	2004.01	2007.03
固堤镇北寨里二村土地整理项目	市级	固堤镇北寨里等村	457.65	135	50.4	2004.02	2007.03
河滩镇土地整理项目	市级	河滩镇	767.4	110.51	350.4	2004.02	2007.03
泊子乡、南孙乡、央子镇、开元街道4个土地开发整理项目	区级	泊子乡、南孙乡、央子镇、开元街道	7561.95	758.26	5346.45	2004.08	2006.06
固堤镇土地整理项目	市级	固堤镇	5209.05	379.3	787.8	2006.1	2008.11
高里镇土地整理项目	国家级	高里镇高里一等村	28507.05	3770	1984.95	2007.06	2012.06
寒亭街道等建设用地复垦项目	省级	寒亭街道	306.9	942.7	360.9	2008.08	2009.05

续表 13-6

项目名称	级别	位置	建设规模（亩）	总投资（万元）	新增耕地（亩）	批复时间	验收时间
固堤街道泊子土地整理项目	市级	大泊子等村	4318.2	475	256.05	2008.08	2011.04
寒亭区高里镇北里片土地整理项目	市级	北里等村	5340	788	304.65	2009.05	2012.12
高里镇邵吕店土地整理项目	市级	邵吕店等村	4500	549	336.3	2010.06	2012.12
高里街道基本农田保护区土地整理项目	省级	三甲王等村	20000	3967	695.25	2011.02	2015.12
朱里街道基本农田土地整理项目	市级	朱里一等村	4140	811	125.1	2011.06	2015.09
2013 年度寒亭区高标准基本农田建设项目	省级	高里街道、固堤街道大常疃等村	26232.9	1892	0	2013.09	2015.12

增减挂钩和工矿地复垦

2010 年，组织实施的叶家庄子项目被称为增减挂钩项目建设的典范，省、市国土资源局和媒体多次组织参观报道。2012 年 3 月，国家土地督察济南局局长赵龙率领“深化改革创新，加快制度供给”部省联合百人大调研活动小组到寒亭调研。截至 2013 年，全区组织实施 5 个增减挂钩和工矿废弃地复垦利用项目。

2010 年寒亭区增减挂钩、工矿复垦项目一览表

表 13-7

项目名称	类别	位置	建设规模（亩）	投资（万元）	新增耕地（亩）	验收时间
潍坊市 2010 年度第一批农村建设用地整治挖潜（增减挂钩）项目	增减挂钩	寒亭街道叶家庄子村	183.3	6180	156.3	2012.01
潍坊市 2010 年度第一批农村建设用地整治挖潜（增减挂钩）项目	增减挂钩	朱里街道东庄子村	39.45	63.2	39.45	2010.12
潍坊市 2010 年度第一批农村建设用地整治挖潜（增减挂钩）项目	增减挂钩	固堤街道东南牟村	158.1	939.55	156	2012.10
潍坊市 2010 年度第一批农村建设用地整治挖潜（增减挂钩）项目	增减挂钩	朱里街道朱里一村	41.55	46.23	41.25	2012.10
山东省潍北农场废弃建设用地复垦置换项目	工矿废弃地复垦调整利用	潍北农场	906.75	385	797.85	2010.12

第六节　测绘地理信息管理

2005 年 5 月，成立寒亭区地源测绘服务中心。2007 年，对全区测量标志进行逐一摸底，绘制测量标志，与保管人签订委托保管书。2010 年，委托山东正元地理信息工程有限责任公司对辖区内 29 个永久性测量标志点进行维修维护，绘制新测量标志，与国土所签订委托保管书；9 月，委托山东省地图出版社编制《寒亭区地图》。2011 年 2 月，委托山东省地质测绘院对城区 58.34 平方千米、镇区 15.99 平方千米的

1∶500 大比例尺地形图进行地形数据修测、补测，初次建立寒亭区基础地理信息数据库。2011 年 3 月，投入 20 万元，对平面控制网、高程控制网、1∶500 比例尺地形图、现有基础航空摄影、城镇地籍调查成图等基础测绘材料进行整合，委托省国土测绘院编制《寒亭区“十二五”基础测绘规划》。

2012 年 3 月，全面更新城区 59.04 平方千米、镇区 15.99 平方千米地形图数据库，补测村庄居民点地形数据 63 平方千米并建库，采集建立城区、镇区、村庄居民点地名地址数据库，并将四库整合为一，建设寒亭区地形、地名地址统一的基础地理信息数据库。2012 年 4 月，创新地图服务方式，投资 5 万元，委托杭州今奥科技信息有限公司研发《寒亭区领导工作移动一张图》，为领导科学决策提供现实、准确的地理信息数据支撑和高效、便捷服务，此成果获市局 2012 年度“双十创新成果”奖；8 月，印发《寒亭区测量标志巡查制度》，对辖区内巡查维护的 29 个永久性测量标志点与各国土所重新签订委托保管书，强化巡查保护力度；12 月，寒亭区印发《寒亭区基础测绘应急保障预案》，购置测绘应急保障仪器等硬件设施，储备纸质地图、电子地图等地理信息数据资源，会同山东省地质测绘院组织测绘应急保障演练，增强应对自然灾害、事故灾难、公共卫生、社会安全等突发公共事件测绘应急保障能力。

2013 年 5 月，划定基础地理信息更新范围 15.16 平方千米，完成地形数据、地名地址数据实时更新工作；7 月，成立潍坊市地理信息局寒亭分局，印发《2013 寒亭测绘地理信息行政执法检查工作方案》《2013 寒亭违法违规产品检查工作方案》，组织各测绘资质单位完成测绘资质年度注册、年度报告、测绘市场信用体系建设等工作，开展测绘成果保密检查、测绘成果质量监督检查、测绘资质检查、地图市场检查；9 月，协助寒亭区城市管理局依托数字潍坊地理信息公共平台，建立寒亭区城市管理部件网格化档案管理系统，推进地理信息数据共享及平台推广应用。

第七节　矿产资源管理

寒亭区矿产资源相对较贫乏，探明储量的矿种较少，共发现矿产 10 种，累计发现矿床（点）产地 34 处，其中能源矿产 2 处、非金属矿产 27 处、水气矿产 5 处。2008 年，建立科技管矿系统，实现对企业生产视频化管理，建立矿产储量数据库，成立地质环境整治领导小组，制定应急预案，设立警示牌 16 处。2011 年，制订《工矿废弃地调整利用工作推进方案》，370 亩工矿废弃地项目完工，争取省级试点规模 653 亩。2013 年，编制《地质灾害防治规划》，对朱里街道膨润土市场和潍北农场盐场进行整治，对寒亭区煤炭普查和铁矿普查勘探项目进行跟踪管理；加强地质环境整治和汛期地质灾害防治工作，做好地下水位监测和卤水资源合理开发利用工作；自筹资金 1600 万元，对 13 块、390 亩工矿废弃地组织复垦利用。

第八节　执法监察

1988 年，潍坊市寒亭区土地管理局成立时即设监察科，各乡镇配备土地监察员。随后制订《土地监察工作暂行规定》和《查处土地违法案件暂行办法》，并举办多期农村党支部书记参加的土地管理法及相关法律法规培训班。1999 年，制定土地巡回检查、局长接访、重大案件集体会审等制度。2003 年，成立区规划与国土资源局执法监察大队。2005 年，改设潍坊市国土资源执法监察支队寒亭大队，有执法工作人员 6 名，建立区、镇（街道）、村三级执法监察信访网络体系，加强与公安、检察院、法院等多个部门的联合办案制度。

1989—2011 年，先后进行非农业建设用地清查、清理越权批地占地、保护耕地大检查、各类民营经济园用地检查、整顿规范土地市场秩序、土地执法百日行动、土地违法违规专项行动和土地矿产卫星遥感影像图片执法检查等多项检查、清查活动。同时，加强日常巡查工作，坚持常年巡回检查制度。处理涉及土地、矿产管理的人民来信来访610余件；查处土地违法占地案件573起，违法占地面积15.19万平方米，拆除违法占地建筑物4738平方米，依法收回土地421亩；查处无证采矿业户21家，依法取缔非法采矿企业12家，申请人民法院执行案件186起，党纪、行政处分34人。2009年度寒亭区被评为山东省国土资源执法模范县称号。

2012年，由区政府统一领导，形成国土、公安、法院、检察院等部门与各街道办事处，上下共管、纵横联动的国土资源执法管理机制，层层签订《土地监管目标责任书》《执法检查工作目标责任书》。年度卫星图片执法检查中发现的22宗违法用地，全部立案查处，顺利通过上级检查验收。全年立案查处违法占地案件28起，面积12.5万平方米，拆除违法占地14宗，退还土地面积1.5万平方米，制止违法占地行为23起，制止违法采矿行为4起，移交区法院强制执行8起，追缴罚没款400.14万元。与各街道签订《信访工作“联创齐争”活动协议书》，实行领导包案制度；全年受理信访事项8起，受理“12336”举报电话12起，市长公开电话126起。

2013年，区委、区政府印发《关于进一步加强国土资源执法监管严格依法依规用地的通知》，利用土地卫星图片执法检查涉及的4宗违法用地图斑，面积1.11公顷，全部立案查处并结案。制止违法用地11宗，拆除9宗，立案查处17宗，结案5宗；开展非法开采膨润土专项整治，依法关停3家非法采矿点，区公安局刑事拘留非法采矿26人，法院依非法采矿罪判刑16人；受理国土资源信访事项8起，“12336”举报电话11起，调查市长公开电话90起。

第九章　农村经济管理

1989年，设寒亭区农委经营管理站，隶属区农委。1993年12月，更名为寒亭区经营管理站，升格为副科级事业单位。1997年2月，从农委划出，更名为寒亭区农村经济管理局（以下简称区农经局），升格为正科级事业单位。2013年，区农经局设办公室、农村财务监管科、土地承包管理科、合作组织指导科、农村土地流转中心、农经信访科，有干部职工12人，其中中级专业技术人员5人，初级专业技术人员4人。区内各乡镇（街道）设经营管理站，业务归区农经局管理，人、财、物归乡镇（街道）政府（办事处）管理。

第一节　农村财务管理

1989年，在双杨店镇进行农村财务村账乡记试点工作；1990年在全区全面推开。1992年，各乡镇设专职审计员、记账员，负责对所属村财务收支情况审计，按照分工记录好上月各村收入和支出，填写财务收支公开榜，每月8日为全区固定的财务张榜公布日，张贴到村，接受群众监督。各村在乡镇经管站设立“八账”（总账、现金日记账、固定资产明细账、经营收支明细账、内部往来明细账、负债明细账、所有者权益明细账、“两工”明细账）和村级设立“四簿”（农户往来登记簿、“两工”使用登记簿、土地承包登记簿和现金收支登记簿）。1994年，区政府办公室转发《关于加强农村财务审计完善村账乡记工作的意见》，重点强化应酬费、报刊费、乡统筹村提留、农村各项承包费、离任等专项审计工作。1995年，按照市政府要求，对31个财务管理落后村进行全面审计，审计总额2050万元，清理回收欠款360万元，处理债务140万元，查处违纪金额11.8万元，压缩非生产性开支24万元。1996年，全区开始全面推行农村财务“双代管”工作，区政府印发《关于实行农村账目资金双代管实施方案》，年底代管资金700万元，占应代管资金95%。区农经部门围绕此方案和《农村财务双代管补充规定》，重点抓及时记账关、报账审计关、开支审批关、资金代管关和财务公开关。全区通过报账审计，发现不合理开支780笔，涉及金额6万元。至1998年，全区有358个村按规定的审批程序进行，资金代管村391个，占应代管村96%。1999年，建立村级收入申报制度，对全区447个集体产权单位进行年检，核定全区集体资产3.52亿元。2000年，全区建立健全民主理财组织，村级建立民主理财小组，成员由村民选举产生，各村报账前，先由理财小组审核，否则不予报销。全区385个村健全民主理财组织，规范统一财务公开内容，全区有80%以上的村建立标准公开栏，95%以上村及时张贴公开榜；深化集体资产管理，建立健全产权登记和产权变动审核制度，通过年检核对，全区集体资产4.45亿元，比1999年增值6312万元。

2001年，印发《寒亭区关于进一步加强农村财务管理工作的意见》，对全区360名合格的现任村会计颁发《农村会计上岗资格证书》；利用年末3个月时间，逐村进行财务清理，清理村数占总村数的81%。2002年，印发《寒亭区农村集体资金管理暂行办法》，对全区资金代管进一步规范。2003年，印发《关于加强村资乡管的意见》，对资金代管形式和方法作出统一规范。2004年，区政府印发《寒亭区农村征地补偿费管理暂行办法》，为规范管理全区农村征地补偿工作提供政策依据。2005年，区委印发《寒亭区农村在职干部固定补贴发放管理暂行办法》，推行农村财务“村资乡管”，全区375个村全部纳入“村资乡管”；按照国家、省、市统一部署，抽调专门力量对全区村级的债权、债务状况进行调查摸底，全区村级债权总额10036万元，债务总额9889万元。2006年，全面推行农村财务网上公开，在搞好农村财务会议公开、张榜公开基础上，各村财务收支情况逐月在“寒亭区村务公开民主管理信息网站”上网，接受社会监督，每月进行督查汇总，推动全区村务公开、民主管理工作走向规范化、制度化。2007年，在全市率先推行农村会计委托代理制，区经管局成立区农村会计委托代理指导中心，各乡镇（街道）成立农村会计委托代理中心，在村级集体资产所有权不变、资金使用权不变、财务审批权不变基础上，由村集体依法通过有关程序，委托镇（街）农村会计委托代理中心代理村级账务。2008年，继续强化对村级财务公开与监督，对农村财务网上公开实行每月一督查、一汇总；加强村级财务审计工作，对5个镇街20%重点村进行重点抽审，并对存在问题进行反馈，要求相关单位进一步整改。2009年，在区农经局设立寒亭区农村委托代理指导服务中心，各镇街设立农村财务委托代理服务中心。2012年1月，根据全省统一部署，由区纪委牵头，区财政局、区农经局参与，在全区开展在农村集体经济组织清产核资工作，至当年10月底，清产核资工作全面结束，全区村集体资金资产73134万元，其中流动资产24943万元、固定资产47154万元，村集体债权总额12072万元、债务总额18307万元；全区村集体资源总面积58.6万亩，其中耕地40万亩、林地0.57万亩、园地1.53万亩、荒地2.34万亩、水面1.22万亩、其他资源12.94万亩，全区村集体资源年总收益856.16万元。2013年，区纪委、区农经局、区财政局联合印发《关于进一步规范和推进农村集体“三资”委托代理服务工作的意见》，当年，各街道（开发区）设立农村集体资产“三资”委托代理服务中心。

第二节　农民负担监督管理

1991年，区委成立农民负担监督管理领导小组，下设办公室（简称减负办），主任由经管站长兼任，与区经管站合署办公，具体负责指导和监督全区农民负担管理工作。1993 年 3 月，区委、区政府印发《关于农民负担管理的暂行规定》；5 月，由区减负办、区法院、潍坊市第三公证处联合在双杨店镇后小河村进行合同化管理农民负担工作试点，并在全区迅速推开。其办法是：由村民委员会与农户签订《农民承担费用和劳务合同书》，一式三份，村委、农户、乡镇经管站各执一份，将农户当年应承担的费用和劳务以合同形式固定下来，任何一方违约，均应承担相应法律责任，合同书全部由公证处予以公证。通过试行，1993 年全区农民负担较上年减轻 2000 万元，全区农民人均减负 68 元；9 月，中共中央书记处书记、政法委书记，最高人民法院院长任建新作出批示："如何运用法律手段，解决农民负担过重问题，山东省潍坊市寒亭区进行了有益的探索，我觉得这个经验很重要，值得重视。"国务委员陈俊生批示："潍坊市寒亭区的经验，我看了，确实不错，可以推广，建议新闻单位加以宣传介绍。"中共中央政治局候补委员、书记处书记温家宝批示："同意建新、俊生同志的意见，从根本上解决农民负担过重问题，切实保护农民利益必须加强对农民负担费用和劳务的规范化、法制化管理。"1993 年 10 月至 1994 年 2 月，《人民日报》以《给农民一把法制宝剑》《法律才是护身符》为题，《法制日报》以《寒亭区减轻农民负担走上法制轨道》《把钱用在正道上》为题，《农民日报》以《磨破嘴皮不如合同一纸》为题，对寒亭区减轻农民负担工作进行集中宣传报道。《大众日报》《潍坊日报》也进行大量专题报道。1994 年 5 月，省政府召集省农业厅、省高级人民法院和各地市农业、中级人民法院和经管等部门在寒亭区召开减轻农民负担现场工作会议，经验在全省推广；10 月，寒亭区被国家农业部确定为全国农民负担监督管理试点示范县。1995 年，对 12 处乡镇统筹和 399 个行政村的农民承担费用和劳务预算方案逐一进行审批，全年农民实际负担"三提五统"1343 万元，人均 46.34 元，占上年农民人均纯收入 2.46%；审批"两工"261 万个，每个劳动力平均负担 19.5 个；区、乡两级农民负担监督部门指导各村与农户签订负担合同，签订村 389 个，签订率 97.5%；签约农户 6.97 万户，签订率 96%。在全区聘任省、市、区三级人大代表、政协委员 78 人为农民负担监督员，依法监督农民负担合同的履行。"三提五统"资金全部纳入基金会代管。确定双杨店镇、郭家官庄镇的 6 个村计 30 户，作为全国农民负担监测点。1996 年，全区审批农民"三提五统"1666 万元，人均 62.15 元，合同签订率 99%。区内设立农民负担监督电话，并把郭家官庄镇、双杨店镇 30 个农户监测点资料，及时汇总上报农业部，为全国减负工作提供数据资料信息。

1997 年，改以乡为单位的农民人均纯收入计提"三提五统"为以村为单位计提；将集体承包收入 70% 用于抵顶农民应负担的"三提五统"，30% 用于发展壮大集体经济；当年，接待外地到寒亭参观学习农负工作经验的单位 30 余个、400 多人次。1998 年，按照"农民直接负担不高于上年，土地承包费要全额抵顶'三提五统'"要求，抵顶后全区农民实际负担 1964 万元，人均 75 元。全面落实减、缓、免政策，当年全区免缴人口 2.12 万人，占全区农业人口 7.5%，其中 70 岁以上老人 1.86 万人。1999 年，审核各村土地承包费总额，全部用于抵顶"三提五统"，全区合同入户率 98% 以上。2000 年 3 月，中央电视台《新闻调查》播放长达 50 分钟《寒亭故事》，对寒亭区依法减负经验进行报道，在全国引起强烈反响。2002 年，结合农村税费改革，将原来向农民按人收取的"三提五统"改为按土地收取"两税"及"两税附加"；将原来由乡村两级基层干部收取"三提五统"改为由乡镇财政部门直接向农民收取"两税"及"两税附加"和乡村公益事业金，并使用省财政部门专用票据，基层干部不再直接参与税费收取；人均负担"两税"及"两税附加"123 元，与上年相比，人均减少 62 元，减负率为 30%，劳均负担“两工”15个，比上年减少11个。2003年，加大民主监督力度，发放农民负担监督卡6.5万份。2004年，全区共发放农民负担监督卡6.5万份，入户率95%以上。2005年，农业税税率降低2个百分点，农业税附加同时降低，全区减轻农民负担1120万元，人均减负40元，减负率67%。2006年，全部取消农业税，直接减轻农民负担560万元。区减负办、区政府纠风办联合印发《关于进一步做好减轻农民负担工作的通知》，对全区农民负担工作提出明确要求。在上年制定《寒亭区农村在职干部固定补贴发放管理暂行办法》基础上，又增加享受干部补贴职数，并实行村级经费财政补贴办法，每年区财政列出专项资金补到村级，确保村级经费正常开支。区政府印发《关于进一步规范村级一事一议筹资筹劳的意见》，对“一事一议”筹资筹劳对象、范围、标准、审批程序等作出规范。全区发放7.9万份农民负担监督卡，接受群众监督。2007年，区农民负担监督管理领导小组印发《关于进一步加强全区农民负担监督管理工作的意见》，就贯彻落实上级各项惠农政策、“一事一议”筹资筹劳和农民负担“公示制、限额制、一费制、责任追究制”等作出明确规定和要求。

第三节　农村集体经济承包合同管理

1989—1993年，区委、区政府印发《关于农村集体经济承包合同管理的暂行规定》，区财政局、区物价局、区农业委员会联合印发《关于农村承包合同管理收费标准的通知》等规范性文件，成立寒亭区农村集体经济承包合同管理仲裁委员会，委员会下设办公室，在区经管站办公，负责农业承包合同日常管理；各乡镇都成立合同管理领导小组和合同调解委员会，并在乡镇经管站设立合同管理办公室，负责指导农村集体经济承包合同的签订、鉴证、档案管理、纠纷调解，审查合同变更和解除，确认无效合同；村级设有专（兼）职农村集体经济合同管理员，负责本村合同日常管理工作。1994年，全区普遍推行依法管理农业承包合同，将农村“三田”（口粮田、经济田、果园）纳入依法管理，全区签订口粮田合同7.2万份、经济田合同1.5万份、果园合同0.55万份，分别占应签数的95%、86%和98%。1995年，对已签“三田”合同进行补充、完善，同时完善其他各类承包合同3.5万份，并全部整理归档，实现规范化管理。1996年，按照国务院关于将土地承包期再延长30年要求，在大面积稳定基础上，对个别已到期的口粮田合同进行续签和补签，全区新签经济田合同1800份，调整土地1.6万亩。1997年，按照《山东省农村土地承包管理办法》要求，进行“三田”合同兑现履行及到期合同续订，并按照中央有关延长土地承包期意见，对已到期口粮田延长承包期。全区82个村、311户延长承包期，面积4.5万亩，转包0.57万亩；全区13个村实行规模经营，面积1.4万亩。

1998年，制订《寒亭区农村土地延包工作实施意见》。1999年，区委、区政府成立土地延包工作办公室，对全区12个乡镇、395个行政村土地承包现状进行调查摸底，在张氏、固堤、泊子3个乡镇的3个村进行延包试点，印发《关于切实做好延长土地承包期工作的意见》；对各村上报的延包方案审核把关。全区395个有延包任务的村，审批方案375个，占95%；土地调整全部结束的村有355个，占90%。2000年，继续搞好延包方案审批把关，及时印发给各承包户“一证一书”（土地承包经营权证、合同书）。年底，审批方案376个村，发放到户355个村，占已延包村数95%。2001年，印发《关于加强农村土地使用权依法合理流转的意见》，为全区土地承包经营权的合理流转提供政策依据。2002年，全区所有镇（街道）都配齐合同管理员，建立完整的合同档案室，土地承包合同全部归档到镇（街道）经管站统一管理。2004年，全区375个村，除个别村外，基本按要求完成土地延包任务。全区签订土地承包合同7万份，发放土地承包经营权证7万份，占农业总户数96%以上。2006年，全区新签订和完善各类农业合同8000

余份。同时，采取村级公章“委托代管、定点存放、村级使用、乡（镇）级监督”管理制度，有效解决在合同签订、履行中，公章使用不公开、不民主等问题。2008 年，实施《寒亭区关于推进农村土地承包经营权流转实施意见》，全区农村土地流转服务监管中心和各镇（街道）农村土地流转服务中心全部挂牌成立；到年底，全区土地流转 2.79 万亩，占耕地总面积的 6.4%。

第四节　农民专业合作经济组织建设

2005 年，区委、区政府印发《关于加快发展农村合作经济组织的意见》，全区农村合作经济组织（后名称统一规范为农民专业合作经济组织）开始起步，全区新建各类农村专业合作经济组织 26 个。2006 年，在全省成立第一家农民专业合作社——潍坊市寒亭区益民农产品购销服务合作社，立足全区绿色食品及无公害农产品，坚持产品推介、市场开拓、包装加工、基地建设四位一体的发展思路，带动全区农民专业合作社和潍县萝卜产业健康发展。当年全区农村合作经济组织发展到 31 个，带动农户 2.18 万户，占全区农业总户数 27.5%。2007 年 5 月下旬，在全市率先举办《中华人民共和国农民专业合作社法》培训班；同年，全区农村合作经济组织发展到 51 个，发展成员 1.5 万户，带动周边农户 2.4 万户，占全区农户总数 31.3%。2008 年，寒亭区益民农产品购销服务合作社作为主办单位之一，发起举办首届中国（寒亭）潍县萝卜文化节，推出占地 1000 亩都市农业观光休闲采摘园，为萝卜文化节提供集市民采摘、体验、观光、休闲于一体的萝卜特色品种采摘园。截至 2013 年年末，全区发展农民专业合作社 435 家，家庭农场 10 家，入社 3.5 万户。带动全区土地流转 17.23 万亩，占农用地总面积 38%，其中流入合作社 5.9 万亩、流入家庭农场 0.2 万亩；带动全区认证无公害农产品基地、绿色食品基地、有机食品基地达 17 处、14.9 万亩，认证无公害食品、绿色食品、有机食品 45 个。

第五节　农村合作基金会管理

1993 年，在郭家官庄镇进行农村合作基金会试点，年内融资 60 万元。1994 年，全区 12 个乡镇先后成立农村合作基金会，区经管站成立农村合作基金会联合会，年内全区基金会融资 1500 万元，累计向社会投放资金 2000 万元。1995 年，寒亭区印发《寒亭区农村股份合作基金会内部管理暂行规定》，对基金会进行规范和全面审计。到年底，全区基金会融资 4500 万元，累计投放 9800 万元，创利 280 万元。1996 年，按照《农村股份合作基金会章程》要求，充实和完善农村合作基金会理事会和监事会制度，研究制订资金投放、考察、审批制度，借款抵押、担保、回收制度，现金存款管理制度，费用开支审批制度，重要空白凭证管理制度，印章管理制度，工作交接制度，稽核审计制度，固定资产管理制度，会计核算制度，档案管理制度，安全保卫制度等十多项内部管理制度。对基金会业务人员进行统一培训，持证上岗，培训上岗 110 人次。全区统一基金会入股投放资金利率，对逾期资金进行重点清收，年末可融通资金 9200 万元，累计投放 18000 万元。1997 年，以《寒亭区农村合作基金会内部管理制度及审计试行办法》为依据，由审计部门参加，对各基金会进行全面审计。到年底，融资额 12300 万元。1998 年，工作重点放在清理逾期资金的回收上，全区全年清理回收资金 2600 多万元。

1999 年，按照中央和省、市有关规定，停止所有基金会融资行为，开展基金会清理工作，并多方筹集资金，按每年 20% 比例、分 5 年将农户入股股金兑付给农民，全区基金会每年兑付金额 1500 万元。2000—2002 年，安排专门工作人员通过采取经济、法律、行政等手段，对基金会投放的资金进行回收，收回 3392 万元。1999—2002 年，对每年应兑付额进行兑付，兑付率 80%。2003 年继续清理，收回借款 5.8 万元，清理工作接近尾声。至2013年，基金会带来的遗留问题解决。

第六节　农村产权资本化交易

交易市场

2009年，区农经局内部设立寒亭区农村土地流转服务中心。2010年5月，升格为寒亭区农村产权资本化交易市场，农村土地承包经营权、农村集体资产公有化股权、农村建设用地使用权、农村房屋所有权和宅基地使用权、农业知识产权、农村林权等六项涉农产权全部纳入交易范畴，搭建区、街道、村三级联动交易平台。2013年，潍坊市人民政府向省政府申请，将寒亭区农村产权资本化交易市场升格为省级齐鲁农村产权交易中心有限公司；12月，山东省金融工作办公室批复同意筹建。至2013年年底，全区土地流转17.23万亩，占全区农用地总面积38%。

区级交易市场　设立寒亭区农村产权资本化交易市场，为农村各类产权流转交易提供场所、设施、信息发布、组织交易等服务，对交易行为进行鉴证、监管和规范。凡跨街道流转或涉及区外业户的产权交易行为，均需在区级交易市场办理流转交易手续，不收取任何服务费用。

街道交易服务站　分别在全区5个街道和1个开发区建立6个农村产权交易服务站，负责所辖区域内各类农村产权交易信息收集、报送和交易手续办理。业务工作受街道（开发区）和区农村产权资本化交易市场及区农村经济管理局领导。

村级信息联络员　在全区321个行政村配备1～2名产权交易信息联络员，主要职责是在镇级农村产权交易服务站组织和指导下，负责收集和报送本村各类产权交易信息。

交易网站　建立寒亭区农村产权资本化市场交易信息网，设立产权供求信息、交易规则、政策法规和新闻动态等10余个板块，面向区内外公众发布供求信息，为5处街道和1处开发区设立分站，区、街道（开发区）两级产权交易工作人员可随时登录管理界面，上传更新交易信息，并通过网络平台办理相关业务。各地互联网用户可通过电子邮件、电话等方式，与全区农村产权资本化交易市场或街道服务站取得联系，提报交易申请或发布交易信息。

交易模式

户户流转模式　主要是产权所有者（农户、企业、合作社、科研机构等）与受让方进行“户户”交易，受让方既可以是本村集体经济组织成员，也可以是本村以外的个人或组织。“户”与“户”之间签订产权交易合同，由产权交易市场审核并出具产权交易鉴证书。

集体流转模式　主要是在交易服务组织（村集体、街道交易服务站、区交易市场）的协调下，将分属各户的农村产权集中起来，通过“农户→村委会→村级股份经济合作社→项目业主”的3次流转，促使农业资源向专业合作社、龙头企业、家庭农场和种养大户倾斜。在全区已实现的28.7万亩土地流转中，从农户流向农民专业合作社占80%，流向农业龙头企业占15%；1000亩以上规模流转有25起。

产权置换模式　主要是将农民持有产权通过置换的方式进行盘活或变现，为实现产权资本化流转提供必要条件。先后有9205户、3.1万居民使用农村房屋产权及宅基地使用权置换城镇房产。探索开展宅基地使用权资本化交易试点，鼓励宅基地使用权及房屋产权在本村村民之间协议流转，通过“以房换房”“货币易房”“货币找补”等方式，实现村居规划格局的调整。

到2013年年底，全区50个种植大户、10个龙头企业、200个农民专业合作社、15个家庭农场都是通过流转交易方式取得土地经营权。先后办理各类产权交易鉴证4600余次，累计发布各类产权交易信息1.8万宗、标的额5.4亿元，促成交易8200宗、交易额3.8亿多元；全区流转土地总面积28.7万亩，占全部耕地57%；带动新增农业投入年均增长25%；带动农民人均收入年均增长17%。

第十四编　中国共产党地方组织

DI SHI SI BIAN　ZHONG GUO GONG CHAN DANG DI FANG ZU ZHI

从 1990 年 2 月中共潍坊市寒亭区第八次代表大会召开，到 2012 年 12 月中共潍坊市寒亭区第十三次代表大会召开，先后选举产生了第八届、九届、十届、十一届、十二届、十三届中共潍坊市寒亭区委员会。其间，区委组织机构几经改革，工作部门多有变动，但总体框架基本未变。

历届中共潍坊市寒亭区委坚持以改革开放为主线，以经济建设为中心，根据不同阶段的发展任务，适时做出重大决策，推进思想解放，创新发展模式，在政治、经济、文化、社会各个领域，充分发挥党组织的战斗堡垒作用和领导核心作用；认真抓好纪检、组织、宣传、政法、统一战线与对台工作、党校教育、党史研究、信访等各项工作，努力提高执政能力和水平，为寒亭区政治、经济和社会各项事业发展提供坚强领导保障。

第一章　中共潍坊市寒亭区代表大会

第一节　代表选举

1989—2013 年，中共潍坊市寒亭区共举行 6 次党员代表大会，会议代表均从全体党员中直接选举产生。会议准备阶段，中共潍坊市寒亭区委根据《中国共产党章程》（以下简称《党章》）规定和全区党员数量确定代表总名额，分配到各选举单位。各选举单位党组织根据《党章》《中国共产党地方组织选举工作条例》规定，经过自下而上反复酝酿，提出代表候选人名单。各基层党（工）委对代表人选在重大原则问题上的政治立场、政治倾向，工作表现以及廉洁勤政、联系群众等方面进行考察，确定代表候选人预备人选名单，报区委组织部审查同意后，召开党代表大会、党代表会议或者党员大会，按照《党章》规定的民主程序，以无记名投票方式，差额选举产生出席代表大会的代表。每次代表名额的分配，女代表都占一定的比例。对代表过于集中的领导机构部分代表，分派到各选区参加选举。

中共潍坊市寒亭区第八至十三次代表大会代表组成统计表

表 14-1

届次	代表总数	其中						代表总数中的妇女代表	
		各级领导干部代表		各类专业技术人员代表		各行业先进模范人物代表			
		人数	所占比例（%）	人数	所占比例（%）	人数	所占比例（%）	人数	所占比例（%）
第八次	250	150	60	50	20	50	20	37	14.7
第九次	260	157	60.4	53	20.4	50	19.2	31	11.9
第十次	258	155	60	52	20.2	51	19.8	33	12.8
第十一次	280	169	60.4	56	20	55	19.6	45	16.1
第十二次	298	178	59.3	63	21	57	19	42	14.0
第十三次	320	190	59.4	64	20	66	20.6	57	17.8

第二节　历次代表大会

中共潍坊市寒亭区第八次代表大会

1990年2月25日—28日召开，出席代表250名。会议由李英文致开幕词，王光明代表中共潍坊市寒亭区第七届委员会作《坚持党的基本路线，切实加强党的建设，把我区两个文明建设继续推向前进》的报告，玄克胜代表中共潍坊市寒亭区纪律检查委员会作工作报告。会议回顾总结第七次党代会以来的工作，制定全区今后五年物质文明建设和精神文明建设的奋斗目标和实施措施。大会选举产生区委委员25名、候补委员4名，选举产生纪律检查委员会委员10名。

中共潍坊市寒亭区第九次代表大会

1995年3月25日—28日召开，出席代表260名。会议由黄潍连致开幕词，胡岗代表中共潍坊市寒亭区第八届委员会作《解放思想、加快发展，为建设开放、富强、文明的寒亭而努力奋斗》的报告，赵信芳代表中共潍坊市寒亭区纪律检查委员会作工作报告。会议总结第八次党代会以来的工作和基本经验，提出全面实施经济强区发展战略和加强社会主义精神文明建设、民主法制建设的奋斗目标和实施措施。大会选举产生区委委员27名、候补委员4名，选举产生纪律检查委员会委员13名。

中共潍坊市寒亭区第十次代表大会

1998年2月14日—17日召开，出席代表258名。会议由李世光致开幕词，王永兴代表中共潍坊市寒亭区第九届委员会作工作报告，崔金言代表中共潍坊市寒亭区纪律检查委员会作工作报告。会议总结第九次党代会以来的工作和基本经验，研究确定今后五年寒亭区经济、社会发展和党的建设、精神文明建设、民主法制建设的目标任务和实施措施。大会选举产生区委委员27名、候补委员4名，选举产生纪律检查委员会委员13名。

中共潍坊市寒亭区第十一次代表大会

2003年1月13日—15日召开，出席代表280名。会议由张小梅致开幕词，李世光代表中共潍坊市寒亭区第十届委员会作题为《继往开来，与时俱进，为全面建设小康社会而努力奋斗》的报告，郑立琦代表中共潍坊市寒亭区纪律检查委员会作工作报告。会议以加快发展、富民强区为主题，总结第十次党代会以来的工作和基本经验，确定努力实现经济的大跨越和社会的新进步，为全面建设小康社会、率先基本实现现代化奠定坚实基础的奋斗目标和实施措施。大会选举产生区委委员27名、候补委员4名，选举产生纪律检查委员会委员11名。

中共潍坊市寒亭区第十二次代表大会

2007年1月18日—20日召开，出席代表298名。会议由陈平主持，李世光代表中共潍坊市寒亭区第十一届委员会作《坚持科学发展，促进社会和谐，为加快富民强区全面建设小康社会而努力奋斗》的报告，李中福代表中共潍坊市寒亭区纪律检查委员会作工作报告。大会选举产生区委委员39名、候补委员7名，选举产生纪律检查委员会委员25名。

中共潍坊市寒亭区第十三次代表大会

2011年12月26日—28日召开，出席代表320名。会议由孟晓雷主持，区委主要领导代表中共潍坊市寒亭区第十二届委员会作《坚持科学发展，加快转型跨越，为建设“产业、生态、人文、民主、平安”的魅力新寒亭而努力奋斗》的报告，葛凤春代表中共潍坊市寒亭区纪律检查委员会作工作报告。会议总结区第十二次党代会以来的工作，科学谋划今后五年全区发展蓝图。大会选举产生区委委员39名、候补委员7名，选举产生纪律检查委员会委员29名。

中共潍坊市寒亭区委员会第七至十四届常委一览表

表 14-2

届　别	职　务	姓　名	籍　贯	任职时间
第七届 （　—1990.02）	书　记	王光明	山东昌乐	1987.08—1990.02
	副书记	孙承志	山东寿光	1987.08—1990.02
		赵洪君	潍坊潍城	1987.08—1990.02
		李英文	山东安丘	1990.01—1990.02
	常　委	李英文	山东安丘	1987.08—1990.01
		王连森	潍坊寒亭	1987.08—1990.02
		刘勤之	潍坊寒亭	1987.08—1990.02
		杜学古	山东高密	1987.08—1990.02
		张春华	潍坊寒亭	1987.08—1990.02
		玄克胜	潍坊寒亭	1989.09—1990.02
		王春堂	潍坊潍城	1990.01—1990.02
第八届 （1990.02—1995.03）	书　记	王光明	山东昌乐	1990.02—1993.03
		李英文	山东安丘	1993.03—1995.03
	副书记	孙承志	山东寿光	1990.02—1990.03
		李英文	山东安丘	1990.02—1993.03
		张春华	潍坊寒亭	1990.02—1993.01
		张少军	山东临朐	1990.12—1991.05
		胡　岗	山东高密	1993.01—1995.03
		郭庆良	山东菏泽	1992.09—1994.10（挂职）
		崔守国	潍坊寒亭	1993.01—1995.02
		李建泉	山东诸城	1993.01—1995.03
		黄潍连	山东威海	1995.02—1995.03
		玄克胜	潍坊寒亭	1990.02—1995.03
		王廷彦	—	1993.11—1995.03（挂职）
	常　委	王春堂	潍坊潍城	1990.02—1994.08
		刘勤之	潍坊寒亭	1990.02—1993.04
		杜学古	山东高密	1990.02—1993.04
		王连森	潍坊寒亭	1990.02—1995.03
		程清钧	潍坊寒亭	1990.02—1990.10
		崔守国	潍坊寒亭	1991.06—1993.01
		王长恩	潍坊坊子	1991.06—1993.04
		王乐德	山东济南	1993.01—1995.03
		赵信芳	山东昌乐	1993.01—1995.03
		崔金言	潍坊潍城	1993.01—1995.03
		吴世刚	潍坊寒亭	1993.01—1995.03

续表 14-2

届别	职　务	姓　名	籍　贯	任职时间
第九届（1995.03—1998.02）	书　记	胡　岗	山东高密	1995.03—1997.12
		王永兴	山东临朐	1997.12—1998.02
	副书记	黄潍连	山东威海	1995.03—1997.03
		李建泉	山东诸城	1995.03—1997.12
		玄克胜	潍坊寒亭	1995.03—1998.02
		李世光	山东安丘	1997.03—1998.02
		宫　智	安徽太和	1997.12—1998.02
		王元榜	山东平度	1997.12—1998.02
	常　委	王连森	潍坊寒亭	1995.03—1998.02
		王乐德	山东济南	1995.03—1996.02
		赵信芳	山东昌乐	1995.03—1997.12
		崔金言	潍坊潍城	1995.03—1998.02
		吴世刚	潍坊寒亭	1995.03—1998.02
		赵刚毅	山东临沂	1995.03—1998.02
		王元榜	山东平度	1995.03—1997.12
		王文昌	潍坊寒亭	1996.05—1998.02
		刘德平	山东胶州	1997.12—1998.02
		郑立琦	山东高密	1997.12—1998.02
		李宗成	潍坊寒亭	1998.01—1998.02
第十届（1998.02—2003.01）	书　记	王永兴	山东临朐	1998.02—2002.12
		李世光	山东安丘	2002.12—2003.01
	副书记	李世光	山东安丘	1998.02—2002.12
		宫　智	安徽太和	1998.02—2003.01
		王元榜	山东平度	1998.02—1999.07
		柳秉洪	山东昌邑	1999.07—2001.02
		李　辉	济南章丘	2000.07—2002.09（挂职）
				2002.09—2002.12
		王　海	山东昌乐	2001.02—2003.01
		范西智	山东昌邑	2001.02—2002.12
		张小梅（女）	山东龙口	2002.12—2003.01
	常　委	崔金言	潍坊潍城	1998.02—2001.02
		吴世刚	潍坊寒亭	1998.02—2001.02
		赵刚毅	山东临沂	1998.02—2001.02
		王文昌	潍坊寒亭	1998.02—1998.04

续表 14-2

届别	职　务	姓　名	籍　贯	任职时间
第十届（1998.02—2003.01）	常　委	刘德平	山东胶州	1998.02—2001.02
		郑立琦	山东高密	1998.02—2003.01
		李宗成	潍坊寒亭	1998.02—2003.01
		沙文彦	山东临沂	1998.04—1999.06
		王继平	山东郓城	1999.06—2001.12
		韩国礼	山东昌乐	2001.02—2003.01
		徐志娟（女）	潍坊寒亭	2001.02—2003.01
		傅廷民	山东临朐	2001.02—2002.08
		李洪平	山东肥城	2001.12—2003.01
		韩幸福	山东临朐	2002.12—2003.01
第十一届（2003.01—2007.01）	书　记	李世光	山东安丘	2003.01—2007.01
	副书记	张小梅（女）	山东龙口	2003.01—2006.12
		陈　平	山东寿光	2006.12—2007.01
		宫　智	安徽太和	2003.01—2006.12
		王　海	山东昌乐	2003.01—2006.04
		郑立琦	山东高密	2003.01—2006.12
		殷　涛	山东淄博	2004.03—2006.02（挂职）
		贾有余	潍坊寒亭	2005.06—2007.01
	常　委	贾有余	潍坊寒亭	2003.01—2005.06
		李宗成	潍坊寒亭	2003.01—2005.06
		蔡俊忠	潍坊寒亭	2006.04—2007.01
		李中福	山东龙口	2005.06—2007.01
		韩国礼	山东昌乐	2003.01—2007.01
		徐志娟（女）	潍坊寒亭	2003.01—2007.01
		韩幸福	山东临朐	2003.01—2006.12
		李洪平	山东肥城	2003.01—2004.02
		李会录	山东乐陵	2006.04—2007.01
		高文庆	山东临朐	2006.12—2007.01
		赵珊珊（女）	山东昌邑	2006.12—2007.01
第十二届（2007.01—2011.12）	书　记	李世光	山东安丘	2007.01—2008.02
		陈　平	山东寿光	2008.02—2011.05
		孙德奎	山东蓬莱	2011.11—2011.12

续表 14-2

届别	职 务	姓 名	籍 贯	任职时间
第十二届（2007.01—2011.12）	副书记	陈 平	山东寿光	2007.01—2008.02
		贾有余	潍坊寒亭	2007.01—2008.02
		王培福	山东诸城	2008.02—2011.11
		韩国礼	山东昌乐	2008.02—2011.12
		孟晓雷	山东阳谷	2010.08—2011.12
	常 委	蔡俊忠	潍坊寒亭	2007.01—2007.12
		李中福	山东龙口	2007.01—2008.02
		韩国礼	山东昌乐	2007.01—2011.12
		石铭奎	山东高密	2008.02—2011.12
		李会录	山东乐陵	2007.01—2007.03
		高文庆	山东临朐	2007.01—2010.01
		赵珊珊（女）	山东昌邑	2007.01—2011.12
		王文琦	山东昌邑	2007.01—2011.12
		张 文	潍坊坊子	2007.01—2008.02
		王德明	山东寿光	2008.02—2010.01
		孙晓非	山东高密	2007.10—2011.01
		陈 宁	江苏涟水	2007.03—2009.09
		亓传敬	潍坊潍城	2011.01—2011.11
		葛凤春（女）	山东昌乐	2011.01—2011.12
		范连军	潍坊寒亭	2007.10—2011.12
		马常春	山东昌邑	2007.05—2010.08
		王先明	山东诸城	2009.09—2011.12
		范梅庆	山东寿光	2010.01—2011.11
		庞胜明	山东寿光	2011.11—2011.12
		丁爱辉	山东寿光	2011.11—2011.12
		孙吉海	山东青州	2011.11—2011.12
		马玉宏	山东安丘	2011.08—2011.12
第十三届（2011.12—2017.01）	书 记	孙德奎	山东蓬莱	2011.12—2013.10
		孟晓雷	山东阳谷	2013.11—2016.11
		李兰祥	山东寿光	2016.11—2017.01

续表 14-2

届别	职　务	姓　名	籍　贯	任职时间
第十三届（2011.12—2017.01）	副书记	孟晓雷	山东阳谷	2011.12—2013.11
		李兰祥	山东寿光	2013.12—2016.11
		韩国礼	山东昌乐	2011.12—2012.01
		石铭奎	山东高密	2011.12—2014.03
		王文琦	山东昌邑	2014.03—2016.12
		赵学坤	山东莒南	2016.11—2017.01
		刘金国	山东青州	2016.11—2017.01
	常　委	王文琦	山东昌邑	2011.12—2014.03
		葛凤春（女）	山东昌乐	2011.12—2016.12
		徐方吉	山东诸城	2011.12—2013.07
		孙修炜	山东莱州	2014.03—2016.06
		庞胜明	山东寿光	2011.12—2016.06
		丁爱辉	山东寿光	2011.12—2017.01
		孙吉海	山东青州	2011.12—2015.11
		孙文力	山东昌邑	2016.12—2017.01
		吴兴安	河南潢川	2013.07—2017.01
		李良华	潍坊潍城	2011.12—2016.12
		马玉宏	山东安丘	2011.12—2012.05
		于　龙	江苏阜宁	2012.05—2014.03
		王　伟	山东诸城	2016.06—2017.01
		田永全	山东昌乐	2015.11—2017.01
		王垂军	江苏睢宁	2014.03—2017.01
第十四届（2017.01—）	书　记	李兰祥	山东寿光	2017.01—
	副书记	赵学坤	山东莒南	2017.01—
		刘金国	山东青州	2017.01—
		陈　栋	江苏涟水	2017.10—（挂职）
	常　委	丁爱辉	山东寿光	2017.01—
		孙文力	山东昌邑	2017.01—
		吴兴安	河南潢川	2017.01—
		王　伟	山东诸城	2017.01—
		田永全	山东昌乐	2017.01—
		郭春媛（女）	潍坊寒亭	2017.01—
		孙占勇	山东昌邑	2017.01—
		胥永利	河南确山	2017.10—

第二章　中共潍坊市寒亭区委员会

第一节　工作机构

1989年，中共潍坊市寒亭区委员会（简称区委）下设办公室、组织部、组织员办公室、宣传部、纪律检查委员会、统战部、机关党委、农村工作委员会、政法委员会、档案局、老干部局、机要科（副科级）、信访办公室、精神文明建设协调委员会办公室、党校、党史资料征集研究委员会办公室。

1990年至1993年11月，先后增设区委政策研究室、区委对台湾工作办公室（区人民政府台湾事务办公室）、区委接待处、区保密局、区社会治安综合治理委员会办公室；区委党史资料征集研究委员会办公室更名为区委党史资料征集研究委员会；区委机要科更名为区委机要局，升格为正科级；区精神文明建设协调委员会办公室更名为区精神文明建设委员会办公室，升格为正科级；撤销区委农村工作委员会。

1993年11月机构改革，区委保留办公室、组织部、宣传部、统战部、政法委、老干部局、党校及区直机关党委；撤销机要局、保密局、信访办公室、政策研究室、接待处、组织员办公室、对台湾工作办公室（区人民政府台湾事务办公室）、精神文明建设委员会办公室、社会治安综合治理委员会办公室。1994年6月，设立区委、区政府信访办公室，恢复社会治安综合治理委员会办公室；10月，恢复保密局。1996年7月，中共寒亭区委区直机关委员会更名为中共寒亭区委区直机关工作委员会。

1997年2月，对个别机构设置和工作关系进行调整和理顺：恢复区精神文明建设委员会办公室，设立区新闻中心（副科级，同时挂潍坊市寒亭区新闻出版管理办公室牌子）；区委统战部同时挂寒亭区人民政府民族宗教事务办公室牌子；寒亭区委、区人民政府信访办公室更名为中共寒亭区委、寒亭区人民政府信访局；恢复区委机要局；设立区委党员电教中心（副科级）。同年7月，恢复区委台湾工作办公室（同时挂寒亭区人民政府台湾事务办公室牌子），设立区委党史研究室。

2002年5月，成立区委政策研究室。2003年9月，区委党员电教中心加挂寒亭区农村党员干部现代远程教育管理站牌子。2007年3月，成立寒亭区维护稳定工作领导小组办公室，为正科级机构；10月，寒亭区农村党员干部现代远程教育管理站更名为中共寒亭区委党员干部现代远程教育中心，升格为正科级。2009年4月，先后成立区社会科学界联合会、文学艺术界联合会、区网络宣传管理办公室，均为正科级事业单位。

2010年2月，设立中共寒亭区委党的建设工作领导小组办公室，为正科级常设机构，与中共寒亭区委组织员办公室合署办公；12月，区委督查室调整为区委办公室内设机构。2011年4月，成立区委群众工作委员会办公室。2012年10月，寒亭区社会治安综合治理委员会办公室更名为寒亭区社会管理综合治理委员会办公室。2013年12月，在区委政策研究室加挂区委办公室法规室牌子。

截至2013年12月，中共寒亭区委工作机构设置：办公室（内设常委值班室、综合科、信息调研室、督查室、政策研究室、机要局、保密委员会办公室、保卫科，保密办同时挂区保密局牌子）、纪律检查委员会（区监察局与其合署）、组织部（内设组织员办公室，党的建设工作领导小组办公室与其合署，并加挂党建研究会牌子）、宣传部（内设精神文明建设委员会办公室）、统一战线工作部、政法委员会（社会管理综合治理委员会办公室与其合署）、区直机关工作委员会、区机构编制委员会办公室、区委党校、区委党史研究室。部门管理机构设置：区委、区政府信访局，由区委办公室、区政府办公室管理，以区委办公室管理为主；区委老干部局，由区委组织部管理。另保留设置：台湾工作办公室（挂区政府台湾事务办公室的牌子）；区委农村工作领导小组，为区委、区政府的议事协调机构，下设办公室，为其常设机构。

第二节　重要决策

党的建设

1989年7月，对全区党员集中进行夏季培训，重点进行四个专题教育：坚持四项基本原则，反对资产阶级自由化教育；艰苦奋斗，反对腐败教育；党纲党章和组织纪律教育；充分发挥基层党组织核心作用、战斗堡垒作用和党员先锋模范作用教育。1991年6月中旬起，集中3个月时间，在全区党政机关开展学习教育活动，巩固发展机关教育整顿成果；7月下旬开始，集中开展以学习江泽民“七一”讲话为主要内容的农村党员培训；10月，在全区农村开展以奔小康为主要内容的社会主义思想教育活动。

1996年1月，区委印发《关于在全区集中开展社会主义思想教育活动的意见》，在全区城乡集中开展以为建设经济强区建功立业、争创“功勋杯”为主题的社会主义思想教育活动。1997年5月，在全区党员干部中开展为期3个月的“政策法规年”活动，加强对党员干部的党内条例法规教育，建立和完善党员干部行为规范和监督制约机制。2000年3月10日至6月中旬，在全区区级领导班子和领导干部中开展“三讲”（讲学习、讲政治、讲正气）教育活动；12月，区委印发《关于在全区开展“三个代表”重要思想学习教育活动的实施意见》，解决干部队伍存在的突出问题，增强党组织的凝聚力和战斗力。

2002年4月，区委印发《关于深入开展转变作风年调查研究年活动的意见》，以反对和克服官僚主义、形式主义为重点，以搞好调查研究为切入点，加强和改进党的作风建设。主要内容是：试行“无会月”制度，每年5月和10月份为全区无会月，除特殊情况外，不召开全区性工作会议；推行区级领导班子成员、区直部门主要负责人、乡镇（街道）领导班子成员蹲点调研制度；建立“走访”制度，区级领导班子成员年内走访贫困户、个体私营户不少于30户，乡镇（街道）、区直部门负责人不少于50户。

2004年7月，区委印发《关于进一步加强人才工作的意见》，从牢固确立人才工作的战略地位、突出抓好“三支队伍”建设、完善人才教育与培训体系、建立灵活高效的引才引智机制、创建人尽其才的管理机制、建立规范有序的人才流动配置机制、创造良好的人才成长发展环境、加强党对人才工作的领导8个方面提出明确要求。2005年1月，按照中央和省、市委的统一部署，区委决定用一年半左右时间，在全区各级党组织和广大共产党员中开展以学习实践“三个代表”重要思想为主要内容的保持共产党员先进性教育活动。

2006年7月，区委印发《关于进一步健全完善责任追究制度的意见》，促进各级机关事业单位工作人员更好地履行职责，发挥职能作用，推动全区经济社会快速协调发展。2007年3月，印发《关于加强和改进党对政法工作领导的意见》。2009年3月，印发《关于开展深入学习实践科学发展观活动的实施意见》，根据中央和省、市委统一部署，用一年左右的时间，在全区分批开展深入学习实践科学发展观活动。

2012年1月，区委印发《关于组织开展“学报告、找差距、立目标、定措施、建规章”主题活动的实施意见》，从2月1日—15日，在各街道、开发区、区直部门单位和全区机关干部中，组织开展“学报告、找差距、立目标、定措施、建规章”主题活动。2013年2月，根据中央政治局“关于改进工作作风、密切联系群众”的八项规定和省委常委会实施办法、市委常委会意见，制定《中共寒亭区委常委会关于落实中央和省市委改进工作作风、密切联系群众有关规定的实施办法》，明确9个方面的具体措施。

经济建设

1989年7月，区委、区政府决定多方筹措资金，加大盐田开发建设力度，确保建设盐田3000公顷，并以扩建盐田为重点，对沿海资源进行综合开发。1990年11月、1992年3月，区委、区政府相继印发《关于鼓励乡镇企业发展的有关政策规定》《关于进一步加快乡镇企业发展的决定》，继续执行“积极扶持、合理规划、正确引导、加强管理”的方针，坚持以公有制为主体，突出重点抓村办，大力发展“一乡一品”，实现乡镇企业的新突破。1992年4月，区委、区政府印发《关于减轻企业负担若干问题的暂行规定》。1993年3月，印发《关于禁止向企业乱收费、乱罚款和各种摊派的规定》。

1994年9月，决定在全区开展增产节约增收节支活动，面向国际国内两个市场，优化结构，强化管理，降低成本，提高效益，促进社会稳定和经济发展。1995年5月，印发《关于在全区开展“建设经济强区集中学习教育活动”的安排意见》，围绕建设经济强区这一主题，利用半个月时间统一组织学习，达到“统一思想，转变作风，严肃纪律，明确任务，界定责任”的目的。1996年3月，印发《关于开展争创“建设经济强区功勋杯”活动的实施意见》，通过表彰奖励为建设寒亭做出突出贡献的单位和个人，充分调动全区各行各业、各条战线和全社会各方面的积极力量，加快建设经济强区步伐。

1997年3月，区委、区政府印发《关于进一步加快个体私营经济发展的意见》，鼓励拓展从业人员和经营领域，实现个体私营经济的总量扩张和质量提高；引导个体、私营企业实行专业化经营，向集约化方向发展；稳定和完善税收、金融政策，鼓励个体、私营经营者扩大再投入和再生产；加强自我管理和教育，不断提高个体、私营企业经营者整体素质。当年确定的目标任务：1997年，个体工商户增长12%、私营企业增长20%以上；个体私营从业人数增长12%，占全区总人口的比例达到8%。1998年3月，印发《关于在全区机关中开展创业活动的意见》，在全区机关中开展争创“优秀创业单位”和“优秀创业者”活动。同年，决定在全区开展深化企业改革工作，以股份制和股份合作制为主，出售、租赁、嫁接、兼并、联合、拍卖、破产等多种形式并举，推进资产重组和结构调整，转换企业经营机制，提高企业经济效益。1999年1月，印发《关于实行区直部门抓经济项目责任制的意见》，明确部门及其主要负责人抓经济项目的目标责任，建立健全与部门职能相适应的定向考核内容和标准，落实奖惩措施，调动区直部门直接参与经济建设的积极性。

2000年3月，区委、区政府印发《关于开展“工业发展年”活动的意见》，做好企业改制、招商引资、技术创新、园区带动“四篇文章”，力争从2000年到2002年3年内，通过集中攻坚改革、嫁接改造上档、择优扶持培强、集约投入扩张等措施，实现全区工业生产能力、财政贡献能力双翻番。2003年3月，区委、区政府印发《关于进一步深化企业改革的实施意见》，对原区属各系统的国有集体企业、乡镇村办企业和机关事业单位兴办的国有集体企业等进行深化改革，对未改制和虽已改制但未触及产权的企业，采取出售、转让、股份制、破产等方式进行改革；对已完成产权改革的企业，进一步完善内部运行机制，理清发展思路。同年5月，区委、区政府印发《关于进一步加快民营经济发展的意见》，通过提高认识强化宣传，放宽限制扩张总量，扶优扶强培植骨干，突出招商引资扩宽融资渠道，抓好园区建设搭建发展平台，治理“三乱”优化环境等措施，促进民营经济持续健康发展；7月，印发《关于进一步解放思想抢抓机遇加快发展的决定》，按照“全党抓经济、重点抓工业、突出抓招商”的总体要求，全方位抓好招商引资，多渠道发展民营经济，大气力做强现有企业，新理念推进城镇建设，硬措施优化发展环境，把寒亭建设成为加工制造业中心、优质农产品供应中心、大型物流配送中心和特色休闲中心。2004年7月，印发《关于进一步加快工业发展的意见》，围绕建设“工业强区”奋斗目标，坚持膨胀总量与提高质量并重，突出工业载体建设，做大支柱产业，培强骨干企业，打造名牌产品，构筑工业经济发展新体系，推进全区工业经济的超常规跨越式发展。

2005年7月，区委、区政府印发《关于进一步加强科技创新工作的意见》；10月，印发《关于进一步加快服务业发展的意见》。2007年，决策实施“两区”带动战略，优化区域发展格局：坚持南部城区抓提升，北部滨海新区抓开发，以“两大中心”带动周边“三大板块”，构筑资源集约、互补性强、竞争优势明显的区域发展格局。2009年，立足区位、资源优势，坚持扩大总量和优化结构并重，规范提升传统服务业，发展生产性服务业和消费性服务业，以服务业的全面繁荣促进全区城市化进程。

2011年，在全区范围内实施“高层次创新创业人才扶持工程”，以人才凝聚引领高新产业凝聚，打造“科技创新示范区”；在总额度700万元的扶持基金中，设立100万元高层次人才创新创业基金、500万元科技型企业创新基金和100万元科技成果基金。2012年12月，印发《关于进一步扩大对外开放的意见》，推进对外开放“四化”战略，加快构建全方位、多层次、宽领域的对外开放新格局。2013年，推进“一区、一谷、四园”（一区：潍坊经济开发区；一谷：中国食品谷；四园：先进制造产业园、临港产业园、北海工业园、高新技术产业园）建设，促进产业链条式组合、园区化布局、集群化发展，加快壮大区域经济实力；坚持先进制造业与现代服务业“双轮驱动”，改造提升传统产业和加快发展新兴产业“两手并重”，加快推进产业结构优化升级。

农业农村

1989年11月，区委、区政府研究制订鼓励和扶持多种经营生产的有关政策，积极稳妥地推行贸工农一体化，加快全区多种经营工作，进一步增加农民收入，努力实现人均收入增加100元，全区增收3000万元的奋斗目标。1992年9月，区委、区政府印发《关于发展高产优质高效农业的意见》，合理开发利用多种农业资源，提高农业综合效益，推动全区农村经济由温饱型向小康型、由产量型向质量型、由内向型向外向型转变，实现“翻两番、奔小康”的目标。

1993年3月，区委、区政府印发《寒亭区农民负担管理暂行规定》《关于减轻农民负担“四清理、三整顿”工作的意见》，决定集中3个月时间，在全区范围内开展一次自上而下的“四清理、三整顿”（清理涉及农民负担的各种文件、项目、非生产性建设和承包合同外收费；整顿村提留和乡镇统筹的使用与管理，整顿收费、罚款的使用与管理，整顿义务工和劳动积累工的使用与管理）活动，基本解决农民负担过重的问题。同年7月，印发《关于减轻农民负担的实施意见》，在全区农村普遍实行签订合同的方法，把农民负担管理纳入法制轨道；印发《关于开展农村合作基金会工作的实施意见》，决定在全区建立农村合作基金会，实现资金融通和集体积累资金的保本增值。

1994年3月，区委、区政府制定《实施“一乡一业”农业产业化战略发展规划》，通过深化农村改革，规划培植主导产业，壮大龙头实力，健全服务体系，增加科技含量，使每一农业主导产业逐步形成种养加、产供销、贸工农、农科教一体化的生产经营体系。1998年10月，印发《关于在农村进一步推进村民自治加强民主管理的意见》，健全完善和落实民主选举、民主决策、村务公开和财务管理四项制度，发展农村经济合作组织，实现村民自我服务、自主经营。

2001年7月，区委、区政府印发《关于加快农村土地使用权依法合理流转的意见》，健全与市场经济相适应的土地经营制度，发育土地要素市场，盘活土地资源，规范流转秩序，促进生产要素的合理流动和优化配置，提高农业专业化、规模化、现代化水平。2003年5月，区委、区政府印发《关于加强农业龙头企业建设推进农业标准化生产的意见》。2005年7月，印发《关于加快发展农村合作经济组织的意见》。2006年4月，印发《关于在全区实行村级事务契约化管理的意见》，确定了10个方面村级事务契约化管理内容，推进社会主义新农村建设。2008年12月，印发《关于推进农村土地承包经营权流转的实施意见》，明确农村土地承包经营权的流转方式、注意问题和推进措施。

2009年8月，区委、区政府印发《关于切实加快小城镇建设的意见》，加快全区小城镇建设，加速推进城市化、城乡一体化；9月，印发《关于实施镇级扩权加快发展的意见》，建立有利于镇级科学发展的体制机制，推进镇级科学发展、统筹发展，加快社会主义新农村建设和城乡一体化进程。2010年4月，印发《推进城市化城乡一体化的意见（试行）》，加大城乡统筹发展力度，加快推进城市化、城乡一体化。2010年9月，印发《关于进一步加快都市农业发展的意见》，确定品牌特色农业、休闲旅游农业、科技示范农业、生态循环农业4个方面的工作重点。2013年，深化农村集体产权制度改革，组建潍坊市农村产权交易中心，全面推广农村土地承包经营权登记工作；推广土地托管服务模式，鼓励1000亩以上的大规模土地流转。

社会事业

1989年，实施“科技兴寒”战略，三年安排科技项目83个，推广应用新技术新成果15项，科技进步在经济增长中所占比重，由1989年的25%，提高到1992年的35%。1996年，区委、区政府印发《关于加速科技进步的意见》《寒亭区实施〈中国教育改革和发展纲要〉的意见》，对“九五”期间科技、教育发展提出明确目标任务。

1998年10月，印发《关于切实做好企业下岗职工基本生活保障和再就业工作的意见》，实行待岗证制度，建立再就业服务中心和再就业基金，制定优惠政策，确保1998年企业下岗职工再就业率达到60%以上，到2000年达到80%以上。2004年3月，为维护全区社会政治稳定，保证人民群众安居乐业，区委、区政府决定，用三年时间，在全区集中开展建设“平安寒亭”活动。2006年7月，为深入推进“平安寒亭”建设，印发《关于加强治安防控体系和矛盾纠纷排查调处体系建设的意见》。

2007年1月，印发《关于进一步加强社会保障体系建设的意见》，构建多层次、广覆盖的社会保障体系；4月，印发《关于进一步加强和改进社区工作的意见》，从健全社区组织体系、理顺社区基层管理体制、加强社区基础设施建设、大力发展社区服务、加强对社区工作的组织领导等7个方面作出安排部署；6月，印发《关于全面推进和谐创建工作的意见》，推进党政工作下沉和公共服务职能延伸，推动形成党政群团、人民群众共建共享和谐社会的良好局面。2008年1月，印发《关于加快生态林业建设的意见》，确定了林场建设、城区绿化、道路绿化及农田林网建设、镇街绿化和“四旁”植树等5个方面的重点建设内容。

2010年4月，印发《寒亭区审批服务预情报告暂行规定》，加强对全区行政审批服务工作的管理，确保实现审批服务效率和审批服务数量都提高30%以上的目标。2011年8月，印发《关于进一步加强城镇和流动人口计划生育工作的意见》，加强城镇人口和计划生育基层基础工作，搞好流动人口计划生育管理服务。2012年5月，制定《寒亭区城市“三无”人员供养暂行办法》，完善社会救助体系，切实保障城市特殊人群的基本生活。2013年9月，为从根本上系统性解决寒亭区生态环境问题，区委、区政府决定用三年时间，组织实施“三八六”（围绕三个目标，打响八大战役，强化六项保障）环保行动，加快生态美丽寒亭建设。

精神文明

1989年8月，区委印发《寒亭区文明单位管理的暂行规定》，对文明单位创建范围、标准、申报、验收和命名，文明单位管理和指导，文明单位表彰奖励、惩处，文明单位建设活动的领导等作详细规定。1990年2月，印发《关于进一步培育和发扬寒亭精神的决定》，培育和发扬“团结、实干、创新、争一流”的“寒亭精神”，巩固安定团结政治局面；11月，印发《关于在全区农村开展社会主义思想教育活动的实施意见》，坚持正面教育的方针，解决农村存在的思想问题和实际问题，提高农民思想觉悟。

1991年4月，印发《关于开展以企业为重点的城市社会主义思想教育活动的实施意见》，决定集中3个月的时间，开展以企业为重点的城市社会主义思想教育活动。1996年，制定并组织实施《寒亭区“九五”期间社会主义精神文明建设规划》，重视加强思想道德建设，确保精神文明建设取得实效。

2002年，区委、区政府印发《关于在全区组织开展“深化诚信教育、建设信用寒亭”活动意见》，组织区直48个执法部门和窗口服务单位将服务内容、服务时限公开承诺，接受群众监督。2004年，印发《关于开展牢固树立和认真落实科学发展观专题教育活动的意见》，开展树立和落实科学发展观专题教育活动。

2006年8月，区委、区政府印发《关于深入学习实践社会主义荣辱观切实加强思想道德建设的实施意见》，在全区开展学习实践社会主义荣辱观活动。2008年7月，印发《关于加快文化产业发展的意见》，确定影视业、文化创意业、文化旅游业、工艺品业、文化图书业5个方面发展重点，建设“文化名区”“文化强区”。2011年3月，印发《关于全力争创全国文明城市的实施意见》。2013年，开展文明单位规范建设年活动，建立全区文明创建网上动态管理系统，实现文明单位的网上管理和动态考核。

第三章 纪检监察

第一节 组织机构

领导机构

中共潍坊市寒亭区每次代表大会选举产生的中共寒亭区纪律检查委员会都要召开第一次会议，选举区纪委常委和书记、副书记。1990年2月，中共寒亭区第八次代表大会选举产生新一届纪律检查委员会，选出委员10人、常委5人，玄克胜任书记。1995年3月，中共寒亭区第九次代表大会选举产生新一届纪律检查委员会，选出委员13人、常委7人，赵信芳任书记。1998年2月，中共寒亭区第十次代表大会选举产生新一届纪律检查委员会，选出委员13人、常委7人，崔金言任书记。2003年1月，中共寒亭区第十一次代表大会选举产生新一届纪律检查委员会，选出委员15人、常委9人，郑立琦任书记。2007年1月，中共寒亭区第十二次代表大会选举产生新一届纪律检查委员会，选出委员25人、常委7人，李中福任书记。同年11月，李中福离职，赵珊珊（女）担任区纪委书记。2011年12月，中共寒亭区第十三次代表大会选举产生新一届纪律检查委员会，选出委员16人、常委7人，葛风春（女）任书记。

工作机构

1989年，区纪委设办公室、信访室、检查室、审理室、党风管理室5个科室。1993年4月，区纪委与区监察局合署办公，设办公室、监察综合室、教育研究室、党风廉政建设室、信访室（举报中心）、案件审理室、执法监察室、纪检监察室 8 个科室；12 月机构改革，定编 20 人，设办公室、信访室、党风教育室、审理室、纪检监察室、执法监察室 6 个科室。2002 年 3 月，机构改革，设办公室、党风教育室、纪检监察室、案件审理室、执法监察室、信访室（行政监察举报中心）；5 月，成立寒亭区机关效能监察中心和经济发展软环境投诉受理中心（设在区纪委监察局）。2010 年 3 月，实行纪检监察体制机制改革，纪检监察派驻机构由区纪委监察局直接领导，编制划归区纪委监察局；区纪委监察局向区直部门单位归口分组派驻 5 个纪检组、监察室，向街道和杨家埠旅游开发区派驻纪工委、监察室；增设干部管理室，撤销党风教育室，分设宣传教育室、党风廉政建设室和研究室。寒亭区纪检监察体制机制改革做法，被《中国监察》和《中国纪检监察报》相继刊发推介。

截至 2013 年年底，区纪委监察局机关设办公室、宣传教育室、党风廉政建设室、研究室、执法监察室、信访室、纪检监察室、案件审理室、干部管理室、区机关效能监察中心和区经济发展软环境投诉受理中心（设在区纪委监察局）。有行政编制 26 人、事业编制 4 人，实有在职在编公务员 16 人、事业编制工作人员 4 人；派驻机构 24 人，其中行政编 13 人、事业编 8 人、参照公务员管理 3 人。

第二节　党风廉政建设

党风廉政建设责任制和惩防体系建设

1989 年，区委先后印发《党政干部廉洁勤政守则》《关于区直机关干部下乡镇实行餐证的规定》，指导各乡镇党委、纪委制定《禁止用公款请客送礼的规定》《机关干部廉洁勤政守则》《关于驻片包村干部统一食宿的规定》。1991 年，充实完善《区委领导工作规范》《区委常委保持自身建设的八项规定》《区级党政干部廉洁守则》等制度，通过制度堵塞党风和廉政建设漏洞。

1992—1994 年，区纪委印发《关于各级干部密切联系群众改进工作作风的决定》《关于进一步端正党风加强党风廉政建设的有关规定》《关于党政机关廉洁勤政的规定》等党风廉政建设规章制度，指导和督促全区各级党政领导班子完善党风廉政建设具体措施 2650 多项。1999 年，印发《实施〈关于党风廉政建设责任制的规定〉办法（试行）》和考核意见，与各乡镇（街道）、区直各部门党政主要负责人签订党风廉政建设责任状。实行党风廉政建设责任制后，全区 98 名党员干部受到责任追究，涉及单位主要负责人 53 人、科级以上干部 72 人。

图 14-1　2010 年 4 月 1 日，全区纪检监察体制机制改革工作会议召开。

2000 年，召开全区党风廉政建设和反腐败工作会议，区委书记、区长分别与各乡镇（街道）、区直系统党政主要负责人签订《党风廉政建设责任书》；各乡镇、区直各部门分别与各村、基层单位层层签订责任状，党员干部写出“党风廉政建设保证书”，“一状一书”存入干部廉政档案；在先行试点基础上，全面推进厂务公开、政务公开，促进企业和机关党风廉政建设。2002 年

8月，印发《2002年度党风廉政建设责任制考核实施细则》，强化乡（科）级领导干部“一岗双责”意识。2003年，印发《党风廉政建设和反腐败工作的实施意见》及责任书，制定《区委、区政府领导班子成员党风廉政建设岗位职责》，初步形成“抓领导、领导抓”的局面。

2004年，区纪委印发《全区党风廉政建设和反腐败工作实施意见》，向各乡镇、街道和区直各部门下达责任书；印发《关于建立科级班子及科级干部述职述廉述学制度的暂行规定》，会同组织、宣传部门对科级领导班子及科级干部的工作实绩、学习情况及落实党风廉政建设责任制情况检查考核，考核结果作为干部奖惩、使用依据。2005年，印发《纪检监察工作要点》《党风廉政建设和反腐败工作实施意见》《落实党风廉政建设责任制百分考核实施细则》，对党风廉政建设目标责任书细化。

2006年，区纪委印发《关于落实〈建立健全教育、制度、监督并重的惩治和预防腐败体系实施纲要〉的实施意见》《寒亭区〈中国共产党党内监督条例（试行）〉配套制度（试行）》，明确党内监督9项配套制度；印发《关于进一步健全完善责任追究制度的意见》《关于落实行政执法问责制暂行办法的配套制度规定》，为落实责任追究提供制度保证。2007年，印发《关于加强对党政主要领导干部监督工作的实施意见》《关于建立区纪委常委同下级党政主要负责人谈话制度的办法》，加强对领导干部的监督。2008年3月，将年度反腐倡廉65项工作任务分解落实到25个牵头部门和35个责任部门，向97个部门、单位下达《2008年度党风廉政建设责任书》，组织各级各部门层层签订党风廉政建设责任书。

2009年，开展农村党风廉政建设示范村建设，组织上报市级党风廉政建设示范村6个。2010年，在开元街道南张氏社区开办农村社区“廉政课堂”。2011年，组织开展“加强党纪条规教育深入推进惩防体系建设暨‘以人为本、执政为民’主题实践活动”，组织机关事业单位查摆问题90多个，健全完善相关制度机制38项，100多个部门单位作出集体廉政承诺，3000多名党员干部作出个人岗位廉政承诺；结合村两委换届，全区357个行政村（社区）全部建立村务监督委员会，并组织培训班25期，培训村务监督委员会成员996人次。

2012年，开展《农村基层干部廉洁履行职责若干规定（试行）》落实情况专项检查，对存在违反《规定》行为的16名农村基层干部严肃处理；开展农村集体经济组织清产核资，街道、开发区全部建立农村“三资”（农村集体资金、农村集体资产和农村集体资源）委托代理服务中心；开展“农村党风廉政建设示范村”创建活动，新创建区级示范村179个，区级以上示范村比例63%；印发《关于加强廉政风险防控的实施意见（试行）》，全面推行廉政风险防控管理。2013年，制定《寒亭区党政机关公务用车配备管理使用办法》；中秋、国庆前夕印发通知，明确“八个严禁”，刹住双节期间公款送月饼送节礼、公款吃喝和奢侈浪费等不正之风；开展党政机关停止新建楼堂馆所和清理办公用房工作；联合区经管局、区财政局印发《关于进一步规范和推进农村集体“三资”委托代理服务工作的意见》，推进“123（开展1个活动，落实2项制度，构建3个平台）农廉工程”。

党风廉政教育

1989年，区纪委派出纪检干部到工厂、农村、学校、区直部门上党课20余次，受教育党员4000余人；通报典型案例30余起；对22名受处分党员进行回访教育。1990年，在全区开展“学党章、加强纪律、整顿作风”教育活动。1991年，联合组织、宣传等部门对全区党员进行党风党纪教育；利用党校培训农村党支部书记385人、副科级以上领导干部160人、妇女干部120人；举办党的知识竞赛活动3次，演讲会110场次，参观党史展览4000余人次，观看电影、电视录像片1.5万余人次，树立各行业各系统正面典型240多个；各级纪委剖析典型案例38起，作为党课学习重要内容。

1992年，印发《关于在全区党员中开展反腐防变教育的实施意见》，在全区建立6个廉政教育示范单位；全年各级纪委领导累计上辅导课21场次；放映党风党纪影视教育片120场次，党员群众1.6万人次收看。1993年，与组织、宣传部门联合开展“学党章、讲奉献、做合格党员”宗旨教育。1994年，组织全区500多名副科级以上党员干部系统学习《党章》《行政监察条例》和上级新颁布系列纪律条规；组织开展“反腐倡廉知识竞赛”，参赛人数5000多人。1995年，组织先模报告会3场次，听讲1500多人次；编发廉政教材600多本；组织党员干部参加省纪委组织的“学刊用刊有奖竞赛活动”，区纪委、区监察局获组织奖。1996年，在全区党员干部中集中开展“学条规、守纪律、做表率”教育活动；组织全区领导干部带头参加中纪委、监察部举办的党纪政纪条规知识竞赛集中统一考试。

1997年，开展“政策法规年”活动，集中对党员干部进行党规党纪教育，省、市纪委相继在寒亭区召开现场会，《中国纪检监察报》《大众日报》《潍坊日报》等媒体对寒亭区做法进行报道；中央纪委法规室对寒亭区开展“政策法规年”活动情况作《纪律是保证》的专题调研报告。1998年，围绕思想教育和法规教育，在全区机关和农村分春、冬两个时段集中开展思想教育整顿活动；组织开展《行政监察法》学习和考试活动；在全区科级以上干部开展“领导干部要在党风廉政建设中以身作则、率先垂范”教育活动。1999年，对全区100多名入党积极分子、290多名新任村委会主任、160多名行政执法人员进行廉洁自律专题辅导。

2000年，结合开展“三讲”教育、警示教育和区乡机关集中学习教育活动，加强对党员干部的党性党风党纪教育。2001年，组织开展“五个一”（设置一堂党风廉政教育课、开辟一个“廉政之窗”栏目、编印《清风拂面净心田》《党风廉政知识台历》《党风廉政格言警句工作笔记》）学教活动；在党员干部中开展“学党章、守纪律、正党风”活动；与区委组织部、区妇联组织开展争做“廉内助”活动。2002年，对60名新提拔副科级干部、400名新当选村党支部书记和村委会主任、92名入党积极分子进行党风廉政知识培训；在寒亭电视台开播《廉政之窗》栏目。2003年，在全区开展“学习先进典型、做合格公仆”活动、“转变作风聚合力、富民强区谋发展”思想作风教育整顿活动；组织全区1421名党员干部参加潍坊市廉洁从政知识考试。2004年，开展“学条例、守纪律、强监督、促发展”学习教育活动；对53名新提拔科级干部进行反腐倡廉专题教育和廉洁自律教育。

2005年，开展“学习‘两个纲要’，我为构建惩防体系献一策”学习教育活动；编印《寒亭纪检监察》期刊。2006年，在全区机关事业单位党员干部中开展以学习贯彻党章为主要内容的主题教育和知识测试活动，722名科级党员干部和2200多名普通党员干部参加测试。2007年4月—10月，在全区机关事业单位和农村党员干部中开展“加强作风建设、促进社会和谐”主题教育活动。2008年，在全区党员干部中开展“做勤廉表率、促科学发展”主题教育活动和以“进一步

图14-2　1997年，全省“政策法规年”活动现场会在寒亭召开。

解放思想、转变作风、加快发展”为主题的“作风建设年”活动；组队参加潍坊市《建立健全惩治和预防腐败体系2008—2012年工作规划》和省《实施办法》知识竞赛，获全市二等奖。2009年，建立农村反腐倡廉教育10项机制，举办“庆祝新中国成立六十周年党风廉政建设知识竞赛”，组织全区副科级以上领导干部760人参加党性党风党纪知识测试，编印1000本《农村干部党风廉政教育学习读本》和《忠诚铸就辉煌——纪念党的纪律检查机关恢复重建30周年》纪念册。

2010年，组织开展“学准则、守党纪、作表率”主题演讲比赛；组建农村党风廉政宣讲团，在群众中开展崇廉尚洁教育。2011年，组织单位主要负责人和班子成员讲廉政党课，受教育党员干部4000余人次；组织机关事业单位3000多名党员干部参加党纪政纪条规知识测试；选树12个“以人为本、执政为民”先进典型在各类新闻媒体进行宣传报道；组织重点部门行业党员干部到潍北监狱接受警示教育。2012年，开展“恪守从政道德、保持党的纯洁性”主题教育活动；开展“廉洁履职、清白做人”主题征文活动，征集文章48篇，发放《致全区领导干部家属的一封信》630余份。2013年，组织各级领导干部和党员干部分别参加省、市、区纪委组织的德廉知识学习测试；对新任职领导干部集中开展廉政谈话，明确“一岗双责”责任。

廉政文化建设

2000年以后，区纪委把廉政文化建设作为党风廉政建设工作的一个重要切入点，并逐渐形成工作亮点。2005年，印发《关于加强廉政文化建设的意见》；在全区开展争创廉洁家庭倡议活动，向领导干部家庭发出《兴廉洁之风、建文明家庭——家庭助廉倡议书》；印发《关于开展廉政文化进学校活动的实施意见》，编印《敬廉崇洁学生教育读本》。将廉政文化与民间文化和旅游文化相结合，在杨家埠民间艺术大观园设立郑板桥廉政文化景点，设“清风堂”，集中展示郑板桥在任潍县县令期间体恤民情、清正廉洁的故事以及反映其关心百姓疾苦、廉洁为官思想的诗词书画作品；设立“清风长廊”，题画50多幅廉政题材的诗词书画和新年画作品。同年，在全国首届反腐倡廉公益广告大赛中寒亭区选送的3件反腐题材新年画作品《长大要当包青天》《大车小车》《民声》获特别奖。

2006年，区纪委、监察局与行业主管部门协作，定期召开廉政文化建设座谈会；利用杨家埠风筝和木版年画知名度，组织艺人制作廉政文化风筝和廉政题材木版年画挂历。同年5月，中纪委在杭州举办廉政文化建设专题研讨班，寒亭区纪委作《关于廉政文化进旅游景点的实践与思考》书面发言。

2007年，每周向全区786名科级领导干部发送一条廉政短信；开展廉政文化“六进”（进旅游景点、进机关、进农村、进学校、进企业、进家庭）活动，建立廉政文化建设示范点6处；征集反腐倡廉书画作品57件、廉政剪纸45件，在杨家埠民间艺术大观园集中展示。

2008年，印发《全区廉政文化建设工作要点》，将廉政文化建设16项工作任务分解落实到24个牵头部门；开展廉政文化“六进”活动，在区直部门单位建立廉政文化宣传栏，征集廉政格言警句600余条；开展廉政文化影片百村放映活动，放映120场次，观众2万余人；在中小学校开展勤政廉政小故事征集、廉政手抄报展评、演讲比赛等活动。2009年，开展送廉政书籍下乡、千场廉政电影入村放映、“廉政寒亭·欢乐四季”群众性文化活动、征集廉政文化作品、廉政征文比赛、读书思廉、建立农村教育长效机制示范点7项活动，营造“以廉为美、以贪为耻”的良好氛围。

2011年，组织开展廉政书画作品创作征集活动，4幅作品入选“清风颂建设杯全国‘以人为本、执政为民’廉政书画展”。2012年，加快街道、社区廉政教育中心建设，推进廉政文化示范点建设；开展廉政文化建设互比互学活动，组织人员创作廉政群口快板、三句半、廉政歌曲等一批廉政作品，选送小品《情满人间路》参加潍坊市文艺会演。2013年，加强廉政文化示范点建设，区国土分局、区公路局被评为潍坊市级廉政文化示范点；打造杨家埠大观园省级廉政文化示范点，建设郑板桥廉政书画作品展馆、廉政文化建设成果展馆等；编印1000册《“尊廉崇洁”寒亭区党员干部廉政文化教育读本》。

第三节　违纪案件查处

信访举报受理

1989年，全区纪检系统受理纪检信访405件次，处结400件次，处结率98.8%；全区无重复信访，无越级信访，无信访积案。1990年，在全区实行三级信访网络制度，变群众上访为纪检信访干部下访，受理群众来信来访385件次，较1989年下降14.8%；结合党员整顿，区纪委会同有关部门，对群众反映强烈、问题较多、信访不止的3个区直单位和8个乡镇的18个村重点检查；区纪委在省、市纪检信访工作会议上作“党委当后盾、纪委唱主角、大打总体战”的典型发言。

1991—1992年，受理信访620件次，处结607件次，处结率为97.9%。1994年，建立对到区以上集体上访、重复上访、越级上访通报制度；受理信访举报228件，按期优质结案率98%。1995年，受理信访举报177起，当年处结174起，处结率98.3%；信访工作得到中纪委肯定，中纪委信访室到寒亭调研。1996—1999年，受理信访603件次。

2000—2003年，受理信访及举报电话482件次；信访总量呈逐年下降趋势，反映经济问题和农村干部信访量增多。2003年，查办市纪委及区委、区政府领导批办的重点信访案件31起，全部按期结案。2004年，区纪委重新修订完善《乡镇（街道）党（工）委政府（办事处）、区直部门纪检监察信访举报工作目标管理考评办法》，印发《关于对酿成重大信访问题责任追究的暂行规定》《调查处理信访问题的有关规定》。

2005年，信访举报数量增多，群众上访批次增多，到省纪委上访增多；全年受理信访举报88起（133件次），处结84起。2006—2010年，健全完善群众信访督办工作机制，狠抓信访问题落实，共受理信访举报419起（731件次），处结399起，处结率95.2%。2010年，全年未发生群众到中央、省、市、区纪委的集体上访，未发生到中纪委、省纪委的个体上访。

2011年，建立健全区、街道、村三级信访举报工作网络，构建社区接访便民机制，将信访关口前移，全年受理信访举报93起（153件次），处结90起，处结率96.7%。2012年，印发《信访监督提醒卡制度》，对信访苗头性问题实行“黄、橙、红”三色提醒预警；建立信访“大台账”，将投诉举报件纳入“大台账”统一登记管理，全年受理信访举报129件次。2013年，落实定领导、定人员、定质量、定时间，一包到底的“四定一包”领导包案责任制；全年受理信访举报223件次（124起），办结108起，未发生到中央、省纪委的集体访。

案件查办与审理

1989年，全区立案查处党员违纪案件162起，是1988年的6倍，结案151起；处分党员126人，是1988年的7倍；构成犯罪13起，移交司法机关处理案件5起。1990年，查处党内违纪案件103起，立查大要案16起，结案96起；处分党员81人，挽回经济损失33万余元。1991—1992年，把案件检查摆在突出位置，排查案件线索198起，立案175起，查结171起，处分党员148人。

1994年，将党政机关和司法部门、行政执法部门、经济管理部门领导干部和工作人员违法违纪行为作为查办重点，排查违纪案件线索74起，立案查处违法违纪案件43起；万元以上经济大案4起，挽回直接经济损失21.4万元；移交检察机关19人，处分党员19人。1996年，区纪委印发《关于认真执行保护检举控告人的规定的通知》，鼓励群众检举揭发违纪违法问题；排查违纪案件线索195条，查处违纪案件40起，处分违纪党员21名。1999年，运用“两规”（规定时间、规定地点）措施查办6起案件，审理违纪案件25起，结案率100%；挽回经济损失192万元；

处分党员干部31人。2000年，立查案件41起，结案37起，结案率90.2%；其中，大要案26起，挽回经济损失4060万元。2003年，查办重点信访案件31起，全部按期结案；排查、初核违纪线索38起，立查案件37起，结案37起；审理违纪案件36起，党纪政纪处分38人。

2004年，把查办违纪违法案件作为反腐倡廉中心环节来抓，排查、初核违纪线索38起，立查案件37起；党纪政纪处分27人，挽回直接经济损失126万元。2006年，建立纪检监察机关与司法机关案件移送制度，全年相互移送案件20起。2008年，建立并实行案件审理助审制度，区纪委、监察局被评为2008年度潍坊市纪检监察案件审理工作创新先进单位和2005—2008年度潍坊市纪检监察案件质量达标单位。2009年，印发《关于健全完善办案工作机制的意见》，把区直部门和5个镇街划分为6个区域，分别由区纪委常委包靠；印发《中共寒亭区纪委、寒亭区监察局机关案件审理工作程序暂行规定》《中共寒亭区纪委、寒亭区监察局机关审理谈话暂行办法》《关于党纪处分批准权限的规定》《关于行政处分权限的规定》《关于党纪政纪处分决定执行工作暂行规定》5个规范性文件，使案件审理工作程序化、规范化。2010—2012年，排查和初核各类违纪线索261起，立案查处53起，党纪政纪处分64人。2013年，立案查处各类违纪案件42起，审理违纪案件42起，给予党纪政纪处分38人。

1989—2013年寒亭区纪委查办案件及行政监察统计表

表14-3

年份	立查案件（件）	党纪处分（人）	开除党籍（人）	留党察看（人）	撤销党内职务（人）	严重警告以下（人）	政纪处分（人）
1989	162	126	24	71	3	28	0
1990	103	81	21	33	5	22	0
1991	117	103	22	61	1	19	10
1992	58	45	14	23	2	6	9
1993	38	17	8	4	0	5	0
1994	43	19	3	8	2	6	3
1995	41	14	8	2	1	3	2
1996	40	21	5	7	4	5	1
1997	39	25	16	5	1	3	6
1998	40	23	5	8	1	9	6
1999	42	31	10	9	1	11	3
2000	41	27	12	3	0	12	12
2001	38	29	9	12	3	5	1
2002	37	29	6	9	0	14	2
2003	37	36	8	6	1	21	2
2004	37	27	10	2	0	15	4
2005	37	31	13	7	1	10	2
2006	37	20	12	1	0	7	12

续表 14-3

年份	立查案件（件）	党纪处分（人）	开除党籍（人）	留党察看（人）	撤销党内职务（人）	严重警告以下（人）	政纪处分（人）
2007	37	35	18	9	1	7	3
2008	30	29	8	6	0	15	1
2009	24	22	3	6	3	10	2
2010	18	15	6	5	0	4	3
2011	12	9	5	1	0	3	9
2012	23	19	7	3	0	9	9
2013	42	33	16	0	0	17	5

第四节　行风建设

纠正部门和行业不正之风

1989 年，区委印发《禁止用公款吃喝，党政机关干部实行餐证制的规定》，当年全区招待费用开支比 1988 年降低 80%；清理个人借支挪用公款 101 万余元，追缴款 5.58 万元，涉及党员 117 名。1990 年，清理“三招、两转”（招生、招工、招干、农转非和转业军人安置）中拉关系、走后门歪风，查出违反规定招工 4 人、招干 1 人，全部纠正清退。1991 年，落实“村账乡记，两级理财”制度；纠正“三招、两转”中不正之风，对通过弄虚作假、欺上瞒下等手段办理招工 4 人、招干 1 人、农转非 2 人全部清退，并对直接责任者严肃处理。

1992 年，重点对执法执纪、经济监督部门，以及乡镇“七所八站”行业作风整顿；在全区范围内开展治理“三乱”（乱收费、乱罚款、乱摊派）大检查，制定《寒亭区关于禁止向企业乱收费、乱罚款和各种摊派的规定》，取消一切面向企业检查、达标、升级活动。1993 年，对党政机关经商办实体和占用企业人财物清理纠正；清理违反规定购买豪华小轿车，查出违规购买轿车 12 辆；清理公款超标准装修住房和公款出国（境）旅游，清理出 1992 年起新建、翻建公有住房单位 56 个；废止不合规定收费项目 31 项。1994 年，开展土地管理收费使用情况检查；开展“三清一刹”〔清理乱收费、用公款变相出国（境）旅游、党政机关及其工作人员利用职权无偿占用企业的钱物，狠刹部门和行业不正之风〕工作，取消不合理收费项目 191 项，减轻企事业单位及群众负担 150 万元；清理党政机关及其他工作人员利用职权无偿占用企业钱物，清查 75 个部门单位，清理借欠、挪用公款 20.14 万元。

1995 年，清理党政机关办经济实体 34 个，对 24 个实体作脱钩处理；对建筑工程招标投标实施监管，遏制建筑领域违纪问题发生；统计调查科级领导干部住房情况，纠正房改违规问题。1996 年，区政府印发《关于城区干部职工建房住房管理暂行规定》，对 432 名副科级以上领导干部住房等情况张榜公布，接受群众监督。寒亭区清房工作做法受到中央纪委和省、市纪委肯定，在中央纪委主办的《党风与党纪》《中国纪检监察报》上予以推广，在潍坊市清房工作会议上作典型发言。

1997 年，加强财务管理和预算外资金管理，取消接待费开支。1998 年，开展“整顿行业作风、树立文明形象”活动，选取区建设委员会、交通局、公安分局等 10 个部门及其所属 15 个窗口单位作为第一批试点单位，组织人大代表、政协委员和社会各界代表进行评议。1999 年，组织区国税局、区地税分局、区公安分局、区工商分局参加全省四部门行风评议；选定规划、国土、物价管理等 7 个部门及所属窗口单位为潍坊市第二批行业作风整顿部门，督促教育、电力等责任部门抓好专项治理。2000 年，在继续做好减轻农民负担、企业负担工作，巩固治理中小学乱收费的同时，对公路“三乱”及新上项目收费情况监督检查；对区民政局、区财政局、区审计局等 11 个部门及其窗口单位进行行风评议。

2002 年，区委、区政府印发《关于严明纪律保证区乡机构改革顺利进行的通知》《关于严明农村税费改革纪律的规定》《关于在区级领导班子换届期间严肃有关纪律要求的通知》；推行以行政审批制度改革为重点的“三项制度”改革，配合有关部门清理审批事项 300 多项，减少审批项目近 30 个，废止或停止执行文件 64 个。2003 年，清理国家机关工作人员和农村干部违规、超标入保问题；印发《狠刹用公款大吃大喝歪风的通知》；对春节期间党风廉政建设、行政事业性收费清理检查和清查代币购物券（卡）专项检查。2004 年，联合财政、审计、物价等部门，利用 2 个月时间，对全区 124 个行政事业单位各项非税收收入项目、标准、票据、收费管理使用等情况全面检查，查出违规违纪金额 552 万元。

2005 年，印发《关于制止以革命传统和爱国主义教育为名组织公款旅游的通知》；加强纠风载体建设，组织实施“行风在线”，设立“行风热线”值班室和专线电话，组织 47 个部门、单位上线 62 次，为群众解决问题 15 个；指导 5 个部门开展“窗口对话交流”活动，面对面征求群众意见，主动解决存在问题。2006 年，抓好领导干部操办婚丧嫁娶事宜；按照干部管理权限，严格执行个人有关事项报告制度。2008 年，开展“作风建设年”活动，转变机关事业单位和工作人员工作作风；组织区直有关部门单位负责人参加“行风在线”174 人次，解决群众反映热点难点问题 7 个。

2011 年，对全区各级机关及其工作人员工作纪律、工作作风、履行职责等情况监督检查；对通过“行风热线”反映的 40 个问题进行调查，及时向群众反馈。2012 年，围绕工作纪律、工作作风、履行职责等情况，组织明察暗访 29 次，发现和纠正问题 19 个，按规定处理 23 人；组织 14 个部门单位参加首轮“五区政风行风热线”，对群众反映的 49 个问题及时调查处理并向群众反馈。2013 年，开展“转作风、抓落实、促发展”主题活动，解决干部队伍中能力欠缺、脱离群众、为政不廉等 7 个方面突出问题；印发《关于落实〈改进作风密切联系群众〉规定的实施办法》《关于严格实行工作日及非工作日执行公务时午间无例外禁酒制度的通知》《关于进一步严肃机关工作纪律的通知》，对会风文风、公务接待、调查研究、午间禁酒等作出明确要求；明察暗访 90 余次，对 31 名违反工作纪律人员责令检查，对 21 个单位下达整改通知单。

优化经济发展环境

1989 年开始，坚持服务经济发展，提高行政效能，优化经济发展环境。1991 年，纪检干部到企业和农村建立联系点 88 个，召开座谈会 130 多次，发放征求意见书 1200 多份；印发《关于在企业加强党风党纪和廉政建设的若干政策规定》，明确正常接待来往与不正之风、大吃大喝等“十条”政策界限及促进企业发展的“六个支持”。1992 年，区纪委印发《关于制止各种社会检查评比活动确保企业正常生产经营的通知》。1993 年，组成 10 个检查组，对制约经济发展“三乱”问题开展专项检查。1994 年，印发《关于严明纪律保证行政事业性收费、罚没收入实行预算管理的实施意见》《关于在企业产权制度改革中严明的十条纪律》。

1995 年，对全区 64 个有行政性事业性收费及罚款职能的单位和 12 个乡镇全面检查，查处违规违纪单位 11 个，金额 76.4 万元。1998 年，修改涉及收费的区级规范性文件 3 个，废止 11 个，废止收费项目 35 个；向社会公开收费项目、收费依据、收费标准和收费办法；对个体私营业户的多家多部门收费改为一家收费，实行部门持卡收费，企业、个体私营户持卡监督。2000 年，召开第一批个体和私营企业实行重点挂牌保护现场会，为 11 家个体私营企业颁发重点保护证和重点保护牌。

2001 年，印发《关于进一步改善招商引资软环境、实行部门责任制的意见》（以下简称《意见》）；联合招商、物价、法制等部门到企业，通过走访座谈、系统调查、集中检查等形式，对《意见》执行情况进行检查。2002年，印发《关于招商引资工作中违纪行为处理的暂行规定》《关于对外资企业实行重点保护的规定》；组织全区132家外来投资企业，对招商引资责任部门和相关职能部门进行评议，收集意见建议35条。2003年3月，成立软环境建设领导小组和办公室；5月，组建区经济发展软环境投诉中心和机关效能监察中心，开通投诉举报电话；督促各级各部门建立健全加强软环境建设的“八项制度”（政务公开、服务承诺、挂牌上岗、首问负责、一次性告知、限时办结、投诉受理、责任追究制度），指导全区43个行政事业单位对242项收费进行公示；受理投诉121起，全部查处、反馈；纠正24起执法不规范行为。

2003—2004年，在全区机关事业单位中开展以“转变作风聚合力、富民强区谋发展”为主题的思想作风教育整顿活动和以“反对官僚主义、坚持勤政为民，提高办事效率、优化发展环境”为主要内容的集中教育整顿活动；保持对“三乱”行为的治理力度，受理投诉52起，全部处结。2005年，印发《机关效能过错责任追究暂行办法》《关于进一步保护和支持非公有制经济发展的意见》《关于进一步加强经济发展软环境建设的补充规定》及其《实施细则》，促进软环境建设制度化、规范化；对重点投资软环境跟踪评议3次，收集意见建议50余条，督促有关部门对存在的16个问题进行整改。2006年，组织180家企业对全区91个部门、单位及其工作人员进行评议，评议名次在全区通报；征集意见建议52条，并督促整改。

2007年，印发《关于完善重点企业挂牌保护制度的意见》，对59家重点企业和区级领导包靠项目进行挂牌保护；实行“两证一卡一标准”（收费许可证、收费员证、收费登记卡、《寒亭区涉企行政性事业收费项目及标准》）收费制度，规范涉企收费行为。2008年，结合作风建设，组织党员干部填写软环境建设保证书；对41家重点企业和26个重点项目采取动态管理办法，实施重点保护；创新完善“双评”（企业评议区直部门单位、机关工作人员）工作制度，试行参评代表证制度和企业信用档案制度；对40个部门投资审批情况监督检查，取消审批事项56项，压减审批环节53个，减少申报材料90套，审批时限缩短三分之一以上。2009年，对区直有关部门涉企检查、收费项目审核登记，核减检查事项11项，核减收费项目1项；当年全区受理软环境投诉32件，按期全部处结；协调解决问题26个，挽回企业经济损失16万元。

2010年，印发《致全区企业的一封信》；受理投诉24件，按期全部处结；查处“三乱”案件3起，责令退还违规收费8.7万余元。2011年，对全区53家企业和62个项目重点保护，实行区纪委常委包靠、派驻机构分工联系制度；对反映资金、用工、用地指标、审批效率以及发展环境等方面21个问题，协调有关部门单位最大限度予以解决；畅通拓宽投诉渠道，受理投诉14件，按期全部处结。2012年，印发宣传卡片3000份，每月向全区企业负责人发送一条短信；在区电视台开设《软环境建设“一把手”访谈》栏目；建立投诉快速处理和明察暗访工作机制，严查“三乱”、不作为、效率低下等行为。2013年，进一步扩展社会评议参与面，加大对街道基层站所评议工作力度；畅通软环境举报网站、电子邮箱、投诉电话等渠道，全年查办各类破坏经济发展软环境案件23起，对违反规定的44人进行处理。

第五节　行政监察

1989年，针对群众反映强烈的“热点”问题，对招生、招工等工作中杜绝不正之风问题作出具体规定；集中清查干部职工在城区违纪建私房、超标准住房和用公款装饰住房问题。1991年，对党的路线方针政策贯彻执行情况监督监察，清理各级各类文件2354份，并提出修订完善意见。1993年，对抓党风廉政建设情况、深化企业改革、转换经营机制、依法减轻农民负担、住房改革、机构改革等12个方面的工作实施监督检查，查处违纪金额35万元，提出整改建议和意见10条，帮助制定和完善规章制度6个。1994年，对土地管理费收管用、粮食购销价格改革和棉花收购、个人借欠挪用公款、企业产权制度改革、住房制度改革、大中专学生毕业分配、职称考试、“三招两转”等方面工作进行监督检查。1995年，对行政性、事业性收费及罚款立项执法监察，检查单位64个，查处违规违纪单位9个，查出违纪金额51.9万元；对招工招干、大中专分配、私设“小金库”、培训班滥收费等10余个社会热点问题进行监督检查。

1997年，开展执法监察18项，查出违纪违规金额260多万元，避免和挽回经济损失200多万元，建立和完善有关制度140多项。1999年5月，对全区粮食流通体制改革情况专项监察，重点检查单位74个，清查粮食加工业户34家，查处案件9起；对“收支两条线”管理进行专项监察。2000年，对社会保障四项资金管理、医药购销、建筑工程项目、公安和物价部门收费、粮食流通体制改革政策和夏粮收购等情况监督检查；开展企业下岗职工基本生活保障资金、失业保险基金、基本养老保险基金和城市居民最低生活保障基金管理使用情况专项检查。全年完成立项监察7项，查出违纪金额43万元，挽回经济损失39.5万元。2001年，重点对有形建筑市场建设、环保执法、粮食系统清仓查库与夏粮收购政策兑现等进行监督检查。全年开展执法监察11项，涉及单位299个，纠正退还违规金额39.3万元。2002年，对有形建筑市场建设暨安全生产、建筑工程招投标、公务员招考、国债资金使用、民办教师转公办、高（中）考、涉农收费、机关竞争上岗等工作进行监督，确保公开、公正。

2003年，强化对实权岗位干部和执法部门工作人员监管；加强对干部考录工作的监督；会同物价、卫生、民政等部门对“非典”相关商品价格立项监察，对16家有价格违规行为单位进行处罚。2004年，联合财政、审计、物价等部门，利用2个月时间，对全区124个行政事业单位各项非税收收入项目、标准、票据、收费管理使用等情况进行全面检查，查出违规违纪金额552万元。2005年，会同有关部门对城市拆迁补偿费到位情况和土地征用费用到位情况开展专项检查；对34项政府采购和建设工程招投标进行监督；对退伍士兵安置考试、公务员考试、全区中小学校长竞聘上岗等全程监督。2006年，印发《关于对招标投标活动进行监督监察的实施意见》，对65个招投标活动全程监督；组织有关部门对83项城市建设和区乡道路建设工程进行检查，对检查发现涉及工程管理、质量等方面21个问题，督促有关部门、单位整改。

2007年，开展“整治违法排污企业，保障群众健康”专项活动，对存在问题10家企业进行处理；对92项招标投标活动、77项政府采购项目进行监督，规范政府采购行为；对“十件惠民实事”落实情况进行检查。2008年，对城市拆迁改造、重点项目建设等重点决策部署落实情况，工作纪律执行情况和行政审批提速情况进行监督检查；对31个重大项目招投标活动进行监督，对2起招投标方面投诉进行查处；联合交通、公安、城管、公路、农机等单位，依法治理公路“三乱”。2009年，对全区各级机关及其工作人员工作纪律、工作作风、履行职责等情况进行监督检查，组织明察暗访12次，对3名违反工作纪律人员严肃处理；对40项工程招标投标情况、扩大内需政策贯彻落实情况、“十件惠民实事”落实情况进行监督检查。2010年，对扩内需项目规划及立项、项目审批及建设程序、项目资金管理等方面进行监督检查，对4个项目存在的14个问题督促相关部门单位整改；对各街道和区直部门单位工作日中午禁酒制度执行情况和遵守工作纪律情况进行专项检查；对“十二片区”开发建设情况立项监察，对检查中发现的5个问题及时反馈并督促限期整改。

2011年，全面落实《廉政告知书》制度，与15个政府投资在建项目补签《廉政告知书》《廉政承诺书》；落实领导干部个人重大事项报告制度；开展公务用车问题专项治理。2012年，印发《关于加快转变经济发展方式监督检查工作方案》，对中央和省市区10项政策措施落实情况进行监督检查；对道路执法、教育收费、卫生政策落实、环保政策落实等进行专项监督检查；会同有关部门对城乡低保资金管理、部门收费审验、食品安全监管部门履行职责等情况进行检查；开展投资项目审批服务效能监察；联合物价、审计、财政等部门组成检查组，对全区基层站所规范收费情况进行检查，发现并纠正违规问题4个。2013年，开展行政执法大检查，重点对51个行政执法部门单位集中检查，发现并责令整改不规范问题39个；印发《关于在全区开展“庸懒散浮”专项治理突出解决办事效率低下问题的实施方案》；推进科技防腐电子监察系统部署应用，社保基金、住房公积金、财政资金项目、政府信息公开电子监察系统运行使用，对系统发现的问题及时督办，并督促相关单位限期整改。

第四章　组织工作

第一节　组织机构

1989年，区委组织部设办公室、干部科、组织科3个股级科室。区委组织员办公室为行政正科级，归口区委组织部管理。1990年4月，区委组织部干部科升格为副科级，1993年11月改为股级。

1993年11月，撤销区委组织员办公室，其职能划归区委组织部。1997年2月，成立区委党员电化教育中心，为副科级事业单位，隶属区委组织部。2001年12月区级党政机构改革后，区委组织部设办公室、组织科（挂调查研究室牌子）、干部科（挂干部监督科牌子），恢复区委组织员办公室。2003年9月，区委党员电教中心加挂“潍坊市寒亭区农村党员干部现代远程教育管理站”牌子。2007年10月，区农村党员干部现代远程教育管理站更名为中共寒亭区委党员干部现代远程教育中心，与区党员电教中心合署办公，升格为正科级。

2010年2月，设立中共寒亭区委党的建设工作领导小组办公室，为正科级常设机构，与区委组织员办公室合署办公；设立寒亭区党建研究会，与区委组织员办公室合署办公。12月，党的建设工作领导小组办公室不再保留正科级规格；将党建研究会与组织员办公室合署办公改为在组织员办公室加挂党建研究会牌子。2013年，区委组织部为行政正科级，设办公室、组织科（挂调查研究室牌子）、干部科（挂干部监督科牌子）3个职能科室，编制14人。归口管理区委党员干部现代远程教育中心（与党员电教中心合署）、区委组织员办公室（加挂党建研究会的牌子）。

第二节　党员队伍建设

党员发展

1989年以后，党员发展按照“坚持标准、保证质量、改善结构、慎重发展”方针，突出抓宏观管理。1989—1994年，注重在区属企业的空白班组、未建党组织的乡镇企业、农村生产一线抓好党员发展工作，并把10年未发展党员和党的力量薄弱单位作为重中之重。1995年，在抓好企业生产一线发展党员同时，把5年以上未发展党员的村列为重点。1996—1997年，着力解决少数村3年以上未发展党员问题。1998年以后，抓好新型经济社会组织发展党员工作。2003年，在对党员发展的职业分布进行宏观控制的同时，还严格控制年龄、文化和性别结构，做好在青年、知识分子、妇女中发展党员工作。2005年，针对农村党员队伍老化、村班子建设后继无人的问题，组织专门力量调查摸底，加大在相关村发展党员工作的力度。2006年，注意在生产、工作第一线和高知识群体、青年中发展党员。2007年，针对“两新”组织（新经济组织和新社会组织）党员数量偏少和农村党员队伍老化实际，落实倾斜政策，充实新生力量，解决村级班子建设后继乏人问题。2009年，落实发展党员计划审批制度和责任追究制度，实施年度1个村发展1名党员计划。2010年，把非公有制企业中发展党员的比例，由潍坊市要求的10%提高到15%，对连续2年以上未发展党员村党组织实行计划单列；加强与工青妇组织联系，对优秀农村女青年重点培养，优先考虑。2011年，着力解决农村党员队伍青黄不接、非公有制经济和社会组织党员数量不足问题。2012年，通过“双评、定星、登记”，建立“三位一体”党员教育管理长效机制，保证党员队伍纯洁性。2013年，对3年以上未发展党员村登记造册，建立问题台账，并分别派出1名机关干部联系包靠；排查各党（工）委所辖党组织入党积极分子，建立电子台账，防止突击入党。

至2013年年底，全区共有党员19475名，其中建制村党员8931名，占45.85%；预备党员332名，占1.7%；女党员3295名，占16.92%；35岁以下2833名，占14.55%；60岁以上7176名，占36.85%；中华人民共和国成立前入党105名，占0.5%；高中以上学历11283名，占57.94%（其中大专以上学历6041名，占党员总数30.02%）；在职职工党员7397名，占37.98%；公有经济单位党员5215名，占26.78%；非公有经济单位党员2182名，占11.2%；离、退休（退职）干部职工党员3246名，占16.67%。

党员教育

1989年，对全区党员进行“坚持四项基本原则，反对资产阶级自由化”教育。同年，开展冬季党组织和党员队伍整顿。1990年，对农村党员展开夏训、冬训；在全区9500名农村党员中开展党员家庭“十带头”活动。1991年，重点进行夏训和冬季“社教”，组织党员学习江泽民“七一”讲话，并开展“忆三史”（党史、村史、个人成长史）和“三查一改”（查信念、查工作、查作风，制定整改措施）活动。1992年，围绕贯彻中共十四大精神，在全区党员干部群众中开展“解放思想、转变职能”大讨论。

1994—1999年，以提高农村党员干部队伍整体素质为重点，连续开展农村基层党组织和党员集中教育整顿。1995年，在全区党员干部中开展以学习建设有中国特色社会主义理论和《党章》为主要内容的“双学”活动。1998年10月开始，历时两个半月，在全区农村开展以政策教育、民主法制教育、思想道德教育、干部素质教育为主要内容的集中教育整顿活动。2000年3月13日至6月上旬，在区级领导班子、领导干部中开展“三讲”教育。同年12月至次年1月，开展“三讲”教育“回头看”活动。同年冬季，在农村开展民主法制教育和基层组织整顿。2001—2002年，在区直部门和乡镇（街道）机关事业单位、村级先后开展“三个代表”重要思想学习教育活动，初步建立基层组织建设常抓不懈工作机制。

2003年，在基层党组织和党员中开展“争做防治非典堡垒、争当防治非典标兵”活动。2004年，开展保持共产党员先进性教育活动试点工作。同年，“争创党员先锋岗”和帮扶贫困生“三助”等做法，受到省委督导组和潍坊市领导肯定。2005年，在全区7861名党员中分两批开展以实践“三个代表”重要思想为主要内容的保持共产党员先进性教育活动。2006年，组织开展农村保持共产党员先进性教育、“真情系百姓，温暖送万家”、农村党员公开承诺、社会主义荣辱观大讨论等活动。2007年，区委组织部印发《关于规范完善基层党组织党员公开承诺制度的意见》，组织全区1.9万多名党员结合本职工作公开承诺事项5.4万多条。

2009年，继续深化基层组织和党员“星级化”管理、流动党员“五定式”（党员流向定位跟踪、党员思想定期汇报、党员活动定点开展、党员工作定期部署、党员作用定期考核）管理等机制；建立以党员列席、提案等8项制度为主要内容的党员意愿表达机制，推进党内基层民主建设。2010年，围绕“科学发展、富民强区”主题，组织全区党员参与创先争优活动。2011年，在基层党组织和广大党员中开展“四比四看”为实践载体创先争优活动。2012年，深化提升创先争优活动，组织开展争做服务标兵、争当服务模范、争创优质服务窗口等活动。2013年，开展第一批党的群众路线教育实践活动，征求意见建议324条，梳理归纳“四风”（形式主义、官僚主义、享乐主义和奢靡之风）问题46个，并制订整改措施。

党员管理

党员日常管理以基层党（工）委、总支、支部为主，主要健全落实“三会一课”（支部委员会会议、支部党员大会、党小组会和党课）、主题党日、定期汇报思想工作、领导班子民主生活会、党支部组织生活会等制度。同时，运用表彰先进、鞭策后进、目标激励等方式，引导和管理党员，并落实对企业下岗职工党员、流动党员等特殊群体党员管理措施。

1989年，将评选出27个先进党支部和34名优秀党员先进事迹，汇编成《金榜题名》《为党旗增辉》，要求基层党组织和党员认真学习。同年，结合冬季党组织和党员队伍整顿，处置不合格党员73名。1992年，将4个先进基层党组织、20名优秀党员事迹制作成广播电视节目，在区广播电台和电视台播放。1995年，理顺流动党员组织关系，并向他们发放“流动党员活动证”。1996年，结合农村集中教育整顿，排查出后进党员162名，对问题突出13名不合格党员，按组织程序处理。1998年，结合纪念建党七十七周年，组织先进基层党组织和优秀党员事迹报告团在全区巡回演讲；印发《关于加强对下岗职工党员管理的意见》，对区属国有企业下岗职工党员建立动态管理制度。1999年，结合农村集中教育整顿，对293名不合格党员分别给予限期改正、劝退和除名处理。

2000年，印发《关于对农村党员实行量化管理的意见》，对农村党员履行义务情况实行百分制考核；在区人才交流中心、区退伍军人安置办公室成立党支部，确保大中专毕业生、未就业退伍军人党员都能过组织生活。2003年，对党员组织关系情况进行“拉网式”排查，为399名党员理顺组织关系。2004年，开展农村无职党员“十大员”（党的政策宣传员、党务村务监督员、村情民意报告员、科技致富示范员、扶贫帮困服务员、市场行情信息员、环境卫生协管员、矛盾纠纷调解员、计划生育联络员和文明新风引导员）活动，根据“按需设岗、自愿报岗、群众荐岗、组织定岗”程序，全区4970名农村无职党员上岗。2005年，建成以党（工）委为基点，以区委组织部为枢纽的党内信息管理系统，实现对全区37个党（工）委、82个党总支、804个党支部、1.8万多名党员实时动态化管理。

2008年，区委组织部印发《关于对全区基层党组织和党员实行星级化管理的意见》，开展创星工作。2009年，开展深入学习实践科学发展观活动，组织全区第一、二批参学的610个单位、1033个党组织、18223名党员干部参与学习实践活动，其中聘请社会监督员和全程记实等经验做法，得到省、市指导检查组肯定。2010年，深化基层组织和党员“星级化”管理、流动党员“五定式”管理等机制；筹集资金60万元，设立“党内关爱基金”，对贫困党员进行救助。2011年，规范党员双评、星级评定、党员登记，以评议定级，并集中授星表彰。2013年，制定街道党（工）委书记履行基层党建工作责任10项职责；对村党支部书记实行双向述职管理；做好党内关爱基金发放，帮扶救助生活困难党员183人；对86名中华人民共和国成立前老党员结对帮扶，帮助解决生产生活困难。

电化教育

1989年，成立电教工作机构，开始电教片自制工作。1994年，加强电教网络建设，全区成立基层电教中心33个、播放点310个。从1997

年起，利用3年时间，在全区农村实施以“播放100部科技电教片、推广100项实用技术、建立100个电教科技示范村、兴办100处电教科技示范基地、培养100个电教科技大王”为主要内容的电教科技工程。2001—2002年，拍摄电教片35部，其中17部在潍坊电视台播放，1部在全国电教片评比中获二等奖。2002年，在区电视台开办《农村党员科技致富园地》栏目，播放电教片80多部，举办知识讲座20多期。

2003年，创新建立“点、块、面”结合的党员电化教育新模式，以各行政村为“点”，以乡镇工作片为“块”，以寒亭电视台《农村党员科技致富园地》为“面”，实施立体式电化教育。同年，启动农村党员干部现代远程教育，并筹足首批设备资金。2004年，开展“远程教育集中播放收看月”活动，组织党员集中收看80多场，参学党员群众3200多人次。2005年，完成全区387个站点设备安装，制作6部远程教育课件和电教专题片。2007年，加快“一体化网站”建设，远程教育设备接入互联网，集中收看1.2万余场次，参学党员群众36万多人次；制作各类教学课件24部，其中16部被报送到省远程教育中心。2008年，8部教学课件被省远程教育中心播放；运用现代远程教育网络深化村务党务公开民主管理的做法被省委远程教育中心列为2008年度创新课题。

2010年，远程教育集中学习站点正常收看率100%，课件评价和信息反馈工作列全省第16名；制作17部课件入选省课件资源库，在潍坊市率先完成省分配的“十百千工程”课件制作任务；《杨洛书的年画人生》在潍坊市远程教育课件评比中获一等奖。2011年，探索“远教中心＋电视台”“区领导小组成员单位＋电视台”“远教中心＋多媒体公司”课件资源开发模式，5部专题片被中央组织部采用，16部专题片被省委组织部采用，4部专题片在第二届中国农业电视论坛暨节目评估年会中获奖。2012年，探索推行“远程教育学用中心户”制度，构建起区、街、村、中心户四级远程教育网络；专题报道《党员中心户，架起连心桥》在山东卫视《齐鲁先锋》栏目播出。2013年，开设党员干部远程教育“学用互动”系统和“视频点播”版块，结合群众路线教育实践活动，开辟活动专题；完成《中国梦·我的梦》专题片制作任务，摄制完成3部课件。

第三节　基层组织建设

1989年，全区有基层党委21个、党总支24个、党支部814个。1992年，在区直、企事业单位新建党委2个，调整和增设党支部19个；在全区64个乡镇工作片和12个乡镇经委设立党总支，93个乡镇企业分别建立独立或联合党支部。2001年3月，结合乡镇区划调整，撤销城区街道党工委，设立寒亭街道党工委；撤销张氏镇、郭家官庄镇党委，合并设立开元街道党工委；撤销肖家营乡党委，机关干部分流到南孙乡、泊子乡、央子镇。2007年，高里镇、南孙乡、双杨店镇合并为高里镇，设高里镇党委；河滩镇、朱里镇合并为朱里镇，设朱里镇党委；固堤镇、泊子乡合并为固堤街道，设固堤街道党工委。至2013年底，全区设基层党委20个、党工委11个、党总支80个、党支部985个。

农村党建

自1989年起，按照“抓两头、促中间”思路，突出抓好先进村培养和后进村班子整顿，同时把搞好村干部选拔任用和监督管理贯穿始终。同年6月，选派53名区直机关中青年干部，利用一年半时间到21个后进村包村。1991年，开展农村党建工作先进区创建活动。1992年至次年，分两个批次，采取派员驻村帮扶或组织调整方式，整治后进村班子41个（次）。1993年，总结推广双杨店镇农村干部规范化管理经验，对农村干部使用培养、财务管理、考核监督、待遇奖惩等作具体规定，村级干部管理工作逐步走上科学化、制度化、民主化轨道。1994年起，利用4年时间，开展后进乡镇党委和新一轮后进村班子整治工作，整顿后进乡镇党委1个、后进村班子43个。

1996—1997年，开展以“区直部门服务百村、领导干部联千户、农村党员结万对”为主要内容“百千万”活动，区直部门与77个村进行结对帮扶。1997年，印发《寒亭区乡镇工作规范》；引导乡镇机关领办、创办各类示范服务基地和服务实体41个，参与机关干部158人。1998年，开展第二轮区直部门包村，91个区直部门和企事业单位结对帮扶91个村；推行以“一章（村民自治章程）、一约（村规民约）、四项制度（民主选举、民主决策、村务公开、财务管理）”为主要内容的村民自治，并被潍坊市委推广。1999年，组织第三期包村，问题突出24个村由区派工作组重点整治，26个相对后进村由乡镇机关干部包靠，52个存在个别问题村由区直部门联系帮扶。2000年，组织第四期包村，选派63名区直干部进驻21个后进村集中整治，321名乡镇机关干部驻村包片。

2001年，推进农村干部选拔任用制度改革，在河滩镇面向全区公开考选7名农村党支部书记。同年6月起，利用3年时间，分别组织第五、六、七期包村，先后从区、乡机关选派225名干部，组成9个包村大队、62个工作组，对全区62个后进村逐批整治。2002年，组织第七届村委会换届直选，村“两委”成员交叉任职比例80.2%，农村干部由2258人减少到1505人。2002—2003年，从全区66个工作片分两批选出132个村，开展农村基层组织规范化管理示范村建设。2003年，对排查出的26个软弱涣散基层党组织，落实整顿措施。2004年，组织第八届村“两委”换届选举，村“两委”成员交叉任职比例83%，村均3.38职；实施“百村帮扶工程”，从101个区直部门选派283名机关干部组成帮扶工作组，与101个集体经济相对薄弱村结成帮扶对子，帮助发展壮大村级集体经济。

2005年，着眼巩固换届选举成果，帮助建立村民小组1648个，选出村民代表7156名，村村成立民主理财小组和村务公开监督小组；帮助各村健全村“两委”联席会议、村民会议、村民代表会议，以及财务管理、村务公开等制度。2007年，组织第九届村“两委”换届选举，村“两委”成员交叉任职比例81%，村均2.85职；健全区、乡、村三级为民服务代理机构，提高基层党组织为民服务水平。2009年，49个农村社区全部成立党总支，形成农村社区“经济圈”党建工作新模式，通过“全省农村社区建设实验全覆盖示范单位”验收；完善“四公开两监督”（明确公开内容、规范公开程序、统一公开时间、落实公开责任，上级党委政府监督与群众监督相结合）党务村务网络公开新模式，通过“全省村务公开民主管理示范单位”验收，经验做法被省、市委组织部转发推广。2010年，在全区推行基层党建创新“街道党工委书记项目”，指导各街道确立“党员中心户”等创新项目；实施“强村领航”工程，示范和带动其他村加快发展。2011年，组织第十届村“两委”换届选举，村党支部和村委会换届均达到96%以上，妇女进“两委”班子达100%；抓好“四个环节”为“三高三强”（政治素质高、文化水平高、群众威信高，发展

图14-3　2012年，全区包村联户工作调度推进会议召开。

能力强、服务能力强、协调能力强）型人才顺利当选提供保障的经验做法被省《村“两委”换届选举工作简报》刊发。2012 年，实行基层党建工作标准化管理，对 99 个区直部门单位及企业包村联户工作实地考核；选派 30 名政治素质高、综合能力强的机关干部到后进村担任第一书记。2013 年，印发《基层党建工作标准化建设实施意见》，组织各基层党组织按照细则逐项自查、对标自评。

机关与学校党建

1989 年后，区委根据形势发展需要，不断加大机关、学校党建工作力度。1990 年，集中 2 个月时间，在区直机关开展“学习党章、整顿作风、加强纪律”活动。1991 年，对区直机关、单位党组织设置适当调整，重新明确 43 个党组、7 个党总支、17 个职能党支部，增设 7 个基层党委，理顺区直各级党组织隶属关系；指导区直机关党委对所属 109 个党支部、11 个党总支换届选举。1994 年，在全区教育系统新建党总支 12 个、党支部 99 个，并理顺基层学校党组织隶属关系。1996 年，全区设置 6 个党的工作委员会。1997 年 5 月，在全区机关组织以“开展思想教育、健全机关工作制度、推进机关作风建设、加强党风廉政建设、加强机关文明建设”为主要内容的集中学习教育。1998 年，区委再次组织实施区、乡机关思想作风教育整顿，并在机关开展以“两引一争”为主要内容的创业活动。

2004 年，开展以“反对官僚主义、坚持勤政为民、提高办事效率、优化发展环境”为主要内容思想作风教育整顿，对 18 个单位通报批评和电视曝光，各单位落实整改措施 1200 多条，解决群众反映突出问题 190 多个。2006 年，在 111 个区直部门单位中开展规范化建设活动。2008 年，探索推行定期巡视、观摩点评、创新评选、考核测试、民主评议、专项述职 6 项制度，指导区直部门单位进一步强化基层党建责任。

2010 年，探索实行“阵地式”“链条式”“板块式”等党组织设置新模式，对区直部门单位党组织优化设置。2011 年，组织 50 名区直部门主要负责人，赴浙江大学参加寒亭区党政领导干部高级研修班。2012 年，组织开展“争做服务标兵、争当服务模范、争创优质服务窗口”等活动，打造“3D 立体式”审批服务等一批为民服务亮点品牌；持续深入开展包村联户活动，选派 30 名科级干部到村担任“第一书记”，实行以“定任务目标，双向动态选择、现场观摩评议、驻村全程记实”为主要内容的“一定三制”管理。2013 年，开展第一批党的群众路线教育实践活动，以“为民务实清廉”为主题，采取报告辅学、基地警学等措施，推动学习教育入心入脑；开展“大走访、大调研、大评议”活动，组织区直部门单位党员领导干部利用 1 个月时间到基层开展走访调研，撰写调研报告。

企业与社区党建

1989 年，结合企业第二轮承包，推行书记、厂长一人兼，设专职副书记的领导体制，81 处区属企业全部配备专职副书记和党务工作人员。1993 年，全区 64 家符合条件乡镇企业全部建立党支部。1994 年，区委组织部印发《关于在个体民营等各种社会新经济组织中加强党的建设工作的暂行规定》，指导建立 3 个党支部。1999 年，在区个体劳动者协会建立党总支，在 5 个个体私营企业建立党支部。2000 年，对 54 家改制企业党组织调整、理顺，在 15 家私营企业建立党组织。2001 年，指导组建潍坊海天盐化公司党委；为 3 家改制企业理顺党组织隶属关系；新建私营企业党支部 7 个，向私营企业选派党建工作联络员 64 名。

2002 年，建立完善新型经济社会组织党建工作领导干部联系点、选派党建工作联络员、党建工作季调度、党的建设联席会议 4 项制度；指导 3 家企业和社会组织建立、调整党组织，全区符合条件私营企业建党组织达到 100%；帮助 8 个社区建立党支部和居委会班子。2003 年，突出抓非公有制企业党建工作，帮助潍坊市三建集团有限公司、寒亭第一盐场由党支部扩建为党委。2004 年，在全区非公有制企业推行以“班子建设规范化、参谋服务优质化、维权保障制度化、党员活动经常化”为主要内容的党建工作“四化”管理，向24家未建立党组织企业选派党建工作先遣组，在山东昱合食品集团有限公司、潍坊海天盐化有限公司、潍坊市三建集团有限公司等10家非公有制企业开展党建工作示范点创建。

2005年，3家产业化组织建立党组织；建立以街道党工委牵头、驻区党组织参与的党建工作协调委员会制度；选择3个社区作为党建示范点，开展社区党建示范点创建活动。2006年，推进潍坊华源内燃机制造有限公司等9家“两新”组织和河滩镇潍县萝卜协会等8家产业组织党建示范点建设；向企业派出先遣组24个，帮助16家企业建立党组织；在产业化经营组织中新建党支部6个，为32个村党支部建立产业党小组67个；以镜湖、蝶园社区为示范点，对社区党建工作全面规范，其中镜湖社区被评为“潍坊市党建工作示范社区”。2007年，建立规模以上非公有制企业台账，对未建立党组织企业实行销号管理，全区119家规模以上非公有制企业全部建立党组织；围绕创建新型现代化社区，对海龙社区、通亭街社区进行规范，树立社区党建工作样板。

2008年，28个农村社区建立联合党总支，统领农村社区经济圈建设，该做法在潍坊市加快推进农村社区建设工作会议上作典型发言。2009年，在49个农村社区全部成立党总支，形成农村社区“经济圈”党建工作新模式，通过全省“农村社区建设实验全覆盖示范单位”验收。2010年，推进城乡社区组织设置、干部选任、场所配套、功能拓展、党建问责“五个一体化”建设，公开考选59名城乡社区党组织书记，相关做法在《人民日报·内参》、中央组织部《领导参阅》、《山东省基层组织建设简报》、《潍坊市基层党建动态》、《潍坊日报》等媒体刊发。2011年，落实组织联建、队伍联抓、发展联姻、服务联动、作风联促五项举措，推进城乡统筹一体化发展；继续实施农村社区“一社一品”工程，打造特色社区党建品牌。

2012年，实施“两新”组织党组织扩面提质工程：在非公有制企业中，实行组织组建规范化、参谋服务优质化、维权保障制度化、党员活动经常化的“四化”管理模式和党组织成员、党组织参与重大问题决策制度，《支部生活》《山东组工信息》先后对该做法刊发推介；在新社会组织中，探索推行“落实工作责任督促组建、选树先进典型引领组建、突出行业特点统筹组建、发挥群团优势助推组建”新模式，全区“两新”组织党组织覆盖率75%以上，工作覆盖100%。2013年，推行基层党建标准化建设，选树109个标准化建设示范点；全面启动非公企业党组织星级创评工作；设立“保运转、促发展”基层组织运转保障专项资金和120万元社区党组织服务群众专项经费，提升城市社区党组织管理服务水平。

1989—2013年寒亭区党组织、党员统计表

表14-4　　　　单位：个、人

年份	党（工）委		党总支		党支部		党员		发展党员
	党委	党工委	合计	其中农村	合计	其中农村	合计	其中农村	
1989	21	0	24	1	814	406	16126	9765	283
1990	21	0	24	1	825	406	16427	9722	270
1991	28	0	20	4	841	406	16752	9566	387
1992	29	1	97	72	862	399	17123	9872	391
1993	29	1	63	45	864	399	17146	9721	422
1994	32	1	100	68	899	399	17451	9735	438
1995	32	1	101	67	910	399	17824	9828	495

续表 14-4

年份	党（工）委		党总支		党支部		党员		发展党员
	党委	党工委	合计	其中农村	合计	其中农村	合计	其中农村	
1996	29	6	99	67	916	399	18086	10068	470
1997	29	6	91	56	943	399	18497	10072	464
1998	30	6	88	54	918	399	18724	9872	450
1999	30	6	90	52	913	400	18890	9916	438
2000	28	8	104	66	924	400	19138	10190	380
2001	27	8	100	73	894	400	19309	10840	384
2002	29	8	98	72	864	375	19036	10109	358
2003	29	8	96	76	845	375	19192	10034	395
2004	29	8	87	67	839	375	19207	9955	383
2005	30	7	82	62	804	375	18460	10076	368
2006	30	8	80	60	839	375	19299	9897	437
2007	24	10	96	64	1088	375	19400	10954	260
2008	24	10	96	64	1091	375	19921	11196	356
2009	20	9	91	61	1021	357	18900	10574	312
2010	20	11	86	57	1023	357	19586	9437	416
2011	20	11	86	57	1025	357	19880	9531	260
2012	20	11	81	52	989	321	19217	8679	254
2013	20	11	80	52	985	321	19475	8931	316

第四节　干部队伍建设

干部选拔任用

1989 年，本着“基本稳定、局部调整、完善结构、提高素质”原则，对部分乡镇和区直部门领导班子进行调整。1990 年，结合区乡领导班子换届，调整充实领导班子 84 个，调整领导干部 168 人，降免职 4 人。1991 年，在经常性考察基础上，调整、交流领导干部 122 人，免职 1 人，充实领导干部 96 人；为 12 个乡镇配齐分管政法工作党委副书记。1992 年，提拔 88 名中青年干部担任乡科级领导职务，对 141 名乡科级干部轮岗锻炼。1995 年，分两次对领导班子进行调整，调整充实领导干部 191 人；服务于“工业立区”战略，调整企业领导干部 23 人，为 41 名企业干部落实待遇。

1996—1997 年，注重选拔优秀中青年干部到重要部门、重要岗位任职，先后调整领导干部 183 人，其中 7 名素质高、能力强年轻干部走上企业和经济主管部门主要领导岗位。1999 年，对 12 个乡镇党委、人大、政府领导班子合理搭配，并按程序进行换届选举；对 3 个企业领导班子调整充实。2000 年，克服论资排辈观念，对 26 个单位领导班子调整，调整干部 194 人。2001 年，根据乡镇区划调整需要，对乡镇（街道）和部门 46 个领导班子调整，调整干部 115 名；严格职数配备，精简领导干部 80 人。

2003年，对乡镇（街道）和区直部门、单位181名领导干部调整，为5个乡镇党委分别增配1名大本学历、年龄40岁以下副书记。2005年，结合年度考察，健全科级后备干部信息库。2006年，积极稳妥组织乡镇党委换届，配合上级组织部门完成区级领导班子换届考察。2008年，按照镇街推荐、组织考察程序，选拔7名优秀农村党支部书记挂任所在镇街副镇长或副主任；面向全区公开考选11名中共党员领导干部和非中共党员领导干部；从机关事业单位选派25名机关干部到20家规模以上企业挂职。上述做法分别被新华网、中国共产党新闻网、大众网、《大众日报》、《农民日报》等媒体刊发。

2010年，公推公选5名区纪委派驻纪检组书记、监察室主任，公推直选2名镇党委书记候选人。2011年，研究制定科级干部优先提拔条件办法，形成以优先条件为导向用人机制。2012年，完成区党代会、区人代会、区政协会换届组织工作；通过召开全区领导干部大会，署名带责推荐选拔9名街道党政正职，该做法被中组部《组工信息·领导参阅》刊发；采取“二次计分、全程差额”方式，竞争性选拔16名街道副科级领导干部，公开选拔1名区妇联主席，公开考选1名团区委书记，在社会上引起良好反响。2013年，分2次对街道和部分区直部门干部调整，差额提拔重用干部数量达到48%，新提拔36名干部全部来自考核一、二档单位，在全区形成“有为才有位、德才看考核”选人用人导向；从区直部门单位竞争性选拔13名科级干部，到街道、开发区、园区挂任副书记或副主任。

干部教育培训

1989年后，干部培训工作重点侧重理论培训、岗位培训、学历教育，并不断加大个体私营经济、企业经营管理、外经外贸等知识比重。当年对34名乡镇分管党务的书记和区直部门党务负责人进行为期2个月岗位培训。1990年，举办领导干部哲学培训班、政工干部培训班，培训领导干部、政工干部134名；对165名农村党支部书记进行培训；组织优秀中青年干部报考市委党校大专证书班，26人被录取。1991年，举办各类干部培训班129期，培训干部6418人次；输送461名学员到函大、电大学习。1992年，举办副科级干部培训班，培训学员947人；举办53期妇女干部、民兵连长、村级班子成员培训班，培训学员1773人。

1993年，重点抓涉外知识函授班，大专、本科学历班，企业营销人员、小型企业和乡镇企业领导干部函授班，共培训学员752名；对300多名村支部书记、村委会主任进行新专业技术、实用技术、农村经济管理和领导科学知识培训。1994年，举办《邓小平文选》（第三卷）培训班，区直干部95%以上参加培训。1995年，举办年轻干部、组工干部、区属企业年轻骨干、乡镇企业厂长经理、妇女干部及大专本科学历6个培训班，培训干部541人。1997年起，重视干部政治理论培训，突出农村政策、法律法规、民主管理、市场经济、实用技术、金融财税、信息网络等知识学习。当年对390名副科级干部进行政治理论培训，对382名农村党支部书记进行民主法制知识轮训。

1999年，以区委党校为主阵地，先后对100名组工干部、400名科级干部、92名青年干部、156名行政执法人员进行培训；举办荒地开发和中低产田改造、种植结构调整培训班，对346名农村党支部书记进行培训。2000—2002年，采取集中辅导、分散自学和闭卷考试相结合的办法，对全区691名科级干部进行WTO知识、财税知识、金融知识、信息网络、干部作风5个专题培训；对354名农村党支部书记和92名新任职村委会主任进行政策法规、工作方法、产业结构调整等内容培训。2003年，对全区530名科级干部进行“三个代表”重要思想专题培训；举办“贯彻国际标准与国际惯例接轨”应用讲座，300多名机关干部参加学习；分2期对370名农村党支部书记进行民营经济知识培训；组织237名机关干部到经济建设一线轮岗；从全区选派20名年轻干部到浙江嵊州市、海盐县进行为期3个月挂职锻炼。

2004年，探索建立以“课程供给菜单化、师资准入多样化、授课方式灵活化、考核评定双向化”为主要内容“菜单式培训、互动式教学”干部教育培训工作新模式。2005年，采取集中培训、分片培训、以会代训、外出观摩等方式，培训农村干部8000多人次；采取集中辅导与分散自学相结合方式，对全区400多名公务员进行《中华人民共和国公务员法》相关知识培训。2007年，选调县级干部66人次参加省、市举行的各类专题研修班，选调科级干部和企业经营管理者113人次参加省市培训；依托清华大学继续教育学院，开办清华大学依法行政提高执政能力党政干部高级研修班（山东潍坊寒亭内训班），培训党政干部8200多人次；在区委党校、成教中心连续举办3期大规模干部培训班，1250名干部参加培训。2008年，与国内知名高校合作，举办以城市建设、小城镇建设、新农村建设、文化建设、旅游开发等为主要内容的5期“寒亭论坛”高层次专家讲座，培训1200多人次。

2009年，组织全区385名45岁以下科级干部分三期军训；举办都市农业培训班，组织各镇街分管领导和30名带头村党支部书记赴日照、青岛等地学习考察。2010年，组织36名35岁以下科级干部到上海参加青年干部培训班，59名新考选社区党组织书记分两批到青岛参加社区培训班，30名企业负责人到山东大学参加企业家培训班，23名组工干部到井冈山市委党校参加红色组工培训班；开展干部在线学习，完成学习网人员信息更新维护。2012年，开办“局长讲堂”和“街道周末课堂”，全年开讲12场，培训干部6300多人次；举办组工干部、新任副科级干部、新考选事业单位工作人员、街道团工委书记、妇联主席、大学生村干部、村党组织书记培训班；申报4处干部教育培训现场教学基地，其中2处被评为潍坊市干部教育现场教学基地。2013年，依托“寒亭论坛”，邀请知名专家学者到寒亭举办专题讲座7期，培训干部1500多人次；举办“局长讲堂”2期、“街道周末课堂”9期，培训干部2600多人次。

干部监督管理

1989年，改变过去就考察而考察的做法，及时把民主测评和考察结果向当事人反馈。1990年，规范机构设置审批程序和中层干部调配、任免，区直党政机关精减撤并内部科室79个。1993年，加强干部档案管理，被省委组织部评为干部档案管理先进单位。1995年起，健全落实领导班子和领导干部诫勉、回复组织函询、任职回避、干部谈话等制度，3年内对7名群众有反映的领导干部分别进行组织函询、诫勉，同13名考核评议中得不称职票较多干部进行谈话。

1997年，加强对企业领导班子和领导干部监督，并对问题较多的企业领导班子调整、充实。1998年，建立完善民主评议制度、区委组织部与有关执纪执法部门定期联系制度、领导干部在任和离任审计制度，对32个单位进行年度审计，对18名主要负责人实行离任审计；对1369份（领导）干部档案进行整理，经省、市组织部门检查验收，达到国家一级档案管理标准。2000年，建立干部选拔任用公示和干部工作监督员制

图14-4　2012年5月12日，寒亭区举行“街道周末课堂”开班仪式。

度，聘请23名离退休老干部、人大代表、政协委员担任干部监督员，对干部和干部工作进行监督。2002年，建立组织部长约谈制度，明确与干部约谈范围、时间、形式和内容。2003年，完善干部监督联席会议制度和干部监督员制度，调整、充实监督员25名，重点加强干部“八小时”以外监督。

2004年，落实干部监督工作机制，组织党员干部学习《中国共产党党内监督条例》《中国共产党纪律处分条例》，并统一组织考试。2006年，落实干部选拔任用工作全程记实办法；实行领导干部任期任中经济责任审计制度；严格执行出国政审有关规定，为21个团组56人次办理出国（境）政审手续。2007年，落实领导干部任职谈话、诫勉谈话、组织函询和重大事项报告制度，加强对领导干部监督。2008—2010年，进一步完善干部选拔任用全程记实制度，抓住事前预警防范、事中规范纠偏、事后责任追究三个关键，对当年提拔重用科级干部全部进行全程记实。

2010年，建立寒亭“12380”举报网站，并做好日常信息管理维护。2011年，将换届纪律学习列为干部教育主体班次教学内容，签订严肃换届纪律承诺书790多份，接受警示教育800多人次；743名科级干部进行换届纪律知识测试。2012年，公开监督电话和网站，做好“12380”举报电话和举报网站值守工作，畅通群众反映问题渠道。2013年，继续实行新任党政正职跟踪考核制度；定期开展苗头性信访问题排查，全年受理潍坊市级及以上转办29件信访件，结案率100%。

人才和知识分子工作

1989年，区委组织部会同有关部门印发《关于选拔区级技术拔尖人才的意见》，人才选拔工作步入规范化轨道，当年批准2人享受技术津贴。1992年，选拔12名乡村优秀科技人才、12名区级专业技术拔尖人才，并向省、市推荐6名优秀知识分子。1994年，选拔10名区级拔尖人才和5名乡村优秀科技人才，提高技术津贴；向省委组织部推荐1名省级专业技术拔尖人才。1995年，筛选确定26人为市级优秀科技人才后备人选，分别建立档案；向省、市委组织部分别推荐1名省级拔尖人才和4名市级拔尖人才。1996年，围绕“科技兴寒”战略，加强科技人才培养和管理，有2人被批准为市级专业技术拔尖人才，11人被评为潍坊市跨世纪中青年专家、跨世纪科技带头人、跨世纪优秀科技人才。

1997年，做好人才发现、培养、推荐工作，申报3人为市级拔尖人才，申报1人为省级拔尖人才。1998年，在中、高级科技人才中开展以学科技、用科技、比贡献为主要内容的“六个一”活动。2000年，组织新一轮拔尖人才评选，推荐1名市级拔尖人才。2002年，从西安、吉林等地高等院校引进9名本科毕业生，充实全区人才队伍。2003年，开展企业经营管理者任职资格首批认证工作，全年60人参加认证培训。2004年，成立人才工作领导小组；通报表彰12名寒亭区优秀创新创业人才。2006年，加大人才引进力度，积极组织企业参加大型人才招聘活动。

2008年，提报寒亭区人民医院“脑血管造影及支架植入术”申报“黄河三角洲地区引进急需人才”项目，获资助资金3万元。2009年，印发《关于加快全区工业管理人才队伍建设的意见》，选拔30名35岁以下，学工业、懂工业、思路开阔人才重点培养。2010年，制订《寒亭区中长期人才工作规划纲要（2010—2020年）》，会同区人力资源和社会保障局制定政策，为高层次人才发放技术补贴。2011年，实施大学生创业引才工程和高层次创新创业人才引进工程，印发《关于实施“高层次创新创业人才扶持工程”的意见》。2013年，实施“1030”（10家骨干企业、30强中小企业）企业人才建设工程和推进产学研基地建设工程，2人被评为潍坊市创新创业人才，1人被评为潍坊市首席技师，2人被评为潍坊市农村实用人才；完成潍坊市双创人才峰会参会工作，邀请15名高层次人才参会，签约项目5个，参加路演项目1个，发放《高层次人才科研成果及项目汇编》130余本。

第五节　老干部工作

1984 年 4 月，寒亭区委老干部局（前身为区委组织部老干科）成立。1985 年 2 月，下设区级机关干部休养所，为副科级事业单位。1993 年 12 月，下设区老干部活动中心，为副科级事业单位。2013 年 9 月，区关心下一代委员会办公室归属区委老干部局。至当年年底，全系统共有工作人员 16 人。

1989 年后，全区先后有 1500 多名老干部离职休养。到 2013 年底，全区有离休干部 289 人，其中享受地专级待遇 2 人，处级和享受处级待遇 101 人；另有受区委、区政府委托管理处级退休干部 3 人。

政治待遇

1989 年下半年起，各乡镇（街道）、部门单位陆续建立老干部党支部。1995 年起，对 70 岁以上离退休老干部发放老年优待证，保证老干部在四区乘车免费，进公园免费。2000 年，拨款 20 万元建成面积 660 平方米的区老干部活动中心。2010 年，成立区离退休干部党工委。2012 年 10 月，区老干部活动中心搬迁至泰祥东街 3569 号，建筑面积 4712 平方米，有高档门球场、台球室、乒乓球室、舞蹈室、音乐教室、棋牌室、健身室、社团党总支活动室等，专门为县级待遇以上老干部建起 40 多平方米学习阅文室。为老干部党支部订阅《老干部之家》《支部生活》《党员干部之友》《半月谈》《老干部参考》《家庭健康》《潍坊日报》《中国老年报》等报刊。区委、区政府每年 2 次组织处级离退休干部参观全区经济社会发展新成果，各部门、各单位也都每年组织 1～2 次老干部参观、旅游活动。全区每年召开 1～2 次老干部会议或县级离退休干部座谈会；每年老人节和春节，区委、区政府对全区副县级（含享受副县待遇）以上离退休老干部走访慰问，听取意见和建议，帮助解决实际问题。至 2013 年，全区共有老干部党支部 38 个、党小组 225 个、老干部社团党支部 9 个、老干部党员 670 名；建立老干部学习活动室 55 处、2300 平方米。

生活待遇

1989 年以后，先后拨款 30 万元，为区干休所新添置轿车、卡车、面包车各一辆。1990 年，拨款 18 万元，为区干休所离休老干部家庭修缮暖气、改造房屋。1995 年开始，重视解决老干部特别是企业离休干部“两费”（离休费、医药费）问题，同年 10 月，机关事业单位离休老干部医药费拖欠问题得到全面解决。2002 年 5 月，全区离休老干部离休费和护理费实行统筹，实现社会化发放。2003 年 6 月，区政府印发《寒亭区企业离休干部医药费实施办法》，6 月份以前拖欠由各单位自行解决（2002 年底以前拖欠在区财政补助 128.7 万元后已全部解决）。2008 年，区政府规定企业离休干部与机关事业待遇一样，并建立同步增长机制，彻底解决多年来企业离休干部“两费”拖欠问题，这一做法受到省老干部局表彰。1989—2013 年，区内各医疗单位设立老干部健康档案，建立家庭病床，开通绿色通道，搞好优质服务。区里每年拨出专款，委托区医院为全区离休老干部和处级退休干部定期健康查体。

文体活动

1989 以后，全区累计投资 4000 多万元，建起区老干部活动中心 1 个、门球场 12 个、活动室（含乡镇街办、单位）38 个，购置图书 7000 余册，并添置其他活动器具和设施。区委老干部局与区老年体协经常组织门球、象棋、台球、钓鱼比赛以及书画展、文艺会演等活动。以老干部为主体的“夕阳红”艺术团自 1995 年组建以来，每年在城镇和农村演出 30 余场。1989—2008 年，全区共举办各类老年体育比赛 560 余次。

2009—2013 年，区委老干部局组织区老年体协、区老年书画研究会、台球俱乐部、台球健身队、艺术团、红歌合唱团、京剧合唱团、吕剧合唱团等 27 个社团组织，参加各类宣传、文化活动。区老年体协采取派出去学、请进来教，先后培养国家一级社会指导员 10 名、国家一级门球裁判员 5 名、国家二级社会指导员和裁判员各 10

名。组织老干部开展各类门球比赛 85 场次、象棋比赛 30 余次、钓鱼比赛 5 次、乒乓球比赛 10 次、老年文体晚会 15 场，各类文艺演出 160 余次；组织以离退休干部为主体老年文体代表队参加潍坊市举办的各项老年体育比赛，获各种奖项 100 余个。区委组织部、区委老干部局、区老年书画联谊会每年都共同举办庆七一、庆国庆大型书画展；参加省、市书画楹联比赛 30 多次。到 2013 年年底，全区经常参加文体活动离退休干部占总数 75% 以上，在全区各条战线发挥作用、奉献余热的离退休干部占总数 60% 以上。

第五章　宣传工作

第一节　组织机构

1989 年，区委宣传部设办公室、理论科、报道组。区社会主义精神文明协调委员会设办公室，为副科级行政单位，归口区委宣传部管理。1990 年，理论科更名为思想政治工作科，报道组更名为新闻科。1992 年 9 月，区社会主义精神文明协调委员会办公室更名为精神文明建设委员会办公室，升格为正科级行政单位。1993 年 11 月，撤销区精神文明建设委员会办公室，其工作职能合并到区委宣传部。1997 年 2 月，恢复区精神文明建设委员会办公室，为正科级行政机构，由区委宣传部管理；成立寒亭区新闻中心，为副科级事业单位，同时挂寒亭区新闻出版管理办公室牌子。2003 年 3 月，机构改革，区委宣传部设办公室、宣教科 2 个职能科室，内设精神文明建设委员会办公室、新闻中心、新闻出版管理办公室。2005 年 6 月，单设新闻出版管理办公室，为副科级事业单位。2007 年 3 月，新闻中心升格为正科级事业单位。2009 年 4 月，全区文化体制改革，撤销新闻出版管理办公室，成立区文化广播电视新闻出版局；成立区网络宣传管理办公室、区文学艺术界联合会、区社会科学界联合会。

至 2013 年，宣传部设办公室、宣教科两个职能科室，内设区精神文明建设委员会办公室，编制 9 人；下属事业单位新闻中心、网络宣传管理办公室、文联、社科联，其中新闻中心编制 11 人、网管办编制 6 人、文联编制 3 人、社科联编制 3 人。

第二节　社会宣传

1989 年，在全区组织干部群众学习《人民日报》社论和邓小平重要讲话，重点突出青年学生，加强各类学校和回乡大学生的思想政治工作。1990 年，在全区开展以基本国情和基本路线为中心的企业青工政治轮训；开展纪念鸦片战争一百五十周年教育活动；组织全区青少年开展“争做社会主义‘四有’（有理想、有道德、有文化、有纪律）新人”活动；10 月，社会主义思想教育在全区展开，宣传部编写 7 万多字社教专题辅导报告。

1991 年，突出进行社会主义思想教育；配合司法部门在全区进行“二五”普法宣传教育，集中开展《中华人民共和国宪法》宣传月活动。1992 年，以邓小平讲话和中共十四大精神为重点进行两次有针对性的学习教育；进行深化企业改革、转换经营机制等内容的专题教育；围绕加强和改进新形势下如何做好职工思想政治工作，组织开展理论研讨。1994 年，在全区党员干部中组织开展特色社会主义理论和市场经济知识专题学习教育活动；第二棉纺织厂党校被命名为山东省先进基层党校。

1996—1997年，建立健全党委中心组学习、支部党课、党员轮训、农村冬训等各项教育制度，建立健全基层党组织学习制度、党员学习培训制度，继续加强基层党校、科技素质培训基地建设，党员教育走上正常化、制度化、规范化轨道。1998年，区国税局党员活动室被市委组织部、市委宣传部命名表彰为全市十佳党员活动室。1999年，组织开展庆祝中华人民共和国成立五十周年和喜迎澳门回归系列宣传活动。2001年，突出建党八十周年庆祝活动和中共十五届六中全会精神宣传两个重点。2002年，集中开展民营经济、优化环境全民社会宣传活动；与教育部门联合组织开展各类爱国主义教育活动；组织开展计划生育和社会治安宣传教育；区职工思想政治工作研究会被评为山东省优秀政研会。2003年，在全社会倡导“爱国守法、明礼诚信、团结友善、勤俭自强、敬业奉献”基本道德规范，提高公民道德素质；对农村基层党员干部进行教育培训，并以农村党员教育带动农民教育。

2004年，实施《公民道德建设实施纲要》，开展“平安暑期”司法课堂、警生互动摄影展、警营法制一日行等系列道德实践活动；开展“创学习型组织，做创新型人才”活动，提高干部群众科技文化知识水平和专业技能水平；加强对企业职工形势任务教育。2005年，在区电视台开辟先进性教育活动党课讲座和中共十六届五中全会精神学习宣传专栏；围绕贯彻落实科学发展观、构建和谐社会和加强党的执政能力建设等课题，开展系列理论研讨活动；开展纪念世界反法西斯战争暨抗日战争胜利六十周年系列宣传活动；全面启动“书香进万家”全民读书活动，通过开展推荐100本好书、演讲比赛、有奖征文、“书香家庭”评选、读书心得体会交流、送书下基层等系列活动，营造“崇尚学习、追求知识、读书光荣、学无止境”的舆论氛围。

2006年，开展社会主义荣辱观宣传教育，在城区主要街道设立“八荣八耻”“爱心奉献”宣传专栏；在全区中小学校开展“知荣辱，树新风”未成年人道德实践活动。同年，组织开展“寒亭区纪念建党八十五周年暨中国工农红军长征胜利七十周年知识竞赛”“寒亭区纪念红军长征胜利七十周年座谈会”等系列活动，加强爱国主义教育。配合相关部门组织开展计划生育、社科普及、法制宣传、禽流感防治等各类社会宣传教育活动20多场次。提报西瓜种植户李志军入选“山东省十大杰出青年农民”。2007年，组织开展树立和落实科学发展观等专题学习教育活动；通过在城区主要街道设立集中宣传站点、在寒亭电视台开辟公民道德专栏、制作公益广告、在社区居委会制作公民道德建设展板等形式，开展公民道德建设集中宣传活动；在全区青少年中组织开展亲情教育进基地等系列活动。

2008年，开展“缅怀先烈、感恩思源、共创未来”主题教育活动；把公民道德规范和“八荣八耻”宣传进社区、进企业、进农村、进学校、进家庭活动相结合；开展“知荣辱、树新风、我行动”道德实践活动，引导未成年人知荣明耻，健康文明；开展形势政策宣传活动，通过组织讨论会、社区宣讲、收听收看录音录像资料等多种形式，使形势政策宣传进社区、进村庄；以“解放思想、坚持改革开放、推动科学发展、促进社会和谐”为主题，组织开展“潍坊市纪念改革开放三十周年理论研讨会征文活动”。2009年，组织参加全国、省、市系列英模人物评选活动，寒亭区推荐邢慧娜入选山东省100位“为新中国成立、建设做出突出贡献”的英雄模范人物，推荐邢慧娜、杨洛书、徐秀亭入选潍坊市时代功勋人物。2011年，在全区宣传文化系统开展一切为群众、一切依靠群众、一切服务群众为主题的“三个一切”群众路线主题教育活动，组织宣传文化系统各单位开展“树立群众观点”集中学习活动和机关干部下基层大调研、理论骨干大宣讲、文明创建大合唱、文艺作品大展演、新闻记者大采风“五大行动”，改进工作，转变作风。

2012年，培育社会主义核心价值观，在全区开展以“孝、诚、爱、仁”为内容“四德教育”，大力弘扬“务实包容、昂扬向上、与时俱进、勇创一流”的寒亭精神。2013年，实施“爱德、诚德、孝德、仁德”为内容“四德”工程，全区选树6个区级示范点，建立善行义举四德榜461个，建设道德讲堂260余个；建立健全全区先进典型库，选树和储备53个各类典型；组织开展“美德山东、诚信齐鲁”主题教育实践活动，引领崇德向善、见贤思齐新风良俗。

第三节　理论宣传

1989年，学习中共十三大和十三届三中全会文件，明确在社会主义初级阶段坚持“一个中心、两个基本点”基本路线的重要性和治理经济环境、整顿经济秩序、全面深化改革的必要性。1990年，学习马克思主义哲学和中宣部编印的《关于社会主义若干问题的纲要》，坚持四项基本原则，反对资产阶级自由化。1991年下半年，学习江泽民《在庆祝中国共产党成立七十周年大会上的讲话》，按建设有中国特色社会主义的经济、政治、文化3个专题展开讨论。1992年，学习邓小平南方谈话和中共十四大文件，推动干部群众进一步解放思想。1993年底，组织学习《邓小平文选》第三卷，明确以邓小平建设有中国特色社会主义理论武装全党，是一项长期的战略任务。1994—1999年，深入学习邓小平理论和中共十五大文件精神。2000年，组织学习江泽民关于“致富思源、富而思进”和“三个代表”重要思想。

2002年，突出邓小平理论、“三个代表”重要思想、江泽民“七一”讲话和中共十五届六中全会精神学习；做好中共十六大收听收视，中共十六大文件和学习辅导材料征订发放工作，采取举办知识竞赛、邀请专家辅导、骨干培训、播放专题讲座、集中督查等形式，提高学习效果。2003年，组织党员干部学习《十六大精神教育读本》《干部群众关心的25个理论问题》等理论书籍；在全区党员干部和农村党支部书记中开展学习贯彻“三个代表”重要思想知识竞赛；开展“解放思想谋发展、与时俱进建小康”主题教育活动和“解放思想、干事创业、加快发展”大讨论活动，省委宣传部主题教育活动《情况简报》刊发寒亭区活动经验。2004年，开展“树立和落实科学发展观”专题教育活动，区委理论学习中心组获潍坊市先进党委（党组）理论学习中心组称号。

2005年，在全区开展以“落实科学发展观、加强执政能力”为主题的专项学习教育活动，撰写的论文《论加强党的执政能力建设的基层作为》编入人民日报社编辑出版的《党的先进性建设与党的执政能力建设》一书。2006年，配合开展第三批保持共产党员先进性教育活动，以“探索新农村文化建设新途径”“以村容整洁为突破口，推进新农村建设”“加强农村和谐文化建设”“发展壮大文化产业”等为课题深入调研，撰写出针对性、实效性强的调研文章；介绍寒亭区发挥地方特色壮大民俗文化产业的经验文章在《山东宣传工作》上刊发。

2007年，组织区理论骨干深入机关和企事业单位举行中共十七大精神专题讲座；组织收听收看中共十七大高层专家辅导报告会；组织全区干部群众参加全省党的中共十七大精神知识竞赛，收到答题卡500余份；加强理论宣教基地建设，开元街道、寒亭一中等一批基层单位被评为市级理论宣教基地。2008年，以“颂改革开放、扬寒亭精神、促科学发展”为主题，开展纪念改革开放三十周年、学习实践科学发展观集中宣讲活动。

2009年，采取学习日集中学习、专题辅导、座谈讨论、骨干培训等多种形式，全面推进十七届三中全会精神和科学发展观学习贯彻；组织参加“潍坊市纪念新中国成立六十周年理论研讨会征文活动”，寒亭区3篇论文被评为优秀论文。2010年，组织开展“抓学习、转观念、拓思路、谋发展”理论研讨、争创“十佳”学习型党组织、争当“百佳”学习型党员等系列主题实践活动，撰写理论调研文章80多篇，征求基层意见建议220多条，开设电视、报纸、手机报、网络专题专栏，播发新闻、信息100多条；在全区49个城区和农村社区中开展“社区大讲堂”标准化建设，成立区级理论宣讲团，构建起市、区、镇（街）、社区（村居）四级宣讲网络，组织开展宣讲活动 60 多场次；当年，评选表彰创建示范点 38 个，优秀学习实践创新成果 14 项。

2011 年，开展以“改革创新、加快发展”为主题的大讨论活动，寒亭区总结的“‘三真’‘三变’促‘三新’，以大讨论活动助推转型发展”的做法，被潍坊市确定为学习实践的创新性活动。当年，区委宣传部被省委宣传部评为“理论教育工作先进单位”。2012 年，推进学习型党组织建设，分季度开展“修身资政”“破题解难”“帮学共建”和“进位争先”主题实践活动，城乡互动帮学共建学习型党组织和道德讲堂建设的经验做法被市委宣传部确立为工作经验典型，并在全市推广；区委宣传部被推荐为山东省基层宣传文化工作先进集体。同年，寒亭区“以‘社区大讲堂’标准化建设推进理论大众化”制度被市委宣传部推荐为山东省“三个一切”群众路线主题教育活动制度创新奖，寒亭街道泰祥社区创建为省级理论大众化示范点；6 月 29 日，寒亭街道泰祥社区居委会主任王鸿梅作为山东省基层理论大众化示范点群众代表参加中宣部在北京召开的《辩证看　务实办——理论热点面对面 •2012》编写出版工作座谈会。

2013 年，在全区领导干部中开展“学习十八大、争创新业绩”理论研讨活动，编辑《“学习十八大、争创新业绩”优秀理论研讨文章选编》，在《潍坊日报 • 今日寒亭》开辟理论研讨活动专栏，刊发 33 篇优秀理论文章；创新完善“三学四化”（“三学”原则：学实、学深、学新；“四化”模式：学习制度规范化、学习方式多样化、学习成果实践化、学习活动品牌化）学习模式，省《建设学习型党组织工作简报》以《潍坊市寒亭区创新完善“三学四化”模式深化学习型党组织建设》为题，对寒亭区创新作法给予刊发；开展“进基层、面对面”理论宣讲和“中国梦”学习宣讲活动，组建基层百姓宣讲团和区级理论宣讲团，开展系列宣讲活动 42 场次；做好习近平系列重要讲话精神和中共十八届三中全会精神学习宣讲活动，各级领导干部撰写体会文章 300 余篇，邀请省市宣讲团成员宣讲 4 场次，开展区内宣讲 40 余场次。

第四节　新闻宣传

新闻报道

1989 年以后，寒亭新闻报道工作坚持超前研究和舆论宣传并重，立足为经济建设服务这个主旋律，紧扣区委、区政府工作中心，注意在思想性强、有深度、在面上有一定指导意义和轰动效应的重头稿件上下功夫。1989—2003 年，在市以上报刊发稿 1 万余篇，其中头版头条 500 多篇，重点稿件有：1989 年的日本《朝日新闻》专版《杨家埠风筝的魅力》、《大众日报》头版头条《推进民主政治的重要途径》；1991 年的新华社通讯《在奔小康的道路上》、《人民日报》消息《寒亭区信访工作新路子》、《人民日报》（海外版）专题《风筝世家》；1992 年的《法制日报》头版头条《先挖渠道后放水》、新华社通稿《杨家埠风筝飞海外》；1993 年的《大众日报》头版头条《寒亭区依法解决农民负担问题》；1994 年的香港《大公报》专版《欢迎四海宾朋来寒亭》、《人民日报》消息《寒亭打破机关工作“大锅饭”》《寒亭区下力减少“三多”》、新华社《国内动态清样》的《寒亭区在农村工作中反对形式主义调查》、《法制日报》头版头条《寒亭依法治区全线突破》《寒亭区改革机关工作三部曲》《把钱用在刀刃上》、《大众日报》头版头条《务实兴区》；1995 年的新华社《内部参考》75 期《寒亭区实行机关工作量化管理》、《半月谈》1 期《寒亭向形式主义开刀》、《农民日报》头版头条《这里提留为什么不再难》；1996 年的《大众日报》头版头条《文明热潮涌寒亭》；1997 年的《人民日报》十四版头条《建章理事　双向制约》、《大众日报》头版头条《干群血脉紧相连》；1998 年的《法制日报》头版头条《寒亭区村民自治热起来》、新华社通稿《文化科技热寒亭》；1999 年的《大众日报》头版头条《寒亭区建起村级协调运行新机制》；2000年的《大众日报》头版头条《思路变钱路宽》；2001年的《农民日报》头版头条《寒亭打造高效农业》；2002年的《法制日报》头版头条《寒亭区涉农收费公示制得民心》、《大众日报》头版头条《寒亭区涉农收费公示制得民心》、《人民日报》十一版头条《寒亭区涉农收费公示制得民心》、《新华社内参》的《寒亭区涉农收费公示制得民心》；2003年的《大众日报》头版头条《寒亭区让干事创业者吃香》。

其间，《寒亭依法解决农民负担问题》获1994年山东省综合治理好新闻一等奖，《依法行政解难题》获1995年山东省综合治理好新闻一等奖，《固堤防大潮》获1995年山东省综合治理好新闻二等奖，《"一乡一业"农业产业化是组织农民整体进入市场的现实途径》获1995年潍坊市精神文明建设精品工程奖，《寒亭区婚姻登记只花九元钱》获1997年山东省新闻奖一等奖，《双杨店镇今秋苹果已售罄》获1998年山东省青年新闻奖二等奖，《年画王和他的洋徒弟》获2001年山东省对外传播奖三等奖，《寒亭涉农收费实行公示制》获2003年潍坊市精神文明建设精品工程奖。

2004年后，寒亭区每年在潍坊市级以上报纸杂志刊发稿件300多篇，重点稿件有：2004年，《半月谈》第13期刊登《杨家埠年画的复兴之路》；4月1日《人民日报》刊登《寒亭：让民俗文化生金》，介绍寒亭区保护杨家埠民间遗产，发展民俗旅游；6月24日《人民日报》（华东版）刊登《寒亭民企甘做"蓄水池"》，介绍寒亭区大力扶持发展民营经济，创造就业机会；8月29日香港《文汇报》刊登《邢慧娜提前四年摘万米金牌》，9月3日《人民日报》刊登《邢慧娜：山东小丫创"希腊神话"》，9月5日《人民日报》刊登《邢慧娜：农家院里跑出的奥运冠军》，介绍奥运冠军邢慧娜夺冠历程。

2005年，1月1日《人民日报》（海外版）刊登《杨家埠年画名家杨洛书》，介绍"民间工艺美术大师"杨洛书对年画的保护与发展作出的突出贡献；《半月谈》第六期刊登《潍坊：缩小城乡差别"三部曲"》，介绍寒亭区坚持城乡统筹，协调发展，加快农村城市化步伐；3月16日《人民日报》刊登《城乡互动　走向和谐》，介绍寒亭区实行统筹兼顾，城乡联动；4月13日《人民日报》（海外版）刊登《年画〈水浒一百单八将〉重见天日》，介绍年画《水浒一百单八将》的起源以及复刻经历；4月30日《人民日报》（海外版）刊登《"风筝怪才"张效东》，介绍张效东作品以及对风筝设计的创新。

2006年，1月23日《人民日报》（海外版）刊登《杨家埠年画：城里人的新宠》，介绍杨家埠年画因时而变，随俗而进，成为城里人新宠；1月28日《人民日报》刊登《寒亭不寒贫困心》，介绍寒亭区通过扶贫、引水、修路，让群众搭上"幸福快车"；11月7日《人民日报》刊登《农村经纪人持证经商》，介绍寒亭区颁发农村经纪人营业执照，倡导诚信经营；11月26日《大众日报》头版头条刊登《书记热线辟民情高速路》，介绍寒亭区开通书记热线，探索建立新型"访民决策机制"；新华社《高管专供》第41期刊登《突出三个重点　做好新形势下群众工作》，介绍寒亭区做好群众工作，巩固安定和谐，促进经济社会快速健康协调发展。

2007年，4月3日《人民日报》刊登《山东潍坊寒亭儿童喝上免费奶》；5月27日《人民日报》刊登《潍坊寒亭区实现城乡居民医保全覆盖》，介绍寒亭区通过完善政策、统筹兼顾构建起城乡居民医疗保障体系；6月4日《人民日报•内参》刊登《潍坊寒亭区利用现代网络深化村务公开》，介绍寒亭区建立区村务公开民主管理信息网，保证群众行使民主权利；6月13日《光明日报》刊登《杨洛书：年画就是我的命》，介绍杨洛书的传奇经历以及他的年画事业；6月19日《大众日报》刊登《寒亭新增财力"两倾斜"》，介绍寒亭区新增财力向社会发展薄弱环节倾斜，向弱势群体和困难群众倾斜；7月15日、16日《大众日报》连续刊登《不可错失的机遇——关注潍北开发（上）》《开发期待新模式—关注潍北开发（下）》，介绍潍北区发展大循环，做强产业链，依托港口打造沿海城市。

2008 年，1 月中国新闻社（以下简称中新社）《山东报道 • 关注民生》栏目刊登《寒亭让百姓免费吃上放心碘盐》；1 月 21 日《人民日报》刊登《杨家埠印象》，介绍杨家埠的来历以及杨家埠年画的新生；3 月 30 日《人民日报》头版头条刊登《山东推进公共服务向基层延伸》，寒亭提供开头案例；10 月 9 日《人民日报》刊登《山东潍坊：让建筑垃圾变废为宝》，介绍寒亭区用建筑垃圾制砖项目；11 月 22 日《人民日报》刊登《扎实有效推进计划生育村（居）民自治》，介绍寒亭区发挥计生协会在基层群众自治中生力军作用的探索。

2009 年，1 月《走向世界》刊登《杨洛书：一代木版年画王的传奇》《马志强的年画不了情》；2 月 21 日《人民日报》头版头条刊登《山东传承农村文化促农增收》，介绍山东利用农村文化产业帮助农民增收，寒亭提供杨家埠村案例；11 月中新社《山东报道》的《游走齐鲁》栏目刊登《寒亭：潍县萝卜品牌嬗变记》，介绍寒亭区将潍县萝卜农业品牌打造成文化品牌；12 月 25 日《人民日报》刊登《着力建设四个特色产业区》，介绍寒亭区抓住机遇着力建设四个特色产业区。

2010 年，2 月 22 日《人民日报》6 版头条刊登《齐鲁好人邢友领》；1 月 12 日《中国文化报》5 版头条刊登《年画之乡的日子很红火》，介绍杨家埠农民靠年画致富以及年画的新经济账；2 月 15 日《决策参考》国媒专供刊登《年画里的大产业》，介绍杨家埠成立年画产业协会，将老民间文化发展为大产业；2 月 22 日中新社《山东报道》第 1 期《关注黄三角》栏目刊登《寒亭全力打造“黄三角”建设特色隆起带》，介绍寒亭区聚焦蓝色经济，加快“三区”建设；3 月 9 日《联合日报》2 版刊登《寒亭：委员助推经济发展“谱新歌”》；中新社《山东报道》第二期《游走齐鲁》栏目刊登《木版年画之乡杨家埠的春节民俗文化大餐》；5 月 14 日新华社特供分析报告刊登《寒亭区城乡户籍管理一元化配套改革的实践探索》；6 月 2 日《人民日报 • 内参》第 945 期刊登《潍坊寒亭区公开考选城乡社区党组织书记》；10 月 27 日《光明日报》刊登《萝卜成为寒亭金名片》，介绍寒亭萝卜撑起一个产业，成为新的经济增长点；12 月 10 日《人民日报》刊登《开创立体审批新模式》，介绍寒亭区开创立体审批新模式，提高审批速度与服务质量。

2011 年，《红旗文稿》第四期刊登《“三权施治”推行农村物权资本化改革》，介绍寒亭区加快农村产权流转交易做法；2 月 9 日新加坡《联合日报》专版刊登《民间艺术奇葩》，介绍杨家埠木版年画制作工艺与年画的新发展；2 月 10 日台湾《旺报》刊登《杨家埠木版年画》；2 月 11 日《光明日报》1 版刊登《木版年画市场红火》；2 月 20 日香港《文汇报》刊登《年画传承　民俗文艺后继有人》；4 月 23 日《人民日报》刊登《〈年画〉再现画乡风情》，介绍电视连续剧《年画》的梗概，展示杨家埠民俗传统文化魅力；12 月 9 日《人民日报》（海外版）刊登《年画之乡赶印忙》。

2012 年，《半月谈》第 2 期刊登《手艺农村：乡土文化产业蓬勃生长》，介绍杨家埠风筝产业用“小手艺”成就地方大产业；1 月 22 日香港《大公报》刊登《潍坊年画喜庆吉祥》；2 月 1 日，《光明日报》刊登《杨家埠：家家点染户户丹青》。

2013 年，1 月 22 日《光明日报》刊登《让“非遗产品”漂洋过海》，介绍寒亭区走文化创意的新路子，“非遗”产品迸发出新活力；2 月 5 日《光明日报》1 版刊登《杨家埠画里画外一个“忙”》；3 月 23 日《人民日报》刊登《风筝，凌空起舞》，介绍杨家埠风筝的制作及放飞技巧；4 月 19 日《大众日报》1 版倒头条刊登《寒亭土地“全托”农民更受益》，介绍寒亭从产业链入手，为农户提供技术、农资、代销代存一条龙服务；5 月 27 日《山东参考》第 19 期刊登《创新完善考核机制　增强干事创业动力》，介绍寒亭区按照“突出重点、实干实考、考以致用”原则，建立差异化考核工作机制；6 月 17 日《人民日报》刊登《杨家埠上风筝舞》；9 月 9 日《山东参考》

第34期刊登《寒亭区借力交易平台促农村产权资本活跃流转》，介绍寒亭区用合适的交易模式确保群众利益最大化。

网络宣传

2009年4月，寒亭区网络宣传管理办公室成立，为正科级事业单位，隶属区委宣传部。2010年10月，寒亭宣传网开通，设有23个板块、100余个栏目，汇集寒亭社会、经济、政治、文化、生活等各方面信息资讯，是寒亭区对外宣传的网上窗口。2012年6月，由区委、区政府主办，区委宣传部承办的“中国•寒亭”门户网站全新改版，网站以“宣传寒亭、服务社会、沟通民众、高效透明”为宗旨，突出“对外宣传、信息公开、在线办事、民声在线”四大功能定位，设置6大板块、200多个子栏目。

第五节　社科研究与普及

2009年4月，寒亭区社会科学界联合会成立，归口区委宣传部。

成立当年，组织参加潍坊市社会科学普及活动和潍坊市第十七次社会科学优秀成果评选活动，组织申报课题并获三等奖；参加潍坊市社科联组织的以“三区”建设为主题的社会科学规划重点研究课题，申报课题6个。2010年，组织开展以“公民基本道德行为40则”为主题公民道德集中宣传活动；组织开展《山东公民道德教育优秀案例》征集活动，协助区妇联、区教育局分别完成《孝道一条街》《探索中小学生心理健康教育规律》优秀案例；组织开展“魅力寒亭满书香”全民阅读活动，区教育局获潍坊市全民阅读活动特色奖，高里街道一家庭获潍坊市“全民阅读活动十佳书香家庭”称号。

2011年，以潍坊市确定的“一九五一”（一个目标、九个突破、五个支撑、一个动力）目标任务和思路举措作为研究重点，完成2011年度潍坊市社会科学规划重点研究课题有关工作；5月下旬至6月上旬参加主题为“宣传‘十二五’规划，服务科学发展”潍坊市社科普及周活动。

2012年，组织发动社科理论工作者，申报课题，开展研究，《张雪岩传》等多篇理论成果获潍坊市第二十次社会科学优秀成果三等奖；5月下旬至6月上旬，参加主题为“提升公众人文素养，推动文化强市建设”潍坊市社科普及周活动。2013年5下旬至6月上旬，参加主题为“贯彻十八大精神，同心共筑中国梦”潍坊市社科普及周；10月，参与2013年度潍坊市社会科学规划重点研究课题立项。

第六章　统战与对台工作

第一节　统战工作

工作机构

1989年，区委统战部设办公室、民族宗教事务办公室、对台湾工作办公室（副科级行政单位）；6月，区政府办公室设立民族宗教事务科，民族宗教工作由区委统战部移交该科。1990年6月，区委对台湾工作办公室升格为正科级单位，同时对外使用寒亭区人民政府台湾事务办公室名称，与区委统战部合署办公。1993年11月，撤销区委对台湾工作办公室、区政府民族宗教科，职能归区委统战部。1997年2月，在区委统战部挂寒亭区人民政府民族宗教事务办公室牌子；7月，恢复中共寒亭区委台湾工作办公室（挂寒亭区人民政府台湾事务办公室牌子）。2002年3月，在区委统战部内设民族宗教事务办公室，挂寒亭区人民政府民族宗教事务局牌子；区委台湾工作办公室单设。2003 年 7 月，成立寒亭区人民政府民族宗教事务局，与区委统战部合署办公；2010 年 2 月，更名为寒亭区民族宗教事务局。至 2013 年，区委统战部行政编制 5 人，工勤编制 1 人，配备部长、副部长各 1 人，内设党派干部工作、经济统战工作等机构和职位。

落实统战政策

1984 年，区政府对 9 名起义人员（或其遗属）、1 名宗教职业者补助生活费。之后根据政策规定，先后 4 次为起义人员、宗教职业者等党外人士增加生活费。2003—2008 年，依据《中华人民共和国老年人权益保障法》，参照城市低保和农村低保标准，先后为 2 名原工商业者遗属、1 名起义投诚人员办理困难生活补助。至 2013 年，每年元旦春节期间，区委、区政府都走访慰问统一战线各界代表人士，送去党和政府的关怀与温暖。

党外代表人士工作

1992 年以后，建立统一战线代表人士资料库，实行动态管理。坚持党外干部与党内干部同规划、同考察、同培养、同使用。2000 年 10 月，寒亭区面向潍坊市公开考选 17 名副科级干部，其中党外干部 6 名，占录用总数的 35%。2003 年 7 月，组织 20 名优秀年轻干部到南方挂职锻炼，专门安排 3 名副科级党外干部和 4 名优秀后备干部参加。同年，在党外代表人士资料库的基础上，建立党外优秀人士资料库，筛选 132 名有影响的人士作为重点联系对象，中秋节向海外发函 120 封。

2008 年 12 月，区委印发《关于巩固和壮大新世纪新阶段统一战线的实施意见》，对做好党外干部工作提出要求。2012 年，区委统战部以全市“党外代表人士队伍建设年”活动为契机，完成民主党派、党外知识分子、民族、宗教、新的社会阶层、港澳台海外代表人士 6 支队伍代表人士纸质及电子档案归档和录入，分层级建立健全 30 名市级党外代表人士、200 名区级党外代表人士及 100 名后备人才的综合数据库，实行动态管理；完善党外代表人士培养管理、实践锻炼、联系交友机制，组织参加各类培训 300 余人次；坚持“凡进必评”原则，对拟安排党外代表人士分层次、分行业进行综合评价。2013 年，组织部门公开选派 2 名优秀党外科级干部到街道、开发区挂任领导职务。至年底，全区有副科级（含）以上党外干部 35 名，其中，副县级干部 5 名；20 个政府工作部门中配备副科级（含）以上党外干部 11 名，法院 1 名，其他单位 18 名。党外人士中有 11 人担任潍坊市政协委员，117 人担任区政协委员；7 人当选市人大代表，65 人当选区人大代表。

民主党派工作

1990 年 4 月，全区第一个民主党派支部九三学社寒亭支社成立。1999 年，区委统战部牵头组织各民主党派与乡镇建立联系点，民革寒亭支部和九三学社寒亭支社分别与河滩镇、朱里镇建立联系点，开展送科技卫生下乡活动。2004 年，组织各民主党派开展“我为潍坊发展献一言”活动，引导民主党派成员围绕潍坊发展建言献策。2008 年开始，民主党派办公经费、考察调研经费、学习培训经费、会议经费等专项经费列入全区财政预算；区委统战部从机关办公用房中调出 2 间办公室，作为民主党派活动室，用于学习、会议。2009—2013 年，协助各民主党派制定《组织生活制度》《参政议政制度》《社会服务制度》等规章制度，完善民主党派基层组织规范化建设；引导各民主党派、工商联、无党派人士参政议政，并通过开展“专题调研会”“建言献策活动周”“无主题座谈会”等活动，拓宽参政议政渠道；支持民主党派、工商联、无党派人士围绕中心工作开展调查研究，向党委政府建言献策；及时召开协商会、座谈会、通报会，扩大民主党派、工商联、无党派人士知情面和参与度，推进基层民主政治建设。至 2013 年年底，全区有中国国民党革命委员会、中国民主建国会、中国民主促进会、中国农工民主党、九三学社 5 个民主党派地方组织，有民主党派成员 72 人。

少数民族工作

1990 年，围绕全区少数民族人员、少数民族群众生活情况、民族工作中存在的问题，组织开展少数民族基本情况调查。1991年10月，开展少数民族社会教育调查。2001年开始，每年10月开展“民族团结进步宣传月”活动，大力宣传民族政策、民族法规和民族知识。2002年8月，联合区工商分局对清真食品生产经营管理工作进行检查。2010年3月，寒亭区民族宗教事务局被潍坊市民族宗教事务局表彰为“潍坊市民族宗教工作先进集体”。2011年，在潍坊市金河食品有限公司建立企业单位民族工作示范窗口；指导寒亭街道海龙社区、高里街道后沟社区和黑埠子社区、河西学校、寒亭区外国语小学、第二实验小学、潍坊市金河食品有限公司开展民族团结进步示范创建活动。2012年，高里街道被潍坊市民族宗教事务局评为潍坊市民族团结进步创建活动示范镇街。2013年，河西学校被评为潍坊市民族团结进步创建活动示范学校，潍坊市金河食品有限公司被评为潍坊市第三次民族团结进步模范集体。1989—2013年，全区上下尊重少数民族生活习惯，没有出现违反少数民族政策、伤害民族感情事件。

图14-5　2009年4月9日，张雪岩纪念馆开馆。

统战文化建设

寒亭区充分挖掘张雪岩纪念馆、潍坊市统一战线教育基地等统战文化资源内涵，推进统战文化建设与爱国主义教育、民俗文化旅游相结合，树立富有本地特色的统战文化品牌。至2013年，共接待各地统战系统参观考察团2100余人次。

张雪岩纪念馆　位于寒亭街道寒亭二村省级文物保护单位——于家大院6号院内，占地144平方米，2009年4月举行开馆仪式。全国人大常委会副委员长、九三学社中央主席韩启德为张雪岩纪念馆题写馆名。全国政协常委、九三学社中央副主席邵鸿，副省长、九三学社省委主委王随莲为纪念馆揭牌。

潍坊市统一战线教育基地　位于于家大院1号院内，2009年9月建成，由区委统战部、区文广新局负责日常管理。基地分第一展室、第二展室，有“历史抉择”“风雨同舟”“共创辉煌”“继往开来”4个板块，采取图片、文字资料及实物展示相结合的形式，对有关统一战线代表人物、重大事件以及统一战线在服务经济社会发展中的历史性成就，选择有代表性片段集中展示。

第二节　对台工作

工作机构

1989年，中共寒亭区委对台湾工作办公室为副科级行政单位，归口区委统战部。1990年6月，升格为正科级单位，对外使用寒亭区人民政府台湾事务办公室名称，与区委统战部合署办公。1993年11月，撤销区委对台湾工作办公室。1997年7月，恢复区委台湾工作办公室，与区委统战部合署办公，同时挂寒亭区人民政府台湾事务办公室的牌子。2002年3月，中共寒亭区委台湾工作办公室（同时挂寒亭区人民政府台湾事务办公室牌子，简称区台办）析出单设，核定行政编制3人、工勤编制1人。至2013年，机构、人员未变。

两岸交流

1989年，台湾同胞到大陆主要以探亲、旅游为主，区台办对台工作重点是接送返乡探亲台胞、召开座谈会、陪同参观等。1990—1994 年，两岸交流由早期单一探亲、旅游，向观光、商务、交流、投资等多方向发展。每年接待返乡探亲、观光旅游和经贸考察台胞逐年增加，1994 年接待台胞台属 180 人次。

1994 年以后，随着经贸、人员等各领域合作不断深化，两岸交流日趋活跃。1994—2013 年，国务院台湾事务办公室和山东省人民政府共主办 19 届鲁台经贸洽谈会，区台办按照区委、区政府安排部署和鲁台会筹委会要求，组织协调区直有关部门单位，从客商邀请、参展与会、专题论坛，到项目推介、洽谈签约等密切配合，全面参与。

2009—2013 年，潍坊国际风筝会期间，潍坊市台办和区政府主办、区台办承办了 5 届海峡两岸风筝文化交流活动，邀请台湾教育界、企业界代表和青少年学生等参加活动、参观考察、交流合作。活动主要有开幕式、参观游览杨家埠民间艺术大观园、风筝放飞、校际交流、两岸师生专场文艺晚会等。海峡两岸风筝文化交流活动被省台办评为优秀对台交流项目。

台资企业

1989 年，全区无台资企业进驻。1990—1994 年，随着两岸经贸发展，台商开始到大陆投资。配合全区对台招商引资工作，区台办制定个性化接待方案，提供全方位服务，吸引众多台商到寒亭参观考察、投资兴业。1995 年 4 月，台商独资企业潍坊业勤五金制品有限公司开业。同年 7 月，台资企业潍坊华明织造有限公司成立，总投资 500 万美元，主要生产化纤织带和拉链。至 1995 年年底，全区引进台资企业 3 家。2001 年 7 月，台资企业潍坊瑞麦食品有限公司（隶属新加坡旺旺控股有限公司）成立，总投资 300 万美元；2012 年，公司被寒亭区政府评为“纳税贡献奖”企业。2011 年 4 月，区台办协同潍坊瑞麦食品有限公司举行“‘同追忆·共清明’台胞台属大走访活动启动仪式暨台胞台属再创业动员大会”，并成立“台商之家”。至 2013 年年底，全区有台资企业 2 家、台属企业 6 家。

台胞台属

1989 年以后，区台办通过走访座谈、参访接待、投资考察等形式为台胞台属提供全方位服务。每年中秋节、春节等重大节日走访慰问在寒台胞和部分台属代表，召开座谈会，通报全区经济、社会成就和对台工作情况，与台胞台属共叙友情、加深了解。2009 年，寒亭区暂住台胞 10 人。2011 年 4 月，对全区 130 多户台胞台属、270 多人进行走访慰问，赠送慰问品价值 6 万多元。

1994—2013 年，每年 4 月潍坊国际风筝会和 9 月鲁台会期间，接待台胞、台商 300 多人；日常接待到寒亭考察、观光、旅游的台商、台胞 100 人左右。2013 年，寒亭区暂住台胞 11 人、台属 130 户 273 人。

第七章　政法工作

第一节　政法队伍

组织建设

1982 年，成立寒亭区委政法委，核定编制 8 人，设办公室。1991 年 4 月，成立寒亭区社会治安综合治理委员会（以下简称区综治委），下设办公室，与区委政法委合署办公，同时设立乡镇综治委办公室。1993 年 11 月，机构改革撤销乡镇（街道）综治委办公室。1994 年 10 月，恢复设立乡镇（街道）综治委办公室，并在区直各企事业单位成立相应机构。2002 年，明确区综治委办公室是区委政法委常设办事机构，与区委政法委机关合署。

2007 年 3 月，区委、区政府成立寒亭区维护稳定工作领导小组办公室，设在区委政法委，为正科级行政单位。2009 年，成立寒亭区法制教育培训中心，为股级事业单位。2012 年 10 月，区社会治安综合治理委员会办公室更名为区社会管理综合治理委员会办公室。2013 年 12 月，成立寒亭区国家安全办公室，设在区委政法委。至当年年底，区委政法委设区社会管理综合治理委员会办公室（与政法委合署办公）、区维护稳定工作领导小组办公室、区国家安全办公室、区委群众工作委员会办公室、区法制教育培训中心 5 个职能部门，行政编制 13 人，事业编制 11 人。

队伍建设

1989 年，全区政法系统学习邓小平、江泽民讲话和中共十三届四中全会精神，解决好坚持党的领导，坚持社会主义道路问题。1990 年，以抓好思想建设为重点，组织政法干警学习中共十三届三中全会以来的路线、方针、政策。1992 年，组织开展“解放思想、转变职能、强化服务”大讨论，经过近两个月学习讨论，强化政法干警服从和服务于经济建设全局观念和“两手抓”“两手硬”的观念。

1993 年 10 月，全区政法系统开展思想纪律作风整顿和内部工作改革，更新思想观念，改进工作作风，提高工作效率。1994 年 4 月，区委政法委印发《关于全区政法队伍建设的安排意见》《关于建立政法干警违法违纪案件报告制度的通知》。1995 年，进一步健全完善政法干警违法违纪案件查究制度、民主评议政法部门和干警制度、执法执纪大检查制度；公检法系统实行自我推荐、民主评议、组织考察的全员聘任制，并配套弹劾制、警戒制、处罚连带制和辞退不合格干警等 5 项制度，推动政法队伍正规化建设。1997 年，全区政法系统参加区委组织的“政策法规年”活动，学习系列文件、讲话、准则等，自查自纠。

1998 年 3 月，组织开展集中教育整顿活动，全面落实从严治警各项措施；区委政法委印发《关于加强执法监督工作的意见》，巩固集中教育整顿活动成果。1999 年 4 月，加大业务培训和司法公开力度，层层落实领导责任制和岗位目标管理责任制。2001 年，在政法系统广泛开展以“三讲”教育、“三个代表”重要思想为主题的学习教育活动和警示教育活动。2003 年，区委政法委印发《关于进一步加强政法队伍作风建设的意见》，解决执法不严、司法不公和服务意识不强的问题；7 月，在党员干部中开展“艰苦奋斗、廉洁从政、优化环境”主题教育活动。2004 年 6 月开始，全区政法系统开展为期 2 年大练兵活动，提高政法队伍整体素质和战斗力，推进“平安寒亭建设”；11 月至次年，组织开展以实践“三个代表”重要思想为主要内容保持共产党员先进性教育活动。

2006 年 5 月至 2007 年，全区政法系统组织开展社会主义法治理念教育活动，围绕依法治国、执法为民、公平正义、服务大局、党的领导 5 个专题，深化教育培训，强化检查整改，群众对政法队伍和政法工作满意度提升。2009 年，组织开展“大学习、大讨论”活动，结合廉政文化建设、执法规范化建设、干警大培训活动和作风建设年活动，组织学习培训。

2011 年 1 月，公检法联合开展刑事案件执法办案风险评估工作，实现执法办案质量、政法干警业务素质双提升；3 月，组织开展“发扬传统、坚定信念、执法为民”主题教育实践活动，解决政法干警在理想信念、宗旨意识、执法司法等方面问题。2012 年 2 月，组织政法干警下基层，引导干警深入社区、村居和企业调解矛盾纠纷、开展普法宣传、提供法律服务、征求意见建议等；4 月，组织开展以“忠诚、为民、公正、廉洁”为主要内容的政法干警核心价值观教育实践活动。2013 年 4 月开始，在全区政法系统开展“转变作风、提升能力、服务群众、促进发展”教育实践活动；6月，区委政法委牵头将刑事案件执法办案风险评估工作拓展到执法办案各领域，坚持“一案双评、责任倒逼”机制，提升政法干警风险意识和办案水平。

第二节　社会治安综合治理

制度建设

1992年，区综治委印发《关于社会治安综合治理实行“属地管理”原则的规定（试行）》《关于实行社会治理一票否决权制的规定（试行）的通知》。当年全区执行一票否决权制，有3个单位、8个行政村和8名直接责任者在评先、晋级中被一票否决。1995年，区委政法委、区武装部、区公安分局联合印发《关于组织和发动民兵配合公安机关维护社会治安的暂行规定》，发挥民兵在维护社会治安中的作用。1996年，区综治委、区纪委、区委组织部、区人事局、区监察局五部门联合印发文件，对社会治安综合治理实行“五部门联席会议制度”，每半年召开一次联席会议，特殊情况随时召开。1998年，印发《关于实行政法机关联合接访制度的实施意见》，每月5日为联合接访日。

2002年5月，在双杨店镇召开全区社会治安综合治理基层基础现场会，加强基层政法、综治组织和机制建设。2008年7月，制定《寒亭区维护社会稳定工作责任查究办法（试行）》，强化各级各部门“第一责任”意识，全力维护社会和谐稳定。2010年，推进社会管理创新，在全区范围内实行以具有合法固定住所为基本条件的区内户口准入制度，探索“以房管人、以证管人、以业管人”户籍管理新模式，建立引导农村居民向城镇和农村新型社区有序转移新机制。2013年7月，按照潍坊市加快推进滨海开发会议精神，寒亭政法系统各部门分别制定出台服务保障滨海开发的措施、意见，相关做法在市委政法委《政法动态》刊发。

群防群治

1992年6月，成立寒亭区见义勇为基金会；8月，召开全区预防青少年违法犯罪经验交流会，形成齐抓共管的工作合力。1993年，对见义勇为2个先进集体和12名先进个人进行表彰。同年，在农村推广10户联防、义务联防和专职联防“三防工程”，建立完善村级群防群治网络和体系；在潍坊压力容器厂和肖家营乡召开“三防”建设现场会，推进人防、物防、技防工作。1994年，推进大联防体系建设，城区增设6个警区和城西派出所，建立巡警大队；对69支乡镇联防队伍治理整顿，重新组建乡镇联防队，98%的村庄实行义务联防、专职联防和十户联防。

2002年，在农村组织开展“守法重德”模范户创建活动，7月在央子镇召开现场会议进行推广；8月4日《潍坊日报》头版头条《共建平安家园》，介绍寒亭综合治理工作经验。当年，寒亭区被市委、市政府授予“社会治安综合治理先进单位”称号。2004年，开展“大联防”网络建设，推行治安防范责任承包制，其中央子镇责任承包制推行率100%；双杨店镇、泊子乡实行“镇村一体、分片管理、联村联防”办法，减少各类案件发生。

2006年，印发《寒亭区治安防控体系各级组织主要职责及相关规章制度》，分两批对350名联防队员进行培训；按照农业人口人均10元的标准，将村级综治经费纳入区财政预算，解决综治经费“保障难”的问题。2009年，区综治办印发《加强全区技防系统建设的意见》，城区重点要害部位和公共复杂场所室外视频监控安装率80%以上，全区城乡共有探头2400余个。2010年，推进社会治安防控体系建设，建成60个达标社区警务室，按照辖区人口3.5‰的标准组建治安联防大队，各行政村成立不低于4人的治安联防队。2011年，寒亭区被评为平安潍坊建设先进县市区。2012年，推行“多警种联动、常态布警、全时流动”的街面动态布警模式。2013年5月，区综治办印发《寒亭区视频监控全覆盖工程建设实施方案》，投资建设高清视频监控系统，覆盖城区主要路口及重点要害部位，提升刑事案件破案率，震慑现行犯罪。

严打整治

1989—1990年，区委成立“严打”斗争指挥部，召开全体成员会议，研究部署“严打”斗争任务措施。1991年6月，全区召开打拐广播会议。1991年9月至1994年9月，区综治委在全区开展为期3年的反盗窃斗争，遏制盗窃案件不断增多势头。1992年，全年组织开展专项斗争11次、召开宣判大会13次，遏制重大案件上升势头。1993年，深入开展“严打”斗争，先后组织开展3次破案会战、6次治安大清查，抓获各类违法犯罪嫌疑人200余人。1994年，农村重点惩治拐卖妇女儿童犯罪，城区重点惩治盗窃犯罪，公路沿线重点打击车匪路霸和抢劫、强奸犯罪，公开宣判典型案件49案、62犯；强化农村地区社会治安整治，制定实施方案，召开动员会议，组织开展2次“严打、整治”收捕行动，摧毁犯罪团伙5个，破获各类案件126起。

1995年，组织春季“严打”攻势和“破大案、挖团伙、追逃犯”、惩治车匪路霸、盗抢“三车”等专项斗争，召开大中小型公判会16场次，宣判典型案件30案、72犯，形成对犯罪分子的高压态势。1996年，在全区开展为期3个月严打行动，破获各类刑事案件265起，其中大要案56起；摧毁犯罪团伙12个，抓获团伙成员45名，抓获在逃犯14名。1997年3月，组织开展春季严打整治专项行动；6月，在全区开展“安全小区”“安全村”基层安全创建活动。1999年，开展为期2个月的社会治安秩序集中整治活动。

2001—2002年，开展为期2年的严打整治斗争，公安机关共破获各类刑事案件1193起（其中积案654起），抓获犯罪嫌疑人496名，破获犯罪团伙40个，缴获赃款赃物折款460万元；召开公捕公拘大会，对12案、20犯进行公开逮捕、刑事拘留。2004年，组织实施“百村平安”工程，按照“抓重点、破难点”工作思路，从全区筛选出101个重点村庄，组织101个区直部门和单位与之结成对子，集中整治、帮扶、转化。2008年，组织开展奥运安保工作，公安、信访、民政、人事、维稳、安监等有关部门分别制定应急工作预案，掌握工作主动权，全区没有发生大的问题。2009年，组织综治委成员单位开展校园周边秩序整治、无传销社区创建、惩治盗窃破坏电力电信设施犯罪、卫星接收装置清理等专项整治。

2011年，重新修订《寒亭区突发社会安全事件应急处置预案》，落实应急人员、装备、物资等保障措施，建立分工明确、配合密切的快速反应机制；配合重点村综合整治，组织开展打霸治邪专项行动，抓获各类霸邪犯罪嫌疑人9名，破获霸邪案件19起；采取“一村一策，综合整治”方法，牵头对重点村实施社会治安综合治理，取得阶段性战果；区委、区政府办公室转发区综治办等10部门《关于对企业恶意欠薪问题实施综合整治的意见》，加强对企业恶意欠薪的综合整治力度。2012年，严厉惩治违法犯罪活动，成功侦破固堤街道“12•11”系列杀人案件；做好中共十八大期间安保维稳各项工作，维护全区社会和谐稳定。2013年7月，区综治委印发《寒亭区社会治安重点地区排查整治工作实施方案》，对治安问题突出的重点区域、部位、场所等实施综合整治，净化社会环境。

矛盾化解

2003年，按照“重心下移”的要求，成立区治安联防委员会和矛盾纠纷排查调处委员会；7月，在朱里镇召开现场会，推广“大联防、大民调”工作经验，各乡镇、街道层层成立2个委员会，提高基层治安防控能力。2005年，区委、区政府印发《关于加强乡镇（街道）调解中心建设的意见》，8月在河滩镇、高里镇召开现场会，推进全区调解中心建设和矛盾调解工作。2006年，推广央子镇“七级责任六级连带追究”办法，将调解工作责任落实到各级责任人和具体承办人，提高矛盾化解效率。2009年，整合综治、维稳、司法、信访等基层资源和力量，组建镇街维稳综治工作中心，实行矛盾联调、治安联防、警务联勤、问题联治、平安联创；强化多元纠纷解决机制建设，在潍坊市诉讼与非诉讼相衔接的矛盾纠纷化解机制工作会议上，寒亭区作典型发言。

2010年，强化“大调解”体系建设，印发《关于加强社会矛盾纠纷排查化解工作的意见》，狠抓网络、机制、衔接、保障等关键环节，走出了一条“调解人员请‘四老’、报酬经费财政保、创新机制抓调处、三调对接重实效”的调解工作路子。2011年，整合基层维稳资源力量，打造村居民情信息服务中心，集街道驻村指导员、矛盾纠纷调解员、综治维稳信息员、社会治安联防员和群众工作联络员“五位一体”，集中办公、联合开展工作。2012年，创新完善“大调解”体系，实施区、街道、社区、村（居）四级联动，诉调、检调、公调三式联调，行政、行业调解多方联处的“大调解”体系，整合调解资源，提高调处效率；8月，召开全区社会矛盾纠纷“大调解”体系现场会议，印发实施意见，推动“大调解”体系规范化建设。2013年，在全区组织开展“社会矛盾化解年”活动，集中化解矛盾纠纷；2月，区委政法委印发《关于健全完善案件风险评估机制的实施意见》，创新实施案件风险评估机制，相关做法得到省委政法委、市委政法委的肯定和推广，并在《山东政法》刊发；推进行业性、专业性调解组织建设，建立法院与金融、交警及相关职能部门联动联调机制，民间借贷纠纷和交通事故纠纷诉前调解率分别达82.3%和86.6%。

第八章　党校教育　党史研究

第一节　党校教育

1983年，中共寒亭区委党校（以下简称区委党校）为正科级单位，校址在寒亭二村。1993年5月，迁至城区运河东街187号；10月，升格为副县级单位，设办公室、教务处、总务处3个副科级处室。1997年，确定为中专体制。2012年10月，区委党校迁至寒亭区丰华路1739号。至2013年，机构无变动。

干部培训

1989—2013年，区委党校坚持以加强党的执政能力建设、提高党的领导水平和执政水平为重点，充分发挥主阵地作用，多层次、多渠道、多方位、有规划、有步骤地培训全区党员干部。

1989—2013年中共寒亭区委党校干部培训统计表

表14-5

年份	培训名称	举办期数	培训人数
1989	农村党支部书记培训班	3	360
	区属企业年轻骨干培训班	1	60
1990	农村党支部书记培训班	2	230
	区属企业年轻骨干培训班	1	60
1991	农村党支部书记培训班	3	350
	区直部门干部培训班	1	130
1992	农村党支部书记培训班	2	240
	区属企业年轻骨干培训班	1	60
1993	农村党支部书记培训班	3	330
	区直部门干部培训班	1	110

续表 14-5

年份	培训名称	举办期数	培训人数
1994	农村党支部书记培训班	2	210
	区属企业年轻骨干培训班	1	60
1995	农村党支部书记培训班	3	398
	区直部门干部培训班	3	60
1996	农村党支部书记培训班	3	398
	区属企业年轻骨干培训班	1	60
1997	农村党支部书记培训班	3	390
	科级干部培训班	4	410
	农村后备干部中专班	1	53
1998	农村党支部书记培训班	3	396
	科级干部理论培训班	1	265
1999	农村党支部书记培训班	2	350
	村委会主任培训班	2	350
	科级干部培训	1	114
2000	农村党支部书记培训班	3	380
2001	农村党支部书记培训班	3	398
	村委会主任培训班	1	113
	新提拔科级干部培训班	1	105
	区直入党积极分子培训班	1	91
2002	农村党支部书记培训班	3	398
	村委会主任培训班	1	93
	全区招商引资培训班	1	76
	区属企业厂长经理 WTO 知识培训班	1	145
	工会干部培训班	1	105
	新提拔科级干部培训	1	68
2003	农村党支部书记培训班	3	380
	科级干部培训班	3	530
	厂长经理培训班	1	60
	区直入党积极分子培训班	1	70
	组织人事培训班	1	160
	新提拔科级干部培训班	1	47
2004	农村党支部书记培训班	2	380
	区直入党积极分子培训班	1	68
	新提拔科级干部培训班	1	46
	科级干部培训班	5	560
	干部培训工作者培训班	2	105
2005	新任农村党支部书记、村委会主任培训班	1	147
	新提拔科级干部培训班	1	31

续表 14-5

年份	培训名称	举办期数	培训人数
2006	新提拔科级干部培训班	1	46
	区直入党积极分子培训班	1	56
	“寒亭论坛”培训班	5	2000
2007	科级干部轮训班、新任科级干部培训班、学习贯彻中共十七大精神科级干部进修班	\	900
	“寒亭论坛”培训班	4	1600
2008	科级干部进修班、新任科级干部培训班、机关工作专题研讨班	\	650
	“寒亭论坛”培训班	5	2000
2009	中共十七届三中、四中全会精神理论骨干、农村党支部书记、妇女干部培训班	\	48
	“寒亭论坛”培训班	2	800
2010	区直新任科级干部、党务工作者、农村社区工作者、共青团干部培训班	\	763
2011	新任科级干部、中青年干部、工会干部、新考录事业单位人员培训班	\	489
2012	农村党支部书记和村委会主任、专业招商人员、科级干部、新任科级干部培训班	\	960
2013	农村村“两委”干部培训班	3	320

社会宣讲

1989 年，组织教师到企业、农村宣讲中共十三大精神和经济体制改革。1990 年，组织教师到乡镇、部门和企业开展毛泽东思想社会教育以及《国民经济和社会发展十年规划和“八五”计划的建议》专题教育。1991—1996 年，组织教师分批次到基层开展《加快改革开放和现代化建设步伐，夺取有中国特色社会主义事业的更大胜利》为主题的理论宣讲。1997—2001 年，组织教师开展中共十五大以及历次全会精神宣讲。2002 年，开展中共十六大精神宣讲，到乡镇（街道）农村和部门单位宣传党的理论方针政策，直接受教育 8000 多人。2004 年，中共十六届四中全会通过《中共中央关于加强党的执政能力建设的决定》，区委党校成立宣讲团，在全区宣讲 50 场。2005 年，开展以党员先进性教育为主题的宣讲。2006 年，组织教师开展《社会主义荣辱观》理论指导。2007 年，中共第十七次全国代表大会召开，区委党校教师宣讲 50 余场次，受教育 2 万余人。2008 年，开展以农村土地改革为主题理论宣讲。2009 年，开展以党的建设为主题理论宣讲。2010 年，组织教师开展以十二五规划为主题理论宣讲。2011 年，开展文化体制改革为主题的理论宣讲。2012 年，开展中共十八大精神理论宣讲，受教育 2 万余人。2013 年，组织教师开展以全面深化改革为主题理论宣讲。

学历教育

1989 年，举办省委党校财会专业大专班，培训 310 人。1992 年，开设省委党校文秘专业大专班，培训 60 人。1994—2000 年，每年开设山东省委党校农村干部大专班，共招收学员 1559 人；设经济管理专业业余大专班，共招收学员 1060 人。2001—2010 年，每年举办省委党校学历班次大专班和本科班，共招收大专班法律专业 355 人、经济管理专业 481 人，招收本科班法律专业 454 人、经济管理专业 385 人。2011 年以后，不再开展学历教育。

理论研究

1989—2013 年，区委党校对区委、区政府实施一系列重大战略决策包括农业产业化、中小企业改革、打造农村社区经济圈、推进城镇化等方面进行决策前调研论证，共形成调研报告 50 篇。2007—2013 年，在地市级以上刊物发表论文 41 篇。其中 2 篇获市党校系统科研课题二等奖，3 篇获三等奖；1 篇获市党校系统社科优秀成果一等奖，2 篇获二等奖，6 篇获三等奖；调研课题“全面提升民俗文化产业发展质量和竞争力的研究——以寒亭区为例”被确定为省委党校系统调研课题；调研课题“破解村级集体经济薄弱的困惑，为保障和改善民生创造必要的物质条件”被省政府领导批示，转入高层决策。

第二节　党史研究

1981 年 10 月，中共潍县县委设立中共党史资料征集小组。1983 年 3 月，更名为中共潍县党史资料征集研究委员会办公室（撤县设区后更名为中共寒亭区党史资料征集研究委员会办公室）。1990 年 2 月，更名为中共寒亭区委党史资料征集委员会。1993 年 12 月，区党史资料征集研究委员会在机构改革中撤销，其职能及人员划归区委党校。1997 年 7 月，成立中共寒亭区委党史研究室，为正科级事业单位，归区委办公室管理。至 2013 年，机构无变化。

资料征集

机构成立后，寒亭的党史资料征集主要通过查阅档案、文献资料，以调查走访、发文发函、召开座谈会等形式，向在寒亭（潍县）工作过的老干部、老党员、党的历史上重要事件知情者征集一批有价值的回忆资料和图片资料。在资料征集过程中，注重加强对史料的考证研究，搞清了许多党史中的重要情况和历史遗留问题。如潍县早期党组织的称谓问题。再如，在整理第二次国内革命战争时期潍县农村武装暴动和 1928—1933 年潍县各级党组织多次遭受破坏和恢复情况的专题时，基本上搞清楚了这一时期潍县的农村暴动以及党组织斗争情况，为开展利用党史资料为现实服务提供生动教材。至 2013 年底，走访见证人 1000 余人（次），收（发）函调信件千余封，查阅档案资料万余卷（册），征集历史照片百余幅，征集各种资料 200 余万字。

资料编纂

1990 年，会同区委组织部、区档案局编辑出版《中共寒亭区组织史资料（1923—1987）》，16 开本 46 万字，收录境内 1923 年春至 1987 年 11 月 1 日，县（区）及乡镇（公社）两级党、政、军、政协、群团系统的组织沿革和领导人名录，以及党组织创立、发展和各个历史阶段工作开展的有关情况。1990 年 9 月，编写出版《中共寒亭历史大事记（1921—1949）》，24 开本、8 万字，收录1921—1949年中共潍坊市寒亭区（潍县）党组织诞生、发展、壮大及其党、政、军、群团组织重大活动和重要事件；10月，编辑出版原籍寒亭区离休干部孙乐洵回忆录《抗战三年在寿潍》，32开本、9.8万字。1992年，编辑出版《中共寒亭党史人物传》，34开本、5.8万字，收录宋伯行、庄龙甲、牟洪礼等23位革命烈士生平事迹。1999年3月，编写出版《中共潍坊市组织史资料寒亭卷（1987—1997）》，翔实记载全区副科以上机构设置、建撤、归并、升降，副科级以上干部更替情况，如实反映中共寒亭区各级组织和党员队伍发展变化。2007年，编纂出版《中共寒亭历史简编》，32开本、15万字，按照民主革命各个历史阶段，概括记述潍县党、政、军、民前赴后继、艰苦奋斗业绩。2008年，编纂出版《中共潍坊市寒亭区历史大事记（1921.7—2007.6）》，16开本、54万字，收录中共寒亭区（潍县）1921—2007年各级党组织及党员队伍诞生、成长、发展、壮大情况，全面记载建党以来中共寒亭区（潍县）党组织领导全区（潍县）人民进行新民主主义革命、社会主义革命和建设的战斗历程。2011年，编辑出版《红色记忆——寒亭区革命遗址概览》，图文并茂，再现寒亭早期党组织及人民艰苦卓绝的奋斗历程。《中共寒亭区组织史资料（1923—1987）》《中共寒亭历史大事记（1921—1949）》等5本书先后获山东省党史系统优秀成果奖著作类三等奖。

1989—2013年，寒亭党史部门还为中央、省、市党史研究室出版的《人民英雄大典》《山东党史》《山东党史人物》《中共山东党史人物辞典》《齐鲁共产党人》《潍原战火》《潍武沧桑》《潍民丰碑》《潍坊开放发展纪实》《中共山东八十年简史》《中共山东英烈大典》《中共山东历史大事记》《中共潍坊市党史大事记》《中共潍坊市组织史》《曾山传》《血证——潍坊市抗日战争时期惨案》《铁证——潍坊抗日战争时期人口伤亡和财产损失》和历年《中共潍坊市年鉴》等书刊累计提供资料100余篇、100余万字。

党史教育

1989年以后，党史工作者利用中共党史资料和研究成果，通过组织开展党史知识竞赛、党史展览及录制新闻专题片等多种形式宣传地方党史，发挥存史、资政、育人作用。1991年组织举办“庆祝建党八十周年党史知识竞赛”，2011年组织举办“庆祝建党九十周年党史知识竞赛”，2次活动全区近万名名党员群众参加。2011年，为庆祝建党九十周年，配合区电视台制作《红色记忆》系列专题片5部，扩大党史宣传覆盖面。其中，专题片《抗日战争潍县蔡家栏子起义始末》《张雪岩传》分别获全省党史研究成果音像类一等奖和二等奖。2012年，在《潍坊日报·今日寒亭》和寒亭电视台开设“寒亭史话·党史春秋”栏目，连续刊载、播出牟洪礼、刘英等多个寒亭党史重要人物的传略及蔡家栏子起义等重要党史事件。2009—2013年，不断扩大党史教育范围，开展党史宣传“进机关、进社区、进学校、进企业、进农村”活动，深化党史教育内容和方法，活跃党史教育形式。

建馆立碑

1990年4月5日，省、市、区领导及寒亭区党政军民各界代表，祭扫烈士陵墓，并为刘英烈士纪念碑揭幕。碑上雕刻徐向前元帅为其题写的碑文“赤胆忠心刘英烈士千古”。1995年8月15日，固堤镇大湾口村举行报国亭落成仪式，中共山东省委原书记苏毅然为报国亭题写碑文“气壮山河”。报国亭是大湾口村为了纪念该村抗日战争、解放战争、抗美援朝时期牺牲的32位烈士，由村民自发捐资建成。2008年至2009年3月，区委、区政府对烈士陵园进行改造，重建革命烈士纪念馆。馆内烈士名录1889名，其中第一和第二次国内革命战争时期13名、抗日战争时期440名、解放战争时期947名、社会主义革命和建设时期489名，另有无名烈士432名。2011年3月30日，蔡家栏子起义纪念碑落成，碑基正面用阴文镌刻碑文，背面镌刻能查证的86名起义人员姓名，供后人瞻仰纪念。

第九章　信访工作

1989年，区委、区政府信访办公室主管全区信访工作。1993年11月，撤销区委、区政府信访办公室，成立区委办公室信访科。1994年6月，恢复设立区委、区政府信访办公室。1997年2月，更名为中共寒亭区委、寒亭区人民政府信访局（以下简称区信访局）。2002年1月，明确区信访局为区委、区政府负责信访工作的行政机构，正科级规格，核定行政编制7名，工勤编制1名，设置综合协调、处信、接访、调研和督办5个职位。2010年2月，设立区信访事项复查办公室，副科级规格，为区信访局内设机构。2010年12月，区信访事项复查办公室保留机构设置，不再保留副科级规格。截至2013年年底，机构、编制没有变化。

第一节　制度建设

1989年，区直部门都建立信访机构，60个部门配备专职信访干部；12个乡镇都成立信访领导小组，选配副科级信访助理员，片长兼任信访网长，负责到村；每个村都建立信访民调委员会，达到有组织机构、有办公地点、有规章制度、有信访档案。区、乡、村三级形成完整信访网络，专、兼职信访工作人员1330名，实行“三联单”（一联存根、二联转办要求通知单、三联查处情况报告单）办案制度。1990年，寒亭区调整落实领导抓信访工作责任制，区领导按系统和分工抓信访工作；当年印发《关于进一步健全、完善复信、回访制度的意见》，把复信、回访列入信访工作考评内容。

1994年，区委印发《关于加强信访工作的意见》，以“两控两减”（严格控制赴省进京上访，大力控制越级和重复信访；尽量减少到市以上越级上访，避免和减少越级重复信访）为重点，加强规范化和程序化建设；5月开始，实行填写《上访答复意见》制度。1995年开始，寒亭区把上访群众书面答复意见作为保证逐级上访制度实施的重要一环来抓，保证逐级上访制度落实。

1996年，寒亭区全面实施“六个一”系统工程，即建立一套班子，确立一种观念（大信访观念），实行一种机制（双向制约机制），推行一种制度（逐级信访、分级归口受理），编印一本小册子，出台一个好《意见》，为信访工作规范化打下基础。1998年，区委、区政府印发《寒亭区委、区政府领导成员公开接待群众来访的实施意见》《关于乡镇主要领导公开接访的实施意见》，区委、区政府领导成员每周一公开接访，乡镇党政主要负责人每2周安排1次公开接访。2000年，实行信访工作例会制度，每季度召开1次信访例会；把信访工作纳入乡镇、区直部门整体工作考核，实行“一票否决”；执行关键时期重点信访排查防范制度，节假日、重要会议、全区重要工程、重大项目、重要决策出台前后，对有可能发生重复、越级和集体上访的重点信访案件分类排队，综合分析，确保案件及早妥善解决；实行公安局、检察院、法院、司法局、信访局“五长”联合接访制度，每月5日五部门主要负责人集中到寒亭镇法庭公开接访。

2002年，区委、区政府制定《信访热线电话工作制度》《信访工作督查制度》，落实领导抓信访工作和领导包案责任制，领导批阅人民来信占总数80%以上。2003年，对信访案件实行分级负责、归口办理的原则；对各乡镇、街道、区直部门每月、年度群众到区、到市、赴省、进京越级、集体上访情况进行通报，并严格实行责任追究。2005年，实行处理信访突出问题及群体性事件联席会议制度，分别成立土地征用、城镇房屋拆迁、国有企业改制、涉法涉诉、企业军转干部、复退伤残军人、农村财务管理及土地延包7个专项工作小组，分工负责，互相配合；高里镇党委、政府与各村各部门单位签订《信访工作责任书》，河滩镇党委、政府制定《河滩镇平安建设实施意见》和《平安建设考核办法》，开元街道建立排查预报机制。

2006年，区信访局专门成立督查考核科，负责全区各项制度和信访工作的督查考核；区纪委、区监察局印发《关于对酿成重大信访问题责任追究的暂行规定》，区委组织部、区人事局印发《关于落实信访工作责任追究暂行规定》《加强领导班子和领导干部管理的意见》等文件，建立健全事前预防、事中督查、事后追究工作体系。同年，寒亭区继续严格落实信访工作责任制，把信访工作纳入决策目标、执行责任和考核监督“三个体系”建设；按照“人防抓充实、物防抓配套、技防抓提高”的要求，构建“三级联动、三防结合”的治安防控体系。2007年，区委、区政府制订《寒亭区治安联防委员会、寒亭区治安联防总队及其办公室职责》《乡镇、街道治安防控体系组织机构、办事机构主要职责及相关规章制度》，明确各级联防组织任务职责，规范工作行为。2008年，区委、区政府印发《关于开展区委书记大接访活动的实施方案》，从2008年7月上旬到12月，区委书记带头示范，其他党政领导积极参与，信访秩序明显好转；制订《寒亭区信访工作应急预案》，规范对群体突发性事件及突发性重点问题处置程序；实行信访问题月通报制度，每月10日前由区信访局将各镇街和区直部门上月到区以上上访情况予以通报。

2009年，区委、区政府印发《关于开展区级党政领导干部定期公开接访及镇街党（工）委书记接访活动的通知》《关于全国“两会”期间实行信访不安定因素“零报告制度”的通知》《关于把矛盾纠纷排查化解工作制度化的实施意见》，进一步规范全区信访工作。2010年3月全国“两会”期间，寒亭区启动信访信息零报告机制；全面推行信访事项委托代理制度，当年实行委托代理的信访事项都得到及时处理。2011年，印发《关于把矛盾纠纷排查化解工作制度化的实施意见》，重点突出“四化”（接访时间固定化、接访公示便民化、接访形式多样化、接访责任明确化），解决一批群众反映强烈的热点难点问题。2012年，区委、区政府印发《关于进一步加强信访工作的意见》《关于实施到区以上上访有关工作制度的通知》；以“大调解”体系为依托，及时化解各类社会矛盾纠纷，探索实施区、街道、社区、村（居）四级联动，诉调、检调、公调三式联调，行政、行业调解多方联处的“大调解”工作体系，配套建立源头预防、分流督办、配合协调、回访服务四项制度，整合调解资源，提高调处效率；实行信访工作“四位一体”大督查模式，做好中共十八大期间信访工作。

2013年，潍坊市大幅度提高信访事项办结质量考核分值（百分制考核占21分），并首次将信访事项群众满意率纳入考核。区委、区政府印发《关于深化各级领导干部接访工作的意见》，完善《信访工作责任追究办法》《重大敏感时期信访工作应急预案》《信访事项复查办法》《信访事项委托代理制度》，推动信访工作制度化、规范化。区联席办印发《关于做好当前信访有关工作的通知》，通知特别要求切实加强信访事项网上办理工作。

第二节　案件处理

1989年，区信访局印发《寒亭区处理人民来信来访规程》，对群众普遍关心、涉及群众利益的事情，实行公开制度；村一级普遍建立党员议事会和村民议事会，对公共事务、经济情况、物资分配、电费收缴、计划生育、宅基地划分等群众敏感的“热点”“难点”问题，定期上墙公布；成立由区委办公室、区纪委、区组织部、区监察局、区信访办公室等部门参加的6个专案组，查处各类案件 156 件，处理违法违纪党员干部 57 人，其中开除党籍 9 人。1990 年，区委、区政府领导批阅人民来信 76 件次，占来信总数的 34.5%；坚持每月研究一次信访工作，全年研究 17 次，解决重大信访案件 6 件次；全区全年无进京上访案件。1995 年，对企业离退休老干部反映的有关问题，专题研究，妥善处理。

1998 开始，在全区推行乡镇处理信访问题承诺制度，乡镇党委、政府负责人与信访人当场签订《信访合同》，按期解决群众反映问题。1999 年开始，推行乡镇党政主要领导定时间、定地点、定人员、包案处理的“三定一包”公开接访；建立“三访”“三信”要结果制度，凡是到区以上的集体上访、越级上访、重复上访和 4 人以上联名信、3 次以上重复信、有实质内容的署名信，有关乡镇、区直部门都按期向区信访局报告查处结果。2000 年，案件处理坚持分级负责、归口办理原则，形成责任明确、团结协作、程序衔接的信访工作机制。2001 年，各乡镇（街道）配备 2 ~ 3 名专职信访干部，工作片及村 1 ~ 2 人兼做信访工作，达到乡镇（街道）、片、村三级信访网络完善；区直部门配备专兼职信访干部，并与基层单位建立二级信访网络。

2003 年，区委、区政府印发《关于加强信访案件调处化解工作的意见》，全区信访总量下降 20% 以上，96% 以上信访案件按期优质处结，90% 以上重点单位信访形势好转；集体上访、越级上访、重复信访下降 30% 以上，异常上访、违规上访减少 50% 以上。2005 年，坚持重心下移、关口前移，不断强化基层基础工作，超前化解苗头性问题 146 起，避免到区以上越级上访 35 件；开通“绿色邮政”，引导群众通过书信反映问题；落实同承办单位领导见面、同承办人见面、同写信人见面的“三见面”制度，潍坊市转寒亭初信结服率 98%，区信访局受理初信结服率 99%。2008 年，区级党政领导共接待群众来访 45 批、239 人次，结案 36 起（结服 7 起）。2009 年，有效来信抽查全部达到上级要求；开展信访积案化解年活动，当年年底之前集中时间和人力物力财力，解决和化解一批信访积案，90% 以上信访积案“案结事了”、息诉罢访。

2011 年以后，区委书记办公会、区委常委会、区委区政府联席会先后 11 次听取信访工作情况汇报；对来访群众反映的问题实行区级领导包案，在规定时间内予以妥善解决；在办理人民来信方面，有效来信抽查全部达到上级要求；开展领导干部基层群众工作日活动，打造民声网络平台，开通“民声在线”栏目，帮助群众解决实际困难。

2012 年，区委、区政府确定为“信访积案化解突破年”，当年省交办 4 起信访积案全部化解，并通过上级部门检查验收；潍坊市交办 6 起积案化解 5 起，信访积案化解率 90%。同年，区信访局建立信访民情档案 140 余宗，14 名区级领导接待群众来访 72 批、523 人次，解决群众实际问题 68 个，化解率 94.5%。2013 年，区委、区政府确定为“信访积案化解攻坚年”，对 6 起积案全部落实区级领导包案，并建立台账，落实定责任单位、定包案领导、定责任人、定化解时限和包稳控的“四定一包”责任体系，确保案件按期化解；2 起信访事项通过终结备案认定；对潍坊市以上机关录入信访信息系统和立案交办的重点信访案件全部按要求反馈督办单并按期上报；对区领导批示的重点信访案件、领导接访案件和信访积案，由区联席办、区信访局全程督导，及时妥善解决。

第三节　法规宣传与经验推广

法规宣传

1992 年，《山东省信访处理暂行规定》实施，全区采取多种形式广泛宣传。1993 年，各乡镇、区直部门采用印发明白纸、宣传单、张榜等方式宣传，达到家喻户晓。1994 年，进一步抓好基层信访宣传，加强机构改革后的网络建设，分别对乡镇和区直部门信访干部进行培训。1996 年，国务院 185 号令发布《信访条例》，寒亭区将《信访条例》和《山东省人民群众上访程序》编印成册，印刷 8.4 万册，发放到每个农户。2000 年，以《山东省信访规定》出台为契机，开展信访法规宣传周活动，采取组织宣讲团宣讲、印发张贴宣传材料、通报正反两方面典型案例等形式，加强对干部群众的信访法制教育。2001年，2次对基层信访工作人员专题培训。2005年，国务院修订《信访条例》，寒亭区发放宣传单5000余张、明白纸5000余份、《信访条例》2000余册、大布告200余张，悬挂横幅39条，宣传新《信访条例》及相关法律、法规和政策。同年，区信访局干部抽出专门时间，深入基层了解社情民意，上报市信访局调研报告26篇、信访信息20篇，其中7篇被省以上报纸杂志采用，9篇被市级以上报纸杂志采用，3篇领导包案在《潍坊信访通报》上刊发。

2006年，通过各种宣传形式宣传《宪法》、国务院和省《信访条例》、《中华人民共和国游行示威法》、《社会治安管理处罚条例》等法律法规，教育市民自觉遵法守法，依法信访。2010年，在寒亭电视台和《潍坊日报·今日寒亭》开辟专栏，定期播出刊登领导干部公开接访工作情况；在城区组织开展“深入贯彻落实信访条例、推进镇街领导公开接访”集中宣传活动，向群众发放明白纸1000余份、宣传手册200余册，现场解答群众提出问题。

2011年，结合《信访条例》颁布实施5周年，确定4月23日为集中宣传日，通过散发宣传品、现场解答、接受记者采访等形式，向群众宣传信访法规和领导干部定期公开接访制度，教育和引导群众依法按程序、就地就近反映利益诉求。2012年5月，寒亭信访干部分两批参加潍坊市举办的信访干部培训班。2013年，在参加潍坊市统一组织的培训班基础上，采取集中学习、重点案件讲评等形式，对全区专兼职信访干部培训，全面提升信访干部队伍素质。

经验推广

1989年，寒亭区抓根本、超前预防、依法管理做好信访工作的经验，得到中央、省、市领导的充分肯定，并在全国推广。同年3月，寒亭区作为县一级代表出席全国信访工作座谈会，区委副书记、区长孙承志在会上作《进一步加强信访工作，促进改革和经济健康发展》的发言，中央书记处候补书记温家宝、国务院秘书长罗干出席会议，对寒亭区做信访工作“群众利益想在前、思想工作做在前、政策研究搞在前、民主监督走在前和苗头问题抓在前”的“五个超前”经验充分肯定。同年4月，在全省信访工作会议上，寒亭区介绍做好信访工作的经验。1989年第五期《农村工作通讯》刊发寒亭区委《为民勤政“五超前”》文章；1989年5月15日《大众日报》头版头条刊登寒亭区信访工作经验的调查报告，题目为《推进民主政治的重要途径》，并加编者按；6月，市委、市政府办公室印发《关于推广寒亭区信访工作经验的通知》；7月，省委、省政府印发寒亭区《狠抓基层，工作超前，努力做好新时期的信访工作》的经验，省电视台在《山东新闻》播放《寒亭区信访工作做到“五个超前”》节目。

1990年3月，在全省信访工作会议上，寒亭区作《全党动手，形成合力，努力做好新时期的信访工作》的经验介绍；8月，在大连市举办的全国信访工作学习班上，寒亭区抓好基层信访工作的经验，得到中央、省、市各级领导肯定，《人民日报》《人民信访》《潍坊日报》及省、市广播电台、电视台多次刊登和报道寒亭区做好信访工作的先进经验。1989—1992年，全国9省（直辖市）、27地市、62县区、961人次到寒亭区参观、学习和交流信访工作经验。1991年1月，《人民日报》以《寒亭区信访工作新路子》为题，介绍寒亭区信访工作的做法。《人民信访》《大众日报》《山东信访》《潍坊日报》等多家媒体多次刊登寒亭区信访工作经验。1995年10月，寒亭区被中共中央办公厅、国务院办公厅、人事部授予“全国信访工作先进集体”称号，并作为全国信访工作先进集体代表参加第四次全国信访工作会议。1989—1990年度、1992—1993年度、1996—1997年度，寒亭区被省委、省政府评为“全省信访工作先进单位”。

第十五编　地方国家权力机关

DI SHI WU BIAN　DI FANG GUO JIA QUAN LI JI GUAN

1989—2013 年，寒亭区人民代表大会历经第十一届至十七届，召开区人民代表大会 26 次。每次区人民代表大会，都听取并审议区人大常委会、区政府、区法院、区检察院工作报告，听取并审查区财政预决算、区国民经济和社会发展计划报告，并作出相应决议；每届区人民代表大会第一次会议还依法选举区人大常委会主任、副主任、委员，选举区人民政府区长、副区长，区人民法院院长，区人民检察院检察长。

其间，区人大及其常委会在中共潍坊市寒亭区委领导下，按照宪法和法律规定，采取听取审议“一府两院”工作报告和专项工作报告，听取审议和审查批准国民经济与社会发展计划、财政预算及其执行情况报告，听取审议审计工作报告，开展视察、执法检查、规范性文件备案审查以及述职评议、工作评议等方式，抓好对“一府两院”的工作监督和法律监督，支持“一府两院”依法行政、公正司法；认真行使重大事项决定权，对涉及全区经济社会发展大局的重大事项，及时开展调查研究，广泛聚集民意民智，作出决议、决定，促进政府工作的科学民主决策；认真行使选举权和任免权，依法选举、任免国家机关领导人员和工作人员，为全区各项工作开展提供坚强组织保障。

第一章　人民代表大会

寒亭区人民代表大会是寒亭区地方国家权力机关，由普选产生的历届人民代表大会代表（以下简称人大代表）组成。1984 年 5 月，沿用原潍县人民代表大会届次，寒亭区选出本级人大代表，组成寒亭区第十届人民代表大会。1989—2013 年，区人民代表大会共历经 7 届，即第十一届至十七届。根据 1979 年第五届全国人大二次会议通过的《中华人民共和国地方各级人民代表大会和地方各级人民政府组织法》（以下简称地方组织法）规定，寒亭区人民代表大会第十一届、十二届，每届任期 3 年。按照 1993 年第八届全国人大一次会议通过《中华人民共和国宪法修正案》和 1995 年修订的地方组织法规定，寒亭区人民代表大会自第十三届起，每届任期 5 年。

第一节　人大代表

寒亭区人大代表，是寒亭区地方国家权力机关组成人员，任期从每届本级人民代表大会举行第一次会议开始，到下届本级人民代表大会举行第一次会议止。

代表产生

1987—2013 年，寒亭区历经 7 次人大代表换届选举。每次选举，均成立选举委员会，并按照制定方案、动员部署、宣传教育、骨干培训、划分选区、选民登记、提名推荐和讨论协商确定代表候选人、投票选举等步骤和程序进行。每次换届，均实行差额选举。投票选举阶段，各选区都设立投票站或召开选举大会，由选民直接选出人大代表。

寒亭区第十一至十七届人大代表选举统计表

表 15-1

届次	选举时间	选区数量（个）	选民登记人数	参选选民人数	参选率（%）	候选人差额比例（%）	当选代表人数
十一	1987.03.27	119	229915	215547	93.8	65.4	214
十二	1990.03.15	113	247734	236291	95.4	54.3	210
十三	1992.12.25	115	257993	242700	94.1	54.7	212
十四	1998.01.04	111	261843	255840	97.7	59.3	189
十五	2002.12.30	104	266562	253762	95.2	59	183
十六	2007.11.23	103	331862	317260	95.6	51.2	203
十七	2011.12.16	100	346328	331782	95.8	51.5	200

代表构成

寒亭区历届人大代表来自各行各业，具有广泛代表性。工人、农民、领导干部、知识分子代表和非党群众代表、妇女代表等都占有适当比例，其中工农代表所占比例始终较高。每次换届，都注重保留一批政治素质好、积极参加代表活动、履职能力较强的上届代表，确保人大工作既有活力，又保持相对连续性和稳定性。

寒亭区第十一至十七届人大代表构成统计表

表 15-2　　单位：人

届次	代表人数	其中			组成结构					年龄结构			文化结构		
		中共党员	妇女	少数民族	干部	工人	农民	知识分子	其他	35岁以下	36~55岁	56岁以上	大专以上	初中以上	小学以下
十一	214	118	49	0	46	27	88	51	2	52	141	21	30	135	49
十二	210	116	52	0	49	32	95	32	2	40	145	25	39	134	37
十三	212	133	58	0	50	26	96	38	2	35	160	17	64	128	20
十四	189	124	51	0	47	32	75	35	0	44	135	10	93	91	5
十五	183	123	51	0	45	30	81	26	1	22	158	3	104	78	1
十六	203	129	59	0	49	39	79	30	6	24	173	6	120	83	0
十七	200	130	52	1	47	46	74	30	3	21	172	7	115	85	0

第二节　区人民代表大会会议

1989—2013年，寒亭区先后召开区人民代表大会会议（简称人代会）26次。主要议题是：听取和审议有关国家机关的工作报告，决定国民经济和社会发展计划及财政预决算等重大事项，选举本级国家机关领导人员和上一级人大代表等。

第十一届人民代表大会会议

第四次会议　1989年4月10日—12日在寒亭宾馆召开。出席代表207人，列席人员200名，大会主席团43人。会议听取并审议通过区长孙承志作的《政府工作报告》以及区人大常委会、区人民法院、区人民检察院工作报告；听取和审

图 15-1　人大代表投票选举（1989 年）

查批准《寒亭区 1989 年国民经济和社会发展计划（草案）的报告》《寒亭区 1988 年财政决算和 1989 年财政预算（草案）的报告》。

第十二届人民代表大会会议

第一次会议　1990 年 3 月 21 日—25 日在寒亭宾馆召开。出席代表 209 人，列席人员 190 名，大会主席团 35 人。会议听取并审议通过代理区长李英文作的《政府工作报告》以及区人大常委会、区人民法院、区人民检察院工作报告；听取和审查批准《寒亭区 1990 年国民经济和社会发展计划（草案）的报告》《寒亭区 1989 年财政决算和 1990 年财政预算（草案）的报告》。会议选举王全义为区人大常委会主任，陈之凡、范乐民、吴开和、潘云英（女）为副主任；选举李英文为区人民政府区长，王春堂、李晓明、袁英馥（女）、于桂成、王洪斗为副区长，郎业广为科技副区长；选举于之存为区人民法院院长，王志昌为区人民检察院检察长；选举区人大常委会委员 14 人。

第二次会议　1991 年 3 月 22 日—24 日在寒亭宾馆召开。出席代表 204 人，列席人员 235 名，大会主席团 47 人。会议听取并审议通过区长李英文作的《政府工作报告》以及区人大常委会、区人民法院、区人民检察院工作报告；听取和审查批准《寒亭区国民经济和社会发展十年规划、“八五”计划及 1991 年计划（草案）的报告》《寒亭区 1990 年财政决算和 1991 年财政预算（草案）的报告》。

第三次会议　1992 年 4 月 6 日—8 日在寒亭宾馆召开。出席代表 202 人，列席人员 250 名，大会主席团 46 人。会议听取并审议通过区长李英文作的《政府工作报告》以及区人大常委会、区人民法院、区人民检察院工作报告；听取和审查批准《寒亭区 1991 年国民经济和社会发展计划执行情况与 1992 年计划（草案）的报告》《寒亭区 1991 年财政决算和 1992 年财政预算（草案）的报告》。

第十三届人民代表大会会议

第一次会议　1993 年 2 月 16 日—20 日在寒亭宾馆召开。出席代表 212 人，列席人员 254 名，大会主席团 42 人。会议听取并审议通过区长李英文作的《政府工作报告》及区人大常委会、区人民法院、区人民检察院工作报告；听取和审查批准《关于寒亭区调整“八五”计划及 1993 年国民经济和社会发展计划（草案）的报告》《寒亭区 1992 年财政决算和 1993 年财政预算（草案）的报告》。会议选举李英文为区人大常委会主任，杜学古、陈之凡、范乐民、袁英馥（女）、潘云英（女）、骆凯丰为副主任；选举胡岗为区人民政府区长，王春堂、刘勤之、于桂成、袁延民、段秀英（女）为副区长；选举于之存为区人民法院院长，王志昌为区人民检察院检察长；选举区人大常委会委员 12 人。选举出寒亭区出席潍坊市第十二届人民代表大会代表 29 名。

第二次会议　1994 年 3 月 2 日—4 日在寒亭宾馆召开。出席代表 206 人，列席人员 264 名，大会主席团 44 人。会议听取并审议通过区长胡岗作的《政府工作报告》以及区人大常委会、区人民法院、区人民检察院工作报告；听取和审查批准《寒亭区1994年国民经济和社会发展计划（草案）的报告》《寒亭区1993年财政决算和1994年财政预算（草案）的报告》。会议补选南云峰为区人大常委会委员。

第三次会议　1995年3月14日—16日在寒亭宾馆召开。出席代表202人，列席人员292名，大会主席团46人。会议听取并审议通过区长胡岗作的《政府工作报告》以及区人大常委会、区人民法院、区人民检察院工作报告；听取和审查批准《寒亭区1994年国民经济和社会发展计划执行情况与1995年计划（草案）的报告》《寒亭区1994年财政决算和1995年财政预算（草案）的报告》。会议通过关于接受李英文辞去区人大常委会主任职务请求决定，关于接受胡岗辞去区人民政府区长职务请求决定，关于接受崔守国、刘勤之、袁延民辞去副区长职务请求决定。补选胡岗为区人大常委会主任，袁延民为副主任；黄潍连为区人民政府区长，王连森、李邦富为副区长。

第四次会议　1996年3月15日—18日在寒亭宾馆召开。出席代表214人，列席人员316名，大会主席团47人。会议听取并审议通过区长黄潍连作的《关于寒亭区国民经济和社会发展第九个五年计划及2010年远景目标纲要（草案）的报告》以及区人大常委会、区人民法院、区人民检察院工作报告；听取和审查批准《寒亭区1995年国民经济和社会发展计划执行情况与1996年计划（草案）的报告》《寒亭区1995年财政预算执行情况和1996年财政预算（草案）的报告》。会议通过关于接受胡岗辞去区人大常委会主任职务请求决定，关于接受王志昌辞去区人民检察院检察长职务请求决定。补选崔守国为区人大常委会主任，王振环等2人为区人大常委会委员；李为升为区人民检察院检察长。

第五次会议　1997年3月4日—6日在寒亭宾馆召开。出席代表211人，列席人员329名，大会主席团49人。会议听取并审议通过区长黄潍连作的《政府工作报告》以及区人大常委会、区人民法院、区人民检察院工作报告；听取和审查批准《寒亭区1996年国民经济和社会发展计划执行情况与1997年计划（草案）的报告》《寒亭区1996年财政预算执行情况和1997年财政预算（草案）的报告》。

第十四届人民代表大会会议

第一次会议　1998年1月17日—21日在寒亭宾馆召开。出席代表189人，列席人员295名，大会主席团40人。会议听取并审议通过代理区长李世光作的《政府工作报告》以及区人大常委会、区人民法院、区人民检察院工作报告；听取和审查批准《寒亭区1997年国民经济和社会发展计划执行情况与1998年计划（草案）的报告》《寒亭区1997年财政预算执行情况和1998年财政预算（草案）的报告》。会议选举崔守国为区人大常委会主任，杜学古、袁英馥（女）、于桂成、袁延民、于之存、李为升为副主任；选举李世光为区人民政府区长，吴世刚、段秀英（女）、扈本军、陈汝孝、贾有余、张辉忠为副区长；选举宋介坤为区人民法院院长，魏常禄为区人民检察院检察长；选举区人大常委会委员12人。选举出寒亭区出席潍坊市第十三届人民代表大会的代表26名。

第二次会议　1999年3月4日—6日在寒亭宾馆召开。出席代表181人，列席人员324名，大会主席团47人。会议听取并审议通过区长李世光作的《政府工作报告》以及区人大常委会、区人民法院、区人民检察院工作报告；听取和审查批准《寒亭区1998年国民经济和社会发展计划执行情况与1999年计划（草案）的报告》《寒亭区1998年财政预算执行情况和1999年财政预算（草案）的报告》。

第三次会议　2000年1月23日—25日在寒亭宾馆召开。出席代表180人，列席人员306名，大会主席团47人。会议听取并审议通过区长李世光作的《政府工作报告》以及区人大常委会、区人民法院、区人民检察院工作报告；听取和审查批准《寒亭区1999年国民经济和社会发展计划执行情况与2000年计划（草案）的报告》《寒亭区1999年财政预算执行情况和2000年财政预算（草案）的报告》。会议还审议通过25名代表联名提出的《关于加强区乡公路建设与维护议案的决议》。

第四次会议　2001年3月7日—10日在寒亭宾馆召开。出席代表177人，列席人员326名，大会主席团49人。会议听取并审议通过区长李世光作的《关于寒亭区国民经济和社会发展第十个五年计划纲要（草案）的报告》以及区人大常委会、区人民法院、区人民检察院工作报告；听取和审查批准《寒亭区2000年国民经济和社会发展计划执行情况与2001年计划（草案）的报告》《寒亭区2000年财政预算执行情况和2001年财政预算（草案）的报告》。会议通过关于接受杜学古、袁延民、于之存辞去区人大常委会副主任职务，徐志娟辞去区人大常委会委员职务请求决定；关于接受吴世刚、段秀英、陈汝孝、王文昌辞去区人民政府副区长职务请求决定。会议补选崔金言、刘德平、王文昌为区人大常委会副主任，万德茂为区人大常委会委员，傅廷民、王深鹏、徐金明为区人民政府副区长，魏焕才为区人民法院院长。

第五次会议　2002年2月24日—26日在寒亭宾馆召开。出席代表181人，列席人员319名，大会主席团41人。会议听取并审议通过区长李世光作的《政府工作报告》以及区人大常委会、区人民法院、区人民检察院工作报告；听取和审查批准《寒亭区2001年国民经济和社会发展计划执行情况与2002年国民经济和社会发展计划（草案）的报告》《寒亭区2001年财政预算执行情况和2002年财政预算（草案）的报告》。

第十五届人民代表大会会议

第一次会议　2003年1月18日—22日在寒亭宾馆召开。出席代表182人，列席人员269名，大会主席团45人。会议听取并审议通过代理区长张小梅作的《政府工作报告》以及区人大常委会、区人民法院、区人民检察院工作报告；听取和审查批准《寒亭区2002年国民经济和社会发展计划执行情况与2003年计划（草案）的报告》《寒亭区2002年财政预算执行情况和2003年财政预算（草案）的报告》。会议选举崔守国为区人大常委会主任，崔金言、刘德平、王文昌、徐淑华（女）、李学升、朱明敬为副主任；选举张小梅（女）为区人民政府区长，李宗成、扈本军、张辉忠、徐金明、于伟平、王文琦为副区长；选举魏焕才为区人民法院院长，魏常禄为区人民检察院检察长；选举区人大常委会委员14人。选举出寒亭区出席潍坊市第十四届人民代表大会代表23名。

第二次会议　2004年1月5日—7日在寒亭宾馆召开。出席代表175人，列席人员290名，大会主席团47人。会议听取并审议通过区长张小梅作的《政府工作报告》以及区人大常委会、区人民法院、区人民检察院工作报告；听取和审查批准《寒亭区2003年国民经济和社会发展计划执行情况与2004年计划（草案）的报告》《寒亭区2003年财政预算执行情况和2004年财政预算（草案）的报告》。

第三次会议　2005年1月25日—27日在寒亭宾馆召开。出席代表169人，列席人员289名，大会主席团46人。会议听取并审议通过区长张小梅作的《政府工作报告》以及区人大常委会、区人民法院、区人民检察院工作报告；书面印发并审查批准《寒亭区2004年国民经济和社会发展计划执行情况与2005年计划（草案）的报告》《寒亭区2004年财政预算执行情况和2005年财政预算（草案）的报告》。会议补选李洪平为区人大常委会副主任。

第四次会议　2006年2月15日—17日在寒亭宾馆召开。出席代表179人，列席人员296名，大会主席团46人。会议听取并审议通过区长张小梅作的《政府工作报告》以及区人大常委会、区人民法院、区人民检察院工作报告；书面印发并审查批准《寒亭区国民经济和社会发展第十一个五年规划纲要（草案）》《寒亭区2005年国民经济和社会发展计划执行情况与2006年计划（草案）的报告》《寒亭区2005年财政预算执行情况和2006年财政预算（草案）的报告》。会议通过关于接受刘德平、李学升辞去区人大常委会副主任职务，万德茂、杨绍信、曹锦华、崔高平辞去区人大常委会委员职务请求决定；补选管清源、赵泽庆为区人大常委会副主任，王俊国等2人为区人大常委会委员，韩亮为区人民法院院长。

第五次会议　2007年1月24日—26日在寒亭宾馆召开。出席代表184人，列席人员304名，大会主席团45人。会议听取并审议通过代理区长陈平作的《政府工作报告》以及区人大常委会、区人民法院、区人民检察院工作报告；书面印发并审查批准《寒亭区2006年国民经济和社会发展计划执行情况与2007年计划（草案）的报告》《寒亭区2006年财政预算执行情况和2007年财政预算（草案）的报告》。会议通过关于接受崔金言、王文昌辞去区人大常委会副主任职务，张文辞去区人民政府副区长职务请求决定；补选徐志娟（女）、魏常禄为区人大常委会副主任，陈平为区人民政府区长，李俊杰为区人民检察院检察长。

第十六届人民代表大会会议

第一次会议　2007年12月11日—14日在寒亭宾馆召开。出席代表200人，列席人员344名，大会主席团47人。会议听取并审议通过区长陈平作的《政府工作报告》以及区人大常委会、区人民法院、区人民检察院工作报告；书面印发并审查批准《寒亭区2007年国民经济和社会发展计划执行情况与2008年计划（草案）的报告》《寒亭区2007年财政预算执行情况和2008年财政预算（草案）的报告》。会议选举李世光为区人大常委会主任，蔡俊忠为第一副主任，徐志娟（女）、张辉忠、李洪平、管清源、赵泽庆、武伟乐为副主任；选举陈平为区人民政府区长，韩国礼、王文琦、王德明、葛凤春（女）、徐方吉、马继山为副区长；选举韩亮为区人民法院院长，李俊杰为区人民检察院检察长；选举区人大常委会委员17人。选举出寒亭区出席潍坊市第十五届人民代表大会的代表27名。

第二次会议　2008年3月20日在寒亭宾馆召开。出席代表196人，列席人员15名（仅不是人大代表的区级领导班子成员），大会主席团48人。会议通过关于接受李世光辞去区人大常委会主任职务请求决定，关于陈平辞去区人民政府区长职务，韩国礼、王文琦辞去副区长职务请求决定；补选陈平为区人大常委会主任，王培福为区人民政府区长，石铭奎、徐海涛为副区长。

第三次会议　2009年1月8日—10日在寒亭宾馆召开。出席代表199人，列席人员352名，大会主席团49人。会议听取并审议通过区长王培福作的《政府工作报告》以及区人大常委会、区人民法院、区人民检察院工作报告。书面印发并审查批准《寒亭区2008年国民经济和社会发展计划执行情况与2009年计划（草案）的报告》《寒亭区2008年财政预算执行情况和2009年财政预算（草案）的报告》。会议通过关于接受管清源辞去区人大常委会副主任职务、朱明敬辞去区人大常委会委员职务请求决定。

第四次会议　2010年1月13日—15日在寒亭宾馆召开。出席代表199人，列席人员382名，大会主席团44人。会议听取并审议通过区长王培福作的《政府工作报告》以及区人大常委会、区人民法院、区人民检察院工作报告。书面印发并审查批准《寒亭区2009年国民经济和社会发展计划执行情况与2010年计划（草案）的报告》《寒亭区2009年财政预算执行情况和2010年财政预算（草案）的报告》。会议补选王玉良为区人大常委会副主任，李洪森等4人为区人大常委会委员。

第五次会议　2011年1月21日—23日在寒亭宾馆召开。出席代表192人，列席人员361名，大会主席团50人。会议听取并审议通过区长王培福作的《政府工作报告》以及区人大常委会、区人民法院、区人民检察院工作报告。书面印发并审查批准《寒亭区国民经济和社会发展第十二个五年规划纲要（草案）》《寒亭区2010年国民经济和社会发展计划执行情况与2011年计划（草案）的报告》《寒亭区2010年财政预算执行情况和2011年财政预算（草案）的报告》。会议通过关于接受赵泽庆辞去区人大常委会副主任职务请求决定；补选王格山为区人大常委会副主任，李良华为区人民政府副区长。

第十七届人民代表大会会议

第一次会议　2012 年 1 月 10 日—13 日在寒亭宾馆召开。出席代表 200 人，列席人员 319 名，大会主席团 44 人。会议听取并审议通过代理区长孟晓雷作的《政府工作报告》以及区人大常委会、区人民法院、区人民检察院工作报告。书面印发并审查批准《寒亭区 2011 年国民经济和社会发展计划执行情况与 2012 年计划（草案）的报告》《寒亭区 2011 年财政预算执行情况和 2012 年财政预算（草案）的报告》。会议选举孙德奎为区人大常委会主任，蔡俊忠为第一副主任，徐志娟（女）、张辉忠、武伟乐、王玉良为副主任；选举孟晓雷为区人民政府区长，王文琦、庞胜明、马继山、刘向东、李永光、郭春媛（女）为副区长；选举吕宜民为区人民法院院长，邓树刚为区人民检察院检察长；选举区人大常委会委员 19 人。选举出寒亭区出席潍坊市第十六届人民代表大会的代表 27 名。

第二次会议　2013 年 2 月 26 日—28 日在寒亭宾馆召开。出席代表 193 人，列席人员 331 名，大会主席团 42 人。会议听取并审议通过区长孟晓雷作的《政府工作报告》以及区人大常委会、区人民法院、区人民检察院工作报告。会议书面印发并审查批准《寒亭区 2012 年国民经济和社会发展计划执行情况与 2013 年计划（草案）的报告》《寒亭区 2012 年财政预算执行情况和 2013 年财政预算（草案）的报告》。会议通过关于接受徐志娟辞去区人大常委会副主任职务请求决定；补选朱群英（女）为区人大常委会副主任，王先明等 3 人为区人大常委会委员。

寒亭区人民代表大会选举的潍坊市第十二至十六届人大代表名录

表 15-3

届　次	选举时间	姓　名
市十二届	1993.02.19	丁孟玉（女）、于庄、于瑞英（女）、王中美（女）、王汉文、王光明、王全义、王秀玲（女）、王作义、王学昆、朱群玉（女）、刘远顺、孙龙茂、孙秀云（女）、孙悦兰（女）、杜学古、李英文、李顺义、李惠民、赵泽庆、胡岗、袁英馥（女）、徐世吉、徐振忠、郭大壮、梁余江、滕司宪、滕秀兰（女）、潘素霞（女）
市十三届	1998.01.21	丁孟玉（女）、于庄、于金钟、于瑞英（女）、王中美（女）、王作义、王坤明、王效华、冯少英（女）、朱明敬、朱群玉（女）、刘伟宏、孙秀云（女）、李平（女）、李世光、李英文、李忠廉、张辉忠、陈法信、陈惠芹（女）、明宝春、袁英馥（女）、徐连富、曹瑞丰、崔守国、潘素霞（女）
市十四届	2003.01.21	于信元、王治华、王俊国、王建岗、刘全福、刘维国、孙成志、孙秀云（女）、李世光、李忠廉、宋孝恩、张小梅（女）、张美荣（女）、庞琴（女）、逄奉建、徐丽伟（女）、高岩、高振涛、黄爱国（女）、崔全华、崔守国、康凤英（女）、葛爱军
市十五届	2007.12.14	王兆丰、王俊国、王培照、王敬信、王瑞花（女）、石承志、刘月霞（女）、刘全福、苏立科、李世光、李波（女）、李建泉、李瑞丰、肖沼泓、张爱云（女）、陈平、陈丽霞（女）、陈健、逄奉建、袁荫龙、徐建明、葛爱军、董清虎、傅大军、蔡沥菅、蔡俊忠、魏瑞菊（女）
市十六届	2012.01.12	王全江、王培福、王敬信、丛云川、刘月霞（女）、刘玉华（女）、孙德奎、苏立科、李传孝、李荣亮、李瑞丰、肖沼泓、邹庆忠、张爱云（女）、陈丽霞（女）、孟庆升、孟晓雷、赵连东、宫智、姜丽波（女）、徐松萃、徐建明、谢俊德、蔡沥菅、蔡俊忠、阚洪明、魏瑞菊（女）

注：此名录为历届人大一次会议选举产生的潍坊市人大代表（按姓名笔画为序排列）。

第二章　人民代表大会常务委员会

寒亭区人民代表大会常务委员会（简称区人大常委会）是区人民代表大会常设机关，对本级人民代表大会负责并报告工作，监督区人民政府、区人民法院、区人民检察院（简称“一府两院”）工作，讨论决定全区经济、社会发展等重大事项，依法任免国家机关工作人员。1989—2013年，按照每2个月至少召开1次会议的法律规定，区人大常委会共召开173次会议，听取审议“一府两院”工作报告392项，表决通过人事任免事项102项。

第一节　领导机构

每届区人大常委会，均由本级人民代表大会在代表中选举主任、副主任若干人和委员若干人组成。从1987年至2013年，寒亭区人民代表大会先后历经7次换届，并相应选举产生第十一届至十七届人大常委会组成人员。

寒亭区第十一至十八届人大常委会主任、副主任一览表

表15-4

届　次	职　务	姓　名	籍　贯	任职时间
第十一届（　—1990.03）	主　任	王光明	山东昌乐	1987.04—1990.03
	副主任	王全义	山东寿光	1987.04—1990.03
		孙仁浩	山东昌邑	1987.04—1990.03
		史竹亭	山东莱州	1987.04—1990.03
		吴开和	潍坊潍城	1987.04—1990.03
		陈锡瑶	山东莱州	1987.04—1990.03
第十二届（1990.03—1993.02）	主　任	王全义	山东寿光	1990.03—1993.02
	副主任	陈之凡	潍坊寒亭	1990.03—1993.02
		范乐民	潍坊寒亭	1990.03—1993.02
		吴开和	潍坊潍城	1990.03—1993.02
		潘云英（女）	山东莱州	1990.03—1993.02
第十三届（1993.02—1998.01）	主　任	李英文	山东安丘	1993.02—1995.03
		胡　岗	山东高密	1995.03—1996.03
		崔守国	潍坊寒亭	1996.03—1998.01
	副主任	杜学古	山东高密	1993.02—1998.01
		陈之凡	潍坊寒亭	1993.02—1998.01
		范乐民	潍坊寒亭	1993.02—1998.01

续表 15-4

届　次	职　务	姓　名	籍　贯	任职时间
第十三届（1993.02—1998.01）	副主任	袁英馥（女）	青岛市北	1993.02—1998.01
		潘云英（女）	山东莱州	1993.02—1998.01
		袁延民	潍坊寒亭	1995.03—1998.01
		骆凯丰	山东蓬莱	1993.02—1998.01
第十四届（1998.01—2003.01）	主　任	崔守国	潍坊寒亭	1998.01—2003.01
	副主任	杜学古	山东高密	1998.01—2001.03
		崔金言	潍坊潍城	2001.03—2003.01
		袁英馥（女）	青岛市北	1998.01—2003.01
		于桂成	潍坊寒亭	1998.01—2003.01
		袁延民	潍坊寒亭	1998.01—2001.03
		于之存	潍坊寒亭	1998.01—2001.03
		刘德平	山东胶州	2001.03—2003.01
		王文昌	潍坊寒亭	2001.03—2003.01
		李为升	潍坊潍城	1998.01—2003.01
第十五届（2003.01—2007.12）	主　任	崔守国	潍坊寒亭	2003.01—2007.12
	副主任	崔金言	潍坊潍城	2003.01—2007.01
		刘德平	山东胶州	2003.01—2006.02
		王文昌	潍坊寒亭	2003.01—2007.01
		徐志娟（女）	潍坊寒亭	2007.01—2007.12
		徐淑华（女）	山东栖霞	2003.01—2007.12
		李学升	潍坊寒亭	2003.01—2006.02
		朱明敬	潍坊寒亭	2003.01—2007.12
		李洪平	山东肥城	2005.01—2007.12
		管清源	潍坊寒亭	2006.02—2007.12
		魏常禄	潍坊坊子	2007.01—2007.12
		赵泽庆	潍坊寒亭	2006.02—2007.12
第十六届（2007.12—2012.01）	主　任	李世光	山东安丘	2007.12—2008.03
		陈　平	山东寿光	2008.03—2011.08
	第一副主任	蔡俊忠	潍坊寒亭	2007.12—2012.01
	副主任	徐志娟（女）	潍坊寒亭	2007.12—2012.01
		张辉忠	潍坊坊子	2007.12—2012.01

续表 15-4

届　次	职　务	姓　名	籍　贯	任职时间
第十六届（2007.12—2012.01）	副主任	李洪平	山东肥城	2007.12—2012.01
		管清源	潍坊寒亭	2007.12—2009.01
		赵泽庆	潍坊寒亭	2007.12—2011.01
		武伟乐	潍坊奎文	2007.12—2012.01
		王玉良	山东诸城	2010.01—2012.01
		王格山	潍坊潍城	2011.01—2012.01
第十七届（2012.01—2017.01）	主　任	孙德奎	山东蓬莱	2012.01—2013.10
		孟晓雷	山东阳谷	2014.02—2017.01
	第一副主任	蔡俊忠	潍坊寒亭	2012.01—2017.01
	副主任	徐志娟（女）	潍坊寒亭	2012.01—2013.02
		张辉忠	潍坊坊子	2012.01—2017.01
		武伟乐	潍坊奎文	2012.01—2017.01
		王玉良	山东诸城	2012.01—2017.01
		朱群英（女）	潍坊寒亭	2013.02—2017.01
第十八届（2017.01—）	主　任	韩国礼	山东昌乐	2017.01—
	副主任	陈　宁	江苏涟水	2017.01—
		马继山	山东安丘	2017.01—
		武伟乐	潍坊奎文	2017.01—
		王玉良	山东诸城	2017.01—
		徐卫平	潍坊坊子	2017.01—

寒亭区第十一至十七届人大常委会委员名录

表 15-5

届　次	姓　名
第十一届	于明珠、王乐德、王维兰（女）、刘双庆、刘国玺、李宝永、陈志升、周文田、潘云英（女）、魏再秀
第十二届	王义民、王乐德、王维兰（女）、朱绪训、齐光华、刘庆有、孙悦兰（女）、李志水、李宝永、李素荣（女）、赵信芳、崔金言、解汝涛、魏再秀
第十三届	王义民、王在喜、王作起、刘好善、刘焕歧、孙连义、孙悦兰（女）、李志水、李宝永、李素荣（女）、张辉忠、阎加宗
第十四届	王世亮、王振环、李平（女）、李连文、杨振兴、张伯华、张希丰、陈百善、林静、徐卫平、徐志娟（女）、徐桂参
第十五届	万德茂、马志强、王俊国、刘仕俊、刘虎恩、刘建民（女）、李良华、杨绍信、张明、庞琴（女）、姚华（女）、高振涛、曹锦华（女）、崔高平

续表 15-5

届　次	姓　名
第十六届	马疆、王连溪、王纯鹰、王俊国、朱明敬、刘化政、刘仕俊、刘虎恩、刘明清、肖云常、张明、庞琴（女）、孟庆升、赵连义、郭春媛（女）、高振涛、魏宏春
第十七届	马疆、王连溪、刘明清、刘洪军、孙志博、孙烈礼、孙海英（女）、李洪平、李洪森、辛冲、张京明、邵明凯、范连军、赵连义、党好玲（女）、徐顺光、徐海涛、高振涛、魏宏春

注：此名录为历届人大一次会议选举产生的委员（按姓名笔画为序排列）。

第二节　工作机构

内部机构设置

1989年，区人大常委会设办公室、法制科、调研科、联络科、财经科、教科文卫科。1990年4月，法制科、财经科、教科文卫科、联络科分别改称法制工作委员会、财经工作委员会、教科文卫工作委员会、人事代表工作委员会。1991年5月，增设信访工作室。1997年2月，调研科改称调查研究室，人事代表工作委员会改称人事代表工作室。1998年3月，在办公室设立离退休干部管理科（股级）。2003年12月，离退休干部管理科升格为副科级事业单位，仍隶属办公室。2005年12月，信访工作室升格为副科级行政单位，为办公室内设科室。2006—2013年，内设机构未变动。

街道工作机构

2001年3月，寒亭镇与城区街道合并成立寒亭街道，郭家官庄镇与张氏镇合并成立开元街道，在上述两个街道分别设立人大代表工作室，作为区人大常委会在街道的工作机构。同年4月，区十四届人大常委会第二十一次会议，任命寒亭街道、开元街道人大代表工作室主任、副主任，区人大常委会在街道首批工作机构开始运行。2007年8月，固堤镇与泊子乡合并成立固堤街道，央子镇撤镇设央子街道，在上述两个街道分别设立人大代表工作室；寿光市大家洼街道行政区域划归寒亭区（由潍坊滨海经济开发区管理），其人大工作室作为寒亭区人大常委会工作机构。2008年3月，央子街道划归潍坊滨海经济开发区管理，行政区域仍隶属寒亭区，其人大工作室仍作为区人大常委会工作机构。因管理体制原因，大家洼街道、央子街道划归潍坊滨海经济开发区管理后，其街道人大工作室负责人由开发区党工委任免、管理，机构名称也有别于寒亭区。2010年5月，高里镇、朱里镇分别撤镇设高里街道、朱里街道，在上述两个街道分别设立人大代表工作室，作为区人大常委会工作机构。至此，区人大常委会在本行政区域内7个街道设立工作机构。街道人大（代表）工作室，设主任1人、副主任1至2人，并配备专（兼）职工作人员。至2013年，街道人大工作机构未变动。

第三节　常务委员会会议

十一届人大常委会

1989年，共召开常委会会议7次，听取、审议“一府两院”关于《中华人民共和国兵役法》《中华人民共和国水法》《山东省计划生育条例》等法律法规贯彻实施情况及财政预算执行、国民经济和社会发展计划执行、开展执法大检查和加强执法、社会治安、农业生产资料专营等工作汇报21项，作出《关于学习贯彻党的十三届四中全会精神的决议》《关于批准寒亭区人民法院关于就实施〈中华人民共和国行政诉讼法〉先行试点报告的决议》等决议、决定6个。

十二届人大常委会

共召开常委会会议20次，听取审议“一府两院”关于《中华人民共和国城市规划法》《中华人民共和国行政诉讼法》《中华人民共和国矿产资源法》等11部法律法规贯彻实施情况和国民经济与社会发展计划执行、财政预算执行、抗旱防汛和农田水利基本建设、社会治安、农村财务管理、第三产业发展、扩大对外开放、经济审判、法纪检察等工作汇报49项，作出《关于坚决制止乱收费、乱罚款和各种摊派的决议》《关于大力开展植树造林、加速林业发展的决议》《关于潍坊市寒亭区与哈尔滨市南岗区结为友好区的决定》等决议、决定39个。

十三届人大常委会

共召开常委会会议37次，听取审议“一府两院”关于《中华人民共和国义务教育法》《中华人民共和国环境保护法》《中华人民共和国税收征管法》等法律法规贯彻实施情况和农业与农村、外向型经济、私营经济、年度国民经济与社会发展计划、十年规划与“九五”计划、财政预决算、民事审判、反贪污贿赂等工作汇报62项，作出《关于在全区公民中开展第三个五年法制宣传教育的决议》等决议、决定28个，制定《寒亭区人大常委会关于讨论决定重大事项的暂行规定》《寒亭区人大常委会关于对司法机关实行错案责任追究的试行办法》等规定、办法3个。

十四届人大常委会

共召开常委会会议33次，听取审议“一府两院”关于《中华人民共和国农业技术推广法》《中华人民共和国公路法》《中华人民共和国村民委员会组织法》等法律法规贯彻实施情况和年度国民经济与社会发展计划、区属企业改制、农业与农村、经济结构调整、支柱产业培育壮大、民营经济发展、优化经济发展环境、案件执行、民事行政检察等工作汇报68项；作出《关于进一步开展依法治区的决议》等决议、决定17个，制定和完善《寒亭区人大常委会议事规则》《寒亭区人大常委会人事任免办法》《寒亭区人大常委会关于对区级司法和行政执法机关实行个案监督的暂行办法》《寒亭区人大常委会关于建立被任命干部年终报告制度的实施意见》等意见、办法8个。

十五届人大常委会

共召开常委会会议31次，听取审议“一府两院”关于《中华人民共和国安全生产法》《中华人民共和国农业法》等法律法规贯彻实施情况和预算执行、预算外资金管理、城市规划调整、推进农业产业化、民营经济发展、劳动就业和社会保障、重点项目建设、海洋化工开发区建设、农村经济管理、第三产业发展、节能降耗、刑事审判、侦查监督等工作汇报74项，作出《关于表彰寒亭区优秀人大代表的决定》《关于确定寒亭区人民法院人民陪审员名额的决定》《关于在全区公民中开展第五个五年法制宣传教育的决议》《关于寒亭区2006—2010年依法治区规划的决议》《关于表彰代表建议办理工作先进单位的决定》等决议、决定18个。

十六届人大常委会

共召开常委会会议30次，听取审议“一府两院”关于《中华人民共和国畜牧法》《中华人民共和国劳动合同法》等法律法规贯彻实施情况和国民经济和社会发展计划执行、预算调整、财政决算、社区矫正、电力服务“三农”、“十件惠民实事”落实、劳动保障、金融工作、农村公路建设、工业经济结构调整及节能降耗、农村合作医疗、文化旅游产业开发、现代服务业发展、商事审判、刑事检察等工作汇报78项；作出关于批准相关年度国民经济和社会发展计划部分指标调整、财政预算调整的决定，《关于在全区公民中开展第六个五年法制宣传教育的决议》《寒亭区2011—2015年依法治区规划的决议》等决议、决定42个。

十七届人大常委会

2012—2013年，共召开常委会会议15次，听取审议“一府两院”关于《中华人民共和国大气污染防治法》《中华人民共和国食品安全法》等法律法规贯彻实施情况和国民经济和社会发展计划及预算执行、上年度财政决算和财政收支审计、节能减排、金融产业发展、城乡公路建设、城市建设、高新技术产业发展、专业市场建设、畜牧业发展、文化旅游业发展、“十件惠民实事”落实、刑事审判、民事行政检察等工作汇报40项，作出关于批准上年度财政决算等决议、决定9个，制定《关于认真做好审议意见办理落实工作的意见》。

第三章　区人大常委会主要工作

第一节　决定重大事项

1989年，区人大常委会作出《关于学习贯彻党的十三届四中全会精神的决议》《关于依法治区的决议》等6项决议、决定。1990年，结合听取审议专项工作报告，先后作出《关于认真贯彻实施城市规划法的决议》《关于贯彻实施行政诉讼法的决议》《关于在人大代表中开展争先创优活动的决定》等12项决议、决定。1991年，审查批准《寒亭区林业发展规划》《寒亭区实施九年制义务教育方案》《寒亭区科技兴寒实施方案》，并相应作出3项决议；作出《关于坚决制止乱收费、乱罚款和各种摊派的决议》、《关于加强农村财务管理的决议》等11项决议、决定。1992年，作出《关于大力发展第三产业的决议》等13项决议、决定。1993年，根据中共中央办公厅、国务院办公厅通知要求，及时作出《关于切实减轻农民负担的决议》；针对经济、社会、文化、法制等方面关系全区改革发展稳定大局的问题，作出5项决议、决定。1994年，区人大常委会批准《寒亭区九年制义务教育实施方案（修正案）》，并作出相应决议；就其他重要事项作出7项决议、决定。1995年，作出《关于寒亭区区级国家机关实行执法责任制的决定》，将当时执行的449部法律法规，按执法责任分解到各司法机关和57个行政执法部门；就其他重要事项作出7项决议、决定。1996年，作出《关于在全区公民中开展第三个五年法制宣传教育的决议》等2项决议、决定。1997年，为保证常委会法定职权的行使，制定并通过《关于讨论决定重大事项的暂行规定》；作出《关于认真学习贯彻党的十五大精神的决定》等4项决议、决定。1998年，作出《关于全区乡镇人民代表大会换届选举的决定》等3项决议、决定。2000年，围绕区委中心任务，作出《关于开展全民招商引资的决议》。2001年，作出《关于在全区公民中开展第四个五年法制宣传教育的决议》《关于进一步开展依法治区的决议》等6项决议、决定。2005年，作出《关于表彰寒亭区优秀人大代表的决定》《关于确定寒亭区人民法院人民陪审员名额的决定》等3项决议、决定，并首批任命31名人民陪审员。2006年，作出《关于在全区公民中开展第五个五年法制宣传教育的决议》《关于寒亭区2006—2010年依法治区规划的决议》等5项决议、决定。2007年，作出《关于认真学习贯彻党的十七大精神的决议》等7项决议、决定。2010年，作出《关于授予逄奉建、王连溪“寒亭人民功勋”荣誉称号的决定》等9项决议、决定。2011年，作出《关于在全区公民中开展第六个五年法制宣传教育的决议》《寒亭区2011—2015年依法治区规划的决议》等8项决议、决定。2012年，作出《关于批准寒亭区2011年财政决算的决议》等4项决议、决定。2013年，作出《关于批准寒亭区2012年财政决算的决议》等5项决议、决定。

第二节　工作监督

1989—2013年，区人大常委会对“一府两院”开展工作监督的主要形式是听取和审议专项工作报告。为强化工作监督，除听取审议专项工作报告外，常委会每年还选择一些关系改革发展稳定大局和群众切身利益重要事项，组织委员和代表开展专项视察、专题调研，并辅以述职评议、工作评议等措施。

视察

1989年，组织26名省、市、区代表对全区农业生产、引黄济青工程及盐田开发建设情况进行视察。1991年，组织代表就城市建设工作进行视察。1993年，组织省、市、区三级代表60多人，对减轻农民负担工作进行视察，并在代表中设立58个农民负担监督岗。1994年，组织部分代表对减轻农民负担工作进行视察，并总结经验，在全省人大相关会议上作典型发言。1996年，组织30余名市、区代表视察“打假”工作，督促执法部门对查出的假冒伪劣商品公开销毁。1997年，组织80余名市、区、乡代表，对全区文化市场进行视察。1998年，组织代表对“民心工程”“引峡济寒供水工程”进行视察。1999年，组织100余名各级代表对全区贯彻中共十五届三中全会决定精神情况进行视察；组织部分代表到6个乡镇和部分村、户，对村务财务公开情况进行视察。2000年，组织部分区级以上代表，对盐化工生产开发、招商引资情况进行视察；组织150余名区、乡代表参加“民心工程”视察；组织代表对区十四届人大三次会议《关于加强区乡公路建设与维护议案的决议》实施情况进行视察。2001年，组织代表对城市基础设施和小城镇建设、农业基本建设情况进行视察；组织16名市、区代表，对全区“打假”工作进行视察。2003年，对全区招商引资工作进行视察。2004年，对全区林业生产、代表建议办理情况进行视察。2005年，组织部分代表对城市建设与管理、农业龙头企业发展、代表建议办理情况进行视察。2006年，对城乡重点项目建设进行集中视察。2007年，组织代表对城市建设、新农村建设、卤水资源保护和综合利用情况进行视察。2008年，组织对全区造林绿化、农产品质量管理、城建管理进行视察。2009年，组织代表对现代农业发展、小城镇建设、开展“创新强区、创业富民”活动、“生态寒亭”建设、代表建议办理工作进行视察。2010年，组织对都市农业发展及生态寒亭建设、重点项目建设、文明城市创建、代表建议办理工作进行视察。2011年，组织代表对全区新开工重点项目、安全生产、文明城市创建、都市农业发展、代表建议办理情况进行视察。2012年，组织对全区重点项目建设、食品安全监管、城乡生态建设、公益性文化事业发展、代表建议办理情况进行视察。2013年，组织对全区重点园区建设、小城镇发展、代表建议办理工作进行视察。

调查

1990年，组织部分代表对减轻农民负担工作进行调查，并向区委写出专题报告。1994年，组织市、区代表对企业负担情况进行调查，建议规范政府行为，依法减轻企业负担。1996年，组织代表对农村用电问题进行调查，调查报告引起区委、区政府重视，采取措施，农村电费电价得到控制。1997年，针对企业反映负担过重问题，组成专门调查组，到10余家区属企业进行详细调查，提出具体减负意见。2001年，对全区个体私营经济发展情况进行调查，提出进一步放宽政策，优化环境，加大招商，培植骨干企业等建议。2002年，组织专门力量，对全区纺织服装行业发展情况进行调查，并形成价值较高调查报告，为区委决策、区政府出台鼓励政策提供参考。2003年，组织代表对全区卤水资源利用情况进行调查，建议解决好浪费和污染问题。2004年，对全区软环境建设进行调查。2008年，对观光农业开发情况进行调查。2010年，组织对“三区”（山东半岛蓝色经济区、胶东半岛高端产业聚集区、黄河三角洲高效生态经济区）建设情况进行专题调研。2013年，组织对专业市场建设、新型小城镇建设、农产品质量区域化管理等工作进行专题调研。

评议

1989年，组织代表对“一府两院”工作进行评议，提出建议意见30多条。1990年，组织17名代表对区政府工作进行评议，提出建议意见30多条。1991年，区人大常委会制定《人大代表评议乡镇职能部门试行办法》，组织470名各级代表对167个乡镇职能部门进行工作评议，提出建议意见416条。1992年，组织488名各级代表评议乡镇部门和双管单位172个，提出建议意见155条。1993年，制定《人大代表评议区直部门试行办法》，组织代表对区直27个职能部门和双管单位进行工作评议。1994年，指导乡镇组织各级代表评议乡镇部门和双管单位152个；组织省、市、区三级代表对区直18个职能部门和双管单位进行工作评议。1995年，组织120余名代表对区教委、区法院等9个行政司法部门进行工作评议，并整理印发评议意见。1998年，组织代表对区建委、区法院、区检察院等15个部门进行工作评议；首次建立被任命干部述职评议制度，听取评议"一府两院"10名干部述职报告。1999年，对区计委、区科委、区林业局等10个部门进行工作评议，提出建议意见100余条。2003年，组织代表对司法、行政机关进行工作评议。2004年，对全区软环境建设及44个单位进行工作评议。2005年，对区直部门进行行风评议；听取评议区经贸局、区农业局等6个部门负责人述职报告。2008年，将干部述职评议，改为对干部所在单位的工作评议，并对"一府两院"报告的7项工作进行满意度测评。2009年，由区人大常委会组成人员和部分代表，对区环保分局等11个双管单位进行评议，评议结果通报其上级主管部门；对"一府两院"报告的16项工作进行满意度测评。2010年，由区人大常委会组成人员和部分代表，对21个政府组成部门进行工作评议，评议结果予以通报；对"一府两院"报告的11项工作进行满意度测评。2011年，组织区人大常委会组成人员与109名代表对31个政府部门和双管单位进行评议，评议结果向社会公告。2012年，组织区人大常委会组成人员与109名代表对32个政府部门和双管单位进行评议；对"一府两院"报告的17项工作进行满意度测评。2013年，对"一府两院"报告的14项工作进行满意度测评。

第三节　法律监督

1989—2013年，区人大常委会综合运用听取审议专项工作汇报、组织执法检查、专项视察、选派监督员等方式，加强对"一府两院"法律、法规实施情况的监督。

十一届人大常委会

1989年，听取审议区政府关于兵役法、水法贯彻实施、区法院关于行政诉讼法试点等8项工作汇报；检查法律法规80多部，督促处理370多起违法事项；对全区宪法教育情况进行大检查；组织代表对173个食品企业贯彻实施食品卫生法情况进行视察，对46个脏、乱、差单位建议区政府依法处罚；选派238名各级代表担任公安、法院执法监督员，提出执法建议74条，帮助破案21起。

十二届人大常委会

听取审议区政府关于城市规划法、矿产资源法、土地管理法、义务教育法、企业法、归侨侨眷权益保护法、《山东省计划生育条例》贯彻实施、普法和依法治区、"严打"和社会治安综合治理，法院、检察院关于行政诉讼法贯彻实施、反贪污贿赂、经济审判、法纪检察、"执行会战"等23项工作汇报；开展对全区内务司法部门执法大检查，重点检查"公检法司"及区民政局、区监察局、区法制局7个部门执法情况；选派362名代表担任公安、法院、检察院、税务等部门执法监督员，提出执法建议130多条；组织代表对食品卫生法、义务教育法、《山东省计划生育条例》及国务院关于农民负担"两个条例"贯彻落实情况进行视察。

十三届人大常委会

听取审议区政府关于义务教育法、产品质量法、城市规划法、工会法、农业法、科技进步法、劳动法、电力法、教师法、水法、税收征管法、土地管理法、环境保护法、《社会治安管理条例》、《山东省计划生育条例》等法律条例贯彻实施，农民负担"两个条例"、"二五"普法规划实施及基层司法工作、社会治安管理，法院、检察院关于经济审判、案件执行、反腐败查办大要案等34项工作汇报；选派300多名各级代表担任部门或行业执法、工作监督员；组织代表对义务教育法、环境保护法、文物保护法等法律法规实施情况及社会治安工作进行视察、执法检查；通过《关于对司法机关实行错案责任追究的试行办法》；抓好对具体司法案件监督，协调处理5起久拖不结重大案件。

十四届人大常委会

听取审议区政府关于农业法、环境保护法、水法、村民委员会组织法、建筑法、森林法、《山东省建设工程投标招标管理条例》等法律法规实施，“三五”普法和“二五”依法治区，法院、检察院关于刑事审判、案件执行、民事行政检察、反腐败查办大要案等34项工作汇报；组织区乡两级代表对全区社会治安、食品卫生法贯彻实施情况进行视察，提出相应建议意见；对土地管理法、代表法、《山东省水资源管理条例》、《山东省实施代表法办法》贯彻执行情况进行执法检查；对消费者权益保护法贯彻实施情况进行专项执法检查，建议并督促政府对农资市场、生活消费品市场、粮食市场开展专项治理；抓好对具体司法案件监督，协调处理10余起久拖不结重大案件。

十五届人大常委会

听取审议区政府关于环境保护法、矿产资源法、税收征管法、药品管理法、《山东省文化市场管理条例》等法律法规贯彻实施，贯彻执行区人大常委会关于“四五”普法和“三五”依法治区决议情况及“平安寒亭”建设，法院、检察院关于行政审判、案件执行、预防职务犯罪等39项工作汇报；组织代表对全区贯彻实施安全生产法、食品卫生法、传染病防治法及“非典”防治工作情况开展多次专项视察；对贯彻实施职业病防治法、消费者权益保护法、动物防疫法、产品质量法和开展“打假”工作进行执法检查；审议通过《寒亭区人大常委会关于加强人民监督员工作的意见》，任命7名人民监督员。

十六届人大常委会

听取审议区政府关于贯彻实施土地管理法、劳动法、药品管理法、建筑法、科技进步法等法律法规情况，贯彻执行区人大常委会关于“五五”普法和“四五”依法治区两个决议情况“六五”普法和“五五”依法治区规划制订及经侦工作、社会治安综合治理情况，法院、检察院关于刑事审判、刑事检察、预防职务犯罪等26项工作汇报；组织代表对食品卫生法、环境保护法贯彻实施情况进行视察；对全区贯彻实施安全生产法、食品安全法、环境保护法、消费者权益保护法和开展“打假”工作情况进行执法检查。

十七届人大常委会

2012—2013年，听取审议区政府关于贯彻实施安全生产法、动物防疫法、人口与计划生育法、大气污染防治法、劳动合同法、食品安全法情况，社会治安防控体系建设情况，贯彻执行区人大常委会所作“六五”普法和“五五”依法治区决议情况，法院、检察院关于深化诉调对接机制建设、执法规范化建设情况等13项工作汇报；组织对安全生产法贯彻实施情况进行执法检查。

第四节　人事任免

1989—2013年，历届区人大常委会按照地方组织法和《寒亭区人大常委会人事任免办法》（2003年、2008年先后两次修订）规定，依法行使对人大常委会办事机构、街道工作机构和“一府两院”干部任免权。1989—1992年，对通过任命的干部，由区人大常委会领导到其所在单位召开全体干部职工大会，向被任命干部提出要求，颁发任命书，并由被任命干部表明任职态度，以提高公仆意识和接受监督自觉性。1993年以后，被任命干部任职表态和颁发任命书，改由在常委会会议上进行。自1997年起，建立被提请任命干部任前法律知识考试制度，考试内容以宪法、地方组织法及有关专业法律法规为主，考试成绩作为会议审议和任免表决的参考依据。2000年，建立被任命干部年终工作报告制度，要求凡区人大常委会任命、决定任命的干部，每年年底都提交年终工作报告，送主任会议成员和相关委室审

图 15-2　1991 年，区人大常委会为被任命干部颁发任命书。

阅。1989—2013 年，区人大常委会共任免“一府两院”等国家机关工作人员 1146 名。

第五节　代表议案建议办理

1989—2013 年，寒亭区人民代表大会收到代表议案 296 件、建议意见 649 件，办结率 90% 以上，代表满意率 95% 以上。

区十一届人大四次会议期间，收到代表议案 7 件、建议和意见 9 件，涉及农业税减免、粮食定购、城镇建设、道路桥梁建设等方面。经转交区政府及有关部门，在规定时间内全部办理完毕，其中关于“安固桥的维修”“坊央路拓宽补偿”等议案建议落实后，解决一批“老大难”问题。

区十二届人民代表大会会议期间，收到代表议案 54 件、建议和意见 87 件，涉及农业、水利、交通、城建环保、乡改遗留、文化教育、社会治安、工业发展等方面。经转交区政府及有关部门办理，“关于改善和加强职业中学管理”“关于加强水资源管理”等 67 件议案建议得到落实；“关于修建固堤至高里公路”“关于解决流河片 9 个村庄人畜吃水问题”等 61 件议案建议列入办理计划。

区十三届人民代表大会会议期间，收到代表议案 72 件、建议和意见 190 件，涉及农林水、交通安全、农民负担、城建环保、文教卫生、第三产业、工业发展等方面。经转交区政府及有关部门办理，“关于减轻农民负担”“关于尽早落实南孙变电站”“关于在城区为二中教师建设公寓以解决教师后顾之忧”等 142 件议案建议得到较好落实；“关于仲南路早日实现柏油化”“关于解决张氏镇南部严重缺水”“关于友谊路、益新街西段安装路灯”等 78 件议案建议列入办理计划。

区十四届人民代表大会会议期间，收到代表议案 64 件、建议和意见 56 件，涉及公路建设、城建环保、交通安全、税收、文教卫生、电力建设、粮食征购、农业开发等方面。经转交区政府及有关部门办理，“关于减免修建潍莱高速公路所占地粮食征购任务”“关于抓好全区倒闭企业计划生育管理”“关于成立央子镇公安派出所”等 41 件议案建议得到落实；“关于溴素生产所排放卤水综合利用”“关于净化城区环境，加大监管力度，严防垃圾污染”等 35 件议案建议列入办理计划。

区十五届人民代表大会会议期间，收到代表议案 64 件、建议和意见 120 件，涉及公路交通、城市建设、环境保护、文教卫生、社会保障、市场管理、公安、民政、电力等方面。经转交区政府及有关部门办理，“关于加强城区环境污染治理”“关于加强寒亭城区东部几条道路建设”等 118 件议案建议得到落实；“关于重新修建央赣路”“关于解决潍县商城占道集市”“关于解决高里镇饮水问题”等 35 件议案建议列入办理计划。

区十六届人民代表大会会议期间，收到代表议案 27 件、建议和意见 124 件，涉及公路交通、水利建设、文教卫生、城市建设、环境保护、农业农村、社会治安等方面。经转交区政府及有关部门办理，“关于尽快解决年老病残离职民办教师待遇问题”“关于将运河西街纳入年度整修计划”“关于在寒亭区进行糖尿病普查普教”等80件议案建议得到落实；“关于解决幸福路北段排水问题”“关于加大高里中心学校资金帮扶力度”“关于加大社区基础设施建设”等59件议案建议列入办理计划。

区十七届人民代表大会第一、二次会议期间，收到代表议案8件、建议和意见63件，涉及道路交通、城市建设与管理、教育卫生、农业农村等方面。经转交区政府及有关部门办理，“关于搞好先进制造工业园建设”“关于为中小学配备校车”“关于进一步加强经济发展软环境建设”等39件议案建议得到落实；“关于建立寒亭区公安现役消防站”“关于打通卉香路”“关于对夹沟河进行清淤治理”等22件议案建议列入办理计划。

第六节　信访工作

1989—2013年，区人大常委会把信访工作作为了解群众对行政司法机关工作评价、强化法律和工作监督的重要渠道，通过落实有效措施，解决大批群众反映的突出问题。

1989年，坚持区人大常委会领导亲自接访、批办，狠抓办案质量，受理群众信访案件71件（次），全部处结，并在省人大信访工作会议上作典型发言。1990年，制定《信访工作办法》，对信访工作进一步规范；共受理来信来访185件（次），全部处结。1991年，先后受理来信来访238件（次），处结率96%。1992年，受理信访案件103件，处结101件，处结率98.6%。1993年，重新修订《信访工作办法》，受理来信来访212件（次），处结率98.6%；8月，全市人大信访工作会议在寒召开，区人大常委会“关于发挥‘三级’作用，超前做好人大信访工作”经验被重点推广。1994—1995年，受理来信来访179件（次），全部处结。1996年之后，实行领导轮流定点挂牌接访，亲自协调办案；当年受理来信来访127件（次），其中领导接访、批办118件（次），占93%，处结率98%。1997年，受理来信来访132件（次），其中领导接访、批办近120件（次），处结率98%。1998年，受理来信来访130件（次），接受咨询100余次，其中领导接访50余人（次）。1999年，区人大常委会把个案监督与办理信访案件结合起来，建立立案调查、限期办结和逾期未报结通报制度，年内受理代表和群众来信来访106件（次），处结率96%。当年开始，每年都召开主任会议，专题听取“公检法”机关信访工作和批转案件办理情况汇报，督促加大办理力度。

2000—2003年，受理来信来访495件（次），处结率94%。2004年，严格落实接访、批转、督办、反馈、通报等制度，对重大案件和久拖不决案件，由接访主任或分管主任包案处理；年内受理信访案件102件，处结98件。2005年，区人大常委会制定《信访事项办理暂行办法》，年内受理来信来访107件（次），处结率98%。2006年，继续实行领导包案等制度，受理来信来访117件，处结115件。2007—2010年，加大工作力度，受理并处结案件744件（次）。2011年，注重做好思想疏导、联系沟通、督促落实等工作，解决当事人合理诉求，受理并处结信访案件178件（次）。2012年，完善相关措施，再次修订区人大常委会《信访工作办法》，全年受理信访案件180件（次），均得到及时办理。2013年，受理信访案件178件（次），办结率96.6%。

第四章 乡镇人民代表大会

乡镇人民代表大会，是乡镇国家权力机关。1989—2001 年，全区各乡镇历经五届人民代表大会，每届任期 3 年；2002—2010 年，全区各乡镇历经两届人民代表大会，每届任期 5 年（最后一届因乡镇撤销而任期未满）。

第一节 乡镇人大代表选举

从 1989 年起，至 2010 年乡镇全部撤销，全区各乡镇先后历经 6 次人大代表换届选举。

1989 年 11 月至 1990 年 3 月，全区 12 个乡镇进行人大代表换届选举，通过组织各选区选民无记名投票，共选举产生乡镇人大代表 830 名。

1992 年 10 月至 1993 年 1 月，全区 12 个乡镇进行人大代表换届选举，共选举产生乡镇人大代表 834 名，其中工人代表 33 名、农民代表 570 名、干部代表 159 名、知识分子代表 46 名、归侨代表 2 名、其他方面代表 24 名；妇女代表 197 名、非党群众代表 350 名。

1995 年 11 月至 1996 年 1 月，全区 12 个乡镇进行人大代表换届选举，共选举产生乡镇人大代表 676 名，其中工人代表 37 名、农民代表 489 名、干部代表 131 名、归侨代表 1 名、其他方面代表 18 名；妇女代表 163 名、非党群众代表 261 名。

1998 年 11 月至 1999 年 1 月，全区 12 个乡镇进行人大代表换届选举，共选举产生乡镇人大代表 668 名，其中工人代表 41 名、农民代表 487 名、干部代表 140 名；妇女代表 160 名、非党群众代表 259 名。

2001 年 11 月至 2002 年 1 月，全区经机构改革留存 8 个乡镇进行人大代表换届选举，共选举产生乡镇人大代表 465 名，其中各类专业技术人员 16 名，国家机关、党群组织、企事业单位负责人 94 名，办事人员 24 名，商业和服务性工作人员 9 名，农、林、牧、渔、水利业生产人员 322 名；妇女代表 123 名、非党群众代表 199 名。

2007 年 9 月—11 月，全区经机构改革留存的两个镇，即高里镇、朱里镇进行人大代表换届选举（落实上级要求，实行区、镇同步换届），共选举产生镇人大代表 190 名，其中农民代表 149 名、民营企业负责人代表 5 名、干部代表 25 名、知识分子代表 11 名；妇女代表 50 名、非党群众代表 69 名。

第二节 乡镇人民代表大会会议

乡镇人民代表大会会议，是乡镇人大行使权力的基本形式。1989—2010 年，全区各乡镇按照地方组织法规定，每年至少召开一次人民代表大会会议，听取、审议乡镇人民政府工作报告；审查、批准上年度财政预算执行情况及本年度财政预算报告；讨论决定本乡镇经济、文化事业、公共事业建设计划及民政工作实施计划；选举乡镇国家机关领导人员。1995 年 2 月，地方组织法修改后，各乡镇人民代表大会增加听取、审议乡镇人大主席团工作报告议题。

1989 年 4 月，全区 12 个乡镇先后召开该届人民代表大会最后一次会议（由于区划调整等原因，各乡镇届次不尽相同），补选乡镇长 5 人、副乡镇长 4 人。

1990 年 4 月，全区 12 个乡镇先后召开新一届人民代表大会第一次会议，推选乡镇人大主席团专职常务主席 12 人，选举产生乡镇长 12 人、副乡镇长 29 人、科技副乡镇长 4 人。各乡镇届内又至少召开 2 次人民代表大会会议，推选乡镇人大主席团专职常务主席 9 人，依法补选乡镇长 11 人、副乡镇长 22 人、科技副乡镇长 8 人。

1993 年 1 月，全区 12 个乡镇先后召开新一届人民代表大会第一次会议，推选乡镇人大主席团专职常务主席 12 人，选举产生乡镇长 12 人、副乡镇长 40 人。各乡镇届内又至少召开 2 次人民代表大会会议，推选乡镇人大主席团专职常务主席 3 人，依法补选乡镇长 15 人、副乡镇长 23 人、科技副乡镇长 3 人。

1996 年 1 月，全区 12 个乡镇先后召开新一届人民代表大会第一次会议，选举产生乡镇人大主席 12 人、副主席 12 人，选举产生乡镇长 12 人、副乡镇长 40 人。各乡镇届内又至少召开 2 次人民代表大会会议，依法补选乡镇人大主席 2 人、副主席 1 人，补选乡镇长 10 人、副乡镇长 9 人。

1999 年 1 月，全区 12 个乡镇先后召开新一届人民代表大会第一次会议，选举产生乡镇人大主席 12 人、副主席 12 人，选举产生乡镇长 12 人、副乡镇长 47 人。各乡镇届内又至少召开 2 次人民代表大会会议，依法补选乡镇人大主席 4 人、副主席 1 人，补选乡镇长 4 人、副乡镇长 18 人。

2002 年 1 月，全区 8 个乡镇先后召开新一届人民代表大会第一次会议，选举产生乡镇人大主席 8 人、副主席 3 人，选举产生乡镇长 8 人、副乡镇长 24 人。各乡镇届内又至少召开 5 次人民代表大会会议，依法补选乡镇人大主席 21 人、副主席 23 人，补选乡镇长 23 人、副乡镇长 48 人。

2007 年 11 月底，高里镇、朱里镇先后召开新一届人民代表大会第一次会议，选举产生镇人大主席 2 人、副主席 2 人，选举产生镇长 2 人、副镇长 7 人。此后两镇又至少召开 2 次人民代表大会会议，依法补选镇人大主席 2 人、副主席 4 人，补选镇长 2 人、副镇长 13 人（含挂职 6 人）。2010 年 5 月，高里镇、朱里镇分别改为高里街道、朱里街道。至此，寒亭区不再存有乡镇地方国家权力机关。

第三节　乡镇人大工作机构及主要活动

1989 年，各乡镇贯彻区委批转区人大常委会《关于加强乡镇人大工作问题的请示》，按照有关要求，设立乡镇人大主席团办公室，推选、配备乡镇人大主席团专职常务主席及工作人员，为乡镇人大工作开展提供组织保证。1990 年之后，乡镇人大主席团专职常务主席人选由区委提名，在乡镇人民代表大会会议上进行推选，并在闭会期间负责抓好乡镇人大工作。1996 年 1 月至 2010 年 5 月，由乡镇人民代表大会选举产生人大主席、副主席，具体承担本乡镇人民代表大会闭会期间工作任务。这一时期，各乡镇人大继续设立主席团办公室，并配备专职或兼职工作人员，协助乡镇人大主席、副主席履行职责。各乡镇人大工作机构成立后，定期联系本级人大代表，或受区人大及其常委会委托联系驻本乡镇区级人大代表；定期组织本级代表评议本乡镇人民政府工作，或受委托组织区级人大代表评议区直下派单位工作；组织本级代表开展执法检查、视察、调研和其他活动；通过多种形式听取、转交代表和群众对本级人民政府的建议、批评和意见，并抓好督促办理，确保问题得到及时解决。

第十六编　地方国家行政机关

DI SHI LIU BIAN　DI FANG GUO JIA XING ZHENG JI GUAN

1989—2013 年，寒亭区人民政府（以下简称区政府）认真组织实施区委在各个阶段确立的发展战略，坚持以经济建设为中心，以改革开放为动力，以重大项目为支撑，大力发展工业经济，巩固提升农业基础地位，繁荣发展服务业，持续加强城乡基础设施建设，着力保障和改善民生，全区经济社会实现了又好又快发展。全区综合实力大幅提升，城乡面貌变化巨大，人民生活显著改善，社会事业全面进步，社会大局和谐稳定。2013 年，全区地区生产总值 170 亿元、地方财政收入 12.2 亿元、农民人均纯收入 13232 元，分别是 1989 年的 32.6 倍、32.2 倍、17.8 倍，为建设幸福美丽新寒亭打下坚实基础。

第一章　行政机构

第一节　区政府领导成员

区第十一届、十二届人民政府任期为 3 年，1993 年 2 月开始，由 3 年任期制改为 5 年任期制。第十三届、十四届、十五届、十六届、十七届任期 5 年。区长先后由孙承志、李英文、胡岗、黄潍连、李世光、张小梅、陈平、王培福、孟晓雷担任。1989—2013 年，寒亭区人民政府历经 7 届。

寒亭区人民政府第十一至十八届区长、副区长一览表

表 16-1

<table>
<tr><th>届次</th><th>职务</th><th>姓　名</th><th>籍　贯</th><th>任职时间</th></tr>
<tr><td rowspan="9">第十一届
（　—1990.03）</td><td rowspan="2">区长</td><td>孙承志</td><td>山东寿光</td><td>1987.04—1990.01</td></tr>
<tr><td>李英文</td><td>山东安丘</td><td>1990.01—1990.03（代理）</td></tr>
<tr><td rowspan="7">副区长</td><td>陈之凡</td><td>潍坊寒亭</td><td>1987.04—1990.03</td></tr>
<tr><td>范乐民</td><td>潍坊寒亭</td><td>1987.04—1990.03</td></tr>
<tr><td>赵广发</td><td>安徽滁州</td><td>1987.04—1990.03</td></tr>
<tr><td>李晓明</td><td>山东昌邑</td><td>1987.04—1990.03</td></tr>
<tr><td>张勤义</td><td>山东高密</td><td>1987.10—1989.03</td></tr>
<tr><td>孙曙光</td><td>山东烟台</td><td>1988.08—1990.03</td></tr>
<tr><td>郎业广</td><td>天津</td><td>1988.12—1990.03（科技）</td></tr>
<tr><td rowspan="7">第十二届
（1990.03—1993.02）</td><td>区长</td><td>李英文</td><td>山东安丘</td><td>1990.03—1993.02</td></tr>
<tr><td rowspan="6">副区长</td><td>王春堂</td><td>潍坊潍城</td><td>1990.03—1993.02</td></tr>
<tr><td>李晓明</td><td>山东昌邑</td><td>1990.03—1992.05</td></tr>
<tr><td>袁英馥（女）</td><td>青岛市北</td><td>1990.03—1993.02</td></tr>
<tr><td>于桂成</td><td>潍坊寒亭</td><td>1990.03—1993.02</td></tr>
<tr><td>王洪斗</td><td>潍坊寒亭</td><td>1990.03—1993.02</td></tr>
<tr><td>袁延民</td><td>潍坊寒亭</td><td>1992.06—1993.02</td></tr>
</table>

续表 16-1

届次	职务	姓　名	籍　贯	任职时间
第十二届（1990.03—1993.02）	副区长	郎业广	天津	1988.12—1992.05（科技）
		李长兴	山东蒙阴	1991.07—1992.10（挂职）
		行志强	陕西延安	1992.03—1993.02（挂职）
第十三届（1993.02—1998.01）	区长	胡　岗	山东高密	1993.02—1995.03
		黄潍连	山东威海	1995.03—1997.04
		李世光	山东安丘	1997.04—1998.01（代理）
	副区长	王春堂	潍坊潍城	1993.02—1994.08
		刘勤之	潍坊寒亭	1993.02—1995.03
		于桂成	潍坊寒亭	1993.02—1998.01
		袁延民	潍坊寒亭	1993.02—1995.03
		段秀英（女）	潍坊坊子	1993.02—1998.01
		崔守国	潍坊寒亭	1993.09—1995.03
		王连森	潍坊寒亭	1995.03—1998.01
		李邦富	潍坊寒亭	1995.03—1998.01
		张玉春	山东潍坊	1995.08—1998.01
		行志强	陕西延安	1993.02—1993.07（挂职）
		李文育	陕西延安	1993.04—1994.01（挂职）
		刘　军	山东平度	1997.04—1997.12
第十四届（1998.01—2003.01）	区长	李世光	山东安丘	1998.01—2003.01
	副区长	吴世刚	潍坊寒亭	1998.01—2001.02
		段秀英（女）	潍坊坊子	1998.01—2001.02
		扈本军	潍坊寒亭	1998.01—2003.01
		陈汝孝	山东临朐	1998.01—2001.02
		贾有余	潍坊寒亭	1998.01—2003.01
		张辉忠	潍坊坊子	1998.01—2003.01
		王文昌	潍坊寒亭	1999.01—2001.02
		陈　勇	山东青州	1999.01—2003.01
		傅廷民	山东临朐	2001.02—2002.08
		王深鹏	山东寿光	2001.02—2003.01
		徐金明	山东高密	2001.02—2003.01
		徐小超	北京	1998.03—1998.12（挂职）
		颜三汉	潍坊奎文	2001.02—2003.01（挂职）
		艾尼瓦尔·阿曼	新疆	2001.05—2001.11（挂职）
		罗胜利	青海	2002.05—2002.11（挂职）

续表 16-1

届次	职务	姓　名	籍　贯	任职时间
第十五届（2003.01—2007.12）	区长	张小梅（女）	山东龙口	2003.01—2007.01
		陈　平	山东寿光	2007.01—2007.12
	副区长	李宗成	潍坊寒亭	2003.01—2005.06
		扈本军	潍坊寒亭	2003.01—2007.11
		张辉忠	潍坊坊子	2003.01—2007.12
		徐金明	山东高密	2003.01—2007.11
		于伟平	潍坊寒亭	2003.01—2007.11
		王文琦	山东昌邑	2003.01—2007.12
		王格山	潍坊潍城	2005.03—2005.07
		贾有余	潍坊寒亭	2005.06—2007.01
		张　文	潍坊坊子	2005.07—2007.01
		韩国礼	山东昌乐	2007.01—2007.12
		罗长青	广西桂林	2003.09—2003.12（挂职）
第十六届（2007.12—2012.01）	区长	陈　平	山东寿光	2007.12—2008.03
		王培福	山东诸城	2008.03—2011.12
		孟晓雷	山东阳谷	2011.12—2012.01（代理）
	副区长	韩国礼	山东昌乐	2007.12—2008.03
		王文琦	山东昌邑	2007.12—2008.03
		王德明	山东寿光	2007.12—2010.01
		葛凤春（女）	山东昌乐	2007.01—2012.01
		徐方吉	山东诸城	2007.12—2012.01
		马继山	山东安丘	2007.12—2012.01
		石铭奎	山东高密	2008.03—2012.01
		徐海涛	潍坊寒亭	2008.03—2012.01
		李良华	潍坊潍城	2011.01—2012.01
		庞胜明	山东寿光	2011.12—2012.01
		刘向东	山东济宁	2011.12—2012.01
		李永光	山东昌邑	2011.12—2012.01
		王瑞兰（女）	山东昌邑	2011.04-2011.09（挂职）
		张　华	山东诸城	2011.10-2012.01（挂职）
第十七届（2012.01—2017.01）	区长	孟晓雷	山东阳谷	2012.01—2014.01
		李兰祥	山东寿光	2014.01—2014.02（代理）
				2014.02—2016.12
		赵学坤	山东莒南	2016.12—2017.01（代理）

续表 16-1

届次	职务	姓　名	籍　贯	任职时间
第十七届（2012.01—2017.01）	副区长	王文琦	山东昌邑	2012.01—2014.04
		庞胜明	山东寿光	2012.01—2016.06
		马继山	山东安丘	2012.01—2017.01
		刘向东	山东济宁	2012.01—2016.12
		李永光	山东昌邑	2012.01—2015.02
		郭春媛（女）	潍坊寒亭	2012.01—2017.01
		孙修炜	山东莱州	2014.04—2016.06
		孙占勇	山东昌邑	2015.02—2017.01
		丁爱辉	山东寿光	2016.06—2017.01
		张　华	山东诸城	2012.01—2012.09（挂职）
		张晓静（女）	潍坊潍城	2012.10—2013.09（挂职）
		杜国臣	山东安丘	2013.11—2014.10（挂职）
		卢芳芳（女）	山东昌邑	2014.04—2016.03（挂职）
		初咏梅（女）	山东昌乐	2014.10—2015.09（挂职）
		赵宝华	山东临清	2015.10—2016.09（挂职）
第十八届（2017.01—）	区长	赵学坤	山东莒南	2017.01—
	副区长	丁爱辉	山东寿光	2017.01—
		李培进	山东安丘	2017.01—
		陈　旭	山东高密	2017.01—
		孙令波	潍坊寒亭	2017.01—
		党好玲（女）	潍坊寒亭	2017.01—
		雷广军	陕西武功	2017.03—2018.02（挂职）

第二节　区政府职能部门

1988 年，区政府设工作部门 45 个：政府办公室、计划委员会、经济委员会、科学技术委员会、计划生育委员会、农业委员会、安全生产委员会、体育运动委员会、城乡建设委员会、人事局、劳动局、民政局、司法局、财政局、监察局、档案局、交通局、水利局、水产局、农业局、畜牧局、农业机械管理局、林业局、审计局、商业局、粮食局、工商行政管理局、税务局、物价局、物资局、统计局、土地管理局、环境保护局、文化局、教育局、卫生局、乡镇企业管理局、技术监督局、侨务（外事）办公室、财贸办公室、体制改革委员会办公室、经济协作办公室、经济研究中心、职工教育办公室、多种经营办公室。直属事业单位 6 个：史志办公室、地名办公室、招待所、区医院、广播站、水产公司。专业公司 5 个：畜牧开发公司、物资综合公司、盐业公司、供电公司、外贸公司。市、区双重管理单位 11 个：人民银行、工商银行、农业银行、建设银行、保险公司、邮电局、公路局、公安分局、石油公司、药材公司、引黄济青管理处。1989 年 5 月，撤销区矿产资源管理办公室，成立区矿产资源管理局，列政府序列。1990 年 4 月，成立区政府法制局；5 月，成立区北部开发办公室；6月，成立区对外经济贸易委员会。1991年2月，成立区企业管理办公室。1992年3月，成立区旅游局。

1993年11月机构改革，区政府设工作部门24个：政府办公室、经济委员会、对外经济委员会、商业委员会、农业委员会、计划委员会、城乡建设委员会、科学技术委员会、教育委员会、文化体育委员会、计划生育委员会、民政局、人事局、劳动局、财政局、税务局、交通局、水利局、卫生局、审计局、统计局、工商行政管理局、乡镇企业管理局、司法局。撤销区环境保护局，设立区环境保护分局。撤销区土地管理局、区矿产资源管理局，组建区规划国土矿产分局。撤销区农业局、区林业局、区畜牧局、区农机局、区广播电视局、区职工教育办公室，成建制转为服务实体。撤销区商业局、区经济协作办公室、区北部开发办公室，成建制转为经济实体。撤销区档案局，保留区档案馆。撤销与党政机关密切相关的事业机构：撤销区接待处，人、财、物归区政府办公室；撤销区机关事务管理处，成立区委机关和政府机关后勤服务处；撤销区史志办，职能归区档案馆；撤销区党史办，职能归区委党校；撤销区社团管理办，职能归区民政局，人员归区民政局下属单位（地名办在民政局职能相近的股室挂牌）；撤销区划办、黄淮海开发办，职能归区农委；撤销区项目办，职能归区计委等。1993年12月，设立区商业村管理处。1994年5月，区商业村管理处更名为潍县商城管理委员会；同月，设立区第三产业管理办公室；6月，撤销区文化体育委员会，恢复区文化局、区体育运动委员会原机构。1995年5月，恢复设置区档案局，与区档案馆合署。1997年2月，恢复区农业局、区林业局和区政府法制局，区体制改革办公室、区经营管理站分别更名为经济体制改革办公室、农村经济管理局（正科级单位），区农业委员会、区经济委员会、区城乡建设委员会和区商业委员会分别更名为区政府农业办公室、区经济贸易委员会、区建设委员会和区贸易局（同时挂政府财贸办公室的牌子）；7月，设立区预算外资金管理局。1998年3月，成立区爱国卫生运动委员会办公室（与区卫生局合署办公）、区职工再就业服务中心（正科级）；11月，成立区粮食局（隶属区政府，归口区计委）。1999年5月，区劳动局更名为区劳动和社会保障局。2000年7月，成立区招商局（正科级行政单位）。2001年3月，成立区城市管理局，挂区城市管理委员会办公室牌子；成立区专利局，由区科学技术委员会管理；成立杨家埠旅游开发区管理委员会，隶属区政府，由寒亭街道办事处代管；成立区安全生产监督管理局，隶属区政府，归口区经贸委。

2002年1月机构改革，区政府设工作部门20个：政府办公室、发展计划局、经济贸易局、教育局、科学技术局、民政局、司法局、财政局、人事局（与机构编制委员会办公室合署办公）、劳动和社会保障局（与老龄委员会办公室合署办公）、建设局、交通局、水利局、农业局、对外贸易经济合作局、文化局、卫生局（挂区爱国卫生运动委员会办公室的牌子）、计划生育局、审计局、统计局。另外，区乡镇企业管理局更名为区中小企业办公室，仍挂区乡镇企业管理局的牌子，由区经济贸易局管理；区贸易局（区政府财贸办公室）更名为区商业贸易办公室、区体育运动委员会更名为区体育局，与区林业局、区粮食局、区招商局、区安全生产监督管理局一并改为正科级全额拨款事业单位，隶属区政府；恢复设置区史志办公室，为正科级事业单位，隶属区政府办公室。2003年3月，成立区沿海旅游开发区管委会，区中小企业办公室更名为区中小企业局（加挂寒亭区民营经济发展委员会牌子）；4月，成立潍坊市寒亭海洋化工开发区管理委员会（副县级），潍坊经济技术开发区更名为潍坊市寒亭经济技术开发区；7月，成立区国有资产运营中心、区民族宗教事务局、区爱国卫生运动委员会办公室，均隶属区政府；9月，成立区公共行政审批服务中心，隶属区政府。2005年2月，将区发展计划局改组为区发展和改革局，为区政府工作部门；撤销区政府办公室内设的经济体制改革办公室，将其承担的经济体制改革职能划入区发展和改革局；将区安全生产监督管理局调整为区政府工作部门，同时为区安全生产委员会的常设办事机构；将区计划生育局更名为区人口和计划生育局。2008 年 3 月，成立区信息产业局；9 月，成立区应急管理办公室；均为正科级事业单位，隶属区政府。2009 年 1 月，将区文化局和区旅游局合并，成立区文化旅游局，为政府组成部门；4 月，撤销区文化旅游局、区新闻出版管理办公室，成立区文化旅游新闻出版局，挂区版权局牌子，为区政府工作部门；同月，成立区文化市场综合行政执法局，为正科级事业单位，隶属区政府。

2010 年 2 月，机构改革，区政府设置工作部门 20 个。其中，保留区政府办公室、区发展和改革局、区教育局、区科学技术局、区监察局（与区纪律检查委员会机关合署，不计政府机构个数）、区民政局、区司法局、区财政局、区水利局、区农业局、区卫生局、区人口和计划生育局、区审计局、区统计局、区安全生产监督管理局。组建区经济和信息化局，将区经济贸易局的工业行业管理职责和经济运行调节职责、区信息产业局的职责，整合划入区经济和信息化局，同时将区中小企业局更名为区中小企业办公室，并入区经济和信息化局；区中小企业办公室主任按正科级配备，不再保留区经济贸易局、区信息产业局。组建区人力资源和社会保障局，挂区外国专家局牌子，将区人事局的职责、区劳动和社会保障局的职责，整合划入区人力资源和社会保障局；设立区公务员管理办公室，为区人力资源和社会保障局内设机构；原与区人事局合署办公的区机构编制委员办公室单独设置，列党委机构序列；不再保留区人事局、区劳动和社会保障局。组建区商务局，将区对外贸易经济合作局的职责、区贸易局的职责、区经济贸易局的机电产品进出口管理职责，整合划入区商务局，不再保留区对外贸易经济合作局、区贸易局。组建区住房和城乡建设局，将区建设局的职责、区房产管理局的职责，整合划入住房和城乡建设局，不再保留区建设局、区房产管理局。区交通局更名为区交通运输局。组建区文化广电新闻出版局，挂区旅游局牌子，将区文化旅游新闻出版局、区广播电视局的行政管理职责整合划入区文化广电新闻出版局，不再保留区文化旅游新闻出版局、区广播电视局，区广播电视局改建为区广播影视集团。区政府内设机构区政府法制局更名为区政府法制办公室；设立金融工作办公室，为区政府办公室内设机构。除政府工作机构涉及调整的事业单位外，对有关事业单位也做出调整，调整后，区政府直属事业单位设置 22 个。区政府民族宗教事务局更名为区民族宗教事务局，隶属关系、机构规格不变。区文化市场综合行政执法局更名为区文化市场综合执法局，隶属关系、机构规格不变。撤销潍县商城管理委员会，其管理职能划转到潍坊市城市管理行政执法局寒亭区分局、区住房和城乡建设局等相关部门和寒亭街道办事处。将区园林局整体划转到潍坊市城市管理行政执法局寒亭区分局，更名为区园林绿化管理处，机构规格不变。区政府直属事业单位保留设置区白浪河生态林场、区林业局、区畜牧兽医局、区农业机械管理局、区农村经济管理局、区农业综合开发办公室、区招商局、区粮食局、区物价局、区体育局、区知识产权局、区地震局、区供销合作社联合社、潍坊市城市管理行政执法局寒亭区分局、区级机关事务管理局、区预算外资金管理局、区公共行政审批服务中心、区国有资产运营中心、区应急管理办公室、区城市建设房屋拆迁办公室。此外，杨家埠旅游开发区管理委员会、区北海工业园管理委员会（由区经济和信息化局代管）、区爱国卫生运动委员会办公室仍作为区政府直属事业单位。

第三节　乡镇工作机构

1989 年，乡镇工作机构设党政办公室、农业委员会、社会事务委员会、经济贸易委员会、教育委员会、人武部、团委、妇联、民政办公室等部门。事业单位有：财政所、经管站、计生站、统计站、土地所、地税所、国税所、派出所、工商所、农业技术推广站、交通管理站、农电站、农机站、林业站等。

1994年8月，乡镇机构改革，乡镇政府机关原设机构除人武部、团委、妇联外，全部撤销，设置“一办三委”4个综合办事机构，即党政办公室、农业委员会、社会事务委员会、经济贸易委员会。事业单位设置“一所三站”，即财政所、经管站、计生站、广播站。事业单位由改革前的14个减少到4个。新建经济服务实体4个，即农林站、农机站、畜牧兽医站和水利站。乡镇经济服务实体总量由改革前的76个增加到124个。

2002年1月，乡镇（街道）机构设党政办公室；乡镇（街道）事业单位由原来的10个减少到5个，具体设置为财政所、经管站、计生站、文化广播站、农业综合服务中心。2007年3月，在寒亭街道、开元街道设社区管理办公室，为副科级事业单位。

2011年1月，街道机构改革，街道党政机构由原来的“两办”改为：寒亭街道设置5个办公室（党政办公室、经济发展办公室、社会事务办公室、社会治安综合治理办公室、规划建设办公室），高里街道、朱里街道、固堤街道、开元街道分别设置4个办公室（党政办公室、经济发展办公室、社会事务办公室、规划建设办公室）。街道事业单位由原来5个改为：寒亭街道设置6个（农业综合服务中心、财政经管统计中心、社会保障管理服务中心、文化体育中心、计划生育服务中心、安全生产监督管理所），高里街道、朱里街道、固堤街道、开元街道分别设置5个（农业综合服务中心、财政经管统计中心、社会保障和文化体育中心、计划生育服务中心、安全生产监督管理所）。

第二章 施政辑要

第一节 发展地方经济

强化农业基础地位

1989年2月，区政府召开全区农村工作会议，提出进一步强化农业基础地位，全面振兴农村经济；6月，印发《关于认真搞好庭院经济开发专业村建设的通知》，计划当年建设41个标准较高的庭院经济开发专业村，7年内分期分批把全区所有庭院全部高标准开发利用起来；11月，召开全区多种经营工作会议，提出把大力发展多种经营生产作为振兴农村经济的战略措施来抓，发挥三大优势（资源优势、传统优势、地理优势）、坚持一条路子（“一种二养三加工四开发”路子）、强化五项措施（修订和完善多种经营生产规划，广开财路、以多取胜、发挥家庭经营优势，大力发展庭院经济，制定鼓励和扶持多种经营生产的有关政策，积极稳妥地推进贸工农一体化）；12月，印发《关于加快畜牧业发展的意见》，要求适应经济建设和社会发展需要，加快畜牧业发展步伐。1990年，提出要以发展粮棉生产为重点，粮食产量创历史最高，寒亭区被评为“全国粮食生产先进单位”。1993年9月，与省社会科学院在寒亭联合召开“寒亭区农村经济产业化战略研讨会”，以寒亭区“一乡一业”农村经济产业化实践为主题，重点研讨如何把农业推向市场、促进农村社会主义市场经济体制建立的问题。1994年，提出实施“一乡一业、一村一品”农业产业化战略，加快农村经济市场化、现代化步伐；顺利通过省级小康县达标验收。2003年5月，召开农业龙头企业建设标准化生产工作会议，印发《关于加强农业龙头企业建设推进标准化生产的意见》，要求着力培育农业龙头企业，推进标准化生产。2007年8月，召开全区生态旅游观光农业工作会议，提出要依托资源优势，大力发展生态观光农业，每个乡镇（街道）至少规划一处生态观光旅游农业项目。2008年，提出依托都市、服务都市，大力发展现代都市农业，推动农业转型升级。2010年5月，寒亭区农村产权资本化交易市场揭牌，该交易市场作为全省第一家农村产权资本化交易市场，是集农村产权交易、资本结合、资产处置等多功能于一体的综合性服务平台。2013年，落实各项强农惠农富农政策，推行标准化生产，加强农产品基地规范化建设，加快构建集约化、专业化、组织化、社会化相结合的新型农业经营体系，提升发展都市农业。

实施工业强区战略

1989年，明确提出工业生产要以提高经济效益为中心；7月，印发《关于今明两年工业结构调整的意见》，确定工业调整的重点和内容：重点支持38种支农产品、人民群众必需的轻纺日用消费品、名优特新产品、出口创汇产品，重点开发7种高水平、高效益、市场急需和潜在需求大的新型产品，淘汰高耗、低效的长线产品，以及用紧缺原料生产的必需消费品，禁止生产国家公布的淘汰产品。1992年4月，印发《关于减轻企业负担若干问题的暂行规定》，对涉及企业的会议、学习班、检查、评比、达标、集资、摊派、收费等问题做出具体规定，减轻企业负担，为企业健康发展创造良好外部环境。自1987年以来，实施北部沿海综合开发，至1992年，原盐产量达到100万吨，创盐税1860万元。2001年8月，召开全区盐及盐化工工作会议，贯彻落实省、市盐业工作会议精神和《关于加强卤水资源综合开发利用和管理的意见》《盐业管理办法》。2004年7月，印发《关于进一步加快工业发展的意见》，要求全面振兴寒亭工业，加快建设“工业强区”。2005年，充分利用寒亭北部充足的土地资源，启动滨海项目区开发建设，坚持边规划、边招商、边建设，举全区之力强势推进。2008年3月，印发《关于鼓励工业企业发展的意见（试行）》，提出加快实施“三个一批”（培植一批支柱产业，培强一批骨干企业，培育一批名牌产品）战略，促进企业上规模、技术上水平、产业上档次，提升工业整体实力。2010年3月，召开全区工业经济暨招商引资工作会议，山东海龙、潍坊二棉等一批有影响力的企业代表签订产业链对接协议；6月，提出实施工业振兴“1030”计划，筛选10家骨干企业、30家中小企业予以重点扶持。2012年12月，制定《工业振兴“1030计划”企业动态管理办法》，对“1030计划”企业实施动态管理。

繁荣发展服务业

1992年，以西杨家埠村为中心，服务配套设施开始建设；泊子皮革市场等专业市场、农村服务组织开始呈现系列化。同年10月，印发《寒亭区关于加快开发“三区、两路、一园、一村”和大力发展第三产业若干政策的试行意见》，出台政策鼓励发展第三产业；建设完成占地780.39公顷的商业村，定位现代化多功能、集购物和娱乐为一体的大型商业批发、零售中心。1997年4月，召开全区第三产业工作会议，制订《关于加快城乡第三产业发展的暂行规定》。1999年4月，99山东旅游商品展销会开幕暨山东省旅游文化商品城落成典礼仪式在杨家埠村举行；10月，全省规模最大的摩托车批发零售中心——寒亭摩托车市场开业。2000年10月，建成河北辛集皮衣皮具寒亭专业市场，是河北辛集皮革城在山东最大的批发零售基地。2003年，提出坚持流通业、旅游业、新兴服务业“三业并举”，活跃商贸经济。2005年10月，召开全区服务业大会，加快推动全区服务业发展。2006年1月，全面启动“万村千乡”市场工程，力争用3年时间，培育近百家“农家店”，形成以城区店为龙头、乡镇店为骨干、村级店为基础的农村消费经营网络。2008年，引进招商引资重点项目百汇大市场，总投资3.5亿元，总建筑面积25万平方米，打造一站式家居建材采购中心。2009年1月，印发《关于促进房地产业加快发展的意见》，应对因国际金融危机影响出现的房地产市场下滑局面。2011 年，引进落户红星•美凯龙全球家居体验广场、中凯国际水产冷链物流园等一批大型专业市场。2012 年，中国食品谷核心区落户寒亭区并启动建设。2013 年 1 月，印发《寒亭区专业市场现代物流园区管理办法（试行）》，规范专业市场和现代物流园区建设运营。

第二节　加强城乡建设

1989 年，提出坚持“长远规划、分期实施、量力而行”原则，不断加强城乡基础设施建设。1991 年，完成 42 个村的防氟改水任务，寒亭区被命名为省级自来水先进县区。1992 年 5 月，区政府印发《寒亭区市容环境卫生暂行办法》，要求加强环境卫生、建筑景观、公共设施、广告标志等方面管理；8 月，制订《寒亭区房地产交易暂行办法》。1994 年，制订《城乡土地统一管理暂行规定》《统一征拨土地暂行办法》，保护土地和矿产资源。1995 年 7 月，召开全区创建全国卫生城市暨环保工作会议，对创城工作安排部署。1998 年 8 月，召开创建国家卫生城市动员大会，印发《创建环境卫生城工作方案》和迎接全国第四次城市卫生大检查目标任务分解意见。1998 年，完成 6 条国、省道，16 条区、乡路，162 条村级柏油路及近百座桥涵建设工程，全区公路通车里程达到 848.4 千米。1999 年 2 月，“引峡济寒”供水工程竣工通水，结束北部 4 乡镇 10 万多人喝咸水、雨水、湾水历史。2000 年 8 月，召开道路建设动员大会，动员全区上下统一思想，提高认识，明确任务，落实措施，力争在较短时间内改善寒亭道路状况。2003 年 8 月，召开全区城市环境综合整治工作会议，制订《寒亭区城市环境综合整治实施方案》。2004 年，确立“拓展南北、延伸东西、提高中间”的城市空间发展思路；10 月，印发《关于加快城区城中村改造的暂行意见》，提出分期分批对城中村进行改造，逐步实现农民市民化、土地国有化、管理社会化、城乡一体化目标。2005 年 9 月，召开全区城乡环境综合整治动员大会；12 月，印发《2006 年城乡建设管理意见》，要求进一步提升城市形象，改善人居环境，加快构建和谐社会。2006 年 10 月，全面完成土地利用现状更新调查工作。2007 年 3 月，制订《寒亭区 2007 年村村通柏油路工程实施方案》，确保村村通柏油路工程顺利实施。2008 年，编制完成城区“四大片区”规划；同年 3 月，开展城区拆迁“百日大会战”，拆除旧、乱建筑 94 万平方米。2009 年，提出“东扩、西跨、南连、北伸”发展战略，加快推进城市化和城乡一体化进程；张面河、浞河经综合治理后成功蓄水，形成两条新的城市生态景观带；以“六化、两推、两改”为重点，开展镇村环境综合整治。2009 年 11 月，召开小城镇建设提升现场观摩点评会议。2010 年，开工建设市民文化广场，寒亭区被民政部评为“全国农村社区建设实验全覆盖示范单位”。2012 年，启动西浞河综合治理工程，河流水质得到提高；加强农业污染源治理，城乡环卫一体化实现全覆盖。2013 年，组织编制《寒亭区统筹城乡发展规划》《浞河片区控制性详细规划》等规划。

第三节　发展社会事业

社会保障

1992 年 3 月，制订《寒亭区农村社会养老保险暂行办法》，明确农村社会养老保险以个人交纳为主，集体补助为辅，国家给予政策扶持；6 月，制订《寒亭区优抚对象抚恤优待暂行办法》，对优抚对象范围、种类、标准、方式方法等作出规定；7 月，制订《寒亭区劳动用工制度综合配套改革试行方案》，试行全员劳动合同制、搞活企业内部分配、完善社会保障体系等。1993 年 5 月，印发《寒亭区公费医疗管理规定》，加强公费医疗管理。1994 年 6 月，召开全区机关事业单位社会保险工作会议，印发《寒亭区机关企事业单位社会保险实施意见》。1997 年 7 月，实行农村居民最低生活保障线制度。1999 年 1 月，召开全区企业职工社会养老保险工作会议，全区实行统一的企业职工基本养老保险制度。2001年9月，制订《寒亭区城镇职工基本医疗保险若干规定》，规定全区城镇所有用人单位及其职工都要按照属地管理原则全部参加基本医疗保险。2002年4月，制订《寒亭区城市居民最低生活保障管理办法》，规定城市居民最低生活保障实行政府负责制；5月，制订《寒亭区城乡居民贫困家庭救助办法》，对因偶发因素确实无法维持家庭基本生活的，给予一次性临时救助。2003年9月，召开全区企业养老保险座谈会，提出利用3年时间，把包括非公有制经济组织及其从业人员在内的各类企业全部纳入养老保险范围。2004年，建立城镇职工大额医疗保险制度和新型农村合作医疗制度。2006年，在全市率先建立起城镇居民合作医疗制度，实现城乡医疗保障全覆盖。2008年，健全大病医疗统筹制度。2010年5月，制订《寒亭区因病致贫因病返贫困难群众救助办法》，健全和完善寒亭区社会救助体系。2011年3月，召开全区新型农村社会养老保险试点工作动员大会，印发《寒亭区新型农村社会养老保险实施方案》，逐步解决农村居民老有所养问题。2012年5月，制订《寒亭区城市“三无”人员供养暂行办法》《寒亭区孤儿供养暂行办法》；9月，召开全区城镇居民基本医疗保险工作会议，要求加快推进城镇居民基本医疗保险制度建设，扩大城镇居民基本医疗保险覆盖面，建立长效工作机制。

科教文卫

1990年，提出实施“科教兴区”战略，决定在全区开展“科技进步年”活动，要求大力开展工农业生产技术研究、开发、推广和群众性科技活动。1994年7月，召开全区义务教育工作会议，安排部署加快实施九年制义务教育的任务和措施。1995年，全区全面普及九年制义务教育。1997年5月，印发《寒亭区乡（镇）村卫生组织一体化管理办法》，在全区推行乡村卫生组织一体化管理。2000年4月，召开全区教育工作会议，印发《关于加快教育改革和发展的决定》《关于加强学校思想政治工作的意见》。2007年1月，印发《寒亭区深化农村义务教育经费保障机制改革实施方案》，决定从2007年春季开学起，免除公办农村义务教育阶段学生杂费、落实预算内生均公用经费。2010年5月，印发《关于进一步规范幼儿园管理的意见》，实行幼儿园年检制度。同年，基本公共卫生服务均等化在农村全面推开。2011年，新建寒亭一中新校、外国语学校，全部免除城乡义务教育阶段杂费和农村义务教育阶段课本费。2013年，寒亭区被认定为“国家知识产权强县工程试点区”。

第四节　减轻农民负担

1993年，提出把减轻农民负担作为一个重大的经济问题和社会问题认真对待；3月，制订《寒亭区农民负担管理暂行规定》，要求各级各有关部门切实采取措施，减轻农民负担，保护农民合法权益；印发《关于开展减轻农民负担“四清理、三整顿”工作的意见》，决定集中3个月，在全区范围内开展自上而下的“四清理（清理涉及农民负担的各种文件、项目、非生产性建设、承包合同外收费）、三整顿（整顿村提留和乡统筹、收费罚款、义务工和劳动积累工的使用和管理）”活动，基本解决农民负担过重问题。同年9月，中央书记处书记、最高人民法院院长任建新，国务委员陈俊生，中央政治局候补委员、书记处书记温家宝先后就寒亭区依法减轻农民负担做法作出重要批示，充分肯定寒亭区运用法律手段解决农民负担经验做法，要求提倡、推广、宣传。1994年5月，全省农民负担法制管理现场会在寒亭召开，会上介绍寒亭区依法减负工作情况；11月，全国农民负担监督管理工作会议召开，会上，区长胡岗作《依法管理农民负担、保护农民利益、促进农村经济发展》发言，寒亭区被农业部等五部委定为全国农民负担监督管理改革试点示范县市区之一。1997年3月，省委书记赵志浩到寒亭张氏镇就依法管理农民负担问题进行调查研究，对寒亭工作给予充分肯定和高度评价。1999年11月，司法部部长高昌礼到寒亭视察“依法减负”工作后，司法部《司法行政工作简报》第二十期以《“寒亭经验”是司法行政部门参与管理农民负担的有力举措》为题给予全面介绍，国务院副总理温家宝、司法部长高昌礼分别作出重要批示。《齐鲁晚报》《大众日报》等新闻媒体先后报道寒亭区依法减轻农民负担经验做法。

第三章　综合政务

第一节　调研与信息

调查研究

1990 年 12 月，区政府设立研究室。1993 年 11 月，撤销区政府研究室，区政府办公室设立内部科室秘书科承担研究室职责。2002 年 5 月，区政府设立调查研究室，将秘书科职责纳入调研室，隶属区政府办公室，为正科级事业单位。区政府调研室主要负责区政府综合文字和调查研究工作，起草领导讲话、政府工作报告、有关文件，撰写调研报告、典型材料等。

1991—1995 年，围绕产业发展、农村经济等方面开展调研，形成《把农业推向市场促进农村经济产业化发展》等调研报告。1996—2000 年，围绕基层发展、依法减负、企业改革、教育和民生等方面开展调研，形成《依法减轻农民负担维护农民利益》等调研报告。2001—2005 年，围绕现代经济、北部开发、城市管理等方面开展调研，形成《强化现代工业理念促进经济快速协调发展》《创新工作机制加快推进滨海项目区开发建设》《健全机制突出重点全面提升城市管理水平》等调研报告。2006—2010 年，围绕经济发展、和谐社会、农业农村等方面开展调研，形成《明确发展目标突出五项重点推动寒亭经济社会又好又快发展》《以崭新执政观念扎实推进和谐社会建设》《创新观念奋发有为全力加快新一轮城市化发展步伐》等调研报告。2011—2013 年，围绕转型发展、创新改革等方面，形成《寒亭区加快转型发展情况调查》《创新实施“三化一改一机制”改革加快推进新型城镇化进程》等调研报告。

1990—2013 年，区政府调研室累计开展调研活动 400 余次，撰写调研报告 210 多篇，在市级以上刊物发表文章 130 多篇，起草审核各类文件 2400 多个，撰写报告、讲话等各类材料 4800 多篇。其中，《明确思路多措并举加快推进农村土地承包经营权流转》《寒亭区城乡环卫一体化调研报告》《寒亭区提升城市功能品质调研报告》等 30 多篇调研报告获市级以上优秀调研成果奖；《关于寒亭区北部沿海地区人才资源情况的调研报告》《实施“四大”助企行动促进工业经济平稳健康发展》《关于开展土地托管服务的调查》等 40 多篇文章在市级以上刊物上发表。

政务信息

1989 年，政府信息工作由区政府办公室信息科承担。信息科围绕区政府中心工作，全面捕捉各类信息，总结经济社会发展中的经验做法，分析全区热点、难点和焦点问题并形成专题报告，整理区领导执政理念、工作思路和措施要求以及区直部门单位、乡镇街道特色工作，为领导掌握经济动态、了解社情民意、进行科学决策提供参考。1989—2013 年，组织采编印发《寒亭政务信息》1000 余期；每天收集区域内重要信息，以简报、简讯、情况交流的形式上报省、市政府相关部门单位，每年上报各类信息 1000 余条。

第二节 督查工作

1989年，政府督查工作由区政府办公室负责。1993年11月，区政府办公室设立信息督查科；1998年5月，设立督查科；2007年10月，设立区政府督查室，为正科级行政单位。

决策督查

区政府督查室主要负责区政府常务会议、区长办公会议决策落实情况督查，对政府工作报告确定事项分解立项，印发《寒亭政务事项交办通知》，并及时调度，认真整理，提报给领导，推动面上工作开展。2007—2013年，共印发《寒亭政务事项交办通知》820件。对区政府领导批示的有关文件、事项进行督查，及时调度工作进展情况，并反馈给有关领导。2007—2013年，办理领导批示件200余件。

联合督查

对一些涉及面广、专业性较强的事项，区政府督查室与有关部门单位一起，组成联合督查组进行督查，编发《寒亭政务督查》。2007—2013年，共编发《寒亭政务督查》350件。

建议、提案办理督查

区政府督查室负责人大代表建议、政协委员提案办理情况督查，协调督促各职能部门按照有关程序，在规定时间内做好人大建议、政协提案办理工作。1989—1993年，督查承办“两会”期间人大建议政协提案356件，主要涉及农业减负、城镇建设、工业发展、文化教育等方面。1994—1997年，督查承办人大建议政协提案376件，涉及交通安全、农民负担、文教卫生、基础设施建设等方面。1998—2002年，督查承办人大建议政协提案449件，涉及水电工程建设、环境保护、城市建设、文化教育体育、农村道路建设等方面。2003—2007年，督查承办人大建议政协提案453件，主要涉及经济发展、城市基础设施配套、城市管理、社会保障等方面内容。2008—2011年，承办人大建议政协提案384件，主要涉及经济发展、水利建设、文教卫生、道路交通、农业农村、社会治安等方面。2012—2013年，承办人大建议政协提案157件，主要涉及社区建设、劳动保障、规划、交通管理、公路建设、城建等方面。1989—2013年，共转办人大建议政协提案2175件，办结率100%，代表满意率100%。

督查调研

围绕区政府一个时期的中心工作和领导关注的重点工作，注重超前服务，积极主动开展督查调研活动，及时发现抓落实过程中存在的问题，研究解决对策，形成督查调研报告呈区领导，为区政府提供决策参考。2007—2013年，撰写督查调研报告40篇。

第三节 政务公开与电话受理

政务公开

1989—2011年，主要通过宣传栏、报刊、电视广播、档案馆和图书馆等途径公开行政审批、财政预算决算、保障性住房、食品药品安全、环境保护、安全生产、征地拆迁、教育教学等重点领域信息。区政府完善政府信息公开的组织领导，健全政务公开制度，细化工作责任，加强人员队伍建设，不断增强政府信息公开的广度和深度，保障公民知情权；区政府及各部门建立新闻发言人制度，及时发布重要政务新闻，通报区政府对重大事项、突发事件、社会关注热点问题的处理情况；按照“谁公开谁审查”“谁审查谁负责”和“先审核后公开”原则，建立政府信息公开保密审查制度，严格审查程序，全区未发生因政府信息公开审查不当或保密审查机构未履行保密审查职责而引起失泄密情况。

2012—2013年，开设“中国·寒亭”政府网站，全区51个政府部门开通帐号，通过互联网公开政府信息；设有现场投诉、电话投诉、传真投诉、邮箱投诉等投诉渠道，方便群众投诉；在区政府门户网站首页信息公开栏设有监督信箱，受理政府信息公开网上举报投诉125件，均已办理。

1989—2013年，全区通过各种渠道主动公开政府信息3万余条，其中通过“中国·寒亭”门户网站公开政府信息1000余条，利用“两馆一中心”及广播、电视、报刊、电子屏、宣传栏等媒体公开各类政府信息2.9万余条；通过民生在线、公开电话、微博微信等平台，回应公众关注热点1200余次；受理公民、法人和其他组织政府信息公开申请198件，其中100件为当面申请，50件为网络申请，40件为信函申请，8件为传真申请，均已按期答复，办理完毕，没有向政府信息公开申请人收取任何费用。

公开电话受理

2003年8月，开通12345潍坊市市长公开电话，区政府同步设立市长公开电话受理中心，负责答复和协调解决群众通过市长公开电话向区政府反映的有关事项，并对办理事项进行反馈、统计、归档等。至2013年，共受理群众反映事项14710件次，制单转办12428件次。

第四节　行政审批

2003年9月，成立寒亭区公共行政审批服务中心（以下简称区审批中心），为正科级事业单位。2004年3月，正式对外办公，主要集中办理与企业、投资者和群众密切相关的审批事项及各类证照业务，实行“集中办公、窗口受理、一口对外、承诺服务、限时办结、统一收费”的一站式服务制度。

2003年，发布寒亭区区级第一批保留和取消的行政审批事项，其中，保留审批、核准、审核、备案事项涉及区公安分局、区财政局等34个部门，取消审批、核准、审核、备案事项涉及区农业机械服务中心、区卫生局等20个部门。2004年，制定中心窗口及工作人员管理考核办法，实行首问负责、限时办结、一次性告知、AB角等制度，促进管理制度化、规范化。2005年，修订完善各项管理制度，落实一个领导分管、一个科室审批、一个窗口办事的“三个一”快速办理机制，保证部门对窗口充分授权，加快项目审批进度。

2006年，设置政务综合服务台，发挥咨询、释疑、协调、催办、督办、服务、投诉受理等职能；实行企业代表座谈会制度和窗口联系企业制度，及时征求服务对象意见和建议。2007年，实施《跟踪问效管理办法》，重点对未办结事项跟踪督办，掌握进度，催问效果，加强行政审批事项时效管理，推进工作再提速。2008年，制订《重大审批服务事项联合办理暂行办法》《落户开发区、园区建设项目联合审批暂行办法》，加快重大项目的审批建设进度。2009年，制订《预约服务暂行办法》，将客户在正常工作时间内不能办理的事项，利用下班时间、休息日和节假日进行办理。2010年，创立事前预情、事中提速、事后问效的“3D”立体式审批服务模式。2011年11月，区街一体化办公平台正式运行，实现区审批中心与各街道便民服务中心审批服务工作的有机衔接。2012年，开通服务直通车，实行送服务到项目现场，真正让服务动起来。2013年，与“一区四园”（中国食品谷核心区、临港产业园、先进制造工业园、北海工业园、高新技术产业园）项目指挥部搞好衔接，提前介入重大项目信息收集整理，将拟落户项目在中心局域网建立项目信息库，为提供“绿色通道”服务夯实基础。

2003—2013年，区政府法制办、区监察局先后4次对全区行政审批事项进行清理，行政审批效率提速。至2013年年底，审批中心进驻部门、单位21个，纳入审批服务事项768项，工作人员112名。

第五节　政府法制

1990年4月，撤销区政府办公室法规议案科，成立区政府法制局，为正科级行政部门，不列政府序列，编制6人。1993年11月，撤销区政府法制局，成立区政府法制办公室，编制3人。1997年2月，撤销区政府法制办公室，恢复区政府法制局，编制4人。2010年1月，区政府法制局更名为区政府法制办公室，具体负责全区政府法制工作的统筹规划、综合协调、组织指导和监督检查。

依法行政

1991—2000年，区政府先后制定依法行政“一五”规划和“二五”规划，并成立规划实施领导小组，负责依法行政工作的组织协调和督促落实。2001年，区政府制定依法行政“三五”规划和《关于加强依法行政工作的意见》。2006年，制定依法行政“四五”规划，印发《关于推行行政执法责任制的实施意见》，制定《寒亭区行政执法问责制暂行办法》《关于加强行政责任体系建设的意见》等配套制度，推进行政执法责任制。2007年，制定依法行政工作目标责任制。2011年，制定依法行政“五五”规划，印发《寒亭区规范行政处罚自由裁量权工作的实施意见》。2013年，推行行政处罚网上运行系统，执法部门的行政处罚事项在网上公开，接受社会监督。

规范性文件

1990年8月，制定《关于规范性文件制定程序的暂行规定》。2003年6月，制定《潍坊市寒亭区规范性文件备案规定》。1989—2003年，全区共制定和发布规范性文件84件，覆盖农村工作、市场经济建设、城市建设、社会保障等各个方面。2009年开始，区政府发布的规范性文件自公布之日起30日内报送区人大常委会备案。2012年3月，印发《潍坊市寒亭区规范性文件备案审查规定》，落实规范性文件“三统一”（统一登记、统一编号、统一公布）制度。2012年，印发规范性文件7件。2013年印发规范性文件4件。

1989—2013年，区政府对全区规范性文件先后进行4次大规模清理：1990年4月，对历年发布的273件文件进行清理，其中142件继续有效，56件修改，75件废止；1996年，对全区43件有行政处罚内容的规范性文件进行清理，其中继续保留17件、废止18件、修改8件；2001年，为适应中国加入WTO新形势需要，对2001年底以前由区政府发布的规范性文件及其他政策措施进行全面清理，61件区政府规范性文件及其他政策措施予以废止；2010年，对梳理出来的93件规范性文件进行清理。

行政执法监督检查

1990年10月，成立寒亭区行政执法监督检查领导小组。1995年7月，在区级行政机关实行行政执法责任制。1996年5月，实行行政执法过错责任追究制；6月，设立寒亭区政府行政执法投诉电话。1997年1月，建立重大行政处罚备案制度。1999年4月，区政府法制局会同区财政局组织全区55个行政执法部门与代收机构（农业银行）签订罚款代收协议。2000年6月，在全区建立行政执法统计制度。2001年5月，全面实施“票款分离”制度。2003年，对全区行政执法机构现状进行调查统计，有法定职权的行政执法机构86个、法律法规授权的行政执法机构13个、按规定行政机关委托的行政执法机构3个。2006年4月，印发《推行行政执法责任制的实施意见》。2007年10月，开展规范行政处罚自由裁量权工作。2009年，区政府法制局组织全区47个行政执法单位签订行政执法目标责任书。2013年4月，在全区推行行政处罚网上运行系统；12月，全面推行涉企检查活动报备制度。

行政复议应诉

1991年4月，在区政府法制局设立复议应诉科。1998年6月，成立寒亭区行政复议办公室，正科级行政单位，与区政府法制局合署办公。2000年2月，成立寒亭区行政复议服务中心，股级事业单位，编制4人。

1989年，全区贯彻、学习行政复议、行政应诉相关法律，针对案件涉及的重点问题，运用法律手段耐心疏导，及时化解矛盾。1990年，全区配备专兼职行政复议应诉工作人员151名，成立专兼职复议应诉机构68个。1994年10月开始，对全区通过考试的复议应诉工作人员发放“山东省行政复议应诉人员业务资格证书”。1999年，《行政复议法》实施后，通过发放宣传手册、在政府法制刊物定期刊登相关知识、举办专题讲座等多种形式进行宣传。2002年开始，在全区各乡镇（街道）建立行政复议应诉联络员制度。2004年，出台寒亭区信访案件移交行政复议管辖规定。2005年，建立行政复议案件办理程序制度。2010年，进一步完善行政复议联络员制度，在社区和村居建立行政复议裁决络员制度。1990—2013年，全区共发生行政复议案件55起，发生行政应诉案件27起。

第六节　应急管理

2008年9月，成立区应急管理办公室，为正科级事业单位，隶属区政府，按照“统一指挥、高效运作”原则，全面推进全区应急管理工作。

应急预案

2008年12月，编制印发《寒亭区城区扫雪防冰应急预案》。2009年5月，编制印发《寒亭区突发公共事件总体应急预案》；9月，编制印发《寒亭区处置重特大危险化学品道路交通事故应急预案》《寒亭区恶劣天气条件下道路交通安全管理工作应急预案》《寒亭区处置重特大交通事故应急预案》。2011年12月，对《寒亭区城区扫雪防冰应急预案》进行修编。2012年2月，编制印发《寒亭区防台风应急预案》；9月，编制印发《寒亭区城乡饮水安全突发事件应急预案》；12月，编制印发《寒亭区灭火救援应急预案》《寒亭区突发地质灾害应急预案》。2013年3月，编制印发《寒亭区地震应急预案》；5月，编制印发《寒亭区防汛应急预案》《寒亭区抗旱应急预案》；7月，编制印发《寒亭区自然灾害救助应急预案》。2008—2013年，先后编制区级应急预案14个，各部门单位编制突发公共事件和自然灾害、事故灾难、突发公共卫生事件、突发社会安全事件单项应急预案共107个。其间，依托公安、消防、安监等部门，区、乡镇（街道）、企事业单位每年至少开展一次综合应急演练；指导全区各部门单位组织开展突发公共安全事件、防火防灾应急疏散演练、突发交通事故应急演练等各类演练活动300余次，提高群众防范应对突发事件能力和应急队员应对突发事件技能水平。

应急队伍

2010年，组建公安（消防）、医疗卫生、地震救援、防洪抢险、危险化学品事故救援，以及水、电、油、气等工程抢险专业30多支救援队伍共1000余人。2012年，建立应急信息联络员制度。2012—2013年，通过志愿者招募，成立社会团体、村级、企业组织等多种形式的基层非专业应急队伍，涉及地震灾害、防汛抗旱、事故灾难等多个领域。

应急科普宣传

2008—2013年，每年利用防灾减灾日、安全生产月、全国消防日等专项宣传活动，通过网络、报刊和广播电视等新闻媒体，向群众宣传应急法律法规和预防、避险、自救、互救、减灾等知识，做到应急常识进社区、进工厂、进学校、进家庭，形成全区齐心协力，共同应对突发公共事件的良好局面。

第七节　外事侨务

1989年1月—1993年11月，寒亭区外事办公室与侨务办公室合署办公。1993年11月，外事办公室、侨务办公室撤销，职能归区政府办公室，设外事侨务科。

1990年8月13日，寒亭区第三次归侨侨眷代表大会召开，选举产生寒亭区归国华侨联合会第三届委员会。1993年11月，取消寒亭区归国华侨联合会建制。

外事工作

1989—2013年，先后邀请美国、韩国、新加坡、日本等30余个国家的外商500余人到寒亭，参加交流活动，考察投资环境，签订经贸协议；先后办理赴美国、日本、韩国、荷兰等30余个国家公务出国（境）团组130余批、400余人次。2010年，省侨办在潍坊市选拔优秀教师进入国侨办外派教师储备库，寒亭区向市推荐中学和小学语文教师各1名。同年7月，寒亭区与日本国庄内町签订友好交流缔结书。2013年4月，寒亭区与韩国仁川广域市东区缔结经济协作关系。

侨务工作

寒亭是潍坊市重点侨乡，华人、华侨3500

余人。1989—2013年，处理寒亭籍华人华侨、区内归侨侨眷有关咨询和信访案件700余件；通过信函、电话、出访、邀请等方式方法与500余名华侨、华人联系；接待到寒探亲、观光、考察、旅游团组4000余个，约6万余人；对城区和农村特别贫困归侨侨眷，落实最低生活保障和“五保户”救济制度。

1989—1998年，寒亭有20余名海外侨胞捐款、捐物，总价值折款人民币约40余万元。1998年5月，根据省、市侨办要求，对寒亭区归侨侨眷进行身份认定，根据自愿原则，为69名归侨侨眷办理申领归侨侨眷身份证上报手续。1999年6月，接收5名巴基斯坦华侨到寒亭定居。2003年，为区人大、区政协推荐侨界非党人选4名。至当年年底，寒亭区有市、区政协侨界委员2名、市人大代表1名，4人当选市侨联委员。2004年9月，开展《中华人民共和国归侨侨眷权益保护法实施办法》宣传活动。

1998—2006年，先后3次组织对日本、韩国到寒亭投资企业情况和归侨侨眷非公有制经济企业情况进行摸底，对寒亭区侨资企业投资环境进行调研。2006年8月，根据市外侨办《关于对省侨办侨资企业联系点重新进行登记的通知》，寒亭区选报3家侨资企业作为潍坊市重点联系服务对象。2010年7月，上报杨家埠民间艺术大观园作为山东省海外华裔青少年中华文化传承基地。2006—2012年，按照山东省侨务办公室《关于发放归国华侨生活困难补助的通知》要求，为全区符合条件的7名无退休金收入归国华侨发放补助，每人每月150元。2012年开始，按照市外侨办《关于调整早期归国华侨企业退休职工生活困难补贴的通知》要求，为4名符合条件企业退休归侨职工发放补助，补助标准为每人每月150元。2013年，为12名归国华侨发放生活困难补助。

第十七编　政协地方组织

DI SHI QI BIAN　ZHENG XIE DI FANG ZU ZHI

1989—2013 年，中国人民政治协商会议寒亭区委员会（以下简称区政协）历经 7 届。历届区政协在中共寒亭区委领导下，围绕区委、区政府中心工作，突出团结、民主两大主题，履行政治协商、民主监督、参政议政职能，通过列席区人民代表大会，听取并讨论区政府工作报告及其他有关报告，参与全区重大事项协商，对人民群众关心的社会热点难点问题提出合理化建议，先后提出提案、建议案 1918 件，组织开展各类调研、视察活动 260 余次。区政协在推动寒亭经济社会发展，维护社会政治稳定，巩固和扩大爱国统一战线等方面发挥了重要作用。

第一章　政协会议

1989—2013 年，中国人民政治协商会议寒亭区委员会历经 7 届。其中，第三至四届每届任期 3 年，第五至九届每届任期 5 年。

第一节　政协委员

委员产生

每届政协委员产生，均根据上级要求和区委批准的委员安排方案，召开专门会议进行部署。各乡镇（街道）、区直各有关部门根据委员安排方案，在本乡镇（街道）、本部门酝酿协商，广泛征求意见，集体研究决定，提出推荐人选。区委组织部对中共党员委员推荐人选进行考察，并征求纪委、监察、计划生育等部门意见。根据考察情况，由区委统战部统一汇总提出建议名单，报区委审定后，提交区政协主席办公会和常委会协商通过。

委员构成

委员以界别代表身份参加政协。由中国共产党、民主党派、人民团体、经济、文化、科技、教育、卫生、宗教等各界代表以及特别邀请的人士组成。根据每届实际情况，界别设置有所不同。政协委员中，中共党员所占比例一般不超过 40%。

政协第三届寒亭区委员会第一次会议，共有委员 114 人，代表 14 个界别。其中，中共党员委员 45 人，占 39.5%；非中共党员委员 69 人，占 60.5%；妇女委员 26 名，占 22.8%。

政协第四届寒亭区委员会第一次会议，共有委员 119 人，代表 14 个界别。其中，中共党员委员 42 人，占 35.3%；非中共党员委员 77 人，占 64.7%；妇女委员 31 名，占 26.1%。

政协第五届寒亭区委员会第一次会议，共有委员 172 人，代表 19 个界别。其中，中共党员委员 62 人，占 36%；非中共党员委员 110 人，占 64%；妇女委员 47 名，占 27.3%。

政协寒亭区第六届委员会第一次会议，共有委员 175 人，代表 19 个界别。其中，中共党员委员 70 人，占 40%；非中共党员委员 105 人，占 60%；妇女委员 50 名，占 28.6%。

政协寒亭区第七届委员会第一次会议，共有委员 175 人，代表 20 个界别。其中，中共党员委员 70 人，占 40%；非中共党员委员 105 人，占 60%；妇女委员 52 名，占 29.7%。

政协寒亭区第八届委员会第一次会议，共有委员 200 人，代表 20 个界别。其中，中共党员委员 80 人，占 40%；非中共党员委员 120 人，占 60%；妇女委员 60 名，占 30%。

政协寒亭区第九届委员会第一次会议，共有委员 197 人，代表 20 个界别。其中，中共党员委员 80 人，占 40.6%；非中共党员委员 117 人，占 59.4%；妇女委员 67 名，占 34%。

政协寒亭区委员会第三至九届委员界别构成统计表

表 17-1　　　　单位：人

界别＼届次	三	四	五	六	七	八	九
委员总数	114	119	172	175	175	200	197
中共	45	42	62	70	70	80	80
民革	1	0	0	3	3	3	3
民建	0	0	0	0	0	0	3
民进	0	0	0	0	2	3	3
农工党	0	0	0	0	3	3	3
九三学社	0	2	3	3	2	3	3
共青团	5	5	4	4	4	4	5
妇女	5	6	7	9	13	15	13
工会	6	5	5	5	6	5	4
工商联	17	14	12	10	21	18	17
经济	0	0	16	19	18	25	25
科协	0	0	3	3	3	3	4
科技	13	14	15	15	14	18	9
教育	0	13	19	21	17	15	15
医药卫生	13	14	17	19	11	11	11
农业	4	5	12	15	13	21	15
文艺	9	4	5	5	6	5	11
体育	6	3	3	3	3	3	3
宗教	3	3	3	3	3	3	4
侨联	8	10	11	2	0	0	0
台联	6	5	6	3	3	3	3
特邀	0	0	16	15	13	22	28

注：委员总数为每届第一次会议委员人数。

第二节　全体委员会议

政协寒亭区第三届委员会

第三次会议　1989年4月9日—11日在寒亭宾馆召开，出席委员119人。中共寒亭区委书记王光明出席会议并讲话。会议听取和审议政协主席杨学洪所作区政协常务委员会工作报告，列席区人大十一届四次会议，听取并讨论区政府工作报告及其他有关报告。会议增选王磬声为常务委员。

政协寒亭区第四届委员会

第一次会议　1990年3月20日—23日在寒亭宾馆召开，出席委员119人。中共寒亭区委书记王光明出席会议并讲话。会议听取和审议政协副主席毕愿清所作区政协常务委员会工作报告，审议各专门委员会工作报告；通过区政协四届一次会议有关决议；列席区人大十二届一次会议，听取并讨论区政府工作报告及其他有关报告。会议选举赵洪君为政协主席，毕愿清、刘国玺、刘之堂、徐世荣为副主席，马相孝等19人为常务委员。

第二次会议 1991年3月17日—20日在寒亭宾馆召开，出席委员136人。中共寒亭区委书记王光明出席会议并讲话。会议听取和审议政协主席赵洪君所作区政协常务委员会工作报告，审议区政协提案办理情况的报告；通过各项决议；列席区人大十二届二次会议，听取并讨论区政府工作报告及其他有关报告。会议补选周寿仟为政协副主席，增选王其刚为常务委员。

第三次会议 1992年4月1日—3日在寒亭宾馆召开，出席委员141人。中共寒亭区委书记王光明出席会议并讲话。会议听取和审议政协主席赵洪君所作区政协常务委员会工作报告，审议区政协提案办理情况的报告；通过各项决议；列席区人大十二届三次会议，听取并讨论区政府工作报告及其他有关报告。

政协寒亭区第五届委员会

第一次会议 1993年2月15日—18日在寒亭宾馆召开，出席委员172人。中共寒亭区委书记王光明出席会议并讲话。会议听取和审议政协主席赵洪君所作区政协常务委员会工作报告，审议各专门委员会工作报告；通过区政协五届一次会议有关决议；列席区人大十三届一次会议，听取并讨论区政府工作报告及其他有关报告。选举赵洪君为主席，王长恩、周寿仟、刘之堂、徐世荣、刘庆有为副主席，于学峰等25人为常务委员。

第二次会议 1994年3月1日—3日在寒亭宾馆召开，出席委员189人。中共寒亭区委副书记李建泉出席会议并讲话。会议听取和审议政协主席赵洪君所作常务委员会工作报告，审议区政协提案办理情况的报告；通过有关决议；列席区人大十三届二次会议，听取并讨论区政府工作报告及其他有关报告。会议同意王其刚、韩斌业、许锡乾辞去常务委员职务的申请，增选朱绪良等6人为常务委员。

第三次会议 1995年3月13日—15日在寒亭宾馆召开，出席委员199人。中共寒亭区委书记胡岗出席会议并讲话。会议听取和审议政协主席赵洪君所作常务委员会工作报告，审议区政协提案办理情况的报告；通过有关决议；列席区人大十三届三次会议，听取并讨论区政府工作报告及其他有关报告。会议增选李宝忠为常务委员。

第四次会议 1996年3月14日—16日在寒亭宾馆召开，出席委员208人。中共寒亭区委书记胡岗出席会议并讲话。会议听取和审议政协主席赵洪君所作常务委员会工作报告，审议区政协提案办理情况的报告；通过有关决议；列席区人大十三届四次会议，听取并讨论区政府工作报告及其他有关报告。会议补选王乐德、徐淑华（女）为副主席，增选王乐德等6人为常务委员。

第五次会议 1997年3月3日—5日在寒亭宾馆召开，出席委员209人。中共寒亭区委书记胡岗出席会议并讲话。会议听取和审议政协主席赵洪君所作常务委员会工作报告，审议区政协提案办理情况的报告；通过有关决议；列席区人大十三届五次会议，听取并讨论区政府工作报告及其他有关报告。会议增选李泮港等2人为常务委员。

政协寒亭区第六届委员会

第一次会议 1998年1月16日—20日在寒亭宾馆召开，出席委员175人。中共寒亭区委书记王永兴出席会议并讲话。会议听取和审议政协主席赵洪君所作区政协第五届常务委员会工作报告，审议政协各专门委员会工作报告；通过区政协六届一次会议有关决议；列席区人大十四届一次会议，听取并讨论区政府工作报告及其他有关报告。会议选举玄克胜为主席，王连森、王乐德、刘庆有、徐淑华（女）、李学升、孙建秋（女）为副主席，卜范民等24人为常务委员。

第二次会议 1999年3月3日—5日在寒亭宾馆召开，出席委员182人。中共寒亭区委书记王永兴出席会议并讲话。会议听取和审议政协主席玄克胜所作常务委员会工作报告，审议区政协提案办理情况的报告；通过有关决议；列席区人大十四届二次会议，听取并讨论区政府工作报告及其他有关报告。会议增选刘虎恩等4人为常务委员。

第三次会议　2000年1月22日—24日在寒亭宾馆召开，出席委员182人。中共寒亭区委书记王永兴出席会议并讲话。会议听取和审议政协主席玄克胜所作常务委员会工作报告，审议区政协提案办理情况的报告；通过有关决议；列席区人大十四届三次会议，听取并讨论区政府工作报告及其他有关报告。

第四次会议　2001年3月6日—8日在寒亭宾馆召开，出席委员190人。中共寒亭区委书记王永兴出席会议并讲话。会议听取和审议政协主席玄克胜所作常务委员会工作报告，审议区政协提案办理情况的报告；通过有关决议；列席区人大十四届四次会议，听取并讨论区政府工作报告及其他有关报告。会议补选段秀英（女）为副主席，增选马玉胜等5人为常务委员。

第五次会议　2002年2月23日—25日在寒亭宾馆召开，出席委员198人。中共寒亭区委书记王永兴出席会议并讲话。会议听取和审议政协主席玄克胜所作常务委员会工作报告，审议区政协提案办理情况的报告；通过有关决议；列席区人大十四届五次会议，听取并讨论区政府工作报告及其他有关报告。会议增选李泮港为常务委员。

政协寒亭区第七届委员会

第一次会议　2003年1月16日—20日在寒亭宾馆召开，出席委员175人。中共寒亭区委书记李世光出席会议并讲话。会议听取和审议政协主席玄克胜所作区政协第六届常务委员会工作报告和副主席段秀英所作的区政协提案工作情况报告，审议政协各专门委员会工作报告；通过区政协七届一次会议有关决议；列席区人大十五届一次会议，听取并讨论区政府工作报告及其他有关报告。会议选举玄克胜为主席，段秀英（女）、刘庆有、孙建秋（女）、李寿瑞、姜桂兰（女）、刘伟宏为副主席，于英智等31人为常务委员。

第二次会议　2004年1月4日—6日在寒亭宾馆召开，出席委员184人。中共寒亭区委书记李世光出席会议并讲话。会议听取和审议政协主席玄克胜所作常务委员会工作报告，审议区政协提案办理情况的报告；通过有关决议；列席区人大十五届二次会议，听取并讨论区政府工作报告及其他有关报告。

第三次会议　2005年1月25日—27日在寒亭宾馆召开，出席委员181人。中共寒亭区委书记李世光出席会议并讲话。会议听取和审议政协主席玄克胜所作常务委员会工作报告，审议区政协提案办理情况的报告；通过有关决议；列席区人大十五届三次会议，听取并讨论区政府工作报告及其他有关报告。会议增选马玉胜等3人为常务委员。

第四次会议　2006年2月14日—16日在寒亭宾馆召开，出席委员186人。中共寒亭区委书记李世光出席会议并讲话。会议听取和审议政协主席玄克胜所作常务委员会工作报告，审议区政协提案办理情况的报告；通过有关决议；列席区人大十五届四次会议，听取并讨论区政府工作报告及其他有关报告。会议补选刘志明、韩希明为副主席，增选马疆等2人为常务委员。

第五次会议　2007年1月23日—25日在寒亭宾馆召开，出席委员192人。中共寒亭区委书记李世光出席会议并讲话。会议听取和审议政协主席玄克胜所作常务委员会工作报告，审议区政协提案办理情况的报告；通过有关决议；列席区人大十五届五次会议，听取并讨论区政府工作报告及其他有关报告。会议补选郑立琦、王乐堂为副主席。

政协寒亭区第八届委员会

第一次会议　2007年12月10日—13日在寒亭宾馆召开，出席委员200人。中共寒亭区委书记李世光出席会议并讲话。会议听取和审议政协主席玄克胜所作区政协第七届常务委员会工作报告和副主席刘志明所作区政协提案工作情况报告；通过区政协八届一次会议有关决议；列席区人大十六届一次会议，听取并讨论区政府工作报告及其他有关报告。会议选举郑立琦为主席，王乐堂、魏常禄、刘伟宏、刘志明、韩希明、李会录、高允琴（女）、王建岗为副主席，李泮港为秘书长，于光辉等28人为常务委员。

第二次会议　2009 年 1 月 7 日—9 日在寒亭宾馆召开，出席委员 200 人。中共寒亭区委书记陈平出席会议并讲话。会议听取和审议政协主席郑立琦所作常务委员会工作报告，审议区政协提案办理情况的报告；通过有关决议；列席区人大十六届三次会议，听取并讨论区政府工作报告及其他有关报告。

第三次会议　2010 年 1 月 11 日—14 日在寒亭宾馆召开，出席委员 231 人。中共寒亭区委书记陈平出席会议并讲话。会议听取和审议政协主席郑立琦所作常务委员会工作报告，审议区政协提案办理情况的报告；通过有关决议；列席区人大十六届四次会议，听取并讨论区政府工作报告及其他有关报告。会议补选陈宁、李梅生为副主席，增选王迎三等 6 人为常务委员。

第四次会议　2011 年 1 月 19 日—22 日在寒亭宾馆召开，出席委员 236 人。中共寒亭区委书记陈平出席会议并讲话。会议听取和审议政协主席郑立琦所作常务委员会工作报告，审议区政协提案办理情况的报告；通过有关决议；列席区人大十六届五次会议，听取并讨论区政府工作报告及其他有关报告。会议补选邵丕清、南怀明为副主席，增选朱祥龙等 4 人为常务委员。

政协寒亭区第九届委员会

第一次会议　2012 年 1 月 8 日—12 日在寒亭宾馆召开，出席委员 197 人。会议听取和讨论区委主要领导讲话。会议听取和审议政协主席郑立琦所作区政协第八届常务委员会工作报告和副主席李会录所作区政协提案工作情况报告；通过区政协九届一次会议有关决议；列席区人大十七届一次会议，听取并讨论区政府工作报告及其他有关报告。会议选举韩国礼为区政协主席，李会录、刘伟宏、高云琴（女）、王建岗、陈宁、王格山为副主席，李泮港为秘书长，王怀彦等 29 人为常务委员。

第二次会议　2013 年 2 月 25 日—27 日在寒亭宾馆召开，出席委员 205 人。会议听取和讨论区委主要领导讲话。会议听取和审议政协主席韩国礼所作常务委员会工作报告，审议区政协提案办理情况报告；通过有关决议；列席区人大十七届二次会议，听取并讨论区政府工作报告及其他有关报告。会议增选马玉宏等 3 人为常务委员。

政协寒亭区委员会第三至十届主席、副主席一览表

表 17-2

届次	职务	姓名	籍贯	政治面貌	任职期间
第三届（　—1990.03）	主席	杨学洪	山东栖霞	中共党员	1987.04—1990.03
	副主席	曲正礼	山东青岛	中共党员	1987.04—1990.03
		毕愿清	山东昌邑	中共党员	1987.04—1990.03
		袁英馥（女）	山东青岛	无党派	1987.04—1990.03
		王多贤	潍坊寒亭	无党派	1987.04—1990.03
		范岱之	潍坊寒亭	无党派	1987.04—1990.03
		刘之堂	潍坊坊子	无党派	1987.04—1990.03
第四届（1990.03—1993.02）	主席	赵洪君	潍坊潍城	中共党员	1990.03—1993.02
	副主席	毕愿清	山东昌邑	中共党员	1990.03—1993.02
		刘国玺	潍坊寒亭	中共党员	1990.03—1993.02
		范岱之	潍坊寒亭	无党派	1990.03—1993.02
		刘之堂	潍坊坊子	无党派	1990.03—1993.02
		徐世荣	潍坊寒亭	无党派	1990.03—1993.02
		周寿仟	山东安丘	中共党员	1991.03—1993.02

续表 17-2

届次	职务	姓名	籍贯	政治面貌	任职期间
第五届（1993.02—1998.01）	主席	赵洪君	潍坊潍城	中共党员	1993.02—1998.01
	副主席	王长恩	潍坊坊子	中共党员	1993.02—1998.01
		周寿仟	山东安丘	中共党员	1993.02—1998.01
		刘之堂	潍坊坊子	无党派	1993.02—1998.01
		徐世荣	潍坊寒亭	无党派	1993.02—1996.03
		刘庆有	山东昌乐	无党派	1993.02—1998.01
		王乐德	山东济南	中共党员	1996.03—1998.01
		徐淑华（女）	山东栖霞	无党派	1996.03—1998.01
第六届（1998.01—2003.01）	主席	玄克胜	潍坊寒亭	中共党员	1998.01—2003.01
	副主席	王连森	潍坊寒亭	中共党员	1998.01—2003.01
		刘庆有	山东昌乐	无党派	1998.01—2003.01
		王乐德	山东济南	中共党员	1998.01—2003.01
		徐淑华（女）	山东栖霞	无党派	1998.01—2003.01
		李学升	潍坊寒亭	中共党员	1998.01—2003.01
		孙建秋（女）	山东蓬莱	无党派	1998.01—2003.01
		段秀英（女）	潍坊奎文	中共党员	2001.02—2003.01
第七届（2003.01—2007.12）	主席	玄克胜	潍坊寒亭	中共党员	2003.01—2007.12
	副主席	段秀英（女）	潍坊奎文	中共党员	2003.02—2006.01
		刘庆有	山东昌乐	无党派	2003.01—2007.12
		孙建秋（女）	山东蓬莱	无党派	2003.01—2007.12
		李寿瑞	潍坊寒亭	中共党员	2003.01—2007.01
		姜桂兰（女）	潍坊寒亭	中共党员	2003.01—2007.12
		刘伟宏	潍坊寒亭	无党派	2003.01—2007.12
		刘志明	潍坊寒亭	中共党员	2006.01—2007.12
		韩希明	潍坊高新	中共党员	2006.01—2007.12
		郑立琦	山东高密	中共党员	2007.01—2007.12
		王乐堂	潍坊寒亭	中共党员	2007.01—2007.12
第八届（2007.12—2012.01）	主席	郑立琦	山东高密	中共党员	2007.12—2012.01
	副主席	王乐堂	潍坊寒亭	中共党员	2007.12—2011.01
		魏常禄	潍坊坊子	中共党员	2007.12—2010.01
		刘伟宏	潍坊寒亭	无党派	2007.12—2012.01
		刘志明	潍坊寒亭	中共党员	2007.12—2011.01

续表 17-2

届次	职务	姓名	籍贯	政治面貌	任职期间
第八届（2007.12—2012.01）	副主席	韩希明	潍坊高新	中共党员	2007.12—2011.01
		李会录	山东乐陵	中共党员	2007.12—2012.01
		高允琴（女）	山东乳山	无党派	2007.12—2012.01
		王建岗	潍坊寒亭	民进会员	2007.12—2012.01
		陈　宁	江苏涟水	中共党员	2010.01—2012.01
		李梅生	山东昌邑	中共党员	2010.01—2012.01
		邵丕清	潍坊寒亭	中共党员	2011.01—2012.01
		南怀明	潍坊奎文	中共党员	2011.01—2012.01
第九届（2012.01—2017.01）	主席	韩国礼	山东昌乐	中共党员	2012.01—2017.01
	副主席	李会录	山东乐陵	中共党员	2012.01—2017.01
		刘伟宏	潍坊寒亭	无党派	2012.01—2017.01
		高允琴（女）	山东乳山	无党派	2012.01—2017.01
		王建岗	潍坊寒亭	民进会员	2012.01—2017.01
		陈　宁	江苏涟水	中共党员	2012.01—2017.01
		王格山	潍坊潍城	中共党员	2012.01—2017.01
第十届（2017.01—）	主席	蔡俊忠	潍坊寒亭	中共党员	2017.01—
	副主席	李会录	山东乐陵	中共党员	2017.01—
		刘伟宏	潍坊寒亭	无党派	2017.01—
		高允琴（女）	山东乳山	无党派	2017.01—
		王建岗	潍坊寒亭	民进会员	2017.01—
		王格山	潍坊潍城	中共党员	2017.01—
		张玉山	山东寿光	无党派	2017.01—

政协寒亭区委员会第三至九届常务委员名录

表 17-3

届　次	人数	姓　名
第三届	18	王多贤　曲正礼　毕愿清　刘之堂　刘成竹　刘德平 孙　娟（女）　孙忠会　许锡乾　李庆荣　杨学洪　范岱之　周寿仟　陈崇诚 袁英馥（女）　徐世荣　郭殿芬（女）　解汝涛

续表 17-3

届次	人数	姓名
第四届	19	马相孝 王次先 王磬声 孙 娟（女） 孙忠会 刘之堂 刘国玺 刘隆英 许锡乾毕愿清 李庆荣 陈崇诚 周寿仟 范岱之 赵刚毅 赵洪君 徐世荣 郭殿芬（女）曹永明
第五届	25	于学峰 马相孝 王长恩 王文昌 王次先 王其刚 王爱玲（女） 任启彬 刘之堂 刘庆有 刘春玲（女） 刘隆英 徐锡乾 孙 娟（女） 孙忠会 李庆荣 辛爱华 张 伟 张桂芳（女） 陈崇诚 陈维新（女） 周寿仟 赵洪君 徐世荣 韩斌业
第六届	24	卜范民 于桂珍（女） 王春平 王爱玲（女） 王富清 刘 林 刘伟宏 刘向红（女） 刘好善 齐寿亭 孙忠会 孙炳华 孙振海 李传孝 李泮港 李宝忠 李嘉平 辛爱华 陈维新（女） 侯延平 高 岩 崔全华 彭兴林 潘素霞（女）
第七届	31	于英智 王怀彦 王建岗 王爱成 庄连书 刘永胜 刘全福 牟健玲（女） 孙振海 苏淼玲（女） 李秀芹（女） 李宏伟 李泮港 李宝忠 李晓华 辛爱华 张 文 张顺天 党好玲（女） 徐化源 徐以芳（女） 郭春媛（女） 郭桂英（女） 栾建华 常雅丽（女） 崔全华 董春俭 谢俊德 谭延庆 潘世军 潘素霞（女）
第八届	28	于光辉 王卫国 王怀彦 王爱成 尹京栋 吕忠东 刘永胜 刘全福 刘宏伟 刘国防 刘洪军 孙振海 李云田 李秀芹（女） 李锡坤 宋亚丽（女） 张立涛 张顺天 陈之亮 陈维新（女） 季丽霞（女） 竺亚庆 郭桂英（女） 秦丽男 韩洪星 谭延庆 潘世军 潘华卫
第九届	29	王怀彦 王爱成 尹兆丽（女） 闫修川 朱祥龙 刘应波 齐英芝 孙传德 杨 梅（女） 苏淼玲（女） 李秀芹（女） 李恒伟 李梅生 李锡坤 沈玉珊（女） 张文波 张顺天 张维平 邵丕清 南怀明 秦丽男 栾尊一 黄在升 曹秀玲（女） 常雅丽（女） 韩兆林 焦予民 管春霞（女） 魏洪勇

注：此名录为历届政协一次会议选举产生的常务委员（按姓名笔画为序排列）。

第三节 常务委员会会议

按照中国人民政治协商会议《章程》规定，政协常务委员会是政协常设机构，全委会议闭会期间，由常务委员会主持政协日常工作。

第三届常务委员会会议

共召开16次常委会议。重要议题：研究区政协机构设置、分工问题，设“四委一室”（学习工作委员会、提案工作委员会、文史资料研究委员会、祖国统一联谊委员会和办公室）；研究“市政协横向联合会”有关事宜。

第四届常务委员会会议

共召开13次常委会议。重要议题：研究审议“建科技大楼”的委员建议和“在城区增建初中、小学各1处”的建议；审议通过“加强滩涂管理，繁荣沿海经济”的建议。

第五届常务委员会会议

共召开20次常委会议。重要议题：研究审议“强行摊派和乱摊派订阅过多的报纸杂志是加重农民负担”“加强对教育附加费的管理和使用”“尽快解决我区教师住房问题”“关于恢复二中划片招生”的意见和建议。

第六届常务委员会会议

共召开20次常委会议。重要议题：审议通过《关于我区猪鬃市场和河滩荒埠治理的调查报告》《关于我区农村合作经济组织情况的调查报告》《关于我区专业批发市场建设情况的调查报告》；审议区政协“关于素质教育”“关于外商投资环境”“关于我区北部卤水资源综合开发利用”“关于全区农业标准化工作”等情况的调查报告。

第七届常务委员会会议

共召开19次常委会议。重要议题：审议通过《关于寒亭区北部沿海综合开发的调查报告》《关于全区食品卫生情况的调查报告》《关于我区推广食用碘盐情况的调查报告》《关于我区文化遗产的调查报告》。

第八届常务委员会会议

共召开18次常委会议。重要议题：审议通过八届区政协专门委员会设置决定；审议通过《关于全区小城镇建设情况的调查报告》《关于充分利用文化资源，发展文化产业的调查报告》《关于我区道路交通安全情况的调查报告》《关于全区敬老养老情况的调查报告》《关于我区科技创新与知识产权保护情况的调研报告》；视察平安寒亭建设情况；建立区直部门单位工作情况通报制度。

第九届常务委员会会议

2012年2月至2013年10月，共召开7次常委会议。重要议题：讨论并审议通过《关于加强区政协常委会自身建设的意见》；审议通过《关于我区城乡居民养老保险工作情况的调研报告》《关于全区农村水利基础设施建设与管理情况的调查报告》《关于全区重点项目建设情况的视察报告》。

第二章　组织机构

第一节　工作机构

1988年7月，为适应新形势，报经中共寒亭区委同意，区政协第三届八次常委会议协商决定，工作机构设“四委一室”，即办公室、学习工作委员会、提案工作委员会、文史资料研究委员会和祖国统一联谊委员会。1991年2月，增设经济科技委员会。

1991年3月，区政协第四届五次常委会议研究通过，区政协设办公室和学习工作委员会、经济科技委员会、提案工作委员会、文史资料研究委员会、祖国统一联谊委员会5个专门委员会；各专门委员会下设办公室。

1997年2月，区政协下设办公室、专门委员会综合办公室2个办事机构，提案委员会、学习宣传文史资料委员会、经济科技委员会、祖国统一三胞联谊委员会、文教卫生社会法制委员会5个专门委员会，各专门委员会不再设办公室。以上各委、室均为正科级机构。

2007年8月，区政协机关机构设置调整为办公室、调研室、委员活动工作室3个办事机构，提案委员会、经济和人口资源环境委员会、科教文卫体委员会、社会法制委员会、台港澳侨和外事委员会、文史资料委员会6个专门委员会。同月，经区编制委员会批准，成立区政协办公室老干部管理科，为副科级事业单位，隶属区政协办公室。

2008年3月，经济和人口资源环境委员会、台港澳侨和外事委员会职能整合，整合后的名称分别为经济委员会、人口资源环境外事委员会。至2013年，机构设置没有变化。

第二节　乡镇（街道）政协组织

1987年5月，区政协第三届一次常委会研究决定，设乡镇一组、乡镇二组、乡镇三组3个乡镇工作组。1990年6月，在寒亭镇、央子镇、高里镇、朱里镇、郭家官庄乡、肖家营乡、东庄乡7个乡镇设立乡镇政协工作委员会，配专职副主任。1991年6月，在里疃乡、双杨店镇、固堤镇、泊子乡、南孙乡5个乡镇设立乡镇政协工作委员会，配专职副主任。1993年11月，机构改革撤销乡镇政协工作委员会，重新建立乡镇政协委员小组。1997年9月，区政协第五届十九次常委会议决定，在寒亭镇、河滩镇、朱里镇、郭家官庄镇、张氏镇、固堤镇、泊子乡、央子镇、双杨店镇、高里镇、南孙乡、肖家营乡恢复建立正科级建制的乡镇政协联络委员会，为区政协派出机构。2001年12月，乡镇（街道）不再设政治协商组织，由各乡镇（街道）党（工）委分管党务工作的副书记负责联系政协工作。2002年1月，区政协免去各乡镇（街道）政协联络组织负责人的职务。2010年4月，区政协第八届十一次常委会议决定，在镇街、杨家埠旅游开发区、寒亭经济技术开发区设立政协工作联络室，配备主任1人、工作人员1人，主任由镇街、开发区党（工）委副书记兼任（寒亭经济技术开发区由办公室主任兼任）。同年7月，区政协第八届十二次常委会议决定，将高里镇政协工作联络室更名为高里街道政协工作联络室，朱里镇政协工作联络室更名为朱里街道政协工作联络室。

第三章　区政协主要工作

1989—2013年，寒亭区政协主要职能是政治协商、民主监督、参政议政。在历次政协全委会期间，委员们均列席区人民代表大会，充分发扬民主，畅所欲言，讨论区政府工作报告、国民经济计划、财政预决算及群众关心的重大问题，提出建设性意见和建议。政协主席、副主席还经常列席区委、区政府的重要会议，参与有关全区政治、经济、文化等重大决策的协商讨论。通过区政协常委会议听取区政府社会事业发展情况和提案办理情况通报。从2008年开始，通过区政协常委会议、主席会议听取区直部门情况通报。同时，通过提案办理、调研视察及各专门委员会的工作来实现参政议政的目的。

第一节　政治协商

1989—2013年，区政协根据区委、区政府工作重点，制定协商工作计划，确立协商课题、协商重点。协商中，坚持全委会议整体协商、常委会议重点协商、主席会议专题协商、专委会议对口协商，搭建委员与党政领导、党政部门之间的协商沟通平台，围绕全区政治、经济、文化、社会、生态环保等社会各界广泛关注的重点问题，提出意见建议，为党政领导科学决策提供参考。

第三届区政协

通过举行全委会、常委会、主席办公会，召开各种形式的座谈会，围绕如何强化农业基础地位，如何加强现有科技成果的推广和应用等方面协商讨论。

第四届区政协

围绕区委、区政府重大决策和人民群众普遍关心的重大问题进行协商议政，为区委、区政府科学决策提供依据。通过开展听取报告、小组讨论、会议发言等形式，累计提出意见建议542条，有350余条被党委和政府采纳。

第五届区政协

围绕全区改革开放、经济建设及各项事业发展进行协商讨论。根据协商在决策之前的原则，坚持完善每年一次全委会议、每季度一次常委会议、每月一次主席会议的政协例会制度；在党政重大决策制定之前和出台之后，及时召开委员和各界人士代表座谈会。中共十四届五中全会之后，受区政府委托，就全区“九五”计划和2010年远景目标的制定，召开多种形式座谈会，收集意见、建议30多条，报区委、区政府决策参考。

第六届区政协

围绕全区改革与发展、精神文明建设等重要问题开展协商讨论。在六届四次会议上，全体委员就全区“十五”计划（草案）进行协商讨论，提出意见建议，为制定完善全区“十五”计划发挥建言献策作用。区政协各专门委员会加强与政府职能部门对口联系，围绕文教卫生发展、科技兴寒战略等问题，组织相关界别委员召开专题议政会、恳谈会，提出意见建议。

第七届区政协

围绕制定“十一五”规划、构建和谐社会、加快北部沿海经济开发、新农村建设、社会事业发展等方面，以大会发言、经验交流、小组讨论等形式，开展协商活动。2006年，区委印发《关于进一步加强人民政协工作的意见》，区政府印发《关于支持人民政协工作的意见》。

第八届区政协

围绕加快经济结构调整、培强做大现有企业、园区经济发展、平安寒亭建设等问题，开展总体协商；围绕交通安全、农村社区经济圈、教师队伍建设、水污染防治等问题，进行专题协商；围绕社会事业发展、文化遗产保护开发、都市农业建设等问题，开展对口协商。2008年，八届一次常委会议通过区政协《关于贯彻执行〈政协全国委员会关于政治协商、民主监督、参政议政的规定〉的实施细则》。从2008年开始，通过常委会议、主席会议听取区直部门情况通报，会前各专门委员会调研了解情况，会中协商建言、评议打分，会后向区委、区政府和相关方面通报反馈情况。

第九届区政协

把服务发展、促进发展作为工作出发点和落脚点，分别对经济社会转型跨越发展、发展先进制造业、繁荣现代服务业、提升文化旅游业等重大问题，进行协商议政。在政协全委会期间，委员们均列席区人大会议，讨论区政府工作报告及群众关心的重大问题，提出意见建议。

第二节　民主监督

委员视察

1989—2013年，区政协先后围绕区委、区政府重大决策和经济与社会发展中的重要问题组织委员开展专题视察110余次。视察过程中，委员们履职尽责，提出意见建议800余条，受到区委、区政府及有关方面的重视。

第三届区政协重点围绕农业、农村工作和学校德育工作开展视察，分别写出调研报告，并提出21个方面的意见和建议。1989年1月，组织有关方面政协委员对郭家官庄乡水资源状况进行考察；2月，组织部分政协委员到双杨店镇、东庄乡察看小麦生长情况；11月，组织部分政协委员对寒亭一中、寒亭六中、实验小学学生德育工作情况进行视察。

第四届区政协先后组织有关部门及部分委员，采取听、看、议的方式开展多种形式的视察活动。1990年12月，组织农业组政协委员视察高里镇农田基本建设和吨粮田开发、肖家营乡多种经营生产情况。1991年12月，组织驻寒省、市政协委员和部分区政协委员分别对国有大中型企业、农村经济、科技成果推广应用、第三产业等情况进行视察。1992年9月，区政协四届十二次常委会议与会委员到朱里镇、河滩镇视察乡镇企业发展情况。

第五届区政协围绕改革建设和社会生活重要问题开展较大规模视察活动11次，参加视察委员500多人次。1995年11月，陪同市政协到固堤镇酵素菌推广应用基地就寒亭区酵素菌推广应用情况进行视察；12月，组织市政协驻寒亭委员分别到朱里镇、郭家官庄镇视察，就农业和农村工作提出意见和建议。1996年10月，区政协常委对乡村道路建设情况进行视察。1997年11月，组织视察组对河滩、朱里、郭家官庄、寒亭等乡镇的农业产业化、镇办企业、个体私营经济等进行视察。

第六届区政协重点对农业和农村经济、社会治安综合治理、教育、个体私营经济、招商引资等开展视察活动26次，形成视察报告20篇，提出意见和建议235条。1998年9月，组织驻乡镇委员和部分市政协驻寒亭委员，就寒亭区农村经济形势和农业产业化进行视察；12月，组织部分区政协委员和部分市政协驻寒亭委员就政法队伍建设和社会治安综合治理情况、寒亭区教育工作情况进行视察。2000年1月，组织部分委员对提案办理情况特别是委员们普遍关心的报刊投递质量、电话收费、普及高中教育等问题进行督办视察；9月，区政协常委对部分引资项目、个体私营企业、商品批发市场、改制后国有企业运行情况进行视察；12月，组织市政协驻寒亭委员和区政协委员40多人，视察寒亭招商引资工作。2001年5月，组织政协委员就城区绿化、招商引资工作和北部卤水资源综合开发利用进行视察；12月，组织区部分政协委员到区人民法院、区人民检察院、区公安分局视察政法工作。2002年7月，组织政协常委到寒亭街道、固堤镇、泊子乡、央子镇、南孙乡视察农业产业化和农业园区建设情况。

第七届区政协围绕民营经济、电力工程、开发区建设、污水处理、教育改革等热点问题组织视察28次，形成视察报告20篇。2003年12月，组织政协常委视察区政协委员创办的民营企业发展情况。2004年11月，区政协领导视察建设中的220千伏、500千伏线路工程以及110千伏蔡央变电站改造工程和潍坊港输电工程。2005年11月，组织政协常委到潍坊滨海项目区、寒亭经济技术开发区、海洋化工开发区及北海路等地进行视察；12月，组织部分区政协委员到区教育局、固堤镇中心学校、寒亭实验中学、寒亭一中、寒亭四中就全区教育改革和发展情况进行视察。2007年8月，组织政协常委到社区、敬老院、医院、道路修建和旧城改造现场就寒亭社会事业发展情况进行视察；10月，区政协提案委员会成员和部分政协委员对政协七届五次会议以来提案办理情况进行视察。

第八届区政协主要针对社会事业发展、新农村建设、房地产开发、现代服务业、安全生产等重点工作开展视察。2008年5月，组织部分政协委员对药品监管工作进行视察；7月，组织政协常委视察城区社会事业发展情况。2009年7月，组织部分政协委员对新农村建设情况进行视察；10月，对全区房地产开发情况和“五五”普法情况进行视察，并形成视察报告。2010年7月，组织政协常委到寒亭街道、杨家埠旅游开发区、开元街道就“城中村”改造暨城乡建设用地增减挂钩工作情况进行实地视察；11月，组织部分政协委员视察全区安全生产情况。2011年4月，组织部分政协委员视察现代服务业发展情况；7月，组织政协常委视察教育基础设施配套建设情况。

第九届区政协主要围绕文化旅游业发展、环境保护、生态文明建设等社会热点开展视察活动，提出的意见和建议得到有关部门重视和采纳。2012年7月，组织政协常委到杨家埠旅游开发区、朱里街道、高里街道就文化旅游业发展和景区开发建设情况进行视察；10月，组织政协常委视察全区环境保护工作。2013年10月，组织部分区政协委员和部分市政协驻寒亭委员到浞河上游综合改造工程、俊清农业合作社、虞河污水处理厂等现场就生态文明建设工作进行视察；同月，组织政协常委到泰祥社区警务室、高里派出所、区公安分局实战勤务中心对全区社会防控体系情况进行视察。

民主评议

1989年以后，区政协组织委员积极参加廉政建设、社会治安综合治理、普法教育、行风整顿和财税专项检查等，发挥政协委员的民主监督作用。1998年，寒亭区开展“整顿行业作风、树立文明形象”活动，区政协组织政协委员参与对区建委、区交通局、区公安分局等10个部门及其所属15个窗口单位进行评议。2000年，按照潍坊市纠风办统一部署，区政协组织政协委员参与对区民政局、区财政局、区审计局等11个部门及其窗口单位进行行风评议。2003年，参与全区行风建设“十佳部门”评选活动，组织部分政协委员对全区56个部门、单位从优化软环境、服务经济发展等方面进行评选。2004年以后，先后有280余位政协委员担任社会特邀监督员，参与对全区职能部门、窗口单位进行民主评议和监督；参与区法院“惩赖风暴”集中执行工作的全程监督。2005年12月，民主评议政风行风活动中，组织30名政协委员对被评议部门单位进行评议。2006年，参加民主评议政风行风的政协委员对教育、科技、公安等33个系统和行业进行民主评议。2009—2013年，充分发挥政协委员社会特邀监督员作用，认真履行民主监督职能，通过开展行风评议、视察监督检查等形式，对行政执法和服务部门实施有效监督，促进工作作风转变，提高行政服务效能。

第三节　参政议政

提案办理

1989年3月—2013年2月，共收到委员提案1918件，立案1423件。

三届会议委员提出“保护潍县战役总指挥部旧址”提案，经区长办公会研究，以正式文件批复，同意将“潍县战役指挥部旧址”列入寒亭区历史文物保护范围，并拨出专款2000元，对其进行修复。

四届会议委员提出“增建1处小学”提案，受到区政府和有关部门的重视，列入区政府“八五”计划，并在化纤厂宿舍附近新建1处小学，解决部分小学生上学难问题。

五届会议委员提出“关于从财力物力上支持北部四乡镇农业开发”的提案，引起市、区党政领导重视，经过政府及有关部门努力，实现黄河三角洲农业综合开发在寒亭区的实施；“建议加快乡村卫生组织一体化管理和合作医疗制度改革，改善寒亭区医疗卫生面貌”提案，引起区政府重视，区政府责成区卫生局印发《潍坊市寒亭区乡镇卫生组织一体化管理办法》和《实施细则》，并在全区范围内实施；采纳“关于尽快解决我区教师住房问题”的委员提案，区政府印发《关于在城区镜湖小区内建设教师公寓的意见》，并组织实施。

六届会议委员提出“设立潍坊市120央子急救站”提案，经区政府协调和支持，在很短时间内购置设备，选配工作人员；“在城区再设1处高中，形成两高一职格局”提案，受到区委、区政府高度重视；“引用峡山水库水，解决北部人民吃水难”提案转办后，区委、区政府多次召开联席会议研究，责成有关部门在充分论证基础上，实施引峡济寒供水工程，解决北部4个乡镇10余万人吃水问题。

七届会议委员提出“在城区设立交通警示标志”提案，区政府组织有关部门对城区各交通路口全部安装红绿灯等设施；“加强经济发展软环境建设”“保护北部卤水资源”“加强体育场建设与管理”“建立新型农村合作医疗制度”等提案，均被政府及有关部门采纳。

八届会议委员提出“加强区乡道路建设”提案，被区政府列入2008年全区“十件惠民实事”之一，先后投资1800余万元对冯横路和泊南路等路段大修，同时投资2300余万元改造建设镇村道路26条；“对城区部分路街转让冠名权”“禁止在城区周围乱倒建筑垃圾”“对通亭街进行美化改造”等提案，均被区委、区政府采纳。

九届会议委员提出“关于转变经济增长方式、大力发展低碳循环经济的建议”，区委、区政府高度重视，印发《关于促进节能环保产业加快发展的指导意见》，将节能环保产业开发项目纳入科技发展导向计划；“促进民营企业发展”“发展我区文化旅游产业”“加强城市建设”等提案，也都得到办理落实。

寒亭区第三至九届政协提案统计表

表 17-4

届　次	收到数（件）	立案数（件）	办复率
第三届	41	41	100%
第四届	161	158	100%
第五届	241	235	100%
第六届	371	329	100%
第七届	476	268	100%
第八届	470	293	100%
第九届	158	99	100%

注：数据统计时间为1989年3月—2013年2月。

调查研究

1989—2013年，历届区政协紧紧围绕区委、区政府中心工作，精选题目，深入基层进行专题调研150余次，提出建议1300余条，为党政科学决策提供参考依据。

第三届区政协围绕党政工作中心，从政治、经济、文化和社会生活各个方面，调研9次，写出调研报告8篇。

第四届区政协注重把调查研究与日常工作紧密结合，提高调研质量，促进调研成果转化，先后调研56次，写出调研报告42篇。其中针对农村用电管理、减轻农民负担等方面的调查报告，引起区委、区政府重视。

第五届区政协组织较大课题的调研活动20多次，形成调研报告19个，提出建议、措施近百条，有15个调研报告被区委办公室转发，其中8个调研报告被党政领导批示，多数建议得到重视和采纳；会同省、市政协，就沿海资源开发、"海上山东"建设、自然环境保护、减轻农民负担、廉洁勤政建设等课题，开展联合调研活动。

第六届区政协组织政协委员，就北部沿海开发、下岗职工再就业、在外留学生情况、国有企业改制、制鬃产业发展、专业批发市场建设、盐及盐化工、农村合作经济组织、外商投资环境、中小企业发展、素质教育实施、北部资源综合开发、食品加工业发展、农村标准化工作等课题，组织调研活动20多次，形成调研报告20多个，提出建议300多条，多数建议得到重视和采纳。其中，关于搞好北部开发和促进中小企业发展2篇调研报告被省、市政协采用；关于下岗职工再就业、北部沿海开发、全区盐业生产、大力发展专业批发市场、留学生资源调查、卤水资源综合开发6篇调研报告被党政主要领导批示并被区委办公室转发。

第七届区政协就加快民营经济发展、发展旅游生态农业、完善社会保障体系、食品卫生安全、平安寒亭建设等重大课题进行专题调研，形成27篇调研报告和300多条建议。2004年7月，区政协根据市政协统一部署，组成北部沿海开发调研组；2004年7月、2007年6月两次随市政协调研组赴天津、唐山、大连等地考察，形成调研报告，分别报市政协、区委、区政府，有的意见和建议纳入滨海建设决策。

第八届区政协就小城镇建设、文化产业发展、加快民营经济发展、道路交通安全、教师队伍建设、软环境建设、发展旅游生态农业等重大课题，进行专题调研，形成29篇调研报告和300多条建议。其中，《关于充分利用文化资源、发展文化产业的报告》《关于政协委员企业发展情况的调查》《关于我区道路交通安全情况的调查报告》《关于我区科技创新与知识产权保护情况的调研报告》《关于打造新兴产业　扶持亚康发展的建议》等分别被区委、区政府主要领导批示并被转发。

第九届区政协组织政协委员就全区城乡居民养老保险工作、重点项目建设情况、农村水利基础设施建设与管理情况开展调查研究，提交的专题调查报告受到区委、区政府重视。其中2013年11月，陪同市政协调研组到寒亭蔡家栏子新村、泰祥花苑、西杨家埠村开展"农村居民抗震设防"专题调研。

民意反映

1989 年开始，区政协从团结、民主两大主题出发，坚持把反映社情民意作为一项经常性、基础性工作来抓，围绕党政工作重心，运用政协信息载体，及时准确向党委、政府反映群众呼声和愿望，为党政领导了解民情、集中民智、科学决策提供重要参考依据。特别是 1996 年以后，整理上报信息 1134 条，被全国政协采用 27 条。其中，1996 年上报《台胞台属关于海峡两岸态势反映》信息，被全国、省、市、区多级采用，并上报至中共中央和国务院；2001 年上报《“97 刑侦一号”等纪实电视剧负面影响大》信息，经全国政协领导批示，送中共中央办公厅、国务院办公厅批复处理，督促公安部具体办理落实；2003 年上报《建议规范警务用车》信息，在《中国政协报》上发表，并分别被市委、市政协刊发。2010 年 5 月 12 日，全国政协办公厅信息联系点第十一次工作联系会议与会人员一行 70 余人到杨家埠民间艺术大观园参观考察。

第四节　宣传和文史工作

政协宣传

1998 年，在区电视台开办《委员风采》栏目，宣传政协委员先进事迹。2008 年 1 月，创办《政协工作情况》简报，设有工作动态、调研视察、委员风采、经验交流、工作简讯、政协知识、他山之石等栏目，为政协工作创设一个对外交流的窗口、加强联系的渠道、发扬民主的论坛、增进团结的园地、促进工作的平台。2009 年 3 月，政协内部刊物《寒亭政协》正式创刊，设有卷首语、特别关注、政协要闻、政协工作、调研报告、提案追踪、部门通报、各界之声、委员风采、往事追忆、文化传承、史海钩沉、文山觅友、艺海聚珍等 20 个栏目。2009 年 3 月至 2013 年 12 月，连续编辑出版《寒亭政协》18 期，计 120 余万字，1000 余幅图片。1989—2013 年，区政协在市级以上新闻单位发表稿件 738 篇，连年被市政协评为宣传报道工作先进单位。

征编文史资料

1989—1991 年，先后编辑出版《寒亭文史资料选辑》（第六辑）、《杨家埠年画风筝专辑》、《寒亭文史资料选辑》（第七辑）。1991 年，编辑出版《张雪岩史料选编》，主要包括张雪岩生平事迹、往来书信及相关作品等，收入文章及资料 61 篇，计 15 万字。1995 年，参与《潍坊杨家埠年画全集》编纂工作。1997 年，参与大型文献资料《潍坊风筝全集》编辑工作；由区政协文史资料委员会主创的两集电视剧《杨家埠年画故事》在中央电视台播出。2000 年，编辑出版《寒亭猪鬃史话》，收录寒亭鬃业发展史、制鬃工艺、人物方面文章 17 篇，计 4.5 万字。2003 年，参与《郑板桥在潍县》《潍坊上下五百年》等大型文史资料编写供稿。2004 年，参与编撰《郑板桥诗书画精品集》《走进杨家埠》。2005 年，编辑出版《寒亭文史大观》，收入题字 4 幅、图片 19 幅、文章 153 篇，计 55 万字。2006 年，完成《潍坊市人文自然遗产》供稿任务；撰写《寒亭区人文自然遗产名录》，并制作影像资料。2007 年，编辑《柳毅民间传说》，收录关于柳毅民间传说文章 39 篇，计 7.5 万字。

2008 年，区政协邀请 12 位国家及省、市民俗专家，在寒亭宾馆举办柳毅文化研讨会，就如何进一步搞好柳毅文化挖掘整理及“申遗”工作进行研讨。同时，会同朱里镇、区文化局等部门，将“柳毅传说”申报为省、市级非物质文化遗产。2011 年，“柳毅传说”列入第三批国家级非物质文化遗产名录。

2009 年，编辑出版《柳毅山文集》，收录文章 32 篇、传说 70 篇、歌谣 135 首、文献摘录等 32 篇，共计 45 万字。同年，区政协会同潍坊市人文自然遗产保护与开发促进会编辑出版《潍坊人文自然遗产·寒亭专辑》。2010 年，编辑出版《寒浞河畔于氏家族》。2011 年，先后编辑出版《张雪岩传》《寒浞嫦娥历史与传说》《寒亭区政协志》《于少卿回忆录》。同年，区政协主办“庆祝中国共产党成立九十周年、纪念辛亥革命一百周年书画摄影作品展”，展出作品 200 余件，并结集出版。

2012年，区政协被省政协评为全省文史工作先进单位，《张雪岩传》被评为全省优秀文史书刊二等奖。2012年，召开“中国•寒亭潍县萝卜文化”学术研讨会，省内外10余位专家学者出席，随后编辑出版《潍县萝卜》一书。2013年，编辑出版《海外及港澳台地区寒亭人》。同年7月，区政协文史资料委员会推荐的诗文集《向往春天》由中国文联出版社出版，并被中国国家图书馆、中国现代文学馆、中国人民大学图书馆等收藏。

第五节　“三胞”联谊

1989年以后，区政协每年举办“三胞”（港澳同胞、台湾同胞、海外侨胞）及眷属代表中秋茶话会、各界人士迎春茶话会，欢聚一堂，共叙友情，共商发展大计。定期召开委员座谈会，及时处理来信来访，了解民主党派、工商联、社会各界人士以及港澳台胞、海外侨胞、归国华侨、留学生的思想、意见和要求，协调有关部门帮助解决实际困难，引导他们共同促进祖国和平统一，致力于寒亭发展。

1996年6月，陪同市政协走访慰问在特大风暴中受灾的部分归侨。1997年6月，在寒亭宾馆举行各界人士庆香港回归座谈会；联合区委宣传部、区文化局等单位举办“庆七一，迎回归”各界人士书画展。1999年12月，区政协与坊子区政协联合举办“迎澳门回归”书画展。2004年9月，为纪念人民政协成立五十五周年，召开各界人士和“三胞”眷属座谈会，各民主党派、工商联、人民团体政协委员代表畅谈人民政协成立55年来的成就和国家改革开放的大好形势。1989—2013年，会同有关部门做好回乡探亲定居“三胞”接待工作，共接待港澳同胞、台湾同胞、海外侨胞1051人次。

第十八编　民主党派　人民团体

DI SHI BA BIAN　MIN ZHU DANG PAI　REN MIN TUAN TI

1989—2013年，寒亭区各民主党派、人民团体是寒亭政治经济和社会发展的一支重要力量。

自1990年九三学社寒亭支社委员会成立之后，各民主党派陆续在寒亭建立地方组织。至2013年，寒亭区有中国国民党革命委员会、中国民主建国会、中国民主促进会、中国农工民主党、九三学社5个民主党派地方组织。各民主党派发挥民主监督作用，积极参政议政，建言献策，从不同角度，先后就寒亭经济和社会发展的全局性、战略性问题广泛开展调查研究，提出意见和建议；各民主党派成员热心公益事业，立足本职，广泛参与各项社会服务。

1989年，寒亭区已有总工会、共青团、妇联、科学技术协会等人民团体；1994年，寒亭区重新组建工商业联合会。至2013年，各人民团体注重组织建设和队伍建设，动员组织各界群众，围绕区委、区政府不同时期的中心任务，按照各自章程开展活动，拓展各自领域工作，自觉当好党联系人民群众的桥梁和纽带，为寒亭政治经济和社会发展发挥重要作用。

第一章　民主党派

第一节　中国国民党革命委员会寒亭支部

组织建设

1994年11月，寒亭六中教师孙娟加入中国国民党革命委员会（简称民革）组织，成为寒亭区第一位民革党员。1995年11月，民革寒亭支部成立，有党员5人，孙娟当选支部主任委员。1998年6月，民革寒亭支部选举产生第二届支部委员会，孙炳华当选支部主任委员，有党员5人。2004年6月，民革寒亭支部选举产生第三届支部委员会，李秀芹当选支部主任委员，有党员6人。2008年11月，民革寒亭支部选举产生第四届支部委员会，李秀芹当选支部主任委员，有党员12人。2011年6月，民革寒亭支部选举产生第五届支部委员会，李秀芹当选支部主任委员，有党员13人。至2013年底，民革寒亭支部共有党员17人，分布在经济、科技、教育、医疗卫生和企业等界别。

1999年，民革寒亭支部被评为“全省先进支部”和“全国先进支部”。当年11月，孙炳华参加民革山东省委举办的全国模范先进支部经验交流会，并作典型发言。2000年11月，孙娟出席民革中央举办的全国先进集体和先进个人总结表彰大会。至2013年，民革寒亭支部被评为全国先进支部1次，全省先进支部1次，全市先进集体、先进基层组织4次；支部党员获民革中央授予的“全国先进个人”“祖国统一工作先进个人”称号2人次，获民革山东省委授予的“民革山东省优秀党员”称号5人次，获民革潍坊市委授予的“民革潍坊市优秀党员”等称号24人次。

参政议政

1994年，民革寒亭支部成立后，密切与中共寒亭区委、区人大、区政府、区政协的联系，积极参加各种政治协商会、情况通报会、座谈会、专题研究会，充分发挥参政党的渠道优势，在社会主义民主政治建设中发挥应有作用；每年在市、区“两会（人代会、政协会）”期间，组织支部党员围绕全区中心工作和人民群众普遍关心的热点难点问题，撰写提案、议案，进行大会发言。

1996年，向省、市、区政协会议提交《医疗卫生市场秩序亟待整顿》《强化农业支持农业的建议》《应提高对民主党派的认识》等4件提案。1997年，向省、市、区政协会议提交《关于在潍坊市开展“赡老工程”的建议》《关于在中小学校中加强德育教育工作的建议》2件提案。1998年，向区政协会议提交《关于加强农村卫生工作，促进农村医疗卫生事业发展的建议》，并被评为区政协优秀提案。

1999年，向民革潍坊市委提交《国企财务管理混乱的原因与对策》等2件提案。2000年，向区政协会议提交《加大力度，进一步推进下岗职工再就业工作的建议》等3件提案。2001年，向区政协会议提交《强化农业科技和信息 提高农产品附加值》等2件提案。2004年，向区政协会议提交《防止一些造成环境污染的项目以招商引资名义进入我区》等3件提案。2005年，向区政协会议和民革市委会提交3件提案，其中《建议在潍坊市内大型国有企业中实行年薪制》获中共潍坊市委统战部优秀提案奖。

2006年，向区政协会议提交《关于改善城区饮用水质量，保障饮用水安全的建议》等4件提案。2007年，支部向区政协会议提交《关于加强城区环境综合治理情况的建议》等2件提案。2008年，在区政协八届一次会议上，支部4名区政协委员提交《进一步拓展“关爱老年人行动”，提高老年人生活质量》等11件提案。2009年，在区政协八届二次会议上，支部4名区政协委员提交提案6件。2010年，在区政协八届三次会议上，支部4名区政协委员提交《关于加强城市文化墙建设的建议》《加大农产品龙头企业建设力度发展农业专业合作经济组织》等4件提案，其中《加快金三角改造步伐，开通祥亭街是关键》提案被区委区政府列为重点提案。

2011年，在区政协八届四次会议上，支部4名区政协委员提交《关于在新农村建设中加强民主管理的建议》等5件提案。2012年，向市、区政协和民革潍坊市委提交6件提案，其中《关于农业专业合作社现状分析》被民革省委列为重点提案；《关于大力实施畜牧养殖退村进园工程的建议》被评为区政协优秀提案；《整治区属地段灌渠，打造生态景观寒亭》提案被区委、区政府列为重点提案，并作为寒亭区惠民工程之一予以落实。2013年，向市、区政协和民革潍坊市委提交10件提案，其中《加快“中国食品谷”建设步伐，促进潍坊经济转型升级》作为市委会提案在市政协十二届二次会议上重点发言；《关于我省矿山井下作业取消劳务派遣用工的建议》《关于明确农民工工伤管辖地的建议》等6件社情民意信息被采纳，其中有2件信息被省政协评为重点和优秀信息。

至2013年底，民革寒亭支部党员中有市政协委员1人；区政府副区长1人；区政协委员4人，其中常委2人。

1995—2013年民革寒亭支部党员各级人大、政协任职一览表

表18-1

人大、政协会议	任职时间	党员姓名	任职情况
山东省第七届人民代表大会	1993.01—1997.12	孙　娟（女）	人大代表
政协山东省第七届委员会	1994.01—1997.12	孙　娟（女）	常委（特邀界）
政协潍坊市第八、九届委员会	1993.01—2002.12	孙　娟（女）	常委（台联界）
政协寒亭区第五届委员会	1993.01—1997.12	孙　娟（女）	常委（台联界）
政协寒亭区第五届委员会	1993.01—1997.12	孙炳华	委员（卫生界）
政协潍坊市第九、十届委员会	1998.01—2007.12	孙炳华	委员（卫生界）
政协寒亭区第六届委员会	1998.01—2002.12	孙炳华	常委（民革界）

续表 18-1

人大、政协会议	任职时间	党员姓名	任职情况
政协寒亭区第六届委员会	1998.01—2002.12	李秀芹（女）	委员（民革界）
政协寒亭区第七、八、九届委员会	2003.01—	李秀芹（女）	常委（民革界）
政协寒亭区第七届委员会	2003.01—2007.12	季志宏（女）	委员（民革界）
政协寒亭区第八、九届委员会	2008.01—	秦丽男	常委（经济界）
政协寒亭区第八、九届委员会	2008.01—	王广敬	委员（民革界）
政协寒亭区第八届委员会	2008.01—2011.12	朱邦辉	委员（民革界）
政协潍坊市第十二届委员会	2012.01—	朱邦辉	委员（教育界）
政协寒亭区第九届委员会	2012.01—	胡　静（女）	委员（民革界）

社会服务

1996年5月，民革寒亭支部发起组织“民主党派义诊爱心奉献”活动，区人民医院7名大夫义诊100余人次；9月，组织民革党员到央子镇固堤场村开展义诊活动，提供诊疗服务40余人次。1997年5月，到寒亭实验中学义务免费体检60余人次，到寒亭一中为教职工义务免费体检150余人次。1997年10月，到央子镇卫生院和崔家央子村开展义诊活动，提供诊疗服务150余人次。1998年4月，到寒亭六中为教职工义诊，提供诊疗服务180余人次；5月，到寒亭镇敬老院开展义诊活动，为敬老院老人做详细检查和诊断。同年10月，邀请市农科院专家到河滩镇进行技术指导，为当地农民讲解大棚西瓜、果树种植及土壤改良等农业技术知识。1999年，捐献价值3000余元体育器材，援助市残疾人运动会。

2000年6月，组织党员到泊子乡蔡家栏子村开展义诊活动。2004—2006年，会同其他民主党派寒亭支部（社）先后到肖家营乡、南孙乡联合开展义诊活动3次，累计诊治病人130余人次。2007年4月，会同其他民主党派寒亭支部（社）启动委员帮扶活动，《联合日报》头版头条对活动进行报道。2008年6月，会同其他民主党派寒亭支部（社）到开元街道联合开展法律进社区活动，受益群众1000余人。

2009年8月，发动支部党员、入党积极分子向台湾灾区捐款1000多元。2010年4月，在青海玉树赈灾活动中，民革寒亭支部党员捐款2200元。2009—2013年，会同其他民主党派寒亭支部（社）先后到固堤街道集市，寒亭街道西三角埠村，高里街道台底村、北里村联合义诊5次，为群众提供诊疗服务440余人次。

第二节　中国民主建国会寒亭支部

组织建设

2011年4月，中国民主建国会（简称民建）寒亭支部成立，有会员6人，闫修川当选主任委员。2012年1月，会员闫修川、李锡坤担任区政协第九届常务委员，会员王信军、刘娜担任区政协委员。2013年11月17日，支部换届，闫修川当选主任委员，有会员8人。

参政议政

民建寒亭支部充分发挥民主党派作用，积极参政议政。2012年1月，在区政协九届一次会议上提交的《关于完善社区阅览室的建议》《关于完善区公共交通的建议》等提案，全部予以立案并得到相关部门的重视。2013年1月，在区政协九届二次会议上提交的《关于增加公交营运线路的建议》《关于加大文化工作力度，推动人文寒亭建设的建议》提案被评为区政协优秀提案。2012年、2013年，会员刘娜连续2年被评为区优秀政协委员。

第三节　中国民主促进会寒亭支部

组织建设

1990年3月，潍坊齿轮箱厂高级工程师刘明梓成为寒亭区第一位中国民主促进会（简称民进）会员。1992年，发展会员1名，并于当年成立活动小组。2002年1月，民进寒亭支部成立，有会员6人，张红旗当选第一任民进寒亭支部主任委员。2003年，会员王建岗当选为潍坊市第十四届人民代表大会代表，会员于桂珍担任政协潍坊市第十届委员会委员，会员于恒武当选寒亭区第十四届人民代表大会代表，会员张红旗、齐建新担任政协寒亭区第七届委员会委员，民进寒亭支部被民进山东省委员会评为先进基层组织。2004年，会员于桂珍当选潍坊市华侨联合会常委；于桂珍、齐建新被民进山东省委员会评为先进会员。

2005年4月，民进寒亭支部第二次会员大会选举产生第二届支部委员会，王建岗当选民进寒亭支部主任委员，有会员9人。2006年，王建岗被评为潍坊市优秀人大代表、寒亭区优秀政协委员。2007年12月，王建岗当选为政协寒亭区第八届委员会副主席；会员刘国防、朱永彬、夏旭明担任政协寒亭区第八届委员会委员。2012年1月，王建岗当选政协寒亭区第九届委员会副主席，会员王迎、马学伟、王希健、于恒武、陈大雷担任政协寒亭区第九届委员会委员。至2013年，民进寒亭支部有会员11人。同年，民进寒亭支部被民进山东省委员会授予“基层组织建设先进支部”称号。

参政议政

2002年在区政协六届五次会议上提出《关于尽快治理民主街，打开寒亭东大门》、2003年在区政协七届一次会议上提出《实现贸易市场网络化管理》《加强对网吧的管理》等提案引起市、区两级政府、政协重视并采纳。2004年4月，支部主委王建岗参加第六届“潍坊十大杰出青年”评选活动并担任评委。2005年6月，有关会员参加市人大、市政协、市环保局组织的“六五世界环境日”座谈会活动，建言献策。2013年12月，会员王希剑被民进山东省委员会评为“履行参政党职能先进个人”。

社会服务

2006年7月，支部帮助潍坊天赐食品有限公司办理卫生、工商、税务等手续，帮助企业尽快投产。2007年4月，组织会员为寒亭区技工学校患尿毒症学生捐款近千元；与其他民主党派联合捐助3800元。同年9月，民进寒亭支部参与寒亭各民主党派在高里镇二戈官庄村义诊活动，义务看病300余人，联合捐款3000元。2008年5月，民进寒亭支部会员捐款6500余元支援汶川地震灾区建设。同月，支部会员会同其他民主党派成员在寒亭海龙社区开展“法律进社区”活动。2009年9月，民进寒亭支部联合其他民主党派成员，到高里镇北里村开展义诊活动。2010年6月，民进寒亭支部联合其他民主党派成员到寒亭商业村大集开展尊老爱老宣传活动。2011年1月，民进寒亭支部助学寒亭街道南营村和吴官庄2户贫困家庭。2012年10月，到寒亭区社会福利中心看望慰问孤寡老人，捐赠1万余元医疗器械。2013年5月，民进寒亭支部为朱里中学捐资7000余元；到高里街道台底村开展医疗下乡服务。同年10月，到高里街道三官庙村参加义诊，到高里街道禹王台村、肖家营村、沈家营村开展科技下乡活动。

第四节　中国农工民主党寒亭支部

组织建设

1994年，潍坊市中医肿瘤研究院院长王怀彦成为寒亭区第一位中国农工民主党（简称农工党）党员。1997年12月，成立寒亭3人党小组。2000年12月，寒亭区支部成立，有党员5人，王怀彦当选支部主任委员。2000—2007年，发展党员5名。2006年，农工党寒亭支部被农工党山东省委授予“先进基层组织”，被山东省委统战部授予“民主党派基层组织建设工作先进集体”。

2007 年，农工党寒亭区支部选举产生第二届支部委员会，王怀彦当选支部主任委员，有党员 10 人。2008—2013 年，发展党员 6 名。2013 年 12 月，农工党寒亭支部选举产生第三届支部委员会，于康健当选支部主任委员；有党员 15 人，分布在医疗、卫生、教育、司法、非公经济等 6 个界别。

2006—2010 年，寒亭支部连续 5 年被农工党潍坊市委评为“先进支部”。王怀彦先后获“全国敬老孝亲之星”、山东省“优秀社会服务先进工作者”、山东省“敬老好儿女”、山东省“十大孝星”等称号，2008 年、2011 年被评为农工党山东省优秀党员。2012 年，于康健被评为农工党山东省优秀党员。

参政议政

农工党寒亭支部成立后，为每位党员订阅《人民政协报》《山东统一战线》《前进论坛》《联合日报》《春秋》等报纸杂志，定期开展政治学习；履行参政党职能，针对群众关心社会热点和难点问题，开展社会调研活动，以支部或党员个人名义，通过人大、政协等渠道，撰写提交调研报告和政协提案 100 余件。2004—2007 年，支部党员提交《关于解决集贸市场工商乱收费问题》《整顿无证行医和贩卖假药问题》《关于制溴废水污染近海造成严重后果的调查及建议》《关于解决交警乱扣乱罚问题》等提案。2008—2011 年，支部党员提交《加强未成年人品德教育，减少青少年犯罪》《关于坚决取缔校园门前乱摆摊的意见》《关于学生上网引发青少年犯罪的意见》等提案。2009—2011 年，以支部名义向农工党市委会提交《关于机动车辆超载的调研报告》《关于潍坊滨海开发区环境保护的几点意见》《关于当前城区环境综合治理情况的调研报告》，受到政府有关部门重视。2009—2013 年，王怀彦连续 5 年被评为区政协优秀委员；于康健 2006 年被评为区十五届优秀人大代表，2012 年被评为区八届优秀政协委员；支部有 3 件提案被区八届政协评为优秀提案。

社会服务

农工党寒亭支部自成立后，组织党员积极参与社会服务，定期开展捐资助学、助残、扶贫和赈灾活动。1989 年，为寒亭区 20 所学校及幼儿园捐款 200 万元。1993 年，为寒亭区医院、央子镇卫生院等 6 家医院捐款 300 余万元。2010 年，通过《齐鲁晚报》为济宁 2 名孤儿捐助 4 万元。1994—2013 年，支部与固堤街道张家埠、高里街道邵吕店村 2 户残疾家庭结成长期扶贫对子，定期送医、送面、送油、送衣和生活费。2007 年 4 月，支部牵头组织为寒亭区技工学校患尿毒症学生捐款 1 万余元。

2004—2013 年，支部每年都组织党员到商业村大集、双杨店大集、固堤大集等地开展“孝亲敬老”宣传活动，发放《孝亲敬老歌》等宣传资料 2 万余份。1994—2013 年，组织党员联合其他民主党派医务专家到高里街道肖家营村和八甲朱村、寒亭街道西三角埠村、固堤街道流河村，开展义诊、法律咨询服务活动 20 余次，为偏远农村群众免费治疗 5000 余人次。

第五节　九三学社寒亭支社

组织建设

九三学社寒亭支社初期发起人是潍坊第二棉纺织厂高级工程师郭善和（1985 年 6 月入社）与昌潍农校寒亭籍教师王凤元（1984 年 12 月入社）。到 1990 年，九三学社寒亭活动小组成员 10 人，社员王凤元任市政协委员，社员郭善和任区政协常委。

1990 年 4 月，九三学社寒亭支社委员会成立，徐世荣当选第一届主任委员，有社员 10 人。1991—1996 年，发展社员 4 名；朱其彦任市政协委员，徐世荣任区政协副主席，崔东彬、翟树琪任区政协委员。1997 年 7 月，换届产生九三学社寒亭支社第二届委员会，王爱玲当选主任委员，有社员 14 人。1997—2007 年，发展社员 5 人，因工作调动减少社员 2 人，共有社员 17 人；朱其彦、刘静先后任市政协委员，王爱玲任区政协常委，刘峰、潘世军任区政协委员。

2008 年 1 月，换届产生九三学社寒亭支社第三届委员会，王爱成当选主任委员，有社员 17

人。2008—2013年，发展社员3名；刘静、潘世军任市政协委员，王爱成任区政协常委，张建伟、孙德波任区政协委员。至2013年，九三学社寒亭支社共有社员17人。

参政议政

九三学社寒亭支社社员先后就科技文卫、城市建设、道路交通、环境保护、社区卫生服务等领域问题反复调研，形成提案，为经济社会发展建言献策。其中，2001年3月，在寒亭区六届四次政协会议上提出《关于引进培养和利用科技人才的建议》被评为优秀提案。2002年，在寒亭区六届五次政协会议上提出《寒亭下水道连接起来，改排涩河》《弘扬传统民俗文化，发展特色文化产业》等提案被区政府采纳；《丹河清淤，改用发电机作电源》一案，落实后节省架线费18万元。2005年，《建议政府为全市中小企业搭建信息交流沟通的平台》被评为市级典型提案。2010年，《关于彻底禁绝地沟油返回餐桌的建议》在当地媒体刊载宣传。2013年，《关于基层医院二手医疗设备亟待加强监督管理的建议》《关于上港路的建设》被评为市级优秀提案，《关于加强环保建设，维护绿色家园的建议》为市级典型提案。截至2013年，提交提案37件。支社中各级政协委员每年都积极参加政协组织的检查、视察活动，发挥参政议政和民主监督作用。

社会服务

九三学社寒亭支社积极参加抗击非典型性肺炎、抗震救灾、抗洪救灾、抗旱救灾、希望工程、助学工程、扶贫工程、阳光工程、电商培训等社会活动。2008年，“5•12”汶川大地震发生后，支社社员捐款1万余元。同年7月，邀请市农学专家到寒亭区现场指导农业产业结构调整；8月，会同其他民主党派成员到高里街道康家村开展大型义诊活动，发放防病知识200余份，诊疗80余人。2006—2008年，固定帮扶固堤街道8户贫困户，定期走访慰问；常年捐助2名家庭困难儿童。2009年9月，到高里镇北里村参加义诊活动。2010年6月，到寒亭商业村大集开展尊老爱老宣传活动，发放宣传资料150余份。2008—2013年，支社为高里街道康家村协调扶贫资金70多万元，为村民免费安装太阳能发电设备1套，打灌溉井3眼，安装健身器材1套。2010—2013年，分别到固堤街道、朱里街道、高里街道参加义诊活动，服务群众200余人次。

第二章　工　会

第一节　组织建设

机构设置

1989年，寒亭区总工会（以下简称区总工会）设办公室、女职工委员会、组织部、宣教部、生产部，辖职工俱乐部和职工业校2个事业单位。1999年，职工俱乐部更名为工人文化宫。2005年，职工业校撤销，人员并入工人文化宫。至2013年，区总工会设办公室、组织部、民管部、宣传教育部、生产保护部、保障工作部、女工部、财务部、经审办、职工维权中心、职工保险互助会潍坊办事处寒亭代办点11个内部科室，设主席1人、副主席2人，干部职工12人；工人文化宫与区总工会机关合署办公，事业编制7人。

基层组织

1989年，全区职工总数16400人，有基层工会组织158个，工会会员14924人。同年，开始发展乡镇企业工会组织，在张氏镇布玩具厂成立第一家乡镇企业工会组织。1995年，开始发展个体私营企业和外商投资企业中的工会组织。1998年，区总工会制订《寒亭区总工会关于基层工会法人资格登记管理实施方案》，对基层工会组织进行法人资格审查登记，147个基层工会组织取得法人资格并进行登记。1999年，区总工会全面加强企业改制过程中的工会组织建设。2007年6月，开元街道通亭街社区成立全区第一家社区工会。至2010年，全区基层工会组织245个、会员29156人。2013年，区总工会落实全国总工会《2011—2013年推动企业普遍建立工会组织工作规划》，带动各类法人单位普遍建会，提高工会组织覆盖率和职工入会率。至年底，全区基层工会组织607个，其中外资企业工会组织38个、个私营体企业工会组织80余个；全区工会会员51234人，占职工总数85%以上。

1989—2013年寒亭区基层工会组织统计表

表18-2

年份	基层工会（个）	职工（人）	会员（人）	女会员（人）
1989	158	16400	14924	5657
1990	171	19000	17290	6268
1991	173	19100	17381	6257
1992	174	19210	17481	6467
1993	171	19300	17563	6849
1994	173	19350	17608	6514
1995	161	19438	17688	6898
1996	161	19373	17629	6522
1997	161	18132	16508	6105
1998	181	19050	17335	6414
1999	178	19100	17381	6430
2000	173	18000	16380	6060
2001	162	17475	15902	5883
2002	179	19636	17569	6225
2003	186	21125	19695	6489
2004	199	23568	21459	6957
2005	203	25102	21302	7225
2006	215	26589	25659	7568
2007	220	28969	27124	8125
2008	223	30017	28405	8442
2009	236	33549	28925	8484
2010	245	35443	29156	8506
2011	356	42158	40123	15264
2012	478	48567	45687	20154
2013	607	53426	51234	25041

第二节 代表大会

寒亭区总工会第八次代表大会

1990年10月15日—17日召开，正式代表166名。大会审议通过寒亭区总工会第七届委员会工作报告和财务工作报告；选举产生寒亭区第八届工会委员会和经费审查委员会；选举王义民为区总工会主席，选举副主席1人。

寒亭区总工会第九次代表大会

2009年5月23日召开，正式与会代表180名，特邀代表14名。大会审议通过寒亭区总工会第八届委员会题为《服务大局，履行职责，团结带领广大职工为实现经济社会又好又快发展而奋斗》工作报表告和财务工作报告；选举产生寒亭区第九届工会委员会和经费审查委员会；选举王俊国为区总工会主席，选举副主席2人。

第三节 主要工作

民主管理

1989年，在推行第一轮厂长（经理）经济承包责任制过程中，区内集体企事业单位普遍召开职工代表大会，职工代表实行常任制；职工代表大会与会员代表大会合并召开，代表任期3年。1992年，随着企业第二轮承包工作展开，区总工会要求各基层单位认真履行职代会五项职权，组织职工群众广泛参与第二轮承包方案的审议、论证和制定，切实维护职工合法权益。同年，《全民所有制企业转换经营机制条例》颁布实施，区总工会就加强新形势下企业民主管理开展调研工作。

1993年，区总工会对各基层工会加强企业职代会建设，落实职代会各项职权；基层企业做到企业重大决策和改革方案经过职工（代表）大会审议和通过。至1997年，区内国有企业普遍建立健全职代会各项工作制度。1999年，企业实行以股份制为主要形式的改制，各级工会组织坚持和完善以职代会制度为基本形式的企业民主管理，推行职工董事、职工监事和职工持股制度。至2000年，区内国有和集体企业全部把职代会制度建设摆上重要位置，规范程序，落实职权。

2003年，落实《山东省总工会关于开展职工代表大会星级创建活动的意见（试行）》，开展“职代会”星级创建评选活动。到2006年，区内13个单位由潍坊市总工会考核验收，创建为“先进星”职代会。2008年4月，区总工会联合区劳动和社会保障局、区经济贸易局在全区建立劳动关系协调员制度，当年区、镇（街道）两级工会聘任协调员100人，参与用人单位涉及劳动者切身利益的规章制度和重大事项的修改制订。2011年，围绕“建立和谐稳定的劳动关系，共谋企业发展”主题，开展和谐企业创建工作，年底对区内第一批获“寒亭区和谐企业”称号的21家企业进行表彰。2013年，区总工会开展“三级工会干部、四级劳动模范”进企业促安全活动，会同有关部门开展安全检查16次，查出事故隐患240多条，督促整改210条，全区安全事故起数和死亡人数分别比2012年同期下降24.2%和33.1%。

职工权益保障

维权　区总工会从1984年5月开始在全区开展建设职工之家活动。1987年，10家企业基层工会被市总工会命名为“先进职工之家”。1990年5月，区总工会根据全国总工会《关于继续深入开展建设职工之家活动的决定》，确立向上提高、向下延伸和向外扩张的深入“建家”工作思路。至1991年上半年，全区有先进职工之家50多个。1998年，4家工会委员会被市总工会评为先进职工之家，3家企业基层工会组织被市总工会评为先进职工“小家”。

针对企业实行承包责任制后，职工工资出现的新问题，1993年开始，区总工会每年都对职工工资发放进行全面调查，特别是对企业拖欠职工工资问题，及时向政府及有关部门反映，促使职工工资按时发放。1995年，重点推动《劳动法》贯彻实施，在企业推行“平等协商、签订集体合同”制度。1999年开始，把厂务公开作为企业民主管理的新形式，较好地解决职工合法经济收入问题。2013 年，区总工会印发《寒亭区工资集体协商工作三年规划（2013—2015）》，全区 559 家企业签订工资集体协议，规模以上企业工资集体协商协议签订率 100%，非公有制企业签订率 92%。

扶困　1992 年开始，以“进百厂、走千家、访万人”为主要形式，对困难企业和职工开展送温暖活动。1994 年开始，建立特困职工档案，实行动态管理，为区委、区政府实施救助提供依据。至 2000 年年底，建立健全特困职工建档立卡制度、党政工领导与困难职工联系制度、脱贫职工回访制度、离退休职工和病残职工走访慰问制度等。各级工会干部和党政领导共 1000 多人次参加活动，先后联系困难职工 2000 余名。1997 年，开展“金秋助学”活动，帮助特困职工家庭子女上大学，连续坚持 16 年，累计筹集资金 15.8 万元，受益困难职工家庭子女 186 人。

2006 年，区总工会成立“困难职工救助帮扶中心”。2012 年，区总工会把困难职工救助帮扶工作列为工作八大品牌项目首位，当年机关事业单位成立 75 个“职工保险互助会”，入保职工 4692 人，企业成立单位 101 个，入会职工 5878 人；入保金额 393918 元，受益人数 99 人，理赔金 68433.60 元；完成市工会任务 469.2%，任务完成率居潍坊市第一。当年，区总工会被全国总工会中国职工保险互助会授予“职工互助保障工作先进单位”称号。2013 年，增加成立“职工保险互助会”单位 29 家，入会职工 1186 人，入保金额 76398 元。

劳动竞赛

“七赛七比创七杯”竞赛活动　1991 年，在上半年“质量、品种、效益年”活动基础上，在企业和职工队伍中开展“七赛七比创七杯”竞赛活动：赛经济效益，比实现利税和创汇增长，创“效益杯”；赛提高产品质量，比产品质量稳定提高率和优质产品率，创“质量杯”；赛新品种开发，比新品种产值率和新品种利润率增长，创“品种杯”；赛技术进步，比技术水平提高，创“技术进步杯”；赛管理，比企业综合管理水平提高，创“管理进步杯”；赛优质服务，比市场信誉、服务质量，创“优质服务杯”；赛扭亏增盈，比扭亏额、扭亏率，创“奋发杯”。竞赛采取每季度检查小结、半年初评、年终总结的办法，当年底评选出“劳动竞赛组织工作先进单位”、“创七杯”先进单位和“富民兴潍”劳动奖章（状）获得者，于 1992 年初召开全区企业大会予以表彰。

“争五年、夺一流、创名牌、增效益”社会主义劳动竞赛　1994 年，区总工会提出开展“争五年、夺一流、创名牌、增效益”社会主义劳动竞赛并制定考评细则，年终共评出劳动能手 20 人，评出一流企业、创名牌企业、增效益企业各 10 个。1996 年，组织全区职工开展技术练兵、比武活动，开展练兵活动 110 场次，参加职工 15 万人次，完成技改项目 59 个，推广应用新技术 26 项，创经济效益 87 万元。

“五抓四创一提一练”活动　1999 年，为配合寒亭区跨世纪发展战略目标，区总工会指导各基层工会组织开展以“五抓、四创、一提、一练”为主要内容的劳动竞赛活动。“五抓”是抓企业管理民主化科学化、抓增产节支、抓市场经营、抓产品质量、抓经济效益；“四创”是组织职工开展创新、创优、创先、创效益；“一提”是组织全区职工开展提合理化建议活动；“一练”是组织职工开展技术比武、技术练兵活动。这一时期的劳动竞赛，对全区实现年内生产总值增长 10% 的计划目标，起到关键性推动作用。

卫生应急大比武大练兵活动　2012 年 6 月，区总工会组织全区卫生系统开展大练兵大比武活动。活动分两个阶段进行，当年 6 月为理论知识和专业技能培训阶段，7 月—9 月为应急演练和大比武阶段。活动结束后，选出 5 名优秀选手参加潍坊市卫生系统卫生应急大比武。

评选劳动模范

全国劳动模范、山东省劳动模范每 5 年评选一次，潍坊市劳动模范每 3 年评选一次，寒亭区劳动模范每 4 年评选一次。1989—2013 年，区总工会组织评选表彰区级以上劳动模范235人，其中寒亭区有全国先进工作者1人、省劳动模范（省先进工作者）7人、山东省“富民兴鲁”劳动奖章获得者15人。

1989—2013年寒亭区省级以上劳动模范（先进工作者、“富民兴鲁”劳动奖章获得者）名录

表18-3

姓 名	性别	工作单位	荣誉称号	获得时间
徐秀亭	男	寒亭区国税局	全国先进工作者	1989
张仁忠	男	寒亭区供电公司	省劳动模范	1992
郭洪泽	男	寒亭区固堤街道洪泽西瓜基地	省劳动模范	1995
刘 军	男	潍坊二棉纺织有限公司	省劳动模范	1995
杨修德	男	寒亭区寒亭街道吴官庄村	省劳动模范	2003
邵秀芹	女	寒亭区寒亭街道计生办	省先进工作者	2008
李志军	男	潍坊三益西瓜专业合作社	省劳动模范	2013
王敬信	男	寒亭区供电公司	省劳动模范	2013
王聪祥	男	潍坊市寒亭第二盐场	“富民兴鲁”劳动奖章	1991
张佃贵	男	寒亭区殡葬管理所	“富民兴鲁”劳动奖章	1993
王义民	男	寒亭区总工会	“富民兴鲁”劳动奖章	1994
傅 新	女	潍坊二棉纺织厂	“富民兴鲁”劳动奖章	1996
崔怀周	男	寒亭区供电公司	“富民兴鲁”劳动奖章	1999
王建忠	男	寒亭区第六中学	“富民兴鲁”劳动奖章	2000
时世鹏	男	寒亭区供电公司	“富民兴鲁”劳动奖章	2001
王怀倩	男	山东寒亭第一盐场	“富民兴鲁”劳动奖章	2002
王建逊	男	寒亭通信公司	“富民兴鲁”劳动奖章	2004
秦玉彬	男	寒亭区供电公司	“富民兴鲁”劳动奖章	2005
谭丽云	女	寒亭区人民医院	“富民兴鲁”劳动奖章	2007
朱怀梅	女	寒亭区烟草专卖局	“富民兴鲁”劳动奖章	2009
季 伟	男	寒亭区第一中学	“富民兴鲁”劳动奖章	2010
孙丽丽	女	潍坊丰华医药有限公司	“富民兴鲁”劳动奖章	2011
朱晓青	女	寒亭区园林绿化管理处	“富民兴鲁”劳动奖章	2012

职工文体活动

1989年开始，区总工会在群众性文化活动的基础上，坚持开展常年性活动，形成多个职工文艺活动“品牌”。其中，京剧艺术职工演出团体“京剧之友”始于1994年，以区总工会文化宫游艺室为固定活动场所，常年坚持活动者50余人，10多年为全区无偿演出1000余场次，观众人数累计10万人次以上。夏日广场晚会自2006年开始，由区总工会协助区委宣传部在工会广场举行，平均每年演出20余场，观众每场800多人次。

每年七一、国庆和春节等纪念日和节日，区

总工会都举办职工书画展览。2008 年，参加潍坊市“纪念建市六十周年书画作品展”，获 1 个金奖、1 个铜奖，区总工会获优秀组织奖。2012 年，“泰山杯”潍坊市职工迎国庆颂祖国摄影作品比赛，获作品一等奖，区总工会获优秀组织奖。同年，参加潍坊市首届职工合唱艺术节，区总工会获优秀组织奖，参赛节目《祖国你好》获二等奖。

各级工会组织历来重视职工体育活动。区总工会工人文化宫为职工体育活动主要场所，设有灯光球场、体育运动场、台球室、棋类活动室等体育设施，基层各企业也大都开辟了篮球场、乒乓球室等。2010 年，省总工会举行工会干部乒乓球比赛，区总工会组队代表潍坊市总工会参赛，夺得全省男子团体赛第五名和女子团体赛第五名。2013 年 6 月，组队参加潍坊市首届职工“农业银行”杯羽毛球比赛和“国税”杯乒乓球比赛，获“体育道德风尚奖”，区总工会获优秀组织奖。每年一度的潍坊国际风筝会，区内各级工会组织在广泛发动群众活动的基础上，年年派代表队参加风筝放飞比赛，多次获优秀名次。

第三章　共产主义青年团

1989 年，共青团寒亭区委（以下简称团区委）行政编制 5 人。1993 年，成立寒亭区希望工程领导小组办公室，设在团区委。2005 年 12 月，成立寒亭区关心下一代工作委员会办公室，设在团区委。2013 年 9 月，关心下一代工作委员会办公室划归寒亭区委老干部局。2013 年底，团区委设有组织部、宣传部、学校少年部、农村青年工作部、城市青年工作部、统战部、办公室、希望工程办公室。

第一节　代表大会

1989—2013 年，寒亭区共召开 8 次团员代表大会。每次代表大会，都听取并审议通过上届委员会工作报告，选举产生共青团寒亭区委新一届委员会，选举团区委书记、副书记及委员。

1989—2013 年寒亭区团员代表大会一览表

表 18-4

届次	时间	代表人数	会议确定的主要任务	当选书记
十三次	1990 年 10 月 11 日—13 日	258	围绕党的工作中心，团结带领广大团员青年在全区两个文明建设中建功立业；大力培养优秀青年人才，建设一支高素质的青年干部队伍	王元榜
十四次	1993 年 12 月 25 日—27 日	254	深入贯彻落实中共十三大精神，高举建设有中国特色社会主义的伟大旗帜，围绕区委中心工作，团结带领全区广大青年为加快改革开放和现代化建设而奋斗	徐海涛
十五次	1997 年 1 月 11 日—13 日	247	紧紧围绕区委工作中心和推进两个根本性转变，解放思想，实事求是，团结、组织、带领全区广大团员青年辛勤劳动，踏实工作，勇挑重担，争创一流，在自己本职岗位上再创新业，在全区两个文明建设中再立新功	徐卫平

续表 18-4

届次	时间	代表人数	会议确定的主要任务	当选书记
十六次	2000 年 3 月 15 日—17 日	206	动员和号召全区团员青年，坚定信念，发奋学习，锐意创新，自觉奉献，在全区两个文明建设中建功立业，为中华民族伟大复兴，为寒亭快速发展创造新业绩，谱写新篇章	王延君
十七次	2002 年 3 月 22 日—23 日	148	坚持服务大局，服务青年，建功育人，突出创新的主题，进一步解放思想，开拓进取，团结带领全区广大团员青年，在全区两个文明建设中发挥好生力军和突击队作用	李良华
十八次	2005 年 4 月 5 日—6 日	141	深入实践“三个代表”重要思想，团结带领全区青年为全面建设小康社会而奋斗	吴尧新
十九次	2008 年 10 月 25 日—26 日	160	高举团旗跟党走，干事创业谱新篇，为建设创新文化生态和谐的社会主义新寒亭而奋斗	马　疆
二十次	2013 年 11 月 8 日	155	深入学习贯彻中共十八大和团的十七大精神，号召全区广大团员青年，勤于学习，善于创造，甘于奉献，积极投身实现“中国梦”的伟大征程，为建设“产业、生态、人文、民生、平安”的魅力新寒亭努力奋斗	董盛龙

第二节　主要活动

青年就业创业行动

1989 年开始，围绕“农业三化”（经营规模化、生产标准化、营销品牌化）战略，通过开展绿色承诺活动、农业标准化生产青年示范户、示范基地创评等活动，在农村推进农业标准化青年行动。2001 年，开始实施农村青年参与农业标准化“五个十”工程，在全区建立 10 处青年农民培训学校、10 处农业标准化青年示范基地，培育 10 处青年发挥生力军作用龙头企业，建立 10 处青年专业合作社，每个乡镇培养 10 名区级以上青年星火带头人。2004 年 4 月，启动“强区兴寒—青春创业行动”，与区技工学校联合成立青春创业行动青年培训基地。2008 年 3 月，团区委被团省委、省劳动和社会保障厅联合授予“2007 年度青春创业行动优秀组织单位”称号。同年 8 月，启动“优秀青年人才创业推动计划”，设立 2000 万元专项信贷资金，以提供小额信贷和项目支持为主要形式，为创业青年提供资金支持；建立寒亭区“优秀青年创业者人才库”，组建创业青年综合服务平台，为他们提供项目、信息、技术、管理、政策等方面服务。

2009 年确定为“青年创业年”，向全区青年发出《点燃创业激情、争当创业先锋、为建设创新文化生态富裕和谐的新寒亭而努力奋斗》倡议，实施“百千万农村返乡青年农民工春季培训计划”，创建 10 处青年就业创业见习基地，组建青年就业创业导师团。团区委推动青年就业创业的做法先后被《大众日报》、《山东青年报》、《齐鲁晚报》、中国潍坊传媒资讯网等近 20 家媒体报道。潍坊市三建集团有限公司被团中央确定为共青团青年就业创业见习基地；12 月，新华社 3 名记者受团中央委托，对寒亭区打造见习基地的做法进行专访。同年，团区委被团中央确定为全国共青团基层团组织格局创新试点单位。

2010 年 3 月，承办潍坊市青年“新市民”发展计划暨全市进城青年农民工技能培训月活动启动仪式；加强与各金融机构合作，发放贷款 1600 多万元，为青年创业提供资金支持，“青春励志”青年创业专项信贷基金入选寒亭区 20 大创新成果。2013 年，开展青年就业创业培训，深化青年就业创业小额贷款工作，为农村青年发放小额贷款 200 余万元；深化青年就业创业见习基地工作，加强岗位对接，到年底共建立青年就业创业见习基地 16 处，吸收见习青年 1300 多人。

青年志愿者行动

1994 年，开始在全区组织开展青年志愿者行动，全区青年志愿者在敬老助残、拥军优属、社会治安、抢险救灾、卫生环保、植绿护绿等方面开展丰富多彩的活动。2004 年植树节期间，组织团员青年 1500 人，营造占地 1.18 公顷的“保护母亲河行动”青少年示范林。至 2008 年，直接服务社会青年志愿者有 1 万余人。

2010 年，全区建立志愿者队伍 116 支，志愿服务站 78 个，发展注册志愿者 3000 多人。2011 年，重点开展“志愿服务一小时 • 我为寒亭添光彩”主题志愿服务活动。2012 年，成立志愿服务工作委员会，形成“以志愿服务工作委员会为指导、志愿者协会为统领、志愿者分会（总队）为支撑、志愿服务队（站）为主力”的四级志愿服务工作网络。全区有 20 个志愿者分会（总队）、200 多支志愿服务队（站），注册志愿者 5000 余人；成立区志愿服务中心，负责协调、统筹全区志愿者和志愿服务队开展志愿服务活动。

2013 年，以“月月有主题，月月有活动”为目标，先后组织开展“美丽寒亭 • 携手四季”微公益志愿服务活动、“学雷锋、树新风、志愿者在行动”系列实践活动、“保护母亲河”环保系列活动、全民爱国卫生运动、“讲文明、树新风”志愿宣传活动、“提高文明素质、培养文明礼仪”志愿服务活动、“123• 微心愿”活动、“志愿服务一小时 • 我为寒亭添光彩”活动，以及和谐民生月、感恩敬老月、慈善济困月、法律维权月等系列活动。

青年文明号、青年岗位能手评选

2001 年开始，开展青年文明号评选，当年寒亭区交通稽查大队、寒亭公安分局巡警大队被授予省级青年文明号。2003 年，寒亭区邮政局储汇中心、寒亭区通信公司客服中心被授予省级青年文明号。2004 年，团区委将青年文明号活动与青年岗位能手活动相结合，以号带手、以手促号、号手联动，活动内容、工作方式、评价标准和激励措施不断完善，被团省委等 27 家部门单位联合授予“十佳山东省青年文明号优秀组织奖”。同年，潍坊市三建集团公司被授予省级青年文明号。2007 年，潍坊鑫环盐化有限公司获“全国青年文明号”称号。2009 年，寒亭开元社区服务中心被授予省级青年文明号。2013 年，开元社区服务中心省级青年文明号荣誉复核通过。截至当年底，全区有 1 个青年集体被命名为全国青年文明号，5 个青年集体被命名为省级青年文明号，24 个青年集体被命名为市级青年文明号，65 个青年集体被命名为区级青年文明号；建成省级青少年维权岗 2 处、市级青少年维权岗 3 处，为青少年提供维权服务。

“十大杰出青年”评选

2001 年开始，团区委组织开展“十大杰出青年”评选活动，此后每两年评选一次。至 2013 年，评选出七届“寒亭十大杰出青年”。同时，积极推荐寒亭区优秀青年参加省、市“十大杰出青年”评选活动。其中，2004 年，区邮政局局长张俊兰获第六届“潍坊十大杰出青年”称号；2006 年，固堤镇大棚西瓜种植大户李志军获第二届“潍坊市十大杰出青年农民”称号和第六届“山东省十大杰出青年农民”称号。

第三节　青少年教育

1989 年以后，团区委通过开展青少年入党、入团、入队宣誓仪式，升国旗仪式、18 岁成人仪式、“手拉手”雏鹰行动、大中学生“三下乡”等活动，加强青少年爱国主义、集体主义和社会主义教育、国家公民意识教育。1992 年 3 月，团区委、区教育局、区少工委联合举办全区少先队“两史一情”知识竞赛。1994 年 3 月，组织青年志愿者 1350 多人，在城区主要街道开展清除街头精神垃圾，为创建卫生城做贡献活动。1996 年 3 月，组织区直 600 多名团员青年，走上街头，开展为群众“送技术、送信息、送医疗、送温暖”活动。1997 年 9 月，在区影剧院举行寒亭区 18 岁青年成人仪式，共 400 多人参加宣誓仪式。1999 年 9 月，举行寒亭区十八岁青年成人仪式，全区1500名团员青年参加。

2001年3月1日—4月5日，团区委与区委宣传部联合举办全区团员青年学习“三个代表”重要思想电视知识竞赛。2001年6月6日—30日，开展“党在我心中——纪念建党八十周年征文活动”。2002年3月1日—4月27日，团区委与区委宣传部、区人事局联合开展寒亭区“优化投资环境十佳青年标兵”评选活动，引导广大团员青年树立“服务招商，人人有责”意识。2002年4月，召开建团八十周年表彰大会，1800多名团员青年面对团旗庄严宣誓，重温入团誓词；开展“学团章、戴团徽”活动启动；“优化投资环境十佳青年标兵”代表向全区团员青年发出优化投资环境倡议。2003年3月，组织开展全区“优化投资环境、加快招商引资”青年行动，在青年干部职工中开展优化投资环境知识学习竞赛活动。2005年8月，举办“纪念中国人民抗日战争胜利六十周年”征文活动。2006年6月，举行纪念建党八十五周年暨中国工农红军长征胜利七十周年知识竞赛。

2008年，实施“红心向党推优工程”，做好推优入团、推优入党工作；6月，联合区“作风建设年”活动领导小组办公室举行“进一步解放思想、转变作风、加快发展”演讲比赛；以“我体验、我读报、我快乐”为行动主题，在全区广大少先队员中开展“节能减排•收旧利废”红领巾行动；以“精彩奥运”“书信传亲情”“感恩父母”为主题，开展“第三届少年儿童书信比赛活动”，促进全区少年儿童思想道德素质、科学文化素质和身心健康素质的全面提高。2009—2013年，建立“青少年亲情教育基地”“青少年革命传统教育基地”等4处；积极探索运用新媒体开展青少年思想引导工作，寒亭共青团网站、共青团官方微博、官方QQ群、微信公众平台等成为引导青少年工作的阵地。

第四节　希望工程

1989年以后，开展青年文明号爱心助学活动。1993—2003年共救助中小学生2386人，救助大学生325人。2004年，新命名的20家区级青年文明号集体捐款8000多元，分别与80多名贫困中小学生结成帮扶对子。2005年2月，与区地税分局联合举行希望工程结对救助仪式，区地税分局105名党员干部捐款1.15万元，分别与115名贫困学生结成帮扶对子。2006年，与区供电公司联合开展“爱心光明行”活动，为河滩镇中心小学捐赠部分电脑和学习用品，救助20名贫困学生。同年11月，在河滩镇狮子行村举行邢慧娜希望小学竣工仪式。2007年4月，召开“为李南南同学爱心捐助活动动员会”，全区筹得捐款30余万元。

2008年，组织全区团员青年开展向汶川地震灾区奉献爱心捐款活动，缴纳特别团费2.7多万元。同年，争取山东省税校为固堤中心学校捐赠45台微机和45张微机桌；与区邮政局、区希望工程办公室联合开展寒亭区希望工程15周年捐资助学明信片活动，筹集希望工程资金4万多元；联合区民政局、区教育局开展2008年度希望工程圆梦大学行动，筹集资金8.5万元，救助贫困大学生75名、贫困中小学生90名。2009—2010年，筹集资金22.2万元救助家庭贫困学生。2011年，通过发动社会募捐，筹集资金8万多元用于希望工程助学。

2012年8月，为6名考入大学的贫困学生争取到3万元助学金；9月，举行潍坊鸢都义工联助学暨教师节庆祝活动，向高里街道桥西小学捐赠价值3.6万元的12台数字电视机，建成寒亭首个“鸢都义工爱心电教室”。同年，争取潍坊市新华书店向寒亭外国语学校捐赠价值4万余元图书2000余册；筹集资金4万余元，建立社区青少年启航驿站3个，实施“希望乐园”项目2个，打造促进特殊青少年群体健康成长的服务阵地。同年12月，联合寒亭社区义工联走访高里街道贫困学生，为他们送去3000余元学习用品；开展“爱心公益光明之旅”活动，为150名贫困中小学生捐赠总价值8万元的配镜卡。

2013年“六一”前夕，走访慰问寒亭街道中心小学、开元街道安固小学等5所农村小学，送去1.1万元爱心助学金；联合寒亭人民广播电台开展“1.2.3.微心愿”活动，满足123名孩子的“六一”心愿。同年，从山东省青少年发展基金会争取无偿资金7.7万元，为邢慧娜希望小学建设“风雨操场”；从市希望工程办公室为16名当年考入大学贫困学生争取1.6万元助学金，并自筹3万元，帮助他们圆大学梦。

第五节　关心下一代

2004年12月，寒亭区关心下一代工作委员会（以下简称区关工委）成立。2005年12月，成立寒亭区关心下一代工作委员会办公室，为副科级行政单位，定编2人。2013年9月，区关工委办公室由团区委归口到区委老干部局，区委副书记担任区关工委主任。

组织阵地建设

2004—2013年，全区各街道、区直各部门，各级中小学校及49个社区、40家规模以上企业建立关工委组织，并加强领导班子、办事机构、工作经费、活动载体等方面建设。队伍建设方面，精挑细选一批有爱心、有热情、有觉悟、有特长的“五老”（老党员、老专家、老教师、老战士、老模范）志愿者登记造册，建立“五老”志愿者服务管理制度；2013年成立“民间文化进校园”宣讲队。阵地建设方面，2006—2013年，全区先后建设青少年亲情教育基地、青少年革命传统教育基地、青少年“党史国史”教育基地、潍坊市红色文化教育基地、青少年苗木科普基地、青少年实践技能教育基地等多处教育基地。2013年，开始建设“四点半学校”和希望乐园。

教育关爱青少年

区关工委成立后，开展多种活动，教育引导青少年践行社会主义核心价值观。2005—2008年，在青少年中组织开展祭扫英烈、看革命影片、听革命故事、阅读革命故事书籍等革命传统教育活动和爱国主义教育活动。2009年，举办以“传承中华经典，构建和谐社会”为主题的中华文化经典诵读专题讲座。2010年，开展感恩教育、中华诗文诵读和才艺培养3项活动。2012年，深入开展“心向党、讲品德、见行动”主题教育活动。同年，开始组织“五老”志愿者开展监督网吧和护河巡逻活动。2013年，开展“民间文化与中国梦”青少年教育活动；筹措资金走访慰问21所农村小学；在寒亭一中举办全区关心下一代助学金发放仪式，资助200多名新升入大学的贫困学生。

第四章　妇女联合会

第一节　组织建设

1989年，寒亭区妇女联合会（以下简称区妇联）设组宣部、儿童部、维权部、办公室，行政编制5人。1993年12月，根据寒亭区党政机关机构改革要求，内部不设科室，编制4人，设主席1人、副主席1人。1997年2月，寒亭区儿童少年工作委员会更名为寒亭区妇女儿童工作委员会，办公室设在区妇联。至2013年，机构无变动。

1989年，全区有12个乡镇妇联组织。1995年6月，成立寒亭区妇女儿童服务中心，为副科级事业单位，隶属区妇联。2005年12月，注销“寒亭区妇女儿童服务中心”自收自支事业单位性质，取消副科级规格，收回原定编制，整建制改为企业。推进妇代会主任进村“两委”，妇代会主任、计生主任一人兼，2011年全区女性进村“两委”比例100%。至2013年，全区有5个街道妇联，321个行政村全部组建妇代会，配备1名妇代会主任。

2008年2月，区妇联被市委、市政府表彰为潍坊市妇女儿童工作先进集体；2011年12月，被省委、省政府表彰为山东省妇女儿童工作先进集体。

第二节　代表大会

1989—2013年，寒亭区妇联共召开5次妇女代表大会。每次代表大会，都听取并审议通过上届委员会工作报告，选举产生寒亭区妇联新一届执行委员会，选举妇联主席、副主席及委员。

1989—2013年寒亭区妇女代表大会一览表

表18-5

届次	时间	代表人数	会议确定的主要任务	当选主席
十一次	1993年12月23日—25日	260	深入贯彻落实全国妇女“七大”精神，依法维护妇女儿童合法权益；围绕党的工作中心，团结带领广大妇女勤劳致富，使全区妇女工作再上新台阶	李素英
十二次	1998年12月26日—27日	230	围绕党的中心，团结带领广大妇女在全区两个文明建设中建功立业；依法维护妇女合法权益，促进妇女在社会舞台上平等发展；大力培养优秀妇女人才，建设一支高素质的妇女干部队伍；落实儿童规划目标，促进儿童事业健康发展	徐志娟
十三次	2003年12月22日—23日	206	深入贯彻中共十六大、中国妇女九大、区十一次党代会精神，坚持一手抓发展、一手抓维权，解放思想，开拓创新，团结带领全区妇女发扬“创新、创造、创业”精神，在全面建设小康社会的伟大进程中“创造新岗位、创造新业绩、创造新生活”	姚　华
十四次	2008年10月28日—29日	200	大力实施“巾帼创业行动”“巾帼文明行动”“巾帼平安行动”“巾帼成才行动”，团结动员全区妇女，积极投身全面建设小康社会的伟大实践，在促进全区科学发展、和谐发展、率先发展中实现妇女的进步与发展	郭春媛
十五次	2013年10月31日	200	大力实施巾帼创业、巾帼文明、巾帼维权、巾帼志愿和巾帼素质“五大行动”，深入推进强基固本工程，团结带领全区广大妇女大力弘扬“自信包容、文明时尚、创新进取”的寒亭女性时代精神，努力在全面加快产业、生态、人文、民生、平安的魅力新寒亭建设进程中再创新业绩、再谱新篇章	刘慧之

第三节　主要工作

实施妇女儿童发展纲要

1989—2013年，区委、区政府把妇女事业纳入经济社会发展总体布局，统筹推进；定期召开妇女儿童工作会议，研究解决突出问题。区政府先后颁布《寒亭区妇女发展纲要（2001—2010）》《寒亭区儿童发展纲要（2001—2010）》《寒亭区妇女发展“十二五”规划（2011—2015）》《寒亭区儿童发展“十二五”规划（2011—2015）》。妇儿工作委员会成员单位认真履职、密切协作，全社会形成“党委重视、政府支持、妇联协调、部门配合、整体推进”的社会化妇女工作新格局。

参与经济发展

1989年后，区妇联组织妇女投身经济建设。1991年，在全区城镇妇女中开展“巾帼建功杯”竞赛活动，通过技术培训、行业比武、岗位练兵、知识竞赛等形式，弘扬“四自”（自尊、自信、自立、自强）、“四有”（有理想、有道德、有文化、有纪律）精神，提高妇女思想政治素质、科学文化素质和业务素质。1996年，区妇联、区总工会、团区委联合开展争创“建设经济强区功勋杯”活动，动员全区妇女投身寒亭经济强区建设。1997年开始，开展“巾帼建功”“巾帼文明示范岗”创建活动。1999年8月，区妇联组织“巾帼创新业”事迹报告暨送“两卡”（爱心卡、用工卡）献爱心大会，14名巾帼创新业带头人和14名下岗特困女工结成“一帮一”救助对子。2003年，开展优化经济环境“巾帼文明示范岗”创建活动。2005年，在“巾帼敬老全区行”“情系儿童，爱心助学”活动中，各级“巾帼文明岗”女职工积极行动，踊跃捐款，共救助城乡贫困孤寡老人103位和贫困学生86名。在“创建文明城，巾帼添光彩”活动中，所有巾帼文明岗面向社会做出公开承诺，设立投诉电话。2008年，开展“双争”（争创巾帼文明岗、争当巾帼建功标兵）活动，在所有巾帼文明岗窗口实行规范化服务，引导妇女提高服务质量，优化发展环境。2013年，开展“创建文明城　巾帼添风采”活动，组织巾帼志愿者参与创建全国文明城市和省级文明城区。至年底，全区涌现出市级以上“三八”红旗手、巾帼建功标兵、巾帼创业明星等100多名，“巾帼文明示范岗”22个。

1989年开始，在农村组织实施“巾帼科技致富工程”，开展妇女星火科技培训行动，联合有关部门送科技下乡，推广应用农业高新科技；利用区、乡、村三级培训服务网络，每年组织近万名农村妇女接受种、养、加标准化知识培训。1997年10月开始，区妇联联合区农业局实施“万名农家女　十项新技术”培训推广计划，并在郭家官庄镇举办首期培训班。至2004年，全区共有1万多名妇女接受标准化知识培训，2100名农家女取得“绿色证书”，1000余名妇女获得农民技术员职称。2005年，联合区农业局、区劳动就业办公室、区技工学校成立“剩余劳动力转移领导小组”，定期召开联席会议，指导、督促、落实剩余劳动力转移工作；各乡镇、街道妇联及村妇代会相应成立“基层劳动力转移领导小组”，全区建有13处转移剩余劳动力服务站，360个转移剩余劳动力联络点。2006年，举办芦笋、套袋苹果、潍县萝卜、西瓜种植和肉鸭养殖技术等各类培训班18期，培训妇女9000余人次；会同区劳动就业办公室举办“巾帼技能流动式培训班”25期，开设电脑操作、面点制作、理发、物业管理等专业，对近3000名农村妇女进行免费技能培训。2007年，依托党员远程教育网络、阳光工程、妇女培训学校对2万余名农村妇女进行科技培训，其中820名获“绿色证书”、410名获农民技术员职称，培植致富女能手80名。同年，开展“巾帼科技寒亭行”活动，联合8家涉农部门和企业，开展送科技下乡活动，受益妇女1万余人。2008年，举办“巾帼科学理财培训班”12期，1600余名妇女群众培训受益；实施“新型女农民培训计划”，培训农村妇女2.1万余名，培养致富女能手120名。2009—2013年，利用农村妇女培训学校、妇女培训中心和农业广播电视学校等教育资源，累计举办培训班180余期，9200余名妇女通过接受培训掌握一技之长。到2013年，全区6万名妇女接受农业新技术培训，近万名妇女同时获得“绿色证书”和农民技术员职称，建成各类科技示范基地32处，扶持“妇”字号龙头企业14家，发展各类致富带头人1000余人，带动3万余名农村妇女增收致富。区、街道、村三级妇女劳动力转移服务机构，帮助1.2万余名农村劳动力走上转移致富之路。

家庭和儿童工作

1989年，开展“敬老好儿女金榜奖”活动，评选出10名敬老好儿女；联合区教育局举办家庭教育知识竞赛。1998年，联合区民政局、区卫生局等单位开展“尊老爱幼献爱心”活动。1999年，组织开展“爱心献功臣，爱心献老人”活动，受助人和扶助人签订扶助协议书。2000—2004年，以“三八”妇女节、“老人节”为契机，对涌现出的书香家庭、文明家庭、幸福大家庭、敬老好儿女等进行表彰奖励；春节、“老人节”期间，组织“巾帼敬老全区行”“爱心双献”“搬房敬老”“三进敬老院”等特色活动，发动全区妇女为老人献爱心、做好事。

2005年，举行“‘昱合杯’庆‘三八’做合格妈妈，育世纪英才”事迹报告及表彰会，表彰“十佳妈妈”和百名“好妈妈”。开展“春蕾计划”“希望工程”结对救助活动，共为贫困儿童募集捐款3.96万元，救助儿童396名；3家企业被评为潍坊市实施“春蕾计划”先进单位，1人入选先进个人，3名贫困女童被评为优秀“春蕾女童”。2006年，开展“五好文明家庭”“优秀家庭角色”评选表彰活动，评选出区、乡、村三级“五好文明家庭”1080余户，“好媳妇”“好婆婆”1930余人；老人节，联合区老龄办开展“争做敬老好儿女，争当敬老模范”活动。

2007年，开展“感恩父母，构建和谐”慈孝活动，以寒亭街道叶家庄子村、开元街道南张氏三村、固堤街道东辛庄子、朱里镇富一村为首批试点村，设立“孝道一条街”，制作宣传版面、刀旗标语，使人们抬头受教育，低头找差距；实施学龄前儿童饮用奶计划，共发放饮用奶58032箱。2008年，在固堤街道启动“巾帼植绿集中行动”，组建“三八植绿队”20余支，栽种树木20多万株，建成“妇”字号绿化基地4处，绿化庭院600公顷；开展“和谐家庭”“双十”创评活动，评选出100户“十类特色家庭”和135名“十类优秀家庭角色”；启动“万户家庭节能减排绿色家园环保行动”，号召家庭成员做好“家庭节能八件事”。

2010年，组织500余名家庭代表举行“打造低碳时尚生活，共建绿色和谐家园”签名承诺仪式，号召全区家庭和家庭成员共同践行“家庭低碳计划十五件事”；与区文明办联合开展“孝老爱亲进社区”行动，在街道、社区举办事迹报告会12场，宣扬先进道德典型8名，1万余名居民被模范事迹感染，主动尊老爱幼，孝老爱亲。2013年，联合区妇幼保健院在母亲节期间开展“关爱母亲健康行”，为400名母亲免费查体；联合团区委等单位在柳毅山生态文化旅游景区举办“千古情缘地·牵手柳毅山”相亲大会，为600余名未婚男女搭建相识相知、喜结良缘的平台；老人节期间，组织女企业家走访5户家庭特别困难的失独家庭和空巢老人，为区社会福利中心送去物资计6000余元。

维护妇女权益

1989年以后，区妇联加大普法宣传力度，提升妇女依法维权能力。2000年，《妇女权益保障法》颁布实施8周年，区妇联联合区司法局开展宣传咨询活动，现场解答群众对家庭纠纷、财产继承等问题的咨询，发放宣传材料5000余份。2003年，区妇联协调司法部门设立妇女法律顾问处，解答有关妇女儿童权益维护法律咨询500余人次，调解相关纠纷180起。2004年开始，开展“优秀妇女维权岗”“零家庭暴力社区（村庄）”创建活动。2005年，区法院刑庭被评为省级“优秀妇女维权岗”。2011年，开通12338妇女维权热线，完善家庭暴力投诉中心，推行婚姻家庭案件诉前调解机制，建立街道维权服务示范站，帮助妇女儿童化解矛盾、解疑释惑、维护社会平安稳定大局。同年，区妇联被评为全省“维权工作先进集体”。2009—2013年，突出“共享美好生活”主题，开展“牵手贫困妇女温暖行动”“牵手留守儿童关爱行动”“关爱妇女送健康”等活动，深入实施“春蕾计划”。2013年，寒亭街道泰祥社区被评为“山东省妇女维权示范站”。

妇女干部队伍建设

1989年以后，连年举办女干部培训班，培训基层妇联干部和副科级及以上女干部。2004年，举办“学英模、讲奉献、促寒亭发展”妇女干部有奖征文活动。2011年，联合区委组织部挖掘先锋典型，评选出十佳巾帼创业先锋、十佳巾帼和谐先锋、十佳巾帼敬业先锋、十佳巾帼服务先锋40个巾帼先锋，建立优秀女性典型信息库，在区电视台、《潍坊日报•今日寒亭》开辟专栏，编印《巾帼先锋风采录》，以点带面，整体推进，掀起“创先争优、争当巾帼先锋”活动热潮；与区委创先争优活动领导小组办公室联合成立女大学生村干部联谊会，举行“做魅力村官”为主题的联欢会，引导女大学生村干部在新农村建设第一线干事创业、成长成才、创先争优；健全村居妇女组织、“两新”领域妇女组织32个，基层妇联组织覆盖广泛、工作活跃、阵地健全、作用明显。到2013年，区委、区人大、区政府、区政协领导班子中女干部配备率100%，全区正科级女干部20名，区人大女代表和区政协女委员的比例分别达到26.2%和31.4%。

第五章 工商业联合会

潍县工商联始建于1953年，1958年并入潍坊市工商联。1994年10月，恢复建立寒亭区工商业联合会（以下简称区工商联），为正科级事业单位，同时挂寒亭区民间商会牌子。2002年1月，建立区工商联党组。2010年3月，依托区工商联成立中共寒亭区委非公有制经济组织工作委员会。同年6月，区工商联由事业改为行政，定行政编制4人，设主席1人、副主席1人。到2013年，机构、人员没有变化。

第一节 代表大会

1994—2013年，区工商联共召开4次会员代表大会。

寒亭区工商联第一届会员代表大会

1994年12月20日召开，出席会议代表85人。大会听取审议并通过《寒亭区工商业联合会（民间商会）第一届会员代表大会筹备工作报告》，选举李宝忠为寒亭区工商业联合会第一届执行委员会会长，同时选举副会长3人，执委会委员20人。1995年12月，经工商联一届二次执委会议增补6名执委会委员。本届执委会有26名执委会委员，其中非公有制经济人士17名。

寒亭区工商联第二届会员代表大会

2001年12月26日召开，出席会议代表120人。大会听取审议并通过《寒亭区工商业联合会（民间商会）第一届执行委员会工作报告》，选举李宝忠为寒亭区工商业联合会第二届执行委员会会长，同时选举副会长6人、二届执委会委员31人、常务委员11人。2002年12月，工商联二届执委会四次会议增补执委会委员10名。

寒亭区工商联第三届会员代表大会

2007年3月20日召开，出席会议代表121人。大会听取审议并通过《寒亭区工商业联合会（民间商会）第二届执行委员会工作报告》，选举李茂昌为寒亭区工商业联合会第三届执行委员会长兼民间商会会长，同时选举工商联副会长12人、民间商会副会长3人，选举三届执委会委员53人。

寒亭区工商联第四届会员代表大会

2011年10月11日召开，出席会议代表143人。大会听取审议并通过《寒亭区工商业联合会（民间商会）第三届执行委员会工作报告》，区政府副区长徐海涛当选寒亭区工商业联合会第四届执委会主席兼民间商会会长，同时选举工商联副主席14人、民间商会副会长9人，选举四届执委会委员69人、常务委员34人。

第二节　主要工作

参政议政

1994年开始，每年组织工商联界别政协委员向区政协提交20多份提案，得到区委、区政府的重视和采纳。2000年，向区政协提交《采取措施防止税源流失》《引峡工程经营管理》《民营企业迎来公平竞争环境》《加快个体私营经济发展》等提案。2001年，向区政协提交《优化环境，大力发展民营经济》《大力搞好招商引资》《加大措施，防止税源流失》等提案。2002年，向区委、区政府提交《关于放宽政策将50万元以上的个体大户发展成为私营企业的建议》，有关部门作出《关于对工商联会员反映成立私营企业等有关问题的答复》，符合私营企业条件的个体大户，本人同意并提出申请的都转为私营企业。2004年，向区政协提交《关于开发寒亭城区水上公园共建美好家园的建议》《用发展才是硬道理来统一全区公务人员的思想》《关于继续加大整治烟潍路寒亭段的力度，增强交通管制的建议》等提案。2011年，《关于成立私有银行，支持中小企业发展建议》被列为重点提案、议案，重点督办和落实。2012—2013年，参加全国工商联组织的上规模民营企业调研和省工商联行业商会组织的调查问卷等活动，连续两年形成《区工商联关于全区企业生产运营情况的调研报告》，为促进全区经济发展提出有价值的意见建议。

区委、区政府重视工商联工作，每年召开座谈会，听取非公有制经济人士对寒亭每个时期经济发展的建议、意见；统战、政协等部门充分发挥非公有制经济代表人士的作用，多次组织有关人员对相关行业进行视察、行评等，有12个工商联界的委员被聘请为执法行政部门的监督员。2013年，2名工商联会员被聘为潍坊市行政执法监督员。

服务经济

经贸交流　区工商联成立之后，发挥桥梁、纽带和助手作用，加强省内外企业间交流。1998年10月18日—28日，组织企业参加市工商联组织的“澜沧江、湄公河次区域经济合作西双版纳边境贸易交易会”。2003年9月，邀请台湾工商联合会30多名企业界人士到寒亭考察。2004年11月，区工商联组织会员企业5名经理厂长对朝鲜进行为期5天经贸考察，并与朝鲜国际经济技术促进协会达成部分经贸意向。2005年1月，邀请朝鲜经贸考察团到寒亭考察。2009年10月，寒亭区作为潍坊唯一县市区参加省工商联组织的“省工商联民营企业家县区行”活动，召开“省工商联民营企业家寒亭行”活动座谈会。2013年7月，抓住省工商联常委会在潍坊举行的机会，组织会员企业从参会的94家省联常委企业中选择对口企业，会前联系包靠、会间推介宣传、会后邀请视察，宣传企业招商引资项目，促进会员企业招商合作，开放发展。1995—2013年，区工商联共组织和参与赴海外经贸活动6次，组织内地经贸交流商务洽谈、咨询和考察等活动27次。

会员培训　2002年，区工商联在区委党校举办寒亭区第一期民营企业厂长（经理）WTO培训班，参加培训学员80多人。1995—2003年，组织举办民营企业厂长（经理）WTO知识讲座等各类培训班13次。2008年4月，组织20家企业参加潍坊市工商联第一期法律培训班。2001—2013年，组织会员企业参加市工商联与清华大学、上海交通大学、齐鲁商学院等联合举办的“企业家总裁盈利智慧实战峰会”“总裁领导力实战讲座”“成长型企业的管理提升”“传统文化论坛”等讲座36次。

会员服务　2002年，区工商联聘请高级律师担任特邀法律顾问，聘请注册资产评估师、注册会计师担任财务管理顾问，为会员企业搞好维权服务。同年，围绕“三乱”问题，向私营企业发放调查表100多份，并把区政府制定的“两证、一票、一卡”收费办法分发到会员手中。2004年7月，区工商联印发《寒亭区工商业联合会关于进一步加强为会员企业搞好服务的通知》，对会员服务工作作出承诺。2009 年 3 月，为应对国际金融危机，在会员企业中开展“抓基础年、机遇年、发展年”活动，组织 40 多名民营企业家向全区非公有制经济人士发出《应对金融危机实践科学发展观倡议书》。2012 年，组织 20 家会员企业参加市工商联与中国邮政储蓄银行潍坊分行举行的战略合作协议签约仪式暨银企对接会；组织 26 家会员企业与工商银行寒亭支行举办“了解企业需求，实现银企共赢”银企对接联谊座谈会；组织 20 多家小微型企业参加中国民生银行潍坊分行银企洽谈会，为企业搭建融资服务平台。2013 年，组织会员企业参加潍坊市首届校企合作人才供需洽谈会，组织副主席（副会长）、执委和常委企业参加省“山东民营企业人才招聘会暨山东财经大学就业推介会”“山东民营企业与科研单位合作对接会”，帮助会员企业缓解用工短缺。

截至 2013 年年底，区工商联为全区 239 家工商联会员企业搭建信息、维权、融资、外联服务平台，促进全区非公有制经济健康发展和非公有制经济人士健康成长。潍坊恒联投资有限公司被评为“山东民营企业 100 强”企业，潍坊庆鹏集团被评为“山东民营企业公益之星”，山东腾飞集团被评为“山东创新型企业”；山东圆友重工科技有限公司、潍坊恒联浆纸有限公司和潍坊恒德纸业有限公司 3 家企业被评为潍坊市履行社会责任十佳企业；58 名（家）非公有制经济代表人士（企业）获省、市“光彩之星”“劳动模范”“重合同守信誉企业”“潍坊市优秀中国特色社会主义事业建设者”“潍坊市‘民企帮村’先进单位”等称号。

社会公益活动

区工商联恢复建制后带领会员热心支持社会公益事业。1995 年 6 月，会员企业为张氏镇学校捐款 1.5 万元。1996 年，发动会员向灾区和学校捐款 30 万元。1998 年，50 家会员企业向南方和北方部分灾区捐款捐物累计 30 多万元。2001—2002 年，金河食品公司、鹏飞集团、同利织布厂、恒德纸业等会员企业在扶贫、修路、敬老等各项社会事业活动中，捐款捐物达 42 万多元。2003 年，会员企业 16 位企业负责人捐款 2.3 万多元，承担南孙乡 20 名贫困学生从小学到中学期间的全部学杂费用。同年，20 名会员捐款 1.66 万元，恒德纸业有限公司一次捐资 8 万元，用于全区道路、林带建设等公益事业。2004 年，会员企业 5 位厂长、经理捐款 1.7 万元爱心助学，其他部分会员也分别到所在乡镇街道参加“慈心一日”捐活动。2007 年 4 月，向爱心企业家发出“珍爱生命、奉献爱心”倡议活动，工商联会员捐款 2.6 万元。2008 年 5 月，工商联会员捐款 52.47 万元支援汶川抗震救灾。1994—2013 年，会员企业参与救灾捐款、捐资助学、救助贫困儿童、捐款修路、帮扶“三老”等公益活动累计 800 多万元。

充分发挥非公有制经济人士中政协委员和民营企业家的带头、示范作用，帮扶周边村庄发展。2006 年 4 月，山东昱合集团先行试点，投入帮扶资金 500 万元，在寒亭街道叶家庄子村帮建“百万只肉鸡养殖小区”。潍坊市金河食品有限公司通过采用“公司＋基地＋农户”经营模式，先后投入 1.6 亿元，建立 1000 公顷优质粮食种植基地和 4000 万只商品肉鸡养殖基地，带动周边养鸡户收入年均增长 4000 元以上，年收入过 5 万元大户 100 多家，公司建设的“三千万只优质肉鸡出口生产基地建设项目”被列入国家级星火计划。2012 年，潍坊市金河食品有限公司被评为山东省民企帮村十佳示范企业，俊清蔬果专业合作社被评为潍坊市民企帮村先进单位。至 2013 年，有 29 家会员企业与 60 多个村庄建立产品配套帮扶关系，实施帮扶项目 70 多个。

第六章　科学技术协会

1989年，寒亭区科学技术协会（以下简称区科协）编制4人。1993年11月撤销，归并科委。1997年2月，区科协恢复设置。至2013年，区科协编制4人，参照公务员管理。5个街道和1个开发区都选配科技副主任，建有科技站，80%村（居）配备科技副主任。全区科技人员3.2万人，其中高级专业技术人员320人。1989—2013年，区科技协会与区科技局联合牵头，与3家科研单位建立合作关系，开发潍县萝卜无公害种植、畜禽养殖等科研项目10余个，建立实验基地4处。

第一节　科普宣传

1989年开始，区委、区政府成立由区委宣传部、区科委、区广播电视局等部门负责人参加的科技宣传领导小组，开展多种形式科普宣传活动。2003年，区科协创办发行《科普村村通》，设科技纵横、科技政策、技术市场、技术信息、乡镇长谈科技等10多个栏目，每期发行200余份；编印10多万字的《科技法规选编》，选录法律法规20个，发送区人大代表、区政协委员、各街道（乡镇）及区直部门，推动政府依法行政和科技法规贯彻执行。同年9月，与文化部门联合建成以科普展览为主，兼有科技培训与实验、科普讲座与报告、青少年科技活动等多项科普教育功能于一体的综合性场馆——寒亭区科技馆，展厅面积120平方米。同年，投资5万元，在民主东街中心广场建成高标准60米长的科普画廊。2005年11月，寒亭科普画廊被中国科协确定为全国示范科普画廊，并在全国推广。2006年，改版《寒亭科普》为口袋书的形式，内容涉及种、养、节能、卫生保健、科学生活等多学科科普内容，每月1000册，免费发放到党政机关、企事业单位、社区居民、农民手中，并被潍坊市科协列为民心工程，在各县市（区）科协推广。

1989—2008年，每年组织科普宣传月活动，制定实施意见和活动方案。至2008年年底，全区举办各类科技讲座和科技下乡活动30多期（次），4万余人次参加；制作永久性科技宣传栏35处、永久性科技宣传标语114条；在市以上新闻单位刊载和播出各类科技信息、经验报道30余条（篇）。

2009—2013年，会同团区委、区妇联、区科技局、区地震局、区安监局、区卫生局等部门分批开展多种形式科普宣传活动；全区科普志愿者队伍发展到3000人，利用街头巷尾、活动场所、宣传栏等形式，义务宣传科普知识，弘扬科学精神，增强全民科学素质；利用寒亭科技馆资源，组织流动数字科普馆进社区、进校园宣传科普。至2013年，全区举办各类科技讲座和科技下乡活动50多期（次），受益人数3万余人次；在市以上新闻媒体刊载和播出各类科技信息、经验报道10余条（篇）。

第二节　科普活动

科普村村通

2000年，区政府印发《寒亭区科普村村通工作实施方案》，提出工作时限和标准要求，以寒亭镇、固堤镇、朱里镇、央子镇和其他乡镇三分之一的村为试点单位，逐步推开。领导小组办公室定期不定期地到镇村检查指导18次，发现问题及时帮助协调解决；编发《科普村村通情况简报》5期。2006年3月，坚持农民群众零负担原则，多方筹集资金23.8万元，在375个村开展“科普村村通”与“三个一”（一村一块宣传栏、一村一处科普服务站、一村一名科普宣传员）工程。同年10月，寒亭区科普村村通宣传栏建设工作一次通过省科协、省财政厅联合检查验收；12月，省科协、省财政厅联合下文，对寒亭区科普村村通工作进行表彰。

科技文化卫生“三下乡”

1998年开始，区科协联合有关部门在全区组织开展科技、文化、卫生“三下乡”活动。至2003年，共组织农技人员下乡500多人次，举办各类培训班1000期，培训农村干部群众30万人次，发放科技资料50万份。2005年5月—11月，由18个牵头单位专业技术人员和工作人员组成百人“三下乡”队伍，分别到寒亭街道、河滩镇等地赶科普大集，通过科普展览，专家咨询，发放法律和科普宣传资料、手册，科技图书展销，专家义诊等多种形式，向群众宣传党的农村政策，普及法律和科普知识，推广科学技术和成果。活动期间共展出宣传版面100块，发放《寒亭科普》3014册，各种科普和法律法规宣传单2万份，科技图书展销5000册，解答群众咨询6000人次。

服务“三农”“331”工程

2004—2007年，按照潍坊市“331”（每年培训30万农民，3年培训100万农民）工程部署，寒亭区制定农民专业技术培训工作方案，用3年时间共培训4万名农民。利用农业函授大学、远程教育网络，农村专业技术协会等现有科普工作网络，以及固堤镇西瓜基地、开元街道苹果基地、朱里镇蔬菜基地、南孙乡枣树基地、河滩镇萝卜基地、泊子乡棉花基地、寒亭街道方真园林基地等7大科普示范基地开展培训工作；邀请专家和组织当地优秀科技人才、技术能人100多人，为农民举办120多期先进实用技术培训和市场经济知识讲座，推广新技术新产品，有1万多名农民接受培训，为农业增效、农民增收提供具体实用的科技服务。

科技活动周

2003—2013年，每年举办科教兴区活动周，组织各种专题报告会、科技展览、科普宣传等活动，并对上年度优秀科技成果和科技先模人物进行表彰。其间，区科协联合区委宣传部、区科委举办城区科技活动周，与区教育部门联合开展“科技专家与青少年共话未来”“崇尚文明、反对愚昧迷信展览”等科技活动，并对几年来获科技进步奖的单位和个人进行表彰奖励。

第三节　科普示范

创建科普示范区

省级科普示范区　2003年5月，区委、区政府向省科协提交创建全省科普示范区申请，开始全省科普示范区创建工作。区委、区政府成立创建省级科普示范城区领导小组，领导小组在科协设立创建办公室。同年10月，寒亭区“创建”工作通过山东省科协检查验收，并命名表彰。

全国科普示范区　2006年3月，区委、区政府向中国科学技术协会提出创建全国科普示范区请示报告，开始创建全国科普示范区。区委、区政府按照新的考核办法，加大科技投入，发挥人才优势，采取走出去请进来的办法，聘请高级专业科技人员3人到寒亭举办报告会4场，举办学术研讨会4次；企业科技投入不断增加，部分企业建立技术开发机构，技术创新能力明显提高；投资百万元，完善区科技馆设施，营造科技氛围。当年底，全区初步形成创建活动高潮。2007年11月，寒亭区被中国科学技术协会命名为“全国科普示范县（市、区）”，示范期为2年。

科普示范基地（社区）

2000年以后，结合寒亭产业实际，陆续建立苗木、瓜菜、水产养殖、动物养殖等科普示范基地，推广建立科普示范社区。2004年，昱合养殖基地被省科协命名为科普示范基地，仿真园林苗木基地被市科协命名为科普示范基地，河滩镇政府被市科协命名为科普示范乡镇，寒亭街道蝶园社区、开元街道通亭街社区被市科协命名为科普示范社区。2011年，寒亭区兴农水禽养殖生产基地被命名为省级科普示范基地。2012年，开轩花卉庄园被命名为省级科普示范基地，寒亭街道蝶园社区被命名为省级科普示范社区，寒亭街道海龙社区被命名为市级科普示范社区。2013年，寒亭街道蝶园社区被评为省“基层科普先进集体”，受到省科协、省财政厅表彰奖励；志军瓜果培育基地、俊清蔬果专业基地被命名为市级科普示范基地；寒亭街道泰祥社区被命名为市级科普示范社区。

基层专业技术协会

1989年开始，区科协重视发展各类专业技术协会。当年，成立寒亭区食用菌协会。1997年，成立寒亭区养蜂协会。2000—2009年，相继成立寒亭街道蔬菜协会、固堤镇西瓜协会、南孙乡瓜菜协会、寒亭区花卉协会、寒亭街道黄金梨协会、开元果业协会、河滩萝卜协会、寒亭区禽业协会、高里镇果蔬协会、双杨店镇狐狸养殖协会、央子镇大菱鲆养殖协会、泊子乡棉业协会、寒亭街道生猪业协会、寒亭区农技协联合会、寒亭区特色农业行业协会等。

2009年，中国科协开始实施科普惠农项目。区科协及时转变支持农村专业技术协会工作重点，根据寒亭区位优势和农副产品品牌效应，充实科普惠农市级、省级及国家项目库，对全区范围农村专业技术协会详细摸底，择优向上级主管部门推荐。同年，推荐寒亭区卤淡水养殖协会，受到中国科协、财政部表彰奖励。2010年，寒亭区开元果业协会受到中国科协、财政部表彰奖励。2011年，寒亭区潍县萝卜协会、寒亭区贵茂养殖协会被评为省级先进协会。2012年，寒亭区贵茂养殖协会受到中国科协、财政部奖励补贴；潍坊乐义果业协会被评为省级先进协会。

第十九编　公安 司法 军事

DI SHI JIU BIAN　GONG AN　SI FA　JUN SHI

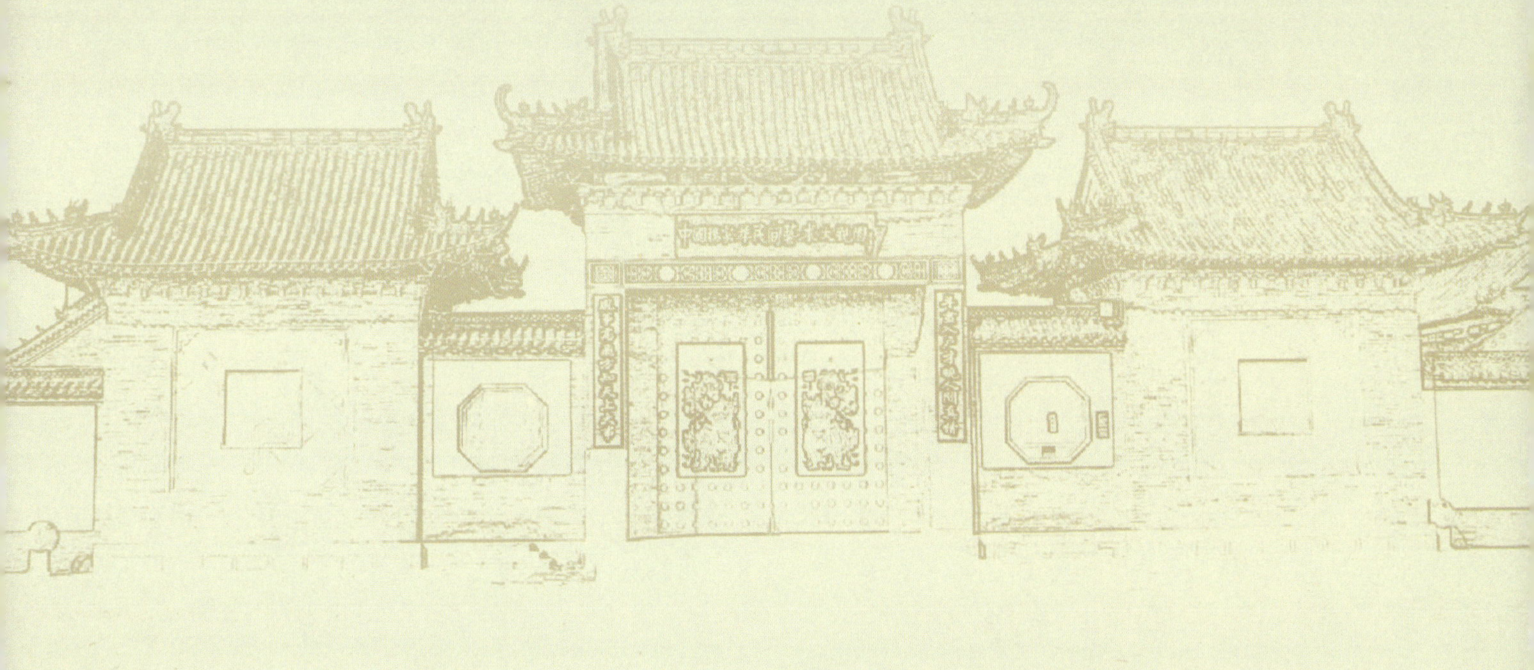

1989—2013年，寒亭区公安、检察、审判、司法行政等工作，认真贯彻落实党的路线、方针、政策，切实履行部门职能，围绕全区经济建设、社会稳定大局，抓源头、抓根本、抓基础，在社会治安、矛盾化解、管理创新、廉洁执法和队伍建设等各个方面，均取得较大成绩。1986年，寒亭区实施第一个五年普法规划；1991年，启动第一个依法治区五年规划。1994年，加强社会治安综合治理，推进大联防体系建设，搞好群防群治。至2006年，寒亭区建立起打、防、控一体化社会治安体系，被省委、省政府授予“平安山东建设先进区”称号。2012年，创新完善“大调解”体系，探索实施区、街道、社区、村（居）四级联动，诉调、检调、公调三式联调，行政、行业调解多方联处的“大调解”体系，推动“大调解”体系规范化建设。至2013年，公安司法机关先后组织开展多次“严打”整治斗争，严厉惩治刑事犯罪、经济犯罪，保护人民生命财产安全，维护社会稳定，充分发挥公安司法部门为经济发展保驾护航的作用。“诉调对接机制”“行政争议诉前协调机制”“诉讼诚信体系建设”等6项改革创新经验在全省推介。

人民武装适应经济社会发展和国防建设需要，在兵役工作、民兵建设、预备役工作、国防动员等方面进行相应调整和改进，巩固和加强国防力量；拥政爱民活动涌现出许多军民共建和“双拥”工作先进单位。

第一章　公　安

第一节　机构队伍

1989年，潍坊市公安局寒亭分局（以下简称寒亭公安分局）内设一科（政保）、二科（内保）、三科（治安）、四科（预审）、五科（户籍）、六科（消防）、办公室、政工办公室、刑警队、看守所、行政拘留所、交警大队、区武警中队，辖12个乡镇派出所，有民警87名。

1990年，增设行政科和法制科。1994年8月，成立巡逻警察大队，刑警队更名为刑事警察大队。同年7月，消防科更名寒亭区公安消防大队，部队名称同时改为中国人民武装警察部队寒亭区消防大队。1998年3月，成立督察大队，负责全区警务督察工作。1999年6月，治安科更名为治安管理大队，成立经济犯罪侦查大队；9月，办公室升格为副科级单位，改称指挥中心。2000年7月，成立纪委。2001年6月，成立警察工会；7月，成立监管大队，原看守所、治安拘留所归监管大队管理。同年8月，郭家官庄派出所、张氏派出所合并为开元派出所；肖家营派出所辖区归南孙派出所管辖。2002年3月，指挥中心职责进一步细化，分办公室、调度室、信访科、通信科、计算机安监科。2003年，央子边防派出所和潍北监狱派出所业务上收寒亭公安分局领导。2005年12月，监所管理大队编制划归市局统一管理。2006年，寒亭公安分局上收市局管理。

2007年，交警大队调整为由市公安局交警支队直接领导，更名为潍坊市公安局交通警察支队寒亭大队，为正科级单位，连人带编划转民警55名。2008年2月，央子派出所编制由潍坊市公安局寒亭分局划到潍坊市公安局滨海分局。2010年9月，原潍北监狱派出所更名为寒亭派出所，寒

图 19-1　2012 年 7 月，寒亭公安分局成立特警大队。

亭派出所与监狱派出所合署办公。2011 年 8 月，设网络安全大队。2012 年 6 月，高里派出所、双杨店派出所合署办公；7 月，设特警大队。2013 年 10 月，潍坊经济技术开发区派出所、开元派出所合署办公；高里、双杨店、南孙 3 个派出所合署办公；固堤、泊子 2 个派出所合署办公。

至 2013 年年底，寒亭公安分局设指挥中心、政工办公室、纪委督查科、警务保障室 4 个职能科室，治安大队、刑警大队、经侦大队、法制大队、消防大队、国保大队、特警大队、网安大队 8 个直属单位，城区、城西、开元、高里、固堤、朱里、河滩、寒亭 8 个派出所；行政编制 264 人、工勤 4 人，实有在编民警 258 名、协警人员 171 名，设局长 1 人、政委 1 人、副局长 4 人。

第二节　惩治刑事犯罪

大案要案侦破

1989 年以后，刑侦部门不断提高侦查破案能力和攻坚水平，特别是严重影响群众安全感的杀人、强奸、抢劫、重大盗窃等刑事案件，侦破率达到 90%以上，先后侦破 1990 年冯某某等盗窃团伙案、1994 年“11•10”卫校特大爆炸杀人案、1996 年叶某某奸淫幼女案、1998 年胡某某系列盗割裸铝线案、1999 年“11•6”抢劫银行杀人案、2000 年潍坊市殡仪馆保卫科重大抢劫案、2002 年“2•26”抢劫杀人案、2003 年“2•10”王某强奸杀人案、2004 年“2•26”张某某故意杀人案、2004 年“4•3”陈某某故意杀人案、2004 年“4•11”王某某故意杀人案、2005 年“4•11”李某某团伙绑架杀人案、2005 年“7•18”朱某某故意杀人案、2006 年“8•18”方某某故意杀人案、2007 年特大系列持假枪拦路抢劫案、2007 年“9•17”恶性强奸案、2007 年“12•18”拐卖儿童案、2008 年“10•15”刘某故意杀人案。2009 年，侦破“1•15”宇某某特大系列强奸杀人案、“6•12”杨某某故意杀人案、“8•23”朱里张某某恶性强奸杀人案、“12•11”固堤特大系列杀人案。2010 年，侦破“5•16”刘某某故意杀人案、“6•9”寒亭街道赵某某故意杀人案、“9•4”寒亭商业村杜某故意杀人案、“12•30”刘某某等故意杀人案、“12•14”郭某故意杀人案。2012—2013 年，破获沈某某特大系列盗窃电动车犯罪团伙、罗某某特大系列盗窃牲畜犯罪团伙、南孙特大系列抢劫案件、庄某某系列抢夺案、李某系列入室盗窃案等一系列有影响的大要案件。

严打专项斗争

1989 年，开展为期 70 天“打流窜、挖团伙”专项斗争，破获大小案件 216 起，抓获各类违法犯罪嫌疑人 99 名，挖出各类犯罪团伙 5 个、成员 39 人，缴获现金、赃物折款 4.45 万元。1991—1995 年，加强对杀人、抢劫、强奸、爆炸、重大盗窃等严重刑事犯罪的惩治，开展“打拐”、反盗窃专项斗争，抓获犯罪嫌疑人 511 人，其中重大案犯 269 人。1996 年，提请逮捕各类刑事案件犯罪嫌疑人 144 起、207 人，经审查批准逮捕 128 起、181 人，是继 1983 年“严打”后逮捕犯罪嫌疑人最多的一年。1997 年，修改后的《中华人民共和国刑法》《中华人民共和国刑事诉讼法》实施，共批捕犯罪嫌疑人142人。2000年4月—6月，开展为期3个月“打拐解救”专项斗争，共破获拐卖妇女案件48起，抓获拐卖妇女犯罪嫌疑人34名，摧毁犯罪团伙2个，抓获团伙成员8名，解救妇女30名。2001年4月，在全区范围内开展为期两年的严打整治斗争。2002年春节前后，组织开展40天破案会战，先后侦破抢劫出租车案件10余起，盗割裸铝线案件20余起，入室盗窃、抢劫、强奸等案件180余起。2002年8月开始，按照公安部统一部署，在全区范围内开展打击“双抢”（抢劫、抢夺）专项斗争，至2003年4月，抓获各类违法犯罪嫌疑人661名，破获各类刑事案件1773起，摧毁犯罪团伙53个，抓获团伙成员174名，追回逃犯129名。2004年至2011年年底，先后组织开展“打击多发性侵财犯罪”专项行动、“打黑恶、防盗抢”安民行动、“冬春季严打整治”“夏秋社会治安整治”“灭枪专项行动”“破案攻坚会战”“打拐解救”等50余次专项行动和集中统一行动，遏制犯罪活动高发势头。2012年至2013年年底，抓住开展“打黑恶、防盗抢”安民行动有利时机，先后破获“两抢一盗”案件158起，抓获犯罪嫌疑人75名。同时刑警大队狠抓阵地控制、刑嫌调控和特情工作，2009—2013年，共搜集录入各类犯罪信息3641份，控制重点阵地575处，刑嫌调控947名，利用刑事技术破获案件285起，多次被市局评为刑事犯罪信息工作先进单位。

落实追逃工作

1989年后，针对在逃人犯不断增加情势，利用网上追逃，采取规劝招降、架网守候、组织力量追捕等措施，加大追逃工作力度。1989—2008年，共追回各类网上逃犯786名。2003年1月，将四川省简阳市公安局网上追逃10年之久的故意杀人在逃犯孙某某抓获归案。2009—2013年，落实全警追逃工作机制，对在逃犯罪嫌疑人，逐人分析梳理线索，综合运用外出追捕、网上追逃、政策规劝、架网守候等手段，全力缉捕在逃人员。特别是对历年重大案件逃犯，结合开展缉捕重大逃犯攻坚行动，逐人落实定领导、定人员、定措施、包追回的“三定一包”工作责任制，共追回各类网上逃犯717余名。

惩治涉黑犯罪

1989至2008年底，以打黑除恶为重点，严厉惩治团伙犯罪，先后摧毁各类犯罪团伙420个，抓获团伙成员1600余名。2009—2013年，先后组织开展“春雷”“烈火”“灭鼠”等一系列专项惩治行动，破获涉黑恶犯罪团伙15个，抓获团伙成员91名，破获各类涉黑恶案件150余起。2009年，王某某、吴某某黑社会性质犯罪团伙案件，作为潍坊市第二起黑社会性质犯罪案件在寿光市人民法院开庭审理。

强化禁毒管理

1989—1999年，针对在一些娱乐场所存在的“黄、赌、毒”现象，公安部门根据不同时间段“黄、赌、毒”案件发案情况，结合严打整治行动，对吸毒、贩毒等违法犯罪行为进行严厉惩治。2000年以后，面对禁毒工作新形势，刑警大队坚持一手抓禁毒预防，一手抓禁毒严打，先后组织开展一系列宣传活动，共发放宣传资料3000余份，在全社会营造惩治吸毒、贩毒的舆论氛围。2009—2013年，重点开展禁毒严打工作，侦破毒品案件68起，抓获毒品犯罪嫌疑人129名，查处种植罂粟案件12起，缴获冰毒等各类毒品107克；加强易制毒化学品管理，与有关部门配合，在依法行政、严格管理的同时，主动加强与企业单位沟通协调，提高管理水平，防止易制毒化学品流入毒品市场。

1989—2013年寒亭区刑事犯罪案件破案统计表

表19-1

年份	破案（件）	抓获犯罪嫌疑人（人）
1989	263	108
1990	324	102
1991	419	212

续表 19-1

年份	破案（件）	抓获犯罪嫌疑人（人）
1992	216	94
1993	326	117
1994	453	148
1995	309	176
1996	494	300
1997	396	197
1998	466	203
1999	235	160
2000	338	282
2001	525	241
2002	567	211
2003	814	257
2004	237	195
2005	289	221
2006	312	264
2007	377	298
2008	426	342
2009	571	309
2010	780	273
2011	459	344
2012	284	289
2013	407	311

第三节 惩治经济犯罪

经济犯罪侦查

1999年6月，成立经济犯罪侦查大队，负责金融、税务、公司企业等经济领域经济犯罪活动侦查。1999年6月至2003年11月，初查经济犯罪案件345起，立案93起，破案76起，其中重大案件27起，抓获各类经济违法犯罪分子95人，挽回直接经济损失305.3万元。2004—2008年，相继开展惩治涉税犯罪、制假贩假等系列专项斗争和集中统一行动，整顿和规范市场经济秩序，初查经济犯罪案件361起，立案131起，破案114起，挽回直接经济损失1700万元。2009—2013年，经侦部门不断提高侦查破案能力和水平，先后组织开展"亮剑""天网""打击侵权假冒犯罪"等一系列专项行动，加大对合同诈骗、信用卡诈骗、集资诈骗、生产销售假冒注册商标商品、挪用资金、生产销售伪劣产品等一大批严重影响群众安全感的大案要案侦破力度，初查经济犯罪案件451起，立案151起，破案98起，挽回直接经济损失2000万元。

经济文化安全保卫

经济文化系统安全保卫工作，由经侦办公室负责，设专职经文保民警，负责监督、检查、指导全区党政机关、企事业单位安全防范工作，同时管理、指导内部保卫组织、保卫人员，并重点加强对金融系统营业网点的安全防范。1999—2013年，组织全区性专项检查30余次，全面检查60余次，检查单位1588个（次），落实"人防、物防、技防"措施211处，整改隐患208处。对党政机关、金融、电力、自来水等重点要害单位、文化单位及其他重点要害共452处部位，逐一落实"人防、物防、技防"措施。对内部单位枪支弹药、易燃易爆等危险物品进行重点控制，先后组织涉爆专项安全大检查24次，查找隐患89处，全部督促落实整改措施。

第四节 治安管理

特种行业管理

全区纳入特种行业管理的有旅馆业、印刷业、刻字业、废旧金属收购业。

旅馆业　1989年以后，全区旅馆数量逐年增加，经营性质多元化，有国营、集体、个体。1995年，对全区旅馆业进行集中清理整顿，核发证件24个。2002年5月，以清理整顿旅馆业为突破口，对全区11家旅馆安装微机，建立管理信息系统，并与市公安局联网，使旅馆业走上微机化管理轨道。2009年以后，全区旅馆数量逐年增加，多为个体经营，公安机关每年都进行集中清理整顿，并组织旅馆业主进行行业务培训。

在日常管理中，坚持明察暗访与网上检查相结合，对发现的安全问题，坚持教育与处罚相结合。2013年，对发现有安全隐患的12家旅馆下达限期整改通知书，依法取缔无证旅馆3家，查处违法治安管理案件13起。截至2013年年底，全区已颁发“旅馆业特种行业许可证”旅馆89家，并全部安装旅馆业治安管理信息系统，其中77家旅馆正常经营，12家旅馆因拆迁等原因报停。

图 19-2　2012 年 4 月，公安民警开展治安宣传。

印刷业　1997年3月开始，按国务院《印刷业管理条例》，加强对印刷企业管理。2000年3月—11月，开展以堵塞非法宣传品传播源头为重点的印刷业清理整顿工作，至2001年，全区共有印刷业户43家。2005年以后，对辖区内印刷厂、打字复印店逐一登记建档；加强对从业人员法制教育，严格落实禁印制度。2009—2013年，通过入户宣传、印刷业业主警民座谈会等形式，加强《印刷业管理条例》等相关法律法规知识的学习宣传；定期开展清理排查，发现问题及时调查取证并严厉惩治处理。

刻字业　2002年，全区有4家刻字业户，全部纳入特种行业管理。2009—2010年，颁发“公章刻制业特种行业许可证”1家，全区所有公章都在指定的场所刻制、备案，其中2009年刻制公章562枚，2010年刻制362枚。2011年开始，根据市局要求全区所有公章都在市局指定的潍坊市天翔防伪印章有限公司刻制，2011年刻制公章616枚，2012年刻制415枚，2013年刻制765枚。

废旧金属收购业　2002年，全区有废旧金属收购业户76家，其中集体收购企业2家，其余均为个体经营业户。2002年3月，组织全区40余名收购业主，分期分批进行业务知识培训和从业人员资格考试。2003年1月，对全区废旧金属收购业进行清理整顿，共检查场所56处，发现隐患5处，查处违反治安管理案件13起，有效堵塞销赃渠道。2005—2013年，不断加大监管力度，把二手手机、旧家用电器、旧机械设备等旧货流通行业和报废汽车拆解业等纳入监管范围。

公共场所管理

1989年以后，寒亭区将录像放映点、音乐厅（茶座）、卡拉OK厅、舞厅（场）、电子游戏室、健身房、台球场（室）、保龄球场、饭店、酒馆（吧）、咖啡馆、理发店、美容美发厅、浴室以及新兴茶楼、网吧等列为治安管理公共场所。1989—1998年，区公安机关严格执行《山东省公共场所治安管理办法》《中华人民共和国治安管理处罚条例》，每年对上述公共场所治安秩序进行定期全面清查和不定期检查，发现问题依法进行处理和整顿。1999年，根据国务院《娱乐场所管理条例》，结合严打整治行动，对娱乐场所存在的“黄、赌、毒”现象从严查处。2000年9月，对娱乐服务场所进行专项整治，取缔非法经营娱乐场所3家，责令停业整顿18家，查获各类违法人员16名。至2002年，全区共有公共场所216处。2003年7月开始，对全区影剧院、健身房等公共场所实行治安管理检查证制度，促进规范、高效执法。2013年，对娱乐服务场所进行专项整治，取缔非法经营娱乐场所3家，责令停业整顿 18 家，查获各类违法人员 36 名。

危险物品管理

枪支弹药管理　1995 年，对全区土枪、气枪、猎枪集中审验，规范管理。1999 年 1 月，对收缴的 689 支非法枪支集中焚烧、销毁。同年 3 月—4 月，在全区范围内开展“收枪治爆”专项治理，收缴各类非法枪支 81 支，依法处理违反枪支管理人员 14 人，清查配枪单位 9 个，整改安全隐患 19 条。2000 年，对银行和邮政储蓄系统换装防暴枪，收回原配军用枪。2001 年 4 月，缉枪治爆在全区展开；5 月，召开销毁枪支现场会，公开销毁各类枪支 463 支；至年底，收缴各类枪支 511 支。2002 年 3 月，组织全局民警进行公务用枪管理使用保管知识理论考试。2004 年，开展缉枪治爆专项行动，破获涉枪涉爆犯罪案件 2 起，收缴枪支 2 支、子弹 20 余发。2005 年，结合缉枪治爆专项行动，开展集中清查收缴管制刀具专项行动。2006 年，启用全国枪支管理信息系统，把全区各单位枪支及持枪证件等信息全部录入全国枪支管理信息系统。2007 年，利用全国枪支管理信息系统办理持枪证件 120 个。2008 年，继续开展缉枪治爆专项行动，依法收缴各类枪支 12 支、子弹 230 发。2009 年，破获涉枪涉爆犯罪案件 4 起，收缴各类枪支 3 支、子弹 30 余发。2013 年，配合全国缉枪治爆专项行动，加大对枪支弹药管理，并进一步开展清查收缴管制刀具专项行动。

民用爆炸物品管理　1999 年 3 月—4 月，全区范围内开展缉枪治爆专项治理，收缴炸药 21 千克；6 月，强化爆炸物品管理，全区共签订责任书 1500 余份，收缴炸药 1500 千克、导火索 50 米，查处涉爆案件 3 起。2000 年 8 月，对 4 个重点乡镇、14 个重点村庄 1380 户进行拉网式检查，逐户签订责任书，查获非法制造、储存烟花爆竹 1959 盘、炸药 287 千克、原材料 9250 千克，没收制造工具 46 套，处罚 17 人。2001 年 1 月，在城区开展禁放烟花爆竹宣传活动。2003 年，区供销社、寒亭公安分局联合举办两期烟花爆竹安全知识培训班。2004 年，寒亭公安分局印发《打击非法制贩烟花爆竹专项行动工作方案》，惩治非法销售烟花爆竹人员 2 人，收缴鞭炮 1.5 万头。2005 年，惩治非法销售烟花爆竹人员 4 人，收缴鞭炮 3 万头。2006—2008 年，惩治非法销售烟花爆竹人员 5 人，收缴鞭炮 5.5 万头。2009 年，按照《潍坊市民用爆炸物品烟花爆竹隐患排查整治工作方案》组织实施专项整治。2011 年，惩治非法销售烟花爆竹人员 3 人，收缴鞭炮 2 万头。2012 年，开展“收缴非法危爆物品严厉惩治危爆物品违法犯罪活动”专项行动，惩治非法销售烟花爆竹人员 2 人，收缴鞭炮 1.5 万头。2013 年，制定惩治非法制贩烟花爆竹专项斗争方案，在全区范围内开展烟花爆竹专项清查行动，对每一个村、街道拉网式检查，不留死角。

网络安全管理

寒亭区公共信息网络建设始于 2000 年，当年全区有微机 2000 余台。随着互联网技术发展，网吧行业应运而生，寒亭区第一家网吧于 2000 年开始营业。指挥中心负责全区网络安全管理并对设立网吧进行安全审核。2002 年 7 月，寒亭公安分局设立公共信息网络安全监察科，隶属指挥中心。同年 11 月，国务院《互联网上网服务营业场所管理条例》正式施行，公共信息网络安全监察科负责对区内互联网上网服务营业场所和经营单位信息网络安全、治安及消防安全进行监督管理；所有网络经营业户必须到公安机关备案；对全区网吧安装 ID 卡管理系统，网民凭注册登记的 ID，刷卡识别身份上网。2000—2003 年，公安机关先后开展多次集中安全整治行动，对存在违法经营的业户进行处理。2003 年 6 月，市公安局统一部署，建设公共信息网络 IP 地址查询查证数据库，为查处网上违法犯罪打下基础。至 2003 年年底，全区有网吧 39 家，公安机关查处利用计算机实施黑客入侵违法犯罪案件 1 起。2006 年以后，完善网络舆情应对机制，组建舆情观察员和网络评论员队伍，进行舆情会商，开展互联网信息巡查处置。随着网络技术迅猛发展，网络安全问题凸显，2010—2013 年，多次组织对辖区内网站开展专项检查，确定重点监控网站；加强与互联网服务提供商的联系，消除监控死角，落实对重点网站、栏目的巡查处置措施。

安全保卫

国内安全保卫工作原称政治保卫工作，1989—2002年由寒亭公安分局政保科负责。2002年8月，在原政保科国内安全保卫业务工作基础上改建国内安全保卫大队，具体负责国内安全保卫工作。1989—2013年，国内安全保卫工作主要是情报信息搜集控制、调查研究和专案侦查。

第五节　“110”报警服务

1996年12月，寒亭公安分局筹建“110”报警系统，做到接警后城区5分钟内到达现场，郊区10分钟内到达现场，农村边远地区尽可能快速到达现场。1998年，安装金融报警系统，与全区40余家金融网点联网；在城区、农村、重点部位场所建立35处“110”出警点、多功能堵截点、治安服务室，缩短出警时间。1999年后，与卫生、供电、邮电、城建、供水、供气、环保等10余个职能部门建立联动。2001年，投资80万元，安装大屏幕监控系统，提高“110”快速反应能力和指挥调度水平。1997—2003年，“110”共接出警22810次，通过接出警，侦破刑事案件710余起，查处治安案件5250起，抓获违法犯罪嫌疑人2090名，救助群众3350名。2004—2008年，“110”共接出警20562次，通过接出警侦破刑事案件785余起，查处治安案件5380起，抓获违法犯罪嫌疑人2112名，救助群众3756名。2009—2013年，“110”共接出警39284次，通过接出警，侦破刑事案件2501余起，查处治安案件9919起，抓获违法犯罪嫌疑人1526名，救助群众5684名。

第六节　户政管理

常住人口管理

1989年，寒亭区共有12个乡镇，总人口344950人，其中农业人口305923人、非农业人口39027人。全区自1992年3月开始换发户口簿，至1992年年底，共发放农业和非农业户口簿99806本。1995年3月，以公安机关为主体对农村居民实行“三位一体”（户口簿、门牌、房屋居住方位图）管理模式，在常住人口表管理基础上，增加每户一人一卡，完善户口管理和乡村治安管理体系。1997年11月，公安机关对全区常住户口开始微机录入，统一信息化管理，至1998年1月底，全部人口录入完毕，共录入347363人。2002年7月，分局户籍科与市局、省厅、公安部四级联网，实现网上办公和网上查询。2006年2月，省公安厅印发《山东省门楼牌编制管理办法》，到2009年9月，寒亭区的门牌号编排管理工作从区民政局移交到寒亭公安分局。2008年，随着行政区划调整，户籍管辖也相应调整：央子街道整体划归滨海经济开发区；原固堤街道的走马岭村、双庙子村、北辛庄村、报庄子村、前岭子村划归央子街道，隶属滨海经济开发区。继续由寒亭公安分局进行户籍管理的是：寒亭街道（包含城区派出所、城西派出所）、开元街道（包含开元派出所、经济技术开发区派出所）、固堤街道（包含固堤派出所、泊子派出所）、朱里镇（包含朱里派出所、河滩派出所）、高里街道（包含高里派出所、南孙派出所、双杨店派出所）、省直单位山东省潍北监狱（潍北农场派出所）。2009年，实施户籍制度一元化改革，同时购房落户取消了住房面积以及在市区缴纳3年以上养老保险的限制。2010年6月，朱里镇改为朱里街道（包含朱里派出所、河滩派出所），高里镇改为高里街道（包含高里派出所、南孙派出所、双杨店派出所）。2013年，从高里街道划分出31个村归双杨发展区，从开元街道划出5个村归张氏发展区，由潍坊市经济开发区管辖，户籍由寒亭公安分局代管。同年7月，根据省公安厅统一部署，开展全省公安机关清理核查疑似问题人员信息工作。

暂住人口管理

1984年，寒亭公安分局成立暂住人口办公室，负责管理城镇流动人口、暂住人口。到1989年，全区内暂住人口发展到6889人，暂住人口日常管理由各派出所一名专职人员负责。2002年6月，全区暂住人口实行微机管理，全年共办理暂住人口证件1995个。2012年10月1日，《山东省暂住人口管理办法》发布实施，对流动人口实行登记和发放居住证管理，并将流动人口信息全部录入山东省流动人口服务管理综合信息系统。截至2013年，寒亭共登记流动人口7567名，办理居住证3507个。

重点人口管理

1989年年底，全区列管重点人口1750人，1995年列管2863人。2002年6月开始，全区重点人口全部实行微机管理，至当年年底，全区共列管重点人口1238人。2012年，将全区重点人口纳入到"山东省公安机关警综平台"管理。2013年，全区列管重点人口751人。

租赁房屋管理

1994年，按公安部颁布《租赁房屋治安管理规定》，区公安机关对租赁房屋实行每年登记，定期安全检查等管理工作。2002年，全区出租房屋670户、1474间，总面积30889平方米，签订租赁房屋责任书670份，全部纳入微机管理；对违反管理规定的，及时取缔。2012年，将租赁房屋全部纳入到"山东省公安机关警综平台"管理。到2013年年底，全区共登记租赁房屋5337户，签订责任书5337份。

身份证管理

1988年，全区12个乡镇开始居民身份证颁发工作。1989年，首批居民身份证发放到居民手中。2003年2月—6月，全区进行人口基本信息清理纠错工作，为第二代身份证换发打基础。2005年10月1日，根据公安部部署全面开始第二代居民身份证换发工作。2013年10月1日，开始对办理第二代居民身份证人员，实行指纹信息采集登记。

第七节　出入境管理

国内安全保卫大队的出入境业务初设于1968年，当时业务量很小，每年出境人员只有几人次，80年代以后，出入境人员逐年增多，1984年有17人次。1996年11月，安装微机并与市局联网，区内出入境信息报送速度提高，临时入境人员申报率98%以上。1998年，出境人数达40余人次，2002年达近百人。2002年12月，成立出入境管理科后，出入境管理工作得到细化量化，主要业务有出境管理、入境管理、三资企业管理、境外人员管理、临时入境人员管理、常住外国人管理、涉外案件查处等。出入境管理在加强基层基础工作的同时，建立由村、所到科的三级管理网络，建立健全出境人员档案、入境人员档案、三资企业档案和涉外档案等20余项业务管理档案，并建立各项规章制度，全区出入境管理工作逐步走上科学系统管理轨道。2003年9月，公民办理护照简化手续，率先在全国实行"按需申领"制度，只要持户口簿和身份证就可以按需办理护照，出入境人员随之增多，业务量不断加大。2007年1月1日起，施行《中华人民共和国护照法》。2008年8月，全面强化外国人管理，完成北京奥运会、残奥会安保工作。2011年5月15日至7月底，按市局统一部署，开展涉外信息录入会战。2012年，推行公民出国（境）申请材料数字化审批，实现受理审批办结时限再提速，降低行政成本。2013年，推进出入境管理工作进社区，明确出入境社区警务室建设标准、社区外管民警职责任务，全面落实外管进社区工作。

第八节　消　防

1975年4月，潍县公安局消防股成立，编制3人。1984年，消防股改称潍坊市公安局寒亭分局消防科。1991年7月，消防科改为现役编制，科室干警改编为现役军人，正式纳入中国人民武装警察部队序列，保留原有单位编制名称，编制4人，隶属中国人民武装警察部队潍坊市消防大队，接受武警部队与地方公安双重领导，正营级单位。1997年7月，寒亭公安分局消防科更名潍坊市寒亭区公安消防大队，部队名称同时改为中国人民武装警察部队寒亭区消防大队，正营级，编制3人。至2013年年底，机构、编制无变化。

消防管理

1989年，重点抓火灾预防和农村防火工作，采取多种措施加强对列管重点单位及农村主要生产季节安全防火管理，遏制各种火灾事故发生。1990—2001年，消防部门多次与区经委、保险等6个部门联合开展防火安全“百日竞赛”活动；与工商、经委、劳动、保险、文化等部门密切配合，对全区40家“三资”企业和公共场所进行专项治理；对公共场所、建筑消防设施、石油液化气市场、造纸行业草料堆场进行专项治理；集中开展整治重大隐患、改进公用消防设施、宣传贯彻《中华人民共和国消防法》以及易燃易爆物品专项治理；开展麦收防火为主要内容的“百日防火安全”活动。2002年，深化公共聚集场所专项治理，在全区实施“生命通道畅通工程”，打通消防通道160处，增设疏散标志、应急照明、消防设施设备256件，改善公共聚集场所的消防安全环境。2004年开始，重点抓火灾预防、农村防火和消防专项治理工作。2005年，由区政府、山东海龙股份有限公司、公安部门联合组建的区消防站启动，结束寒亭无消防站历史，走出依托大型企业办消防新路子。2006—2008年，根据公安部统一部署，与区教育局、区安监局等6个部门联合开展奥运安保系列活动；与工商、质检、文化、电力、安监、经委等部门配合，对全区31家互联网上网企业和13家公共娱乐场所进行消防专项治理。2009年后，消防大队贯彻预防为主、防消结合方针，实行消防安全责任制，建立健全社会化消防工作网络。2009—2013年，先后开展“清剿火患”行动、中共十八大消防安全保卫活动及“护航十八大”安全夜查行动、公共聚集场所易燃可燃装修材料专项整治、高层和地下建筑消防安全专项整治、圣诞元旦“零点”行动；对涉氨企业等危险化学品单位排查整治；重点抓消防安全“网格化”管理与社会单位“户籍化”管理，推进“九小场所”（小学校或者幼儿园、小医院、小商店、小美容洗浴场所、小生产加工企业、小旅馆、小餐饮场所、小歌舞娱乐场所、小网吧）消防安全标准化建设和“消防进社区”工作。2013年8月，投资107万余元，在城区安装市政消火栓114个；联合区安监局等职能部门，对全区商场、市场多次开展全面消防安全大检查，对区人民医院等7家重大火灾隐患单位提请政府挂牌督办。同年，为宣传新《消防法》，在杨家埠民间艺术大观园举行“畅通城市生命通道　保障古迹消防安全”宣传活动；组织全区40余个社区、120多个家庭开展消防安全宣传教育活动；利用LED显示屏不间断播放消防安全常识及逃生疏散要诀；进一步加强“96119”火灾隐患有奖举报宣传，动员消防志愿者和社会群众参与查找、举报火灾隐患。

建筑设计防火

1997年，根据《潍坊市建审工作管理程序》，落实分专业审核，分权管理制度。1998年，《潍坊市建筑工程审核办法》实施，规范消防设计、安装、检测等质保体系，推行审验分离制度。1999—2002年共审核项目120个，施工检查230余次，竣工验收43次，提出合理化建议600余条。2004—2008年，共审核项目335个，施工工地监督检查760余次，竣工验收102次，提出合理化建议200余条。2009年5月，按新《建筑工程消防监督管理规定》，进一步明确审核范围，落实分专业审核、审验分离制度。2009—2013年，消防设计备案175项，消防验收备案116项，进行公众聚集场所投入使用、营业前消防安全检查82次。

附：火灾数字

1989—2003年，区内共发生火灾726起，死10人，伤9人，直接经济损失1646.27万元。

2004—2008年，区内共发生火灾638起，无伤亡，直接经济损失1349.36万元。

2009—2013年，区内共发生火灾912起，死亡1人，受伤0人，过火面积19941平方米，直接经济损失1589.06万元。

火灾事故

1999年1月26日18时许，城区民主街中段福兴电器商店因用电超负荷，导致电线绝缘材料起火引发火灾，烧毁整个福兴电器商店及相邻九九商场中的大部分商品，造成直接经济损失49.09万元。

2000年2月4日18时46分，一些带火花未燃尽爆竹纸屑飞落到寒亭区摩托车市场奔马公司仓库外的木柴堆里引发火灾，将露天仓库码放的100余辆摩托车全部烧毁，直接经济损失70余万元。

2000年2月26日16时许，潍坊市第二植物油厂榨油车间，机修人员违反消防安全操作规程，冒险作业，引发车间内的平转浸出器发生爆炸，造成3人死亡，1人轻伤，厂房遭严重破坏，多台榨油设备受损。

2001年7月17日20分，河滩镇河滩村一村民在自家分装稀料时，散发出的可燃性稀料气体遇到院中燃烧的煤球炉发生爆燃造成火灾，造成1人死亡，5人重伤。

2010年4月23日4时44分，寒亭街道邢家东庄一村民家发生火灾，火灾原因系生活用火不慎引起，造成1人死亡。

第九节　边防管理

1959年12月，蔡家央子边防派出所（正连级）成立。1990年6月，央子边防派出所升格为央子边防工作站（正营级）。1996年8月，迁入新营区办公楼办公；9月，购进小型巡逻艇1艘。1999年11月，潍坊边防支队为央子边防工作站配备一艘摩托艇。2003年1月，撤销央子边防工作站，更名央子边防派出所（正营级），有官兵7名、联防队员8名。营区总面积4000平方米，办公用房面积1071平方米；有机动车辆3部，小型海上巡逻艇1艘；下设3个警务区、1处堵截点。央子边防派出所辖区位于寒亭区北部沿海，总面积273平方千米（到零米海岸线），陆地面积220平方千米；辖央子镇，含13个行政村，其中蔡家央子一村、二村，林家央子村和丰台渔业村为渔业村。海岸线全长21千米，辖区内有港口（潍坊港）2处、码头3处、渔船停泊点4处、出海船舶总数156条。辖区内常住人口3662户，总人口11482人（2003年10月31日统计），其中渔业人口3249人、出海渔船民362人、暂住人口和流动人口1000余人，是寒亭区常住人口最少、暂住人口和流动人口较多的乡镇。

1989年以后，央子边防派出所加强边防基层基础建设，稳定辖区社会治安秩序，促进沿海经济发展。1993年9月，破获一起走私案，查获5辆走私轿车。2001年2月，成功处置央子镇一个体经营盐场与央子镇丰台村60多名农民之间因土地问题发生的群体性治安纠纷。同年5月，成功处置一起因争夺卤水发生的群体性事件。2002年5月，平息因排水问题发生的涉及数百人的群体性事件。2008年，因寒亭区划调整，央子边防派出所划归滨海经济开发区。

第十节　监所管理

看守所

寒亭看守所1983年成立，前身系潍县公安局看守所，隶属寒亭公安分局，位于民主街东段路南。1986年5月，迁泰祥街266号。1990年3月，实施《中华人民共和国看守所条例》，看守所管理步入规范化轨道。1995年11月，投资100余万元，扩建监舍。1997年开始，先后制订《在押人员一日生活规范》《看守民警执勤行为规范》《档案管理规范》，监所管理规范化、程序化。坚持开展惩治“牢头狱霸”活动和深挖犯罪工作，开辟惩治犯罪第二战场。1998年6月—9月，集中开展政治攻势，配合严打严防集中行动。1999年5月，贯彻实施《中华人民共和国看守所条例》《看守所等级评定办法》，开展“严格执法、文明管理”看守所创建活动。2000年5月—12月，根据公安部部署，开展看守所环境和秩序专项治理，严厉惩治牢头狱霸，整顿狱内秩序，看守所管理水平明显提高，成为全市9个有效防止各类重大恶性责任事故看守所之一。2002年2月至4月底，利用3个月时间，开展“集中整顿规范，建立两长（看守所长和监管大队长）机制”专项活动。2003年，开展惩治“牢头狱霸”活动和“执法质量大检查，安全隐患大排查”活动。2007年8月，寒亭区看守所、潍城区看守所、坊子区看守所合并成立潍坊市看守所。

拘留所

寒亭拘留所1982年建所，位于民主街162号院内。1988年，迁至泰祥街，有拘室6.5间、值班室2间、会见室1间。1998年，公安部印发《关于调整公安监管职能有关问题的通知》，明确看守所、治安拘留所等限制人身自由场所由监管部门统一管理，监管范围扩大。2001年7月，根据省公安厅《关于公安监管场所实行统一归口管理的通知》要求，成立潍坊市公安局寒亭分局监管大队，为副科级行政单位，原看守所、治安拘留所归监管大队管理。2001年10月，按省公安厅《治安拘留所达标办法实施细则》要求，另修建拘室总面积190.5平方米，达到通风采光要求；另扩建管教室、文体活动室、图书室、会见室，修建值班室。2001—2003年，连续3年被省公安厅评为达标所。2007年8月，寒亭区拘留所、潍城区拘留所、坊子区拘留所合并成立潍坊市拘留所。

第十一节　交通管理

1987年3月，寒亭区交通局交通监理站划归公安管理，成立寒亭区公安交通警察队。1989年8月，更名为寒亭区公安交通警察大队，设办公室、宣教股、交管股、事故股、车管所、城区交通中队。1992年6月，区交警大队更名为潍坊市公安局寒亭分局交通警察大队。1997年，城区交通中队改为一中队，在央子设立二中队，在朱里设立三中队。2002年2月，成立寒亭公安分局交警大队施救中心。2007年，寒亭公安分局交通警察大队调整为由市公安局交警支队垂直管理，更名为潍坊市公安局交通警察支队寒亭大队，为正科级单位，连人带编划转民警55名，内设警务保障中队、法制监察中队、事故处理中队、车管分所和5个路面执勤中队。2012年1月，警务保障中队更名为综合室，车管分所更名为车辆管理所，法制监察中队更名为法制中队，路面执勤中队整合为3个中队。至2013年，有民警60人，工勤10人，内设综合室、车辆管理所、事故处理中队、法制中队和3个外勤中队；辖区面积628平方千米，机动车保有量16万多辆，驾驶员10万多人。

道路安全管理

交通安全设施建设　1989年6月，区政府投资在杨家埠路口、二棉路口、化纤厂路口设立岗亭，设置红绿灯。1994年6月，在民主街设置隔离墩、隔离梯，提高机动车和非机动车分道行驶率。1995年6月，设置国税局路口、坊央路口岗亭红绿灯。2000年，施划城区道路交通标线8万平方米。2006年，在幸福路与民主街路口安装电子显示屏1块，进行交通安全提示。2007年，实施“天网工程”，一期安装电子警察自动抓拍系统路口20处、测速卡口9处。2012年，争取资金200余万元，新建交通信号灯5处，新增各类交通标志24面，施划标线15万平方米。2013年，争取资金400余万元，在海龙路、幸福路安装中心隔离安全防护栏9千米，施划城区道路交通标线12万平方米，新增各类交通标志、标牌67面，改建安装交通信号灯9处，全区有交通信号灯控制路口达到27处。

交通安全稽查管理　1989年4月，在派出所设立三级交通管理员，实行道路交通三级管理。1990年，在206国道官靶路口和309国道前周村处设立两处联合检查站，加强交通秩序管理。1994年5月，按省交警总队《山东省乡镇交通警察中队管理实施细则（试行）》标准，加强乡镇交警中队规范化建设。1997年1月，更换新“山东省公安道路交通检查证”并开始使用；8月开始，使用“公安行政处罚决定书”“当场处罚决定书”处罚违章，规范公安交通管理处罚行为。1998年，在全区范围内开展创建交通安全示范村和交通安全示范学校工作，共建立交通安全示范学校14个、交通安全示范村83个。1999年4月，根据区政府《关于认真做好罚款决定与罚款收缴分离工作的通知》，城区违章处理实施罚缴分离、银行代收；6月，在206国道开展创建“平安大道”活动，在辛沙路实施“畅通工程”。1999年12月，公安部发布《机动车驾驶员交通违章记分办法》《交通违章处理程序规定》，寒亭区自2000年3月1日起施行，原来“暂扣凭证”改为“公安交通管理行政强制措施凭证”。2000年，开展潍河沙土运输专项治理行动，严厉惩治车匪路霸。2002年，开展改型车辆专项整治，查处改型交通违法行为200余起。2003年10月，潍坊市公安局平安大道6号警务工作站于206国道+260千米+100米处建成并投入运行。2006年，在城区推行“网格化”勤务管理模式，以网格定责任，由点串线，由线及面，构建点线结合、条块联动的“网格化”勤务管理机制。2010年，以实施“畅通工程”为载体，加强对城区背街小巷、次干道、支路管理，打通“微循环”，优化完善城市路网功能。2011年，以酒驾入刑为契机，常态化开展酒驾、醉驾、毒驾专项整治行动，酒驾违法得到有效遏制。2012年，开展“机动车涉牌涉证”、“百日整治”、“三超一疲劳”、酒驾查处等多种、多次专项行动，严厉惩治各类交通违法行为；重点抓客运车辆和校车安全整治工作，建立客车、校车安全长效管理机制。2013年，先后开展渣土车严重违法、货车超限超载等交通违法专项整顿活动，净化道路交通环境；开展“平安行·你我他”行动，推动解决道路交通安全痼疾顽症。

机动车辆管理

1989年2月，执行公安部《机动车辆安全基数检测站管理办法》；8月，寒亭区启用公安部印制新机动车驾驶证。1990年3月，大型拖拉机、小型拖拉机委托农机部门管理。1993年5月，执行公安部《农用运输车安全基准》；9月，配置电脑设备及驾驶员一次成像相机，开始使用微机办理业务。1994年7月，开始启用、核发九二式号牌、行驶证。1996年5月，开始执行省公安厅《山东省机动车牌证管理办法（试行）》。1997年4月，按照省公安厅《山东省规范化车辆管理所建设标准》，创建规范化车管所。1998年6月，交警大队“流动车管所”正式启用，为偏远乡镇群众上门办理机动车辆业务。2001年，新建500平方米车管所服务大厅。同年5月，施行公安部《机动车登记工作规范》；10月，施行公安部《机动车登记办法》。12月，投资40多万元新上车辆可移动式检测线。2002年1月，寒亭车管所被评为县级规范化车管所；8月，“五小”车辆（轻便摩托车、二轮摩托车、三轮摩托车、三轮汽车、低速载货汽车）挂牌、办证权限下放各中队，由车管所统一制证；9月，3吨以下（含3吨）汽车检审权下放，可移动式检测线正式应用。2003年3月，投资20万元新上人体检测线并投入使用；9月，大货车挂牌业务权限下放；11月，汽车换证业务权限下放。2006年，实行“九二式”机动车号牌自选，实现号码资源共享。2009年12月，新建车驾管和事故处理大厅启用，总面积2600平方米，内设专业引导和便民设施，实现警民面对面零距离办公。2011年，投资20万元，对业务窗口改造更新，实现“一窗式”综合服务。2012年，以落实26项便民服务措施为切入点，改进工作方法，提高工作效率，全年办理车驾管业务57640余件，群众满意度98%以上。2013年，研究探索“交管进社区”，最大限度方便群众，全年办理车驾管业务55370余件，群众满意度99%以上。

驾驶员管理

1988年8月，寒亭区开始施行公安部《城市机动车驾驶员考试暂行办法》。1996年9月，施行公安部《中华人民共和国机动车驾驶员考试办法》《中华人民共和国机动车驾驶证管理办法》。1997年8月，执行省公安厅《山东省机动车考试员管理暂行办法》《山东省机动车驾驶员身体条件检测管理办法》，对机动车考试员、驾驶员进行管理；执行省公安厅《山东省机动车驾驶员教考场（中心）管理办法（试行）》，对机动车驾驶员教考场进行管理。1998 年，机动车驾驶员年审工作从车管所交由宣教股办理，驾驶员考试由 1 月 1 次改为 1 月 2 次。2002 年 3 月，驾驶员考试启用无纸化考试器材，数码相机投入使用。2008 年 6 月，使用全省统一的新版驾驶证，新版证芯、塑封膜设有防伪标记 33 处。2010 年，开展驾驶员信息集中摸底排查，对扣满 12 分参加教育培训的驾驶人，确保培训一名合格一名。2011 年，新增各种准驾车型机动车驾驶人 13332 人；2012 年，新增 15075 人；2013 年，新增 8066 人。至 2013 年年底，寒亭区各种准驾车型机动车驾驶人 10.30 万人。

1989—2013 年寒亭区初次领证驾驶人员统计表

表 19-2

初次领证时间	A 证（人）	B 证（人）	C 证（人）	DEFJL 证（人）	合计（人次）	合计（人数）
1989	196	8	143	233	580	372
1990	159	6	144	245	554	354
1991	294	12	181	352	839	530
1992	366	33	368	649	1416	866
1993	405	41	359	717	1522	980
1994	639	54	461	861	2015	1337
1995	674	70	514	946	2204	1442
1996	1187	140	1087	1887	4301	2796
1997	916	205	1767	3965	6853	4634
1998	712	183	1062	2595	4552	3188
1999	728	211	1171	2203	4313	2920
2000	624	200	968	1668	3460	2327
2001	623	251	960	1635	3469	2362
2002	855	368	1451	2177	4851	3312
2003	989	760	2779	4465	8993	6371
2004	1130	617	2925	3001	7673	5809
2005	91	1285	4290	2396	8062	6568
2006	73	1110	5410	1677	8270	7211
2007	50	852	6037	1434	8373	7493
2008	27	583	4370	757	5737	5201
2009	27	488	4536	380	5431	5159
2010	45	654	6411	373	7483	7281
2011	35	648	12488	290	13461	13332
2012	30	491	14513	109	15143	15075
2013	15	89	7918	78	8100	8066

事故预防和处理

1989年9月，开始执行省公安厅《关于〈山东省道路交通事故处理暂行规定〉若干问题的解释》。1990年2月，开始执行省公安厅《交通事故致残者残疾程序评定办法》。1992年，执行国务院《道路交通事故处理办法》和公安部《道路交通事故处理程序规定》。1995年6月，与保险公司、区人民医院联合成立"道路交通事故伤员急救中心"。1997年4月，执行《山东省道路交通事故处理办法若干规定》；6月，"122"道路交通事故报警电话开通，实现110、120、122联动。1998年6月，实施省公安厅《道路交通事故损害赔偿预付款管理办法》；10月，对交通事故实行公开认定责任、公开调解制度，推进警务公开。2001年8月，投资3万余元，建立交通事故痕迹检验室，增加事故处理科技含量。2003年，采取事故专项调查和个案剖析等工作制度，有针对性地开展交通事故防范工作。2005年，以客车超员、超速等严重交通违法行为和剧毒、爆炸等危险化学品运输安全为重点，组织开展预防道路交通事故专项整治。2006年，进一步规范交通事故认定、审核制度，推行零距离办案，打造事故处理阳光工程。2008年，以奥运安保为契机，开展涉牌涉证、危化品运输、农村道路交通秩序等集中整治行动，事故四项指标降到10年间最低水平。2009年，将重特大道路交通事故以外的伤人事故、财产损失事故处理权限下放到基层中队；建成道路交通事故处理协同办公系统，实现道路交通事故办公自动化。2010年，大力推行交通事故快速处结，对无人员伤亡，当事人对事故认定、事故损失调解处理无异议的交通事故，由路面执勤民警当场处结。2011年，把交通肇事追逃工作作为维护社会和谐稳定的切入点和落脚点，强力推进"清网"行动。2012年，大队积极利用支队研发的执法服务回访系统，分别建立短信群，针对不同群组编发警情通报、安全出行知识、路况提示、安全提醒、车驾管业务提醒等便民利民信息。2013年，开展"平安行·你我他"行动，做好隐患排查整改，排查安全隐患41处，整改20处，确保道路交通事故发案稳中有降。

第二章　检　察

第一节　机构队伍

1989年，寒亭区人民检察院（以下简称区检察院）内设办公室、政工科、刑事检察一科、二科、经济检察科、法纪检察科、控告申诉检察科、监所检察科、检察技术科。1994年5月，成立寒亭区反贪污贿赂局，8月更名为寒亭区人民检察院反贪污贿赂局，内设侦查一科、侦查二科、综合科；7月，增设民事行政检察科。1995年7月，撤销区检察院驻潍北劳改支队检察室，设立寒亭区人民检察院地方税务检察室。1996年8月，成立寒亭区人民检察院技术装备服务中心。1997年，地方税务检察室、国家税务检察室依法撤销。

2002年3月，检察机关机构改革，设办公室、政治处、监察室、侦查监督科、公诉科、反贪污贿赂局、渎职犯罪侦查局、监所检察科、民事行政检察科、控告申诉检察科、检察技术科、法警大队共14个局、处、科、室，全院正式干警67名。2006年6月，渎职犯罪侦查局更名为反渎职侵权局。2007年8月，成立人民监督员办公室；寒亭区看守所、潍城区看守所、坊子区看守所合并成立潍坊市看守所，驻看守所检察室撤销；设立检察委员会办公室，规格为副科级。同年10月，增设寒亭区人民检察院大家洼检察室。2011年10月，增设案件管理中心、行政装备科，撤销人民监督员办公室。2012年10月，大家洼检察室更名为寒亭区人民检察院滨海区检察室。2013年5月，设立派驻朱里检察室、派驻固堤检察室；7月，设立派驻潍坊经济开发区检察室。

至2013年，区检察院设办公室、政治处、侦查监督科、公诉科、反贪污贿赂局（内设侦查一科、侦查二科、综合预防科）、反渎职侵权局、监所检察科、民事行政检察科、控告申诉检察科、检察技术科、法警大队、监察室、滨海经济技术开发区检察室、潍坊经济开发区检察室、朱里检察室、固堤检察室、检察委员会办公室、案件管理中心、行政装备科，共22个局、处、科、室，全院在职在编干警64名；司法管辖范围包括寒亭区、潍坊经济开发区和潍坊滨海经济技术开发区。

1999年，区检察院被授予首批山东省“五好检察院”称号。2005年，被市委、市政府授予市级文明单位称号。2009年，被省委政法委授予“践行社会主义法治理念先进单位”称号。2013年，被省精神文明建设委员会授予省级文明单位称号。

第二节　刑事检察

审查批捕

1989年，区检察院参与整顿社会治安专项斗争，受理公安机关和自侦部门提请批捕案件104件、133人，经审查批捕95件、124人，批捕人数是上年1.8倍。1990年，结合开展“打流窜、挖团伙”“扫黄”“除六害”等专项斗争，重大“七类”（反革命案件、危害公共安全、破坏社会主义经济秩序、侵犯人身权利民主权利、侵犯财产、妨害社会管理秩序、妨害婚姻家庭）案件占批捕总数34%。其中9月份受理公安机关提请批捕冯某某等盗窃团伙案，6名犯罪嫌疑人作案90余起，盗窃范围涉及3个县、区8个乡镇的30多个单位和40多户村民，盗窃价值4.53万余元。刑检一科适时介入、引导侦查，在公安机关报捕3天内即做出批捕决定，配合全区专项斗争开展。

1991年，加强对杀人、抢劫、强奸、爆炸、重大盗窃等严重刑事犯罪活动惩治，参加“打拐”“反盗窃”专项斗争。1991—1995年，受理公安机关提请批捕案件398件、611人，经审查批准逮捕358件、511人，其中重大“七类”案犯269人，占批捕总数52%；受理自侦部门提请逮捕经济、法纪案件31件、31人，经审查全部逮捕。1996年，全年受理公安机关和自侦部门提请逮捕各类刑事案件155件、221人，经审查批准逮捕139件、187人，批捕案件数和案犯数分别比1995年增加55%和35%;贯彻落实依法“从重从快”方针，提前介入重特大案件86件，占全部案件70%。

1997年，修改后的《中华人民共和国刑法》《中华人民共和国刑事诉讼法》实施，受理公安机关提请批捕各类刑事案件113件、158人，经审查批捕108件、142人，受理本院自侦部门提请逮捕经济、法纪案件11件、11人，经审查逮捕10件、10人。1998年，全国检察机关进行重建20年来大规模集中教育整顿，区检察院批捕准确率一直保持在100%。1998—2002年，共受理公安机关提请逮捕各类刑事案件509件、675人，经审查批准逮捕449件、584人，其中，严重暴力犯罪、黑社会性质团伙犯罪和严重影响群众安全感多发性犯罪等“三类”犯罪案件共逮捕315人，占批捕总人数54%；对重特大案件适时介入73次，引导取证128件。1997年开始，对公安机关行使立案监督权，至2002年共受理立案监督案件85件、94人，向公安机关发出《说明不立案理由通知书》83件、90人，公安机关从中立案63件、67人。

2003年，继续重点惩治爆炸、杀人、抢劫、绑架等严重暴力犯罪，黑恶势力犯罪，盗窃、抢夺等侵财犯罪，受理公安机关移送审查批捕案件101件、145人。2004—2006年，受理公安机关提请批准逮捕的各类刑事案件312件、474人，经审查批准逮捕258件、402人；受理自侦部门移送审查逮捕案件2件、2人，经审查逮捕2件、2人。2009年，采取提前介入引导侦查、参与会商保全证据、联合调查锁定事实等措施，受理各类刑事案件127件、163人。2010年，受理公安机关、本院自侦部门提请或移送逮捕案件127件、163人；办案中纠正漏捕7人，纠正公安机关侦查活动违法30次。2011年，共受理公安机关、本院自侦部门提请或移送逮捕案件124件、144人；纠正漏捕5人，纠正公安机关侦查活动违法15次。2012年，受理公安机关和自侦部门提请或移送逮捕案件119件、139人；书面纠正公安机关侦查活动违法12次，口头纠正20余次。2013年，受理公安机关和自侦部门提请或移送逮捕案件161件、203人；书面纠正公安机关违法14次，口头纠正20余次；建议行政执法机关移交涉嫌犯罪案件10件、11人。

审查起诉

1989年，积极参加"打流窜、挖团伙"和反抢劫、盗窃、流氓滋扰，扫黄、除"六害"专项斗争，受理公安机关移送起诉案件79件、135人，受理自侦部门移送起诉案件51件、57人。1990年，没有上呈案件。1992—1996年，受理公安机关和自侦部门移送起诉、免诉各类案件596件、811人，经审查，决定起诉到区法院424件、584人，上呈潍坊市人民检察院起诉32件、54人，免诉70件、96人。1997年，修改后《刑事诉讼法》实施，检察机关免予起诉职权被取消，同时增加"相对不起诉"内容；审查起诉人员开展出庭试点，进行新的庭审方式实践演练，强化诉讼监督，严把证据关，对证据不足的案件30件、30人作出不起诉决定。同年，上呈潍坊市人民检察院起诉孙某某盗窃案，被告人孙某某被判处死刑，9月5日执行，成为修改后的《刑法》施行前（1997年10月1日起施行）寒亭区最后被判处死刑的盗窃犯。1998—2002年，受理公安机关和自侦部门移送起诉各类案件772件、951人，经审查后决定起诉到区法院596件、731人，上呈市检察院31件、55人，不诉64件、79人。对重、特大案件适时介入46次，缩短办案时间，提高办案效率。1989—2002年，通过审查起诉，实行"两项监督"，决定免诉、不诉案件287件、345人，追诉漏犯9人，向公安和法院口头和书面提出纠正违法100余次，对法院一审判决提出抗诉3件、3人，其中1989年对郑某某放火一案抗诉成功。

2005—2006年，惩治重点对准"两抢一盗"等多发性犯罪，打架斗殴、寻衅滋事等街头犯罪，带黑社会性质团伙犯罪以及破坏经济秩序犯罪，受理公安机关移送审查起诉案件368件、544人。2007年，受理公安机关移送审查起诉各类案件181件、302人，自侦部门移送起诉案件15件、18人；贯彻"严中有宽、宽中有严、宽严互补"刑事政策，对起诉案件法院均作有罪判决，对社会危害性不大的轻微伤害案件，具有调解基础的，采取建议侦查机关撤回案件或者作不

图19-3　2013年9月5日，全市检察机关模拟法庭论辩赛（寒亭赛区）比赛现场。

起诉处理。2009年，在抗诉案件上取得新突破，其中于某某抢劫、抢夺一案，法院一审判决书对于某某抢夺罪未予认定，区检察院依法提请抗诉，最终区人民法院以抢劫、抢夺罪重新作出判决。2010—2013年，受理公安机关移送起诉案件1126件、1605人，受理自侦案件48件、64人，审查起诉881件、1138人，不起诉28件、32人，提起抗诉7件、7人。

1989—2013年寒亭区人民检察院审查批捕统计表

表19-3

年份	报捕		批准（决定）逮捕		不捕		退补或撤回	
	起数	人数	起数	人数	起数	人数	起数	人数
1989	104	133	95	124	7	7	2	2
1990	66	91	58	83	1	1	7	7
1991	87	125	79	108	5	11	3	6
1992	69	96	65	92	4	4	3	6
1993	85	106	76	93	7	11	2	2
1994	92	157	83	120	5	19	4	6
1995	98	158	86	126	6	6	6	25
1996	155	221	139	187	10	15	6	11
1997	124	169	118	152	6	17	0	0
1998	89	119	89	119	0	0	0	0
1999	93	119	79	92	11	23	3	4
2000	106	143	84	115	15	21	7	7
2001	122	165	111	142	8	16	3	7
2002	114	144	101	131	4	4	9	9
2003	101	145	94	136	7	9	0	0
2004	91	137	73	113	18	24	0	0
2005	109	158	80	126	29	32	0	0
2006	112	179	105	163	7	16	0	0
2007	101	146	92	137	9	9	0	0
2008	127	162	106	140	21	22	0	0
2009	127	163	109	138	18	25	0	0
2010	127	163	0	137	0	26	0	0
2011	124	144	100	44	24	100	0	0
2012	119	139	0	101	0	38	0	0
2013	161	203	0	141	0	56	0	0

1989—2013 年寒亭区人民检察院审查起诉统计表

表 19-4

年份	移送起诉		起诉		不诉、免诉		上呈市院	
	起数	人数	起数	人数	起数	人数	起数	人数
1989	130	192	92	135	31	38	3	10
1990	95	138	74	104	18	22	0	0
1991	107	147	80	108	15	20	2	2
1992	85	118	64	83	14	22	6	12
1993	97	114	70	91	16	18	5	7
1994	112	168	87	122	17	22	7	8
1995	115	152	81	111	17	20	4	9
1996	187	249	128	177	32	36	10	18
1997	147	197	96	134	30	30	6	8
1998	121	156	27	111	13	13	10	21
1999	146	173	118	139	14	14	5	11
2000	127	163	100	131	15	19	3	4
2001	191	234	149	179	12	21	4	6
2002	187	225	142	171	10	12	9	13
2003	163	218	156	185	5	6	7	21
2004	149	195	135	183	4	4	7	7
2005	182	260	161	195	2	4	7	29
2006	186	284	155	235	31	49	9	23
2007	181	302	147	232	5	13	8	23
2008	245	368	207	279	3	3	11	13
2009	204	253	199	263	3	3	8	10
2010	218	307	168	241	5	5	0	0
2011	282	367	231	285	5	5	0	0
2012	296	489	220	263	10	13	0	0
2013	330	442	262	349	8	9	0	0

第三节　反贪污贿赂检察

1989 年，建立健全经济案件侦、捕、诉分开的办案制度。同年，集中力量，开辟重点战场，狠抓大要案查处。通过查处张某某受贿案，一案带多案，连续侦破 9 起贪污、受贿案，其中大要案 3 起。1990 年，先后侦破 8 起经济犯罪案件；全年受理经济犯罪案件线索 50 件，立案查处 26 件、26 人，挽回经济损失 20 万元。1991 年，犯罪预防工作坚持打防并举，标本兼治，针对农村领导班子内部经济犯罪案件一查就瘫，一瘫就乱，一乱就散的特点，采取“抓建、治乱、防散”措施。1992 年，受理各类经济案件 30 件，立案查处 17 件、16 人，贪污受贿万元以上大案 4 件，科级以上干部涉案 4 件。

1994 年 8 月，区检察院反贪污贿赂局成立，专门侦查贪污贿赂案件，全年受理各类经济犯罪案件 26 件，立案查处 21 件、21 人，挽回经济损失 65 万元。1998 年，把工作重点放在惩治国家工作人员职务犯罪上，立查贪污贿赂案件 16 件、16 人，人均办案数列全市第一。1999 年，受理各类经济犯罪案件 33 件，立案查处 13 件、13 人。其中大案 6 件、6 人，占立案总数 46%，高于全市平均水平；“三机关一部门”（党政领导机关、司法机关、行政执法机关和经济管理部门）案件 5 件、5 人，占立案总数 40%，挽回经济损失 205 万元。查处群众上访案件 15 件，整顿领导班子 4 个。

2001 年，把追捕在逃经济犯罪嫌疑人作为反贪污贿赂工作重点，抓捕 4 名在逃两年以上经济犯罪嫌疑人，追逃工作受到省、市检察院表彰。2002 年，区检察院被省检察院授予“全省追逃工作先进单位”称号。2003 年，结合办案，深入税务、公路、金融、邮电等系统开展法治讲座，上法治课 8 场次，受教育 2000 余人。2006 年，与区纪委、区监察局联合印发《关于对招标投标活动进行监督监察的实施意见》，对北海路、南部小区等全区重大工程招投标活动进行全程监督；全年监督招投标项目 28 项，节约资金 1500 余万元。2007 年，对全区 12 个投资 500 万元以上重大工程项目招投标进行全程监督，节约资金 200 余万元。2008 年，结合办案向有关部门提出检察建议 55 份，提供法律咨询 57 次，开展警示教育及法制宣传 23 次，受理行贿档案查询 78 次；对全区 12 个投资 1000 万元以上重大工程项目提供法律咨询。

2009 年，坚持一手抓规范，一手抓办案，全年立案侦查贪污贿赂案件 9 件、11 人。2010 年，立案查处贪污贿赂案件 10 件、14 人，起诉率、有罪判决率、实刑判决率均位于全市前列；立案查处的贪污贿赂案件全部为窝串案，实现查办窝串案工作的新突破。2011 年，立案查处贪污、贿赂等职务犯罪案件 11 件、13 人；查办夏某某贪污受贿案，贪污 68.6 万元，受贿 11.7 万元，判处有期徒刑 15 年，是当年查办数额最大、判处刑期最高的要案。2013 年，坚持惩防结合一体化工作模式，向发案单位送达检察建议书 5 份；开展行贿档案查询 111 次，基本实现对司法管辖区内工程建设项目和政府采购项目全覆盖。

第四节　反渎职侵权检察

1989 年，自侦案件实行侦、捕、诉分开，受理各类法纪案件 16 件、18 人，立案 11 件、14 人。1991 年，贯彻全国、全省“查办侵权渎职案件工作会议”精神，继续把查处“三类”（渎职、侵权、重大责任事故）案件作为工作重点，受理各类法纪案件 22 件、22 人，立案 10 件、10 人，其中玩忽职守案占立案总数 70%。1992—1994 年，受理各类法纪案件 45 件、48 人，立案 19 件、21 人，其中“三类”案件占立案总数 84%。

1995—1996 年，全区法纪检察坚持多形式、全方位开展工作，受理各类法纪案件 39 件、48 人，立查 19 件、24 人；特别加强对刑事案件在各个诉讼环节上的监督，加大对包庇、伪证案查处力度。1997 年，立案查处各类侵权渎职犯罪案件 17 件、19 人，立案件数和人数分别比 1996 年增长 59% 和 73%。1998 年，随着修改后的《中华人民共和国刑法》《中华人民共和国刑事诉讼法》施行，渎职犯罪主体由原来的国家工作人员调整为国家机关工作人员；印发《检察院法纪检察工作受案范围及立案标准》等宣传材料，鼓励群众举报；加强与人大、纪检、监察、信访、司法等有关部门联系，疏通信息渠道。

1998—2002 年，共立案查处各类渎职犯罪案件 13 件、13 人，其中玩忽职守案 6 件、6 人，滥用职权案 5 件、5 人，徇私舞弊案 1 件、1 人，虐待被监管人案1件、1人。1998—1999年，办理公安机关执法人员犯罪案件3件。2003—2009年，立案查处渎职侵权案件11件、15人，其中非法拘禁案2件、2人，玩忽职守案5件、5人，滥用职权案3件、7人，徇私舞弊案1件、1人。2010年，立查渎职侵权等职务犯罪案件3件、3人。2011年，立查渎职侵权等职务犯罪案件2件、2人。2012年，立查渎职侵权案件3件、4人。2013年，立查渎职侵权案件3件、4人。

第五节　预防职务犯罪

1989年以后，职务犯罪预防工作坚持打防并举，标本兼治。1996年，在全区15个联系点开展工作，向11个邮电支局发出检察建议，消除犯罪隐患。1997—1998年，预防职务犯罪工作由一般化向制度化、规范化转变。1999—2001年，提出检察建议13份，对全区5处企业进行经济理顺。2002年，先后与14个系统签订《职务犯罪系统预防廉政协议书》，建立15个预防职务犯罪联络点，聘任14名预防职务犯罪联络员；专项预防工作以工程建设领域为重点，确定全区22个投资额在100万元以上重点工程，分别与发包方、承包方签订《职务犯罪专项预防协议书》；个案预防以实施《检察建议》为主要措施。

2003年，协助有关部门建章立制30项，提出检察建议14条；研究案发原因和规律，向区委、区政府和有关部门提出预防建议19份，被区委、区政府和有关部门采纳7份，并在全区转发。2004年，会签预防文件28份，到邮政、税务、交通等部门开展法治讲座6次，提出检察建议12条，对12个投资金额超过100万元重大项目开展专项预防，节约资金800余万元。2005年，到国税、地税、公路等部门开展法治讲座7次，对3个职务犯罪多发易发重点系统行业开展系统预防，会签文件28份；对投资2500万元北海路、1800万元海龙公司锅炉改造项目等10余个区内重点工程开展专项预防，实现“工程优质、干部优良”双优目标。2006年，在发案单位上法治教育课14次，与15个系统单位签订廉政协议书，与16个系统单位签订预防职务犯罪工作文件，提出检察建议23件，帮助建章立制86条。

2007—2008年，提出检察建议46份，开展预防典型案例剖析活动37次，形成预防调查分析报告46篇；到有关部门开展法治讲座8次，在烟草、电力等3个系统建立经常性预防工作机制。2008年，区检察院与区纪委在潍北监狱建立警示教育基地。2009年，推动重点部门、行业建立健全规章制度，发出检察建议12份，开展预防咨询162次，开展预防调查19项，剖析职务犯罪案例14件，发现职务犯罪案件线索12件，受理行贿犯罪档案查询163次，为基层干部进行法治讲座30余次。建立预防职务犯罪教育展厅，全区31个单位组织人员参观警示教育展览。

2010年，形成预防调查分析报告35篇，《对农村基层干部物欲型职务犯罪案件的调查分析及预防对策》被《潍坊政法》采用，并报省委政法委领导参阅；形成预防案例剖析报告33篇，《邢某某受贿挪用公款一案案例剖析》被山东省人民检察院评为全省优秀案例剖析报告。会同国土、工商、国税等10多个部门开展“法制教育宣讲月”活动，50余个部门1900余名干部职工参观警示教育展览室；在计生、金融、电力等重点行业部门，协助完善规章制度68项，向党委、政府和有关部门提出检察建议26份。

2011年，形成预防调查分析报告30篇，开展预防典型案例剖析活动31次，向发案单位送达检察建议报告书20份，受理行贿犯罪档案查询381次。落实市检察院确定的“五个在前”警示教育示范点建设，组织召开警示教育座谈会8次，组织20多个部门单位的2000余名干部职工参观警示教育展览室。2012—2013年，开展预防调查分析活动和预防典型案例剖析活动，形成预防调查分析报告32篇、预防案例剖析报告31篇；向发案单位送达检察建议书15份；召开预防职务犯罪案件联席座谈会16次，开展法治讲座、警示教育和预防宣传活动 73 次，受教育 7600 余人。

第六节　监所检察

1989 年，监所检察工作重点是监管秩序的监督检察，监督干警依法管理、文明管理和安全防范，当年联合安全检查 37 次，上法治教育课 16 次，考察监外执行罪犯 30 人。1990 年，区委政法委组织公、检、法、司，以检察院为主联合对全区各个执行罪犯进行考察的经验做法，被市人民检察院向全市推广。1994 年 6 月，驻看守所检察组更名寒亭区人民检察院驻看守所检察室。1995 年，驻潍北劳改农场检察室撤出，业务移交给潍坊市城郊地区人民检察院。

1995—1999 年，工作重点是检察监管干警严格执法、文明执法和查办监管干警职务犯罪及服刑罪犯又犯罪案件，5 年中纠正监管干警、看守武警、提审人员违法行为 57 次，办理监管干警职务犯罪和服刑罪犯又犯罪案件 7 件、7 人，处理罪犯及其家属控告、申诉案 15 件、16 人。2002 年，突出对羁押期限的监督检察，开展安全检查和教育人犯活动，考察监外执行罪犯活动。当年，联合安全检查 83 次，消除隐患 9 次，考察监外执行罪犯 216 人次，对犯人个别谈话教育 298 次，上法治课 18 次。2003 年，加强对收押程序的法律监督，发现法律手续不全 26 件，及时补办法律手续；加强对诉讼期限的法律监督，催办 160 余件，杜绝超期羁押发生，至该年底已连续 18 年无超期羁押。

2004 年，逐人逐案审查建档，防止违法减刑、假释、保外就医发生；组织在押人员检举揭发犯罪线索 23 条，惩治 3 起“牢头狱霸”；对收押和释放工作依法监督，发现手续不全和不完备的 18 件依法纠正。2005 年，对监外执行罪犯 103 人全面考察，采取法律政策教育、亲情感化教育、跟踪教育，预防和减少重新犯罪；经验和做法被山东省广播电台《法眼看社会》栏目以《真情呼唤良知》为题进行专题报道。2006 年，办理罪犯又犯罪案件 13 件、36 人，是监所科办理案件数量较多的一年。

2008 年，对监外执行犯 273 人全面考察 2 次，建立罪犯监外执行检察台账，录入监外罪犯执行监督信息管理系统，全方位无缝隙监督管理；对外出务工监外执行犯实行“三个”监督法（发出一封信，签订一份责任书，写出一份证明材料）。2009 年，加大监外执行检察监督力度，对全区 280 名监外执行犯全面检察，发现监外执行犯又犯罪 5 人，漏管 15 人；及时制定帮教措施，实现监外执行罪犯监督管理“三个到位”（监督检察到位，管理到位，帮助教育到位）；监所检察部门以“检察官巡访工作室”为平台，定期到各社区了解监外执行罪犯生活、工作及管理情况，预防和减少又犯罪案件发生。2010 年春节前，会同派出所和司法所在朱里镇举办监外执行罪犯法治教育讲座；8 月，采取“四看一调查”（看档案、看病例、看帮扶情况、看生活状况，调查医疗过程）工作法，对辖区内保外就医人员重点检察，是全省第一个开展该项检察工作的基层院，做法被省检察院《监所检察工作情况》刊发。

2011 年，社区矫正工作由司法局和公安机关共同管理，社区矫正对象档案在移交中存在漏洞。2012 年，经过检察，针对社区矫正中存在问题向司法、法院、公安等部门口头提出纠正 40 余次，发出书面纠正违法通知书 4 份，全区社区矫正漏管对象从 121 名减为 31 名；在滨海成立检察官联络室，对社区矫正中存在问题及时监督解决。2013 年，区检察院参与市看守所检察室派驻工作，采取全面检察及专项检察手段进行社区矫正检察；向有关单位发出 24 份纠正违法通知书；立查 1 起职务犯罪案件。

第七节　控告申诉检察

1989 年，围绕社会稳定大局，受理来信来访 110 件次，自办 4 件次，转办 78 件次，开展法律咨询 42 人次。1993 年，发挥控告申诉“窗口”“桥梁”作用，热情接待群众来信来访。1995 年 1 月，《中华人民共和国国家赔偿法》实施，检察机关刑事赔偿申诉由控告、申诉检察部门负责受理。1998 年，坚持院领导接待重大、集体上访和批阅重要来信制度，妥善处理“告急”和集体上访案件，组织力量查处高里镇河南村部分村民集体上访案件，取得息访、稳定民心双重效果。1999年，最高人民检察院规定每年6月20日所在周为举报宣传周，全区制作展览宣传牌6块，印制宣传材料5000余份，答复群众法律咨询100余人次。1994—1999年，受理群众对各类案件举报491件，均及时处理；接待群众来访107人次，开展法律咨询237人次；配合区委处理群访案件29件；上街法制宣传12次，印发宣传材料2800余份。

2000—2002年，安装举报电话自动受理系统，向社会公布举报电话，实行24小时接访；举报宣传周期间，上街开展18次较大规模举报宣传活动；3年共受理各类举报线索372件，处理结果及时反馈；接待群众来访128人次，开展法律咨询240人次；配合区委处理集体上访案件11件。2003年，全面推行控申工作首问责任制，全年受理信访、举报线索125件，检察长批办113件，接访52人次，初查22件。

2004年，受理信访、举报线索73件，比2003年有较大幅度下降；坚持检察长接访和阅信制度，每月5日参加区委政法委组织的“四长”（公安局局长、法院院长、检察院检察长、司法局局长）接访；当年区检察院被市委、市政府评为全市“执法督查和矛盾纠纷排查调处工作”先进单位。2006年6月举报宣传周，组织开展主题为“惩治职务犯罪，维护公平正义”的举报宣传活动，向群众散发宣传材料1000余份，接受群众法律咨询30人次。2007年，受理各类信访、举报线索57件，初查26件，移送立案查处14件；对2004年以来“受理举报线索情况，不服检察机关处理决定的申诉情况，违法查封、扣押款物和涉检赔偿案件情况”进行排查清理。

2009年，受理各类信访、举报线索66件，刑事申诉案件2件，均做到及时、妥善处理；在6个乡镇、街道建立检察官巡访室，定期下访巡访，配合基层组织做好涉检矛盾纠纷排查调处，从源头预防和减少涉检信访案件发生；建立“控侦一体”办案机制，先后对高里镇、寒亭街道、朱里镇等4个反映低保救济款问题集体访、告急访案子进行调查取证。2009—2013年，控告、申诉检察工作经历国家涉法涉诉信访制度改革，扩大检察机关受理范围，2009—2011年信访量与前几年基本持平，自2012年起，检察机关接待的信访量有较大幅度上升，法律咨询量增多。2012年，区检察院创新开展涉检信访案件风险评估机制，成功化解于某某多年上访案并签订息访息诉协议；刑事申诉案件数量呈稳定态势，无刑事赔偿案件。

第八节　民事行政检察

1992年，民事行政检察工作逐步展开。1994年6月，区检察院成立民事行政检察科。1995年，受理案件5件，提请潍坊市人民检察院抗诉3件，市院审查后向山东省人民检察院提请抗诉2件，其中1件经山东省高级人民法院裁定，指令潍坊市中级人民法院再审，成为潍坊市人民检察院开

图19-4　2013年4月，区人民检察院开展“举报宣传周”活动。

展民事行政检察工作后采用的第一起抗诉案件；当年，在潍坊市检察系统民事行政检察工作业务考评中取得第一名。1996 年，受理案件 14 件，经过立案审查，提请、建议提请市检察院抗诉 3 件，市院审查后向省检察院提请抗诉 1 件，达到省检察院提出的基层单位最少要办理 1 起抗诉案件要求。当年，省检察院将区检察院定为省院民事行政检察工作联系点。

1998 年，民事行政检察工作坚持“敢抗、会抗、抗准”办案原则，受理民事行政申诉案件 22 件，立案审查 19 件，提请和建议提请市检察院抗诉 12 件，挽回经济损失 12 万元。1999 年，受理案件 25 件，立案审查 20 件，提请抗诉和建议提请抗诉 14 件，法院经过再审改判 6 件。2000 年，提请民事行政申诉案件 36 件，立案审查 24 件，提请抗诉和建议提请抗诉 18 件，市检察院采用 3 件，抗诉后改判 3 件。

2001 年，加强与律师事务所、“148”法律服务中心联系，开展代理申诉制度。2002 年 11 月，民事行政申诉案件代理处在潍坊飞舟律师事务所正式挂牌，民事行政申诉案件来源渠道进一步拓宽。2003 年，抓住办案效率、质量、效果 3 个环节，坚持专人阅卷、科里讨论、检察长决定的办案制度，受理国有资产流失案件 10 件，挽回经济损失 10 余万元。2004 年，受理申诉案件 26 件，立案审查 13 件，依法提请抗诉 11 件，开庭审理 11 件，改判 6 件，为 2003 年同期 2 倍。2005 年 9 月，区检察院与区法院联合印发《关于在民事、行政诉讼中应用检察建议启动再审程序的实施办法》，加强和改进民事、行政案件再审和民事行政检察工作。2006 年，受理申诉案件 40 件，立案审查 29 件，提请抗诉、建议提请抗诉 25 件，市检察院采用 24 件；首次受理 4 起土地承包纠纷行政申诉案件。2007 年，受理申诉案件 40 件，立案审查 32 件，提请抗诉、建议提请抗诉 30 件，市检察院审查后采用 28 件，出庭支持抗诉 13 次，一、二审法院改判 12 件，是民事行政检察部门成立后改判率最高的一年；区检察院民事行政检察科被市检察院授予“先进集体”称号。

2009 年 1 月，区检察院和区人民法院会签《关于加强民事、行政执行案件监督的规定》。2010 年，在市检察系统民事行政检察工作业务考评中取得第一名。2009—2013 年，受理各类申诉案件 273 件，立案 104 件，其中提起抗诉、建议抗诉、发出再审检察建议案件 88 件，被采用 84 件，改判案件 44 件；成功息诉息访案件 230 余起。2013 年，《中华人民共和国民事诉讼法》修改后，民事抗诉案件减少，区检察院积极调整工作思路，开展行政执法检察监督工作，先后向区物价局发出检察建议 1 份，向区国土局发出检察建议 1 份，向潍坊滨海经济技术开发区劳动人事局发出检察建议 1 份，全部被所在单位采纳。

第九节　检察技术

1990 年，区检察院调入专门从事法医鉴定工作干警 1 名，结束寒亭区检察院没有法医的历史。1990—2002 年，检察技术科开展法医鉴定 486 起、司法会计鉴定 63 起、视听摄照相 1360 起、文检鉴定 37 起；办理保险理赔骗赔案件 1563 起，挽回经济损失 100 余万元；与公安、法院技术部门建立疑难案件会议制度，会诊疑难案件 23 起。2003 年，严把案件质量关，复检和文证审查做到及时、准确、无误，全年进行法医文证审查及法医检验 70 余件；保险理赔 400 余件，无人情赔付、错误赔付、纠纷事件发生。2005 年，办理文证审查案件 90 余件，为各业务科室提供技术服务 50 余次；推进信息化建设，开通专线电话、局域网、电视电话会议系统。

2006 年，对全院干警进行网上办公自动化培训，考试合格率 100%。2007 年，争取区政府拨款 60 万元，加大信息化建设。2008 年，举办 2 期全院干警信息化培训，制订《计算机使用管理制度》《网络信息发布保密管理制度》等多项制度规定。

2009 年，完善局域网，增设新栏目；设立 FTP 资源共享，引入飞 Q 等局域网通信软件，实现网络即时文件传输和远程协助、远程维护、远程展示等多种功能。2010年，做好计算机系统维护及管理，部署实时监控系统。2013年，在深入调研基础上撰写论文《检察机关对技术侦察手段实施依法监督探讨》，被市检察院采用；配合多部门完成派驻检察室信息化建设，实现全部4个派驻检察室与区检察院内部专线网络的互联互通；完成“12309”控告申诉举报专线网络安装和调试。

第三章 审 判

第一节 机构队伍

1989年前，寒亭区人民法院（以下简称区法院）设刑一庭、刑二庭、民庭、经济庭、执行庭、办公室、政工科、研究室、协理员室，在全区乡镇设12个人民法庭。1989年6月，撤销刑二庭，设立告诉申诉审判庭。1991年3月，设立经济调解服务处，在区公路局、区环保局、区建设委员会、区交警大队设巡回法庭（1995年撤销）。1995年6月，法医门诊在区人民医院挂牌成立；11月，实施立案与审判、审判与执行分离。1996年成立法警大队。1997年4月，按二类县标准设置内部机构11个：办公室、刑事审判庭、经济审判庭、民事审判庭、行政审判庭、立案庭（挂审判监督庭牌子）、执行庭、技术室、研究室、政工科、法警大队。1998年，机构改革取消一乡（镇）一庭，12个人民法庭合并为双杨店、固堤、郭家官庄、寒亭4个中心法庭。双杨店法庭辖双杨店、高里、南孙、肖家营4个乡镇，固堤法庭辖固堤、泊子、央子3个乡镇，郭家官庄法庭辖郭家、张氏2个乡镇和潍坊经济技术开发区，寒亭法庭辖寒亭、河滩、朱里3个乡镇。1999年，郭家官庄人民法庭更名开元人民法庭。2000年2月，撤销执行庭，成立执行局，为正科级单位；撤销告申庭，成立立案庭和审判监督庭。2001年9月，撤销寒亭人民法庭，设立河滩中心法庭，辖河滩、朱里两镇，原寒亭街道案件归开元中心法庭管辖。2002年，撤销经济庭成立民二庭；撤销政工科，设立政治处；撤销财务科，设立机关服务中心。

2003年4月，增设央子临时法庭；10月成立特别法庭，主要审理汽车贷款逾期还贷纠纷案件。2007年8月，设立审判委员会办公室，为副科级规格；11月，原寿光市人民法院大家洼法庭司法属地正式移交寒亭区人民法院管辖，原寿光市人民法院大家洼法庭更名为寒亭区人民法院大家洼法庭，区法院开始全面履行对潍坊滨海经济开发区司法属地管辖职能。2008年4月，潍坊经济开发区司法管辖随行政区划调整归区法院管辖。同年9月，设民事审判第三庭和信访室。2009年1月，寒亭法庭迁址到央子街道并更名为寒亭区人民法院央子人民法庭。2010年2月，设立区诉讼与非诉讼相衔接的矛盾纠纷解决机制工作办公室，为副科级规格。2011年6月，寒亭区人民法院审判委员会办公室更名为寒亭区人民法院审判管理办公室。2012年7月，寒亭区人民法院大家洼人民法庭更名为寒亭区滨海人民法庭；双杨店人民法庭迁址到潍坊经济开发区，更名为寒亭区经济区人民法庭，司法管辖潍坊经济区北城街道、张氏发展区、双杨发展区。2013年7月，寒亭区郭家官庄人民法庭更名为朱里人民法庭；9月，设立股级内设机构诉调对接办公室。

至2013年年底，区法院有正式干警105人，设立案庭、刑庭、民一庭、民二庭、民三庭、行政庭、审监庭、执行一庭、执行二庭、执行三庭、审判委员会办公室、技术室、法警大队、办公室、监察室、政治处、机关服务中心、诉调对接办公室、研究室、信访办、工会、招商办22个庭（室、处、队）和朱里法庭、固堤法庭、经济区法庭、滨海法庭、央子法庭5个派出人民法庭。司法管辖范围包括寒亭区、潍坊经济开发区和潍坊滨海经济技术开发区，年均结案近5000件。

1990年，区法院被山东省高级人民法院记集体二等功。2013年，被山东省高级人民法院评为无执行积案先进法院，被潍坊市委、市政府授予潍坊市文明单位。“诉调对接机制”“行政争议诉前协调机制”“诉讼诚信体系建设”等6项改革创新经验在全省推介。

第二节　刑事审判

1989年，区法院针对经济犯罪案件政策性强、情况复杂的特点，专门设立审判经济犯罪案件合议庭，加强对法律、法规和政策的研究，案件质量在全市评比中名列前茅。1990年，注重加强对经济领域犯罪案件及时审理。1993年，刑事审判工作重点放在狠抓审判质量上，对重大疑难案件由合议庭、审判委员会审议，全年刑事案件无上诉、申诉。1996年，成立“严打”斗争领导小组，建立“定任务、定时间、定人员、定奖惩”和“快送达、快审结”的“四定二快”制度。1996年3月和1997年7月，新《中华人民共和国刑事诉讼法》和新《中华人民共和国刑法》生效实施后，区法院强化由过去究问式向抗辩式转化诉讼程序，开始适用无罪判决；强化受害人及其近亲属的诉讼地位；贯彻落实罪刑法定原则和无罪推定原则，不再适用法律类推；加强法庭辩论，突出控辩双方针对性，而法官以听审为主进行最后裁判。

2001年，推进审判方式改革，制订6项制度（统一指挥调度制度、领导小组例会制度、重点案件督办制度、向区委和区人大及上级法院汇报制度、信息汇总上报制度、大宣传制度）。2002年，深化刑事审判方式改革，重点转向庭前证据展示和普通程序简易化审理，得到市中级人民法院肯定。1989—2003年，在辖区乡镇召开大、中、小型公判大会90场次，受法制教育干部群众6万余人次；创新实施与未成年人罪犯家属的庭前、庭中、庭后“三见面”举措，加强对未成年人罪犯教育帮扶，得到省、市两级法院肯定，经验做法被转发推广。

2004—2008年，参与“平安寒亭”建设，坚持“严打”与“综治”相结合，依法从重从快惩治黑恶势力，严惩暴力犯罪。2008年，严厉惩处职务犯罪，推动反腐斗争深入开展；注重对在全市有重大影响案件的审判，依法从重从快判处拐卖儿童罪犯王某某、刘某某有期徒刑12年和11年。

2009—2013年，贯彻宽严相济刑事政策，依法严惩严重暴力犯罪和盗窃、抢劫、抢夺等多发性侵财犯罪，对初犯、偶犯、过失犯和具有自首、立功等情节的犯罪分子，依法从轻、减轻处罚，对情节轻微、符合缓刑条件的，依法宣告缓刑；推进量刑规范化改革，实现量刑过程公开和结果公正；积极参与社会管理综合治理，协助做好对被判处缓刑、管制、免予刑事处罚和刑满释放人员帮教，共同推进社区矫正工作。

1989—2013年，全区受理各类刑事案件3287件，结案3281件。

1989—2013年寒亭区人民法院刑事案件审结统计表

表19-5

年份	收案（件）	结案（件）	罪犯（人）
1989	71	84	170
1990	102	94	186
1991	89	88	178
1992	89	86	191
1993	112	96	191
1994	77	87	174
1995	112	99	200

续表 19-5

年份	收案（件）	结案（件）	罪犯（人）
1996	78	75	151
1997	97	98	196
1998	98	94	188
1999	102	95	191
2000	96	89	178
2001	98	98	196
2002	104	104	213
2003	114	111	205
2004	98	97	171
2005	208	194	205
2006	148	144	253
2007	137	137	300
2008	174	168	285
2009	220	227	307
2010	143	143	251
2011	212	203	267
2012	263	266	306
2013	245	304	364

第三节　民事审判

1989 年开始，区法院推行民事审判方式改革，强调案件审理除法律另有规定外，必须公开审判，解决未审先定，法官包揽调查取证等问题。1991 年，民事案件审判工作继续保持“三多三少”势头，结案多、调解多、就地处理多，判决少、上诉少、申诉少。1993 年，以缓解矛盾、减少社会不安定因素为宗旨，基层法庭以调解为主，调解率 93.5%，居全市法院系统第一位，在山东省第七次法院民事审判工作会议上作典型经验介绍。同年，与区妇联、团区委等单位联合成立婚姻家庭学校。1995 年，实行强化当事人举证责任，强化庭审职能、合议庭职能的“一步到庭”审理方式改革，提高庭审质量和公开公正审判水平。

2000—2003 年，民事案件审判方式改革，开庭审理由纠问式转为辩论式；结案形式由着重调解转为调解自愿、合法，解决久调不决、久拖不结和超审限问题；法院调查取证转为当庭举证、质证和认证，由法官与当事人一问一答，就事论事，转为庭审理性化。2004 年，民事审判工作全面实施庭前、庭中、庭后，把握时机、地点、人物的“三三调解法”，得到市委政法委及市中级人民法院肯定，被市中院授予“调解工作先进集体”称号。2006 年，探索实践“调解多、判决少、申诉少、质量高”良性循环新路子，妥善审结在全市有影响的刘某某等 105 名原告诉被告潍坊市发电厂环境污染损害赔偿纠纷一案。2008 年，坚持民事审判司法服务主动向诉前延伸，设立 4 个巡回法庭、2 个社区法官联系办公室、5 个人民调解指导办公室，开展法官进社区、进农村、进学校、进企业、进机关“五进”活动，形成“党委统一领导、各级组织联动、法院积极指导、分流渠道畅通、信息资源共享、人民群众受益”的多元化化解纠纷格局，指导各调解组织调解诉外纠纷 587 件；开展司法救助，为经济困难的 160 多起案件当事人减、缓、免诉讼费用 38 万余元。

2009—2012 年，针对社会结构变动、利益格局调整引发社会矛盾增多的实际，妥善审理各类民事案件，最大限度化解人民内部矛盾。2013 年，审理多发的交通事故纠纷、婚姻家庭纠纷、民间借贷纠纷、劳动争议等案件，依法保护人民群众合法权益；加大对弱势群体权利保护力度，对追索赡养费、扶养费、抚育费案件，坚持优先立案、快速审判、及时执行，适当缓减免诉讼费；坚持“调解优先、调判结合”，规范调解行为，提高案件质量，实现案结事了人和。

1989—2013 年，全区受理民事案件 38441 件，结案 38581 件。案件数量大幅度增长，案件类型由婚姻家庭、债权债务、损害赔偿扩展到企业改制、房地产、劳动争议、名誉权、著作权、医疗纠纷、无过错责任等各方面，民事审判触角延伸到社会生活各个领域。

1989—2013 年寒亭区人民法院民事案件审结统计表

表 19-6

年份	收案（件）	结案（件）	诉讼标的额（万元）
1989	696	691	635.8
1990	586	584	592.6
1991	573	569	588.1
1992	540	552	569.5
1993	629	627	789.1
1994	551	551	566.6
1995	743	744	759.6
1996	662	665	692.3
1997	1090	1090	1203.6
1998	1208	1210	1332.5
1999	1192	1230	1330.8
2000	1361	1548	1663.9
2001	1321	1456	1653.2
2002	1228	1213	1232.79
2003	1779	1733	178.49
2004	2172	2241	2290.89
2005	2959	2743	3014.03
2006	3008	2770	3320.5
2007	2904	3329	3695.1
2008	2740	2812	3002.5
2009	2091	2106	3336.9
2010	2152	2068	6933.56
2011	1995	1682	5961.8
2012	2133	2140	3696.4
2013	2128	2227	8292.8

第四节　商事审判

1989 年开始，区法院发挥自身审判职能，分批分期帮助企业清理三角债、完善合同，理顺各类经济法律关系。1991 年，举办首批特邀陪审员培训班，培训企事业单位有一定法律知识人员 46 名；设立经济调解服务处，在区公路局、区环保局、区建设委员会、区交警大队设四个巡回法庭；组织 111 人到村庄和 57 个企业单位理顺经济法律关系，涉及标的额 330 万元，清理三角债 460 余万元。1992 年，成立经济纠纷协调委员会，帮助企业收回欠款 500 余万元，协助厂长经理完善合同 500 余份；全年审结各类经济案件 384 件，收回欠款 1161 万元；对逾期贷款纠纷进行理顺，涉案标的额 1381 万元。1994 年，区法院制订《第一审经济纠纷案件审理细则》《经济审判规范化管理实施意见》《经济审判规范化管理考核标准》，使经济审判工作更加规范。

1995—1999 年，区法院审理破产案件 6 起、涉外案件 1 起、技术合同 1 起；在经济审判方式改革方面，主要采取排期开庭、审判观摩，提高办案效率；在市中级人民法院抽查的 555 件案件中，质量居全市第一。2000—2004 年，重点审理产权结构整合、转型破产、改制等商事纠纷，实现企业无震荡破产转型。2005 年，区法院发挥商事审判在整顿规范市场经济秩序中的作用，为区供销系统依法核销不良贷款本息合计 7000 余万元。2008 年，审理寒亭区对外贸易公司破产一案，是新的《中华人民共和国企业破产法》实施后潍坊市首例企业破产案，做到在法律允许范围内尽量保护被诉困难企业，经验做法在全市推广。

图 19-5　1992 年 7 月 14 日，寒亭区经济纠纷协调委员会挂牌。

2009—2010年，针对公司诉讼、证券诉讼、保险诉讼、票据诉讼案件大量涌现，买卖、借款等传统商事纠纷面临新问题，区法院完善商事审判工作机制，加强商事审判法官队伍建设，搞好商事审判的理论研究、培训指导和宣传。2011—2013年，妥善审理各类涉及合同、票据、金融纠纷，平等保护不同市场主体的合法权益；通过审理投资、商贸、物流等方面纠纷，促进宏观调控政策落实；通过审理涉及企业破产兼并重组、节能减排、环境保护等方面纠纷，促进产业结构调整；加强对经济领域涉法问题研究，对金融借款合同纠纷案件审理中发现的问题及时提出司法建议，防范经营风险；组织走访企业350余家，召开院企对接座谈会70余次，提出司法建议510余份，促进企业依法经营。

1989—2013年，全区受理经济案件34573件，结案34747件。

1989—2013年寒亭区人民法院经济案件审结统计表

表19-7

年份	收案（件）	结案（件）	诉讼标的额（万元）
1989	219	208	269.1
1990	301	303	336.5
1991	367	373	396.1
1992	361	366	377.8
1993	673	668	695.1
1994	745	726	821.3
1995	583	555	569.2
1996	766	753	789.5
1997	825	790	806.4
1998	757	702	716.6
1999	1400	1454	1652.3
2000	1453	1464	1689.4
2001	1879	1910	2001.5
2002	1452	1254	1416.5

续表19-7

年份	收案（件）	结案（件）	诉讼标的额（万元）
2003	1045	1395	886.47
2004	3667	3533	1612.7
2005	4088	3633	7775.9
2006	5290	5271	7981.3
2007	4316	4805	5002.6
2008	1859	2048	4691.5
2009	653	688	884.5
2010	424	480	1318.97
2011	422	372	4658.4
2012	400	466	2278.1
2013	628	530	18399.4

第五节　行政审判

1990年前，法院审理行政案件参照《中华人民共和国民事诉讼法》有关规定进行。1990年10月1日，《中华人民共和国行政诉讼法》颁布实施。当年，区法院在搞好行政审判工作同时，重点抓学习新法、宣传新法，提高行政审判人员素质；对全区副科级以上行政机关执法人员进行培训；设立巡回法庭，指导、协助有关行政机关依法行政；运用行政诉讼方式调处纠纷13件。1992—1993年，从各行政机关聘请特邀陪审员37名，举办行政法律、法规学习培训班3期，培训295人。1994—1998年，行政审判案件呈现持续增长趋势。其间，多次开展《中华人民共和国行政诉讼法》《中华人民共和国国家赔偿法》大型宣传活动，发放宣传资料2万余份，接受群众法律咨询180多人次，受教育群众6万余人。1999年，组织行政审判人员配合各业务庭和法庭，到乡镇、农村开展“依法治村”和“依法减负”活动。

2000—2004年，按照“营造环境、扩大宣传、依法收案”思路，在全区组织3次大型行政法律法规宣传活动；积极参与潍坊市中级人民法院组织的行政审判巡回宣传工作。2005—2009 年，广泛征求行政机关对行政审判工作的意见和建议，通过预防和化解行政争议、加强行政审判工作联席会议等方式，提高行政审判质量效果。2011 年 11 月，承办全省行政庭长座谈会。2010—2013 年，继续强化服务与制约同步，支持与监督并行，既坚决支持行政机关依法行使职权，保障合法具体行政行为实施，又依法保护公民、法人和其他组织合法权益不受侵害；加强与行政机关沟通协调，通过邀请行政执法人员旁听案件审理、提出司法建议等方式，促进司法和行政良性互动；注重利用协调和解机制处理行政案件，妥善化解行政争议，促进社会和谐。

1989—2013 年，全区共受理行政案件 1986 件，结案 1996 件，审结非诉执行案件 1697 件。

1989—2013 年寒亭区人民法院行政案件审结统计表

表 19-8

年份	收案（件）	结案案件（件）			
		治安	土地	其他	合计
1989	2	1	1	0	2
1990	1	0	1	0	1
1991	3	3	0	0	3
1992	4	3	1	0	4
1993	6	3	2	1	6
1994	13	5	3	2	10
1995	53	36	10	10	56
1996	10	10	6	2	18
1997	7	5	1	1	7
1998	35	20	6	10	36
1999	86	60	8	20	88
2000	66	17	10	40	67
2001	67	23	10	33	66
2002	94	40	22	20	82
2003	38	15	10	16	41

续表 19-8

年份	收案（件）	结案案件（件）			
		治安	土地	其他	合计
2004	118	65	20	40	125
2005	124	65	20	40	125
2006	86	45	20	22	87
2007	141	64	20	56	140
2008	246	96	37	114	247
2009	222	33	29	161	223
2010	225	56	78	91	225
2011	212	95	20	99	214
2012	64	30	20	12	62
2013	63	41	10	11	62

第六节 审判监督

1989 年，告诉申诉庭成立后，建立案件评查、通报、挂牌接访、审判公开等制度，聘请 54 名区人大代表作为执法监督员。1991 年，区法院印制“法官与当事人约法十章”卡。1993 年，修改完善《违法办案与错案追究制度》《当事人评议审判人员制度》《案件卷宗评查制度》。

1995 年 7 月，开展纪律作风整顿活动，印制“征求执法监督员意见卡”，登门走访 67 名人大代表和执法监督员，征求意见 36 条、合理化建议 12 项；改革审判监督机制，加强对各业务庭的审判监督力度，解决久拖不结及办案不规范问题。1996 年，对申诉案件逐案登记造册，专人负责，限期办结；对立案、审理、执行等各个环节全程监控，确保案件质量和效率。

2000 年，撤销告申庭，成立立案庭和审判监督庭，审判监督庭成为负责审判监督工作专门机构；将内部监督纳入制度化，建立“两箱一线”（内部管理纳谏箱、错案举报箱，举报电话），发放执法监督卡，让当事人从立案到审理、执行，全程监督。1999—2008 年，以“辨法析理、胜负皆明”为目标，严格落实质量措施，健全质量控制机制，提高再审案件质量和效率，审结各类再审案件 69 件，未出现超审限案件和因处理不当而引发上访缠诉案件。

2009 年开始，区法院打造以诉讼服务中心、法庭开放日、网络互动为主要内容的服务、沟通、监督三大平台；畅通以立案公开、庭审公开、执行公开、听证公开、文书公开、审务公开为主要内容的 6 条通道；完善以《司法公开实施细则》《司法公开考核办法》等制度为主要内容的监督体系，全面构建“三六一”阳光审判工程；当年接待群众 4.6 万人次，进行诉讼指导 2.2 万人次，接待当事人查询案件 6200 余人次，接听法律咨询电话 4800 余个，群众满意率 98.26%。2010 年 5 月，内部刊物《审判视窗》创刊，定期向社会各界赠阅。2012 年 7 月，加入区委宣传部“民生在线”QQ 群，与群众网上互动。2013 年，打造审判流程公开平台、裁判文书公开平台和执行信息公开平台。2009—2013 年，区法院根据案件化解难易程度、社会影响力大小以及信访问题强弱，对进行再审化解的案件确定不同联席会议等级，适时召开联席会议，共同商讨化解良策，推动联调联解工作。其间，发放执法监督卡 6000 余份，回访当事人 1513 人次，抽查各类案件卷宗 1426 件，合格率 100%。

1989—2013 年，区法院共受理申诉案件 164 件，结案 165 件。

1989—2013 年寒亭区人民法院再审案件审结统计表

表 19-9

年份	收案（件）	结案（件）
1989	6	6
1990	10	10
1991	13	13
1992	8	8
1993	5	6
1994	2	2

续表 19-9

年份	收案（件）	结案（件）
1995	3	3
1996	9	9
1997	3	3
1998	4	4
1999	7	7
2000	8	8
2001	9	9
2002	6	6
2003	10	10
2004	5	5
2005	6	6
2006	4	4
2007	6	6
2008	8	8
2009	5	5
2010	8	8
2011	6	6
2012	7	7
2013	6	6

第七节　立案与信访

1989 年 6 月，撤销信访接待室和刑二庭，成立信访科、告诉申诉庭，负责全院告诉申诉及信访工作，全年处理刑事申诉案 4 件，处理来信来访 967 件，比 1988 年下降 33%；同年实行院长接访制度，全年接访 62 人次，院长批阅来信 37 件。1990 年，为解决群众“告状难”“申诉难”，出台“六抓、六强化”（抓领导，强化认识；抓告申，强化机构建设；抓一审，强化办案质量；抓基层，强化基础；抓服务，强化超前意识；抓廉政，强化监督检查）措施，推动告申工作全面开展，全年处结申诉案 10 件，信访 540 人次，信访申诉明显减少。1991 年，全院处结各类告诉申诉案件 13 件，接待信访 419 人次；告申工作保持连续9年无进京、赴省上访案件。1992年，全院受理信访案23件次，接待来访140人次，结案和服判息诉率均为100%。1993年，处理来信42件，接待来访76次，审结申诉案6件；区法院被省高级法院授予“告申工作先进单位”称号，4月在全省法院系统告申工作会议上作经验介绍。

1994—2001年，全院受理并处结各类申诉案99件，来信来访2887人次，回访当事人513人次；对当事人来信来访，做到有访必接，有信必复，有错必纠，继续保持无进京上访案发生。2002年，区法院将告诉申诉和信访工作重点放在解决“三访”（集体上访、越级上访、重复信访）案件上，制定“一岗双责”信访申诉工作责任制度；开展以当事人为镜活动，促进法官廉洁办案，严肃执法，全年受理并审结告申案件33件，接访50人次。2003年，继续执行“四长”联合接访制度，及时处结区人大常委会转办信访31件，提高社会对法院工作的满意度。2004年，区法院被潍坊市中级人民法院授予“全市信访工作先进单位”称号。

2006年后，区法院以诉讼与非诉讼衔接机制为平台，全力打造“矛盾化解”工作品牌，形成具有寒亭特色的“三三六三”模式：推进人民调解、行政调解和诉讼调解“三调联动”；完善横向、纵向和程序“三重对接”；推行以“纠纷分流搭建便民服务平台，诉调对接促成内外互动机制，联席会议发挥主体桥梁作用，司法确认提供有效法律支撑，规范载体确保信息资源共享，制度建设完善长效工作机制”为主要内容的“六步工作法”；夯实组织机构、人员和经费“三项保障”。在此基础上，进一步延伸审判职能，建立以“七步工作流程”和“三项保障制度”为核心内容的“7+3”诉调对接工作机制。2010年，《人民法院报》、最高人民法院网、《山东法制报》、《潍坊日报》等多家媒体对寒亭做法进行报道，诉讼与非诉讼衔接机制“寒亭经验”被收入中国社科院协商性纠纷解决机制论坛丛书。同年，建立以“十步流程”（信访登记、多元分流、审查听证、查办转办、部门协同处理、审委会专题研究、结案、回复当事人、督查汇报、卷宗归档）和“四项制度”（诉访分离制度、信访听证制度、联席会议制度、信访终结救济制度）为核心内容的“10+4”涉诉信访化解终结机制，把涉诉信访纳入流程管理。2008—2011年，共化解各类涉诉信访案件127件（次），涉诉信访案件总量和初信初访量分别下降5.3%和6.4%；院领导接访208次，承办潍坊市政法机关联合接访活动16次、潍坊市法院接访活动24次。

2012年，加强涉诉信访化解，落实“一案一组、一案多策、一案一档”工作方法，完善“标本兼治、重在治本、源头治理”长效机制，受理来信来访102件，涉诉信访总量和初信初访量明显下降，一些多年缠访老户和积案得到化解。2013年，创新群众工作机制，提升涉诉信访工作水平，受理来信来访176件，承办潍坊市政法机关联合接访活动4次；设立“院长接访日”，院领

图19-6　2013年5月31日，寒亭区举行诉讼诚信体系建设新闻发布会暨寒亭区人民法院“法系民生”专项执行活动启动仪式。

导每周三轮流接待群众来访，解决群众反映的困难和问题。

第八节　案件执行

80年代末，法院执行工作实行审执结合，以各业务庭室及基层人民法庭自审自执、催促履行为主，同时注重发挥执行庭的职能作用。随着民事、经济案件数量不断增加，“执行难”问题突出。1992年5月，为扭转“执行难”被动局面，根据省、市两级法院部署，开展“执行大会战”活动，抽调64名干警组成若干个执行小分队，历时3个月，先后赴河南、河北、黑龙江、四川、江苏等省市及省内9个地区20多个乡镇，集中突击执行案件363件，涉及标的额382万元，超过1991年全年执行案件的9倍。

1993年开始，区法院实行审执分离执行模式。1995年，对1994年以前未执行案件进行清理，共清理138件。1997年，审执分离进入规范化阶段，执行力度不断加大。1998年年初，抽调30名干警，分成9个执行小组，开展集中执行活动，共依法执行案件580件，为公民和法人挽回经济损失1343.2万元。

1999年，最高人民法院定为“执行年”，区法院充实执行力量，建立以执行庭为龙头，法庭执行室为骨干，法警大队为中坚的“三位一体”执行新格局；通过分类清理、分片专项执行、限期执结等方法，实施“公开限制被执行人高消费”“被执行人曝光”等制度，案件执结率提高；全年采取查封、扣押、冻结、划拨、变卖、搜查等强制措施300余次，依法拘留拒不履行义务当事人50余人；召开债务人、被执行人大会4场次，举行大型拍卖会1次，执结大批“呆案”“死案”。

2000年2月，区法院成立正科级规格执行局，人员增至20人，下设执行一庭、执行二庭，相继又设立执行三庭和“100”执行指挥中心，设立举报电话；实行统一立案编号、统一协调、统一组织、统一指挥、对重大疑难案件统一行动“五统一”，形成规范管理新格局。2001年，执行工作深入改革，出台定人员、定任务、定时间、定责任、定出现上访信访责任落实、定奖惩“六定”制度；“100”举报执行制度作为一项突出改革成果，得到省、市两级法院重视和肯定，省高级人民法院《今日信息》向全省法院系统推广；遵循诉讼法程序性要求，对执行举证制度、执行异议裁判制度深入探讨，形成“命令权层级化、实施权警务化、裁判权公开化”的“三权三化”模式，该做法被上级法院推广。

2003年10月，成立特别法庭，专项办理和执行汽车消费贷款纠纷案件；11月，特别法庭先后立案131件，正式结案83件，标的额达370万元。2004年开始，面对社会普遍存在的“执行难”，区法院推进诉讼诚信体系建设，开展反规避执行、“法系民生”集中执行等活动，切实维护胜诉主体合法权益，提升司法公信力；运用查封、冻结、扣押、司法拘留等强制执行措施，加大对拒不履行、拒不协助行为的制裁力度，敦促被执行人履行义务。2005年6月，区法院被省高级人民法院执行局指定为承办省高级人民法院委托执行和指定执行案件法院。

2006年，区法院确定“以执行工作带动全院整体工作发展”思路，印发《执行工作长效机制实施办法》，实现从立案、审判到执行全程控制；进行3次大型集中执行行动，尤其下半年开展的“惩赖风暴”集中行动，彰显执行工作的法律威力。2008年，以防范和化解金融风险为目标，组织开展金融案件集中执行活动，有针对性选择故意外出躲债、赖账、有能力而拒不履行义务等案件87件，采取媒体曝光、公告传唤等形式，对少数拒不执行者，实施拘留、拘传、扣押等强制措施，效果明显。

2010年开始，区法院注重运用法治方式构建社会诚信体系建设，成立诉讼诚信工作领导小组，制订《关于加强诉讼诚信体系建设的实施方案》《诉讼诚信调度中心运行操作规程》《诉讼诚信评级暂行办法》，建立健全诉讼诚信体系建设运行机制和惩戒机制。同年12月，区法院成立诉讼诚信调度中心，将立、审、执各个流程纳入诉讼诚信网络，分类列举当事人以及诉讼代理人、协助单位、中介机构的诉讼失信行为，实行“绿、蓝、黄、橙、红”五级信用评级，定期将失信信息传输至潍坊市中院诉讼诚信信息库，实现共建共享。2011 年 7 月—9 月，开展为期 3 个月“心系群众，关注民生”阳光执行专项活动，执行案件 196 件，执行标的额 740 万元；12 月，与公安、工商、国土、房管、招投标中心等 21 个部门会签文件，建立信息查询服务和信息交换平台，通过专网连接，“点对点”披露失信信息，对失信企业和个人有关行为设置关卡，促其诚信守法。2012 年，以诉讼诚信体系建设为切入点推进社会诚信体系建设，初步建成总容量 9000 余条的诉讼诚信信息库；在区法院立案大厅、区行政审批服务中心设置查询触摸屏，在“中国•寒亭”门户网站设立查询窗口，畅通查询通道。以诉讼诚信信息有效应用为目标，创新“一书三函”（“一书”即司法建议书，“三函”即诚信诉讼建议函、履行法律义务证明函、诚信诉讼承诺函）模式，督促相关行为人诚信诉讼，诉讼秩序明显好转，“执行难”问题逐步弱化。至 2013 年，初步构建起“全面覆盖、流程管理、资源共享、内外联动”的诉讼诚信体系，民商事案件申请执行率下降 6.5%，实际执行率上升 2.1%，当事人主动履行生效裁判率上升 3.2%。同年，重点对 11 类涉民生案件开展“法系民生”专项执行活动，执结案件 63 起，标的额 344.6 万元；区法院被省高级人民法院授予“无执行积案先进法院”称号。

1989—2013 年，区法院受理各类执行案件 25494 件，结案 24799 件。

1989—2013 年寒亭区人民法院执行案件审结统计表

表 19-10

年份	收案（件）	结案（件）	非诉收案（件）	非诉结案（件）
1989	47	47	31	31
1990	56	54	45	45
1991	73	72	28	28
1992	244	245	60	60
1993	136	126	47	47
1994	136	136	32	32
1995	202	190	29	29
1996	274	276	17	17
1997	434	310	18	18
1998	504	553	16	16
1999	—	604	24	24
2000	—	1640	82	82
2001	—	—	76	76
2002	1534	1822	88	88
2003	2125	2078	128	128
2004	2542	2567	89	89
2005	2862	2862	92	92
2006	1761	1744	102	102
2007	1149	1242	99	99
2008	1379	1425	45	45
2009	1027	1043	78	78
2010	726	727	95	95
2011	642	643	112	112
2012	1121	1113	99	99
2013	937	939	100	100

第四章　司法行政

第一节　机构队伍

1989年，寒亭区司法局（以下简称区司法局）内设办公室、宣传科、基层科，下属潍坊市第三公证处和潍坊市第三法律顾问处，下设12个乡镇司法所。1990年，增设政工科。1991年4月，区法律顾问处更名为潍坊市第三律师事务所。2000年8月，区法律援助中心成立，为股级事业单位。2001年2月，律师事务所与区司法局脱钩，改制为合作制律师事务所；4月，乡镇司法所由12个合并为10个。2008年，乡镇司法所由10个合并为5个，司法所工作人员全部归司法局管理。2013年，区司法局有在职人员33人，局机关设办公室、法制宣传科、基层管理科、公证律师管理科4个职能科室；设寒亭、开元、固堤、高里、朱里5个街道司法所，为区司法局派出机构。

第二节　法制宣传教育

普法教育

“一五”普法（1986—1990）　1989—1990年，是“一五”普法的后2年，各级党委政府、151所学校和91个区直部门均建立普法领导小组。“一五”普法学习宣传的主要内容是“十法一条例”，即《中华人民共和国宪法》《中华人民共和国刑法》《中华人民共和国刑事诉讼法》《中华人民共和国民事诉讼法（试行）》等10部法律和《中华人民共和国治安管理处罚条例》，各级干部是普法重点。全区举办普法骨干和辅导员培训班56期，培训3000人，发放法律教材1000册，编印各种宣传辅导教材4500余本，开办干部法律知识讲座200余场次，听讲5万余人次；农村举办法制夜校132所；全区13万普法对象均不同程度参加普法学习。1990年12月，寒亭区通过国家、省和市的“一五”普法验收。

“二五”普法（1991—1995）　1991年，“二五”普法规划和第一个依法治区五年规划同步启动。“二五”普法的主要内容是以《中华人民共和国宪法》为核心，以《中华人民共和国义务教育法》《中华人民共和国土地管理法》《中华人民共和国环境保护法》《中华人民共和国水法》《中华人民共和国森林法》《中华人民共和国矿产资源法》等专业法为重点。5年中，举办普法骨干和辅导员培训班86期，培训5000人，发放法律教材3000册，编印各种宣传辅导教材6500余本，举办干部法律知识讲座300余场次，听讲8万余人次；农村开办法制夜校268所；全区30万普法对象均不同程度参加普法学习。

“三五”普法（1996—2000）　1996年开始，组织实施全区第三个五年普法规划和第二个依法治区规划。普法的主要内容是“二十二法”和“一书、一条例”，即《中华人民共和国宪法》《中华人民共和国刑法》《中华人民共和国行政处罚法》《中华人民共和国农业法》《香港特别行政区基本法》《澳门特别行政区基本法》《中华人民共和国村民委员会组织法》等22部法律和《社会主义法制建设基本知识》《国家公务员暂行条例》。5年中，全区举办领导干部法制讲座23场，听讲3.2万人次；科级以上领导干部实行普法考核证制度，236名科级以上干部参加专科或本科法律专业学历教育；农村以乡镇党校为阵地，举办培训班15期，培训农村普法骨干8000人次；开展“法律进万家”活动，发放法律明白纸等宣传材料 8 万余份、各种法律书刊 1 万余册。2000 年 9 月，寒亭区通过省、市普法验收小组检查验收；区教委被评为全省“普法依法治理先进单位”。

“四五”普法（2001—2005）　2001 年开始，组织实施全区第四个五年普法规划和第三个依法治区规划。2003 年 12 月，区普法办组织全区副科级以上干部参加普法考试。2005 年，加强特殊群体法制教育阵地建设，到城区及乡镇 10 余所学校就加强未成年人法制宣传教育进行调研；组织平安寒亭、道路交通安全法、安全生产法律法规、计划生育法律法规、信访条例等大型系列宣传活动。5 年中，共宣传法律法规 53 部，设置咨询站点 300 余个，制作宣传版面 260 块，解答咨询 4600 人次，受教育 6 万人次；通过潍坊市普法验收小组“四五”普法验收。

“五五”普法（2006—2010）　2006 年开始，组织实施全区第五个五年普法规划和第四个依法治区规划。同年，区委印发《寒亭区普法依法治理工作意见》，每月确定一个主题开展大型系列宣传活动；开展新颁布的《中华人民共和国治安管理处罚法》系列宣传；组织编撰《领导干部常用法律法规选编》；成立法律宣传服务队，开展“构建和谐社会法律服务百日行”活动。2007 年，全区普法经费预算从人均 0.08 元增加到 0.15 元。2008 年，开展全区综合整治工作宣传月活动、城区拆迁“百日大会战”集中宣传活动、“打霸治邪”春季专项行动宣传活动、建设平安寒亭第五个集中法制宣传月活动，设立宣传咨询站点 150 多个，展出法制宣传版面 400 余块，出动宣传车 20 辆次，接受群众咨询 3 万多人次，发放宣传资料 6 万余份；组织公安局、文化局、教育局等 8 个单位开展法制文化调研活动，设立兼职法制宣传员 58 名，成立全区普法宣讲团。2009 年，推进“法律五进”（法律进机关、进乡村、进社区、进学校、进企业）活动，推进重点对象学法；在全区推行政府法律顾问制度；立足基层，开展“民主法治村”“民主法治社区”和“平安镇街”“平安村”“平安家庭”创建活动，基层依法治理效果显著。2010 年，通过潍坊市普法验收小组“五五”普法验收，朱里街道狮子行村被命名为省级“民主法治示范村”。

“六五”普法（2011—2013）　2011 年，是实施“六五”普法规划和 2011—2015 年依法治区规划开局之年，区委印发《关于在全区公民中开展法制宣传教育的第六个五年规划》《寒亭区 2011—2015 年依法治区规划》；开展“居民法律大讲堂”活动，组织区讲法团成员到多所学校举办青少年法制教育讲座、到企业举办法制教育报告会；区司法局被市委、市政府授予全市“普法依法治理工作先进单位”称号。2012 年，组织讲法团，开展“讲法团进基层活动”；组建蓝天法律服务志愿服务队，成为寒亭司法行政工作新的特色品牌；组织开展“寒亭十大法治人物”评选活动和“法治县（市、区）”“民主法治村（社区）”等创建活动。潍坊市普法办委托市社情民意调查中心对各县市区普法依法治理工作群众满意度和部分法律群众知晓率电话调查中，寒亭区

图 19-7　2008 年 4 月，区司法局开展法律宣传咨询。

普法依法治理工作开展情况名列潍坊市12个县市区第二名、四区第一名。2013年，创新开展《法在我身边》"三集中"（集中展播、集中巡展、集中发放）普法宣传活动；组织"六五"普法讲师团成员和蓝天法律志愿服务队到部门单位和各街道进行普法宣讲；以建设法制广场为着力点，加强法治文化阵地建设；运用移动短信平台、电子显示屏和普法微博开展法制宣传，推进"法治寒亭"建设。7月中旬，通过潍坊市六五普法依法治理中期检查验收。

法学学历教育

1989年，根据司法行政干警队伍建设和工作需要，鼓励支持司法行政干警积极报考各类法律函授学习，有1人通过律师资格考试。1993年，组织司法行政干警20人参加省政法管理干部学院法律大专班学习，1996年全部顺利毕业。1999年3月，区司法局与山东大学法学院联合办学，对全区各级领导干部进行正规化法律专业学历教育。当年，全区招收党政领导机关干部（副科级以上）正规化法律专业学员300人，经过为期3年16门法律科目系统学习，2002年7月，236名学员顺利毕业。至2002年年底，全区共举办各类培训班35期，培训司法行政干警和其他机关、团体、企事业单位干部职工4030人次；培养法律专业本科毕业生21人，专科毕业生68人。2002年之后，不再举办领导干部法律专业学历教育，司法行政系统人员报考国家统一举办的法律学历教育。至2013年，全系统有5人取得在职硕士学位，5人取得法律职业资格。

第三节　基层司法行政

人民调解

1989年，全区建人民调解委员会（以下简称调委会）414个，有调解人员1280名。1990年，全区增建调委会至428个，有调解人员1370人。1991年，成功调解处置肖家营乡崔家营村土地、果园承包纠纷上访案。2000年，全区推广山东省陵县经验，建立乡镇司法调解中心。至2002年年底，全区建立调委会组织410个，其中农村调委会375个、城镇居民调委会12个、厂企调委会17个、集贸市场调委会3个、其他调委会3个，有调解人员1700名，调处各类民间纠纷90.1万余件。

2003年3月，成立寒亭区矛盾纠纷排查调处委员会，办公室设在区司法局。2005年8月，以河滩镇、高里镇为试点，建立以司法所为依托的乡镇调解中心；召开全区调解中心建设现场会，调解中心建设全面推开。2006年，全区建调委会375个，调解人员1025名，其中专职383人、兼职642人。2003—2008年，共调解各类民间纠纷4434件，成功4223件。2009年，寒亭区人民调解指导协调委员会成立，建立交通、民政、人社、建设、教育、卫生行业调委会，构建区、镇街、村三级和行业调解的"四级"调解网络；建立人民调解工作台账，实行党组成员包靠镇街抓人民调解制度，坚持矛盾纠纷排查平安日报、周报、月报制度；对于牵涉面大、情况复杂的矛盾纠纷，公、检、法、司、综治、劳动、规划和各镇街等相关部门通力合作，全方位协同综合治理，全区实现人民调解、司法调解和行政调解三调联动。2011年，《中华人民共和国人民调解法》正式实施，区委印发《关于进一步做好新形势下人民调解工作的意见》，开展"争当人民调解能手"活动。2013年，加快基层调解组织建设，完善工作制度，推动建立以人民调解为基础的"大调解工作体系"；与区公安分局开展警调联动机制建设，在公安派出所进行设立人民调解室试点，推动人民调解向社会治安领域延伸。开元街道调委会、固堤街道调委会被评为省级规范化人民调解委员会。

社区矫正

2008年3月，寒亭区社区矫正试点工作在开元街道启动；成立寒亭区社区矫正工作委员会，办公室设在区司法局；区司法局印发《寒亭区社区矫正工作实施细则》《寒亭区社区矫正考核奖惩暂行办法》《寒亭区社区矫正工作意见》《寒亭区社区矫正工作制度》。4月，举办第一期社区矫正培训班，对各司法所社区矫正工作人员集中培训；对符合条件的社区矫正人员摸底核实，登记造册。10月，全区社区矫正试点工作全面展开，当年接收社区矫正人员66名；寒亭区成为潍坊市两个启动社区矫正试点并正常开展工作的县（市、区）之一。2009年，建立例会、建档统计、信息报送、培训、监督检查等基本工作制度，建立健全矫正机构内部管理制度。同年3月，区人大对社区矫正工作进行调研审议并给予高度评价。2010年，开展对重点社区矫正人员走访排查工作；4月下旬，会同有关部门对全区矫正工作进行执法大检查；各司法所细化管控措施，按照“新入矫管理、普通管理、重点管理”要求对社区服刑人员分类管理。2011年，加强社区矫正工作制度化、标准化、规范化建设，对司法所工作人员进行业务培训，解决在接收和监管环节中遇到的问题。2012年，《社区矫正实施办法》正式施行，区司法局组织《社区矫正实施办法》系列培训；规范社区矫正工作流程，对社区矫正人员一人一档，建立工作台账；开展全国社区矫正信息管理系统矫正人员集中录入，推进特殊人群信息化基础平台建设、信息资源库和应用系统建设。2013年，与区公安分局联合开展对社区矫正人员的信息摸排、学习教育、社区服务介入、监管失控、协助查找等工作；开展社区矫正风险评估，编制执法办案风险评估机制流程图，预防和减少执法办案风险的发生；按照《山东省适用非监禁刑判前社会调查暂行办法》，组织专人对原籍寒亭的相关被告人和假释前服刑人员分别开展判前社会调查和假释前社会调查工作。至2013年年底，累计出具调查报告49份，从多角度对被告人适用非监禁刑的条件进行分析，为法院判决、裁定提供依据。

第四节　法律服务

基层法律服务

1989年，全区12个乡镇建有法律服务站，与乡镇司法所合署办公。1998年，开通“148”法律服务专线。2000年，全区乡镇法律服务所统一称基层法律服务所，改制为“两不”“四自”（不要国家编制，不要财政拨经费；自愿组合、自我管理、自收自支、自我发展）的法律服务中介机构，开展有偿法律服务业务；8个法律服务所经省司法厅核准登记，34名法律工作者经过考试考核取得执业资格。同年，“148”法律服务专线延伸到律师事务所和城区法律服务所。2001年，寒亭、开元、河滩、高里4个法律服务所改制为“永成”“新元”“星光”“金光”4个合伙制法律服务所，使法律服务工作真正推向社会。当年，全区法律服务所代理诉讼160件，代理非诉讼法律服务280件，调解纠纷82起。2013年，寒亭区基层法律工作者协会成立；全区有法律服务所7家、法律服务工作者38名。

法律援助

2000年8月，寒亭区法律援助中心成立，为股级事业单位，工作人员由区司法局内部调剂。2003年8月，面向社会公开招考3名法律援助律师。至2003年年底，全区办理刑事和民事法律援助案件80余起，解答法律咨询700余人次。2006年3月，区法律援助中心被评为潍坊市文明法律援助中心；12月，区法律援助中心利用两年时间承办的“614户棉农买卖合同纠纷案”入选全国百件法律援助优秀案例。2009年，开展“构建和谐社会法律服务百日行”“为企业解困法律服务月”等主题实践活动，到社区、乡村、企业、学校、公共场所及特殊群体和弱势群体中，开展法律宣传和法律服务。2010年，实行优先受理、快速指派、全程监督、限期回访、满意度测评公示五步工作法，从工作程序、援助渠道、受援条件等方面建章立制，规范引导，提升法律援助服务质量。2011年，开展“青少年法制宣传月”“文明城市法律援助行”等主题实践活动。2012年，开展以农民工为主体的“法律援助温暖行动”，建立农民工法律维权站，成立农民工法律维权联络员队伍，组织农民工法制培训，发放维权联系卡，对农民工全面救助、分类施援、切实维权。2013年，深化“法律援助服务为民创优年”主题活动，援助中心全年接待当事人来电、来访1000余人次。

第五节　公证　律师事务　司法鉴定

公证

1988年4月，寒亭区公证处改称潍坊市第三公证处，为副科级行政单位，有公证员5名。当年，在全区开始实施计划生育合同公证。1991年，在全区12个乡镇设立公证室。1994年1月，单位性质由行政改为事业。同年，落实区委、区政府《关于农民负担法治管理的实施意见》，对全区12个乡镇农民负担合同全部办理公证。2007年5月，潍坊市第三公证处更名为寒亭区公证处，机构规格、性质、人员编制、职责范围不变。2009年，在公证队伍中开展“公证为民，服务构建社会主义和谐社会”主题实践活动和以“新农村、新公证”为主题的“建设社会主义新农村公证法律服务竞赛活动”，开展新农村建设公证服务。拓宽业务范围，办理寒亭区农村夫妇自愿终生只要一个女孩保证书公证700份；采取房地产公证提速、特事特办和减收公证费等措施，全年为全区房地产企业办理抵押担保等有关公证事项58件，免收公证费7万余元。2010年，打造“阳光公证”服务品牌，实行工作日延时和非工作日值班服务，推动公证下乡进村进社区，实现公证与群众零距离服务；在潍坊市率先实现出证全程录像和影视图片资料存档，提升公证公信力。2011年，为寒亭基础建设工程、政府采购招投标、中小学学校建设工程招投标事项办理公证；为民商企业、房地产、金融、土地征用等领域提供法律服务，办理公证456件；民事公证突出事关人民群众切身利益和农村基层民主法治建设两个重点，办理土地使用权转让、房屋拆迁、遗嘱、赠与、继承、婚前财产约定、个人股权转让协议等公证事项131件；在潍坊市率先开展公证介入村民委员会换届选举工作；为驻潍企业办理授权书等涉外公证26件。2012年，开展“法律服务质量提升年”活动，公证工作保持零错证、零投诉。2013年，围绕服务全区重点项目建设，为寒亭区民主街改造、亚星路改造、步行街建设、固高路拓宽等重点项目建设，为滨海海惠路改造、海景路二期工程、城市展览馆、中央商务区景观工程、白浪河绿化等建设提供公证法律服务。

1989—2013年寒亭区办理公证业务统计表

表19-11

年份	合计（件）	民事公证（件）	经济公证（件）	涉外公证（件）	涉港澳台公证（件）
1989	1262	824	438	0	0
1990	10105	5548	4557	0	0
1991	13729	2497	11232	0	0
1992	6641	2252	4375	7	7
1993	23957	20174	438	3	19
1994	79072	201	78829	21	21
1995	65070	358	64652	30	30
1996	74605	179	74375	27	24
1997	74632	713	73881	11	27
1998	76605	76406	136	28	35

续表 19-11

年份	合计（件）	民事公证（件）	经济公证（件）	涉外公证（件）	涉港澳台公证（件）
1999	76598	76183	383	12	20
2000	76395	76144	185	31	35
2001	566	157	337	33	39
2002	636	171	414	51	56
2003	328	151	135	42	2
2004	341	116	171	47	7
2005	384	213	111	58	2
2006	462	254	142	64	2
2007	1082	613	342	125	2
2008	1405	884	314	206	1
2009	1330	760	369	201	0
2010	1688	1014	500	174	0
2011	2570	1728	576	266	0
2012	1717	1065	451	189	12
2013	2014	1211	613	190	0

律师事务

1988年4月，寒亭区法律顾问处改称潍坊市第三法律顾问处，为副科级行政单位，工作人员5人。1990年，承办刑事辩护78件，办理民事代理70件，为23家政府和企事业单位担任法律顾问。1991年4月，改称潍坊市第三律师事务所；1993年12月，其性质由行政改为事业，定编10人，实有8人。1995年8月，改称潍坊市寒城律师事务所。1996年3月，《中华人民共和国律师法》（简称律师法）颁布，明确律师是社会法律工作者，律师事务所属社会中介服务组织。1999年12月，成立山东飞舟律师事务所，为副科级自收自支事业单位，编制10人，实有3人。2001年2月，山东飞舟律师事务所与区司法局脱钩并改制为合作制律师事务所。2003年，在律师队伍中开展“职业道德和执业纪律教育评查、加快建设律师业诚信体系”活动。2004年，开展律师队伍集中教育整顿，探索建立健全律师管理长效机制。2005年，开展“律师事务所规范建设年”活动、“规范执法行为，促进执法公正”专项整改活动，解决律师事务所管理中存在的问题。2007年，建立结案回访制度，完善外部监督制约机制。2008年，依据新修订律师法，飞舟律师事务所由合作所改制成合伙所，有5名执业律师。2010年，开展律师警示教育活动，通报典型案例，集中解决律师个人在职业道德等方面存在突出问题，健全完善法律服务诚信体系建设。2011年，组织律师为企业、民营经济、社会弱势群体、新农村建设、构建和谐社会提供法律服务。2012年，开展“法律服务进企业”“包百企、进千村、联万户”等主题活动，拓展和规范法律服务领域；组织引导律师、基层法律服务工作者参与矛盾纠纷化解和涉法信访案件处理，引导群众依法合理表达利益诉求；推进“一村（社区）一法律顾问”“基层法律服务农村全覆盖工程”，开展“服务民生年”“法律服务进社区”等活动，为基层群众提供便捷高效法律服务。2013年，区司法局制订《规范出庭函管理的意见》，加强对律师事务所管理；与区法院联合制订《关于规范律师、基层法律服务工作者担任代理人、辩护人参与诉讼活动的规定》，规范法律服务市场秩序；组织律师和法律服务工作者到乡村、社区、企业联系点开展法律讲座和咨询活动，落实“法律顾问全覆盖”制度，群众满意率95%以上。

司法鉴定

2006年，经省司法厅批准，潍坊渤海司法鉴定所在寒亭区成立，注册资产80万元，鉴定人员8名，业务范围主要包括损伤程度及其相关事项、伤残程度及其相关事项等，司法鉴定工作逐步开展。2013年，市司法局将除审批权和处罚权之外的管理权下放至区司法局。同年，区司法局组织鉴定所开展“规范化管理年”活动，推动司法鉴定规范管理工作、规范执业资质、规范执业活动；渤海鉴定所全年办理鉴定业务701件，法律援助业务1件，业务收费122万元。

第五章　军　事

第一节　地方军事组织

寒亭区人民武装部

1986年7月，中国人民解放军山东省潍坊市寒亭区人民武装部由部队建制改为地方建制，称潍坊市寒亭区人民武装部，由正团级改为副县级，受潍坊军分区和寒亭区委、区政府双重领导，其性质、任务不变。下设办公室、军事科、政工科和后勤科，为正科级单位；民兵训练基地、民兵武器装备仓库为副科级事业单位。

1996年4月，寒亭区人民武装部由地方建制改为中国人民解放军建制，称中国人民解放军山东省潍坊市寒亭区人民武装部，由副县级改为正团级单位，受潍坊军分区和寒亭区委、区政府双重领导；设军事科、政工科、后勤科，为正营级单位；训练基地仍为地方副科级事业单位，受区人民武装部直接领导；10月，民兵武器装备仓库由潍坊军分区代管，隶属区人民武装部。至2013年，机构编制未变。

乡镇（街道）武装部

1987—2000年，全区共有寒亭镇、固堤镇、双杨店镇、高里镇、朱里镇、河滩镇、张氏镇、郭家官庄镇、央子镇、泊子乡、南孙乡、肖家营乡、城区街道13个乡镇（街道）武装部。2001年3月，合并为10个乡镇（街道）武装部，城区与寒亭镇合并后，成立寒亭街道武装部；张氏镇与郭家官庄乡合并后，成立开元街道武装部；肖家营乡分别划归南孙乡、泊子乡、央子镇管辖。2007年7月，固堤镇和泊子乡合并成立固堤街道武装部；央子镇更名央子街道，成立央子街道武装部；双杨店镇和南孙乡合并至高里镇，成立高里镇武装部；河滩镇并入朱里镇，成立朱里镇武装部。2010年5月，随着高里、朱里撤镇设街道，分别成立高里街道武装部和朱里街道武装部。至2013年年底，寒亭区共有寒亭街道、开元街道、固堤街道、高里街道、朱里街道5个基层武装部。

第二节　兵役工作

兵役登记

1989年以后，区人民武装部每年定期召开全区兵役登记工作会议，采取集中登记、分散登记、设站登记和上门登记等办法，对适龄青年进行登记。1990年，预征对象确定后，各乡镇统一组织目测，并对身高、体重、视力、血压、色觉等项目做简易检查，对政治状况初步审查，发现问题及时调整。1991 年 9 月 4 日—18 日，兵役登记工作经过组织准备、宣传教育、进站登记、检查验收 4 个阶段，经目测、初检，确定当年预征对象，为冬季征兵工作打好基础。1995 年，根据《山东省征兵工作若干规定》，在户口簿中统一标注兵役登记情况，加盖兵役登记专用章。1996 年 6 月，省政府、省军区印发《山东省兵役登记办法》，寒亭区兵役登记公民占适龄青年总数 95％以上。1998 年 12 月，修改后的《中华人民共和国兵役法》（以下简称兵役法）规定，每年 12 月 31 日前年满 18 周岁男性公民，都应当在当年 9 月 30 日前，按照县级兵役机关安排，进行兵役登记。同时规定对拒绝、逃避兵役登记和体格检查的，由县级人民政府强制其履行兵役义务，并可处以罚款。从 1998 年起，由军队院校从高考学生中择优录取部分学员。2000 年开始，寒亭区兵役登记工作按照《山东省兵役登记办法》，步入法制化、规范化轨道。至 2013 年年底，全区适龄青年按兵役登记办法及时进行登记，报名应征率 98％；经过三级政审和横向联审，每年审查合格率 92％以上；兵员质量不断提高，体检合格率 72.6％。

义务兵征集

每年征兵工作开始前，都成立由区政府、人民武装部、公安、卫生、教育、宣传、民政、交通等部门组成的征兵工作领导小组，各基层单位也相应成立征兵工作领导机构，明确任务分工。

1989 年，省政府、省军区印发《山东省征兵工作目标责任制》，寒亭区按责任制要求签订征兵、接兵工作协议书。1990 年冬季征兵，总参谋部将现行《应征公民入伍登记表》改为《应征公民入伍批准书》《应征公民入伍审查表》；军龄和服现役期限按照《应征公民入伍批准书》批准入伍时间算起。1991 年冬季征兵，入伍手续启用新的《应征公民入伍通知书》，按“非农”“农业”户口分别编号；从 12 月 1 日起实行“接收新兵专用卡”制度。1993 年 7 月，全国征兵工作会议规定具有高中以上文化程度的应征青年年龄放宽到 21 周岁；中专、技校毕业学生和企业单位具有高中以上文化程度担任干部的青年也可征集。1995 年 8 月，《山东省征兵工作若干规定》成为指导征兵工作的法规性文件。1996 年，区征兵办公室成立纪检组，印发廉洁征兵通知，实行征兵工作“八不准”和征兵工作“禁酒令”，设立举报电话和举报箱；区征兵体检站按照正规化封闭式体检标准设站，严格把关；政审工作落实“四张榜”制度，公开接受群众监督。当年，寒亭区征兵办公室被潍坊市政府、潍坊军分区评为征兵工作先进单位，受到市政府、军分区通报表彰。1998 年 12 月，修改后的兵役法规定：改变过去义务兵役制为主，实行义务兵与志愿兵相结合、民兵与预备役相结合的兵役制度；将义务兵服现役期限由陆军 3 年，海、空军 4 年，改为一律 2 年，并取消义务兵超期服役规定；志愿兵实行分期服现役制度，并调整志愿兵最低服役期限。

2000 年，境内担负 20 名进藏兵征集任务，寒亭区专门制定优惠政策，圆满完成征兵任务。

图 19-8　2012 年 11 月 21 日，寒亭区进藏服役士兵启程。

2002—2008 年，重点抓好政治素质关、身体素质关、文化素质关、技术素质关、定兵关五个关口，新兵整体素质有较大提高。2009 年，探索新形势下征集高素质兵员的新路子，从整组开始，摸清适龄青年底数，变一季征兵为全年准备，突出动员学历高、有专业特长青年应征。当年，高中以上学历青年占 91.9%，其中大学生士兵 38 人。2010 年，共组织 456 名预征青年上站体检，合格 286 名，合格率为 63%；其中大专以上学历上站 40 人，合格 34 人，占预征任务数 20%。2012 年，协调民政、组织、人社等相关部门研究制订《关于征集部分党政机关公务员、事业单位在编人员和大学生村官入伍的意见》《关于调整进藏义务兵优待政策的实施意见》。2013 年，在全区开展"征兵宣传月"活动，利用电视台、广播电台、墙报、黑板报、过街横幅、宣传橱窗、张贴标语等形式进行宣传教育，分发传单 1 万余份；区人民武装部开设流动宣传教育站，用车载广播和流动展板到各街道、村（居委会）进行宣传。1989—2013 年，寒亭征集新兵工作没有出现任何责任问题，区征兵办公室连续 24 年保持无责任退兵，多次被上级评为"征兵工作先进单位"。

第三节　民　兵

民兵组织

1989 年，根据中央军委新时期民兵、预备役工作"减少数量、提高质量、抓好重点、打好基础"的基本方针，对民兵组织充实调整，专业技术分队布局更加合理。1990 年 8 月，全区抽调基干民兵组建应急分队；12 月，寒亭区根据新颁布的《民兵工作条例》，加强对民兵组织调整，在控制民兵数量的同时，重在提高基干民兵队伍整体素质。1992 年 5 月，在全区范围内开展"百连"调查活动，当年，63.3% 的民兵连（营）达到基层正规化建设标准。1995 年，88% 的民兵连（营）达到基层正规化建设标准，88% 的基层武装部达到正规化建设要求。1997 年 10 月，对全区民兵编组进行较大调整，组建通信保障分队、工程抢修分队、海上运输分队、车辆维修分队。1998 年，按照"减少数量，合理布局，分类建设"原则，调整民兵组织、基干民兵编组；扩大企业民兵组织组建范围，凡党组织健全，生产经营稳定，适龄人员较多的"三资"企业、股份制企业、集体企业都建立相应民兵组织。

2002—2006 年，着眼于适应"战场"需要和"市场"要求，加大科技含量，突出城镇重点，合理调整优化组织结构；搞好城镇和农村基干民兵编组，抓好民兵应急分队和民兵专业技术分队编组；加强民兵活动阵地建设，建好民兵连部、民兵执勤室、民兵之家；开展"双争"（争创民兵工作先进单位、争当民兵工作先进个人）活动，搞好创先评比。2007 年，区人民武装部印发《民兵组织整顿工作意见》《寒亭区民兵组织整顿工作检查验收评比细则》，将民兵整组各项工作量化，便于基层武装部操作实施。2009 年，着眼平时服务、急时应急、战时应战需要，摸清底数，优化结构，提高预备役部队和民兵组织建设质量；扩大编组范围，提

图 19-9　2006 年 10 月 12 日，寒亭区举行民兵应急分队建设现场会。

高城镇民兵比例，基干民兵编组注重向科研院所、大中专院校、企事业单位拓展。2010—2011年，本着“巩固老阵地、开拓新领域”原则，改进编组模式，优化编组结构，编组和训练紧密结合，提高整体建设质量。2012—2013年，落实省“十二五”期间基干民兵编组调整要求，将“作战、勤务保障、应急、其他”四支队伍调整为“应急、支援、储备”三支队伍，压缩基干民兵组织规模，突出应急队伍建设，民兵组织结构布局明显优化。

教育训练

政治教育　1989年，落实基干民兵四堂政治教育课、普通民兵两堂教育课，在全区民兵中开展“双争”活动和“精神文明示范点”创建活动。1990年，着重开展以共产主义思想为核心的“三热爱”（热爱党、热爱社会主义制度、热爱人民军队）教育和社会主义精神文明教育。1994年，为纪念兵役法实施十周年，对民兵进行国防教育和开展国防知识竞赛活动。1997年，结合香港回归和庆祝建军七十周年，对民兵进行爱党、爱军、爱社会主义祖国教育。1999年，组织全区民兵进行庆澳门回归和庆祝中华人民共和国成立五十周年教育。2000年，对干部和民兵进行“三个代表”重要思想教育。2002年，组织民兵预备役人员开展国防知识竞赛和“国防教育日”宣传活动，全区出动宣传车60余台次，悬挂宣传横幅200余条，张贴标语近万张，分发宣传材料5000余份。2003年，利用民兵训练、整组、征兵、兵役登记等时机，为民兵预备役人员开办国防教育知识讲座，印发国防法规宣传材料4000余份，听课4000余人。2004年，组织各界干部群众和民兵预备役人员参加全国“爱中华、奔小康、强国防”国防教育系列活动，全区有4万多名干部群众和民兵参加国防知识竞赛，3000余名驻军官兵、机关干部、青年学生参加军民签名活动。2005年，在民兵预备役党员中开展做合格党员和保持共产党员先进性教育活动。2006年，利用多种形式进行寒亭经济社会发展形势宣传教育；组织进行得失观、交际观、情趣观、金钱观“四观”教育。2007年，集中进行“赞颂新成就、履行新使命、迎接十七大暨振奋革命精神、培育良好作风、有效履行使命”等主题教育活动。2009年，抓好第二批学习实践科学发展观活动落实，提升民兵预备役履行使命任务的能力。2011年，坚持紧贴担负的任务抓教育、紧贴严峻军情抓教育、紧贴复杂社情抓教育、紧贴安全稳定抓教育，增强民兵预备役人员敌情意识、忧患意识和安全意识。2012年，开展“讲政治、顾大局、守纪律”教育活动和“战友情•战斗力”讨论活动；以开展“争当思想先锋、争做敬业模范”活动为契机，把锤炼思想作风融入本职岗位实践。2013年，开展“学习贯彻党章、弘扬优良作风”“坚定信念、铸牢军魂”主题教育活动；组织“人武部系统能打仗、打胜仗的差距是什么”“改进作风我该干什么”讨论教育活动，提高“平时应急、战时应战”能力。

军事训练　1989年，根据中央军委关于加强民兵预备役训练的要求，开拓民兵训练新领域。1991—1994年，发挥训练基地作用，对全区民兵实施分期分批训练，走出“基地化、一体化、电教化、规范化”训练新路子。1996—1998年，对全区新任职专职武装干部和民兵连长每年组织一次集中培训。1999年，以民兵干部、民兵应急分队和专业技术分队训练为重点，制定“科技练兵”三年规划。2000年，在潍坊军分区组织的人武、专武干部和民兵教练员科技大练兵比武中，区人民武装部获轻武器应用射击总分第二名和个人第三名的成绩。2002年，组织民兵预备役人员参加军分区科技练兵比武，取得总分第二名，被潍坊军分区通报表彰。2003年，区人民武装部机关参加潍坊军分区组织的机关共同科目考核，取得优胜。2004年，参加潍坊军分区组织的“四项技能”军事比武，取得总分第四名的成绩，被潍坊军分区通报表彰。2006年，抓好民兵应急分队的基本技能训练和抢险救灾、快速集结演练。2007年，抓好民兵“四支骨干队伍”（民兵防空分队、军兵种对口专业分队、民兵应急分队、信息战分队）的岗位练兵活动，先后组织4批次、

400余人次参加集中培训活动。2009年，采取集中封闭训练和结合本职岗位训练等形式，组织民兵应急分队、民兵专业技术分队进行封闭式和自训式训练。2012年，组织民兵应急分队以基础、维稳、抢险为主进行强化训练。2013年，抓好民兵应急分队组织指挥、快速动员、反恐维稳、抢险救灾等专业训练演练；修订完善《应急指挥方案》《通用装备预征方案》《防汛救灾方案》，并针对性地开展训练演练，提高遂行任务能力。

第四节　国防动员

领导机构

1997年9月，寒亭区国防动员委员会成立，与区人民武装委员会“一个机构、两块牌子”。下设综合办公室、政治动员办公室、经济动员办公室、人民防空办公室、交通战备办公室。各乡镇（街道）成立国防动员领导小组，指定专人具体承办国防动员工作。

2013年，寒亭区国防动员委员会下设综合办公室、人民武装动员办公室、政治动员办公室、经济动员办公室、交通战备办公室、科技动员办公室、信息通信动员办公室。综合办公室设在区人民武装部，区国防动员委员会日常工作由综合办公室负责。

国防教育

组织体制　1989年1月，成立区国防教育领导小组，组长由区委书记担任，副组长由区人民武装部政治委员、区政府副区长担任，领导小组办公室设在区人民武装部政工科。1991年8月，寒亭区国防教育领导小组更名为寒亭区国防教育委员会，国防教育委员会办公室设在区人民武装部政工科。至2013年年底，编制、体制未变。

阵地建设　遵循贴近基层、面向大众、紧扣现实、便于利用的原则，重点抓好“五个阵地”：舆论宣传阵地，依托报纸、广播、电视等新闻媒介开展国防教育；课堂教育阵地，把民兵训练基地和“青年民兵之家”办成国防教育的课堂阵地，配备教具、器材、模型、图表等教学设施，定期组织课堂国防教育活动；校园教育阵地，采取抓领导、抓教师、抓结合、抓环境、抓活动等措施，把校园办成教育阵地；文化娱乐阵地，利用“杨家埠风筝年画艺术节”，组织民兵编演有国防教育内容的地方戏到厂矿企业、农村、影剧院、游乐场、歌舞厅等巡回演出，让人们在闲暇娱乐中接受国防教育；传统教育阵地，利用重大节日、纪念日组织干部职工、学生祭扫烈士墓，瞻仰英雄塑像，参观纪念馆等，把烈士陵园这些传统场所变成教育后代重温历史的课堂。

内容形式　主要包括国防理论教育、国防精神教育、国防知识教育、国防技能教育。在区委党校开设国防教育课，对党政干部进行国防教育；建立“议军”制度，组织党政干部参加军事学术研究；针对不同对象，编写国防知识课本、教材进行教育；组织学生进行军事训练和军事夏令营活动，在各学科教学中贯穿国防教育内容；发挥报刊、广播电台、电视台作用，举行讲座、演讲比赛；结合有关节日、纪念日，开展国防日、国防周、国防月教育活动。

交通战备

组织建设　1985年，成立寒亭区交通战备领导小组，负责辖区的交通战备工作。1992年，组建交通战备专业保障队伍，主要有装卸运输保障队、公路抢修队、桥梁抢修队、车辆运输队、船舶运输队。1997年，寒亭区成立国防动员委员会，下设5个办公室，其中交通战备办公室设在区交通局，区交通战备领导小组即行撤销。至2013年，组织机构没有变化。

应急交通保障　寒亭区交通战备办公室组织本级人民政府和人武部门，制定战时应急交通保障制度，分为交通动员专业应急保障计划和地区交通动员保障计划。战时应急交通保障制度对各单位任务、运输工具来源、道路维护抢修和运输保障原则、程序、方法等都做出明确规定。

人民防空

2002年9月，寒亭区人民防空办公室成立。在人防建设工作中，建立完善的警报系统和通信系统，不仅为平时抢险救灾服务，而且为战时人民防空动员工作提供依据。主要内容包括：平时规划和实施通信及警报网的建设；组织对空观察；战时及时向有关部门了解和向人防系统通报空中情况，并按照规定适时发放空袭预报、警报和解除警报信号；加强警报系统防护，确保连续报警能力。潍坊市确定每年6月15日是防空警报试鸣日。届时，奎文、潍城、坊子、寒亭4个区人民武装部利用警报试鸣组织应急分队拉动演练。

第五节　拥政爱民

1989—1991年，区人民武装部贯彻民政部、总政治部《关于开展拥军优属、拥政爱民活动的通知》精神，主动为人民群众做好事，办实事。全区人武和专武干部，全部落实包片任务，创建致富项目，涌现民兵科技带头示范户120余个，民兵专业户1080余户，创建民兵科技示范基地17处，有1.12万名民兵从事个体私营经济，1784名民兵从事各类养殖业。区人民武装部按照每年帮扶2个村的计划，先后对央子镇蔡家央子村，寒亭街道西杨家埠村、东杨家埠村、东三角埠村，高里镇后沟村，郭家官庄乡张氏二村等村实施重点帮扶；基层武装部每年帮扶至少一个村；全区成立扶贫帮困小组85个，扶贫总项目80多个，义务帮工2245件次，帮助140户贫困家庭走上致富路。

1992—1995年，全区两级人民武装部和民兵连组织民兵参加重点工程建设和农田水利基本建设，共动用民兵1039人次，修路、修渠、挖沟11.2万米，兴修水利工程56个，植树11.9万株，开垦闲置荒地96公顷。全区创建民兵科技带头示范户560个、民兵专业户1621户、民兵科技示范基地83公顷，创办经济项目156个，成立科技服务组织80个。成立民兵治安巡逻分队246个，协助公安机关破获案件9起，抓获犯罪分子14名。1995年9月1日，寒亭区遭受16号强热带风暴潮袭击，1000余名民兵组成抢险突击队投入抗灾抢险。

1996年，区、乡两级人民武装部和农村民兵连开展以创建“民兵富民工程”为主要内容的“民心工程”活动，区人民武装部和高里镇、肖家营乡、寒亭镇、郭家官庄镇人民武装部先后被省政府、省军区和市政府、军分区表彰为创建“民兵富民工程”先进单位。同年6月13日，寒亭区7个乡镇遭受历史上罕见风暴潮灾害，寒亭区发动3000余名民兵参加灾后救护，将群众经济损失降到最低。1997年8月19日，寒亭区遭受11号台风袭击，区人民武装部调集北部5个乡镇600多名民兵应急分队队员奔赴救灾现场。1998年，区人民武装部与区法院成立维护军人军属合法权益巡回法庭；与区司法局成立14个维护军人军属合法权益法律咨询站，接收接待军人军属来信来访54件次，妥善处理纠纷46起。1997—1999年，全区成立民兵扶贫帮困组织213个，扶贫总项目211个，义务帮工1544件次；开展各类宣传教育活动177次，有1700名民兵参与全区创建文明村、文明街、文明民兵和民兵户活动。

2000年，区人民武装部印发《关于在全区人武、专武干部中广泛开展扶贫帮困活动的决定》，号召全区人武、专武干部勇攀“穷亲”，采取“一兵帮一户”结对形式帮扶贫困户；全区涌现民兵科技带头示范户1325个、民兵专业户6882户，创建民兵科技示范基地10处，5078名民兵从事个体私营经济，4551名民兵从事各类养殖业。肖家营乡在荒滩荒地开发富民工程中，成建制用兵，充分发挥民兵主力作用，开发荒滩267公顷，建成台田167公顷、养殖水面67公顷；张氏镇在修建“五岭路”工程中，打出民兵连旗，成建制组织民兵上阵，仅用一个月修成一条贯通南北、连接5个乡镇的富民路。

2001年，按照省委组织部、省军区政治部《关于组织发动人武系统干部开展以加强农村基层党组织建设为主要内容的帮扶村活动的意见》，从区人民武装部到各乡镇武装部都建立帮扶点，确定联系户，共帮扶14个村，其中10个村党支部通过帮扶被区委表彰为“先进基层党组织”，12个村被区文明委表彰为“文明信用村”。2002

年，选派 11 名人武、专武干部，定点帮扶 12 个后进村，扶持 200 多个贫困户，实现班子过硬、队伍整齐、制度完善、经济快速发展、农民收入增幅高于当地平均水平、村容村风明显改观，基本完成第一个周期的帮扶任务。2003 年，选派人武、专武干部 20 余人次蹲点包村，使 20 个后进村改变面貌，400 多个贫困户脱贫致富。在预防非典型性肺炎工作中，投资 3000 元购买消毒药品，翻印 500 份预防“非典”材料，发放到每家每户；指导村民学习防“非典”知识，清理环境卫生，引导村民建立文明生活方式。投资 1.5 万元帮助贫困村购置农村党员现代远程教育终端接收设施；现役干部同 11 名贫困小学生结成帮扶对子。

2004—2005 年，按照国务院扶贫开发领导小组、总政治部联合印发《关于进一步加强部队参与扶贫开发工作的意见》精神，区人民武装部加强部队参与扶贫开发工作。与泊子乡南辛庄村结成帮扶对子，帮助村民协调贷款 50 多万元，建立占地面积 13 公顷卤水养虾基地，发展大棚养鸡 6 户，养鸭 3 户；规划一条文明街，修建“军民连心桥”，解决多年来全村行路难问题。2006 年，结合帮扶工作，开展创建“民兵富民工程”和实施“民心工程”活动，各级人武部门组织民兵成建制参与植树造林、兴修水利、修桥铺路、重点项目建设等工作；联系贫困村 6 个，优抚对象和贫困户 220 户，帮助解决生产、生活及就医、住房、宅基地划分等方面问题 300 多件。

2007 年，区人民武装部开展“单位包村、干部包户”扶贫帮困活动，筹集协调帮扶资金 21 万余元，修路 3 条 4000 多米；上开发项目 23 个，培植种植、养殖、加工、销售示范户 120 多家；扶持贫困户 11 个，救助失学儿童 4 名。同年 3 月 4 日，寒亭区北部沿海突遭风暴潮袭击，部分堤坝出现险情，区人民武装部，迅速启动抢险救灾应急预案，集结 500 余名民兵按时到达抢险一线，经过 8 个多小时奋战，险情得到化解。8 月 4 日，受 10 号台风“海棠”袭击，固堤镇、高里镇出现超过 100 毫米强降水，导致农作物受灾，灾情发生后，区人民武装部立即安排辖区 800 余名民兵与受灾群众开展自救，使灾害损失降到最低。

2008 年，根据省委组织部、省军区政治部《关于组织发动人武系统干部开展以加强基层党组织建设为主要内容的帮扶后进村活动的意见》要求，区人民武装部重点帮扶寒亭街道大埠村和南纸坊村、固堤街道东南牟村、开元街道东寺夹庄村；对卤淡水养虾基地扩大规模，建立种桑养蚕和芦笋种植基地各 1 处，培训和扶持养猪专业户 55 户。协调区财政拨出 20 多万元专项资金，走访慰问驻军部队和重点扶持生活有困难军烈属。2009 年，区人民武装部倡导干部职工、专武干部一人帮扶一户贫困户活动，部领导带领机关干部职工到贫困户家中了解情况，帮助制订扶贫计划，解决实际困难，并捐资 3000 元，捐物 52 件（套）。

2010—2012 年，区人民武装部组织人武、专武干部和民兵预备役人员，开展扶贫解困、捐资助学、生态环境建设、拥政爱民等活动。为军人军属提供法律服务 357 人次，受理审结涉军案件 23 件次，为部队和军属挽回经济损失近 200 万元。2013 年，组织人武、专武干部和民兵预备役人员，开展扶贫解困、捐资助学等活动。八一建军节、春节期间，区委、区政府到驻军走访慰问；协调民政、人社和教育等部门，集中走访慰问困难军烈属；区财政拨出 60 多万元专项资金，用于走访慰问驻军部队和重点扶持生活有困难军烈属。

第二十编　民　政

DI ER SHI BIAN　MIN ZHENG

1989—2013年，寒亭区民政工作重点是推进基层政权建设、优抚安置、社会救助、社区建设，逐步建成“以社区建设为抓手，社会保障为基础，依法行政为手段”工作体系。

1998年，村民委员会换届选举由间接选举改为直接选举，寒亭区探索出公开栏、照相存档等村务公开方式。社会救助工作体系得到完善，最低生活保障实现动态管理下应保尽保；初步形成以公办养老机构占主导、社会办养老机构为补充格局，2013年年底有公办养老机构6处、民办养老机构5处；25年来，始终保持军转安置满意率100%，优抚金发放足额率100%，完成征兵指标100%，随军随调家属安置率100%，退役军人安置率100%，优抚对象结对包户率100%；社会组织管理工作规范有序，至2013年年底，45个社团获准登记发证。

2000年，寒亭区被全国双拥领导小组授予“爱心献功臣行动”先进单位称号；2007年，获全国村务公开领导小组颁发的村务公开民主管理网站创新奖提名。

第一章　社会救助

第一节　灾害救助

1989年以后，寒亭区多次遭受大风、冰雹、暴雨、潮灾、旱灾等自然灾害。每次灾害发生后，区委、区政府根据受灾情况，及时对受灾群众进行救助。其中1996年6月13日—15日，全区遭受暴风雨、冰雹袭击，最大风力达11级，直接经济损失1.95亿元。市政府主要领导率市农委、民政、保险、金融部门到河滩、朱里镇查看受灾情况，组织群众抗灾自救。2002年4月23日，发生严重霜冻，经济损失近亿元，区政府对小麦减产严重的3处乡（镇）发放救灾面粉120吨，对瓜、菜农减税15万元；同年5月底至8月中旬，无有效降雨，流经区境大小河流全部干涸，机井干枯800多眼，区委、区政府调动各种车辆2000多车次，用于调水抗旱和人畜用水。2003年10月12日，北部沿海遭受到风暴潮袭击，直接经济损失8600多万元，区委、区政府组织2500人抢险队，动用机械40台套，协调麻袋、编织袋5万余条等救灾物资进行救灾。2005年6月14日，全区从北到南遭遇沙尘、雷雨和冰雹天气，直接经济损失7100多万元。区委、区政府组织1000多人帮助群众救灾，并组织全区干部职工捐款捐物。2011年，全区遭受冬春连旱，受灾人口12360人，救助7335人，其中口粮救助6586人、衣被救助749人。

1989—2013年，因旱灾、暴风雨、霜冻等自然灾害致使7100户、2.13万人生活困难，政府累计发放2.6万吨救济粮，其中2009—2011年发放75万元救济款。

第二节　城乡最低生活保障

保障政策

2002年，区政府印发《潍坊市寒亭区城市居民最低生活保障管理办法》。2007年，区委、区政府印发《关于进一步加强社会保障体系建设的意见》，将所有符合条件对象全部纳入最低生活保障范围，实现动态管理下应保尽保，应退则退，提高资金使用效率。

低保救助

1996年寒亭区建立城市居民最低生活保障制

度，1997 年建立农村低保保障制度，对城市和农村人均收入低于最低生活保障线家庭进行救助。2005 年 11 月，区委、区政府为城市低保户每户发放冬季取暖补贴 600 元。2008 年 12 月，为城乡低保户发放取暖补贴资金 149.7 万元，其中城市低保对象每户补贴 600 元，农村低保对象每户补贴 300 元。

1996—2006 年，低保资金发放由镇街组织实施；2007—2013 年，由区里统一组织发放。

1996—2013 年寒亭区城镇低保救助统计表

表 20-1

年份	低保标准（元 / 年・人）	救助人次	救助金额（元）
1996	105	756	71820
1997	105	796	75620
1998	105	838	79610
1999	1 月起 130 元，7 月起 170 元	882	132300
2000	170	929	394825
2001	170	1020	433447
2002	170	1459	620000
2003	170	1536	652721
2004	170	1618	687650
2005	190	4668	1398732
2006	190	4469	1463385
2007	1 月起 220 元，8 月起 235 元	4207	1867087
2008	260	4429	2512386
2009	280	4554	3052455
2010	1 月起 300 元，12 月起 330 元	4644	3273564
2011	330	4684	4041466
2012	1 月起 360 元，11 月起 400 元	3241	3037493
2013	7 月起 450 元	2431	2458222

1997—2013 年寒亭区农村低保救助统计表

表 20-2

年份	低保标准（元 / 年・人）	救助人次	救助金额（元）
1997	600	1237	148440
1998	600	1415	169800
1999	600	1427	171240
2000	600	1446	173520
2001	600	1473	176765
2002	600	1498	210000
2003	600	1530	214200
2004	600	1562	218680
2005	800	3599	151158
2006	800	3678	505470
2007	1000	12928	2551020
2008	1000	25083	4753010
2009	1000	25561	7141685
2010	1 月起 1200 元，10 月起 1400 元	30542	8036205
2011	2000	35457	13428195
2012	2300	26072	10953350
2013	1 月起 2500 元，7 月起 2700 元	21777	10620722

第三节　特殊救助

孤儿

2010 年 1 月，寒亭区根据省民政厅、省财政厅印发的《关于发放孤儿基本生活费的通知》，为全区孤儿发放基本生活费，发放标准为社会散居孤儿每人每月不低于 600 元，福利机构集中供养孤儿每人每月不低于 1000 元，全年为 26 名孤儿发放基本生活费 18.72 万元。2012

年，根据省民政厅《关于进一步做好孤儿保障工作的意见》要求，将父母重度残疾（一级、二级残疾）、服刑等无人抚养儿童及受艾滋病影响儿童纳入孤儿保障范围，基本生活标准参照社会散居孤儿执行，全年为 30 名孤儿发放基本生活费 20.88 万元。2013 年 1 月，提高全区孤儿基本生活费标准，社会散居孤儿每人每月提高到不低于 720 元，福利机构供养孤儿每人每月提高到不低于 1200 元，全年为 32 名孤儿发放基本生活费 27 万元。

城镇“三无”人员

2012 年 6 月，寒亭区依据市民政局、市财政局印发的《潍坊市城镇“三无”人员供养办法》，对城市“三无”（城镇居民中无劳动能力、无生活来源、无赡养人和扶养人或者其赡养人和扶养人确无赡养能力或者抚养能力的老年人、残疾人）人员实施救助，标准为分散供养者每人每月不低于 500 元，集中供养者每人每月不低于 800 元，全年为 7 名“三无”人员发放基本生活费 3.25 万元。2013 年 1 月，根据省民政厅、省财政厅印发的《关于加强城镇“三无”人员福利保障工作的通知》要求，寒亭区把分散供养者基本生活标准提高到每人每月 600 元，集中供养者基本生活标准提高到每人每月 1000 元，全年为 7 名“三无”人员发放基本生活费 5.58 万元。

第四节 慈善事业

2007 年 6 月，注册成立寒亭区慈善总会，性质为社会团体。至 2013 年，区、街道、社区三级慈善组织网络完善，街道慈善分会 100% 全覆盖。一类慈善工作站 285 个，占村（居）总数 85%；二类慈善工作站 36 个，占村（居）总数 15%。

2008 年，全区募集捐款 603.39 万元，其中为四川地震灾区捐款 496.4 余万元、援建希望小学捐款 106.69 万元。2009 年，募集捐款 37.47 万元，捐助 18.97 万元，其中为敬老院五保老人购买电视 1.97 万元、救助困难中小学生 4 万元、救助困难群众 13 万元。2010 年，募集捐款 173.77 万元，捐助 66.4 万元，其中援建四川捐助 2 万元、援藏捐助 10 万元、救助困难群众 1 万元、救助贫困学生 3 万元、上交市慈善总会“青海玉树地震”捐款 50.4 万元。2011 年，全区“慈心一日捐”募集捐款 28.83 万元，其中关爱农民工捐助 10 万元、救助困难群众 4.3 万元、教育救助 1 万元、帮助困难大学生 0.6 万元。2012 年，全区“慈心一日捐”募集捐款 88.82 万元，捐助 2.78 万元，其中救助困难群众支出 1.28 万元、医疗救助 1.5 万元。2013 年，全区“慈心一日捐”募集捐款 56.23 万元，捐助 6.7 万元，其中救助困难群众 5 万元、医疗救助 1.7 万元。

第二章 社会福利

第一节 福利事业

五保供养

2006 年前，农村五保户（保吃、保穿、保住、保医、保葬）所需费用由各乡镇自筹，以实物形式由村集体进行救助。2006 年开始，实行货币化供养，供养资金由各镇（街道）发放。2006—2013 年，累计发放五保供养资金 1479.54 万元。

2006—2013 年寒亭区“五保”供养统计表

表 20-3

年份	集中供养标准（元 / 年 · 人）	分散供养标准（元 / 年 · 人）	供养对象（人数）	发放资金（万元）
2006	2000	1200	926	157.2
2007	2000	1200	934	168.56
2008	2200	1200	878	128
2009	2400	1400	887	194.3
2010	2600	1600	842	186.7
2011	2700	1800	757	202.35
2012	3000	2200	614	200.2
2013	3300	2500	569	242.23

养老服务

公办养老　1989 年，全区 12 处乡镇全部建有敬老院。2001 年，敬老院合并为寒亭、开元、固堤、泊子、双杨、高里、南孙、河滩、朱里、央子 10 处。2007 年，区、镇（街道）两级投资 1515.5 万元，实施镇（街道）敬老院新建和改扩建工程；9 月，央子敬老院划归滨海经济开发区管理。2008 年，成立区社会福利中心，将寒亭街道、开元街道、杨家埠旅游开发区集中供养人员转移到区社会福利中心统一供养；12 月，固堤敬老院、泊子敬老院、高里敬老院、南孙敬老院、朱里敬老院被省民政厅命名为山东省一级五保供养服务机构。2010 年，区社会福利中心被民政部评为全国模范敬老院。2012 年 6 月，河滩敬老院合并到朱里敬老院。截至 2013 年，全区公办养老机构有区社会福利中心和固堤、泊子、高里、南孙、朱里 5 个街道敬老院。

民办养老　2002 年，高里镇基督教老人护理院成立，民办养老机构开始出现。2011 年，区政府印发《寒亭区社会养老服务体系建设规划（2011—2015 年）》。2013 年，省民政厅、省财政厅印发《山东省养老机构设立许可办法》，对养老机构设立许可申请、受理、审查、决定和监督检查做出明确规定。截至 2013 年，全区有寒亭街道丰泽园老年人安养中心、开元街道百惠养老院、固堤街道灵光爱老院、高里街道基督教老人护理院、朱里街道益寿园托老中心 5 所民办养老机构。其中高里基督教敬老院被市老龄委授予“敬老文明号”称号。

图 20-1　2013 年，山东省吕剧院在区养老中心进行公益演出。

2002—2013年寒亭区民办养老机构一览表

表20-4

机构名称	地址	运营时间	占地面积（亩）	建筑面积（平方米）	2013年入住人数
基督教老人护理院	高里街道高里二村	2002.01	13	2400	50
益寿园托老中心	朱里街道前朱里村	2009.09	3	533	15
灵光爱老院	固堤街道蔡家栏子村	2012.01	4	495	15
丰泽园老年人安养中心	寒亭街道后仉庄村	2012.08	2	1200	23
通亭街社区百惠养老院	开元街道通亭街社区	2013.03	3	400	20

第二节 福利彩票

1992年12月，区民政局成立福利实业公司，负责福利彩票销售管理。1993—1996年，面向社会发售即开型福利彩票140万元，筹集的社会福利基金用于福利企业资金周转和扩大再生产。1998年12月底至1999年1月初，在寒亭电影院门前发行中国赈灾福利彩票大奖组。2000年5月，“齐鲁风采”电脑福利彩票在寒亭区发行。2001年年底，推出“齐鲁风采”大盘玩法“36选7”。2002年7月，小盘玩法“23选5”正式上市。

2003年12月，成立寒亭区福彩管理所，属市福利彩票发行中心和区民政局双重管理，负责区内福利彩票销售管理。

至2013年，区内先后销售“齐鲁风采”“中福在线”“七乐彩”“刮刮乐”“齐鲁风采·群英会”等福利彩票。

1993—2013年寒亭区福利彩票销售统计表

表20-5　　单位：万元

年份	电脑票销量	即开型销量	中福在线	总销量	年份	电脑票销量	即开型销量	中福在线	总销量
1993	0	20	\	20	2004	957.49	56.03	\	1013.52
1994	0	30	\	30	2005	1012.15	60.20	1028.02	2100.37
1995	0	50	\	50	2006	1004.62	42.00	2432.08	3478.7
1996	0	40	\	40	2007	979.64	114.02	266.25	1359.91
1997	0	35	\	35	2008	964.17	227.50	88.24	1279.91
1998	0	35	\	35	2009	1787.92	365.00	8.43	2161.35
1999	0	180	\	180	2010	1803.34	578.50	509.86	2891.7
2000	360	0	\	360	2011	2350.32	728.50	999.14	4077.96
2001	520	18	\	538	2012	2700.28	1095	2315.95	6111.23
2002	614.31	20	\	634.31	2013	2924.28	780	2142.02	5846.3
2003	864.49	25	\	889.49	—	—	—	—	—

第三章　基层组织建设

第一节　村委会换届选举

1990年、1992年、1995年、1998年、2002年、2004年、2007年、2011年，寒亭区分别进行了第三届、第四届、第五届、第六届、第七届、第八届、第九届、第十届村（居）民委员会换届选举。

1990年，第三届村委会换届选举，按期换届村委会376个，延期换届23个；新选出村委会成员1492人，平均年龄40岁以上，其中高中以上文化程度401人；成立村民小组1486个。1998年，根据新修订《中华人民共和国村民委员会组织法》，村民委员会选举由间接选举改为直接选举。第六届村委会换届选举，按期换届村委会351个，延期换届46个；新选出村委会成员1213人，平均年龄40岁以上，其中高中以上文化程度397人；成立村民小组2776个。2002年，换届后村"两委"成员交叉兼职比例80.2%，村党支部书记、村委会主任"一人兼"比例69%。2004年，村"两委"成员交叉任职比例83.2%，村党支部书记、村委会主任"一人兼"比例85.6%，村均3.4职，比换届前减少278人；其中"双高双强"（政治素质高、群众威信高；带头致富能力强、带领群众共同致富能力强）型人才812人，占64.5%。

2007年，368个村完成第九届村委会换届选举，村"两委"成员1048人，村均2.85职，比换届前减少179人。其中45岁以下700人，比上届提高12.1%；高中以上文化程度717人，比上届提高9.2%；村"两委"成员交叉任职比例81%，村党支部书记、村委会主任"一人兼"比例88.6%；村"两委"成员符合"双高双强"型标准766人，其中村党支部书记符合"双高双强"型标准327人，占村党支部书记总数91%。

2011年，村"两委"成员交叉任职比例60.76%，村党支部书记、村委会主任"一人兼"比例80.23%；村"两委"成员达到"三高三强"（政治素质高、文化水平高、群众威信高；发展能力强、服务能力强、协调能力强）型标准967人，其中村支部书记达到"三高三强"型标准293人，占村支部书记总数75.13%。

寒亭区第三至十届村委会换届统计表

表20-6

届次	年份	按期换届村委（个）	按期换届比例（%）	延期换届村委（个）	延期换届比例（%）	新选村委会成员				村民小组（个）
						人数	平均年龄	高中以上文化（人）	高中以上文化比例（%）	
三	1990	376	94.3	23	5.7	1492	40	401	26.9	1486
四	1992	381	95.6	17	4.4	1512	40	428	28.3	1496
五	1995	369	92.5	30	7.52	1466	40	387	26.39	1466
六	1998	351	88.4	46	11.6	1213	40	397	32.7	2776

续表 20-6

届次	年份	按期换届村委（个）	按期换届比例（%）	延期换届村委（个）	延期换届比例（%）	新选村委会成员					村民小组（个）
						人数	平均年龄	高中以上文化（人）	高中以上文化比例（%）		
七	2002	385	96.3	15	3.7	1265	44	876	58.2		1648
八	2004	372	99.2	3	0.8	1099	43.7	798	63.4		1689
九	2007	368	98.13	7	1.87	1048	42.5	717	68.4		1724
十	2011	398	98.5	6	1.5	1297	41	1003	58.14		1701

第二节 村民自治

1991年4月—6月，全市在寒亭区双杨店镇开展村民自治示范点建设，选择在双杨店镇潘家村进行村民自治试点。随后，寒亭区在各乡镇选取条件较好的村推行村民自治示范活动。

1998年12月，结合第六届村委会换届，寒亭区在泊子乡曲范村开展村民自治试点，实行村民直接投票选举产生村委会成员；村小组、户代表无记名投票选举产生5名小组长和32名村民代表。制订《曲范村村民自治章程》，修订完善《曲范村村规民约》，建立起党支部领导下村民代表会议制度，规定凡涉及村民利益重要事项，都要召开村民代表会议进行表决。为保证村级民主监督落到实处，建立村“两委”定期向党员大会和村民会议报告制度和村民代表定期评议村两委成员制度；实行村务、财务“两公开”，建立村务公开栏和财务公开栏，公开内容有新上经济项目、征用土地和宅基地审批、计生指标分配、村干部年度工作目标、集体经济收入和支出、乡统筹村提留收缴、村干部工资奖金、招待费、电费、集体项目承包费收缴等，对公开形式、程序、标准、时间做到统一规范，接受村民监督。

此后，以“一章一约四项制度”（村民自治章程、村规民约和民主选举、民主决策、民主监督、民主管理）为主要内容的村民自治模式在全区推广。

第三节 社区建设

2010年2月，社区管理工作从区民政局基层政权和地名管理办公室分离，成立寒亭区社区管理办公室，为正科级事业单位，编制8人，隶属于区民政局。

城市社区

1992年，成立寒亭城区街道办事处，下设浞河居委会、运河街居委会、民主东街第一居委会、民主东街第二居委会、工农路居委会、文化街居委会、工业街居委会、寒清路居委会、北海公园居委会、幸福路居委会、上海南路居委会和上海北路居委会。每个居委会由2～3人组成，居委会人员和工作开展由城区街道办事处负责。2001年，寒亭城区街道办事处与寒亭镇合并成立寒亭街道办事处、张氏镇与郭家官庄镇合并成立开元街道办事处。依据区政府印发的《潍坊市寒亭区城区社区规划》，城区12个居委会调整为蝶园、万春园、益新街、商城、运河西街、镜湖、文化街、巨龙8个城市社区居委会，新增开元街道通亭街社区居委会。社区居民委员会人员和工作开展由相关街道办事处管理。2007年，巨龙社区居委会更名为寒亭街道海龙社区居委会。同年3月，分别在寒亭街道和开元街道设立社区管理办公室，为副科级事业单位，隶属所属街道办事处。

2008年，寒亭区按“一社区一居”（一个社区设立一个居委会）标准，建设城市社区服务中心，每个社区服务中心配备5名工作人员，工作人员与社区居委会成员交叉兼职；办公经费、人员工资、专项经费由市区两级财政承担，由区民政局基层政权和地名管理办公室进行业务指导。2009年，设立寒亭街道泰祥社区居民委员会。2010年，社区工作、人员管理由区社区管理办公室负责。2012年，设立开元街道金三角社区居民委员会和北海路社区居民委员会。2013年，全区城市社区总数12个。

农村社区

2001年，根据《潍坊市寒亭区城区社区规划》，将寒亭街道和开元街道辖区内村规划为16个农村社区。2007年，将高里镇、固堤街道、朱里镇辖区内村规划为33个农村社区。2008年，区委、区政府印发《中共寒亭区委寒亭区人民政府关于加快推进农村社区建设的意见》《寒亭区农村社区建设规划方案》，当年全区建成农村社区28个。2009年，新建21个农村社区，农村社区建设实现全覆盖，被民政部授予社区全覆盖示范县（区）称号。2013年6月，区政府办公室印发《寒亭区农村社区布局规划修订工作方案》，农村社区调整为47个。

第四章　优抚　安置

第一节　优　抚

抚恤

寒亭区抚恤对象主要是“三属”（革命烈士遗属、因公牺牲军人遗属、病故军人遗属）、在乡老复员军人（1937年7月6日—1954年10月31日入伍）、革命残疾军人、带病回乡退伍军人、参战参试（核试验）退役人员和现役军人家属。

1990年，对1954年10月31日以前入伍老复员军人实行定补，按每人每月25元标准执行。以后不断提高在乡老复员军人补助标准。至2013年，抗日战争时期入伍复员军人每人每年补助7720元，其他时期入伍复员军人每人每年补助7220元。

2005年，对抚恤金标准进行新的等级套改，同一级别、同一性质伤残军人不论城乡，一律享受同样抚恤金。

2007年8月，寒亭区对在农村和城镇无工作单位、家庭生活困难的参战参试军队退役人员进行审核，认定有参战退役人员133人、参试退役人员44人，每人每年发放1200元生活补助金。

2011年，根据《关于做好给部分退役士兵发放老年生活补助工作的通知》要求，60周岁农村籍退役士兵开始享受待遇。

2012年，根据《关于给部分烈士子女发放定期生活补助的通知》要求，60岁烈士子女开始享受待遇。

2013年，革命烈士遗属抚恤金标准：农村户口由1990年每人每月35～40元逐年提高到每人每年7970元；居住小城镇的由每人每月45～50元逐年提高到每人每年13860元。因公牺牲军人遗属抚恤金标准：农村户口由1990年每人每月35～40元逐年提高到每人每年7610元；居住小城镇的由每人每月45～50元逐年提高到每人每年11890元。病故军人遗属抚恤金标准：农村户口由1990年每人每月30～35元逐年提高到每人每年7290元；居住小城镇的由每人每月40～45元逐年提高到每人每年11190元。

2011—2013 年寒亭区抚恤统计表

表 20-7

年份	60 岁退伍兵（人）	60 岁退伍兵标准（兵龄／每月／元）	60 岁烈士子女（人）	60 岁烈士子女（年标准）
2011	2507	10	\	\
2012	1492	10	142	1560
2013	1503	10	152	1560

优属

1989 年，全区非农业户口义务兵 57 户，农业户口义务兵 885 户。2001 年，全区有重点优抚对象 2598 人，优抚标准大幅度提高。2003 年，农村义务兵优待标准为每年 1000 ~ 2000 元，城镇义务兵优待标准为每年 800 元。2013 年，城乡义务兵优待金标准每人每年 10415 元。

1989—2013 年寒亭区优抚统计表

表 20-8

年份	义务兵（户）	优抚对象（人）	发放金额（万元）
1989	942	16307	98.7
1990	525	15890	110.3
1991	781	16146	129.6
1992	493	15858	140.1
1993	505	13966	143.3
1994	488	13047	184
1995	467	13111	214.9
1996	406	13280	225.5
1997	392	13271	263.5
1998	399	13264	343.9
1999	356	13312	320.7
2000	368	13468	411.3
2001	381	2598	433
2002	371	2561	476
2003	356	2473	685
2004	311	2417	738.6
2005	266	2450	678

续表 20-8

年份	义务兵（户）	优抚对象（人）	发放金额（万元）
2006	272	2368	829
2007	290	2434	1151.9
2008	293	2230	1222.2
2009	277	1852	1389.3
2010	249	1671	1351.8
2011	247	4113	1332.8
2012	264	3003	1950.5
2013	263	2669	1426.8

拥军

1989 年以后，寒亭区继续发扬拥军优属传统，每年春节、“八一”期间，都开展走访慰问驻潍驻寒部队、一至四级残疾军人等活动，听取官兵意见和建议，解决部队子女上学、家属就业等实际问题。1996 年，寒亭区被市委、市政府和潍坊军分区授予“双拥模范区”称号。1998 年 3 月，寒亭区成立“维护军人军属合法权益巡回法庭暨维护军人军属合法权益法律咨询服务站”，用法律维护军人军属合法权益。2000 年，寒亭区被全国双拥领导小组和民政部评为“爱心献功臣行动”先进单位。2005 年，区委、区政府对参加中俄联合军事演习中方部队进行慰问。2008 年，区委、区政府走访 25 名抗震救灾官兵。2009 年，某集团军拉练途经寒亭，区委、区政府组织对部队官兵进行走访和慰问。

第二节 安 置

退役士兵

1996以前，寒亭城镇退役士兵由潍坊市统一安置，1996年开始由寒亭区政府安置。1998年，符合安置条件城镇退役士兵待分配期间，享受区内当年城镇居民最低生活保障待遇。2003年，实行退役士兵自谋职业政策，对自谋职业的城镇退役士兵给予资金补助。2003—2006年，自谋职业补助金标准为城镇义务兵1万元、转业士官2万元；2007年，城镇义务兵提高至1.5万元、转业士官2.5万元；2008—2012年，城镇义务兵提高至2万元、转业士官3.2万元；2013年，自谋职业补助金调整为城镇义务兵3.2万元、一期转业士官3.5万元、二期转业士官3.8万元、三期转业士官5.4万元、四期转业士官5.8万元。截至2013年，全区接收城镇退役士兵933名，其中安置事业单位153人、安置企业571人、自谋职业209人。

1996—2013年寒亭区接收、安置退役士兵统计表

表20-9

年份	接收人数	符合安置条件（人）		自谋职业（人）	自谋职业补助金额（万元）
		事业单位	企业单位		
1996	247	13	28	—	—
1997	198	15	82	—	—
1998	193	14	71	—	—
1999	241	7	85	—	—
2000	199	14	64	—	—
2001	193	10	53	—	—
2002	170	12	42	—	—
2003	160	12	37	24	37.2
2004	181	12	29	29	37.9
2005	120	7	14	19	21.2
2006	118	5	16	12	16
2007	99	7	13	7	10.5
2008	162	5	14	19	42.3
2009	141	4	9	21	50.4
2010	126	6	4	19	46.4
2011	131	4	5	25	57.2
2012	125	4	3	22	51.3
2013	130	2	2	12	48.1

军队离退休干部安置

1985年7月，成立寒亭区军队离休退休干部休养所（以下简称区军休所），隶属区民政局。1994年12月，区军休所升格为副科级，配备图书室、娱乐室、学习室、健身房等学习活动场所。军队离、退休干部享受与当地同职级干部相同的阅读文件和听报告权利，受邀参加重大节庆活动，定期召开座谈会。2006年，寒亭区投资150多万元对区军休所干部居住环境、活动场所和设施进行改造，新建1处600平方米活动中心，1处1000平方米草坪花园，1处标准门球场及其他健身器材；对军休所院内水、电、暖设施进行综合改造。

1988年底，接收安置军队离休退休干部28名。1991—2013年接收安置12名。至2013年年底，全区有军队离休干部8名、退休干部10名、退休志愿兵11名。

第三节　烈士褒扬

寒亭区烈士陵园

1957年开始建设，1973年基本建成，占地29亩，建筑面积5000余平方米。1989年，完成刘英烈士纪念碑建设。2008年年初，寒亭区投资700万元进行陵园改造。改造后的烈士陵园占地20亩，安葬烈士602名。其中在陵园中央新建2000多平方米综合革命烈士纪念馆，分上下两个展厅，一楼展厅是从大革命时期至解放战争时期和社会主义革命建设时期烈士事迹介绍，二楼展厅是潍县战役事迹展。在革命烈士纪念馆两侧，分别建有一组英烈长廊；在纪念馆东侧新修无名烈士墓1座，在纪念馆西侧建有刘英烈士纪念碑。2009年，中共潍坊市委宣传部、寒亭区委宣传部在陵园设“潍坊市爱国主义教育基地”“寒亭区爱国主义教育基地”。2010年4月，潍坊市关工委、寒亭区关工委在陵园设“潍坊市关心下一代工作委员会革命传统教育基地”“寒亭区关心下一代工作委员会革命传统教育基地”；潍坊市委党史研究室、寒亭区委党史研究室在陵园设“潍坊市党史教育基地”“寒亭区党史教育基地”。2012年，投资22.6万元，对散葬烈士墓进行迁移、整合、修缮，将散葬在外的烈士墓迁进陵园集中管理，共迁入157座。至2013年年底，有烈士墓759座。

蔡家栏子起义纪念碑

蔡家栏子起义纪念碑位于蔡家栏子村东。

蔡家栏子起义发生在1938年1月27日拂晓，华疃、高里、清池、牟家温庄、耿家小官庄、固堤等村约300人在蔡家栏子村举行起义，整编为三个中队，组建国民革命军第八路军鲁东游击队第七支队，揭开了潍县抗日武装斗争的序幕。

2011年3月30日，为纪念蔡家栏子起义，寒亭区投资65万元建成占地2000平方米的纪念碑。碑基高1.938米，碑身高12.7米，象征“1938年1月27日”；碑身正面刻有“蔡家栏子起义纪念碑”烫金大字，碑基正面用阴文镌刻碑文，背面镌刻能查证的86名起义人员姓名。

图20-2　每年清明节，社会各界都组织祭扫烈士墓。（2013年）

第五章 社会组织管理

第一节 社会团体

1991年4月成立寒亭区社团登记办公室，2002年更名为寒亭区民间组织管理办公室，2008年更名为寒亭区社会组织管理办公室。至2013年年底，全区注册社会团体45个（包括1986年12月成立的寒亭区老年人体育协会）。

1993—2013年寒亭区社会团体一览表

表20-10

序号	单位名称	统一社会信用代码	登记时间
1	寒亭区个体私营企业协会	51370703MJE4157454	1993.03
2	寒亭区乡镇企业家协会	51370703MJE415817W	1993.03
3	寒亭区消费者协会	51370703MJE415753Y	1993.03
4	寒亭区书法家协会	51370703MJE4160000	1993.03
5	寒亭区计生协会	51370703MJE4158092	1993.03
6	寒亭区集邮协会	51370703MJE415761R	1993.06
7	寒亭区养蜂协会	51370703MJE415788H	1997.08
8	寒亭区固堤镇西瓜协会	51370703MJE415729E	1997.08
9	寒亭区老年书画家联谊会	51370703MJE41577XH	1998.04
10	潍坊华通食品有限公司员工持股联合会	51370703MJE415796C	1999.06
11	潍坊市鑫盛达百货有限公司员工持股会	51370703MJE4155697	2000.10
12	寒亭区收藏协会	51370703MJE415630X	2001.06
13	寒亭区开元果业协会	51370703MJE4157379	2003.09
14	寒亭区河滩镇萝卜协会	51370703MJE415833J	2004.06
15	寒亭区寒亭街道瓜果协会	51370703MJE415884T	2005.07
16	寒亭区寒亭街道蔬菜协会	51370703MJE4158685	2005.12
17	寒亭区民间艺术协会	51370703MJE4158760	2005.12
18	寒亭区基督教三自爱国委员会	51370703MJE4156148	2006.05

续表 20-10

序号	单位名称	统一社会信用代码	登记时间
19	寒亭区特色农业科技协会	51370703MJE415892M	2006.10
20	寒亭区寒亭街道黄金梨协会	51370703MJE415905B	2006.11
21	寒亭区南孙乡瓜菜协会	51370703MJE4159136	2007.04
22	寒亭区慈善总会	51370703MJE4154541	2007.06
23	寒亭区人文自然遗产保护与开发促进会	51370703MJE415710H	2007.12
24	寒亭区作家协会	51370703MJE4155772	2008.09
25	寒亭区高里镇甜瓜协会	51370703MJE4159211	2008.11
26	寒亭区餐饮协会	51370703MJE4156816	2009.06
27	寒亭区杨家埠民俗旅游协会	51370703MJE41593XQ	2009.08
28	寒亭区花卉协会	51370703MJE415702N	2009.11
29	寒亭区志愿者协会	51370703MJE415649T	2010.05
30	寒亭区喜庆协会	51370703MJE415948Q	2010.11
31	寒亭区自行车运动协会	51370703MJE415462U	2011.05
32	寒亭区果树行业协会	51370703MJE4160780	2011.07
33	寒亭区摄影家协会	51370703MJE416043D	2011.08
34	寒亭区内部审计协会	51370703MJE4159804	2011.09
35	寒亭区音乐舞蹈家协会	51370703MJE415470N	2011.11
36	寒亭区乒乓球协会	51370703MJE415956K	2012.08
37	寒亭区电子竞技协会	51370703MJE4154466	2012.09
38	寒亭区老年科技工作者协会	51370703MJE415825P	2013.03
39	寒亭区非物质文化遗产柳毅山文化研究会	51370703MJE415964E	2013.04
40	寒亭区围棋协会	51370703MJE4159729	2013.04
41	寒亭区禹王台历史民俗文化研究会	51370703MJE41542XB	2013.09
42	寒亭区世清萝卜协会	51370703MJE415593P	2013.09
43	寒亭区社会工作者协会	51370703MJE415542F	2013.12
44	寒亭区健身协会	51370703MJE4159991	2013.12

第二节　民办非企业单位

2001年，固堤镇敬老院成为寒亭区第一家民办非企业单位。至2013年，全区共有民办非企业单位55家。

2001—2013年寒亭区民办非企业单位登记一览表

表20-11

序号	单位名称	统一社会信用代码	登记时间
1	寒亭区固堤镇养老院	52370703MJE4183489	2001.07
2	寒亭区南孙乡敬老院	52370703MJE4183564	2001.07
3	寒亭区高里街道高里社区敬老院	52370703MJE418321H	2002.07
4	寒亭区劳动事务代理中心	52370703MJE4177325	2002.08
5	寒亭区朱里街道敬老院	52370703MJE4188234	2002.12
6	寒亭区郑板桥书画艺术研究院	52370703MJE418276G	2003.03
7	寒亭区振国培训学校	52370703MJE417636U	2003.07
8	寒亭区杨家埠画院	52370703MJE4174412	2003.08
9	寒亭区渤海书画院	52370703MJE418268M	2005.01
10	寒亭区劳动就业培训学校	52370703MJE418364Y	2005.06
11	寒亭区诚信投保人俱乐部	52370703MJE41825XM	2005.07
12	寒亭区杨家埠木版年画院	52370703MJE4175643	2006.06
13	寒亭区固堤街道泊子社区敬老院	52370703MJE418241X	2006.07
14	寒亭区劳动技能培训中心	52370703MJE41745XR	2006.11
15	寒亭区体育运动学校	52370703MJE4182333	2008.02
16	寒亭区酷点健身俱乐部	52370703MJE4182258	2009.09
17	寒亭区社会福利中心	52370703MJE418217D	2009.10
18	寒亭区永成法律服务所	52370703MJE417951F	2009.12
19	寒亭区基督教高里老人护理院	52370703MJE418209J	2010.06
20	寒亭区体育广场健身娱乐中心	52370703MJE417599M	2011.04
21	寒亭区跆格跆拳道俱乐部	52370703MJE4175050	2011.06
22	寒亭区红歌合唱团	52370703MJE41876X3	2011.06
23	寒亭区丰华医院	52370703MJE417775J	2011.07
24	寒亭区寒亭棋院	52370703MJE418196W	2011.10
25	寒亭区博文教育培训学校	52370703MJE4181882	2011.10

续表 20-11

序号	单位名称	统一社会信用代码	登记时间
26	寒亭区新星文化培训学校	52370703MJE4176799	2011.11
27	寒亭区丰泽园老人安养中心	52370703MJE41817X2	2012.01
28	寒亭区新阳光幼儿园	52370703MJE417708L	2012.04
29	寒亭区精准家庭教育培训学校	52370703MJE417572X	2012.09
30	寒亭区星光艺术团	52370703MJE418161A	2012.11
31	寒亭区星河培训学校	52370703MJE417513T	2012.12
32	寒亭区环球教育培训学校	52370703MJE4179194	2013.01
33	寒亭区龙门教育培训学校	52370703MJE41753XD	2013.01
34	寒亭区天英培训学校	52370703MJE417548D	2013.01
35	寒亭区灵光养老院	52370703MJE418153F	2013.03
36	寒亭区万德福英语培训学校	52370703MJE418145L	2013.04
37	寒亭区龙佳足球俱乐部	52370703MJE417871U	2013.05
38	寒亭区晨曦幼儿园	52370703MJE417484F	2013.05
39	寒亭区童星少儿艺术团	52370703MJE4175568	2013.05
40	寒亭区新时尚健身俱乐部	52370703MJE417716F	2013.06
41	寒亭街道商城社区卫生服务站	52370703MJE418137R	2013.07
42	寒亭街道镜湖社区卫生服务站	52370703MJE417724A	2013.07
43	寒亭区旅游开发区小博士幼儿园	52370703MJE418129Y	2013.07
44	寒亭区康泰日间照料中心	52370703MJE4181102	2013.08
45	寒亭区通亭街社区养老中心	52370703MJE417644N	2013.08
46	寒亭区通亭街社区日间照料中心	52370703MJE4176281	2013-08
47	寒亭区新希望培训学校	52370703MJE4176874	2013.08
48	寒亭区呆呆轮滑俱乐部	52370703MJE417660C	2013.08
49	寒亭区博林成才教育培训学校	52370703MJE417767P	2013.08
50	寒亭区胥真舞蹈艺术培训学校	52370703MJE417898K	2013.09
51	寒亭区捷安特骑迹单车俱乐部	52370703MJE417492A	2013.10
52	寒亭区知行文化教育培训学校	52370703MJE417839G	2013.10
53	寒亭区顺康体育羽毛球俱乐部	52370703MJE4181027	2013.10
54	寒亭区优看培训学校	52370703MJE41761X1	2013.10
55	寒亭区泓德教育培训学校	52370703MJE41788XK	2013.12

第六章 公共事务管理

第一节 管理机构

1989年，寒亭区民政局设财务、优抚、社会、民政、信访5个股，辖基层政权建设、退伍军人安置、地名3个办公室和区军休所、区殡仪馆。1991年4月，成立区社团登记办公室。1993年12月，区烈士陵园划归区民政局管理。2010年2月，成立区社区管理办公室。2012年11月，成立区婚姻登记管理处。2013年，区民政局设办公室、优抚计财科、综合科3个科室，核定行政编制13人；辖区军休所、区烈士陵园、区社区管理办公室、区婚姻登记管理处4个事业单位。

第二节 婚姻登记

1985年，婚姻登记工作由乡镇政府负责，业务由区民政部门统一管理。1997年，《山东省婚姻登记管理办法》实施，婚姻登记由区民政局负责办理。2009年，区民政局被民政部授予"全国婚姻登记规范化单位"称号。2012年11月，成立寒亭区婚姻登记管理处，编制3人，负责全区婚姻登记工作。

1989—2013年，结婚登记数量每年维持在2200～3500对，变化不大。离婚数量呈逐年增长趋势，1989—1994年每年离婚不到20对，1995—2004年每年离婚100对左右，2005年离婚191对，2006年超过200对，其中2011年比上年增加128对，2013年离婚697对。

1989—2013年寒亭区婚姻登记统计表

表20-12

年份	结婚（对）	离婚（对）
1989	2916	6
1990	2281	5
1991	2709	7
1992	3244	4
1993	3369	12
1994	3632	16
1995	3288	25
1996	3511	38
1997	3151	67
1998	2807	55
1999	2691	57
2000	2630	77
2001	2181	89
2002	2352	101
2003	2670	93
2004	3027	105
2005	2500	191
2006	2862	219
2007	2580	221
2008	2594	297
2009	3452	326
2010	3490	360
2011	3982	488
2012	3691	579
2013	3277	697

第三节　殡　葬

1984年，潍县火化场改称寒亭区殡仪馆，位于寒亭区寒清路27号，设主任1名，定编12人。1994年1月，潍城区殡仪馆与寒亭区殡仪馆合并，组建成立潍坊市殡仪馆，为副县级单位，设主任1名、副主任2名，定编25人，为自收自支事业单位。2003年6月，潍坊市殡仪馆与昌邑市殡葬管理所重组，合并为潍坊市第一殡仪馆，迁至昌邑市。

2009年，寒亭区投资400余万元建成寒亭区人民纪念堂，为寒亭户籍逝者提供骨灰免费寄存。纪念堂占地20亩，建有骨灰陈列堂、祭奠区、档案室、办公区等，建筑面积1500平方米，设计格位1万个。2013年1月，根据《潍坊市免除基本殡葬服务费用实施办法》，寒亭区实行基本丧葬费免除，减免补助标准为每人1100元，减免补助政策覆盖率100%。全区亡故2490人，免除费用212.69万元。

至2013年年底，全区有寒亭区人民纪念堂1处、村级公墓（骨灰纪念堂）335处、殡仪车26辆。

第四节　收养管理

2000年，寒亭区开始收养办理工作，收养类型主要有社会弃婴、社会孤儿、三代以内同辈旁系血亲或其子女、福利院抚养的弃婴、社会福利机构和非社会福利机构抚养的查找不到生父母的儿童等。当年办理27件，其中社会弃婴26件、社会孤儿1件。至2013年，全区共办理收养登记325件。

2000—2013年寒亭区收养统计表

表20-13

年份	件数
2000	27
2001	17
2002	34
2003	44
2004	28
2005	20
2006	26
2007	24
2008	29
2009	37
2010	20
2011	6
2012	6
2013	7

第五节　地名与勘界

地名管理

1989年12月，寒亭区地名志编纂委员会编纂出版《寒亭区地名志》，规范区内乡（镇）、村名称。1990年年底，区地名管理办公室完成地名补查和资料更新。1991—1992年，在城区设置街路、门牌；全区85%自然村设置村名标志。1999年1月，在境内国、省道两侧设街路牌。2003年11月，区民政局地名档案室晋升为省二级档案室。2005年11月，《潍坊市寒亭区地名资料汇编》出版，收编各类地名信息617条，内容涵盖全区政区、居民地、自然地理实体、人工建筑、企事业单位、名胜古迹及纪念地等各类地名的标准名称、地理位置、历史沿革、辖属关系、形貌特征、现状概况等。2008年9月，霞飞路更名为亚星路，上港路更名为百汇路。2009年9月，全区门楼牌日常管理移交给潍坊市公安局寒亭分局管理。2011年8月，寒祥街更名为祥亭街。

边界勘定

1997年，寒亭区成立边界勘定小组，对边界进行勘定。寒亭昌邑线，坊子—寒亭—昌邑三交点界桩起，至寒亭昌邑线7号界桩止，长107.72千米，埋设界桩12个；寒亭坊子线，朱里街道大杨家西村07030704705界桩起，至坊子区九龙街道袁家070307040786sab界桩止，长33.18千米，埋设界桩4个；寒亭奎文线，潍城—寒亭—奎文三交点界桩起，至坊子—寒亭—奎文三交点界桩止，长23.16千米，埋设界桩4个；寒亭潍城线，潍城—寒亭—寿光交汇点起，至潍城—寒亭—奎文交汇点止，长29.50千米，埋设界桩3个；寒亭寿光线，寒亭—寿光—潍城三交点界桩起，至寒亭寿光海域管理线01号界桩止，长103.98千米，埋设界桩11个。2000年5月，寒亭区与相邻市、区5条县级边界勘定结束，边界线全长297.544千米。

2001—2013年，寒亭每年联合昌邑、坊子、奎文、潍城、寿光进行边界联检。

第二十一编　人力资源和社会保障

DI ER SHI YI BIAN　REN LI ZI YUAN HE SHE HUI BAO ZHANG

1989 年以后，寒亭人事制度进行一系列改革：开展企事业单位干部聘任制改革试点；推行国家公务员制度；大中专毕业生安置就业以市场配置为主，政府不再实行计划分配；事业单位工作人员面向社会，通过考试择优录用；在机关事业单位实行试用制、聘任制以及竞争上岗等措施，转变用人导向。至 2013 年，人事管理逐渐走向科学化、制度化、规范化。为推动经济发展，寒亭区出台人才引进政策，提供全方位服务，确保高层次人才引得进、留得住、用得好，至 2013 年全区共引进高学历人才 110 名。1989—2013 年，拓宽就业渠道、提高就业率是这一时期主要工作，通过提供职业介绍、职业指导、技能培训、劳动保障等服务，采取就业培训、创业培训、创业比赛等方式以及设立创业基地等手段，增加失业职工、大中专毕业生、返乡农民工、失地农民就业创业。2013 年，全区城镇新增就业 6820 人，就业困难人员就业 296 人，城镇登记失业率控制在 2.63% 以内。

社会保险等保障种类日益丰富，社会保障体系日趋完善。1992 年 12 月，寒亭区被评为“全国农村社会养老保险先进县”。

第一章　人　事

第一节　机　构

1988 年 7 月，寒亭区劳动人事局撤销，分别成立寒亭区劳动局（以下简称区劳动局）和寒亭区人事局（以下简称区人事局）。区人事局与区机构编制委员会办公室（以下简称区编办）合署办公，区编办为正科级行政单位，没有单独编制，业务由区人事局承担。1994 年 1 月，成立寒亭区机关事业单位社会保险事业处，为副科级事业单位，隶属区人事局管理。1997 年 3 月，成立寒亭区公务员培训中心，为股级差额拨款事业单位；12 月，成立寒亭区人才开发服务中心，为自收自支事业单位。1999 年，区机关事业单位保险处划归区劳动和社会保障局。2005 年，区人才开发服务中心撤销。2007 年 12 月，成立寒亭区人事争议仲裁委员会办公室，为副科级事业单位。

2010 年 2 月，设立寒亭区人力资源和社会保障局（挂寒亭区外国专家局牌子），为区政府工作部门，不再保留区人事局、区劳动和社会保障局，整合原区人事局、区劳动和社会保障局、区老龄委员会办公室（以下简称区老龄办）职能，划入区人力资源和社会保障局（以下简称区人社局）。区编办单独设置，列党委机构序列。区人社局设办公室、就业促进科、专业技术人员管理科、劳动关系科、工资福利科、社会保险科、事业单位人事管理科、区老龄办、区公务员管理办公室。2011 年 4 月，区人事争议仲裁办公室、区劳动争议仲裁院合并，组建区劳动人事争议仲裁院，隶属区人社局，为副科级事业单位。2013 年年底，区人社局设办公室、就业促进科、专业技术人员管理科、劳动关系科、工资福利科、社会保险科、事业单位人事管理科、区老龄办、区公务员管理办公室，核定行政编制 19 名；配局长 1 名、副局长 2 名，外国专家局局长 1 名，区公务员管理办公室主任 1 名。

第二节 人事制度改革

1992年，全区进行企事业单位干部聘任制改革试点，分别于7月和10月，通过考试为事业单位和全民所有制企业招收聘用制干部。1996年7月，寒亭区推行国家公务员制度。1998年10月，对新提拔非经选举的党群机关副职、政府序列部门副职及非序列部门正副职（含相应职务）实行试用制，对事业单位正、副职实行聘任制，机关事业单位中层干部一律实行竞争上岗。2002年7月，加快推进事业单位人事制度改革，落实人事部《关于在事业单位试行人员聘用制度的意见》，试行人员聘用制度。2006年1月，贯彻实施《中华人民共和国国家公务员法》；根据人事部《事业单位公开招聘人员暂行规定》，对事业单位新进人员，除国家政策安置、按干部人事管理权限由上级任命及涉密岗位等确需使用其他方法选拔任用人员外，一律实行公开招聘。2007年6月，实施国务院《行政机关公务员处分条例》，规范行政机关公务员行为，保证公务员依法履行职责。2012年9月，根据人社部、监察部印发《事业单位工作人员处分暂行规定》，规范事业单位工作人员行为，保证工作人员依法履行职责。

第三节 干部队伍

来源

1989年以后，考试录用、吸收录用、聘用（选聘）干部及军队转业干部安置是寒亭区干部主要来源。

考试录用　从1992年开始，从企事业单位中考试录用干部，至1996年年底考试录用45名。1997年，全区实行公务员制度后，新录用国家公务员必须进行严格考试，当年考录国家公务员34人。1998年以后，面向社会，为区直部门、乡镇（街道）考录公务员、事业单位工作人员及教育系统、卫生系统招录专业技术人员，至2013年共考试录用951人。其中2006年面向全市公开招考7名专业人才，充实到区国库集中支付中心和区财政投资评审中心；2009年招考4名退役士兵，分配到事业单位；2012年从“三支一扶”大学生和大学生村干部中，公开招考街道定向职位5人。

吸收（转干）录用　1991年7月，从区直机关优秀工人中吸收录用干部6人。1996—2002年，根据市人事局《关于从民办教师中选招公办教师的通知》精神，分四批选招公办教师696名。1994—2003年，根据省、市人事部门规定，有19名乡镇选聘合同制干部转为正式干部。2000年、2001年、2003年，分别吸收录用2名、8名、1名国家统一招生计划内毕业生为国家干部。2004年开始不再吸收转干。

选聘和聘用　1991年10月，全区有选聘合同制干部191名，都在乡镇工作。1992年7月和10月，分别从乡镇站所工人中考试录用聘用制干部，聘期3年，聘用期间享受同级干部待遇；聘用制干部聘用合同期满，因工作需要，可以办理续聘手续。至2003年年底，累计聘用干部1828人，其中事业单位1126人、企业702人；合计续聘2121人次，其中事业单位1397人次。2008年1月开始，停止从工人、国家不包分配大中专毕业生、市级以上民营企业家等人员中聘用干部，停止办理吸收录用乡镇选聘合同制干部为国家干部的审批工作。

军队转业干部　1989—2000年，军队转业干部按计划进行安置。2001年，军队转业干部实行计划分配和自主择业相结合方式安置，在部队担任团级职务或者担任营级职务且军龄满20年的军队转业干部，可以选择计划分配或者自主择业方式安置。至2013年年底，全区接受191名部队转业干部，其中，安置180人，自主择业11人。

1989—2013年寒亭区军队转业干部安置统计表

表21-1　　单位：人

年份	接收人数	转业干部在部队级别					安置去向			自主择业人数
		团职	营职	连职	排职	技术干部	企业	事业单位	行政机关	
1989	7	0	2	4	0	1	4	1	2	0
1990	9	1	2	3	0	3	5	3	1	0
1991	9	0	3	4	0	2	3	2	4	0
1992	7	3	0	4	0	0	1	5	1	0
1993	13	1	5	4	0	3	6	5	2	0
1994	8	2	4	0	0	2	2	1	5	0
1995	9	2	4	1	0	2	3	4	2	0
1996	5	2	1	0	0	2	2	2	1	0
1997	14	1	8	1	0	4	3	7	4	0
1998	5	0	2	2	1	0	0	5	0	0
1999	17	2	8	4	2	1	0	0	17	0
2000	17	1	8	5	0	3	0	0	17	0
2001	2	0	1	1	0	0	0	0	2	0
2002	3	0	2	1	0	0	0	0	3	0
2003	5	0	4	1	0	0	0	0	3	2
2004	9	0	6	2	0	1	0	0	8	1
2005	9	0	5	1	2	1	0	0	9	0
2006	10	0	6	2	0	2	0	3	5	2
2007	5	0	0	3	0	2	0	0	5	0
2008	5	2	1	2	0	0	0	2	3	0
2009	7	1	2	2	2	0	0	1	4	2
2010	5	0	3	0	1	1	0	0	3	2
2011	3	0	1	1	1	0	0	0	2	1
2012	4	0	2	2	0	0	0	0	4	0
2013	4	0	2	1	0	1	0	0	3	1

干部管理

调任　1989年以后，按管理权限划分，副科级及以上职务人员调动由区委组织部负责审批，一般人员调动由区人事局审批。1996年开始，事业单位工作人员不可以调入行政机关（调任除外）工作。2013年，从区外调入2人，调出14人；区内调动25人。

1989—2013 年寒亭区干部调动统计表

表 21-2　　单位：人

年份	区外调动		区内调动
	调入	调出	
1989	38	24	125
1990	36	27	142
1991	30	25	105
1992	29	33	106
1993	25	27	64
1994	18	33	51
1995	8	18	81
1996	12	11	42
1997	15	21	58
1998	8	18	24
1999	13	20	8
2000	4	1	20
2001	5	8	16
2002	4	7	37
2003	3	5	17
2004	2	0	10
2005	1	0	24
2006	5	1	15
2007	5	0	20
2008	8	2	37
2009	7	14	11
2010	10	7	26
2011	10	6	20
2012	17	14	21
2013	2	14	25

公务员过渡　1996 年 8 月，区委、区政府印发《寒亭区国家公务员制度实施方案》《关于机关现有工作人员向国家公务员和机关工作者过渡考核的实施意见》，开始推行公务员制度。至 1997 年 11 月，全区公务员过渡工作完成，党群、人大、政协等机关参照国家公务员制度管理工作也同步完成。列入实行公务员制度的单位 56 个，其中党群工作部门 17 个、区直政府部门 26 个、乡镇 12 个、街道 1 个；通过资格审查、过渡考试、考核，全区确定允许过渡 725 人，其中区直党群机关允许过渡 122 人、区直政府行政部门允许过渡 275 人、乡镇和街道党政机关允许过渡 328 人。

公务员登记　2006 年 1 月，全区经市公务员主管部门审批登记的公务员 642 人，其中党群部门 331 人、区直政府部门和镇街 311 人。2008 年 1 月开始，对符合公务员登记条件人员，每年进行一次日常登记，报市人事局审批。2010 年 2 月开始，报市人社局审批，将登记人员《公务员登记表》归入本人干部档案。

事业单位参照公务员法管理　2008 年，根据《潍坊市事业单位参照公务员法管理工作实施方案》《关于潍坊市奎文区等 12 县市区所属 208 个事业单位参照公务员管理的批复》文件精神，全区列入参照公务员法管理范围事业单位 13 个，经市公务员主管部门审批登记参照管理的事业单位工作人员 93 人。自 2008 年开始，对符合参照公务员管理登记条件人员，每年进行一次日常登记，报市人事局审批。2010 年 2 月开始，报市人社局审批后，将登记人员《参照公务员法管理单位工作人员登记表》归入本人干部档案。

年度考核

1995 年以前，全区沿用 1985 年区政府印发的《潍坊市寒亭区国家机关工作人员奖惩工作试行条例》，对党政群机关、行政性专业公司、行政性事业单位及其正式工作人员进行考评。1995 年以后，寒亭区按照潍坊市机关事业单位工作人员考核办法，对国家公务员（含机关工作者）、事业单位工作人员进行年度考核。考核一般在次年 1 月进行，考核内容包括德、能、勤、绩 4 个方面，考核结果分为优秀、称职、不称职（事业单位和机关工勤人员分为优秀、合格、不合格）3 个等次。2000 年，考核结果改为优秀、称职（合格）、基本称职（基本合格）、不称职（不合格）4 个等次。另有未定等次适用于按照规定受某种处分的人员和试用期人员。

1995—2013年寒亭区年度考核结果统计表

表 21-3　　单位：人

年份	行政机关						事业单位					
	参加考核人员	优秀	称职	基本称职	不称职	未定等次	参加考核人员	优秀	合格	基本合格	不合格	未定等次
1995	1154	176	973	0	0	5	5124	733	4180	0	0	211
1996	1195	175	965	0	0	55	5344	779	4253	0	0	312
1997	1393	203	1126	0	0	64	5726	847	4509	0	0	370
1998	1170	155	1002	0	0	13	5982	838	4898	0	0	246
1999	1212	157	1026	0	0	29	6216	866	5254	0	4	92
2000	1184	117	1059	1	0	7	6189	791	5276	25	1	96
2001	1097	200	883	1	0	13	6214	870	5135	12	0	197
2002	1008	150	806	1	0	51	6436	954	5432	11	0	39
2003	1066	165	872	0	0	29	6112	906	5165	6	1	34
2004	1080	160	900	2	0	18	6089	909	5147	1	0	32
2005	902	175	708	0	0	19	5689	855	4710	2	0	122
2006	862	193	649	0	0	20	6005	899	5024	1	0	81
2007	835	194	606	0	0	35	5870	890	4881	0	0	99
2008	796	175	603	1	0	17	5559	825	4668	5	0	61
2009	775	187	557	0	0	31	5474	807	4613	2	0	52
2010	742	145	569	1	0	27	5460	832	4535	6	0	87
2011	764	154	590	0	0	20	5282	611	4665	1	0	5
2012	748	174	552	0	0	22	4970	760	4115	2	0	93
2013	783	161	590	0	2	30	4824	741	3982	0	5	96

第四节　专业技术人员管理

职称评审

1991年以前，寒亭区专业技术人员管理由区科委负责，1991年划归区人事局负责。专业技术职务（职称）评审每年进行一次。晋升高、中级职称分别由省、市职称改革领导小组组建相应评委会评审，区职称改革领导小组办公室与各主管部门负责组织相关材料审核、呈报；晋升初级职称，由区职称改革领导小组组建初级评委会进行评审。1989—2013年，全区初级评审通过7340人、中级评审通过4602人、高级评审通过966人，共有12908人通过职称评审获得职称。

1989—2013年寒亭区专业技术人员统计表

表 21-4　　单位：人

年份	初级	中级	高级	总计
1989	2194	379	16	2589
1990	251	20	19	290
1991	393	28	2	423
1992	374	116	18	508
1993	736	313	47	1096
1994	554	246	66	866
1995	215	180	27	422
1996	325	117	24	466
1997	186	125	35	346
1998	180	118	23	321

续表 21-4

年份	初级	中级	高级	总计
1999	232	264	75	571
2000	206	293	73	572
2001	98	321	96	515
2002	251	298	115	664
2003	163	683	124	970
2004	101	256	63	420
2005	19	358	23	400
2006	72	162	19	253
2007	51	134	25	210
2008	32	97	28	157
2009	10	14	4	28
2010	7	14	3	24
2011	13	18	13	44
2012	417	15	12	444
2013	260	33	16	309

资格考试

1991 年，全区有 301 人报名参加专业技术人员资格考试，72 人取得专业技术资格。1992 年开始，专业技术人员考试分为专业技术资格考试和执（职）业资格考试，共 35 个专业。职称考试还有全国职称外语等级考试、全国专业技术人员计算机应用能力考试。至 2013 年，全区累计有 16924 人参加考试，有 3708 人取得资格。

1991—2013 年寒亭区专业技术人员资格考试统计表

表 21-5　　单位：人

年份	报名	取得资格
1991	301	72
1992	341	89
1993	360	101
1994	873	273
1995	427	123

续表 21-5

年份	报名	取得资格
1996	282	69
1997	279	67
1998	320	88
1999	377	95
2000	415	105
2001	391	102
2002	666	181
2003	772	217
2004	702	187
2005	686	183
2006	736	195
2007	725	188
2008	691	178
2009	736	203
2010	765	213
2011	782	245
2012	776	231
2013	813	303

职务聘任

1999 年以前，专业技术职务评审聘任实行评聘等额管理制度。1999 年，进行评聘分开试点。2000 年，对参加中、高级职称晋升评审实行指标控制，实行评聘分开管理，即资格评审与聘任分开。2003 年，对晋升中、高级职称不再实行指标控制，晋升条件增加计算机应用能力考试。2009 年开始，职称评审工作依据结构比例实行岗位设置管理，单位有空缺岗位的情况下推荐晋升高一级职务。

1989—2013 年寒亭区专业技术职务聘任统计表

表 21-6　　单位：人

年份	中级	高级	总计
1989	379	16	395

续表 21-6

年份	中级	高级	总计
1990	20	19	39
1991	28	2	30
1992	116	18	134
1993	313	47	360
1994	246	66	312
1995	180	27	207
1996	117	24	141
1997	125	35	160
1998	118	23	141
1999	264	75	339
2000	150	46	196
2001	0	0	0
2002	0	0	0
2003	0	0	0
2004	42	23	65
2005	274	245	519
2006	167	70	237
2007	171	42	213
2008	158	32	190
2009	207	18	225
2010	193	11	204
2011	186	13	199
2012	183	9	192
2013	206	33	239

继续教育

1991 年，寒亭区专业技术人员管理划归区人事局，负责组织全区企事业单位专业技术人员继续教育学习、考试，并为考试合格者发放继续教育合格证书。2013 年，根据市人社局印发《关于 2013 年全市专业技术人员继续教育公共科目学习的通知》，采取专业技术人员根据本人需求自主选学、参加考试相结合方式。考试合格发放潍坊市专业技术人员继续教育结业证书，专业技术人员凭证登记继续教育学分 20 分。至 2013 年年底，全区累计有 97426 人参加专业技术人员继续教育。

工人技术等级考核

1996—2002 年，全区组织 4 次机关事业单位工人技术等级培训考核。其中 1996 年 9 月，216 人参加 29 个工种考核；1998 年 6 月，146 人参加 9 个工种考核；2000 年，181 人报考 60 余个工种；2002 年 11 月，134 人参加考核，涉及 12 类、26 个工种。2008 年 6 月，123 人参加汽车驾驶员、中式面点师、计算机操作员、办公设备维修工、保管员、河道修防工、盐工、电工等大小 25 个工种考核；其中 51 人报考高级工、44 人报考中级工、28 人报考初级工。2011 年，141 人符合报考条件，涉及 27 个工种。

大中专毕业生按期定职

根据《潍坊市专业技术职务评审工作意见》，区人事局印发《关于正规全日制院校毕业生定职聘任工作的通知》，对国家教育部门承认的全日制院校毕业生（不含“五大”毕业生），见习期满并经考核合格，可直接确定相应专业技术职务（简称按期定职）。1989—2013 年，共有 3512 人通过按期定职获得职称。

第五节　人才工作

1984 年，成立寒亭区人才交流服务中心，事业编制 3 人。2012 年，区人才开发中心职责划转到区人才交流服务中心，编制调整为 12 人。区人才交流服务中心通过人才需求调查，将企业人才需求打印成册；开展人才市场中介服务，建立人才信息库和企业招聘信息库；按照区委、区政府《关于做好引进人才和人才使用的工作意见》，组织企业参加国家、省市各级人才交流活动，协助企业引进所需人才；不定期开展培训活动，涉及企业管理、会计、微机、法律等专业。至 2013 年共组织 34 次培训活动，培训 14654 人。

1989—2013 年寒亭区人才市场建设统计表

表 21-7

年份	人才需求（人）	求职登记（人）	就业（人）	组织（参加）人才交流活动（次）	引进（人）	组织培训（次）	培训参与（人）
1989	56	69	60	3	89	1	230
1990	57	85	69	2	92	2	310
1991	55	87	82	5	99	3	330
1992	59	97	89	3	106	2	300
1993	60	106	94	2	106	2	320
1994	63	158	96	4	114	2	338
1995	65	215	99	2	112	3	420
1996	68	356	100	2	115	3	420
1997	70	350	100	2	109	5	538
1998	70	450	104	2	112	2	450
1999	74	445	104	2	114	2	728
2000	77	450	114	3	120	0	0
2001	98	457	128	2	131	2	750
2002	102	444	47	4	125	0	0
2003	198	140	35	4	134	0	0
2004	229	142	15	4	155	0	0
2005	124	136	15	2	128	0	0
2006	135	125	28	9	132	0	0
2007	138	147	30	3	150	2	8220
2008	139	139	24	2	120	0	0
2009	145	105	29	3	235	2	1100
2010	149	100	31	2	241	1	200
2011	152	102	26	4	251	0	0
2012	156	99	32	3	261	0	0
2013	167	104	33	2	270	0	0

大中专毕业生就业创业服务

1997 年，高校毕业生就业实行学校推荐与自谋职业相结合。寒亭区成立大中专毕业生分配办公室，为离校未就业毕业生提供职业指导、就业信息服务，为就业困难高校毕业生提供“一对一”个性化就业服务，为毕业生提供档案托管、人事代理服务。2013 年，全区高校毕业生报到 889 人，其中人事代理 333 人。

1996—2013 年寒亭区大中专毕业生就业服务统计表

表 21-8　　单位：人、%

年份	报到	学历				派遣改派	二次派遣	人事代理	鉴证	就业率
		硕士及以上	本科	专科	中专					
1996	361	—	—	—	—	—	—	—	—	—
1997	494	0	22	118	354	0	0	0	0	51%
1998	595	0	42	73	480	0	0	0	0	53%
1999	729	0	48	115	566	0	0	0	0	33.7%
2000	396	0	29	30	337	0	0	0	0	55%
2001	317	0	30	39	245	0	0	0	0	65%
2002	288	0	44	52	182	0	0	0	0	67%
2003	220	0	71	59	90	26	22	32	17	81%
2004	198	0	55	41	102	54	22	78	21	88%
2005	426	0	124	135	167	86	38	48	56	95%
2006	509	5	159	209	136	245	85	150	72	94%
2007	627	7	263	241	116	293	125	180	141	95%
2008	578	13	220	275	70	12	41	210	53	95%
2009	756	13	127	99	18	9	171	245	180	84%
2010	608	25	235	320	28	23	228	281	261	89%
2011	540	28	195	277	40	9	129	301	138	90%
2012	412	30	104	258	20	18	116	315	134	90%
2013	889	60	235	589	5	52	232	333	284	95%

大中专自费生就业　1994 年，根据市人事局《关于对全市大中专自费生安置就业的实施办法》要求，大中专自费生由区人才交流服务中心负责就业安置。1994—2004 年，寒亭区大中专自费生企业安置 102 人、事业单位安置 153 人。2005 年开始，不再进行自费生安置。

三支一扶　2008 年，开始实施“三支一扶”（大学生毕业后到农村基层从事支农、支教、支医和扶贫工作）计划。寒亭区根据基层需要，主要招募支教和支医人员。2008—2013 年，寒亭区考录招募支教 26 人、支医 23 人。

大学生村干部　2008 年，寒亭区实施选聘高校毕业生到村任职（大学生村干部）计划。2008 年招录 20 人、2009 年招录 10 人、2010 年招录 49 人。

2008—2010年寒亭区大学生村干部考录统计表

表21-9 单位：人

年份	总数	寒亭街道	开元街道	固堤街道	高里街道	朱里街道	杨家埠旅游开发区
2008	20	3	3	4	5	4	1
2009	10	2	2	2	2	2	0
2010	49	10	11	9	8	8	3

公益性岗位就业　寒亭区做好公益性岗位开发，帮助就业困难高校毕业生实现就业，为他们发放工资、生活补助并交纳社会保险。2009年招聘9名、2013年招募41名高校毕业生到公益性岗位工作。

高校毕业生见习　2011年，根据《潍坊市高校毕业生就业见习计划实施方案》，寒亭区推荐三建集团、圆友重工、润华汽车、青辰国际、妇幼保健院5家企事业单位申报为市级就业见习基地，依托就业见习基地开发就业见习岗位，吸引离校未就业高校毕业生参与就业见习，并为他们提供生活补贴、缴纳意外保险，提高就业见习留用率和期满就业率。2009—2013年，每年组织100余名高校毕业生参加就业见习。

大学生创业　2011年，寒亭区实施大学生创业引领计划，帮助150多名高校毕业生实现自主创业。依托青辰国际大厦设立潍坊大学生创业园，吸引19名创业大学生入驻，为他们提供减免房租、免费创业培训、小额担保贷款和贴息、一次性创业补贴和一次性创业岗位开发补贴及国家规定的税收优惠政策。至2013年，每年组织100多名高校毕业生免费参加创业培训。

招才引智

1998年，为金港食品有限公司引进日本物产株式会社种植专家松岗秀雄，传授大姜种植技术；为海天盐化工公司引进华东理工大学、山东大学两名博士生，协助企业新上马三甲氧基甲苯生产线。

2002年开始，寒亭区组织企业申报国外专家组织项目和非专家项目，其中国外专家组织项目是指通过国家、省、市外国专家局联系外国专家组织引进外国专家项目，非专家项目是用人单位自主引进专家项目。2002—2013年，寒亭区上报专家项目30项、非专家项目28项。

2005年开始，寒亭区组织企业参加“百名博士潍坊行”系列活动，协助企业上报人才需求，帮助企业引进。至2013年，有68家企业参加活动，先后引进11名高学历人才。

2005—2013年寒亭区参加“百名博士潍坊行”活动统计表

表21-10

年份	2005	2006	2007	2008	2009	2010	2011	2012	2013
上报需求（人）	8	9	12	20	20	24	22	25	24
参与企业（个）	5	6	9	9	7	7	6	10	9
对接人才（人）	0	1	1	1	1	2	1	3	1

2008年，寒亭区开展黄河三角洲地区引进发展急需人才项目和山东半岛蓝色经济区人才发展项目，协助企业获省人社厅资金扶持。至2013年，累计获88万元扶持资金。

2008—2013 年寒亭区开展“蓝黄”两区人才引进项目统计表

表 21-11

年份	上报项目（个）	获批项目（个）	扶持资金（万元）
2008	1	1	3
2009	5	4	28
2010	6	4	17
2011	4	0	0
2012	5	4	40
2013	3	0	0

人事代理

1995 年开始，区人才交流服务中心开展人事代理工作，为代理人员办理调入调出、转正定级、调整档案工资、开具证明等服务。2013 年，代理 2988 人，为 87 人调整档案工资、80 人代办保险业务。

1995—2013 年寒亭区人事代理统计表

表 21-12　　单位：人、份

年份	代理人员	转正定级	调整档案工资	代办保险	开具证明
1995	31	—	—	—	—
1996	31	—	—	—	—
1997	113	10	34	—	24
1998	330	128	35	56	48
1999	630	119	28	43	48
2000	700	120	35	50	59
2001	760	243	254	57	92
2002	860	213	249	62	126
2003	1042	762	45	62	126
2004	1250	162	310	62	320
2005	1358	184	58	62	40
2006	1460	220	134	65	60
2007	1640	150	112	65	50
2008	1953	200	112	65	55
2009	2263	235	125	70	75
2010	2427	157	121	75	100
2011	2617	121	122	80	101
2012	2793	82	92	80	120
2013	2988	11	87	80	100

拔尖人才管理

2002年以前，区委组织部负责寒亭区选拔省、市拔尖人才工作，2002年职能划归区人事局。

省拔尖人才选拔推荐　省拔尖人才每两年选拔一次，管理期限为5年，每人每月发省政府津贴1000元。1995年，寒亭区第一棉油厂厂长吕文玉，被评为山东省专业技术拔尖人才。

市拔尖人才管理　市拔尖人才在管理期间，由市级财政每人每月发政府津贴600元。1993—2012年，在8次选拔中寒亭区有11人获市拔尖人才称号。

区级拔尖人才选拔　2011年，根据《潍坊市专业技术拔尖人才选拔管理暂行办法》，组织第一批寒亭区拔尖人才选拔，有19人入选。以后每两年选拔一次，管理期为4年。2013年，第二批有20人入选。区级拔尖人才在职称评聘、晋升、推荐市级拔尖人才人选时优先考虑。

潍坊市首席技师　潍坊市首席技师管理期为四年，管理期内由市财政每人每月发给政府津贴600元。至2013年12月，寒亭区3人被评为潍坊市首席技师。

“农转非”办理

1989年以后，继续实行知识分子家属户口“农转非”（农业户口转为非农业户口）政策。办理人数为1989年64人、1990年48人、1991年45人、1992年32人、1993年47人、1994年62人、1995年57人。1996年以后，不再办理“农转非”。

第六节　工资福利

工资

1989年至1993年9月，寒亭区继续执行1985年工资制度。1993年10月，寒亭区实施机关和事业单位工资制度改革，机关与事业单位工资制度脱钩。机关工作人员（不含工勤人员）实行职级工资制；事业单位专业技术人员工资由专业技术职务工资和津贴两部分构成，管理人员实行职务等级工资制；工人分为技术工人和普通工人，技术工人实行等级工资制，普通工人实行岗位（等级）工资制。全区列入改革范围6269人，人均月增资136元，月增资总额851724元。同时离休人员按同条件同职务在职人员增资额增发离休费，退休人员按同条件同职务在职人员增资额90%增发退休费，1703名离退休人员人均月增资139元。从1993年工资制度改革到2003年12月，全区进行11次工资调整。其中1995年、1997年、1999年、2001年正常晋升工资档次，1998年、2003年晋升工资级别，1997年、1999年、2003年调整工资标准，2001年2次调整工资标准。

2006年工资制度改革

公务员工资　改革公务员职级工资制，调整基本工资结构，由职务工资、级别工资、基础工资和工龄工资4项调整为职务工资和级别工资2项。公务员级别由15个调整为27个，每一职务层次对应若干个级别，每一级别设若干个工资档次。根据公务员所任职务、德才表现、工作实绩和资历确定级别和级别工资档次，执行相应级别工资标准。

事业单位人员工资　实行岗位绩效工资制度，由岗位工资、薪级工资、绩效工资和津贴补贴4部分组成。事业单位岗位分为专业技术岗位、管理岗位和工勤技能岗位。专业技术岗位设置13个等级；管理岗位设置10个等级；工勤技术工岗位设置5个等级，普通工岗位不分等级。不同等级的岗位对应不同的工资标准。专业技术人员和管理人员设置65个薪级，工人设置40个薪级，每个薪级对应一个工资标准。中小学教师、护士的基本工资提高10%。

机关工人工资　技术工人仍实行岗位技术等级工资制，基本工资为岗位工资和技术等级（职务）工资2项。普通工人仍实行岗位工资制，基本工资为岗位工资。

2006年工资制度改革至2007年5月结束，共审批单位158个，审批在职人员7176人、离退休人员2268人；为468人理顺工资关系。

福利

津贴、奖金和补贴 1993年工资制度改革前，党政群机关、事业单位工作人员普遍享受的奖金、津贴、补贴计18项。1989年后，新增加粮食提价补贴、两次职务（岗位）补贴、开放城市补贴、住公房提租补贴5项。教师（护士）教（护）龄津贴、中小学班主任津贴等补贴和津贴继续保留。1998年1月，根据省人事厅《关于对机关事业单位待遇项目进行简化归并和归类管理的通知》进行归并，归并后的津贴、补贴有6项，其中地方福利补贴每人每月125元、岗位津贴每人每月36元、三次职务（岗位）补贴、机关岗位责任制考评奖每人每月20元（仅限于机关人员）、水费补贴每人每月2元、住房提租补贴人均6.34元。

2006年、2009年1月、2009年11月、2011年5月、2013年1月先后5次调整机关公务员津贴补贴和事业单位工作人员岗位补贴标准。

假期 在寒亭区国家机关、人民团体和全民所有制企业、事业单位工作的固定职工，均按照国家有关规定，享有探亲假、年休假、婚假以及产假等法定假期。

丧葬补助、遗属抚恤及生活困难补助

1989年9月开始，国家机关、民主党派、人民团体、事业单位的干部职工（包括离、退休职工）逝世后，丧葬补助不分职务，每人500元，包干使用。2003年9月开始，丧葬费补助标准为1000元。

1989—2005年，全区有448人领取遗属抚恤；2006—2013年，全区有182人领取遗属抚恤。

1996年，遗属（死者生前供养的直系亲属）是非农业户口，生活困难补助每人每月80元，农业户口每人每月70元。1999年，非农业户口调整为每人每月170元，农业户口调整为每人每月75元。2005年前，全区有420人领取遗属补助。2005年开始，遗属生活困难补助不再分农村居民、城镇居民，每人每月补助按户籍所在地政府公布的城镇居民最低生活保障线标准执行。2005—2013年，全区有117人领取遗属补助。

第七节 离退休（职）办理

1989—2005年，机关事业单位工作人员到达离退休年龄（周岁），需要办理离休的，由组织、人事、老干部部门负责按规定办理有关手续。1989年1月—2005年12月，办理离休251人、退休2221人。机关事业单位人员离退休就地安置的，住房由原单位负责解决，一次性发给150元安家补助费；回农村安置的，由原工作单位一次性发给300元安家补助费。住房需要修缮或扩建、新建的，给予一定补助。2006—2013年，为1357人办理退休。

第二章 劳 动

第一节 机 构

1988年7月，寒亭区劳动局设区劳动服务公司、区社会劳动保险事业分处和区技工学校3个事业单位。1989年，各乡镇设立劳务站。1993年11月，乡镇劳务站撤销，区老龄办职能并入区劳动局。1998年10月，成立寒亭区再就业服务中心，为正科级事业单位，隶属区劳动局。1999年5月，区劳动局更名为区劳动和社会保障局，设办公室、劳动争议仲裁办公室、综合科、监察科。区机关事业单位社会保险事业处、农村社会养老保险事业管理处、医疗保险处划归区劳动和社会保障局管理。区劳动局承担的安全生产综合管理、职业安全监察职能，移交给区经贸委承担；锅炉、压力容器以及特种设备安全监察职能移交区质量技术监督局承担。2002年8月，成立区劳动保障监察大队，为副科级事业单位，隶属区劳动和社会保障局。同年，设置区老龄办，与区劳动和社会保障局合署办公。2003年3月，成立乡镇（街道）社会保障办公室；5月，区劳动服务公司更名为区就业办公室，由自收自支事业单位改为财政全额拨款事业单位。2007年12月，撤销区劳动争议办公室，设立区劳动争议仲裁院，为副科级事业单位，隶属区劳动和社会保障局。2010年2月，区劳动和社会保障局与区人事局职能整合，组建寒亭区人力资源和社会保障局。

第二节　劳动制度改革

劳动合同制度

1986年10月，全区企业统一实行劳动合同制。1992年11月，为加强劳动合同管理，全区对企业与职工签订的劳动合同进行鉴证。1995年，全面实施劳动合同制度，当年签订劳动合同1.8万余人。1996年，全区在私营企业和个体工商户中建立劳动合同制度，为1243人鉴证劳动合同。2006年，区劳动和社会保障局、区总工会、区经济贸易局、区中小企业局联合印发《寒亭区全面推进劳动合同制度三年行动计划实施方案》，提高用人单位与职工劳动合同签订率，当年为1942人鉴证劳动合同。2007年，为7013人鉴证劳动合同，全区各类企业劳动合同签订率91%。2008年，为14352人鉴证劳动合同。随着劳动用工备案办法实行，自2009年起不再进行劳动合同鉴证。2010年，实行劳动用工网上备案。2012年，全区578户小企业、职工1.86万人，签订劳动合同职工人数占职工总人数92%。2013年，劳动合同签订率97%。

劳动工资制度

岗位技能工资制度　1991年底，全区117家国有、集体企业全部实行工效挂钩（企业工资总额同经济效益挂钩，也称绩效考核）。1994年，全区开始实行技能工资标准，推进岗位技能工资制度。对全区120家企业的2.1万名职工进行技能工资标准套改，月增资总额246.4万元，人均月增资117元。1996年，全区企业普遍实行岗位工资制。2001年，根据《关于印发山东省企业职工岗位技能工资参考标准的通知》，全区企业根据工资指导线要求安排使用工资增量，进行工资分配改革，企业选择实行岗位技能工资制或适合本企业生产经营特点的分配办法。

最低工资保障制度　1994年10月，省政府实施最低工资保障制度。1995年，寒亭区指导监督企业执行最低工资标准。1995—2010年，省政府每两年调整公布一次企业最低工资标准。2010年以后，省政府每年调整公布企业最低工资标准。在最低工资标准发布后，寒亭区及时对相关信息进行转发，并督促企业执行最低工资标准。

1995—2013年寒亭区企业最低工资标准一览表

表21-13　　单位：元

执行时间	月最低标准	文件依据
1995年1月16日	180	潍政发〔1995〕8号
1996年9月1日	200	鲁政发〔1997〕2号
1999年7月1日	260	鲁政发〔1999〕95号
2001年7月1日	340	鲁政发〔2001〕68号
2002年10月1日	380	鲁政发〔2002〕79号
2005年1月1日	420	鲁政字〔2004〕932号
2006年10月1日	480	鲁政字〔2006〕216号
2008年1月1日	620	潍政字〔2008〕9号
2010年5月1日	920	鲁政字〔2010〕74号

续表 21-13

执行时间	月最低标准	文件依据
2011 年 3 月 1 日	1100	鲁政字〔2011〕33 号
2012 年 3 月 1 日	1240	鲁政字〔2012〕33 号
2013 年 3 月 1 日	1380	鲁政字〔2013〕39 号

工资指导线制度　1999 年，寒亭区开展劳动力市场工资指导价位制度试点，对各类职业（工种）工资水平进行调查、汇总、分析、修正，公布有代表性职业（工种）工资指导价位，规范劳动力市场供需双方行为。2002 年，根据《关于公布潍坊市 2002 年度部分职位（工种）劳动力市场指导价位的通知》，寒亭区首次公布 207 个职位（工种）劳动力市场指导价位。2004 年，寒亭区每年向社会发布企业工资指导线通知，各企业根据本单位经营效益，在基准线、上线、下线区域内合理确定工资增长幅度，自行调整本单位职工工资水平。2007 年开始，寒亭区每年向社会公布职位（工种）劳动力市场指导价位，指导企业合理确定工资总量和工资水平内部分配关系。

工资集体协商制度　2002 年，根据《关于进一步做好企业工资集体协商工作的意见》，寒亭区为保障劳动关系双方合法权益，推动开展劳资双方工资集体协商。2006 年，全区企业开始实行工资集体协商制度，就企业内部工资分配制度、工资分配形式、工资收入水平等事项，由职工代表与企业代表依法进行平等协商。至 2013 年年底，全区累计有 403 家企业签订工资集体协议书，涉及职工 2.1 万人。

工资调整　1988 年，实行技术工人考工晋级，为 3 家企业 846 名技术工人晋级，月增资总额 5700 元。1991 年，继续实行 3% 晋级奖励，干部和工人均按 3% 比例控制晋级奖励，36 家企业 783 名职工进行 3% 奖励晋级，月增工资总额 5800 元；为 26 家实行工资总额同经济效益挂钩的企业中的 3857 人给予滚动固定升级，月增资总额 3.12 万元。1994 年，寒亭区建立工资总额宏观调控机制，实行工资总额弹性计划，对不同类型企业工资总额实行分类调控。1999 年，寒亭区调整企业岗位工资、技能工资参考标准，将现行岗位工资参考标准起点提高 20 元，技能工资参考标准起点提高 30 元。2001 年，根据《山东省企业职工岗位技能工资参考标准》《关于 2001 年企业工资增长指导意见》，将现行岗位工资参考标准起点提高 20 元，由现行 13 个序号增加到 21 个序号，技能工资参考标准起点提高 15 元，由现行 6 个序号增加到 13 个序号。各企业以山东省政府定期公布的企业职工平均工资和全省企业工资指导线为标准，根据企业实际，实行自主分配。

第三节　人力资源管理

1986 年 11 月，设立寒亭区劳动服务公司，隶属区劳动人事局。1993 年 12 月，区劳动服务公司被确定为自收自支、定额上缴事业单位，2003 年 5 月更名为区劳动就业办公室，改为全额拨款事业单位。负责为下岗失业人员提供职业介绍、职业指导、失业保险、技能培训、劳动保障事务代理等就业服务。2013 年，区劳动就业办公室在职在编 17 人，配主任 1 名、副主任 3 名。

劳动就业

1989—1996 年，就业形势较好，全区失业率 3%。1997 年开始，下岗人员增多，就业压力增大。寒亭区通过拓展就业再就业渠道、完善和落实扶持政策、建立健全社会保障体系等措施，促进了劳动就业。2003 年，全区就业人数 2102 人，年末待业 937 人，城镇登记失业率 3.4%。

2005 年春节后，开展提供就业服务的“春风行动”，为劳动者提供就业岗位、政策咨询、技能培训等服务。2011 年 4 月，在高里街道农机市场举行潍坊市返乡农民工就业专场洽谈会暨实施关爱援助返乡农民工“春雨行动”，市、区劳动就业办公室组织 52 家用工单位现场招聘，向求职者提供就业岗位 2445 个；组织寒亭区农村富余劳动力和返乡农民工 2000 余人参加招聘会，689 人达成就业意向。同年 5 月，潍坊市城乡就业服

图 21-1 2009 年 4 月，区劳动和社会保障局开展就业服务“春风行动”。

务中心在商业村旧机动车交易市场建成使用，为企业和农村劳动力开展求职登记、用工备案、职业介绍、培训报名、创业指导等服务。中心占地 1.3 万平方米，建筑面积 4200 平方米，分为综合服务区和协调管理区；在二楼和三楼设立多功能培训室、技能培训室、创业培训室、创业专家指导室和创业成果展厅，开展创业就业培训，展示农村劳动力创业成果。

至 2013 年年底，全区城镇新增就业 6820 人，就业困难人员就业 296 人，城镇登记失业率 2.63%。

1989—2003 年寒亭区就业统计表

表 21-14 单位：人

年份	待业		就业	年末待业
	总数	当年新增		
1989	742	403	458	271
1990	1112	841	933	178
1991	592	414	407	164
1992	510	346	196	310
1993	1003	693	249	749
1994	1019	270	643	369
1995	480	111	204	249
1996	961	523	482	379
1997	598	219	349	192
1998	392	200	71	303
1999	428	125	105	323
2000	473	218	209	491
2001	742	251	209	533
2002	840	307	280	560
2003	3039	2479	2102	937

2004—2013 年寒亭区就业统计表

表 21-15

年份	城镇新增就业（人）	就业困难人员就业（人）	城镇登记失业率（%）
2004	2056	172	3.2
2005	2935	190	3.0
2006	5012	241	2.1
2007	4915	243	2.58
2008	4350	245	2.58
2009	4689	248	2.7
2010	5360	249	2.54
2011	5132	340	2.6
2012	8369	291	2.63
2013	6820	296	2.63

劳动事务代理

1997 年 7 月，为全区企业职工和从事个体私营经济以及自谋职业人员开展代管档案；代收代缴失业、养老、医疗等社会保险费，代办各项社会保险和退休手续；代办工资转正定级、工资晋升及职称材料申报；代办职工流动和招聘手续；出具档案中记载的相关证明材料及其他劳动事务代理业务。2002 年 8 月，成立寒亭区劳动事务代理中心。至 2013 年年底，管理档案 3.2 万份，为 1.2 万人办理劳动代理，为 6493 名代理人员办理退休手续。

第四节　职业培训与鉴定

职业培训

就业培训　1988 年 9 月，寒亭区就业训练中心成立。1989—1997 年，就业基础教育在区就业训练中心进行，专业培训在企业进行。1998 年开始，专业培训也由区就业训练中心承担。2005 年 5 月，成立寒亭区劳动技能职业培训学校，对失业职工、农村富余劳动力、新成长劳动力等人群进行就业技能培训和创业培训。2010 年 5 月，区政府办公室印发《关于进一步做好农民工培训工作的通知》，要求做好订单式培训、农民工定向培训，促进农村劳动力向非农产业和城镇转移。截至 2013 年年底，全区共培训 44315 人。

1989—2013 年寒亭区就业培训统计表

表 21-16

年份	就业培训（人）
1989	403
1990	841
1991	414
1992	346
1993	693
1994	270
1995	111
1996	523
1997	219
1998	200
1999	125
2000	218
2001	251
2002	307
2003	963
2004	2874
2005	3100
2006	3418
2007	3273
2008	3014
2009	5980
2010	4962
2011	3446
2012	5547
2013	2817

创业培训　2004 年开始，寒亭区积极发展个体企业，鼓励失业和待业人员自主创业，以创业带动就业。2004—2013 年，为创业人员开展创办企业、创业意识等创业培训，培训创业人员 4550 人。

创业大赛　2011年1月，寒亭区举办首届创业大赛，有53名创业者参赛，并推荐7名选手参加潍坊市决赛。2012年9月—12月，省人社厅、省广播电视台联合举办山东省首届创业大赛，寒亭区选拔推荐的膨胀玻化微珠保温防火砂浆及其制备技术推广和农业土壤修复及根结线虫防治2个项目进入决赛，分别获创业项目类一等奖和二等奖，获5万元和3万元创业基金奖励，并被纳入山东省创业项目库。2011—2013年，寒亭区每年都举办“创业在寒亭”创业大赛，累计有260余名创业者参赛；表彰奖励优秀创业者36名，发放奖励资金8万余元。

创业基地建设　2009年6月，区政府办公室印发《潍坊市创业孵化基地建设工作意见》。同年7月，市劳动和社会保障局、市财政局印发《关于建立“潍坊市创业孵化基地”的通知》，在开元街道驻地南1000米处规划建设潍坊市创业孵化基地。创业孵化基地占地30.68公顷，设立食品药品类、机械加工类、农副产品深加工类和休闲娱乐服务类4个项目区。当年入驻24家创业型企业，涉及机械加工、化工、塑料加工、环保设备、电子设备、服务等行业，用工人数约700人；创业群体多为失业职工、大中专毕业生、返乡农民工、失地农民。同年，创业孵化基地8家企业被授予“潍坊市创业示范企业”称号，获8万元岗位补贴和34万余元社保补贴。

职业技能鉴定

2002年5月，成立寒亭区职业技能鉴定中心，负责职业技能鉴定的组织、管理、协调、指导和实施。1989—2013年，为4万余人进行职业技能鉴定。

图21-2　2011年3月，寒亭区创业大赛颁奖暨房屋租赁补贴发放仪式举行。

1989—2013年寒亭区职业技能鉴定统计表

表21-17　　单位：人

年份	鉴定	职业资格等级		
		初级	中级	高级及以上
1989	243	243	0	0
1990	310	310	0	0
1991	458	458	0	0
1992	466	466	0	0
1993	552	552	0	0
1994	653	653	0	0

续表 21-17

年份	鉴定	职业资格等级		
		初级	中级	高级及以上
1995	763	763	0	0
1996	856	796	60	0
1997	896	853	41	2
1998	1120	1036	80	4
1999	1258	1139	110	9
2000	1325	1150	105	70
2001	1453	1210	153	90
2002	1521	1227	174	120
2003	1966	1655	185	126
2004	2011	1691	192	128
2005	2023	1692	201	130
2006	2142	1797	211	134
2007	2200	1811	215	174
2008	2560	2139	236	185
2009	2766	2232	323	211
2010	2856	2245	395	216
2011	3011	2367	412	232
2012	3205	2606	433	256
2013	3620	2889	453	278

第五节　仲裁和监察

劳动人事争议仲裁

1987 年 2 月，成立寒亭区劳动争议仲裁委员会，下设办公室。2007 年 12 月，撤销区劳动争议仲裁办公室，设立寒亭区劳动争议仲裁院，为副科级事业单位，编制 3 人，隶属区劳动和社会保障局；12 月，成立寒亭区人事争议仲裁委员会办公室，为副科级事业单位，编制 3 人，隶属区人事局。2009 年 4 月，成立寒亭区人事争议仲裁委员会，办公室设在区人事局。2011 年 4 月，区劳动争议仲裁委员会、区人事争议仲裁委员会整合，成立寒亭区劳动人事争议仲裁委员会；区人事争议仲裁办公室、区劳动争议仲裁院合并组建寒亭区劳动人事争议仲裁院，隶属区人社局，为副科级事业单位，编制 10 人。

1996 年 1 月，立案受理区电影发行放映公司一名职工诉单位拖欠工资一案，首次组成仲裁庭，通过开庭审理，裁决申诉人胜诉，此案在全区影响较大。随着人们维权意识提高，争议仲裁立案数逐渐增加。至 2013 年年底，区劳动人事仲裁共立案 659 件。

1996—2013年寒亭区劳动人事争议仲裁立案统计表

表21-18

年份	立案（件）	年份	立案（件）	年份	立案（件）
1996	15	2002	33	2008	32
1997	23	2003	23	2009	65
1998	27	2004	34	2010	38
1999	25	2005	48	2011	45
2000	23	2006	35	2012	54
2001	30	2007	41	2013	68

劳动保障监察

1997年2月，区劳动局成立监察科。2002年8月，区劳动保障监察大队成立，为副科级事业单位，隶属区劳动和社会保障局，定编5人，2008年增加编制4人，定编9人。2013年9月，各街道社会保障管理服务中心加挂劳动保障监察中队牌子，配备专（兼）职监察员，设中队长1人。

审查检查　通过日常举报投诉与巡查、专项检查、书面审查等方式，开展劳动监察。1997年，开展劳动监察执法月，巡查企业80户，查处违法案件12件，补签劳动合同800余份；实行定期和不定期书面审查，年检企业60家，责令存在违法行为的19家单位整改。1998—2001年，检查各类企业85户，为3家企业办理社会保险登记，为621名职工参保缴费，补签劳动合同550份；为315名职工办理用工手续。2002—2008年，检查用工单位395家，为142名职工办理招用手续，办理职业资格证书446人，补签劳动合同1055人，督促116家企业办理社会保险登记，追缴社会保险费45.6万元；下达责令整改通知书145份，督促用工单位补发拖欠职工工资160万元；查处违法案件585起，立案203起，全部结案。2010年2月，对从事职业介绍、劳务中介经营户进行排查，对3家无证无照劳务市场下达限期整改通知书；6月—7月，进行惩治非法用工专项行动，乡镇企业登记121户，涉及劳动者3230人，对66家企业下达责令改正指令书，为90人补签劳动合同。2011年7月，开展劳动用工和社会保险专项检查，检查用人单位120户，涉及劳动者8000人。2012年5月，指导用工单位新签劳动合同353人，劳动合同签订率90.5%；查处未缴纳社会保险案30件，依法责令改正；责令支付工资及补偿赔偿案17件，涉及金额7.8万元；督促社会保险登记25户，督促缴纳社会保险费5户。2013年，新办职业证书650份，新增社会保险登记20户，涉及人数550人。补签劳动合同800份，新增参保人数700人。

两网化（网格化、网络化）建设　2009年，寒亭区设立劳动保障监察二级网格1个、三级网格5个、四级网格50个，纳入网格管理用人单位600余户，整体纳入全市网格监管，形成“一个体系、两级执法、三级监管、四级网格、五级责任”两网化管理体系。2010年，纳入劳动保障监察软件系统用人单位400余家。2013年，街道监察中队共完成用人单位信息录入数1301户，完成率100%。

第六节　企业人员退休办理

企业人员退休

1989年以后，企业职工退休继续按照《国务院关于工人退休、退职的暂行办法》执行。2004年9月，新纳入养老保险统筹的城镇个体工商户等自谋职业者、采取灵活方式就业人员以及新招收的农民合同制工人退休的年龄，按照省劳动厅《关于贯彻执行劳动和社会保障部劳社部发〔2001〕20号文件中几个具体问题的通知》、劳动和社会保障部《关于完善城镇职工基本养老保险政策有关问题的通知》有关规定执行。2009年10月开始，企业职工病退、职工劳动能力鉴定工作，由市劳动能力鉴定委员会办公室统一组织实施，寒亭区只负责辖区内申请鉴定职工的报名、材料初审和相关服务工作。企业职工在到达退休年龄当月向区人社局提出退休申请，由区人社局审批。

1989—2013年寒亭区企业退休人数统计表

表21-19

年份	人数（人）	年份	人数（人）
1989	82	1992	129
1990	76	1993	146
1991	59	1994	101

续表21-19

年份	人数（人）	年份	人数（人）
1995	169	2005	629
1996	216	2006	643
1997	238	2007	653
1998	127	2008	615
1999	134	2009	848
2000	167	2010	820
2001	198	2011	1391
2002	353	2012	1681
2003	591	2013	1569
2004	732	—	—

企业退休人员遗属补助

2009年之前，企业退休职工遗属补助由企业统筹发放，2009年纳入社保统筹，遗属生活困难补助标准为每人每月220元，2012年7月调整到460元。2009—2013年，全区有705人领取遗属补助。

第三章　社会保障

第一节　机　构

1986年11月，成立寒亭区社会劳动保险事业分处，隶属区劳动局，定编5人，负责全区城镇企业职工社会养老保险、女职工生育保险、工伤保险。1994年1月，成立寒亭区机关事业单位社会保险事业处，为副科级事业单位，隶属区人事局，负责全区机关事业单位养老保险工作，定编6人。1994年5月，成立寒亭区农村社会养老保险事业管理处，为副科级事业单位，隶属区民政局，负责全区农村养老保险，定编6人。1995年9月，成立寒亭区医疗保险处，为副科级事业单位，隶属区卫生局，负责全区城镇职工基本医疗保险，定编5人。失业保险一直由区劳动局就业办公室负责。1999年5月，各保险处划归区劳动和社会保障局管理，领导职数、编制数不变。2009年1月，4个保险处合并，组建寒亭区社会保险事业管理中心，为正科级事业单位，隶属于区劳动和社会保障局，定编32人。2010年2月，区社保中心划归区人社局管理。

第二节　企业职工养老保险

保险金征缴　1987年9月，对企业固定职工离退休费用实行社会统筹，由企业按照固定职工工资总额按比例缴纳统筹基金。1992年，将城镇户口临时工纳入基本养老保险统筹。1993年1

月，实行固定职工个人缴费办法，个人均按工资实得总收入2%缴纳养老保险费，单位按职工缴费工资之和23%缴纳，个人缴费比例以后每两年提高一个百分点，最终达到8%。1996年1月，实行基本养老保险社会统筹与个人账户相结合新办法，为全部参保职工建立个人账户，打破企业所有制形式和职工身份界限，扩大养老保险覆盖面，涉及100余家企业、2万名职工。2008年9月，企业参保单位统一按五项社会保险征收，实现“五险一票征缴”，各项保险费缴费比例：养老保险单位缴纳18%，个人缴纳8%；医疗保险单位7%，个人2%；失业保险单位1%，个人0.5%；工伤保险0.2%~1.9%；生育保险1%。缴费基数按职工实得收入确定。

养老金发放　1996年1月，改革基本养老金计发办法，新参保职工退休后基本养老金由基础性养老金和个人账户养老金两部分组成。1997年，企业职工养老保险基金实行收支两条线管理，企业离退休人员养老金全部实行社会化发放，由原来企业代发改为由保险处通过银行或邮局直接发放。1999年1月，基本养老金计发实行新办法，养老保险金由基础性养老金、过渡性养老金、个人账户养老金、过渡性调节金4部分组成；个人投保年限累计满15年，达不到国家规定退休年龄，经医院证明、劳动鉴定委员会鉴定完全丧失劳动能力，可办理退职。2006年1月至2013年12月，按照《山东省完善企业职工基本养老保险制度实施办法》要求，退休计算待遇办法逐步过渡到基础性养老金、过渡性养老金、个人账户养老金；退职计算待遇办法由3部分组成，即基础性养老金、个人账户养老金、过渡性调节金。

1989—2013年寒亭区企业养老保险金收支统计表

表21-20

年份	参保（人）	征缴额（万元）	退休（人）	发放金额（万元）
1989	12047	341	1782	255
1990	12459	370	1903	297
1991	12783	488	1938	350
1992	17933	868	2196	424
1993	18762	992	2362	722
1994	19030	1202	2388	1050
1995	19623	1622	2649	1134
1996	19334	1765	2788	1246
1997	20335	2331	2832	1560
1998	19136	2280	3070	1805
1999	18892	1871	3040	1897
2000	18382	2032	3130	2053
2001	19030	2876	3299	2102
2002	19350	2923	3583	2728
2003	20489	3460	4107	2988
2004	21704	5413	4877	3494

续表 21-20

年份	参保（人）	征缴额（万元）	退休（人）	发放金额（万元）
2005	25664	6836	5453	4276
2006	27070	8584	6011	5382
2007	29330	9347	6688	6580
2008	31570	11294	7294	8314
2009	31450	14993	7656	9986
2010	30700	19759	8102	12563
2011	31920	22648	9451	15749
2012	33690	22996	11247	20223
2013	34798	29384	12695	25154

第三节　机关事业单位人员养老保险

1994 年 1 月，寒亭区对机关事业单位劳动合同制工人、事业单位聘用制干部、乡镇选聘制干部养老金进行收缴；对自收自支（含企业化管理）事业单位离退休费用进行社会统筹。1996 年 8 月，寒亭区在全市率先实行全员统筹，全区 185 个机关事业单位人员全部参保。2000 年 9 月开始，退休人员不再缴纳养老保险，只有在职人员缴纳，缴费比例不变。2002 年 1 月，缴费比例调整为单位 32%、个人 3%。政策一直延续至 2014 年 9 月。

1996—2013 年寒亭区机关事业单位人员养老保险金收支统计表

表 21-21

年份	参保（人）	基金征缴额（万元）	退休（人）	发放金额（万元）
1996	7285	803	1937	683
1997	7070	1778	1947	1567
1998	7928	1860	2209	1736
1999	8082	2099	2265	2098
2000	8361	2645	2392	2696
2001	8665	2737	2473	3085
2002	8636	3763	2584	3609
2003	8480	3700	2608	3648
2004	8504	4150	2663	4181
2005	8713	4588	2739	4527
2006	8403	4998	2845	5044
2007	8280	7704	2920	7504
2008	7704	7875	2948	7648

续表 21-21

年份	参保（人）	基金征缴额（万元）	退休（人）	发放金额（万元）
2009	7475	9354	3052	9119
2010	7480	10519	3159	10324
2011	7168	12240	3259	11657
2012	7063	13112	3412	12738
2013	6925	14751	3573	14609

注：此表各数据自 1996 年机关事业单位全员统筹开始。

第四节　城镇职工医疗保险

1995 年 10 月，寒亭区在享受公费医疗单位实行医疗保险制度改革试点，自收自支事业单位可自愿加入。基金筹集，个人按年工资总额 1% 缴纳，单位和国家按 5% 缴纳。基金管理，设立统筹账户和个人账户，集中管理，分别核算；按参加工作时间界定划入个人账户比例，其余部分作为统筹基金；参保人员发生医疗费用，按照规定首先由个人账户支付，不足部分先由个人自负本人年工资总额 5%，超出部分由统筹基金支付，上不封顶。政策一直延续至 2000 年年底。

2001 年，区政府印发《潍坊市寒亭区城镇职工基本医疗保险若干规定》，覆盖城镇所有用人单位及职工和退休人员、离休人员（机关、事业单位）以及乙等乙级以上革命伤残军人。职工按个人上年度月均工资总额 2% 缴纳，单位按全部职工缴费工资之和 7% 缴纳；退休人员不缴纳；特殊人员按上年度特殊人员医疗费用支出人均数 110% 确定当年筹资标准，每年调整。把一定比例基金划入个人账户，归个人所有，用于支付门诊医疗费用，当年超支自理，节余部分结转使用和继承。统筹基金用于支付参保人员住院医疗费，并根据医院等级确定不同档次起付标准和个人自负比例，年内最高支付限额 3.6 万元；特殊人员按照规定发生医疗费用，先由个人账户支付，超出部分由统筹基金支付，上不封顶。

2003 年，区政府印发《寒亭区人民政府办公室转发劳动和社会保障局等四部门关于对企业离休干部医疗费实行统筹的意见的通知》，将企业离休人员纳入统筹管理，由财政和企业按不同比例筹集医疗统筹基金，待遇同机关、事业单位离休人员。2008 年，区政府印发《潍坊市寒亭区离休人员医疗费统筹管理暂行办法》，离休人员医疗统筹费实行属地管理，区直单位由区财政、镇街单位由镇街财政、上级驻寒亭单位由所在单位分别筹集；按上年度离休人员医疗费用支出人均数 110% 确定当年筹资标准，每年调整；离休人员发生医疗费用，先由个人账户支付，超出部分由统筹基金支付，上不封顶。

2010 年，市政府印发《潍坊市城镇职工基本医疗保险实施办法》，寒亭区纳入市级统筹，覆盖寒亭区城镇所有用人单位及其职工和退休人员、自由职业者等。职工个人按上年度月均工资总额 2% 缴纳，退休人员不缴纳，单位按全部职工缴费工资之和 7% 缴纳；按比例把基金划入个人账户，归个人所有，用于支付门诊医疗费用，当年超支自理，节余部分结转使用和继承。统筹基金用于支付参保人员住院、门诊及特殊慢性病医疗费，根据医院等级确定不同档次起付标准和个人自负比例，年内最高支付限额 6 万元。同时，规定参加潍坊市城镇职工基本医疗保险人员，均应参加大额医疗保险，大额医疗保险费由单位或个人承担，每人每年 90 元筹资标准；大额医疗保险费筹资标准根据收支情况适时调整。超过基本医疗保险统筹基金最高支付限额以上部分按比例报销，年内最高支付限额 24 万元。同时开征公务员医疗补助险种，覆盖范围为机关事业单位在职和退休人员，按单位职工工资总额2.5%筹集。参加公务员医疗补助的待遇支付范围包括：按1%比例计入个人账户、列支大额医疗保险费、按比例补助基本医疗保险和大额医疗保险个人按比例负担部分、定额结算女职工生育医疗费。同年，市社会保险事业管理中心印发《关于退休人员享受医疗待遇与单位缴费脱钩的有关事项的通知》，退休人员享受医疗保险待遇，程序会自动判定其退休身份，自动予以报销，与单位缴费脱钩。

2002—2013年寒亭区城镇职工基本医疗保险金收支统计表

表21-22

年份	参保（人）	基金征缴额（万元）	退休（人）	发放金额（万元）
2002	11388	980.53	2194	488.92
2003	11442	771.88	2302	743.32
2004	16266	1368.80	3164	1040.61
2005	21378	1971.87	4052	1233.76
2006	27116	2752.16	5651	1651.86
2007	32120	3729.99	8482	1594.45
2008	34667	4978.07	9222	3147.74
2009	34972	6056.75	9015	3421.74
2010	38426	8773.39	9806	4977.54
2011	41006	10230.32	10730	6344.32
2012	44306	11268.40	10885	7921.89
2013	46050	13297.94	13461	9851.86

第五节　生育保险　工伤保险　失业保险

职工生育保险

1996年7月，寒亭区生育保险实行区级统筹，统筹范围为区内中央、省、市属企业和区属国有、集体、股份制企业，以及三资企业中的中方固定职工、合同制职工、经劳动部门批准的城镇户口临时工；坚持“以支定收、收支基本平衡”原则筹集资金，由企业按照职工上年度工资总额0.9%缴纳（2008年9月份调整为1%）。2001年6月，根据《潍坊市企业职工生育保险办法》《关于贯彻〈潍坊市企业职工生育保险办法〉具体问题的处理意见》，开展生育保险业务。2012年8月，市政府印发《潍坊市企业职工生育保险市级统筹办法》、市人社局印发《关于潍坊市企业职工生育保险市级统筹有关问题的处理意见》，全市企业职工生育保险实行市级统筹，统一参保范围、缴费标准、待遇标准、基金管理、经办流程、信息管理。2012年9月起，全区生育保险待遇实行社会化发放。

2000—2013 年寒亭区职工生育保险金收支统计表

表 21-23

年份	参保（人）	征缴额（万元）	领取待遇（人）	发放金额（万元）
2000	18382	33	116	23
2001	19016	37	105	22
2002	10698	43	94	27
2003	11302	40	43	15
2004	11622	50	65	20
2005	13922	64.24	100	29.45
2006	14422	100.26	87	47.48
2007	15682	148.66	144	93.82
2008	16882	195.53	215	145.35
2009	16660	210.49	134	119.52
2010	17300	285.34	173	154.42
2011	18320	370.29	217	221.26
2012	19620	392.25	266	314.93
2013	21021	481.95	400	477.64

职工工伤保险

1996 年 7 月，寒亭区把全区范围内固定职工、合同制职工、计划内城镇临时工列入统筹范围，享受工伤保险待遇。工伤保险基金根据企业性质不同，统筹比例有差别：建筑、交通、盐业、电力等行业统筹比例 0.9%；工业、邮电企业统筹比例 0.7%；金融、商业、物资、粮食、供销、农业、水产、旅游、文化等行业统筹比例 0.5%。2004 年 1 月，潍坊市工伤保险缴费基准费率暂定为：一类行业工伤保险费基准率 0.5%，二类行业工伤保险费基准率 0.8%，三类行业工伤保险费基准率 1.6%。2006 年 4 月，二类风险行业工伤保险缴费基准费率调整为 1%，三类风险行业工伤保险缴费基准费率调整为 2%。2008 年，工伤保险实行浮动费率，向上浮动 120% ~ 150% 或者向下浮动 80% ~ 50%。2010 年 12 月，《国务院关于修改〈工伤保险条例〉的决定》扩大工伤保险适用范围，事业单位、社会团体、民办非企业单位、律师事务所、会计师事务所等组织依照规定参加工伤保险。

2000—2013 年寒亭区工伤保险金收支统计表

表 21-24

年份	参保（人）	征缴额（万元）	领取待遇（人）	发放金额（万元）
2000	18382	26	12	28
2001	19016	29	13	6
2002	10698	34	25	57

续表 21-24

年份	参保（人）	征缴额（万元）	领取待遇（人）	发放金额（万元）
2003	11302	33	14	63
2004	11622	40	28	24
2005	18098	53.65	26	19.33
2006	21600	156.54	38	97.43
2007	25163	158.56	52	43.62
2008	28263	206.89	110	154.68
2009	33650	306.29	82	162.21
2010	39660	460.37	105	275.05
2011	35630	803.75	137	883.25
2012	35400	1398.16	113	1136.08
2013	36112	1282.55	127	1207.07

失业保险

1986 年，寒亭区开始实施失业保险（原称待业保险）。1998 年 7 月，失业保险费比例调整为按职工工资总额 3% 缴纳，用人单位按照 2% 缴纳，职工按照 1% 缴纳。2002 年，全区 124 个单位、13032 人参加失业保险。2009 年 4 月，区政府办公室印发《寒亭区失业预警实施方案》，重点监测长期失业者在失业人员中的比例。至 2013 年年底，有 4 家区内企业为失业动态监测企业。

2010 年 10 月，市政府印发《潍坊市失业保险市级统筹办法》，失业保险纳入市级统筹，统一缴费基数、缴费比例、支付标准、基金管理、经办流程。

2008—2013 年，每年调整一次失业保险金待遇。其中 2008 年调整到 365 元、2009 年调整到 405 元、2010 年调整到 490 元、2011 年调整到 600 元、2012 年调整到 730 元、2013 年调整到 830 元。截至 2013 年年底，全区参加失业保险 16185 人，当年征缴失业保险金 1157.24 万元。

第六节　城乡居民保障

城乡居民基本养老保险

1991 年，寒亭区开展农村社会养老保险业务。1992 年 3 月，区政府印发《寒亭区农村社会养老保险暂行办法》，农村社会养老保险进入实质运行阶段。当年参保 20112 人，收缴保费 425.22 万元。同年 12 月，在全国农村社会养老保险工作会议上，寒亭区被评为“全国农村社会养老保险先进县”。1994 年 10 月，168 名农民开始领取养老金。2011 年 1 月，区政府印发《关于新型农村社会养老保险实施方案的通知》，规定年满 16 周岁（不含在校学生）、未参加城镇职工基本养老保险的农村居民，均可在户籍所在地自愿参加新农保；未参加其他社会养老保险的城镇居民也可被纳入。新农保基金由个人缴费、集体补助、政府补贴组成。

1992—2013 年寒亭区居民养老保险金收支统计表

表 21-25

年份	参保（人）	征缴额（万元）	领取待遇（人）	发放金额（万元）
1992	20112	425.22	0	0
1993	20396	20.47	0	0

续表 21-25

年份	参保（人）	征缴额（万元）	领取待遇（人）	发放金额（万元）
1994	31705	368.92	168	0.19
1995	32953	432.03	175	1.06
1996	32524	335.12	194	1.26
1997	34059	175.42	231	3.42
1998	36537	68.09	318	5.82
1999	38021	57.22	743	9.53
2000	38170	24.51	1315	16.21
2001	38687	27.50	1517	16.52
2002	40257	16.30	2887	25.5
2003	39563	22.00	3559	49.96
2004	41666	8.16	2106	39.09
2005	41670	29.36	2280	48.82
2006	42229	557.47	2807	60.50
2007	42442	684.84	3207	114.74
2008	41399	117.01	3062	282.91
2009	41710	136.52	3403	132.06
2010	41710	237.78	3758	154.68
2011	161324	2386.57	48817	3142.86
2012	145273	1871.15	46493	3458.83
2013	149914	1684.18	48542	3970.58

城镇居民基本医疗保险

2008 年，寒亭区启动城镇居民基本医疗保险，参加新型农村合作医疗的不能同时参加城镇居民基本医疗保险。2009 年 1 月，将驻潍坊市全日制普通高校本专科生、研究生纳入城镇居民基本医疗保险参保范围。城镇居民基本医疗保险费每年缴纳一次，凡未在缴费期内缴费的，年度内不再办理参保缴费手续。

城镇居民基本医疗保险重点保障参保人员因病住院和门诊大病医疗，对中小学阶段学生适当兼顾意外伤害医疗。2011 年 1 月，寒亭区建立城镇居民大病补偿医疗保险制度，对超过城镇居民基本医疗保险统筹基金年度内最高支付限额以上的医疗费用，给予一定补偿。2012 年 12 月，启动城镇居民基本医疗保险普通门诊统筹，在一个医疗年度内符合规定的普通门诊医疗费用，由城镇居民门诊统筹基金按比例报销。普通门诊统筹医疗年度为每年 1 月 1 日至 12 月 31 日，其中各类在校学生为当年 9 月 1 日至次年 8 月 31 日。普通门诊统筹实行签约式医疗服务，参保人员自主选择一家作为签约医疗机构；各类在校学生以学校为单位，统一选择一家定点医疗机构作为参保学生签约医疗机构。

第二十二编　教育 体育

DI ER SHI ER BIAN　JIAO YU　TI YU

1989—2013 年，是寒亭教育事业大改革和大发展时期。根据要求实施九年义务教育；学前教育实行政府主导、社会参与、公办民办并举办园体制；基础教育实行分级办学、分工管理体制；小学和初中由“五、三”学制改为“五、四”学制，后又改为“六、三”学制；学校内部管理实行“校长负责制、岗位责任制、教师聘任制”；大中专毕业生分配由区人事与教育部门直接分配，改为“公开招考、逢进必考”；取消小学升初中统一考试；高考实行普通高中毕业证、会考证“两证合一”。全区采取各级财政拨款和学校自筹方式用于学校建设和仪器配备资金达 10.89 亿元，新增校舍面积 47.36 万平方米，配置教学仪器价值 5178 万元。2010 年，寒亭区被评为山东省艺术教育示范县（市、区）。2013 年，全区小学由 273 所合并调整到 52 所，初中由 36 所调整到 8 所。全区中小学顺利通过潍坊市标准化学校达标验收，先后有 7 所小学和 5 所初中被评为市级规范化学校，区实验小学被评为省级规范化学校。

1989—2013 年，寒亭体育事业蓬勃发展。全区学校体育、职工体育、农民体育活动广泛发展。寒亭籍运动员邢慧娜在第二十八届奥运会获万米金牌。“我运动、我健康、我快乐”“天天活动，人人健康”成为社会时尚，群众健身运动广泛普及。依据《国民体质测定标准》，人们的身体素质得到明显提高。在校学生普遍达到《国家学生体质健康标准》要求。体育设施、体育产业有明显改善和发展，全区有田径运动场 60 处、足球场 15 处、早晚体育锻炼集结点 140 处、乒乓球室 230 个、棋牌室 100 多个，各村都有活动健身场所。2013 年，体育彩票销售 6120 万元，增幅居全省前列。

第一章　教育体制改革

第一节　管理体制改革

办学体制改革

1985 年，全区基础教育实行分级办学、分工管理体制。区属学校由区政府举办和管理，乡镇初中和中心小学由乡镇举办和主管，村小学由村举办、乡镇主管，村协助乡镇管理。2003 年 7 月，区政府印发《寒亭区人民政府关于贯彻农村义务教育“以区为主”管理体制的意见》，明确农村义务教育学校实行“以区为主”管理体制；学前教育实行政府主导、社会参与、公办民办并举办园体制；职业教育实行国家办学和行业、企业、部门、社会力量联合办学体制；成人教育实行统一管理、分头办学体制；民办教育实行政府与社会力量联合办学“民办公助”模式。

学校管理改革

1989 年，学校内部管理实行校长负责制，设教导处、总务处、政教处。教职工管理主要实行目标管理，每年 1 ~ 2 次对教职工按德、能、勤、绩进行目标考核量化，将量化结果与晋职、评级和奖惩挂钩。1992 年，依据省教委印发的《山东省普通中小学教学常规》《山东省中学课堂教学评估标准》进行教学常规管理。1997 年 3 月，区政府印发《寒亭区实施〈中国教育改革和发展纲要〉的意见》，全区逐步实施“校长负责制、教师聘任制、岗位目标责任制、结构工资制”改革。2001 年，全区中小学成立学校理事会，实施理事会监督下的校长负责制。2002 年，全区中、小学和职业学校，推行以“教职工代表大会”为基本形式的管理制度，实行民主决策、民主监督和校务公开。2011 年，成立寒亭区校长资格评审认定委员会和校长资格认定中心，对现任校长和后备干部进行任职资格认定。2012年4月，区政府印发《关于深化和完善中小学校长职级制改革的实施意见》《全区义务教育阶段学校校长后备人才队伍建设实施办法（试行）》，将全区60所中小学校长及1所公办幼儿园园长全部纳入职级管理范围，并将校长职级工资纳入区财政年度预算。建立寒亭区校长后备人才库和挂职锻炼制度，将全区51名优秀管理干部纳入校长后备人才库。2013年，完善《寒亭区中小学校长绩效考核办法》和校长办学业绩考核评价制度，将教师职称评聘、评先树优和绩效分配的权力落实到学校。在全区学校建立班级、级部、学校"三级家长委员会"，实行教师向家长述职制度。

第二节　教学改革

学制改革

1991年以前，全区中小学学制为小学五年、初中三年、高中三年。根据省教委把"五、四"学制定为实施九年义务教育基本学制要求，寒亭区乡镇初中从1991年初一新生入学开始，改为四年制，至1994年改革完成；区直初中仍沿用三年制。从2000学年度开始，农村小学由五年制改为六年制，初中由四年制改为三年制，区直小学从2001学年度开始改为六年制。

教法改革

1989年，全区启动"单元达标教学实验与研究"，先从初中阶段开始，至1991年延伸到小学和高中。1992年暑假，举办理论培训班，单元达标教学模式成为全区影响最广的教学方法改革。1995年，开始启动"说课"教改实验，首先在初中展开，随即发展延伸到小学。1999年以后，在城区初中和城区小学进行试验"精讲点拨、强化训练、当堂达标"教改实验。2008年，以课堂教学改革为重点，深化"自主、互助、学习型课堂"课堂教学改革。2013年，初中段开展"理想高效学习型"课堂研究。

小学　1993年，在区实验小学开展"听说读写综合训练"研究。1997年，在区实验小学开展"读写双快的实验与研究"；在区实验小学、第二实验小学、河西学校开展"珠心算实验与研究"；在城区小学和乡镇中心小学，启动"课堂教学模式的研究"。2005年，在全区启动"自主互助学习型课堂的教学研究"。

初中　1995年，寒亭六中等10处学校在数学科推广"启导掌握教学法"，在英语科推广"张思中英语教学法"。1998年，在郭家官庄镇中心初中推广"语文整体能力训练教改实验"。1999年，在城区初中和乡镇中心初中推广"作文教学改革实验"；在寒亭六中、实验中学等学校启动"创新教育实验"。2013年，在初中段开展"理想高效学习型"课堂研究。

高中　1991年，推广单元达标教学法，实现一单元一达标，保证单元过关，确保教学质量。1997年，普通高中开展新授课、复习课、讲评课、实验课"四课型"课堂教学模式研究。寒亭区第一中学（以下简称寒亭一中）、寒亭区第二中学（以下简称寒亭二中）尝试"诱思探究教学实验与研究""综合文科教学的实验与研究"。1998年，进行"高初中衔接专题实验与研究"，解决学生升入高中面临难度增加的课程产生紧张心理问题。1999年，寒亭一中、寒亭区第四中学（以下简称寒亭四中）启动"创新教育实验"。2006年开始，寒亭一中开展目标教学研究，20多个项目获全国奖项。2007年，寒亭一中开展"从最后一名抓起"教学研究，关注学习困难学生转化。2013年，开展学案导学研究。

课程改革

1988年前，幼儿园课程设语言、常识、计算、音乐、体育、美术6科；小学课程设语文、数学、思想品德、地理、历史、音乐、体育、美术、劳动9科；初中课程设政治、语文、数学、英语、物理、化学、生理卫生、地理、历史、生物、音乐、体育、美术、劳技14科；高中课程设政治、语文、数学、英语、物理、化学、生物、地理、历史、人口学、体育、劳技12科。1989年以后，幼儿园课程一直未变。

小学、初中课程设置　1993年，小学、初中从秋季入学实施国家教委九年义务教育《课程方案》，课程包括学科课程和活动课程两部分。小学阶段学科课程将1988年前课程中的地理合并为社会，增添常识，有条件的小学可增设英语，1990年在城区小学四、五年级开设英语学科。初中阶段学科课程，将生理卫生撤销，开设短期职业指导课，其余课程不变。小学与初中阶段活动课程设置晨会（夕会）、班团队活动、体育锻炼、科技文体活动、社会实践活动等。

2001年8月，按省教育厅文件规定，小学阶段以综合课程为主；初中阶段设置分科与综合相结合的课程，主要开设思想品德、语文、数学、外语、物理、化学、生物、历史、地理、体育、音乐、美术和综合实践活动。

高中课程设置　1990年，国家教委印发的《现行普通高中教学计划调整意见》规定，课程结构由学科课程和活动两部分组成，学科课程采取必修和选修两种形式；课外活动包括体育锻炼、知识讲座、科技活动、各类兴趣小组活动、校班会、时事教育等。1996年，根据国家教委《关于印发〈全日制普通高级中学课程计划（试验）〉的通知》要求，课程由学科类课程和活动类课程组成。学科类课程分必修、限定选修和任意选修三种方式；活动类课程包括校会、班会、社会实践、体育锻炼以及科技、艺术等活动。2000年秋季，课程设置不再分学科类课程和活动类课程，只分必修和选修课。必修课增加信息技术和综合实践活动2门课程；选修课设有数学、物理、化学、生物、历史、地理、信息技术7门课程，以及地方和学校根据学生兴趣要求和发展需要所开设的课程。

素质教育

1996年，全区开展“全面提高教育质量，减轻学生过重负担”研究。1997年，依据国家教委《关于印发〈关于当前积极推进中小学实施素质教育的若干意见〉的通知》，进行教学思想管理和课程方案管理，实现由“应试教育”向素质教育转变。1999年，进行“创新教育实验研究”。2000年6月，召开全区素质教育现场会。至2013年，寒亭教育遵循教育规律和人才成长规律，严格规范办学行为，实现义务教育规范化发展；深化课程改革和考试评价改革，落实国家课程方案，加强校本课程开发，构建起由国家课程、地方课程、校本课程构成的三级课程体系，培养学生创新精神；加强学校社团建设，实施中小学“朝阳读书计划”，挖掘传统节日和重大事件纪念日等教育资源，素质教育不断拓展深化。

第三节　招生制度改革

1983年，成立寒亭区招生委员会办公室，负责高考组织、普通高校招生、普通高中学业水平考试、成人高等学校招生、中小学教师资格考试，以及考生报名、信息确认和数据上报；组织海军招飞、民航招飞的目测摸底和上站初检；负责高考体检组织工作。

高中招生

1989年以后，寒亭一中和寒亭二中划片招收普通高中学生。1992年开始，高中生参加全省统一毕业会考。1995年开始，普通高中招生进行录取少量自费生试验，寒亭一中和寒亭二中均录取约占招生指标五分之一的自费生。全区高中招生工作实行“六统一”：统一报名、统一命题、统一安排考场、统一考试、统一阅卷、统一录取。2003年开始，取消划片招生，考生可以在全区范围自由选择学校报考。

大、中专招生

1993年开始，初中中专统招录取计划全部分到区。1994年，普通中专部分录取指标分配到乡镇。1997年，高校招生全部实行“并轨”（普通高校招生、收费和毕业生就业制度改革，从招生开始到普通高校收费、教学、学籍管理和毕业生就业等多方面的综合性改革），学生交费上学。2010年，全区高考全部使用标准化考场。2012年，高考实行春夏兼报。春季高考技能考试在每年3

月，文化课考试在每年5月；夏季高考在每年6月7日—8日。2013年开始，由区招生办负责普通高中夏季和冬季学业水平考试。

考试科目

初中中专、普通高中招生考试，1996年以前由省统一提供试题，1997年开始，改由市统一提供。考试科目为语文、数学、外语、政治、物理、化学6科，在组织考试时考“史地生”（历史、地理、生物）综合试卷。1999年，考试科目改为语文、数学、外语、综合文科、综合理科。2000年增加“理化生”（物理、化学、生物）实验考试，2001年增加“现代信息技术”考试，2002年增加“体育与健康”考试，2006年增加“综合素质评价”考试。2007年以后没有变化。

第四节　师范类毕业生分配改革

1989—1993年，区教育局按学历分专业制定师范类大中专毕业生分配方案。1994年，寒亭区对师范类大中专毕业生分配制度进行改革，实行“择优录用”“优生优分”。根据每位毕业生在校综合测试成绩、试教成绩、专业测试成绩，按学历分专业排序后，进行专业测试和试讲试教，择优录用、优生优分，保证重点面向基层。1997年，高校毕业生就业实行学校推荐与自谋职业相结合。1998年，根据区政府《关于批转人事局、教委〈关于做好1998年全区大中专毕业生就业工作意见的报告〉的通知》精神，凡是进入事业单位工作的大中专毕业生统一参加考试，择优录用，不再进行统一分配。

第二章　基础教育

第一节　学前教育

1991年以前，寒亭学前教育由区妇联主管，全区有幼儿园303所，在园幼儿6800名，幼儿教师395人。1991年，成立寒亭区托幼工作领导小组，办公室设在区教育局，全区学前教育由区教育局主管。1992年，区政府印发《关于加强寒亭区托幼工作的意见》，确立区、乡镇、村三级托幼领导管理体制。区教育局对全区幼儿园统一登记注册，对幼儿教师进行资格审定，建档立卡。1994年，深化管理体制改革，对幼儿园提出“谁办园，谁出钱；谁受益，谁出钱；社会捐，政府扶持”办园经费机制。1995年，在幼儿园开办家长学校，举办亲子园活动及各种教学实验。2002年，组织实施“民

图22-1　幼儿活动（2007年）

间艺术教育、幼儿园科学与艺术教育、迪士尼英语和早期阅读”等多个全国及省级实验课题。1993—2002年，区机关幼儿园创建为山东省实验幼儿园；潍坊市第二棉纺厂幼儿园创建为山东省示范幼儿园；潍坊市化纤厂幼儿园、寒亭镇前仉庄幼儿园、双杨店镇中心幼儿园创建为潍坊市示范幼儿园；有潍坊市一类幼儿园26所。2008年，区机关幼儿园成为“潍坊市十佳幼儿园”。2010年5月，区政府办公室印发《关于进一步规范幼儿园管理的意见》。2011年4月，区政府办公室印发《寒亭区学前教育三年行动计划（2011—2013）》，构建“广覆盖，保基本”的学前教育公共服务体系。当年区政府投资60万元，为农村公办和集体幼儿园免费更换课桌1563张、椅子4921把，近5000名幼儿受益。2012年，5处街道中心幼儿园全部通过省级认定。2013年10月，区财政局和区教育局联合印发《关于建立公办幼儿园生均经费拨款机制的通知》，以每生每年300元标准，在所有公办幼儿园实施学前教育生均经费政策。2006—2013年，海龙幼儿园、裕景实验幼儿园、新阳光幼儿园创建成为山东省示范幼儿园；有潍坊市示范幼儿园13处。

截至2013年年底，新建改扩建幼儿园40所，投入资金5265.73万元，新建改扩建面积3.77万平方米。

1989—2013年寒亭区幼儿教育统计表

表22-1

年度	幼儿园（所）	在园幼儿（人）	幼儿园教师（人）	年度	幼儿园（所）	在园幼儿（人）	幼儿园教师（人）
1989	303	6800	395	2002	111	8083	338
1990	188	7936	364	2003	88	8168	294
1991	79	8165	390	2004	75	6613	280
1992	109	9326	377	2005	63	6488	258
1993	104	10618	471	2006	77	6471	308
1994	223	10083	475	2007	70	5613	236
1995	246	8061	454	2008	90	6168	360
1996	207	6575	435	2009	89	7872	369
1997	191	6037	398	2010	65	6771	403
1998	169	5739	395	2011	65	6038	413
1999	149	6380	362	2012	54	7418	391
2000	89	7272	361	2013	57	5548	428
2001	94	8203	332	—	—	—	—

附：

寒亭区机关幼儿园　1989年，有5个教学班，幼儿130名，教职工12人。1992年，区政府投资75万元新建教学楼，建筑面积1490平方米。幼儿园设小、中、大6个班，在园幼儿180人，教职工18人。1994年10月，被省教委、省物价局联合命名为省级实验幼儿园。2003年2月，在原仉庄小学幼儿园旧址成立区机关幼儿园第一分园，设5个教学班，在园幼儿150人，教职工15人。同年，区机关幼儿园开设“蒙台梭利”教学班和“多元智能”香港教材班。2008年，因旧城改造，区机关幼儿园第一分园撤销。2011年4月，成立龙润分园，占地约4000平方米，建筑面积700平方米，设6个班。2013年，区机关幼儿园共有18个班，在园幼儿500多名，教职工56人。先后获山东省学前教育先进单位、山东省实验幼儿园、潍坊市十佳幼儿园、潍坊市托幼先进单位等称号。

第二节 小学教育

1989年，全区有小学（教学点）273所，1121个教学班，在校生30575人。适龄儿童入学率100%，7～16周岁残疾儿童入学率69.5%。小学升初中入学率90.4%。小学教师1615人，其中公办教师805人、民办教师810人，小学教师学历达标率90%。全区小学校舍生均占有3.02平方米，生均图书3.36册，各类教学器材价值54.85万元，小学生均公用经费28.72元。1991年4月，区政府印发《关于农村教育费附加征收、管理、使用工作的具体规定》《关于实施九年制义务教育的若干规定》，区教育局转发《山东省初中、小学学生辍学报告制度（试行）的通知》，从各方面保证初等义务教育实施。1991年12月，组织对全区小学阶段义务教育实施水平进行评估，对合格乡镇授予“乡镇实现初等义务教育”证书，合格学校挂“初等义务教育合格学校”牌子。1992年，全区实现小学阶段义务教育。2013年，小学从1989年273所调整到52所，在校生16990人，小学入学率、巩固率均为100%。

第二实验小学、河西学校、双杨店中心小学、寒亭街道中心小学、泊子中心小学、郭家官庄中心小学、高里中心小学先后被评为市级规范化学校，区实验小学被评为省级规范化学校。

1989—2013年寒亭区小学教育统计表

表22-2

年度	学校（所）			在校学生		毕业生（人）	招收学生	
	合计	其中		班数（个）	人数（人）		班数（个）	人数（人）
		小学	教学点					
1989	273	258	15	1121	30575	5406	226	6268
1990	265	263	2	1124	30987	5354	224	5809
1991	261	261	0	1111	30638	5781	216	5585
1992	225	219	6	1054	30538	5867	208	5928
1993	212	206	6	1073	31627	5654	236	6838
1994	216	210	6	1079	33042	6198	258	7902
1995	200	200	0	1062	33517	5880	239	7436
1996	178	178	0	1048	33607	5593	217	5938
1997	172	166	6	982	31802	5785	178	4153
1998	127	127	0	881	28901	6543	165	3778
1999	128	121	7	817	25172	7570	147	3461
2000	130	123	7	870	26943	1209	142	3339
2001	121	116	5	816	23568	7167	148	3906

续表 22-2

年度	学校（所）			在校学生		毕业生（人）	招收学生	
	合计	其中		班数（个）	人数（人）		班数（个）	人数（人）
		小学	教学点					
2002	118	114	4	782	22200	5527	152	4364
2003	93	93	0	694	21842	3476	129	4266
2004	76	74	2	636	22318	3431	91	4609
2005	76	76	0	536	21649	3009	86	4026
2006	69	69	0	614	22712	3070	103	3371
2007	67	67	0	607	22530	3606	102	3431
2008	62	62	0	558	20410	3948	96	2862
2009	62	62	0	595	19346	3945	110	2910
2010	57	57	0	538	18153	3268	87	2787
2011	57	57	0	536	18569	3254	98	3412
2012	51	51	0	507	17231	3024	92	3180
2013	52	52	0	488	16990	2935	85	2932

附：

寒亭区实验小学　创建于1981年。1996年9月，区政府和潍坊市教委共同投资700多万元进行重建，1998年4月成为潍坊师范学校附属小学，是潍坊师范学校教育科研、教育教学实习基地。学校占地2万平方米，综合楼7887平方米，集教学、办公、功能室于一体。环形塑胶跑道200米，体育设施齐全。学校教职工109人，学历达标率100%。1989年，被省体委、省教委授予省体育传统项目学校称号；1993年，被省教育厅授予山东省农村小学教学工作先进单位；2000年8月，被评为山东省艺术教育示范学校；2000年12月，被评为省级规范化学校；2004年6月，被评为全国爱国主义示范小学；2008年8月，获评山东省未成年人思想道德建设工作先进单位；2011年，被评为山东省教学示范校、山东省中小学远程研修组织工作先进单位。同年9月，创新项目“整合节日教育资源，丰富活动育人课程体系”获市政府教学成果一等奖。

寒亭区第二实验小学　1993年建校，占地20521平方米，建有教学楼、办公楼、实验楼4座，校舍建筑面积6099平方米。有教职工97名，学历达标率100%。2009—2013年，先后被评为全国雏鹰少先大队、全国字理识字教学先进单位、潍坊市规范化学校。校本课程“民间传统体育活动”被评为寒亭区优秀育人课程。“民间体育进校园，传统活动绽奇葩”活动经验在2012年《中国教育报》上刊发。2013年，被授予山东省远程教育研修先进单位称号。

寒亭区河西学校　1974年建校，占地1.1万余平方米，校舍面积4974平方米。学校有18个教学班，在校生937名，教职工70名。2011年，完成教学楼校舍安全加固改造、塑胶操场建设、多媒体班班通建设。2013年，获“十二五”总课题组2013年度创新教学先进单位、山东省语言文字规范化学校、潍坊市少先队工作规范化学校等称号。

寒亭区外国语小学　2008年9月建校，占地3.34万平方米，投资1500万元，建有教学楼、办公楼、综合楼，教学设施全部按国家一类标准配备。有75名教职工、32个教学班、1842名在校生。2009年，学校被评为潍坊市教育国际交流与合作基地、潍坊市规范化学校、潍坊市师德建设先进集体、山东省示范家长学校；2010年，被评为潍坊市少先队工作规范化学校；2011年，被评为潍坊市绿色学校、潍坊市轻负担高质量先进学校；2012年，获山东省省级教学成果奖；2013年，被评为山东省语言文字规范化示范校。

第三节　初中教育

1991年4月，按照《寒亭区九年制义务教育实施方案》要求，初中阶段义务教育分两批进行，第一批泊子、央子、张氏、高里、南孙、固堤、寒亭7乡镇和区直初中，从1992年开始实施至1994年实现；第二批双杨店、朱里、郭家官庄、河滩、肖家营5乡镇，从1994年开始实施到1995年实现。1994年，区政府印发《关于提前实现九年制义务教育的意见》，区财政划拨教育经费逐年递增。农村教育费附加按当地人均纯收入1.7%～2%征收，城市教育费附加按“新三税”3%征收。发动社会捐款助学，当年社会各界捐款118万元，捐献图书156567册。1986—1995年，全区用于中小学改善办学条件资金7302万元，新增校舍16.73万平方米，配置教学仪器910万元。到1995年初中教师学历达标率89.2%。1995年11月19日—22日，省政府“两基”工作评估验收团确认寒亭区实现九年制义务教育。同年，国家教委给寒亭区颁发“普及九年义务教育和扫除青年壮年文盲区”金牌。2013年，全区初中学校占地总面积31.87万平方米，校舍总建筑面积14.43万平方米，教学仪器及设备总价值1773万元。全区先后有5处初中被评为市级规范化学校。

1989—2013年寒亭区初中教育统计表

表22-3

年度	学校（所）	在校学生		毕业生		招收学生	
		班数（个）	人数（人）	班数（个）	人数（人）	班数（个）	人数（人）
1989	36	301	13983	—	4442	105	4727
1990	35	299	13762	—	4287	102	4692
1991	35	305	14506	—	4357	107	5435
1992	32	309	15151	—	4481	109	5580
1993	32	311	15693	—	4412	105	5442
1994	30	330	17178	—	3477	105	5868
1995	28	363	19002	—	3084	105	5660
1996	28	374	19782	—	4216	103	5463
1997	28	376	20099	—	4458	104	5501
1998	27	386	20636	—	5013	110	6273
1999	27	440	22396	—	4668	139	7391
2000	27	333	17675	—	5860	17	1167
2001	28	343	19094	—	4462	122	6807
2002	26	324	18676	—	5574	99	5527

续表 22-3

年度	学校（所）	在校学生		毕业生		招收学生	
		班数（个）	人数（人）	班数（个）	人数（人）	班数（个）	人数（人）
2003	20	280	15252	—	6628	71	3574
2004	17	241	12093	105	6437	67	3525
2005	15	192	9189	71	3578	70	3325
2006	15	200	9395	68	3491	72	3076
2007	15	200	9589	65	3241	75	3592
2008	13	202	9985	59	2871	67	3744
2009	12	234	10851	62	2813	68	3767
2010	11	235	11038	80	3353	78	3598
2011	10	219	10384	77	3690	66	3109
2012	9	185	8848	64	3207	64	2733
2013	8	180	8236	58	3245	62	2690

附：

寒亭区第六中学　建于1986年，原址位于文化街，2012年9月整体迁至丰华路971号（原寒亭一中校址），占地6.34万平方米，建有教学楼、科技实验楼、办公楼、学生宿舍楼、师生餐厅。在校生1687人，教职工196名，其中特级教师2人、高级教师26人、中级教师86人，市、区级教学能手69人，95%以上教师拥有本科学历。2009年被评为山东省素质教育先进单位、潍坊市实施《国家学生体质健康标准》先进单位；2010年被评为潍坊市公民教育项目先进学校；2011年被评为潍坊市优秀体育传统项目学校；2013年被评为全国百佳生命研究示范校。

寒亭外国语学校　前身是寒亭实验中学，建于1995年，位于益新街569号。学校占地4.8万平方米，校舍建筑面积7000多平方米，教职工136人，专任教师95人，学历达标率100%。先后被授予为国育才先进单位、市级规范化学校、市级体育工作先进单位、市级电化教育先进单位、山东省重点课题实验基地等称号。2011年9月，学校整体搬迁至幸福路和富亭街交叉路口东侧，更名为寒亭外国语学校。占地7.73万平方米，校舍建筑面积3.52万平方米，教学设施完善，全部按国家一类标准配备。学校有40个教学班，在校生2165名，教师219人，其中研究生学历6人、市级以上教学能手45人。

第四节　普通高中教育

1989年，全区有寒亭一中、寒亭二中、寒亭区第三中学（以下简称寒亭三中）3所普通高中，共41个班，在校学生2070人。1999年8月，成立寒亭区第四中学。2001年8月、2002年8月，寒亭三中、寒亭二中分别撤销，全区普通高中变为2所。2008年，全区高中合并为1所，即寒亭一中，在校生5035人。

1984—1993年，高考万人比在潍坊市一直排前三名。1999年高考本科上线300人，2002年463人，2003年638人，2013年1000人。

1986年，普通高中学籍由寒亭区教育局建档管理，1998年由潍坊市教委统一建档。1992年，高中毕业证由市教委统一验证。2002年，寒亭四中被评为市级规范化学校。

1989—2013年寒亭区普通高中教育统计表

表22-4

年度	学校（所）	班数（个）	人数（人）	毕业生（人）	招收学生（人）
1989	3	41	2070	683	674
1990	3	42	2113	697	700
1991	3	42	2144	700	700
1992	3	42	2141	727	720
1993	3	43	2160	719	750
1994	3	46	2333	701	853
1995	3	48	2439	714	820
1996	3	43	2533	766	884
1997	3	46	2685	835	1000
1998	3	50	2859	804	993
1999	4	61	3421	876	1365
2000	4	68	4354	989	1622
2001	4	73	4598	1388	1626
2002	2	74	4769	1678	1733
2003	2	80	5180	1458	2568
2004	2	84	5655	1568	2095
2005	2	84	5620	1691	1654
2006	2	76	5506	1851	1654
2007	2	73	5168	2095	1757
2008	1	76	5035	1757	1624
2009	1	92	4943	1654	1615
2010	1	90	4926	1710	1721
2011	1	94	5062	1588	1766
2012	1	96	5183	1598	1755
2013	1	100	5269	1672	1795

附：

寒亭一中　原坐落在丰华路北端。2012年7月，整体搬迁至友谊路南首新校区，占地21.48万平方米，有教学楼、实验楼、行政办公楼、科技艺术楼、图书信息楼、学术报告厅、学生食堂、学生公寓等12座建筑，总建筑面积10万平方米。教学设施达部颁一类标准。学校有全国优秀教师3人、省特级教师2人、省级优秀教师和省优秀教育工作者12人、省级教学能手1人、省级五一劳动奖章获者1人、潍坊市专业技术拔尖人才1人、潍坊名师2人、潍坊市特级教师2人、潍坊市教学能手61人。至2013年，学校先后获全国百所特色学校、中国特色教育理念与实践项目学校、全国中学生生物学奥林匹克竞赛金牌学校、山东省省级规范化学校、山东省语言文字工作示范校、山东省重大课题创新教育实验与

图 22-2 寒亭一中大门（90 年代）

研究先进单位、潍坊市教科研示范校等称号；有20个国家级科研课题结题并获奖、5个省级科研课题结题并获奖、7个市级科研课题获奖。

第五节 民办教育

1989年，寒亭民办教育多是民办幼儿园。2008年11月，寒亭区召开学前教育工作会议，印发《关于加快推进全区农村学前教育工作的意见》，提出推行镇村一体化管理，探索多元化办园模式，形成以实验幼儿园为示范、镇街中心幼儿园为骨干、集体办园为主体、个人办园为补充的农村学前教育发展格局。同年，通过市场化运作模式，吸引社会资金建设新阳光幼儿园，总投资约2000万元，2010年4月投入使用。2012年，引进山东龙震集团资金1800万元，建成全区第一所民办学校——潍坊东辰国际学校。2013年8月，引进接轨英语集团资金1600万元，建成潍坊博海学校，每年招生4个班，每班40人。

附：

潍坊东辰国际学校　2012年4月，山东龙震集团与区教育局签订合作办学协议，成立全区第一所全封闭、寄宿制、小班化民办学校。投资1280万元对原寒亭一中东校区闲置校舍进行改造，6月开工建设，8月完工，9月接受学生入学。学校实行董事会领导下校长负责制和选聘制，实行教师自主聘任、自主招生和财务独立，享受政府各项优惠政策和公办学校同等法律地位。学校配备2个多媒体教室、2个物理实验室、2个生物实验室、1个化学实验室、1个探究创新实验室；钢琴、古筝、吉他、书画、舞蹈教室。塑胶田径场、篮球场、羽毛球场、学生浴室一应俱全。教职工85人，在校生710人，18个教学班。

第六节 教育科研

机构

区教学研究室　1993年12月成立，股级单位，编制28人。内设教研办公室、文科组、理科组、小学组和艺体组。主要负责全区教学科研、教学指导、教学管理、推动教学改革和提高教学质量。1997年，根据素质教育发展需要，在教研室内设教育科研室。1999年，区教研室升格为副科级单位。2002年，区教育科学研究领导小组成立，在区教研室设教育科学研究规划办公室。2009年，区教研室内部成立区教育质量监测中心。2013年，中小学生健康成长研究中心划归教研室管理。

寒亭区电教仪器站　1984年前隶属于教研室，1993年12月独立设置，成为区教育局直属科室。从事电化教育管理指导和教学仪器设备采购、管理，编制3人。

教育实验课题

1989—2000年，在全区中小学推广“目标分类教学法”（单元达标教学法）。“目标分类教学试验与研究”课题，经过理论学习、选题试验、观摩提高、面上推广几个阶段，在课堂教学中广泛采用。

1996年，作为山东省“九五”重点教育科研课题之一的“全面提高教育质量减轻学生过重负担的研究”，在寒亭区立项。课题组经过分析研究，建议通过“四项控制”（控制学生在校时间，控制课后作业量，控制学生辅助用书，控制教师课堂讲授时间）减轻学生过重负担。

1999年，寒亭区37名实验教师参加山东省“创新教育实验与研究”活动，提出“精讲点拨，强化训练，当堂达标”课堂教学模式。

2002年11月，寒亭一中申报“信息技术与物理学科的整合”子课题，被授予“中央电教馆‘十五’教育技术研究重点课题——现代信息技术与各学科教学整合的研究”实验学校称号，并颁发“实验学校”铜牌。

2005年，全区小学段启动“自主互助学习型课堂的教学研究”。2006年，在全区进行以“自主互助学习型”课堂教学改革实验为重点的教学模式实验与研究，以寒亭六中、寒亭实验中学为改革试点学校，进行改革实验。2008年，在全区启动“学校德育创新行动研究”。

科研成果

1989—2000年，寒亭区参加了全国目标教学实验与研究，《目标教学理论与实践研究报告》获全国目标教学专业委员会一等奖，在2001年12月被评为山东省教育科学优秀成果二等奖。2000年，“全面提高教育质量、减轻学生过重负担的实验与研究”课题组撰写的《坚持四项控制，减轻学生负担，全面提高教育质量》试验报告，获潍坊市教育政策研究成果（论文）一等奖。2001年，《电教化教育促进中学生良好的思想品德的形成试验与交流》，通过了中央电教馆的验收课题；同年9月，录像课《公民在家庭关系中的权利和义务》获第十四次全国目标教学观摩研讨会指导一等奖。

2004年，在山东省第三届科研兴校研讨会上，寒亭区有26篇论文获奖，其中有19篇入选《创新性学习睿智的生存方式》《创新教育管理优秀论文集》两书。《指导小学生自主学习策略与方法研究》《指导学生学会自主学习的研究》被省教研室评为全省优秀论文一等奖；课件《我们周围的动植物》被省教研室评为科研成果一等奖。2005年，区教育局的《央子骨干教师评选管理办法》、寒亭一中的《借助理化导学园地，提升学生能力》分别获市教育创新项目奖一、二等奖。

2006年4月，寒亭一中负责的全国目标教学“十五”规划课题——“教师复合型的学科专业知识素养研究（课题编号：GH009）”通过专家鉴定，被评为全国目标教学教育科研成果一等奖。《小学数学教学中学生智力开发的实验与研究》获市政府教学成果三等奖。在中美合作公民养成教育项目——学生社会实践活动成果展示评选活动中，《还我绿色校园——周边环境对学校的影响》获市一等奖；《健身器材严重破坏，监管保护刻不容缓》获市现场展示一等奖；《教室内的白色杀手——粉尘对师生健康的危害》获市文本展示一等奖；《路边烘烤的危害与治理建议》获市文本展示二等奖。

2007年5月，《小学低年级班级学习范式探索研究》《教师复合型的学科专业知识素养研究》《学生自学能力培养的实施途径的研究》被评为全国目标教学优秀成果。2008年9月，《生物试验教学法》《初中美术“激、收、导、广、习、果”六步教学法》《快乐作业教学法》《落实“三挤一压”，推进素质教育》《落实“三挤一压”，推进素质教育》获市政府教学成果奖。2009年1月，《实施“五化”管理模式，构建班主任管理长效机制》被评为潍坊市2008年度教育工作创新项目二等奖。2010年1月，《创新学生自主管理机制，促进学生健康快乐成长》被评为潍坊市2009年度教育工作创新项目二等奖。

2011年，《区域性推进家长评教活动，办人民满意的教育》《创新德育机制，为学生的幸福人生导航》分别被评为潍坊市2010年度教育工作创新项目一、二等奖；《创新家长委员会参教评教机制，办人民满意的教育》《以科技活动助推学生创新精神实践能力培养》分别获市政府成果二等奖；《区域性推进“三项制度一个机制”，办人民满意的教育》获市政府成果三等奖。

2012 年 7 月，区教育局负责的《学校德育工作创新行动研究》结题；12 月，《学校德育工作行动创新研究》被评为全省优秀成果二等奖。

2013 年 12 月，寒亭区教研室被评为全国创新教学先进单位。

第三章　中高等专业与职业教育

第一节　中高等专业教育

山东交通职业学院

1989 年 6 月，山东省潍坊汽车运输学校更名为山东省潍坊交通学校；8 月，山东省公路运输潍坊技工学校，更名为山东省潍坊交通技工学校。山东省潍坊交通学校与山东省潍坊交通技工学校“一个机构、两块牌子”。2000 年 5 月，山东省潍坊交通学校更名为山东省交通工程学校。2002 年 7 月，省政府将山东省交通工程学校改建为山东交通职业学院，同时撤销山东省交通工程学校建制。2013 年，寒亭校区（学校北校区）成立基础应用系，承担中专学历职业技术教育工作；12 月，山东省交通技工学校整体并入山东交通职业学院。

学校占地 86.71 万平方米，建筑面积 44.28 万平方米，图书 82 万册，教学设施齐全，全日制在校生 1.6 万余人，教职工 800 余人，其中，全国优秀教师 1 人、全国交通高等职业教育专业带头人 3 人、全国职业院校教学名师 1 人、省级教学名师 2 人、山东省“十大优秀教师”1 人，省级教学团队 3 个。

至 2013 年，学校先后被确定为交通运输部高等职业教育示范院校、全国首批定向培养海军士官试点院校、国家级语言文字规范化示范学校、山东省名校工程首批立项建设单位、山东省首批对口贯通分段培养本科生试点院校、山东省高校毕业生就业工作先进集体。

1989—2013 年山东交通职业学院招生统计表

表 22-5　　　　单位：人

年度	技工	职业中专	普通中专	三二连读	五年一贯制	高职专科
1989	116	0	80	0	0	0
1990	47	0	159	0	0	0
1991	62	0	159	0	0	0
1992	129	82	160	0	0	0
1993	113	793	368	0	0	0
1994	150	848	399	0	0	0
1995	165	266	448	0	0	0

续表 22-5

年度	技工	职业中专	普通中专	三二连读	五年一贯制	高职专科
1996	178	327	478	0	0	0
1997	191	159	393	0	0	0
1998	213	68	473	0	0	0
1999	111	74	799	0	0	0
2000	21	0	724	0	0	0
2001	83	0	631	201	0	0
2002	483	0	320	592	0	485
2003	219	0	150	0	564	1126
2004	98	0	106	0	553	1991
2005	336	0	58	0	578	2137
2006	172	0	106	0	375	2389
2007	117	0	115	0	83	2794
2008	停招	0	56	0	100	3037
2009	停招	0	127	0	97	3215
2010	停招	0	131	0	0	3127
2011	停招	0	368	0	0	3294
2012	停招	0	576	0	0	3228
2013	停招	0	431	0	353	2772

山东省潍坊师范学校

1976 年为山东省潍县师范学校，1983 年更名为山东省潍坊师范学校，划归市教委管理。1988 年 8 月，升格为正县级事业单位。1999 年，省政府确定为潍坊市唯一一所培养专科学历小学师资师范学校。2000 年开始，从初中毕业生中招收小学教育专业“五年一贯制”大专学生。2005 年，市政府批准成立潍坊海洋化工学校，与潍坊师范学校“一个机构、两块牌子”。学校有教职工 164 人，其中专任教师 144 人（高级讲师、讲师 110 人）；学校占地 5.08 万平方米，办公面积 4370 平方米，宿舍面积 1.31 万平方米，教学用房面积 1.7 万平方米，其他 5128 平方米；图书馆藏书 22 大类、10 万余册；固定资产 4000 余万元。

2010 年 11 月，潍坊师范学校与潍坊第一职业中等专业学校整建制并入潍坊职业学院，取消潍坊师范学校建制，保留学校牌子。原校区成为潍坊职业学院寒亭校区，继续承担师范类教育和海洋化工类教育。2015 年，寒亭校区所有专业办学及办学资源调整到潍坊滨海校区和奎文校区。

1989 年以后，对师范教育人才的培养，在保证基础知识和教育理论教学的同时，强化学生“三字”（粉笔字、钢笔字、毛笔字）、“两话（画）”（普通话、简笔画）、“一琴”（弹钢琴）、“一操”（带操）以及“计算机操作”“英语会话”“自主教育科研”等 10 项教学必备基本功训练。学校成立了文学、书法、礼仪、工艺、声乐、国画、演讲等近 40 个兴趣小组和学生社团。每年举办“校园文化艺术节”“校园技能节”。师范类毕业生一次性就业率在 85% 以上，部分学生升入本科院校继续深造。学校先后为潍坊地区输送7000多名教育人才。

1999年，诸城师范学校、青州师范学校、昌乐师范学校招收的400名（3+2）普师学生因学校撤销，2002年9月并入潍坊师范学校完成后两年学业。

2005年，设立“化工”“电子与化学检测控制”两系，开办初中起点三年制、高中起点一年制“化学工艺”“工业分析与检验”“化工过程检测与控制”“网络管理”“计算机与外设维修”“电子应用技术”等专业。联合32家大中型企业成立校企联谊会，与企业联合进行“订单式”培养；推行“学分制”改革，学生可提前或延期毕业；开发反映学校办学特色和学生学习需求的校本课程；注重理论学习与技能实训结合。毕业生就业率保持在95%以上。学校成为山东、天津、江苏、上海、浙江等沿海省市海洋化工类初、中级实用型技能人才培养基地。2010年，山东省潍坊师范学校整建制合并到潍坊职业学院。

1989—2010年山东省潍坊师范学校招生毕业人数统计表

表22-6

级别	入学时间	班数（个）	招收学生（人）		毕业时间
			普师	其他	
1989级	1989.09	2	0	85	1991.07
		2	110	0	1992.07
1990级	1990.09	2	0	76	1992.07
		2	103	0	1993.07
1991级	1991.09	2	0	73	1993.07
		4	64	65	1994.07
1992级	1992.09	1	0	86	1994.07
		4	153	82	1995.07
1993级	1993.09	1	0	86	1995.07
		4	125	83	1996.07
1994级	1994.09	3	0	158	1996.07
		6	154	91	1997.07
1995级	1995.09	2	0	99	1997.07
		6	177	81	1998.07
1996级	1996.09	3	0	139	1998.07
		3	46	81	1999.07
1997级	1997.09	2	0	111	1999.07
		7	286	0	2000.07
1998级	1998.09	8	380	0	2001.07

续表 22-6

级别	入学时间	班数（个）	招收学生（人）		毕业时间
			普师	其他	
1999 级	1999.09	1	0	44	2001.07
		2	0	76	2002.07
		3	119	0	2004.07
2000 级	2000.09	14	534	56	2003.07
		0	0	0	2005.07
2001 级	2001.09	12	464	61	2006.07
2002 级	2002.09	17	437	0	2007.07
2003 级	2003.09	6	275	0	2008.07
2004 级	2004.09	4	179	0	2009.07
2005 级	2005.09	12	430	0	2010.07
2006 级	2006.09	4	123	0	2011.07
2007 级	2007.09	3	122	0	2012.07
2008 级	2008.09	2	100	0	2013.07
2009 级	2009.09	3	235	0	2014.07
2010 级	2010.09	3	160	0	2015.07

注：1. 本表中的“其他”栏中属非普通师范类民师班、民幼师班、普幼师班、美术班、微机班。
2.2011 年以后，因学校合并招生情况未作统计。

潍坊市卫生职工中等专业学校

1975 年 4 月建潍县卫校，1983 年 12 月更名为潍坊市卫生干部进修学校，1985 年 12 月更名为潍坊市卫生职工中等专业学校。学校占地 2.67 万平方米，建筑面积 6289 平方米，其中办公面积 385 平方米、宿舍面积 3532 平方米、教学用房 1276 平方米、其他 621 平方米。学校有教室 6 间、实验室 2 个、护教室 4 个、试验准备室 1 个，按中专教学大纲要求可做化学、解剖、生理、药理、病理、微生物、临床课、护理等实验（示教），实验开出率 80%。建有微机室 1 个，配有微机 36 台；电化教学室 1 个，能容纳 80 余人收看视教；阅览和图书室各 1 个，藏书 1 万余册。职工 27 人，其中副高职称 8 人、中级职称 14 人、初级职称 3 人、工人 2 人。

建校初期，学校以乡村医生培训和在职职工中专学历教育为主。90 年代中期，开设职业中专班。2002 年，成为潍坊市乡村卫生技术人员培训基地。经过调整，办学从全日制职业中专班逐步向执业医师、执业护士考前辅导班转变，同时承担全市乡村医生培训工作。2003 年，与威海卫校联合办学，招收普通中专统招学员。2006 年 12 月，学校整体并入潍坊市红十字中心血站。

1989—2003 年，参加中专学历教育 2069 人，涉及卫生医士、护理、社区医学、乡村医学等专业。1989—2006 年，2144 人参加了卫生医士专修、高护专业、乡村医生业务等培训。

第二节　职业教育

1989年，全区有寒亭区第一、第二职业高中，寒亭区第五中学（以下简称寒亭五中），寒亭区城镇职业高中（1997年更名为寒亭区城镇职业中专）4所职业中学及寒亭区技工学校。

1991年8月，寒亭区第一职业高中更名为寒亭区职业中等专业学校（简称区职业中专）。同年，寒亭五中并入区职业中专。1992年8月，寒亭区第二职业高中并入区职业中专。1999年8月，区城镇职业中专并入区职业中专。2008年8月，区职业中专撤销。至2013年，只有寒亭区技工学校负责全区职业教育。

1989—2008年寒亭区职业中专办学统计表

表22-7

年度	教职工（人）	班数（个）	学生（人）	毕业生（人）
1989	70	10	442	48
1990	78	15	713	23
1991	82	18	889	260
1992	95	21	1010	159
1993	111	20	947	241
1994	108	17	864	490
1995	103	16	774	231
1996	102	14	687	190
1997	98	12	584	270
1998	90	11	523	274
1999	95	10	427	279
2000	109	14	634	135
2001	104	10	450	182
2002	107	12	542	98
2003	116	22	602	239
2004	115	20	593	105
2005	111	16	673	258
2006	111	14	523	230
2007	109	14	404	185
2008	108	8	219	108

附：

寒亭区职业中等专业学校　1991年，寒亭区第一职业高中更名为寒亭区职业中等专业学校。学校占地4.17万平方米，有教学、办公、宿舍楼各1座，平房223间，总建筑面积1.28万平方米。图书1.2万余册，教学仪器2458件，文体器材199件。教职工108人，其中本科学历36人、专科学历51人。学校以招收寒亭区初中毕业生为主。采用委培、联办、函授等办学形式，与泰安煤炭工业学校、山东畜牧兽医职业学院签订委培合同；与寒亭区人武部签订联合举办“预备役专业”协议；举办幼儿教师函授教育4期、行政管理专业函授教育1期。学校根据社会需求进行专业设置，根据国家教委规定设置课程。2008年，学校撤销，学生全部分流到潍坊市第一职业中专，教职工分流到区直属各学校。1985—2008年，毕业学生5389人，其中121人升入大专院校。1995年，学校获山东省教书育人先进单位称号。

寒亭区技工学校 1988年建校，隶属区人力资源和社会保障局。有教职工58人，其中高级讲师10人、讲师14人、会计师1人；首席技师2人、突出贡献技师1人、高级技师4人、技师13人。学校旧址位于原劳动小区院内，占地8000平方米。新校位于文化街391号，1991年建成使用，占地56.7亩，建筑面积1.11万平方米。建有教学办公楼、学生公寓、学生餐厅、图书馆、阅览室、实习车间，以及多媒体教室、微机室、教学模具室、电工电子实验室、机械原理演示室、基础化学实验室、分析化学实验室、化工原理实训室、氯碱工艺模型室、化工单元操作仿真模拟实训室等专用教室，总资产2000万元。2005年12月，被评为省（部）级重点技工学校。学校设中级、高级两个教学部，常设化工工艺、电工、焊接、机电一体化、民间工艺、农村经济管理、农机驾驶与维修、水产养殖、制盐工艺等专业。化工工艺专业被评为山东省百强专业，电工专业被评为山东省品牌专业，焊接专业被评为潍坊市技工教育名牌专业。

第四章　成人教育

第一节　农民教育

扫盲教育

1990年，全区15～45岁阶段有文盲、半文盲6132人，青壮年非文盲率96.7%。1991年，区政府决定分三年完成扫盲任务，并将指标落实到乡镇。全区健全扫盲工作机构，搞好部门配合协作；建立文盲学员、脱盲学员、脱盲后继续教育档案，并登记造册；落实扫盲教材，做到人手一册；采取农村中小学“日校办夜校、一师任两教”做法，举办扫盲班，动员小学高年级学生参加扫盲工作；通过与实用技术培训、科技咨询服务、农村精神文明建设相结合，使扫盲工作与成人教育协调发展。1995年，区政府依照《山东省扫除青壮年文盲评估标准》，对全区12处乡镇扫盲情况进行评估，全区青壮年非文盲率98.8%，脱盲人员巩固率100%。

文化技术教育

1990年，全区12处乡镇都成立成人教育中心学校，实现一处校舍、一个班子、一批师资、一套实验仪器、一处实习基地、一套培训计划。从1990年开始，全区利用职业高中教学条件对农民技术员进行培训。区教育局、区农业局、区科委联合举办农民技术员培训班，培养具有中等专业水平的乡镇、村农民技术员。当年第一职业高中招收100人，第二职业高中招收50人，学制一年。1990—1991年，寒亭区被市政府授予成人教育先进单位称号。1993年，全区有省级示范乡镇成人教育中心学校1所，3所申报为省级规范化成人中心学校。同年，全区实施“燎原计划”，举办农业科技、家电维修、服装缝纫等培训班，年培训400多人。1997—2012年，区教育局配合山东省农业广播电视学校寒亭分校、农业科技教育培训服务中心开展成人教育，村农民文化技术学校有238所，高里镇、双杨店镇被命名为省级规范化成人教育中心。乡与村成人学校利用夜晚、农闲季节，采取教师授课，聘请专家举办讲座，组织外地参观考察以及现场示范、指导等方式，对青壮年农民和初、高中毕业生进行文化科技培训，年培训2.75万人次。2013年以后不再开展此类培训。

第二节　干部职工教育

职工业余教育

1987年8月，成立寒亭区职工教育培训中心，与寒亭区职工教育办公室“一个机构、两块牌子”。1993年11月，撤销区职工教育办公室，区职工教育培训中心改为事业单位，隶属区教委。2000年7月，区职工教育培训中心与区教师进修学校合并成立寒亭区成人教育中心。1984—2003年，培训中专毕业生1340人，各专业大专毕业生1100人。2003年2月—8月，举办8期中小学教师计算机全员培训班，培训163人。3月，11人参加计算机维修班培训；6月，25人参加“十五”期间小学校长任职资格培训班。2004年以后，不再开展职工教育。

广播电视教育

1979年，区教育局设立区电大工作站。1994年1月，区电大工作站更名为潍坊电大寒亭分校，同时与区教师进修学校合并。1990—2000年，开设15种专业，毕业698人。2006—2013年，先后与滨州医学院、青岛农业大学、莱阳农学院、潍坊学院、潍坊职业学院等院校联合，开设临床医学、护理、财务会计、经济管理、行政管理、工商管理等专业，培养本、专科毕业生1911名。

1990—2013年部分年度寒亭区广播电视教育办学一览表

表22-8

年度	专业	人数	承办单位	毕业去向
1990	财会	30	教师进修学校	区企事业单位
1991	文秘	5	电大站	区企事业单位
1992	文秘	46	区委党校	区企事业单位
1993	工商管理	40	教师进修学校	区企事业单位
	英语	35	教师进修学校	教育
1994	英语	35	教师进修学校	教育
1995	中文	32	电大站	教育
	经济管理干部专修科	60	电大站	区企事业单位
1996	数学	30	电大站	教育
1997	计算机	30	电大站	教育
	经济管理	30	电大站	区企事业单位
1998	中文	20	电大站	教育
2000	小学教育	60	电大站	教育
	财会	5	电大站	走向社会
	法学	4	电大站	走向社会
	园艺	4	电大站	走向社会

续表 22-8

年度	专业	人数	承办单位	毕业去向
2001	小学教师	10	电大站	教育
2006	开放教育	200	成教中心	走向社会
2007	开放教育	70	成教中心	走向社会
2008	开放教育	100	成教中心	走向社会
2009	开放教育	14	成教中心	走向社会
2010	开放教育	47	成教中心	走向社会
2011	开放教育	83	成教中心	走向社会
2012	开放教育	54	成教中心	走向社会
2013	开放教育	31	成教中心	走向社会

高等教育自学考试

1989年上半年，组织财政、税收、公安、教育管理专业本科考试，下半年组织卫电高师、音像高师自学考试报名。1993年，会计、金融本科和经济管理干部专修科以及公司财务与会计、学前教育、畜牧兽医专科开考，参加考试360人次。1994年，公共关系、市场营销、国际贸易专科开考，参加自学考试420人次。1995—1998年，法律、英语、教育、公安管理本科以及律师、小学教育、经济管理等专科开考，参加自学考试2265人次。1999—2003年，参加自学考试2897人次。2004年上半年，商务英语、人力资源管理、心理健康教育本科开考。2005年，劳动和社会保障、企业管理专、本科开考。2006—2013年，参加自学考试1676人次。

第五章　教　师

第一节　教师队伍

校长队伍

1989年6月，区教育局在教师进修学校举办首批小学校长培训班，对37名乡镇中心校长、区直小学校长进行培训。1992年10月，对全区68名中学校长进行岗位培训。1994年11月，经过省、市考核验收，全区中小学校长全部达到持证上岗水平。2005年，区委、区政府印发《关于进一步深化中小学人事制度改革的实施意见》，实行中小学校长选聘制和职级制，采取推选聘任或考任选拔校长。取消行政级别，实行校长职级制度，发放职级工资。同年3月，进行教职工竞争聘任和区直学校中层管理人员、乡镇中心学校副校长、中心小学校长职务竞争上岗。全区18个教学单位3000余名教职员工参加竞聘，全区教育管理干部减少职数近30个。

2011年，对2所区直学校和2所街道中心学校校长职位进行公开竞聘考选。2012年，区政府转发组织部等四部门联合印发的《关于深化和完善中小学校长职级制改革的实施意见》，将全区60所中小学校长及1所公办幼儿园园长全部纳入职级管理范围，并将校长职级制工资纳入区财政年度预算；建立寒亭区校长后备人才库和挂职锻炼制度，将全区51名优秀管理干部纳入校长后备人才库。2013年，依据《寒亭区中小学校长绩效考核办法》，完善校长办学业绩考核评价制度。

教职工队伍

1989年，全区有幼儿教师333人，其中中师、高中毕业及以上141人，中师、高中肄业及初师、初中毕业176人，初师、初中肄业及以下16人；有小学教职工1786人，其中专任教师1695人、行政人员57人、工勤人员53人；有普通中学教职工1670人，专任教师1250人，其中初中1073人、高中177人、行政人员193人、工勤人员175人。2003年，全区幼儿教师359人，其中中师、高中毕业及以上152人，中师、高中肄业及初师、初中及以下毕业207人；小学教职工1543人，其中专任教师1425人、行政及教辅人员86人、工勤人员32人；普通中学教职工1891人，其中专任教师1533人、行政及教辅人员201人、工勤人员157人。中小学专任教师本科学历634人、专科学历1532人、高中及以下学历792人。2005年，区委、区政府根据中小学教育需求，逐年加大教师补充力度。2005—2012年，全区中小学招录新教师400人，其中具有大学本科、硕士研究生学历108人。2008年，全区有教职工3151人，其中普通高中490人、城区初中378人、城区小学362人、农村初中814人、农村小学1107人；其中硕士学历2人、本科学历1244人、专科学历1337人、中专学历434人。2013年，全区在编教职工2778人，其中普通中小学教职工2768人、幼教职工10人。

1993年，寒亭区对教师进行为人师表、无私奉献、自觉维护教师形象教育。1996年，开展师德、教风建设，区教委印发《师德教风建设八要八不准》《教师文明用语及禁忌语》《教师文明行为十忌十要》等规定，年终进行评估考核。2005年7月，在全区教育系统开展“廉洁从教，办人民满意教育”系列活动，严禁教师利用假期举办有偿家教、开办兴趣班等违规办学行为。2008年，组织全区中小学教师对新修订的《中小学教师职业道德规范（2008年修订）》进行系统学习。2009—2013年，开展“师德师风建设年”活动，将师德满意度作为评先树优、职称晋升及校长后备人才推荐的必要条件。

民办教师

1986年开始，寒亭区为解决民办教师出路，主要采取“关、转、招、辞、退”五种方式进行。“关”，对1985年9月30日之前在编、在岗民办教师进行登记建档，认定身份，属于解决范围；“转”，在严格控制编制前提下，坚持公正、平等、竞争、择优原则，采取竞争上岗办法，从民办教师中选招录用公办教师；“招”，在高等师范院校安排计划，招收部分学历低、年龄较轻的民办教师进行培训，毕业后予以优先安排；“辞”，对考试考核不合格民办教师予以辞退，由当地根据实际情况给予适当经济补偿；“退”，对超过录用公办教师年龄的民办教师办理退养手续，退养金标准由各地制定。1990年，全区小学、初中任教民办教师1134人。1996—2002年，根据市人事局《关于从民办教师中选招公办教师的通知》精神，分四批选招公办教师696名。到2002年上半年，全区民办教师整顿工作结束。

第二节　教师待遇

1988年开始，为满30年教龄的教师颁发荣誉证书。1989年以后，每年教师节，区委、区政府都召开庆祝大会，表彰先进单位和个人；区委、区政府领导到区教育局、区直各学校召开座谈会；到离、退休老教师家中走访慰问。至2013年，全区先后有5人被评为全国优秀教师、1人被评为全国教育系统劳动模范、8人被评为山东省特级教师、11人被评为市特级教师。

工资

1993年10月，全区教师人均月工资增长125元，增幅38.5%。1995年10月开始，教师每两年考核合格增加薪级工资。1995年12月开始，任教满30年的中小学教师退休金按原工资100%发放。1997年7月，全区教师人均月工资增长130元，增幅22.2%。1999年7月，全区教师人均工资增长140元，增幅21%。2000年4月至2004年7月，乡镇教师地方性福利待遇由于镇街地方财政紧张等原因未发放，只发放国家规定标准工资。2004年8月，全区教师工资纳入区级财政管理，由区财政统一发放。2007年2月，实行岗位绩效工资制度，将中小学教师工资和薪级工资标准提高10%。2008年3月，特级教师津贴标准调整为每人每月300元。2007—2010年，中小学教师3次增加岗位补贴。2013年，全区教师平均月工资3800元。

住房

1996年，区委、区政府为解决教师住房，采取"国家拨一点、单位出一点、自己拿一点"的筹资办法，建设3栋教师公寓，建筑面积1万余平方米，为120户教师解决住房。1989—2003年，区政府制定减免配套费等优惠政策，区教育局、区直学校采取单位补贴、个人集资等筹资办法，建设单位教职工宿舍楼。至2003年年底，全部解决城区教职工住房。

第三节　教师学历与职称

1989年，全区高中专任教师177人，其中具备大学本科学历46人，学历达标率26%；初中专任教师1073人，其中具备大学本科学历13人、大专学历141人，学历达标率14%；小学专任教师1645人，具备高中及中等师范院校学历1297人、初中学历371人，学历达标率90%以上。年参加学历培训专任教师450人。

1995年，高中专任教师学历达标率35%，初中达标率60%，小学达标率99%。2003年，小学专任教师1425人，其中中学高级（中学高级在小学也叫"小拔高"，享受中学高级待遇，统称中学高级教师）24人、小学高级555人、小学一级793人、小学二级32人，未评职称21人，学历达标率99.2%。初中教师学历达标率95.5%。高中专任教师学历达标率85.2%。普通中学专任教师1533人，其中中学高级120人、一级522人、二级764人、三级36人，未评职称91人。职业中专专任教师90人，其中中学高级9人、中级36人、初级44人，无职称1人。

2005年，小学专任教师1465人，其中中学高级41人、小学高级847人、小学一级551人、小学二级19人，未评职称7人，学历达标率99.5%。初中教师学历达标率95.6%。高中专任教师学历达标率87.2%。普通中学专任教师1380人，其中中学高级177人、中学一级710人、中学二级474人、中学三级16人，未评职称3人。职业中专专任教师110人，其中中学高级11人、中级75人、初级23人，无职称1人。

2008年，小学专任教师1406人，其中中学高级64人、小学高级1103人、小学一级191人、小学二级4人，学历达标率99.8%。初中教师学历达标率96.5%，高中专任教师学历达标率88.9%。普通中学专任教师1381人，其中中学高级162人、中学一级851人、中学二级289人、中学三级8人，未评职称71人。职业高中专任教师47人，其中中学高级8人、中级18人、初级9人，无职称12人。

2009年起，实行教师职称改革，统一改称中小学教师系列。

2012年，全区镇街学校有教职工1289人（内退59人）。其中专业技术人员1159人，已聘高级职称135人、中级职称441人；取得高级资格未聘人员32人、取得中级资格未聘人员353人；符合晋升高级职称条件192人、晋升中级职称条件141人。

2009—2013年，实施"全区教师全员培训计划""名师名校长培养"战略，共培训教师1.5万人次，培训校长及骨干教师7500人次。

第六章 教育行政

第一节 管理机构

寒亭区教育局

1987年6月，撤销寒亭区文教局，成立寒亭区教育局（以下简称区教育局）。设办公室、政工股、财会股、普教股、职教股、广播电视大学寒亭区工作站、区勤工俭学管理站、区电教仪器站、区教研室、区招生办公室、共青团寒亭区教育委员会11个科室站。1993年11月，区教育局更名为寒亭区教育委员会。2002年1月，寒亭区教育委员会更名为寒亭区教育局。2013年，区教育局设办公室、组织人事科、计划财务科、普教科、职业教育与成人教育科、学校安全工作科6个职能科室，以及区教学研究室、区政府教育督导室、区招生办公室、区电教仪器站、勤工俭学管理站、区青少年活动中心、区学生资助管理中心、青少年健康成长研究中心。行政编制14人、事业编制35人，设局长1人、副局长2人。

2009年，区教育局被评为潍坊市社会科学普及工作先进集体；2011年，获潍坊市第九届教学成果集体三等奖；2001—2013年，被授予省级文明单位。

基层管理机构

1991年以前，实行乡镇政府领导下的“中心学校”管理制。1991年4月，区政府印发《关于健全乡镇教育委员会的通知》，确定乡镇教委是在乡镇政府领导下的乡镇教育事业常设职能管理部门。教委主任不再兼任学校校长。2002年上半年，乡镇教委撤销，乡镇（街道）设置1处中心学校，其学校负责人兼管全乡镇教育事业。2002年8月，各乡镇（街道）设置教育管理办公室，办公地点在中心学校，中心学校校长兼办公室主任，负责管理乡镇（街道）教育工作。2013年，设有寒亭、开元、固堤、朱里、高里5处街道教育管理办公室。

第二节 教育经费

经费来源

1989年，教育经费继续沿用以国家财政拨款为主，征收教育税费、收取小学生杂费和非义务教育阶段学生学杂费、勤工俭学收入、社会捐资集资等渠道筹措为辅。2004年秋季新学年开始，寒亭区义务教育阶段学校试行“一费制”（在严格核定杂费、课本和作业本费标准基础上，一次性统一向学生收取费用）收费办法。2005年秋季开学，对农村义务教育阶段的部分贫困家庭学生实施“两免一补”（免课本费、免杂费、补助寄宿生生活费）。2006年秋季开学，对享受城市居民最低生活保障政策家庭义务教育学生实施“两免一补”。2007年秋季开始，对普通高中家庭困难学生实行助学金制度，向农村义务教育阶段学生免费提供国家课程教科书。寒亭区率先实施城市、农村义务教育阶段学生同时免除杂费，并补助公用经费。2008—2013年，提高农村义务教育阶段中小学生均公用经费基本标准，城市义务教育阶段学生继续实施免杂费补助公用经费政策，小学生均公用经费每生每年700元、初中生均公用经费每生每年900元。

经费管理

1989—2001年，区财政把区直学校全年计划预拨款划拨到区教委，区教委编制全年开支预算，逐月向学校拨款。2000年5月，人员经费由区财政划拨到各学校选定的银行，只将公用经费拨付区教委。学校每学期按文件规定收费，将所收费用全部交到区预算外资金管理局管理。学校开支时编造计划，报预算外资金管理局审批。乡镇学校教育经费主要包括征收的农村教育费附加和乡镇财政拨付的公办教师工资，用于发放公办、民办教师工资和初中、小学办学维持费。2004年8月，乡镇教师工资全额发放。2007年，实施农村义务教育经费保障机制改革，经费管理发生变化，学校实施预算编制制度，学校经费纳入区级财政预算。同年10月，成立区教育会计集中核算中心，对各学校财务收支采取“集中管理，统一开户，分户核算”办法。2008—2013年，全区教育系统经费实行国库集中支付，教师工资由区财政直接支付。生均公用经费由区财政统一拨到区教育局，由区教育局按照学校年初预算分四个季度拨付到学校。

1989—2013年寒亭区教育经费统计表

表22-9

年份	拨发经费（万元）	比上年增长比例（%）
1989	843.7	22.97
1990	822.2	-2.55
1992	902.2	9.73
1992	1151.6	27.64
1993	1468.3	27.5
1994	2457.1	67.34
1995	2438.7	-0.75
1996	3144	28.92
1997	3610	14.82
1998	3793	5.07
1999	4305.6	13.51
2000	5101.3	18.48
2001	5222.2	2.37
2002	7196.6	37.81
2003	7143.9	-0.73
2004	6706	-6.13
2005	7702	14.85
2006	8294.2	7.69

续表22-9

年份	拨发经费（万元）	比上年增长比例（%）
2007	14510.2	74.94
2008	18571.5	27.99
2009	20777.4	11.88
2010	26720.4	28.6
2011	26710.2	-0.04
2012	29879.5	11.87
2013	33671.5	12.69

勤工俭学

1989年，全区勤工俭学工作由区勤工俭学管理站负责。1995年11月，全国勤工俭学协会及捐企助学研讨会在寒亭一中冷藏厂召开，国家教委、省教委、市教委派人参加，《光明日报》、人民教育出版社、《中国教育报》记者先后到冷藏厂参观。2003年9月，全区12家校办企业改制结束，全部与教育脱钩。区勤工俭学管理站职能发生变化，负责为学校组织征订图书报刊、教辅资料，学生装准入监督，投保校方责任险的组织协调等工作。

第三节　教育设施

1986—1995年，全区用于中小学改善办学条件资金7302万元，新建楼房20幢，新建、翻建平房6866间，增加校舍面积16.73万平方米。小学生均3.8平方米，初中生均4.8平方米。配置教学仪器、电教器材、音体美器材价值910万元，基本满足全区适龄儿童入学和学习需要。

1996—1998年，河滩、朱里、寒亭镇初中教学楼相继竣工，实验小学新建综合教学楼，实验中学新建图书实验楼，寒亭一中新建教学大楼，全区新增校舍近3万平方米。

1999—2008年，用于改善全区中小学办学条件资金3591万元，新增校舍30608平方米。其中，全区新建楼房23791平方米；新建、翻建平房332间，增加校舍7807平方米；更换583间檩条。

2009年，在5个镇街启动农村中心初中、中心小学及中心幼儿园“三中心校（园）”标准化建设；在4所农村学校进行“两热（热水、热饭）一暖（取暖）一改（改厕）”试点改造；完成8所农村学校校舍改造。2010年，固堤街道中心学校二期、肖家营DMG希望小学、新阳光幼儿园投入使用；寒亭外国语学校、高里中心学校一期竣工；寒亭一中新校主体建筑完工。2011年，更新教学仪器5万多件套、新建标准实验室45个、新增教学微机2000台、新建多媒体教室700个，所有学校实现“校校通”“班班通”。2012年，完成农村中小学“211”工程取暖项目改造6个、生态厕所项目建设6个；城乡学校配套采购桌椅、电教仪器、音体美卫器材等84257件套；19所中小学通过潍坊市标准化建设达标验收。2013年，农村中小学“211”工程取暖项目改造3个、新建卫生厕所9个；12处农村学校解决体育用地65559平方米；37所学校通过潍坊市标准化达标验收。

2009—2013年，区委、区政府实施教育优先发展战略，先后投资近10亿元，新建学校24所，加固改造扩建36所，校安工程规划建设项目504个，薄弱学校改造7所，市级标准化学校建设达标验收56所。

第四节　教育督导

1986年，区教育局普教股负责对落实初等义务教育进行督导评估。1992年12月，寒亭全部实现初等义务教育。1993年3月开始，围绕实施初中阶段义务教育开展督导工作；12月，成立区政府教育督导室，办公室设在区教育局，具体负责全区教育评估督导。1995年下半年，迎接省“双基（基础知识、基本技能）”验收，区政府组织对所有中小学进行督导评估；11月，寒亭区“普九”（普及九年义务教育）和“扫盲”工作通过省政府检查验收。2001年11月，组织办学水平督导评估，对素质教育实施、教育经费投入、教师工资发放、学生流失情况及“减负”等教育热点、难点问题进行重点督查。2005年9月，制定高中、初中、小学、职业学校办学效益督导评估方案。2008年9月，印发《督导责任区四项制度》《督学工作制度》《责任区督学履行职责的考核奖惩办法》《学生和家长举报查处制度》等，划分督导责任区，对责任区督学进行培训，并对全区中小学、幼儿园办学水平开展督导评估。2010年10月，接受省“211工程”专项督导评估。2011年9月，接受省综合教育督导评估。2013年9月，成立区政府教育督导委员会，组织开展义务教育阶段学校标准化达标评估验收。

第五节　捐资助学

资助学校

1989年，中医王怀彦为寒亭区20所学校和幼儿园捐款200万元。2004年9月，潍坊建工有限公司王世宾为南孙乡西王庄小学无偿捐赠12台电脑，帮助学校建立微机学习教室。2006年11月，以奥运冠军邢慧娜命名的希望小学在河滩镇狮子行村竣工，占地1.33万平方米，教室36间，办公室6间，容纳学生560名。2008年5月，山东省税务学校向固堤中心学校、流河小学捐赠电脑45台、电脑桌45张。2010年6月，DMG娱乐传媒集团肖文阁捐资300万元，在肖家营小学原址建设DMG希望小学。学校占地1.67万平方米，建筑面积1200平方米，设施配套齐全，解决周边4个村300多名小学生入学。2011年12月，肖文阁捐资300万元，在台底小学原址建设第二所DMG希望小学，在校生200余人。2013年11月，市新华书店分别向固堤街道中心学校、朱里街道于渠小学、高里街道东南孙小学捐赠价值5.6万元图书。

资助学生

1989年以后，民政、教育、工会、共青团、妇联等部门以及社会爱心人士对贫困学生进行资助。2005年1月，寒亭区建立爱心教育基金暨扶贫助学金发放仪式在区政府礼堂举行，山东昱合集团高振涛、潍坊金河食品公司刘延哲分别捐赠爱心教育基金5万元。扶贫助学金对201名家庭经济困难中小学生和考入高校部分贫困生资助10万元。2007年1月，全区开始建立学生资助政策体系，全面实行免费义务教育，为农村义务教育阶段学生免费提供教科书及为家庭经济困难寄宿生补助生活费；在普通高中建立政府助学金制度，全年发放助学金33.79万元，惠及学生744人次。2009年1月，区政府为经济困难普通高校新生办理生源地信用助学贷款、应征入伍服兵役高校毕业生申请学费补偿和贷款代偿，全年发放各类助学金114.72万元，受助学生1389人次。2010年9月，将高中政府助学金调整为高中国家助学金，资助标准由每生每年1000元提高到1500元，资助比例由8%提高到10%。全年资助学生1338人次，发放各类助学金102.54万元；为68名家庭经济困难的普通高校学生办理生源地信用助学贷款，贷款金额37.47万元。2011年2月，建立学前教育资助政策，实现全区从学前教育到高等教育学生资助政策全覆盖和“应助尽助”；10月，成立寒亭区学生资助管理中心，发放各类助学金175.51万元，受助人数2900人次；为114名家庭经济困难大学生办理生源地信用贷款64.94万元；32名幼儿免费入园。2012年开始，潍坊金茂国际大酒店有限公司设立“纳甲玉冰助学金”，每年出资10万元，资助寒亭区贫困学生，50名家庭困难大学生接受捐助。同年2月，区政府提高农村义务教育阶段家庭困难寄宿学生生活费补助标准，小学由750元提高到1000元，初中由1000元提高到1250元，补助范围由8%扩大到10%；为普通高中低保、孤残等家庭经济困难学生免除学费。全年发放助学金259.49万元，受助学生3873人次；为111名贫困大学生签订学年度助学贷款64.46万元。同年9月，潍坊恒信建设集团有限公司捐献助学资金100万元。2013年，发放助学金268.5万元，受助学生3901人次；为139名家庭困难大学生办理生源地信用助学贷款82万元。

第七章　体　育

1989年，寒亭区体委负责全区体育工作，编制5人。1993年11月，区体委与区文化局合并，成立寒亭区文化体育委员会（简称区文体委）。1994年7月，撤销区文体委，恢复区体委。2002年1月，区体委更名为寒亭区体育局，局内不设科室。2013年，区体育局有行政编制6人，设局长、纪检组长、工会主席各1人。

1989年，有体校教练员3人。2008年1月，体校教练员全部分配到区直各中学。2013年，全区有专职体育教师237人，其中小学174人、初中45人、高中18人。1989—2013年，全区有一级裁判员9人、二级裁判员62人。

第一节　学校体育

体育课

1989年，全区中小学都有1名校长或副校长分管体育活动，每学期制订体育教学计划和体育活动实施方案；配备73名专职体育教师、11名兼职体育教师。每周有两节体育课，每天做早操和课间操。

2000年以后，各学校按《体育教学大纲》要求，在抓好体育课教学质量和运动训练同时，根据学校特点，体育活动设置各有侧重。寒亭一中、寒亭四中结合学生升学，把教学重点放在田径100米、800米、跳远和铅球方面；寒亭六中以田径为主；区实验中学以篮球、足球为主；南孙中学、高里中学侧重开展田径训练。2006年，寒亭六中以田径、篮球为主。2012年，区外国语学校以田径、排球为主。

课外活动

1989年，全区学校实施《学校体育工作条例》，坚持每周两节体育课，每天做早操、课间操和眼保健操，保证学生每天有1小时课外体育活动时间。活动项目有田径、篮球、排球、体操、乒乓球、武术等。2006—2013年，各学校课外活动项目有田径、篮球、排球、足球、乒乓球。

体育达标活动

2000—2003年，全区中小学开展体育达标活动，有2所普通高中、1所职业中专、19所初中、89所小学参与，参加体育达标锻炼学生占学生总数95%，达标率85%。2013年，全区有1所普通高中、7所初中、51所小学参加中小学体育达标活动，参加体育达标锻炼的学生占学生总数98.56%，达标率90.5%。

业余体校参训

1989年以后，区竞技体育运动学校对参训学员采取集中专业训练与分散文化课学习的教学模式。专业训练项目有田径、皮划艇、手球、举重、乒乓球、排球、跆拳道、摔跤、武术、自行车、赛艇、游泳、拳击、射击等。至2003年，输送运动员116名，其中国家级2人、省级11人、市级103人。寒亭籍运动员在参加的国内外比赛中，获国际级金牌7枚、国家级金牌11枚、省级金牌25枚、市级金牌58枚。2004—2008年，向市以上体育单位输送运动员132名。2008年1月，区竞技体育运动学校撤销，输送运动员工作由区体育局与区教育局共同负责。2009—2013年，向市以上训练单位输送246名运动员，主要涉及田径、皮划艇、手球、举重、乒乓球、排球、跆拳道、摔跤、武术、自行车、赛艇、游泳、拳击、网球、橄榄球等项目。

1989—2013年寒亭区体育高考、高水平运动员统计表

表22-10　　　　单位：人

年份	本科	专科	中专	高水平运动员
1989	2	3	2	0
1990	1	2	3	0
1991	1	4	5	0
1992	0	3	4	0
1993	0	4	4	0
1994	0	4	1	1
1995	0	2	3	0
1996	0	1	1	0
1997	0	3	1	0
1998	1	3	0	1
1999	2	3	0	2
2000	7	3	1	3
2001	2	4	0	3
2002	2	3	1	7
2003	6	12	1	16
2004	9	7	7	3
2005	8	8	5	2
2006	10	8	6	2
2007	11	10	0	1
2008	8	10	0	2
2009	5	11	0	5
2010	7	12	0	4
2011	9	13	0	3
2012	10	9	0	1
2013	14	13	0	2

第二节　群众体育

体育设施

1992年5月，区政府投资50万元，在区体育场东南角，新建1250平方米和375平方米游泳池2座，除培训游泳运动员外，每年接纳游泳爱好者上万人次。1995年6月，在体育场新建400平方米灯光篮球场2处。2000年7月，在体育场新建200平方米旱冰场1处。2001年10月，投资300万元，在寒亭一中新建400米标准塑胶跑道。2003年10月，中国体育彩票捐赠人民币10万元，在寒亭街道吴官庄村委会东侧建立健身娱乐广场。年底，区内先后建成寒亭街道文化广场体育彩票全民健身路径、蝶园福利彩票全民健身路径、巨龙集团全民健身路径、杨家埠武馆等。化纤厂家属区建起健身活动点6处，每处设有漫步机、单双杠、秋千等运动设施。城区、乡镇也建起晨、晚锻炼指导点26处。2003年底，全区有田径场116个、篮球场122个、乒乓球室366个、棋牌室732个、标准游泳池2座、健身娱乐广场1处。2007年，区政府投资2700万元对区体育场重新建设，更新添加体育器材。2010年，区政府投资2300万元改造蝶园广场。2013年，投资500多万元，对区体育场进行工程改造，新建标准篮球场2处、健身路径1条，增添20套运动器械。为186个村及社区安装体育器械。

截至2013年年底，全区有田径运动场60处、足球场15处、早晚体育锻炼集结点140处、乒乓球室230个、棋牌室100多个。

运动会

2003年4月，区政府举办寒亭区第一届全民运动会。2008年，寒亭区举办第二届全民运动会，比赛项目有田径、篮球、拔河、自行车慢骑、中国象棋、健身气功、广场舞等，1200多人次参加比赛。2012年，寒亭区举办第三届全民运动会，比赛项目有12个大项、212个小项，3000多人次参加比赛。

2009—2013年，每年都举办一届全民健身运动会，每届都有3000多人次参加比赛。设置项目有所区别，街道组参加的项目有田径、门球、中国象棋、乒乓球、自行车慢骑、篮球、台球、定点投篮、拔河、羽毛球；行业组参加项目有田径、中国象棋、乒乓球、篮球、羽毛球、门球、自行车慢骑、定点投篮、拔河；学校组参加的项目有田径、围棋、跆拳道、乒乓球、篮球、定点投篮。

全民健身活动

1989年以后，“我运动、我健康、我快乐”“天天活动，人人健康”成为社会时尚。符合《国民体质测定标准》合格的城乡居民（不含在校学生）人数比例95%以上，符合优秀标准人数比例25%。青少年体育锻炼兴趣和意识明显增强。在校学生普遍达到《国家学生体质健康标准》要求，符合优秀标准人数比例30%以上。

为完善区、街道、社区体育工作机构，配备

图22-3　1989年，全区运动会乡镇代表队入场。

专兼职体育工作人员。1300多人获社会体育指导员技术等级证书，100多人获社会体育指导员国家职业资格证书，30多人成为国家级和一级社会体育指导员。各街道成立体育组织，建立农民体育协会和健身指导站（点），社区和行政村普遍建有全民健身活动站（点）。每个体育健身站点，社区、行政村及群众体育健身俱乐部都配备社会体育指导员，进行义务健身辅导。2007年10月，区体育局与区人民医院联合建立国民体质监测站（中心），开展国民体质监测活动，引导市民科学健身。

体育彩票

1999年，体育彩票落户寒亭，当年销售760万元。随着人们收入提高，销量不断上涨。2013年，全区有25家销售网点，销售6120万元。

第三节　竞技体育

国际国内大赛

1989—2013年，寒亭籍运动员在国际大赛中共取得8枚金牌；在全国性比赛中，获个人或团体项目16个冠军。

1994—2005年寒亭籍运动员参加国际比赛成绩一览表

表22-11

姓　名	比赛时间	比赛地点	比赛名称	比赛项目	名　次
高蓓蓓	1994.10	日本广岛	十二届亚运会	女子皮划艇500米4人	第1名
	1994.11	匈牙利布达佩斯	世界杯赛	女子皮划艇500米4人	第1名
	1994.11	匈牙利布达佩斯	世界杯赛	女子皮划艇500米2人	第1名
	1994.11	匈牙利布达佩斯	世界杯赛	女子皮划艇200米4人	第1名
	1996.08	美国亚特兰大	二十六届奥运会	女子皮划艇500米4人	第4名
	1995.07	德国柏林	世界锦标赛	女子皮划艇500米4人	第2名
	1998.12	泰国曼谷	十三届亚运会	女子皮划艇4人双划	第1名
	1998.12	泰国曼谷	十三届亚运会	女子皮划艇双人皮艇	第1名
邢慧娜	2002.10	韩国釜山	十四届亚运会	女子10000米	第3名
	2002.10	韩国釜山	十四届亚运会	女子5000米	第4名
	2003.04	北京	国际马拉松接力赛	女子马拉松	第1名
	2004.08	希腊雅典	二十八届奥运会	女子10000米	第1名
	2005.08	芬兰赫尔辛基	世界田径锦标赛	女子10000米	第4名
王向东	2002.06	意大利罗马	世界青年锦标赛	男子手球	第3名
褚洪一	2002.06	意大利罗马	世界青年锦标赛	男子手球	第3名
付仅辉	2002.06	意大利罗马	世界青年锦标赛	男子手球	第3名

续表 22-11

姓　名	比赛时间	比赛地点	比赛名称	比赛项目	名　次
陈　沛	2001.08	匈牙利布达佩斯	第二届世界少年田径锦标赛	男子三级跳远	第 4 名
王　强	2002.08	青岛	国际柔道公开赛	男子柔道 66 公斤	第 5 名
	2003.08	青岛	国际柔道公开赛	女子柔道 66 公斤	第 3 名

1993—2012 年寒亭籍运动员参加全国比赛成绩一览表

表 22-12

姓　名	比赛时间	比赛地点	比赛名称	比赛项目	名次
高蓓蓓	1993.09	成都	全国第七届运动会	女子皮划艇 500 米双人划	第 3 名
	1997.10	上海	全国第八届运动会	女子皮划艇 500 米双人划	第 3 名
	2001.11	广州	全国第九届运动会	女子皮划艇 500 米双人划	第 1 名
	2002.08	成都	全国皮划艇锦标赛	女子皮划艇 500 米双人划	第 1 名
	2002.08	成都	全国皮划艇锦标赛	女子皮划艇 500 米双人划	第 2 名
高维维	2002.08	成都	全国皮划艇锦标赛	女子皮划艇 500 米单人皮艇、双人划	第 2 名
	2002.08	成都	全国皮划艇锦标赛	女子皮划艇 500 米单人皮艇、双人划	第 3 名
程爱红	1995.07	潍坊	全国体校田径赛	女子 5000 米	第 3 名
孙晓静	1993.08	潍坊	全国青年田径赛	女子 400 米	第 2 名
肖建妮	2001.08	潍坊	全国赛艇锦标赛	女子赛艇 4 人单 500 米	第 3 名
	2002.08	成都	全国赛艇锦标赛	女子赛艇 4 人 500 米	第 3 名
胥成亮	2002.06	潍坊	全国少年排球赛	男子排球	第 1 名
邢慧娜	2002.08	上海	全国田径大奖赛	女子 5000 米	第 2 名
	2002.08	上海	全国田径大奖赛	女子 5000 米	第 1 名
	2002.08	上海	全国田径大奖赛	女子 10000 米	第 1 名
	2003.08	长沙	全国第五届城市运动会	女子 5000 米、10000 米	第 1 名
	2005.10	南京	全国第十届运动会	女子 5000 米、10000 米	第 1 名

续表 22-12

姓 名	比赛时间	比赛地点	比赛名称	比赛项目	名次
程 涛	2002.09	上海	全国田径大奖赛	男子 10000 米	第 1 名
	2002.09	上海	全国田径锦标赛	男子 3000 米障碍	第 3 名
	2002.09	上海	全国田径锦标赛	男子 10000 米	第 4 名
王向东	2002.09	上海	全国少年手球赛	少年男子手球	第 1 名
褚洪一	2002.09	上海	全国少年手球赛	少年男子手球	第 1 名
付仪辉	2002.09	上海	全国少年手球赛	少年男子手球	第 1 名
宋万强	2002.09	上海	全国少年手球赛	少年男子手球	第 1 名
张亮亮	2002.08	青岛	全国沙滩排球赛	男子排球	第 2 名
	2002.06	潍坊	全国少年室内排球赛	男子排球	第 3 名
韩 琳	2002.06	潍坊	全国少年室内排球赛	男子排球	第 3 名
陈 沛	2002.09	北京	全国少年田径锦标赛	男子三级跳远 13.73 米	第 5 名
	2001.05	杭州	全国少年锦标赛	男子三级跳远 13.86 米	第 1 名
陈金玲	2002.08	成都	全国赛艇大奖赛	女子赛艇四人单桨	第 5 名
	2002.08	成都	全国赛艇大奖赛	女子赛艇 2 人单桨	第 5 名
王 强	2002.07	南昌	全国青年柔道赛	男子柔道 66 公斤	第 3 名
	2003.06	广州	全国男子柔道冠军赛	男子柔道 66 公斤	第 5 名
张卫平	2004、2012	广州	全国赛艇锦标赛	女子赛艇 500 米、1000 米 8 人艇	第 1 名

其他体育比赛

1989 年，山东省在菏泽举行少年“希望杯”篮球赛，寒亭区组队参加，获第 6 名；9 月，寒亭区篮球代表队参加潍坊市第十三届篮球比赛，获男队第 3 名；10 月，寒亭女子排球队获潍坊市举办第十三届体育运动会第 5 名。1990 年 3 月，在寿光举办“潍坊市优苗杯”排球比赛，寒亭女子代表队获冠军。1993 年，寒亭组队参加潍坊市十四届全运会，获游泳团体总分第 2 名。1998 年 5 月，潍坊市举行中小学生排球比赛，寒亭代表队获男子组第 7 名。

2000 年 1 月，寒亭区中学生代表队获全国中学生篮球赛男队第 6 名。

2002 年，寒亭区获潍坊市游泳锦标赛 2 枚金牌；6 月，在全国少年排球锦标赛中，寒亭区输送到潍坊市体校的胥成亮所在队获男子乙组第 1 名；8 月，寒亭区篮球队参加潍坊市少年篮球锦标赛，获男队第 5 名。2003 年 8 月，寒亭区获潍坊市十六届运动会6枚游泳金牌；10月，潍坊市举行中学生排球赛，寒亭代表队获团体第6名。2006年，在潍坊市“益丰杯”跆拳道锦标赛暨十七届运动会预赛上，寒亭区12名参赛运动员获3金、3银、1铜7枚奖牌，获团体总分第四名；6月，在市田径锦标赛暨十七届市运会预赛上，寒亭运动员获男子铅球、铁饼两枚金牌，男子100米跑金牌、200米跑银牌，女子1500米金牌、800米银牌。2007年，寒亭女子排球队获潍坊市十七届体育运动会第7名；寒亭区获3枚游泳金牌。2008年，潍坊市举行中学生篮球选拔赛，寒亭区篮球代表队获少年篮球比赛第5名。2011年，寒亭女子排球队获潍坊市十八届体育运动会第2名；寒亭区获3枚游泳金牌。2012年6月，区总工会职工徐立平获潍坊市全民运动会乒乓球中老年组冠军。2013年6月，王子怡获市乒乓球比赛青少年组第一名，并代表潍坊市参加山东省比赛；7月，寒亭区获潍坊市武术锦标赛团体第5名。

附：

2004年8月，国家体育总局、中华全国体育总会、中国奥委会电贺邢慧娜夺冠。贺电全文如下：

中国体育代表团：

欣闻在第28届雅典奥运会上，我国田径运动员邢慧娜发扬顽强拼搏精神，赶超国外优秀选手，以30分24秒36的成绩夺得女子一万米冠军，为中国体育代表团，也为中国田径再添一枚极其宝贵的金牌，为祖国和人民赢得了荣誉。我们谨向你们表示热烈的祝贺，并致以崇高的敬意和亲切的慰问。

这枚金牌是我国继王军霞在1996年亚特兰大奥运会上获女子5000米冠军后，再一次在女子长跑项目上夺得金牌，有力地鼓舞了中国田径的士气。这是你们长期坚持“三从一大”的训练原则，科学训练，团结协作，无私奉献的结果。希望你们继续发扬奋勇拼搏的精神，再接再厉，打好剩下的比赛，圆满完成奥运任务。祖国人民期待你们的凯旋！

国家体育总局
中华全国体育总会
中国奥委会
2004年8月28日

第二十三编　科学技术

DI ER SHI SAN BIAN　KE XUE JI SHU

1989 年开始，寒亭区委、区政府先后实施“科教兴寒”战略、“三化”战略，配套印发《寒亭区科教兴寒实施方案》等一系列文件，推动寒亭科技事业发展。1997 年，寒亭区被国家科委授予“全国科技工作先进县（区）”称号。以现代农业关键技术和成果转化为重点，推进农业高端化、有机化、精细化发展；工业企业 80% 以上建立研发中心，市级以上企业技术中心和市级工程技术研究中心发展到 40 家，先后有中科院、清华大学等 50 多家高校、科研院所与企业结成战略联盟伙伴。寒亭科技发展，得益于科技队伍不断壮大，2002 年 5 月，区政府印发《关于进一步做好高新技术人才引进和使用工作的意见》，出台人才引进使用优惠政策，至 2013 年全区引进硕士及以上高层次人才 110 名。

1993 年开始，寒亭区注重知识产权保护，至 2013 年专利申请量 698 件、专利授权量 342 件。2013 年 8 月，寒亭区成为国家知识产权强县工程试点区。

第一章　科技管理

第一节　机构队伍

管理机构

1984 年，成立寒亭区科学技术委员会（简称区科委）。1993 年，区科委设办公室、成果专利科、计划管理科、科普科 4 个科室，辖区新技术开发公司、区科技信息中心、区天气预报地震办公室、区科协。1996 年 10 月，设立寒亭区地震局，独立办公，同时撤销区天气预报地震办公室。1997 年 2 月，在区科委挂“潍坊市寒亭区专利管理局”牌子；11 月，区科协析出，独立办公。2002 年，区科委更名为区科学技术局（简称“区科技局”）。2005 年，撤销区新技术开发公司，人员全部划转到区科技信息中心。2007 年 3 月，寒亭区专利管理局更名为寒亭区知识产权局；4 月，区知识产权局析出，独立办公。2013 年，区科技局设办公室、科技管理科 2 个科室，辖区科技信息中心，有干部职工 16 人。

科技人员

1989 年，全区企事业单位聘任高级技术职称 16 人、中级技术职称 379 人、初级技术职称 2194 人。2002 年开始，寒亭区通过系列人才引进优惠政策，招聘各类专业技术人才 150 多名。2003 年，具有高级技术职称科技人员 760 人、中级职称 3501 人、初级技术职称 6358 人。2013 年，全区拥有初级以上职称专业技术人员 12908 人，其中具有高级职称科技人员 966 人、中级职称 4602 人。至 2013 年年底，引进硕士及以上高层次人才 110 名。

第二节　科技规划与项目

科技规划

1994 年，寒亭区实施“四兴一高”（科教兴工、兴农、兴海、兴社会和发展高新技术）战略。1996 年，区委、区政府印发《寒亭区“九五”计划及 2010 年远景目标纲要》，提出到 2000 年科技进步对经济增长的贡献率达到 50% 的奋斗目标。2001 年，印发《关于实施“高新技术产业化、传统产业高新化、国民经济信息化”战略的意见》，大力推动科技创新。2002 年，印发《关于加快发展高新技术企业的意见》，要求全区加大科技投入和科技成果转化力度。2007 年，印发

《寒亭区“科普村村通”工作实施方案》。2008年，针对高新技术产业园建设和企业上市工作，印发《关于鼓励工业企业发展的意见（试行）》《关于扶持中小企业发展的意见》。2009年，结合都市农业发展、高新技术产业园建设，印发《关于开展“创新兴区、创业富民”主题实践活动的实施意见》《关于实施质量兴区战略的意见》等文件。2010年，印发《关于在全区开展“工作品牌年”活动的实施意见》《关于加快转方式、调结构的意见》《关于建设低碳城市发展低碳经济的实施意见的通知》，要求加快转方式调结构，建设低碳城市，发展低碳经济，加快高新技术产业园建设。2011年，印发《寒亭区创新创业基金管理暂行办法》《寒亭区实施“高层次创新创业人才扶持工程”意见》，制定中长期人才发展规划纲要，实施“高层次创新创业人才扶持工程”，设立创新创业基金。2012年，印发《寒亭区工业振兴“1030”计划实施方案》《寒亭区科学技术奖励办法》《关于加快高新技术产业发展的意见》。2013年，对《寒亭区创新创业基金管理暂行办法》进行修订，印发《关于促进科技和金融结合完善自主创新支持体系的意见》。

科技项目

农业项目　1989年，吨粮田、西瓜、紫花萝卜、对虾高产试验列入潍坊市“十大开发”计划；全区安排25项农业项目，其中省星火计划项目3项、市级科研项目4项。1991年，承担省、市科技发展计划项目8项，争取省、市科技经费122.5万元；完成苹果成花素等3个试验项目和450亩冬暖型塑料大棚开发项目。1993年，申报列入省、市科技计划项目13项，其中省级10项。争取到市十大农业开发项目中的“食用菌高产栽培及加工技术开发”“滩涂经济贝类养殖技术开发”“三北林、粮棉间作技术开发”3个项目。1994年，申报31项科技计划项目，其中1项列入国家级项目、3项列入省级项目、10项列为市级项目；完成市级以上科技试验项目2项，其中“西瓜中晚熟品种早熟栽培技术研究”通过市级鉴定。朱里镇成为潍坊市第一个星火示范乡镇。1996年，安排区级以上科技计划36项，总投资1.8亿元，其中“西瓜早熟、优质、高产技术开发研究”是省攻关计划项目，总结出一套成熟西瓜栽培新技术，平均亩产值1.4万元。1998年，“樱桃谷鸭养殖”列入国家星火项目；“日本车虾夏季育苗技术研究”列为省级计划项目和市级科技示范推广基地；“郊区高产高效农业模式研究和示范”“氯代退热冰的制备”等省级计划项目达到预期要求。2000年，“扩大芦笋深加工品种开发”申报省星火计划项目。

2001年，组织实施“小麦、玉米良种培育基地”建设、“寒抗棉1号”开发、“耐盐碱小麦新品种”引进示范、“浅海滩涂渔业生态养殖技术”研究与示范、“芦荟高产栽培及综合利用”等国家、省、市计划项目。2002年，“黄金梨生产基地建设”“温室气体调质机”列为省星火计划项目；“优质苹果PM微生物专用肥及配套技术开发”列入省火炬计划项目；“大姜PM微生物专用肥”“转基因抗虫棉”等列为省攻关计划项目。2003年，“地下半咸水生态系统健康养殖基地建设”列入国家星火计划项目；“海水养殖技术研究”列入省科技兴海项目。

2004年，“三千万只优质肉鸡出口基地建设”列入国家星火计划项目；“两万亩苹果出口基地开发”列入省星火计划项目；“林业苗木示范园建设”列入市科技计划项目。2006年，“年产10万吨施可增生物特种肥”项目列入国家火炬计划。2007年，“精品甜瓜生产管理技术”“精品西瓜高产高效综合栽培技术”列入省星火计划。2008年，“潍县萝卜优质高产高效标准化配套技术”列入国家星火计划。2010年，“植物活性苷肽杀菌剂技术推广”“黄芪浸膏粉在种鸡生产中的应用与推广”项目列入省星火计划。2011年，“中药杀菌剂对姜瘟病的防治技术研究及应用”项目列入国家星火计划。2012年，寒亭区俊清蔬果专业合作社、山东沃科奇实业有限公司等企业3个项目列入省星火计划；9月，“双黄连浸膏粉在种鸡生产中的应用与推广”“低成本蔬菜种苗专用配方育苗基质研究及推广应用”“潍县萝卜种子提纯及优质高效标准化配套技术推广”项目列入国家星火计划。2013年，“兽用中药颗粒剂技术研究与推广”“阿维菌素免耕肥的研制与产业化”项目列入国家星火计划。

工业项目　1991年，“舒纶纤维”“ZC-11型回转反吹扁袋式除尘器”“WW3DH齿轮箱”等11个项目产品试制成功。1996年，企业加快技术改造，“QT.JL多速起升装置”是潍坊齿轮箱厂承担的国家新产品科技项目，为企业自主研制开发。1999年，年产4000吨氯乙酸产品开发列为省级科技计划项目。2000年，潍坊医药化工厂组织实施4000吨氯乙酸项目，开展氯乙酸衍生物生产开发，被列为省科技兴海项目；鲁鸿纺织有限公司棉毯扩大生产项目，申报市级攻关计划。

2001年，氯乙酸产品开发、加成酸工艺研究、“3，4，5-三甲氧基甲苯”产品开发、DYK型电动机有线编码控制器、工厂化高效农业综合技术开发与推广等项目列入国家、省、市计划项目，其中“WQT-2型温室气体调质机”项目获国家中小企业技术创新基金50万元资金支持。2002年，“温室病害臭氧防治机”被列为国家星火和重点新产品推广计划项目；“溴代苯丙酮产品开发”被列为省科技兴海项目。2003年，“温室气体调质机”列入国家星火计划项目；“3，4，5-三甲氧基甲苯”“温室病虫害防治机”列入国家重点新产品计划项目；“年产100吨对溴乙酰苯胺工艺研究”列入省科技兴海项目。

2005年，“新型冷热水用抗菌管材”项目列入省星火计划；“生产制造执行系统（EMS）解决方案”“CT-360系列路面清扫车研制与开发”“三溴乙酸产品开发”“冰醋酸回收工艺研究”4个项目列入市科技计划。2006年，“2，4，6-三溴苯酚产品研制与开发”项目列入省科技计划；“2，5-二溴甲苯产品开发”项目列入省火炬计划；“GD系列太阳能热水器模块研制与应用”“新型冷热水用抗菌管材”项目列入省星火计划。2007年，“镁盐晶须的制备及其在聚丙烯中的应用研究”“木塑复合材料技术装备开发”项目列入省科技计划。2008年，“高性能橡胶型氯化聚乙烯绿色制造关键技术与应用研究”“面向机械行业产业链协同电子商务服务平台示范工程”项目列入国家支撑计划。2009年，“阻燃抗熔融粘胶纤维”项目列入国家重点新产品计划；“P66高档多色胶印机研制”项目列入省科技计划。

2010年，“年产三万立方米干粉预拌轻质砂浆”项目列入国家星火计划。2011年，“CTP计算机直接制版机与喷墨数码印刷设备联合研发”列入国家国际科技合作与交流专项计划；“年产1000万平方米膨胀玻化微珠建筑防火保温板”项目列入国家星火计划。2012年9月，“新型自动数字化印刷制版设备CTP联合研制”项目列入国家国际科技合作与交流专项计划，争取扶持资金400万元；“膨胀玻化微珠保温防火砂浆”项目列入省技术创新基金计划，争取扶持资金40万元；6个项目列入市科技发展计划，争取扶持资金11万元。

2013年12月，“华光HG-T116数字直接制版机”“膨胀玻化微珠保温防火砂浆”项目列入省科学技术发展计划（政策引导类），其中“膨胀玻化微珠保温防火轻质砂浆”项目列入国家中小企业技术创新基金支持计划；“废弃尾矿制备无机绿色节能墙体材料推广与应用科技惠民示范县建设”项目列入山东省科技惠民计划。

1989—2013年寒亭区市级以上科技计划立项统计表

表23-1　　　　单位：项

年份	级别		
	国家级	省级	市级
1989	0	3	4
1990	0	1	1
1991	0	5	3
1992	0	5	6
1993	0	10	3
1994	1	3	10
1995	0	3	5

续表 23-1

年份	级别		
	国家级	省级	市级
1996	1	3	3
1997	3	4	6
1998	1	6	4
1999	1	5	0
2000	0	0	2
2001	1	0	10
2002	2	6	3
2003	4	3	1
2004	1	1	2
2005	0	1	4
2006	1	4	5
2007	0	4	3
2008	3	4	3
2009	1	1	13
2010	1	2	9
2011	3	6	5
2012	4	4	6
2013	3	5	5

至2013年年底，寒亭区组织实施市级以上科技计划项目236项，争取资金2772.7万元。国家级31项，其中星火计划15项、新产品计划4项、支撑计划2项、国家国际科技合作与交流专项计划2项、推广计划5项、火炬计划1项、国家中小企业技术创新基金2项；省级计划89项，其中星火计划28项、攻关计划51项、火炬计划2项、科技成果转化计划1项、成果推广计划1项、技术创新基金计划2项、软科学计划1项、科技惠民计划1项、科技兴海计划2项；市级各类计划116项。

第三节　科技服务

科技培训

1989年，为提高农民科学种植水平，涉农部门举办18期各种专业技术培训班，培训农民技术员1.28万人次。1992年，利用区农业广播学校、区职工业余大学、农业函授大学等成人教育学校，按季节举办各种类型培训班，培训农民科技人员960多名。1996年4月，区科委建立微机室，对全区机关事业单位干部职工进行3期培训，培训100余人次；11月，组织参加“全国亩产值十万元高效经济农业培训班”，培训100人次。1993—1998年，在高里、双杨店、南孙、肖家营等乡镇举办食用菌培训班80余期，讲授香菇、金针菇、双孢菇等菇类栽培技术；组织技术人员去安徽等地考察学习。2000—2003年，各乡镇（街道）根据高产高效农业种植、养殖特点，举办各种形式培训班，培训5万多人次。其中2003年区政府印发《关于实施现代远程教育加快农村信息化建设的工作意见》，致力提高农村党员干部思想政治素质、科技文化素质和带领群众共同致富能力，以信息化带动产业化和农村现代化发展；实施“百万农民星火科技培训活动”，培训“绿色证

图23-1　2010年10月，寒亭区科技局举办“科技星火”培训班。

书”学员 9800 人，培训初级农民技术员 3450 人。邀请市科技人员和有关专家举办区级骨干培训班，集中培训 50 多名能够到乡镇办班授课的师资人员。

2003—2008 年，每年利用“科技活动周”，集中开展科技讲座、科技进社区等活动，累计发放《科技政策常识》宣传手册 1000 余份，接受咨询 200 余人次。

2013 年，举办农业技术培训班 13 期，开办农民田间学校 16 期，发放培训资料 2 万多份（册），培训农业科技示范户 4000 多户，科技示范户人均接受培训指导 10 次以上；组织“彩虹杯”科普下乡、“公路杯”科普进社区等大型活动 20 多次。

信息服务

1990 年，编印并向菌农发放《食用菌栽培技术》1000 册。1992 年，编印《寒亭科技》《科技信息》，每年出版《寒亭科技》4 ~ 10 期，每期印发 3000 份，及时发布新技术和新成果信息。

2003 年，全区有电子政务系统 6 个，专用网和信息数据库 11 个，85 家企业建立了网页或拥有网址。截至 2013 年年底，利用科技、文化、卫生“三下乡”活动，以及每年“科技活动周”，向群众发放各类科技资料，宣传新的科技技术及成果。

第四节 高新技术企业培育与成果平台

高新技术企业培育

2002 年，山东鹏飞集团有限公司、潍坊市寒亭区医药化工厂、潍坊市海天盐化有限公司 3 家企业被国家认定为高新技术企业。当年，全区高新技术产业实现产值 2.4 亿元，增加值 0.8 亿元，占限额以上工业增加值 15.4%。2003 年，重点培育溴系列深加工产品、纳米抗菌不锈钢塑料复合管、高分子复合材料、高压输电线路无功自动补偿控制器等高新技术企业生长点。2004 年，寒亭区组织海王化工、鹏飞集团等 6 家高新技术企业和圆友机械、昱合集团等 20 多家重点企业召开高新技术企业发展座谈会，交流发展高新技术经验和做法，并对重点企业逐个进行分析；山东朗派管业集团被国家认定为高新技术企业。2005 年以后，潍坊天元光电有限公司、潍坊鸿旺工贸有限公司、潍坊市寒亭区新型塑料厂、潍坊潍泰化工有限公司、山东龙震镁化有限责任公司被认定为高新技术企业。

2008 年，山东海龙股份有限公司、山东圆友建设机械有限公司被认定为 2008 年山东省第一批高新技术企业，认定期限 3 年。2009 年，潍坊华铃柴油机动力有限公司被认定为高新技术企业。当年全区高新技术产业产值 66.4 亿元，占规模以上工业总产值 32.9%。2010 年，维波斯新材料（潍坊）有限公司被认定为高新技术企业；山东海龙股份有限公司被认定为国家火炬计划重点高新技术企业，并被确定为省创新型试点企业；山东亚康药业股份有限公司、潍坊三建滨海建筑材料有限公司被确定为市创新型试点企业。当年全区高新技术产业产值 152.5 亿元，占规模以上工业总产值 41%。2012 年，潍坊华光精工设备有限公司被确定为省创新型企业，山东圆友重工科技有限公司、潍坊恒联玻璃纸有限公司、潍坊华光数码设备有限公司被确定为市创新型试点企业。高新技术产业产值占规模以上工业总产值 22.31%。2013 年，新增潍坊亚星化学股份有限公司 1 家高新技术企业。

截至 2013 年年底，寒亭区累计被认定为高新技术企业 23 家，涵盖生物医药、先进制造、新能源、新材料等多个领域。

2002—2013 年寒亭区高新技术企业认定一览表

表 23-2

年份	企业名称
2002	山东鹏飞集团有限公司、潍坊市寒亭区医药化工厂、潍坊市海天盐化有限公司
2003	山东海王化工有限公司、潍坊丛兴工贸有限公司、潍坊环宇高压开关厂
2004	山东郎派管业有限公司
2005	潍坊鸿旺工贸有限公司、潍坊天元光电有限公司
2006	潍坊市寒亭区新型塑料厂
2007	山东龙震集团有限公司、潍坊潍泰化工有限公司
2008	山东海龙股份有限公司、山东圆友建设机械有限公司
2009	潍坊华铃柴油机动力有限公司
2010	维波斯新材料（潍坊）有限公司
2011	山东圆友重工科技有限公司、山东海龙股份有限公司、潍坊华光精工设备有限公司
2012	潍坊幸福药业有限公司、潍坊奥博仪表科技发展有限公司、潍坊华铃柴油机动力有限公司
2013	潍坊亚星化学股份有限公司

科技创新平台建设

2007 年，潍坊华光精工设备有限公司获批成立山东省胶印设备工程技术研究中心。2010 年，潍坊恒联玻璃纸有限公司获批成立山东省玻璃纸工程技术研究中心。2012 年，山东圆友重工科技有限公司获批成立山东省建筑保温防火材料装备工程技术研究中心。另有潍坊三建集团有限公司、山东亚康药业股份有限公司等单位获批成立相对应的潍坊市工程技术研究中心或者企业重点实验室。2006—2013 年，寒亭区获批建设市级以上科技创新平台 29 家，其中省级工程技术研究中心 3 家、市级工程技术研究中心 22 家、市级重点实验室 4 家。

2009 年 5 月，建设寒亭高新技术产业园孵化器项目，总投资 8000 万元，建筑面积 2.7 万平方米。2013 年，寒亭高新技术产业园孵化器被批准为市级科技企业孵化器，孵化器占地 1000 亩，重点承接电子信息、软件业、创意产业、新材料等高端产业项目。

民营科研机构

1991 年，成立潍坊市中医肿瘤研究所、寒亭区特种经济动植物开发研究所。1999 年，全区民营科研机构发展到 20 家。2006 年，全区民营科研机构发展到 70 家。2007—2012 年，批准成立 62 家民营科研机构。截至 2012 年年底，全区民营科研机构共有 132 家。2013 年以后，区科技局不再批准成立民营科研机构。

科技成果鉴定与获奖

1989 年，全区向省、市申报 9 项科学技术进步奖励项目，向《中国技术成果大全》推荐汽车尾气消声净化器、背伸式牵引床、玻镁轻质高强瓦、电渗析水淡化装置、微机故障检测仪等产品。2000 年，“WZAM 型涡轮减速机”“全自动汽车洗车机”经省级科技成果鉴定达到国内先进水平；“麻织布”“DS 型集中式电能表”经省级科技成果鉴定在省内领先；“新型汽动原件”“包芯纱”经市级科技成果鉴定填补市内空白。

2001 年，“3DC-300 型温病害臭氧防治机”获潍坊市科技进步二等奖、“转基因抗虫棉—寒抗棉 1 号选育”获潍坊市星火三等奖。2002 年，溴系列医药中间体、新型灭火剂、硫代乙酸、

PM 生物肥 4 个项目通过省级鉴定。2003 年，“高模低缩涤纶长丝”“益生蛋白研制及产业化开发”项目通过省级鉴定。2004 年，“纳米抗菌 PP-R 管材管件”“纳米抗菌不锈钢塑料复合管管材管件”项目通过省级鉴定。2005 年，“抗菌不锈钢塑料复合管”“HPM 生物特种肥的研究与产业化开发”项目获潍坊市科技进步三等奖；“长竹蛏全人工养殖技术研究”“2，5- 二溴甲苯产品开发”“对溴乙酰苯胺开发”“二溴新戊二醇”项目通过省科技成果鉴定。2006 年，“溴代苯丙酮产品开发”等 6 个项目通过省、市鉴定验收。

2007 年 3 月，在 2006 年度国家科学技术奖励大会上，“年产 45000 吨粘胶短纤维工程系统集成化研究”项目获国家科技进步一等奖；山东龙震集团、山东海龙股份有限公司等企业的 7 项科技成果通过省级鉴定；区医院 1 个项目通过市级鉴定。同年 9 月，由山东龙震集团和山东大学共同研发的氢氧化镁项目，通过省科技厅鉴定。

2008 年，潍坊华光精工设备有限公司、区医院等单位 6 项成果分别获市科技进步二等奖（2 项）、三等奖（4 项）；“HLS180A 节能环保风送式混凝土搅拌楼”“潍柴道依茨柴油机新型消声器开发”等 9 项科技成果通过省级鉴定验收；“电力安全培训与考试管理系统”“CT 导引下臭氧髓核消溶术治疗椎间盘突出症的研究”等 8 项科技成果通过市级鉴定验收。2009 年，“盐酸相法氯化橡胶新工艺研发与产业化及在涂层材料中的高性能化应用”“精品西瓜高产高效综合栽培技术”等 11 项成果分别获市科技进步二等奖（5 项）、三等奖（6 项）；“P66 高档多色胶印机研制”“KYN28A-12/1600—31.5 型中置移开式开关柜”等 9 个科技成果通过市级鉴定验收。

2010 年，山东创智新材料科技有限公司、山东巨龙实业发展有限公司、山东亚康药业股份有限公司等企业 14 项科技成果通过省、市鉴定验收；潍坊恒联浆纸有限公司、山东圆友建设机械有限公司、区医院等单位 13 项成果分别获市科技进步二等奖（9 项）、三等奖（4 项）。2011 年，“新型智能蒸汽回收机”等 14 项成果分别获市科技进步二等奖（7 项）、三等奖（7 项）。2012 年，通过省、市级科技成果鉴定 10 项；“膨胀玻化微珠保温防火砂浆”等 6 项成果获市科技进步奖。

2013 年，获市级以上科学技术奖 12 项，其中“高白度胶带专用纤维素膜的研制及其生产关键技术”获省科技进步二等奖，潍坊恒联铜版纸有限公司、山东亚康药业股份有限公司、区医院等单位 11 项成果分别获市科技进步二等奖（5 项）、三等奖（6 项）。山东亚康药业股份有限公司与中国水产科学研究院黄海水产研究所合作“海参敌害生物玻璃海鞘的杀除及专用药物应用推广”项目通过省级成果鉴定；恒天海龙股份有限公司与青岛大学合作开发“防辐射粘胶纤维”项目、与武汉纺织大学联合开发“动物微粉蛋白复合粘胶短纤维”项目通过省级成果鉴定。

1989—2013 年寒亭区获省级以上奖励科研成果一览表

表 23-3

年份	成果名称	获科技奖励等次	获奖单位
1989	WXJ 型汽车尾气消声净化器	省科技进步三等奖	潍坊环境保护设备厂
1992	棉花下脚料回收工艺技术	省科技进步二等奖	潍坊市寒亭区第一棉油厂
	CX-75 型传动零部件清洗机	省科技进步三等奖	潍坊市压力容器厂
	舒纶纤维及氨纶花呢的研制	省科技进步三等奖	潍坊第三毛纺织厂
	药物电疗垫	省科技进步三等奖	山东省康复中心寒亭保健用品厂
	新型安全三防阻燃系列电热毯开发	省星火三等奖	朱里电器制造厂

续表 23-3

年份	成果名称	获科技奖励等次	获奖单位
1993	棉花下脚料回收机	国家发明奖四等奖	潍坊市寒亭区第一棉油厂科研所
	无纺布开发	省星火三等奖	潍坊无纺布厂
	200 型榨油机制油生产工艺研究	省科技进步二等奖	潍坊市寒亭区第一棉油厂
1995	WGT505 系列提花机	省科技进步三等奖	潍坊第三纺织机械厂
1996	防火装饰板	省科技进步三等奖	寒亭电杆厂
	实施星火计划，加速科技兴寒	省星火管理奖三等奖	寒亭区科委
1998	纯棉印花绒毯	省科技进步三等奖	潍坊第三毛纺织厂
	复合不锈钢管	省科技进步三等奖	潍坊天华复合不锈钢管有限公司
2003	潍坊市标准化奶牛高产配套技术研究	省科技进步三等奖	寒亭区兽医工作站
2004	鲁青一号无籽西瓜选繁及栽培技术研究与开发	省科技进步三等奖	寒亭区农业局
2006	年产 45000 吨粘胶短纤维工程系统集成化研究	国家科技进步一等奖、国家纺织工业科学技术一等奖	山东海龙股份有限公司
2007	阻燃抗熔融纤维新材料及纺织品的研制开发	国家纺织工业科学技术一等奖	山东海龙股份有限公司
2010	可降解竹炭再生纤维素纤维应用研究及功能性生态纺织品开发	省科技进步二等奖	山东海龙股份有限公司
	电力安全培训与考试管理系统	省软科学优秀成果二等奖	潍坊市寒亭区供电公司
	10kV 线损实时计算系统	省软科学优秀成果三等奖	潍坊市寒亭区供电公司
2011	膨胀玻化微珠保温防火砂浆及其制备技术	省科技进步二等奖	山东创智新材料科技有限公司
2013	高白度胶带专用纤维素膜的研制及其生产关键技术	省科技进步二等奖	潍坊恒联玻璃纸有限公司

1989—2013 年，寒亭区取得各类科研成果 321 项，28 项达到国际先进水平。获市级以上科技进步奖项 101 项，其中获国家级表彰奖励 4 项，包括国家级科技进步一等奖 3 项、发明四等奖 1 项；省级奖励 21 项，包括省级二等奖 6 项、省级三等奖 15 项；市级科技进步奖 76 项。

第五节　科技推广与合作

农业技术引进与推广

1989 年，引进新品种 21 个、新项目 2 项，提供玉米良种 5.8 万千克、瓜菜良种 1000 多千克、优质化肥 63 吨、新型农药 2.8 吨；建立综合性乡镇科技服务所 4 个，70% 的村成立农村科技服务队，科技推广范围包括作物栽培、病虫害防治、畜禽防病、林果剪管、农药喷施等。1990 年，区政府成立科技服务领导小组。组织人员到寿光、苍山学习，到省农科院请教，引进大棚蔬菜、二氧化碳施肥增产技术和冬暖型塑料大棚技术；从省果树研究所请来专家，在西东坡、西杨家埠村讲授矮化密植苹果管理技术；从中国农科院郑州果树研究所、齐齐哈尔农科所等地引进西瓜新品种 8 个，并与当年主栽的 2 个品种进行栽培对比试验，新品种齐红、丰收二号、大型新冠龙、郑杂 7、新红宝适合在寒亭区种植。

1991年，各乡镇配备专职科技副乡（镇）长，407个行政村选配科技副主任，专门负责科技推广工作；发展科技示范乡（镇）4个、科技示范村36个、科技带头户5130个。引进新品种51个、新技术8项。1994年，在河滩镇进行大棚西瓜推广，建立4个示范棚，举办4期培训班；在肖家营乡进行毛蟹养殖和食用菌栽培培训班10期。全年引进蔬菜瓜果新品种30多个、粮食作物新品种18个。1996年，寒亭区与省西瓜专业委员会、珠海太阳现代农业有限公司联合邀请全国30多位甜瓜专家，召开“山东省洋香瓜新品种品评会”，评选出小林交配、元帅等5个品种；推广应用蔬菜、瓜果无公害技术，保护地栽培技术，科技配方施肥技术，生物酵素菌技术，主要病虫害防治等10余项先进技术；进行美国吨豆、中单3850玉米、鲁谷10号引种试验。全年引进推广农作物新品种74个，推广新农药类型10余种。1999年，引进推广优质小麦、玉米、美国吨豆、鲁谷10号、樱桃番茄、凯特杏、耐碱大豆、早苔蒜、巴西陆稻、精品西瓜、转基因抗虫棉等20多个新品种；与山东工业大学等有关院所达成合作意向，引进重要项目、新技术10余项。

2000年，引进推广耐碱小麦、耐碱大豆、转基因抗虫棉、高赖氨酸玉米中单9606及优质桑苗、瓜苗等20多个新品种;引进巨型犬、宠物犬、肉鹅等10多个新品种；引进利木赞等肉牛冻精颗粒1万粒；引进试验大菱鲆、黑鲪、鲈鱼等名贵鱼种5000余尾。推广肉鸡鸭药残控制、瘦肉猪杂交、奶牛高效饲养等技术；推广车虾多茬养殖技术和梭子蟹、南美白对虾等新品种，发展虾蟹、虾虾混养、二茬虾放养1.2万亩。2001年，引进、试验、示范、推广农业新品种62个，全区主要作物良种覆盖率100%；引进推广基质栽培、节水灌溉等42项农业新技术。

2004年，邀请山东农业大学、莱阳农学院专家教授到河滩镇大东庄村、固堤镇大魏家村推广“寒抗棉1号”，推广1.2万亩。2010年，“植物活性苷肽杀菌剂”运用中医中药技术，对番茄、烟草、辣椒等作物病毒病防治取得良好效果。2013年，建立农业“科技网络书屋”，为全部技术指导员设立“科技网络书屋”帐号；建设小麦高产示范基地、玉米示范基地和北辰生态农业开发有限公司示范基地，总示范面积400亩。

工业科技研发与合作

1989年以后，随着新技术推广应用，科技研发成为企业增加核心竞争力重要手段，与高校、科研中心合作，加强产学研联系。2001年，潍坊海天盐化有限公司与华东理工大学、青岛化工学院合作成立溴化物研发中心，研究开发溴乙烷、“3，4，5-三甲氧基甲苯”、“辅酶Q10”等溴素深加工系列产品。2002年，寒亭区在央子镇召开海洋化工科技研讨现场会，国家海洋局、天津科技大学、青岛科技大学、山东轻工业学院等单位与有关企业就苦卤综合利用及溴深加工达成合作意向。2003年，天津科技大学、区海洋化工开发区就海洋化工开发方面签订合作协议。2005年，潍坊海天盐化有限公司与青岛化工学院，山东海王化工有限公司与天津科技大学，山东圆友建设机械有限公司与烟台师范学院、山东交通职业学院签订合作协议。2006年，潍坊渤海水产公司与中国科学院海洋研究所，山东海王化工股份有限公司与中国科学院大连物理化学研究所、山东科技大学，山东天元光电有限公司与青岛科技大学等签订技术开发合作协议。2010年12月，潍坊三建集团有限公司技术中心通过省经济和信息化委员会专家组审核认定，成为山东省第十七批企业技术中心之一。

2012年，潍坊恒联玻璃纸有限公司与中科院化学研究所在“以离子液体为溶剂再生纤维素膜”项目上开展合作；山东圆友重工科技有限公司与山东科技大学就“防爆锂电池动力矿用运输汽车开发”等开展合作；山东创智新材料科技有限公司与北京工业大学、同济大学等联合建立建筑保温材料研究中心，并与武警学院就膨胀玻化微珠防火涂料、灭火剂研究签订合作协议。全年全区实施47项“产学研”合作项目，工业技改和企业技术研发投入61亿元。

2013年，潍坊恒联玻璃纸有限公司与中国科学院化学研究所签订全面合作框架协议，成立“天然高分子材料联合实验室”“纤维素新材料联合研究中心”，致力于“溶剂法绿色纤维素膜”项目合作；潍坊华光精工设备有限公司与加拿大埃舍尔—格拉德公司就“CTP计算机直接制版机与喷墨数码印刷设备联合研发”项目建立合作关系；潍坊华光数码设备有限公司和韩国宏吉公司就“新型自动数字化印刷制版设备CTP联合研制”项目建立合作关系；潍坊恒联特种纤维素科技有限公司与尼维斯纤维技术有限公司（以色列M.B.公司的全资子公司）、香港恒隆集团有限公司就特种纤维素技术建立合作关系；潍坊史迪威海洋生物科技有限公司与中国台湾海洋大学水产养殖研究所就“年产100套高效循环水养殖成套设备制造”项目建立合作关系。

截至2013年年底，寒亭实施“1+2”（每家企业与两所以上高校院所或科研机构建立“产学研”技术战略联盟，提高自主创新水平）计划以后，80%以上企业建立研发中心，市级以上企业技术中心和市级工程技术研究中心发展到40家，先后有中科院、清华大学等50多家高校、科研院所与企业结成战略联盟伙伴。

第二章　知识产权

1993年，区科委设立成果专利科。1997年2月，在区科委挂“潍坊市寒亭区专利管理局”牌子。2001年3月，成立寒亭区专利局，为正科级事业单位，由区科委管理。2007年3月，更名为寒亭区知识产权局（以下简称区知识产权局）；4月，区知识产权局独立设置，成为区政府直属部门。2013年，全区有6名专利工作者。

第一节　宣传与培训

宣传

2001年寒亭区专利管理局成立后，利用“4•26世界知识产权日”、科技活动周、专利周，开展知识产权知识宣传与培训。2007年，组织企业参加“科技、文化、卫生”三下乡及“科技活动周”等活动；结合专利执法行动，到超市、药店讲授有关专利和知识产权保护方面法律法规，指导员工正确识别专利标识，传授假冒专利鉴别方法。2008年4月—5月，召开重点企业座谈会，帮助企业制定并实施知识产权战略，加强知识产权保护，提高企业市场竞争力。2009年，在区总工会篮球场、体育场、海龙社区休闲娱乐花园设立3处知识产权画廊，宣传国家知识产权战略、知识产权法律法规和有关知识产权知识等。2010年，邀请市知识产权局、市中级人民法院知识产权庭在区实验中学开展以“尊重创造、尊重知识、保护知识产权”为主题的知识产权进校园活动；利用科技活动周，在寒亭街道、杨家埠开发区、固堤街道集中开展知识产权宣传和科技成果展览。2012年4月，联合市知识产权局在河西学校举办“4•26”知识产权进校园活动，为100多名师生传授专利知识。2013年，开展“实施知识产权战略、支撑创新驱动发展”主题宣传活动。

培训

2002年，区委、区人大把专利法学习和宣传列入普法学习规划，组织举办1期学习班和2期讲座，党政机关、企事业单位干部、科技人员参加。2003年，与河西学校联合举办专利知识讲座，培训教师学生500多人；与区委组织部、区经贸局等部门联合举办3期专利培训班，培训领导干部及企业经理2000人。2005年，与区工商联联合举办工商联成员单位培训班，培训知识产权基础知识、企业创新与保护、企业专利战略等内容。2006 年，邀请专家为全区新提拔科级干部举办“自主创新与知识产权”专题讲座。2008 年，在山东海龙股份有限公司、山东圆友建设机械有限公司举办知识产权培训班，讲授知识产权知识、知识产权战略，培训企业管理人员和技术人员 300 多人次。2010 年，邀请市专利事务所专家在高里街道举办企业知识产权战略培训班，在区实验中学举办教育系统知识产权培训班，在新任科级干部培训班上讲授自主创新和知识产权保护知识。2013 年 4 月，举办寒亭区重点企业知识产权信息应用技能培训班，分两批对 30 多家专利明星企业和高新技术企业科研骨干进行集中培训；7 月，邀请济南舜源专利事务所在寒亭高新技术产业园举办企业知识产权培训班。

第二节　企业知识产权

专利申请

2002 年以后，全区专利申请量与授权量稳步增长。2009 年，山东海龙股份有限公司申报 1 项 PCT 国际发明专利。2013 年，全区专利申请 698 件，专利授权 342 件。

2002—2013 年寒亭区专利申请授权统计表

表 23-4　　单位：件

年份	专利申请	专利授权	申报市专利申请补助	申报市专利实施补助
2002	27	\	0	0
2003	33	\	29	0
2004	34	\	28	0
2005	54	26	13	1
2006	84	39	53	0
2007	202	54	28	2
2008	236	137	110	1
2009	309	192	149	1
2010	352	174	139	1
2011	463	165	126	1
2012	578	434	66	1
2013	698	342	41	2

专利获奖

2007—2013 年，积极推荐企业优秀专利参加国家、省、市专利奖评选活动，共有 7 项专利项目获奖。

2007—2013 年寒亭区获奖专利项目一览表

表 23-5

专利名称	专利号	专利权单位、人	获奖等级	获奖年度
一种高强度异型人造纤维	200520086992.0	山东海龙股份有限公司	山东省专利奖优秀奖	2007
串联气流烘干机	200510044448.4	山东圆友重工科技有限公司	山东省专利奖三等奖	2009

续表 23-5

专利名称	专利号	专利权单位、人	获奖等级	获奖年度
膨胀玻化微珠保温防火砂浆	200510115103.3	山东圆友重工科技有限公司	潍坊市首届专利奖一等奖	2012
3-甲胺基-1，2-丙二醇的合成方法	200910256073.6	郭学阳	潍坊市首届专利奖三等奖	2012
生产阻燃抗熔融纤维的工艺方法	200610044171.X	山东海龙股份有限公司	中国专利优秀奖	2013
拉米夫啶适合工业化的制备方法	200410023744.1	山东潍坊制药厂有限公司	潍坊市第二届专利奖一等奖	2013
螺旋叶片轧机	200910020462.9	山东圆友重工科技有限公司	潍坊市第二届专利奖三等奖	2013

专利展示

2001 年 4 月，组织潍坊丛兴工贸有限公司、潍坊五洲电力设备有限公司、潍东酿造厂、潍坊压力容器厂参加潍坊市首届专利产品展示会，寒亭区单设 1 个展位，展出版面 7 块。2003 年，组织丛兴工贸有限公司、鸿旺工贸有限公司、金鑫化工化纤设备有限公司、河西学校 4 个单位专利项目参加中国第四届孔子文化节专利高新技术产品博览会。2006 年，组织山东圆友建设机械有限公司参加第三届中国国际专利与名牌博览会。2007 年，组织山东圆友建设机械有限公司、山东海龙股份有限公司参加潍坊市专利明星企业技术展示会；组织寒亭区如意器具厂参加第四届中国国际专利与名牌博览会。2008 年，组织山东海龙股份有限公司参加潍坊市专利明星企业技术展示会；组织山东圆友建设机械有限公司、潍坊德派管材制造有限公司参加第五届中国国际专利与名牌博览会。

明星企业认定

2009 年，山东圆友建设机械有限公司、山东海龙股份有限公司、潍坊德派管材制造有限公司被授予“中国专利山东明星企业”称号，成为寒亭区首批获该称号企业。2010 年，潍坊三建集团滨海建筑材料有限公司、山东鹏飞集团有限公司、潍坊华铃柴油机动力有限公司、潍坊万方新技术有限公司被授予 2010—2012 年度“中国专利山东明星企业”称号。2012 年，潍坊幸福药业有限公司、潍坊鑫昊木业有限公司 2 家企业被授予“中国专利山东明星企业”称号。2013 年以后，省知识产权局不再开展中国专利山东明星企业认定复审工作。

知识产权试点

2009 年 12 月，寒亭区被列为山东省知识产权试点区，山东圆友建设机械有限公司被列为山东省知识产权试点企业，时间 3 年。2010—2012 年，根据试点要求，制定试点工作实施方案，加强试点区建设，并指导圆友建设机械有限公司开展企业试点工作。2012 年 12 月，寒亭区被列为山东省知识产权示范区，圆友重工科技有限公司被列为山东省知识产权示范企业。

2013 年 8 月，经过省知识产权局测评、推荐，国家知识产权局专家组集中评定等环节，寒亭区被国家知识产权局列为国家知识产权强县工程试点区，试点时限自 2013 年 9 月—2015 年 8 月。

第三节　专利执法

2003—2004年，组织流通领域企业负责人、营销主管参加市局培训班；组织通领域企业进行自查，对假冒专利产品撤出柜台、停止销售；协助市专利局调解专利纠纷2起。2005年，会同寒亭公安分局成立惩治侵犯知识产权违法犯罪领导小组及办公室；配合市专利局执法人员，对食品、药品、化妆品进行检查，查出冒充专利行为1起。2009年4月，与市知识产权局开展联合执法行动，立案3起，结案3起；帮助潍坊华源内燃机制造有限公司、山东圆友建设机械有限公司解决专利纠纷2起。2012年，协助市知识产权局处理关于寒亭专利纠纷2起，全部结案。2013年4月，到中百超市民主街店、华潍医药连锁店等10多家商业企业开展专利执法检查，检查专利标记商品160多件。

第三章　气象与服务

寒亭气象站始建于1960年，站名为潍坊市气候服务站。1988年10月，更名为潍坊市寒亭气象局，为正科级事业单位。2006年8月，成立气象行政执法大队。2013年12月，寒亭气象局在职职工9人，其中大学以上学历5人、专科学历2人、中专学历2人。

第一节　气象观测

观测内容

1989年，寒亭气象局为国家一般气象站，区站号54840，实行02、08、14、20时4次定时观测。地面观测项目有气温、湿度、风向风速、降水、云、能见度、天气现象、地温、积雪深度、冻土、日照、气压；农气观测项目有0～5厘米、5～10厘米、10～20厘米、30～40厘米深度土壤湿度测定和每月1次麦田土壤墒情普查。1990年，改为辅助站。地面观测项目只保留云属、风向风速、气温（含最高、最低）、水汽压、相对湿度、露点温度、降水量、天气现象。1991年1月，潍坊市气象局测报、农气基本站业务移交寒亭气象局，改为国家基本气象站、国家级基本农业气象站，台站名改为潍坊气象站，区站号改为“54843”。新增地面观测项目有气压、温度、湿度、风向风速、遥测雨量、日照、蒸发、地面温度（最高、最低）、浅层地温、深层地温、冻土、雪深、雪压、电线积冰、云（云量、云状、云高）、能见度、天气现象（增加起始时间记录），承担02、08、14、20时4次天气预报和05、11、17、23时4次补充天气预报，气象资料参加全球交换。农气观测增加冬小麦和夏玉米观测、物候观测，同时承担国家气象局冬小麦卫星遥感调查任务。1995年，安装土壤水分中子测定仪，1996年12月停止使用。2003年1月，自动气象站开始试运行，观测资料实现自动定时上传。2003年、2004年自动站与人工站同时使用，2003年以人工观测资料为准，2004年以自动站观测资料为准。2004年，开展生态与农业气象业务；6月安装自动土壤水分测定仪，自动观测0～200厘米土壤湿度。

2006年9月，安装水质监测仪，开展地下水位深度、盐度、电导率等生态气象自动观测项目。2007年1月，成为国家气象观测站一级站，台站名称改为“潍坊国家气象观测站一级站”，相关业务无变化。2008年4月，实现20千米能见度自动观测；9月，完成GPS/MET建设，开

图 23-3　寒亭区气象局建设的自动土壤水分观测站（2009 年）

始观测水汽通量。2009 年 1 月，台站名称变更为“潍坊国家基本气象站”，台站级别变更为基本站，相关业务无改变；10 月，在作物观测地段安装 DZN1 型自动土壤水分观测仪，开展土壤墒情自动观测。2012 年 4 月，取消气温、相对湿度、气压、风向、风速、降水量等人工自记仪器观测及天气报、天气加密报发报任务，同时调整每小时上传数据文件格式，改为每小时上传新气象数据文件。截至 2013 年 12 月，寒亭气象局观测项目有云、能见度、天气现象、气压、气温、湿度、风向、风速、降水、蒸发、雪深、雪压、日照、冻土、地温、电线积冰等。

观测设施

2006 年 3 月，开始进行区域自动气象站建设，到 2008 年 12 月共建成区域自动气象站 9 个。其中，在潍坊港建六要素站 1 个，在肖家营小学、央子小学、泊子小学建四要素站 3 个，在寒亭中心小学、固堤小学、双杨小学、前朱里小学、河滩地方寺小学建两要素站 5 个，初步形成覆盖全区气象观测网络。2013 年 5 月，投资 30 万余元建设完成 DZZ4 型新型自动气象站，实现了除云、天气现象、日照之外所有气象要素自动观测；11 月，投资 500 余万元完成风廓线雷达建设，是山东省布设的第一部对流层风廓线雷达，2014 年 5 月投入运行。

第二节　气象预报

1987 年 3 月，寒亭气象局配备甚高频电话，开始与潍坊市气象局以及临近县市进行天气预报会商。1998 年 12 月，加入 CHINAPAC 分组交换网，用于市县之间的气象信息传输。2000 年 12 月，建成 PC-VSAT 地面卫星接收站，接收卫星气象资料，通过 MICAPS 系统，随时调用云图、天气图及实况资料，并显示、制作天气预报产品，开展常规 24 小时、未来 3 ~ 5 天和旬（月）等短、中、长期天气预报以及临近天气预报。2003 年，开通宽带专线并实现预报可视会商和数据自动上传，实现与潍坊市气象局、山东省气象局数据资源共享。2006 年，区域站资料实现 GPRS 无线传输，数据备份。2009—2013 年，运用中国气象局下发的欧洲和日本数值预报产品，参考上级指导预报意见开展短期预报服务；中期预报主要有周报、旬月报、重大节假日期间天气预报等；长期预报主要有春秋播种预报、三夏预报、汛期（6 月—8 月）预报等。

第三节　人工影响天气

1995 年 5 月，区政府成立人工降雨防雹办公室，办公室设在寒亭气象局；购置 2 门双管“三七”高炮，布设在南孙、泊子，开始人工增雨防雹作业。1997 年，增设高里、双杨、开元、河滩 4 个炮点。2013 年 5 月，相继撤销南孙、双杨、开元、河滩 4 个炮点，全区布设高里、泊子 2 个炮点，每个炮点配备炮手 3 ~ 5 名。截至 2013 年 12 月，实施人工增雨防雹作业 176 次，发射炮弹 1980 发。

1996—2013年寒亭区人工增雨防雹作业统计表

表23-6

年份	1996	1997	1998	1999	2000	2001	2002	2003	2004	2005	2006	2007	2008	2009	2010	2011	2012	2013
次数	3	13	7	0	9	5	16	3	14	16	17	6	9	11	6	13	24	4

第四节　气象服务

公共气象服务

1989年1月—1994年12月，采用有线电话向寒亭广播站报送天气预报，由广播站向社会广播。1991—1994年，安装气象警报接收机，公众通过接收机收听天气预报；通过传真、信函方式向各乡镇及其他用户发送气象旬月报。1998年6月，开通“121”天气预报电话自动答询服务。1999年，在寒亭电视台设置天气预报栏目，制作天气预报录像带，每天播放天气预报。2002年6月，建成寒亭兴农网，为农业生产提供服务。2007年3月，组建乡镇气象信息员队伍，负责气象法律法规宣传、气象信息传递和灾情上报工作；5月，建成气象短信发布系统。至2013年，各种新闻媒体、网络等均成为气象信息发布平台，各种气象预警信息为人们生产生活提供及时可靠气象信息服务。

决策气象服务

90年代，主要以电话或传真方式向区委、区政府及有关部门提供决策气象服务。2000年，开始增加重要天气报告、专项天气预报等决策服务产品，重点加强灾害性、关键性、转折性天气预报和服务，及时发布预警信息；开展节假日、高考、中考、“两会”及重大活动专题气象服务；开展麦收期和秋收秋种气象服务。2004年开始，每年为寒亭区杨家埠风筝年画艺术节提供专项气象预报服务。2007年5月开始，以手机短信方式向全区各级领导发送气象信息，及时为领导科学决策提供依据。2008年开始，每年为中国（寒亭）潍县萝卜文化节提供专项气象服务。

第四章　地震测防

1989年至1994年4月，地震业务由区科技局负责。1994年4月，成立寒亭区天气预报地震办公室，隶属区科技局。1996年10月，成立寒亭区地震局，为正科级事业单位，编制5人。2013年，人员编制、职责未发生变化。

第一节　地震测报

1989—2009年，寒亭央子观测站为潍坊市骨干观测点，分析预报技术人员每天向市地震局监测预报中心报送观测数据。2009年，开展“三网一员”（地震宏观观测网、地震灾情速报网、地震知识宣传网、防震减灾助理员）建设，完善地震监测体系，对所设观测点全部挂牌。2010年，根据全省地震台网总体布局，在寒亭街道中心小学院内建设寒亭地震台，安装井下微摆装置和强震观测仪器，自动观测数据与省、市地震局联网；寒亭地震监测能力达到1.5级。2013年，建设全市防震减灾信息化平台，分设总体概况、区域地震构造图、地震3大体系以及地震科普宣传、

“三网一员”等10个模块。

第二节 地震预防

地震知识科普

1989年开始，每年都制作一定数量防震减灾知识宣传版面，发放防震减灾知识宣传资料，地震科普进农村、进社区、进工厂、进机关、进学校。2005年，区外国语学校、区第六中学被市地震局确定为市级地震科普学校。2007年，区外国语学校被省地震局确定为省级地震科普学校。2008年开始，利用广播、电视、报纸、网络等媒体开展地震知识讲座；印制防震减灾知识宣传单、宣传版面、小册子、防震减灾知识宣传扑克，进行防震减灾法律法规、地震基本知识、避震知识宣传。2010年，区实验小学、寒亭街道中心小学、朱里街道中心小学被市地震局确定为市级地震科普学校。2011年3月，区实验小学通过省地震局、省教育厅、省科协联合审核，成为全区首家省级地震科普示范学校。2013年11月，市政协组织部分市政协委员到寒亭区开展“全市农村民居抗震设防”专题调研。

地震应急

2007年，区政府印发《寒亭区地震应急预案》。2010年，区政府印发《关于加强地震应急预案管理工作的意见》，要求各单位制定应急预案。2011年，规划建成地震应急避难场所10处，总面积22.91万平方米，人均2.43平方米。2012年，成立首批寒亭区地震应急救援青年志愿者队伍，充分利用社会资源，提高应急救援能力。2013年，区政府补充修订《寒亭区地震应急预案》，区政府办公室印发《关于进一步推进政府各部门及相关单位制定完善地震应急预案的通知》，要求街道办事处、部门单位制订和完善地震应急预案。

第二十四编　文化 旅游

DI ER SHI SI BIAN　WEN HUA LV YOU

寒亭区是山东省非物质文化遗产生产性保护示范基地，是中国民间文化艺术之乡、中国年画之乡。1989年以后，寒亭区文学创作队伍不断壮大，创作出许多脍炙人口的文学作品，部分作品被搬上荧屏和入选全国中专语文通用教材。寒亭区特有的民间文化艺术独放异彩，2005年4月杨家埠村被文化部列为山东省内唯一一家“中国民族民间艺术文化保护工程专业试点单位”，根艺、砖雕、金石、剪纸等具有地方特色的民间艺术以及美术、书法、摄影、音乐等艺术在寒亭区蓬勃发展；时尚健身操、广场舞，各类剧种团体演出遍布城乡街头；消夏文艺晚会形式多样，成为寒亭区具有代表性的全民文化活动。全区有古遗址、古建筑、古墓葬和重要历史遗迹等文物保护单位29处，最早可上溯至新石器时代。寒亭区“非遗”四级名录体系完善，涉及民间文学、传统曲艺、传统美术、传统技艺、传统医药、传统民俗等，有国家、省、市、区级非物质文化遗产项目40项、传承人106名。在继承和发扬传统文化的同时，区委、区政府重视现代文化事业发展，全区广播电视事业发展强劲，节目类型多种多样，部分作品在全国县级节目评比中获奖。档案、地方志、报纸事业同步发展。寒亭区充分发挥风筝年画资源优势，推动旅游事业蓬勃发展，杨家埠民间艺术大观园被山东省列为“千里民俗旅游线”十佳景点之一。至2013年年底，全区有国家AAAA级旅游景点1处、国家AA级旅游景点2处。

第一章　文学艺术

2009年4月，寒亭区文学艺术界联合会成立，为正科级事业单位，归口区委宣传部。协调管理寒亭区作家协会、寒亭区书画协会、寒亭区民间文艺家协会、寒亭区音乐舞蹈家协会、寒亭区摄影家协会。至2013年年底，5家协会有会员616人，其中市级会员161人、省级会员88人、国家级会员29人。

第一节　文学创作

寒亭区文学创作有自己的特点，文学爱好者大都围绕创作团体，相互学习，相互影响，每个时期都有代表性文学爱好者和有影响力的作品出现。其中诗歌《呼唤》《日子》等发表在《人民文学》，《年迈的父亲》发表在《诗刊》；杂文《只是过眼烟云》发表在《人民日报》；报告文学《故乡上的祥云》发表在《人民文学》，报告文学《红水河》发表在《中国作家》。1989—2013年，寒亭区在省以上报刊杂志发表文学作品4000余件；省作协会员有庞立臣、刘虎恩、周淑兰、魏宽喜、于正军、黄旭升。

区文化馆文学创作

1989—1996年，区文化馆文学创作组挖掘培养大批文学创作人员。庞立臣在省以上报刊发表散文、诗、报告文学300余篇，著有《光的音乐》散文评论专著1部；诗作《老墙》获全国青年新人新作奖；《围棋情域》作品被介绍到海外发表。1992年，庞立臣代表寒亭区文学创作界出席山东省青年作家代表大会。刘虎恩先后在《散文》《短篇小说》《中国青年报》《草原》《大众日报》《中国教育报》等20余家报刊发表小说、散文、报告文学100余篇。其中散文《弱溪》获中国微型文学作品大赛二等奖，散文《不凋零的月季花》被编入全国通用中专语文课教材第二册。1992—2003年，周淑兰在《人民文艺》、《诗刊》、《十月》、《工人日报》、中国香港《今晚报》、中国台湾《世界论坛报》、《葡萄园诗刊》以及日本《日中新报》等报刊杂志上，发表诗作600余首。

区联谊协会业余创作

1989年，区业余创作联谊协会成立。1989年以后，魏宽喜在省以上报刊发表作品200余篇、约100万字，其中报告文学《故土上的祥云》获1996年全国优秀作品一等奖；报告文学《基点》获全省优秀作品奖；1997年9月，由其作品《画乡魂》改编的电视剧《杨家埠的故事》，在中央电视台1、2、4、7频道先后播出，同年全国各省市台相继转播，并获全国优秀电视剧一等奖第二名，是寒亭区第一部在全国有影响的电视剧本，填补寒亭影视文学作品进入中央电视台空白；报告文学《舟水之缘》获"建国五十周年暨澳门回归"征文一等奖；电视文学特写《杨师傅的一天》获2000年全省外宣作品一等奖；报告文学《迎着二十一世纪的劲风》获2002年全省优秀作品奖；著有文学作品选《竹声潇潇》。于正军作品以诗歌为主，兼及报告文学、散文、小说、评论等，在《人民日报》《农民日报》《诗刊》《山东文学》《星星诗刊》等报刊、中国台湾《世界论坛报》《秋水诗刊》《葡萄园诗刊》以及国外《菲律宾商报》《澳洲彩虹鹦》《美国新大陆诗刊》等报刊发表作品680余篇（首），获奖40余次。其中《鲁迅》《雨夜》《乡情》《乡梦》《年迈的父亲》《火炉旁》《秋夜》《海上日出》等诗歌作品受到诗评家们好评。2003年8月，其文学作品集《含英咀华》由中国文联出版社出版，被新疆艾青诗歌馆收藏；2013年7月，其文学作品集《向往春天》由中国文联出版社出版，被国家图书馆、首都图书馆、中国现代文学馆收藏。

区作家协会创作

2008年7月，寒亭区作家协会成立。2008—2013年，寒亭作协会员在省级以上文学刊物报刊发表文学作品，正式出版《画乡流韵》《柳毅山文学作品选》《春天的旋律》等文学作品集。其中黄旭升先后在《中国作家》《星星诗刊》《山东文学》《时代文学》等发表诗歌、散文、报告文学600余篇（首）；出版诗集《大海也有翅膀》。

第二节　书画　摄影

书画

1989年以后，寒亭区相继成立书画协会、老年书画研究中心、老年书画家联谊会、农民书画美术研究会。以中国书法家协会会员张仁德、董伟国和黄庆军，中国美术家协会会员杨明智、季乃仓等人为代表，涌现大批创作人才。

书法　1996年，张仁德艺术成就介绍及作品在第二期《中国书法》杂志辟专页发表。2000年3月，张仁德论文《书法技法创作的基础——线表达》入选中国书协主办的"第五届全国书法理论研讨会"，并入编《第五届全国书法理论研讨会论文集》。2005年8月，黄庆军隶书七绝诗作品在中央电视台和中国书协联合举办的第二届"杏花村汾酒集团杯"全国电视书法大赛获优秀奖。2013年10月，黄庆军隶书中堂"秋声赋"参加中国书协举办的首届"钟繇杯"全国书法篆刻展。

寒亭区有中国书法家协会会员3人、山东省书法家协会会员6人。

绘画　1989年，年画《恭贺新春》入选"庆祝建国四十周年暨第二届山东艺术节美术作品展"。1994年12月，国画《登高望远》获中国公共关系协会艺术委员会等联合主办的"庆祝中华人民共和国建国四十五周年海内外书画大赛（国际展）"银奖。1997年10月，国画《清风图》在中外书画艺术交流协会联合主办的"97'和平杯'国际书画艺术交流"大展中，被评为画类银奖。2000年，国画《群英聚会》参加由中国文联主办的世界华人艺术大赛。2003年，国画《清风》在中国当代书画艺术家精品集全国征稿活动中，获铜奖，并编入《中国当代书画艺术家精品集》。2004年10月，由牟德武主编、中国社会科学出版社出版的《郑板桥诗书画精品集》，获潍坊市2001—2003年度精神文明"精品工程"入选作品奖。2013年，人物画《幸福家庭》获中国文学艺术界联合会、中国人口文化促进会联合主办的第十四届中国人口文化奖。

季乃仓作品入选中国美协主办的第六、七届

全国美展；第四、五、六届全国年画展及中国民间艺术一绝展；作品在《美术》、《艺术家》（中国香港）、《人民画报》、《山东画报》、《年画艺术》等专业杂志发表；有50幅国画作品入编西苑出版社出版的水墨云梯丛书《花鸟创作50例》。

寒亭区有中国美术家协会会员2人、山东省美术家协会会员11人。

寒亭区书画协会　1989年9月成立。每年举办书画培训班1～2期、书画展2～3次。1994年12月，创办《寒亭书画》报。1998年3月，在中国美术馆举办潍坊杨家埠年画暨书画展。2000年9月，编辑出版《潍坊寒亭书画集》，先后有《张仁德书法集》《水浒英雄谱》等书画集及个人画册出版。2003年，组织沿海开发区银山杯书画展。2004年9月，"纪念人民代表大会成立五十周年书画展"在杨家埠书画院举行，收集到各类书画作品186幅。2006年4月，中国楹联书法艺术委员会、中国名家水墨艺术研究院、区委宣传部和寒亭一中等单位联合举办"全国青少年同撰'和谐'嵌字联书法选拔赛获奖作品展暨颁奖仪式"在杨家埠书画院举行，展出全国获奖作品80多幅。张仁德、魏焕才获"中国楹联书法教师百杰"称号、寒亭一中学生王梦婷获"中国楹联书法少年百秀"称号。同年，组织参加全国2006年"大河上下"少年儿童书法绘画大展，获优秀组织奖。2007年，组织寒亭区庆祝建军八十周年书画作品展。2008年，主办"丰泰杯"寄情奥运作品展暨书画笔会；8月，由山东民族文化学会主办、寒亭区书画协会承办的"山东书画名家八人展"在丰泰文人会馆开展；10月，寒亭区举办纪念改革开放三十周年书画展，共展出书画作品160多幅。2009年，主办当代市场升值潜力最大的十博士书法展、寒亭区庆祝建国六十周年书画大展。2010年，组织沿海开发区"银山杯"书画展；主办中国美术学院葛寒冰、蒋曼罗"敬乡"书画展览；举办潍坊市第四届硬笔书法暨寒亭区书画作品展；主办寒亭区"工商杯"庆祝建党八十九周年书画展。2013年，组织寒亭区纪念红军长征七十七周年书画展。

至2013年，区书画协会会员有100余人，组织会员创作书画作品2000余件；举办美术培训班28期、书法培训班15期，举办书画展62期；在省以上报纸杂志发表书画作品1000余件。

寒亭区农民书画美术研究会　2002年5月成立，并举办寒亭区首届农民书画展；11月，编辑出版1期《寒亭书画》报，发表会员31件作品。至2013年，发展会员40余人，开展活动12次。

摄影

1989年以后，区内摄影爱好者越来越多。1996年7月，摄影作品《共产党万岁》《牧童》入选中国青年摄影家协会和中国青年杂志社联合主办的"庆祝建党七十五周年摄影作品展"。1997年8月，《思情》《我爱和平》参加中国摄影家协会和北京晚报社联合主办的庆"七一"香港回归大型影展。1998年8月，《背负青天》《猪娃》参加中国艺术摄影学会和中国摄影家杂志社联合主办的"全国风土人情摄影展"。《考奶奶》《情》《喜洋洋》《老房东》《回家看看》《咱也瞧一瞧》《女儿情》等先后在《晚情报》《老年生活报》《现代摄影报》《支部生活》等报纸杂志发表。2002年，《牧鸭图》获中国画报协会"鲁能杯"全国摄影大赛优秀奖；9月，《同乐》获《摄影之友》杂志月赛一等奖；11月，潍坊市摄影艺术研究院杨家埠创作基地揭牌剪彩仪式在杨家埠举行。2005年6月，《金山岭长城》刊登在《人民摄影报》。2006年，《画乡门第》《激情洋溢》分别在《中国摄影报》刊登。2008年，《传承》获由省文化厅、省文联、省摄影家协会主办的"山东省纪念改革开放30周年摄影大赛"一等奖；9月，《焊花乐章》获中国摄影家协会主办的"泰丰杯"魅力莱芜全国摄影大展艺术类银奖，《春蚕》获艺术类佳作奖，《乐在莱芜》获纪实类佳作奖。2010年8月，《劳动者之歌》获第三届山东省"泰山文艺奖"二等奖。2011年8月，区摄影家协会成立。2012年6月，《天马相城我的家》组照在山东省摄影家协会主办的"天马相城杯"全国摄影大赛中获总冠军。至2013年，全区有摄影爱好者300人左右，省以上摄影家协会会员21人，其中张景国、韩祥雷为中国摄影家协会会员。

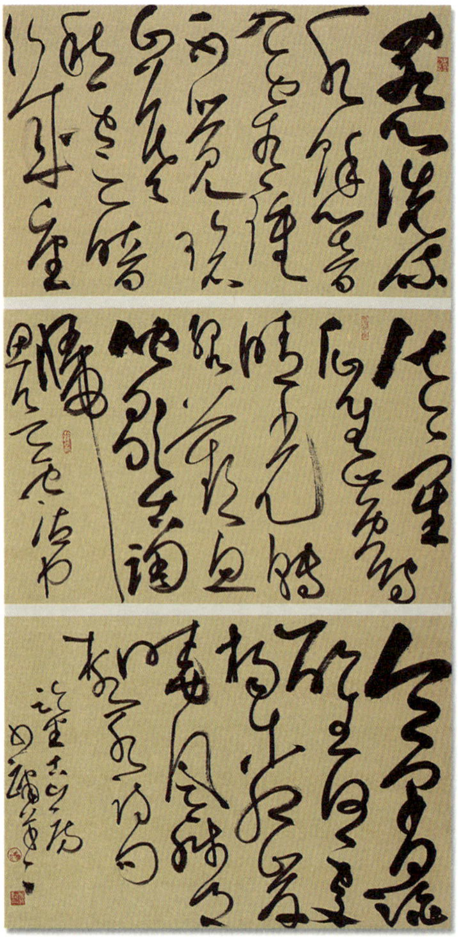

董伟国作品

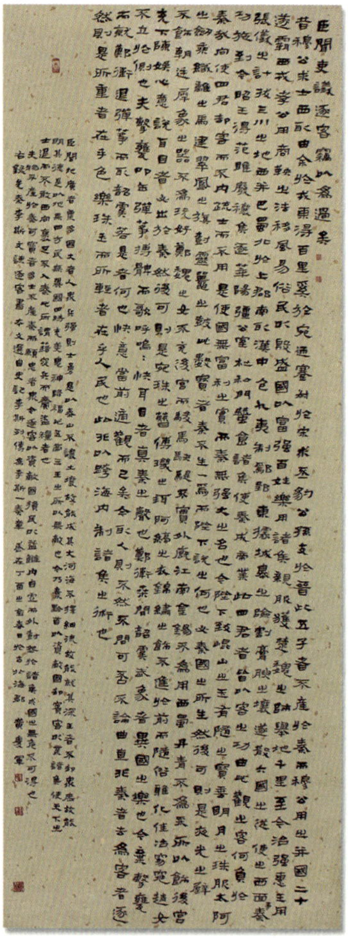

黄庆军作品

季乃仓作品

张仁德作品

杨明智作品

第三节　民间工艺

根艺

代表人物胡世明，中国根艺美术家协会副主席，2005年10月被文化部、民政部授予“中国根艺美术大师”称号。他的根艺作品取天然之势、赋予勃勃生机，代表作品有《清照行吟图》《金雕猎虎》《盼》《根魂》等。曾获“刘开渠根艺奖”金、银、铜牌，并在全国其他大展中获奖30余次。2013年，全区有260多人从事根艺活动。

红木嵌银

拥有国家级非物质文化遗产传承项目——红木嵌银漆器工艺省级传承人1人，山东省工艺美术大师3人、潍坊市工艺美术大师18人。潍坊市盛壮红木嵌银厂生产的红木嵌银产品结合木版年画和风筝工艺采用传统手工作法制成，产品分别获第十三届艺术博览会金奖、中国工艺美术金奖、山东省泰山文艺奖、山东外事礼品金奖、山东旅游商品金奖、山东民俗文化博览会金奖。2009年，潍坊市盛壮红木嵌银厂被省旅游局确定为工业旅游示范点。

雕刻

金石　1989年以后，出现了以姜嘉德、高玉福、段兆芳、张显之、王次先等金石创作人才。姜嘉德治印1万余方，作品入编《当代肖形印谱》等多种典集。

砖雕　潍县砖雕构图匀称、简洁大方、装饰味浓郁。代表人物神芳桥，潍县砖雕第七代代表性传承人，砖雕作品《万福流云砖雕沙燕灯》获“百花杯”中国工艺美术精品奖铜奖。

核雕　代表人物王绪德，将国画、图案、素描、雕塑等艺术特点融入桃核雕刻艺术之中，作品多次参加全国工艺美术展览并获优秀奖、创新奖及设计奖等。

刺绣

1989年以后，双杨店镇罗家、华疃等10余个村庄家庭妇女多数从事刺绣工艺，主要为潍坊刺绣厂加工戏具服装以及婚嫁用品，有时也加工绣制出口产品。其中，代表人物罗在芳的主要刺绣作品有《大展宏图》《比翼双飞》《鸳鸯戏水》《虎啸》《猫趣》等。

剪纸

2006年7月，潍坊市剪纸艺术家协会在寒亭区成立。会员创作的作品题材广泛，具有乡土气息浓厚的特点。代表人物有中国剪纸学会会员姜嘉德，在部队、省及全国级报纸杂志发表作品300余件，其中剪纸作品《学理论》参加建军五十周年美术展览，《岁岁平安》获国际艺术大赛金奖。

布玩具

1999年，区内布玩具传承人孙秀兰的作品“手绣大狮子”成为中法文化交流年活动吉祥物，同年8月在山东第二届工艺美术精品博览会上获金奖。2013年，孙秀兰设计制作的“镇宅虎”获潍坊市第二届“风筝都文化奖”。

第四节　戏曲　音乐　舞蹈

戏曲

戏剧　1989年，区内表演剧种主要有京剧和吕剧，潍县梆子、木偶戏已经失传。传统京剧剧目有《龙凤呈祥》《玉堂春》《王宝钏》《四郎探母》等，吕剧剧目主要有《借年》《小姑贤》《姊妹易嫁》《李二嫂改嫁》等。90年代，喜剧小品以其简洁、明快、诙谐格调在寒亭兴起，《相亲》《杨白劳与黄世仁》《见钱眼开》《养儿防老》等广受欢迎。此外，活报剧、音乐剧、柳琴戏、黄梅戏时有演出。

2004年1月，寒亭区戏曲协会成立，多次组织区内演艺人员参加省、市大赛和广场、社区文艺演出，组织、协调社会文艺团体参加区内文化活动。2005年春节，在南孙乡西官亭村组织的演出，被中央电视台《新闻联播》报道，山东电视台也播出多次。2012年11月，吕剧《情洒北川》入选山东省第十届精神文明建设“文艺精品”优秀奖。

曲艺　1989年，区内主要曲艺形式有相声、山东快书、对口快板、群口快板、锣鼓快板、数来宝、三句半等。主要在区内业余文艺联欢活动中演出，演出内容既有配合中心工作自编自演的短平快节目，又有久演不衰、妙趣横生的传统精品。三句半《改革开放二十年》等影响较大，相声《猜谜语》、山东快书《剃头》、竹板书《糊涂县官》等也是受欢迎的传统节目。2002年，数来宝《四个大嫂去开会》《歌唱英雄刘汉波》《俺村来了工作队》《三种五养拓富路》获潍坊市会演一等奖；数来宝《夸夸公路四大员》获山东省“公路杯”文艺会演一等奖。随着电影、电视普及，曲艺说唱渐渐淡出人们的生活。

音乐

1989年，歌曲《祖国的热血》发表在《天津歌声》第10期；《走不出的地平线》发表于《山东音乐》第11期。1990年，《我们是人民的线路工》被潍坊电视台《每周一歌》栏目录用。1991年，《醒来！昏睡的荒山沟》发表在《山东音乐》第6期。1992年，《人口普查做表率》发表在《山东歌声》第4期。同年，刘文峰演唱《亚洲雄风》获全国农民歌手大奖赛二等奖。1996年6月，《两颗明星一颗心》发表在《群众艺术》第5期。1999年10月，《祝福你祖国》发表在《山东音体美报》。2002年5月，中央电视台制作《快乐的七色花》光盘在全国发行，寒亭区4名小学生参加摄制。2005年，魏宽喜作词、蒋大为作曲的《路在脚下延伸》《寒亭　莱州湾畔的明珠》《年画颂》，王玉亭谱曲《山村的早晨》，徐健词曲《一针一线表心愿》，于兴杰作曲《春满校园》，杨玉美作曲《祝福你祖国》7首创作歌曲被中国文联出版社出版的《音乐名人名作选》选用。同年，区文化馆组织并参加潍坊市第四届青年歌手电视大赛，选送歌手获一等奖。

舞蹈

1989年，民间舞《双鞭花棍舞》获山东省舞蹈调演大奖赛编导三等奖、表演三等奖。1993年，民间舞《封神雄兵》获第九届潍坊国际风筝会开幕式表演一等奖。1994年，民间舞《齐鲁雄兵》由中央电视台录制，在黄金时段播放，并在中央电视台《山东行》栏目中作文化片头向欧美等38个国家和地区播放。1996年，民间舞《金鞭催春》获第十三届潍坊国际风筝会开幕式最佳表演奖。1997年，舞蹈《朝鲜舞》获第十四届潍坊国际风筝会开幕式最佳表演奖。1998年，民间舞《禹王雄风》获第十五届潍坊国际风筝会开幕式最佳表演奖。2011年11月，寒亭区音乐舞蹈家协会成立。

第二章　文化活动

第一节　管理机构

寒亭区文化局

1989年至1993年10月，寒亭区文化局内设办公室、政工科、财务科，辖区文化馆、区图书馆、区年画研究所、区电影公司、区文物保管所、区文化市场管理办公室6个事业单位和12处乡镇文化站。1993年11月，与区体委合并，更名为寒亭区文化体育委员会（以下简称区文体委）。内设办公室、体育科、文化旅游科，下辖区文化馆、区图书馆、区年画研究所、区电影公司、区文物保管所、区文化市场管理办公室、区体校、区金桥旅游公司8个事业单位及各乡镇文化站。1994 年 7 月，区文体委撤销，恢复寒亭区文化局建制。1997 年 12 月，文化旅游科升格成立寒亭区旅游局，析出独立办公。1998 年 1 月，区文化局所辖区金桥旅游公司解体。2001 年 10 月，区年画研究所划归杨家埠旅游开发区管理。

2009 年 1 月，区文化局和区旅游局合并，成立寒亭区文化旅游局；4 月，撤销区文化旅游局、新闻出版管理办公室，成立寒亭区文化旅游新闻出版局，挂区版权局牌子；原区文化旅游局和隶属区委宣传部的区新闻出版管理办公室行政管理职能划归区文化旅游新闻出版局。2010 年 2 月，组建寒亭区文化广电新闻出版局，挂区旅游局牌子；将区文化旅游新闻出版局、区广播电视局职责整合，划入区文化广电新闻出版局；区广播电视局改建为寒亭区广播影视集团。2013 年，区文化广电新闻出版局设办公室、文化旅游业务科、政策法规管理科，辖区文化馆、区图书馆、区文物保管所、区非物质文化遗产保护中心。行政编制 12 人，设局长 1 人、副局长 2 人。

寒亭区文化市场综合执法局

1989 年，寒亭区文化市场管理委员会成立，下设区文化市场管理委员会办公室（简称区文管办），事业单位，隶属区文化局。1994 年定为自收自支事业单位，2002 年 9 月改为全额拨款事业单位。2007 年，归属区委宣传部管理。

2009 年 4 月，撤销区文管办，成立寒亭区文化市场综合行政执法局，挂区“扫黄打非”办公室牌子，为正科级事业单位，隶属区政府，归口区委宣传部；原区文化旅游局和区新闻出版管理办公室行政执法职能划归区文化市场综合行政执法局。2010 年 2 月，更名为寒亭区文化市场综合执法局，定编 10 人，设局长、副局长各 1 人，为区政府直属事业单位。2013 年 5 月，核定领导职数为 1 正 2 副。

2010—2013 年，区文化市场综合执法局连续被评为“潍坊市文化市场综合执法工作先进单位”“潍坊市‘扫黄打非’工作先进单位”。

第二节　文化场馆

寒亭区文化馆

1989 年，区文化馆设办公室、文艺组、创作组、美术组、摄影组。1994 年 1 月被列为财政差额拨款事业单位，2009 年 4 月改为全额拨款事业单位。有展览厅、排练厅、歌舞厅、教室等文化活动场所。2013 年，设 3 个业务部和办公室，编制 13 人，在职 11 人，其中专业技术人员 6 人。

区文化馆组建业余文艺团（队）12 个，发展 500 多个农村文化专业户，每年组织元宵节千人民间文艺队伍大游行以及“夏日广场”社区文艺会演等各类大型演出活动 20 余场；编导小戏、曲艺、歌曲、舞蹈等文艺节目。1989—2013 年，每年春节期间组织 20 多个单位进行大型花灯展览。

寒亭区图书馆

1989 年，编制 10 人，设办公室、采编室、辅导室、借书室、阅览室、资料室、少儿阅览室；藏书 3.8 万册，订阅报刊 200 余种，持证读者 1600 人，年借书 1.6 万册次。1993 年，藏书增至 5.8 万册；持证读者一直在 1000 人以上，年均借阅图书 1.4 万册次左右，日阅览读者 70 人次左右。1994 年列为差额拨款事业单位，2002 年 9 月恢复全额拨款。2002 年底，藏书 6.7 万册，年借阅图书 7000 册次左右。随着电视等媒体发展，阅览人数逐渐减少，日阅览 30 人次左右。

1989—1994 年，帮助全区 12 处乡镇建立乡镇图书室。至 1995 年，共举办图书分类、图书馆目录等业务培训班 5 期，为厂矿企业、学校、医院、培训图书管理员 261 人。1994 年和 1998 年，两次参加全国县级图书馆评估定级，被文化部定为三级图书馆。2008 年 6 月迁入新图书馆，新馆建筑面积 2000 平方米，增设电子阅览室。2013 年，被文化部定为国家二级图书馆，有 9 名工作人员，在省级以上发表专业论文 10 篇。

寒亭区新华书店

1989 年，区新华书店由地方管理改为省垂直

图 24-6　区新华书店（1996 年）

管理，经营权归省新华书店。1995 年 3 月，区新华书店升格为正科级企业；10 月，实行全员聘任制，签订劳动合同。同年，成立区图书音像发行公司，组建音像门市部。1999 年，为加强农村一般图书发行，在固堤镇成立图书发行门市部。至 2003 年年底，固定资产 380 万元，经营图书、音像制品 1.5 万余种，同时担负全区中小学课本发行。2009 年，参与“农家书屋”“文化大院”建设，主要负责图书配送。2010 年 8 月，在潍北监狱开设图书阅览室，供服刑人员阅读。2011 年 12 月，更名为山东新华书店集团有限公司寒亭分公司。2013 年 12 月，为纪念毛泽东诞辰 120 周年，设专架发行《毛泽东年谱》《毛泽东手记》《毛泽东传》等图书。

1989—2013 年寒亭区新华书店图书发行统计表

表 24-1　　单位：万册

年份	科技图书	文艺书刊	一般图书	中小学课本
1989	7	2.8	37	70
1990	9	3.3	39	72
1991	11	4.2	40	74
1992	13	4.9	42	76
1993	15	5.8	44	80
1994	17	7.3	46	84
1995	19	9	49	88

续表 24-1

年份	科技图书	文艺书刊	一般图书	中小学课本
1996	21	11	51	90
1997	24	13	54	95
1998	26	14	56	107
1999	28	16	58	109
2000	30	18	61	101
2001	32	20	64	103
2002	34	22	67	107
2003	46	24	70	110
2004	47	—	71	110
2005	47	—	72	111
2006	48	—	73	111
2007	49	—	74	112
2008	50	—	75	112
2009	51	—	76	113
2010	51	—	77	114
2011	52	—	79	115
2012	52	—	80	115
2013	53	—	81	115

基层文化场所

农村图书室　1988 年，全区 12 处乡镇全部建起乡镇图书室。1992 年，南孙乡建成全区第一个万册图书馆，其他乡镇图书室藏书一般在 3000 册以上。1995 年，全区有 132 个自然村建起村级图书室，藏书数百册至上千册不等。2013 年，全区有街道图书室 5 个、村图书室 322 处，图书管理员 327 人，藏书 18 万册。

农村文化大院　截至 2013 年年底，全区 5 个街道、59 个社区全部建立文化中心，村村有文化大院。初步形成以区文化馆、区图书馆为龙头，以区老年活动中心、区青少年活动中心等为辅助，以街道（社区）文化中心、村文化大院为基础的公共文化服务体系。

第三节　群众文化活动

老年文化活动

“夕阳红”老年艺术团　1994年成立，由城区老年人组成，每晚在蝶园文化广场做健身活动；进行舞蹈辅导，辅导内容主要有秧歌、花棍、腰鼓、扇子舞、竹板舞、手绢舞等10余种民族舞、40多个节目。多次代表全区参加省、市组织的舞蹈赛事和对外交流演出。2002年9月，获山东省第四届“长寿杯”健身球比赛优秀奖。

城西老年健身中心　1998年成立，主要由城区交谊舞爱好者组成，成员60余人，每晚7点至9点半在区体育场南球场活动，舞种主要有华尔兹、伦巴、探戈、恰恰等。在体育场北球场还有化纤厂集体舞蹈队、吴官庄交谊舞舞蹈队80余人常年活动。另外，泰和商厦等处也有交谊舞团体活动，成员约60人左右。

寒亭区老年书画研究中心　1994年4月成立，每年“七一”、重阳节都举办书画展。每次书画展参展作品在100件以上。

寒亭区老年书画家联谊会　1998年4月成立，为潍坊市老年书画研究会会员单位。有省老年书画研究会会员16人、中国老年书画研究会会员6人。其中王义民书法作品在1999年10月第五届国际书画艺术作品展获金奖，分别到美国、泰国、加拿大巡回展出；陈叔铭国画作品《秋艳》在2001年11月被当代书画家资格认定委员会评为金奖并入编《全国著名老年书画家精品集》。2005年10月，区老干部局、区老年书画家联谊会联合在区老干部活动中心举办全区“金秋老年书画展”，展出全区老干部创作的100多幅书画作品。至2013年，举办书画展60余次，每次参展作品在100件以上，选送作品参加全国、省、市老年书画展8次，送展作品266件。

节庆文化活动

潍坊国际风筝会表演　1987年，寒亭区组织由大喇叭、唢呐、笛子、笙等乐器组成民族乐队参加第四届潍坊国际风筝会开幕式表演。1989—2013年，寒亭区每年都组织民间舞蹈表演方队，参加潍坊国际风筝会开幕式表演。

元宵节表演　1989年元宵节，区委、区政府调集周围乡镇几十个村庄农民演出队伍，在城区主要街道游行表演，主要有龙灯、狮子、高跷、旱船、秧歌、腰鼓等民间舞蹈。从2001年开始，区委、区政府每年都组织庆元宵民间文艺大游行，沿益新街、渤海路、民主街进行，主要表演秧歌、旱船、高跷、杂要等节目，人们挤在街道两边观看表演，成为欢度元宵节固定节目。

图24-7　2013年元宵节民间文艺会演

文艺晚会　每年“七一”、国庆节、老人节以及盛夏时节，区委宣传部、区文化局组织区直各部门、各乡镇文艺表演队伍，举办多种形式文艺晚会。舞蹈表演是晚会重要内容，有扇子舞、腰鼓舞、蒙古舞、朝鲜舞、印度舞、西班牙舞，还有霹雳舞、摇滚舞以及交谊舞等。2003年开始，组织夏日广场文艺演出。2010年，开始组织社区文化节活动。

戏剧团体活动

寒亭区业余京剧团　1987年开始组建，1995年备案定名，演职人员30余人。演员、乐队主要来自河西、仉庄等村，文、武场齐备，服装、道具齐全，是人员较为固定、实力较强的业余剧团。主要演出整本传统京剧剧目，有《龙凤呈祥》《玉堂春》《四郎探母》《凤还巢》等传统文戏30余出，年演出场次最多时达300余场，演出范围包括寒亭、潍城、坊子、昌邑等市区。

京剧之友　1994年成立，有20余人，演员、乐队多为退离休人员担任，部分演员来自原潍县京剧团。演出以京剧选段和折子戏为主，主要演出剧目有《铡美案》《搜孤救孤》《霸王别姬》《贵妃醉酒》等传统戏选段，以及现代京剧《红灯记》《沙家浜》《智取威虎山》《白毛女》《杜鹃山》等选场选段，常年到机关、企业、学校及农村演出。

寒亭区吕剧团　1998年成立，前身为齐家埠村吕剧团，有20余人。主要演出剧目有《李二嫂改嫁》《王汉喜借年》《墙头记》《喝面叶》等。经常到工厂、农村及山会、集市演出，每年演出90余场。2006年、2013年，两次获省优秀庄户剧团称号

寒亭一村吕剧团　2001年成立，有20余人，主要来自寒亭一村吕剧爱好者。主要演出剧目《王汉喜借年》《李二嫂改嫁》等。

区内农村还活跃着10余支季节性戏剧演出队伍。一般以某个村庄为基地，联合周围戏剧爱好者，农闲时组织队伍，春节前后演出。人数一般不超过20人，有基本的演出和伴奏队伍，属自娱自乐型演出团体。

1989—2013年寒亭区群众文化活动一览表

表24-2

活动时间	活　动　内　容
1989	元宵节民间舞蹈进城表演；第六届潍坊国际风筝会开幕式表演；潍坊国际风筝会开幕式民间大型舞蹈方队表演；庆“七一”、国庆、老人节和文明之夏演出
1990	春节元旦系列文化活动；第七届潍坊国际风筝会开幕式表演
1991	第八届潍坊国际风筝会开幕式表演；庆“七一”、国庆、老人节和文明之夏演出；“三下乡”文艺演出
1992	第九届潍坊国际风筝会开幕式表演；庆“七一”、国庆、老人节和文明之夏演出
1993	第十届潍坊国际风筝会开幕式表演；庆“七一”、国庆、老人节和文明之夏演出
1994	开展元宵节文艺队伍大巡游；第十一届潍坊国际风筝会开幕式表演；夏日广场文艺演出
1995	春节元旦系列文化活动；第十二届潍坊国际风筝会开幕式表演；庆中秋文艺晚会演出；“三下乡”文艺演出
1996	春节元旦系列文化活动；第十三届潍坊国际风筝会开幕式表演；庆中秋文艺晚会演出；“三下乡”文艺演出
1997	春节元旦系列文化活动；第十四届潍坊国际风筝会开幕式表演；庆香港回归文艺演出；“三下乡”文艺演出
1998	“人寿杯”全区民间文艺汇演；第十五届潍坊国际风筝会开幕式表演；庆“七一”文艺演出；“三下乡”文艺演出
1999	《迎新春》文艺晚会；第十六届潍坊国际风筝会开幕式表演；庆“十一”建国五十周年文艺演出；“三下乡”文艺演出
2000	《跨世纪》文艺晚会；第十七届潍坊国际风筝会开幕式表演；庆“七一”文艺演出；“三下乡”文艺演出
2001	《世纪之春》文艺晚会；元宵节文艺队伍大巡游；第十八届潍坊国际风筝会开幕式表演；庆“七一”建党八十周年文艺演出；“三下乡”文艺演出
2002	庆新春文艺晚会；元宵节文艺队伍大巡游；第十九届潍坊国际风筝会开幕式表演；庆七一文艺演出；“三下乡”文艺演出
2003	沿海开发区银山杯书画展；元宵节文艺队伍大巡游；夏日广场文艺演出
2004	“邮政杯”文明之夏广场文艺演出；首届杨家埠风筝年画艺术节文艺表演

续表 24-2

活动时间	活　动　内　容
2005	元宵节民间文艺表演；第二届杨家埠风筝年画艺术节文艺演出；文明之夏广场文艺演出；“三下乡”文艺活动一百余场
2006	第三届杨家埠风筝年画艺术节文艺演出；寒亭区农村庄户剧团大赛；全国《2006 黄河年“大河上下”少年儿童书法绘画大展》并获优秀组织奖；纪念红军长征七十周年书画展
2007	第四届杨家埠风筝年画艺术节演出；全国第十四届“群星奖”评奖活动并获优秀奖；潍坊市首届“北方纺织杯”校园风采摄影作品展；寒亭区庆祝建军八十周年书画作品展；“鲁丽杯”潍坊市首届京剧票友大赛获最佳组织奖；“和谐之声”文明之夏广场文艺演出；“透过镜头看和谐”摄影展
2008	元宵节民间文艺队伍游行；第五届杨家埠风筝年画艺术节民间文艺活动；第二十五届潍坊国际风筝会“庆五一、迎奥运”万人放飞活动；“祥和家园”文艺演出；“立昌杯”文明之夏广场文化活动；首届中国（寒亭）潍县萝卜文化节文艺演出
2009	元宵节民间文艺队伍游行；第六届杨家埠风筝年画艺术节民间文艺活动；第二十六届潍坊国际风筝会开幕式万人表演活动；文明之夏广场文化活动；第二届中国（寒亭）潍县萝卜文化节文艺演出
2010	第七届杨家埠风筝年画艺术节文艺演出；沿海开发区银山杯书画展；第三届中国（寒亭）潍县萝卜文化节文艺演出；夏日广场文艺演出
2011	第八届杨家埠风筝年画艺术节文艺演出；第四届中国（寒亭）潍县萝卜文化节文艺演出；2011 年夏日广场文艺演出；“三下乡”文艺活动一百余场
2012	元宵节民间文艺表演；第九届杨家埠风筝年画艺术节及第五届风筝产品交流会文艺演出；第五届中国（寒亭）潍县萝卜文化节文艺演出；文明之夏广场文艺演出；“三下乡”文艺活动一百余场
2013	元宵节民间文艺表演；第六届海峡两岸风筝文化交流活动暨第十届杨家埠风筝年画艺术节文艺演出；第六届中国（寒亭）潍县萝卜文化节文艺演出；寒亭区农村庄户剧团大赛；纪念红军长征七十七周年书画展

第四节　文化执法

1989 年，全区有歌舞厅 8 家、录像放映厅 13 家、电子游戏厅 8 家、书报摊点 7 处、书画装裱 4 家、台球室 8 家、游乐场 1 家、书画店 2 家。90 年代中期，卡拉 OK 餐厅、歌厅有 30 多家。1997 年以后，卡拉 OK 逐渐消退，2000 年全部停止。2002 年 10 月，根据市文化局、市公安局、市工商局规定，录像放映厅经营全部停止。2008 年年底，区文管办对 39 家网吧、8 家音像店、1 家舞厅、2 家歌厅、2 家电子游戏厅核发文化经营许可证。2013 年，全区有歌舞娱乐场所 10 家、印刷企业 51 家、书店 15 家。

执法监管

1999 年，网吧经营管理由电信部门移交区文管办负责。2002 年 9 月，区文管办按照《互联网上网服务营业场所管理条例》《中华人民共和国未成年人保护法》《关于进一步加强和改进未成年人思想道德建设的若干意见》，对全区网吧进行清理整顿，查处利用网吧经营含有色情、赌博、暴力、愚昧迷信等不良内容电脑游戏和有害信息，惩治容留未成年人进入网吧和超时营业等违法经营活动；取缔非法网吧 4 家，对 38 家网吧进行审核登记。2003 年，组建寒亭区万佳网络文化园，全区所有网吧加盟万佳网络文化连锁，实行统一经营管理。2005 年 10 月，全区网吧统一安装省文化厅“净网先锋”管理软件。2013 年，出动执法人员 1000 余人次，检查各类文化经营单位 400 余家次。

截至2013年年底，全区年画、风筝、铸铜工艺品等经营户80家。2010—2013年，针对个别艺术品经营户没有到文化主管部门备案、文化产品没有明码标价、没有进货明细等问题，依法予以处罚；检查未成年人是否进入歌舞娱乐场所及曲库是否存在侵权盗版等行为，规范歌舞娱乐场所经营；依照《卫星电视广播地面接收设施管理规定》，没收一批违规安装使用卫星地面接收设施。

扫黄打非

2000年4月，组织宣传、公安、新闻出版、工商、文化、广播电视等部门执法人员，进行以净化学校周边环境为重点集中行动，检查各类经营门店和流动摊点40余家，查获处理盗版光盘和内容不健康书刊，对经营业户进行行政处罚。2004年6月，对全区文化市场进行专项治理整顿，查处出售非法书刊经营户6家，对非法出版物依法进行收缴。2013年，组织执法人员对全区66家书店、印刷企业进行专项检查，责令5家进行整改，对无证游商摊贩予以取缔。

第三章　文物　古迹

2007—2011年全国进行第三次文物普查，寒亭区普查各级各类不可移动文物保护单位252处。2012年，全区馆藏可移动文物8277件（套）。截至2013年，全区拥有区级以上文物保护单位29处，其中省级文物保护单位7处、市级文物保护单位2处、区级文物保护单位20处。

第一节　文　物

汉连弧铭文铜镜

1991年4月，在区职业中专院内出土。铜镜重158.5克，直径9厘米、厚0.2厘米；镜缘宽厚，钮周围饰连弧纹，连弧纹外饰斜线纹一圈，斜线纹外为带状铭文一圈，铭文外又饰一圈斜线纹，造型古朴厚重。属于汉代文物。

图24-8　连弧铭文铜镜

战国青铜剑

1991年9月，在西芝庄村出土。战国青铜剑重502.7克，剑身长37.7厘米、宽3.8厘米，剑柄长8厘米、直径3.5厘米。剑身修长，器形匀称，为典型战国青铜剑形制。

图24-9　青铜剑

大汶口文化黑陶壶

1997年10月，在前埠下遗址出土。黑陶壶

图 24-10 黑陶壶

属泥质黑陶，尖圆唇，侈口，直颈，溜肩，鼓腹，平底；颈肩部有一把手，颈部饰两组刻画波浪纹，肩部饰刻画三角网纹；口径 7.8 厘米、底径 5.4 厘米、高 17.4 厘米。属于大汶口文化时期文物。

第二节 古遗址保护与发掘

古遗址保护

鲁家口遗址 位于开元街道鲁家口村西南 1 千米处。遗址地势较高，周围平坦，面积约 4 万平方米，文化堆积厚 3 米以上，距今约五千年。1973 年 10 月—1974 年 5 月进行局部发掘，清理部分灰坑和大汶口文化及东周时期墓葬、龙山文化房基等遗迹。出土大汶口文化陶器分夹砂和泥质两大类，以红褐陶为主，灰、黑陶较少；纹饰有弦纹、堆纹、篮纹、指甲纹、镂空等。器形有鼎、钵、罐、壶、豆、盂、碗、器盖等；石器有锛、凿、刀、镞、环等，以及骨、蚌器。岳石文化陶器有灰陶蘑菇形钮盖器盖，甗、罐口；商代夹砂灰陶绳纹鬲、甗及东周陶器残片。遗址地层叠压关系比较清楚，第一层为耕土，第二层为战国文化层，第三、四层为龙山文化层，第五、六、七层为大汶口文化层。2013 年 10 月，公布为山东省第四批省级文物保护单位。

滕家官庄遗址 位于朱里街道滕家官庄村西北的土埠上，东西长 400 米、南北宽 250 米，面积约 10 万平方米；文化堆积厚 0.7 米到 2 米。采集的龙山文化陶器以泥质和夹砂黑陶为主及少量红陶，纹饰有弦纹、堆纹、划纹等，可辨器形有鼎、杯等；周代有夹砂灰陶绳纹鬲、泥质灰陶豆、盆等残片。1979 年，公布为区级文物保护单位。

南港溪遗址 位于朱里街道南港溪村，南北长 300 米、东西宽 100 米，面积约 3 万平方米。文化堆积距地表深约 0.3 米，厚度约 3 米左右。地表采集的器物残片有龙山文化夹砂黑陶鼎，周代有夹砂灰陶绳纹鬲、泥质灰陶罍等残片。据当地群众反映，此遗址曾出土过商周时期的青铜器，表明此遗址商、周文化比较丰富。2002 年，公布为第一批区级文物保护单位。

东冢子后遗址 位于寒亭街道东冢子后村东南，西邻浞河 1.3 千米，南邻李家寨子村 1 千米。遗址在高出周围地面约 3 米的土埠上，面积约 3 万平方米。文化堆积层厚约 2 米，暴露有周代灰坑、墓葬和汉代墓葬。采集到龙山文化陶片多泥质和夹砂黑陶，装饰有刻划纹、绳纹、堆纹，可辨器形有鼎、豆、杯，石器有铲、镞等。周代有夹砂灰陶鬲，泥质灰陶豆、罐等残片以及铜剑；汉代有灰陶板瓦残片及铜镜。此遗址以往未见著录或公布，系首次发现，为研究寒亭新石器时代文化聚落分布、区域类型、文化谱系等提供了新材料。2012 年 9 月，公布为第二批区级文物保护单位。

瓜埠顶遗址 位于固堤街道流河村东南约 900 米处的土埠上，高出周围地面约 2 米，南北长 200 米、东西宽 100 米。遗址处较平坦，为农耕地，无断崖。仅从挖开的部分断面看，文化层厚约 1 ~ 2 米，黑黄色土，结构紧密，黏性较大。此遗址是 1982 年文物普查时发现，保存较好，修路时仅毁坏很少部分。普查时未发现遗迹，采集的遗物标本除 1 件石锛和 1 件能复原的陶制纺轮外，其余均为陶片，分属龙山文化和西周文化两个时期。2012 年 9 月，公布为第二批区级文物保护单位。

万家村遗址 位于双杨发展区万家村西南 500 米处，东面邻一土埠高地，西南方向邻旧时官道，遗址南北长 300 米、东西宽 250 米。地表遍布陶器、瓦器残片，并时有古砖、陶器出土。

民国年间，村人掘井灌田，曾于地表以下2米处挖出陶井，后被破坏，有明显人类居住痕迹。遗址东北200米处，有大量堆积破碎陶片暴露出土。2012年9月，公布为第二批区级文物保护单位。

隅里遗址　位于寒亭街道隅里村北，面积约10万平方米，文化堆积厚1米左右。此遗址暴露有汉代墓葬和灰坑，采集有周代夹砂灰陶绳纹鬲口沿，泥质灰陶豆盘、盆口和汉代釉陶壶，板瓦、云纹瓦当等残片。2012年9月，公布为第二批区级文物保护单位。

西东坡遗址　位于朱里街道西东坡村东1千米处，东西长200米、南北宽150米。地表有布纹陶片，据当地群众反映，曾有陶器出土，有明显人类居住文化遗址特征。2012年9月，公布为第二批区级文物保护单位。

狮子行遗址　位于朱里街道狮子行村北面高埠，东半部保存较好，西半部因学校修操场被铲平。遗址南北长400米、东西宽350米，总面积为14万平方米。内有大汶口文化、龙山文化和商文化堆积，文化层最深达2米左右。1974年，狮子行联中在高埠前面建教室、修操场，平整地面时发现此遗址。1978年冬，中国社会科学院考古研究所与当地文化部门进行联合发掘，发掘面积约100平方米。发掘大汶口时期的陶器有陶鬶、斛形壶、鼎、豆座等，石器有石锛；龙山文化时期的陶器有甗、豆、盆、鼎、鬶、盂、杯、罐、尊、盘，礼器有薄胎高柄杯（俗称“蛋壳陶杯”）和畜舍模型器，石器有石刀、石斧、石铲、石锛，骨器有骨镞、鱼钩、骨锥。墓葬均为长方形土坑竖穴墓，无葬具，埋葬方式为双人、单人葬，墓葬头向均向东南，属于典型龙山文化特征，为研究史前葬俗提供了重要资料。狮子行遗址的发现，为研究该地区龙山文化的面貌、特征、类型及社会性质等，提供了新资料。2002年，公布为第一批区级文物保护单位。

古遗址发掘

前埠下遗址　位于朱里街道前埠下村西200米。1997年5月18日至8月12日，山东省考古研究所和区文物保管所进行大规模考古发掘，揭露遗址总面积约1700平方米，内含后李、大汶口灰坑、房基、墓葬两种文化堆积，深度0.3～2米。发掘墓葬32座，其中有19人家族二次合葬墓1座、14人家族二次合葬墓1座；采集陶器、石器、骨器、蚌器、玉器等遗物，共400多件。此遗址发掘的二次合葬墓，合葬骨骸之多在山东省属首次发现，在全国也属少见，是山东考古界的重要发现之一。出土的玉璧、玉斧，对于研究中国人类使用玉器，编写玉器史，具有重要作用。前埠下文化遗存的发现，打破了山东考古三块区域分割的框框，尤其是后李文化遗存的发现，填补了潍坊地区空白。这些成果，为研究潍坊地区新石器时代早期的历史文化，研究胶东与鲁北先民之间的交流、共同生存及山东地区史前文化提供了丰富资料，具有极高研究价值。2006年12月，公布为省级文物保护单位。

会泉庄遗址　位于朱里街道会泉庄村东南约300米处，东西长约180米、南北宽约60米。1997年7月，为配合济青高速公路建设，省文物考古所与区文管所进行发掘，发掘面积1万平方米，清理灰坑16个、墓葬5座，出土文物15件。遗址未见文化层，仅发现部分商、周时期灰坑及汉代墓葬，其中商、周时期灰坑及其出土陶器富有特色，承袭岳石文化特点，是商周时期的土著文化，属东夷文化系统。2006年12月，公布为省级文物保护单位。

第三节　古建筑

西杨家埠木版年画旧作坊

年画旧作坊吉兴号建于明崇祯十三年（1640），清代、民国重修。院落占地239.4平方米，有北屋5间、腰屋3间、南屋3间，砖木石结构。主体结构基本保持原貌，架梁和基础较好，局部瓦件脱落。

年画旧作坊恒顺号建于明隆庆年间，位于西杨家埠村前街。筑土台建院，大门向南，门前15层石制台阶，俗称高大门。院落占地390.5平方米，有北屋5间、南屋5间（大门过道两旁是望屋）、东西厢房各3间，砖木石结构。2006年12月，公布为省级文物保护单位。

于氏宅院

位于寒亭街道寒亭二村，有明清四合院20余套，占地5000多平方米，2013年开放10套，为寒亭区保存较为完整的典型明清北方四合院群落。2006年12月，公布为第三批省级文物保护单位。

南仲寨石坊

位于固堤街道南仲寨村，为寒亭区仅存的古代石坊。石坊用青石垒架而成，高5.4米、宽4.08米；为二柱单间冲天式构架，顶部坊额有透雕“二龙戏珠”缠绕的“圣旨”匾额，两柱顶饰以蹲踞瑞兽；背面坊额横刻楷书“敕旌儒童刘师瑗妻王氏节孝之坊”；左侧石柱刻“大清道光三年季夏下浣吉日”；正面坊额行草榜书“慈竹霜清”四字；两侧立柱上有对联，年久风化，联文已不可识。两柱立于石座之上，柱下端用抱鼓石夹砌，整个构件用榫卯联结。浮雕有麒麟、云龙、四季花卉、八宝、太极八卦等图案纹饰。2007年6月，公布为第二批市级文物保护单位。

高庄古井

位于固堤街道高庄村西1.5千米。古井深5米，上口直径1.6米，通体石砌。2007年，井口下一米处发现修井碑文：“井之立不知始于何年，自嘉庆元年，重新修补，数次未免塌坏。遂于咸丰四年春易砖而石焉。”2012年9月，公布为第二批区级文物保护单位。

宋氏先祠

位于朱里街道宋家双庙村，是晚清状元宋占魁认祖归宗的祠堂，占地282平方米。建于清同治十二年（1873），建造精美，古朴大方，有雕刻精美的木雕。祠堂正中朝阳门楼两侧有状元旗杆石座，大门上悬挂“宋氏先祠”牌匾，门楼内有“状元府”牌匾。院内有年逾百龄的松柏两株，青砖铺院，青石甬路直达正堂。正面祠堂3间，4根方形石柱飞檐擎天，南屋两间，门楼一座，旗杆石二座。院内有两块清同治十二年立的石碑，一块记载修建祠堂的《宋氏新修祠堂记》，一块记载为防土匪掠夺民财而修建围墙的《双庙村新义团围墙记》。2012年9月，公布为第二批区级文物保护单位。

浞河石桥

位于寒亭街道齐家埠村村东，明代建造。最早记载见于明朝初期编写的尹氏家谱，由尹氏二世祖尹堂倡导捐资修建。浞河改造后，淹没水下。2012年9月，公布为第二批区级文物保护单位。

桥西观音殿

位于高里街道桥西村内。据碑文记载观音殿建于元代，有大殿5间，供奉佛教神像观世音菩萨，后又增建关帝庙、莲花池、钟鼓楼以及围墙与庙门等建筑，颇具规模。自明代至民国初年，有僧尼住内主持，并有庙产财富及土地等。民国初年，村人将其房舍改为学校。观音殿遗存碑文多件，为地方珍贵民俗历史资料。2012年9月，公布为第二批区级文物保护单位。

南傅古建筑

位于朱里街道南傅村，现存宅院25套，多为清代潍东棉丝织品商人所建住宅。2012年9月，公布为第二批区级文物保护。

一孔桥

位于高里街道一空桥村南约50米处，金明昌三年（1192）所建。桥面宽4.7米，桥高5米，利用楔形带榫卯石块嵌砌而成，结构坚固。因桥成拱形，只有1孔，故称一孔桥。桥洞壁上有建桥记刻石2块，桥面上留有驴蹄印和车辙印，桥面北侧镶有高浮雕龙头，南侧镶有浅雕龙尾。2006年12月，公布为第三批省级文物保护单位。

第四节　古墓葬

寒浞冢

位于寒亭街道冢子后村南50米处，为圆形封土墓葬。封土高6米，边长204米，黄土夯筑。为夏代寒国首领寒浞之墓。1979年，公布为县级文物保护单位。2000年4月，公布为第一批市级文物保护单位。

狄青墓

位于双杨发展区青冢子村西，《潍县志稿》载为狄青墓。封土高12米，直径60余米，墓封土东部已破坏，当地村民在封土南断崖挖出了汉代铜甑、铜熏炉、铜洗各1件（已入藏区文管所），五铢铜钱20多千克，大砖数块，应为汉代砖室墓。墓封土破坏后，文物部门重新回填了封土。2002年，公布为第一批区级文物保护单位。

徐幹墓

位于朱里街道会泉庄东南，俗称博士冢。墓原高5米，1974年整平，后又堆起1米多高封土做标志。2002年，公布为第一批区级文物保护单位。

第五节　近代重要史迹

潍县战役指挥部

位于固堤街道东常寨村西农家院内。大门向东，院内北屋4间、南屋3间，青砖墙体，院落面积150平方米。1948年，中国人民解放军华东野战军山东兵团司令员许世友、政治委员谭震林在此指挥潍县战役。2013年10月，公布为第四批省级文物保护单位。

潍北县政府旧址

位于开元街道孙家杨孟村。1947年腊月，中共潍北县委、县政府进驻孙家杨孟村。1949年11月，潍北县政府在天齐庙召开第一届人民代表会议。村内仍存留多处潍北县政府各机关办公院落。据《潍县志稿》记载，天齐庙始建于北宋，元代重建，明清有重修。2012年9月，公布为第二批区级文物保护单位。

后沟西门桥

位于高里街道后沟村西大于河故道。长16米、宽3.5米、高2.6米，5孔石结构，始建于清光绪年间。《潍县志稿》记载，村人张安和鉴于“庄西有河，当东西孔道，夏秋泞淖，行旅苦之，而慨然自任，倒箧建桥”，亦称“张善人桥”。1943年秋，被日本入侵部队炸毁。1951年，重修石桥。70年代末，随着退河还田，村中东西道路北移，石桥废弃。2012年9月，公布为第二批区级文物保护单位。

第四章　非物质文化遗产

第一节　保　护

2003年开始，寒亭区以杨家埠木版年画和风筝挖掘、保护为契机，对全区非物质文化遗产进行全面普查，并开始进行非物质文化遗产数据库建设，于2008年完成。通过普查、评审、整理、登记、建档，共征集年画古版600多套；抢救杨家埠木版年画刻版356种、3047套；收藏杨家埠风筝精品4大类24种103件；拍摄非物质文化遗产项目声像资料30余盘，使一些难以用文字表述记录的传统生产过程活灵活现地展现在人们面前。出版《中国木版年画集成·杨家埠卷》《杨家埠孤本年画全集》《潍坊风筝全集》《中国潍坊清末年画》《杨家埠年画故事》《杨家埠木版年画研究》《山东省非物质文化遗产普查资料汇编》《柳毅山文集》等10余套大型资料图书，为“非遗”保护提供珍贵的文字和图片资料。2004年，杨家埠木版年画被文化部、财政部列入首批全国民族民间文化保护试点项目。2006年5月，杨家埠木版年画与潍坊风筝入选第一批国家级非物质文化遗产名录。2007年5月，成立寒亭区非物质文化遗产保护领导小组。2007年7月，区政府公布首批区级非物质文化遗产保护名录13项。2008年10月，“柳毅传说”申报为省级非物质文化遗产项目。2009年6月，全国非物质文化遗产保护、古籍保护暨文博事业杰出人物表彰、颁证、授牌电视电话会议在北京召开，杨家埠年画艺人杨洛书获“全国非物质文化遗产保护先进工作者”称号。2013年，第三批省级非物质文化遗产项目评选，寒亭区有传统美术类1个项目（潍县布玩具）入选；山东省非物质文化遗产保护协会开展2012年度山东省非物质文化遗产保护特色村和十大模范传承人评选，西杨家埠村获“非物质文化遗产保护特色村”称号；12月，中央电视台电影频道《爱电影》送•学行动栏目组针对国家级非物质文化遗产风筝、年画拍摄2期专题节目。《爱电影》送•学行动《走进寒亭》《走进杨家埠》在中央电视台电影频道播出。

至2013年，寒亭区“非遗”四级名录体系完善，拥有国家级项目3项、省级4项、市级18项、区级40项。同时拥有国家级“非遗”代表性传承人1名、省级3名、市级18名、区级84名。建设有杨家埠民间艺术大观园非物质文化遗产传承示范基地、5处市级“非遗”传习所及14处区级传习所。

2006—2013年寒亭区非物质文化遗产名录一览表

表24-3

序号	类别	编号	项目名称	申报单位	级别、批次、公布时间
1	民间文学（Ⅰ）	Ⅰ-95	柳毅传说	寒亭区文化馆	国家级 第三批（2011.5.23）
2		Ⅰ-2	寒浞传说	寒亭区文化馆	区级 第二批（2009.11.17）
3		Ⅰ-3	大禹传说	寒亭区文化馆	区级 第二批（2009.11.17）
4		Ⅰ-34	嫦娥奔月传说	寒亭区文化馆	市级 第三批（2013.9.17）
5		Ⅰ-5	潍县谚语	寒亭区文化馆	区级 第三批（2013.9.17）
6		Ⅰ-6	禹王台传说	禹王台历史文化研究会	区级 第三批（2013.9.17）
7	传统音乐（Ⅱ）	Ⅱ-1	杨家埠木版年画唱卖	杨家埠民间艺术大观园	区级 第三批（2013.9.17）
8	传统戏剧（Ⅳ）	Ⅳ-1	潍县京剧	寒亭区文化馆	区级 第二批（2009.11.17）
9	曲艺（Ⅴ）	Ⅴ-1	大鼓书	寒亭区文化馆	区级 第二批（2009.11.17）

续表 24-3

序号	类别	编号	项目名称	申报单位	级别、批次、公布时间
10	传统体育、游艺与杂技（Ⅵ）	Ⅵ-1	跑旱船	寒亭区文化馆	区级 第二批（2009.11.17）
11		Ⅵ-2	耍马叉	寒亭区文化馆	区级 第二批（2009.11.17）
12		Ⅵ-3	踩高跷	寒亭区文化馆	区级 第三批（2013.9.17）
13		Ⅵ-4	扭秧歌	寒亭区文化馆	区级第三批（2013.9.17）
14	传统美术（Ⅶ）	Ⅶ-5	杨家埠木版年画	寒亭区文化馆	国家级 第一批（2006.5.23）
15		Ⅶ-40	张氏布玩具工艺（潍县布玩具）	潍坊天成飞鸾进出口有限公司	省级 第三批（2013.5.7）
16		Ⅶ-15	潍县砖雕	寒亭区文化馆	市级 第三批（2011.4.18）
17		Ⅶ-4	寒亭剪纸技艺	寒亭区文化馆	区级 第二批（2009.11.17）
18	传统技艺（Ⅷ）	Ⅷ-88	潍坊风筝	寒亭区文化馆	国家级 第一批（2006.5.23）
19		Ⅶ-15	猪鬃加工工艺	寒亭区文化馆	市级 第一批（2007.3.9）
20		Ⅷ-3	潍北抄纸工艺	寒亭区文化馆	区级 第一批（2007.7.4）
21		Ⅷ-4	南孙草柳编工艺	高里街道文化站	区级 第一批（2007.7.4）
22		Ⅷ-5	三角埠熟牛皮工艺	寒亭区文化馆	区级 第一批（2007.7.4）
23		Ⅷ-6	根雕工艺	寒亭区文化馆	区级 第一批（2007.7.4）
24		Ⅷ-7	刺绣工艺	寒亭区文化馆	区级 第一批（2007.7.4）
25		Ⅷ-8	富郭庄芥末鸡技艺	富郭庄开元振吉大酒店	区级 第一批（2007.7.4）
26		Ⅷ-9	潍县鞭炮	寒亭区文化馆	区级 第二批（2009.11.17）
27		Ⅷ-10	寒亭泥塑	寒亭区文化馆	区级 第二批（2009.11.17）
28		Ⅷ-11	传统字画装裱技艺	潍坊丰泰文化艺术发展有限公司	区级 第三批（2013.9.17）
29		Ⅷ-42	潍县糕点制作技艺	潍坊海狮暖家食品有限公司	市级 第三批（2011.4.18）
30		Ⅷ-13	灯彩扎制技艺	潍坊天成弘扬文化传媒有限公司	区级 第三批（2013.9.17）
31		Ⅷ-14	动物标本制作技艺	潍坊馨羽苑标本制作艺术中心	区级 第三批（2013.9.17）

续表 24-3

序号	类别	编号	项目名称	申报单位	级别、批次、公布时间
32	传统医药（Ⅸ）	Ⅸ -5	栾氏膏药（华疃正骨）	潍坊尊一骨伤病研究所	市级 第三批（2011.4.18）
33		Ⅸ -2	耿氏“黑功膏”	寒亭区文化馆	区级 第二批（2009.11.17）
34		Ⅸ -3	张氏膏药	寒亭区文化馆	区级 第二批（2009.11.17）
35		Ⅸ -4	中医药灸疗法	寒亭区开元街办安固一村卫生室	区级 第三批（2013.9.17）
36	民俗（Ⅹ）	Ⅸ -1	二月二龙抬头	寒亭区文化馆	市级 第一批（2007.3.9）
37		Ⅹ -1	盐神节	寒亭区文化馆	市级 第一批（2007.3.9）
38		Ⅹ -3	潍县庙会	寒亭区文化馆	区级 第一批（2007.7.4）
39		Ⅹ -4	潍县萝卜种植技艺	寒亭区文化馆	区级 第二批（2009.11.17）
40		Ⅹ -5	财神节	寒亭区文化馆	区级 第二批（2009.11.17）

第二节　传　承

传承人

2007年6月，杨家埠木版年画艺人杨洛书被命名为首批国家级非物质文化遗产项目代表性传承人；8月，寒亭区非物质文化遗产保护中心成立。2008年1月，第一批市级非物质文化遗产传承人评选，寒亭区有4人入选。2009年6月，山东省第二批省级非物质文化遗产项目代表性传承人评选，杨家埠木版年画艺人杨明智、潍坊风筝艺人杨红卫入选；11月，第一批寒亭区非物质文化遗产代表性传承人评选,39人入选。2010年2月，第二批潍坊市级非物质文化遗产传承人评选，6人入选。2012年3月，第二批区级非物质文化遗产传承人评选，24人入选；12月，第三批市级非物质文化遗产传承人评选，8人入选。2013年5月，杨红卫获山东省非物质文化遗产保护十大模范传承人称号；11月，第三批寒亭区区级非物质文化遗产传承人评选，21人入选。

2007—2013年寒亭区市级以上非物质文化遗产传承人一览表

表 24-4

序号	门类	项目名称	姓名	性别	市级传承人批次（时间）	省级传承人批次（时间）	国家级传承人批次（时间）
1	传统美术	杨家埠木版年画	杨洛书	男	第一批（2008.1）	第一批（2008.1）	第一批（2007.6）
2	传统美术	杨家埠木版年画	杨明智	男	第一批（2008.1）	第二批（2009.6）	
3	传统技艺	潍坊风筝（风筝制作技艺）	杨红卫	女	第一批（2008.1）	第二批（2009.6）	

续表 24-4

序号	门类	项目名称	姓名	性别	市级传承人批次（时间）	省级传承人批次（时间）	国家级传承人批次（时间）
4	传统技艺	潍坊风筝（风筝制作技艺）	张效东	男	第二批（2010.5）	第四批（2014.6）	
5	民间文学	柳毅传说	张宝辉	男	第三批（2012.12）	第四批（2014.6）	
6	传统美术	潍县布玩具	孙秀兰	女	第三批（2012.12）	第四批（2014.6）	
7	传统美术	杨家埠木版年画	杨海军	男	第一批（2008.1）		
8	传统美术	杨家埠木版年画	杨乃东	男	第二批（2010.5）		
9	传统美术	杨家埠木版年画	杨付涛	男	第二批（2010.5）		
10	传统美术	杨家埠木版年画	杨福源	男	第二批（2010.5）		
11	传统技艺	潍坊风筝（风筝制作技艺）	郭洪利	男	第二批（2010.5）		
12	传统技艺	猪鬃加工工艺	潘川之	男	第二批（2010.5）		
13	传统美术	杨家埠木版年画	尹国栋	男	第三批（2012.12）		
14	传统美术	杨家埠木版年画	杨志滨	男	第三批（2012.12）		
15	传统技艺	潍坊风筝（风筝制作技艺）	王永训	男	第三批（2012.12）		
16	传统技艺	传统糕点制作技艺（潍县糕点）	张　健	男	第三批（2012.12）		
17	传统医药	中医正骨疗法（华疃正骨）	栾尊一	男	第三批（2012.12）		
18	民间文学	嫦娥奔月的传说	谭家正	男	第三批（2012.12）		

传习所

2013 年 7 月，第一批潍坊市级非物质文化遗产传习所、传承基地评选，杨家埠民间艺术大观园入选潍坊市非物质文化遗产传承示范基地，杨洛书、杨红卫、杨乃东、张效东、孙秀兰 5 家作坊入选潍坊市非物质文化遗产传习所。

2013 年寒亭区市、区级非物质文化遗产传习所一览表

表 24-5

序号	项目名称	申报单位	建筑面积（平方米）	人数（人）	备注
1	潍坊风筝、杨家埠木版年画	杨家埠民间艺术大观园	2200	16	市级传习基地

续表 24-5

序号	项目名称	申报单位	建筑面积（平方米）	人数（人）	备注
2	华疃正骨	潍坊市尊一骨伤病研究所	1200	11	市级传习基地
3	潍坊布玩具	潍潍坊市秀兰民间工艺品店	80	7	市级传习所
4	潍坊风筝	寒亭区杨家埠洪伟年画风筝店	345	6	市级传习所
5	杨家埠木版年画	同顺德画店	260	10	市级传习所
6	杨家埠木版年画	杨家埠和兴永画店	700	9	市级传习所
7	潍县糕点	潍坊海狮暖家食品有限公司	2000	7	市级传习所
8	潍坊风筝	潍坊效东风筝工艺社	200	7	市级传习所
9	杨家埠木版年画	潍坊市杨家埠木版年画社	2400	8	区级传习所
10	红木嵌银漆器工艺	潍坊市盛壮红木嵌银厂	2060	7	区级传习所
11	潍坊风筝	潍坊天成飞鸢风筝有限公司	1400	6	区级传习所
12	杨家埠木版年画	杨家埠西长兴民艺坊	120	7	区级传习所
13	杨家埠木版年画	同顺堂画店	280	7	区级传习所
14	杨家埠木版年画	万盛画店	100	8	区级传习所

第三节　交　流

寒亭区积极开展非物质文化遗产交流活动，展示保护成果。2003 年，承办“全国木版年画抢救工程中期推进会”，著名作家冯骥才、中国民间文艺家协会成员及全国年画产地文化部门负责人、传承人代表参加会议。2005 年 7 月，寒亭区参加文化部主办的中国非物质文化遗产苏州论坛。2006 年 1 月，组织郭洪利、杨海军等年画、风筝艺人参加在国家博物馆举办的国家非物质文化遗产成果展。2007 年 7 月，寒亭区参加在沈阳举办的全国文化遗产动态保护与文化产业发展基层论坛。2012 年，杨红卫参加由中国非物质文化遗产保护中心承办的“中国非物质文化遗产生产性保护成果大展”活动。

1989—2013 年，先后组织风筝代表性传承人张效东、杨红卫、郭洪利、王永训，年画代表性传承人杨洛书、杨福源、杨乃东、杨付涛、杨海军，布玩具代表性传承人孙秀兰等参加北京奥运会祥云小屋、上海世博会、全国非物质文化遗产博览会、深圳文博会、潍坊国际风筝会等大型节会，进行展示推介。根据上级文化部门安排，组织张效东、杨红卫、郭洪利、杨乃东、孙秀兰等传承人赴埃及、澳大利亚等国家和中国台湾、中国澳门等地区进行非物质文化遗产展演，促进了国家和地区间文化交流。

第五章　广播　电视　电影

第一节　机　构

1989年，寒亭区广播电视管理站设人秘股、编播股、机线股、音像股。1990年4月，更名为寒亭区广播电视管理局，设人秘股、编播股、机线股、音像股，为正科级事业单位，属政府序列。经省广播电视厅批准，寒亭人民广播站更名为寒亭人民广播电台，并用“寒亭人民广播电台”呼号播音。实行局台“一个机构、两块牌子”。1993年5月，经省广播电视厅批准，成立渤海电视转播台，转播频道为33频道，主要转播中央一套和当地新闻、综合节目。同年11月，撤销区广播电视管理局，成立寒亭区广播电视中心，为差额拨款事业单位，隶属区委宣传部。1994年1月，成立寒亭区有线电视站。1998年，区广电中心同时挂区广播电视局牌子，设办公室、财务科、有线站、技术部、农村管理部、城区管理部、总编室、新闻部、社教部、经济信息部、录制部、发射部。2002年1月，撤销有线站、技术部、社教部、经济信息部、录制部，设立物资供应部、总工办。2005年2月，停止使用寒亭区广播电视中心名称，只使用寒亭区广播电视局名称，机构规格、性质、人员编制、职责范围等不变。2009年3月，寒亭区电影公司划归区广播电视局管理；5月，区广播电视局与市广电局、市广电网络中心合作，注资510万元成立山东寒亭天润网络公司，开展寒亭城区数字电视整体转换、用户服务及其他数字电视增值业务。

2010年2月，更名为寒亭区广播影视集团，设办公室、财务科、物资供应部、电视台总编室、新闻部、专题部、广告部、播出部、电台总编室、有线电视服务厅、网络传输管理科、技术部，辖10处乡镇有线电视服务站。2011年8月，搬迁至广电大厦，并完成新旧机房有线电视信号转换连接。2012年7月，根据《全省广播电视有线网络财务资产审计评估通知》，完成区广播影视集团与有线网络公司资产、财务、人员剥离工作，山东广电网络有限公司寒亭分公司正式成立。

2013年，区广播影视集团设广播电台、电视台；内设办公室、财务科、技术部、总编室、新闻部、专题部、广告部、播出部、电台总编室；在编人员61人，设董事长1名、副董事长1名、副总经理3名、纪检书记1名、工会主席1名。

第二节　广　播

有线广播

1989年8月，寒亭城区内全部更换广播电缆，实现闭路电视和有线广播同时入户。区广播电视管理站至固堤、东庄广播线路也由明线改架成电缆传输。1990年10月，因原播出设备陈旧，更换电源自动调压器1台、广播信号输出柜1台、2×275瓦广播机3台、播音控制桌1台及部分调频接收机和录放设备。1989—1991年，全区12处乡镇也逐步更换广播机房播出设备，以及调频接收机和录放机等。同时入户收听工具由舌黄喇叭更换为电动电磁式动圈喇叭。1990—1992年，全区12处乡镇实现电缆传输。有线广播线路达到30余杆千米，有线广播喇叭入户率71%以上。1997年6月，随着有线电视发展，有线广播受到冲击，寒亭人民广播电台停播。

无线调频广播

2008 年 6 月，寒亭人民广播电台恢复广播。电台实行无线调频广播，有效覆盖半径 25 千米。全天播出 17 小时，包括自办节目 2 小时、转播节目 1 小时。

2009—2012 年，每年编辑、制作、播出《寒亭新闻》250 多期；播发内宣稿件 1200 余条；在市以上广播电台发稿每年 150 条以上。2013 年，编辑、制作、播出《寒亭新闻》250 多期，播发内宣稿件 1380 余条，在市以上广播电台发稿 295 条。

第三节　电　视

电视台

1991 年 2 月，寒亭有线电视首次播出《寒亭新闻》和主持人谈话节目《有线电视常识问答》。1993 年 5 月，省广播电视厅批准寒亭成立渤海电视转播台。1994 年 1 月 1 日，寒亭电视台成立并正式开播，呼号和台标均为渤海电视台。1997 年 5 月，渤海电视台更名为寒亭电视台。

节目传输

1988 年 4 月，由音像股负责牵头建设有线电视网络，架设共用天线系统。1990 年 2 月，在区广播电视局办公楼楼顶东头安装第一座卫星地面接收站，接收东方红Ⅰ号卫星节目。同时建立有线电视前端机房，隔频传送中央一套、中央二套、山东台、潍坊台及云南台等电视节目。1991 年 6 月，新建直径 5 米的卫星地面站，接收亚洲 2 号星节目；新建益新街同轴电缆传输干线 2 千米，联网入户 800 户。1993 年 6 月，搬迁有线电视机房，更换前端设备，采用美国 un1k 设备，将隔频传送 6 套节目改为邻频传送 12 套节目。1994 年 12 月，发展城区有线电视用户 500 户，试行收取有线电视收视维护费。2004 年 6 月，全区实现有线电视光缆“村村通”。2006 年 1 月，区委、区政府提出有线电视“户户通”工程，至 2011 年 12 月全区实现有线电视用户全覆盖。2012 年 2 月，新架、改架光缆线路 80 余千米，新建杆路 3 千米，新增光节点 150 余个。全年整转数字用户 4.8 万余户，占农村在网户数 85% 以上。

2013 年 1 月，有线电视传输平台顺利切换到省网统一播控平台，全区数字电视用户通过自动升级统一节目排序，增加了节目套数。同年 3 月，全区实现有线数字电视全覆盖。

节目采编播出

1991 年，首次播出《寒亭新闻》，每周 1 期，1994 年改为每周 2 期，1999 年 3 月改为每周 3 期，时长由原来 10 分钟改为 12 分钟。2003 年，寒亭电视台对《寒亭新闻》《新视野》《共度良宵》等栏目重新包装制作，新开辟《经济动态》《广告文体》《每周一歌》等栏目。2004 年 7 月，生活娱乐频道开播，播出《综艺看场》《时尚音乐》《靓丽青春》3 档节目。2005 年 2 月，对节目进行改版和调整，新开设《一周要闻回顾》栏目。2006 年 1 月，新闻综合频道和生活娱乐频道再次改版，将《一周要闻回顾》改为评论性栏目《希鹏看寒亭》；新开设《寒亭这一刻》栏目，开设《画乡风情》《纪录寒亭》2 个专题栏

图 24-13　2005 年，记者现场采访。

目。在《共度良宵》中增加“梦想舞台”版块。2010年3月，开办《民生900》栏目；专题片《杨洛书的年画人生》《飞黄腾达》《潍县萝卜话古今》，在全国县级农业电视节目评比中分别获评一、二、三等奖。2013年6月，开设民生类栏目《民声在线》。

第四节　电　影

1989年，全区有放映单位80个，其中区属1个、乡镇队13个、村办队60个及学校、厂企队6个。1990年开始，乡镇及村办放映队因业务缩小陆续撤销。2002年底，区电影公司所辖放映单位14个，其中区属4个（影院1个、35毫米流动放映队1个、16毫米流动放映队2个）、乡镇放映队10个。2003年以后，仅剩区电影院和1个直属农村电影放映队。2013年，共有9支流动放映队，流动数字电影放映设备18套，担负着全区每年4270场农村公益电影放映任务。影剧院1处，建筑面积2500平方米。1989—2013年，寒亭区电影放映收入302.2万元。

影院

1989年，全区有6处电影院，寒亭区影剧院和双杨店镇、固堤镇、高里镇、朱里镇、央子镇电影院。至2003年，随着放映业务减少，仅剩区影剧院。2005年，区影剧院改造成为宽银幕式综合影剧院。2012年，投资1000多万元，建设3D电影城，并加入山东奥卡新世纪院线。2013年，实现影片上映与全国同步。

巡回放映

1993年开始，区电影公司筹集100余部爱国主义题材影片，在全区中小学巡回放映，保证学生每年可看10场电影。爱国主义教育影片放映每年达500～1000场次，公司收入5～10万元左右。活动持续到2000年。

1995年下半年，投资4万元购买30部科技影片和15部农村题材故事片，在全区农村巡回放映，开展送科技影片下乡活动。2007年，国家开展公益电影下乡活动，区电影公司农村放映队进行每月每村一场农村公益电影放映活动，每年为全部行政村放映公益电影3456场，区财政按场次拨付放映补贴。

2007—2008年，参与区委宣传部、区文化局组织的“夏日广场”和“消夏晚会”活动，在区总工会篮球场和区体育场露天放映电影。2009—2011年，到村、社区放映公益电影10368场次，科普电影3300场次，每年每村每月1场。2012年，向市电影院线订购数字影片3000余部，放映公益电影3456场。2013年，按照国家农村公益电影放映总体要求，放映3456场，全区村庄全覆盖。

图24-14　寒亭区影剧院（90年代）

影片发行

1992年以前，寒亭区电影放映基本依靠到省、市电影公司租借影片。1992年以后，区电影公司开始购进16毫米影片向各乡镇电影队出租拷贝。至2008年，电影公司库存影片300余部。2009—2013年，由潍坊市电影院线统一订购数字影片进行播放，每年订购250部左右。

第六章　档案　地方志　报纸

第一节　档案管理

机构

1989年，寒亭区档案局（馆）设管理科、指导科、编研科、办公室，为正科级事业单位。1993年11月，撤销区档案局保留区档案馆，寒亭区史志办并入区档案馆。1995年9月，恢复设置区档案局，与区档案馆合署，“一个机构、两块牌子”。1998年12月，在区档案局加挂区史志办牌子。2002年1月，区史志办析出独立。2013年底，区档案局（馆）仍设3科1室，工作人员13人，其中副高级职称4人、中级2人、初级1人；基层档案室文档人员120余人，其中副高级职称2人、中级7人、初级10余人。同年，区档案局被省档案局授予全省档案宣传工作先进集体称号。

1991年，区档案馆晋升为省二级先进档案馆。1995年10月，晋升为省一级先进档案馆。2000年11月，成为山东省规范化目标管理一级档案馆。2005年5月，被区委、区政府命名为“寒亭区爱国教育基地”。2009年8月，经国家档案局审批，被评为国家二级档案馆。2013年9月，寒亭区通过省新农村档案工作示范区验收组评审。

设施

1989年，区档案局（馆）建筑面积1300平方米，库房600平方米。设施有空调、灭火器、去湿机、毛发湿度计、吸尘器、报警器等。馆内设立微机室、修裱室、暗室等。1989—1991年，先后投资14万余元购置打字机、复印机、微机各1台、空调2台及铁制档案橱5个。1999年，区财政拨款14万元，在一楼安装密集架100立方米，添置微机2台、扫描仪、光盘刻录机、彩色打印机、臭氧消毒器各1台。2000年后，购置空调、摄像机、除湿机、臭氧机等专用设备。2006年，财政拨款8万余元，在二楼安装密集架140立方米。2011年，购置微机3台、空调2台、打印机1台、照相机1部。同年，区财政拨款6万元，用于数字档案馆建设。2012年，区财政拨款20余万元，用于搬迁改造。新址建筑面积900平方米，库房300平方米。新增监控摄像头等设备。

馆藏

1989—1991年，接收原潍县22处公社、5819卷档案入馆。1991年，对馆藏档案进行调整、划分，调整后馆藏档案有13大类、105个全宗、25299卷（册），其中文书档案22546卷。馆藏资料有马克思列宁主义、哲学、社会科学、自然科学、综合性图书及自编资料22大类、10097册。1999年，对1984—1993年档案接收入馆，共计接收71个全宗档案、10578卷入馆，全部馆藏112个全宗、40153卷（册），其中文书档案33124卷。2001年，接收5个撤并乡镇（街道）文书档案585卷、印章117枚入馆。2005年，对1994—2003年档案接收入馆。至2009年，接收52个全宗单位、6862卷档案入馆，其中2007年接收撤并乡镇文书档案448卷、印章717枚。至2013年年底，馆藏档案13大类、50960卷（册），其中文书档案115个全宗、40351卷，其他门类档案中科技30盒、会计755盒、照片3914张、底片3067张、磁性载体154盘、印章1048枚、先进性教育档案548卷、抗战课题98卷及家谱档案10册。

征集

1989年春，建立以杨家埠年画、风筝为主的地方特色档案，征集到各个不同历史时期300多幅木版年画、6大类近百种风筝入馆。1999年，向社会征集各种实物档案60余件、照片档案300余幅。2001年，征集“庆祝建党80周年书画作品展”作品60余件、杨家埠木版年画30余幅、抗战时期出版的《民众读本》1件入馆。2005年，征集以“风筝王”杨同科、民间工艺美术大师杨洛书为代表的地方名人档案、风筝年画等民间艺术档案资料入馆。2006—2009年，先后征集寒亭区抗战课题小组形成档案、清代及民国时期民间土地交易契约、民间族谱、杨洛书捐赠年画、区内书画名家作品100余幅、杨家埠珍贵年画200余幅入馆。2013年，先后征集杨氏族谱、张雪岩声像资料等珍贵资料入馆。

整理

1991年，完成潍北县、潍南县及潍县县委档案及馆藏资料整理，共整理档案4000余卷，资料11093份。1995年年初，打印、撤换手抄目录档案4680卷，打印精装全引目录466套，案卷目录215套，整理照片（底片）档案6304张。2000年，对馆藏所有门类载体档案和图书资料逐件逐卷进行检查整理，补全漏缺标题、标签、档号、件号及备考表等内容，编制档案全宗存放位置索引，建立健全档案统计台账。2001年，修裱馆藏珍贵档案118页。2003—2007年，先后整理影印清乾隆版《潍县志》，2次整理影印民国版《潍县志稿》。2008年以后，档案基础性工作重点转入档案现代化建设。

保管

1989年，所藏档案资料全部达到“九防”（防火、防盗、防潮、防光、防鼠、防虫、防尘、防污染、防高温）要求。2000年开始，文书档案采用手摇式密集架贮存保管，各类专门档案使用铁制档案橱具，资料使用专门资料橱、架，检索工具使用专用卡片橱、检索工具橱。2012年，按照“九防”要求，新增监控探头等设备；库房门窗全部加装防盗网；安装防水门槛，防止汛期雨水倒灌。

检索

1990年，完善检索体系，实现重点全宗卡片化，一般全宗全引化。当年，组织力量抄写卡片3万张，编制专题目录9种、文号索引1种。1991年，打印全引目录365册、专题目录54册。2000年，编制与完善案卷目录、全引目录、存放索引、人名索引及各类专题目录31种，实现全部馆藏档案文件级微机检索。2012年，废弃文件卡片。至2013年年底，有案卷目录522册、全引目录760册。

基层档案室管理

单位档案室管理　1989—2003年，有71个基层档案室通过国家、省、市级考核验收，其中国家一级1个、二级1个，省一级14个、二级11个、三级4个，市级40个，其他52个部门达到区级合格标准。2008年，对全区107个机关、团体、事业单位进行档案年检，合格率100%。2010年，档案年检废止。2012年，开元街道、固堤街道通过社会主义新农村建设档案工作省级示范乡镇验收。2013年，寒亭街道通过省级示范街道验收。

村级建档　1995年，在河滩镇马家、黄埠、陈家3个村进行村级建档试点。1997年11月，村级建档全面完成。全区12个乡镇的380个村建起档案室，共建档20933卷（盒），其中文书档案6446卷、会计档案9277盒、科技档案381盒、村民档案2182盒、户籍档案1180盒、声像档案274盒、实物档案1193件。

第二节　档案利用

档案编研

1989—2008年，整理、汇编、复制档案资料60余种500余万字。编纂出版了《寒亭英才录》、《潍坊市寒亭区档案馆指南》、《寒亭大事记》（第一辑、第二辑）、《天南地北寒亭人》。参编《潍坊党史大事记》《潍坊市组织史资料》《寒亭文史大观》《中国地方简志》《山东各地概况》《山东年鉴》《潍坊年鉴》等；编写《前进中的寒亭档案馆》《档案馆全宗指南》《白浪河水库水位资料》《文档工作人员学习培训简明教材》《革命历史档案资料简介》等；汇编《全区历年文书档案工作文件汇集》《寒亭区（潍县）人民代表大会资料汇编》《寒亭区（潍县）政治协商会议资料汇编》。1994年开始，每月编写一期《寒亭大事记》。2009—2013年，编纂出版了《天南地北寒亭人》《寒亭大事记（2005—2009）》《印象寒亭》《榜样的力量——寒亭劳模风采录》等。

社会服务

1989—2008年，接待区内外机关、团体、企事业单位及社会各界档案利用者约6000人次，提供利用档案资料8000余卷册。2009—2013年，接待社会各界利用者1150余人次，查阅各种档案1750余卷次、资料146册次。

第三节　地方志

机构

1984年2月，设寒亭区史志办公室，为副科级事业单位，由临时机构转为常设机构，隶属区政府办公室。1993年11月，区史志办公室撤销，人员职能划归区档案馆。2002年1月，恢复设置寒亭区史志办公室，为正科级事业单位，内部不设科室，隶属区政府办公室。2005年、2009年分别获全省史志工作先进单位、全省史志工作先进集体称号。2013年，编制4人，设正、副主任各1人。

修志

首轮修志　1982年，启动编修《寒亭区志》（原称《潍县志》，1984年改称《寒亭区志》）。卷首设概述，次设大事记，设专志30编，后设附录、编后记，总计110余万字。文字资料前设彩色照片和地图，志书中插有部分黑白照片，图文并茂。这是寒亭区第一部社会主义新方志，全面、系统、科学地记述1840—1988年寒亭区自然和社会各方面历史与现状。1989年12月，召开《寒亭区志》志稿评审会。1992年11月，由齐鲁书社出版发行。1993年9月，获全国新编地方志书优秀成果三等奖。

二轮修志　2002年，区史志办恢复设置后，启动《寒亭区志》续修工作，上下限定为1989—2003年；5月，区政府办公室转发《寒亭区志（1989—2003）》续修方案；9月，召开全区修志工作会议。2003年6月，邀请专家对撰稿人员进行培训。2005年10月，区志初稿完成，打印成册，向单位征求意见。2009年9月，区地方史志编纂委员会将《寒亭区志（1989—2003）》记载下限由2003年顺延到2008年。2016年3月，经市史志办和区政府批准，将《寒亭区志（1989—2008）》记载下限顺延至2013年。

年鉴

2002年以后，区史志办承担省、市年鉴供稿任务。2013年，完成《山东年鉴（2013）》《潍坊年鉴（2013）》《潍坊人物年鉴》供稿工作。1989—2013年，累计上报区情资料60多万字。

读志用志

2008年，与区电视台合作开办专题片《话说寒亭》，先后制作110多集，持续播出3年多时间，其中《寒亭溯源》《解读寒浞》等被潍坊电视台采用播出。

2009年上半年，在《潍坊日报·今日寒亭》创办《寒亭史话》专栏，连续刊发地方历史文化专栏文章15篇。

2011年1月，区政府公布《寒亭区地方史志工作管理暂行办法》；3月，区史志办策划运作全国首个地方史志微博——寒亭史志官方微博（Weibo.com/htszr）。

旧志文献整理

2009年以后，区史志办先后影印《郑板桥全集》（清）、点注清光绪《潍县乡土志》、点校清乾隆《潍县志》等地方文献。《郑板桥全集》影印本于2009年11月正式出版；《潍县乡土志》于2010年4月内部出版发行，获潍坊市第二十届社科成果三等奖；《潍县志》以简体横排形式重印刊行，于2011年6月内部出版发行。

第四节　报　纸

2008年10月，《潍坊日报·今日寒亭》创刊发行，每周四出版发行。一版为时政要闻，二版为综合新闻，三版为社会、民生，四版为副刊。当年刊发9期，开设“记者在基层”“经济时评”“重点项目图文报道”专栏，刊发《放飞杨家埠》《新农合惠泽千万家》《“蘑菇大王”叫万梅》等涉及文化、农业、惠民等多领域240余篇稿件。2009年，开设“深入学习实践科学发展观扎实推进‘创新强区、创业富民’活动”“维护公共文明争当文明市民”“开展农村环境整治创建幸福美好家园”“学习实践科学发展观促进新农村建设蓬勃发展”等专栏，刊发《寒亭全力打造“三区”建设特色隆起带》《一个村庄的腾飞之路》《乡野劲吹“都市风”——寒亭区强力推进都市农业发展纪实》等重点稿件。2010年，开设“掀起项目建设热潮　推动寒亭发展跨越”“加强作风建设　优化发展环境　打造工作品牌”“创先争优　促发展做先锋”等专栏，设计两个文明城市建设专版及一个杨家埠风筝年画艺术节专版，刊发《龙头高昂正当时——寒亭区工业经济实现开门红纪实》《寒亭区城乡户籍管理一元化配套改革见成效》《让项目建设成为寒亭加快发展的强大引擎》等重点稿件。2011年，开设“关注寒亭重点项目”“加快重点项目　重点区域建设”“创建全国文明城市中国人居环境奖”等专栏，刊发《脉动的力量——寒亭区因地制宜发展现代农业纪实》《科技引领助推寒亭经济大发展》《寒亭环境卫生质量全面提升》等重点稿件。2012年，开设“新寒亭　新形象　新突破”“掀起‘学报告、找差距、立目标、定措施、建规章’主题活动高潮”“聚焦全区重点项目”“党旗飘扬”等专栏，刊发《起动“引擎”——重点项目建设走笔》《寒亭：特色文化产业打造文化强区》《寒亭“黄蓝”两区建设态势喜人》等重点稿件。2013年，开设“学习贯彻十八大精神　奋力建设‘五个新寒亭’”“‘转作风　抓落实　促发展’主题活动”“学雷锋　见行动”“‘学习十八大·争创新业绩’理论研讨”等专栏，刊发了《寒亭强势崛起“黄蓝”经济新版图》《寒亭区荣获风筝和木版年画之乡两大殊荣》《土地托管　多方共赢》等重点稿件。

第七章　旅　游

寒亭区旅游业依托杨家埠风筝年画资源而兴起发展的，从最初的副业逐渐发展成为主业。至2013年，杨家埠民间艺术大观园实现游客、旅游收入双增长；柳毅山和禹王湿地被评为国家AA级旅游景区。

第一节　旅游管理服务

管理机构

1992年3月，成立寒亭区旅游局，为正科级行政机构，与区外事办公室合署办公，“一个机构、两块牌子”。1993年11月，撤销区旅游局，职能归区文体委。1997年12月，寒亭区旅游局成立，为正科级事业单位。2009年1月，区文化局、区旅游局合并成立寒亭区文化旅游局。2010年2月，组建寒亭区文化广电新闻出版局，挂区旅游局牌子；7月，区文化广电新闻出版局设文化旅游业务科，具体负责全区旅游工作。

旅行社

2004年6月，潍坊杨家埠旅行社有限公司注册成立。2004年10月，潍坊帝都旅行社有限公司注册成立，2012年12月被评为AAA级旅行社。

旅游示范点

2005年10月，杨家埠民间艺术大观园成为全国工农业旅游示范点。2008年12月，西杨家埠村被省旅游局授予山东省旅游特色村称号。2009年11月，潍坊市新丰红木嵌银厂被省旅游局命名为工业旅游示范点。2010年11月，西杨家埠村被省住建厅、省旅游局评为山东省特色景观旅游名村（第一批）。2010年12月，寒亭区益民合作社都市农业休闲观光园被省旅游局命名为山东省工农业旅游示范点。2012年1月，山东新富佳悦大酒店经全国旅游星级饭店评定委员会批准为五星级旅游饭店；10月，西杨家埠村被山东省落实国民休闲发展纲要办公室评为好客山东休闲汇最佳休闲村；12月，寒亭区开轩花卉休闲园被省旅游局评为山东省农业旅游示范点，高里街道被省旅游局命名为山东省旅游强乡镇。2013年12月，朱里街道富郭庄振吉酒店被省旅游局命名为山东省好客人家三星级农家乐；高里街道小枣示范基地被省旅游局命名为山东省精品采摘园；朱里街道被省旅游局命名为山东省旅游强乡镇。

第二节　杨家埠民间艺术大观园

景区建设

1986年5月，建设杨家埠风筝年画厂，1989年7月更名为杨家埠民间艺术大观园。1989年3月，新建（续建）风筝扎制车间8间，展销室8间；10月，建成1座二层仿古建筑。2000年，投资40万元，建成东大门以西2排展馆。2008年4月，杨家埠民间艺术大观园更名为杨家埠民俗艺术有限公司（两种名称对内外同用），注册资金310万元，拥有员工120名。景区占地350亩，设有遗产文化、古村文化、民间艺术古街、实景演绎4大民俗艺术展示区，计36处景点；8月，投资20万元建成古戏台。2009年8月，投资200万元，建设高31米的文润阁。2010年，投资200万元，新建续建“永盛胡同”仿古建筑6排，计80间。2012年，投资50万元，建成南大门及杨家埠牌坊；4月，杨家埠民间艺术大观园改制及二期扩建项目签约，由杨家埠旅游开发区管委会和青辰（澳门）投资发展有限公司合资合作，项目总投资3亿元，建设集民俗商品市场、综合贸易区、会展贸易中心于一体民俗产品物流园。2013年，投资300万元，新建420平方米的年画博物馆；10月，投资100万元新建1处观音院。

接待与宣传

1989年，杨家埠民间艺术大观园免费接待游客。随着景区设施不断配套完善，游客数量不断增多，1998年开始收费，门票5元，以后逐渐增长到10元、20元，2013年门票价格60元；游客数量也从最初20万人发展到2013年的60万人。

图24-15　杨家埠民间艺术大观园东门（2007年）

2005年春节期间，到杨家埠的中外游客参加了扭秧歌、跑旱船、扎风筝、印年画活动；“五一”黄金周期间，杨家埠民间艺术大观园接待旅游团队近300个，游客3万余人次。2006年12月，杨家埠民间艺术大观园通过国家AAA级旅游景区验收及AAAA级初评。

2007年春节期间，接待游客近3万人；5月，潍坊学院教学实践基地揭牌仪式在杨家埠民俗大观园举行；11月，杨家埠民间艺术大观园被评为国家AAAA级旅游景区。2008年4月，国内千家旅行社代表团到杨家埠参观；8月，杨家埠民间艺术大观园入选国家旅游局印制的《奥运旅游精品线路》手册；9月，潍坊市旅游局与青岛市旅游局共同组织的2008青岛（潍坊周）千名青岛市民游潍坊活动启动仪式在杨家埠民间艺术大观园举行。

图24-16 柳毅山牌坊（2011年）

2010年5月，杨家埠旅游景区与潍坊春秋旅行社营销合作签约；9月，《大众日报》发表《风筝年画之乡魅力民俗之旅》，介绍寒亭整合资源，打造品牌，形成以风筝、年画为特色的民俗文化旅游的典型做法；10月，2010中国旅游品牌总评榜山东分榜举行颁奖，杨家埠民间艺术大观园获山东旅游最具风情民俗旅游景区；11月，西杨家埠村被山东省旅游局评为山东省特色景观旅游名村，杨家埠民俗艺术有限公司入选国家文化产业示范基地。2012年12月，杨家埠民间艺术大观园被授予山东省文化产业示范园区称号；杨家埠民俗艺术有限公司被授予山东省首批非遗生产性保护示范基地称号；杨家埠风筝年画商业街被认定为首批山东特色商业街。

第三节 旅游资源开发

柳毅山风景区

柳毅山位于朱里街道境内，亦称土门山。山东侧有几十米高穹隆形山门，系积年累月暴雨冲刷自然形成，今土门已坍塌。据柳毅山脚下亓家庄《柳氏族谱序》记载，柳毅是唐朝年间亓家庄柳氏先祖。唐朝李朝威写传奇小说《柳毅传》，元代尚仲贤依此改编成戏曲《柳毅传书》以后，“柳毅传书”与“梁祝”、“天仙配”、“白蛇传”并称为中国民间四大神话传奇故事。2008年，“柳毅传说”申报为国家非物质文化遗产。

景区建设　2006年5月，区委、区政府开发建设柳毅山生态文化旅游景区。景区占地1.25万亩，投资6.7亿元。其中核心区3000亩，投资3.6亿元，分庙宇文化区、情缘广场区、书院会所区、宴会接待区、特色种植采摘区和岳河水系景观带6大功能区。景区周边打造富有民俗风情生态种植采摘园、休闲度假、自然生态餐饮、星级旅游宾馆等旅游配套设施；整合柳毅湖、柳毅祠、柳毅桥、柳毅读书处及神泉、柳毅井、天池海眼、柳毅书院、前埠下遗址、徐幹墓、月亮湾等景点；山体及延伸道路两侧进行林带绿化和景观绿化，栽植花卉乔木1720万株；精品果蔬农业采摘观光园350多亩。

朱里街道先后投资100万元建设柳毅山庙宇月台、围栏等工程；投资100万建设庙宇前“非遗”观景小广场；投资300万元修建柳毅山至潍河景观道路3.5千米，完成柳毅山唐代古驿道至潍河古渡口连接。加大柳毅文化宣传，以柳毅山为题材的大型玄幻微电影《柳毅山寻宝》在各大媒体播出。2012 年 12 月，通过国家 AA 级旅游景区验收。

景点　在柳毅山前 2000 米处，有会泉庄古文化遗址。遗址上有五座土丘，俗称“博士冢”，其中南首最大的一座为徐幹（徐幹，字伟长，会泉庄村人。曾任曹操司空军谋祭酒参军、五官将文学，哲学家，“建安七子”之一）墓。“博士冢”前立石碑，碑高 144 厘米、宽 60 厘米、厚 17.5 厘米，居中阴刻“汉徐幹墓”，右侧刻“民国二十一年四月”，左侧刻“潍县县志局立”。此碑已存区文管所，又在原址处另立一大理石“徐幹墓”碑。

柳毅山西山脚下，有小东庄村，于姓是村内望族。清道光至光绪年间，于凌辰一家两代人就有 5 名进士（于凌辰、于荫霖、于蘅霖、于钟霖、于观霖）。于氏一门为官清廉，在村内的房屋与普通农民一样，不同之处就是门上悬挂“进士第”匾额。现在村内于氏后人还收藏有清政府赏赐的“敕命之宝”。村西塑有“光禄大夫速威将军头品顶戴兵部侍郎兼都察院右副都使”于荫霖和“资政大夫通政使司通政部右侍郎”于凌辰神像。

柳毅山西麓的宋家双庙村，有一座宋氏先祠，这是清末丙戌科武状元宋占魁认祖归宗的家庙。在宋占魁状元及第前后，清政府吏部有关人员和当地政府通过严格审查宋氏家谱，确认宋占魁祖籍是寒亭宋家双庙村。祠堂大门有 5 级青石台阶，大门两侧矗立着两个状元旗杆石座，庙门正中有“宋氏先祠”4 个字，下雕“昭”“穆”二字。进入祠堂大门，有“状元府”3 个大字。院内地面用青石板和古砖铺成，有两棵百龄松柏树。祠堂正房 3 间，两边各有一耳房。祠堂房顶用古代青灰小瓦阴阳扣合；房脊正中有一个斗大的“寿”字，两山墙脊顶有龙形兽吻，山脊两侧各有 3 对吉祥兽。廊檐下房门两侧，有两根方形石柱，高约 3 米；石柱上有楹联，上联是“矩護守先训克俭克勤百代箕裘承燕翼”，下联是“纶綍霈皇恩以亨以祀千秋俎豆荷龙光”。祠堂内有两根木制明柱，题楹联一副，上联是“祖德难忘谋烈远贻恩泽大”，下联是“孝思不匮藻蘩苛荐水泉香”。祠堂正房庙门为对开木制大门，房门上楹联是“功德常昭孝孙有庆，音容如在先祖是皇”；正房北墙上有宋占魁手书“寿”字，“寿”字两旁有“皇恩光先世，祖德裕后昆”对联；祠堂内两侧山墙上，挂有宋占魁书写“龙”“虎”两个大字。新中国成立后，在宋氏祠堂内，还放着一套状元仪仗，有旗、锣、伞、扇，有“肃静”“迴避”等大字匾牌；还有两杆黄底黑字大旗，上书“状元及第”4 个大字，过去每逢年节和祭祖时，都要将这两面“状元及第”大旗斜插在祠堂门楼上。

禹王湿地

2009 年开始建设禹王湿地，禹王湿地位于寒亭区西北部高里街道境内，在西官亭村以北，峡山灌渠以西，引黄济青以南，桂河以东的池塘和洼地区域，总面积 678.55 公顷。分为生态保育区、恢复重建区、宣教展示区、合理利用区和管理服务区 5 个功能区。湿地公园内湿地类型丰富，包括河流湿地、沼泽湿地和人工湿地 3 大类。公园内有白浪河、桂河和丰收河，主要水渠是引黄济青和峡山灌渠，白浪河、桂河和引黄济青灌渠呈“A”字形分布，满足湿地公园供水需求。

禹王湿地以纵横密布河汊水系、植被茂密沼泽资源为生态基底，以本地农业生产性景观和历史人文资源为文化特色。根据区位条件、市场状况、地文景观分析，确定以新农村建设为背景、湿地文化为底蕴、民俗文化为特色、生态文化为时尚、乡村风情体验为亮点定位，把万亩湿地建设成为集生态教育、湿地观光、特色种植与养殖体验、商务休闲于一体的精品湿地。2011 年 12 月，被评为国家 AA 级旅游景区。

别画湖　又名蝶湖，是白浪河、虞河共同入注的河口海湾演变而成，古代曾有“东西三十里、南北二十里”别画湖胜景。因为人为开发，别画湖逐渐消失。在禹王生态湿地内，别画湖开始恢复原生态风貌，成为代表性景观。

观景塔　位于湿地核心景观区湖心岛上，塔

高20余米，采用空间桁架结构建设，为三层钢架木质构造。游客登临远眺，湿地核心区美景可尽收眼底。

水景栈道　纵贯别画湖核心区，连接湖心岛和葫芦岛，全长1000余米。漫步水景栈道，如置身江南水乡。

葫芦岛　因在湖内开挖航道堆砌而成，面积约20亩，状似葫芦而得名，岛上林木众多，植被茂盛，是游客休憩垂钓的好去处。

桂河桥　横跨桂河连接湿地核心区，全长150米，为三拱景观石桥，最高处拱高4米，游船可自由穿越。

亲水荷塘　面积100余亩，多为地上荷塘，以白莲藕居多，游客可从木屋栈道零距离亲近荷塘，鉴赏“莲叶何田田，鱼戏莲叶间”，细品“我的荷塘，淡淡荷香”。

开心农场　为满足游客需求打造的都市农业休闲旅游项目。开发2000亩，总投资1000万元，建设认养地块、水面806块。配套建设包括生态餐饮、观光荷塘、亲水平台等设施。游客可以在开心农场内认养地块、水面，进行果蔬采摘、捕捞垂钓等休闲娱乐。

生态庄园　在开心农场周边新开发优质鱼、黑枸杞、蓝莓、莲藕等特色生态农场5000余亩。

连心桥　横跨在小河子之上，跨度30米，宽6米，总投资50余万元，2011年5月投入使用。

竹柳绿廊　按照以绿为魂、以水为脉理念，从湖北引进抗盐碱转基因树种——竹柳，在景区景观路两侧各50米、约2106亩区域打造湿地竹柳绿廊。

官亭生态园　为占地100余亩的农家乐生态餐饮休憩园。园内栽植蓝莓、桑葚、冬枣等特色果蔬，有生态荷塘，游客在此品尝富有地方特色美味佳肴同时，还可以享受果蔬采摘、莲藕踩挖、捕捞垂钓乐趣。

于氏宅院（又称于家大院）

为保存较为完整明清四合院古建筑群，是“老寒亭街”望族于姓家族祖宅。位于淀河岸边寒亭街道寒亭二村，有明清四合院20余套，占地5000多平方米。始建于明代末年，大规模扩建于清朝中后期。2006年，被省政府确定为省级重点文物保护单位。

新中国成立初期，于氏宅院作为地主家产，部分被没收为国有，部分分给村民居住。2008年以后，寒亭区先后投资300余万元，对部分建筑进行修缮保护。按照于氏家族发展脉络，从内部陈设、文字及图片说明等方面，还原历史，有老家俱、轿子、轿车子、铁瓦车、古战车、织机、石碾、石磨等生产生活用品400余件。大院内设置“于氏家族史展馆”“于氏名人馆”“生产生活用品展馆”“于家学堂展馆”“于氏账房”“于占鳌故居”等十余个展室。

第二十五编　年画 风筝

DI ER SHI WU BIAN　NIAN HUA　FENG ZHENG

杨家埠木版年画是全国三大木版年画产地之一，起源于明朝初期。作为“姊妹艺术”的杨家埠风筝是国内风筝四大流派之一，也是潍坊风筝的起源地。1989—2013 年，随着改革开放深入和经济快速发展，特别是潍坊国际风筝会和寒亭区风筝年画艺术节的举办，大大促进了杨家埠年画、风筝业繁荣，带动杨家埠乃至寒亭区旅游业发展，为区域经济增添了新的发展动力。

2002 年，杨家埠被山东省人民政府命名为“历史文化名村”，有“中国民俗风情第一村”美誉。风筝和年画于 2006 年被列入首批国家非物质文化遗产名录。2010 年，文化部命名寒亭区杨家埠民间艺术大观园为国家文化产业示范基地。2011 年，文化部、中国民间艺术家协会分别授予寒亭区“中国年画之乡”“中国民间文化艺术之乡”称号。同年，中国品牌节会将寒亭区风筝年画艺术节评为“中国最负盛名文化艺术节”。

第一章　年　画

第一节　传统年画

题材

杨家埠木版年画内容丰富，有祈福迎祥年画、辟邪保安神像年画、吉祥年画、风俗年画、生产劳动题材年画、小说戏曲和神话传说年画、山水花卉年画、珍禽瑞兽年画、时事幽默年画、百戏娱乐年画等，题材大多来源于群众生产生活，寄托人们对美好生活向往与追求。杨家埠最早、销量最大的年画就是祈福神像、除邪保安神像画，如《灶王》《门神》《财神》《神荼·郁垒》《秦琼·敬德》《观音菩萨》《天地全神》等。

形式

杨家埠木版年画有多种多样表现形式。凡属北方农民家中屋宇、庭院、门户、畜舍，都有相应年画装饰打扮。主要有门神画类、炕头画类、窗饰画类、中堂画类、实用年画、条屏画类等。

门神类是年画最早的表现形式，有《神荼·郁垒》《秦琼·敬德》《赵公明与燃灯道人》等；窗饰画主要有窗顶、窗旁、月光三种形式，有《桃献千年寿，榴开百子图》等；炕头画有横披、竖披、方贡笺、毛方子等，以喜庆、吉祥、恭喜发财、传说故事为主，如《金玉满堂》《连年有余》等；中堂画多为年节、寿辰、祭祀、祈祷用画；条屏年画多表现四季山水、花卉、戏文故事，作为客厅、书房装饰用画；神像画有灶神、财神、天地全神三种。

第二节　创新年画

题材

随着时代发展，杨家埠木版年画与时俱进，在继承基础上，题材更加丰富，表现手法更加新颖。

反映美好愿望、期盼的年画，有《我上蓝天去播雨》《和平幸福》《甜蜜果儿》等；贴近现实、反映时代特征的年画，有《长大我要当包公》《大车和小车》《民声》等；取材传说、名著的年画，有《柳毅传书》四条屏、《二十四孝》、《金陵十二钗》、《封神演义》、《梁祝传说》等；公益类年画，有《保护环境　从小做起》《关爱地球　携手环保》等；定制类年画，有《杨家埠年画邮票纪念册》《杨家埠木版年画》《门神》《天女散花》《喜报三元》《连年有余》等特种邮票。

图 25-1　现代年画《妈妈教我一支歌》（2007 年）

形式

杨家埠年画主要采用套版法，很少手绘，注重刻版和套版技艺。在雕版技艺上，颜克臣独创年画观赏版，集欣赏、装饰、实用于一体，是对木版年画的创新。他创作的《八十七神仙卷》，把雕版线条与国画线描艺术有机结合在一起，实现了年画雕版技艺突破；杨付涛创作的《寿星》《和平幸福》微型年画，画中有字，字中有画，画字合为一体；季乃仓和杨志滨合作的《盛世杨家埠》，为历史风俗类版画，60 多米长，还原杨家埠繁华时期“画店百家、画样千种”盛况。

类型

杨家埠木版年画自古以来多以单张（幅）销售。随着社会发展，为满足人们需求变化，年画集、册应运而生。

画集（册）　1984 年开始，杨家埠木版年画社生产装订《山东潍县杨家埠木版年画》资料册；杨家埠木版年画研究所还将部分年画缩印为《年画缩样》《杨家埠年画选》并装订成册。杨福源在 1995 年生产年画《门神》画册，1998 年生产《杨家埠木版年画精品集》《金陵十二钗》等画册；另外制作古版、线版画册，色、线对照册，全色画册，小画册 4 种；还用镜框装裱年画 2000 余件。杨洛书在 1997 年完成《水浒》人物一百单八将，2001 年《西游记故事》全本 88 版问世，2002 年《红楼梦人物》146 版刻制完成并刻制《三国人物》120 套，首创四大名著木版画集，印刷后装订成册销售。2008 年，杨乃东生产年画《三国故事》画册。2010 年，杨志滨创作《中国民间艺术——解读百年世博文化》精品画册。2013 年，杨洛书刻版完成《杨家将画集》。

挂历　1981 年，杨家埠木版年画研究所与杨家埠木版年画社出版杨家埠木版年画第一套挂历。1981—2013 年，生产年画挂历 8 万本。其他年画店、作坊也开始生产制作挂历。截至 2013 年，万盛画店、杨家埠民间艺术大观园、同顺德画店、恒兴义画店、义顺兴画店共生产年画挂历 17 万本。

第三节　研究保护

研究成果

1991 年 5 月，杨家埠木版年画研究所编纂出版《杨家埠木版年画》。1996 年 3 月，北京西苑出版社出版发行《杨家埠年画全集》。1999 年 11 月，山东画报社出版发行《潍坊年画》。2003 年 9 月，西苑出版社出版发行《中国杨家埠年画线稿大全》。2005 年 5 月，由杨家埠木版年画社等单位联合编纂的《清代原版杨家埠年画集》出版。

2003—2005 年，杨家埠木版年画研究所和杨家埠木版年画社进行挖掘整理，将收藏的明清画版 500 多套（块）进行分类编号，为年画古版建立档案。到 2013 年年底，统计有画版 4000 余套，分别存于杨家埠民间艺术大观园和居民家中。其中同顺德画店艺人杨洛书存版 1200 余套、6000 余块（面）；万盛画店艺人杨福源存版 300 余套、近 2000 块（面）；同增福画店艺人杨礼芝存版 200 余套、1000 余块（面）；恒兴义画店艺人杨成信存版200余套、1000余块（面）；西长兴画店艺人杨成岭存版90余套、500余块（面）。另外，留存中国历史博物馆、山东省艺术馆100余套，山东甲午战争纪念馆100余套，杨家埠木版年画研究所538套。精于年画刻版的知名艺人有杨洛书、杨福源、杨乃东、颜克臣、杨付涛、杨福江、于福堂、尹国栋等。

2005年，由中国民间文艺家协会牵头、冯骥才主编的《中国木版年画集成•杨家埠卷》出版。2008年，出版《中国（潍坊）杨家埠孤本年画全集》《中国民间孤本年画》。2009年1月，以杨家埠年画为主题的50万字长篇小说《画年》出版。2010年4月，《中国杨家埠木版年画研究》发行；杨家埠木版年画社编辑出版的《中国杨家埠木版年画研究——故事•传说》，获2010年山东省艺术科学优秀成果二等奖。

杨家埠木版年画社承担的省级艺术科学类重点课题《杨家埠木版年画生产性技艺传承》于2013年结题。2013年11月，杨志滨专业论文《浅谈传统年画与现代岩彩的跨界链接的感受体悟》，入编《东方华彩2013年全国高等艺术院校岩彩画教学文献集》。

保护传承

1989年以后，寒亭区越来越重视年画保护与研究，成立专门研究机构。随着民间文化挖掘，国家级研究机构也参与其中，杨家埠木版年画被列入文化遗产抢救工程。2003年12月25日—26日，中国民间文化遗产抢救工程、全国木版年画中期推进会在寒亭宾馆召开。中国文联副主席、中国民间文艺家协会主席、中国民间文化遗产抢救工程工作委员会主任冯骥才，苏联科学院院士李福清，著名年画研究专家薄松年等出席会议，并与杨洛书、杨福源等年画老艺人进行交流，了解年画收藏、挖掘、整理、创新、销售情况。中国民间文化遗产抢救工程将年画作为首先入手抢救的全国性项目，用两年时间完成画版普查、整理，以文字、图片和光盘等形式汇成《中国木版年画集成》。

2005年，寒亭区成立木版年画抢救工程领导小组，对杨家埠木版年画历史沿革及现存状况进行全面普查；4月，失传多年绝版年画《水浒一百单八将》复刻成功，由4幅大贡笺组成，每幅长110厘米、宽60厘米，作品画面设计精巧、人物造型生动、色彩对比强烈、线条刻制流畅，生动传神地刻绘出《水浒一百单八将》人物形象，具有极高鉴赏收藏价值。

2009年6月，年画艺人杨明智入选山东省第二批省级非物质文化遗产项目代表性传承人；6月，杨洛书获全国非物质文化遗产保护先进工作者称号。2010年4月，中国民间文艺家协会、潍坊市人民政府、山东省民间文艺家协会、寒亭区人民政府共同举办中国（杨家埠）木版年画座谈会，来自全国各地木版年画传承人代表和专家就年画发展、挖掘整理和研究保护提出意见和建议；5月，书画家吴开和向杨家埠年画博物馆捐赠明末清初以及当代珍贵年画近200幅，其中一部分填补了杨家埠年画空白。2011年开始，寒亭区开展非物质文化遗产代表性传承人评选，16

图25-2　2007年，杨家埠年画艺人向外国小朋友展示年画印制技艺。

人入选。2012 年 5 月，杨家埠民间艺术大观园入选第一批省级非物质文化遗产生产性保护示范基地。

2013 年 5 月，西杨家埠村获山东省非物质文化遗产保护特色村称号；7 月，杨家埠民间艺术大观园入选潍坊市非物质文化遗产传承示范基地；杨洛书、杨乃东 2 家作坊入选潍坊市非物质文化遗产传习所。杨洛书以同顺德画店为依托，传徒授艺同时，不断接待来自全国各地民间艺术爱好者，讲解、传授年画刻版、印刷技艺；杨乃东以和兴永画店为活动平台，在每年非物质文化遗产日开展年画传习；颜克臣带领徒弟在杨家埠民间艺术大观园年画作坊雕版展演室中，为前来参观的游客展示年画雕版技艺。

第四节　生产销售

生产

传统生产工艺仍为杨家埠木版年画业者所用，产品以中、低档年画为主。为满足不同消费者需要，年画艺人创造半印半画、丝网印刷等生产方式。

半印半画　朽稿画样、雕刻线版、印刷线稿、上挣子、做头子、画衣服、背景，然后下墙、上天地杆，这类产品大多以财神、观音、中堂画为主。

丝网印刷　省去雕刻木版工序，制作丝网版印刷，其生产工序与半印半画基本相同。

销售

随着时代发展，大多数年画销售企业建立起网店，将实体店经营与网络销售相结合；通过参加文化交流活动、举办展销会等，拓宽年画销售渠道；杨家埠木版年画社、杨家埠民间艺术大观园、同顺德画店等与国家、省、市旅游局及有关单位签订长期经销合同。

1989—1992 年，每年年画销售 1200 万张以上，1993 年降至 700 多万张，年画销售出现下滑。2013 年，生产年画 610 万张，销售收入 1090 万元。

1989—2013 年杨家埠年画生产销售统计表

表 25-1

年份	从业（人）	生产数量（万张）	销售收入（万元）
1989	604	1354	150
1990	624	1304	156
1991	624	1264	149.8
1992	524	1203	139
1993	288	785	127.1
1994	226	764	125
1995	232	784	129
1996	206	808	128.5
1997	235	784	124.1
1998	297	1067	162
1999	202	740	130
2000	215	950	153
2001	225	822	148.7
2002	240	785	166
2003	187	700	144.7
2004	148	572	449
2005	146	624	502
2006	145	623	577
2007	153	616	639
2008	146	623	750
2009	136	584	810
2010	134	595	930
2011	138	560	952
2012	141	620	960
2013	129	610	1090

第五节　著名年画艺人

杨明智　能画样、刻版、印画，代表作品《拾棉花》《花瓶》《四季花》《农历图》《打渔杀家》《桃园结义》《福寿图》《天仙配》《儿童戏鱼》《欢欣鼓舞庆四化》等。1979 年 11 月，出席

中国文学艺术工作者第四次代表大会，会议期间加入中国美术家协会。1980 年 7 月，参加山东省第四次文学艺术工作者代表大会。2009 年 7 月，入选山东省第二批省级非物质文化遗产项目代表性传承人。

杨洛书　精于刻版，拥有各样画版 1200 余套。代表作品《杨家埠木版年画全集》和四大名著画册，共有版画 607 幅，年平均印刷宣纸年画 150 万张以上。1998 年，《水浒人物》在美国加州第十届国际美术大赛中获创作鼓励奖；9 月，作品《门神》在美国纽约第十一届国际美术大赛获三等奖。2001 年 12 月，被联合国教科文组织授予“国际民间工艺美术大师”称号。2005 年 4 月，联合国教育组织国际信息化学院摩尔多瓦分院授予杨洛书名誉博士称号；6 月，被中国艺术研究院聘为艺术创作研究员，作品《东汉二十八宿》被中国艺术研究院收藏。2007 年 6 月，文化部命名杨洛书为国家级非物质文化遗产项目杨家埠木版年画代表性传承人，首批山东省民间文化杰出传承人。2009 年 6 月，参加全国非物质文化遗产保护、古籍保护会议，获“全国非物质文化遗产保护先进工作者”称号。

杨福源　从师刻版高手杨锡福学艺，后拜杨兴桂、杨同初、杨明智等画刻名家为师，专学绘画、刻版。刀法健壮有力，线条挺拔流畅，刻版百余种，1000 余块版面。代表作品有《杨家埠木版年画精品集》《金陵十二钗》等画册。在对传统年画继承基础上进行创新性生产，制作古版、线版画册，色、线对照册，全色画册，小画册 4 种；还用镜框装裱年画 2000 余件。中国民间文艺家协会主席冯骥才对他的刻版有“线条老道，具有版味”赞语。

杨礼芝　1984 年，开始半印半画财神和家堂年画，产品规格分为 4 种，即 1.6 尺、1.8 尺、2 尺、2.4 尺（1.85 尺 =1 米）。1998—2003 年，最多时每年生产年画 6000 幅以上，远销安徽、河南、江苏等省。

季乃仓　主要从事杨家埠木版年画研究和创新工作，参与编辑《潍坊杨家埠年画全集》《潍坊民间孤本年画》《潍坊杨家埠木版年画精品欣赏》《祈福迎祥——中国潍坊杨家埠年画欣赏》等书籍。代表作品有《门前自有致富路》《和平幸福》《凤凰戏牡丹》等，与杨志滨合作《妈妈教我一支歌》《家庭幸福欢乐多》《画乡杨家埠风情图卷》。

颜克臣　在刻版高手杨成海、杨明智、杨福源、尹国栋等人传授下，掌握了刻版要领。在木版年画社工作期间，雕刻画版近 70 套，独创快速刻版术。2004 年 6 月，到杨家埠民间艺术大观园做雕版艺术表演。代表作品《水浒人物》被威海甲午战争纪念馆收藏；翻刻《梁山一百单八将》（原版作者长毛童子）；《八十七神仙卷》，全长 10 米；翻刻《天下十八省》地图版，担负其中 4 幅雕刻任务。雕刻年画版和观赏版 800 余套、版面 4000 余块（面），观赏版多次参展获奖，并被国内外学者收藏。2010 年，年画观赏版《秦琼 • 敬德》被杨家埠民间艺术大观园年画博物馆收藏。

杨乃东　刻版 600 余套、3000 多块（面），包括年画各类画版、家堂轴子画版、风筝画版，其中 250 套版为自用。代表作品《三国故事》《红楼梦》《金陵十二钗》《百花献寿》。

杨付涛　熟练掌握木版年画全部技艺，刻印各种精品画版 600 余套，年画制作线色版吻合，恰到好处。

杨志滨　杨家埠木版年画创作技艺代表性传承人，师承全国知名画家单应桂等人，从事杨家埠传统年画创作、山东现代年画及中国传统人物画创作研究。2013 年 6 月，《幸福家庭》获第十四届中国人口文化奖民间艺术品类三等奖；8 月，《自古英雄出少年》获第 21 届中日韩青少年运动会体育书画摄影作品展美术类一等奖。

杨海军　杨家埠木版年画代表性传承人，用家传秘方配制颜料，印出的年画画面格外鲜艳，不褪色。

第二章 风 筝

第一节 传统风筝

题材

传统风筝题材广泛，有象征喜庆吉祥，如鲤鱼跳龙门、仙鹤、凤凰、天鹅、苍鹰、孔雀、飞虎、蝙蝠等；寓意幸福长寿，如八仙庆寿、麻姑献寿、仙鹤童子、哈哈二仙、寿字、喜字、七星八卦、宫灯等；意在驱邪恶保平安，如钟馗、天使、降龙伏虎等；崇尚英雄好汉，如济公、孙悟空、猪八戒、梁山好汉等；反映美好爱情，如鸳鸯、双燕、天仙配、梁山伯祝英台、许仙游湖等；花卉、鸟虫类，取材于花鸟鱼虫等形态，如梅花、荷花、牡丹，信鸽、啄木鸟、鹦鹉、猫头鹰、蝴蝶、蜜蜂、蜈蚣、蜻蜓、蝉、金鱼、螃蟹等。

种类

传统风筝大体分六类：板子类风筝为平面造型，也可由两个以上平行的平面组成，如八卦、芭蕉扇等；硬翅类风筝由两条相对的“弓”形竹子构成边硬中凹两翅，对称固定，起飞平稳，此类风筝以人物为主、鱼鸟次之，如哪吒闹海、刘海戏金蟾、水漫金山寺、蝴蝶、蝉等；软翅类风筝为动静结合型，由一条“弓”形竹子构成两翅前边沿，两翅和尾巴后部无竹子支撑，放飞时随风抖动，如仙鹤童子、鹰、燕、鸽子等，携带或收藏时，可将翼尾折叠起来；串式风筝由头部和若干个体串在一起连缀而成，有二三十米长，如龙头蜈蚣、百子乘龙、群燕等；筒式风筝即立体风筝，有方形、圆形和弧形，如宫灯、合瓶、鸟笼等；自由式类风筝是两个以上的风筝组合体，可上下翻飞、左右摆动。

扎制

骨架绑扎为风筝扎制重要环节，传统风筝主要用竹木扎制，选用优质竹木，劈得均匀，烤得工整；竹料大小要搭配得当，结构科学，既轻巧又抗风。选用细而结实的绑线，缠绕得平整光滑，结头用胶抹加固（有的加扣榫）。用纸糊面，手工贴糊，要求平整无折皱。扎制工具主要有钳、刀、锉、锯、剪、镊、尺、烤灯等。

第二节 创新风筝

随着潍坊举办国际风筝会，中外风筝交流日渐频繁，促进了杨家埠风筝创新发展，风筝从题材、工艺、造型、用途等方面与传统风筝有了很大改进。

题材

风筝题材与时代发展紧密相连，充分反映时代特色，如《钓鱼岛是中国固有领土》《和谐盛世》《地龙》《喜迎全运》《雷锋》《56个民族盼回归》等风筝。

造型

超长、超大型风筝的市场需求量大，如《龙头蜈蚣百子呈龙》风筝，共50幅画面、100个儿童，其中在29幅画面绘有66个儿童游戏场景；《十八罗汉斗悟空》风筝有9幅画面，每幅画面上3个人物，惟妙惟肖，起飞平稳；《龙头蜈蚣》风筝长达数百米甚至上千米，需要机械帮助放飞。

科技含量较多的风筝成为创新亮点，融声、光、电、烟雾和运动功能于一体，如《神舟五号》风筝，高12.5米、直径1.2米，由头、腰、尾三部分组成，配备4个发射筒，模拟“神舟”

图 25-3 《神舟五号》风筝（2004 年）

五号发射，用烟幕弹营造点火氛围，3 段风筝体可以分段脱落各自飞行；巨型立体风筝《锣鼓喧天迎奥运》，展开有 18 平方米，主体图案为奥运会五环标志和奥运冠军邢慧娜身披国旗欢庆胜利肖像，在风筝上安装锣鼓和风车，风车带动锣槌和鼓槌不停地敲击锣鼓，发出“铿锵”响声。

借鉴外国风筝结构简单的特点，融入杨家埠风筝扎制技艺，中西技艺结合的风筝成为市场新宠，价格低廉，易于起飞，特别受儿童欢迎。

工艺

现代风筝采取机械生产，大部分骨架采用玻璃钢条和玻璃纤维管，连接件改用橡胶件紧固；风筝面料为涤丝、防雨绸和无纺布。工艺流程为设计图纸、放样板、下料、上缝纫机、组装和拴脚线。

风筝糊面有纸质和绢质两种。纸质一般先用木版印上墨线画稿，然后手工上色，市场已不多见；绢质风筝为主流产品，全为手工作画，其中人物画还要粉脸、点腮、开眼、抹相子等。

用途

分体育风筝、参赛风筝、广告风筝、教学风筝、微型观赏风筝。参赛风筝，造型新颖和放飞效果好是其标准；广告风筝，多为大型或巨型，显示行业特点；展览风筝，讲究大、长，画面鲜艳醒目，不能放飞；教学风筝，有 DIY 手工课件，主要进行风筝扎制原理和工艺流程讲解，在中小学校作为劳作课教材；微型风筝，用于案头鉴赏或馈赠亲友，以软翅蝴蝶、鹰为主，还有硬翅人物。

第三节　产业发展

生产方式

90 年代，杨家埠风筝逐步走向产业化、规模化、创新化生产，手工操作与机械化生产并存。进入 21 世纪，民营风筝企业异军突起，如天成、永健、隆达、海鹏、效东等风筝生产企业。

杨家埠风筝在产业发展过程中，把质量放在首位，严把质量关，从选料、绑扎、绘画、糊面到组装试飞，都有具体标准要求；注重品牌打造，如杨家埠风筝厂“杨家埠”牌，天成风筝厂“飞鸢”牌，是经省、市工商行政管理局审定的著名商标，得到国内外顾客认可；创新生产模式，风筝制作人员分厂内外两部分，由厂部进行协调，骨架绑扎由制作户自备材料，按厂方图纸绑扎而成，交厂方验收合格后，由另一家按厂方要求和供给的材料糊面，最后由厂部绘画组装成为商品；以销定产，按需而做，按照供销合同组织生产，满足不同客户需求，承做各种风筝。

风筝包装

精装盒　用纤维板制作，分大型（长 80 厘米 × 宽 35 厘米 × 高 25 厘米）、中型（长 60 厘米 × 宽 30 厘米 × 高 20 厘米）、小型（长 30 厘米 × 宽 20 厘米 × 高 10 厘米）、微型（长 15 厘米 × 宽 15 厘米 × 高 5 厘米）。

普通盒　用 150 克硬纸板加工而成，分大号盒（长 60 厘米 × 宽 30 厘米 × 高 20 厘米）、二号盒（长 50 厘米 × 宽 25 厘米 × 高 15 厘米）、三号盒（长20厘米×宽20厘米×高8厘米）。

袋装　一般用塑料或无纺布制作，分大型袋（长50厘米×宽30厘米）、中型袋（长30厘米×宽25厘米）、小型袋（长25厘米×宽20厘米）。

产品销售

国内销售　主要通过实体店经营、代销网点、展销活动、网上销售等多种方式相结合开展销售。

图 25-4　2009 年，外国游客购买杨家埠风筝。

有的商家以杨家埠年画风筝一条街为依托，开展实体店经营。截至2013年年底，有风筝专卖店近30家，年销售收入3000余万元。

有的商家在烟潍公路、辛沙公路、潍石公路等主要交通段，设立销售网点。还有的在潍坊及其他省市建立销售网点。

1995年以后，有天成、鹏程、吉祥、鸢飞、鑫兴等风筝厂家，到外省与经济发达城市公园共同举办风筝展销会。如吉祥风筝厂自1996年开始，与全国20多个城市公园进行联合展销，除3处买断展销权外，其余皆与公园按门票收入分成，盈利70多万元。天成飞鸢风筝公司不断创新销售方式，通过承接河北、安徽、福建等地风筝放飞活动，拓展风筝销售渠道。

永健等风筝厂充分利用互联网技术，建立网站，通过做广告招揽生意。2008年，天成飞鸢风筝公司建立网店，到2013年成立2家网上店铺，销售额占营销收入近一半。

国外经销　除设立国外代理点进行经销外，网上销售成为国外经销重要渠道。天成、洪伟等风筝厂先后建立国外代理点，承接风筝外销业务；同时通过网络接受国外用户订单。

2013年，有18家企业年产风筝3万只以上，有21家企业年销售收入10万~200万元。风筝产品种类有100多种，除国内销售外，远销欧洲、美洲、非洲、大洋洲及东南亚等国家和地区。

1989—2013 年杨家埠风筝生产销售情况统计表

表 25-2

年份	业户（户）	从业（人）	生产（万只）	销售（万元）
1989	121	720	71	72
1990	121	763	77	144
1991	121	765	78.5	139
1992	121	780	104.7	187.3
1993	9	166	16.9	233
1994	10	172	22	240
1995	12	188	12.9	185
1996	14	197	17.4	202
1997	16	213	18.5	207
1998	20	254	21.5	215
1999	23	272	24.7	235
2000	26	312	27.3	245
2001	30	361	42.9	271

续表 25-2

年份	业户（户）	从业（人）	生产（万只）	销售（万元）
2002	35	411	59.7	305
2003	41	426	89.7	450
2004	45	326	157.4	995
2005	44	354	176.8	1130
2006	46	396	196.7	1179
2007	43	446	245.3	1296
2008	45	467	261.9	1333
2009	39	508	280	1800
2010	39	516	310	1960
2011	36	518	330	2400
2012	32	507	360	3000
2013	31	496	420	3500

第四节 主要风筝企业

1989 年，杨家埠有家庭风筝作坊 120 户及村办风筝厂。20 世纪末，风筝厂逐渐发展到 26 家。至 2013 年，东院、大辛庄、孙家、刘家等村先后办起风筝厂或风筝作坊。区内风筝厂有 40 余家。

杨家埠风筝厂

1986 年 5 月，在西杨家埠村首建全国最早最大风筝厂，建筑面积 2200 平方米，有 4 个车间（设计、扎制、绘画、质检）、1 个展室。以扎制高档风筝为主，年产风筝 40 万只左右，风筝品种有 100 多个，全部是绢质面料、手工绘制的高档产品，代表产品有龙头蜈蚣、仙童玉女、花卉虫鱼和飞禽走兽等风筝，在国际、国内风筝大赛中屡获大奖，产品行销 100 多个国家和地区；先后被授予“省级守合同重信用企业”“山东省第二届旅游消费信得过单位”。

隆达风筝厂

1990 年 1 月建厂，生产人员常年保持在 10 人以上，年产风筝 10 万只，以高档传统风筝为主，兼做中档现代风筝，年销售收入 180 万元。

潍坊天成飞鸢风筝有限公司

1992 年，成立潍坊市寒亭区天成风筝厂。2008 年，注册成立潍坊天成飞鸢风筝有限公司，集产品设计、生产、销售、安装、展览、服务为一体的文化产业公司，拥有自主品牌商标“飞鸢”及多项产品专利，产品有传统风筝、现代风筝、广告风筝等；承接大型室内外风筝展览策划、风筝放飞活动。产品远销欧洲、美洲、大洋洲等国家和地区，并多次到国外参加风筝比赛或风筝邀请赛。2012 年，为伦敦奥组委制作整台歌剧《诺亚方舟》所需道具。公司是国家级非物质文化遗产项目（潍坊风筝）传习中心、潍水文化生态保护实验区非物质文化遗产（潍坊风筝）综合性传习中心，潍坊国际风筝会办公室和潍坊市风筝产业发展办公室指定风筝生产基地、潍坊市工艺美术协会风筝产业基地、十佳风筝创新企业。

洪伟风筝作坊

1992 年 5 月成立，从最初十几个品种增加到五六十个品种，产品远销美国、德国、英国、马来西亚、日本、希腊、巴林等国家以及中国香港、中国台湾。

效东风筝工艺社

2004 年 4 月建立，在传承民间艺术基础上，大胆创新，把时代变化和乡土民俗融入风筝扎制中，创新品种繁多，生产 180 多个品种，产品远销世界各地。2013 年，仅参赛风筝生产近百只。

第五节 著名风筝艺人

刘之堂　传统风筝创新派代表人物之一。扎制的《嫦娥奔月》《龟擎天》《开门大吉》《祝福》《风筝会之光》《鼠猫争春》《五业兴旺》等风筝均为全国获奖作品。1986 年 4 月，参加第三届潍坊国际风筝会暨第一届全国风筝邀请赛，创作大型硬翅风筝《包擎天》（1.8 米 ×1.7 米），画面上

“黑包公”怒目而视，眼睛闪光能上下左右转动，获全国风筝比赛第一名。1989年6月，被市政府授予“潍坊风筝明星”称号。

杨长岭　杨家埠风筝厂技术顾问，潍坊风筝明星，传统风筝创新派代表人物之一。1985年，第二届潍坊国际风筝会以《蝎子》《天鹅》风筝参赛，被美国友人购买收藏。1990年4月，《奔向未来》大型立体风筝获“世界风筝十绝”；4月29日，参加第十二届日本清水国际风筝会，《龙头蜈蚣》风筝获“七佳”之一。1996年4月，《龙腾虎跃》风筝（长12米、高5.5米、面积66平方米），获国际大赛最大风筝奖。至2003年，参加潍坊国际风筝会作品22件，获奖19件，其中4件获国际奖。

张效东　中国风筝专家，潍坊风筝明星，风筝创新派代表人物之一。1995年9月，被文化部授予“中国风筝专家”称号。扎制的《雷锋》、《翼龙》、《56个民族盼回归》、《马踏飞燕》、《四面楚歌》、2000米长的《龙头蜈蚣》、《盘鹰》等风筝在国家级风筝大赛中获奖。2003年，制作风筝《眼镜王蛇》，昂首吐芯，蛇尾来回摆动，蛇口中装有机关，放飞时进行遥控，使其喷射烟雾。2004年，被授予潍坊市工艺美术大师称号。2007年，被授予潍坊市民间文化杰出传承人。中央电视台、《人民日报》、日本杂志《中国万事通》等媒体多次进行报道。2007年8月，入围北京奥运会火炬手选拔赛决赛，中央电视台体育频道记者对他进行专题采访。他不仅对前来学艺弟子倾囊相授，还走进校园，进入课堂，向学生讲解风筝扎制技艺，免费培训中小学生8000多人。担任潍坊市聋哑学校风筝辅导员，每年用两个月向学生免费传授风筝扎制技艺。2010年开始，多次到青岛艺校、苏州艺校、中国台湾台北学府、杭州艺校、济南大学、清华大学等院校讲授风筝扎制，进行艺术传承。

杨乃忠　致力于将年画画面移植到风筝上，风筝代表作品有《孙悟空》《猪八戒背媳妇》《三阳开泰》《艺传四方》《红楼梦》《麻姑献寿》《反弹琵琶舞》《借伞》《招财进宝》《龙头蜈蚣》《百子乘龙》《顽童闹春》《胖孩》《司马光》《哪吒闹海》《神童送宝》《神童乘龙》等，形象神似、画面优美，多次获奖。1988年4月，绘制年画题材《百子乘龙》龙头蜈蚣风筝获工艺美术最高奖项。1994年，杨家埠大观园复制该风筝，在北京参赛，获农业部银奖。

杨勇　杨家埠风筝创新派代表人物之一。扎制的《变形金刚》《和平鸽》风筝被潍坊市风筝博物馆收藏。他是第一个将风筝画面制版印制的。到2013年，他的风筝厂扎制风筝100多万只，其中，传统风筝占10%，现代风筝占90%。

杨红卫　1992年，参加香港举办世界同乐日活动，扎制的《飞龙》《百子呈龙》风筝，获最佳设计和最长风筝放飞两项大奖。2009年7月，入选山东省第二批省级非物质文化遗产项目代表性传承人名单。2013年6月，《人民日报》发表《风筝，凌空起舞》，讲述风筝世家杨红卫风筝制作工艺。同年，获2012年度山东省非物质文化遗产保护十大模范传承人称号。每年在“非遗”日，以洪伟风筝作坊为培训基地，为参观的中小学生进行技艺讲授。

王永训　中国风筝协会副主席、山东省风筝协会副主席、潍坊风筝产业协会会长、一级国际风筝工艺大师、风筝文化产业首批特邀风筝专家、潍坊风筝代表性传承人。专门开辟技艺传习室，免费提供制作材料和公司专门制作的风筝、布玩具技艺教学视频等相关学习资料，组织代表性传承人收徒传艺。截至2013年年底，培训风筝学徒近百人。

第三章 宣传与交流

第一节 宣 传

年画宣传

1989年以后，随着杨家埠年画发展，社会关注度越来越高。1994年1月，中央电视台到杨家埠拍摄同顺德画店经营情况。1996年12月，杨洛书应邀参加中央电视台《综艺大观》节目，现场作年画刻版和印刷表演。1997年4月，电视剧《杨家埠的故事》(原名《画乡魄》)在杨家埠开拍，同年10月在中央电视台1、3、4、7频道播出，获当年全国电视短剧一等奖；电视文艺片《杨师傅的一天》在山东电视台、中央电视台播出，获省委宣传部外宣一等奖。

2002年11月，区委、区政府组织杨家埠艺人代表在北京政协会展中心举办“杨家埠情”中国书画名家联谊会，同时举办杨家埠年画风筝作品展。2003年1月，新华社以《古老年画放异彩》为题，编发新闻图片通稿，介绍寒亭区重视保护挖掘杨家埠木版年画事迹，稿件被海内外十几家报刊采用；12月，山东电视台拍摄的《中国民间文化遗产抢救工程——杨家埠》电视纪录片，片中以杨洛书、杨福源、杨成信、杨礼芝、齐怀英、杨志滨等老艺人和新秀为主人公，撷取他们不同生活片断，对木版年画杨氏祖先史、画店作坊史、年画种类、年画刻版过程、印制程序、销售情况以及社会影响，作了全面展示。

2004年2月，香港《文汇报》以《年年有画》为题，刊发整版新闻专题，详细介绍杨家埠木版年画发展历史和现状，并对寒亭区挖掘开发木版年画等民间艺术、加快杨家埠旅游资源开发进行深入报道；4月，“旺旺杯”风筝年画艺术展在寒亭旅游文化商品城举办，汇集来自全国各地9个省市和地区民间年画、陕西省西安市户县农民画、潍坊风筝等民间艺术作品。

2005年1月，2003—2004年度中国民间文化遗产抢救工程十大要闻揭晓，《中国木版年画集成·杨家埠卷》示范本的出版被评为十大要闻之一；2月，《杨家埠木版年画》特种邮票首发式在杨家埠民俗大观园举行，同时发行《杨洛书个性化邮票》1套；3月，中国民间文艺家协会在北京人民大会堂展示以《中国木版年画集成·杨家埠卷》为代表的中国文化遗产抢救工程成果。中宣部、文化部、国家民委、中国文联等部委领导与联合国教科文组织官员，以及全国各地专家学者200余人参加会议。中共寒亭区委副书记郑立琦代表寒亭作题为“传承年画艺术、弘扬民族文化”典型介绍。《中国木版年画集成·杨家埠卷》于2005年3月由中华书局出版，收集年画代表作200幅、雕版照片100幅，以及其他民俗、风物、地理村落照片数百幅，文字资料10万余字，附光碟1张，是中国民间文化遗产抢救工程首批实施的中国民间年画示范本。2006年5月，中央电视台《走遍中国》栏目组到杨家埠拍摄《杨家埠木版年画》专题片。2008年，杨家埠旅游开发区被授予“山东省年画产业基地”称号；杨家埠民间艺术大观园被省委宣传部授予“山东省文化产业示范基地”称号。2009年1月，区委宣传部组织策划以年画为题材的50万字长篇小说《画年》由大众文艺出版社出版发行；8月，《人民日报》、新华社、《大众日报》等中央及省内新闻媒体组成中华人民共和国第十一届运动会组委会记者考察团，走进杨家埠参观采风。2010年1月，《中国文化报》发表《年画之乡的日子很红火》，介绍杨家埠木版年画受收藏界追捧，并与旅游业联姻增加农民收入的典型做法；4月，中国（潍坊）第三届文化艺术展示交易会暨全国木版年画联展开幕式在潍坊富华国际会展中心举行。2011年2月，中国台湾《旺报》发表《杨家埠木版年画》，介绍杨家埠木版年画起源、制作工艺及传承；10月，《大众日报》发表《寻买杨家埠年画》，讲述中国新闻代表团访美时选择杨家埠年画作为礼物的故事。2012年2月，《大众日报》发表《杨家埠：民俗品牌变“金”牌》，讲述杨家埠木版年画创新经营组织形式，做活市场，打造杨家埠风筝年画金招牌，提升寒亭区文化软实力典型事例；4月，中央电视台《新闻调查》栏目以“留住手艺”为主题，到杨家埠对风筝年画采访报道。2013年1月，中央电视台电影频道“爱电影·送学行动”栏目组拍摄风筝年画专题节目，并在杨家埠民间艺术大观园举行公益活动，现场向寒亭区捐赠数字电影放映设备；12月，根据长篇小说《画年》改编、在杨家埠民间艺术大观园内取景、历经数月拍摄完成的以杨家埠年画风筝为题材的29集电视连续剧《大掌门》，在中央电视台8套黄金档播出。

风筝宣传

1984年，潍坊国际风筝会的召开，扩大了杨家埠风筝知名度，带动杨家埠风筝走向全国甚至全世界。1997年4月，参加美国凤凰城中华民族艺术展，京剧脸谱、大熊猫、七星瓢虫等风筝被抢购一空。2004年6月，杨家埠风筝厂注册“杨家埠”牌风筝，被省工商局认定为“山东省著名商标”，是全省唯一一个风筝类工艺品品牌。2006年5月，中央电视台中文国际频道《中国新闻》推出大型系列直播节目《文化之旅》走进潍坊，在杨家埠民俗大观园开拍。中央电视台系列直播节目《文化之旅》把潍坊市直播时间安排在5月3日12—13时《中国新闻》栏目中，潍坊专场节目时长35分钟，集中展示潍坊风筝及潍坊市对风筝非物质文化遗产的保护，同时对风筝扎制、放飞过程，风筝起源、历史传承和潍坊国际风筝会以及杨家埠木版年画制作、潍县萝卜等潍坊特色工艺、特产作重点介绍。中央电视台、齐鲁电视台及潍坊电视台同时进行现场直播。2008年1月，寒亭区祥龙大酒店被国际风联认定为中华饮食文化特色酒店，酒店的干煎鲈鱼、绿豆糕等特色名菜被准许使用国际风筝联合会标志和吉祥物。2009年，张效东参加中央电视台特别节目《话说清明》活动。2010年，《人民日报》刊发《风筝怪才——张效东》专刊报道；5月，王永训受邀参加中央电视台《城市之间》栏目在江苏拍摄活动。2011年，日本杂志《中国万事通》对张效东进行专题采访报道。2012年1月，《半月谈》发表《乡土文化产业蓬勃生长》，介绍杨家埠风筝产业成为寒亭区富民产业，为寒亭经济发展注入新活力；中央电视台《焦点访谈》栏目对寒亭区民俗文化进行详细报道；8月，《大众日报》发表《杨红卫杨乃东齐秀花丽水“秀绝活”》，讲述寒亭区风筝、木版年画传承人作品在韩国丽水世博会上受追捧的情况。同年11月，张效东、王永训参加上海东方卫视《文化中国行》栏目组采访、录制潍坊风筝专题节目。2013年，张效东接受德国黑森电视台《世界民俗风情》专题采访报道。

第二节　交　流

年画交流

国内活动　年画艺人多次去北京、上海、天津、青岛、乌鲁木齐、济南、深圳、长春等地参加全国性的艺术交流活动，表演年画雕版印刷技艺。

1991年10月，杨付涛被市文化局聘任，到深圳中国民俗文化村为游客作木版年画刻印专场表演，两年共刻制杨家埠传统年画人物（关公、寿星、五子夺魁、栏门判官、神荼、郁垒等）画版60余套。1993年5月，于福堂参加上海第二届中国民间艺术博览会，在上海市展览馆展出年画风筝作品80余件。2000年9月，于福堂、杨志滨参加山东赴新疆经贸洽谈会展销杨家埠年画风筝。2003年12月，季乃仓、杨志滨参加中国民间文化遗产抢救工程全国年画中期推进会。

2010年7月，杨福源、杨乃东应邀参加上海世博会山东活动周文化演艺活动。2011年1月，杨乃东赴澳门特别行政区进行非物质文化遗产木版年画刻、印技艺展演。2012年1月，杨志滨接受中央电视台《焦点访谈》栏目专访，制作《新年画新生活——龙年春节技艺》，介绍新年画创作；7月，杨志滨接待湖南师范大学历史文化学院5名学生，讲授非物质文化传承与保护；8月，杨乃东受中国艺术节组委会特邀，雕刻中国第十届艺术节徽标体。2013年1月，杨志滨接受中央电视台电影频道专访，创作"爱电影年画娃娃"，并拍摄教学创新年画专题片；6月，杨乃东参加2013年惠民（温博园）首届民俗文化精品艺术节活动，进行年画刻印演示；10月，杨红卫应邀参加由省政府、省文化厅、省台办与中国台湾基隆市政府、基隆市文化局举办的"相聚基隆一家亲——山东省非物质文化遗产展演"活动，进行木版年画展演。

出国献艺　1987年以后，随着对外文化交流活动日益增加，杨家埠年画与年画艺人走出国门，向世界传播中国民间文化。

1987—2012年杨家埠部分年画艺人出国交流一览表

表25-3

年画艺人	时间	国家及城市	献艺项目	内容
杨福源	1987.09—10	新加坡莱佛士城	年画刻、印	参加中国木版年画展览会
杨乃忠	1988.09	巴西圣保罗市	印年画	参加中国艺术节
杨成东	1989.10	日本长崎、柳井、大阪等6市	年画刻、印	日中友好协会邀请献艺
杨英俊	1993.09	匈牙利维也纳等城市	印年画	潍坊市财贸团组织的交流活动
杨洛书	1997.10	日本宇治市	年画刻、印	参加民间文化艺术交流会
于福堂	1998.01	马来西亚马六甲市	展销年画、风筝	参加"中国北方民间艺术博览会"，展销年画、风筝，销售额4万多元。
	2002.06	菲律宾马尼拉市	年画艺术交流	应邀参加"中菲建交25周年和菲律宾建国102年大庆"文化交流活动
杨屯芝	2002.05	日本东京市、大阪市、和歌山市、富港市、山口市	印年画	山东省旅游局组织的交流活动
杨玉芬	2008.07	韩国首尔市	印年画	庆祝中韩建交16周年活动
杨乃东	2010.09	法国	年画刻、印	参加文化交流活动
	2012.08	韩国	《八仙过海》	韩国丽水世博会山东周展览活动

风筝交流

学术研讨　1988年11月，市文化局在潍坊渤海宾馆召开潍坊风筝研讨会，全区有《浅谈杨家埠风筝的特点》《杨家埠风筝的扎制工艺》《潍坊杨家埠风筝与木版年画的关系》《杨家埠风筝前景展望》《漫谈风筝与群众体育活动》《风筝王的艺术特色》《浅谈风筝创作》7篇学术论文，收入《风筝的学问》一书，1989年12月由学林出版社出版。1997年1月，《潍坊风筝全集》以区文化局为主编纂，西苑出版社出版。2008年7月，杨家埠国际风筝文化创意产业园规划研讨会在杨家埠民俗大观园召开，来自上海绿色生态建筑与环境科技推广中心的专家教授，围绕杨家埠国际风筝文化创意产业园规划初步设想进行研讨。

国内参赛　1989年4月，《福禄寿禧》风筝获第六届潍坊国际风筝会二等奖，并被潍坊风筝博物馆收藏。1990年4月，《八骏图》串式风筝在第七届潍坊国际风筝会上参赛，被外宾购买收藏；5月，《天仙阁》风筝获第三届北京国际风筝会创新奖。1991年4月，在第八届潍坊国际风筝会暨第一届全国风筝比赛中，《三阳开泰》风筝获“蓝天杯”最长风筝奖；《变形金刚》风筝获优秀作品奖。1993年4月，《招财进宝》风筝在第十届潍坊国际风筝会暨第三届全国风筝比赛中参赛，日本客人购买收藏。1998年4月，《武松打虎》风筝获第十五届潍坊国际风筝会暨第八届全国风筝比赛一等奖。2000年4月，《螃蟹》风筝在潍坊风筝协会、寒亭区文化局联合举办的首届中国创新风筝大奖赛中获铜奖。2004年4月，《神舟五号》风筝获首届杨家埠风筝年画艺术节大赛金奖、第二十一届潍坊国际风筝会潍坊大赛一等奖。2005年4月，《锣鼓喧天迎奥运》风筝获第二十二届潍坊国际风筝会一等奖。2007年4月，《花开中国》风筝获第二十四届潍坊国际风筝会一等奖。2008年4月，《奥运圣火》风筝获第二十五届潍坊国际风筝会一等奖。2009年，《五十六个民族大团结》风筝在中央电视台庆祝新中国成立六十周年节目中放飞。2010年8月，王永训在“欢乐草原行”黄河风筝大赛中获团体金奖、单项金奖、优秀放飞奖、最佳运动员奖。2013年10月，《写意吉祥》精品风筝、《金鱼》风筝分别获“鲁绣杯”山东省工艺美术现代创意金奖、银奖。

应邀献艺　1991年9月，韩世良、杨红卫到广东省深圳民俗村表演风筝绘画和扎制技术。1992年12月，杨红卫随潍坊市代表团到中国香港参加世界同乐日风筝赛会，以《飞龙》《凤凰》《百子呈龙》风筝参赛，获最佳设计和最长风筝放飞两项大奖。1999年11月，杨其民应邀到福建省东山县乙翔风筝公司传授杨家埠风筝扎制技术，时间一年零两个月。2009年5月，王永训为汶川地震灾区儿童捐献风筝300余只及百余只教学风筝；9月，王永训为六十周年国庆制作提供群众游行所持风筝，被评为首都国庆六十周年群众游行体育发展方阵支持单位和首都国庆六十周年群众游行支持贡献单位；10月，王永训为第十一届全运会制作4000套风筝礼品，并受邀到济南奥体中心进行风筝放飞表演。2010年5月，杨红卫应邀参加第六届深圳国际文化产业博览交易会，现场表演风筝制作；7月，参加上海世博会“山东活动周”活动，在宝钢大舞台现场展示潍坊风筝扎制技艺；9月，参加第三届山东文化产业博览交易会，现场进行风筝制作。同年10月，王永训到上海世博会哥伦比亚馆进行风筝文化交流及签约仪式，为哥伦比亚馆制作几百套鹦鹉风筝。2011年1月，杨红卫参加由中国文化艺术界联合会、中国非物质文化遗产保护中心、中国民间文艺家协会、中共山东省委宣传部联合主办的“手艺农村——山东农村文化产业调研成果展”，现场表演风筝扎制、绘画等技艺；参加在香港国际金融中心举办的活动，现场表演风筝扎制、绘画。同年8月，应澳门文化局邀请，参加山东非物质文化遗产潍坊风筝展示活动，《澳门日报》《澳门信报》进行专题报道。2011年7月，王永训赴中国台湾参加鲁台经贸洽谈会潍坊风筝文化台湾行活动；9月，参加第二届杭州世界休闲博览会，并参与潍坊展馆设计制作，在“潍坊主题日”活动中现场表演风筝制作技艺；9月20日，应邀赴中国台湾参加“风之舞——2011北海岸艺术节”。2012年2月，王永训、杨红卫参加全国农业展览馆举办的“中国非物质文化遗产生产性保护成果大展”活动；3月，王永训为“2012常德桃花节”制作2800米世界最长爱情风筝，并到活动现场进行放飞表演。2013年10月，杨红卫应邀参加中国台湾基隆市文化中心举办的“相聚基隆一家亲——山东省非物质文化遗产展演”活动，现场展示潍坊风筝制作技艺。王永训受邀到香港数码港进行大师班风筝制作教授和风筝放飞表演。

国外传授　1995年，张效东为塞舌尔、毛里求斯等国家选拔的20多名中学教师讲授风筝扎制技艺。1996年4月，张效东到新加坡、澳大利亚做放飞表演。2009年6月，王永训应邀参加在印度尼西亚首都雅加达举行的国际风筝节，进行风筝文化交流；8 月，赴马来西亚参加“2009 年婆罗洲国际风筝嘉年华会”。2010 年 7 月，王永训受邀参加第九届阿尔科谢蒂国际风筝节；前往德国、意大利等国进行风筝文化交流。2010 年 10 月和 2011 年 10 月，杨红卫应美国芝加哥孔子学院邀请，两次赴美国对 30 多所学校的学生进行 20 余天风筝扎制和绘画讲解，传授技艺。2011 年 3 月，王永训应邀赴韩国参加义城国际风筝会；5 月，应邀赴美参加 2011 圣拉蒙风筝文化节；6 月，应加拿大安大略省山东同乡会邀请，参加加拿大民间风筝文化交流活动。2012 年 8 月，杨红卫应邀参加韩国丽水世博会“山东活动周”活动，现场表演制作风筝；11 月，王永训应特立尼达和多巴哥共和国旅游部邀请，进行潍坊风筝展览展示和放飞表演活动，并提供所有活动风筝。2013 年 7 月，王永训赴冰岛首都雷克雅未克参加“中国文化、北欧之旅”活动，向来自全球的千余名世界语专家展示潍坊风筝技艺；杨红卫参加由美国启明文化教育基金会举办的“2013 美国北加州旧金山湾区璀璨中华之风筝节暨中华文化夏令营”活动。同年 9 月，王永训受邀到英国班戈大学讲学，教授传播中国传统风筝制作技艺。同年 10 月，杨红卫应邀参加由国务院侨务办公室主办、山东省侨办承办的 2013 年“中华文化大乐园”——澳大利亚堪培拉营活动，进行两周的中华文化才艺培训。同年 12 月，王永训参加商务部在阿联酋举办的第十二届沙迦中国商品交易会暨中国农业产品展览会。

第四章　杨家埠风筝年画艺术节

第一节　艺术节起源

杨家埠木版年画具有浓郁乡土气息和鲜明艺术风格，题材广泛，内容丰富，以象征、寓意、夸张等表现手法展现了人们期盼幸福、吉祥、美好生活的强烈愿望；历史悠久，具有较高艺术欣赏和史料收藏价值，是国内外民间艺术爱好者收藏珍品。杨家埠风筝则以造型优美、色彩艳丽、想象丰富、取材广泛而自成一家；构图质朴简洁、形象鲜明生动，品类繁多，富有神韵和艺术魅力，深受人们喜爱。杨家埠风筝、年画已经成为外国人最喜爱的“中国民间艺术名品”。风筝年画被列入首批世界非物质文化遗产，寒亭区先后被授予“中国年画之乡”“中国民间艺术之乡”称号。2004 年，区委、区政府审时度势，决定以“弘扬民间艺术，展示民俗风情，服务文化旅游，推介品牌寒亭”为主题举办杨家埠风筝年画艺术节，至 2013 年连续举办 10 届，取得了较好的社

图 25-5　2004 年，首届杨家埠风筝年画艺术节开幕。

会效益和经济效益。2011 年，中国品牌节会将寒亭区杨家埠风筝年画艺术节评为“中国最负盛名文化艺术节”。

第二节　历届杨家埠风筝年画艺术节

第一届

2004 年 4 月 18 日，艺术节开幕式在杨家埠民间艺术大观园南广场举行。主要活动内容有民俗表演、风筝年画艺术展、“千女扎风筝、百案印年画”活动、地方戏演出、寒亭书画名人代表作品展、户县农民画展、世界风筝小姐杨家埠巡游等。

第二届

2005 年 4 月 18 日，艺术节开幕式在杨家埠民间艺术大观园放飞场举行。主要活动内容有风筝艺术展、年画艺术展、工艺品展、剪纸展、中国第三届楹联学会书画名家作品展、摄影展、有奖征文大赛等。开幕式由山东卫视承办，特邀歌唱家李丹阳、相声表演艺术家丁广泉及中央军乐团等联袂演出，演出实况在山东卫视播出。

第三届

2006 年 4 月 18 日，艺术节开幕式暨山东省农民书画美术作品展、寒亭区旅游产品展、工业产品展、农业产品展开展仪式在杨家埠旅游文化商品城举行。主要活动内容有首届杨家埠风筝年画旅游纪念品设计大奖赛评选活动、潍坊市文化产业发展研讨会、全国青少年同撰“和谐”嵌字联书法选拔赛以及群众性文艺演出等。

第四届

2007 年 4 月 18 日，艺术节开幕式暨民间文化艺术品展、中央美院国画系师生作品展及寒亭书画作品展开展仪式在杨家埠民间艺术大观园东门外举行。主要活动内容有民间文艺会演、民间文化艺术品展览等。

第五届

2008 年 4 月 18 日，艺术节开幕式在杨家埠民间艺术大观园放飞场举行。主要活动内容有国家首批非物质文化遗产授牌仪式、潍坊民间年画收藏创作展及《杨家埠孤本年画全集》《八十七神仙卷》首发式、大型民俗文化演出及“十大展会”（年俗文化展、婚俗文化展、烟标展、传统生产生活器具展、计划经济票证展、潍坊民间年画收藏创作展、第二届潍坊市领导干部书画艺术交流展、民俗扑克展、山东大鱼盘暨陕西凤翔年画版收藏展、鞋文化艺术展）、“五项活动”（民俗曲艺暨民间文娱活动展演、旅游开发项目推介发布会暨“百家旅行社参观杨家埠”活动、全国最佳邮票评选活动、“圆友杯”魅力寒亭摄影展、全国第二十五届钓鱼邀请赛）等。

第六届

2009 年 4 月 18 日，艺术节开幕式在杨家埠民间艺术大观园放飞场举行。主要活动内容有大型文艺演出、美食展、民间特色商品展、风筝年画展、古玩奇石展、当代中国市场潜力最大的十博士书法展、潍坊市精品婚纱摄影展、“一元起价”千元商品现场拍卖会等。艺术节首次采用市场化运作模式。

第七届

2010 年 4 月 19 日，艺术节开幕式在杨家埠民间艺术大观园招财广场举行。主要活动内容有杨家埠大清邮局揭牌仪式和《中国杨家埠木版年画研究》首发式，杨家埠民间艺术大观园板块、富华国际会展中心板块及外围板块活动。杨家埠民间艺术大观园板块包括艺术节开幕式大型文艺演出，民间艺术展示暨民间文艺展演，文化商贸推介暨展销、展示、展演，千名书画艺人集体创作“新寒亭”万米书画长卷，“一元起价”千元商品现场拍卖会；富华国际会展中心板块包括全国木版年画联展、新中国成立后历届获奖年画作品展、中国（杨家埠）年画高峰论坛；外围板块活动有潍坊市第四届硬笔书法暨寒亭区书画作品展、大型晚会。这届艺术节进一步完善市场化运作手段，对活动现场及区内部分街道广告位、商品展位等进行招商。

第八届

2011 年 4 月 15 日，艺术节开幕式在杨家埠民间艺术大观园招财广场举行。主要活动内容有寒亭区“中国年画之乡”授牌仪式、潍坊杨家埠民俗艺术有限公司被命名为“国家文化产业示范基地”揭牌仪式、迟星飞诗画印作品展、大型晚会等。首次与第四届中国（潍坊）风筝产品交易会同期举行。

第九届

2012 年 4 月 18 日，艺术节开幕式在杨家埠民间艺术大观园招财广场举行。主要活动内容有“寒亭区与潍坊学院战略合作协议”文本交换仪式、杨家埠民俗艺术有限公司被命名为“山东省文化产业示范园区”授牌仪式、第五届中国（潍坊）风筝产品交易会、“翰墨丹青咏画乡”书画展、“相约柳毅山暨臧克家诗歌散文奖”笔会、“走进寒亭”民俗摄影研讨会等。

第十届

2013 年 4 月 21 日，艺术节开幕式在杨家埠民间艺术大观园招财广场举行。主要活动内容有全国书法名家邀请展、潍坊市历史故事年画展、百年民俗风情招贴画展、潍坊百强文化创意设计大赛精品展、奇石精品展及海峡两岸校际交流活动。

附：

杨家埠的画儿

冯骥才

由济南驱车出来，一路向东，顺顺溜溜几个小时跑到了潍坊。再拐一个弯儿，便进入了寒亭区一个宁静和优美的小村，这就是数百年来四海闻名的画乡杨家埠。

杨家埠的男女老少，全都人勤手巧。既精于种庄稼种菜，又善于印画扎风筝。老时候这样，今儿还是这样。他们农忙时下地，潍坊出名的萝卜就是他们种出来的；农闲时人却不闲——比方现在——他们全都在家里忙着画画呢！杨家埠人最爱说的话是：“俺村一千号人，五百人印年画，五百人扎风筝。”意思是说他们全是艺术家。说话时咧着笑嘴，龇着白牙，很是自豪。

杨家埠的年画很有个性。颜色浓艳抢眼，画面满满腾腾，人物壮壮实实，胖娃娃个个都得有二十斤重，圆头圆脑，带着憨气，傻里傻气地看着你。再看画上的姑娘们，一色的方脸盘，粗辫子，两只大眼黑白分明，嘴巴红扑扑，好比肥城的桃儿。你再抬眼看一看印画的姑娘，一准得笑。原来画在画儿上边的全是他们自己。

他们不单画自己的模样，还画自己心里头的向往。那便是家畜精壮，人财两旺，风调雨顺，平安吉祥。所以他们最爱画送福来的财神与摇钱树，辟邪除灾的钟馗、关公和各式门神，以及神鹰与猛虎。不过杨家埠的人“画虎不挂虎”。因为杨家埠的“杨”字谐音是“羊”，老虎吃羊，所以他们家中从不挂猛虎的画儿。他们印虎，那是为了给别人辟邪。瞧瞧，杨家埠的人心地多么善良！

杨家埠年画与天津的杨柳青年画特点明显不同。杨柳青年画的买主多是城里的人，城里的人钱多，要求精细，所以杨柳青年画大都一半印刷一半手绘，画面的风格富丽堂皇，文气雅致；杨家埠年画的需求者全是农民，农民钱少，年画便采用套版，很少手绘。这样，刻版和套版的技术就很高。杨家埠年画一般是六套版。墨色线版之外，再套印五种颜色。红、绿、黄、紫、粉。红与绿，黄与紫，都是对比色。年画艺人有句歌：“红配绿，一块肉；黄配紫，不会死。”故此，杨家埠年画的色彩分外的强烈，鲜亮，爽朗，刺激，给人一种乡土艺术特有的颜色的冲击，喜庆和兴奋。这也正是人们过年时的心理与情感的需要吧！

我这次来杨家埠，是要拜访一位老艺人，名叫杨洛书，73 岁。听说他是杨家埠年纪最大的年画艺人。他家经营的“同顺德画店”至少有二百年的历史。而且老人仍在刻版印画。我想，在如今全国许多木版年画产地几乎灭绝而成为历史的大背景中，这位老艺人该是一位罕世奇人了。而且，为什么单单杨家埠的年画古木不倒，反而生机盈盈呢？

杨洛书老人住在村中普普通通一个小院。院内堆着许多刻版用的木头。一南一北两房。北房内外两间，外间是画店的铺面，内间是老人干活的地方；南房支案印画。店中四壁贴满诱人的木版年画，有的是古版新印，有的是新版新印。这些新版都是杨洛书老人新刻的。刻版不是一件容易事。印画的木版为了坚实耐用，选材都是梨木，又沉又硬，年逾七旬的老人哪有这样大的力气？老人个子又小，也不壮，与我站在一起，竟矮两头，不像山东人，山东出大汉呀！但是他伸出两只手给我看，骨节奇大，还有些变形。他说："这手是刻版刻的，走样了。刻版得使大力气。白天刻一天，夜里两只手疼呵。"

"大爷，您得去医院看看，这怕是类风湿吧。"我说。我想他大概缺少医学常识，不懂得自己的病。

老人说："是刻版刻的。我一用劲，肚子上的筋全鼓成疙瘩！"

老人去年刻了《一百单八将》，一个好汉一张画，一张画儿五六块版。一年多时间刻了几百块版。今年开始刻《西游记》，连环画形式，八十幅一套。至少又是四百块版。他从哪里获得这样的激情？听说，老人的老伴患病在床。那么，老人又是为谁付出这样巨大的劳动？

老人告诉我，他爹杨俊三那代人把"同顺德"经营到了顶峰。杨俊三还将画店开到俄国的莫斯科。他拿出1917年3月13日俄国驻黑龙江铁路交涉局签给杨俊三赴俄开店的护照。护照上将莫斯科译成"毛四各瓦"。直叫我看了半天，才弄明白。一时，与我同来的一行人全笑了起来。

老人却没笑，脸上充满对先人成就的自豪。保住先人的业绩应是后人起码的责任。这是不是他依然奋力劳作的动力？

现今画店的经营是非常可观的。这两年他每年用纸80箱，今年100箱。每箱3刀，每刀100张，每张印三四张画。一年单是他的"同顺德"就要卖出30000张年画。据说杨家埠全村一年卖画高达上千万张。买主除去海内外游客、各地的年画批发商，最主要的需求者仍是沂蒙山区里的农民。他们所买的年画多是门神、财神、摇钱树、猛虎、花卉和带"二十四节气表"的灶王。我问老人："他们还这么爱年画吗？"

老人忽然变得挺激动，他说："没有年画——他们过不去年呵！"

这句话，使我一下子懂得了年画的意义。年画与年俗、与人们的生活理想早已是灿烂地溶成一体。它决非可有可无的年节的饰物，而是老百姓心灵最美好的依托。大概杨洛书老人深深感受这一点，他才一直不肯放下手中的刻刀！

于是，我对这位老艺人肃然起敬，也对民间艺术心生敬意。

走出老人宅院，到了村口，见到几位姑娘在放风筝。这里初冬季节也放风筝吗？一问，原来杨家埠人扎好的风筝，全要试放一下。今日无云，碧空如洗，悬浮在高天的风筝叫阳光一照，极是艳丽。三五只蜻蜓，一只彩蝶，还有一幅方形的画儿，画上画着胖娃娃，这些不全是年画上那些常见的形象吗？

放风筝的姑娘见我很感兴趣。叫我也放一放。我大概有四十多年没放过风筝了。待怯生生接过风车和线绳，但觉线绳颇有韧性和弹力，透明的风已经强劲地传递到我的手上。我顺着线绳抬头望去。只见银白的线极长极长，画着弧线，飞升而上，到了半空，便消没在蓝天里，然后在极高的空中飞着一只大红色的蜻蜓。但是它混在其他几只风筝里，弄不清到底是不是我的。我用手抻一抻线，高天上的大红蜻蜓与我会意地点点头；我把线向旁侧拽一拽，大红蜻蜓随即转了半圈。我忽然觉得，久违的儿时的快乐又回到身上。这使我不觉玩了好一会儿。

待到了杨家埠年画博物馆，人们叫我题诗留念，提笔在手，立时有了两句："民间情味浓似酒，乡土艺术艳如花。"

写了字，返回来坐在车上时，情不自禁接着又冒出了几句："年画上天变风筝，风筝挂墙亦年画。七十三叟三十七，杨家埠村寿无涯。"

《中华散文珍藏版·冯骥才散文》人民文学出版社

2005年5月

第二十六编　卫　生

DI ER SHI LIU BIAN　WEI　SHENG

1989年以来，寒亭区加强医疗卫生基础建设，逐步构建完善区、乡、村三级卫生服务网络，大力开展预防保健和爱国卫生运动，实行农村合作医疗制度，医疗卫生事业有了较快发展。1992年，寒亭区达到省级食品卫生达标县区标准，获“山东省食品卫生达标县区”称号。爱国卫生运动把除害防病、改水改厕与创建卫生城市结合起来，1995年，寒亭区被省爱卫会命名为省级卫生城市。2002年，开始推行“三方筹款、四面规范”新型农村合作医疗制度，农民以户为单位自愿参加。2005年以后，农村合作医疗制度不断完善，综合性社区卫生服务网络和乡村卫生一体化管理体系逐步健全。2008年4月，国家爱卫会正式命名潍坊市为国家卫生城市。

至2013年，通过计划免疫、传染病防控，全区传染病疫情总体平稳，发病率处于全市较低水平，无重大传染病暴发流行；10处社区卫生服务机构承担为辖区居民提供健康教育、预防、保健、康复、计划生育技术和一般常见病、多发病诊疗服务，城区“十分钟”就医圈形成；随着医疗技术提高和医疗设备精细化，区医院能开展全部二甲技术项目和多项三甲医院技术项目及自选技术项目，街道卫生院全部达到一级甲等医院标准，基本满足人们就医需求。

第一章　卫生管理

第一节　管理机构

寒亭区卫生局

1989年，寒亭区卫生局（以下简称区卫生局）内设办公室、政工股、财务股、业务股和爱卫会、红十字会、地方病办公室。1993年11月，取消爱卫会、红十字会、地方病办公室，业务并入业务科。2003年7月，成立寒亭区爱委会办公室，是区爱国卫生运动委员会常设办事机构，为正科级事业单位，隶属区政府，归口区卫生局。2007年8月，成立寒亭区新型农村合作医疗办公室，为副科级事业单位，归口卫生局。2008年9月，成立寒亭区卫生监督大队，为副科级事业单位，隶属区卫生局。2013年，区卫生局设办公室、组织人事科、规划财务科、业务科，行政编制13人，配备局长1人、副局长2人；辖区卫生监督大队、区人民医院、区皮肤病防治院、寒亭街道卫生院、开元街道卫生院、固堤街道中心卫生院、固堤街道泊子卫生院、高里街道中心卫生院、高里街道南孙卫生院、朱里街道中心卫生院、朱里街道河滩卫生院；区爱委会办公室、区新型农村合作医疗办公室归口卫生局。

寒亭区药品检验所

1989年，区药品检验所有专业技术人员6人，设理化室、中药室、生测室、办公室。1991年，增设财务科。1997年，增设业务科。2000年11月，区药品检验所划归潍坊市药品监督管理局垂直管理，人员、经费、业务等同时划出。

寒亭区疾病预防控制中心

1989年，寒亭区卫生防疫站为股级事业单位，设计划免疫科、食品卫生科、卫生监测科、宣教科、流行病科、防痨科、检验科、办公室。1991年，升格为副科级事业单位；撤销流行病科，增设地方病科。1993年12月，升格为正科级事业单位。2003年9月，被潍坊市委、市政府记集体二等功。2008年9月，撤销区卫生防疫站，成立寒亭区疾病预防控制中心（以下简称区疾控中心）和寒亭区卫生监督大队，“一个机构、两块牌子”合署办公。2013年，区疾控中心设办公室、信息科、财务科、消杀科、慢病科、防疫科、艾滋病科、免疫预防科、结防科、体检科、健康教育科、检验科、公共卫生科、职业卫生科、学校卫生科、综合科等职能科室；在职职工31人，其中专业技术人员23人。

第二节　卫生执法

2008年9月，成立区卫生监督大队，负责组织实施全区卫生监督计划，依法开展公共卫生、医疗卫生、传染病防治等卫生监督执法检查。

2009年，开展食品卫生、消毒产品、生活饮用水、学校卫生、违法添加非食用物质和滥用食品添加剂等专项整治活动，审验发放卫生许可证808本，从业人员查体培训5687人，办理健康培训合格证5592本；打击非法行医，查处无证、超范围、超类别行医案件，检查各级各类医疗机构380余个，立案查处无证行医案件11起、聘用非卫生技术人员1起。2010年，检查各类餐饮单位和公共场所200余家，审核办理卫生许可证344件，从业人员健康体检3626人；对8家餐饮具集中消毒单位进行人员培训和专项监督检查；开展校园食品安全和食堂卫生专项检查，与18所学校和46所幼儿园签订“预防和处理食物中毒事故责任书”；建立健全学生健康档案，为在校学生常见病、传染病提供防治依据；对有毒有害企业职业危害项目申报和职业危害作业场所监督管理，对65家重点企业下达卫生监督意见书，为1700名接毒接害工人进行职业健康检查和职业健康监护；对全区378家医疗机构进行年度校验，立案查处无证行医案件4起、超范围执业案件3起。

2011年，对369家医疗机构进行年度校验并换发“医疗机构执业许可证”，对316名具备乡村医生资格人员执业注册；立案、查处非法行医案件3起、超范围执业1起；强化公共场所卫生监督，发放公共场所禁烟标志500余份；对41处供水工程、399份水样水质检测结果进行分析评价；开展职业危害因素建设项目预评价和竣工验收评价监督，为2600多名高危职工进行健康监护查体；对10家餐饮具集中消毒单位进行消毒效果验证和卫生规范执行情况评估。2012年，聘用118名卫生监督协管员，建立以区卫生监督大队为主体、街道卫生监督中队为支撑、村（居）卫生监督协管员为补充的三级卫生监督网络；对330处医疗机构进行年度校验和许可审批；对259个公共场所单位实行量化分级管理；强化生活饮用水卫生监管，对36处集中式供水单位和6家食品生产企业生产用水进行安全检查；建设为企业送一本《职业病防治法》手册、为企业劳动者进行一次职业卫生知识培训、指导企业建立一套职业卫生管理档案系统、与企业签订一份落实《职业病防治法》责任书的职业卫生“四个一”工程。

2013年，对327处医疗机构进行年度校验，监督检查各类公共场所单位364家，对6家食品生产企业的生产用水进行采样检测和安全检查，对上实环境供水有限公司水源水、出厂水和末梢水进行抽样检测，监测企业和医疗卫生机构接毒接害人员906人。

第二章　卫生体制改革

第一节　医疗制度改革

公费医疗

1989年，根据区政府《转发区公费医疗管理委员会“公费医疗经费管理修订意见”的通知》规定，20世纪50、60、70、80年代参加工作的人员，每人每年分别按70元、55元、40元、30元费用标准核算。1990年，区政府印发《关于公费医疗经费管理的修订意见》，对50、60、70年代参加工作的每人每年分别按100元、70元、50元费用标准核算，80、90年代参加工作的每人每年为30元。1993年5月，区政府印发《寒亭区公费医疗管理规定》，对单位所有人员分户立账，单独核算，并实行公费医疗经费执行情况与医疗单位挂钩制度。1995年10月，撤销区公费医疗办公室，成立区医疗保险处。至2013年，区医疗保险处负责全区城镇职工基本医疗保险。

农村合作医疗

1998年，寒亭区在央子镇、郭家官庄镇进行农村合作医疗试点，探索乡村卫生一体化与合作医疗制度捆绑式发展模式。2002年，实行“三方筹款、四面规范”（三方筹款：农民个人和村集体、财政、定点医疗机构三方筹集资金；四面规范：筹资、管理、使用和服务规范）农村合作医疗制度，筹集合作医疗基金6.5万元，报销医药费6万元。

2005年12月，实行新型农村合作医疗。农民以户为单位自愿参加，每人每年缴费10元，由乡镇（街道）统一收缴，各级财政对每人每年补助40元；设立家庭账户基金、大病统筹基金和风险基金，纳入区新型农村合作医疗财政专户，实行收支两条线管理，封闭运行、专款专用，结余转用。参合人员门诊费用从家庭账户基金中按100%报销支付；住院医药费起付标准，按比例报销，每人每年累计实际报销不超过2万元。2007年，最高补偿限额提高到3万元。2009年，将补偿封顶线提高到4万元。2010年，农民人均筹资30元，各级财政补助100元，最高补偿限额提高到5万元。2011年，政府补助提高至每人每年200元，个人筹资标准提高到每人每年50元；大幅度提高住院补偿比例，补偿封顶线提高到10万元；提高重大疾病保障水平，把包括儿童白血病、儿童先天性心脏病、重性精神疾病、终末期肾病、血友病等50种疾病补偿比例和补偿封顶线提高到15万元。2012年，推行20项医疗惠民措施，对特困人群实施“五免五减”（“五免”：免收门诊挂号费、普通门诊诊疗费、急诊观察床位费，住院免收空调费、暖气费；“五减”：门诊化验及其他辅助检查费减免10%，住院床位费、药费、检查费减免10%～15%）；个人负担60元，政府补助240元，住院补偿封顶线提高至15万元；重大疾病保障补偿封顶线提高到30万元；对全区65周岁以上老年人进行免费健康体检。

2013年，新型农村合作医疗人均筹资360元，其中各级财政人均补助280元，最高支付限额提高到20万元；将颅脑肿瘤、脑出血等30种重大疾病纳入重大疾病保障范围，补偿封顶线提高到30万元；对儿童白血病、先心病等20种疾病实施新农合重大疾病医疗保险，在新农合报销基础上，由商业保险机构按照一定比例给予二次补偿；对65周岁以上参合农民进行健康体检；对1097名高血压患者、661名糖尿病患者进行慢性病鉴定。

第二节　医药卫生体制改革

2009年，寒亭区进行公立医院改革试点，区政府成立公立医院改革试点工作领导小组，统筹、协调和指导公立医院改革试点工作，制定寒亭区公立医院改革试点工作方案。2011年，寒亭区按照《潍坊市推行国家基本药物制度实施方案》，实施国家基本药物制度，根据收支差额情况确定财政补偿金额，补偿资金纳入2011年度财政预算，预算安排补助资金1019万元，确保2011年全区政府所属基层医疗卫生机构按规定配备使用和销售的基本药物实行“零加成”销售。2011年1月1日开始，启动实施国家基本药物制度，对523种基本药物实行“零差率”销售，并将基本药物作为临床首选用药。基层医疗卫生机构严格按照规定配备使用基本药物并实行“零差率”销售，建立基本药物价格公示制度，接受患者和群众监督。统一安装药品监督信息管理系统软件，与药房药库实行微机联网，实时监控基本药物运行情况，有效控制省增补药物和备案药品销售比例。国家基本药物和省增补药物全部通过省药品集中采购平台集中采购、统一配送，网上采购基本药物452万元。依据《寒亭区基层医疗卫生机构基本药物制度绩效考核办法（试行）》，每季度对实施国家基本药物制度情况进行监督检查，按检查考核结果兑现财政补助经费。国家基本药物制度实施以后，基层医疗卫生机构门急诊人次同比增长38.9%，门诊人均药品费用同比下降25.4%；住院人次同比增长16.8%，人均药品费用下降34.9%。累计为患者节省药品费用1000余万元。

2012年，政府所属基层医疗卫生机构全部实施基本药物制度，实行集中采购、统一配送、按规定配备使用和“零差率”销售，省规划设置的108处村卫生室纳入实施范围。全年拨付街道卫生院基本药物补助资金1041万元，发放乡村医生补助28.5万元。各医院实行首诊医师负责制和“一站式”服务，开展预约诊疗、检查检验结果“一单通”、“无假日医院”服务、120急救免费出车等便民惠民措施。针对特困人群实施“五免五减”，累积减免医药费用300多万元。2013年，拨付街道卫生院和村卫生室补助资金1202.04万元，基层医疗卫生机构门急诊和住院人次分别同比增长39.10%、40.10%，门急诊和住院人均次费用分别下降9.95%、16.48%。

第三章　医　疗

第一节　医疗机构

区直医疗机构

寒亭区人民医院　占地4.56万平方米，建筑面积2.58万平方米。1989年，有职工325人，其中医技人员296人；设独立科室21个，其中6个职能科室、10个临床科室、5个医技科室。

1991年8月，潍坊中医肿瘤研究所在区医院成立，区医院增设中医肿瘤科。1993年4月，潍坊中医肿瘤研究所迁出，中医肿瘤科撤销。1994年，潍坊肿瘤专科医院在区医院挂牌成立。1995年，区效能事故伤员急救中心和区残疾人康复站分别在区医院挂牌成立。2000年，与潍坊市联网，实行急诊急救统一调度。2002年3月，新设椎间盘突出、颈肩腰腿痛特色门诊；5月，口腔科与山东大学口腔医院协作，成立寒亭区口腔疾病防治中心。

2003年4月，区医院SARS病房通过潍坊市“非典型肺炎”办公室验收，具备接受SARS病人能力；7月，螺旋CT、CR及远程会诊系统投入使用。2007年，挂牌成立卫生部十年百项血管病变早期检测中心，是全市最早血管病变早期检测中心。2008年，与青岛大学医学院联合成立研究生潍坊培训基地。2009年，成立腔镜中心、高压氧治疗中心、门诊药房中药房及医疗保险办公室；4月，与济南军区总医院签订《技术合作协议》；5月，成立寒亭区医院集团，乡镇（街道）卫生院成为区医院集团组成部分。2010年，成立内分泌风湿免疫科。2011年7月，安装美国GE高端128层螺旋CT和瑞典医科达高能直线加速器。2012年，7人被评为寒亭区拔尖技术人才，1人获潍坊市十大名医称号，1人获潍坊市十大名护称号。

2013年，区医院固定资产1.9亿元，设23个临床专业科室、6个医技科室、16个行政管理科室。编制床位380张，开放床位426张，病房实行标准间配置，神经内科、心肾内科、放疗科、消化内分泌科、小儿内科等科室床位使用率90%以上；年门诊量20万人次，住院1.2万人次，手术3000余例。在岗职工554人，其中专业技术人员494人，拥有高级职称30人、中级职称192人；有区拔尖技术人才7人、潍坊名医3人、潍坊名护和优秀护士11人；36人在市级及以上学会担任职务。同年12月，通过二级甲等医院资格复审。

寒亭区皮肤病防治院　1989年，区皮肤病防治站有职工18名，防治人员6人。1991年10月，迁址到友谊路82号，设皮肤科、痔瘘科、美容科、化验室、激光治疗室、药房、社防科、财务科、后勤科。1993年6月，更名为寒亭区皮肤病防治院。2007年、2008年获山东省麻风性病防治先进集体称号；2011年获山东省性病防治先进单位称号。2013年，有职工21人，设皮肤科门诊、药房、护理、化验室、理疗室、社防科、财务等科室。

寒亭区计划生育妇幼保健服务中心　1989年，区妇幼保健站有职工20人，设妇保组和儿保组，负责妇女保健、区直学龄前儿童查体、乡镇儿童保健指导，开展计划生育指导及放取宫内节育器、人工流产等手术。1999年6月，区妇幼保健站与区计划生育服务站合并成立寒亭区计划生育妇幼保健服务中心。2002年，设妇产科病房组、婚检优生组、儿科、B超室、检验科、药剂科和行政后勤组。2004，开设床位60床。2005年7月，组建外科，聘请区医院外科专家坐诊；开展新生儿疾病筛查及微量元素检测和输血前丙肝、梅毒、艾滋病筛查及RH血型检查。2009年，实施农村孕产妇住院分娩补助及待孕妇女免费增补叶酸预防神经管缺陷公共妇幼卫生项目。2010年，成立儿童保健科，监测儿童生长发育，新生儿听力筛查；成立妇幼信息科，配备专职人员；检验科、艾滋病筛查实验室通过验收挂牌。2012年，获潍坊市艾滋病防治工作先进集体、全市妇幼卫生工

图26-1　寒亭区人民医院（90年代）

作先进集体称号。2013年1月，开展孕前优生健康免费检查和免费婚检；成立孕前优生科，向计划怀孕夫妇宣传优生科学知识。

至2013年年底，设男女婚前检查门诊、优生优育咨询室、计划生育门诊等36个科室，在职130人，其中技术人员113人。

基层医疗机构

1989—2000年，全区有朱里、河滩、双杨、高里、固堤、泊子、寒亭、郭家官庄、张氏、央子、肖家营、南孙12个乡镇卫生院，以及瑞祥集团丰华医院、巨龙集团职工医院、潍北监狱医院。

2001年，寒亭镇卫生院更名为寒亭街道卫生院。2002年，郭家官庄卫生院、张氏卫生院分别更名为开元街道郭家官庄卫生院、开元街道张氏卫生院；巨龙集团职工医院更名为寒亭海龙医院，并对外开放。2003年，开元街道郭家官庄卫生院、张氏卫生院合并为开元街道卫生院。2005年，山东省启动“360”工程（省选定360所乡镇中心卫生院作为全省重点卫生院，通过省市县三级联动，基本建立起县级医疗卫生机构、重点卫生院、一般卫生院和村卫生室“多层次、一体化”农村公共卫生服务体系），省卫生厅为固堤、朱里、高里3个乡镇卫生院各配备1辆急救车。2007年，全区有8个乡镇（街道）卫生院：寒亭街道卫生院、开元街道卫生院、固堤街道中心卫生院、固堤街道泊子卫生院、高里镇中心卫生院、高里镇南孙卫生院、朱里镇中心卫生院、朱里镇河滩卫生院；另有潍北监狱医院、寒亭海龙医院、寒亭丰华医院。2008年，央子镇卫生院划归滨海经济开发区。

2009年，开展基层医疗卫生机构标准化建设。开元医院社区卫生服务中心获中央预算内资金130万元支持建成2000平方米门诊病房楼，高里镇中心医院门诊综合楼改扩建工程完工；启动提升村卫生室服务能力建设项目，80个中标村卫生室按建设协议要求完成改扩建并通过验收。2011年，优化区、镇、社区三级医疗网络，构建“10分钟就医圈”；120个标准化村卫生室通过省财政厅、卫生厅考核验收并全部投入使用。2012年，实施基层医疗机构管理体制改革，政府所属基层医疗机构实施统一管理；争取中央预算内资金427万元，投资项目6个；8个街道卫生院和10个城市社区卫生服务机构全部达到标准化要求。2013年，依托朱里街道卫生院建立区级心理健康服务中心，在区医院设立心理咨询门诊，8个街道卫生院、1个社区卫生服务中心设立心理咨询室，4个社区卫生服务站开展心理健康咨询服务。

民营医疗机构

1995年，潍坊第二棉纺厂成立瑞祥集团医院。2001年6月，瑞祥集团医院改制为民营医疗机构，称寒亭丰华医院，使用一般医疗器械和医疗用品，实行混合门诊。2010年，搬迁至丰华路二棉小区院内，医院建筑面积1680平方米，使用面积800平方米。至2013年，设内科、外科、口腔科、中医科、检验科、体检中心、放射科、手术室、药剂科、供应室等科室以及心脑血管病专科门诊、颈肩腰腿疼专科门诊。开放床位60张，医疗卫生技术人员48人，是I级综合医院。

第二节　医疗队伍

西医

1989年，全区有西医684人，其中副高职称17人、中级职称139人、初级职称528人。2003年，全区有西医药人员654人，其中副高职称28人、中级职称118人、初级职称508人。2013年，有区拔尖技术人才7人、潍坊名医3人，36人在市级及以上学会担任职务。

2004—2013 年寒亭区在职在岗西医人员统计表

表 26-1　　单位：人

年份	在职在岗西医	主任医师	副主任医师	主治医师	医师	医士	主管药师	药师	药士
2004	297	0	31	76	142	7	16	23	2
2005	323	0	29	75	166	8	20	23	2
2006	327	0	30	78	170	6	19	22	2
2007	373	0	28	87	199	13	22	22	2
2008	368	0	25	96	189	18	19	19	2
2009	386	0	22	116	186	20	18	21	3
2010	378	1	21	118	182	17	16	21	2
2011	417	1	22	123	218	15	15	21	2
2012	416	1	17	124	217	15	15	19	8
2013	411	4	27	136	194	16	14	17	3

中医

1989 年，全区有中医 42 人，其中主治中医师 10 人、中医师 16 人、中医士 9 人、主管中药师 1 人、中药师 6 人。除区医院单设中医科外，其他医疗单位中医都在内科设岗；区医院中医科有中医药人员 13 人，中药房有中药人员 8 人。2007—2012 年，116 人参加“西学中”（西医学习中医）骨干培训，41 名国医通人员参加中医药继续教育学习考核。2013 年，2 人被评为山东省五级中医师承指导老师，1 人被评为首批潍坊市基层名中医。

2003—2013 年寒亭区中医专业人员统计表

表 26-2　　单位：人

年份	中医专业人员	中医副高职称	主治中医师	中医师	中医士	主管中药师	中药师	中药士
2003	18	0	8	5	2	3	0	0
2004	26	1	4	8	4	3	5	1
2005	31	1	5	8	8	3	5	1
2006	30	1	5	9	6	2	6	1
2007	29	1	6	9	5	1	6	1
2008	26	1	9	7	3	1	5	0
2009	26	1	9	6	4	1	5	0
2010	24	1	9	6	2	1	5	0
2011	24	2	9	5	3	1	4	0
2012	27	2	10	7	3	2	3	0
2013	26	2	9	8	2	3	2	0

乡村医生

1989年，乡村医生普遍有山东省卫生技术人员执业证书。1996年，省卫生厅组织全省乡村医生执业资格证书考试，全区362名乡村医生取得执业资格。2004年，全区乡村医生347人，全部取得山东省卫生技术人员执业证书。

2011—2013年，对具有执业资格乡村医生，采取短期集中理论培训和实践技能培训相结合，分期分批进行4年两个周期针对性培训，累计培训乡村医生2427人次。

第三节　医疗技术

西医

1989年，区医院可开展内科心脏复苏、电复律技术，外科开胸、开颅、骨关节置换矫形、断指再植，妇科子宫全切及阴道成形术等多项高新技术医疗业务。各乡镇卫生院主要以防治感冒、急性气管支气管炎、哮喘、胃炎、紧张性头痛、高脂血症、肥胖症等常见病、多发病为主。

1994年，寒亭区有国家二级甲等技术项目116项，包括顽固心衰、脑肿瘤切除、肝脾破裂修复等；三级甲等项目17项，包括急性大面积心梗、小肝癌诊断、全胃切除术、大网膜移植术、颅内多发性血肿以及多种疑难病症病因病理诊断，全身各部位摄影、断层摄影及胃肠特殊造影等。1995年，区医院开展记忆合金网状支架治疗前列腺增生技术。1996年，开展多功能外用固定架治疗骨折、股骨头关节置换技术。1997年，开展脑室分流治疗脑积水技术。1998年，开展腹直肌间置术治疗神经源性膀胱功能障碍技术。2000年，开展颅内肿瘤切除术。2001年，开展介入治疗恶性肿瘤等技术，其中放射介入治疗子宫肌瘤、体外和腔内气压弹道碎石、椎间盘镜治疗椎间盘突出等技术治疗效果良好。2003年7月，区医院螺旋CT、CR及远程会诊系统投入使用。

2003年，寒亭、开元、固堤、双杨、高里、河滩、朱里7个乡镇（街道）卫生院达到一级甲等医院标准。2004年，各卫生院内科能够开展慢性支气管炎、重度肺源性心脏病、高血压、冠心病、脑血管病及其他内科并发症及合并症诊治；能够对急性冠脉综合征、有机磷农药中毒、哮喘严重发作、上消化道出血等急危重病人进行抢救和治疗，以及急性冠脉综合征、急性心梗、急性脑血栓超早期溶栓治疗。外科开展常见疾病如阑尾切除术、疝气手术、四肢骨折内固定术；联合上级医院开展开胸、开颅、骨关节置换矫形、断指再植、妇科子宫全切、剖腹产等手术。

2005年，区医院开始使用腔镜微创治疗技术。2008年，区医院妇科普遍使用微创技术治疗各种疾病；神经内科联合介入治疗科开展多例脑血管造影及支架置入术。2010年，区医院推行普外、胸泌尿外、骨外、妇产、耳鼻喉等专业腔镜微创治疗、无痛分娩、可视无痛流产、臭氧溶核治疗椎间盘突出及新生儿听力测试等新技术。2013年，区医院能进行全部二甲技术项目和多项三甲医院技术项目及自选技术项目。

中医

1991年8月，潍坊中医肿瘤研究所进行中药汤剂治疗中晚期恶性肿瘤疗效观察、课题研究，至2003年通过千余例病人追访调查，效果明显，获1994年潍坊市科技进步二等奖；区医院中医科自制溃疡散、溃疡胶囊治疗消化性溃疡效果良好。中西医结合治疗营养性脂肪肝、阑尾炎穿孔并发腹膜炎、胃下垂、慢性结肠炎、陈旧性肛裂、肩周炎等均获较好治疗效果。1999年，中西医结合经内镜注入凝白宝治疗消化道出血，获寒亭区科技进步三等奖。2003年，区医院中医骶管治疗腰椎间盘突出获得良好效果。2011年，建成以区医院为中心、街道卫生院为枢纽、村卫生室为基地中医药三级网络体系，区医院成为全区中医事业的医、教、研中心。2013年，全区街道卫生院全部建成标准化中医科、中药房，乡村医生都能用中西两法防治疾病；7个街道卫生院、8个社区卫生服务机构和165个村卫生室配齐中医药人员和中医诊疗设备；3个街道卫生院、5个社区卫生服务机构和5个村卫生室被评为市级中医特色医疗机构；运用中药、针灸、推拿、拔罐、中药熏蒸、刮痧等中医药方法治疗常见病、多发病。

第四节　医疗设备

1989年，全区医疗设备总价值约100余万元，其中包括钴60治疗机1台、B超机3台、胃镜1台、200毫安X光机6台、救护车4辆、床位455张。至2013年，医疗单位积极引进先进医疗设备，诊断、检验、治疗手段越来越丰富、精细。

1989—2013年寒亭区医疗机构购置医疗设备一览表

表26-3

年份	所属医院	设备名称
1989	区医院	胎儿监护仪
1990	区医院	纤维胃镜
1991	区医院	三导心电图机
1994	区医院	纤维支气管镜胎儿监护仪、脑电地型图仪、多功能心电图仪、多参数监护仪、500毫安X光机、大型液体联动线
1995	区医院	三导心电图机脑电地型图仪、半自动生化分析仪、血球自动计数仪、后装治疗机
	朱里医院	心电监护除颤仪
1996	区医院	TE300型CT扫描机、日立EnB-420型B超
	区皮防院	HX肿瘤检测仪
	高里医院	B超机
	双杨医院	救护车
	寒亭镇卫生院	动态心电图、B超机、麻醉机
1997	区医院	牙科综合治疗机、除颤起波监护仪
	固堤医院	牵引床
	张氏医院	200mAX光机
	区妇幼保健院	红外线乳腺扫描治疗仪
	河滩医院	救护车
1998	区医院	美国百胜Aw4彩超、运动踏车、动态心电图机、呼吸机
	寒亭镇卫生院	麻醉床
	朱里医院	尿液分析仪
	河滩医院	脑电图
	张氏卫生院	血液生化分析仪、救护车
	高里医院	脑电图、X光机遥控系统、脑心监护仪、心电监护仪
	双杨医院	生化分析仪、脑电地形图
1999	区医院	电子胃镜

续表 26-3

年份	所属医院	设备名称
2001	区医院	全自动血液分析仪、全自动生化分析仪
	央子镇卫生院、高里医院、朱里医院	得利卡大型救护车
2002	区医院	数字遥控诊断 X 射线机、多功能麻醉机、椎间盘镜、气弹道碎石机
	固堤医院、河滩医院、双杨医院	得利卡大型救护车
	朱里医院	胎儿监护仪
	双杨医院	大型遥控 X 光机
2004	开元街道卫生院	牙科治疗仪
	寒亭街道卫生院	半自动生化分析仪 BT224
	朱里街道中心卫生院	血凝仪、牙科治疗椅、心电图机、三分类血球分析仪
	区妇幼保健院	X 光机 F78-IIIB、宫腔镜 XG-5 型、B 超级阿洛卡 290、微量元素分析仪 Q1-800
2005	高里街道南孙卫生院	生化仪、手术显微镜、心电诊断仪
	寒亭街道卫生院	血球计数仪 MEK-5216K，牙科综合治疗机 2 台、无影灯、300MAX 光机
	高里街道中心卫生院	心电图机、心电监护仪、离心机
	朱里街道中心卫生院	自动血流变分析仪
	河滩卫生院	血细胞计数仪、B 超工作站，心电监护仪
	区医院	心电图机、血糖仪、支气管镜、生化分析仪、C 型臂、B 超
	区妇幼保健院	半自动生化分析仪 AC-880
2006	南孙卫生院	麻醉机
	寒亭街道卫生院	B 超 LOGRG180、电刀、心电监护仪 PC-900
	固堤街道中心卫生院	心电图机 2 台
	高里街道中心卫生院	无影灯、CT、洗片机、除湿机
	河滩卫生院	洗胃机
	区妇幼保健院	产后康复综合治疗仪 T2-CH、超短波治疗仪 DL-C-BII 型、尿液分析仪 150、宫腔镜
	区医院	细菌培养箱、生物安全柜
	开元街道卫生院	500mAX 光机
2007	开元街道卫生院	彩超，消炎止痛治疗仪
	寒亭街道卫生院	心电综合分析系统
	高里街道中心卫生院	母婴监护仪
	泊子卫生院	高频电刀
	朱里街道中心卫生院	心电工作站、彩超、洗片机
	河滩卫生院	尿液分析仪、母婴监护仪、眼科显微镜
	区医院	纤维电子肠镜
	区妇幼保健院	血凝仪 CL-2000B 电子阴道镜、多普勒胎心仪 A8200S2、腹腔镜、臭氧治疗仪、飞利浦彩超 HDIIXE

续表 26-3

年份	所属医院	设备名称
2008	开元街道卫生院	经颅彩色多普勒、全自动分析心电图
	南孙卫生院	膝关节湿蒸器
	寒亭街道卫生院	全自动生化分析仪 BS-220
	高里街道中心卫生院	胎心监护仪、全自动生化分析仪、彩超
	泊子卫生院	无影灯、全自动三导心电图机
	朱里街道中心卫生院	半自动生化分析仪、离心机、全自动生化分析仪
	河滩卫生院	全自动血细胞分析仪、半自动血凝仪、心电图
	区皮防院	半自动生化分析仪
	区医院	自动血球分析仪、电发光免疫系统、全自动血凝仪、脑电图、数字减影血管造影机
	区妇幼保健院	听力筛查仪、康复治疗机、全自动生化分析仪 KY300、综合治疗仪 HBC-2000
2009	寒亭卫生院	麻醉剂、彩超 LOGIQEXPERT
	固堤街道中心卫生院	彩超
	泊子卫生院	全自动生化分析仪、血球仪、B 超、x 光机
	区医院	电解质分析仪、全自动尿液分析仪、彩超 2 台、数字全景 X 线机、肌电诱发电位仪、电子十二指肠镜、大血管止血系统、电子鼻咽喉镜、胸腔镜、脑室镜、高压氧舱、数字减影血管造影机、数字牙科全景机
	区妇幼保健院	光子治疗仪 NM-B 型、全自动血液分析仪 ABXMICROS60、血凝仪、超短波治疗仪 DL-C-BII 型、视力筛查仪 AR-20、妊高症检测仪 TS6010-C
2010	开元街道卫生院	压力消毒锅
	南孙卫生院	微机胎儿监护仪
	寒亭街道卫生院	电子阴道镜
	高里街道中心卫生院	光度计
	朱里街道中心卫生院	脑电图机、CR 成像系统
	河滩卫生院	心电监护仪
	区医院	血糖仪、磁共振、美国 GE128 层螺旋 CT
	区妇幼保健院	半自动生化分析仪 GF-D200A、超声多普勒胎心仪 TY288、利普刀 DGD-300C-2
2011	南孙卫生院	心电监护仪、柯达 CR-360 系统、全自动生化仪
	寒亭街道卫生院	电子血压计、心电图
	高里街道中心卫生院	CR
	朱里街道中心卫生院	五分类血球分析仪
	河滩卫生院	奥林巴斯显微镜
	区医院	多功能麻醉机、肺功能测试仪
	区皮防院	红光治疗仪、紫外线光疗仪
	区妇幼保健院	听力筛查仪、麦迪逊超声诊断仪 ACRRVIXV10、微量元素分析仪 QL800-III、全自动血凝仪 CA500、多普勒胎心仪 TX268

续表 26-3

年份	所属医院	设备名称
2012	南孙卫生院	尿液分析仪、柯达 CR-360 系统、全自动生化仪
	寒亭街道卫生院	供氧设备
	固堤街道中心卫生院	动态心电图
	泊子卫生院	皮试仪
	河滩卫生院	电解质分析仪
	区医院	模拟定位机、瑞典医科达直线加速器、GE 数字胃肠
	区妇幼保健院	医用臭氧治疗仪 WEM-T133、高频电刀 B-II、电解质分析仪 AC9000、产后康复治疗仪 TZ-CH300 型、婴幼儿经皮试黄疸测试仪 NJ33
2013	开元街道卫生院	离心机
	南孙卫生院	救护车
	寒亭街道卫生院	超短波治疗机、动态心电记录器
	高里街道中心卫生院	经颅多普勒
	泊子卫生院	全自动生化分析仪、监护仪、血氧饱和度仪
	朱里街道中心卫生院	500mAX 光机
	河滩卫生院	彩超、500mAX 光机、全自动生化分析仪
	区妇幼保健院	产后康复治疗仪 HBC-1000 服务型、2000 服务型、2000 豪华型，全自动尿液分析仪 U120、超声仪 SONOACE X8、分娩监护镇痛仪、新生儿黄疸仪、全自动血液分析仪、特种光盆腔炎治疗仪、全自动生化分析仪、全自动电解质分析仪
	区医院	大血管止血系统、电子鼻咽喉镜、乳腺机、可视无痛流产仪、前列腺气化电切、MRL-4 型内生场热疗机、美国 GE 数字彩超、法国思塔高血凝仪、日本东亚五分类血液分析仪、日立全自动生化分析仪、瑞士罗氏全自动电化学发光仪

第五节　急诊急救与献血

急诊急救

1989 年，区医院急诊科设接诊室、抢救室、手术室、治疗室、观察室、病房，有救护车 2 辆，年接诊病人 2500 人次。全区 12 个乡镇医院、卫生院都设立急诊科，配备急诊急救设备器械，承担辖区内急诊急救任务。1998 年 4 月，区医院成立 120 调度中心，并参加 110、120、122 联动，有救护车 3 辆，配专职跟车医生。2001 年，央子镇成立全市第一家乡镇医院 120 急救站，接受市 120 指挥中心统一调度。2002 年 3 月，区医院与潍坊市 120 指挥中心联网，接受市 120 指挥中心统一调度；朱里、高里 2 个乡镇卫生院设立 120 急救站，由市 120 指挥中心统一调度。2004 年，高里、朱里 2 个卫生院的急诊室与门诊、病房合为一体，配备 3 名医护人员、救护车 2 辆。2013 年，全区有救护车 6 辆，由市 120 指挥中心统一调度。

无偿献血

1995 年 8 月，寒亭区成立献血领导小组，领导小组办公室设在区卫生局。2005 年 3 月 23 日—29 日，启动“应急爱心血库”活动，全区 1000 多人参加义务献血。2006 年 5 月，全区 120 多名医务工作者参与造血干细胞血样采集。

1999—2013 年寒亭区无偿献血统计表

表 26-4

年份	献血（人次）	献血总量（毫升）
1999	1881	388600
2000	3286	676280
2001	2342	486400
2002	3457	723200

续表 26-4

年份	献血（人次）	献血总量（毫升）
2003	1443	309560
2004	881	243701
2005	1446	369920
2006	1061	308000
2007	1247	376800
2008	744	259300
2009	954	336800
2010	1218	436800
2011	1020	246000
2012	522	131400
2013	390	71500

第四章　卫生保健

第一节　农村初级卫生保健

1991—1993 年，在朱里、寒亭、央子 3 个镇开展初级卫生保健试点。1992 年，全区行政村卫生室建室率 100%，甲室率 85% 以上。1994 年 1 月，山东省初级卫生保健达标验收团确认寒亭区达到初级卫生保健小康型目标。1995—2001 年，在张氏镇卫生院试点，推行乡村一体化管理，建立机构、人员、技术“三准入”制度。2002 年，全区设置一般卫生室 268 个、中心卫生所 52 个，达到“标识、性质、法人、管理”四统一；建立乡村卫生技术人员档案，对全区 412 名乡医登记注册。2005 年，全区设置建筑面积 60 平方米以上中心卫生所 52 个；设置建筑面积 45 平方米以上一般卫生室 325 个，基本做到一村一室。2008 年，推行标准化卫生室建设，在建筑面积、房屋设施、科室设置、基本医疗设备、管理制度、人员配备等方面统一标准。调整村卫生室设置规划，每 2000 名服务人口或 1 个行政村核定 1 个卫生室；对村卫生室业务用房整修，基本设备配置项目按照“标准化验收，合格后奖补”原则，每 2000 人奖补 2.5 万元。开展乡村医生培训项目，实行“考核一人、合格一人、补助一人”原则，政府补助标准为每周期每人 700 元。2010 年，启动基层医疗卫生队伍建设规划，380 名乡村医生参加以全科医师培训为重点的系统化理论学习和技能培训。2011 年，全区 120 个规划卫生室通过省卫生厅验收，并于 2011 年 1 月 1 日起全部实施基本药物制度。

2013 年，村卫生室纳入全省统一规划，业务用房在 80 平方米以上，诊断室、治疗室、药房、观察室“四室分开”，达到通水、通电、通路、通电话、通网络等条件；财政对每个卫生室补助 1.5 万元，统一配备氧气瓶、治疗推车、人工呼吸机等诊疗设备，药品柜、消毒锅等辅助设备和电脑等健康教育设备。

1997—2013 年，朱里街道北曹埠村、东庄子村，固堤街道东南牟村，高里街道黑埠子村、张家村，寒亭街道南纸房村获“全省农村爱国卫生专项整治先进村”称号；寒亭街道叶家庄子村、西杨家埠村，朱里街道富一村、大杨家村，高里街道张家村、西官亭村获省级“卫生村”称号；朱里街道冯家村，央子街道固堤场村等村获市级“卫生村”称号；寒亭街道前仉庄村、南纸房村，高里街道朱王村、后沟村，固堤街道北张家埠村等村获市级“爱国卫生示范村庄”称号；寒亭街道赵家埠村，朱里街道东庄子村等村获市级“十佳村庄”称号。

第二节　城市社区卫生服务

2001 年 9 月，寒亭区进行社区卫生服务试点。2002 年 11 月，建成商城社区、运河西街社区、镜湖社区、万春园社区、蝶园社区、益新街社区卫生服务站，开展以医疗、预防、保健、康复、健康教育、计划生育指导为主要内容的卫生服务。2008 年，设置寒亭街道社区卫生服务中心、9 所社区卫生服务站（寒亭街道蝶园社区、文化街社区、万春园社区、益新街社区、运河西街社区、镜湖社区、商城社区卫生服务站，开元街道通亭街社区和开元社区卫生服务站）。10 所社区卫生服务机构承担为辖区居民提供健康教育、预防、保健、康复、计划生育技术以及一般常见病、多发病诊疗服务，城区“十分钟”就医圈形成。

第三节　儿童保健

1991 年，全区有 8 名儿童保健人员，其中主治医师 1 名、医师 7 名，负责区直学龄儿童查体和乡镇儿童保健指导。1992 年 1 月，在全区范围内进行出生婴儿死亡漏报调查，调查婴儿 2885 名，调查活产婴儿 2849 例。1996 年 1 月，与区教委联合对儿童入托入园进行健康查体，对 597 名高危儿童进行专案管理；7 月，开展争创爱婴区活动，举办母婴喂养知识培训，并向孕产妇及家属发放母乳喂养指导材料。1997 年 4 月，对 675 名高危儿童进行专案管理，婴儿死亡率降至 10.14‰；创建爱婴医院。1996—1999 年，对 14 岁以下儿童实施麻疹疫苗强化免疫接种，同时分别对 1.5～2 岁、7 岁、12 岁儿童进行麻疹疫苗复种。2002 年，进行新生儿疾病（苯丙酮尿症和先天性甲状腺功能低下症）筛查和聋儿免费筛查。2004 年，根据《潍坊市学龄前儿童麻疹疫苗强化免疫活动实施方案》，对全区 8 月龄至 6 周岁儿童进行麻疹疫苗强化免疫。1990—2006 年，对 0～4 岁儿童进行脊灰强化免疫，实现全区无脊灰野病毒株病例，完成无脊灰证实目标。2007 年，推行儿童预防接种信息化管理，完善儿童接种数据档案管理。2010 年，对全区儿童进行体检，监测儿童生长发育，开展新生儿听力筛查、学前查体等。2011 年，每年春、秋季对入园儿童进行健康检查及生长发育评价。2013 年，新生儿疾病筛查率 99% 以上，儿童健康管理率 93.2%。

第四节　妇女保健

1991 年，区妇幼保健站配合初级保健工作，建立健全孕产妇系统管理制度、儿童保健制度及乡镇、村妇幼保健工作制度；10 月，全区实施《妇幼保健保偿细则》。2002 年，向农村计划生育育龄妇女免费提供避孕节育技术服务。2005 年，进行婚前检查 2800 人，对影响婚育疾病提出暂缓结婚指导意见；对 2268 名准备生育妇女进行病毒监测；对全区妊娠 14～17 周孕妇进行“唐氏筛查”；开展微量元素检测和输血前丙肝、梅毒、艾滋病筛查及 RH 血型检查。2008 年，开展免费婚前医学检查，对进行婚前医学检查人员进行有关婚姻保健知识、孕前保健知识、优生优育指导；宣传增补叶酸预防神经管缺陷知识，提高目标人群增补叶酸知识知晓率和叶酸服用率。2013 年，对从事母婴保健服务机构、人员进行重新审查登记和技术培训。

第五章　疾病预防控制

第一节　传染病防控

1989年1月，区服装厂托儿所发生肝炎疫情，区防疫站对查出的8名患病儿童采取隔离治疗措施，对托儿所进行全面消毒；5月，通过对210名7岁和12岁儿童开展结核病免疫水平调查，发现7名结核病患者并落实治疗措施；9月，成立寒亭区传染病防治工作领导小组。1991年，对城区和朱里镇等30个肝炎疫情暴发点进行调查处理，采集血清220份，病人粪便9份，送上级业务单位作病毒鉴定。1994年4月，寒亭区世界银行贷款防控结核病项目启动，寒亭区成立结核病防治项目领导小组；项目运转9个月，发现可疑结核病人133人，确诊46人。

2003年，购置酶标检测仪和德利卡牌疫情处理专用救护车；举办7期培训班，录制电视节目6期，发放防病工作指南7000份；监督检查学校104处，食品单位、公共场所2400户次，印发消毒标志1.5万份。2004年3月，对2处风疹暴发点及时进行流行病学调查处理，对1336人进行风疹疫苗应急接种，控制疫情发展。2006年，将75个非典监测点调整为50个，更名为公共卫生综合监测点，常年对重点传染病进行监测。

1989—2009年，按照传染病报告要求，只统计乙类传染病发病率。2010—2013年，丙类传染病纳入传染病发病率统计报告范围。1989—2013年，全区传染病发病率处于全市较低水平，无重大传染病暴发流行；无甲类传染病报告。

图26-2　2003年，寒亭区开展预防“非典”宣传活动。

1989—2013年寒亭区传染病（前五位）发病统计表

表26-5

年度	发病数（人）	发病率1/10万	病毒性肝炎	细菌性痢疾	结核	出血热猩红热	伤寒	斑疹伤寒	淋病梅毒	手足口病	麻疹甲流	乙脑腹泻
1989	776	222.1	34.7	47.6		7.9	4.3	2.2				
1990	611	177.1	34.7	47.7		7.9	4.1	3.3				
1991	590	167.5	36.4	50.7		8	0.9	2.4				

续表 26-5

年度	发病数（人）	发病率 1/10 万	病毒性肝炎	细菌性痢疾	结核	出血热猩红热	伤寒	斑疹伤寒	淋病梅毒	手足口病	麻疹甲流	乙脑腹泻
1992	413	117.6	31.2	54.2		9	1.2	3.2				
1993	274	77.9	30.7	27.4		18.6		4.7			16.4	
1994	264	74.8	26.5	35.6		25.8		7.6				1.9
1995	200	57.2	18	29.5		43		6				2.5
1996	173	49.8	17.7	35.3		17.7	11.8	17.7				
1997	205	59	12.2	49.8	14	18.5		4.4				
1998	200	57.2	19	28	23	23		4.5	1			
1999	280	79.3	5.7	22.5	21	26.8		8.6	9.3			
2000	212	60.1	6.6	17.9	32	15.6			17			
2001	235	66.41	7.2	46	18	15.7	5.5					
2002	253	66.4	7.9	48.2	21	15.8	4					
2003	278	78.1	8.3	51.3	21	6.9			8.6			
2004	447	131.9	14.1	47.6	21	5.8			5.8			
2005	369	109.3	4.3	44.2	30	4.3			8.1			
2006	321	95.2	14	30.8	35	1.9			7.2			
2007	291	86.4	20.6	16.2	41	1.4			7.9			
2008	364	109.9	24.2	6.86	35				3.3	16.5		
2009	251	66.9	31.5	9.2	42.6				5.2		4（甲流	
2010	647	171	8	2.6	12.8					67.9		3.4（腹泻）
2011	932	285	8.4	4	10.7					65.5		3.3（腹泻）
2012	584	178.2	12.2		14.5	6.3（猩红热）				32		18.7（腹泻）
2013	701	232.9	11.4		13.4				3.9（梅毒）	40.2		15.8（腹泻）

注：每年度只统计前五位传染病发病数据。

第二节　计划免疫

1989 年，实施《寒亭区计划免疫保偿实施办法》，开始计划免疫保偿；6 月，开展计划免疫调查，调查 208 人，建卡 189 人。1992 年，将乙肝疫苗接种列入计划免疫范围，全区新生儿接种 239 人次，学龄前儿童接种 24948 人次。1993 年，开展百日咳疫苗免疫成功率、乙肝疫苗免疫成功率和人群免疫水平监测，分别采集血清 20 人份、50 人份、35 人份。1994 年，开展两轮消灭脊灰强化服用疫苗活动，25488 人次服用脊灰疫苗。1996 年，8 个乡镇卫生院建立集中接种门诊，规范儿童疫苗接种。1998 年，乡镇卫生院接种门诊达到查体室、接种室、观察室“三室”分开，人员、药械、制度、技术“四到位”标准，实行定点、定时接种疫苗。1999 年，有 5 个乡镇卫生院接种门诊通过市卫生局检查验收；适龄儿童服苗 30338 人次，服苗率 99.09%。2001 年，南孙、高里、双杨、张氏 4 个乡镇卫生院通过省级示范化接种门诊初验，其他 7 个乡镇卫生院通过市级规范化接种门诊验收。2005 年，南孙、高里、双杨、张氏 4 个乡镇卫生院通过省级示范门诊验收，其余 6 个乡镇卫生院全部达到市级规范门诊标准。2006 年，把预防接种工作经费列入财政预算，实行免费接种政策；9 月，对全区 12 所预防接种门诊和 12 所产科接种室颁发“山东省预防接种认证书”，对所有从事免疫预防工作人员发放上岗证。2008 年 5 月，纳入免疫规划疫苗种类由原来 7 种增加到 11 种，新增免疫规划疫苗全部纳入常规冷链运转。2010 年，甲肝减毒活疫苗纳入免疫规划，同时乙肝表面抗原阳性母亲所生新生儿全部启用 10 微克乙肝疫苗免费接种，有 12 种疫苗纳入国家免疫规划。2011 年，对 1996—2001 年出生儿童补种乙肝疫苗，补种第二、三针 728 针次；对 15 岁以下儿童查漏补种流脑疫苗 7400 人次；对大中专院校学生及流动务工人员摸底调查，免疫接种麻疹疫苗 5584 人；对 16 ~ 60 岁重点人群接种出血热疫苗 1 万人次。2012 年，免疫规划疫苗达到 13 种、23 针次，全部实行免费接种，免疫规划疫苗接种率 95% 以上，乙肝首针及时接种率 99%。2013 年，在寒亭街道和朱里街道卫生院建成全市第一批数字化预防接种门诊。

第三节 寄生虫病和地方病防治

寄生虫病防治

1989 年，加强疟疾疫情监测，全区设立镜检站 10 个，完成镜检 1800 人次，均为阴性；登记流动人口 153 人，对疫区进入的 130 人全部采取预防服药措施。1990 年，开展对重点人群疟疾预防服药和血检监测，服药 241 人、血检 527 人。1991 年，设立 11 个镜检站，共血检“三热”病人 1810 人次，未发现原虫携带者。1993 年，对 216 名不明原因发热病人进行血检，未发现疟原虫携带者。1996 年，开展全民服用驱虫药活动，服药 10 万人。1997 年，开展学生肠道寄生虫病防治，服用阿苯达唑 9 万片。2013 年，因疟疾防控工作成绩突出，寒亭区代表潍坊市接受省卫生厅组织疟疾防治工作督导检查，专家组认为寒亭区达到消除疟疾指标要求。

地方病防治

1989 年以后，地方病防治工作纳入政府重要议事日程，特别是碘缺乏病与氟中毒成为地方病防治重点。1996 年，开展碘缺乏病病例监测，抽查 6 所学校 882 名学生，甲状腺肿大 149 人；同时为 6 万人补服碘油。2000 年，开展碘盐监测和疫情监测，采盐样品 240 份，监测结果全部达到国家规定标准；抽查学生 320 名，甲状腺肿大 26 名。2005 年 9 月，对南孙、高里、朱里 3 处乡镇 206 名小学生进行甲状腺肿大率调查，对其中 50 名进行尿碘检测，甲状腺肿大 10 人。2009 年，对 3 个村 90 名儿童进行氟斑牙调查，采集尿样 148 份；3 月，全省地氟病防治项目现场培训会议在寒亭召开。2010 年，承担中央补助山东省地方病防治项目中地方性氟中毒、碘缺乏病病情监测及健康教育项目工作任务，对 136 名 8 ~ 12 岁儿童开展儿童氟斑牙调查，成人氟骨症 X 线拍片检查 152 人，采集水样 8 份，调查问卷 270 份；对碘缺乏病项目涉及的 5 处街道 20 个村，采集碘盐样本 300 份进行碘含量检测；承担山东省农村重点肠道寄生虫防治项目基线调查，填写调查问卷 487 份，采集标本 1051 份。2011 年，对 3 个镇街的 3 个行政村改水工程运行状况、水氟含量、儿童氟斑牙状况调查在内的项目进行全面监测，氟斑牙检出率 52.83%；对 20 个村进行碘盐监测，采集碘盐样本 300 份，碘盐检测合格率 99%。2012 年，开展居民食用盐含碘量监测，碘盐覆盖率 100%，碘盐合格率、合格碘盐食用率均为 95.33%，结果均达到消除碘缺乏病指标要求。2013 年，通过采集居民户食用盐标本，进行碘缺乏病监测，经检测碘盐覆盖率 100%；监测改水工程 1 个、改水村 3 个，改水工程及改水村符合标准要求；进行地方性氟中毒监测，水氟检测合格，监测3个村，检查8～12岁学生103人，检出氟斑牙病例50例，氟斑牙为轻度流行。

第四节　专科病防治

精神病防治

1972年，寒亭区精神卫生中心在朱里卫生院成立。1989年，有工作人员10名，其中医生3人、护士7人；业务用房800平方米。1992年，新建1050平方米业务用房，分门诊区、住院区、心理咨询服务区。2013年，有16名工作人员，其中医师7人、护士9人；开放床位70张，年门诊诊疗4000人次。

中心有脑电图机、心理CT、音乐治疗仪、大脑生物反馈治疗仪、沙盘器材、睡眠治疗仪等诊疗设备。开展重性精神障碍患者诊疗、精神卫生社会防治、心理咨询健康服务等业务。另外开展心理咨询服务，对心理障碍患者进行心理治疗。

1989—2013年寒亭区精神卫生中心收治患者统计表

表26-6　　单位：人

年份	收治患者	年份	收治患者
1989	60	2002	146
1990	77	2003	150
1991	80	2004	140
1992	99	2005	150
1993	102	2006	155
1994	112	2007	156
1995	118	2008	157
1996	122	2009	158
1997	128	2010	160
1998	130	2011	162
1999	134	2012	170
2000	140	2013	177
2001	144		

艾滋病防治

2001年，进行以健康教育为主、血清学检测为辅的艾滋病综合预防措施，利用多种形式宣传艾滋病防治知识。2005年、2006年先后对外来人员进行HIV感染状况筛查，共摸底1041人，采血860人，对检出艾滋病感染者及病人落实管理措施。2007年，对重点人群进行血清学检测，共检测156人，初筛均为阴性。2009年，对重点人群HIV抗体进行检测，全年检测5059人次。2013年，开展重点人群检测，检测11760人次；做好艾滋病病毒感染者及病人随访管理。

第五节　慢性非传染病防控

随着对慢性病危害认识的提高，慢性病被纳入防控体系。1999年，成立区高血压防治中心和肺部疾病防治中心，集疾病防治知识宣传、咨询、治疗为一体。2009年，加强死亡因素监测，建立三级慢病防治网络报告系统，全年报告死亡病例1372例，辖区粗死亡率4.24‰。2010年，承接四个国家级高血压及心血管病防治项目：国家“十一五”科技支撑计划高血压病综合防治研究副课题——“中国血压正常高值伴心血管危险因素者的干预研究”项目，第一组56名受试者随访6次，第二组28名受试者完成4次访视，此项目得到中国高血压联盟认可；承接中国医学科学院阜外医院与美国杜兰大学健康科学中心合作“高血压盐敏感性遗传流行病学研究”项目，完成4组、205人膳食干预，验证低盐膳食对血压的益处；承接卫生部心血管病防治中心“心脏终点事件预防性研究”项目，成功入选98例；承接卫生部心血管病防治中心“高血压治疗与管理卫生经济学评价”项目，对7个社区卫生服务站和7个街道卫生院1031人进行问卷调查和免费体检。2011年，继续实施正常血压高值科研项目，完成335人次随访、发药任务；建立完善死因监测三级网络直报系统。2012年，创建省级慢病综合防控示范区，完善慢性病防控保障措施，健全社区、医院、疾控三位一体慢病综合防治体系，形成覆盖街道、社区、自然村三级慢病综合监测报告系统。

2013年，启动慢病示范区创建工作，组织街道卫生院和城区社区卫生服务站开展慢病监测调查，编制社区诊断分析报告；推进减盐防控高血压项目，开展低盐饮食宣传；配合国家“十二五”科技支撑计划课题——职业人群高血压规范化管理效果评价项目实施，从1570名项目参与者中确定166名规范管理对象并每月进行随访管理。同年，立项“基于卫生经济学评估的高血压最优降压方案研究”，被市卫生局评选为十大优秀科研课题。

第六节 爱国卫生运动

除害防病

1989年2月，区政府决定把每年3月20日至4月20日作为全区爱国卫生活动月，每年春、冬季集中开展灭鼠活动。1990年，进行2次爱国卫生突击活动，清除垃圾，消灭蚊蝇。1991—1997年，采取消除蚊、蝇、鼠害孳生地为主，药物消杀为辅的综合防治措施；每年在5月—10月，集中进行蚊蝇消杀，把“四害”（老鼠、苍蝇、蚊子、蟑螂）密度控制在国家规定范围内。1998年，通过配合创建卫生城市活动，加强除蝇、灭蚊、灭鼠技术指导，开展医学媒介昆虫、动物疾病防治，做好疫点疫区消杀；4月—10月，开展蚊蝇密度监测，全区蚊、蝇密度达到卫生城市标准，鼠密度控制在1%以下。2001年，全区设监测点26个，对媒介昆虫、蚊蝇密度监测，掌握鼠类和蚊、蝇密度与季节消长情况。2003年以后，举办灭鼠技术培训班，加强对除四害人员培训。2004年，灭鼠工作通过国家验收；完成“两灭一控”（灭蝇、灭蟑、控蚊）任务，除四害工作通过省爱卫会验收。

2009年7月15日—22日，在全区范围内开展环境卫生整治，对张面河、浞河等城区河道以及周边绿化带进行治理；完善集贸市场、“五小”（小食品经营及加工单位、小理发美容店、小旅店、小浴室、小歌舞厅）单位、食品生产经营单位以及宾馆、饭店、医院、学校、商场、居民区等区域的防蚊蝇设施；疏通地沟、下水道，实行垃圾袋装密闭。7月23日、25日，进行两轮集中消杀，投放鼠药近2吨、杀虫粉剂180千克，放置粘鼠板约4万个、粘蟑板1000个。2013年，进行春秋灭鼠，夏季灭蚊蝇、灭蟑螂，组织寒亭街道、开元街道、杨家埠旅游开发区按照统一安排，在规定时间内，将免费提供的14万包灭蟑方便贴、16万袋杀虫饵剂、200千克灭鼠药品发放到城区居民家中，进行统一灭杀。

改水改厕

1982—1989年，全区用于改水资金531万元，中、重病区改造全部完成，轻病区改造43个村，受益16.12万人。1999年，寒亭区筹资修建引峡济寒工程通水，解决央子、南孙、肖家营、泊子4个乡镇的10万多人用水。2004年，启动村村通自来水工程，农村自来水受益7.95万户，其他用户改用手压井，彻底告别大口井，杜绝水源传播疾病发生与流行。

1995年，进行农村改厕试点，每个乡镇选1个自然村、每村安排30户修建“三格化粪池式”卫生厕所，当年修建卫生厕所2700个。2006年，把改厕工作列为新农村建设重要内容，按照统一建设标准、统一技术指导、统一材料供应、统一组织施工、统一检查验收要求，以及“政府倡导、群众自愿、量力而行、自建公助、多方筹资、因地制宜、分类指导、典型引路、建管并重、市场运作”原则进行改厕工作，每个改厕村配备2～3名专职技术人员把握质量。2009—2013年，完成中央补助地方改厕项目3200座。

创建卫生城市

1991年，寒亭区开展创建省级卫生城市活动。区政府印发《关于开展创建卫生城市活动的通知》，制定规划和实施方案；加强食品卫生法等法律法规培训和从业人员健康查体。1995年，培训卫生从业人员575人次，办理健康证3502个，审核发放许可证1002个，监督检查3480户次。同年，寒亭区被省爱卫会命名为省级卫生城市。

1996年，潍坊市开展创建全国卫生城市活动，寒亭区作为中心城区之一，积极参加创建活动。1998 年，依照创城标准，组织拉网式检查 5 次，监督检查 2910 户次，采样 147 份，行政处罚 86 家；培训管理人员 1020 名、从业人员 32263 名；编写印发各种卫生制度、食品卫生知识宣传单等宣传材料。2003 年，区政府办公室印发《关于创建国家卫生城市工作实施方案》，全区各单位和各街道、村（居）委会，按照职责开展创城工作。2005 年 8 月，通过省级验收考核。2006 年 10 月、2007 年 8 月，通过全国爱卫会两次暗访考察。

2008 年，根据《寒亭区创建国家卫生城市考核鉴定责任分工》，开展环境卫生综合整治和食品生产经营单位、公共场所卫生治理及“除四害”活动。重点做好人禽流感等呼吸道传染病，霍乱等肠道传染病，艾滋病、狂犬病、结核病等重点疾病防治知识宣传；对城区居民小区健康教育宣传栏内容定期更换；加强食品、公共场所和生活饮用水卫生监督。寒亭区创卫工作通过了全国爱卫会组织考核验收。同年 4 月，国家爱卫会正式命名潍坊市为国家卫生城市。

2012 年，全区开展健康教育、传染病防治、环境卫生整治、食品卫生和公共场所卫生整顿、病媒生物防治、社区卫生和城中村、城乡接合部卫生整治等工作，迎接国家卫生城市复审；11 月，创城复审工作通过国家爱卫会验收。

第六章　公共卫生监督

第一节　食品与公共场所卫生

1989 年，全区有食品经营单位 1266 家，从业人员 3400 人。采取经常性监督与重点检查相结合的方式，全年监督食品经营单位 4810 户次；监督管理 182 家公共场所。1990 年，按照《潍坊市创建食品卫生达标县区方案》标准要求，对全区食品生产经营单位进行摸底调查，对查出的 60 名“五病”（痢疾、伤寒、甲型病毒性肝炎和戊型病毒性肝炎等消化道传染病，以及活动性肺结核、化脓性或者渗出性皮肤病等疾病）患者调离食品岗位；发放健康证 3303 个，发放卫生许可证 1165 个，建立食品卫生分户档案；监测饮食单位 5290 户次。1991 年，全区食品卫生工作达到创建标准，通过潍坊市组织的考核验收。1992 年，省卫生厅经评审验收，认定寒亭区达到省级食品卫生达标县区标准，颁发“山东省食品卫生达标县区”标牌。1993 年，对辖区内所有食品冷藏厂进行预防性消毒，消毒面积 1 万平方米；对 130 家食品生产经营单位进行现场灭蝇；对 18 家中小学校食堂进行检查，与负责人签订食品安全责任书；推广使用一次性筷子等一次性卫生用品。1994 年，开展水源调查和水质监测，监测 16 个单位，采水样 19 份，水质合格率 73.68%。1996 年，对全区食品加工单位进行监督监测，抽查样品 652 份，合格 558 份。1999 年，寒亭宾馆等 4 家单位被评为市级食品卫生单位。

2001 年，规范公共卫生秩序，采取逐街逐户拉网式整顿方法，监督检查 892 户次，“三证”（经营许可证、卫生许可证、健康证）持有率 98%；对食品摊点集中的市场进行重点治理，督促业户配齐“四防”（防尘、防蝇、防鼠、防腐）设施，制止露天加工销售食品；规范卫生许可证审验和从业人员健康查体，食品、公共场所量化分级管理建档率、监督覆盖率、从业人员体检、培训、“五病”调离率均为 100%。2004 年，推行量化分级管理，食品、公共场所卫生监督由定性管理向定性定量相结合的动态管理转变，量化分级管理率 100%。2009 年开始，卫生许可证审验与发放统一到行政审批大厅办理。

2011 年，实行公共场所量化分级管理和“五四制”（四加强、四统一、四建立、四及时、四做到）管理模式相结合，配合文明城市创建活动，加强公共场所监督检查。2012 年，按照小型公共场所管理标准，对城区范围内 203 家公共场所进行集中整治。2013 年，继续推行公共场所“五四制”管理模式，加强公共场所规范化管理。

1989—2013 年寒亭区卫生健康查体培训和发放卫生许可证统计表

表 26-7

年份	健康查体培训（人）		查出五病人数	发放卫生许可证（个）	
	食品行业	公共场所		食品行业	公共场所
1989	3356	209	84	931	55
1990	3305	565	71	1165	172
1991	2429	443	64	929	145
1992	3845	373	65	1403	186
1993	3610	463	40	1257	66
1994	3020	486	30	960	120
1995	3521	437	19	895	107
1996	2386	394	20	850	73
1997	2105	179	6	935	82
1998	1902	400	9	841	95
1999	2316	350	4	852	122
2000	2983	244	10	771	77
2001	3555	347	18	1029	131
2002	3164	210	15	657	102
2003	3023	347	26	753	88
2004	3632	373	42	922	128
2005	3132	373	47	962	138
2006	6332	349	68	948	125
2007	4805	521	65	1246	211
2008	5465	703	97	966	67
2009	4880	712	91	532	122
2010	4535	685	65	376	104
2011	5315	723	68	0	160
2012	4721	695	57	0	226
2013	4462	648	53	0	103

注：2011 年开始，食品行业不再发放卫生许可证。

第二节　学生常见病防治与学校卫生

1990 年，对寒亭六中 300 多名学生进行用眼知识宣传，发放近视镜 200 余副；对寒亭区一中 380 名学生和全区 150 名幼儿教师进行健康查体。1991 年，实施小孔眼镜治疗近视眼效果观察，对区实验小学 100 名近视学生进行治疗，发放小孔眼镜200付。1993年，对2400名中小学生进行体质健康监测，以生长发育和患病状况为依据，进行统计学处理，为学生常见病防治提供依据。2002年，开展学生预防性健康查体，共查4.2万余人；对眼镜配制经营户实行“验光资格证”“健康证”制度，“两证”持有率100%。2011年，对全区140所大中专院校、技工学校、中小学及托幼机构进行卫生专项整治，对学校传染病防控、生活饮用水及学校环境卫生进行监督管理；对辖区3158名高中在校学生进行健康查体，并建立健康档案。2012—2013年，每年6月对全区所有学校进行饮用水卫生、教室卫生和传染病防治等专项监督检查；每年7月—9月，对高中学生进行体检。

第三节　职业卫生

1989年，对厂矿有害因素进行监测，检查企业23家，产尘点15个、接尘工人2219人，产毒点25个、接毒工人36人。1990年，对从事铅、锰、苯作业工人进行职业健康查体，共查体164人，查出疑似锰中毒1例。1993年，对60名接触溴素作业工人进行职业病查体，未发现职业病患者。1994—1997年，对933名从事粉尘作业、毒物作业工人进行职业健康查体。2000年，对全区从事粉尘、毒物作业的923名工人进行职业病体检，查出O＋棉工尘肺8人，肺部疾患30人。2001年，对粉尘、噪声、毒害较重的17家企业设立105个监测点。

2004年，对13家企业1400名职工进行职业健康查体，查出疑似职业相关性损害19人，调离职业禁忌岗位13人。2005年，对14家放射工作单位的16台医疗诊断X线机进行监督监测，合格率93.0%；对43名上岗放射工作人员进行个人剂量布片监测，监测率100%。2008—2009年，实施职业卫生“四个一”工程；对有毒有害作业进行专项整治，对化工、纺织、陶土、造纸等行业进行治理整顿，对65家重点企业下达卫生监督意见书，对1482名从事有毒有害作业人员进行职业健康检查，为作业工人建立职业健康监护档案，发放职业健康监护证；对全区14台X线机进行防护性能监测，对50名放射工作人员进行查体培训，各医疗单位“放射诊疗许可证和放射工作人员证”持证率100%，放射工作人员职业健康监护、建档率100%，个人剂量检测覆盖率100%。

2010年，加强有毒有害企业职业危害项目申报和职业危害作业场所监督管理，对65家重点企业下达卫生监督意见书；为1700名接毒接害工人进行职业健康检查和职业健康监护，建立职业健康监护档案。2012年，全区56家用人单位建立职业卫生档案管理系统。对从事有毒有害作业的1300名劳动者进行职业健康检查，复查20人次，5人调离职业禁忌岗位。为21家放射诊疗单位发放“放射诊疗许可证”，为73名放射工作人员办理“放射工作人员证”，“两证”持有率100%；放射工作人员四次剂量监测覆盖率100%；完善个人剂量档案和放射工作人员健康档案；对X射线机进行防护监测和状态监测监测，监测覆盖率100%。

2013年，对从事有毒有害作业的903名劳动者进行职业健康检查，并建立健康监护档案，复查14人次，3人调离职业禁忌岗位；对全区各级各类放射诊疗机构的22台X射线机进行防护监测和状态监测监测。

第四节　饮用水卫生

1989—1996年，在枯水期和丰水期分别采集28处供水点，对全区54处自备水源进行水质全分析，采集水样62份，合格率91.76%。2004年，对两家集中式供水单位水源水、出厂水及末梢水和20处自备水源进行水质监测，监测样品30件，合格25件；监测600项次，合格589项次。2009年，根据生活饮用水卫生标准，制定生活饮用水卫生监督量化分级管理实施方案、评分标准，增强行政执法可操作性。这一监管模式在全市推广。

2011年，对全区41处供水工程、399份水样水质检测结果进行分析，所有检测资料进行整理归档，形成寒亭区农村集中供水工程水质普查报告。2012 年，对全区农村公共供水单位进行检查，核实农村集中式供水单位底数，建立完善供水单位卫生监督分户档案 36 卷。同时，采集出厂水和末梢水进行水质监测。2013 年，按照生活饮用水检测规范，对水源水、出厂水和末梢水抽样检测，均达到生活饮用水标准。

第七章 食品药品监督管理

第一节 机 构

潍坊市食品药品监督管理局寒亭分局

1989 年，寒亭区药品检验所有专业技术人员 6 人，设理化室、中药室、生测室、办公室。2000 年 11 月，划归潍坊市药品监督管理局垂直管理，人员、经费、业务等同时划出。2007 年 1 月，在区药检所基础上，组建潍坊市药监局寒亭区分局，为正科级行政机构，编制 16 人，设办公室、业务科、快检室、稽查队。2011 年 3 月，更名为潍坊市食品药品监督管理局寒亭分局，核定行政编制 10 名、事业编制 15 名；设寒亭区食品药品稽查大队，为食药监局寒亭分局所属事业单位。

寒亭区食品安全协调委员会办公室

2007 年 5 月，区政府办公室印发《寒亭区安协委成员单位工作职责》，明确潍坊市药监局寒亭区分局和区卫生局食品安全协调职能；11 月，成立镇（街办）食品药品监督管理站。2011 年 6 月，设立寒亭区食品安全委员会，日常工作由区政府食品安全委员会办公室（以下简称区食安办）承担。2012 年 1 月，市卫生局承担的食品安全综合协调职能、组织查处重大食品安全事故等职责移交区食安办。

第二节 食品综合监管

1994 年，检查食品单位 2880 户次，行政处罚 78 户次，罚款 29970 元。1999 年，对重点牛奶生产加工、冷饮生产、糕点加工单位及流动摊点加强食品卫生整顿，对不合格单位责令停业或依法予以取缔。2001 年，对冷饮、牛奶、黑瓜子销售市场进行专项治理，检查生产厂家 7 家、经营户 41 家，没收并销毁不合格饮料 300 千克、含矿物油黑瓜子及不合格牛奶 600 千克。2008 年，区政府把食品药品工作列入镇（街）考核，区委、区政府印发《关于在全区开展创建潍坊市食品药品安全示范镇（街道）活动的意见》《寒亭区食品药品安全示范镇（街）考核验收标准的通知》等文件，对发生重大食品药品安全事故的镇（街）实行一票否决。同年，区食安办组织开展 5 次节日食品安全专项检查，开展北京奥运会期间食品安全保障、抗震救灾食品安全保障集中活动 12 次；检查各类食品生产经营单位。2009 年，开展食品添加剂专项整治，对 200 余家餐饮单位进行检查，对查出的 36 份不合格食品添加剂依法没收销毁。组织对三鹿牌婴幼儿奶粉、蚕蛹等食品安全事件处置，检查销售单位 560 余家，对查出的 253.7 千克问题奶粉全部销毁；接诊筛查食用问题奶粉婴幼儿 185 例，未发现 1 例患病婴幼儿。2010 年，加强重大节假日期间餐饮服务单位及公共场所卫生监测，检查各类餐饮单位 200 余家，没收不合格保健食品及“三无”（无生产日期、无质量合格证以及无生产厂家）食品 3 类、50 千克；7 月，开展乳品和含乳食品集中清查，检查食品经营业户 650 家次、原料乳生产单位3家次、奶牛场35家次、牛奶收购站32家次、生鲜乳运输车辆10辆次，收集生鲜乳样品48例、含乳食品样品4例，检测合格率100%；11月，对学校、工地和单位食堂等集中就餐场所，校园周边、城乡接合部等重点区域，对“地沟油”、食品调味料和食品添加剂、畜禽“瘦肉精”、肉类等重点品种开展专项检查。

截至2013年年底，累计出动执法人员3800余人次，查处食品安全案件21起；高里街道创建为市级示范街道，卉香路成为市级示范街，区级示范单位50家。

第三节　药品安全监管

截至2013年年底，全区有药品生产企业2家，药品批发企业8家，药品零售、连锁企业50家，医疗器械生产、经营企业（含药店兼营）33家，保健食品经营企业（含药店兼营）177家，化妆品生产企业2家。

药品监管

2000年，监督实施药品生产质量管理规范（GMP）和药品经营质量管理规范（GSP），药品生产经营单位均通过GMP或GSP认证。2007年，进行监管网络建设，把全区划为2个监管片区，建立区、镇街两级领导小组和2支监管队伍，实现对中药材市场、二类精神药品、疫苗等生物制品、特殊药品、基本药物、麻黄碱复方制剂等重点品种专项常整治态化监管；全区镇街驻地和部分行政村设有零售药店或连锁门店，镇街药品配送率100%；组织开展兴奋剂专项整治，对3家违规销售含兴奋剂药品单位进行处理。至2008年年底，立案查办涉药案件180起。2009年，开展查处违法经营盐酸克仑特罗、“雪域唐清”假冒保健食品、瘦身保健食品等专项检查，查办案件265起，罚没款近13万元。2010年，开展假冒“今雄牌苍穹胶囊”、可丽蕊儿品牌化妆品、假药力源补肾丸、假药十珍排毒强肾胶囊等专项检查，查办案件157起，罚没款13.6万元。2011年，开展人用狂犬病疫苗、假药消渴平、虫草芪参胶囊及利用互联网销售假药、借世博会制售假劣药、宣传销售假药“紫丹银屑胶囊”和“泰尔•稳亚泰”等多项检查，查办案件112起，罚没款10.6万元。2012年，开展问题胶囊专项检查、打击侵犯知识产权和制售假冒伪劣商品专项行动、含麻黄碱类复方制剂百日整治活动；对中药材专业市场、二类精神药品以及含特殊药品复方制剂、药品零售企业抗菌药物等处方药销售监管；加强药品经营企业GSP认证跟踪检查，对疫苗等生物制品、特殊药品、基本药物等10余项药品进行专项检查。查办案件114起，罚没款12.5万元。2013年，对二类精神药品、疫苗、中药饮片等5项药品进行专项整治；开展药品批发企业专项检查、药品连锁门店配送专项检查；开展保健食品“打四非”（打击保健食品非法生产、非法经营、非法添加、非法宣传）专项行动，备案（预登记）保健食品经营企业51家。查办案件74起，罚没款8.3万元。

至2013年年底，完成药品快检920批次，监督抽检202批次，检出不合格药品10批次；全区一级以上医疗机构全部建立监测站点，设立不良反应监测哨点16家，化妆品不良反应监测哨点2家。

医药器械监管

2007—2013年，开展高风险医疗器械、体外诊断试剂、透明质酸钠、避孕套、义齿5项器械专项整治；开展一级以上医疗机构医疗器械专项检查。累计查办药械案件817起，并依法进行处罚。

第二十七编　社会生活

DI ER SHI QI BIAN　SHE HUI SHENG HUO

1989—2013 年，寒亭区精神文明建设以提高市民素质为目的，组织开展文明村镇、文明行业、文明城市等文明创建、和谐创建和思想道德建设等活动，全区先后涌现出省级文明单位 28 个、市级文明单位 35 个、区级文明单位 59 个。伴随经济发展，人们生活水平稳步提高，居民衣着注重时尚品牌消费，饮食讲求质量和营养搭配，住房宽敞舒适，私家车出行已经普遍。

寒亭是古寒国寒浞封地，历史久远，在长期的历史发展过程中，人们受原始宗教、儒家学说、道教理论、佛教文化等综合影响，形成各种信仰与祭祀习俗；80 年代后，寒亭区宗教活动陆续恢复，并随时代而发展。扶老助残传统美德发扬光大。寒亭区残疾人联合会围绕残疾人权益保护，指导、帮助残疾人康复、培训和就业，鼓励残疾人自强、自立。老龄工作组织机构健全，老年优待政策进一步落实，至 2013 年年底，全区有 17 位百岁老人享受政府长寿补贴。随着时代变迁和经济发展，节庆、礼仪等各种习俗不断发生变化，并形成具有地域特色的民间信仰和方言俗语，展现出寒亭古朴、深厚的文化底蕴。

第一章　精神文明建设

1989—2013 年，寒亭区重视和加强精神文明建设，开展文明村镇、文明行业、文明城市等文明创建、和谐创建活动，组织道德模范评选，加强未成年人思想道德建设，全区社会风气明显好转，公民素质普遍提高，传统美德发扬光大，文明新风不断涌现。全区评选出省级文明单位 28 个、市级文明单位 35 个、区级文明单位 59 个；2 人入选“中国好人榜”,2 人入选“山东好人榜”，1 人被评为山东省道德模范。

第一节　文明创建活动

文明单位创建

1989 年开始，寒亭区贯彻《山东省文明单位建设管理条例》，对文明单位进行严格复查、整顿，开展升级达标活动。1994 年，区委、区政府命名表彰寒亭镇西杨家埠等 143 个单位为区级文明单位。1995 年，区精神文明办公室重新制订《文明单位标准》，此后区级文明单位每两年一评，实行动态管理。2002 年，区委、区政府印发《关于在全区组织开展“深化诚信教育、建设信用寒亭”活动意见》，区文明委组织开展“十佳诚信单位”创建活动，评选寒亭农村信用联社等 10 家单位为 2002 年度“十佳诚信单位”；评选寒亭区财政局等 10 家单位为 2002 年度“十佳文明行业”。2003 年 3 月，对不符合条件的寒亭街道牛埠村等 32 个文明单位撤销“区级文明单位”称号。2004 年，区精神文明办公室印发《寒亭区区级文明单位考核办法》，完善动态管理机制。2008 年，评选出区级文明单位 83 个。2010 年 9 月，新命名区级文明单位 64 个，复查验收省级文明单位 21 个。2011 年，开展省、市级文明单位，文明村镇，文明社区申报和复查工作，复查省、市级文明单位 42 个。2012 年，评选出区级文明单位 59 个，对省级文明单位进行复查验收。2013 年，开展文明单位规范建设年活动，建立全区文明创建网上动态管理系统，全区各级各类文明单位完成网上注册，并添加管理台账，实现文明单位网上管理和动态考核。至 2013 年年底，全区有省级文明单位 28 个、市级文明单位 35 个、区级文明单位 59 个。

2013年寒亭区各级文明单位一览表

表27-1

文明单位级别	个数	文明单位
省级文明单位	17	区供电公司、区教育局、区国税局、区地税分局、区公安分局、联通寒亭分公司、潍坊烟草公司寒亭营销部、区财政局、区委办公室、区政府办公室、区民政局、区工商行政管理分局、区公共行政审批服务中心、区交通运输局、区委宣传部、国土资源寒亭分局、区检察院
省级文明村镇	7	固堤街道曲范村、张家埠村，开元街道雷家居民委员会，高里街道黑埠子村，开元街道二十里堡村，高里街道冯家花园村，杨家埠旅游开发区西杨家埠村
省级文明社区	4	寒亭街道泰祥社区、叶家庄子社区、蝶园社区，开元街道开元社区
市级文明单位（2012—2013年）	27	区人口和计划生育局、区国土分局固堤所、中国移动寒亭分公司、区城市管理局、区人民医院、区交通运输监察大队、区农业局、区发展和改革局、区国有资产运营中心、省胶东调水工程寒亭管理站、区质监站、区水利局、区环保分局、区气象局、区规划分局、区畜牧兽医局、区委组织部、区商务局、区公路局、区地税分局高里中心税务所、邮政储蓄银行寒亭区支行、区交通运输管理所、区外国语学校、区人民法院、区国税局稽查局、区实验小学、区纪委
市级文明村镇（2012—2013年）	5	固堤街道东南牟村、后大桥头村、南王家埠村，高里街道西南孙村，开元街道鲁家口村
市级文明社区（2012—2013年）	3	寒亭街道文化街社区、益新街社区，固堤街道固堤社区
区级文明单位（2011—2012年）	40	区纪委、区委政法委、区人社局、团区委、区妇联、区委党校、区残联、区统计局、区经信局、潍坊农村商业银行寒亭支行、区安监局、区科技局、区农综办、区农经局、区卫生局、区疾病预防控制中心、区实验小学、区外国语小学、区食品药品监督管理分局、农业银行潍坊寒亭支行、杨家埠旅游开发区管委会、寒亭街道计划生育办公室、寒亭街道卫生院、区工商分局城区工商所、区供电公司开元供电所、区国土资源分局开元所、区工商分局开元工商所、开元街道计划生育办公室、固堤街道中心学校、固堤街道中心卫生院、区工商分局固堤工商所、区地税分局固堤中心税务所、高里街道中心学校、区公安分局南孙派出所、区国土资源分局高里所、区国土资源分局南孙所、朱里街道中心学校、区地税分局朱里中心税务所、区国土资源分局朱里所、区工商分局河滩工商所
区级文明社区（2011—2012年）	7	寒亭街道商城社区、运河西街社区，开元街道百汇社区、辛庄社区，固堤街道别化社区，高里街道后沟社区、南孙社区
区级文明村居（2011—2012年）	12	寒亭街道赵家埠村、卜家庄子村、东院村，开元街道郭家官庄村，固堤街道王家官庄、西安村，高里街道冯家花园村、张家村，朱里街道西于家庄子村、马家村、东庄子村，杨家埠旅游开发区西杨家埠村

文明城市创建

1995年开始，区文明委在全区组织开展群众性精神文明创建活动。1996年年初，在全区开展以“三个一”（一条文明街、一个图书馆、一处阅报栏）为主要内容的“十百千”（10个文明村、100个文明家庭、1000个文明农民）精神文明创建活动。当年，全区创建区级以上文明村76个，文明家庭393个，文明农民1万余名。1997年，区精神文明办公室开展“十星级文明家庭”创建活动。至2003年年底，评选双文明示范村300多个。2004年，区精神文明办公室联合区爱卫办组织开展“全民卫生环境日”活动，全区40多个部门走上街头，开展“爱我寒亭，做文明市民”社会宣传；区精神文明办公室与交警大队等有关部门联合开展“礼貌行车，文明走路”活动。2005年，开展创建文明城市先进区活动，开通创城短信群呼和文明用语彩铃，开设《文明创建之窗》电视专栏，设立大中型公益广告牌14块、灯箱广告76个，印发倡议书、调查问卷、明白纸、《文明市民公约》等宣传材料13万份；组织开展“文明交通秩序”专项整治、“文明进我家”“争当文明小市民”征文比赛、文明志愿者宣传日、“我为文明创建献一策”等活动。2006年，配合举办第三届杨家埠风筝年画艺术节，在全区组织开展“爱我寒亭，做文明市民”“我为艺术节添光彩”“满意在寒亭”“讲文明、守信誉”等系列活动，倡导文明言行，净化美化城区环境。组织开展文明交通集中整治活动，制作电视公益广告10多条，编发简报20余期，印发《文明交通安全手册》1200份、明白纸3万份，制作文明交通宣传牌120余块、宣传标语、横幅80余幅。

2008年，在区电视台开辟《创建文明城市》专题栏目，在《寒亭新闻》黄金时段滚动播出创建标语口号；在人流集中地点制作创建文明城市大型公益广告牌3块；在沿街单位、公共场所等制作悬挂创建活动宣传标语100多条（件），制作各种文明公益广告30多个、中型永久性宣传栏50多个；编印各种宣传材料3万多份，广泛宣传文明城市创建工作。2009年，在区电视台、区广播电台、《潍坊日报·今日寒亭》开设《维护公共文明、争当文明市民》专栏，开展热线讨论、讲座等宣传活动，宣传公共文明指数测评相关知识；区创城办召开迎测工作协调会，组织开展大规模、群众性公共环境、公共秩序、不文明行为集中整治活动。2010年，实行区级领导分工责任制，开展机关与社区结对共创文明城市活动。在区级媒体开辟“文明城市大家创”“创建文明城市、争做文明市民”“不文明行为曝光台”“公共文明大家看”等专栏，印发倡议书、公开信、文明市民读本等各种宣传材料20万余份，在城区商场、超市滚动播放文明城市创建迎测宣传口号1000多条，出动宣传车520多台次，编发简报54期，在电视台制作播出创城专题22个，加强对创建工作的宣传引导。2011年4月，区创城办召开全区创建动员大会，开展市容市貌、交通环境、公共秩序、校园周边、社区管理、城中村治理等集中整治行动；举办各类创城培训120余期，在区级媒体开展“聚焦文明，给力创城”宣传活动，刊发、播发重点稿件280余条；开展“创建文明城·商场（企业）盛开文明花”“文明与希望同行”，窗口行业“三争一创”“文明交通·关爱生命”“志愿服务一小时·我为寒亭添光彩”“双结对、创文明、全覆盖”机关事业单位与社区结对帮扶文明城市创建等12项主题实践活动。当年，寒亭区被省文明委评为省级创建文明城市工作先进区称号。

2012年，通过集中宣传、文艺展演、社区志愿服务、模拟问卷调查、设立大型公益广告等多种形式宣传创城；开展各类创城培训26期，印发调查问卷5万份，编发创城工作简报21期，在城区主次干道、公交站点设立创城宣传版面67块，悬挂标语横幅220余幅，下发督办单115期。2013年，先后组织开展市容环境、交通秩序、校园周边、集贸市场、食品药品安全、社区规范管理六项综合整治活动，“文明交通行动”“文明餐桌行动”“志愿服务一小时·我为寒亭添光彩”微公益志愿服务活动，以及“双结对、创文明、全覆盖”等一系列群众性文明创建活动。同年11月，区委、区政府印发《关于建立健全文明城市创建工作长效机制的实施意见》，把各项创建测评指标转化为常态工作目标，把集中测评方法转变为常态管理办法，创建工作更加科学化、规范化、制度化。

和谐创建

2007年，区精神文明办公室重点开展和谐创建活动，成立和谐创建工作领导小组，印发《关于全面推进和谐创建工作的意见》，通过设立公益广告宣传牌、悬挂过街横幅、设立宣传栏、建立和谐寒亭网页、开通和谐创建公益彩铃、手机短信、文艺表演等多种形式，在全区上下营造创建氛围；在区电视台开辟《和谐大家谈》《和谐典范》《和谐创建动态》《和谐故事》4个专栏，在全区确定和谐创建工作示范点64个，涌现出区地税分局、区交通稽查大队、区城管局、区供电公司、开元街道等一批创建典型；组织开展以“树和谐理念，扬和谐之风”为主要内容的和谐创建系列主题教育活动和“和谐创建十大践行活动”，参与人数逾万；组织“透过镜头看和谐”摄影比赛和“我眼中的和谐故事”征文比赛活动，收到摄影作品700余件、参赛稿件500余篇，编印“我眼中的和谐故事”作品集，收录优秀获奖作品25篇，在全区进行巡回摄影展3场（次）。

2008年，开展和谐社区、村庄、单位、家庭等创评活动，发展村镇、社区、机关、企业、学校、医院各自特色的和谐文化；开展“重品行、讲文明、促和谐”活动，组织协调各责任部门开展“六大系列活动”；开展为民服务承诺践行和服务品牌创评活动，推动“三最”（最关心、最直接、最现实）问题解决，实施和落实“惠民十件实事”；开展和谐创建春季绿化活动，引导群众自觉参与城乡绿化。

2009年，区精神文明办公室牵头，区直机关党工委、区委农工办、区民政局、区教育局、区卫生局、区总工会、区妇联参与，分别组织开展和谐机关、和谐村庄、和谐社区、和谐学校、和谐医院、和谐企业、和谐家庭创建活动。2010年，重点实施基层公共安全体系构筑、公共服务优化、文明城市创建、市民（农民）素质提升、弱势群体关爱“五大工程”，以及和谐单位、和谐机关、和谐村庄、和谐社区、和谐学校、和谐医院、和谐企业、和谐家庭八大创建活动。2011年，围绕文明城市创建活动，组织开展“全民文明月”活动；开展各类和谐创建活动，提升基层单位和谐水平；做好“和美社区”创建工作，通过开展“美丽社区”环境整治、“和谐家庭”“邻里一家人”“平安社区”“文化社区”等系列活动，倡导讲文明、树新风，建设和谐美好新型社区。

文明生态村镇与乡村文明行动

2004年，全区农村中首次开展文明生态村创建活动，从建设生态环境、生态文化、生态经济三个方面入手，根据各村基础条件、经济发展状况，把文明生态村创建分为示范型、普及型、过渡型3个类型。

2005年，修订完善《寒亭区农村精神文明建设工作考核实施意见》，贯彻落实区委、区政府创建文明生态村活动实施方案，成立“城乡共建文明生态村”活动领导小组，组织城区部分省、市级文明单位与乡镇13个文明村结成共建对子，建立城乡共建、多方投入、观摩点评、参观考察、督导考核工作机制，从规划目标、创建内容、创建标准等软硬件建设方面，齐抓共管，重点推进全区20个示范村创建。2006年，区委办公室、区政府办公室印发《关于创建全区文明生态（卫生）村镇创建工作的考核办法》，专门成立寒亭区镇村环境综合整治领导小组，编写《寒亭区文明村民读本》，建立环境卫生治理“五个一”制度。从清理“三大堆”入手，因村制宜，一村一策，突出抓好“六化、两推、两改”（“六化”：净化、绿化、硬化、亮化、美化、文化；“两推”：推广使用沼气，推广秸秆综合利用；“两改”：改灶、改厕）；在区级媒体开设《建设新农村》《曝光台》等专栏，选取10个先进村和10个脏乱差村进行重点报道，促进镇村环境不断改善。区委、区政府拨出150万元资金，对评选出的30个文明生态（卫生）示范村每村奖励4万元，30个文明生态（卫生）村每村奖励1万元。

2007年，印发《关于创建全区文明生态（卫生）村镇工作的考核办法》，全区确定32个重点创建村，每季度对每个镇、街观摩点评2～3个村；评选表彰23个文明生态村，每村奖励2万元。2008年，5个镇街和杨家埠旅游开发区新申报35个文明生态村，验收合格文明生态村27个，创建文明生态村110个。

2009年，区委办公室、区政府办公室印发

《文明生态村镇创建工作意见》《文明生态村镇创建工作考核办法》，对深入开展文明生态村镇创建工作做部署；首批确定50个村开展农村环境综合整治，截至12月底，新修街路140多条、24万多平方米，排水沟1万多米，栽植绿化苗木2万余株，安装路灯600多盏。2010年，新创建区级生态文明村24个；把生态文明村创建与农村环境综合整治工作搞好结合，重点抓好100个村的农村环境综合整治工作。

2011年，印发《关于广泛组织开展“乡村文明行动”的实施意见》，组织开展文明信用户、文明中心村、生态文明村等群众性文明和谐创建活动；《寒亭区建立健全六项机制扎实推进农村环境综合整治》入选全市精神文明创建工作创新案例。2012年10月，区精神文明办公室召开全区实施“乡村文明行动”现场调度会，对西杨家埠村、北曹埠村、叶家庄子村、冯家花园村、东南牟村、南营村进行现场观摩。2013年，开展“乡村文明家园”项目建设，推荐寒亭街道叶家庄子村、牛埠村为省级“乡村文明家园”建设示范村，分别获拨省级专项支持资金10万元。

第二节　道德模范评选

2008年，区精神文明办公室印发《关于进一步做好全区道德模范评选表彰工作的实施意见》，组织推选参加第一届全市道德模范评选活动，推荐上报市级道德模范2名。2009年，组织推选第二届全市道德模范。同年，固堤街道邢家常疃村村民邢友领作为孝老爱亲道德模范入选潍坊市第二届道德模范和全省道德模范。2010年，潍坊市开展第三届全市道德模范暨身边好人评选活动，全区各基层推荐道德模范暨身边好人候选人38人；组织开展“讲道德做好人”“我推荐、我评议身边好人”等群众评、评群众活动，总结并推出一批市民先进典型；成立“道德模范宣讲团”，在各街道、部分单位组织开展“道德模范基层巡讲”活动。2011年，推荐参评道德模范、身边好人评选活动，全区有3人被评为潍坊市“身边好人”。2012年，组织开展“榜样的力量•寒亭区首届道德模范评选”活动，全区共推荐20多个领域的各类先进典型96人，其中9人入选“潍坊好人榜”；区电视台开播《身边》栏目，《潍坊日报•今日寒亭》开设《寻找身边的感动》栏目，讲述老百姓身边的感动。2013年5月，区委、区政府印发《关于命名表彰首届寒亭区道德模范的决定》，授予4人“寒亭区首届道德模范”称号、10人“寒亭区文明市民”称号，至2013年年底，全区有2人入选“中国好人榜”，2人入选“山东好人榜”，19人入选“潍坊好人榜”，1人被评为“山东省道德模范”，2人被评为“潍坊道德模范”，5人被评为“潍坊市文明市民”。

第三节　未成年人思想道德建设

1994年，区委宣传部利用“百部好书、百首好歌、百部优秀影片”对青少年进行“三百”爱国主义教育；全区发放优秀图书2000多套，放映优秀影片300多场。2009年，利用暑期组织城区中小学1000多名教师开展“教师文明家访”活动，建立家访档案，完善学校、家庭、社区三位一体的教育体系。2010年，实施亲子共成长工程，立足学校、家庭和社会三方阵地，在全区57所中小学建立家长学校，建立完善学生成长档案，并利用家长论坛、专家报告会、亲子共成长经验交流会等形式，建立起与学生家长的有效沟通。在10个城市社区建立儿童俱乐部，在2个农村社区建设乡村少年宫；在区内各级爱国主义教育基地落实对中小学生集体参观免费制度，潍县战役指挥部、杨家埠民间艺术大观园被命名为潍坊市亲子共成长实践教育基地。组织公安、工商、城管、文化执法等部门开展社会文化环境专项整治，取缔各类无照摊点100余个，规范整治各彩票投注站，取缔黑网吧2家，停业整顿网吧10家，销毁各类非法图书音像出版物600余册（盘）。

2011年4月，组织未成年人开展“网上祭先烈”活动，网上献花，寄语留言，表达心声，激发爱党爱国情感。同年，开展“关爱空巢老人志愿服务”“做一个有道德的人”等多项公民道德主题实践活动；组织开展优秀童谣征集活动，精选《校园拍手童谣》《红绿灯　像妈妈》等6首优秀童谣上报。2013年，组织“寸草心”青少年书信大赛活动，并将200余篇优秀作品结集成《寸草心语》；在全省2013年度优秀童谣评选中，寒亭区选送的作品《数星星》获成人组一等奖，是全市唯一获此项奖作品。

第四节　文明新风活动

“文明之夏”活动

2001年开始，在全区范围内开展“文明之夏”活动。2002年7月12日，“夏日彩虹”广场文化活动暨“公路杯”夏日广场文艺大赛在区总工会文化广场进行。7月12日—8月31日，在区总工会广场、体育场每天晚上放映一场电影；“公路杯”夏日广场文艺大赛从7月初至9月上旬，区直党（工）委和乡镇（街道）每周五晚在区总工会灯光球场，分别组织专场演出，每场演出时间不少于90分钟，由主办单位领导、区内文艺界知名人士和群众代表组成评委会，评选出优秀节目并举行颁奖。此后，每年7、8月，区精神文明办公室联合区文广新局、区广播影视集团，在区体育场举办“文明之夏”广场文化活动。

“百城万店无假货”活动

2005年，由区精神文明办公室牵头，引导和鼓励各商户参与“百城万店无假货”创建活动。工商、税务、质监等部门组成联合执法队伍，先后对市场和商户进行督查，加大对制假售假行为的惩处力度，净化辖区市场。寒亭区幸福路在全市“百城万店无假货”创建活动中被评为市级“百城万店无假货”活动示范街。

“三下乡”活动

1998年开始，寒亭区开始实施“三下乡”（科技下乡、文化下乡、卫生下乡）活动，至2003年年底共组织农技人员下乡500多人次，举办各类培训班1000期，培训农村干部群众30万人次，发放科技资料50万份；组织文化工作者下乡放映科技影片120多部、600多场次，演出文艺节目30场次；组织350名医护人员下乡22次，诊治各类病人4275人次。2007年1月，在固堤镇举行潍坊市暨寒亭区科技、文化、卫生“三下乡”集中活动启动仪式，省、市、区三级30多家单位的300多名专家、学者、技术人员、演员和志愿者参加活动，为农民群众送去科技书籍、免费医药和精彩的文艺节目。2008年1月，举行省级新闻媒体记者团送文化下乡暨寒亭区2008年文化科技卫生“三下乡”活动启动仪式，来自省内10余家新闻媒体的30多名记者及全区20多家单位的100多名专家、学者、技术人员和志愿者参加活动。此后，每年春节期间，区精神文明办公室、区文联联合卫生、科技、文化部门在各街道、村（居）举办“三下乡”送温暖活动。

图27-1　2013年6月27日，寒亭区“2013文明之夏”文艺演出活动。

“道德讲堂”建设

2012年，区精神文明办公室印发《寒亭区道德讲堂建设实施意见》，分类推进机关、企业、学校、社区、市民五类道德讲堂建设，建立各类道德讲堂120余个，其中入选潍坊市第一批道德讲堂34个、第二批道德讲堂9个；4月，承办全市“修身律己·做文明人”现场推进会，提供泰祥社区道德讲堂、供电公司道德讲堂、实验小学道德讲堂现场，得到上级领导好评。省文明办有关领导到寒亭专门调研，日照、诸城、寿光、潍城、奎文、坊子等县市区多次到寒亭区参观学习。寒亭区道德讲堂建设的经验做法在全市推广，并在12月召开的全省文明办主任会议上作典型发言。2013年，坚持质、量同抓，推进“道德讲堂”建设。全区各级文明单位普遍建立起“道德讲堂”，数量达到260余个，实现量的扩张；针对基础条件较好的“道德讲堂”，进一步完善场所设置、活动设计和制度建设，实现质的提高。

讲文明树新风公益广告宣传活动

2013年，区精神文明办公室组织区级新闻媒体开展“讲文明树新风”公益广告宣传活动；3月至年底，电视媒体播放公益广告7650条次，报纸刊登20版，网站点击率达2.1万余次，城区商户电子显示屏播发“讲文明　树新风”宣传标语6200余条次。城区主要路段、建筑围挡、公益广告牌、新型垃圾箱等设置“讲文明　树新风”公益广告230余块，各社区宣传栏和城区内商场、超市、广场等公共场所张贴“讲文明　树新风”公益广告海报800余幅，设立遵德守礼提示牌1920多个。

第二章　居民生活

1989—2013年，寒亭区经济持续快速发展，人民生活水平逐年提高，城乡居民收入稳步增长，居民生活条件不断改善。1996年，经山东省小康监测办公室验收、省政府批准，寒亭成为小康区。2008年，城市化水平达43%，城区绿化覆盖率37.5%，全区“新农合”和“城合”参合率分别为99%和57.5%，年末城乡居民储蓄余额51.90亿元，人均储蓄15403元。2013年，城镇绿化率由2009年43.2%提高到50.41%，提高7.2个百分点；年末城乡居民储蓄存款余额103.55亿元，人均储蓄2.6万元；农民年人均纯收入13232元，人均消费支出5943元；公民平均受教育年限9.6年，平均寿命76.2岁。

随着收入大幅增加，城乡居民消费水平迅速提升，消费观念发生变化，生活质量明显改观。长期以吃、用为主的生存型消费成为历史，逐步增加文化教育、医疗保险等支出，并向娱乐、旅游等享受型消费转化。与此同时，学生学费和农民大病住院支出也呈逐年上升势头，给部分低收入家庭带来负担。

第一节　居民收入

农村居民收入

1989年，农民人均纯收入743元，随着国家一系列惠农政策实施和乡镇企业发展，农民收入呈增长趋势。1996年，农民人均纯收入3004元，年均增长26%。1999—2002年，农产品供求形势发生变化，增产不增收成为主要矛盾，农民收入增速减缓。其中，1999年全区农民人均纯收入增长2.9%，2002年收入增幅跌落到2.6%。2003—2013年，国家采取一系列促进农民增收的政策措施，取消农业税，对种粮农民实行各项补贴，加大对农村、农业、农民投入，农业结构调整优化，高效、特色、有机、都市农业快速发展，农民收入增速回升。农村二、三产业和劳务经济健康发展，成为农民收入的主要来源，农民收入结构实现单纯依靠农业向非农业为主转变。全区外出务工人数进一步增加，农民非农产品收入持续较快增长。2013年，全区农民人均纯收入13232元，是1989年的17.8倍、2003年的3.29倍。

1989—2013年寒亭区农村居民人均纯收入统计表

表27-2　　单位：元

年份	人均纯收入	年份	人均纯收入
1989	743	1996	3004
1990	823	1997	3221
1991	945	1998	3402
1992	1150	1999	3501
1993	1368	2000	3598
1994	1176	2001	3696
1995	2350	2002	3792

续表27-2

年份	人均纯收入	年份	人均纯收入
2003	4020	2009	8145
2004	4570	2010	9301
2005	5309	2011	10415
2006	5932	2012	11814
2007	6762	2013	13232
2008	7509	—	—

城镇居民收入

1989—2013年，随着改革开放不断深化和城市化进程加快，外资、私营、合资等各种经济类型企业从无到有、由弱到强，特别是民营经济和服务业高速发展，城镇居民收入呈现出总量不断扩大、结构多元化新格局，2006年始，调整机关事业单位工作人员基本工资标准，推行行政事业单位薪酬制度改革，积极引导企业全面提高员工待遇。2013年，全区职工2.68万人，工资总额107243万元，年人均工资40084元，比1989年增长24.6倍。

1989—2013年寒亭区在岗职工年平均工资统计表

表27-3

年份	年平均工资（元）	职工年末人数（万人）	年份	年平均工资（元）	职工年末人数（万人）
1989	1627	2.42	2002	9174	1.32
1990	1892	2.54	2003	10005	1.19
1991	2037	2.60	2004	11106	1.12
1992	2363	2.76	2005	12661	1.45
1993	3029	3.15	2006	15079	2.78
1994	4142	3.33	2007	18161	2.71
1995	4405	3.47	2008	23207	2.45
1996	5124	2.86	2009	27642	2.29
1997	5213	2.76	2010	33044	2.49
1998	5036	2.26	2011	31221	3.20
1999	5965	2.51	2012	35406	3.88
2000	7289	1.78	2013	40084	2.68
2001	8978	1.70	—	—	—

第二节　居民消费

农村居民消费

1989年，农民消费支出主要是粮食、住房、衣着和家庭用品。食品支出占比重最大，其次是居住支出。农村居民饮食由以粗粮为主变为细粮为主，住房由土坯墙茅草屋变为砖瓦房，穿着以中山装、国防服为主，黑白电视机、电风扇开始进入家庭，自行车成为主要代步工具。90年代后，农村居民消费支出结构比重由大到小依次为食品、居住、文教娱乐、衣着、家庭日用品、医疗保健、交通通信等。影响居民消费的食品消费比重下降，文化教育娱乐和医疗消费支出比重上升，消费方式日趋多样化。农村居民饮食结构中粮食、蔬菜等一般食品消费量下降，肉、蛋、奶制品、水产品等营养类消费量上升。新建住房变高、变宽，多为前出厦、铝合金玻璃门窗。农村居民着装由买布缝制变为购买成衣。彩电、冰箱、洗衣机、摩托车进入寻常家庭。

进入21世纪，农村居民消费支出依次为住房、食品、文教娱乐、交通通信、衣着、医疗保健、家庭设备等。住房、交通通信、医疗保健、衣着支出不断增加，农村养老保险、医疗保险等保障性消费成为农民新的消费热点。部分农民开始进住居民小区单元楼，轿车开始进入农家。村村通硬化路，户户通自来水，实现城乡环卫一体化，农村居民生活条件显著改善。2013年，全区农村居民生活消费人均支出5943元，是1989年12倍；农村居民食品消费人均支出2290元，是1989年8.9倍；食品支出占总支出比重（恩格尔系数）由1989年43.1%降至2013年29.8%，下降13.3百分点；人均衣着支出398元，是1989年6.1倍。由于安居工程实施和农村危房改造政策落实，农村居民居住条件逐年改善，1989年人均居住19平方米，2013年年末人均居住38.2平方米；居住支出快速增长，1989年人均居住支出67.2元，2013年人均居住支出972元。耐用消费品不断更新换代，向现代化方向发展，摩托车、照相机、彩色电视机、洗衣机、电风扇拥有量大幅提高。1989年娱乐文教服务人均支出36元，2013年娱乐消费人均462元。据农村住户调查，2013年年末，百户拥有生活用汽车23辆、移动电话158部、固定电话91部、彩色电视机107台、接入互联网的家用计算机36台、摩托车55辆、热水器94台、空调器64台、电冰箱100台、洗衣机99台。百姓生活由温饱型变为小康生活，“楼上楼下，电灯电话”的梦想变为现实。

1989—2013年寒亭区农村居民人均生活消费支出统计表

表27-4　　　　单位：元

年份	人均生活消费支出	年份	人均生活消费支出
1989	492	2002	3292
1990	568	2003	3490
1991	628	2004	3667
1992	683	2005	3781
1993	1011	2006	3952
1994	1068	2007	3996
1995	1435	2008	4459
1996	1478	2009	4778
1997	1596	2010	5664
1998	1971	2011	5379
1999	2224	2012	5940
2000	3124	2013	5943
2001	3209	—	—

城镇居民消费

1989年，城镇居民消费支出依次为食品、服装、家庭设施、交通工具，食品、衣着消费占消费支出比重70%。粮油凭证供应，一般每人每月15千克粮食，粗粮占30%，面粉占70%。职工居住由工作单位安排住房，年轻家庭多为1间房，中老年家庭多为2间平房，做饭取暖采用煤炉，少部分职工居住筒子楼、单元楼，建筑面积在40～60平方米不等，结构“两明一暗”，无单独客厅、餐厅，人均居住面积9.7平方米。代步工具主要为自行车，自行车在城镇家庭普及；电视机、洗衣机、收录机、电风扇、冰箱等耐用消费品开始进入普通家庭。

1993年，国家放开粮食市场，取消城镇居民粮油供应证，城镇居民按市场价格购买粮食，饮食占消费支出比重增加；衣着款式呈现多样化，穿西服戴领带成为一种时尚，风衣、半大衣流行；冰箱、彩电、洗衣机、太阳能、录放功放机在家庭中普及；摩托车、自行车为家庭主要交通工具。消费支出依次为食品、衣着、家庭日用设备、文化娱乐等，固定电话进入家庭。1998年，实行住房制度改革，城镇居民住房由单位分配变为个人购房，住房占消费支出比重增大。2005年，城镇居民消费支出依次为食品、交通通信、居住、文教娱乐、衣着、医疗保健、家庭设备等。70%居民住上单元楼，大客厅、大卫生间成为时尚；取暖有暖气、做饭用石油液化气，洗澡用太阳能。手机、电脑进入家庭，节假日外出旅游成为一种时尚。

2013年，城镇居民消费支出依次为居住、交通通信、食品文体娱乐、家电设备、衣着、医疗保健等。95%居民住上楼房，有的住上高档别墅，人均居住面积26平方米；楼房结构三室两厅居多，卧室、客厅、餐厅，洗漱间、厨房齐全，暖气、天然气、网络配套；95%以上家庭对楼房进行不同程度装修；98%的家庭住房有全部产权，20%的家庭有两套房。轿车进入家庭，成为主要代步工具；电动车取代自行车、摩托车。家用电器更新换代加快，电视机由平面到超平、高清液晶曲面、等离子；冰箱由单门到多门、除霜、绿色环保型；洗衣机由单杠到双杠、全自动；空调、热水器、家具样式更是日新月异，追求品牌，更加高档环保。食品消费以营养为主，城镇居民食品消费人均支出5301元，是1989年9.3倍。衣着消费周期缩短，居民对成衣的需求呈逐年扩大趋势，款式新颖、面料高档的名牌服装越来越受到居民青睐；2013年人均衣着支出2373元，是1989年的13.9倍。居住支出增长较快，1989年人均居住支出36.4元，2013年人均居住支出1589元。交通和通信支出增幅加快，通信工具从固定电话、大哥大、BP机、小灵通、到移动电话，移动终端不断换代升级；城区固定电话由1989年505部增加到2013年6.9万部。教育投资继续加大，医疗保健消费明显增长，娱乐文教服务人均支出由1989年171.8元增加到2013年1712元。据住户调查，2013年年末，百户拥有家用汽车37辆、移动电话219部、接入互联网计算机71台、电冰箱112台、空调器104台，电视人口综合覆盖率100%，钢琴、健身器材等文化消费品走进家庭。

第三节　休闲娱乐

80年代，寒亭区居民业余文化生活以看电影、电视为主。进入90年代后，一些新潮、前卫的娱乐休闲方式在寒亭兴起，为居民娱乐生活提供多彩空间。

上网

2000年，寒亭区第一家网吧开业。网络游戏出现，吸引众多年轻人上网，当时流行的网络游戏有CS等。2000年以后，QQ聊天、联众世界、聊天地带、连连看、斗地主等活动方式逐渐取代CS。电脑进入寻常百姓家庭后，网民上网可以建立自己的博客和网站。市民可以在网上购物和缴费，在网上进行股票交易、开通网上银行。2006年开始，区内网民数量比2001年增长十几倍，很多人都有网上购物体验。2008年，寒亭区有宽带用户10954户。到2013年，手机上网迅速普及，移动智能终端开始流行；网上购物成为一种普遍购物形式，区内网民购物多选择淘宝、京东、亚马逊、唯品会等，其中淘宝占70%。

歌舞

1990年初，寒亭区开始流行交谊舞。1991年，寒亭区电影院开设歌舞厅。其后一些单位和商家纷纷开办歌舞厅。单位舞厅都免费，对外开放的舞厅收费在三五元，市民跳舞的普及速度很快。舞种有三步、四步、恰恰等，也有跳国标舞，跳舞唱歌成为时尚。2000年以后，KTV休闲方式

图 27-2　群众性文娱活动（2013 年）

兴起，后随着家庭影碟机普及，人们去歌舞厅的热情有所减退。2009 年以后，广场舞开始流行，主要是中老年人参加，多在晚上活动，遍布城乡街头、广场、花园；广场舞有交谊舞，有健身操，节奏欢快，愉悦身心。

花鸟宠物

寒亭居民历来有植树养花之习。90 年代后，居民养花渐趋高档，讲究品种名贵，四季有花。特别是春节期间，室内布置上兰花、杜鹃等花卉盆景。养鸟者以离退休职工居多，农村居民多养狗看院。1990 年始，一些私企业主和养殖户，为看家护宅饲养狼狗。2000 年以后，出现饲养宠物，主要饲养金龙鱼、热带鱼、金鱼和高档犬、名贵猫等；其中饲养宠物犬占到 80% 以上，有牧羊犬、松狮犬、沙皮犬、金毛犬、斑点犬、虎头犬、贵妇犬等数十种。

旅游

1989 年，各机关企事业单位把组织旅游作为职工福利，每逢五一劳动节、国庆节，都组织外出旅游，多在省内景点。2000 年以后，随着旅行社的出现，省外游开始主导市场，周末一日游成为补充。2005 年以后，自驾游开始流行。2013 年，人们选择“五一”“十一”黄金周全家出行旅游。用移动互联网享受出行便利：用“去哪儿”订机票和门票，用“12306”订火车票，用“途牛”选旅行社，用“携程”订酒店，用“百度地图”查询路线等。

美容　健身

1990 年起，烫发、染发渐趋流行。老年人把白发染成黑发，以显年轻；男青年有把黑发染成黄、棕等色，以显个性；女青年开始烫头发，原来的小辫子变成长波浪。护肤美容成为时尚，有贴面膜、除皱、祛斑、保湿等项目。2008 年，寒亭区有美容店 8 家；以面部美容和身体保健为主的养生会所兴起，成为越来越多女性的新选择。

1998 年后，随着社区健身点建设，越来越多的居民加入健身行列，群众性健身活动迅速展开，有健身舞、健身操等。2000 年以后，跑步机、运动自行车等实用健身器材逐渐进入百姓家庭；专业健身房开始出现，有经济实力的，通过办健身卡到健身房锻炼身体。2008 年以后，瑜伽运动受到越来越多女性喜爱，瑜伽活动室成为女性健身新去处。

外来节日

90 年代初期，随着改革开放深入，仿西方生活习俗开始出现在居民生活中，较早流行的是年轻人过圣诞节。2000 年前后，西方情人节在寒亭年轻人中兴起。2003 年后，愚人节、母亲节、父亲节等一些“洋节日”渐渐流行。

民间收藏

寒亭民间收藏，历史久远。寒亭街道于家大院的于均生，是民国时期著名的收藏家。改革开放后，寒亭众多的爱好者加入收藏行列。到 2013 年年底，全区计有集邮爱好者 450 人，票证收藏者 20 余人，千册以上的图书收藏者百余人，书画收藏者 30 人，钱币收藏者百余人，纪念章收藏者 10 余人，年画收藏者 30 多人，玉石收藏者 10 余人，陶瓷、铜器收藏者 20 余人。另外还有收藏火花、烟标、家具、木版年画古版等，并有《杨家埠孤本年画》《古陶研究鉴赏》等收藏专著问世。

第三章 宗 教

1990年12月，全区有伊斯兰教、天主教、基督教等宗教信徒3259名，占全区总人口0.93%，其中基督教信徒3199名、天主教信徒30名、穆斯林人口30人；宗教团体1个（基督教），批准登记的宗教活动场所15处（基督教），教职人员18名。2000年，批准开放双杨店镇双杨店村基督教活动点。2012年，全区第一处合法的佛教活动场所杨家埠观音院成立。至2013年，全区有佛教、伊斯兰教、天主教、基督教4种宗教，信教群众3981人，其中佛教信徒118人、穆斯林人口30人、天主教信徒33人、基督教信徒3800人；依法登记的宗教活动场所17处，其中佛教活动场所1处、基督教活动场所16处，伊斯兰教和天主教无固定活动场所。

第一节 佛 教

佛教传入区境年代不详。明隆庆二年（1568），在今西杨家埠村建有一座观音院，新中国成立前毁于战乱。2012年2月，区政府出资进行修复。修复后的观音院位于杨家埠大观园内，占地403平方米，建筑面积180平方米，成为区内第一处合法的佛教活动场所。至2013年，寒亭区有佛教信徒118人。

第二节 基督教

清光绪九年（1883），美国北长老会牧师狄乐播邀请在烟台经商的潍县人李始元到潍坊，选中潍县作为开拓基督教活动基地，境内基督教由此而始。1989年12月，成立寒亭区基督教协会。至2013年，寒亭区基督教活动场所有10个教堂、6个活动点（1个以堂带点），2处基督教养老院；信徒人数3800人，有牧师2人、长老10人、传道员2人、执事25人，在校神学生2名，参加潍坊市培训班学员22人，培训义工班500余人，教牧人员分布在各个堂点、牧养教会，依法开展宗教活动。

义工培训

1986—2013年，寒亭区基督教会共举办基督教义工培训班11期，培训400余人；举办场所办负责人、教牧培训班8期，培训200余人；财务学习班5期，培训150余人；举办1期音乐培训班，培训40余人。到2013年，先后开设爱国教育、宗教法规、教会规章、消防安全、教会管理、圣经注释、教牧辅导等课程，对各级教会负责人和义工700多人进行系统培训。

慈善活动

1989年12月，成立寒亭区基督教协会。自2002年开始，协会每年出资1万元用于探望和帮补区内退休教职人员及家属和遭遇疾病、灾祸的教职人员。2008—2013年，教会先后为汶川地震灾区，村庄道路整修，爱心扶贫、济困进行义捐。至2013年年底，累计捐款50余万元，创办3处养老服务机构。

寒亭区基督教信德诊所　1992年，寒亭区基督教会在高里开办基督教信德诊所，有房屋20间，面积293平方米。2008年，引进外资40万元，为6000名妇女进行“关注农村贫困妇女妇科义诊”。营业期间对广大看病群众实行费用减、缓、免政策。至2012年，累计向区“三自”爱国会上交15万元经费，对社会群众减缓免医疗费10万余元。2012年，诊所关闭。

高里基督教老人护理院　2002年，寒亭区高里基督教会在高里二村开办占地13亩、建筑面积2850平方米、房屋100间，可容纳160名老人入住的敬老护理院，具有“民办非企业单位登记证书”和“社会福利机构设置批准证书”。至2013年，收养社会老人118名，有管理服务人员22名，其中9人取得国家认可护理资格证书；累计减免困难老人费用15万余元。同年，获潍坊市“敬老文明号”称号。

寒亭区灵光爱老院　2012年，蔡家栏子教会在蔡家栏子教堂开办可容纳40名老人入住的寒亭区灵光爱老院，具有“民办非企业单位登记证书”。至2013年，收养社会老人33名，有管理服务人员8名；累计减免困难老人费用3万余元。

2013年寒亭区基督教活动场所一览表

表27-5

序号	名称	设立时间	场所登记证号	建筑面积（平方米）
1	寒亭教堂	1982	（鲁）J0706700001	512
2	高里教堂	1979	（鲁）J0706700002	900
3	蔡家栏子教堂	1982	（鲁）J0706700010	943
4	荆科教堂	1983	（鲁）J0706700009	560
5	富郭庄教堂	1980	（鲁）J0706700003	283
6	河滩教堂	1982	（鲁）J0706700007	400
7	二十里堡教堂	1998	（鲁）J0706700011	312
8	固堤教堂	1982	（鲁）J0706700005	476
9	大辛庄活动点	2008	（鲁）J0706700017	578
10	大常疃活动点	1985	（鲁）J07067000014	222
11	冯家花园活动点	1995	（鲁）J0706700015	252
12	安固活动点	1995	（鲁）J0706700013	150
13	台底活动点	2008	（鲁）J0706700018	561
14	双杨店活动点	2000	（鲁）J0706700016	396
15	华疃教堂	1982	（鲁）J0706700004	560
16	张氏教堂	1979	（鲁）J0706700008	366

第三节　场所规范化建设与宗教交流

场所规范化建设

2008年开始，在全区宗教活动场所开展“宗教活动场所规范化建设”“和谐宗教活动场所”创建活动，做到“用制度管人、靠制度办事”，各项活动步入制度化、规范化。有关部门每年都与区宗教团体签订“宗教活动场所安全责任书”，并进行专项检查。2010年11月，省宗教局考核组到潍坊市考核验收2010年度省级“和谐宗教活动场所”，寒亭区作为全市唯一代表接受考核验收。2012年，全区第一处合法的佛教活动场所——观音院获批准发证，6处基督教活动场所办理完成更换登记证手续。区民族宗教事务局印发《寒亭区宗教活动场所财务监督管理实施意见》，指导宗教团体制订《寒亭区宗教活动场所财务监督管理办法》，并对全区各宗教活动场所的财务监督管理进行规范落实。至2013年，全区有7处宗教活动场所被评为省级“和谐宗教活动场所”。

交流活动

1995年4月，中国基督教南京爱德基金会驻海外联络员欧国海一行14人，到寒亭区基督教教会创办的信德诊所参观访问。2001年5月，美国基督教长老会一行4人考察寒亭区基督教会创办老人护理院情况。2002年5月，美国基督教长老会桃树教会访问团一行20人，到寒亭区考察信德诊所状况和护理院筹建情况；8月，国家宗教局邀请中日友好宗教者恳话会代表团一行15人到寒亭区参观访问；9月，加拿大城北华人基督教国际教育计划组织有关人员、韩国基督教仁川监理会一行11人到寒亭基督教教堂参观考察。2009年5月，加拿大华人基督教会一行6人，先后参观考察寒亭区基督教教会诊所、敬老护理院、高里基督教教堂，并与教会代表人士交流。

第四章　残疾人事业

1991年，寒亭区成立残疾人联合会。区残疾人联合会设有残联执行理事会，在理事会的指导下成立各类别残疾人专门协会，各乡镇（街道）残联设专职人员管理残疾人事业。各级残联组织围绕残疾人权益保护，指导、帮助残疾人康复、培训和就业，指导残疾人开展文体活动，组织残疾人走向社会，鼓励残疾人自强、自立，多种渠道参与社会活动。

第一节　残疾人联合会

1991年6月，寒亭区召开残疾人联合会第一次代表大会，与会代表80人，成立寒亭区残疾人联合会，组成执行理事会，理事会为副科级事业单位，选举和任命执行理事长和副执行理事长，隶属区民政局。此后，召开区残联第二、三次代表大会。

1999年4月，区政府设立由32个成员单位组成的寒亭区残疾人工作协调委员会，委员会秘书处设在区残联；2003年，更名为寒亭区人民政府残疾人工作协调委员会。

2001年3月，区残联升格为正科级事业单位，并由隶属区民政局改为归口区政府直接管理，设专门理事会机构和专职理事长、副理事长，内设办公室，人员参照公务员管理；执行理事会是残联主席团常设机构，内设办公室、康复部、教育就业部、宣传文体部、组织联络部；6月，各乡镇残联相继成立；7月，成立残疾人劳动就业服务所，为正科级事业单位，编制3人，与区残联合署办公。

2003年3月，召开寒亭区残疾人联合会第四次代表大会，正式代表84人，其中残疾人代表54人。2008年1月，召开寒亭区残疾人联合会第五次代表大会，代表100人，其中残疾人代表61人。2013年3月，召开寒亭区残疾人联合会第六次代表大会，选举产生区残联第六届领导机构和5个残疾人协会。

2013年，区残联设办公室、康复部、教育就业部、组织联络维权宣传文体部；全区5个街道、1个开发区均设有残疾人联合会，配备理事长和专职干事；所有社区、村（居）都成立残疾人协会，基本实现基层组织全覆盖，初步形成以区残联为主导、街道残联为骨干、村（社区）残疾人组织为基础的残疾人组织网络。至年底，寒亭区有残疾人 1.45 万名，占全区总人口 4.58%，涉及残疾人家庭 6000 户。其中智力残疾 1400 人、视力残疾 1400 人、听力言语残疾 1300 人、多重残疾 800 人；持证残疾人 4311 名，占残疾人总数 30%。

第二节　残疾人权益保护

政策助残

从 1991 年开始，区残联统一组织残疾人换发“中华人民共和国残疾人证”，残疾人凭“残疾人证”享受各种优惠待遇。1993 年 4 月，区政府印发《潍坊市寒亭区实施〈中华人民共和国残疾人保障法〉暂行办法》，规定“残疾人从事个体经营符合规定的，工商行政管理机关优先核发营业执照，并适当减免工商管理费，银行信贷部门要按规定优先给予贷款；税务部门按规定给予减免税”。区民政局、区教育局、区第三产业办公室等单位联合出台残疾人优惠政策，在子女就近入学、参加社会活动、招工就业、农转非等方面为残疾人提供优先援助。

2001 年 5 月，区政府印发《关于转发〈潍坊市按比例安排残疾人就业办法〉的通知》，要求区内企事业单位必须安排一定数量残疾人就业，规定安排 1 名一级盲人职工就业相当于安排 2 名其他类别残疾人。区残联依照法律规定向机关、企事业单位、社会团体征收残疾人就业保障金，专门用于残疾人事业。根据《山东省按比例安排残疾人就业办法》规定，单位如不安排残疾人职工，隶属残联的残疾人劳动就业机构依法向其征收残疾人就业保障金，如拒交保障金，残疾人联合会可依法申请法院强制执行。2005 年以前，由区政府委托区残联征收，区残联征收后缴区财政，专款专用，用于残疾人事业发展。2005 年，改由地税部门代收残疾人就业保障基金，征收比例不变。2011 年，区政府印发《关于印发新型农村社会养老保险的实施方案》，对农村重度残疾人参加新农保、新农合由财政为其缴纳全部最低标准的养老保险金和新农合参保金。

法律助残

1997 年 5 月，在寒城律师事务所设立寒亭区残疾人法律服务中心，中心制定优惠政策，酌情减、免收费，先后为 200 多名残疾人提供法律援助。2009 年，帮助 1 名残疾人在固堤街道成立寒亭区残疾人法律援助中心。2011 年，区人民法院、区人力资源和社会保障局等 9 个部门联合印发《寒亭区加强残疾人法律救助工作的实施意见》，成立寒亭区残疾人法律救助站。2009—2013 年，为残疾人提供法律援助 43 人次，代写法律文书 57 件，减免律师咨询服务费 1.3 万余元；各级残联共受理残疾人来信来访 150 件（次），处结率 98%，全区未发生集体上访和重大侵害残疾人合法权益案件。

社会救助

2007 年 8 月至 2008 年年底，区内启动残疾人危房改造工程，投资 74.08 万元，改造危房 428 间，惠及残疾人 107 户。2008 年，开展

图 27-3　2012 年 5 月 16 日，寒亭区残疾人联合会举行百辆轮椅捐赠仪式。

贫困儿童教育救助活动，对各教育阶段在校残疾学生及贫困残疾人子女按标准给予助学补助。2009年，区残联实施“阳光家园计划”，先后投入9.2万元，依托街道敬老院建设残疾人托养中心，对无依无靠和贫困残疾人就近集中托养。2012年，为127名残疾学生及贫困残疾人子女补助学费（生活费）10.2万元，入学率达98%。2013年，区委、区政府把残疾人危房改造作为25件惠民实事之一，区残联在市残联下达30户任务指标基础上，自筹资金60多万元，增加新建和修缮户35户。至2013年年底，全区建有托养机构7处，集中托养残疾人75人，有127人采取居家托养；累计为359户贫困残疾人家庭新建或修缮住房。

2009—2013年寒亭区残疾人危房改造统计表

表27-6

类别 年份	新建住房		修缮住房	
	户数	间数	户数	间数
2009	7	21	64	256
2010	19	57	65	260
2011	1	3	1	4
2012	9	27	21	85
2013	30	90	35	140

第三节　残疾人劳动就业

1989年12月，为安置优抚对象和社会残疾人员，区民政局开设区福利企业服务公司，下设氧化锌厂、铝合金门窗厂、电线厂。至1993年，企业安置优抚对象和残疾人员32人。1993年6月，氧化锌厂扩建为潍坊华东氧化锌有限公司，安排50多名残疾人就业，并有残疾人参与公司管理。同年，全区有区、乡、村三级福利企业16处，其中双杨第二制鬃厂、朱里镇潍坊轻型轮胎厂等社会效益明显，当年全区社会福利企业产值2640万元，完成利税147.2万元，安置残疾人职工309人。

2001年7月，成立残疾人劳动就业服务所。至2003年12月，残疾人劳动就业服务所介绍700余名残疾人到福利企业集中就业，或到其他就业单位分散就业。

2004—2008年，区残联依托寒亭区劳动技校和潍坊市盛壮红木嵌银厂，建立2个残疾人职业技能培训基地；依托潍坊市潍东纺织有限公司、寒亭区绿源养殖场和固堤街道福利建材门市场，建立3个残疾人就业扶贫基地。全区共安

图27-4　2012年7月9日，寒亭区残疾人联合会组织残疾人电子技能培训。

置、扶持1264名残疾人就业或自主创业，其中按比例安排就业464人，集中就业368人，自主创业432人。2011年9月，成立寒亭区残疾人就业创业者联谊会。2012年，4个街道残联分别组织残疾人就业专场招聘会，帮助40名残疾人实现就业。2008—2013年，发放扶持资金10万元，扶持50户残疾人自主创业；开展就业援助活动，先后7次组织残疾人参加就业招聘会，35名残疾人应聘到就业岗位；拨出残疾人就业保障金6万元，扶持新建残疾人扶贫培训基地3处，支持300名残疾人就业脱贫。开展电脑操作、家电、手机维修、电焊、钳工、绘画装裱、盲人按摩等残疾人劳动技能培训服务，至2013年年底，举办各类培训班19期，培训各类残疾人824人次。

第四节　残疾人康复

1991年后，全区组织3次大型残疾人康复活动，1672名残疾人得到不同程度的康复。1999年，潍坊残联向寒亭区肢体残疾人赠送轮椅15辆。同年，香港“国际狮子会”慈善机构发起“白内障复明活动”，寒亭完成28例复明手术。2000年3月，对8名重点患者进行回访。同年，组成医疗队，到农村开展白内障复明援助残疾人活动，辐射7个乡镇100多个村，完成复明手术137例。

抓好聋儿语训工作，成立聋儿语训组织，举办聋儿家长学习班等，促进青少年残疾人康复。2002年6月，区残联、区卫生局、区教育局、区财政局、区计划生育局5个部门联合印发《寒亭区聋儿早期干预工作意见》，区政府成立领导小组，组织区妇幼保健院、区残联康复部、区医院妇产科等单位专业技术骨干，对全区0～7岁疑似儿童进行听力筛查和普查。

2012年5月，区政府批复成立寒亭区残疾人康复中心；9月，在区人民医院正式挂牌成立区残疾人康复指导中心；11月，建筑面积2229.28平方米，总投资520万元的区康复中心建成并投入使用。

2009—2013年，区残联投入55万元，推进康复进社区、服务到家庭重点康复工程。至2013年年底，完成“全国白内障无障碍区”创建，9项残疾人康复项目被纳入城镇居民基本医疗保险和新农合诊疗保险范围；全区建成康复指导中心1处，街道（社区）康复指导站11处。

1995—2013年寒亭区康复和帮扶残疾人活动统计表

表27-7

年度	白内障复明（例）	聋儿语训（人）	假肢安装（例）	赠送轮椅（辆）	赠送助听器（套）
1995	71	10	0	0	0
1996	60	18	0	0	0
1997	64	12	0	3	0
1998	67	4	0	0	0
1999	100	4	0	15	0
2000	137	6	0	0	0
2001	154	9	4	20	0
2002	153	5	0	0	0
2003	150	5	6	20	0
2004	135	6	5	100	0
2005	135	7	6	15	0
2006	135	7	11	100	3

续表 27-7

年度	白内障复明（例）	聋儿语训（人）	假肢安装（例）	赠送轮椅（辆）	赠送助听器（套）
2007	135	8	8	7	23
2008	135	8	13	167	6
2009	83	3	10	0	5
2010	150	3	5	100	8
2011	80	3	10	30	3
2012	80	3	6	120	5
2013	80	4	6	100	2

第五节 残疾人文体活动

1991—2003 年，以开展“全国助残日”活动为主体，每年一个主题，先后围绕“一助一送温暖”“走进每一个残疾人家庭”“志愿者助残”等主题开展宣传活动。

积极开展残疾人文体活动，1999 年 10 月，寒亭区代表队参加潍坊市第五届残疾人运动会获总成绩第 6 名。2002 年，寒亭区 5 名选手组成代表队参加潍坊市第六届残疾人运动会，获 5 金、4 银、3 铜，总成绩在潍坊市 14 支代表队中列第 6 名。同年 12 月，寒亭区推选 2 名选手参加山东省第二届残疾人劳动技能竞赛，分别取得项目第一名和第三名的好成绩；其中双下肢残疾人于德刚获电子装配与测试组第一名。2003 年，于德刚代表山东省参加第二届全国残疾人劳动技能大赛，获个人比赛第五名。2002 年，寒亭街道东院村肢体残疾人张新国赴捷克参加国际残联组织的残疾人技能表演活动，进行风筝放飞表演。2004 年 11 月，推荐残疾人青少年运动员 10 人备战全国残运会。2005 年 4 月，22 名运动员参加潍坊市残运会。2006 年 6 月，央子镇脑瘫女残疾运动员杨国敬在广东肇庆举办的全国残疾人田径锦标赛上，以 25.37 米成绩获女子标枪 F37 级第一名，破世界纪录；9 月，杨国敬赴荷兰亚琛参加残疾人田径世界锦标赛。

2008 年 4 月，区残联获潍坊市残联颁发的“残疾人特殊艺术展览组织奖”。2010 年，区委宣传部和区残联、区广播电视影视集团等单位联合举办“真情关爱、牵手同行”扶残助残夏日广场文艺晚会。2012 年，组织 18 名残疾人运动员参加潍坊市第八届残疾人运动会，在 17 支队伍中获总分第 8 名，有 3 名残疾人运动员被选中参加全省残疾人运动会。2013 年，参加潍坊市第九届残疾人运动会，获金牌 2 枚、银牌 2 枚、铜牌 2 枚。2009—2013 年，先后举办扶贫助残文艺演出 2 场、体育比赛 3 次。

第五章 老龄事业

1987 年 9 月，设立寒亭区老龄问题委员会，办公室设在区劳动局。1989 年 3 月，正式设立区老龄问题委员会办公室，为正科级事业单位，隶属区政府。1993 年，寒亭区老龄问题委员会更名为寒亭区老龄委员会，在区劳动人事局设办公室。1993年11月机构改革，撤销区老龄委员会办公室，其职能归劳动局。2002年5月，寒亭区老龄委员会更名为寒亭区老龄工作委员会，设老龄工作委员会办公室，主任由区劳动和社会保障局局长兼任。至2013年，机构无变化。

第一节　老龄人口

1989年，全区60～99岁老龄人口60190人，100岁及以上只有1人。

1990年，全区60～64岁老龄人口13790人，65～69岁10183人，70～74岁7842人，75～79岁5172人，80～84岁2579人，85～89岁995人，90～94岁133人，95～99岁16人，100岁及以上2人。

2000年，全区60岁以上老龄人口49271人，占总人口13.92%，其中60～64岁13309人，65～69岁13031人，70～74岁10729人，75～79岁6506人，80～84岁3769人，85～89岁1505人，90～94岁363人，95～99岁57人，100岁及以上6人。

2008年，全区60岁以上老龄人口53626人，占总人口15.89%，其中60～64岁15883人，65～69岁11394人，70～79岁18183人，80～89岁7322人，90～99岁830人，100岁及以上14人。

2011年底，全区60岁以上老龄人口54961人，占总人口17%。

2013年，全区60～99岁老龄人口90566人，与1989年相比：60～69岁从40132人增加到55344人，70～79岁从16231人增加到25706人，80～89岁从3696人增加到8671人，90～99岁从131人增加到845人，100岁及以上从1人增加到17人。

1989—2013年寒亭区老年人口统计表

表27-8　　　　单位：人

年份	60岁以上	70岁以上	80岁以上	90岁以上	100岁及以上
1989	40132	16231	3696	131	1
1990	40170	16737	3723	149	2
1991	41281	17032	3860	159	1
1992	43212	17801	3998	167	3
1993	44891	17866	4123	198	4
1994	45905	18612	4468	244	5
1995	46326	18998	4860	278	5
1996	47026	19486	5180	296	7
1997	47899	20388	5490	348	7
1998	48261	21866	5568	396	6
1999	48989	22100	5610	411	8
2000	49271	22931	5696	420	6
2001	50130	23011	5899	496	4
2002	51160	23432	6032	544	6

续表 27-8

年份	60 岁以上	70 岁以上	80 岁以上	90 岁以上	100 岁及以上
2003	51896	23581	6048	598	9
2004	52039	23790	6188	646	7
2005	52367	24360	6296	738	9
2006	52960	25160	7037	796	8
2007	53264	25896	7632	792	11
2008	53626	26349	8166	844	14
2009	53828	26438	8211	859	17
2010	54701	25361	8369	811	18
2011	54961	25432	8410	819	21
2012	55112	25651	8569	823	18
2013	55344	25706	8671	788	17

第二节　老年人优待

1992 年，寒亭区开始为百岁老人发放高龄补贴。1992—1998 年，补贴标准为每人每年 400 元。2003 年 5 月，寒亭区对农村 70 岁以上老年人实行农业税收优待政策；70 岁以上老年人免交乡村公益事业金，不承担村级兴办集体公益事业出资义务；对老年人在乘坐市内公交、就医，进入公园和旅游景点、公共文化娱乐场所、体育健身场所，接受法律援助、享受长寿补贴等方面，均作出规定实行优待，减免经济和社会负担。2004 年“老人节”，为全区 60 周岁以上老年人免费发放牛奶。2007 年，区政府印发《寒亭区对 90 周岁以上老年人发放补贴金实施办法》，自 2007 年开始，为全区 90 ~ 99 周岁无工资收入老年人每人每年发放 400 元高龄补贴。当年，为全区 792 名 90 岁及以上老年人发放高龄补贴金 31.60 万元。2008 年起，实施“银龄安康工程”，区财政出资 51.49 万元，动员社会力量筹集资金 6 万多元，为全区 60 周岁及以上老年人每人购买一份意外伤害保险，全年保险公司共受理理赔 286 起，理赔金额 24 万多元。2009 年后，随着老年人口增加，老年人意外伤害保险财政出资逐年增加。到 2013 年，财政出资 55.4 万元，为全区 55344 名 60 周岁以上老年人购买意外伤害保险。2013 年，全区高龄补贴提高到每人每年 720 元，每半年发放一次。为全区 788 名 90 ~ 99 周岁老年人发放高龄补贴金 51.58 万元；为 17 名百岁以上老年人发放高龄补贴 12.24 万元。

第三节　百岁老人

1989 年，全区只有 1 名老人年龄超过百岁。1990—2006 年，全区百岁以上老年人数，每年不超过 10 人。2007 年 11 人，2011 年 21 人。2013 年，全区百岁以上老年人 17 人，其中男性 1 人、女性 16 人。2013 年年底，全区年龄最大的百岁老人是朱里街道官桥村于贵芬（女），108 周岁。

1992 年开始，发放百岁老人长寿补贴，每人每年 400 元。1998 年，百岁老人长寿补贴增加到每人每年 600 元。2003 年，增加到每人每月 200 元。2008—2012 年每人每月 300 元，其中省级财政 100 元、市级财政 100 元、区级财政 100 元。2013 年，每人每月 600 元，其中省级财政 200 元、市级财政 200 元、区级财政 200 元。

第六章　民间习俗

寒亭历史悠久，节日、婚嫁、丧葬、渔民等各种民间习俗丰富多彩，并形成具有地域特色的民间信仰和方言俗语。随着历史变迁和时代进步，寒亭人民在传承这些古老习俗的同时，不断推陈出新，赋予传统习俗以时代特色和新的内涵。

第一节　节日习俗

农历节日

春节　也称过年，是一年中最隆重的节日。节前，家家进行卫生扫除，置办肉、鱼、鸡、蔬菜、糕点等过节食品。60年代以前，每到除夕，户户张贴对联、悬挂家堂、设置香案、备好祭品以供奉祖先。入夜，城乡人家秉烛守岁，半夜即更新衣，烧纸焚香，鸣放鞭炮，接财神，祭祖先，祭天地，然后晚辈给祖父母、父母磕头问好，尊者大都给小孩赏金，谓之“压岁钱”。无论贫富，家家都食水饺，俗称吃扁食、馉馇。水饺之中，或放花生米（俗称长生果），或放大枣，或置金属钱币，以图吉利。黎明前后，家家出门，相互拜贺，一般先本家长辈，后近邻远友，互相问候“过年好”，户户备烟、糖、茶、花生、瓜子招待。自初二始，到亲友家互相拜贺，吃酒谈心，亲戚走动的顺序很有讲究，一般是“初二姥姥初三姑，初四初五拜丈母”。初三早上落家堂、收供品，俗称“圆年”。60年代以后，带有封建迷信色彩的习俗有所减少，但节日活跃的气氛仍然保留。80年代，除夕之夜全家人一般观看中央电视台春节联欢晚会。进入21世纪，亲朋好友开始打电话拜年，以后逐渐时兴发电子邮件、短信、微信相互祝福，不少市民还把除夕夜团圆饭订在饭店。

元宵节　正月十五为元宵节，也称上元节。清晨家家放鞭炮，早餐食水饺。从白天到晚上，高跷、旱船、龙灯、狮舞等大量民间娱乐项目串街演出，并在城镇繁华地段集中会演。80年代，元宵节更趋活跃，寒亭的民主街、工业街、商业街整天娱乐会演，观赏的群众川流不息。入夜，早已置放妥当的宫灯、鸽灯、金鱼灯、元宝灯、直升飞机灯、二龙戏珠灯、多层宝塔灯、电子遥控灯、大型属相灯等，齐放光彩，主要街道两侧高楼、商店、工厂一片辉煌，游人如同置身仙境。焰火场礼炮轰鸣，夜空缀起五彩缤纷的礼花，数万男女老少，接踵摩肩，观灯赏花直到深夜。

二月二　俗称龙抬头日。清晨，户户撒灰圈于庭院、场院，置五谷杂粮于圈中，称“打囤子”，民众称这一天是土地爷生日，多到土地庙拜祭。60年代，土地庙大都已废。近年来，农村作灰圈习俗又有恢复。

清明节　也称寒食节。这天禁烟火，吃冷食，家家在前一天擀好饼，煮熟鸡蛋。上午，人们按惯例到墓地添土，祭祖扫墓。旧时，这天学堂放假，学生踏青，郊游，青年妇女荡秋千。除打秋千之举有所减少，吃饼卷鸡蛋、放风筝之俗仍保留如今。近年来，放风筝人数剧增。

端午节　旧时家家插艾蒿，吃粽子，小孩佩五色彩丝和长命锁，妇女带香料荷包，传说能驱避邪祟。现吃粽子、插艾蒿之俗仍存。

六月六　每到六月，小麦收毕，农户纷纷蒸新麦面食，庆丰收，探亲友，俗称“送新”。农村多数家庭，还把小麦炒熟磨成粉，用糖水拌匀而食，谓之“吃炒面”，此俗现在仍存。旧时，很多人在当天晾晒衣物，传说能防虫蛀，现沿袭此风俗逐渐减少。

入伏　入伏意为进入高温季节。当日午餐，城乡人家几乎全部食凉面。做法是先将面条煮熟，捞入盛凉开水的盆中，分碗盛出，加上麻汁、虾皮、西红柿汤、黄瓜丝、香椿末等佐料而食；也有的把佐料全部放入盆中，将冷开水冲过的面条倒入拌匀，然后分碗盛出而食，名曰“吃入伏面”，此俗相沿至今。

七月七　传说为牛郎织女相会之日。这天，十五六岁左右的小姑娘，以碗盛水在日光下，各投小针入碗中，徐观针影，以卜该女之巧拙，俗称“照巧巧针”；也有七位女子，各出米、麦、枣等共做饭，于第二天早起食之，称“乞巧饭”或“七巧饭”。

中秋节　八月十五日谓中秋节。节前，亲友互送月饼，互祝全家团圆。夜晚，对月设供，供品一般为月饼、苹果、葡萄等，供毕，全家分而食之，称“圆月”。五六十年代，家家用面蒸做月形食物，城乡人皆称“蒸月”。夜晚，小孩争相端于街心巷口，置放矮凳上，齐声呼喊“念月了念月了，一斗麦子一个唻”等词，谓之“念月”。近年来，赏月、吃月饼、蒸月之俗仍存，设供、焚香、念月之俗减少。

九月九　旧时到了这天，人们或纷纷登高赏景，或杀鸡布酒，观赏菊花。今此俗已逐渐演化成尊老敬老日。

十月一　十月初一，民众称之“鬼节日”，农村至今烧纸焚香，上坟祭祖者甚多。出嫁的妇女，仍依旧例，回娘家祭祀已故长辈。

冬至　此节在十一月内，意为寒冬已到。这天，农村有祭祖习俗，旧时学校放假一天，东家宴请先生，付给全年工钱，此俗在30年代已无。现在的这天，群众只是吃顿饺子。

腊八　十二月初八称“腊八日”，家家喝黄米、红枣煮成的米粥，谓之吃“腊八粥”。出嫁住娘家的女子吃了粥，就要回婆家去准备过年。城乡不少人家在这天剥大蒜，装瓶用醋腌好，准备春节食用，也称“腌腊八蒜”。

辞灶　十二月二十三为辞灶日，家家设糖瓜供灶君，焚烧纸马，送灶神上天，祈求“上天言好事，下界降吉祥”。

公历节日

元旦　公历1月1日为元旦，又称“新年”。法定节假日，调休后放假3天。假日期间，人们走亲访友，外出旅游，挂红灯，更换挂历、日历，互送贺年卡，家人团聚，改善生活。

妇女节　妇女放假半天。这天，举行庆祝大会，表彰“巾帼”先模和好媳妇、好婆婆、好家庭；召开各种形式妇女座谈会，举行庆三八文艺演出；组织妇女健康查体。

植树节　农村有春季植树习惯，一般在房前屋后种植，成片林多在山区、河滩。植树节期间，区里开展各种形式义务植树活动，并提倡栽植“结婚纪念树”“旅游纪念树”“家庭纪念树”等。

劳动节　法定节假日，放假3天。有段时间调换两个双休日，可集中休息7天，被称为五一旅游“黄金周”。人们放下手头忙碌的工作，一家人或远游，或近郊游，放松身心，感受自然，欢度节日。这天，区委、区政府举行各种形式的庆祝纪念活动，召开劳动模范表彰大会，弘扬劳动光荣风尚。

青年节　5月4日为五四青年节。节日期间，各级团组织都组织开展丰富多彩的纪念活动，举行新团员入团宣誓仪式。青年们走向街头，开展“学雷锋、做好事”、为敬老院老人“送温暖”等社会志愿和实践活动。

护士节　5月12日是国际护士节。护士节是护士的节日，也是整个医务界的节日。节日期间，区卫生部门举行隆重纪念活动，表彰先进，组织卫生知识竞赛，组织文艺演出，开展让病人满意等主题活动。

儿童节　6月1日为国际儿童节。各学校、幼儿园举行庆六一联欢会、儿童运动会、儿童书画作品展等主题活动。民间庆祝的方式多为送玩具和学习用品给小朋友，或陪小朋友外出游玩、聚餐等。

建党节　7月1日为中国共产党建党纪念日，俗称“党的生日”或“七一”。各级党组织开展多种形式的纪念活动，表彰优秀党组织和优秀共产党员，组织庆“七一”文艺演出，举行新党员入党宣誓，走访慰问老党员等。

建军节　8月1日为中国人民解放军建军日，称“八一”建军节。军地双方开展各种军民共建活动。地方党政领导到部队慰问，基层党组织慰问烈军属，举行军民联欢；部队也组织官兵开展拥政爱民活动。

教师节　9月10日是教师节。区里组织各种形式的集会庆祝活动，表彰优秀教师和尊师重教先进单位；社会各界广泛开展捐资助学活动；学生们给老师赠送贺节卡，以表示对老师的尊敬。

国庆节　10月1日是中华人民共和国国庆日，称“国庆节”。法定节假日，放假3天，调换两个双休日，可休假7天，称十一旅游“黄金周”。人们多利用假期，外出旅游，走亲访友。城乡各地红旗飘飘，彩灯高挂，鲜花簇拥，标语站牌摆立大门两旁，到处充满喜庆欢乐的气氛。

外来节日

情人节　公历2月14日。当天，很多青年男女互送巧克力、贺卡、鲜花等礼物，用以表达爱意。

愚人节　公历4月1日。当天，人们以多种方式开周围人的玩笑，以搞玩取乐。

母亲节　5月的第二个星期天是母亲节。母亲节这天，人们以给母亲送鲜花、蛋糕，聚餐等多种方式表达浓浓亲情，让母亲们快乐过节。人们在这一天除孝敬自己的生身母亲之外，还会以慈善募捐，志愿服务的方式向更多母亲传递爱心。

父亲节　6月的第三个星期天是父亲节。父亲节和母亲节一样，在寒亭区被越来越多的人所接受。节日里，人们通过各种方式感恩父爱，表达祝福。

感恩节　11月的第四个星期四是感恩节。学校增设情感教育课，教育学生珍惜朋友，理解父母，懂得感恩。不少人在感恩节这天给父母发短信，感谢养育之恩。

圣诞节　12月25日是基督教徒纪念耶稣诞生的日子，称为圣诞节。商店悬挂圣诞老人像，摆放圣诞树。营业员头戴圣诞老人小红帽，招揽顾客，推销圣诞商品。很多家长买“小红帽”和糖果、巧克力等圣诞礼物送给孩子。24日夜晚为“平安夜”，向朋友赠送苹果，以求平安幸福。

第二节　婚嫁习俗

80年代以后，人们的婚俗理念发生很大变化，对婚姻大事重新重视起来。在恢复一些传统婚俗基础上，又融入一些新的理念和形式。青年男女自由恋爱或经人介绍，确定婚姻关系后，领回家见双方父母，父母一般不干涉，然后到民政部门办理结婚登记手续。在操办婚礼时，多由父母出面协商，帮助具体操办。结婚嫁妆由箱、柜等换成大衣橱、写字台、高低柜等，同时时兴手表、自行车、缝纫机“三大件”。90年代又有彩电、冰箱、摩托车新“三大件”。进入21世纪后，年轻人更青睐空调、电脑、轿车、楼房等。

2013年，寒亭区青年男女结婚的程序主要包括相识相爱、定亲、定婚期、迎娶、婚礼、喜宴、回门等环节。

相识相爱

新婚俗和旧婚俗最大的不同是自由恋爱。不管是自己熟知还是别人介绍，都要经过谈恋爱阶段，互相了解，建立感情，确立恋爱关系，然后与双方父母见面。

定亲

定亲礼物多为烟、酒、糖果之类。订亲时，要给女方礼金。礼金多少根据男方经济条件而定，有一万零一元的“万里挑一”、三万一千八百元的“三家一起发”和六万六千元的“六六顺”等多种规格。同时，还要给女方买金项链、金耳环、金戒指，称“三金”。

定婚期

经过要日子、查日子、送日子等民俗环节，确定一个好日子。日子确定后，便准备结婚，男方准备新房，女方准备做被子、订婚纱，两人还要拍结婚照。城区通常是男方置房，女方买车；农村则时兴男方盖房，女方陪送家用电器。

迎娶

男方院门口摆放龙凤拱门，路上铺红地毯，扎绢花拱门，贴“囍”字，挂红灯笼、红绸花。女方院门口摆心形拱门，贴红喜字，路上铺红地毯，两边挂气球引路。迎亲车辆多为4辆或6辆，化妆、司仪、照相、录像、婚车大多由婚庆公司安排，一条龙服务。男方安排伴郎伴娘各两人，陪新郎驱车到女方家迎亲。发车时，鞭炮相送。车到女方家时，鞭炮相迎。新郎进女方家门要递“开门钱”，进门后给新娘扎腰带、穿袜子、送信物。然后举行简短的迎亲仪式，改口、给红包、照全家福。发嫁时，新娘带“随身饭”，女方母亲“泼水”，新娘的弟弟给新郎“端鞋”。接上新娘，迎亲车队原路返回。

婚礼

婚礼在上午举行。接回新娘，举行过门仪式。新郎西装革履，新娘婚纱着身，在司仪主持下，拜天地，拜高堂，夫妻对拜，为父母敬茶，妻子改口叫爸妈，父母给改口钱，证婚人讲话，家长讲话，嘉宾讲话。然后是踩床，坐床，吃随身饭，填枕头，压过门砖等等。在城区，家中举行简单过门仪式，正式婚礼多在酒店喜宴厅举行。

喜宴

喜宴厅门前扎拱门，放礼花、鞭炮。喜主和新郎、新娘在门口迎宾。喜宴规模10桌50桌不等，参宴人员喜资100元、200元不等。结婚典礼仪式上，新人倒香槟酒、切蛋糕，互戴戒指，小天使为新人抛花瓣、为新娘提裙摆。证婚人、长辈、嘉宾致辞。礼毕，喜宴开始，主人和新人敬酒，敬完酒后吃饭、发礼包。宴会结束，喜主、新人门口送客。如果宾客午宴请不完，晚上继续宴请。

回门

新娘在婆家要拜公婆、拜近服长辈，拜姑、姨、妗子等亲戚，还要上喜坟。第三天上午回娘家，叫“三日”回门。

第三节　丧葬习俗

寒亭区各地的丧葬民俗大同小异。

送终

对正常死亡之人，儿女子孙都要在临终前一夜守候在身边，谓之“送终”。在死亡后便将遗体移于早备好的堂屋内席垫上即“小殓”，暂不设灵位以便棺殓。此时让遗体卧向外，头前放陶盆，脚放油灯。然后便商议报信给亲友和治丧事宜。随后有招魂的习俗，一家人到外边高处朝祖先发源地呼唤死者归来，同时哭声阵作。在死者口中含物也是习俗之一，一般是含钱币或金佛银鱼或珠宝，古礼叫“饭含”。还要在死者袖中放小面饼（俗称打狗饼

图27-5　乡村婚礼（2012年）

子）、纸钱（俗称买路钱），以便在冥府路上给拦路狗吃，钱给拦路鬼。此后大门贴白纸，门外挂纸幡，表示家有丧事不宜往来。死后当晚便发“倒头”，出殡头一天晚上“发盘缠”，烧车马、侍男侍女、文书等。

装殓

即把死者放入棺材中，装殓分大小殓。三天入棺为小殓，五日入棺为大殓（也有次日小殓、三日为大殓者）。民俗认为必须在死以前给穿好衣服——寿衣，如果没穿好衣服就咽了气是“光着身子走了”，亲属会十分内疚。寿衣件数为单数。棉衣，男穿蓝不穿黑，女穿红棉袄、蓝棉裤或全红色，禁用缎（意断子），用绸或棉料。鞋底必须用布底，剪贴上莲花图案，表示脚蹬莲台成正果，决不能用皮鞋、皮衣（否则亡人下世要转成牲口）。内衣不钉纽扣，只缝飘带，因为“钮子”与“扭子”谐音，怕犯不利子孙的忌讳。有的用麻绳将亡者两脚捆起来，防止“诈尸”，亦防猫进堂屋生变故。

大殓即入棺木，此时子女都必须守在旁边亲视含殓。长子为亡者开光——洗脸，最后瞻仰亡者遗容，并用小镜给亡者照一下，然后摔碎并大哭作最后诀别。然后将棺盖上钉，这时孝子要喊“亲人躲钉”以免伤着亡者灵魂。装殓完毕后准备择日出殡。现在采取火化，用骨灰盒，也摆灵堂。

出殡

出殡的头一天晚上要给亡者“发盘缠”，孝男孝女在一位长者带领下，带上早备好的车马纸草（现在人们扎汽车），由长子（女）背着长钱（用烧纸剪成中间连接的纸串）拿着指路杆，上面挂着镜子、手灯或马灯，带着凳子到村内十字路口处设香案行四拜礼。亲眷子女皆跪拜，有帮工人员读“文书”，长子站在凳子上念指路词：“××，上西南，明光大路，甜处安身，苦处施钱。”连念三遍后哭着回家。

出殡时先启灵。在总管指挥下，打碗并高喊“起驾”。由长孝子捧“老盆”和招魂幡在前到街上把“老盆”摔碎（现在多由长孝子的小舅子办理，并给摔盆钱 20 ~ 100 元）。棺木或人抬（墓地近的）或装灵架、灵车，前边有撒纸钱的和送浆水的，孝子一路恸哭，直到墓地。

安葬

安葬时，先由长孝子媳妇端“锅饼”（俗称福贵饼），带笤帚扫坟穴，然后按早算好的方位下葬，后砌砖封坟，由长孝子上第一锨土后，众孝子一起筑坟（现在多由帮忙的人办）。筑坟后插上招魂幡，埋上大葱（意为后代兴旺），便跪哭一会回家。旧时出殡后第二天或第三天（现在下葬后办）“圆坟”，由孝子们手拿锨镢、扫帚，点燃谷秸火，围绕新坟正转三圈再倒转三圈，然后摆上饺子烧纸祭奠并垒烧纸池或立碑纪念。

按习俗要为亡者上“二七”“三七”“五七”坟以表纪念。在亡者“周年”之内孝子上坟均要穿孝服，一般“周年”后脱孝服。

第四节　渔民习俗

清末至新中国成立初期，当地渔民主要用木帆船，一般在浅海处作业，只凭经验观察天气变化，把握潮汐变化规律，抵御风浪能力低下，迷信神灵保佑。多数渔船内供奉“海龙王”“海神娘娘”，每月初一、十五，焚香、烧纸祈求海龙王保佑平安，捕鱼发财。有时中午喝酒，也要先敬“龙爷”一杯酒。60 年代起，渔船逐步更换为机械动力。渔民能及时收听气象台（站）发布的天气预报，海上作业比较安全，旧时的迷信习俗逐步消除。

海洋渔业生产，一般称出海打鱼为“大鱼市”，称近海落潮时拾贝类、捉蟹子为“赶海”。昔日大鱼市多在春秋季节，故又称“春汛”“秋汛”。

渔船起船称“出海”，近海行船称“收山”。出海时讲究“待要走，三、六、九”。临出海要放鞭炮，发纸钱，以求龙王保平安、发大财。中华人民共和国成立后，移风易俗，出海前在村前做一番丰收的预演，岸上船上交替欢呼。在锣鼓鞭炮声中，渔民们收起渔网绕码头一周，将糖果抛向人群，在一片喜庆气氛中，渔船驶向大海。

旧时渔民在海上作业，生产生活禁忌颇多。如生产上，习惯打一部分鱼，放一部分鱼，或打群尾不打群头，或留大放小。在生活中，“翻”字为渔民大忌，擀饼时忌言“翻饼”，谓之“调过来”；吃鱼时忌用筷子翻身；放置器具忌“扣”放，碗、盆、鞋、帽都要口朝上；晒鞋时不晒鞋底，此俗至今尚存。忌讳说“住”“破”“漏”等字眼，一言一行都要讲求吉利。每当渔船满载而归，驶近家乡时，要在桅杆上挂红布“挑子”，远远向乡亲报喜。村中人一见“挑子”，即驾舢板出迎，甚至游水前去迎贺。

船上称谓，船长称“家长”或“老大”，二把手称“老二”或“大副”，这是背后的称呼，当面一般按辈分称呼。

新建船叫“排船”。新船起名，起名人遇见什么就叫什么。渔船的名字千奇百怪，像“低头看”“高头鸟”“柏木”“大抓鸡”“蛤蟆”“大新箭”等等。

第五节　民间信仰

玉皇大帝与王母娘娘

玉皇大帝简称玉皇、玉帝，老百姓称“天老爷”或“老天爷”，是中国民间信仰中天庭的最高神灵，是中国封建皇权在仙界的反映，是道教中的尊神。王母娘娘又称西王母，是天老爷的老婆，所以寒亭人又称其为“地老娘”。玉皇大帝和王母娘娘是天地的化身，是人们心目中至高无上的神权代表。寒亭人过春节，年五更的头一碗和第二碗饺子都是用来敬天地的，也就是敬玉皇大帝和王母娘娘。还有青年男女在结婚仪式上拜天地，也是拜的玉皇大帝和王母娘娘，寒亭区的柳毅山、高庙、禹王台均有供奉玉皇大帝或王母娘娘的庙宇。

东岳大帝

东岳大帝为泰山爷，他掌管着天下三百六十五路诸神，是阴曹地府十殿阎君和十八层地狱的主宰者，旧时人死了之后还要去东岳庙面报。东岳大帝身世有金虹氏说、太昊说、盘古说、黄飞虎说等，以黄飞虎说为多。黄飞虎在兴周灭商战争中，战死于渑池，姜子牙特封黄飞虎为五岳之首、东岳泰山天齐仁圣大帝，总管人间吉凶祸福。开元街道孙家杨孟天齐庙，正殿供的就是东岳大帝，东西配殿廊坊供地煞阎罗。据老人们说，每年正月二十八、三月二十八、九月二十八为天齐庙会，每次庙会连赶三天，非常热闹。

观世音菩萨

观世音菩萨又称南海观世音、观音菩萨、观音娘娘、千手观音、送子观音或简称观音等，是佛教诸神中最有影响的一位神仙。她以大慈大悲为德行，还有送子的善行，女子婚后不育或只生女不生男的家庭，便祈求观音送子。还有的人家怕儿女不长命，便送到观音庙里去“寄名”，把孩子交给观音“照看”。现在寒亭民众家中供奉观世音神像的现象仍很普遍。

三元大帝

三元大帝又称三官大帝，即天官、地官、水官，为三官庙所奉之神。道教在创立伊始就吸收传统的三官信仰，奉天、地、水三官为主宰人间祸福的大神。后来，随着社会历史的发展，到元代称尧、舜、禹三位传说人物为三官大帝，主管天上人间地下的一切生物。旧时，人们出于对三官大帝的尊崇，在民间建有许多三官庙或三官殿，寒亭区高里街道三官庙村以庙取名，便是实例。《潍县志稿·营缮志》云，“南台底有三官庙，系明天启五年所建”。

福、禄、寿三星

这三位神仙皆源于古时的星宿崇拜。福星（福神）即岁星，亦即木星。由于岁星有标示着旧年结束而新年开始的意义，所以成了人们辞旧迎新遥祀的对象和能给人们带来好运的福星。人们在除夕之夜等待岁星降临，以求获得幸福吉祥、家运兴旺，由此便形成了流传至今的守岁风俗。后来，福星被逐渐地人格化成为福神，福神就是道教中的天官，“天官赐福”是社会广为流传的吉祥神。

禄星即文昌宫第六星，为专掌司禄之星，是士人命运的主宰神。禄星后由星神演化为人神，最初称比干丞相为文曲星即禄星，到宋朝附会梓潼神张亚子为禄星神，今称“文昌帝君”。中华人民共和国成立前，很多村建有文昌阁，供的便是禄神文昌帝君。开元街道冯马杨孟村关帝庙院内有一座魁星楼，供奉神像系生铁铸成，1958 年被破坏。

寿星即角亢二宿，为二十八宿中东方苍龙七宿中的头宿，列众星之长，主长寿。寿星又称南极老人、南极仙翁，被人格化为拄着龙头拐杖，捧着仙桃，慈眉善目，白须飘逸，广额凸出，笑逐颜开的老头儿形象。“五福寿为先”，杨家埠木版年画《三星交辉》便反映人们的这一祈愿。民间有“福星高坐把福施，禄星送禄下祥云，寿星骑鹿送蟠桃，三星高照喜临门”的念辞。

泰山老母

泰山老母在寒亭当地亦称老母娘娘、碧霞元君等，其来历有黄帝玉女说、凡女得道升仙说等多种说法，但以碧霞元君为东岳大帝之女的说法最为流行。传说中的泰山老母神通广大，能保佑农耕、经商、旅行、婚姻，能疗病救人，尤其能使求子者遂愿，能使幼童无恙孩子健康成长等。所以，旧时妇女信仰泰山老母非常普遍，不仅在泰山有庙祭祀，在其他各地也建有许多娘娘庙。在寒亭的娘娘庙通常被称之为“碧霞祠”或“碧霞行宫”。现在位于寒亭区朱里街道柳毅山上的老母娘娘庙，每逢三月十五、四月十八山会及老母娘娘生日，香火旺盛。

城隍爷

“城”在古代原指挖土筑的高墙，“隍”指没有水的护城壕。古人造城是为了保护城内百姓安全，认为与人们生活、生产、安全密切相关的事物都有神在，于是“城”和“隍”被神化为城市和村镇的保护神。民国前期，寒亭高庙内有城隍神像，每逢农历四月十八寒亭云台山庙会，城隍爷出巡街市，全副仪仗，和尚、道士念经，善男信女沿途烧香还愿，十分热闹。除此之外，每逢正月十五元宵、五月十九城隍爷生日，以及清明、七月十五、十月十五或是每月的朔望日，到城隍庙烧香奉祀、祈福保平安的人络绎不绝。

龙王爷

龙王爷兴云雨、利万物，为四灵之首，是民间祥瑞的象征、帝王统治的化身。民间认为江河湖海，凡是有水的地方就有龙王存在，如遇久旱不雨，乡民们必到龙王庙祭祀求雨，如龙王还不显灵，在寒亭各地都有把龙王爷神像抬出来在烈日下暴晒的习俗，直到天降大雨为止。在寒亭北部沿海村庄多有龙王庙，渔民出海捕鱼，以及遭遇海潮袭击等，对龙王爷的神力笃信不疑。2000 年，央子民众在白浪河入海口重建龙王庙，每年农历二月二，信众云集，祭祀纷呈。朱里街道的宋家双庙村于 2000 年在原龙王庙旧址重建龙王庙，香火旺盛。

关帝爷

关帝爷在寒亭一带俗称关老爷，关帝庙在民国前期几乎村村都有，庙宇规模大小不等。开元街道冯马杨孟村的关帝庙一直保存到“文化大革命”前期。2000 年后，关公又被视为保护商贾的武财神，很多店铺里设有供奉关帝的神龛，仰仗关老爷庇护。

门神爷

门神爷是人们对门神的尊称，在寒亭各地大年三十或二十九日这天，很多人家贴门神、供门神。在杨家埠木版年画神像门神中，还有“秦琼与尉迟恭”“钟馗”“赵公明与燃灯道人”等。每到春节，各户请自己喜爱的门神张贴到街门上，寓意一元复始，喜庆吉祥。

泰山石敢当

寒亭当地几乎村村都有“泰山石敢当”“太公在此”的砖雕或石雕牌位。牌位都是镶嵌在要冲路口或是胡同拐弯正对着的屋山或是后墙上的显要位置上，目的都是“镇邪护宅”。因为，一是按阳宅风水说法交通要冲是“路剑”，只有泰山石能挡路剑；二是邪魔鬼祟沿路来袭，见到姜太公的牌位，自然退避三舍。

第七章　方言俗语

第一节　方　言

碍不住：同“备不住”，即有可能、也许

悖文儿：用言辞反驳长辈教劝

不吃嗤：受不了别人嗤笑，要用行动证明过来

不屑：不值得

不耳：不听，不理睬

不盖涩皮：毫不掩饰，赤裸裸

撑煞、撑煞撑：到了极限，再也不能增加了

愁布袋：令人犯愁的载体、所在

大烊：正盛行时

得忌：得罪

迭火子：急急忙忙

丢门市：公开场合丢脸

打头锤儿：第一个出场干

发恶：伤处发炎、溃脓

服软路：服输，不再强硬

反上弦：故意违拗，思维相反

放开魄儿：放开气魄，大胆去干

奇多：很多

搁帐：出入相抵，不蚀本

轧伙、搿伙：入群，合伙

苟拾：“苟且捡拾”缩称，贪财，蝇头微利都占有

回脖儿：回心转意，不再坚持

架儿：斥人样子难看或行为不合宜

急张：急忙，慌张

窘拙：没有办法了

卷颜子：丢了颜面

截呒声的：住嘴吧（反感多言）

赖腚：一腚蹲在地上不认账，耍赖

老时节：好长时间，费时许久

没了好歹：不管好坏，没完没了地去做

谜儿是……：可能是……

卖洋味儿：搞显摆，自以为洋气、不同一般

闹呒味儿：闹别扭，但还没公开化

怦怕：恐怕

呸呸儿的：不值一谈

晒阳旸：冬天晒太阳取暖

死肉：死板，不灵活

死规模子：固定不变的模式

头既：做某事之前已经怎样了

叹可：感叹、可怜

头一炷儿：最先要做的一件事

迮蛆：动作慢

嫌瀞：嫌弃，厌烦

信着：以为，认为

眼逊、眼损：在别人眼中逊色，被瞧不起

眼眸子：评判的眼光、目力

长俊：有出息，增了颜面

第二节　俗　语

不见兔子不撒鹰：关键时候才出手

不熟的饽饽难入笼：起初做不好，再返工就费事了

撑煞的虱子不咬人：管足了，就（可能）不再贪婪了

打起墙来瞅曲缕儿：自己不动手，光瞅别人的毛病、瑕疵

打一巴掌，再给个甜枣吃：戏弄式的治人手段

饿皮虱子咬煞人：贪婪者害人格外狠；饿皮，饿得光剩皮

风刮凉棚：凉爽加凉爽，“十二”分凉爽

管闲事落嫌非：管别人闲事肯落下责怪、埋怨

蛹子腚上一根尾：只有一个后辈或传承人

狗一阵儿，猫一阵儿：不定性，做事忽这忽那

狗肚子里存不住腥油：没涵养，什么话都留不住

狗头拿不了人桌上：不识抬举，不受敬奉，不能出现在人脸前

孩子哭了抱给娘：没法应付，把矛盾上交

教的曲唱不得：笨拙而固执，教也教不会

贱钱无好货，省钱买瘸驴：舍不得付出，就没有好的回报

拉个芝麻垫腚：找很小的、不起啥作用的借口来做辩解理由

栏门里拦不了猪去：养在我家里就是我的，别人争不了去

落时的凤凰不如一只鸡：失时、失势后处境很狼狈

木头弯弯使曲处：因材制宜，哪里有用就用哪里

买卖好做，伙计难轧（搿）：创业心齐，享受利益就出现纷争了

拿着背悔当情理：违背正常思维，还自以为做得有道理

粘粥热了使嘴吹：本能性能力（讥消意）

破了头不怕扇子扇：如“破罐子破摔”，反正这样了，豁出去

撇了肚皮向脊梁：不顾自己人，反而向着别人

强锤不如硬垫头：基础好才是根本

墙打一百板，没有不透风的：事情真相总有一天会暴露

省了盐酸了酱：偷工减料或没打好基础，造成了不良后果

蚀本搭上吆喝：里里外外不划算

手大捂不过天来：理由再多，也掩盖不了事实真相；独力难撑

死狗撮不了墙上：无能力，怎么也扶持不起来

仨猫瞪着六个眼：眼睁睁看着，都想得到

咬人的狗不露齿：阴险可恶，表面却看不出来

有武艺不如不摊上：命中摊上了，有本事也处置不了

有钱买画眉，不听野蝼蛄叫：唠叨、话不中听

住了辘轳干了畦：如“大河没水小河干”，即一切都停止了

直洞子炕头一头热：单方面热衷；直洞子炕，没有叉洞通烟散热的整炕

第三节 歇后语

背着粪篮子推磨——臭一圈儿

苍蝇豁了鼻——不要那块脸了

跐着杌子咬耳朵——别想捞着

裁坊里掉了剪子——光剩尺（吃）

吃瓜子嗑出臭虫来——什么人（仁）都有（讥讽意）

打着快板要饭——要贫嘴

当铺里拽孩子——拿人不当人

摁着葫芦抠籽——得到一个是一个，不舍弃

锅腰子打立正——不值（直）

锅腰子上山——钱（前）上急

和尚跟前卖梳子——不看看是谁

脚丫子挖痒——好手

叫花子跳舞——穷欢乐

近视眼看媳妇——走上前来

炕头上拾剪子——时气好

炕头上的汉子——出去就没武艺了

燎壶里下扁食（饺子）——道（倒）不出

木匠打老婆——有分寸

磨屋里的驴——听呵声儿

磨剪子的说睡语——快了

麻线拴豆腐——提不起来

庙门里长满了草——荒（慌）了神（即神情慌张）

没下蛋就咯嗒——事情还没做就喜欢声张

卖粘粥的折了本——背了犟（糨）的害

南山顶上滚碌碡——实（石）磕实（石）

巧她爹碰上巧她娘——巧煞了

屎壳郎子戴眼镜——冒充先生

砂锅子煮驴——主（煮）不了

蒜臼子打水——不摆（即不理睬、摇撼不动）

铁匠砧子——挨砸的货

秃子跟着月明走——沾光不觉

武大郎看戏——听话音

屋顶上贴告示——天知道

朝姑子要孩子——难为煞人

瞎汉擤鼻子——把里攥（即有把握）

新媳妇上街——人生面不熟

蚁蛘认出公母来——好眼力

要饭的掉了棍子——受狗的气

哑巴踢毽——心里有数

肿了下眼皮——看上不看下（讽刺巴结当官的）

做梦将媳妇——想好事

做贼的碰上砸杠子的——都不是好东西

第二十八编　街道 乡镇

DI ER SHI BA BIAN　JIE DAO　XIANG ZHEN

1989年，寒亭区辖寒亭、固堤、央子、高里、双杨店、朱里6个镇，里曈、泊子、南孙、肖家营、郭家官庄、东庄6个乡。1992年1月、2001年2月、2007年8月、2010年5月先后经过4次乡（镇）调整，至2013年年底，寒亭区（不含潍坊滨海经济技术开发区、潍坊经济开发区）有寒亭、开元、固堤、朱里、高里5个街道。

1989—2013年，寒亭区各乡镇（街道）地区生产总值、财政收入、农民人均收入等各项经济指标快速增长。农业经济结构调整步伐加快，设施农业、都市农业、农业合作社迅速崛起；工业企业退城进园，淘汰落后产能，引进先进制造业；以服务业为主体的第三产业快速发展；乡村道路、饮用水、城乡环卫一体化等基础设施快速发展；教育、医疗、养老保险等社会事业全面发展，人民群众安居乐业。

第一章 街 道

第一节 寒亭街道

概况

寒亭街道位于寒亭区南部，东北部和昌邑市都昌街道交界，东邻朱里街道，西靠开元街道，西南与潍坊高新技术产业开发区相连，正北接固堤街道，街道办事处驻地位于民主街4266号。寒亭街道为寒亭区委、区政府所在地。

图28-1 泥河公园（2013年）

1989年，辖区人口3.71万，完成地区生产总值15202万元，粮食总产3.2万吨，地方财政收入256.7万元，农民人均纯收入1360元。2013年，辖区面积63.3平方千米，人口8.69万，其中农村人口3.46万，耕地面积3733.33公顷，完成固定资产投资59亿元，实现地方财政收入12656万元，农民人均纯收入12008元。

寒亭街道地势南高北低，平原地占70%，洼地占20%，土埠占10%。地层土质差异较大，肥瘠不均。通亭街以南呈灰褐色，俗称二性土，土质松薄，易于流失；以北为潮土层，比较肥沃。涢河、潍河灌渠（运河）、陈埠沟、蚂蚱濠、张面河流经境内。

建置区划

明洪武二十一年（1388），置寒亭社。1933年称寒亭镇。1949年中华人民共和国成立后，分属固堤区、张氏区、马宿区。1958年，由寒亭镇、纸房乡、东庄乡、吴官庄乡、仓上乡、牛埠乡等乡镇合并成立寒亭人民公社。1982年1月，改称潍县寒亭镇。1984年5月，始称寒亭区寒亭镇。1992年1月，成立寒亭区城区街道办事处，辖9个居委会。2001年2月，撤销寒亭镇、城区街道办事处，设立寒亭街道办事处，街道办事处机关驻原寒亭镇政府驻地。2001年3月，杨家埠旅游开发区管委会成立，辖西三角埠、东三角埠、齐家埠、南埠子、西杨家埠、东杨家埠6个村，由寒亭街道代管。2013年，寒亭街道辖9个城市社区，48个行政村。

工业

1989年，寒亭镇有镇办企业12家、村办企业66家、个体私营企业1000余家，年产值2400万元。1998年开始，在寒清路西侧规划占地26.67公顷的镇级工业园。2000年，在李寒路两侧，规划占地60公顷纺织工业园。至2002年年底，有54家纺织大户离村进园，实现传统纺织向集约化生产转变。2003年，规划建设寒清路、幸福路、北纸房3个工业项目区，总占地65.33公顷。2004年以后，先后引进潍柴铸造、天润曲轴、渤海郡园、金仓合、记忆枕、圆友重工、友联电子、联福纺织、恒锦纺织等一批重点项目。2012年，对原占地73.33公顷的先进制造工业园进行重新规划，扩展为占地10.5平方千米的工业园区。2013年，潍柴铸造项目累计完成投资40亿元，潍柴铸造二期建设5万平方米铸造车间、1万平方米机修模具车间、3000平方米辅料库和2000平方米职工食堂，投产达效；潍柴铸造四期主要建设两个锻造热处理联合厂房和配套公用设施，建筑面积8万平方米。天润曲轴项目占地15.33公顷，B1、B4车间建成投产，完成投资15亿元。圆友重工项目占地33.33公顷，建筑面积约10万平方米，各种配套设施2.5万平方米。恒联集团投资5100万元新建2万立方米/小时废气回收项目投产。元林木业项目建成车间3万平方米，年产值1.2亿元。在先进制造工业园，规划占地66.67公顷的中小企业基地和占地13.33公顷孵化器项目。全街道引进国安机械加工、博信精工机械工位器具等投资过亿元的项目8个，总投资16亿元，有6个项目缴纳定金。完成浞河治理所涉及的2个村庄、190户、345宗地块、32.4公顷土地的拆迁。全街道规模以上企业主营业务收入完成47.7亿元，实现利税5.6亿元。

农业

1989年，沿用传统农业方法种植。1992年，牛埠等村从寿光引进冬暖式大棚种植技术。1994年，全镇冬暖式大棚种植面积180公顷。1998年，建成占地20公顷的农业科技示范园。2003年，全街道高效农业面积1066.67公顷，鸡鸭养殖户1600家、鸡鸭养殖80万只；经济作物面积1800公顷，粮经比例为1∶1。2008年，寒亭一村、寒亭二村、叶家庄子、邢家东庄等12个村建成花卉、苗木种植400公顷的绿化苗木生产基地。建设市级绿化示范村庄12个。2009年，流转土地300公顷。2010年，新增特色蔬菜种植400多公顷，种植花卉苗木100公顷。有23个村进行土地流转，流转土地600多公顷，新增大棚蔬菜133.33公顷，大棚脆瓜、精品萝卜各133.33公顷，花卉苗木100公顷，良种繁育基地66.67公顷。2011年，流转土地533.33公顷，用于新发展大棚蔬菜、花卉、萝卜、脆瓜等现代农业。2012年，新增都市农业种植400公顷，完成土地流转340公顷。对占地466.67公顷的中低产田区进行综合改造，整修田间道路23千米，铺设地下管道42千米；发展各类合作社123家，其中养殖合作社65家，种植合作社58家。2013年，完成土地流转300公顷；新引进市农科院良种、新绿达景观苗木、宏信园林等农业项目，新增精品瓜菜、花卉苗木66.67公顷，新增现代都市农业246.67公顷。

市场建设

1990年，全镇个体工商户243户，供销社门市部9家，集贸市场8家。1994—1998年，在南平旺、赵家埠、王家道分别建设摩托车、木材、煤炭3家专业市场，占地16公顷，建筑面积4万平方米。1998年，专业市场年销售额1.2亿元。2013年，建设和培育华元商贸城、金海岸商贸城、商业步行街、通发瑞都广场，以及木材、煤炭、建材、文化旅游等大型商贸市场。

城区改造

1992年，在通亭街两侧新建5处沿街楼，建筑面积1.5万平方米。到1996年，形成以汽车维修为主的商贸长廊。1994—2003年，在吴官庄、前仉庄、寒亭一村进行沿街开发，建筑面积3.6万平方米；投资新建吴官庄、前仉庄、南平旺、西杨家埠4处高标准住宅小区。2005年，龙海富祥花苑项目开工建设。2009年，开工楼座24个，安置楼16座，安置村民481户，其中赵家埠村成为全区第一个完成拆迁、安置的城中村。恒联扩建、区人民纪念堂、新一中、污水处理厂、卉香路、区行政中心、浞河拆迁改造、老建筑公司拆迁等30余个重点工程和重点项目拆迁调地140多公顷，拆迁面积80多万平方米。2010年，徐家楼、陈家官庄沿通亭街南侧，以及前仉庄等片6个片区拆迁总面积达41万平方米。9个城中村启动旧村改造，改造旧村面积140万平方米，开工楼座130个，开工面积135万平方米。2011年，建设居民安置楼、保障楼和片区开发总投入14.6亿元。2012年，引进海泰、鑫涛、朗润、和扬等8家房地产开发企业，齐家道、王家道、唐家朱茂、河西老村、南平旺老村整建制拆迁，以及东外环南延、富亭东街、吉祥东街、泰祥街陈家官庄段4条道路和浞河治理等11个大型项目，城中村、旧村改造完成建安量50万平方米，1700多户农民搬进新楼房。2013年，完成北外环东延、浞河治理、港华燃气管道铺设，为天润曲轴二期、南平旺旧村、富庭大第小区，以及寒浞路、李寒路、热源站、央赣路、运河改造、泰祥街、恒联院士站等18个项目拆迁调地，涉及28个村庄、农户973户，拆迁调地245.47公顷。旧村改造建成安置面积31万平方米，安置村民200户。

基础设施建设

1989—1990年，修砂石路25千米。1994—1995年，调整土地73.33公顷，用于东环路、北环路道路建设以及206国道扩建。1995—2003年，修李寒路、东风路、四村路、寒南路4条柏油路，油化路面8万平方米。2003年，对寒清路西侧废弃垃圾场进行全面清理；规划专用场地6.67万平方米。2005年，济青高速南纸房段、206国道牛埠段、央赣路、寒清路、泰祥街的绿化，动用土石方12.6万立方米，投入工日4.4万个，植树7.7万株。2008年，配置完善泰祥社区，投资新建南营社区。对8个城中村、8条背街小巷进行环境综合整治。2009年，建设叶家庄子、南营、东院3个农村社区，文化大院28个，建成农家书屋10个，为北营、毛家埠等5村配备健身器材；铺设自来水管道1.1万米，修建排水沟9800米，硬化道路12.36万平方米，建成沼气池324个。2010年，完善城区道路网络3条、4.2千米，完善地下管网1.7千米，投资新建污水处理厂，修建街村道路7条、5.31千米，新打机井40眼，安装变压器台架5个，建设沼气池530个。2011年，修建道路17千米；组织3个村更新和安装自来水；8个村更换12台变压器，3个村完成卡式电表改造；建沼气池200余个，北纸房村被验收为全区沼气池建设专业村。2012年，进行11个村的连村路和村内主要街道硬化，总长18.6千米，面积9.67万平方米；运河街北侧及北外环、寒清路高架桥两侧和生态工业园等30多千米绿化，栽植绿化苗木62万余株。2013年，修建卜家庄子、牛埠、毛家埠等4个村级水泥道路3.5千米；对城乡环卫一体化的垃圾桶、垃圾箱等基本设施进行更换配套，配齐保洁队伍；投资10万元，进行段家沟、隅里、皂户、东冢子后4个村自来水改造工程，解决1500名群众生活饮水。

教育

1989年，全镇有幼儿园22所、小学22所、初级中学6所。2002年，有中小学教室949间，面积2.48万平方米。2009年，进行学校合并及校舍改造，对北环路以北偏远学校的教师每人每月补贴180元。2011年，新建中心小学、叶家庄子小学，中心幼儿园、叶家庄子幼儿园。2012年，街道中心初中被省语言文字工作委员会、省教育厅授予“山东省语言规范化学校”称号。2013年，中心小学、幼儿园，叶家庄子社区小学、幼儿园建成投入使用。全街道有小学 3 所，教职工 79 人，在校生 596 人；幼儿园 6 所，在园幼儿 610 人。

卫生

1990 年，村级卫生服务室有 32 处。1991—2011 年，寒亭街道卫生院新建和扩建职工宿舍楼、病房门诊以及路面硬化、绿化。医院配有彩色 B 超机、X 光机、脑电地形图仪、救护车等总价值 30 多万元医疗器械。2012 年，新建计生服务站和社区卫生服务中心。2013 年，街道卫生院有床位 46 张，有职工 43 人，其中卫生技术人员 40 人；村卫生室 45 个，从业人员 72 人；全街道新农保参与率 100%，新农合参与率 100%。

民生

2008 年，实施随时救助制度，累计发放生活困难救助金 26.6 万元，救助 160 余人次。2013 年，街道多元投入资金 3000 万元，为中小学教育、医疗卫生、文化设施、计生服务、社区服务中心等民生事业项目建设提供资金保障，街道出资率先落实失独家庭养老扶助项目。

附：城区街道

1992 年 1 月，寒亭区城区街道办事处成立，驻寒亭区益新街 265 号，为正科级机构，编制 20 人，是寒亭区成立的第一个街道办事处。下辖运河街、文化街、民主街第一、民主街第二、工业街、寒青路、泥河路、商业村、镜湖 9 个城市社区居委会，人口 4 万余人。2001 年 3 月，撤销城区街道，与寒亭镇合并成立寒亭街道。

第二节　开元街道

概况

开元街道位于寒亭城区西部，东邻寒亭街道，西接潍坊经济开发区，南靠潍坊高新技术产业开发区，北毗固堤街道。寒亭经济开发区在其境内，距寒亭城区 5 千米。辖区内交通便利，济青高速公路、206 国道、北环路横穿东西，央赣路、老央赣路（海龙路）、武岭路、霞飞路纵贯南北，潍坊市第一座互通立交桥坐落其中。2001 年 2 月，由郭家官庄镇和张氏镇合并成立开元街道。

2001 年，总人口 3.47 万，地区生产总值 53647 万元，地方财政收入 1302 万元，粮食总产 22013 吨，农民人均纯收入 3636 元。2013 年，辖区面积 48 平方千米，耕地面积 1624.67 公顷，辖 3 个城市社区、29 个行政村，总人口 4.8 万；地方财政收入 5107 万元，工业实现销售收入 50.34 亿元，利税 4.96 亿元，农民人均纯收入 12500 元。

辖区内地势南高北低，属平原地带，土壤多系轻壤土，熟化程度较好，占总面积 75.5%；砂壤土占 23.6%；中壤土占 0.9%。境内西部有白浪河，东部有虞河，流向均由南向北。

建置区划

清宣统二年（1910），境内有二十里堡区盛盆社、辛冬社，固堤区杨孟社、温固社、常疃社，寒亭区张氏社，高里区平安社，大庙头区北杨社等。1933 年，境内分属第五区杨孟镇、平安乡，第六区张氏乡、东里疃乡各一部分。1945 年，属潍北县张氏区，次年改为华疃区。1950 年，潍南县撤销并入潍北县，华疃区改为潍北县第八区，下辖华疃、大庙、杨孟 3 乡，今境内村庄大部分属杨孟乡。1952 年，潍北县第八区改称潍北县张氏区。1953 年，潍北县并入潍县，张氏区又改称潍县第六区。1958 年 1 月，撤区建乡，潍县第六区划分为张氏、大庙、二十里堡 3 乡；9 月，人民公社成立，张氏乡并入固堤公社。1965 年 6 月，由固堤公社南部部分村庄析出，设立张氏人民公社。1982 年 1 月，改称里疃公社，1984 年改称为里疃乡，1992 年 1 月改称张氏镇。2001 年 2 月，郭家官庄镇和张氏镇合并成立开元街道，街道办事处机关驻原郭家官庄镇政府驻地；2006 年 11 月，开元街道办事处迁址禹王北街 369 号。

工业

1991 年，辖区内有玩具厂、铸造厂、消毒剂厂、特种铸造厂等 8 家工业企业，后逐步形成以副食品加工、汽车销售、建筑建材、服装纺织、塑料制品和铸造六大支柱产业为主的工业体系。2004 年底，辖区内民营企业发展到

100多家。2005年，形成海龙路工业小区、霞飞路工业小区、汽车贸易服务园、铸造工业园和村级标准厂房创业园“二区三园”。2006年，引进新阳光门窗、春鑫包装等6个项目，泰佳轮胎等8个续建项目。2007年，引进碳酸二甲酯、国青药业、精密阀门、潍坊港一类口岸综合办公区、盈海物流、风力发电机、汇力达钢制品、中大水洗、奎丰汽车、鸿宇汽车、地暖管、同源发工艺等项目18个。按照“统一规划、合理布局、租赁为主、农民受益”建设要求，投资新建、扩建胡家朱茂、张氏三、东寺夹庄、西寺夹庄、二十里堡5个村级工业园区，建标准车间3万平方米，引进的8个项目相继建成投产，新增村级纯收入240多万元。2008年，全街道村级工业园发展到张氏三、张氏四、西寺夹庄、东寺夹庄、胡家朱茂等8个村，工业园标准车间总投资8500万元，建成标准车间75个，面积10万平方米；引进工业项目50个，增加工业产值10亿元，解决当地群众就业1200多人。2009年，对占地30.67公顷张氏工业园进行全面升级改造，建立潍坊市首个创业孵化基地。2010年，引进天元盈康药业、恒信集团、中凯兴业贸易广场等项目20多个，全年新增规模以上企业4家、科技企业4家，其中山东腾飞集团、潍坊华铃柴油机动力有限公司两家企业获“中国专利·山东明星企业”称号。村级工业园新建标准车间3万平方米，全街道村级工业园累计13万平方米。加快推进工业企业退城进园，对首批条件成熟的亚康药业、腾飞集团、昱合集团等7家企业拆迁，面积4.3万平方米，倒出土地8.01公顷。2011年，引进成都双虎、东都华府等项目；为高新技术产业园引进落户银河机械、瑞力机械等项目，北海工业园引进2个过亿元的新型建材项目。2012年，沃克奇生物肥项目投产运营，天元盈康药业生产车间完工，百利拖拉机项目的拆迁倒地工作完成。协助华铃动力、亚康药业争取扶持资金6450万元；潍坊凯利置业纳税1730多万元，潍坊丽都置业纳税683万元，润华汽车、顺达房地产、庆鹏集团等企业成为街道财源的重要支撑。2013年，亚康药业有4个科研项目获省级科研成果，华铃动力、国安农业装配、阳之光机械有限公司，分别研发全省首家节能环保的天然气发动机、燃气能源马路清洁车和节能电动汽车，年新增主营业务收入约5亿元。

农业

1989年，辖区主要农作物是小麦、玉米和少量蔬菜瓜果。1993年开始，实施农业产业化战略，立足资源优势发展种植业和养殖业。到2002年，发展以苹果、葡萄为主的万亩优质绿色果品基地，年产2.5万吨；高温大棚蔬菜种植480公顷，年增收800万元。2002年9月，成立开元果业协会，吸收会员400多人；协会与“家乐福”超市签订绿色果品外销合同。2003年，出口果品1300余吨，内销1000余吨；肉鸭、蓝狐标准化养殖区20个，年出栏肉鸭200万只、蓝狐30万只。2005年，开元果业协会嘎啦、新红星、红富士3大品种苹果，取得全省唯一的国家绿色食品认证，法国“家乐福”在此建立绿色果品基地；金河食品的“鸭王”产品被评为山东省名牌产品。2006年，建设333.33公顷农业综合开发项目，新打机井30眼，新建机井房30个、桥涵40座，新修道路1500米，维修道路1.2万米。2007年，增加133.33公顷果品基地，并对孙家杨孟、大辛庄、西常疃等村的畜禽舍实行标准化建设。第二期农业综合开发涉及张金杨孟、董家杨孟、大辛庄、小辛庄、东里疃、西里疃6个村、820户，共333.33公顷土地，打机井26眼，建机井房26个，建桥涵60座，铺设通水管道5000米，维修道路1.3万米，栽植速生杨3.2万株。2008年，新发展2家市级农业龙头企业——山东亚康药业有限公司、山东鹏飞集团，其中山东亚康药业有限公司是国内最大的兽药原料批发基地；完成鲁鸢红牌苹果绿色认证，建立绿色果品基地1000公顷，引进富士王、美国11号等新品种8个；在安固三村建立1处果品专业市场；新修道路15千米，新打机井50眼，维修160眼。2009年，引进集种植、加工、销售为一体的潍坊乐义果业有限公司，利用其在技术、资金、管理上的优势及“公司＋基地＋农户”的经营模式，带动品牌农业发展；流转土地248.13公顷；新认证农产品山东省著名商标2个；高标准完成800公顷农业开发项目，投入资金765万元，新建交通和生产桥300座，埋设地下节水管道1.5万米、地下电缆1.1万米，新打机井50眼，新修和维修道路4万米，林网植树3万株。植树造林134公顷，建设农田林网833.33公顷。2010年，新建绿色果品基地533.33公顷，辐射带动种植户820户，全年流转土地392.5公顷。昱合牌3类冷冻产品认证为绿色产品，“乐义商标”获中国驰名商标。投资400万元，完成虞河开元段绿化任务，造林101公顷，栽植杨树、紫叶李、柳树等各类苗木20万株；推进农田改建林地23.27公顷；全年植树造林141.73公顷，栽种各类苗木34.2万株。2011年，发展品牌设施农业333.33公顷，规划建设占地33.33公顷集观光、认养于一体的乐义果业高科技示范观光园区；全年流转土地406公顷；引进长江农业姜蒜深加工项目和总投资3.2亿元赛维科技项目；成立树训畜禽养殖等合作社7个，有化梅养猪、卫东奶牛养殖等16个合作社；建有大型养猪场1处，大型奶牛养殖场5处，特色养殖小区20多处。2012年，发展苹果、潍县萝卜、西瓜等优质果蔬种植基地1066.67公顷，建有卫东奶牛、化梅养猪等标准化养殖小区30多处；新认证西瓜、甜瓜等绿色产品8个，无公害农产品1个；流转土地294.4公顷，引进光合农业、泽润科技等项目。全年植树造林117公顷。鲁家口、小辛庄获潍坊市绿化示范村称号。2013年，依托“中国食品谷”辐射带动，全年流转土地286.67公顷，优质果蔬种植规模发展到1266.67公顷，形成以固高路、武岭路、北海路两侧为重点的大棚西瓜、甜瓜种植区、优质果品种植区和采摘观光休闲农业区。新引进苏泊食品；新成立专业合作社13家，完成10个村土地确权工作，新认证山药、南瓜等绿色产品4个；推进园区、村镇和企业造林绿化，全年植树造林78公顷，大辛庄、二十里堡、郭家官庄获潍坊市绿化示范村称号。

商贸服务业

2003年年底，有10处集贸市场，个体工商业户390家，其中有餐饮业70家，中百超市连锁店5处，其他个体私营业户及门市部等300多家。2009年，红星·美凯龙项目在辖区落户；引进金山明珠和水晶公馆项目。2012年，建设中凯冷链物流园一期、凯利生活广场、环宇机电市场一期、中国兽药饲料交易大厦、金山财富广场等项目。配合潍坊市启动“中国食品谷”核心区建设，落户总部大厦、中国农产品批发市场物流园、潍坊市民大厨房等项目。2013年，占地20公顷的中国潍坊畜禽产品交易城项目正式启用，300多家企业入驻冷链平台；环宇机电市场一期完工，华夏精粹等100余家业户入驻潍坊文化创意产业园。两大片区商贸物流类项目开工建设和投入运营，面积80万平方米以上；城建项目开工建设和竣工30多栋高层住宅楼，入住面积40

图28-2　2013年11月8日，中凯冷链物流园启动仪式举行。

万平方米。

城镇建设

2005年，对海龙路南段实施绿化，面积6000多平方米；二十里堡、雷家、东寺夹庄等村成立卫生保洁队伍。修建胡家朱茂、徐家楼、东里疃、黄埠、安固四村水泥、柏油路5条，北张氏、枣林、安固三、冯马杨孟等村新修砂石路5条，总长度17.1万米；投资110万元维修虞河寒双路桥和北张氏虞河桥，新修北海路、蓝天路、金河路、盛泰街、富亭街、民主西街等"三街三路"6条主要干道，陈家官庄、徐家楼、西寺夹庄、北张氏、东分营埠、西分营埠等18个村受益，实现村村通柏油路。2006年，完成海龙路综合改造、民主街西扩、北海路大转盘和养护工区等区级重点工程的改造拆迁倒地20.3公顷。2008年，完成金三角、商业村"两片区"和民主街、通亭街、益新街、北环路、海龙路胡家朱茂片区"三街二路"，亚星、海龙、志远路雨水箱涵"三管道"以及虞河、亚星扩建、高科技产业园拆迁，面积58.1万平方米，倒地169.07公顷。2009年，开工建设家居体验广场及凯利生活广场，金山明珠、水晶公馆项目落户，实现与中心市区无缝隙对接。郭家官庄安置楼金御花园项目、雷家城中村改造祥泰花苑二期、西寺夹庄城中村改造安益花园二期相继开工建设，总投资1.41亿元，开工楼座17栋。完成市污水处理厂、高科技产业园二期倒地，虞河、志远路箱涵、雷家城中村改造二期、开元医院扩建、二十里堡6.67公顷周转地倒地，倒地56.67公顷，拆迁13万平方米。在"金三角"片区，相继落户恒信首府、双虎体验中心、京福房地产等多个项目，吸引恒信、汇展等多个大型房地产开发商共同参与到"金三角"片区开发建设，总投资40亿元，建筑面积110万平方米。2010年，引进恒信、汇展、欣泰等多个房地产开发商，启动王家朱茂、胡家朱茂、郭家官庄、雷家、西寺夹庄5个村旧村改造，新开工楼座34栋，建筑面积16.2万平方米。启动北张氏土地增减挂钩项目，一期开工楼座28栋。完成应急救援中心、北张氏双挂钩安置楼区、港华燃气、央赣路、寒祥街、中凯兴业贸易广场、郭家官庄村、百老汇三期等项目，共计190公顷拆迁任务，拆迁建筑物42万平方米。2011年，双虎家居、雷家三期项目用地，东都华府项目启动区，白云路、恒信首府项目用地，古亭街、欣泰世纪城一期及鑫堡御园项目用地等区域的拆迁倒地346.67公顷，拆迁建筑面积31.8万平方米。2012年，开工建设胡家朱茂二期、鑫堡御园、欣泰世纪城一期等安置楼，有8个村启动旧村改造，开工安置楼座100余栋，建筑面积50余万平方米。2013年，金御花园、北张氏新村等小区新增投资2000多万元，实施道路硬化、管网配套和绿化提升，当年完成建筑面积15万平方米；完成食品谷总部基地一期、中凯二期、二十里堡剩余民房、西寺夹庄局部区域民房及固高路、央赣路拓宽改造工程等区域的拆迁倒地工作，共计倒地78.67公顷，拆迁面积4万平方米；开工建设市污水处理厂项目，完成投资9000万元。

教育

1992年以后，适龄儿童入学率、巩固率一直保持100%。2001—2003年，郭家中心初中、张氏初中被评为潍坊市教研与教学改革先进单位。2005年，改建维修校舍3200平方米，投资30万元为各中小学配备微机室，4所学校建立校园网；街道从财政拨出专款5万元作为启动资金，设立开元教育发展基金。2008年，落实"农村义务教育全免费""农村中小学解困""农村学校一通二热三改"3项事关教育发展的"惠生工程"。2010年，为各中小学校购置教学设备，对3所小学校舍进行改造，改善办学条件；投入20万元，为全街道所有中小学、幼儿园配备警棍及监控设施，配齐专职安保人员保障校园安全。2011年，新开工建设安固、北张氏2所小学，改扩建孙家杨孟小学。2013年，完成4所小学标准化建设和1所中学校舍改造;全街道有初中1所、小学5所、幼儿园4所；教职工185人，在校生1240人。

文化

2007年，在张氏、黄埠社区和西寺夹庄建设文化广场；黄埠村、张氏三村、张氏四村、通亭街社区、西寺夹庄、北张氏村设立农家书屋；张氏一、张氏三、张氏四、西寺夹庄、黄埠5个村新建健身场地，配备健身器材。2012年，新建农家书屋、文化广场各3处。2013年，新建和改造6处文化广场。村村设有图书室、阅览室、文艺排练室、游艺室等文化娱乐场所，村村都有文艺演出队、文化大院和供群众强身健体所用的体育场所。每年春节期间，街道办事处组织群众进行民俗艺术表演，有踩高跷、跑旱船、扭秧歌、舞龙灯等节目。

卫生

1989年，初步形成以镇医院为一级网格，各村卫生所为二级网格的网格化卫生服务体系。开元医院是一所集医疗、防疫、保健于一体的综合性一级甲等医院，内设内科、外科、妇科、儿科、中医科、泌尿科，是医疗保险定点单位。配有X光机、B超、半自动生化分析仪、全自动血液流变快测仪（中风预报仪）、多导心电图机等设备，是全区唯一一所中医专科医院。2009年，投资837万元，开工建设建筑面积3000平方米的开元卫生服务中心。2013年，街道卫生院有床位40张，有职工58人，其中卫生技术人员53人；有村级卫生室31个，乡村医生40人。

社区建设

2007年，配套建设社区服务中心，为居民提供“一站式”服务；有工会、卫生、公安、劳动、民政等11个单位设立服务站点，开展“法官进社区”、“警员进社区”、“工会进社区”、妇女儿童维权、计生宣传、健康讲座等一系列活动，免费为70岁以上老人进行查体；开元敬老院占地8963平方米，建筑面积2800平方米，集中供养率75%以上。2009年，对张氏三、张氏四、大辛庄等6个村进行村容环境综合整治；对开元社区服务中心、计生服务站进行设施配套。2013年，新建安固、百汇、二十里堡3个农村社区，在二十里堡、大辛庄等8个村和中心社区设立农家书屋，每个书屋配备图书1500余册、报刊10余种、音像资料20余种。

民生

2009年，推广沼气池建设，发动村民建设沼气池350个，张氏一村、张氏四村为沼气池示范村；枣林等10个村实施峡山水入户工程，惠及村民2800余户。2010年，投资80多万元，硬化道路4条，完成惠及700余户的峡山水入户工程。2011年，新建1处垃圾转运站，建立保洁员队伍，清理垃圾及“三大堆”8万余立方米。2012年，新农保参保缴费220万元，覆盖率99.8%，新农合参合人数21545人，覆盖率100%；落实粮食直补惠农政策，为3386户粮食种植户兑现补贴207.2万元；发放五保金、低保金、救助金等共计108.7万元；投资6.6万元，为6户残疾人家庭进行危房改造。2013年，硬化水泥道路5400米，整修道路7200米，新安路灯210盏；为2682户粮食种植户兑现补贴208.05万元；新农保参保缴费190万元，覆盖率99.9%，新农合参合19138人，覆盖率100%；城乡最低生活保障率100%，农村“五保”人员集中供养率100%。

第三节　固堤街道

概况

固堤街道位于寒亭区北部，东邻昌邑市，西隔白浪河与高里街道相望，南靠寒亭、开元街道，北与央子街道接壤。东南距区政府驻地12千米。因驻地位于固堤村而名。总面积152平方千米。

1989年，辖区人口2.73万，完成地区生产总值9977万元，粮食总产28654吨，地方财政收入105万元，农民人均纯收入1021元。2013年，总面积152平方千米，辖73个行政村、16407户、6.8万人，耕地面积6578.33公顷，完成地方财政收入1426万元，工业实现主营业务收入91799万元，上缴税金2453万元，农民人均纯收入11200元。

街道辖区地处平原，地势南高北低，东部为浅平洼地，土质较贫瘠；西部为平原，土质肥沃，地下水资源丰富；北部土壤多为盐碱地、黑黏土，地下水含盐量高，不宜提水灌溉和饮用。流经辖区的河流有白浪河、虞河、利民河、干河等，峡山主灌区、引黄济青输水工程途径辖区，街道南承潍坊中心市区，北接滨海经济技术开发区，地处“蓝黄”两大战略叠加开发重点区域，2012 年被列为“潍坊市小城镇建设示范镇”。

建置区划

固堤在唐朝时即建为北海县固堤镇。金代称固底镇。明、清为潍县儒教乡固堤社。中华民国时期，辖区属潍县八区、五区。1945 年，属潍北县固堤区。1951 年，属潍北县第三区。1953 年，属潍县第十二区。1958 年，称固堤人民公社。1984 年 5 月，称寒亭区固堤镇。2007 年 8 月，撤销泊子乡、固堤镇，以其原行政区域设立固堤街道，街道办事处机关驻原固堤镇政府驻地。

工业

1989 年，固堤镇有镇办企业 7 处、村办企业 52 处、个体私营企业 184 处，年产值 4216 万元。1999 年开始，进行企业改制，规划占地 66.67 公顷镇级工业加工区。至 2002 年年底，园区内民营企业 65 处，初步形成铸造、纺织、农产品加工等主导产业，实现工业总产值 3.85 亿元。2006 年，全镇新增民营企业 35 家，全年实现工业总产值 3.08 亿元。2007 年，固堤镇和泊子乡合并后，固堤街道确定建设北海现代物流产业园、固堤工业园区两个工业平台，按照南部机械铸造、纺织、农产品深度加工，北部加工和现代物流业为主的产业发展格局，主动承接南部城区和北部滨海经济开发区的辐射带动，实施重点项目带动战略。2008 年，开工建设潍坊安通物流、盈海物流、玉荷食品物流 3 个项目，完成投资 2.1 亿元。2009 年，北海现代物流产业园完成拆迁倒地 55.33 公顷，建设“一纵一横”两条道路，对水、电、通讯、排水设施进行改造，对园区进行高标准绿化、美化；引进国邦医药、保罗蒂姆汉生物工程、百德药业、富迪能源、凯祥化工等 12 个项目，改扩建 4 个项目，总投资 8 亿元。固堤工业园完成“一纵三横”道路硬化，并配套完成绿化、亮化、排水管道、天然气管道等设施建设。盘活园区闲置土地，引进总投资 3.5 亿元的氧化锌、鑫汇彩印、鲁鹏机械、安国精铸等 6 个项目。2010 年，北海现代物流园项目达到 20 个。2011 年，开发建设圆友创智科技园 13.33 公顷起步区，规划建设膨胀玻化微珠防火保温系列新型建材项目。在北海现代物流园引进万华生物科技、百德药业等 23 个项目，凯祥物流、鑫万通物流和美欣药业等 15 个项目建成投产；配套完善供电、天然气、供排水等基础设施，栽植各类苗木 10 万余株。固堤工业园整体收回美仕利铸造、德五耐火材料、鸭王人家等 8 家企业占地 2 公顷，引进总投资 1.8 亿元的钢管加工、配电盘配件生产、润滑油物流 3 个项目。龙达锌业工业园投资 1.1 亿元，新上硬脂酸锌深加工项目。2012 年，规划建设临港产业园，园区总规划 58 平方千米，核

图 28-3　固堤街道龙达锌业工业园（2012 年）

心区为总部物流区；引进占地17.33公顷、总投资5亿元佳乐家生鲜品物流园项目；创智工业园总投资25亿元，一期工程投资8亿元的6.7万平方米车间建成；龙达锌业工业园投资2.2亿元的一期氧化锌项目，完成14条生产线安装，年产量6万吨，成为亚太地区规模大、工艺先进的间接法氧化锌制造基地。2013年，临港产业园引进华强机电科技等项目；创智新材料项目一期2条生产线投产；龙达锌业工业园投资2.2亿元的氧化锌项目投产，年产量6万吨；占地8.53公顷，总投资3.5亿元的再生锌综合利用项目。

农业

1989年，固堤镇主要种植棉花、油料作物及少量蔬菜瓜果，全镇耕地面积2826公顷，各类经济作物674公顷。1995年始，大面积种植大棚西瓜。1997年，农业总产值1.56亿元，人均纯收入3942元。2000年，镇政府按照“东莱西瓜”产业格局，建设2处农业标准化种植基地，面积800公顷，形成大棚西瓜种植区、蔬菜种植区。2002年，瓜果菜种植1666.67公顷。建设大棚西瓜批发市场，解决瓜农卖瓜难问题。2005年，通过“协会加农户”“大户带小户”，全镇新建标准化西瓜种植小区8个，西瓜种植800公顷。新建标准化养殖基地6个，肉鸡、肉鸭存栏量达到220万只。2006年，新建标准化种植小区8个，西瓜种植扩大200公顷，西瓜总产量22.5万吨，总收入2700万元；对9个村庄333.33公顷耕地进行综合开发，新打机井30眼，维修旧机井60眼，建设进地桥40座，开挖渠道1万米，埋设地下管道1万米，新修道路11条17千米，植树1.7万株，总投资153万元，受益6000人。

2007年，建设园中园休闲度假村项目；洋大食品有限公司建成投产，成为泊子水产基地的龙头企业；发展无公害农业生产基地1200公顷；完成西瓜生产基地、园中园等处土地流转200公顷。新成立西瓜专业合作社、益民棉花合作社等11家农民专业合作经济组织。2009年，新发展无公害农业生产基地266.67公顷，总面积达到2333.33公顷。其中品牌西瓜种植规模1000公顷，卤淡水养殖规模400公顷，树起“固堤西瓜”“泊子卤淡水养殖”农业品牌。组建成立河东官庄瓜菜协会等6家合作经济组织，参会农户3000余户。以白浪河生态林场、引黄济青灌渠防护林带、央赣路绿化为重点，植树170余万株。2010年，规划建设1000公顷固堤西瓜示范园、万亩卤淡水养殖基地、200公顷潍坊乐义果业基地及园中园生态农业观光园等一批成规模、有特色的农业示范园区。全街道引进和成立乐民奶牛养殖场、洋大食品、远东养殖、凯航虾料物流。有邢合西瓜专业合作社、利平芹菜专业合作社等36家农业龙头企业和农民专业合作经济组织，入社会员1万余人。春、冬两季共种植绿化苗木150万株，栽植、补植苗木10万余株，完成调地100余公顷，土地流转1000公顷。2011年，固堤西瓜示范园新建西瓜展厅，品牌西瓜种植规模达到1000公顷。2012年，全街道土地流转866.67公顷，新增大棚西瓜、葡萄等高效农业480公顷。2013年，形成南部西瓜、萝卜、葡萄等瓜果种植带，中部芹菜、西红柿、茼蒿等蔬菜种植带，以及北部南美白对虾、大菱鲆等卤淡水养殖带3个农业板块；建设李家营紫薯良种繁育基地等3个大型农业园区，改扩建志军果业示范园和洪泽西瓜生产基地。全街道现代农业园区发展到14个，总面积2133.33公顷。推动农业品牌化经营，对“李”牌瓜果等30余个农产品品牌进行规范提升，“郭”牌西瓜等3个基地进行绿色农产品认证和无公害产品认证。中低产田改造和土地综合整治分别通过省、市级验收，年新增经济效益1000余万元，惠及22个村近2万名农民。

固堤西瓜　1997年开始种植，主要有“小兰”“小峰”“早春红玉”“黑美人”“麒麟”等10余个西瓜品种，口感好、果型正、无公害、糖度高，瓜瓤细腻、汁多爽口、味甜且鲜、风味浓郁。瓜农探索出的“三膜一苫”西瓜种植技术，提前西瓜上市时间（一年春、夏、秋三季有瓜）；人工控制温度；等间距整理瓜蔓，一蔓一瓜，严格控制坐瓜间距；严格遵循绿色食品的施用标准，全部采用有机肥、生物肥，运用生物病虫害防治等先进生产管理技术。1993年以后，固堤品牌西瓜屡获“绿色食品A级产品”“山东省著名商标”“潍坊市放心食品”“中华饮食文化特色精品”等称号，同时涌现出“郭”牌、“志军”牌等诸多享誉全国的西瓜品牌。

固堤葡萄　固堤葡萄最有名的品种是“早紫”和“巨峰”，其次为“玫瑰香”和“提子”。固堤街道沙沼盐碱地占总面积90%以上，葡萄比较耐盐碱，盐碱地里种出来的葡萄品质相对会比较好。采取项目示范方式，以庭院经济为突破口，并将一些村庄的空闲地、废弃地统一平整后，承包给群众栽植葡萄。改良后的盐碱地葡萄产量高，甜度高，品质好。

固堤青萝卜　又称水果萝卜、瓜茬萝卜。采用西瓜—萝卜大棚蔬菜瓜果种植模式，在西瓜收市后种植萝卜，青萝卜含有大量维生素，肉质紧密、翠绿、脆、甜、多汁，生食如水果，故又称水果萝卜、瓜茬萝卜。采用配方施肥，精耕细作，严格按无公害要求种植，所产萝卜备受青睐。

小城镇建设

1989年以后，开发渤海商城等4处专业市场及8处集贸市场，建筑面积4.2万平方米。至2002年年底，全镇个体工商户198家，其中餐饮业65家，瓜菜中介机构60多家。2005年，打通连接北海路至央赣路的5条道路，全长7千米，形成东至老央赣路、西至北海路、南至南环路、北至固高路两纵五横的新小城镇基本框架；到年底，有7个村修建连接村庄与北海路的道路，总长度8千米。对镇区主要街道两侧破旧建筑进行拆除改造，新安装路灯86盏，使镇区内路灯达到200盏；绿化面积6000多平方米，开发商住两用楼1.5万平方米。2006年，途经北海路9个村庄全部修建连接北海路的道路，总长度8.6千米；开发商住两用楼1.5万平方米；建成1000多平方米中百超市、1500平方米北海超市和2000平方米的摩托车超市各1处。2007年，进行固堤中心社区地下排水管网铺设工程；泊子中心社区绿化亮化工程全部完成，铺设地下排水管道3500米，安装路灯75盏，栽植苗木6500株；两处中心社区新建商住楼房2.5万平方米，增加服务业网点63处。2008年，提升央赣路、固高路区段“两条商贸走廊”和工业园区、生态农业观光园、仓储物流园区、行政事业办公区4大功能板块，拆迁各类建筑339户，计9.6万平方米；对固高路拓宽改造，对途经镇区的主要道路进行亮化、硬化、绿化；固堤、大泊子、蔡家栏子、东南牟4个农村社区服务中心、计划生育服务站相继投入使用。2009年，开工建设固堤中学、固堤商贸中心、固堤商贸走廊、北海风情苑小区、庆鹏固堤新城、固堤北街拆迁改造、街道驻地绿化提升、天然气管道铺设等一批重点工程。2010年，按照“改造提升、完善功能、突出工贸、充实内容”发展要求，开工建设固堤中学二期、北海风情苑小区二期、庆鹏新城、固堤商贸中心、街道驻地绿化提升、港华燃气管道铺设、百大万家福超市以及街道驻地沿街商品房开发等一批工程项目建设；栽植各类苗木150万株，实现“三季有花、四季常绿”景观。建立80余人的环卫队伍，将绿化养护实行园林部门托管。2011年，按照区委、区政府印发的《加快固堤街道小城镇建设的实施意见》，制定“一城、两园、两带、五区、八点”发展规划，建设金河街、振兴路两条区间道路，总长度4.1千米；拆迁瓜菜大棚1万余平方米、果园200亩、房屋20余间、鸡鸭棚1500平方米；新栽植、补植各类苗木20余万株。2012年，被列入全市小城镇建设示范镇。街域西部片区一期，共涉及5个行政村、157户、拆迁倒地45.33公顷。开元垃圾中转站投入使用；配备垃圾桶3125个、垃圾清运车4辆、垃圾转运车1辆、保洁员160名，建立长效新型城镇化环卫保洁机制。2013年，编制完成《潍坊市示范小城镇总体规划》及社区布局、基础设施、产业发展、生态景观4大规划。加快北海路以东、固高路两侧153.33万平方米片区的开发建设。一期占地33.33万平方米总投资25亿元的滨海•福地世家项目开工建设。栽植各类苗木47.8万余株，成片造林133.33公顷。到年底，街域范围内共有商贸经营业户400余家，从业3200人，形成北海路、固高路两条商贸走廊，是寒亭区北部商贸交易的重要集散地。

新农村建设

1988—2003年，固堤镇新建村级柏油路60千米，达到村村通柏油路标准，机耕路联网成片，路面硬化267.34万平方米。2002年年底，全镇电话装机7410部，有线电视网覆盖全镇。2006年，栽植各类绿化苗木9000余株，有11个村庄达到文明生态村标准；35个村庄的主要道路改造工程，新修柏油路、水泥路、砂石路48条，总长32千米，全镇道路硬化率95%；结合村村通自来水工程，投资20余万元对街道西部9个村庄引进峡山水，全镇有90%以上的村庄用上峡山水。2009年，投资100余万元，完成泊南路至禹王湿地景观路建设。投资160万元完成流河等4处农村社区建设。2010年，新建沼气池650个，硬化街道27千米;街道驻地建立垃圾中转站，设置垃圾箱，采取"户集、村收、街道处理"方式；曲范、北张家埠2个村获省级文明村称号。2011年，蔡家栏子旧村改造项目，年底开工建设10公顷起步区、住宅10万平方米；配备垃圾桶1200个，配备保洁员120名。2012年，实施蔡家栏子土地增减挂钩项目，一期36座267户连体二层楼房竣工并交付使用，拆迁范围的269户村民，有248户分配新房，并顺利完成4.2万平方米旧房拆迁。2013年，投资120万元对主干道进行绿化提升，对垃圾中转站进行改造，托管至区环卫处。

教育

1995年8月，建设固堤镇中心小学。2000年12月，全镇初中和小学分别由原来4所、23所合并为3所、11所。2002年，在校学生3691人，教职员工223人；九年义务教育普及率和巩固率均为100%。2003年8月，3所初中合并成立中心学校，分设南北两个校区，小学由11所合并为9所。2012年，大泊子等4处小学校舍改造工程全部竣工，并通过市级标准化学校验收。2013年，全街道有初级中学1所、小学13所、幼儿园14所，在校学生3674人，教职员工329人。

卫生

1989年，固堤镇医院有职工41人，固定资产208万元，业务收入45万元。1992年，建成高标准门诊楼。1998年，投资74万元建成宿舍楼。2001年，投资60万元建成病房楼。2002年，投资20万元建成省级接种示范门诊，46个村都设有卫生室。2006年，全镇新型农村合作医疗参保率90%；投资20余万元对镇敬老院进行扩建，兴建标准住房10间，配备供暖、电视机、衣橱等生活设施，全镇五保集中供养率70%以上。2013年，投资1080万元建设的泊子医院主体工程完成。全街道有医院2所，床位92张，职工79人，其中专业技术人员66人；有村卫生室73个，从业人员75人。

第四节　高里街道

概况

高里街道位于寒亭区西部，街道办事处距寒亭区政府驻地18千米。东以白浪河与固堤街道为界，西与寿光市稻田镇相连，南依双杨发展区，北靠央子街道。

1989年，辖区人口3.13万人，完成地区生产总值9880万元，粮食总产24777吨，地方财政收入82.3万元，农民人均纯收入612元。2013年，高里街道总面积145.1平方千米，辖83个行政村，人口6.39万，耕地面积9733.2公顷；完成固定资产投资11.59亿元，实现地方财政收入966万元，农民人均纯收入11096元。

街道辖区地势低平，水系众多，主要河流有白浪河、桂河、丰收河、崔家河。交通便利，省道潍九路贯穿全境。境内文物保护单位有夏代禹王台、金代一孔桥、唐代古槐，AA级景区禹王湿地公园。

建置区划

高里街道1945年前属潍县第四、五区，1945年建潍北县高里区，1951年属潍北县第七区，1953年属潍县十五区，1957年属高里镇，1958

年成立高里公社，1984年5月改称高里镇。2007年8月，撤销双杨店镇、南孙乡，将其原行政区域并入高里镇，镇政府驻地不变。2010年5月，撤销高里镇，以其原行政区域设立高里街道，办事处机关驻原高里镇政府驻地。2012年5月，潘家村等26个村划归潍坊经济开发区。

工业

1989年，高里镇有镇办、村办、个体私营企业63家。1999年，开发建设占地24公顷的镇级工业园区，至2002年年底，工业园区内民营企业46家，实现工业总产值1.7亿元。2009年，昱合集团、华光精工等18家重点企业和建业达机械、益源辊业等5个重点项目，组建永诚担保有限公司，为10多家企业担保贷款1200余万元；有远兴电器等5家企业申报省级中小企业科技进步奖。2010年，工业园区基础设施建设投入500万元，落户滨海建材、新立棉业等15家企业，增资扩建企业13家。2011年，南部工业园区内实现“五通一平”，入驻企业28家，新落户唯海商贸、双蛟机械、凯丰纺织、华玲锦苑等11个项目，总投资19.98亿元。2012年，新规划建设占地33.33公顷先进制造工业园区和占地40公顷鑫鼎商务区项目，引进川海机械、瑞升机械等16个项目；双蛟机械、永和药业等16家企业进行增资扩建，建设标准车间2.9万平方米。引进前进车桥项目和潍坊圣诺工程配套项目落户北海工业园。2013年，引进广德机械、兴滨工贸和虞鑫集团3个项目落户北海工业园，建立潍坊永和院士工作站和万亩河豚研发培育基地院士工作站。

农业

高里镇主要种植小麦、玉米、棉花、蔬菜、瓜果等传统农作物。2008年，全镇耕地面积1.2万公顷，各类经济作物793.33公顷，粮经比例为14.1∶1。在省内率先引种中国台湾“洋香瓜”，创出高产、优质的“鸢伊红”。至年底，全镇甜瓜种植专业村发展到12个，种植专业户2100户，从业8000余人；建成高低温大棚2800多个，种植面积533.33公顷，年产甜瓜1.6万吨，有“状元”“蜜世界”“蜜兰”“金太阳”“金皇后”“台农”等6大系列、20多个品种。形成冯横路、固高路等6条路为重点的27个行政村，面积1000公顷高效农业产业带。全镇示范基地22处，其中大棚基地主要分布在杨家营子、戈翟、一空桥、高里二、桥西一、桥西二、冯家花园、河南、张庄、牟家院等村；葡萄、桃等优质林果基地主要分布在西营、后沟、北韩家花园、桥西一、桥西三、牟家院、戈翟、韩家朱马等村。2009年，种植反季节果蔬约1000公顷，特色农产品种植1333.33公顷、水产品养殖200公顷。新组建智诚养殖、北元瓜菜等8家农民专业合作社，采取转让、转包、互换等多种方式流转土地1180公顷，引进省海洋渔业厅150万元观光渔业养殖项目1个，引进3个基本农田建设项目。2010年，反季节果蔬种植1200公顷，特色农产品种植2000公顷，水产品养殖266.67公顷；注册“禹王湿地”牌农产品，在禹王湿地内规划建设莲藕、小香米、冬枣、优质鱼塘等1333.33公顷农业示范园。组建禹王湿地农产品、耿家西红柿等5家农民专业合作社。完成800公顷土地治理项目，新修生产路60千米，新建管涵240座，铺设地下管道53千米、地下电缆17千米，新打机井51眼，维修机井150眼，新植树木9.2万株。2011年，认证无公害农产品品牌5个，绿色食品品牌6个，绿色食品生产基地1处。潍坊禹王生态湿地开发生态庄园333.33公顷，省级湿地公园和国家AA级景区创建获得批复。发展农民专业合作组织29家，带动实现土地流转1966.67公顷。完成356公顷和300公顷两个土地整理项目和省优质鱼产业项目一期；开工建设1333.33公顷省级土地整理项目。2012年，规划建设大型农产品交易市场1处。引进占地1000公顷美和牧业养殖项目和总投资5亿元的万亩河豚研发培育基地项目。2013年，发挥禹王湿地、万亩枣园区、万亩河豚区、万亩甜瓜区和万亩油瓜区4个主题农业园区带动作用，流转土地1333.33公顷，成立家庭农场3个，成立农民专业合作社21家，增加市级龙头企业2家。

高里八宝

2009年，高里镇创建由“鸢伊红”洋香瓜、“高里”山药、“南孙”鲫鱼、“亦禾”芦笋、“南孙”小枣、“南孙”毛蟹、“黑土香”小香米、“南孙”鸭蛋组成的“高里八宝”农产品品牌群，有生产基地10余处，种植面积1000余公顷，养殖面积200公顷，辐射带动周边群众人均增收2000元。“高里八宝”系列农产品成为全街道对外推介高里的一张名片。

“南孙”小枣　南孙枣营养丰富，单果重可达18克，有外观紫红、味甜、质优、丰产的特点。生产基地规模533.33公顷，年生产量2000吨，主要有小枣、冬枣、梨枣等几个品种，每年9月中旬上市。2004年，南孙枣生产基地被省农业厅认定为无公害生产基地。

“伊鸢红”洋香瓜　高里街道从事洋香瓜种植主要产区位于高里街道河南村周边，种植面积66.67公顷，年产500吨，每年4月份上市。2003年，注册“伊鸢红”品牌，并被评为山东省名牌农产品。

“高里”山药　主要产区位于高里街道一空桥村、许家村、后河套村、前河套村周边，种植面积达133.33公顷，年产5000吨，每年10月份上市。2004年，注册“一空桥”商标。

“亦禾”芦笋　高里街道芦笋种植主要产区位于洪福寺村、马家村、庞家村周边，种植面积400余公顷，年产7000吨，每年5月份上市，主要销往日本、新加坡、韩国、加拿大和欧洲等国家和地区。2003年，被省农业厅认定为绿色农产品，2004年，被省农业厅认定为无公害农产品。

图28-4　高里八宝

“南孙”鸭蛋　南孙鸭蛋主要产区位于高里街道北部湿地，蛋鸭采用散养方式，为纯天然无公害产品，每年可生产鸭蛋20吨。2008年3月，南孙鸭蛋兴民合作社成立，当年注册“南孙”鸭蛋品牌。

“南孙”鲫鱼　2008年，注册“南孙”鲫鱼商标。主要养殖地在西官亭村、邵吕店等村。养殖面积173.33公顷，年总产1300吨。

城镇建设

1989年，对镇政府驻地两纵一横3条路进行硬化，对集市进行扩建，扩大市场1.4万平方米；在戈翟、一空桥、河南等村设立夜市。至2002年年底，全镇个体工商户357户，高里东升农机市场年销售各种农用车辆600多部，销售收入360万元。1989—2002年，新修镇村级柏油路20千米，砂石路48千米，联网成片，路面硬化213.22万平方米，绿化面积2.86万平方米。2009年，确立“一个中心、三个园区、八个中心村”总体规划。完成硬化、亮化、绿化、排水等8个基础性工程。2010年，高里商贸城、南孙沿街商住楼、王固庄集中居住区开工建设。对街道主要道路进行硬化、绿化、亮化，30个重点整治村新硬化道路22条、4.95万平方米，安装路灯320盏，建沼气池816个。中百、百大、鑫盛达、万嘉宝等知名连锁流通企业落户，增加商铺210余家。2011年，沿街拆建102户，拆建面积2.7万平方米。规范调整6个农村集贸市场和336家服务门店。2012年，在街道驻地以东规划建设占地40公顷鑫鼎商务区。2013年，投资1500万元实施道路网格化工程，硬化路面12万平方米，修建砂石路18万平方米，建设110千伏变电站项目。实施办事处驻地区LED路灯亮化工程，在街区主次干道安装红绿灯、监控摄像头和交通指示牌。

教育

1995年，高里镇代表全区一类乡镇通过省政府“双基”（基本扫除青壮年文盲、基本普及九年义务教育）验收。到2008年年底，全镇有初级中学1所、小学8所、幼儿园22所，小学均是农村达标学校，幼儿园全部达到潍坊市一类园所标准。全镇有幼儿教师65人，在职中小学教师781人，幼儿、小学、初中在校生分别为2000人、3000人、2300人。幼儿入园率99%，适龄儿童入学率和九年义务教育普及率100%。高里镇中心学校占地4.67公顷，总建筑面积1万平方米，是区初级中学示范单位，被省教育厅授予“山东省教学创新实验基地”“山东省优秀中学生团校”“省级规范化学校”等称号。2009—2010年，对高里中心中学新校教学楼及校园配套建设、桥西小学教学楼建设和8所小学校舍改造。2011年，建设高里中心学校，DMG台底小学建成并投入使用，对19所小学进行校舍新建、改造提升。2013年，对高里中心学校二期、三期，西王庄小学，朱马小学等学校改造。街道获“潍坊市标准化学校示范街道”“潍坊市学前教育先进街道”称号。

文化

1989年5月至1991年5月，高里镇文化站收集近100个民间传说、故事，200多句俗语，100多首民歌、民谣结集出版。1992年，成立高里镇夕阳红艺术剧团、青年巾帼健身队、老年体操健身队，每到年节及大型庆典，都进行高跷、秧歌、舞狮、旱船等节目演出。2012年，高里街道开展评选好媳妇、好婆婆、敬老模范、文明村、文明家庭创建活动。每年有95%的户被评为“文明家庭”，800多名好媳妇、好婆婆上光荣榜。2013年，举办首届农民才艺大赛，联合区文联举办“中国梦·高里情”文学、书画、摄影大赛，有150余人、500余件作品参赛；组织广场舞、扭秧歌、跑旱船等各类活动30余次。

卫生

1994年，高里镇中心医院被评为“市一级甲等医院”。2002年，达到省级示范医院标准。至2008年年底，新建扩建职工宿舍楼、病房楼和门诊楼6100平方米，床位120张，服务半径达15千米。医院配备心电监护仪、万能手术床、脑电地形图仪、手术显微镜、彩超等大型医疗设备18台套。设2个专家门诊和1个市级高标准门诊所，年收入150万元。2009年，对高里、南孙综合性医院提升改造。2010年，全街道新农合和新城合参合率90%。2011年，对11所社区卫生站和116家村卫生所全部进行达标建设，适龄人口参保率95%以上、参合率100%。2013年，建设“湿地·夕阳红”日间照料中心，建设老年康乐怡家中心项目；有医院2处、床位119张、职工90人，其中卫生专业技术人员77名；有村卫生室75个，从业人员88人。

第五节　朱里街道

概况

朱里街道位于寒亭区东南部，街道办事处驻地距寒亭城区15千米。东隔潍河与昌邑市围子街道、饮马镇相望，西邻寒亭街道，南靠坊子区九龙涧街道，北与昌邑市都昌街道接壤，总面积112平方千米。潍莱高速公路自街道驻地经过，并设有上下口，206国道在街道境西北穿过，309国道横穿街道东西，市区东外环路经过街道西部，还有上港路、杨瓦路等公路。

1989年，朱里镇辖31个行政村，人口3.08万，完成地区生产总值9870万元，粮食总产18975吨；地方财政收入75万元，农民人均纯收入860元。2013年，街道辖区总面积112平方千米，有88个行政村、6.5万人；实现工业总产值109.4亿元、主营业务收入104.5亿元、利税9.7亿元，完成固定资产投资30.8亿元，实现公共预算财政收入1212万元。

朱里街道地处潍河冲积平原，地势南高北低，西高东低。北部和西部土埠连亘；中部略高，有少量土埠；南部、东部平原土质肥沃，地下水资源丰富，潍河黄沙量多质好。境内河流主要有潍河、引潍总干渠、夹沟河（丰产河）、富康河、瀑沙河等，其中潍河是潍坊市内最大的河流，境内长度22.5千米，流域面积225平方千米。

朱里街道矿产资源主要有膨润土矿和沸石岩矿。境内有柳毅山、前埠下遗址、狮子行遗址等众多遗址古迹，以及潍河风景游览区、潍县萝卜生态观光区等生态休闲旅游区。2012年，柳毅山景区通过国家AA级旅游景区验收。2013年，街道获山东省旅游强乡镇称号。

建置区划

境域明清属潍县崇道乡夏密社、辛阜社；民国时属潍县六、七、八区；1945年后，分属潍南县朱里区、河滩区、夏密区；1955年，属马宿区、朱里区。1958年，分别成立潍县朱里、东庄人民公社。1984年，改称寒亭区朱里镇、东庄乡（后改称河滩镇）。2007年8月，撤销河滩镇，将其原行政区域并入朱里镇。2010年5月，撤销朱里镇，以其原行政区域设立朱里街道，街道办事处机关驻原朱里镇政府驻地。

工业

1989年，朱里镇有镇办企业6家、村办企业45家、个体私营企业184家，年产值1107万元。1992年，朱里镇有26个村、3000多户、8000多人从事电热毯加工，年产量达250万床、产值5000万元、利润1000万元。1998年，建设占地28公顷镇级工业园。到2002年年底，园区内民营企业50家。其中潍坊凯元水暖建材有限公司占地17333平方米，是江北最大的暖气片集散地，年组装各种暖气片80余万套。引进投资过亿元的山东朗派管业有限公司项目。朱里镇工业形成以喷胶棉、纺织、机械加工、水暖建材、纺织配件、电热毯加工等为主导产业的工业体系，实现工业总产值30360万元。2008年，引进项目17个，其中过千万元项目5个，续扩建项目12个。合同引进区外资金4.2亿元，实际到位2.1亿元。2010年，对5个工业园区实施改造提升，进园企业总数180余家，其中规模以上企业年主营业务收入达53.6亿元。全年引进山青机械、东昌化工、潍坊钣金厂、望源食品等过千万元项目9个，续扩建项目12个，合同引进区外资金6.1亿元，实际到位资金2.98亿元。2011年，引进九木子电动车、凯迪机械等项目15个，续扩建项目12个；引进过2亿元项目3个落户北海工业园，合同利用区外资金5.6亿元，实际到位资金3.8亿元，实际利用外资120万美元。2012年，全街道企业总数发展到261家，其中规模以上企业45家；引进天然气抽油机、华源低排放燃气发动机、欧博锐医疗器械等过2亿元项目3个，续扩建望源食品、潍坊钣金厂等项目14个，合同利用区外资金10.2亿元，实际利用外资90万美元。2013年，引进华铃动力天然气抽油机、六和生物复合饲料添加剂过2亿元项目2个，扩建森远汽车配件、望源食品、潍坊钣金厂等项目21个，合同利用区外资金15.7亿元，实际利用外资113万美元。全街道企业总数发展到288家，其中规模以上企业57家。

农业

1989年，朱里镇主要种植棉花、油料作物和少量蔬菜瓜果，全镇有耕地2728.93公顷，各类经济作物484公顷；机械总动力18023千瓦，农用三轮车200辆。1990年，瓜菜种植面积200公顷，主要种植大白菜、西瓜、土豆、萝卜、西红柿、大姜等，总收入450万元。1999年，被市委、市政府授予“农村工作先进乡镇”称号。2001年，建立占地135公顷的2处农业标准化种植基地，形成脱毒大姜、脱毒土豆、草莓种植区。2002年，蔬菜种植2520公顷；建设北港渼、朱里、西于渠、东南堤4处大型蔬菜批发市场。全镇种植大姜666.67公顷，产量4万吨，产值6409.6万元，占经济总收入23%；全镇拥有机械总动力35698千瓦；农用三轮车4095辆。被市委、市政府授予“农村经济专业乡镇”称号。2004年，全镇新增大姜种植133.33公顷，新增草莓种植400公顷，蔬菜种植2133公顷。新建赵家庄、东庄子、北港3处草莓批发市场。2005年，全镇新增大姜200公顷、草莓153.33公顷，蔬菜种植2133.33公顷，蔬菜生产村26个，年产各类蔬菜25万吨；大姜、圆葱、土豆、潍县萝卜、草莓5个品种和1200公顷无公害蔬菜生产基地，通过农业部无公害认证。成立朱里镇大姜草莓协会、西于渠大姜协会等农村合作组织，入会5000多户。2009年，建成3333公顷国家级无公害蔬菜生产基地，完成“柳毅山”牌蔬菜省级名牌认证。全街道1333公顷生产基地被省科协评为“全省先进科普示范基地”，大姜、草莓、土豆、圆葱等“柳毅山”牌蔬菜通过省农业厅无公害认证；新增奶牛、鸡鸭等养殖小区5个，高标准养殖大棚230余个，奶牛存栏量2500余头，鸡鸭年出栏量1600万只。2010年，建成益民合作社都市农业观光休闲园、俊清生态观光采摘园等8处高标准都市农业示范园区，带动培育潍县萝卜、柳毅山牌蔬菜等特色农业品牌12个，发展无公害绿色食品基地4000公顷。新培育专业合作社15家，带动完成土地流转1533.33公顷，培育生态观光林800公顷，土地认养120公顷。以206国道两侧为重点发展设施农业453.33公顷，新培育金鑫、卓信、世纪等生态园林3处，培育俊清蔬果专业合作社、潍东金惠圆经贸有限公司、潍坊市寒亭区益民农产品购销合作社等农业龙头企业3家，潍县萝卜、南瓜、紫薯、黑土豆、小米等5种农产品通过有机食品认证。2011年，建成忆江南、绿领家园、俊清、北辰、益民等一批现代农业示范园区1420公顷，带动发展朱里大姜、草莓等“柳毅山”牌绿色、无公害蔬菜生产基地4333.33公顷、有机食品基地300公顷。2012年，有俊清、益民、绿领家园等农业示范园区41个，全年流转土地1466.67公顷，发展设施农业1000公顷，整治基本农田266.67公顷。全街道培育中国名牌农产品5个、国家级有机食品5个、国家绿色食品7个、无公害产品8个、国家地理标志产品1个、山东名牌产品2个。2013年，重点培育潍县萝卜、“柳毅山”牌蔬菜、忆江南苗木、恒瑞酿造、祥源鹿产品等15大产业品牌，成立富鑫养殖、龙都养殖等17家合作社，带动发展无公害蔬菜生产基地4333.33公顷，培育花卉苗木基地280公顷，有机食品基地313.33公顷。签订土地流转合同908份，流转土地1520公顷。集体土地确权发证第一批村44个，涉及农户7078户，承包地2640公顷。累计完成农村集体资产改制56个村。协助举办第六届中国（寒亭）潍县萝卜文化节。

朱里大姜是朱里镇传统产业。朱里镇靠近潍河，土质肥沃，水资源丰富，有种植大姜的传统。1997年开始，大面积种植大姜，2002年年底，形成万亩规模。2003年，引进大棚、遮阳网等种植新技术，全部更换脱毒品种，产出效益提高，年产大姜4.5万吨，交易额3亿元。建起朱里、北港渎、于渠、东南堤4处大姜批发市场。2013年，朱里大姜种植面积万余亩，总产4万余吨。

商贸服务

90年代，朱里镇有4处专业批发市场和10处集贸市场，总建筑面积3.7万平方米。1993年，在镇驻地沿309国道建设占地4.93万平方米的大型蔬菜批发市场，与外贸公司、日本客商签订长期出口蔬菜合同，朱里蔬菜进入国际市场。2002年9月，中百超市朱里店营业，年营业额100万元。至2002年年底，全镇个体工商户370家，其中餐饮业55家。瓜菜中介机构40多家。2010年，4条大型商业街汇集各类商贸经营业户3460余户，从业2.8万人。家私物流园发展成为潍坊东部最大的家私集散基地，规划建设“潍通生产资料物流园”“朱里综合商贸市场”；“富郭庄芥末鸡”“潍河鲤鱼”“祥源鹿产品”享誉区内外。2011年，依托市级非物质文化遗产富郭庄芥末鸡，沿国富路两侧开发建设仿古餐饮店铺，形成占地17.5万平方米的古建筑商业长廊，建设富郭庄传统餐饮文化商业街。2012年，沿309国道新开发潍水金岸、名流家居广场等商铺楼10万平方米，培育商贸店铺120家。2013年，新增服务业公司25家，个体工商业户78家，培育商贸店铺155家，全街道从事服务业户累计3500多家，从业3万多人。

城镇建设

1989—2002年，朱里镇新修镇村级柏油路40千米，实现村村通柏油路，路面硬化174万平方米，绿化面积25636平方米。2000—2007年，对寒朱路、杨瓦路进行拓宽、修整、铺油，治理寒朱路河滩段路面34千米，两侧建花坛

2002个，栽植花卉苗木3000平方米。2009年，建成镇计生服务站大楼。修整排水管网6.3千米，硬化道路8万平方米。修整、修建砂石路、柏油路、水泥路20多千米；配套排水管道35千米，绿化面积8万平方米，安装路灯400余盏。2010年，硬化驻地道路3.63万平方米，铺设排水管道7.6千米，绿化提升1.2万平方米；开发商住楼14万平方米；建设6幢居民楼。硬化村级道路12万平方米，安装路灯1100余盏，绿化提升6.3万平方米，新建农村住房128户、670间，建沼气池535个；对206、309国道进行综合治理及绿化提升，绿化32.7千米，栽植各种乔灌木98.7万余株，完成绿化29.22万平方米，铺设人行道8400平方米，清理两侧沙堆、陶土堆31万方，破旧建筑167处、3437平方米。2011年，启动河滩社区集中居住区建设，硬化驻地道路3.6万平方米，铺设排水管道7千米，绿化1.2万平方米；硬化村级道路24.3万平方米，新建农村住房128户，建成沼气池876个；建设垃圾中转站两个，成立兴河、潍晟两个保洁公司，保洁人员176名；购置垃圾清运车10辆、垃圾桶2978个，垃圾托管运行73个村。2012年，硬化村级道路16.9万平方米，安装路灯1100余盏，绿化6.3万平方米，新建沼气池186个，88个村垃圾处理全部实现保洁公司托管。2013年，硬化村级道路18.39万平方米，安装路灯348盏，绿化提升6.3万平方米。投资300余万元，建设2500多平方米社区办公楼。投入资金1300余万元，集中清理“三大堆”20余万立方米；设置垃圾箱1381个，配备垃圾清运三轮车325辆，成立352人保洁队伍。

教育

1989年，朱里镇有幼儿园28所、小学14所、初级中学3所。2002年，有初中2所、小学8所、幼儿园14所，教职工306人，学历达标率100%。在校生3252人，适龄儿童入学率和九年义务教育普及率达100%。2009年，投资40万元，为朱里中心校修建高标准伙房12间，新上多媒体教室2个。2010年，投资1153.6万元，新建周家庄小学、吉家小学、前朱里幼儿园，加固维修河滩初中，改善办学条件。2013年，投入资金500多万元对朱里中学、朱里小学、前朱里幼儿园进行改造。至年底，有初中2所、小学13所、幼儿园8所，教职工382人，在校生4534名，在校幼儿577名。

文化

1996年，朱里镇北曹埠马叉队和东东坡龙灯队等近200人组成的民间艺术团体参加潍坊第十三届国际风筝会游园演出。1998年，镇民间乐团和东东坡龙灯队参加潍坊第十五届国际风筝会开幕式。2010年，建成2处街道文化活动中心，村（居）文化大院标准化覆盖率80%，农家书屋覆盖率100%；新建体育活动场所9处，街、村组织各种形式的文化活动132场、体育活动19场。2013年，全街道建成标准化文化大院80个，有业余文艺团体15个。龙灯、高跷、旱船、扭秧歌、跑竹马和民间武术等民间文化活动遍及全街道，参与5000多人。

卫生

1991年，朱里医院精神病科门诊及病房投入使用，有床位60张。2003年，朱里医院有固定资产340万元，职工42人，床位75张，配有300MA双台X光机、自动血球计数仪、三维视频脑电分析仪等医疗设备15台套，当年收入200万元。2001年，朱里医院与市“120”急救中心联网。2003年，全镇有村级卫生室37家，均达到部颁标准。2009年，改造朱里、河滩两处医院，引进CT、彩超等医疗设备。2010年，“新农合”“新城合”均实现全覆盖，标准化社区、村卫生机构覆盖率达到98%。2011年，农民“新农合”参合率98%以上，“新城合”实现无缝隙全覆盖，新农保参保率95%以上。2013年，对2所医院设施配套工程和村级卫生室升级改造，“新农合”“新城合”覆盖率100%。至年底，有医院2所，床位123张，职工119人，其中专业技术人员106名；有村卫生室54个，乡村医生63人。

社会保障

2009年，筹集资金救济烈军属、五保户、低

图 28-5　朱里敬老院（2009 年）

保户、困难户 980 多户；为朱里社区和河滩社区 2 处敬老院购置健身、娱乐器材。2010 年，发放救灾、低保、五保、优抚等救助款及各项惠农补贴 10 余万元；完成 2 个敬老院设施配套。2011 年，发放各类救济款 235.6 万元，救济烈军属、五保户、低保户、困难户、优抚对象 996 户；河滩敬老院通过省级标准敬老院验收。2012 年，发放各类救济款 150 余万元，救济烈军属、五保户、低保户、困难户、优抚对象 996 户。2013 年，发放各类补助资金 200 多万元。对 2 处敬老院进行改造，添置娱乐设施，改善居住环境。

第二章　乡　镇

第一节　肖家营乡

肖家营乡位于区境西北部，乡政府驻地肖家营村。1947 年，属潍北县报庄子区。1958 年，撤区并乡后，分属潍县央子乡和南村乡。同年，成立人民公社后，北部村庄属泊子人民公社，南部村庄属南村人民公社。1984 年 5 月，增设肖家营乡。全乡总面积 70.24 平方千米，地势低洼，多盐碱，境内有桂河、崔家河等。农民利用多塘湾之便，种植蒲苇和养殖鱼鸭。全乡有耕地 1913.33 公顷，农产品有小麦、玉米、大豆，经济作物有蒲苇、红麻。工副业产品有草织品、弹花机、轧花机等。2000 年，肖家营乡辖肖家营、沈家营、二甲朱、八甲朱、崔家营、姜马营、党家营、禹王台、邵吕店、韩家庙子、横里路、牟家河坞、报庄子 13 个行政村，人口 1.4 万，国内生产总值 4912 万元，财政收入 313 万元，粮食总产 9407 吨，农民人均纯收入 2665 元。

2001 年 2 月，撤销肖家营乡，禹王台、党家营、姜马营等 9 个村划归南孙乡管辖；韩家庙子、横里路、牟家河坞 3 个村划归央子镇管辖；报庄子村划归泊子乡管辖。

第二节　张氏镇

张氏镇前身为里疃乡，位于寒亭中部，白浪河东岸。明清属崇道乡张氏社和儒教乡杨孟社。民国时期属潍县第五区和第六区。1945 年，乡境北部村庄划归潍北县张氏区。1948 年，改为潍北县华疃区。1950 年，属潍北县第八区。1952 年，同第九区合并为张氏区。1958 年 9 月，属固堤人民公社。1965 年 5 月，辖区从固堤公社析出，成立张氏人民公社。1980 年，改称里疃人民公社。1984 年 5 月，改称寒亭区里疃乡。1992 年 1 月，撤销里疃乡设立张氏镇。张氏镇地处平原，地势南高北低，地下水资源丰富。粮食作物主要有小麦、玉米、地瓜；经济作物以棉花为主；工业产品有机器铸件、电线、棉布，制砖和布玩具。2000 年，张氏镇总面积 36.4 平方千米，辖东里疃、安固、小安固、南寨里、西常疃、鲁家口、枣林村、孙家杨孟、冯马杨孟、张金杨孟、隋家庄子、董家杨孟、大辛庄、西里疃、黄埠村、北张氏、西分营埠、小辛庄、东分营埠、北杨、宋家庄子、范家庄子、南张氏 23 个自然村，2.3 万人。国内生产总值 1.50 亿元，财政收入 461 万元，粮食总产 1.63 万吨，农民人均纯收入 3592 元。

2001 年 2 月，张氏镇撤销，与郭家官庄镇合并组成开元街道。

第三节　郭家官庄镇

郭家官庄镇位于区境西南部，总面积 30.5 平方千米。1945 年前，乡境属潍县第六区。1945 年，属潍北县朱茂区。1952 年，划归潍北县张氏区。1958 年，属二十里堡人民公社，同年 11 月，属潍坊市十里堡人民公社。1962 年，属潍县廿里堡人民公社。1981 年，二十里堡公社改名为郭家官庄人民公社。1984 年 5 月，称郭家官庄乡。1992 年 1 月，撤销郭家官庄乡设立郭家官庄镇。1993 年 3 月，李家朱茂、杜家朱茂、玄家朱茂、辛庄 4 个村划归潍坊高新区新城街道管理。1994 年 6 月，王家谭里庄、韩家谭里庄、小南谭里庄、东金马庄、西金马庄 5 个村划归潍坊高新技术产业开发区。郭家官庄镇地处平原，土地肥沃，地下水源丰富，白浪河、虞河流经西部，土壤为砂质土壤，保肥保水；地势略呈西南高，东北低。主要农产品有小麦、玉米、大豆，工副业产品有空心混凝土楼板、电杆、井管、红砖、暖气片、全塑凉鞋、橡胶件、鞭炮、绣花品、风箱等。2000 年，辖郭家官庄、杏家子、西小营、东小营、东贾庄、店子、双庙、西寺夹庄、东寺夹庄、雷家庄、二十里堡、陈家官庄、王家朱茂、胡家朱茂、唐家朱茂、徐家楼、小仓、朱家谭里 18 个行政村，1.3 万人。国内生产总值 1.20 亿元，财政收入 405 万元，粮食总产 8171 吨，农民人均纯收入 3403 元。

2001 年 2 月，郭家官庄镇撤销，与张氏镇合并组成开元街道。

第四节　泊子乡

泊子乡地处寒亭区北部。1958 年，成立泊子人民公社，1984 年 5 月，改称泊子乡，乡政府驻地位于央赣路与泊潍路交界处。2006 年，全乡辖曲范村、前岭子、北辛庄、双庙子、神堂子、北庄子、走马岭、大湾口、东官亭、大泊子、南泊子、蔡家栏子、南赵家官庄、北赵家官庄、河东官庄、海庙、北王家码头、南辛庄、周家官庄、李家官庄、王家官庄、高庄、北仲寨、卢家码头、北于家码头、南王家码头、南于家码头、崔家官庄、南仲寨、东常寨、北安、报庄子村 32 个行政村，10266 户、31018 人，其中农业人口 26700 人。总面积 101 平方千米，有耕地 2306.67 公顷，人均 1.29 亩。80 年代曾是远近闻名的皮革加工专业乡。2006 年，全乡完成地区生产总值 9.01 亿元，地方财政收入 683.5 万元，工业实现销售收入 7.4 亿元，利税 8100 万元，第三产业增加值 9600 万元，农民人均纯收入 5268 元。工业以化工、纺织、铸造等产业为主，农业以粮棉、瓜果、水产养殖等为主，尤以南美白对虾和大菱鲆远近驰名，全乡总养殖面积 400 余公顷，产品远销青岛、烟台、淄博、莱州等地。2006 年，与寿光三元朱村合作建设高温大棚蔬菜基地，建设高温大棚 10 公顷。2006 年，全镇有初中 1 所、小学 8 所、幼儿园 9 所，在职教职工 184 人，在校学生 2187 人；泊子医院有卫生技术人员 27 名，村级卫生室 32 个。

2007 年 8 月，泊子乡撤销，与固堤镇合并成立固堤街道。

第五节　南孙乡

南孙乡位于寒亭区西北部，乡政府驻地距寒亭城区约30千米，总面积87.03平方千米。1984年，设立南孙乡。2001年2月，肖家营乡撤销，禹王台等北部9村归南孙乡管辖。2007年，辖东南孙、二戈官庄、朱王、南王家庄子、傅王庄、后王家庄子、前王家庄子、西常寨、北于家庄子、台底、二甲王、季家、赵家庄子、北里、西官亭、大官庄、西王庄、小西王庄、张家、西傅家、三官庙、三甲王、康家、南里、柳科、南徐、西南孙、西北孙、东北孙、荆科、大柳疃、高家柳疃、肖家营、沈家营、二甲朱、八甲朱、崔家营、姜马营、党家营、禹王台、邵吕店41个自然村。2006年年底，总人口32383人，耕地4023公顷；全乡完成地区生产总值10.7亿元，财政收入总值670万元，工业实现销售收入9.75亿元，利税1.71亿元。农民人均纯收入5018元。民营经济得到长足发展，有盐业生产、畜牧企业、草柳编加工、农产品加工等行业，昱合集团、金龙涂布纸、齐富化工等重点龙头企业；全乡新发展冬枣100公顷、瓜菜106.67公顷、卤淡水养殖26.67公顷。全乡有初级中学2所、小学9所、幼儿园15所，教职工328人，适龄儿童入学率、义务教育普及率均达100%。南孙乡医院有床位46张，配有B超检查仪、自动生化分析仪等医疗设备，医务人员28名，其中医师以上职称20名。

2007年8月，南孙乡撤销，并入高里镇。

第六节　双杨店镇

双杨店镇位于寒亭区西南部。1984年5月，设立双杨店镇。辖区内地势南高北低，平均海拔15米。区内土质大部分为砂姜黑土和褐土化潮土，土地平坦肥沃，地下水源充足，农特产品丰富，素有“潍县粮仓”美誉，白浪河华疃一带有砂资源。2006年年底，辖双杨店、青冢子、潘家、洪福寺、扈家、后岭、前岭、耿家、邵家埠、马家、庞家、碑子、后小河、杜家庄子、后阙庄、时家埠、三埠子、华疃、冢子、万家、丁家、孙家、埠头子、前吕家、后吕家、中小河、前小河、前阙庄、辛正、永宁官庄、后官庄、前官庄、大庙、丁家屋子、罗家、后集、西南阳、湖淋埠、小湖淋埠、东南阳、刘家、徐家、王固庄、马家埠、纪家庄子、龙爪树共46个自然村，面积40平方千米，耕地面积2667公顷，7000户、2.2万人口。全镇完成地区生产总值5亿元，地方财政收入218万元，工业实现销售收入4亿元，利税1720万元；第三产业增加值1200万元，农民人均收入4872元。双杨店镇素有“江北鬃业发祥地”和“胶东半岛铁丝业制造基地”的美誉，具有一百多年的猪鬃加工历史。全镇从事猪鬃加工生产的业户达300余家，猪鬃制品年产量超过5000吨，远销韩国、日本、美国、俄罗斯等国家和中国香港地区。全镇从事铁丝和铁钉加工的企业6家，年加工铁丝近50万吨，制钉12万余吨，产品占整个山东半岛市场的60%以上。调整产业结构，改善种植品种，引进名优稀特品种，形成东部优质果品、中部芦笋、西部大棚蔬菜的种植格局。“亦禾”牌芦笋成为潍坊市首个通过农业部绿色食品发展中心质量认证的知名品牌，出口东南亚、欧洲各国和地区。2006年，全镇芦笋种植400公顷，优质套袋苹果533.33公顷，小麦等粮食作物种植1933.33公顷，是潍坊市重要的绿色食品生产基地。

2007年8月，双杨店镇撤销，并入高里镇。

第七节　河滩镇

河滩镇位于寒亭区东部，总面积67平方千米。河滩镇前身是东庄人民公社、东庄乡，1992年1月改称河滩镇。2007年，全镇总人口3.2万人，辖河滩、于家绛埠、韩家绛埠、西芝庄、滕家官庄、狮子行、东芝庄、王家绛埠、官桥、杨家绛埠、陈家绛埠、李家绛埠、王伯、西镇、交界、丰台埠、西于家庄子、后楼、张家庄子、慈家、西东坡、前楼、寺前、寺东、埠南头、北傅家、圈子、北曹埠、南曹埠、小东庄、大东庄、西坡子、东东坡、北张庄、东康家、卜家、东马家、南傅家、辛庄、河东于家、河西于家、陶里、南坡、东于家庄子、财源、大张庄、大俫庄、东俫庄、尹家双庙、军屯、宋家双庙、早立、后吉家、小周家、前吉家、北杨家、小桥、戴家、黄埠、宏伟、北庄家、大杨家村共57个行政村（62个自然村）。2006年，耕地3800公顷，粮食作物以种植小麦、玉米为主，全年粮食总产量39750吨。全镇财政总收入完成1100余万元，其中地方财政总收入317.7万元，人均收入5335元，年末储蓄余额1.58亿元。发展大棚西瓜453.33公顷，优质林果120公顷，大棚菜600公顷。1999年，潍县萝卜被确认为中国农业博览会名牌产品，2004年通过国家绿色食品认证，2006年潍县萝卜种植面积66.67公顷。养殖业发展到800余户，其中鸡鸭养殖专业户600余户，年出栏450万只；猪牛羊养殖专业户200余户，年出栏量2万头。工业以造纸及农副产品加工为主，铸造、纺织、化工、机械加工、建材等产业齐头并进。工业园区有产值过500万元的企业18家，过千万元的私营企业12家，全年工业产值10亿元，销售收入9.5亿元。

2007年8月，河滩镇撤销，并入朱里镇。

第八节　央子镇

央子镇位于寒亭区最北部，1984年5月设立，面积278平方千米。2007年，辖蔡家央子一村、蔡家央子二村、林家央子、固堤场、横里路、河北岭子、牟家河坞、韩家庙子、崔家央子、新立村、丰台农业村、丰台渔业村、西利渔13个行政村，3075户、人口1.15万，耕地面积966.67公顷。2006年，实现地区生产总值16.5亿元，上缴税金2.44亿元，地方财政收入1.06亿元，农民人均纯收入6668元。新增限额以上企业6家，工业企业完成增加值6.7亿元，实现销售收入27.1亿元，利税6.1亿元。第三产业增加值3.38亿元。境内央赣路纵贯南北，新海公路横穿东西，大莱龙铁路从境内通过，并设有寒亭和潍北两站；潍坊森达美港位于境内北部，建成万吨级泊位；荣乌高速公路穿境而过。海岸线长46.6千米，是山东“六大天然渔场”之一。地下卤水存量13亿立方米，开采量11亿立方米，是全省著名的原盐和溴素生产基地。境内有潍坊商港——央子港，属二级口岸，两个5000吨泊位和一个滚装泊位建成运营，可直接与国内外港口通航。

2007年8月，央子镇撤镇设街道。2008年3月，将固堤街道报庄子、前岭子、北辛庄子、双庙子、走马岭5个村划归央子街道，央子街道划归潍坊滨海经济开发区。

人物

REN WU

依照生不立传原则，人物收录以寒亭籍人物为主，兼记对寒亭历史、文化、经济和社会发展有较大影响的客籍人物，按卒年排序。

侯会令（1913—1947） 女，今寒亭区固堤街道流河一村人。1942年，侯会令的公公、丈夫、大哥、三弟、四弟先后被乡保队、土匪秦贯三、国民党军队和日军杀害。1945年家乡解放后，担任村妇救会会长，投身解放区的土地改革。1947年夏，国民党军队进攻解放区，为掩护革命同志，侯会令利用家中半间房，多次掩护地下党员朱延仓脱险。9月，侯会令和乡亲们向东转移，途中被本村保长抓住，因不从保长要她下跪的要求，保长将侯会令腰打折后用驴驮押到李家营村。驻村土匪用绳子拴住侯会令头发吊在梧桐树上乱打，并用草绳浸上火油，缠在腰间，点燃将其烧昏，再用冷水喷醒，侯会令挣扎着大声说："革命者宁肯站着死，绝不跪着生！"匪徒把她一脚踢倒，砍下她的头颅。2016年10月，经山东省民政厅批准，追认为革命烈士。

李洪起（？—1947） 今寒亭区固堤街道高庄村人，中共党员、农救会会长。土改期间带领群众打土豪、分田地，为前线部队运送物资，驻潍县国民党部队和还乡团视其为眼中钉、肉中刺。1947年9月，国民党驻潍县部队和还乡团武装开始到处抓人、抢粮，向翻身农民"反攻倒算"。李洪起被伪乡长等暴徒抓住后，用铁丝穿住锁骨，用串鱼针扎耳孔、指尖，用秤钩子挖眼，逼迫他说出村里共产党员姓名和革命家属转移地点，李洪起强忍剧痛怒吼："我就是领着穷人斗争你们的农救会长，别的，你们别想知道！"最后被剪舌、剜眼，壮烈牺牲。2016年1月，经山东省民政厅批准，追认为革命烈士。

申云璞（1923—1984） 山东金乡县人。1939年3月加入中国共产党，同年参加革命工作，历任县委宣传干事、区委组织委员、区委书记、武工队政委兼合作部副部长等职。1964年调往昌潍地委工作，任地委农工部副部长，1971年7月至1975年任潍县工委书记、昌潍地委委员，1975年5月至1981年任昌潍农委副主任、地委委员。1981年3月离休，1984年3月病逝。

马　祯（1901—1986） 潍坊市寒亭区人，小学文化，中共党员。先后任潍县隅里村初级社主任、隅里高级社社长、隅里大队党支部书记，兼任潍县县委委员。1951年，带头成立起村内第一个互助组，领导村民进行集体生产。在担任社主任和村支部书记期间，领导村民大干社会主义，发展集体事业。制订全村农田基本建设和改革农业技术、改良品种的计划，把开展农田基本建设作为领导农业生产的中心工作，率先实行地瓜密植，改良种植品种，粮食产量大幅度增长。与社员同甘共苦，共同劳动，挖水渠、打水井，建设农田水利设施，身先士卒，急难险重的任务总是抢着干。在多年的生产实践中，摸索出一套丰富经验，主持制定了村内季节包工或常年包工、包产等经营管理制度，调动群众的生产积极性，提高劳动生产率，促进生产发展。1960年5月，出席山东省教育和文化、卫生、体育、新闻方面社会主义建设先进单位和先进工作者代表大会，被山东省人民政府授予先进工作者称号。

赵忠超（1931—1987） 山东昌邑县人，初中文化。1947年4月，参加革命，同年7月加入中国共产党。1947年4月—1950年9月，历任昌邑县马渠人武部文书，昌邑县第九区民政助理、青救会会长、团委书记。1950年10月—1951年7月，在华东团校学习任党小组长。1951年8月—1962年6月，历任潍安县团委宣传部长、寿南县团县委书记、寿光县委宣传部长、寿光县委书记处书记、昌潍专署粮食局局长。1962年7月—1966年3月，任中共潍县县委副书记；1966年4月—1967年2月，任中共潍县县委书记。1967年3月—1969年11月，在"文化大革命”中受迫害、被审查。1969年12月—1970年5月，任潍县革委副主任。1971年1月—1985年9月，历任五莲县革委党的核心小组副组长、副主任、县委书记，昌潍地区革委农办主任，地委常委、秘书长，地委常委、纪委副书记，潍坊市委常委、纪委书记，潍坊市人大常委会副主任。1987年11月病逝。

王瑞清（1916—1989） 今寒亭区固堤街道北王家埠村人。1938年1月，参加八路军。1940年，入抗大山东分校学习，同年加入中国共产党。1943年，任莱西县独立营营长，在胶东一带与日军和投降派做斗争。抗战胜利后，任华东野战军十三纵三十军二七九团团长，先后参加齐家埠战斗，潍县、孟良崮、济南、淮海、渡江、上海和厦门战役。新中国成立后，历任海军战船团团长、海军陆战师参谋长、海军司令部岸防兵部岸炮处处长、南京海军学院院务部部长。1955年，授予上校军衔，获三级独立自由勋章、二级解放勋章。1981年，按副军级离职休养。1989年，在南京病逝。

李德河（1932—1991） 曾用名李德合，潍坊市奎文区人，小学文化，中共党员。曾为潍坊华丰机械厂车床工，1957年进入潍坊固堤铁木业联合厂当工人，后任车间主任。在固堤铁木业联合厂工作期间，发扬建设社会主义实干苦干精神，加班加点工作，发挥技术优势，刻苦钻研，创新工艺，攻克车床操作难题，完成技术难度较高的车件活近100件，赢得业内称赞，使工厂效益有较大提高；热心带徒，无私传授技术，培养出数名厂内技术骨干职工。因其技术精通熟练，工作积极，成绩突出，被有关部门评定为八级工。1959年3月，出席山东省社会主义建设工业、基建、交通积极分子代表会议，被评为“社会主义建设积极分子”。

解永峰（1978—1992） 今寒亭区固堤街道固堤二村人。生前为固堤镇中心初中六年级二班学生。1992年7月3日下午，解永峰骑自行车到大常疃村同学家借书，路上碰到同学邢江涛、张小永，当他们走到砖厂附近水坑时，听到有呼救声，3人跑向水坑，一起跳进水坑游向落水儿童，当救出第一个时，又一名儿童落入水中，3人再次跳入水坑，费尽力气将第二个落水儿童推上浅水。解永峰却因精疲力竭，沉入水底。当赶来的砖厂工人将其救出时，已经停止呼吸，年仅14岁。1992年，被寒亭区教育局、团区委、区少工委授予“赖宁式的好少年”称号，被团市委授予“模范共青团员”称号。2009年，经山东省民政厅批准，追认为革命烈士。

宋步云（1910—1992） 别名晓初，今寒亭区固堤街道高庄村人。中央美术学院教授、中央文史馆馆员、中国美术家学会会员，艺术教育家和活动家，擅长中国画、水彩画、油画。早年就读于北平京华美术学院、国立杭州艺专。1934年，留学日本。1937年，毕业于东京大学艺术系油画专业。曾在重庆参加发起组织“中华全国木刻协会”。1940年，在重庆国立中央大学艺术系任教，是重庆国立艺专讲师、北平国立艺专副教授。1946年，应徐悲鸿先生之邀，与吴作人等联合发起“北平美术作家协会”，任常务理事。新中国成立后，历任中央美术学院副教授、教授，中央文史研究馆特约馆员。作品有《人间重晚情》《万寿图》《静月潭》等。1992年3月病逝，葬于北京市八宝山革命公墓。

曹普南（1919—1993） 今寒亭区高里街道桥西二村人。1934年1月，考入山东省潍县中学。1937年，参加革命工作。1938年春，参加中共鲁东工委领导的国民革命军第八路军鲁东游击队，同年7月，加入中国共产党。抗日战争时期，先后担任山东纵队八支队六十三中队政治教练、政治指导员，山东纵队一支队一团三营政治教导员、鲁中军区四团政治处副主任兼党总支书记，鲁中军区四师十团政治委员等职。先后参加讨吴（吴化文）、讨王（王洪九）和解放蒙阴、大柏山等战役、战斗。解放战争时期，先后任华东野战军第八纵队后勤部政治委员、第八纵队二十二师政治部主任等职，率部参加洛阳、开封、莱芜、孟良崮、淮海、渡江和解放上海等战役、战斗。1950年11月，参加抗美援朝，任中国人民志愿军第二十六军政治部副主任，先后参加第二、四、五战役和平康、金化等地区的战斗。回国后，历任第二十六军政治部主任、副政治委员，内长山要塞区政治委员等职。是中国共产党第九届全国人民代表大会代表。1993年6月，在福州病逝。

魏伯亭（1920—1993） 原名魏俊峰，字伯亭，今寒亭区固堤街道魏家温庄村人。1938年3月参加八路军，同年5月加入中国共产党。抗日战争时期，历任胶东八路军七支队特务队战士，鲁东游击队九大队三十八中队文化教员，山东纵队一支队三营九连支部书记、政治指导员、十二连政治指导员，山东纵队一旅一团三营分支书记、营特派员、政治教导员，八路军一一五旅政治部教育干事，山东鲁中军区二军分区一营政治委员，鲁中军区十二团总支书记、政治处副主任兼总支书记、代理政治委员。率部参加五井、青驼寺、大柏山等战斗和征讨敌伪吴化文、厉文礼战役，为抗日战争的胜利做出贡献。解放战争时期，历任山东鲁中军区九师二十五团政治委员，华东野战军八纵二十三师六十七团政治委员、二十三师政治部主任。率部参加张店、周村、淄川、安丘、鲁南、莱芜、孟良崮、沙土集、菏泽、开封、洛阳、淮海、渡江、上海等战役。中华人民共和国成立后，历任二十六军七十七师副政治委员、政治委员。1950年，参加抗美援朝，任中国人民志愿军师政治委员，率部参加朝鲜二、四、五次战役和平、金、淮防线阻击战。回国后，历任二十六军政治部副主任、主任，军副政治委员、政治委员，总政治部干部部长、总政治部副主任，成都军区第一副政治委员，成都军区顾问（大军区正职）等职，是中国共产党第九次全国人民代表大会代表。1955年，获二级独立自由勋章、二级解放勋章。1983年2月，离职休养。1988年，被授予中国人民解放军独立功勋荣誉章。1993年10月，在北京病逝。

于一川（1911—1994） 原名于福臻，今寒亭区双杨发展区埠头村人。1928年，加入中国共产党。1929年，考入济南山东省立第一乡村师范学校，任党支部书记。历任中共泰安县委宣传部长、中共山东省工委委员等职。抗日战争和解放战争时期，历任山东人民抗日游击队第四支队教导员、总支书记，《大众日报》社印刷所党总支书记，中共中央山东分局、华东局组织科长，中共鲁中区委沂山地委副书记，中共鲁中南区委组织部部长。新中国成立后，历任中共中央华东局纪律检查委员会委员、秘书长，中共中央纪律检查委员会秘书长，中央监委监察处处长，中共浙江省委委员、监委书记，浙江省革委政工组党委副书记兼中共浙江省委党校党委书记等职。1994年春，在杭州病逝。

耿道明（1916—1994） 今寒亭区固堤街道东小官庄人。1937年10月，参加革命工作，同年12月，参加潍北抗日武装起义，任分队长。1939年3月，加入中国共产党。历任连指导员，旅政治部锄奸科副科长、科长，师政治部保卫部副部长。1946年，任山东野战军第二纵队政治部保卫部部长，先后参加淮北朝阳集、宿北、鲁南、莱芜、南麻、临朐等战役。1948年10月，任华东野战军三十五军组织部部长兼政治部保卫部部长，参加淮海战役。1949年2月，任第八兵团政治部保卫部部长，参加渡江战役。1953年2月，参加抗美援朝，任中国人民志愿军第九兵团政治部保卫部部长，参加金城保卫战，获朝鲜二级独立自由勋章。1954年9月回国后，先后担任华东军区政治部保卫部部长，南京军区保卫部部长、军事法院院长等职。1955年9月，被授予大校军衔。1957年6月，获中华人民共和国二级独立自由勋章和二级解放勋章。1964年，晋升少将军衔。同年4月，转业地方工作，先后任中国人民银行政治部主任，财政部银行业务组副组长，中国人民保险公司总经理兼中国银行副董事长，中国人民银行副行长、党组成员、顾问等职。主管货币印制和发行期间，为适应国民经济的发展和改革开放需要，主持制订货币印制、三线企业调整发展规划，为开展国家钱币学术研究、开发金币销售市场，做了大量的开拓性工作；领导新中国成立后首次制造、发行金银纪念币、纪念章工作；倡导对历史货币的收集、研究和整理，主持中国钱币学会的组织筹备。1982年6月，在中国钱币学会第一届会员代表大会上被选为理事长。1994年5月，被中国钱币学会授予“金泉奖”特别奖。1986年1月离休。1994年10月，在北京病逝。

崔德润（1902—1994） 名洪泽，字德润。今寒亭区高里街道高里三村人。13岁小学毕业后，入基督教潍县乐道院文华中学求学，靠勤工俭学完成学业。1919年，由校长维礼华森推荐，入齐鲁大学文学院学习。1925年毕业后，在齐鲁大学教育系任教，后入南京东南大学进修心理学一年，仍回齐鲁大学教育系任教，并兼任齐鲁大学附属崇德小学校长。1928年，被潍县乐道院文华中学、文美女子中学及培基小学三校联合校董会选举为校董会书记。1931年，三校合并为广文中学；1932年1月，被校董会选为广文中学校长。1937年4月，参加华北教育考察团赴日本考察。抗战爆发后，广文中学停办，经洛阳流亡四川，中途在河南一带参加救济黄河灾民。1938年末，任四川省自贡地区蜀光中学教务主任。1939年，任成都齐鲁大学副教授兼男生部主任。1941年，任四川理县中华基督教会边疆服务部川西区部主任期间，在少数民族地区设医院、建学校。1947年，入美国康奈尔大学研究院进修。1949年初回国，任成都边疆服务部主任。中华人民共和国成立后，积极参与新中国教育事业。1957年，任大连群成中学校长。1958年，以“美国间谍嫌疑”被捕。1966年，被判有期徒刑15年。1980年，经山东省昌潍地区中级人民法院复核认定，予以平反，宣布无罪并恢复名誉。1994年12月，在哈尔滨去世。

于同友（1918—1995） 曾用名于同有，潍坊市寒亭区人，小学文化。1948年参加工作，为潍县邮电局线务员。工作中不怕困难，勇挑重担，战胜风雨中作业、渡河查线等种种困难，连续数年实现线路无间断畅通。其负责的5千米10条线东西跨越白浪河的线路段，电杆大部分超出使用期。为节约设备材料，他不计较工作条件，数十次往返渡过河水，背来大石头加固电杆底部，先后加固30余根，修整基坑40多个；攀上电杆顶部，用铜丝加固设备零件，除去积存尘垢，延长电杆使用期，且长期保持话音清晰。一次，在风雨交加的夜晚中，电杆倒掉50余根。他不顾夜深雨大，冒雨赶往现场将电杆及时修复。除管好自己分工的线路段外，哪里线路段有险情总是出现在哪里，被称为邮电局的一员“干将”。1951年2月，于同友出席山东省工农兵劳动模范代表会议，被山东省人民政府授予劳动模范称号。1995年去世。

杨同科（1902—1996） 原名杨同喜，今寒亭区杨家埠旅游开发区西杨家埠村人。出身年画风筝世家，11岁跟伯父杨振兴和父亲杨振甲学扎风筝。从艺80余年，扎制风筝10万余只（其中包括与别人合作的6万余只），有“中国风筝王”美称。创作的360米龙头蜈蚣风筝，被誉为“世界风筝之最”。代表作品还有禹王锁蛟、刘海戏金蟾、麻姑献寿、连年有余、仙鹤童子、姜子牙背文王等。作品八仙庆寿和天女散花，入选山东省民间工艺美术品汇报观摩展览。他精通板式、硬翅、软翅、立体、串式等6大系列、300多个品种。一生专注于风筝研究和扎制，在传统风筝的基础上创新，将年画与风筝、木版套印和半印画相融合，对杨家埠风筝创新和传承做出较大贡献。1996年10月去世。

杨树兴（1915—1998） 字子屏，今寒亭区杨家埠旅游开发区西杨家埠村人。出身年画世家，西杨家埠公茂祥画店第十七代传人。1939年，移居印度尼西亚首都雅加达，经营祖传花纸手艺。立足后改营布匹、绸缎生意，并担任印度尼西亚山东同乡会会长。1979年，第二次回国探亲时，动员当地华侨集资购买2辆轿车和1座石英钟，赠于潍县人民政府和西杨家埠村。1985年，第四次回国时，把仓上村旅居马来西亚已故侨民骨灰带回。为维护当地侨民合法权益、家乡建设做出贡献。1998年，病逝于印度尼西亚雅加达。

孙明广（1950—1998） 今寒亭区朱里街道后周二村人。1970年，从事乡村医生职业。从业28年，在脑血管病治疗方面有独到经验和独特方法。1998年9月11日，在下地窖抢救中毒村民时，一氧化碳中毒，经抢救无效牺牲。1998年12月，被省卫生厅追认为“全省优秀乡村医生”。

董方明（1912—1998） 原名魏吉元，今寒亭区固堤街道魏家温庄村人。1932—1933年，先后加入反帝大同盟和共产主义青年团。1933年3月，担任共青团北平西区区委宣传部长。1934年8月，进入陕北苏区参加红军。1935年5月，加入中国共产党。历任红三团青年先锋连指导员、陕北省委宣传干事、巡视员、宣传科长，陕北省委军事部独立团政委，米脂、横山、靖边三县军分区政委。1938年4月，在抗日军政大学学习，后派往山西晋军陈长捷部（阎锡山部六十一军）做工作，先后任陈部政治处教育科长、军官训练班政治主任。1939年6月，任山西政治保卫队第二支队四大队教导员。同年9月，任晋西支队政治部民运科长。1943年春，任郯城县委书记。1947年6月，任江苏省赣榆县委副书记、县长。1948年9月，任山东省滨海专署副专员。1949年5月，任浙江省嘉兴专署副专员、地委委员。1952年9月，任嘉兴地委副书记、专员。1953年9月，任浙江省粮食厅厅长。1955年9月，任浙江省人民委员会副秘书长。1958年1月，任浙江省地质局局长。1960年8月，任浙江工学院院长。1961年8月，任浙江大学党委副书记、副校长。1964年8月离休。1998年11月病逝。

耿一凡（1914—1999） 原名耿一斋，今寒亭区固堤街道东小官庄人。1937年，毕业于北平铁路大学，同年10月参加革命工作。1938年1月，参加潍北蔡家栏子抗日武装起义，后历任七支队后方工作委员会经济部长兼秘书，鲁东游击队参谋部秘书、秘书长、参谋，山东纵队一支队秘书等职。1939年5月，加入中国共产党。1940年12月，入延安军政学院学习，历任院校秘书长、秘书兼教员等职。1945年底，奉命到东北工作，历任梅河口东满军事铁路管理局运输部副部长，吉林铁路管理局军运部长兼机务副部长、军务处长、局党委委员，图们东满铁路管理局运输部长，牡丹江铁路管理局运输部长、鹿道办事处处长，长春铁路分局局长、工委书记等职。1949—1955年，先后任郑州铁路管理局副局长、党委副书记、代书记，国务院第六办公室铁道组组长。1958年后，历任国家经济委员会委员、党组成员兼交通局、地区局局长，中央工业交通政治部秘书长。1966年后，历任国家基本建设委员会党组成员、中央基建政治部副主任、国家基本建设委员会顾问及顾问组组长等职。1982年离休，1999年4月，在北京去世。

张建时（1918—1999） 今寒亭区固堤街道大常疃村人。山东省美协会员，曾任潍坊市美协名誉主席、北海书画研究会副会长。自幼临摹《芥子园画谱》和古今名画，师法任伯年、徐悲鸿、刘海粟，并得花鸟大师李苦禅指教。作品不拘窠臼，对禽畜、田野、杂草、异花写照传神，擅国画兼年画，尤以画鸡见长。其作品《鸡》与陈寿荣的《鹰》在潍坊美术界并称“两大名牌”，国内30多家报刊先后转登他的作品，作品为博物馆等单位收藏，部分作品走出国门。作品刊登于《中国国画作品选》《山东名国画家画选》《山东国画选》等十多个画集，著有《张建时国画集》。1999 年 5 月，在潍坊病逝。

李　念（1919—2000）　今寒亭区固堤街道东横沟村人。1942 年，受同村共产党员李绍先、大哥李德影响，参加八路军东横沟村民兵团，任民兵队长。1947 年 8 月—9 月，国民党还乡团武装在东横沟、西横沟、高庄等村庄，抓捕共产党员、土改积极分子、基层干部亲属 20 多人，企图杀害，李念与民兵连夜在几个村抓捕与国民党员、还乡团人员亲友，将他们作为交换人质，换回被抓的 20 多个党员干部亲属。1948 年 10 月，担任民工担架队队长，带领队伍推着独轮车、抬着担架、背着行囊干粮，从山东到江苏，从淮河边到长江岸，为作战部队送粮草、运弹药、护送伤员。1949 年初，参加渡江作战支前工作，获"民兵模范""支前模范"称号，所带领民兵连被评为"支前模范连"，被华东军区授予"红旗连"称号。新中国成立后，一直从事基层水利工作。1960 年 4 月，以民兵英模代表身份，参加全国第一届民兵代表会议，受到毛泽东、朱德、邓小平、宋庆龄等党和国家领导人接见。2000 年，在寒亭病逝。

任生妞（1928—2001）　河南辉县人。19 岁加入中国共产党，20 岁参加革命工作。历任山西省陵川县二区武装干事，福建省诏安县四区组织委员、区委副书记、书记，诏安县委沿海工作部副部长、部长，诏安县委副书记，福建省龙岩钢铁厂车间总支书记、三明铁厂组织部长、福建省监委驻重工业厅监察组组员，潍县革委副主任、革委办公室主任、工业交通办主任，潍县县委常委、革委副主任，潍县人民政府副县长，寒亭区人大常委会副主任。1987 年 4 月退居二线，1990 年 10 月离职休养。1995 年 3 月，经中共潍坊市委组织部批准，享受正县级待遇。2001 年 8 月病逝。

王兴义（1930—2001）　今寒亭区开元街道枣林村人。1946 年，参加中共敌后武工队固堤区中队，并参与李家营、解家沿村战斗。1949 年 2 月入伍，编入中国人民解放军第三十二军九十四师二八一团一营二连二排五班（机枪班），参加青岛战役蝎子山战斗和即墨战役担山岭战斗。1950 年 1 月，加入中国共产党。1951 年 4 月，在朝鲜战场上用机枪击落 1 架美军战机，首开机枪击落战斗机先例，荣立个人二等功。同年 5 月，由王兴义等 7 人组成的队伍，成功击溃美军一个营兵力，王兴义个人毙敌 67 名，同战友缴获迫击炮 1 门、重机枪 1 挺、步枪 56 支，荣立个人一等功，集体二等功。1952 年 10 月，任中国人民志愿军第二十七军特务团二连班长，被志愿军总部授予"二级英雄"称号，获"朝鲜民主主义共和国战士荣誉二级勋章"。同年 11 月，任江苏溧阳县河口某部队农场生产助理员。1981 年，转业到山东省潍坊市寒亭第二棉纺厂行政科、技术科工作。1983 年，调潍北劳改农场工作。2001 年 12 月病逝。

李正文（1908—2002）　原名李廷材，今寒亭区高里街道张庄人。8 岁时全家逃荒到东北四平街。1930 年，东北大学毕业。1932 年，先后任北平"左翼作家联盟"理论部部长和"社会科学家联盟"研究部部长。1933 年，加入中国共产党。1934 年，去苏联学习情报工作期间，蒙受不白之冤，被关押流放 5 年，屡次上书斯大林，终得平反释放。1941 年 1 月回到重庆，以重庆战时公债劝募委员会顾问作掩护，协助周恩来单线联络员阎宝航从事地下工作。1941 年 7 月，受共产国际东方部派遣，赴上海从事对日军和"汪伪"政权情报工作，凭借通晓英、俄、日语言的优势，以译员、教授身份，从事 8 年地下工作。1945 年 10 月起，协助中共上海地下党张执一开展统战工作。1946 年 8 月，参加"大教联"组织，被选为 7 人干事会成员，分管组织工作。1949 年 6 月，任华东军政委员会高教处副处长和上海复旦大学、暨南大学军代表，负责大学接管工作。1950 年 2 月，任华东人民革命大学副校长。1952 年 2 月，任复旦大学党委书记，同年 10 月，兼任副校长。1954 年调往北京，任高教部政治理论教育司司长、北京教授讲学团主任、中国老教授协会名誉会长等职。1959年，被定为“右倾机会主义分子”，受到撤销职务、留部察看处分。1962年，被加“有系统修正主义思想”罪名。1979年10月，组织给予“彻底平反，恢复政治名誉，恢复原职务”的复查结论，担任教育部副部级干部。撰有论文《党史课是大学马列主义理论教育的重要组成部分》，并译有拉比杜斯的《政治经济学教程》和罗森塔尔的《唯物辩证法》等。1983年年底离休，担任中国逻辑与语言大学专职校长。1995年，在北京与阎宝航、阎明诗接受由俄罗斯总统叶利钦委托驻华大使授予的“伟大卫国战争胜利五十周年”纪念奖章。2002年2月病逝。

牟汉光（1921—2002） 今寒亭区固堤街道牟家温庄二村人，中共党员。1933年10月，在学校加入反帝大同盟。1937年8月，参加鲁东工委领导的地方工作。同年11月，参加八路军鲁东游击队第七支队，历任战士、班长、中队政治干事、连指导员。1942年2月，任山东纵队及鲁中军区司令部作战参谋。1945年5月，任鲁中军区一分区司令部作训科长。1946年7月，先后任鲁中警卫三团、三师九团、八纵二师七十二团参谋、主任，鲁中南纵队四十七师一四一团副团长。1949年2月，任三十五军一〇四师二一一团团长。先后参加莱芜、临朐、潍县、济南、淮海、渡江等战役、战斗。1950年2月，任第三野战军七兵团作战处长兼浙江军区司令部作战处长；12月，任二十二军六十六师参谋长。1951年，任中央军委工程兵司令部作战处长。1955年，授予上校军衔。1958年9月，任陆军第二十八军炮兵司令部参谋长。1959年，任第二十八军炮兵司令部副司令及炮兵室主任。1969年，任第二十八军司令部副参谋长。1970年6月，任第二十八军副军长。1971—1973年，历任山西省临汾军分区第一政委、临汾地委书记、山西省委委员、山西省五届人大代表等职。1976年6月后，任二十八军副军长、军长等职。1978年7月至1983年3月，任第二十八军军长。1978年8月，当选北京军区第四届党代会代表。1982年3月—7月，在中央党校学习。1955年，获中华人民共和国三级独立自由勋章、二级解放勋章；1985年，获中国人民解放军独立功勋荣誉章及证书。1985年9月离休。2002年3月，在北京病逝。

范贯之（1922—2002） 今寒亭区开元街道范家庄子村人。1938年10月，在掖县参加八路军五支队。1942年2月，加入中国共产党。抗日战争时期，参与胶东反“扫荡”及反投降斗争，历任战士、护士、司药、军医、卫勤教员、医疗所所长等职。解放战争时期，先后参加胶东保卫战，济南、淮海、渡江、上海、福州、厦门等战役。历任胶东军区北海军分区卫生处股长、副处长，烟台警备司令部卫生处副处长，华野十三纵三十八师卫生处处长，三十一军九十二师后勤处副处长。新中国成立后，历任三十一军后勤部卫生处副处长、野战十院院长、福州军区后勤部卫生部副部长、福州军区后勤部卫生部部长。1955年，授予中校军衔。1956年，获三级独立自由勋章、三级解放勋章。1962年，晋升上校军衔，入中央军委后勤学院学习，毕业后任福州军区后勤部十八分部副部长，军区总院院长。1982年2月，离职休养。1988年，被授予独立功勋荣誉奖章。2002年，在福州病逝。

魏玉桐（1928—2003） 山东昌邑人。17岁参加工作，19岁加入中国共产党。历任潍北县大辛庄教师，昌邑县瓦城村教师，马渠区公所民政干事，潍南县太公堂区公所文书、宣传委员，潍南县政府人事科员，潍北县政府人事科员、十二区副区长、县政府财委秘书、财政科长、县政府秘书，昌潍专区行政干校组教科副科长，潍坊二中副校长，昌乐一中副校长，昌乐师范副校长，昌乐二中党支部书记，昌潍专区行政干校教务科长，昌潍地区物资局政治处负责人、水利局办事组组长，潍县第二工业局副局长、工业局副局长、教育局副局长、文委副主任，寒亭区文教局调研员、教育局调研员等职。1990年10月离休。1992年11月，经中共潍坊市委组织部批准，确定为副县级干部。2003年2月病逝。

周惠之（1924—2003） 今潍坊市潍城区人。1945年参加工作并加入中国共产党。历任潍南、潍北县政府文书、秘书，胶东区党委干事，山东省委组织部干事、二级巡视员，山东海洋学院化学水产系党总支书记，寒亭公社党委书记，潍县县委干部学校、党校校长，潍县文教卫生办公室副主任，潍县民政局局长。1986年4月离休。1986年8月，经中共山东省委组织部批准，享受地专级待遇。2003年6月病逝。

徐艺圃（1937—2003） 今寒亭区朱里街道西镇村人，明清档案专家、清史专家，研究馆员。1959年，毕业于北京大学法律系并加入中国共产党。1964年，北京大学法律系研究生毕业，任国务院秘书厅机要秘书。1966年，任山西省忻州地委办公室副主任。1973年，任山东省工业设备安装公司党委办公室秘书。1975年，任故宫博物院明清档案部编辑组副组长。1980年以后，历任中国第一历史档案馆研究室负责人、副主任，副馆长、馆长等职。1996年，被评为享受国务院政府特殊津贴专家。主编《亚洲史料指南》（中国第一历史档案馆专卷）、《清代商业档案史料》（漕运卷）、《清代中琉关系档案史料选编》、《明清档案工作标准文献汇编》等，与中国中医研究院合编《慈禧光绪医方选议》《清宫医案研究》，发表学术论文和文章20余篇。2003年6月，在北京病逝。

周寿仟（1939—2004） 山东安丘人。1957年参加工作，1961年加入中国共产党。历任济南军区内卫一团二营六连战士，济南武警大队二中队通讯员，福州军区九十一师二十七团通讯连通讯员，德州武警大队二中队班长，烟台公安边防支队荣成斜口哨所干事，荣成县青渔滩哨所副政治指导员，山东省军区司令部政治处宣传干事，潍县人民武装部副政委，寒亭区人民武装部副政委，寒亭区委统战部部长、台湾工作办公室主任，寒亭区政协副主席、党组成员等职。2003年3月退休。2004年5月病逝。

张恒峰（1937—2004） 山东寿光人。1964年参加工作，1981年加入中国共产党。历任潍县六中教师，潍县教研室教研员、教育局副局长，寒亭区文教局局长、教育局局长、党委书记，寒亭区委党校校长、党委副书记、调研员等职。1994年9月升为副县级。1997年9月退休。2004年12月病逝。

滕司宪（1930—2005） 山东省莱州市人。1949年3月，参加工作；1951年3月，加入中国共产党。历任胶东建校学员，高密县花纱布公司统计员、副股长、副经理，高密县委审干办公室、县委办公室副主任，昌潍地委办公室秘书，临朐县营子公社党委书记、革委会主任、县委常委，昌潍地区革委宣传处副处长、处长。1976年9月，任潍县县委书记，潍坊市人民政府秘书长、党组成员兼政府办公室党组书记。1988年1月—1993年3月，任潍坊市人大常委会副主任。2005年5月病逝。

张精业（1921—2005） 山东莱芜人，高小文化。1940年9月，加入中国共产党。1940年10月，参加革命工作，1941年4月—1942年1月，在山东抗大学习。历任莱东行署民政科科员，龙岗区去宫缩财粮助理，龙岗区副区长、区长，沂源县鲁村区公所区长，县政府民政科长。1947年11月—1948年3月，在华东建大学习。1948年4月至1949年，任潍县望留区委书记。1949年至1951年7月，任益临县代县长。1951年8月至1952年，任潍县县长。1952—1953年，任潍县县委书记兼县长。1954—1974年，历任昌乐县委书记、益都县委书记、昌潍专署水利建设指挥部书记兼政委、昌潍专属副专员，寿光县委书记、中共昌潍地委常委等职。1981 年 5 月离职休养。2005 年 8 月病逝。

郑建仲（1929—2006）　今寒亭区固堤街道郑仲村人。1948 年 8 月入伍。1952 年 8 月，毕业于华东军区白求恩医学院。1958 年 8 月，加入中国共产党。曾在东北军区第一陆军医院、第二陆军医院、解放军军医学院、第一军医大学南方医院工作，先后担任解放军军医学院神经内科医师、主治医师、副主任、主任，第一军医大学南方医院神经内科副主任、主任、教授。1998 年，晋升专业技术三级，授予少将（文职）军衔，任第一军医大学硕士研究生导师、专家组成员，享受国务院政府特殊津贴。从事神经内科医疗、教学、科研工作 50 年，对神经内科疑难杂症、脑血管病、头痛、癫痫等有独到研究，是国内著名神经内科专家。曾任《实用神经病学杂志》常务副主编，《中风与神经疾病杂志》《第一军医大学学报》《临床脑电图学杂志》《卒中与神经疾病》《广东医学》《新医学》《脑脊液细胞学杂志》7 种全国性专业杂志编委或特约编委；历任中华医学会广东分会神经内科学会第一届副主任委员，第二、三届神经内科学会主任委员，第四届名誉主任委员，广东省医学会理事，中华头面痛学会理事；获全军科技进步二等奖 2 项、三等奖 5 项，主编《神经病诊断学》、第一军医大学《神经精神病学》教材，参编《中国大百科全书•神经病学分卷》，发表学术论文 60 余篇。1999 年 4 月离休。2006 年 10 月病逝。

范岱之（1929—2006）　今潍坊经济开发区人。1948 年参加工作。历任潍坊特别市第七小学教师、教导主任、代理校长，潍坊特别市人民政府民政局干事，昌潍中心卫生院文书、医政干事，潍坊市立医院内科医师，潍县人民医院内科主任，潍县卫生局医科所主治医师，寒亭区人民医院内科主任、副主任医师、主任医师，政协寒亭区第一、二、三、四届委员会副主席，第六届、第七届潍坊市政协委员。1993 年 2 月离职休养。2006 年 11 月病逝。

钱桂仁（1986—2007）　今寒亭区固堤街道西安村人。2005 年 12 月入伍，服役于威海市公安消防支队。2007 年 3 月 4 日，威海市遭受 1969 年以来最大暴风潮袭击，22 时 44 分，所在特勤中队接到报警，孙家疃远遥村汉港码头内有一出租车被突涨的海水围困，车上 3 名群众随时有卷入海中的危险，他和其他战友奉命赶往现场营救。在营救过程中，因码头大面积塌方，海水不断涌入，钱桂仁被卷入海中。战友和搜救渔民找到他时，已处于深度昏迷状态，被紧急送往威海市立二院，因抢救无效，于 3 月 5 日牺牲，时年 21 岁。2007 年，山东省人民政府批准为革命烈士。

于载毅（1912—2007）　今寒亭区寒亭街道寒亭二村人，出身原潍县于氏家族。中学阶段就读河北保定省立第六中学及青岛市立中学。1932 年，考入山东省立医学专科学校，1937 年毕业，留校任助教。“七七”事变后辞教从戎，加入国民党军政部军医署第三重伤医院赴前线参战，任少校三等军医正。1937 年，入广州第四陆军总医院任职。1942 年，任江西大庾资源委员会钨业管理处员工医院院长。1945 年，赴广州任联勤总部陆海空第二总医院皮花科（皮肤科）主任，上校一等军医正。1949 年 11 月至 1980 年，任广东省第四医院（1952 年更名为江门市人民医院）院长。对皮肤科专业理论与实践积累笃厚，将国内外医疗理论用于临床，并担任中华医学会江门地区分会会长。1961—1970 年，任江门市副市长，并当选为江门市第一至七届人大代表。1976 年退休。1978 年，以无党派民主人士身份被推选为江门市政协副主席（正厅级）。1989 年，辞去政协副主席职务，担任江门市医院顾问。2007 年 6 月去世。

李桂香（1920—2008）　女，潍坊市寒亭区人，小学文化，中共党员。1950 年，进入昌潍大华鬃厂当农民工，后任工会副主席。1953年，制鬃厂迁走后，回家乡双杨公社后阙庄村任党支部书记。在制鬃厂工作期间，处处发挥共产党员的带头作用，早上班，晚下班，多出产品为国家做贡献，舍小家，顾大家，麦收大忙季节放弃在家收小麦，做出榜样，带动周围工人坚持出满勤、干满点，提前完成国家分配的生产任务。热爱集体，维护国家利益。猪鬃为高经济价值产品，工厂下班后，她留在车间，收起遗落的每一根猪鬃交给车间保管员，常年坚持。一次，发现个别工人偷盗少量猪鬃，不顾乡里乡亲情面，予以批评，并跟上做思想工作，教育该工友主动承认错误。春天风大季节，晒在露天场地上的原鬃容易遭到风刮，每逢这样的情况，总是放下手中的活与管理人员、男职工一起扛沉重的麻袋，直至把原鬃收完。宁愿自己少挣计件工资，不能让国家利益受到损失。其模范行为，成为职工的学习榜样。1951年2月，出席山东省工农兵劳动模范代表会议，被山东省人民政府授予劳动模范称号。2008年2月病逝。

郭秉芝（1921—2010） 山东荣成人。1940年加入中国共产党，1941年参加革命工作。历任荣城县齐心乡青救会主任，文登县环海区委组织干事，林山、天福山区委组织委员，地委工作组工作员，高村区委第一副书记、区委书记，山东分局直属机关委员会组织干事、组织科副科长，山东昌南农村工作队队员，潍坊特别市二十里堡公社党委、坊子工委副书记、第一书记，寒亭公社党委第一书记，潍县拖拉机站党总支书记、站长，潍县交通局局长等职。1990年10月，离职休养。1991年2月，经潍坊市委研究决定，享受厅局级医疗、乘车待遇；1995年2月，经中共潍坊市委组织部批准，享受正县级干部待遇。2010年5月病逝。

陈之凡（1939—2011） 今寒亭区高里街道高里二村人。1963年参加革命工作，1969年加入中国共产党。历任聊城东阿县古官屯区农技站技术员，东阿县农业局良种站站长，潍县成章公社管委会副主任，潍县农业局副局长，潍县于河公社党委副书记、书记，寒亭区人民政府副区长、党组成员，寒亭区人大常委会副主任、党组副书记等职。1999年3月退休。2011年6月病逝。

孙乐洵（1917—2011） 今寒亭区高里街道一空桥村人。1938年3月，参加八路军鲁东游击队第七支队，历任特务二中队班长、文书、政治教练。1939年，加入中国共产党，历任清东独立团特务连政治指导员、分区政治指导员。1941年，任山东纵队后勤部政治处组织干事。1942年，任潍县县大队教导员。1943年，任昌潍独立营协理员。1945年，先后任渤海五分区直属营教导员、渤海警七旅十四团政治处主任。1946年，任华东野战军十纵队二十八师八十三团政委，率部参加莱芜、济南、淮海、渡江、解放上海、解放福州等战役、战斗。1949年11月，先后任二十八军八十四师政治部主任、副政委，1951年10月任政委。1955年，被授予大校军衔，获三级独立自由勋章、二级解放勋章。1960年，任福州军区政治部组织部长。1964年，任闽北指挥部政治部主任、副政委。1970—1973年，历任福建生产建设兵团副参谋长、副司令。1975年，任福州军区后勤部副政委。1980年，任福州军区后勤部顾问（正军职）。1982年8月离休。2011年9月，在福州病逝。

王 锏（1924—2011） 山东安丘人。1946年参加革命工作，并加入中国共产党。历任安丘县夏坡区委组织委员，城关区委宣传委员，许营区委宣传委员、区委书记，安丘县委委员、农委书记、合作部部长，昌潍第二农场场长、支部书记，临朐县委委员、寺头区委书记、石佛乡党委书记，临朐县委常委、农工部部长，冶源公社党委书记、监委书记，“五七”干校学员，临朐县革委副主任、常委、县委副书记，潍县县委副书记，潍县政协主席、党组书记等职。1984年3月，离职休养。1984年6月，经中共山东省委批准，享受厅局（地专）级待遇。2011年10月病逝。

孙一民（1921—2011）　山东省莱州市人。1940年参加革命工作，同年加入中国共产党。历任昌南县委宣传部长、县委书记兼武装部政委，昌潍地委农村合作部副部长，寿光县委书记，潍坊市委书记处书记，潍县县委书记（1963年11月—1964年6月），胶县县委书记，昌潍地委秘书长、地革委宣传处负责人，中国农科院烟草研究所党委书记。1985年12月离休，正厅级，享受副部级医疗待遇。2011年11月19日在潍坊病逝。

耿锡栋（1916—2012）　原名耿西栋，今寒亭区固堤街道东小官庄村人。1932年进织布坊做工。1937年12月，参加八路军鲁东游击队第七支队。1938年4月，任机炮大队班长。1939年1月，加入中国共产党。1939年2月起，入山东抗日军政干部学校学习3个月，毕业后任八路军鲁东游击队第一支队十二连副排长、排长。1940年4月，任一支队四团三营七连连长。1941年5月，被派往一旅教导队大队学习，后任四旅十一团侦察参谋。1942年，任鲁中分区司令部侦察连连长。1943年9月，鲁中第四军分区成立，任四分区司令部侦察参谋，经历数十次"扫荡"与反"扫荡"战斗。解放战争时期，历任鲁中三分区司令部侦查股长、科长，鲁中二分区作战科长，浙江省嘉兴军分区作战科长。1949年4月，参加渡江战役。1950年1月，任浙江嘉兴军分区参谋处副处长、办公室主任兼机关总支部书记等职。1952年8月，任中央军委防空司令部保密室主任。1953年初，任空军司令部气象室主任。1955年12月，授予中校军衔。1957年6月，获三级独立自由勋章和三级解放勋章。1960年4月，任空军司令部气象部副部长。1965年8月，转业至中国农林科学院工作，任气象室副主任。1971年初至1978年11月，任中国农林科学院领导小组副组长。1978年11月起，任中国农业科学院农业科技情报研究所副所长。1980年初，任情报研究所首任党委书记。1986年12月离休，享受司局级待遇、副部级医疗待遇。2012年1月，在北京病逝。

于希柱（1926—2012）　山东日照人。1946年参加革命工作并加入中国共产党。历任日照县两城区委土改工作队队员、宣传委员、武工队队长，日照县委宣传部干事、整党工作队组长，将帅区委副书记，高密县城关公社党委副书记、社长、书记，高密县大牟家公社革委主任、党委书记，高密县革委副主任、县委副书记，潍县县委副书记，潍县人大常委会主任，寒亭区人大常委会主任等职，1987年4月退居二线。1990年10月，经中共潍坊市委组织部批准离休。2012年2月病逝。

刘　彦（1921—2012）　今山东省莱州市人。1941年参加革命工作并加入中国共产党。历任中共南掖县七区交通员、抗日联防队长，潍县青救会长，三河区中队副队长、武工队指导员，胶东军区运输队副大队长，西海地委党校学员，潍坊特别市军管会分队长，潍南独立营副营长，中国人民解放军昌潍军分区直属机关指导员、教导队副教导员，潍县人民武装部作动科长、政工科长、副部长、副政委，石家庄高级步兵学校学员，昌潍军分区党委委员、政治部副主任，山东省军区干部工作组成员，潍县革委会副主任、党的核心领导小组副组长，县委政治部主任、县委常委、副书记等职。1982年3月离休。2012年4月病逝。

牟胜章（1930—2012）　今寒亭区固堤街道解家沿村人。1948年参加革命工作，1949年加入中国共产党。历任三十二军九十五师二八五团战士，空军第五师保密室保密员、政治部助理员，空军巫家坝基地组织科干事，空军技术勤务第六团大队政委，空军贵阳机场站政治处主任，潍县工宣、贫管办公室主任，潍县财贸办公室副主任，坊子区人大办公室副主任，坊子区人大常委会副主任，寒亭区人大常委会副主任等职。1987年4月，退居二线。1990年10月，离休。2012年10月病逝。

王成才（1926—2012） 今寒亭区固堤街道大泊子村人。1943年参加革命工作，1945年加入中国共产党。历任潍县县大队战士，华东纵队十七师五十团排长，华野特务团副连长，南京警备司令部教导大队学员，三野教导师一团连长，公安一四一师四〇一团作战股参谋，石家庄高级步兵学校学员，守备十五师五十团参谋长、营长，工建第一七四师三营营长，工建一四五团团长，五六基地后勤部生产处处长，潍县计委副主任、主任，潍县革命委员会副主任，潍县人大常委会副主任等职。1984年7月离职休养。同年8月，经中共潍坊市委组织部批准，享受正县级待遇。1988年10月，经中共潍坊市委组织部批准，享受厅局级医疗、乘车待遇。2012年11月病逝。

李振通（1930—2012） 今寒亭区朱里街道辛庄村人。1948年参加革命工作，1949年加入中国共产党。历任潍县河滩区、第十区公安助理，潍县第一区、马宿区副区长，潍县马宿区区长，潍县车留庄公社社长、副书记、革委会主任、党委书记，潍县革委政治部宣传科科长，潍县成章公社党委书记、革委会主任，潍县人民法院院长、党组书记，寒亭区人民法院院长、党组书记，寒亭区人民法院院级审判员（副处级）等职。1990年10月离休。2012年病逝。

朱绪文（1928—2013） 今寒亭区固堤街道流河村人。1943年参加革命工作，1947年加入中国共产党。历任昌潍县政府通信员，渤海军区银行警卫员，上海华东银行押运员，安徽省人民银行六安中心支行人事科副科长，安徽省舒城县公安局副局长、检察院副检察长，潍县公安局寒亭派出所所长，潍县朱里公社社长、南村公社革委主任、穆村公社党委书记，潍县工商局局长，潍县检察院检察长等职。1984年4月退居二线。1990年10月离休，经中共潍坊市委组织部批准，享受县级待遇。2013年1月病逝。

毕愿清（1933—2013） 山东昌邑人。1952年参加革命工作，1959年加入中国共产党。历任潍县五区银行出纳员，潍坊市二十里堡银行会计员，潍坊市银行人事干事，潍县银行人社股副股长，潍县南村公社团委书记，潍县泊子公社党委委员、副书记，潍县张氏公社党委书记，寒亭区委办公室主任，寒亭区政协副主席等职。1993年12月退休。2013年12月在寒亭病逝。

附　录

FU　LU

一、“寒国 寒浞 寒亭”考

关于寒国之所在，史家无异辞。《左传》襄公四年：“寒浞，伯明氏之谗子弟也。”杨伯峻注：“寒，部落名，今山东潍县治即旧寒亭。寒浞以部落国家为氏。伯明，寒国酋长名。”《后汉书·郡国四》北海国：“平寿，有斟城。有寒亭，古寒国，浞封此。”乾隆二十五年（1760）《潍县志》卷一·山川：“寒浞河，在县东北三十里，河有两源，其西南一源出杨家庄，其东南一源出赵家庄，至仓上庄二水合流为浞河。绕寒亭而由容安入海。夏立寒国，故名。”桥梁：“寒浞河桥，在县东三十里。”民国三十年（1941）《潍县志稿》卷十·桥梁：“寒亭大石桥。原名浞河桥，以后浞乃夏之乱臣，故改名伯明桥。寒亭镇西门外。……东寒浞河石桥。南北二桥。杨家庄子。清道光二十四年（1844）正月重修，清光绪七年（1881年）七月有重修。南桥一空长丈余。……北桥三空长丈四尺。……东寒浞河石桥。南北二桥。治浑街庄。南桥于民国八年（1919）重修。北桥于民国十二年（1923）重修。”如此看来见于县志的寒浞河桥有五座，其中四座每两座一组，统称曰“东寒浞河桥”，其名未改。唯有寒亭镇的寒浞河桥，因故改名曰“伯明桥”。五桥仅有一桥改名，其余仍沿其旧。可见《潍县志稿》所谓因寒浞为夏乱臣而改桥名为“伯明桥”的说法，仅是一家之言。又该志·沿革：“郡国，寒，姓，有穷氏之裔也，夏封于寒，即今之寒亭。”古迹：“古寒亭，在县东北三十里，古寒国，浞封此。”可见，寒国的历史也是非常的古老而久远。考古发现在潍坊地区的白浪河流域有许多大汶口和龙山文化遗址，并且在今寒亭区朱里街道前后埠下还发现距今七八千年的后李文化遗址。《潍县志稿·金石志》载录一件铜鼎，其上铸有铭文，据其内容与字体断其时代应为西周中期，计合文凡共二十一字，曰：“□□小子□作寒姒好尊，其万年子子孙孙永宝用。”因为做器者的国族和人名一磨泐缺失，然“小子”则是做器者的自称，金文中所见的“小子”通常多为王公贵族的自称。“寒姒”之“寒”明显为国名，由此确证寒国直至西周时期仍然存在。文献记载寒国为“妘”姓，果如此，则由鼎铭证之。西周时期的寒国与夏禹之后姒姓国通婚，并且作器者自称“小子”，说明此时寒国仍有相当地位与实力。或者，“姒”为寒国之姓，文献所记“妘”字形与“姒”相近亦讹，如此则是寒国之女嫁与某国的“小子”为妇，此亦证明寒国之女嫁归某国之贵族，反映出寒国的地位仍是较高。

1941年（民国三十年）《潍县志稿》卷三十八·金石志所附图，一为商卣、二为周斟鼎、三为周陈子子匜铭文拓本。《潍县志稿》记此匜铭文云：“阴文，出县东乡。曾存十钟山房。”陈子子匜铭文四行，凡三十字，因当初释文未确，今新释如下，曰：“唯正月初吉丁亥，陈子子作寒孟妫勃所媵匜。用祈眉寿万年无疆，永宝用之。”据此铭文的内容与字体，可推断此匜为春秋晚期。由铭文证知，其乃陈国人名“陈子子”者，为陈国名“孟妫”者所做的媵器。文献记载陈国妫姓，由铭文“寒孟妫”，可知此陈国女嫁与寒国人为妇。古者，尤其两周时期同姓不婚，即所谓：“同姓不婚，周之制也。”依于铭文惯例，媵器铭文，通常夫嫁国族名在妇名之前。由此即可证明，直至春秋晚期，地处今河南淮阳的妫姓陈国，仍与寒国通婚。此亦表明当时的寒国，仍有相当的实力与地位。同时，结合上揭两周时期的三件鄩或与鄩有关的青铜器铭文，并可互证直至春秋晚期寒国仍在今潍坊地区的寒亭一带。

西周时期的中鼎有铭曰："王在寒次"，研究者以为此"寒"与禹鼎之"寒"为同一地名。历下，在济南，寒在历之东方，与杜注地望相合。郭沫若先生以为此"寒"即为古寒国，地在潍县的寒亭。

由于寒浞在位的时间不过二三十年，最终连其两个儿子先后被灭，由少康夺回政权，恢复了夏王朝的统治，重新建立了有夏之国。大家熟知，自有严格意义上的文明国家以来，传统的宗法观念即是传承数千年而不变的。以后世的宗法观念来衡量，后羿与寒浞皆是篡夺夏王朝政权的历史罪人，而不是什么英雄。如果从历史发展的角度，以唯物主义的观点审视这段历史，寒浞应是一位开国的有为的国王。只是因其在位的时间极短，并没有形成自己一整套的历史文献记载，所以后来的夏王朝以及再后的商周与秦汉等王朝，皆辗转传承夏代的历史观点。这如同秦始皇灭掉关东六国，王莽夺取了汉朝政权的历史，有异曲同工之致。同是因为他们在位的时间极短，故而后来的修史者，把他们称作"暴君"或"逆贼"。但是历史并非如此，我们检索有关的典籍，即可看出，无论是后羿、寒浞，即使尧、舜、禹三代圣王，后人的评价亦非尽圣尽王，诸如《韩非子》谓"舜偪（逼）尧，禹偪（逼）舜，"而《吕氏春秋》则说"禹有淫缅之意"由此而论，后人对寒浞的诟病与抨击就不足为怪了。我们并不是在此刻意要作翻案历史的文章，而是要实事求是的恢复历史的本来面貌。由后羿与寒浞先后夺取夏王朝的政权，时间达四十年，这是中华文明社会发展史上的重大事件，他使夏王朝王纲解纽，江山改姓。我们认为寒浞的历史功绩主要在于：一是创立中国奴隶制社会发展史上的分封制，这为后来者所宗法，并且这种制度一直延续到清代，长达三四千年。二是促进了东夷与华夏集团的民族大融合，刺激中国奴隶制王朝宗法制度加速完善，加快了人类社会发展的进程。三是寒浞与后羿所共同创造的典型的东夷文化，在中华文明多元一体构成的格局中处于重要的地位。四是通过征伐与战争，融合一些方国集团，促进了王朝的统一。而羿的所谓射落九日，应是伐灭众多方国的历史史影之折射。并且由之而演绎出所谓嫦娥奔月的神话，这对今日人类登上月球，极富启迪意义。

乾隆二十五年（1760）《潍县志》卷一•冢墓："寒浞冢，在城东三十里。冢高三四丈，广数百尺。"民国三十年《潍县志稿》卷七•遗迹："夏寒浞冢在县东三十里，第六区冢子后庄南，高三四丈，广数百尺，见乾隆《县志》。按：《寿光县志》云：寒浞冢在斟灌故城东北隅百步许。意浞为伯靡所杀，遂瘗于此。然于古籍无征。若云伯靡杀浞，势必肆诸市朝，安能为之起冢，既有当属京观。然此冢亦一京观也。"寒浞冢今已为地方的文物保护单位，是今寒亭的一重要名胜古迹。

寒亭之名是因汉代王莽时期，凡古国而以名亭。唐代曾设立寒水县。由寒国到寒亭，其历史连绵不断延续了四千余年。而这种国名、县邑名沿用四千余年的历史文化现象，在国内实属罕见。由此可以看出，"寒亭"是一个有着漫长的丰富的历史信息的载体，亦是今日研究地方历史文化的无尽的宝库。

另外，文献中"寒"与"韩"相通用。除《竹书纪年》而外，最早时间、最为确切的谈论夏初这段历史的，即为春秋时期晋国的魏绛。众所周知，时至战国韩、赵、魏三家分晋。而此韩国的祖先亦可能为夏代的寒浞。对此，仅仅提及而已，未便展开讨论。

（孙敬明撰文）

二、抗日战争中寒亭区军民的伤亡及经济损失调查

1938年

2月15日 日军到潍县南庄村（今属寒亭区寒亭街道），抓游击队员，放火烧毁该村房屋300余间，烧死牛20头、驴2头、羊50余只、家禽无数，损失粮食无数，室内物品同时化为灰烬。

2月 日军到潍县郭家官庄村（今属寒亭区开元街道）"扫荡"，村民牟成、王希阳、牟作更、钱盛、郎玄氏、刘张氏分别外逃到村西头墓地时被日军杀害；烧毁该村房屋600余间。

△ 日军在潍县齐家埠村（今属寒亭区寒亭街道），将村民尹起悦在本村北后街开膛破腹挖心致死；并先后将村民尹氏、尹来福、齐世真、齐化良枪杀；村民尹汉昌被抓到寒亭高庙据点致伤后逃走；同时，烧毁尹起传、尹天成、王瑞武、王瑞朋等20户房屋及尹家祠堂，共计房屋103间。

△ 日军烧毁潍县寒亭二村（今属寒亭区寒亭街道）房屋32间。

△ 抗日游击队在潍县北平旺村（今属寒亭区寒亭街道）附近伏击日军军车，击毙日军3名，1名逃跑。第二天，日军到开元街道二十里堡村报复，枪杀村民2人、烧死1人，烧毁民房700余间，村中树木、禽畜、粮食、衣物及生产工具、生活用品全部烧毁。

△ 潍县北于家码头（今属寒亭区固堤街道）籍军人于寿松，在昌邑与日军作战中牺牲。卢家码头村民卢振河，被日军用二齿子打倒并开枪打死；并烧毁民房20余间，毁坏树木10棵，折银圆1000块。

△ 日军盘踞潍县蔡家栏子村（今属寒亭区固堤街道），外出"扫荡"途径北王村时，村民王守文、王普玉、王宽、王守伦、王天恩、王寨、王守浩、张乐松、夏延年、夏宗顺等人惨遭杀害，张恩月被捅7刀致伤。

3月14日 潍县华疃村（今属寒亭区双杨发展区）遭日军洗劫，共烧毁房屋129间，烧死村民李法付、李曰胜家牛、驴各1头，折合当时中央银行、交通银行流通币值近万元。

3月19日 日军"扫荡"潍县南平旺、前仉庄（今属寒亭区寒亭街道）一带。南平旺村葛言辉、王兰田、潘明钦、潘明下、王兰田之妻、谭存礼、潘明胡7人遭枪杀。北平旺村张瑞州、百伶、张丰池、孙亭吉之妹妹、张佛5人遭枪杀，长吟被烧死，孙永昌被打伤；放火烧毁孙亭成、于兆贞、刘仁、杨宗海、齐振方、张子贞等109户民房计680余间。前仉庄村张振英、牟学关遭枪杀，张志荀被打断腿；放火烧毁房屋734间。烧毁中仉庄村房屋14间。

3月20日 潍县陈家官庄村（今属寒亭区寒亭街道）陈轸被日军用汽油烧死，村民王希敏、王学平、陈玉敬、王化南、王德顺等65户的309间房子以及粮食、物品等全部烧毁。

△ 日军对潍县海庙村（今属寒亭区固堤街道）"扫荡"，抢走羊10只、鸡100只，烧毁民房30间，共损失折银圆950块。

6月 潍县河滩村（今属寒亭区朱里街道）于亲元、于学芝、于存智等11家，被日军烧毁房屋计47间。

12月16日 日军到潍县东南牟村（今属寒亭区固堤街道），将逃难的村民陈洪泽、陈汉章、陈骆驼、陈洪信、陈怀荣、陈宗仁、李福堂、李王氏、李郑氏等人和来本村走姥姥家的泊子乡神

堂子村年仅 9 岁的男孩王顿枪杀。

△ 日军将潍县河西村（今属寒亭区寒亭街道）逃难途中的徐超听在村南枪杀、徐高生在寨子被枪杀、徐兆文在潍城被枪杀；放火烧毁河西村房屋 538 间；将箕子埠村王凤军枪杀在村外；将仓上村 2 名十四五岁的小男孩关押在寒亭高庙据点，活活饿死；将寒亭二村王丙春、高乃和枪杀；叶家庄子村于建春，因将日军贴的画报撕掉，被日军毒打致伤；烧毁赵家埠村房屋 180 间；五里埠村士兵王西福（系国民党兵）被日军打死；吴官庄村朱会成参加炸日军军车时被打伤后背；北埠子村孙占文（系八路军某部连长），潘高梁、徐化太（2 人系八路军战士），在对日作战中阵亡；李家东庄村李青待被日军枪杀。

△ 河滩镇大东庄村（今属寒亭区寒亭街道朱里街道）于安昌家被日军烧毁房屋 10 间。

1939 年

△ 日军入侵潍县戴家村（今属寒亭区朱里街道），烧毁房屋 128 间、大车 5 辆，烧死驴 2 头、牛 1 头、猪 3 头及农具若干。

△ 潍县庞家村（今属寒亭区双杨发展区）庞希让、庞希昌、庞宙三、庞书云分别在昌邑、寿光境内、潍县荆科、西营前被日军杀害；马家村于兴彦、杨明光均系国民党士兵，在山东临沂与日军战斗中阵亡；日军入侵华疃二村烧毁村民栾保之家西屋 4 间、楼房 1 座，栾云梯家北屋 5 间，栾善友家西屋 3 间、烧死驴 1 头，总共折合当时流通币种银圆 1200 块。

△ 日军入侵潍县华疃村（今属寒亭区双杨发展区）后，把全村（今该村为 4 个行政村）里所剩老弱病残及儿童（青壮年已外逃）赶到村外 5 颗白杨处强跪 1 天。日军将华疃四村和三村西部点火烧房到处肆虐。仅华疃三村就有 11 户共 80 间房屋、1.58 万斤粮食被烧，其具体损失如下：

孙作梅房屋 30 间，粮食 1.2 万斤；孙伯言房屋 8 间，粮食 400 斤；董从礼房屋 3 间，粮食 450 斤；孙和房屋 3 间，粮食 350 斤；孙培之房屋 4 间，粮 300 斤；孙瑞芬房 5 间，粮 500 斤；孙家孝房 7 间，粮 400 斤；孙家农房 5 间，粮 400 斤；王其典房 5 间，粮 500 斤；李高旧房 7 间，粮 500 斤；李初房 3 间。

△ 潍县大辛庄村（今属潍坊市寒亭区开元街道）徐进修在地里耕作被日军枪杀；王怀刚在报平安时在固堤被日军杀害；日军烧毁村民徐业修、徐甲修、徐忠修等 12 家房屋 53 间。

△ 潍县财源村（今属寒亭区朱里街道）吉春芳、孙永礼、刘温、刘长庚、乔永欣、乔世春、刘明峰在本村被日军活活打死；王英奎被活埋；王福奎、于连堂、于连荣、于连选、天才、庄庄、刘升一、刘花喜、刘洪涛、刘成一、良庆、杨明伦、王学敏、刘春和 14 人被抓往日本做劳工，其中于连选、刘洪涛、王学敏、刘春和 4 人于 1940 年返乡，其他死于日本。

1940 年

2 月 8 日 日军自寿光县李家台（今属寿光市）来潍县横里路村（今属潍坊滨海经济技术开发区央子街道）“扫荡”，将正在外逃的徐仁华开枪打死，徐相成被打伤腿部。同时，杀死马 6 匹，损坏房屋 24 间，抢走粮盐 17 担，共计损失当时流通的北海币 17 万元。

2 月 日军入侵潍县宋家双庙村（今属寒亭区朱里街道），烧毁房屋 19 间；烧死宋建德家 1 头驴；割伐宋家老墓田的白杨树、松树 60 余棵；逼迫宋学光交出银圆 200 块，又拉走 2 车布匹，折价 400 块大洋。

5 月 日军和汉奸入侵潍县辛庄村（今属寒亭区朱里街道），烧掉房屋 300 多间、小麦 200 多亩及部分家具、农具等。

冬 日军放火烧毁潍县宏伟村（今属寒亭区朱里街道）房屋 60 余间，牵走驴 1 头、猪 2 头。

△ 驻潍县一空桥（今属寒亭区高里街道）据点日军，为清碍将双杨店镇马家村西公路两侧的树林砍伐，共计 3000 棵，折合现人民币

6万元。

△ 潍县前周家庄二村（今属寒亭区朱里街道）孙传加家万坊胡同大厅7间，飞檐出厦，设计古朴豪华，估价银圆2万余块，时属潍城东唯独一家。内藏金银美玉、古玩字画、屏风36扇等，价值无数，被日军一把火烧烬。

△ 日军侵入潍县后阙庄村（今属寒亭区双杨发展区），烧毁猪鬃加工户于曰增房屋5间、二层楼1座及大量物品和猪鬃成品半成品、衣服、粮食大宗，折合当时中日联合准备银行流通币20余万元；烧毁于百席楼房、平房、场院屋、牲口屋10余间、粮食物品大宗、骡马6匹及牲口粮草，折合当时中日联合准备银行流通币25万余元。

△ 日军侵入潍县后小河村（今属寒亭区双杨发展区）烧毁房屋15间、布匹30板、粮食7000余斤，累计折中日联合币3650元。

△ 潍县南张氏三村（今属寒亭区张氏发展区）村民刘希新、刘希迎、刘国敏、刘树茂、刘希庆、刘伦、刘国法、刘国山、刘树行、刘国升被日军强掳齐齐哈尔出劳工，前3人死亡，余者返乡；安固三村村民张华周在自家院中被日军炮弹炸断腿，流血过多死亡；黄埠村村民庞有伦被日军强掳劳工至东北后失踪；张金杨孟金建昌（学生）在东里疃庄后遇日军被枪杀；日军将东里疃村李留抓到固堤砍头，孙述朋之妻被枪杀，孙金瑞被日炮弹炸伤；日军烧毁房屋14间、粮食2000多斤、烧死大牲口3头；在国民党军中服役的孙长远被日军俘虏后，强迫至东北服劳役而亡。

△ 日军侵驻潍县禹王台村（今属寒亭区高里街道），为了防卫，强修工事、公路。连续向南修公路两条，损害土地38亩；修围墙长达3里多，损害土地14亩；修建工事砍伐树木200余棵，用砖50万块。

1941年

2月 日军在潍县后巡栈村（今属寒亭区朱里街道）打死游击队员13人，抓住村民王允元，因其会日语但口吃，回话不合日军心意，将其嘴巴刺坏。

5月 日军烧毁潍县宏伟村（今属寒亭区朱里街道）90%的房屋，小麦600余亩被烧，打死村民1人、抢走驴12头、大车5辆。

7月 日军在潍县南纸房村（今属寒亭区寒亭街道）枪杀于守道、尹氏、韩清华、陈怀胜、韩坤、韩善云、陈军7人；烧毁房屋100多间、织布机2台，烧死耕牛3头。

△ 潍县前巡栈村（今属寒亭区朱里街道）王彦昌、王进良、王天成、王孟胜被日军抓往东北强迫劳动，除王孟胜在1945年返乡外，其他3人均死于东北。后巡栈村王来喜被抓去日本强迫劳动，1945年返乡；同村王允他、王允周、王来玉被日军抓往东北强迫劳动致死。朱里三村刘金成被日军抓往日本强迫劳动，1945年返乡。前周村孙彩峰被抓往日本强迫劳动途中跳火车摔断腿，1945年返乡。会泉庄村孙召富在本村被骗往日本强迫劳动而亡；高绪文在徐州被日军抓往东北密山强迫劳动，新中国成立后回家；陈月雷被抓往日本强迫劳动而亡。

△ 潍县高庄村（今属寒亭区固堤街道）村民王套被日军追至走马岭杀害。周家官庄村周希朋牵马去蔡家栏子村女儿家串门，被日军发现枪杀；周维民在西利渔村被日军追赶中用机枪打伤。王家官庄村籍士兵王承三在利渔与日军作战时被日军用刺刀杀死；王福卫外出逃亡至蔡家栏子村被日军杀害。北于家码头村民于怀恩被日军抓到南孙王家庄子杀害。卢家码头村民卢居来在南王家码头村后被日军打死。大湾口村籍军人郑孟令在与日军作战中阵亡；郑大印在掖县凉茶山与日军战斗中阵亡；郑方顺在瓦城与日军作战中阵亡。

△ 日军“扫荡”潍县周家官庄村（今属寒亭区固堤街道），实行“三光政策”，烧房抢物，损失大约当时流通币种中央银行200万元。日军途经北于家码头村，抢走村民银圆160块；村民于光明被日军抓去修工事，死于外地。

1942年

初秋 日军抓壮丁，将潍县东南牟村（今属寒亭区固堤街道）村南路两旁以及村东路两旁大约60老亩（折市亩180亩）高粱全部砍光，损失粮食6万余斤，估价银圆3600块。

△ 日军洗劫潍县周家官庄、高庄村（今属寒亭区固堤街道），各村损失资产分别折合中央银行100万元、320元。

△ 日军洗劫潍县北于家码头村（今属寒亭区固堤街道），全村损失资产折8700元（人民币）。

△ 日军在潍县官桥村（今属寒亭区朱里街道）修炮楼，砍伐潍县杨家绛埠村大白杨树100多棵，拉砖2万多块，摘门板10多户，折价银圆50万。

1943年

4月9日 侵华日军第十二军团纠集日伪军、汉奸数千人，妄图一举消除坚持抗战的国民党山东保安十五旅。早上，日伪军追该旅二十七团（马成龙团）至潍县三官庙村（今属寒亭区高里街道）和赵家庄子村（今属寒亭区高里街道）一带，采取了轰炸、烧杀、抢掠等手段，并在赵家庄子村发生激战。半夜时分，二十七团成功突围，日伪军伤亡300余人。第二天，日伪军便对赵家庄子村开始了惨绝人寰的烧杀奸掠。据统计，日伪军在三官庙村杀害村民48人，烧毁房屋650余间，烧死大牲畜50余头、抢走10余头，劫掠粮食及财物无数；日伪军在赵家庄子村杀害村民172人、致伤10人，烧毁房屋665间，粮食、牲畜、家禽等被洗劫一空。另外，北里村（今属寒亭区高里街道）李学道、李清曰、李罗模、李浦兴、李福川5人，禹王台村陈玉吉、陈月富2人惨遭日伪军杀害；日伪军并在途中枪杀了柳科村（今属寒亭区高里街道）的刘玉，刺杀了二甲朱村（今属寒亭区高里街道）的朱新河。

7月25日 日军侵入潍县后吉家村，掠走后吉家村（今属寒亭区朱里街道）小学的锣鼓、洋号（6支）等乐器一套，砸坏大镜子、桌凳一宗（约合现人民币4000余元）；烧毁吉云湖家房子3间及物品（约合现人民币5万余元）；日军在村内放火24处，烧毁草垛若干，房屋50余间（约合现人民币15万余元）。另，日军多次侵入后吉村，致使该村损失粮食、牲畜、树木及生活用品、生产用具等，约合现人民币13万元。

9月12日 日军侵入潍县卢家码头村（今属寒亭区固堤街道），抢走盖汗臣、卢显区家牛各1头，卢延能、卢希贤家骡子3匹，烧毁民房20余间，毁伐树木26棵，并抢走禽畜80余只、粮食1000余斤、服饰30余件及生产工具、生活用品、货币等若干，折合当时币值13000余元；同日，日军“扫荡”王家官庄村，烧毁房屋6间，全村100余户财产被洗劫一空，直接经济损失折现人民币40余万元。

1944年

8月 日军“扫荡”潍县前岭子村（今属潍坊滨海经济技术开发区央子街道），村民王全山被日军抢去包袱2个、内有银圆200块及大批衣物，折合当时银圆350块；王英芳被抢去马2匹、银圆350块及结婚物品大宗，折合银圆700块；王瑛龙被抢去牛1头，折大洋90块；王子欣在地里耕地被抢去驴1头，折银圆100块；王英辉被抢布200匹，折合银圆180块；全村共损失折合银圆1420块。报庄子村被日军抢去马30匹、骡子20匹、驴16头，损失当时流通币13.2万元。

△ 日军“扫荡”潍县北赵家官庄村（今属寒亭区固堤街道），烧毁村民赵武因家房子3间、大车1辆，赵连成家房子3间，赵天永家房子3间，赵天平家房子2间，赵时令家房子3间；抢走赵从孟家骡子1匹，赵孟松家牛1头，赵孟贤家驴1头，赵佃雨粮食400斤，赵佃吉家粮食300斤。

1945年

春　日军在“扫荡”中烧毁潍县北纸房村（今属寒亭区寒亭街道）学校房屋25间、桌子160张、凳子310个、床10张、锣鼓号等乐器1套，烧毁民房28间、土地庙5间。

△　日军“扫荡”潍县卢家码头村（今属寒亭区固堤街道），村民被日军抢掠衣饰物品30余件、生活用品、生产工具大宗，折合当时流通币5000余元。

撰稿单位：山东省潍坊市寒亭区抗战课题调查工作委员会

三、重要文件辑存

中共潍坊市寒亭区委
潍坊市寒亭区人民政府
关于农民负担管理的暂行规定

寒发〔1993〕第2号

第一章　总则

第一条　为了减轻农民负担，保护农民的合法权益，调动农民的生产积极性，促进农村经济持续稳定协调发展，根据国务院《农民承担费用和劳务管理条例》《山东省农民负担管理条例》以及党和国家有关政策，结合我区的实际情况，特制定本规定。

第二条　在本区行政区域内的机关、团体、事业单位、乡（镇）村集体经济组织、村民委员会和个人，都必须遵守本规定。

第三条　农民依照法律、法规的规定缴纳税费，完成国家农产品定购任务，向乡（镇）村上缴一定数额的村集体提留和乡（镇）统筹费，承担一定数量的义务工和劳动积累工，是应尽的义务，属于合理负担，应按规定完成。除此以外要求农民无偿提供任何财力、物力和劳务的，均为非法行为，农民有权拒绝。

第四条　各乡（镇）人民政府、区直各部门，应当树立无农不稳和一切从群众利益出发的观念，办任何事情，都必须从实际出发，量力而行。

各乡（镇）人民政府应当把减轻农民负担纳入领导干部岗位目标责任制，作为考核领导干部的重要内容。

全区的农民负担监督管理工作，由区农民负担管理领导小组负责，下设办公室。其主要职责：（一）宣传贯彻国家有关农民负担的法律、法规和政策；（二）参与制定涉及农民负担的规范性文件；（三）监督检查有关农民负担法律、法规和政策的执行情况；（四）对村集体提留、乡（镇）统筹费和义务工、劳动积累工的使用情况进行审计监督；（五）对违反规定增加农民负担的行为，会同有关部门进行查处或向区人民政府提出查处建议；（六）参与处理有关农民负担的纠纷案件。

第二章　村集体提留、乡（镇）统筹费和义务工、劳动积累工的标准及使用范围

第六条　村集体提留和乡（镇）统筹费的人均负担比例，以乡（镇）为单位，应严格控制在上年人均纯收入的百分之五以内。村集体提留和乡（镇）统筹费各占百分之二点五。

村集体提留包括公积金、公益金和管理费。

公积金和公益金的提取比例，应控制在上年人均纯收入的百分之一点五以内；管理费的提取比例，应控制在上年人均纯收入的百分之一以内。

第七条　公积金用于农田水利基本建设，购置生产性固定资产，兴办集体企业等；公益金用于“五保户”供养，对特别困难户的补助和卫生保健及其他集体福利事业支出；管理费用于村干部报酬和管理开支。

乡（镇）统筹费应定项限额，专款用于乡（镇）村两级的办学、计划生育、优抚、民兵训练、修建道路等民办公助事业。

第八条　户口在农村，年满十八岁至五十五岁的男性劳力，年满十八岁至四十五岁的女性劳力，除按国家和省的有关规定减免者外，每人每年负担五至十个义务工和十至二十个劳动积累工，并按时填入《农村经济往来手册》。

义务工主要用于植树造林、防汛抢险、公路建设、社会治安、修缮校舍等。

劳动积累工主要用于本村的农田水利基本建设。乡（镇）以上统一组织的农田水利建设，应贯彻谁受益、谁负担的原则。

第三章　村集体提留、乡（镇）统筹费的提取和资金管理

第九条　村集体提留主要按人口负担，也可按承包的土地亩数或经济收入负担；乡（镇）统筹费可按不同产业负担，也可按人口负担。

对收入水平在本单位平均线以下的革命烈士家属、革命军人家属、革命伤残军人、带病回乡失去劳动能力的复员退伍军人及特殊困难户，经村集体经济组织成员大会或村民会议讨论评定，村集体提留可予减免。

第十条　村集体提留和乡（镇）统筹费，应全年统筹统收，可一次或两次提取，并按时填入《农民经济往来手册》。

第十一条　义务工、劳动积累工以劳为主，除本人自愿外，不得强行以资代劳。

应当负担义务工、劳动积累工的劳力，因病或其他原因不能承担的，经村集体经济组织成员大会或村民大会讨论同意，可给予减免照顾。

第十二条　不承包土地的农村个体工商户、私营企业主，应按户口所在地、村规定的标准负担村集体提留、乡（镇）统筹费和义务工、劳动积累工。

第十三条　村集体提留的提取和使用，由村集体经济组织或村民委员会提出预、决算方案，经乡（镇）人民政府审核，报区政府批准，由村集体经济组织成员大会或村民会议讨论通过，并张榜公布，接受群众监督。

第十四条　乡（镇）统筹费的提取和使用，由乡（镇）人民政府编制预、决算方案，经区农民负担管理办公室审核，报区政府批准，由乡（镇）人民代表大会审议通过。

乡（镇）人民政府应向乡（镇）人民代表大会报告乡（镇）统筹费的使用情况，由乡（镇）人民代表大会审议监督。

第十五条　村集体提留和乡（镇）统筹费，应当建立严格的资金管理制度，分项立账、分项核算，专款专用，并接受区农业委员会的监督。

第四章　农村负担的监督管理

第十六条　凡涉及农民负担问题，不论任何部门所发文件，出台前必须经区农业委员会签字同意并报区政府批准．否则一律无效。

第十七条　税务部门应依法向农民征税。农林特产税必须按国家规定向农林特产的生产者征收，不得按户、按人口或耕地分摊征收，严禁重复征收。

第十八条　有关部门向农民收取行政事业性费用时，必须出示物价部门核发的收费许可证，并使用财政部门统一印制的票据，否则，农民有权拒付。

第十九条　凡涉及农民的集资，必须在国家法律、法规允许的范围内进行，并坚持自愿、适度、偿还、资金定向使用的原则。

对各级各部门搞的募捐、推销非生产性产品，必须经区政府批准，持区农业委员会的许可证明，方可进行。

第二十条　凡涉及对农民的各种罚款，必须严格按国家法律、法规和规章规定的项目和标准执行，并使用财政部门统一印制的票据，否则被罚单位和个人有权拒付。

罚款收入一律上缴财政，取消各种形式的罚没收入提成办法。

第二十一条　有关部门向农民发放的各种牌照、证件、簿册等，只准按物价部门核准的标准收取工本费，不得借机牟利。

第二十二条　向农民发行报刊、书籍等，应坚持自愿原则，任何单位和个人不得强行摊派。

发展农村保险事业，必须坚持自愿的原则，除法律、法规另有规定外，不得强制农民参加各种保险。

第二十三条　国家工作人员在农村执行公务所需经费，不得由农民负担或补贴。

第二十四条　取消农村一切达标竞赛活动，除法律、法规和政策另有规定外，任何单位不得擅自到农村搞达标竞赛活动。

第二十五条　任何单位和个人不得截留、挪用各级人民政府提供给农民的各种补贴、贷款、预付定金、专项投资款、扶贫款、救灾救济款及收购农副产品挂钩优惠物资和返还的减免税费。

对国家收购的农产品，收购单位不得压级、压价，也不得抬级抬价，不得打“白条”。

第二十六条　企事业单位为农民提供经济、技术、劳务、信息等服务，坚持自愿互利和谁受益谁交费的原则，收费标准严格国家有关规定执行。

第二十七条　乡（镇）人民政府要严格控制会议和参观检查。凡乡（镇）组织到省外参观的要经区人民政府批准；凡村组织到省外参观的要经乡（镇）人民政府批准；杜绝公款旅游。严禁利用公款大吃大喝，请客送礼。

第二十八条　各级各类学校，应按国家有关规定收取学杂费。不得巧立名目向学生和家长强行摊派、索要和推销产品。

第二十九条　乡（镇）人民政府对村提留的提取和使用实行定期检查制度，每年至少全面检查两次，发现问题及时解决。

第五章　法律责任

第三十条　对违反规定，乱搞集资、乱摊派、乱罚款、乱评比、乱达标的，以违法乱纪论处，追究领导人的责任。

第三十一条　对违反本规定，超越职权发布的有关向农民收费、集资、罚款、摊派的文件，由区农业委员会报请全区人民政府予以撤销，非法收取财物的，责令如数退还，并对制发文件机关的有关行政领导人员，按干部管理权限给予行政处分。

第三十二条　对违反本规定，增加的农村义务工和劳动积累工，经乡（镇）农民负担监督管理部门核实，由乡（镇）人民政府在下一年度用工计划中扣减，或由用工单位按标准工日给予农民出工补贴。

第三十三条　对违反本规定，擅自提高村集体提留、乡（镇）统筹费、义务工、劳动积累工标准，加重农民负担的，由区人民政府责令限期更正，对有关责任人员给予批评教育和行政处分。

第三十四条　农民违反本规定，拒不完成合理负担任务，由村集体经济组织和村民委员会对其进行批评教育，并责令限期完成。

第三十五条　对违反本规定，增加农民负担的单位、个人、村集体经济组织（或村民委员会）和农民要逐级反映，把问题解决在基层，对有禁不止、一意孤行者，可向区农民负担监督管理办公室举报。农民负担监督管理办公室要及时查处或报请区人民政府责成有关部门查处。对抵制、检举、揭发增加农民负担的单位和个人进行打击报复的，应给予行政处分，构成犯罪的，依法追究刑事责任。

第三十六条　对违反本规定，增加农民负担的单位，主要负责人要做出书面检查，一年内不能升职、晋级。

第六章　附则

第三十七条　本规定所称农民人均纯收入，是指农村经济统计年报中的农民人均所得。

第三十八条　原我区制定的有关农民负担管理规定，与本规定有抵触的，以本规定为准。

第三十九条　本规定具体应用中的问题，由区农民负担监督管理办公室负责解释。

第四十条　本规定自发布之日起执行。

一九九三年三月

中共寒亭区委　寒亭区人民政府
关于进一步加快个体私营经济发展的意见

寒发〔1997〕15号

为深入贯彻落实党和国家“坚持以公有制为主体，多种经济成分共同发展”的方针，推动个体私营经济的发展，加快我区国民经济发展的步伐，现根据省、市政府关于推动个体私营经济发展的有关精神，结合我区实际，提出如下意见：

一、指导思想及目标任务

我区加快个体私营经济发展的指导思想是：以邓小平同志建设有中国特色社会主义理论为指导，认真贯彻党的十四届五中、六中全会精神，立足区位优势，更新思想观念，落实鼓励政策，强化服务措施，促进全区个体私营经济的快速、健康发展。具体目标任务是：1997年个体工商户增长6%以上，私营企业增长20%以上；个体私营从业人数增长12%，占全区人口的比例达到8%。

二、主要政策措施

（一）进一步解放思想，提高认识。发展个体私营经济，是加快国民经济发展、建立社会主义市场经济体制的客观要求。几年来，我区个体私营经济有了较大发展，但发展速度、户均规模、经济效益和整体实力与先进地区相比仍有较大差距，还不能满足人民群众生活的多方面、多层次需要，与发展市场经济的要求还不适应。各级各部门各单位一定要增强加快发展的紧迫感，进一步解放思想，更新观念，坚定不移地贯彻执行党和国家发展私营经济的方针政策，认真领会和学习“放胆、放手、放开、放宽、放活”的精神，努力创造个体私营与国有、集体经济一视同仁、平等竞争、优势互补、共同发展的市场条件和社会环境。

（二）大力拓展从业人员和经营领域，实现个体私营经济的总量扩张和质量提高。在从业人员上，除法律、法规原有规定允许的人员外，国有、集体企业在改制过程中的富余人员，以及经济效益低的企业职工，经原单位同意，可申请个体经营、开办私营企业或调入私营企业工作。鼓励、支持私营企业接收大中专毕业生和军转人员。在经营范围上，凡是国家未明令禁止个体工商户、私营企业经营的行业和商品，只要具备条件，都允许个体工商户、私营企业经营。对达到一定资本积累的个体工商户，鼓励其兴办私营企业。鼓励个体、私营企业积极参与农业产业化的开发，不断扩大种植、养殖规模。对达到一定规模的种植、养殖业户，要加强扶持和引导，促其拓展领域，提高效益，形成规模优势。

（三）积极引导个体、私营企业实行专业化经营，向集约化方向发展。各级各部门各单位都要把个体私营经济纳入经济建设和社会事业发展的中长期规划，并制定发展目标，科学指导发展。要结合发展“一乡一业、一村一品”农业产业化，立足区位优势、传统优势和发展方向，设立各具特色的以个体、私营业户为主的开发园区，进行集中连片发展和专业化经营。各类开发园区建设用地，由区政府统一办理手续，并在水、电等配套设施建设方面给予三至五年的优惠，促进个体私营业户进区经营。已建成的各类个体私营开发区要不断总结经验，尽快完善配套，加强协调和服务，促进规模经济的发展。

（四）认真做好个体、私营企业的产品鉴定、职称（技术）评定和用工管理工作。个体工商户、私营企业的新产品、新技术，以及申请保护的商标、专利等，有关部门要及时予以鉴定、认可和提供服务。对个体、私营企业中符合职称等级或工人技师（含高级技师）评定条件的人员，由个协与劳动、人事、工商等部门协商，并根据有关规定组织评审和考核。私营企业要严格遵守《劳动法》和《私营企业劳动管理暂行规定》，搞好对职工的劳动、安全和社会保障服务。劳动部门要加强对个体、私营企业的用工管理，指导签订劳动用工合同。私营企业要为接收的城镇待业青年和闲散人员办理劳动工资立户登记和养老保险。在私营企业工作的具有干部身份的人员、专业技术人员或经劳动部门办理了招工手续的城镇职工，允许在不同所有制单位之间合理流动，工龄连续计算，其人事档案可由企业自行管理，也可按规定委托有关部门代管，并负责调整档案工资。

（五）继续稳定和完善税收、金融政策，鼓励个体、私营经营者扩大再投入和再生产。税务管理机关要认真执行税法，对个体、私营企业合理确定税种，科学核定税额，避免重复收税。对个体、私营企业经营的行业和商品，在税收政策上要与其他性质的企业一视同仁。金融部门要积极为个体私营经济发展提供资金扶持，按照效益优先的原则，为经营水平高、效益好、还款能力强的个体私营业户提供信贷资金。对那些初具规模、市场占有率高、管理制度健全，以及生产名优产品、出口创汇产品的个体工商户、私营企业，在贷款上要实行倾斜。个协要在金融部门的指导下，建立和发展资金互助会或基金会，搞好自我服务。

（六）强化监督管理，维护公平竞争秩序，保护个体、私营企业合法权益。工商行政管理机关要正确核定企业的经济性质，清理“假集体”企业，取缔无证经营户。特别是对涉及到环境保护、群众安全的行业，要严格审批。要严厉打击制售假冒伪劣商品、走私贩私、欺行霸市、哄抬物价的不法分子，促进个体、私营企业提高管理水平和服务质量。要认真贯彻落实省、市政府出台的《个体工商户、私营企业行政事业性缴费项目标准卡》制度，依法保护个体、私营企业的合法权益。个体工商户和私营企业的财产所有权受国家法律法规保护，任何单位和个人都不得向个体工商户和私营企业乱收费、乱集资、乱摊派、乱罚款。司法机关要依法保护个体、私营企业的合法权益。

（七）加强自我管理和教育，不断提高个体、私营企业的整体素质。个体劳动者协会要充分发挥职能作用，抓好对广大个体、私营企业经营者的法制教育、思想教育和职业道德教育。积极开展技术培训，组织评先创优活动，提高经营管理水平、产品质量和服务水平，树立良好的市场竞争形象。个体、私营企业要依法经营，照章纳税缴费，积极参加公益事业，服从执法机关的管理，自觉抵制不正当竞争、偷税漏税等违法违章行为，保护国家利益和消费者的合法权益。

三、切实加强对个体私营经济工作的领导

各级各部门要提高思想认识，更新思想观念，把大力发展个体私营经济作为加快建设经济强区的一项重要措施，列入议事日程，切实抓紧抓好，并抓出实效。要把个体私营经济工作列入各级政绩考核，区里成立个体私营经济领导小组，负责全区个体私营经济发展的规划、指导和协调工作。工商行政管理机关作为个体私营经济的主管部门，要加强调查研究，提建议、定规划、抓落实，按国家的产业政策，指导个体私营经济调整行业结构、产品结构，增强产品和服务的市场竞争力。各有关部门要在职能范围内，对个体私营经济发展多服务，多指导，多支持，共同为其创造良好的外部环境，以加快全区个体私营经济发展步伐，为建设经济强区做出新的更大的贡献。

1997 年 3 月 21 日

中共寒亭区委
关于实施“民心工程”的意见

寒发〔1998〕7号

为深入贯彻落实党的十五大精神，加强党的作风建设，营造宽松和谐的政治氛围和良好的发展环境，区委决定，在全区各级干部，特别是党员领导干部中实施以强化宗旨观念为核心，以转变作风、密切党群干群关系为重点，以富民安民、推进稳定、促进发展为目的，以摸实情、办实事、解难题、送温暖为主要内容的“民心工程”。实施意见如下：

一、充分认识实施“民心工程”的必要性、紧迫性

“民心工程”，概括地说就是：全区各级领导机关、领导干部在组织领导工作中，牢固树立全心全意为人民服务的宗旨，坚持党的群众路线，深入实际调查研究，倾听群众呼声，增强工作的针对性和决策的科学性，让群众“放心”；一切为了群众，围绕群众关心的热点、难点问题，办实事，解难题，让群众“舒心”；关心群众疾苦，设身处地帮助困难企业、困难职工和农村困难户排忧解难，安排好生活，让群众“暖心”；加强党风廉政建设，解决为政不廉、奢侈浪费等不正之风，让群众“顺心”；充分调动方方面面的积极性，集中精力加快发展，做到干部群众“齐心”。实施“民心工程”是坚持党的群众观点，走群众路线的具体体现。各级各部门、广大共产党员、各级领导干部要统一思想，认清形势，提高对实施“民心工程”重要性的认识。

*要从现实实践中认识实施“民心工程”的必要性。*近年来，我区各级党组织和各级干部在转变作风上进行了积极探索。从组织引导农民发展“一乡一业、一村一品”农业产业化到依法管理农民负担，从结对帮扶“服务百村”到多方筹资为困难企业、困难职工献爱心送温暖，从纠正行业不正之风到“政策法规年”活动，都充分体现了“民心工程”的基本内容，对密切党群干群关系，维护全区稳定，促进改革发展，起到了十分重要的作用。实施“民心工程”是我们在新形势下赖以驾驭全局，妥善处理好改革、发展、稳定关系的重要基础。

*要从干部作风存在的问题上认识实施“民心工程”的紧迫性。*尽管近年来我们在转变干部作风方面做了大量工作，但也不同程度地存在着官僚主义、形式主义；群众观念淡薄，服务意识差；讲排场、摆阔气、奢侈浪费；不廉洁、不民主、不公道；工作方法简单，作风粗暴等问题。实施“民心工程”，确已成为有效解决这些问题、保证改革发展的迫切需要。

*要从改革发展的艰巨任务上认识实施“民心工程”的重要性。*在跨世纪的关键时期，我们面临着深化经济体制改革，加快经济发展，推动社会全面进步的艰巨而繁重的任务，需要全区上下、方方面面团结协作，齐心协力，尤其需要把广大人民群众的积极性引导好、调动好、保护好。从这个意义上说，实施“民心工程”是完成跨世纪战略任务的客观需要。

二、明确实施“民心工程”的指导思想和工作重点

实施“民心工程”的指导思想是：认真贯彻落实党的十五大关于加强党的建设特别是党的思想作风建设的论述，以经济建设为中心，以富民强区为目标，坚持全心全意为人民服务的宗旨，转变干部作风，改进领导方式，广泛联系群众，实事求是，量力而行，廉洁自律，端正党风，千方百计为群众办实事，解难题，送温暖，努力营造有利于密切党群干群关系，有利于调动广大人

民群众的积极性，有利于加快经济发展的良好氛围，为顺利实现跨世纪的奋斗目标提供坚实基础和根本保证。

工作重点是：

（一）深入基层、深入实际调查研究，拓宽联系群众渠道。要坚持“从群众中来，到群众中去”，深入搞好调查研究。区级领导班子成员要按照上级要求，每年保证不少于15天到基层蹲点调查研究。乡镇、区直机关领导干部都要经常组织干部深入基层，特别是后进村和困难企业了解情况，解决问题。要通过进村进厂入户的方式，开展双向交流，摸清群众在想什么、盼什么，准确把握群众的脉搏。各级主要领导干部，要通过接待信访和解决信访反映的问题，拓宽与群众的联系渠道，做好本乡镇、本部门、本系统的来信来访工作。

（二）建立健全制度，促进组织领导和联系群众规范化。一是联系群众制度。区级领导班子成员要继续坚持联系“一乡（镇）、一村、一厂（企业）、一校、一人大代表”制度；乡镇党委、政府要建立完善“两委”成员包村包乡镇企业制度；区直机关要认真落实岗位责任制。区直经济主管部门要建立联系帮助区属企业制度；执法部门、窗口单位要学习借鉴“110”报警服务系统的做法经验，根据行业特点建立行之有效的为民服务制度。要继续深入开展区直部门包百村、领导干部联千户、农村党员结万对的“百千万”活动，不断充实内容，着力抓实。二是农村工作制度。重点抓好“三个基本”。①基本政策。稳定完善以家庭联产承包为主的责任制和统分结合的双层经营体制，进一步稳定土地承包关系，完善各类经济承包合同。②基本路子。组织引导农民走“一乡一业、一村一品”农业产业化发展路子，探索合作社、产业协会等有效的产业化组织形式。各村都要确定符合本村实际、明晰的经济发展路子，加快农民富裕步伐。③基本制度。进一步建立健全村级党务工作制度、“两个议事会”制度、财务和现金“双代管”制度、集体资产管理制度、政务公开制度、村规民约制度等，并保证各项制度的落实。

（三）围绕农民、企业职工在生产经营、生活方面遇到的实际问题，办实事，解难题，送温暖。各级领导机关、各级干部，要想群众所想，急群众所急。乡镇要围绕农民在进入市场过程中一家一户办不了、办不好的事情，从提供信息、解决资金、指导技术、帮助销售等方面，办实事。经济主管部门及其他部门要落实具体措施，帮助企业解决生产经营中遇到的困难和问题。企业和村，也要根据职工和农民群众关心的问题，每年办几件实事好事。各级干部特别是党员领导干部要做好困难企业职工生活、下岗职工的工作安置和农村困难户的解困工作，为他们解决生产、生活中的实际困难，把党的温暖送到群众之中。

（四）依法管理好农民负担，切实减轻企业负担。要按中央1996年13号文件要求，进一步抓好依法管理农民负担工作，并不断完善办法，提高水平，切实做到根据农民实际收入和承受能力合理确定数额，严格审批程序，依法签订合同。严禁借土地调整之际抬高土地承包费，并按上级有关规定将承包费用于抵顶“三提五统”。要严禁向基层摊派征订报刊，今后报刊的征订，要全部纳入区里统一管理。要研究探索依法管理企业负担的措施，切实把企业不合理负担压下来。搞建设，办事业，要充分考虑本地条件和群众的承受能力，真正把好事办好。要取消形式主义的检查评比、达标升级活动，避免劳民伤财，加重群众负担。

（五）坚决刹住讲排场、摆阔气、奢侈浪费等不正之风。各级干部特别是党员领导干部，要严格执行《廉政准则》和中央、省、市、区委有关廉洁自律和厉行节约，反对奢侈浪费的规定，保持和发扬艰苦奋斗的优良作风。各级领导干部、机关工作人员下基层不得在企业、村里就餐，包村蹲点确需在群众家就餐，要按规定交费。坚决刹住用公款吃喝送礼之风，违反者由纪检、监察部门予以曝光。严禁利用手中特权巧立名目向基层、向群众索要钱物。各级机关、企事业单位建办公楼、宿舍楼和购买小轿车，必须经区委、区政府审批，未经批准擅自建盖购买的，严肃追究其单位主要负责人的责任。亏损企业干部不能坐好车、不得购买移动电话。不准用公款装修个人住宅。要下决心纠正行业不正之风。“七站八所”等权力部门和行业，要彻底解决群众反映强烈的乱集资、乱收费、乱罚款等问题。

（六）坚决制止强迫命令、简单粗暴的工作作风。各级干部要时刻把群众利益放在心上，增强群众感情，关心群众疾苦，处理问题既坚持原则，又注意工作方法，自觉维护群众利益。要带头增强法纪观念，严格执行政策，依法行政，尊重群众的合法权益；认真研究和探索新形势下解决人民内部矛盾的新思路、新办法，做深入细致的思想政治工作。对严重侵犯群众利益、违反党纪国法的干部，要依纪依法严肃处理。

三、切实加强对实施“民心工程”的组织领导

实施“民心工程”是一个系统工程，需要方方面面协调动作，密切配合。各级党组织，各级各部门要高度重视，精心部署，抓好落实。

1. 各级各部门要对广大干部、职工集中进行一次作风教育整顿。要按照党的十五大和上级党委关于加强作风建设的要求，立足本部门、本单位干部作风实际状况，围绕“民心工程”对干部进行思想教育和作风整顿，提高对实施“民心工程”重要性的认识，增强干部的宗旨观念、群众观念和公仆意识，解决好存在的突出问题。

2. 各级领导干部要做实施“民心工程”的表率。各级领导干部要带头转变作风，密切联系群众，切实抓好“民心工程”的落实。区直各党政群机关，各乡镇、企事业单位，都要对照本《意见》，结合各自实际，制定出切实可行的实施意见，把“民心工程”的实施落到实处。近期要从实际出发，抓一两个突出问题，限期解决。

3. 建立实施“民心工程”的监督约束机制。为确保“民心工程”不搞形式、不走过场，真正达到“转变作风，密切关系，凝聚民心，推进稳定，促进发展”的目的，区委将从以下制度上严格约束。一是由纪检监察、组织人事等部门组织专门力量，对实施“民心工程”情况，每半年一次调度、检查。二是每年对各级各部门、各级干部执行情况进行一次评议。组织人大代表、政协委员、企业职工代表、村民群众代表等方方面面，对乡镇、部门以及领导干部执行情况进行民主评议，评议情况在全区范围内进行通报。三是将实施“民心工程”情况纳入部门、乡镇和各级领导干部考察考核内容，纳入公务员年度考核和技术干部职称评定考核内容，保证“民心工程”的顺利实施。

1998 年 2 月 6 日

中共寒亭区委　寒亭区人民政府
寒亭区工业振兴“1030 计划”企业动态管理办法

寒发〔2012〕65 号

为深入实施工业振兴“1030 计划”，加速推进“工业强区”战略，努力形成全区企业“竞相发展，争创一流”的良好局面，经区委、区政府研究，决定对“1030 计划”企业实施动态管理。现根据我区实际，制定如下管理办法：

一、实行企业划型管理

（一）十大骨干企业划型标准

1. 符合下列条件之一的，拥有进入十大骨干企业资格（如果企业在下列每一项中具备的条件相同，则上年度缴税金多的企业获得资格）：

（1）上年度实缴税金1000万元以上的工业企业；

（2）上年度被评为潍坊市百强企业的企业；

（3）在境内外资本市场上市的企业；

（4）高新技术企业且上年度实缴税金200万元以上的；

（5）国家、省级农业龙头企业且上年度实缴税金200万元以上的；

（6）拥有自主研发能力，市场前景好、盈利能力强的成长型企业。

（二）30强中小企业划型标准

2.符合下列条件之一的，拥有进入30强中小企业资格（如果企业在下列每一项中具备的条件相同，则上年度实缴税金多的企业获得资格）：

（1）上年度实缴税金100万元以上的工业企业；

（2）高新技术企业且上年度实缴税金50万元以上的；

（3）国家、省级农业龙头企业且上年度实缴税金50万元以上的；

（4）拥有自主研发能力，市场前景好、盈利能力强的成长型企业；

（5）列入全区规模以上工业企业名单的企业。

二、实行企业动态管理

3.每年年初，区工业经济运行指挥部按照本办法，对全区企业进行重新考核评定，并公布当年度“1030计划”企业名单。

4.对“1030计划”企业实行“总量控制，末位淘汰”制度，企业总量控制在40家，其中骨干企业10家，中小企业30家。

5.列入十大骨干企业名单的企业，不能再同时列入当年度30强中小企业名单。

三、企业政策待遇

6.实行区级领导包靠“1030计划”企业制度，企业法人代表可直接与区委、区政府相关领导联系。企业遇到重大特殊问题时，区委、区政府主要领导实行现场办公，集中研究解决。

7.“1030计划”企业法人代表，可参加与企业工作有关的正科级以上领导干部范围的重要会议及活动，其中十大骨干企业法人代表可参与区委、区政府全区企业发展战略和中长期规划的研究。

8.推选区委委员、人大常委、政协常委、人大代表、政协委员以及评先树优时，优先考虑“1030计划”企业法人代表。

9.在企业评议职能部门时，增加“1030计划”企业参评比重，数量达到20家以上。

10.每年免费组织“1030计划”企业法人代表到境内外学习考察一次。

11.每年免费组织“1030计划”企业法人代表到国内三甲医院查体一次。

12.财政、税务、金融等部门在信贷、贴息政策等方面，重点向“1030计划”企业倾斜。在个人所得税缴纳方面，十大骨干企业法人代表和1名企业高管、30强中小企业法人代表享受先征收后等额补助区级留成部分的优惠政策。

13.组织人事等部门要优先为“1030计划”企业推荐和引进各类技术、管理人才。

14.根据“1030计划”企业需要，公安机关要积极协助、指导企业做好内部治安保卫工作，全力维护好企业周边秩序。

15.在区委、区政府组织的经贸和其他重大活动中，重点宣传和推介“1030计划”企业及其法人代表。

16.区报社、电台、电视台等新闻媒体要设立“优秀企业家风采录”专栏，重点宣传业绩突出的“1030计划”企业及其法人代表，并积极邀请上级新闻单位对其加强宣传；大力总结推广“1030计划”企业改革发展的经验做法。

四、加强企业监督与约束

17.出现下列问题之一的，取消当年度“1030计划”企业资格及本办法规定的一切政策待遇，同时取消下年度“1030计划”企业获得资格：

（1）年内发生较大以上安全生产事故（一次死亡3人或3人以上）或年内连续发生安全生产事故累计死亡5人以上的；

（2）污染物未达标排放、排放总量超过市政府下达的总量控制指标要求或发生重大环境污染事故的；

（3）未完成市区两级下达的节能目标、任务的；

（4）发生重大刑事案件、治安责任事故的；

（5）严重违反计划生育政策的；

（6）法人代表有严重违法违纪行为的；

（7）在纳税方面有弄虚作假行为的；

（8）未按时足额交纳职工保险金的。

五、附则

18. 本办法由区工业经济运行指挥部组织实施。

19. 本办法由区工业经济运行指挥部负责解释。

20. 本办法自 2013 年 1 月 1 日起执行。

2012 年 12 月 3 日

中共潍坊市委　潍坊市人民政府关于印发《关于对寒亭区、潍坊滨海经济开发区、潍坊经济开发区管理区域进行调整的实施意见》《关于寒亭区、潍坊滨海经济开发区、潍坊经济开发区财政管理体制和资产负债划转实施意见》的通知

潍发〔2008〕11 号

关于对寒亭区、潍坊滨海经济开发区、潍坊经济开发区管理区域进行调整的实施意见

一、潍坊经济开发区管理体制的调整

（一）将潍坊经济开发区整体划归寒亭区管理，其名称、规格、单位性质不变，市委、市政府赋予的职权不变。

（二）潍坊经济开发区的内部机构和所属单位维持现状不变；市直有关部门设立的派出机构和现行体制也维持现状不变，业务工作继续受市级业务主管部门的领导。

（三）经济、社会等各项指标、数字并入寒亭区上报，不再单独参加全市的考核评比；同时，继续加强统计工作，按原渠道上报发展成果，便于对各省级经济开发区的考核。

（四）市委、市政府和市直有关部门安排工作、召开会议、下发文件时，同市出口加工区一样对待。

（五）寒亭区与潍坊经济开发区区域管辖权限调整后的城市规划建设由潍坊市政府与寒亭区政府统筹安排。

（六）干部管理权限保持不变。县级干部继续由市委管理，科级及以下干部由潍坊经济开发区管理不变。因工作需要经济开发区与寒事区科级及以下干部必要的交流，由寒亭区统筹。

二、荣乌高速公路以北管辖区域的调整

（一）辖区范围的调整

1. 将寒亭区固堤街道跨荣乌高速公路的报庄子村、前岭子村、北辛庄村、双庙子村和走马岭村共 5 个村整体划归央子街道管理。

2. 将调整后的央子街道由寒亭区整体划归滨海经济开发区管理，更名为潍坊市滨海经济开发区央子街道；央子街道所属的机关事业单位整建制划归滨海经济开发区管理；寒亭区有关部门设在央子街道的派出机构，整建制移交滨海经济开

发区相应部门。

3. 将寒亭海洋化工开发区整建制划归滨海经济开发区管理。

4. 原寒亭区中小企业高科技创业园以及寒亭区已经储备的5000亩土地划归滨海经济开发区，同时由滨海经济开发区按照统一规划置换等面积土地作为寒亭区中小企业高科技创业园区。

5. 将寒亭区海洋与渔业局所属央子街道辖区范围内的单位，整建制划归滨海经济开发区相应部门管理。

6. 撤销市里设立的潍坊滨海项目区建设指导小组办公室，市直有关部门的派出人员原则上回原工作单位。

（二）机构编制的划转

央子街道按其现有机构设置和编制核定情况办理移交；管理区域调整后的机构设置和编制核定，由滨海经济开发区根据这次乡镇机构改革的有关规定，提出意见按规定程序报批。

寒亭海洋化工开发区划归滨海经济开发区管理后，原定副县级规格和编制员额不变，更名为山东潍坊滨海经济开发区先进制造业产业园管理委员会。

（三）在职人员的移交

成建制划转的央子街道机关事业单位和海洋化工开发区的实有人员，按照2008年2月底在编在职并领取工资的人员整建制划转滨海区管理。寒亭区派驻央子街道的单位，也随其整建制办理移交；市公安局寒亭分局所属的央子派出所、交警大队二中队（驻央子）和市国土资源局寒亭分局所属的央子国土所，分别移交滨海经济开发区公安分局和滨海经济开发区国土分局；实行市以上垂直管理单位设置的派出机构（国税分局、地税分局、工商所、邮政、移动、盐业等），由市级业务主管部门提出机构调整和人员交接意见，按管理权限报批，并组织实施。

央子街道所属的医院、中小学及划转范围内的小学，按照实有人员整建制办理移交。

寒亭区海洋与渔业局在区政府驻地工作的人员，愿到滨海经济开发区工作的专业人员，可一并移交到滨海经济开发区相应机构；本人愿留在寒亭的，由寒亭区统一安排。

央子边防派出所原由寒亭区公安分局协管调整为由滨海经济开发区公安分局协管，由市公安局和市边防支队协调办理有关交接。

（四）退离休人员的移交

央子街道的离休、退休、退职人员和遗属随在职人员一并划转。列入划转范围的小学离退休人员，也随在职人一并办理移交。

（五）党团组织关系的移交

固堤街道的报庄子村、前岭子村、北辛庄村、双庙子村、走马岭村的党团组织关系，先由寒亭区组织部门协调集体移交给央子街道后，再随央子街道按其党团组织机构设置现状整建制办理移交；个人党团组织关系，随其所在组织向滨海区办理集体移交。移交后组织机构的设置和调整，由滨海区按规定程序报批。

（六）社会保险的移交

机关、企事业单位的养老、失业、医疗、工伤、生育保险、新农合、新城合，随人员一并移交，按照实际人数办理保险移交手续并划转基金；农村养老保险、医疗保险也随着人员办理移交并划转基金。划转范围内的抚恤定补优抚对象以及城乡低保户、农村五保户等救助对象一并移交。

（七）档案资料的移交

划转范围内的街道及其所属单位的档案资料，随其单位整建制办理移交；人事档案随人员办理移交。

（八）其他有关问题

1. 滨海经济开发区党工委、管委会办公地点设在央子街道。

2. 市沿海经济开发办公室工作职责根据调整后的实际情况重新予以界定。

3. 潍坊市公共行政审批服务中心寒亭分中心更名为滨海分中心，职责任务和现行体制仍维持现状不变。

4. 潍坊滨海投资发展有限公司移交滨海经济开发区，按公司体制运作。

5. 滨海经济开发区调整后的机构设置和人员编制，由滨海经济开发区提出意见报市委、市政府研究批准。

（九）移交时间和程序

机构编制和人员的移交，均按 2008 年 2 月底实有情况办理交接。央子街道统一组织填写机构编制和实有人员移交表，报经寒亭区组织、人事（编制）、劳动保障部门审核，并征得滨海区同意后，按照管理权限报市组织、人事（编制）和劳动保障部门备案并监交。

寒亭区派驻单位的工作人员，由所在单位负责填写机构编制和实有人员移交表，经主管部门初审，报经寒亭区组织、人事（编制）、劳动保障部门审核，并征得滨海区同意后，按照管理权限报市组织、人事（编制）和劳动保障部门备案并监交。

机构编制和人员的移交，4 月 5 日前由央子街道填表造册，4 月 10 日前由寒亭区、滨海区组织部门牵头汇总并办理移交，4 月中旬所有移交工作全面完成。

以上意见，由市委组织部、市人事局（编办）负责解释。

关于寒亭区、潍坊滨海经济开发区、潍坊经济开发区财政管理体制和资产负债划转实施意见

一、财政管理体制

（一）确定原则

1. 属地原则。划转区域内企事业单位缴纳的各项地方财政收入全部划转为接收方财政收入，划转区域内发生的区级和镇级财政支出全部划转为接收方财政支出。

2. 既得利益原则。以 2007 年为基期年，财政收支基数原则上依据划转区域基期年决算数字确定，保证各方既得利益。对于 2007 年特殊因素形成的财政收支，依据相关政策规定和具体情况单独调整，确保公平公正划转。

3. 统一性原则。寒亭区、滨海经济开发区（以下简称滨海区）新财政体制原则上遵照 2006 年市区财政体制和 2007 年市以下财政体制政策确定，对各项财政收入按照规定比例分享，保持全市财政体制政策的统一。

4. 维护稳定原则。新财政体制自 2008 年 1 月 1 日起实施，1 月—3 月份划转区域内各项收入继续按原渠道征缴入库，各项支出按原渠道保障到位，4 月 1 日起由调整后新区划统一负责管理，市财政组织相关各方对 1 月—3 月份收入进行调库，对各项支出办理清算。

（二）寒亭区、滨海区财政管理体制

按照以上原则，自 2008 年 1 月 1 日起，市对寒亭区、滨海区财政管理体制如下：

1. 原寒亭划转区域收支及上解基数

以 2007 年为基期年，按照划转区域实现的区级、镇级地方财政收入，确定财政收入基数；按照划转区域实现的区级、镇级地方财政支出，确定财政支出基数。

收入基数大于支出基数部分，确定划转区域体制上解基数。

2. 市区税收分享基数和比例

（1）按照划转区域税收占原寒亭区比重，将原寒亭划转区域体制上解划分为上解市级和上解寒亭区两部分。滨海区以上解寒亭区数为基数，在 2008 年至 2012 年五年内，分别按照 10%、8%、6%、4%、2% 递增补助寒亭区，自 2013 年起，以 2012 年为基数定额补助。

（2）按照《潍坊市人民政府关于调整完善市区财政体制的意见》（潍政发〔2006〕19 号）确定的收入分享办法，将原寒亭划转区域上解市级

基数并入滨海区体制上解，相应调整市与滨海区的税收分享比例。

（3）潍坊经济开发区（以下简称经济区）划归寒亭区管理后，将经济区体制上解与原寒亭保留区域体制上解合并，重新计算确定市与寒亭区税收分享比例。

3. 市以下收入增量 1∶9 分享基数

按照 2007 年市区体制结算数字，将划转区域上解市级收入和实际参与分享的区级收入分别相加，确定寒亭区、滨海区收入和上解基数。

4. 其他体制结算基数

2007 年中央“两税”、企业所得税、个人所得税、增值税出口退税等有关收入和结算基数，按照划转区域 2007 年相关收入比重划分调整。

二、资产及债权债务

原寒亭划转区域范围内，包括央子街道（含固堤街道 5 个村）、滨海项目区、区直单位的国有资产及债权债务全部划转滨海区。

三、有关问题处理意见

（一）世行贷款寒亭区对虾养殖项目债务问题

此项世行贷款形成的国有资产整体移交滨海区，截止到 2007 年底未偿还贷款本息及以后产生的利息由滨海区承担，寒亭区原借用市财政局 500 万元垫付还贷资金由寒亭区归还。

（二）北海路建设投资问题

北海路建设总投资以工程决算审计数字为准，以荣乌高速为界，荣乌高速以北部分由滨海区承担，荣乌高速以南部分由寒亭区承担。

（三）滨海项目区电网改造资金承担问题

截止到目前，原寒亭区未支付的滨海项目区电网改造投资由滨海区承担。

（四）土地管理问题

划转区域内土地行政管辖由寒亭区移交到滨海区。

原寒亭区在划转区域储备的土地，全部移交滨海区管理，由滨海区偿还征地成本。原寒亭区中小企业高科技创业园经评估确认的前期开发费用，由滨海区承担。

寒亭区在荣乌高速公路以北区域设立的中小企业高科技创业园，要按照滨海区的统一规划进行基础设施建设，在有限时间内开发建设完毕，有关规划建设投资和区内管理支出由寒亭区承担，收益由寒亭区享有。具体管理办法由滨海区提出意见商寒亭区研究确定。

（五）寒亭区直单位盐田归属问题

原寒亭区海洋与渔业局、水利局管辖的海域和河道流域，按调整后区划范围实行属地管理，相应的海域使用金和河道流域使用承包费由调整后管理部门收缴。

原寒亭区乡镇政府、区直单位等修建的盐田，继续由土地使用证登记的土地使用权人使用，税收实行属地征管。

四、调整财政管理体制配套措施

（一）市区两级财政部门要按照调整后财政管理体制规定的收支范围和级次调整本级预算，并就调整情况向同级人大汇报。

（二）税务部门要按照属地征管原则，做好税收征管工作，自 2008 年 4 月 1 日起，按照调整后的预算级次办理入库并做好税收计划的衔接和调整工作。

（三）市人民银行要根据财政管理体制调整意见，做好各项收入入库和支出拨付工作，4 月 30 日前，对 2008 年 1 月—3 月份已缴入国库的相关收入进行调库。

（四）原寒亭区在区划调整前落户划转区域的企业，所实现地方财政收入全部划转为滨海区收入，不再执行沿海项目区收入分成政策。

（五）自 2008 年起，经济区财政收支并入寒亭区，市财政统一对寒亭区办理体制结算。经济区保留市人民银行各类资金账户，继续统计核算有关财政收支。

（六）以前规定中与本意见相冲突的，以本意见为准。本意见由市财政局会同有关部门负责解释。

2008 年 3 月 30 日

索 引

说明：

一、本索引收录专志要目和表格两种名称，以弥补卷首目录检索之不足。

二、要目索引按汉语拼音字母顺序排列。名称相同者，在一处集中索引，并按其在本志中的先后顺序注明页码；名称发音相同者，按其在本志中出现的先后为序，并依次注明页码。表格索引按表格序号顺序排列。

三、人物、附录未作索引。

要目索引

A

B

C

D

E

F

G

K

L

M

R

S

T

W

X

Y

Z

表格索引

供稿人员

（按姓氏笔画排序）

丁玉生　丁秀娟　丁晓飞　于　峰　于　腾　于　璐　于正军　于伟霞　于泽海　于泽猛　于春凤
于康健　于德梅　马永春　马法志　马晓蕾　王　俊　王　艳　王　铃　王　萌　王　猛　王　超
王　博　王乃兴　王万成　王小华　王文博　王本冰　王立英　王永生　王会国　王兆军　王军民
王志友　王志全　王丽娜　王兵战　王沐智　王金峰　王京华　王建岗　王春文　王春亭　王珊珊
王修法　王晓东　王晓波　王晓燕　王通波　王维民　王雅正　王照东　王德明　卢　毅　叶留敏
田　勇　史为群　付明皓　冯青春　冯黎明　邢金木　毕　波　朱文峰　朱文馨　朱翠红　刘　芳
刘　凯　刘　洋　刘　健　刘　涛　刘　颉　刘　楠　刘　静　刘　震　刘文浩　刘芳怡　刘君君
刘其鹏　刘明清　刘欣欣　刘金萍　刘建彬　刘剑侠　刘勇强　刘桂平　刘晓东　刘晓明　刘晓超
刘淑英　刘增武　齐英芝　齐凯丽　闫修川　安玉刚　许　梅　孙天兵　孙中君　孙文倩　孙伟佳
孙兆颖　孙连浩　孙国栋　孙洪波　孙敬明　牟延平　纪小振　杜玉山　杜冠漾　杜崇林　李　东
李卫宁　李元晟　李云平　李玉钦　李传岳　李红霞　李志远　李松林　李国帅　李治海　李晓霞
李悦洲　李常禄　李琳琳　李晶晶　李新霞　杨　蓉　杨光波　杨伟林　杨保军　杨海霞　杨颖俊
肖好军　冷晓倩　闵晓涵　汪　超　沈　磊　宋　洁　宋万川　宋健帅　宋悦健　宋雪辉　张　扬
张　伟　张　琳　张　葵　张　雁　张　磊　张玉玮　张吉林　张兴强　张军建　张国栋　张建国
张春明　张晓丽　张晓晨　张清华　张锦华　陆法磊　陈　哲　陈　雷　陈之亮　陈连华　陈国亮
陈春明　陈晓红　邰光光　武怡呈　范兆寿　林　潇　尚　静　季江令　金志远　庞玉砚　庞海州
庞新民　郑本江　房崇跃　赵　莹　赵　静　赵国伟　胡　波　柳福川　段　磊　段晓伟　侯功山
姜　欣　姜官青　费　蕾　秦丽男　耿德龄　聂　梅　贾昊明　夏尚玲　党好根　徐　丞　徐兰芝
徐伟利　徐华村　徐利平　徐萌萌　高　波　高大庆　高彦志　郭　鹏　郭　磊　郭成吉　唐　珂
唐　楠　黄嘉睿　曹虎春　常　城　崔永胜　崔素霞　康兆东　阎　麒　彭小卉　蒋　壮　韩　矗
韩风浩　韩旭日　韩真真　黑振楠　程永强　傅建勇　路俊胜　窦　涛　褚小玲　管茂祥　谭庆波
谭家正　谭晶晶　潘平度　戴建凯　魏先民

编后记

《寒亭区志（1989—2013）》是1992年版《寒亭区志》续志，本着继承和创新原则，客观、真实、系统记录1989—2013年寒亭区自然、经济、政治、文化、社会等方面的历史。编修过程经历了以下四个阶段：

筹备启动阶段 2002年，区史志办恢复设立后，第一次启动《寒亭区志（1989—2003）》续修工作；2005年10月，经各方努力，初稿完成，并向供稿单位征求意见。2009年9月，区史志编纂委员会将《寒亭区志（1989—2003）》记载下限延至2008年。2016年3月，按省史志办统一要求，将《寒亭区志（1989—2008）》记载下限延至2013年。2017年，为加快《寒亭区志（1989—2013）》编纂工作进度，区委、区政府调整区志编纂委员会成员及区史志办领导班子，并在组织领导、编纂人员、工作经费等方面全面保障。2017年7月26日，区政府召开会议启动《寒亭区志（1989—2013）》续修，该项工作进入快车道，业务培训、单位供稿等前期工作快速有序开展。

分工编纂阶段 为提高供稿质量，邀请市史志办专家对编纂人员和各单位撰稿人进行业务培训；区史志办根据《志书编纂质量标准》《标点符号用法》《出版物上数字用法》等编制《二轮修志供稿指南》，印发各供稿单位指导。区史志办紧凑安排工作计划，精心准备篇目，全体人员实行包篇目、包进度、包质量，一包到底的工作机制，与各承编单位一一对接，细化篇目，面对面交流指导，有效提高了编纂效率。同时，邀请省史志专家指导，对篇目等进行调整优化，对稿件进行甄别完善。至2017年10月，全区120多个供稿单位基本完成入志稿件初编。

统编总纂阶段 在初稿编写阶段，特邀部分有一定文字功底、热爱史志工作的同志充实编纂力量。坚持编纂进度和志稿质量两手抓，倒排工期，坚持例会制度，交流编纂心得体会，统一质量标准。编纂人员加班加点，对初编稿件认真审验，严格把好政治关、体例关、资料关、内容关、文字关，数易其稿，2018年2月12日（腊月二十七）完成初稿，并及时送省市专家审阅指导。新春伊始，结合专家指导意见，编纂人员按照评审稿要求反复修改、打磨，力求体例统一、标准规范、结构完善、语言精练。至5月20日，完成150万字《寒亭区志（1989—2013）》评审稿，并先后报送省、市和各县（市区）史志办，以及有关领导和区编纂委员会重点成员单位，广泛征求意见和建议。编纂人员根据反馈意见再次修改，最终形成评审稿。

评审完善阶段 2018年6月6日，组织召开《寒亭区志（1989—2013）》志稿评审会。省人民政府办公厅党组成员、史志办主任刘爱军，省史志办副主任李刚，省史志专家李天程、王笃银、朱佩峰、郭能勇、王光辉、吕福堂，潍坊市及各县（市区）史志办主任参加会议。省、市领导及专家一致认为《寒亭区志（1989—2013）》是一部观点正确、体例科学、层次分明、资料翔实、地方特点突出、时代特色鲜明、文字朴实清新的志书。评审会后，编纂人员根据专家意见，从志稿框架结构到语言文字，逐编、逐章、逐节、逐条目斟酌审核，细致修改，对部分章节进行调整、补充、完善。其间，在全区范围内广泛征集资料图片，聘请专家进行专业编辑。9 月，形成 120 万字征求意见稿，发送各供稿单位最后审核，并通过政府网站向社会各界征求意见。综合各方面意见建议，最终形成送审稿。随后送方志出版社和省、市史志办审查，经初审、复审和终审，11 月批准出版。

2018 年 6 月 6 日，《寒亭区志（1989—2013）》志稿评审会召开。

二轮修志是一项浩繁工程。回顾编修过程，我们感念，《寒亭区志（1989—2013）》是众手成志，是广大修志人员坚守奉献的结果，特别是老一辈史志工作者薪火相传，几任区史志办主任持续接力，全体编纂人员尽心竭力，承编单位 200 多名供稿人员无私奉献。回顾编修过程，我们铭记，区委、区政府的正确领导和有力推动是二轮修志顺利完成的前提，省、市史志办的大力支持是二轮修志顺利完成的关键，各承编单位的重视和配合是二轮修志顺利完成的基础，社会各界的关注和厚爱是二轮修志顺利完成的保证。在此，谨向帮助、关心、支持《寒亭区志（1989—2013）》编修的领导、专家、社会各界表示衷心感谢！

盛世修志，志载盛世。适逢改革开放的盛世，我们是这段辉煌历史的参与者、亲历者、见证者，又有幸成为其忠实记录者。作为《寒亭区志（1989—2013）》的编纂者，我们理当精益求精、殚精竭虑。但由于时间紧，工作量大，编者水平所限，书中一定还有许多不足之处，恳请业界专家、广大读者批评指正。

编 者

2018 年 12 月